Weil, Gotshal & Manges LLP
Maximilianhöfe 4. OG
Maximilianstr. 13
80539 München
Tel. 089-24243-0 • Fax 089-24243-399

aussortiert
asy 14.1.2025

D1657046

Gottwald/Behrens
Grunderwerbsteuer
Handbuch für die Gestaltungs- und Beratungspraxis

Gottwald/Behrens

# Grunderwerbsteuer
Handbuch für die Gestaltungs- und Beratungspraxis

Von

**Dr. Stefan Gottwald**
Notar

und

**Dr. Stefan Behrens**
Rechtsanwalt, Fachanwalt für Steuerrecht und Steuerberater

5. Aufl.

Carl Heymanns Verlag 2015

Zitiervorschlag: Gottwald/Behrens, Grunderwerbsteuer, Rn.

Bibliografische Information der Deutschen Nationalbibliothek

Die Deutsche Nationalbibliothek verzeichnet diese Publikation in der Deutschen Nationalbibliografie; detaillierte bibliografische Daten sind im Internet über http://dnb.d-nb.de abrufbar.

ISBN 978-3-452-28250-7

www.wolterskluwer.de
www.carl-heymanns.de

Alle Rechte vorbehalten.
© 2015 Wolters Kluwer Deutschland GmbH, Luxemburger Straße 449, 50939 Köln.
Carl Heymanns – eine Marke von Wolters Kluwer Deutschland GmbH.

Das Werk einschließlich aller seiner Teile ist urheberrechtlich geschützt. Jede Verwertung außerhalb der engen Grenzen des Urheberrechtsgesetzes ist ohne Zustimmung des Verlages unzulässig und strafbar. Das gilt insbesondere für Vervielfältigungen, Übersetzungen, Mikroverfilmungen und die Einspeicherung und Verarbeitung in elektronischen Systemen.

Verlag und Autor übernehmen keine Haftung für inhaltliche oder drucktechnische Fehler.

Umschlagkonzeption: Martina Busch, Grafikdesign, Homburg Kirrberg
Satz: Innodata Inc., Noida, Indien
Druck und Weiterverarbeitung: Williams Lea & Tag GmbH, München

Gedruckt auf säurefreiem, alterungsbeständigem und chlorfreiem Papier.

# Vorwort

Das große Interesse an den Vorauflagen sollte die Einschätzung bestätigen, dass sich ein Handbuch zur Grunderwerbsteuer – aus der Perspektive von Vertragsgestaltern geschrieben – neben den gängigen Kommentaren durchaus am Markt behaupten kann. Die überaus positive Resonanz hat dazu ermutigt, nunmehr bereits die 5. überarbeitete Fassung vorzulegen.

Neben der grunderwerbsteuerlichen Rechtsprechung und Literatur wurden sämtliche Gesetzesänderungen und Erlasse der Finanzverwaltung bis zum März 2015 ebenso wie der Gesetzesentwurf der Bundesregierung zur Umsetzung der Protokollerklärung zum Gesetz zur Anpassung der AO an den Zollkodex der Union und zur Änderung weiterer steuerlicher Vorschriften vom 27.03.2015 berücksichtigt, der Änderungen in § 1 Abs. 2a GrEStG und § 21 GrEStG vorsieht. Hervorzuheben sind die Einfügung des sog. Anti-RETT-Blocker-Vorschrift in § 1 Abs. 3a GrEStG mit Wirkung ab dem 7. Juni 2013 und die Gesetzesänderungen der sog. kleinen Konzernklausel in § 6a GrEStG sowie bei den Anzeigepflichten. Dargestellt werden grunderwerbsteuerliche Gestaltungsmöglichkeiten bei gesellschaftsrechtlichen Vorgängen samt in der Praxis zu beobachtender Änderungen im Verwaltungsvollzug, Besonderheiten bei Verträgen mit Umsatzsteueroption, im Bereich des Immobilienleasings und bei Einbringungsvorgängen sowie neuere Entwicklungen zum Verhältnis von Grunderwerbsteuer einerseits und Erbschaft- und Schenkungsteuer andererseits. Neu aufgenommen haben wir in Abschnitt N. ein Kapitel zu grunderwerbsteuerrechtlichen Fragen bei Investmentfonds.

Dieses Handbuch für die Gestaltungs- und Beratungspraxis soll dem Steuerberater, Unternehmensjuristen, Rechtsanwalt und Notar nicht nur den Einstieg in die teilweise sehr schwierige Materie der Grunderwerbsteuer erleichtern, sondern darüber hinaus auch Gestaltungshinweise geben und Formulierungsvorschläge für notarielle Urkunden bzw. gesellschaftsrechtliche Verträge anbieten, um grunderwerbsteuerliche Nachteile zu vermeiden und vorhandene Gestaltungsmöglichkeiten optimal auszuschöpfen.

Unser besonderer Dank gilt Frau Melike Poda und Frau Nadja Winnen-Goralik für ihre freundschaftliche und fachlich hervorragende verlagsseitige Unterstützung bei der Herausgabe der 5. Auflage.

Bayreuth und Frankfurt am Main, Juli 2015

Dr. Stefan Gottwald, Dr. Stefan Behrens

# Inhaltsverzeichnis

| | |
|---|---|
| Vorwort | V |
| Inhaltsverzeichnis | VII |
| Abkürzungs- und Literaturverzeichnis | XIX |

**A. Allgemeine Einführung** ... 1
- I. Die Rechtsnatur der Grunderwerbsteuer ... 1
- II. Das Verhältnis zu anderen Steuern ... 2
  - 1. Erbschaft- und Schenkungsteuer ... 2
  - 2. USt ... 2
    - a) Umsatzsteuerfreiheit ... 2
    - b) Option zur Umsatzsteuerpflicht ... 4
    - c) Bemessungsgrundlage für die USt ... 5
      - aa) Rechtslage vor dem 01.10.2007 ... 6
      - bb) Änderungen durch die BFH-Urteile vom 20.12.2005 und vom 09.11.2006 ... 6
    - d) Bemessungsgrundlage für die GrESt ... 7
      - aa) Frühere Ansicht ... 8
      - bb) Änderungen durch das Haushaltsbegleitgesetz 2004 ... 8
    - e) Geschäftsveräußerung i.S.d. § 1 Abs. 1a UStG ... 12
- III. Das Verhältnis zum Zivilrecht – Auslegung des GrEStG ... 18

**B. Die Steuerbarkeit** ... 21
- I. Grundstück i.S.d. § 2 GrEStG ... 24
  - 1. Grundstück i.S.d. Grunderwerbsteuergesetzes ... 24
  - 2. Bestandteile ... 25
    - a) Maschinen und Betriebsvorrichtungen ... 26
    - b) Mineralgewinnungsrechte und sonstige Gewerbeberechtigungen ... 28
    - c) USt bei Maschinen und Betriebsvorrichtungen sowie Mineralgewinnungsrechten ... 29
  - 3. Den Grundstücken gleichstehende Rechte ... 30
  - 4. Grunderwerbsteuerliche Vorgänge bei Wohnungs- und Teileigentum ... 31
  - 5. Dauerwohn- und Dauernutzungsrecht ... 33
- II. Rechtsträgerwechsel ... 33
  - 1. Rechtsträger i.S.d. Grunderwerbsteuergesetzes ... 33
    - a) Personengesellschaften ... 34
    - b) Erbengemeinschaft ... 35
    - c) Bruchteilseigentum ... 35
  - 2. Weitere Einzelfälle ... 37
    - a) Vorgründungsgesellschaft/Vorgesellschaft ... 37
    - b) Sitzverlegung ins Ausland ... 38

# Inhaltsverzeichnis

| | | | | |
|---|---|---|---|---|
| III. | Die Erwerbsvorgänge des § 1 Abs. 1 GrEStG | | | 39 |
| | 1. | Verpflichtungsgeschäfte | | 39 |
| | | a) | Kaufvertrag | 39 |
| | | b) | Andere Verpflichtungsgeschäfte | 39 |
| | 2. | Auflassung | | 39 |
| | 3. | Übergang des Eigentums | | 41 |
| | | a) | Anwachsungsvorgänge | 42 |
| | | b) | Umwandlungsvorgänge | 43 |
| | | | aa) Verschmelzung | 44 |
| | | | bb) Spaltung | 46 |
| | | c) | Erwerbsvorgänge in der Flurbereinigung | 47 |
| | | d) | Grundstückszuweisungen im Umlegungsverfahren | 48 |
| | 4. | Meistgebot im Zwangsversteigerungsverfahren | | 49 |
| | 5. | Besteuerung von Zwischengeschäften | | 51 |
| | | a) | Allgemeine Systematik | 51 |
| | | b) | Abtretung eines Übereignungsanspruchs | 53 |
| | | c) | Abtretung der Rechte aus einem Kaufangebot | 53 |
| IV. | Erwerb der Verwertungsbefugnis – § 1 Abs. 2 GrEStG | | | 58 |
| | 1. | Allgemeine Systematik | | 58 |
| | 2. | Verwertungsmöglichkeit auf eigene Rechnung | | 59 |
| | 3. | Typische Fallbeispiele | | 62 |
| | | a) | Verkaufsermächtigung und atypischer Maklervertrag | 62 |
| | | b) | Einbringung eines Grundstücks in eine Personengesellschaft dem Wert nach | 63 |
| | | c) | Kombination wirtschaftlicher und rechtlicher Verwertungsbefugnis | 64 |
| | | d) | Drittbenennungsrechte | 64 |
| | | e) | Treuhandgeschäfte | 68 |
| | | | aa) Begründung eines Treuhandverhältnisses | 68 |
| | | | bb) Auflösung des Treuhandverhältnisses | 70 |
| | | | cc) Treugeberwechsel | 71 |
| | | | dd) Treuhänderwechsel | 71 |
| | | f) | Auftragserwerbe | 71 |
| | | g) | Leasingverträge | 74 |
| V. | Die Erwerbsvorgänge des § 1 Abs. 2a GrEStG – Änderung des Gesellschafterbestandes | | | 76 |
| | 1. | Vorbemerkung | | 76 |
| | | a) | Die Rechtslage bis 1996 | 76 |
| | | b) | Rechtslage von 1997 bis 1999 | 76 |
| | | c) | Die Rechtslage seit 01.01.2000 | 77 |
| | 2. | Personengesellschaften | | 77 |
| | 3. | Vermögen der Personengesellschaft | | 78 |
| | 4. | Änderung des Gesellschafterbestandes | | 80 |
| | | a) | Anteil am Gesellschaftsvermögen | 80 |
| | | b) | Alt- und Neugesellschafter | 83 |

|  |  |  |  |  |
|---|---|---|---|---|
|  | c) | Derivativer Erwerb | | 93 |
|  | d) | Originärer Erwerb | | 101 |
| 5. | | Fünf-Jahres-Zeitraum | | 107 |
| 6. | | Unanwendbarkeit von § 42 AO im Anwendungsbereich von § 1 Abs. 2a GrEStG | | 109 |
| 7. | | Der entrechtete Altgesellschafter (Anteilszurechnung nach § 39 Abs. 2 Nr. 1 AO durch den BFH) | | 111 |
| 8. | | Geplante Gesetzesänderung von § 1 Abs. 2a GrEStG | | 115 |

VI. Anteilsvereinigung und Übertragung vereinigter Anteile – § 1 Abs. 3, Abs. 4 GrEStG ........................................... 118
 1. Vorbemerkung............................................ 118
    a) Hintergründe der Gesetzesänderung................... 118
    b) Nicht-Steuerbarkeit der Aufstockung von mind. 95 % auf bis zu 100 %..................................... 119
 2. Unmittelbare und mittelbare Anteilsvereinigung............. 120
    a) Allgemeine Zurechnungskriterien..................... 120
    b) Treuhandgeschäfte................................. 125
 3. Verstärkung bestehender Beteiligungen..................... 127
 4. Ausnahmen von Anteilsverstärkungen – Organschaftsverhältnisse.................................. 131
    a) Begründung eines Organschaftsverhältnisses unter Beibehaltung der bestehenden Anteilsverhältnisse......... 135
    b) Begründung eines Organschaftsverhältnisses unter Veränderung der bestehenden Anteilsverhältnisse......... 136
    c) Veränderung der Anteilsverhältnisse bei bestehendem Organschaftsverhältnis.............................. 138
    d) Änderung der Anteilsverhältnisse und nachfolgende Begründung des Organschaftsverhältnisses.............. 142
    e) Erweiterung des Organschaftsverhältnisses............ 143
    f) Verschmelzung des Organträgers auf eine Gesellschaft außerhalb des Organkreises.......................... 144
    g) Umstrukturierungen im Organkreis................... 145
    h) Zusammenfassung................................. 146
 5. Kritik an der derzeitigen Rechtslage...................... 147
 6. Das Verhältnis von § 1 Abs. 2a GrEStG zu § 1 Abs. 3 GrEStG................................................. 149
    a) Allgemeine Systematik ............................. 149
    b) Eingeschränkter Anwendungsbereich des § 1 Abs. 3 GrEStG bei Personengesellschaften..................... 149
 7. Anwendbarkeit personenbezogener Befreiungstatbestände....... 161
    a) Anteilsvereinigungen, § 1 Abs. 3 Nr. 1, Nr. 2 GrEStG..... 161
    b) Anteilsübertragungen, § 1 Abs. 3 Nr. 3, Nr. 4 GrEStG..... 162
    c) Zusammenfassung................................. 164

## Inhaltsverzeichnis

|   |   |   |   |
|---|---|---|---|
| | 8. | Anwendbarkeit der Vergünstigungsvorschrift des § 5 GrEStG.... | 164 |
| | | a) Anteilsvereinigungen, § 1 Abs. 3 Nr. 1, Nr. 2 GrEStG ..... | 165 |
| | | b) Anteilsübertragungen, § 1 Abs. 3 Nr. 3, Nr. 4 GrEStG..... | 166 |
| | 9. | Mittelbare Steuerbelastungen bei Umwandlungsfällen.......... | 166 |
| | | a) § 1 Abs. 3 GrEStG als mittelbare Umwandlungsfolge...... | 166 |
| | | b) § 1 Abs. 2a GrEStG als mittelbare Umwandlungsfolge..... | 171 |
| | | c) § 5 Abs. 3 GrEStG als mittelbare Umwandlungsfolge...... | 172 |
| VII. | Wirtschaftliche Anteilsvereinigung, § 1 Abs. 3a GrEStG............ | | 172 |
| | 1. | Die Regelungen in den gleich lautenden Länder-Erlassen ....... | 176 |
| | | a) Allgemeines........................................ | 176 |
| | | b) Anwendungsbereich der Vorschrift.................... | 178 |
| | | c) Nachrangigkeit..................................... | 182 |
| | | d) Steuerbare Erwerbsvorgänge ......................... | 182 |
| | | e) Wirtschaftliche Beteiligung........................... | 183 |
| | | f) Aufeinanderfolge von Tatbeständen (§ 1 Abs. 6 GrEStG) ... | 189 |
| | | g) Anwendung der §§ 3, 6 und 6a GrEStG................ | 192 |
| | | h) Steuerschuldnerschaft ............................... | 192 |
| | | i) Verhältnis zu § 16 GrEStG ............................ | 193 |
| | | j) Anzeigepflicht und Inhalt der Anzeige.................. | 193 |
| | 2. | In den Erlassen vom 09.10.2013 nicht beantwortete Fragen ..... | 195 |
| | | a) Anwendbarkeit von § 5 Abs. 2 GrEStG................. | 195 |
| | | b) Anwendbarkeit von §§ 3, 6, 6a GrEStG auf die Fälle des § 1 Abs. 3a GrStG................................. | 198 |
| | | c) Relevanz von Treuhandgeschäften i.R. von § 1 Abs. 3a GrEStG........................................... | 200 |
| | | d) Anteilsvereinigung im Organkreis..................... | 203 |
| | | e) Besteuerung nach § 1 Abs. 3a GrEStG nur des Anteilserwerbers.................................... | 203 |
| | | f) Wechselseitige Beteiligungen.......................... | 205 |
| | | g) Kriterien für die Zugehörigkeit eines Grundstücks »zum Vermögen der Gesellschaft«..................... | 206 |
| | | h) Auswirkungen auf anteilsbezogene Zwischengeschäfte...... | 206 |
| | | i) Heterogener Formwechsel........................... | 214 |
| | 3. | Zusammenfassung......................................... | 215 |
| | 4. | Übernahme-Angebote nach WpÜG ......................... | 218 |
| VIII. | Tausch – § 1 Abs. 5 GrEStG ...................................... | | 219 |
| IX. | Die Aufeinanderfolge von Tatbeständen – § 1 Abs. 6 GrEStG........ | | 219 |
| C. Sachliche Steuerbefreiungen – §§ 3 und 4 GrEStG .................. | | | 225 |
| I. | Systematische Vorbemerkungen................................. | | 226 |
| II. | Erwerb geringwertiger Grundstücke............................. | | 227 |
| III. | Grundstückserwerb von Todes wegen und Grundstücksschenkungen... | | 229 |
| | 1. | Grundstückserwerb von Todes wegen ........................ | 229 |
| | | a) Systematische Vorbemerkungen ....................... | 229 |
| | | b) Grundstückserwerb durch Erbanfall ................... | 229 |

|  |  | c) | Vor- und Nacherbschaft | 230 |
|---|---|---|---|---|
|  |  | d) | Grundstücksübertragung als Gegenleistung für die Ausschlagung einer Erbschaft/für einen Erbverzicht | 230 |
|  |  | e) | Grundstücksübertragungen zur Erfüllung eines Vermächtnisses | 231 |
|  |  |  | aa) Grundstücksübertragung zur Erfüllung eines Geldvermächtnisses | 231 |
|  |  |  | bb) Grundstücksübertragung zur Erfüllung eines Wahlrechtsvermächtnisses | 232 |
|  |  |  | cc) Grundstücksübertragung zur Erfüllung eines Kaufrechtsvermächtnis | 232 |
|  |  |  | dd) Grundstücksübertragung zur Erfüllung eines Verschaffungsvermächtnisses | 233 |
|  |  | f) | Grundstückserwerb aufgrund eines geltend gemachten Pflichtteilsanspruchs | 234 |
|  |  | g) | Grundstückserwerb durch Schenkung auf den Todesfall | 235 |
|  |  | h) | Grundstückserwerb aufgrund eines vom Erblasser geschlossenen Vertrages zugunsten Dritter | 235 |
|  |  | i) | Vermögensübergang auf eine vom Erblasser angeordnete Stiftung | 235 |
|  |  | j) | Grundstückserwerb aufgrund sonstiger Erwerbe von Todes wegen | 236 |
|  |  | k) | Interpolation | 236 |
|  | 2. | Grundstücksschenkungen unter Lebenden, § 3 Nr. 2 GrEStG | | 237 |
|  |  | a) | Grundstückserwerb aufgrund freigebiger Zuwendung unter Lebenden | 237 |
|  |  | b) | Grundstückserwerb aufgrund gemischter Schenkung | 238 |
|  |  | c) | Schenkung unter Auflagen | 239 |
|  |  | d) | Unentgeltliche Vermögensübertragungen zwischen Trägern öffentlicher Verwaltung | 246 |
|  |  | e) | Unentgeltlicher Erwerb von Geschäftsanteilen | 248 |
|  |  | f) | Erbschaftsteuerreform 2009 | 251 |
| IV. | Grundstückserwerb aufgrund einer Erbauseinandersetzung | | | 254 |
|  | 1. | Systematische Vorbemerkungen | | 254 |
|  | 2. | Interpolation | | 255 |
| V. | Grundstückserwerb zwischen Ehegatten | | | 256 |
|  | 1. | Systematische Vorbemerkungen | | 256 |
|  | 2. | Interpolation | | 256 |
| VI. | Grundstückserwerb nach Scheidung | | | 256 |
|  | 1. | Systematische Vorbemerkungen | | 256 |
|  | 2. | Interpolation | | 258 |
| VII. | Grundstückserwerb durch Verwandte und Gleichgestellte | | | 258 |
|  | 1. | Systematische Vorbemerkungen | | 258 |
|  | 2. | Interpolation | | 260 |

# Inhaltsverzeichnis

| | | |
|---|---|---|
| VIII. | Grundstückserwerb durch Teilung des Gesamtguts der fortgesetzten Gütergemeinschaft...................................... | 260 |
| | 1. Systematische Vorbemerkungen........................... | 260 |
| | 2. Interpolation......................................... | 260 |
| IX. | Rückerwerb eines Grundstücks bei Auflösung von Treuhandverhältnissen................................... | 261 |
| | 1. Systematische Vorbemerkungen........................... | 261 |
| | 2. Interpolation......................................... | 263 |
| | 3. Zusammenfassung..................................... | 264 |
| X. | Besondere Ausnahmen von der Besteuerung, § 4 GrEStG........... | 265 |
| XI. | Gesetzliche Grunderwerbsteuerbefreiungen außerhalb des Grunderwerbsteuergesetzes ................................ | 268 |

**D. Grundstücksübertragungen in den Sonderfällen der §§ 5, 6 und 6a GrEStG** ................................ 271

I. Übergang auf eine Gesamthand............................... 272
   1. Systematische Vorbemerkungen........................... 272
   2. Grundstücksübergang von mehreren Eigentümern auf eine Gesamthand ............................................. 274
   3. Grundstücksübergang vom Alleineigentümer auf eine Gesamthand........................................ 275
   4. Der Anwendungsbereich des § 5 Abs. 3 GrEStG............... 275
      a) Die Rechtslage bis einschließlich 31.12.1999 ............. 275
      b) Die Rechtslage seit 01.01.2000....................... 276
      c) Umwandlungsvorgänge im Zusammenhang mit § 5 Abs. 3 GrEStG .................................. 279
   5. Interpolation......................................... 281
   6. Teleologische Einschränkung des Anwendungsbereichs des § 5 Abs. 3 GrEStG.................................. 282

II. Übergang von einer Gesamthand.............................. 287
   1. Systematische Vorbemerkungen........................... 287
   2. Der Übergang eines Grundstücks von einer Gesamthand in das Miteigentum mehrerer Personen ......................... 287
   3. Der Übergang eines Grundstücks einer Gesamthand in das Alleineigentum einer Person ............................. 288
   4. Der Übergang eines Grundstücks von einer Gesamthand auf eine andere Gesamthand ................................ 289
      a) Systematische Vorbemerkungen ..................... 289
      b) Doppelstöckige Gesamthandgemeinschaften............. 291
      c) Umwandlungsvorgänge............................ 293
   5. Die Sperrvorschrift des § 6 Abs. 4 GrEStG .................. 296
   6. Besonderheiten im Zusammenhang mit § 1 Abs. 2a GrEStG .... 299
   7. Interpolation......................................... 300
   8. Steuergünstige Gestaltung mithilfe der §§ 5 und 6 GrEStG bei langfristiger Planung ................................ 300

## Inhaltsverzeichnis

| | | |
|---|---|---|
| III. | Befreite Umwandlungsvorgänge im Konzern................... | 303 |
| | 1. Begünstigungsfähige Tatbestände und begünstigungsfähige Rechtsvorgänge...................................... | 305 |
| | 2. Am Umwandlungsvorgang, an der Einbringung bzw. am anderen Erwerbsvorgang auf gesellschaftsvertraglicher Grundlage Beteiligte................................. | 307 |
| | 3. Identifizierung des herrschenden Unternehmens »vom Zeitpunkt der Eintragung der Umwandlung aus«..................... | 309 |
| | 4. § 6a GrEStG nach Verwaltungsansicht »nicht grundstücksbezogen«, sondern »beteiligungbezogen«.......................... | 310 |
| | 5. »Verbund« (Tz. 1 und Tz. 2 der Erlasse vom 19.06.2012)........ | 311 |
| | 6. Herrschendes Unternehmen (Tz. 2.2 der Erlasse vom 19.06.2012)....................................... | 315 |
| | 7. Abhängige Gesellschaften, für die Berechnung der Fristen maßgebender Zeitpunkt (Tz. 2.3 der Erlasse vom 19.06.2012)... | 322 |
| | 8. Beteiligung (Tz. 2.4 der Erlasse vom 19.06.2012)............. | 322 |
| | 9. Vorbehaltens-Frist i.S.v. § 6a Satz 4 GrEStG (Tz. 4 der Erlasse vom 19.06.2012)....................... | 324 |
| |    a) Die Verwaltungsansicht............................ | 324 |
| |    b) Ernsthafte Zweifel an der Richtigkeit der Verwaltungsansicht laut Beschluss 4 V 1742/12 des FG Nürnberg vom 27.06.2013..................... | 326 |
| |    c) »Verbundgeborenheit« aufgrund einer Bar- oder Sachgründung innerhalb der letzten fünf Jahre?.......... | 328 |
| | 10. Nachbehaltens-Frist i.S.v. § 6a Satz 4 GrEStG (Tz. 5 der Erlasse vom 19.06.2012)....................................... | 330 |
| | 11. Begünstigungsfähige Erwerbsvorgänge (Tz. 3 der Erlasse vom 19.06.2012)..................... | 335 |
| | 12. Folgen der Nicht-Einhaltung der Nachbehaltens-Frist (Tz. 6 Erlass vom 19.06.2012).......................... | 338 |
| | 13. Verhältnis der §§ 5, 6 GrEStG und § 6a GrEStG (Tz. 7 Erlass vom 19.06.2012).......................... | 338 |
| | 14. Neue Möglichkeiten grunderwerbsteuerneutraler Umstrukturierungen................................. | 339 |
| | 15. Entsprechende Geltung der Erlasse zu § 6a GrEStG vom 19.06.2012..................................... | 341 |
| | 16. Begünstigung entsprechender EU/EWR-Einbringungen und Erwerbsvorgänge auf gesellschaftsvertraglicher Grundlage?...... | 341 |
| E. | Umwandlung von gemeinschaftlichem Eigentum in Flächeneigentum – § 7 GrEStG............................. | 343 |
| I. | Systematische Vorbemerkungen............................. | 343 |
| II. | Grundstücksteilung unter Miteigentümern in Flächeneigentum..... | 345 |
| | 1. Realteilung........................................ | 345 |
| | 2. Aufteilung in Wohnungseigentum....................... | 347 |
| | 3. Aufhebung von Wohnungseigentum..................... | 349 |

## Inhaltsverzeichnis

| | | |
|---|---|---|
| III. | Grundstücksteilung von Gesamthandeigentum in Flächeneigentum ... | 350 |
| | 1. Allgemeine Systematik. | 350 |
| | 2. Freiwillige Baulandumlegungen. | 352 |
| IV. | Die Sperrfrist des § 7 Abs. 3 GrEStG. | 354 |
| V. | Interpolation | 354 |

**F. Bemessungsgrundlage – §§ 8, 9 GrEStG** ... 355
I. Übersicht. ... 356
II. Die Regelbemessungsgrundlage gem. § 8 Abs. 1 i.V.m. § 9 GrEStG – Wert der Gegenleistung. ... 357
    1. Gegenleistung ... 357
    2. Eigennützige Erwerberleistungen. ... 357
    3. Öffentlich-rechtliche Abgaben und Leistungspflichten ... 350
        a) Künftige Abgabepflichten ... 359
        b) Bereits entstandene Abgabepflichten ... 361
        c) Erwerb gemeindeeigener Grundstücke ... 362
        d) Erschließungsverträge ... 366
        e) Zusammenfassung. ... 369
    4. Inhalt der Gegenleistung. ... 369
    5. Aufteilung von Gesamtgegenleistungen. ... 370
    6. Bewertung der Gegenleistung ... 374
    7. Einheitlicher Leistungsgegenstand – Einheitliches Vertragswerk – Vertragsbündeltheorie ... 377
        a) Zivilrechtliche Verknüpfung ... 378
        b) Einheitlicher Leistungsgegenstand. ... 378
        c) Neuere Rechtsprechung zum einheitlichen Vertragswerk. ... 384
            aa) Einflussnahme des Erwerbers auf die Bauplanung. ... 384
            bb) Einheitliches Vertragswerk bei Sanierungsobjekten ... 384
    8. Doppelbelastung mit USt und GrESt beim einheitlichen Vertragsgegenstand ... 385
        a) Rechtsprechungsgrundsätze. ... 385
        b) Gestaltungsüberlegungen ... 388
        c) Wirtschaftliche Betrachtung ... 389
III. Gegenleistung bei den einzelnen in § 9 Abs. 1 GrEStG aufgeführten Erwerbsvorgängen ... 389
    1. Kauf ... 390
        a) Kaufpreis. ... 390
            aa) Stundung ... 390
            bb) Vorzeitige Nutzungsüberlassung ... 390
        b) Vom Käufer übernommene sonstige Leistungen ... 391
            aa) Kosten der Übergabe ... 392
            bb) Übernahme von Grundpfandrechten ... 393
            cc) Übernahme bzw. Begründung sonstiger Grundstückslasten ... 395

|  |  | dd) | Verpflichtung zum Eintritt in gegenseitige Verträge ... | 395 |
|---|---|---|---|---|

            ee)    Übernahme vorhandener Baupläne durch
den Käufer .................................. 396
            ff)     Entmietungsverpflichtung des Verkäufers ........... 397
            gg)    Mietgarantie des Verkäufers .................... 397
            hh)    Verpflichtung des Verkäufers zur Herstellung eines
bestimmten Grundstückszustandes ............... 398
            ii)     Bauverpflichtung des Erwerbers gegenüber
Gemeinden ................................ 400
            jj)     Maklerkosten .............................. 400
            kk)    Zusammenfassung .......................... 400
       c)    Dem Verkäufer vorbehaltene Nutzungen. ............... 401
   2.  Tausch. ............................................. 401
   3.  Leistung an Erfüllung statt ............................. 403
   4.  Meistgebot im Zwangsversteigerungsverfahren .............. 404
   5.  Abtretung der Rechte aus dem Meistgebot ................. 405
   6.  Abtretung des Übereignungsanspruchs .................... 406
   7.  Enteignung ......................................... 406
IV.  Gegenleistung bei anderen Erwerbsvorgängen .................... 407
   1.  Erbbaurechtsvorgänge ................................. 407
       a)    Bestellung und Übertragung des Erbbaurechts ........... 407
       b)    Verlängerung des Erbbaurechts ...................... 410
       c)    Aufhebung und Erlöschen des Erbbaurechts ............. 410
       d)    Heimfall des Erbbaurechts .......................... 412
       e)    Rechtsvorgänge über erbbaurechtsbelastete Grundstücke ... 412
            aa)    Nacherwerb des erbbaurechtsbelasteten Grundstücks
durch den Erbbauberechtigten ................... 412
            bb)    Erwerb des erbbaurechtsbelasteten Grundstücks
durch Dritte ................................ 414
            cc)    Nacherwerb des Erbbaurechts durch den
Grundstückseigentümer ........................ 415
   2.  Treuhandgeschäfte und Auftragserwerbe ................... 417
       a)    Übertragung ..................................... 417
       b)    Rückübertragung ................................. 417
       c)    Auftragserwerb .................................. 417
   3.  Gemischte Schenkung und Auflagenschenkung. .............. 418
   4.  Erwerb der Verwertungsbefugnis ........................ 418
V.   Sonstige zur Gegenleistung gehörende Leistungen –
§ 9 Abs. 2 GrEStG. ......................................... 419
   1.  Zusätzliche/nachträgliche Leistungen ..................... 419
   2.  Kraft Gesetzes auf den Erwerber übergehende Lasten ......... 419
   3.  Leistungen an Dritte für einen Erwerbsverzicht .............. 420
   4.  Leistungen Dritter an den Veräußerer ..................... 420
   5.  Behandlung der Grunderwerbsteuer ..................... 421

# Inhaltsverzeichnis

| | | | |
|---|---|---|---|
| VI. | Die Bemessungsgrundlage des § 8 Abs. 2 GrEStG | | 421 |
| | 1. Allgemeine Vorbemerkungen | | 421 |
| | 2. Nicht vorhandene oder nicht zu ermittelnde Gegenleistung | | 422 |
| | 3. Umwandlungen, Einbringungen und andere Erwerbsvorgänge auf gesellschaftsvertraglicher Grundlage | | 423 |
| | 4. Rechtsvorgänge i.S.d. § 1 Abs. 2a und 3 | | 423 |
| | 5. Künftiger Grundstückszustand | | 423 |
| VII. | Grundstücksübertragungen zwischen Gesellschaft und Gesellschaftern | | 424 |
| | 1. Allgemeine Vorbemerkungen | | 424 |
| | 2. Erwerbsvorgänge auf gesellschaftsvertraglicher Grundlage – Gesetzesinterpretation | | 424 |
| | 3. Gestaltungsüberlegungen | | 426 |
| | | a) Personengesellschaften | 427 |
| | | b) Kapitalgesellschaften | 429 |
| | | c) Konsequenzen für die Praxis | 430 |

**G. Die Berechnung der Grunderwerbsteuer** .......... 433
  I. Steuersatz, Abrundung .......... 433
  II. Pauschbesteuerung .......... 436

**H. Die Steuerschuld** .......... 437
  I. Steuerschuldner .......... 437
  II. Entstehung der Steuer in besonderen Fällen .......... 443
   1. Die Entstehung der Steuer bei bedingten Erwerbsvorgängen .......... 444
   2. Entstehung der Steuer bei genehmigungsbedürftigen Erwerbsvorgängen .......... 447
   3. Aufschiebend bedingter Kaufvertrag und unbedingt erklärte Auflassung .......... 450

**I. Fälligkeit der Steuer** .......... 453

**J. Nichtfestsetzung der Steuer, Aufhebung oder Änderung der Steuerfestsetzung – § 16 GrEStG** .......... 455
  I. Ratio legis .......... 455
  II. Rückgängigmachung eines Erwerbsvorgangs vor Eigentumsübergang .......... 457
   1. Allgemeine Vorbemerkungen .......... 457
   2. Einvernehmliche Rückgängigmachung eines Rechtsgeschäfts .......... 459
     a) Vollständige zivilrechtliche Beseitigung des Rechtsvorgangs .......... 459
     b) Tatsächliche (wirtschaftliche) Rückgängigmachung .......... 462
   3. Rückgängigmachung aufgrund Rechtsanspruchs .......... 468
  III. Rückerwerb des Eigentums .......... 468
   1. Allgemeine Systematik .......... 468

## Inhaltsverzeichnis

|  | 2. | Rückerwerb innerhalb von zwei Jahren | 471 |
|---|---|---|---|
|  |  | a) Allgemeine Vorbemerkungen | 471 |
|  |  | b) Grunderwerbsteuerliche Besonderheiten beim Tausch mit dem Bauträger | 471 |
|  | 3. | Rückerwerb wegen Nichtigkeit des vorangegangenen Erwerbsvorgangs | 476 |
|  | 4. | Rückerwerb wegen Rückgängigmachung aufgrund Rechtsanspruchs | 477 |
| IV. | | Herabsetzung der Gegenleistung | 477 |
| V. | | Ablaufhemmung | 478 |
| VI. | | Rechtsfolgen der Nichtanzeige | 479 |
|  | 1. | Allgemeine Vorbemerkungen | 479 |
|  | 2. | Rückgängigmachung von Erwerbsvorgängen i.S.d. § 1 Abs. 2 GrEStG | 481 |
|  | 3. | Rückgängigmachung von Erwerbsvorgängen i.S.d. § 1 Abs. 2a GrEStG | 481 |
|  | 4. | Rückgängigmachung von Erwerbsvorgängen i.S.d. § 1 Abs. 3 GrEStG | 483 |

K. Örtliche Zuständigkeit des FA für die GrESt-Festsetzung und ggf. für die gesonderte Feststellung ..... 485

L. Anzeigepflichten und Unbedenklichkeitsbescheinigung ..... 489
I. Anzeigepflicht der Gerichte, Behörden und Notare ..... 489
   1. Allgemeine Vorbemerkungen ..... 489
   2. Notarhaftung ..... 492
II. Anzeigepflicht der Beteiligten ..... 493
III. Inhalt der Anzeigen ..... 495
IV. Urkundenaushändigung ..... 496
V. Unbedenklichkeitsbescheinigung ..... 497

M. Ertragsteuerliche Behandlung der Grunderwerbsteuer ..... 501

N. Grunderwerbsteuerrechtliche Fragen bei Immobilien-Fonds ..... 509
I. Immobilien-Fonds vor und nach Einführung des KAGB ..... 509
II. Verwaltung offener Immobilien-AIF durch KVGs (früher: KAGs) ..... 511
   1. Anteilsvereinigung bzw. -übertragung in Bezug auf die Anteile an einer KVG ..... 511
   2. »Übertragung« von Grundstücken und Grundstücksgesellschaftsanteilen zwischen Eigenvermögen und Sondervermögen sowie zwischen verschiedenen Sondervermögen derselben KVG ..... 514
   3. Übertragung der Fonds-Verwaltung auf eine andere externe KVG. 515
   4. Übertragung aller Anteilscheine an einem Immobilien-Spezialfonds ..... 515

# Inhaltsverzeichnis

| | | |
|---|---|---|
| III. | »Einbringung« von Immobilien in einen »Miteigentums-Fonds« . . . . . . | 518 |
| | 1. Immobilien-Spezialfonds und »Miteigentumslösung« . . . . . . . . . . | 518 |
| | 2. Grundstücke, die zum offenen Spezial-AIF gehören . . . . . . . . . . | 519 |
| | 3. Kommanditbeteiligungen, die zum offenen Spezial-AIF gehören. . . . . . . . . . . . . . . . . . . . . . . . . . . . . . . . | 522 |
| IV. | Kauf und Verkauf von Grundstücken durch KVGs für Sondervermögen. . . . . . . . . . . . . . . . . . . . . . . . . . . . . . | 523 |
| | 1. Für nach der »Treuhand-Lösung« strukturierte Sondervermögen . . . . | 523 |
| | 2. Für nach der »Miteigentums-Lösung« strukturierte Sondervermögen . . . . . . . . . . . . . . . . . . . . . . . . . . . . . . . . . . | 523 |
| V. | Abwicklung von Immobilien-Sondervermögen . . . . . . . . . . . . . . . . . . | 525 |
| VI. | Beteiligung als Treugeber-Anleger an geschlossenen Immobilienfonds in der Rechtsform der Investment-KG . . . . . . . . . . . . . . . . . . . . . . . . | 526 |

**Anhänge**. . . . . . . . . . . . . . . . . . . . . . . . . . . . . . . . . . . . . . . . . . . . . . . . . 531

Anhang 1  Gleich lautende Erlasse der obersten Finanzbehörden der Länder zur Abgrenzung des Grundvermögens von den Betriebsvorrichtungen vom 05.06.2013. . . . . . . . . . . . . . . . . 531

Anhang 2  Übersicht der Verwaltungsanweisungen für den Verzicht auf Unbedenklichkeitsbescheinigungen (Stand 02.05.2014) . . . . . . . . . . . . . . . . . . . . . . . . . . . . . . 559

Anhang 3  Grunderwerbsteuer, Erschließungsbeiträge als Teil der Gegenleistung. . . . . . . . . . . . . . . . . . . . . . . . . . 571

Anhang 4  Anwendung der §§ 3 und 6 GrEStG in den Fällen des § 1 Abs. 3 GrEStG . . . . . . . . . . . . . . . . . . . . . . . . . . . . . 573

**Stichwortverzeichnis** . . . . . . . . . . . . . . . . . . . . . . . . . . . . . . . . . . . . . . . 583

# Abkürzungs- und Literaturverzeichnis

| | |
|---|---|
| a.A. | andere Ansicht |
| a.F. | alte Fassung |
| Abschn. | Abschnitt |
| AcP | Archiv für die civilistische Praxis (Zeitschrift) |
| aE | am Ende |
| AfA | Abschreibungen für Abnutzungen |
| AG | Aktiengesellschaft |
| AktG | Aktiengesetz |
| aM | anderer Meinung |
| AnfG | Gesetz betr. die Anfechtung von Rechtshandlungen außerhalb des Konkurses v. 21.07.1879 |
| Anh. | Anhang |
| Anm. | Anmerkung |
| AO | Abgabenordnung 1977 |
| Ardizzoni/Führlein/Körner | Ardizzoni/Führlein/Körner, Grunderwerbsteuer, 1. Aufl. 2008 |
| Art. | Artikel |
| Aufl. | Auflage |
| AZ | Aktenzeichen |
| | |
| Battis/Krautzberger/Löhr | Battis/Krautzberger/Löhr, Baugesetzbuch – BauGB –, 12. Aufl. München 2014 |
| BauGB | Baugesetzbuch |
| Baumbach/Hopt | Baumbach/Hopt, Handelsgesetzbuch mit Nebengesetzen, 36. Aufl. 2014 |
| Baumbach/Hueck | Baumbach/Hueck, GmbH-Gesetz, 20. Aufl. München 2012 |
| Baumbach/Lauterbach/ 72. Aufl. 2014 Albers/Hartmann | Baumbach/Lauterbach/Albers/Hartmann Zivilprozessordnung, |
| BaWü | Baden-Württemberg |
| bayer. | bayerisch |
| BayFMin | Bayerisches Staatsministerium der Finanzen |
| BayKAG | Bayerisches Kommunalabgabengesetz |
| BayObLG | Bayerisches Oberstes Landesgericht |
| BayVBl. | Bayerische Verwaltungsblätter |
| BayVGH | Bayerischer Verwaltungsgerichtshof |
| BB | Der Betriebs-Berater (Zeitschrift) |
| BBergG | Bundesberggesetz 13.08.1980 (BGBl. I 1980, 1310) |
| Bd. | Band |
| BdF/BMF | Bundesminister für Finanzen |
| BeurkG | Beurkundungsgesetz |
| BewG | Bewertungsgesetz (1965) |
| BezO | Bezirksordnung |
| BFH | Bundesfinanzhof |
| BFH/NV | Sammlung amtlich nicht veröffentlichter Entscheidungen des Bundesfinanzhofes |

# Abkürzungs- und Literaturverzeichnis

| | |
|---|---|
| BFHE | Sammlung von Entscheidungen des Bundesfinanzhofs; Band, Seite |
| BGB | Bürgerliches Gesetzbuch |
| BGBl. | Bundesgesetzblatt |
| BGH | Bundesgerichtshof |
| BGHZ | Sammlung der Entscheidungen des BGH in Zivilsachen; Band, Seite |
| BMF | Bundesminister der Finanzen |
| BMI | Bundesminister des Innern |
| BMJ | Bundesminister der Justiz |
| BNotO | Bundesnotarordnung |
| Boruttau | Boruttau, Kommentar zum GrEStG 17. Aufl. 2011 |
| Brandmüller | Brandmüller, Vertrags- und Formularbuch Recht und Steuern, Stand 2007 |
| BR-Drucks. | Bundesrats-Drucksache |
| BStBl. | Bundessteuerblatt |
| Bunjes | Bunjes, Umsatzsteuergesetz Kommentar, 13. Aufl. München 2014 |
| BuW | Betrieb und Wirtschaft (Zeitschrift) |
| BVerfG | Bundesverfassungsgericht |
| BVerfGE | Entscheidungen des BVerfG; Band, Seite |
| BVerwG | Bundesverwaltungsgericht |
| BWNotZ | Baden – Württembergische Notarzeitschrift |
| | |
| DAI | Deutsches Anwalts – Institut |
| DB | Der Betrieb (Zeitschrift) |
| DNotI – Report | Report des Deutschen Notarinstitutes (Zeitschrift) |
| DNotZ | Deutsche Notar Zeitschrift |
| DRiZ | Deutsche Richterzeitung |
| Drucks. | Drucksache |
| DStBl. | Deutsches Steuerblatt |
| DStR | Deutsches Steuerrecht |
| DStRE | Deutsches Steuerrecht Entscheidungsdienst |
| DVBl. | Deutsches Verwaltungsblatt |
| DVR | Deutsche Verkehrsteuer – Rundschau |
| | |
| e.V. | eingetragener Verein |
| EFG | Entscheidungen der Finanzgerichte |
| EGBGB | Einführungsgesetz zum Bürgerlichen Gesetzbuch |
| EigentÜbertrG | Eigentumsübertragungsgesetz v. 22.07.1990 (GBl. DDR I 1990, 889) |
| Einf. | Einführung |
| EinVertrG | Einigungsvertragsgesetz |
| ErbbauRG | Gesetz über das Erbbaurecht (vor 30.11.2007: ErbbaurechtsVO) |
| ErbSt. | Erbschaftsteuer |
| ErbStG | Erbschaftsteuergesetz (Erbschaft- und Schenkungsteuergesetz) |
| Erl. | Erlass, Erläuterung |
| ESt. | Einkommensteuer |
| EStG | Einkommensteuergesetz |

## Abkürzungs- und Literaturverzeichnis

| | |
|---|---|
| f. | folgende |
| FA | Finanzamt |
| FAZ | Frankfurter Allgemeine Zeitung |
| ff. | fortfolgende |
| FG | Finanzgericht |
| FGG | Gesetz über die freiwillige Gerichtsbarkeit |
| FGO | Finanzgerichtsordnung |
| FinAusglG | Finanzausgleichsgesetz |
| FinMin. | Finanzminister, Finanzministerium |
| FinVerw. | Finanzverwaltung |
| FlurBG | Flurbereinigungsgesetz |
| FM | Finanzminister, Finanzministerium |
| FMBl. | Finanzministerialblatt |
| Fn. | Fußnote |
| FR | Finanz – Rundschau |
| FStrG | Bundesfernstraßengesetz |
| FVG | Gesetz über die Finanzverwaltung |
| | |
| G | Gesetz |
| GBl. (GesBl.) | Gesetzblatt |
| GBO | Grundbuchordnung |
| GbR | Gesellschaft bürgerlichen Rechts |
| GenG | Gesetz betr. die Erwerbs- und Wirtschaftsgenossenschaften |
| GesbR (GbR) | Gesellschaft des bürgerlichen Rechts |
| GG | Grundgesetz für die Bundesrepublik Deutschland |
| ggf. | gegebenenfalls |
| GmbH | Gesellschaft mit beschränkter Haftung |
| GmbHG | Gesetz betr. die Gesellschaft mit beschränkter Haftung |
| GmbHR | GmbH – Rundschau (Zeitschrift) |
| grds. | grundsätzlich |
| GrdStVG | Gesetz über Maßnahmen zur Verbesserung der Agrarstruktur und zur Sicherung land- und forstwirtschaftlicher Betriebe (Grundstücksverkehrsgesetz) |
| GrdStVO | Verordnung über den Verkehr mit Grundstücken (Grundstücksverkehrsordnung) der ehemaligen DDR vom 15.12.1977 (GBl Nr. 5 1978, 73) |
| GrESt | Grunderwerbsteuer |
| GrEStG 1983 | GrEStG vom 17.12.1982 (BGBl. I 1982, 1777) |
| GrS | Großer Senat |
| GrStG | Grundsteuergesetz |
| Grziwotz/Everts/u.a. | Grziwotz/Everts/Heinemann/Koller, Grundstückskaufvertrag |
| GVBl (GVOBl) | Gesetz- und Verordnungsblatt |
| | |
| h.L. | herrschende Lehre |
| h.M. | herrschende Meinung |
| Haegele | Schöner/Stöber Grundbuchrecht, 15. Aufl. 2012 |
| HdB 1999 | Handbuch der Bewertung 1999, Schriften des Deutschen wissenschaftlichen Steuerinstituts der Steuerberater e.V., München 1999 |
| HFR | Höchstrichterliche Finanzrechtsprechung (Zeitschrift) |

# Abkürzungs- und Literaturverzeichnis

| | |
|---|---|
| HGB | Handelsgesetzbuch |
| HöfeO | Höfeordnung (Neufassung v. 26.07.1976, BGBl. I 1976, 1933) |
| Hofmann | Hofmann R., GrEStG Kommentar, 10. Aufl. 2014 |
| HR | Handelsregister |
| | |
| i.d.F. | in der Fassung |
| i.d.R. | in der Regel |
| i.R. | im Rahmen |
| i.S. | im Sinne |
| i.S.d. | im Sinne des/der |
| i.V.m. | in Verbindung mit |
| INF | Information über Steuern und Wirtschaft |
| insbes. | Insbesondere |
| i.S. (v.) | im Sinne (von) |
| IStR | Internationales Steuerrecht (Zeitschrift) |
| | |
| JR | Juristische Rundschau (Zeitschrift) |
| JStG 1996 | Jahressteuergesetz 1996 vom 11.10.1995 (BGBl. I 1995, 1250) |
| JStG 1997 | Jahressteuergesetz 1997 vom 20.12.1996 (BGBl. I 1995, 2049) |
| jurisPR-SteuerR | Spanke, jurisPR-SteuerR 35/2014 Anm. 5 |
| JuS | Juristische Schulung (Zeitschrift) |
| JW | Juristische Wochenschrift (Zeitschrift) |
| JZ | Juristenzeitung |
| | |
| KAG | Kommunalabgabengesetz |
| Kaiser | Kaiser, Grunderwerbsteuerplanung bei Umstrukturierung und Unternehmenserwerb, 1. Aufl. 2007 |
| KapGes | Kapitalgesellschaft |
| Kapp/Ebeling | Kapp/Ebeling, Erbschaftsteuer und Schenkungsteuergesetz, Kommentar (Loseblatt)[[BREAK]]Stand Aug. 2014 |
| Kessler/Kröner/Köhler | Kessler/Kröner/Köhler, Konzernsteuerrecht, 2. Aufl. München 2008 |
| KG | Kommanditgesellschaft |
| KGaA | Kommanditgesellschaft auf Aktien |
| Klein | Klein, Abgabenordnung, 12. Aufl. 2014 |
| KO | Konkursordnung |
| koord. | Koordiniert (= im Einvernehmen mit den obersten Finanzbehörden der anderen Länder) |
| Korintenberg | Korintenberg,/Bengel, M./ W./Reimann, W./Otto, K./ Tiedtke, W., Gerichts- und Notarkostengesetz, Kommentar, 19. Aufl. München 2015 |
| KÖSDI | Kölner Steuerdialog (Zeitschrift) |
| KSt. | Körperschaftsteuer |
| KStG | Körperschaftsteuergesetz |
| | |
| LandkreisO | Landkreisordnung |
| LM | Lindenmaier–Möhring, Nachschlagewerk des Bundesgerichtshofs |
| LStrG | Landesstraßengesetz |
| Lutter/Hommelhoff | Lutter/Hommelhoff, GmbH-Gesetz, 18. Aufl. Köln 2012 |

# Abkürzungs- und Literaturverzeichnis

| | |
|---|---|
| m.w.Bsp. | mit weiteren Beispielen |
| m.w.N. | mit weiteren Nachweisen |
| MDR | Monatsschrift für Deutsches Recht (Zeitschrift) |
| Meincke | Meincke, Erbschaftsteuer- und Schenkungsteuergesetz, Kommentar, 16. Aufl. 2012 |
| MinBl. | Ministerblatt |
| MinblFin. | Ministerblatt des Bundesministeriums der Finanzen |
| MittBayNot. | Mitteilungen des bayerischen Notarvereins, der Notarkasse und der Landesnotarkammer Bayern (Zeitschrift) |
| MittRhNotk. | Mitteilungen der Rheinischen Notarkammer (Zeitschrift) |
| Moench | Moench/Weinmann, Erbschaft- und Schenkungsteuer Stand 2014 |
| MüKo | Münchener Kommentar zum Bürgerlichen Gesetzbuch, Band II, 6. Aufl. 2012; Band V, 6. Aufl. 2012; Band IX, 6. Aufl. 2013 |
| n.F. | neue Fassung |
| Nds. | Niedersachsen |
| NJW | Neue Juristische Wochenschrift (Zeitschrift) |
| NJW-RR | NJW-Rechtsprechungs-Report (Zeitschrift) |
| Notar | Monatsschrift für die gesamte notarielle Praxis |
| NotBZ | Zeitschrift für die notarielle Beratungs- und Beurkundungspraxis |
| Notarkasse | Streifzug durch das GNotKG, 10. Aufl. 2013 |
| Nr. | Nummer |
| NVwZ | Neue Zeitschrift für Verwaltungsrecht (Zeitschrift) |
| NWB | Neue Wirtschaftsbriefe (Zeitschrift) |
| OFD | Oberfinanzdirektion |
| OHG | Offene Handelsgesellschaft |
| Padberg | Padberg, K., Grunderwerbsteuerrecht, Kommentar München/Münster (Erscheinen eingestellt) |
| Pahlke | Pahlke, Kommentar zum Grunderwerbsteuergesetz, 5. Aufl. 2014 |
| Palandt | Palandt, Kommentar zum Bürgerlichen Gesetzbuch, 74. Aufl. 2015 |
| PersGes. | Personengesellschaft |
| Prot. | Protokolle |
| qm. | Quadratmeter |
| Rau/Dürrwächter | Rau/Dürrwächter UStG Kommentar, Köln Stand Sept. 2014 |
| Rdn. | Randnummer innerhalb des Werkes |
| RFH | Reichsfinanzhof |
| RFHE | Sammlung der Entscheidungen und Gutachten des Reichsfinanzhofs; Band, Seite |
| RG | Reichsgericht |
| RGBl. | Reichsgesetzblatt |
| RGRK (BGB) | Kommentar zum BGB von Reichsgerichtsräten und Bundesrichtern |
| RGZ | Entscheidungen des Reichsgerichts in Zivilsachen |
| RHG | Reichsheimstättengesetz |

# Abkürzungs- und Literaturverzeichnis

| | |
|---|---|
| RhPf. | Rheinland-Pfalz |
| Rn. | Randnummer in anderen Veröffentlichungen |
| rkr | rechtskräftig |
| RNotZ | Rheinische Notar-Zeitschrift |
| Rössler/Troll | Bewertungsgesetz, Kommentar, bearb. v. Halaczinsky/Eisele, (Loseblatt) Stand Nov. 2014 |
| Rothenöder | Der Anteil im Sinn des § 1 Abs. 3 GrEStG, 1. Aufl. 2009 |
| RSpr. | Rechtsprechung |
| RStBl. | Reichssteuerblatt |
| | |
| S. | Seite |
| Saarl. | Saarland |
| SachenRBerG | Gesetz zur Sachenrechtsbereinigung im Beitrittsgebiet 21.09.1994 (BGBl. I 1994, 2538) mit späteren Änderungen |
| SchenkSt. | Schenkungsteuer |
| Schmidt | Schmidt, Einkommensteuergesetz: EStG, Kommentar, 33. Aufl. München 2014 |
| Schmitz | Schmitz, Grunderwerbsteuerrecht in der Vertragspraxis, 1. Aufl. 2004 |
| Schnitter | Schnitter, Grunderwerbsteuerrecht, 1. Aufl. 2005 |
| Semler/Volhard | Semler/Volhard, Arbeitshandbuch für Unternehmensübernahme, Band II, 2003 |
| Sen. | Senator |
| SeuffA | Seuffert's Archiv für Entscheidungen |
| St. | Steuer |
| StÄndG2001 | Steueränderungsgesetz v. 20.12.2001 (BGBl. 2001, 3794) |
| StAnpG | Steueranpassungsgesetz v. 16.10.1932 (RGBl. I 1934, 925; RStBl 1934, 1149) mit Änderungen (SB BGBl. III 610-2) |
| StbJb. | Steuerberater-Jahrbuch |
| StEK | Steuererlasskartei |
| StEntl 1999 ff. | Steuerentlastungsgesetz 1999, 2000, 2002 v. 24.03.1999 (BGBl. I, 402) |
| StGB | Strafgesetzbuch |
| | |
| Tipke/Kruse | Tipke/Kruse, Kommentar zur Abgabenordnung Finanzgerichtsordnung (Loseblatt) Stand Dez. 2014 |
| Tipke/Lang | Tipke/Lang, Steuerrecht, 21. Aufl. Köln 2013 |
| TreuhG | Gesetz zur Privatisierung und Reorganisation des volkseigenen Vermögens v. 17.06.1990 (GBl. DDR I 1990, 300) |
| Troll/Gebel/Jülicher | Troll/Gebel/Jülicher, Erbschaftsteuer- und Schenkungsteuergesetz (Loseblatt) Stand Dez.2014 |
| Tz. | Textziffer |
| | |
| u.a. | unter anderem |
| UB | Unbedenklichkeitsbescheinigung |
| UmwG | Umwandlungsgesetz v. 28.10.1994 (BGBl. I 1994, 3210) |
| UmwStG | Umwandlungsteuergesetz v. 28.10.1994 (BGBl. I 1994, 3267) |
| UR | Umsatzsteuer-Rundschau (Zeitschrift) |
| Urt. | Urteil |
| USt. | Umsatzsteuer |

# Abkürzungs- und Literaturverzeichnis

| | |
|---|---|
| UStG | Umsatzsteuergesetz |
| UStR | Umsatzsteuerrichtlinien |
| UVR | Umsatzsteuer und Verkehrsteuerrecht |
| v.H. | vom Hundert |
| VAG | Versicherungsaufsichtsgesetz (Bekanntmachung v. 13.10.1983, BGBl. I 1983, 1261) |
| Verf. | Verfügung |
| VermG | Gesetz zur Regelung offener Vermögensfragen (Vermögensgesetz) v. 23.09.1990 (BGBl. I 1990, 889) i.d.F. der Bekanntmachung v. 2.12.1994 (BGBl. I 1994, 3610) |
| Verweyen | Verweyen, GrESt bei konzerninternen Umstrukturierungen, 1. Aufl. 2005 |
| VG | Verwaltungsgericht |
| VGH | Verwaltungsgerichtshof |
| vgl. | vergleiche |
| Viskorf/Glier/Knobel | Viskorf, H.-W/Knobel, W./Schnuck, S., Bewertungsgesetz, Kommentar, 4. Aufl. Herne/Berlin 2013 |
| VO | Verordnung |
| VOBl. | Verordnungsblatt |
| Vogel/Schwarz | Vogel/Schwarz, Kommentar zum UStG |
| Vor. | Vorbemerkung |
| VSt. | Vermögensteuer |
| VStG | Vermögensteuergesetz |
| VwGH | Verwaltungsgerichtshof |
| VwGO | Verwaltungsgerichtsordnung |
| VwVfG | Verwaltungsverfahrensgesetz v. 25.05.1996 (BGBl. I 1996, 1253) |
| Wachter, Stiftungen | Wachter Th., Stiftungen, Köln 2005 |
| WEG | Gesetz über das Wohnungseigentum und das Dauerwohnrecht (Wohnungseigentumsgesetz) v. 15.03.1951, (BGBl. I 1951, 175) mit Änderungen |
| Weilbach | Weilbach D., Grunderwerbsteuer, Kommentar (Loseblatt) Stand Okt. 2014 |
| Widmann/Mayer | Widmann/Mayer (Hrsg), Umwandlungsrecht (Loseblatt) Stand Nov. 2014 |
| WM | Wertpapiermitteilungen (Zeitschrift) |
| ZEV | Zeitschrift für Erbrecht und Vermögensnachfolge |
| ZflR | Zeitschrift für Immobilienrecht |
| ZGR | Zeitschrift für Unternehmens- und Gesellschaftsrecht |
| ZHR | Zeitschrift für das gesamte Handels- und Wirtschaftsrecht |
| ZIP | Zeitschrift für Wirtschaftsrecht |
| ZNotP | Zeitschrift für die notarielle Praxis |
| ZPO | Zivilprozessordnung |
| zust. | zustimmend |
| zutr. | zutreffend |
| ZVG | Gesetz über die Zwangsversteigerung und die Zwangsverwaltung |

# A. Allgemeine Einführung

## Übersicht

| | Rn. |
|---|---|
| I. Die Rechtsnatur der Grunderwerbsteuer | 1 |
| II. Das Verhältnis zu anderen Steuern | 2 |
|    1. Erbschaft- und Schenkungsteuer | 2 |
|    2. USt | 4 |
|       a) Umsatzsteuerfreiheit | 4 |
|       b) Option zur Umsatzsteuerpflicht | 7 |
|       c) Bemessungsgrundlage für die USt | 10.1 |
|          aa) Rechtslage vor dem 01.10.2007 | 11 |
|          bb) Änderungen durch die BFH-Urteile vom 20.12.2005 und vom 09.11.2006 | 13 |
|       d) Bemessungsgrundlage für die GrESt | 15.1 |
|          aa) Frühere Ansicht | 16 |
|          bb) Änderungen durch das Haushaltsbegleitgesetz 2004 | 19 |
|       e) Geschäftsveräußerung i.S.d. § 1 Abs. 1a UStG | 24 |
| III. Das Verhältnis zum Zivilrecht – Auslegung des GrEStG | 35 |

## I. Die Rechtsnatur der Grunderwerbsteuer

Die GrESt ist eine Rechtsverkehrsteuer.[1] Es wird der Grundstücksumsatz unter Anknüpfung an bestimmte, im Einzelnen aufgeführte Rechtsvorgänge besteuert.[2] Ein wirtschaftlicher Umsatz ist nicht Voraussetzung der Steuerbarkeit, da sich die Steuertatbestände lediglich auf Rechtsänderungen am Grundstück beziehen. Dementsprechend unterliegen etwa die Sicherungsübereignung von Gebäuden auf fremdem Grund und Boden oder Treuhandgeschäfte der Grunderwerbsteuer.[3] Ebenso unterliegen die durch Umstrukturierungen von Unternehmen (Umwandlungen) bewirkten

---

[1] Zur Entwicklungsgeschichte der GrESt vgl. *Boruttau/Fischer*, Vorb. Rn. 21 ff., 17. Aufl. 2011.

[2] Vgl. BFH-Urteil II R 14/02 vom 29.09.2004, BStBl. II 2005, 148; BFH/NV 2004, 1731: »Der Besteuerung nach dem GrEStG unterliegen in typisierender Weise bestimmte, in § 1 Abs. 1 und 2 GrEStG umschriebene und in Abs. 3 fingierte Rechtsvorgänge. Besteuert wird danach der (fingierte) Rechtsvorgang als solcher um des in der Rechtsänderung selbst enthaltenen Ergebnisses der Rechtsänderung willen (vgl. *Fischer* in Boruttau, a.a.O., Vorbemerkungen Rz. 106). Daraus folgt, dass die grunderwerbsteuerrechtliche Tatbestandsmäßigkeit eines Rechtsvorgangs nicht davon abhängig gemacht werden darf, ob der Rechtsvorgang für den Betroffenen vorteilhaft oder wirtschaftlich erfolgreich war, und dementsprechend auch nicht davon, wem diese Vorteile zu Gute gekommen sind.«

[3] Vgl. *Pahlke*, § 2 Rn. 118 f.; § 1 Rn. 1 ff., Rn. 345 ff.; *Hofmann*, § 1 Rn. 1 ff.; zu Treuhandgeschäften vgl. auch die gleichlautenden Länder-Erlasse vom 12.10.2007, BStBl. I 2007, 757, StEK § 1 GrEStG Nr. 181.

Grundstücksübergänge grds. der Grunderwerbsteuer, selbst wenn keine Marktberührung, d.h. kein wirtschaftlicher Umsatz, eintritt.[4]

## II. Das Verhältnis zu anderen Steuern

### 1. Erbschaft- und Schenkungsteuer

2   Die GrESt tritt grds. hinter die Erbschaft- und Schenkungsteuer zurück, da § 3 Nr. 2 Satz 1 GrEStG die Grundstückserwerbe von Todes wegen und Grundstücksschenkungen unter Lebenden von der GrESt ausnimmt.[5]

3   Die konkreten Auswirkungen werden i.R. der Befreiungsvorschrift des § 3 Nr. 2 GrEStG behandelt.[6]

### 2. USt

*a) Umsatzsteuerfreiheit*

4   Das Verhältnis der GrESt zur USt bestimmt sich nach § 4 Nr. 9a UStG. Demnach sind Umsätze, die unter das GrEStG fallen, umsatzsteuerfrei. Vorgänge, die nach § 1 GrEStG steuerbar, aber nach den §§ 3 ff. GrEStG ganz oder teilweise befreit sind, fallen ebenfalls unter die Befreiung des § 4 Nr. 9a UStG. So ist etwa die Grundstücksveräußerung unter Ehegatten nach § 3 Nr. 4 GrEStG von der GrESt befreit und gleichzeitig nach § 4 Nr. 9a UStG von der USt.[7]

5   Grds. kann zwar die Veräußerung von Immobilien einen steuerbaren Umsatz im Sinn von § 1 Abs. 1 Nr. 1 UStG darstellen, sofern es sich um eine Lieferung handelt, die ein Unternehmer im Inland gegen Entgelt i.R. seines Unternehmens ausführt. Dabei muss der Leistende oder eine von ihm beauftragte Person stets ein Unternehmer sein, während es gleichgültig ist, ob der Leistungsempfänger Unternehmer ist oder nicht.

6   Die Lieferung eines Grundstücks ist nach § 4 Nr. 9a UStG jedoch umsatzsteuerfrei, weil die Verpflichtung zur Grundstückslieferung unter das GrEStG fällt.[8] Hierdurch soll eine Doppelbelastung mit Umsatz- und GrESt vermieden werden.

---

4   Vgl. *Pahlke*, Einleitung Rn. 9; *Hofmann*, § 1 Rn. 1 ff. Nur unter den engen Voraussetzungen des § 6a GrEStG kann sich eine Befreiung von der Steuerpflicht ergeben.

5   Vgl. *Meincke*, Einf. Rn. 4; *Hofmann*, Einf. Rn. 6; *Weilbach*, Einführung Rn. 3; *Boruttau/Fischer*, Vor. Rn. 172 ff., 17. Aufl. 2011.

6   Vgl. hierzu Rdn. 391 ff.

7   Vgl. *Rau/Dürrwächter*, § 4 Nr. 9 Rn. 18 ff.; *Bunjes*, § 4 Nr. 9 Rn. 2, 10. Aufl. 2011. Nicht anwendbar ist § 4 Nr. 9a GrEStG auf eine Vermittlungsleistung, auch wenn diese auf einem atypischen Maklervertrag beruht, der dem Vermittler über den Vermittlungsauftrag hinaus besondere Befugnisse einräumt, die ihm eine Verwertung auf eigene Rechnung i.s.v. § 1 Abs. 2 GrEStG ermöglichen; vgl. BFH-Beschluss V B 15/15 vom 28.05.2015.

8   Hierbei spielt es auch keine Rolle, ob es sich um ein unbebautes, bebautes, erschlossenes oder nicht erschlossenes Grundstück handelt.

## II. Das Verhältnis zu anderen Steuern A.

In bestimmten Konstellationen des sog. einheitlichen Vertragswerks[9] (insbesondere im Bauherrenmodell) kann es zur Kumulierung von USt und GrESt hinsichtlich der Bau- und etwaiger Nebenleistungen (sofern von einem anderen Unternehmer als dem Grundstücksverkäufer erbracht) kommen, weil in die Bemessungsgrundlage der GrESt die wegen Unanwendbarkeit von § 4 Nr. 9a UStG auf die Bauleistungen anfallende USt einbezogen wird. Zwar vertrat das FG Niedersachsen die Ansicht, dass ein Verstoß gegen das europäische USt-Mehrfachbelastungsverbot des Art. 401 der Mehrwertsystemrichtlinie (MwStSystRL, früher Art. 33 der Sechsten EU-RL) vorläge.[10] Der EuGH ist dem mit Beschluss vom 27.11.2008[11] jedoch nicht gefolgt. Nach Ansicht des EuGH hindert Art. 401 die Mitgliedstaaten nicht daran, beim Erwerb eines noch unbebauten Grundstücks künftige Bauleistungen in die Bemessungsgrundlage für die Berechnung von Verkehrssteuern wie die GrESt des deutschen Rechts einzubeziehen und somit einen nach der MwStSystRL unterliegenden Vorgang zusätzlich mit diesen weiteren Steuern zu belegen, sofern diese nicht den Charakter von USt haben. Nach der Rechtsprechung des EuGH[12] und des BFH[13] hat die GrESt nicht den Charakter einer USt.

Nach Ansicht von EuGH und BFH sind die Bauleistungen – weil von einer vom Grundstücksverkäufer verschiedenen Person erbracht – eigenständige umsatzsteuerpflichtige Leistungen. Die Umsatzsteuerbefreiung für Erwerbsvorgänge, die der GrESt unterliegen, gilt folglich nicht für von einem Dritten erbrachte Bauleistungen.[14] Nur wenn die beiden Arten von Lieferungsgegenständen, nämlich das Gebäude und der Grund und Boden, Gegenstand ein und derselben Lieferung eines bebauten Grundstücks (desselben Unternehmers) sind, liegt umsatzsteuerlich ein einheitliches Geschäft vor, das insgesamt nach § 4 Nr. 9a UStG von der USt befreit ist.[15]

Bei Lieferung von Inventar, z.B. Mobiliar, Bestuhlungen o.ä. im Zusammenhang mit einer Grundstücksveräußerung liegt ein einheitlicher Leistungsgegenstand, der nach § 4 Nr. 9a UStG steuerfrei ist, nur dann vor, wenn es sich hierbei um einen wesentlichen Bestandteil der veräußerten Grundstücke bzw. Gebäude (z.B. Wände, Treppen, Fenster, Duschen) handelt. Bei der Inventarlieferung handelt es sich nicht um eine unselbständige Nebenleistung, die das Schicksal der Hauptleistung

---

9 Vgl. dazu Kapitel F, Rdn. 648 ff.
10 Vgl. FG Niedersachsen, Beschluss 7 K 333/06 vom 02.04.2008, EFG 2008, 975. Die Vorlage des FG Niedersachsen lautete: »Verstößt die Erhebung der deutschen GrESt auf künftige Bauleistungen durch deren Einbeziehung in die grunderwerbsteuerliche Bemessungsgrundlage beim Erwerb eines noch unbebauten Grundstücks gegen das europäische Umsatzsteuer-Mehrfachbelastungsverbot des Art. 401 MwStSystRL, wenn die grunderwerbsteuerlich belasteten Bauleistungen zugleich als eigenständige Leistungen der deutschen Umsatzsteuer unterliegen?«.
11 Vgl. EuGH-Beschluss C-156/08 vom 27.11.2008, DStR 2009, 233; UVR 2009, 136.
12 Vgl. bereits EuGH-Urteil C-73/85 vom 08.07.1986, EGHE 1986, 2441.
13 Vgl. BFH-Urteil II R 53/06 vom 02.04.2008, BStBl. II 2009, 05.
14 Vgl. FG Niedersachsen Beschluss 7 K 333/06 vom 02.04.2008, EFG 2008, 975.
15 Vgl. EuGH-Urteil C-73/85 vom 08.07.1986, EGHE 1986, 2441.

# A. Allgemeine Einführung

(Grundstückslieferung) teilt. Unerheblich ist, dass die Zusatzleistungen (Inventarlieferungen) in die notariell beurkundeten Grundstückskaufverträge aufgenommen worden sind. Deshalb sind Inventarlieferungen umsatzsteuerbar und umsatzsteuerpflichtig, soweit es sich nicht um wesentliche Bestandteile handelt.[16]

Werden bspw. im Bauträgervertrag möblierte Studentenapartments veräußert, fällt somit hinsichtlich des Inventars (soweit es kein wesentlicher Bestandteil ist) USt an.

### b) Option zur Umsatzsteuerpflicht

7 Auf die Umsatzsteuerfreiheit kann verzichtet werden, wenn der Umsatz an einen anderen Unternehmer für dessen Unternehmen ausgeführt wird (§ 9 Abs. 1 UStG).[17] Gemäß § 9 Abs. 3 Satz 2 i.V.m. § 4 Nr. 9a) UStG muss die Option zur USt, d.h. der Verzicht auf die Steuerbefreiung nach § 4 Nr. 9a) UStG, in dem gem. § 311b Abs. 1 BGB notariell zu beurkundenden Vertrag erklärt werden. Im Fall der zulässigen Option nach § 9 Abs. 1 UStG wird die Grundstückslieferung somit umsatzsteuerpflichtig.

8 Infrage kommt sowohl eine Teiloption (insbesondere bei unterschiedlich genutzten Gebäudeteilen) als auch eine Gesamtoption.[18] Nach Ansicht der FinVerw. ist nicht nur der Widerruf der Option zur USt nach § 9 UStG, sondern auch die Erklärung der Option nach § 9 UStG nur bis zur formellen Bestandskraft der jeweiligen Jahressteuerfestsetzung zulässig.[19] Vorsorglich sollte daher nicht unter einer aufschiebenden Bedingung zur USt optiert werden, weil die FinVerw. die Option als verspätet und damit unwirksam ansehen könnte, wenn die Jahressteuerfestsetzung bei Eintritt der Bedingung bereits formell bestandskräftig geworden ist (d.h. die Einspruchsfrist bereits abgelaufen und kein Einspruch eingelegt worden ist). Betroffen ist insbesondere der Fall, dass die Parteien davon ausgehen, dass die Veräußerung der Immobilie nach § 1 Abs. 1a UStG als Geschäftsveräußerung im Ganzen nicht umsatzsteuerbar ist, das für den Verkäufer zuständige FA[20] jedoch – z.B. nach einer Jahre später durchgeführten Betriebsprüfung – § 1 Abs. 1a UStG für unanwendbar hält. Vorsorglich sollte die Option zur USt im Vertragstext unbedingt erklärt werden, auch wenn die Parteien im Vertragstext zugleich erklären, dass nach ihrer Auffassung

---

16 Vgl. FG München, UVR 2014, S. 234.
17 Bei der Bestellung und Übertragung von Erbbaurechten ist jedoch die Möglichkeit, auf die Steuerbefreiung zu verzichten, nach Maßgabe des § 9 Abs. 2 i.V.m. § 27 Abs. 2 UStG eingeschränkt.
18 Vgl. Abschn. 9.1 Abs. 6 UStAE.
19 Vgl. Abschn. 9.1 Abs. 3 Satz 1 UStAE, unter Hinweis auf das BFH-Urteil XI R 1/08 vom 10.12.2008, BStBl. II 2009, 1026, das die Verwaltungsansicht in Bezug auf die Erklärung der Option nach § 9 UStG allerdings nicht stützt; kritisch auch *Prätzler*, DStR 2011, 507. U.E. sind die Steuerpflichtigen grds. berechtigt, für einen Umsatz nachträglich bis zum Zeitpunkt des Ablaufs der Festsetzungsfrist für die zugrundeliegende Steuerfestsetzung nach § 9 Abs. 1 UStG zur USt zu optieren.
20 Nach internen Verwaltungsanweisungen (vgl. z.B. OFD Hannover vom 09.10.2009, S. 7500 – 466 – StO 171, UVR 2010, 102) ist das für den Käufer zuständige FA verpflichtet, der Entscheidung des für den Verkäufer zuständigen FA über die Anwendung von § 1 Abs. 1a UStG zu folgen.

## II. Das Verhältnis zu anderen Steuern      A.

eine Geschäftsveräußerung im Ganzen i.S. § 1 Abs. 1a UStG vorliegt.[21] Keinesfalls sollte die Erklärung der Optionen zur USt davon abhängig gemacht werden, dass die Finanzämter die Meinung vertreten, dass § 1 Abs. 1a UStG nicht anwendbar sei. Unschädlich ist es u.E. allerdings auch auf Grundlage von Abschnitt 9.1 Abs. 3 Satz 1 UStAE, wenn die Option zur USt von der Rechtsbedingung abhängig gemacht wird, dass keine Geschäftsveräußerung im Ganzen i.S.v. § 1 Abs. 1a UStG vorliegt.

Ziel der Option ist die Erlangung des Vorsteuerabzuges durch Ausschaltung des § 15 Abs. 2 Nr. 1 UStG. Dies folgt daraus, dass nach § 15 Abs. 2 Nr. 1 UStG die Steuer für Lieferungen und sonstige Leistungen, die ein Unternehmer zur Ausführung steuerfreier Umsätze verwendet, vom Vorsteuerabzug ausgeschlossen ist. Optiert der Grundstücksveräußerer dagegen zur Umsatzsteuerpflicht, kann er die Vorsteuer aus Leistungen, die er selbst für die Anschaffung des Grundstücks aufgewendet hat, abziehen. Der Erwerber kann im Grundsatz (d.h. wenn bzw. soweit der Erwerber abzugsunschädliche Ausgangsleistungen erbringt bzw. zu erbringen beabsichtigt) seinerseits die ihn treffende USt vom FA erstattet verlangen. Wird dagegen nicht optiert bzw. kann nicht optiert werden, weil der Erwerber kein Unternehmer ist, so können die Vorsteuerbeträge auf die Leistungen, die der Grundstücksveräußerer für die Anschaffung oder Herstellung des Objektes verwendet hat, nicht abgezogen werden.   9

Daneben hat die Option Bedeutung, wenn eine Korrektur des Vorsteuerabzuges nach § 15a UStG verhindert werden soll.   10

▶ **Beispiel:**

Unternehmer U errichtet im Jahr 04 für sein Unternehmen ein Gebäude und zieht zutreffenderweise die Vorsteuer von 100.000,00 € ab. Er nutzt das Gebäude ab 01.01.2005 bis 31.12.2005 für sein Unternehmen. Mit Wirkung ab 01.01.2006 veräußert er das bebaute Grundstück an einen anderen Unternehmer.

**Lösung:**

Würde für diese nach § 4 Nr. 9a UStG steuerfreie Lieferung nicht optiert, müsste U nach § 15a Abs. 1 Satz 2 UStG eine Vorsteuerkorrektur für 9 Jahre, d.h. um 90.000,00 € durchführen und diese Vorsteuer an das FA zurückzahlen.

Der Verzicht auf die Umsatzsteuerbefreiung ist somit vor allem dann sinnvoll, wenn der Unternehmer seine Leistung nicht an einen Endverbraucher, sondern an einen anderen Unternehmer erbringt, der die infolge des Verzichts entstehende USt seinerseits als Vorsteuer abziehen kann.

### c) Bemessungsgrundlage für die USt

Gemäß § 10 Abs. 1 Satz 1 UStG wird der Umsatz auch bei Grundstückslieferungen nach dem Entgelt bemessen. Entgelt ist gem. § 10 Abs. 1 Satz 2 UStG alles, was der Grundstückskäufer aufwendet, um die Grundstückslieferung zu erhalten, jedoch   10.1

---

21 Vgl. den Formulierungsvorschlag in Rdn. 29.

#### A. Allgemeine Einführung

abzüglich der USt. Fraglich ist, ob die GrESt Teil des Entgelts und damit Teil der umsatzsteuerlichen Bemessungsgrundlage sein kann.

*aa) Rechtslage vor dem 01.10.2007*

11  Nach früher herrschender Ansicht entstand bei einem Verzicht auf die Umsatzsteuerbefreiung die USt aus dem Nettoentgelt zuzüglich der halben GrESt.[22] Dies wurde damit begründet, dass nach dem Gesetz Käufer und Verkäufer wirtschaftlich jeweils die halbe GrESt schuldeten, sodass, wenn der Käufer die GrESt insgesamt übernahm, die halbe GrESt zum Entgelt hinzugerechnet werden musste.[23] Nur wenn Verkäufer und Käufer die GrESt je zur Hälfte trugen, sollte die GrESt keinen Niederschlag in der umsatzsteuerlichen Bemessungsgrundlage finden.[24] Offen war dagegen die Rechtslage in den Fällen, in denen der Verkäufer die GrESt alleine trug. Auf der Basis der vorstehenden Überlegungen hätte die Bemessungsgrundlage wohl um die halbe GrESt gemindert werden müssen, da der Verkäufer im Innenverhältnis eine Leistung des Käufers übernahm.[25]

12  In den gewöhnlichen Fällen, in denen der Erwerber die GrESt übernahm, galt bislang folgende umsatzsteuerliche Berechnung:

▶ **Beispiel:**

Ein Grundstück wird umsatzsteuerpflichtig verkauft für 100.000,00 € zzgl. USt.

**USt:**

Nettopreis (100.000,00 €) + halbe GrESt (1.750,00 €) = 101.750,00 €[26] (Entgelt); hierauf 19 % USt = 19.332,50 €.

*bb) Änderungen durch die BFH-Urteile vom 20.12.2005 und vom 09.11.2006*

13  Mit den Urteilen des BFH vom 20.12.2005 und vom 09.11.2006[27] trat eine Änderung der Rechtsprechung ein. Nach dem amtlichen Leitsatz erhöht die GrESt, die der Käufer eines Grundstücks vereinbarungsgemäß zahlt, das Entgelt für die

---

22 Vgl. Abschn. 149 Abs. 7 UStR 2005, BStBl. I 2004 Sondernummer 3/2004; BFH-Urteil V R 23/77 vom 10.07.1980, BStBl. II 1980, 620. Sofern der Vorgang jedoch von der GrESt befreit ist (z.B. gem. § 3 Nr. 6 GrEStG), war umsatzsteuerliche Bemessungsgrundlage auch nach früher h.M. nur der tatsächlich zu entrichtende Nettokaufpreis; vgl. *Vogl/Schwarz*, UStG, § 10 Rn. 21.
23 Vgl. hierzu kritisch *Schuck*, MittBayNot 1998, S. 415; hinzugerechnet wurde die an sich vom Verkäufer zu tragende Hälfte, die der Käufer übernimmt.
24 Vgl. *Eder*, ZIP 1994, S. 1671.
25 Vgl. *Schuck*, MittBayNot 1998, S. 415.
26 Nach Abschn. 149 Abs. 7 UStR 2005 war die Hälfte der GrESt nach dem (nicht um die USt erhöhten) Netto-Kaufpreis zu bemessen. Sofern jedoch aufgrund einer Befreiungsvorschrift keine GrESt anfiel (z.B. bei einem umsatzsteuerpflichtigen Verkauf von Vater an Sohn gem. § 3 Nr. 6 GrEStG), war die USt aus dem Nettokaufpreis zu berechnen.
27 Vgl. BFH-Urteil V R 14/04 vom 20.12.2005, BFH/NV 2006, 1233, DStR 2006, 754 und BFH-Urteil V R 9/04 vom 09.11.2006, BStBl. II 2007, 285.

Grundstückslieferung *nicht*. Insoweit schloss sich der BFH den neueren Ausführungen der Literatur an.[28] Auch die FinVerw. hat diese neue Auffassung übernommen.[29]

Der geänderten Auffassung ist zuzustimmen: Die Einbeziehung der hälftigen GrESt bei ihrer vollständigen vertraglichen Übernahme durch den Erwerber in die Bemessungsgrundlage der USt ist abzulehnen. Die Grunderwerbsteuer zählt gem. § 449 BGB a.F. bzw. gem. § 448 Abs. 2 BGB n.F. zu den alleine vom Erwerber zu tragenden Kosten. Die ratio legis der in diesen Bestimmungen normierten Kostentragungspflicht besteht darin, dass dem Verkäufer der vereinbarte Kaufpreis im Zweifel ungeschmälert von Kosten verbleiben soll. Bei wirtschaftlicher Betrachtung steht die GrESt den Beurkundungskosten gleich, sodass die Bestimmungen der §§ 449 BGB a.F. bzw. 448 Abs. 2 BGB n.F. zumindest analog herangezogen werden können.[30] Diese zivilrechtlich vorgegebene Kostentragungspflicht des Erwerbers im Innenverhältnis zum Veräußerer ändert zwar nichts an der Steuerschuldnerschaft des Veräußerers gem. § 13 Nr. 1 GrEStG; sie schließt jedoch eine Behandlung der vom Erwerber zu entrichtenden GrESt als umsatzsteuerliches Entgelt aus. Auf der Grundlage dieser Überlegungen ist die GrESt somit auch dann nicht in die Bemessungsgrundlage der USt einzustellen, wenn der Veräußerer alleine die gesamte GrESt trägt oder die hälftige GrESt übernimmt.[31]

**14**

Nach der neuen Rechtsprechung gilt somit künftig folgende umsatzsteuerliche Berechnung:

**15**

▶ **Beispiel:**

Ein Grundstück wird umsatzsteuerpflichtig verkauft für 100.000,00 € zzgl. USt.

USt:

19 % USt auf den Nettopreis von 100.000,00 € = 19.000,00 €.

*d) Bemessungsgrundlage für die GrESt*

Gemäß § 8 Abs. 1 GrEStG bemisst sich die GrESt grds. nach dem Wert der Gegenleistung. Bei einem Kauf gilt gem. § 9 Abs. 1 Nr. 1 GrEStG als Gegenleistung der

**15.1**

---

28 Vgl. *Pahlke*, § 9 Rn. 99 ff.; *Hofmann*, § 9 Rn. 9; vom *Streit*, DStR 2003, S. 1776 ff.; *Wagner*, UR 1999, S. 361 ff.
29 Vgl. Abschn. 10.1 Abs. 7 Satz 6 UStAE; erstmals Abschn. 149 Abs. 7 Satz 5 UStR 2008, BStBl. I 2007, Sondernummer 2/2007 und Erl. der Obersten Finanzbehörden der Länder vom 25.09.2007, IV A 5 – S 7200/07/0019, DStR 2007, S. 1773; es wird jedoch nicht beanstandet, wenn sich Erwerber und Veräußerer hinsichtlich bis zum 30.09.2007 abgeschlossener Grundstückskaufverträge auf die bisherige Regelung des Abschn. 149 Abs. 7 Sätze 5 und 6 UStR 2003 berufen; bei Grundstückskaufverträgen, für die nach § 13b Abs. 2 Satz 1 Nr. 3, Abs. 5 Sätze 1 und 3 f. UStG der Leistungsempfänger Steuerschuldner ist, reicht es aus, wenn sich der Erwerber auf die bisherige Regelung beruft.
30 Vgl. bereits OLG Bremen, DNotZ 1975, S. 95; vgl. ferner *Pahlke*, § 9 Rn. 99.
31 Vgl. *Pahlke*, § 9 Rn. 99; vom *Streit*, DStR 2003, S. 1756 ff.; *Eder*, ZIP 1994, S. 1671; *Wäger*, UStB 2002, S. 301.

Kaufpreis einschließlich der vom Käufer übernommenen sonstigen Leistungen (und der dem Verkäufer vorbehaltenen Nutzungen). Fraglich ist, ob die USt Teil der Gegenleistung i.S.v. § 9 Abs. 1 Nr. 1 UStG sein kann.

*aa) Frühere Ansicht*

16 Die wirksame Option zur Umsatzsteuerpflicht hatte nach früher einhelliger Ansicht eine nachteilige Folge im Hinblick auf die GrESt. Der um die USt höhere Kaufpreis führte zu einer entsprechenden Erhöhung der Bemessungsgrundlage für die GrESt, da die USt als unselbstständiger Teil des zivilrechtlichen Kaufpreises zur Gegenleistung für den Grunderwerb gezählt wurde.[32] Dies galt unabhängig davon, ob der Erwerber zum Vorsteuerabzug berechtigt war oder nicht.[33]

17 Aus Vereinfachungsgründen berechnete die FinVerw. jedoch die GrESt nicht aus dem Gesamtkaufpreis von 119.332,50 €. Bemessungsgrundlage sollte vielmehr der Kaufpreis ohne Berücksichtigung der Erhöhung durch die halbe GrESt sein, im Beispiel also 119.000,00 €.[34]

18 Bisher galt daher folgende grunderwerbsteuerliche Berechnung:

▶ **Beispiel:**

Ein Grundstück wird umsatzsteuerpflichtig verkauft für 100.000,00 € zzgl. USt.

**GrESt:**

3,5 % GrESt auf den Bruttopreis von 119.000,00 € = 4.165,00 €.[35]

*bb) Änderungen durch das Haushaltsbegleitgesetz 2004*

19 Seit Inkrafttreten des § 13b Abs. 1 Nr. 3 UStG am 01.04.2004[36] schuldet dem Fiskus bei einer Option zur USt der Grundstückskäufer die USt und nicht mehr wie bisher

---

32 Vgl. Abschn. 149 Abs. 7 Satz 4 ff. UStR 2005; vgl. hierzu auch *Forster*, UR 2004, S. 190.
33 Vgl. BFH-Beschluss II B 69/97 vom 13.02.1998, BFH/NV 1998, S. 1256.
34 Vgl. etwa Erl. des FinMin. Rheinlandpfalz vom 23.05.1984, DStR 1984, S. 455; vgl. ferner Abschn. 149 Abs. 7 UStR 2005. Das FG Mecklenburg-Vorpommern (DStRE 2003, S. 118) ging entgegen dieser Verwaltungspraxis sogar noch einen Schritt weiter und bezog für den Regelfall der gesamten Übernahme der GrESt durch den Erwerber auch die auf die Hälfte der übernommenen GrESt entfallende USt in die Bemessungsgrundlage der GrESt ein.
35 Liegt dagegen eine Geschäftsveräußerung im Ganzen bzw. eine Veräußerung eines gesondert geführten Betriebs i.S.d. § 1 Abs. 1a UStG vor, so konnte wegen der Nichtsteuerbarkeit der Grundstücksübertragung auch keine GrESt auf die USt erhoben werden. Die GrESt hatte in einem derartigen Fall schon bisher nur 3,5 % aus 100 betragen. Vgl. hierzu *Forster*, UR 2004, S. 190.
36 Vgl. Haushaltsbegleitgesetz 2004, BGBl. 2003 I., S. 3076. Vgl. hierzu auch *Krauß*, DB 2004, S. 1225 ff.; *Bartsch/Blaas/v. Pannwitz*, BB 2004, S. 1249 ff.; *Schubert*, MittBayNot 2004, S. 237 ff.; *Küffner/Zugmaier*, DStR 2004, S. 712 ff.

## II. Das Verhältnis zu anderen Steuern

der Verkäufer.[37] Der leistende Unternehmer erhält nur noch den Nettokaufpreis. Der Leistungsempfänger darf die USt nicht als Preisbestandteil an den leistenden Unternehmer überweisen, sondern muss diese in seiner eigenen Voranmeldung erklären und direkt an das FA abführen.

Der Wechsel des Steuerschuldners im Zuge des Haushaltsbegleitgesetzes 2004 bedeutet, dass die USt nicht mehr als Bestandteil des Kaufpreises, sondern als originäre Steuerschuld des Käufers anzusehen ist. Die geänderte Rechtslage hat somit zur Folge, dass die GrESt bei umsatzsteuerpflichtigen Verkäufen nur noch aus dem Nettokaufpreis zu bemessen ist.[38]

**20**

Seit Inkrafttreten des § 13b Abs. 1 Nr. 3 UStG am 01.04.2004 (nunmehr § 13b Abs. 2 Nr. 3 UStG n.F.) gilt daher künftig folgende Berechnung:

**21**

▶ **Beispiel:**

Ein Grundstück wird umsatzsteuerpflichtig verkauft für 100.000,00 € zzgl. USt.

**GrESt:**

3,5 % GrESt aus dem Nettopreis von 100.000,00 € = 3.500,00 €.

Auf der Grundlage der vorstehend dargestellten Rechtsprechung gilt daher folgende **Kurzformel** (bei einem Nettokaufpreis von 100):

19 % USt aus 100,

3,5 % GrESt aus 100.

Die FinVerw. hat sich zunächst auf grunderwerbsteuerlicher Ebene der für den Steuerpflichtigen günstigen Auffassung angeschlossen.[39] Für die umsatzsteuerliche Bemessungsgrundlage schloss sich die FinVerw. anschließend ebenfalls der für den Steuerpflichtigen günstigen Auffassung an.[40]

**22**

---

37 Vorausgesetzt, der Grundstückskäufer ist selbst Unternehmer oder juristische Person des öffentlichen Rechts, § 13b Abs. 2 Nr. 3 i.V.m. Abs. 5 Sätze 1, 3 und 4 UStG. Ob der Käufer die Leistung für seinen unternehmerischen Bereich bezieht, ist für den Übergang der Steuerschuldnerschaft irrelevant. Gleiches gilt für Lieferungen von Grundstücken im Zwangsversteigerungsverfahren durch den Vollstreckungsschuldner an den Ersteher, die bereits nach der seit dem 01.01.2002 geltenden Fassung des § 13b UStG unter die Umsatzsteuerschuldnerschaft des Leistungsempfängers fallen; vgl. FinMin BaWü, Erl. vom 22.06.2004, DB 2004, S. 1464.
38 Vgl. *Küffner/Zugmeier*, DStR 2004, S. 713; *Forster*, UR 2004, S. 188 ff.; *Claussen/Mensching*, DStR 2004, S. 306, die darauf hinweisen, dass diese Konsequenz vom Gesetzgeber bei der Formulierung des § 13b UStG n.F. womöglich nicht bedacht worden ist.
39 Vgl. den Erl. des FinMin BaWü vom 22.06.2004, 3-S 4521/24, der im Einvernehmen mit den Obersten Finanzbehörden der anderen Länder ergangen ist, DStR 2004, S. 1432. In Optionsfällen wird die USt zwingend vom Erwerber geschuldet; sie ist damit nicht mehr Bestandteil der grunderwerbsteuerlichen Gegenleistung.
40 Vgl. Erl. der Obersten Finanzbehörden der Länder vom 25.09.2007, IV A 5 – S 7200/07/0019; Abschn. 149 Abs. 7 UStR 2008, BStBl. I 2007, Sondernummer 2/2007; Abschn. 10.1 Abs. 7 Satz 6 UStAE.

23  Aus diesem Grund sind auch die früheren Formulierungsvorschläge[41] als überholt anzusehen.[42] Stattdessen ist bei umsatzsteuerpflichtigen Verkäufen wie folgt zu formulieren:[43]

▶ **Formulierungsvorschlag**

»1. Der Kaufpreis beträgt EUR 311 900,00.
Hiervon entfallen EUR 300 000,00 auf das Grundstück (einschließlich Gebäude) und EUR 11 900,00 auf das mitverkaufte Inventar.[44]
2. Der Verkäufer verzichtet auf die Umsatzsteuerfreiheit der Grundstückslieferung, so dass für den Kaufpreisteil von EUR 300 000,00 Umsatzsteuer anfällt (Umsatzsteueroption).[45]
Da der Käufer Steuerschuldner der durch diese Option ausgelösten Umsatzsteuer ist, verändert sich der Kaufpreis für die Grundstückslieferung hierdurch nicht. Der Verkäufer verpflichtet sich, eine Rechnung für die Grundstückslieferung nicht vor dem Besitzübergang auszustellen.[46]
3. Der Verkäufer erklärt, dass dieser Kaufvertrag keine Geschäftsveräußerung i.S.d. § 1 Abs. 1a UStG darstellt.[47]
Alternative 1:
Er legt hierzu eine dies bestätigende verbindliche Auskunft des für ihn zuständigen FA vor, die dieser Urkunde zu Beweiszwecken beigefügt wird.
Alternative 2:
Sollte sich diese Erklärung als unrichtig erweisen, gilt unbeschadet weitergehender gesetzlicher Ansprüche Folgendes:

---

41 Vgl. *Schubert*, MittBayNot 1999, S. 107 ff.; *Brandmüller/Brandmüller*, Vertrags- und Formularbuch Recht und Steuern, Stand September 2003, Muster 2c I. 4.
42 Vgl. dagegen aktuell *Claussen/Mensching*, DStR 2004, S. 305 ff.
43 Der Formulierungsvorschlag ist weitgehend übernommen von *Hipler*, ZNotP 2004, S. 229. Er erfasst den Fall eines umsatzsteuerpflichtigen Verkaufs von Grundbesitz und Inventar.
44 Bezüglich etwa mitverkaufter Inventargegenstände oder Betriebsvorrichtungen ist zu beachten, dass sich die Steuerbefreiung des § 4 Nr. 9a UStG, auf die durch die Option verzichtet wird, nur auf die Umsätze bezieht, die unter das GrEStG fallen. Für andere im Kaufvertrag enthaltene Umsätze zahlt der Käufer die USt daher als Teil des Kaufpreises an den Verkäufer; vgl. *Hipler*, ZNotP 2004, S. 224 mit Hinweis auf die damit verbundenen Sicherungsprobleme.
45 Nach § 9 Abs. 3 Satz 2 UStG kann seit 01.01.2004 der Verzicht auf die Steuerbefreiung nur noch im notariellen Kaufvertrag oder einem entsprechenden Nachtrag erklärt werden.
46 Gemäß § 13b Abs. 2 Satz 1 UStG entsteht die Steuerschuld des Käufers mit Ausstellung der Rechnung. Der hiermit korrespondierende Vorsteueranspruch des Käufers ist dagegen von der Ausführung des Umsatzes, d.h. vom Besitzübergang oder von der Kaufpreiszahlung, abhängig, § 15 Abs. 1 Nr. 4 UStG. Um ein zeitliches Auseinanderfallen von Umsatzsteuerschuld und Vorsteueranspruch beim Käufer auszuschließen, sollte der Verkäufer verpflichtet werden, die Rechnung nicht vor dem Besitzübergang auszustellen; vgl. *Hipler*, ZNotP 2004, S. 228.
47 Teilweise wird auch eine Garantieerklärung gefordert; vgl. *Hipler*, ZNotP 2004, S. 229. Zur Problematik des § 1 Abs. 1a UStG vgl. die nachfolgenden Ausführungen unter Buchst. e).

II. Das Verhältnis zu anderen Steuern                                                    A.

Der Verkäufer hat den Käufer von einer Haftung für Betriebssteuern nach § 75 AO freizustellen.[48] Die auf das Inventar entfallende und im Kaufpreis enthaltene Umsatzsteuer hat der Verkäufer dem Käufer zu erstatten, sofern es bei diesem nicht zu einem Vorsteuerabzug gekommen ist oder die geltend gemachte Vorsteuer an das FA zurückbezahlt wurde.[49] Der Erstattungsanspruch ist mit 6 % für das Jahr zu verzinsen. Dem Käufer ist bekannt, dass er im Fall einer Geschäftsveräußerung den Vorsteuerberichtigungszeitraum des Verkäufers fortführt und insoweit an die Stelle des Verkäufers tritt, § 15a Abs. 10 UStG.
4. Der Verkäufer erklärt, dass der Verkauf des Inventars umsatzsteuerpflichtig ist.[50] Über die hierauf entfallende Umsatzsteuer in Höhe von EUR 1 900,00 wird der Verkäufer dem Käufer unverzüglich nach der vollständigen Kaufpreiszahlung eine ordnungsgemäße Rechnung ausstellen.[51]
5. Der Käufer garantiert, dass er das Grundstück in vollem Umfang seinem Unternehmen im umsatzsteuerrechtlichen Sinn zuordnet.[52]

---

48  Eine ausführliche Regelung zu § 1 Abs. 1a UStG findet sich auch in den nachfolgenden Formulierungsvorschlägen unter Rdn. 28 ff.–34. Wird ein Unternehmen oder ein in der Gliederung eines Unternehmens gesonderter Betrieb im Ganzen übereignet, haftet der Erwerber nach § 75 AO für die durch den Betrieb bedingten Steuern, die seit dem Beginn des letzten vor der Übereignung liegenden Kalenderjahres entstanden sind und bis zum Ablauf von einem Jahr nach Anmeldung (§ 138 Abs. 1 AO) des Betriebs festgesetzt oder angemeldet werden (wobei § 75 AO allerdings nicht zwingend in jeder Hinsicht genauso auszulegen ist wie § 1 Abs. 1a UStG, denn § 75 AO hat mit der Sechsten EU-RL bzw. mit der MwStSystRL nichts zu tun). Betriebssteuern i.S.d. § 75 AO sind insb. die USt und die Gewerbesteuer, nicht aber die ESt oder die Körperschaftsteuer. Vgl. *Hipler*, ZNotP 2004, S. 224. Im Hinblick hierauf sollte der Käufer unverzüglich die Betriebsübernahme ggü. seinem FA anzeigen, um eine etwaige Haftung zeitlich zu begrenzen.
49  Ob für den Rückzahlungsanspruch des Käufers eine Sicherheit zu stellen ist, muss im Einzelfall entschieden werden; vgl. *Hipler*, ZNotP 2004, S. 224.
50  Teilweise wird eine Garantieerklärung des Verkäufers vorgeschlagen; vgl. *Hipler*, ZNotP 2004, S. 229.
51  Da der Verkäufer hinsichtlich der Grundstückslieferung nicht Steuerschuldner ist, ist ihm der Ausweis der auf den Grundstücksumsatz entfallenden USt in seiner Rechnung untersagt, § 14a Abs. 5 UStG. Weist er dennoch in der Rechnung USt aus, schuldet er diese gem. § 14c Abs. 2 UStG. Hinsichtlich der mitverkauften beweglichen Gegenstände oder Betriebsvorrichtungen ist der Verkäufer dagegen weiterhin Steuerschuldner und damit zum Steuerausweis berechtigt und verpflichtet. Allerdings ist es nicht unbedingt empfehlenswert, bezüglich dieser Gegenstände den Kaufvertrag selbst als Rechnung i.S.v. § 14 Abs. 4 UStG auszugestalten. Denn die Rechnungsmerkmale sind insb. seit In-Kraft-Treten des Steueränderungsgesetzes 2003 (BGBl. 2003 I, S. 2645) umfangreich und damit auch fehleranfällig. Eine Rechnungsberichtigung würde dann jedes Mal einen Nachtrag zum Kaufvertrag bedeuten, also mehr Aufwand verursachen als die Berichtigung einer privatschriftlichen Rechnung; vgl. *Hipler*, ZNotP 2004, S. 228. Nur soweit hinsichtlich der mitverkauften beweglichen Sachen USt anfällt, können die bisherigen Abtretungs- und Verrechnungsklauseln weiter verwendet werden.
52  Andernfalls würde der Verkäufer umsatzsteuerfrei leisten und müsste ggf. seine Vorsteuer gem. § 15a Abs. 8 UStG berichtigen; vgl. *Hipler*, ZNotP 2004, S. 225.

# A. Allgemeine Einführung

6. Bezüglich der sich aus den Ziffern 3 bis 5 ergebenden Verbindlichkeiten oder Schadensersatzansprüche wird auf die Stellung von Sicherheiten verzichtet.«[53]

### e) Geschäftsveräußerung i.S.d. § 1 Abs. 1a UStG

24 Nach einer Verfügung der OFD Karlsruhe vom 03.08.2009 kann der Verkauf eines Mietshauses (auch eines von mehreren Miethäusern) eine nicht steuerbare Geschäftsveräußerung i.S.d. § 1 Abs. 1a UStG darstellen.[54] Danach ist jedes vermietete Grundstück ein gesonderter Betrieb, sofern der Erwerber die Mietverträge fortführt. Eine nicht steuerbare Geschäftsveräußerung im Ganzen liegt dagegen nicht vor, wenn lediglich ein Betriebsgrundstück aus einem größeren Betrieb isoliert verkauft wird. In diesem Fall ist das Betriebsgrundstück kein gesonderter Betrieb, sondern lediglich ein Einzelwirtschaftsgut.[55]

25 Während die OFD Karlsruhe – ohne nach Anlage- oder Umlaufvermögen zu unterscheiden – bei der Veräußerung eines »vermieteten« Grundstücks von einer Geschäftsveräußerung ausgeht, teilt die OFD München[56] die Auffassung der Finanzbehörde Hamburg.[57] Danach ist keinesfalls eine Geschäftsveräußerung gegeben, wenn ein Grundstück den Charakter von Vorratsvermögen hat. Dies soll unabhängig davon gelten, ob das verkaufte Grundstück des Umlaufvermögens das gesamte Unternehmen bildet oder nur einen Teil des Unternehmens umfasst. Dem steht jedoch die Auffassung des BFH[58] gegenüber, wonach die Geschäftsveräußerung kein lebendes Unternehmen voraussetzt.[59] Im Urteil VR 45/02 vom 24.10.2005 betont der

---

53 Der Formulierungsvorschlag ist (wie alle in diesem Kapital enthaltenen Formulierungsvorschläge) einzelfallabhängig und damit je nach Sachlage zu modifizieren; sollte z.B. eine Geschäftsveräußerung im konkreten Fall nicht in Betracht kommen, könnte auf Ziffer 3. verzichtet werden; zu den weiteren Einzelheiten der Umsatzsteueroption beim Grundstückskaufvertrag vgl. *Hipler*, ZNotP 2004, S. 222 ff. Ein weiterer Formulierungsvorschlag findet sich bei *Everts*, in: Grziwotz/Everts/Heinemann/Koller, Grundstückskaufverträge, S. 422.
54 Vgl. UR 2009, 908. Vgl. ferner *von Streit*, BB 2003, S. 2657 ff.; *Herbert*, UR 2004, S. 506 ff.; *Serafini*, Gestaltende Steuerberatung 2003, S. 101 ff. mit Formulierungsvorschlägen; *Everts*, in: Grziwotz/Everts/Heinemann/Koller, Grundstückskaufverträge, S. 415 ff.
55 Die Veräußerung eines mit Hallen bebauten Grundstücks, das (im Rahmen einer umsatzsteuerrechtlichen Organschaft) vom Besitzunternehmen an das Betriebsunternehmen vermietet war und durch ein anderes Betriebsgrundstück ersetzt wurde, ist Veräußerung eines einzelnen Anlagegegenstandes und keine nicht steuerbare Geschäftsveräußerung. Das Hallengrundstück für sich ist kein fortführbarer Betrieb; vgl. BFH, DStRE 2005, S. 512.
56 Vgl. OFD München, Vfg. vom 01.08.2000 – S 7100b – 3/St 433, UR 2001, S. 174.
57 Vgl. Finanzbehörde Hamburg, Erl. vom 18.10.1999 – 53 – S 7100b – 3/97, UR 2000, S. 173.
58 Vgl. BFH, Urt. v. 21.03.2002 – UR 2002, S. 425. Nach einem Beschluss des BFH, vom 01.04.2004 stellt die Übertragung verpachteter/vermieteter (Gewerbe-) Immobilien unter Fortführung des Pacht-/Mietvertrages durch den Erwerber eine nichtsteuerbare Geschäftsveräußerung i.S.d. § 1 Abs. 1a UStG dar; vgl. BFH, DStR 27/2004, S. X.
59 Dem hat sich die FinVerw. angeschlossen, vgl. Abschn. 1.5 Abs. 1 Satz 6 UStAE. Das FG Hamburg (EFG 2003, S. 267) konkretisiert diese Aussage dahingehend, dass eine Geschäftsveräußerung auch dann vorliegt, wenn ein Unternehmer von vornherein beabsichtigt,

## II. Das Verhältnis zu anderen Steuern

BFH mittlerweile, dass sich die für die Annahme einer Geschäftsveräußerung im Ganzen notwendige Fortführbarkeit der Vermögensbewirtschaftung nicht nur auf das Übertragungsobjekt selbst, sondern auch auf den unternehmerischen Nutzungszusammenhang, in dem es bislang gestanden hat, bezieht.[60] In der Literatur wird hieraus abgeleitet, dass eine Geschäftsveräußerung im Ganzen zumindest dann ausscheidet, wenn der Veräußerer seine Geschäftstätigkeit von vornherein auf die Veräußerung der Immobilie gerichtet hat (z.B. als Bauträger), während der Erwerber ein Vermietungsunternehmen betreiben möchte; dann fehlt es an der Kontinuität des unternehmerischen Nutzungszusammenhanges. Entsprechendes gilt, wenn der Veräußerer als Vermietungsunternehmer tätig war, während der Erwerber als Immobilienhändler auftritt, der das Objekt lediglich weiter verkaufen möchte. Der Veräußerer muss daher zur zutreffenden umsatzsteuerlichen Einordnung seines Verkaufsvorgangs die Nutzungsabsicht des Erwerbers abklären und sich gegebenenfalls im Kaufvertrag über entsprechende Regelungen absichern.[61]

In Anlehnung an die neuere höchstrichterliche Rechtsprechung zur Übertragung von Grundstücken lassen sich demgemäß folgende Kernaussagen zusammenfassen:
- Eine Geschäftsveräußerung im Ganzen liegt bei der Veräußerung von vermieteten oder verpachteten Immobilien vor.[62] Ein teilweiser Leerstand im Veräußerungszeitpunkt steht dem nicht entgegen. Im Urteil V R 4/07 vom 30.04.2009[63] stellte der BFH im Fall eines bei Verkauf nur teilweise vermieteten Grundstücks darauf ab, dass es für die Fortführung einer selbstständigen wirtschaftlichen Vermietungstätigkeit durch den erwerbenden Unternehmer ausreiche, »wenn dieser einen Mietvertrag übernimmt, der eine nicht unwesentliche Fläche der Gesamtnutzfläche des Grundstücks umfasst«. Hinsichtlich der bei Grundstücksverkauf nicht vermieteten Flächen genüge es, dass diese zur Vermietung oder Verpachtung bestimmt seien, »da hinsichtlich dieser Flächen auf die Fortführung der bisherigen Vermietungs- oder Verpachtungsabsicht abzustellen ist«.

---

auf seinem zu diesem Zweck erworbenen Grundstück ein Mietobjekt zu errichten, mit der Vermietungstätigkeit beginnt und das bebaute Grundstück noch vor endgültiger Fertigstellung veräußert. Legt man darüber hinaus die vom EuGH angeordnete Sicht des Erwerbers – statt der nationalen Auffassung der Veräußerersicht (vgl. Abschn. 5 Abs. 3 UStR) – zugrunde, so ist über die von der FinVerw. konzedierten Konstellationen hinaus von einer Geschäftsveräußerung im Ganzen auszugehen, wenn der Erwerber eine selbstständige wirtschaftliche Tätigkeit fortführen kann; vgl. EuGH, Urt. v. 27.11.2003 (»*Zita Modes Sàrl*«), UR 2004, S. 19 m. Anm. *Wäger*; vgl. hierzu auch *Forster*, UVR 2004, S. 214 ff.
60 Vgl. BFH-Urteil V R 45/02 vom 24.10.2005; vgl. hierzu *Serafini*, Gestaltende Steuerberatung 2006, S. 26 ff.
61 Vgl. ausführlich *Serafini*, Gestaltende Steuerberatung 2006, S. 26 ff.; vgl. ferner ausführlich *Slotty-Harms*, UVR 2008, S. 218 ff.; *Behrens/Schmitt*, UVR 2008, S. 220 ff.
62 Vgl. BFH, Urt. v. 21.10.2007, UR 2008, S. 182 ff.; vgl. ferner BFH, Urt. v. 30.04.2009, UVR 2009, S. 358 ff.
63 Vgl. BStBl. II 2009, 863.

## A. Allgemeine Einführung

- Die Lieferung eines weder vermieteten noch verpachteten Grundstücks stellt im Regelfall keine Geschäftsveräußerung i.S.v. § 1 Abs. 1a UStG dar, es sei denn, es liegen besondere Umstände vor. Besondere Umstände und damit die Anwendung von § 1 Abs. 1a UStG hat der BFH im Urteil V R 25/09 vom 06.05.2010[64] in einem Fall bejaht, in dem das veräußerte Grundstück im Veräußerungszeitpunkt zwar insgesamt nicht vermietet war, für Käufer und Verkäufer bei Abschluss des Kaufvertrages jedoch erkennbar feststand, dass der Käufer – wie zuvor der Verkäufer – mit dem erworbenen Grundstück ein Vermietungsunternehmen betreiben würde. In Tz. 19 dieses Urteils stellt der BFH zusätzlich darauf ab, dass geplant war, dass gerade der Grundstücksverkäufer der zukünftige Mieter sein würde, und dass die zukünftige Vermieterin zugleich Alleingesellschafterin und einzige Geschäftsführerin der bisherigen Mieterin gewesen war. Offen ist, ob diese Sachverhaltsumstände nach Ansicht des BFH notwendige Voraussetzung für die Anwendung von § 1 Abs. 1a UStG waren. Nach einer Literaturansicht[65] genügt die Absicht des Käufers, mit dem übertragenen Grundstück die Vermietungstätigkeit fortzuführen.
- Eine Geschäftsveräußerung im Ganzen liegt beim Verkauf einzelner Immobilien durch einen Bauträger bzw. eine Projektgesellschaft nicht vor, auch wenn die Immobilien im Zeitpunkt der Veräußerung teilweise vermietet sind.[66]
- Wenn ein Erwerber einer verpachteten Gewerbeimmobilie, der anstelle des Veräußerers in den Pachtvertrag eingetreten ist, anschließend wegen wirtschaftlicher Schwierigkeiten des Pächters auf Pachtzinszahlungen verzichtet und mit dem Pächter vereinbart, dass die Zahlungen wieder aufzunehmen sind, wenn sich die finanzielle Situation des Pächters deutlich bessert, kann in der Regel nicht bereits eine unentgeltliche nichtunternehmerische Tätigkeit angenommen werden. Auch eine derartige Übertragung einer verpachteten Gewerbeimmobilie kann eine nicht steuerbare Geschäftsveräußerung gem. § 1 Abs. 1a UStG sein.[67]
- Überträgt ein Vermietungsunternehmer das Eigentum an einem umsatzsteuerpflichtig vermieteten Grundstück zur Hälfte auf seinen Ehegatten, liegt darin eine Geschäftsveräußerung im Ganzen, wenn das Grundstück alleiniger Vermietungsgegenstand war.[68]
- Eine Geschäftsveräußerung im Ganzen liegt auch bei nicht unveränderter Weiterführung eines Betriebs in seinem Zuschnitt aus kaufmännischen Gründen vor. Der Annahme einer Geschäftsveräußerung im Ganzen steht nicht entgegen, dass der Erwerber das Unternehmen nicht mit allen Vertragsbeziehungen übernimmt.[69] Der Anwendung von § 1 Abs. 1a UStG bei Verkauf eines Miethauses

---

64 Vgl. BFH/NV 2010, 1873; vgl. dazu *Behrens*, BB 2010, 3068.
65 Vgl. *Hidien*, UVR 2009, 11, 16: »Ebensowenig begründet ein gänzlicher ... Leerstand schon das Ende des konkreten Vermietungsunternehmens«.
66 Vgl. BFH-Urteil V R 45/02 vom 24.02.2005, BStBl. II 2007, S. 61.
67 Vgl. BFH-Urteil V R 53/02 vom 18.01.2005, BFH/NV 2005, S. 810.
68 Vgl. BFH, BStBl. 2008 II, S. 65.
69 Vgl. BFH-Urteil V R 14/05 vom 23.08.2007, BStBl. II 2008, 165, BFH/NV 2008, S. 316; vgl. ferner *Beer/Zugmaier*, MittBayNot 2008, S. 359 ff.; *Behrens*, BB 2008, 259.

## II. Das Verhältnis zu anderen Steuern   A.

steht es also nicht entgegen, wenn der Käufer z.B. die vom Verkäufer abgeschlossenen Verwalter- und Wartungsverträge nicht übernimmt. Nach dem EuGH-Urteil vom 10.11.2011[70] stellt die Übereignung des Warenbestands und der Geschäftsausstattung eines Einzelhandelsgeschäfts unter gleichzeitiger Vermietung des Ladenlokals an den Erwerber auf unbestimmte Zeit, allerdings aufgrund eines von beiden Parteien kurzfristig kündbaren Vertrages, eine Geschäftsveräußerung im Ganzen dar, sofern die übertragenen Sachen hinreichen, damit der Erwerber eine selbstständige wirtschaftliche Tätigkeit dauerhaft fortführen kann.[71] Nach Tz. 35 dieses EuGH-Urteils ist, wenn die Übertragung des Warenbestands und der Geschäftsausstattung hinreicht, um die Fortführung einer selbstständigen wirtschaftlichen Tätigkeit zu ermöglichen, die Übertragung von unbeweglichen Sachen für die Einstufung des Vorgangs als Geschäftsveräußerung im Ganzen nicht ausschlaggebend.

Bei der Abgrenzung einer Geschäftsveräußerung im Ganzen zu einer gewöhnlichen Grundstücksveräußerung sollten mithin folgende Kriterien beachtet werden:   27
- Wird ein vermietetes Grundstück übertragen?[72]
- Wird ein einzelnes Grundstück oder eines von mehreren Grundstücken veräußert?[73]
- Stellt das Grundstück Anlage- oder Umlaufvermögen dar?[74]
- Wird das Grundstück nach Art eines selbstständigen Unternehmens betrieben?[75]
- Besteht eine jeweils separate Buchführung für die einzelnen Objekte?[76]
- Existiert ein personelles Eigenleben der Objekte?[77]
- Erfolgt eine getrennte Kostenrechnung und Mietpreisgestaltung bei den einzelnen Objekten?[78]

Soweit die Parteien davon ausgehen, dass keine Geschäftsveräußerung im Ganzen vorliegt, könnte deshalb vorsorglich für den Fall, dass das FA eine a.A. vertritt, wie folgt formuliert werden:[79]   28

---

70 Rs. C-444/10, *Christel Schriever*, UR 2011, 937. Dieses Urteil erging auf Vorlage-Beschluss des BFH XI R 27/08 vom 14.07.2010, BStBl. II 2010, 1117.
71 A.A. noch Abschn. 1.5 Abs. 3 Sätze 2 und 3 UStAE: »... langfristige Vermietung für z.B. acht Jahre ...«.
72 Vgl. OFD Karlsruhe vom 31.08.1999, S. 7100b, DStR 2000, S. 28; OFD Karlsruhe vom 28.04.2000, S. 7100b, UR 2000, S. 348.
73 Vgl. Fin. Beh. Hamburg, vom 18.10.1999, 53 – S. 7100b – 3/97, UR 2000, S. 178.
74 Vgl. OFD Erfurt vom 21.06.2000, S. 7100b – A-02-St 343, UR 2000, S. 536.
75 Vgl. OFD Karlsruhe vom 31.08.1999, S. 7100b, DStR 2000, S. 28.
76 Vgl. die Auflistung der Indizien bei *Robisch*, UStB 2004, S. 57.
77 Vgl. *Slotty-Harms*, UVR 2008, S. 219.
78 Vgl. *Slotty-Harms*, UVR 2008, S. 219 ff.
79 Der Formulierungsvorschlag könnte in Ziffer 3, 2. Alt. des vorstehenden Formulierungsvorschlages (Rdn. 23) ergänzt werden; die Formulierung ist übernommen von *Slotty-Harms*, UVR 2008, S. 219 ff.

# A. Allgemeine Einführung

▶ Formulierungsvorschlag:

»Die Beteiligten gehen einvernehmlich davon aus, dass die Grundstücksübertragung keine nicht steuerbare Geschäftsveräußerung im Sinn des § 1 Abs. 1a UStG darstellt. Falls das FA abweichend von der in diesem Vertrag vertretenen Rechtsauffassung der Vertragsparteien gleichwohl eine nicht steuerbare Geschäftsveräußerung im Ganzen annimmt, gilt das Folgende:

Für diesen Fall erklärt der Veräußerer, dass nach seiner Kenntnis der Vorsteuerabzug – bezogen auf die bis zum Übergabestichtag bestehenden und früherer Nutzungsverhältnisse sowie die bis dahin erfolgte tatsächliche Nutzung des Kaufgegenstandes – in der geltend gemachten Höhe in Übereinstimmung mit den Vorschriften des UStG vorgenommen wurde. Falls das FA gleichwohl eine Rückerstattung oder Berichtigung gemäß § 15a UStG für die vom Veräußerer geltend gemachten Vorsteuern verlangt und den Erwerber dafür in Anspruch nimmt, hält der Veräußerer den Erwerber insoweit von wirtschaftlichen Nachteilen frei, soweit die Korrekturen Verwendungsänderungen vor dem Übergabestichtag betreffen.

Der Veräußerer hat dem Erwerber unverzüglich nach Zahlung des Kaufpreises die für eine eventuelle Vorsteuerberichtigung erforderlichen Angaben zu machen und Kopien der entsprechenden Unterlagen unverzüglich zu übergeben.«

29 Gehen die Parteien dagegen einvernehmlich davon aus, dass die Grundstücksübertragung eine Geschäftsveräußerung im Ganzen darstellt, könnte wie folgt formuliert werden.

▶ Formulierungsvorschlag:

»Hinsichtlich der Umsatzsteuer vereinbaren die Parteien:
a) Die Parteien erklären wechselseitig, dass sie Unternehmer im Sinne von § 2 Umsatzsteuergesetz (UStG) sind und bei Abschluss dieses Vertrages jeweils i.R. ihrer umsatzsteuerlichen Unternehmen handeln. Der Erwerber erklärt, dass er die am Übergabetag in Bezug auf das Vertragsobjekt bestehenden Mietverträge übernimmt und das Vertragsobjekt auch künftig zur Vermietung nutzen wird.
b) Der Veräußerer verzichtet jetzt und hiermit für die Lieferung des Vertragsobjekts – mit Ausnahme der Gebäudeteile und Teilflächen, die am Übergabetag umsatzsteuerfrei vermietet und als solche in der Anlage nach Lage und Größe bezeichnet sind (jeweils mit zugehörigem Anteil an Grund und Boden) – nach § 9 Abs. 1 und 3 UStG auf die Steuerbefreiung gemäß § 4 Nr. 9 Buchst. a) UStG (die »Optionsflächen«). Die Parteien gehen davon aus, dass die Optionsflächen einen Anteil von 34,40 % der Gesamtmietfläche und somit des Kaufpreises betreffen. Der Kaufpreisanteil, der dem Netto-Entgelt (ohne Umsatzsteuer) für die Optionsfläche entspricht, ermittelt sich aus dem Verhältnis der Optionsfläche zu der Gesamtmietfläche des Kaufgegenstandes. Der Veräußerer verpflichtet sich, die Option nicht ohne Einwilligung des Erwerbers zu verändern oder zu widerrufen.
c) Ungeachtet vorstehender Ziffer b) erklären die Parteien, dass es sich nach ihrer Auffassung bei den aufgrund dieses Kaufvertrages zu bewirkenden Leistungen um eine Geschäftsveräußerung i.S.v. § 1 Abs. 1a UStG handelt, für die Umsatzsteuer nicht zu erheben ist, und so dass der Erwerber gemäß § 15 Abs. 10 Satz 1 UStG die Vorsteuerberichtigungszeiträume des Veräußerers fortsetzt. Auf § 15a Abs. 10 Satz 2 UStG wird verwiesen.

d) Für den Fall, dass das für den Verkäufer zuständige FA[80] eine Geschäftsveräußerung nicht annehmen sollte und dies schriftlich durch Steuerbescheid oder sonstige Erklärung zum Ausdruck bringt, treffen die Parteien die folgenden Vereinbarungen:
 (aa) Der Veräußerer wird dem Erwerber eine den umsatzsteuerlichen Vorschriften entsprechende Rechnung über den Kaufpreis ohne Umsatzsteuerausweis ausstellen. Die Parteien stellen klar, dass dieser Kaufvertrag keine Rechnung in diesem Sinne ist. In der Rechnung ist, soweit zur Umsatzsteuerpflicht optiert wurde, gemäß § 14a Abs. 5 UStG auf die Steuerschuldnerschaft des Erwerbers zur Zahlung der Umsatzsteuer hinzuweisen.
 (bb) Der Notar hat darüber belehrt, dass, soweit zur Umsatzsteuerpflicht optiert wurde, der Erwerber gemäß § 13 b UStG die Zahlung der Umsatzsteuer an das FA schuldet. Der Erwerber erklärt, dass ihm die Rechtsfolgen dieser Vorschrift – Umsatzsteuerschuldnerschaft des Erwerbers – bekannt sind, worüber der Notar ihn belehrt hat. Umsatzsteuer wird von dem Erwerber gegenüber dem Veräußerer nicht geschuldet.«

Bei einer nicht steuerbaren Geschäftsveräußerung i.S.d. § 1 Abs. 1a UStG tritt 30 der Erwerber in die Rechtsstellung des Veräußerers ein, d.h. die Verwendung des Mietgrundstückes durch den Veräußerer im Erstjahr für Abzugsumsätze und Ausschlussumsätze und der Berichtigungszeitraum von 10 Jahren werden dem Erwerber zugerechnet. Damit der Erwerber die Vorsteuerberichtigung durchführen kann, muss der Veräußerer deshalb gem. § 15a Abs. 10 Satz 2 u.a. angeben:
– Vorsteuer aus den Anschaffungs- oder Herstellungskosten des Mietwohngrundstücks,
– Beginn der erstmaligen Verwendung (mit dem Monat der erstmaligen Verwendung beginnt der Berichtigungszeitraum von zehn Jahren),
– Verwendung des Mietwohngrundstücks im Jahr der erstmaligen Verwendung für Abzugsumsätze oder Ausschlussumsätze, d.h. ob das Grundstück im Erstjahr pflichtig oder befreit vermietet wurde.

Sofern demnach ein umsatzsteuerpflichtig vermietetes Geschäftsgrundstück an einen 31 Dritten veräußert wird und nach Ansicht der FinVerw. in dem Verkauf eine nicht steuerbare Geschäftsveräußerung im Ganzen i.S.d. § 1 Abs. 1a UStG zu sehen ist, ist eine Option zu Umsatzsteuerpflicht *nicht* möglich.[81]

---

80 Nach OFD Hannover S 7500-466-StO 171 vom 09.10.2009, UVR 2010, 102 ist das für den Verkäufer zuständige FA gehalten, sich mit dem für den Käufer zuständigen FA hinsichtlich der Beurteilung, ob eine Geschäftsveräußerung im Ganzen vorliegt, abzustimmen. Erreichen sie dabei keine einvernehmliche Beurteilung, ist verwaltungsintern die steuerliche Beurteilung des FA maßgebend, das für den veräußernden Unternehmer zuständig ist. Nach OFD Hannover ist diese Regelung bundeseinheitlich abgestimmt und gilt auch, wenn Finanzämter verschiedener Bundesländer zuständig sind.

81 Überträgt ein Vermietungsunternehmer das Eigentum an einem umsatzsteuerpflichtig vermieteten Grundstück zur Hälfte auf seinen Ehegatten, so liegt darin eine Geschäftsveräußerung im Ganzen, wenn das Grundstück alleiniger Vermietungsgegenstand war. Vgl. BFH-Urteil V R 41/05 vom 06.09.2007, BStBl. II 2008, 65, DStR 2007, 1906.

## A. Allgemeine Einführung

32  Diese Rechtslage konnte sich in der Vergangenheit zu einem umsatzsteuerlichen Nachteil entwickeln, wenn irrtümlich USt ausgewiesen wurde. In diesem Fall hatte der Erwerber nämlich keinen Vorsteuerabzug, da nach der strengen Rechtsprechung des BFH beim Leistungsempfänger nur die tatsächlich geschuldete USt als Vorsteuer abziehbar war. Der Verkäufer konnte demgegenüber bei einer falsch ausgewiesenen USt den falschen Steuerausweis berichtigen, um die Zahlung abzuwenden (§ 14 Abs. 2 UStG).

33  Insoweit bringt die Neuregelung bei der Umsatzsteuerschuldnerschaft im Zuge des Haushaltsbegleitgesetzes 2004 (nunmehr § 13b Abs. 2 Nr. 3 Abs. 5 Sätze 1, 3 und 4 UStG n.F.) eine Entschärfung des Risikos, dass der Käufer bei einer nicht erkannten Geschäftsveräußerung im Ganzen i.S.d. § 1 Abs. 1a UStG die in diesem Fall zu Unrecht erhaltene Vorsteuer zurückzahlen muss, aber der gegen den Verkäufer bestehende Rückzahlungsanspruch bezüglich der an diesen geleisteten USt ungesichert ist.

34  Die Rückabwicklung findet nach der Neuregelung vielmehr ausschließlich im Verhältnis Käufer – FA statt.[82]

### III. Das Verhältnis zum Zivilrecht – Auslegung des GrEStG

35  Bei der Auslegung des Grunderwerbsteuergesetzes ist zu beachten, dass an formelle Akte des bürgerlichen Rechtsverkehrs angeknüpft wird. Soweit sich das GrEStG an den Vorgegebenheiten des Zivilrechts orientiert, beurteilt sich demzufolge auch die Auslegung nach zivilrechtlichen Grundsätzen.[83] Insbesondere kann die wirtschaftliche Betrachtungsweise bei steuerbegründenden Vorschriften nur bei ausdrücklicher gesetzlicher Zulassung – vor allem im Zusammenhang mit dem Ergänzungstatbestand des § 1 Abs. 2 (der jedoch auch an Rechtsvorgänge anknüpft) – Anwendung finden.[84] Eine Zurechnung nach Maßgabe des § 39 Abs. 2 AO kommt im GrEStG nicht in Betracht.

---

82  Allerdings ist zu beachten, dass bei einer Geschäftsveräußerung im Ganzen der Erwerber als Betriebsübernehmer nach § 75 AO für die betrieblichen Steuern haftet, die im Jahr der Betriebsübertragung oder im Vorjahr entstanden sind und innerhalb eines Jahres nach Anmeldung des Betriebs festgesetzt oder angemeldet werden, d.h. bspw. für rückständige USt des Veräußerers. Zu den weiteren Risiken im Hinblick auf die eigene Vorsteuersituation der Parteien vgl. *Slotty-Harms*, UVR 2008, S. 218 ff.; vgl. ferner ausführlich *Behrens/Schmitt*, UVR 2008, S. 220 ff.; *Schmittmann*, StuB 2008, S. 119 ff.
83  Vgl. z.B. BFH-Urteil II R 64/09 vom 23.11.2011, Rz. 21, cc):»Grunderwerbsteuerrechtlich kann jedoch ein unwirksamer Vertrag nicht die vom Steuertatbestand des § 1 Abs. 1 Nr. 1 GrEStG geforderte Verpflichtung zur Übereignung begründen. Ein gemäß § 311b Abs. 1 Satz 1 BGB beurkundungsbedürftiger Vertrag ist beim Fehlen jeglicher notarieller Beurkundung – wie hier – auch nicht in Anwendung des § 41 Abs. 1 AO der Steuer aus § 1 Abs. 1 Nr. 1 GrEStG unterworfen (BFH-Urt. vom 19.07.1989 II R 83/85, BFHE 158, 126, BStBl. II 1989, 989; vom 18.03.2005 II R 19/02, BFH/NV 2005, 1368).«
84  Insbesondere § 1 Abs. 2a Satz 2 GrEStG a.F. stellte bis Ende 1999 explizit auf eine wirtschaftliche Betrachtungsweise ab. Weil S. 2 keinen rechtlichen Maßstab angab, der für die

III. Das Verhältnis zum Zivilrecht – Auslegung des GrEStG          A.

▶ **Kurzformel:**

GrESt sowie Erbschaft- und Schenkungsteuer folgen dem bürgerlichen Recht.

Einkommensteuer und USt folgen dem wirtschaftlichen Eigentum.

Erstmals sprach sich der BFH im Urteil II R 49/12 vom 09.07.2014 in Bezug auf die Auslegung des Tatbestandsmerkmals des mittelbaren Anteilsübergangs in § 1 Abs. 2a GrEStG in einem extrem gestalteten Ausnahmefall für die Anwendung von § 39 AO, und zwar für die (mittelbare) Zurechnung von Anteilen an Grundstücke haltenden Personengesellschaften unter Rücksicht auf die Grundsätze des § 39 Abs. 2 Nr. 1 AO aus. Dies solle »unter Beachtung grunderwerbsteuerrechtlicher Besonderheiten« geschehen. Worin diese Besonderheiten bestehen, erläutert der BFH nicht. U.E. ist die Anwendung von § 39 AO abzulehnen.[85]

---

wirtschaftliche Betrachtungsweise bestimmend sein sollte, entschied der BFH mit Urteil II R 79/00 vom 30.04.2003, BStBl. II 2003, 890, dass § 1 Abs. 2a Satz 2 f. GrEStG a.F. insoweit leerliefen, als sie es als möglich erscheinen ließen, dass auch Veränderungen unterhalb der 95 %-Grenze GrESt auslösen können.

85 Vgl. unten in Kapitel B V. 7. betr. den entrechteten Altgesellschafter.

# B. Die Steuerbarkeit

## Übersicht

| | | Rn. |
|---|---|---|
| I. | Grundstück i.S.d. § 2 GrEStG | 38 |
| | 1. Grundstück i.S.d. Grunderwerbsteuergesetzes | 38 |
| | 2. Bestandteile | 44 |
| |    a) Maschinen und Betriebsvorrichtungen | 50 |
| |    b) Mineralgewinnungsrechte und sonstige Gewerbeberechtigungen | 56 |
| |    c) USt bei Maschinen und Betriebsvorrichtungen sowie Mineralgewinnungsrechten | 63 |
| | 3. Den Grundstücken gleichstehende Rechte | 65 |
| | 4. Grunderwerbsteuerliche Vorgänge bei Wohnungs- und Teileigentum | 68 |
| | 5. Dauerwohn- und Dauernutzungsrecht | 73 |
| II. | Rechtsträgerwechsel | 75 |
| | 1. Rechtsträger i.S.d. Grunderwerbsteuergesetzes | 75 |
| |    a) Personengesellschaften | 78 |
| |    b) Erbengemeinschaft | 79 |
| |    c) Bruchteilseigentum | 82 |
| | 2. Weitere Einzelfälle | 83 |
| |    a) Vorgründungsgesellschaft/Vorgesellschaft | 83 |
| |    b) Sitzverlegung ins Ausland | 86 |
| III. | Die Erwerbsvorgänge des § 1 Abs. 1 GrEStG | 89 |
| | 1. Verpflichtungsgeschäfte | 89 |
| |    a) Kaufvertrag | 90 |
| |    b) Andere Verpflichtungsgeschäfte | 91 |
| | 2. Auflassung | 92 |
| | 3. Übergang des Eigentums | 93 |
| |    a) Anwachsungsvorgänge | 94 |
| |    b) Umwandlungsvorgänge | 99 |
| |       aa) Verschmelzung | 103 |
| |       bb) Spaltung | 104 |
| |    c) Erwerbsvorgänge in der Flurbereinigung | 108 |
| |    d) Grundstückszuweisungen im Umlegungsverfahren | 110 |
| | 4. Meistgebot im Zwangsversteigerungsverfahren | 119 |
| | 5. Besteuerung von Zwischengeschäften | 123 |
| |    a) Allgemeine Systematik | 123 |
| |    b) Abtretung eines Übereignungsanspruchs | 128 |
| |    c) Abtretung der Rechte aus einem Kaufangebot | 129 |
| IV. | Erwerb der Verwertungsbefugnis – § 1 Abs. 2 GrEStG | 145 |
| | 1. Allgemeine Systematik | 145 |
| | 2. Verwertungsmöglichkeit auf eigene Rechnung | 152 |
| | 3. Typische Fallbeispiele | 163 |
| |    a) Verkaufsermächtigung und atypischer Maklervertrag | 164 |
| |    b) Einbringung eines Grundstücks in eine Personengesellschaft dem Wert nach | 174 |
| |    c) Kombination wirtschaftlicher und rechtlicher Verwertungsbefugnis | 178 |
| |    d) Drittbenennungsrechte | 181 |

B.  Die Steuerbarkeit

|  |  |  |  |
|---|---|---|---|
|  | e) | Treuhandgeschäfte | 194 |
|  |  | aa) Begründung eines Treuhandverhältnisses | 195 |
|  |  | bb) Auflösung des Treuhandverhältnisses | 205 |
|  |  | cc) Treugeberwechsel | 207 |
|  |  | dd) Treuhänderwechsel | 209 |
|  | f) | Auftragserwerbe | 210 |
|  | g) | Leasingverträge | 217 |
| V. | **Die Erwerbsvorgänge des § 1 Abs. 2a GrEStG – Änderung des Gesellschafterbestandes** | | 223 |
|  | 1. | Vorbemerkung | 223 |
|  |  | a) Die Rechtslage bis 1996 | 223 |
|  |  | b) Rechtslage von 1997 bis 1999 | 224 |
|  |  | c) Die Rechtslage seit 01.01.2000 | 225 |
|  | 2. | Personengesellschaften | 226 |
|  | 3. | Vermögen der Personengesellschaft | 227 |
|  | 4. | Änderung des Gesellschafterbestandes | 230 |
|  |  | a) Anteil am Gesellschaftsvermögen | 230 |
|  |  | b) Alt- und Neugesellschafter | 236 |
|  |  | c) Derivativer Erwerb | 243 |
|  |  | d) Originärer Erwerb | 261 |
|  | 5. | Fünf-Jahres-Zeitraum | 266 |
|  | 6. | Unanwendbarkeit von § 42 AO im Anwendungsbereich von § 1 Abs. 2a GrEStG | 269 |
|  | 7. | Der entrechtete Altgesellschafter (Anteilszurechnung nach § 39 Abs. 2 Nr. 1 AO durch den BFH) | 272.1 |
|  | 8. | Geplante Gesetzesänderung von § 1 Abs. 2a GrEStG | 272.2 |
| VI. | **Anteilsvereinigung und Übertragung vereinigter Anteile – § 1 Abs. 3, Abs. 4 GrEStG** | | 273 |
|  | 1. | Vorbemerkung | 273 |
|  |  | a) Hintergründe der Gesetzesänderung | 273 |
|  |  | b) Nicht-Steuerbarkeit der Aufstockung von mind. 95 % auf bis zu 100 % | 277 |
|  | 2. | Unmittelbare und mittelbare Anteilsvereinigung | 280 |
|  |  | a) Allgemeine Zurechnungskriterien | 280 |
|  |  | b) Treuhandgeschäfte | 287 |
|  | 3. | Verstärkung bestehender Beteiligungen | 295 |
|  | 4. | Ausnahmen von Anteilsverstärkungen – Organschaftsverhältnisse | 300 |
|  |  | a) Begründung eines Organschaftsverhältnisses unter Beibehaltung der bestehenden Anteilsverhältnisse | 313.1 |
|  |  | b) Begründung eines Organschaftsverhältnisses unter Veränderung der bestehenden Anteilsverhältnisse | 313.2 |
|  |  | c) Veränderung der Anteilsverhältnisse bei bestehendem Organschaftsverhältnis | 314.1 |
|  |  | d) Änderung der Anteilsverhältnisse und nachfolgende Begründung des Organschaftsverhältnisses | 315.1 |
|  |  | e) Erweiterung des Organschaftsverhältnisses | 315.2 |
|  |  | f) Verschmelzung des Organträgers auf eine Gesellschaft außerhalb des Organkreises | 315.3 |
|  |  | g) Umstrukturierungen im Organkreis | 316 |
|  |  | h) Zusammenfassung | 319 |

| | | |
|---|---|---|
| 5. | Kritik an der derzeitigen Rechtslage | 322 |
| 6. | Das Verhältnis von § 1 Abs. 2a GrEStG zu § 1 Abs. 3 GrEStG | 327 |
| | a) Allgemeine Systematik | 327 |
| | b) Eingeschränkter Anwendungsbereich des § 1 Abs. 3 GrEStG bei Personengesellschaften | 331 |
| 7. | Anwendbarkeit personenbezogener Befreiungstatbestände | 347 |
| | a) Anteilsvereinigungen, § 1 Abs. 3 Nr. 1, Nr. 2 GrEStG | 348 |
| | b) Anteilsübertragungen, § 1 Abs. 3 Nr. 3, Nr. 4 GrEStG | 350 |
| | c) Zusammenfassung | 355 |
| 8. | Anwendbarkeit der Vergüns-tigungsvorschrift des § 5 GrEStG | 356.1 |
| | a) Anteilsvereinigungen, § 1 Abs. 3 Nr. 1, Nr. 2 GrEStG | 356.2 |
| | b) Anteilsübertragungen, § 1 Abs. 3 Nr. 3, Nr. 4 GrEStG | 356.3 |
| 9. | Mittelbare Steuerbelastungen bei Umwandlungsfällen | 357 |
| | a) § 1 Abs. 3 GrEStG als mittelbare Umwandlungsfolge | 358 |
| | b) § 1 Abs. 2a GrEStG als mittelbare Umwandlungsfolge | 363 |
| | c) § 5 Abs. 3 GrEStG als mittelbare Umwandlungsfolge | 365 |
| VII. Wirtschaftliche Anteilsvereinigung, § 1 Abs. 3a GrEStG | | 366.1 |
| 1. | Die Regelungen in den gleich lautenden Länder-Erlassen | 366.5 |
| | a) Allgemeines | 366.6 |
| | b) Anwendungsbereich der Vorschrift | 366.6 |
| | c) Nachrangigkeit | 366.8 |
| | d) Steuerbare Erwerbsvorgänge | 366.9 |
| | e) Wirtschaftliche Beteiligung | 366.10 |
| | f) Aufeinanderfolge von Tatbeständen (§ 1 Abs. 6 GrEStG) | 366.16 |
| | g) Anwendung der §§ 3, 6 und 6a GrEStG | 366.19 |
| | h) Steuerschuldnerschaft | 366.20 |
| | i) Verhältnis zu § 16 GrEStG | 366.21 |
| | j) Anzeigepflicht und Inhalt der Anzeige | 366.22 |
| 2. | In den Erlassen vom 09.10.2013 nicht beantwortete Fragen | 366.24 |
| | a) Anwendbarkeit von § 5 Abs. 2 GrEStG | 366.24 |
| | b) Anwendbarkeit von §§ 3, 6, 6a GrEStG auf die Fälle des § 1 Abs. 3a GrStG | 366.28 |
| | c) Relevanz von Treuhandgeschäften i.R. von § 1 Abs. 3a GrEStG | 366.29 |
| | d) Anteilsvereinigung im Organkreis | 366.32 |
| | e) Besteuerung nach § 1 Abs. 3a GrEStG nur des Anteilserwerbers | 366.33 |
| | f) Wechselseitige Beteiligungen | 366.35 |
| | g) Kriterien für die Zugehörigkeit eines Grundstücks »zum Vermögen der Gesellschaft« | 366.36 |
| | h) Auswirkungen auf anteilsbezogene Zwischengeschäfte | 366.37 |
| | i) Heterogener Formwechsel | 366.38 |
| 3. | Zusammenfassung | 366.39 |
| 4. | Übernahme-Angebote nach WpÜG | 367 |
| VIII. Tausch – § 1 Abs. 5 GrEStG | | 368 |
| IX. Die Aufeinanderfolge von Tatbeständen – § 1 Abs. 6 GrEStG | | 372 |

**B.**     Die Steuerbarkeit

36 Zur Steuerbarkeit müssen drei Voraussetzungen erfüllt sein:
1. Gegenstand des Erwerbs muss ein *Grundstück im Inland* sein (§ 2 GrEStG).
2. Das Grundstück muss den *Rechtsträger wechseln*.
3. Es muss sich um einen *Erwerbsvorgang* handeln, der unter *§ 1 GrEStG* einzuordnen ist.

37 Diese drei Voraussetzungen ergeben die Steuerbarkeit des Vorgangs. § 1 Abs. 1 Nr. 1 GrEStG enthält hierbei die sog. *Haupttatbestände*,[86] § 1 Abs. 1 Nr. 2–7 die sogenannten Nebentatbestände[87] und §§ 1 Abs. 2, 2a und 3 GrEStG die sog. *Ergänzungstatbestände*.[88] Anschließend sind etwaige *Befreiungsvorschriften* (§§ 3 bis 7, 16 GrEStG) zu prüfen; danach ist *die Bemessungsgrundlage* nach § 8, § 9 GrEStG zu ermitteln und hieraus die Steuerschuld nach § 11 GrEStG zu berechnen.[89]

## I. Grundstück i.S.d. § 2 GrEStG

### 1. Grundstück i.S.d. Grunderwerbsteuergesetzes

38 Die Erwerbsvorgänge des § 1 GrEStG stellen auf *inländische Grundstücke* ab. Diese sind in § 2 GrEStG definiert.

39 Nach § 2 Abs. 1 Satz 1 GrEStG sind unter Grundstücken i.S.d. Grunderwerbsteuergesetzes Grundstücke i.S.d. bürgerlichen Rechts zu verstehen (fest abgegrenzter Teil der Erdoberfläche, der als solcher im Grundbuch unter einer laufenden Nummer eingetragen ist, § 3 Abs. 1 Satz 1 GBO).

40 Hinsichtlich des *räumlichen Umfangs* weicht das GrEStG jedoch gleich in **zweifacher** Hinsicht vom Zivilrecht ab (§ 2 Abs. 3 GrEStG).

41 Zum einen können mehrere zivilrechtliche Grundstücke ein einziges Grundstück i.S.d. Grunderwerbsteuergesetzes bilden. Dies ist dann der Fall, wenn die Grundstücke zu einer wirtschaftlichen Einheit gem. § 2 Abs. 3 Satz 1 GrEStG gehören. Der Begriff der *wirtschaftlichen Einheit* ist aus Sicht des Erwerbers zu bestimmen.[90]

42 Zum anderen kann auch ein Teil eines zivilrechtlichen Grundstücks bereits ein ganzes Grundstück i.S.d. Grunderwerbsteuergesetzes bilden. Dies ist dann der Fall, wenn der Erwerbsvorgang auf eine *Grundstücksteilfläche* gerichtet ist.

---

86 Es handelt sich um Kaufverträge und andere Verpflichtungsgeschäfte.
87 Es handelt sich um die Auflassung (Nr. 2), den Eigentumsübergang (Nr. 3), das Meistgebot im Zwangsversteigerungsverfahren (Nr. 4) und Zwischengeschäfte (Nr. 5–7).
88 Es handelt sich um den Erwerb der Verwertungsbefugnis (Abs. 2), den Wechsel im Gesellschafterbestand einer Personengesellschaft (Abs. 2a) sowie die Anteilsvereinigung bzw. Anteilsübertragung (Abs. 3).
89 Innerhalb der Befreiungstatbestände der §§ 3 bis 7 GrEStG sind systematisch die §§ 5 bis 7 GrEStG vorrangig zu prüfen. Sofern bspw. nach Anwendung des § 5 GrEStG nur noch eine Bemessungsgrundlage von € 2.500,00 verbleibt, ist der Erwerbsvorgang steuerfrei nach § 3 Nr. 1 GrEStG; vgl. *Hofmann*, § 3 Rn. 6.
90 Vgl. hierzu ausführlich Rdn. 608 ff.

I. Grundstück i.S.d. § 2 GrEStG                                      B.

Die Frage nach der Anzahl der Grundstücke hat besondere Bedeutung bei der Beach- 43
tung der Freigrenze von € 2.500,00 (vormals: DM 5.000,00) nach § 3 Nr. 1 GrEStG.
Der Erwerb eines Grundstücks wird nämlich nur dann besteuert, wenn der Wert des
jeweiligen Grundstücks die Freigrenze übersteigt.

▶ **Beispiel:**

K kauft von A folgende Grundstücksparzellen: Fl.-Stück Nr. 10/1, X-Straße Nr. 44
zu 500 m² für 180.000,– € und Fl.-Stück Nr. 12/1, Garagenparzelle zu 25 m² für
2.000,– €.

**Lösung:**

Sofern K die miterworbene Garagenparzelle Fl.-Stück 12/1 als zu Grundstück
X-Straße Nr. 44 gehörig ansehen kann (Gesichtspunkte der Abgrenzung einer
wirtschaftlichen Einheit i.s.v. § 2 BewG maßgebend), gehört die Garagenparzelle
zum Objekt X-Straße 44 (§ 2 Abs. 3 Satz 1 GrEStG) mit der Folge, dass die zwei
zivilrechtlichen Grundstücke Fl.-Stück 10/1 und 12/1 grunderwerbsteuerlich nur
*ein* Grundstück bilden. Obwohl die Garagenparzelle für sich genommen weniger
als € 2.500,00 kostet, kommt gleichwohl die Freigrenze hierfür nicht in Betracht,
da insgesamt nur ein Grundstück i.S.d. GrEStG vorliegt und dieses mehr als €
2.500,00 kostet (182.000,– €).

## 2. Bestandteile

Der zivil- und grunderwerbsteuerrechtliche Grundstücksbegriff beinhaltet auch die  44
Bestandteile nach §§ 93 bis 96 BGB. Abweichend vom Bewertungsrecht gehört das
*Zubehör* jedoch nicht zum Grundstück, sodass hierauf keine GrESt anfällt.[91] Dies
folgt daraus, dass Zubehör keinen wesentlichen Bestandteil des Grundstücks darstellt,
obwohl es gem. § 311c BGB schuldrechtlich im Zweifel mitverkauft ist (vgl. § 97
BGB). Unter Zubehör sind diejenigen beweglichen Sachen zu verstehen, die – ohne
Bestandteil der Hauptsache zu sein – dieser zu dienen bestimmt sind und zu ihr in
einem dementsprechenden räumlichen Verhältnis stehen. Entscheidend für die Einordnung ist die Verkehrsauffassung.

**Einbaumöbel** sind Gebäudebestandteile, wenn sie eingepasst, d.h. eingefügt wurden.[92]  45
Das bloße Anpassen der Möbel an die Raummaße genügt jedoch nicht. Einbaumöbel

---

91 Zu den dadurch bedingten Auswirkungen auf die USt, vgl. *Schuck*, MittBayNot 1998,
S. 412 ff. Zubehör unterliegt nicht der GrESt und ist daher – die Unternehmereigenschaft
i.S.d. UStG vorausgesetzt – umsatzsteuerbar. Aus dem Gesichtspunkt der Einheitlichkeit
der Leistung kann sich jedoch auch eine Umsatzsteuerfreiheit ergeben, nämlich dann, wenn
die Lieferung des Zubehörs im Vergleich zum Grundstück eine unselbstständige Nebenleistung darstellt; zur Einheitlichkeit der Leistung vgl. auch UStR Nr. 29.
92 Vgl. Palandt/*Heinrichs*, § 94 Rn. 7, § 93 Rn. 5 ff. mit Einzelbeispielen.

sind dagegen kein Gebäudebestandteil, wenn sie an anderer Stelle wieder aufgestellt werden können (z.b. die Schrankwand aus Serienteilen).[93]

46 Handelt es sich bei den Einbaumöbeln demgemäß um Gebäudebestandteile, so fällt die GrESt aus den Einbaumöbeln an. Sind die Einbaumöbel dagegen kein Gebäudebestandteil, muss der Gesamtkaufpreis nach der Boruttau-Formel oder der Vereinfachungsregel aufgeteilt werden.[94]

47 Gebäude auf fremden Grund und Boden stehen dagegen den Grundstücken gleich (z.b. Bürocontainer auf festen Fundamenten).[95] Insoweit liegt eine Ausnahme vom BGB vor: nach bürgerlichem Recht handelt es sich um bewegliche Sachen; gleichwohl ist die Übertragung dieser Gebäude auf fremdem Grund und Boden grunderwerbsteuerpflichtig.[96]

48 *Nicht* zum Grundstück gehören, auch wenn es sich um wesentliche Bestandteile des Grundstücks handelt:
1. Maschinen und Betriebsvorrichtungen (§ 2 Abs. 1 Satz 2 Nr. 1 GrEStG) sowie
2. Mineralgewinnungsrechte und sonstige Gewerbeberechtigungen (§ 2 Abs. 1 Satz 2 Nr. 2 GrEStG).

49 Mit Wirkung ab 01.01.2002 wurde vom Gesetzgeber in dem neuen § 2 Abs. 1 Satz 2 Nr. 3 GrEStG klargestellt, dass auch das Recht des Grundstückseigentümers auf den Erbbauzins nicht zum Grundstück gehört.[97]

*a) Maschinen und Betriebsvorrichtungen*

50 § 2 Abs. 1 Satz 2 Nr. 1 GrEStG soll eine ungerechtfertigte Ausdehnung der GrESt auf Maschinen und Fabrikationseinrichtungen verhindern. Der dieser Erwägung zugrunde liegende rechtspolitische Gedanke besteht darin, dass in die GrESt nicht der Charakter einer Gewerbesteuer oder eine Belastung der landwirtschaftlichen Produktion hineingebracht werden soll.[98]

---

93 Der auf eine Markise entfallende Kaufpreisanteil ist keine Gegenleistung i.S.d. § 9 Abs. 1 Nr. 1 GrEStG und folglich nicht in die Bemessungsgrundlage mit einzubeziehen, vgl. BFH-Urteil 5 K 3894/01 vom 20.08.2003.
94 Vgl. hierzu Rdn. 660 ff.
95 Vgl. BFH, DStR 1996, S. 1562.
96 Zur Steuerbarkeit der Sicherungsübereignung eines Gebäudes auf fremdem Boden, vgl. BFH, BStBl. III, S. 93.
97 Vgl. Gesetz zur Änderung steuerlicher Vorschriften vom 20.12.2001, BGBl. I, S. 3806 ff., vgl. hierzu auch Rdn. 792 ff.
98 Vgl. *Pahlke*, § 2 Rn. 41.

## I. Grundstück i.S.d. § 2 GrEStG B.

Der Begriff der Betriebsanlage stimmt nahezu vollständig mit dem Begriff einer 51
Betriebsvorrichtung i.S.d. § 68 Abs. 2 Nr. 2 BewG überein, sodass die Abgrenzung
nach den gleichen Kriterien vorzunehmen ist.[99]

Das Wesen der *Betriebsvorrichtung* besteht in ihrer speziell auf den Gewerbebetrieb 52
ausgerichteten Funktion, die der einer Maschine ähnlich sein muss. Es genügt nicht,
dass die Anlage für die Ausübung des Gewerbebetriebes notwendig oder sogar vorgeschrieben ist; vielmehr muss das Gewerbe unmittelbar durch die Anlage betrieben werden. Nur bei einem unmittelbaren und besonderen Zusammenhang zu dem
gegenwärtig ausgeübten Gewerbebetrieb liegt eine Betriebsvorrichtung vor. Gebäude
und Außenanlagen können niemals Betriebsvorrichtungen sein. Diese Begriffe schließen sich gegenseitig aus. Ein Bauwerk ist als Gebäude anzusehen, wenn es fest mit
Grund und Boden verbunden, von einiger Beständigkeit und ausreichend standfest
ist. Zu den Erfordernissen eines Gebäudes gehört ferner, dass es auch Menschen oder
Sachen durch räumliche Umschließung Schutz gegen Witterungseinflüsse gewährt
und den Aufenthalt von Menschen gestattet. So sind z.B. Brennöfen oder Transformatorenhäuschen Betriebsvorrichtungen und nicht Gebäude, da sie den Aufenthalt von
Menschen nicht oder nur vorübergehend zulassen. Bei den Türmen von Windkraftanlagen handelt es sich ebenfalls nicht um Gebäude, sondern um Betriebsvorrichtungen, weil sie nur einen vorübergehenden Aufenthalt von Menschen zulassen.[100] Auch
die Be- und Entlüftungsanlage eines Möbellagers, die unmittelbar und ausschließlich
dazu dient, eine für die Lagerung von Möbeln günstige Temperatur zu schaffen, ist
eine Betriebsvorrichtung nach § 2 Abs. 1 Satz 2 Nr. 1 GrEStG, sodass der auf sie entfallende Kaufpreis nicht der GrESt unterliegt.

Bei *Solaranlagen* ist wie folgt zu differenzieren: Heizungsanlagen sind regelmäßig 53
wesentliche Gebäudebestandteile.[101] Der auf eine thermische Solaranlage entfallende
Teil des Kaufpreises ist folglich in die Gegenleistung einzubeziehen und unterliegt
damit der GrESt. Photovoltaikanlagen, die nur der Energieversorgung des betroffenen Grundstücks dienen (Eigenbedarf), gehören als wesentliche Bestandteile zum
Grundvermögen gem. § 2 Abs. 1 Nr. 1 GrEStG und sind damit mit dem für das
Grundstück festzustellenden Wert zu erfassen. Das hierfür gezahlte Entgelt gehört
zur steuerpflichtigen Gegenleistung. Dienen Photovoltaikanlagen dagegen ausschließlich der Energieerzeugung und Einspeisung in öffentliche Energienetze,
unterhält der Grundstückseigentümer einen Gewerbebetrieb; die Photovoltaikanlagen sind als Betriebsvorrichtungen nicht in das Grundvermögen einzubeziehen.
Das auf die Photovoltaikanlage entfallende Entgelt unterliegt dann nicht der GrESt.

---

99 Vgl. *Wohltmann*, Steuer und Studium, Beilage 1/2001, S. 6. Nur in ganz seltenen Fällen
bestehen Unterschiede: bspw. stellt eine Schallschlucktür zwar unter Umständen eine Betriebsvorrichtung dar, allerdings wird das Vorliegen einer Betriebsanlage generell verneint;
i.Ü. setzt jedoch selbst der BFH die Begriffe gleich, vgl. BFH, BStBl. II, 1991, S. 531.
100 Vgl. FinMin Schleswig Holstein, Erl. vom 08.06.2004, DStR 2004, S. 1175.
101 Ist die Anlage nach zivilrechtlichen Grundsätzen ausnahmsweise kein wesentlicher Bestandteil des Gebäudes, so fällt hierauf keine GrESt an; vgl. Rdn. 44.

Photovoltaikanlagen, die als Ersatz für eine ansonsten erforderliche Dacheindeckung oder als Fassadenteil, anstelle von Fassadenelementen oder Glasscheiben, eingebaut bzw. befestigt werden, sind zwar Betriebsvorrichtungen, jedoch in entsprechender Auslegung des § 68 BewG bzw. § 50 BewG/DDR als Gebäudebestandteil in das Grundvermögen einzubeziehen. Das Entgelt hierfür ist damit Bestandteil der grunderwerbsteuerlichen Gegenleistung.[102]

54 Für die Abgrenzung zwischen Betriebsvorrichtung einerseits und Gebäude andererseits haben die Obersten Finanzbehörden der Länder mehrfach koordinierte Abgrenzungsrichtlinien erlassen,[103] zuletzt den gleich lautenden Länder-Erlass vom 05.06.2013.[104]

55 Der Wortlaut der Erlasse vom 05.06.2013 mit einer Liste von Beispielen zur Abgrenzung Betriebsvorrichtung/Gebäude ist im Anhang abgedruckt.[105]

*b) Mineralgewinnungsrechte und sonstige Gewerbeberechtigungen*

56 § 2 Abs. 1 Satz 2 Nr. 2 GrEStG, wonach Mineralgewinnungsrechte und sonstige Gewerbeberechtigungen ebenfalls vom Grundstücksbegriff ausgenommen sind, erfasst nur solche Gewerbeberechtigungen (einschließlich der Mineralgewinnungsrechte), die als subjektiv dingliche Rechte i.S.d. § 96 BGB Bestandteile des Grundstücks sind.[106]

57 Das Recht der Mineralgewinnung ist abschließend durch das *Bundesberggesetz* geregelt. Das Bundesberggesetz definiert als Bodenschätze alle mineralischen Rohstoffe in festem oder flüssigem Zustand und Gase – mit Ausnahme von Wasser –, die in natürlichen Ablagerungen oder Ansammlungen in oder auf der Erde vorkommen. Eigentumsrechtlich ist zwischen den *bergfreien* und den *grundeigenen* Bodenschätzen zu unterscheiden.

58 Für *bergfreie Bodenschätze* (z.B. Gold, Silber, Blei, Eisen, Erdöl und Erdgas, Vgl. § 3 Abs. 3 BBergG) ist in Abweichung von § 905 BGB bestimmt, dass sich das Eigentum am Grundstück *nicht* auf diese erstreckt. Das Aufsuchen dieser bergfreien

---

102 Vgl. LFD Erfurt, Verfügung vom 14.04.2008 – S. 4521 A – 24 – A. 13, NWB Nr. 23 vom 02.06.2008, S. 2108; ähnlich FinBeh Hamburg, Erl. vom 08.07.2008, DStR 2008, S. 1966.
103 Vgl. gleichlautender Erl. vom 15.03.2006, BStBl. 2006 II, S. 343.
104 Gleichlautende Erl. der obersten Finanzbehörden der Länder zur Abgrenzung des Grundvermögens von den Betriebsvorrichtungen vom 05.06.2013, BStBl. I 2013, 734.
105 Da nach § 2 Abs. 1 Nr. 1 GrEStG, ja nach Fallkonstellation ggf. abweichend vom BGB, Betriebsvorrichtungen nicht zum Grundstück gehören, ist bei der Veräußerung eines Grundstücks mit Betriebsvorrichtungen, auch wenn diese wesentliche Bestandteile sein sollten, neben der umsatzsteuerfreien Grundstückslieferung eine umsatzsteuerpflichtige Lieferung der Betriebsvorrichtung gegeben, für das sog. *Reverse-Charge*-Verfahren nach § 13b Abs. 2 Nr. 3 UStG nicht gilt. Ein Gesamtentgelt muss nach dem Verhältnis der gemeinen Werte des Grund und Bodens, des Gebäudes (umsatzsteuerfrei) und der Betriebsvorrichtungen (umsatzsteuerpflichtig) aufgeteilt werden; vgl. *Reiß*, Umsatzsteuerrecht, S. 181 m.w.N. und Fallbeispielen.
106 Nicht zum Grundstück gehört die Milch-Referenzmenge, da sie kein Bestandteil i.S.d. § 96 BGB ist; vgl. *Pahlke*, § 2 Rn. 30.

Bodenschätze bedarf der Erlaubnis; ihre Gewinnung bedarf der Bewilligung. Die Bewilligung ist grunderwerbsteuerrechtlich ohne Bedeutung, weil sie weder grundstücksgleiches Recht noch subjektiv-dingliches Recht i.S.d. § 96 BGB ist.

Das Bergwerkseigentum (§ 9 Abs. 1 BBergG) ist zwar ein grundstücksgleiches Recht; sein Erwerb ist jedoch schon mangels seiner Eigenschaft als Grundstück i.S.d. § 2 Abs. 1 Nr. 1 GrEStG und ferner wegen § 2 Abs. 1 Satz 2 Nr. 2 GrEStG grunderwerbsteuerfrei. 59

*Grundeigene Bodenschätze* sind demgegenüber solche, die im Eigentum des Grundstückseigentümers stehen. Zu ihnen zählen u.a. Oxid, Dachschiefer und Feldspat. Der Mitverkauf grundeigener Bodenschätze ist somit grunderwerbsteuerpflichtig. 60

Das Eigentum am Grundstück erstreckt sich des Weiteren auf Stoffe, die schon kraft der Sache grundeigen und keine Bodenschätze i.S.d. § 3 Abs. 1 BBergG sind. Hierzu gehören z.B. Bims, Kalkstein, Kies, Lehm, Sand, Ton und Torf. Das Recht zum Abbau dieser Bodenbestandteile sowie der grundeigenen Bodenschätze nach § 3 Abs. 2 Satz 1 BBergG ist kein Mineralgewinnungsrecht i.S.d. § 2 Abs. 1 Satz 2 Nr. 2 GrEStG. Daher wird ein für die Ausübung dieser Eigentümerbefugnisse (d.h. das Recht zur Ausbeutung dieser Vorkommen) im Zusammenhang mit einem Grundstückserwerb gezahltes Entgelt auf das Grundstück i.S.d. § 2 Abs. 1 Satz 1 GrEStG erbracht. Es ist deshalb grunderwerbsteuerpflichtig und nach §§ 8 Abs. 1, 9 GrEStG als Gegenleistung zu behandeln. 61

▶ **Gestaltungshinweis:**

Anstelle eines grunderwerbsteuerpflichtigen Verkaufs eines Kiesgrundstückes könnte grunderwerbsteuerfrei ein entgeltliches Recht zur Kiesentnahme vereinbart und gegebenenfalls über eine Dienstbarkeit im Grundbuch dinglich gesichert werden. Zu beachten ist allerdings, dass dann die Einnahmen des Grundstückseigentümers aus dem Kiesabbau durch den Berechtigten einkommensteuerlich relevant sein könnten. Der einkommensteuerliche Nachteil ist folglich mit dem grunderwerbsteuerlichen Vorteil abzuwägen.

Als sonstige Gewerbeberechtigungen kommen in Betracht: Mühlengerechtigkeiten, Abdeckerei-, Wein-, Bierschenk- und Schlächtereiberechtigungen als radizierte Gewerberechte.[107] 62

### c) USt bei Maschinen und Betriebsvorrichtungen sowie Mineralgewinnungsrechten

Da Betriebsvorrichtungen und Mineralgewinnungsrechte vom Grundstücksbegriff ausgenommen sind, werden sie grunderwerbsteuerrechtlich wie bewegliche Gegenstände behandelt. 63

---

107 Vgl. eingehend hierzu *Pahlke*, § 2 Rn. 52 f.; zur Differenzierung bei Bodenschätzen zwischen alten und neuen Bundesländern vgl. *Hofmann*, § 2 Rn. 5.

64 Somit tritt zwar kein Grunderwerbsteuerproblem auf, es kann jedoch ein Umsatzsteuerproblem entstehen. Weil diese Gegenstände nicht zum Grundstücksbegriff gehören, fällt auf deren Lieferung im Grundsatz USt an. Wenn im Kaufpreis diesbezüglich nichts ausgewiesen ist, kann die USt nicht noch zusätzlich zum Kaufpreis nachgefordert werden. Deshalb ist es in solchen Fällen zu empfehlen, Betriebsvorrichtungen und Mineralgewinnungsrechte stets im Kaufpreis gesondert (zzgl. USt) auszuweisen, selbst wenn für die Grundstückslieferung nicht zur USt optiert wird.

### 3. Den Grundstücken gleichstehende Rechte

65 Nach § 2 Abs. 2 GrEStG stehen den Grundstücken gleich: Erbbaurechte, Gebäude auf fremdem Boden, *dinglich gesicherte* Sondernutzungsrechte i.S.d. § 15 WEG und des § 1010 BGB, nach Ansicht des FG Münster[108] jedoch nicht sog. Haubergsanteile nach dem GWaldG NW.[109]

66 § 2 Abs. 2 Nr. 3 GrEStG hat vornehmlich klarstellende Funktion. Die Vorschrift soll sicherstellen, dass der Erwerb dinglich gesicherter Sondernutzungsrechte der GrESt unterworfen wird, und damit der Umgehung grunderwerbsteuerpflichtiger Übertragungen von Wohnungs- und Teileigentum entgegenwirken.

67 Bei einem Gebäude auf fremden Boden handelt es sich um einen Scheinbestandteil i.S.d. § 95 BGB; dieser stellt ein selbstständiges, grundstücksgleiches Recht bei der GrESt dar.[110]

▶ Beispiel:

Der Pächter baut in der Absicht, das Gebäude bei Pachtende abzureißen, einen Holzschuppen auf das gepachtete Grundstück:

Lösung:

Bei dem Schuppen handelt es sich um einen Scheinbestandteil i.S.d. § 95 BGB, da er nach der Absicht des Bauherren nur vorübergehend mit dem Grundstück verbunden sein sollte. Der Pächter bleibt damit bürgerlich-rechtlicher Eigentümer des Gebäudes.

Übereignet der Pächter bei Pachtende den Schuppen an den Grundstückseigentümer (gem. §§ 929 ff. BGB), so unterliegt dieser Vorgang der GrESt (Vgl. § 2 Abs. 2 GrEStG).

---

108 Urteil 8 K 3618/12 GrE v. 20.05.2015, EFG 2015, 756.
109 Rev. beim BFH, II R 17/15.
110 Vgl. ausführlich zur grunderwerbsteuerlichen Relevanz von Gebäuden auf fremdem Grund und Boden *Heine*, UVR 2009, S. 332 ff. Nach Auffassung der FinVerw. sind sog. schwimmende Häuser, die dauerhaft für Wohn- und Arbeitszwecke auf dem Wasser bestimmt sind, als Gebäude auf fremden Grund und Boden gem. § 2 Abs. 2 Nr. 2 GrEStG grunderwerbsteuerlich den Grundstücken gleichgestellt; vgl. FinBeh. Hamburg, Erl. vom 02.06.2009, DStR 2009, S. 1913.

I. Grundstück i.S.d. § 2 GrEStG   B.

## 4. Grunderwerbsteuerliche Vorgänge bei Wohnungs- und Teileigentum

Da Wohnungs- und Teileigentum Grundstücke i.S.d. § 2 Abs. 1 Satz 1 GrEStG sind, unterliegen sich darauf beziehende Erwerbsvorgänge nach § 1 Abs. 1 bis 3 GrEStG der GrESt. Gegebenenfalls bilden das Wohnungseigentum und das ihm zugeordnete Teileigentum (z.B. Garage) eine wirtschaftliche Einheit i.S.d. § 2 Abs. 3 Satz 1 GrEStG.[111] Der Kauf einer Eigentumswohnung ist daher nach § 1 Abs. 1 Nr. 1 GrEStG grunderwerbsteuerpflichtig.

68

69

Auch die Begründung von Wohnungs- oder Teileigentum durch Vertrag der Miteigentümer (§ 3 Abs. 1 WEG) unterliegt hinsichtlich des Erwerbs der einzelnen Miteigentümer der GrESt. Auf diesen Erwerb ist allerdings die Steuerbefreiung des § 7 Abs. 1 GrEStG anzuwenden, sodass nur ein etwaiger Mehrerwerb des einzelnen Miteigentümers grunderwerbsteuerpflichtig ist. Eine *einseitige* Teilungserklärung durch den Alleineigentümer nach § 8 WEG unterliegt dagegen mangels Rechtsträgerwechsels nicht der GrESt.[112]

70

Die *Aufhebung* des Sondereigentums (§ 17 WEG) kommt nur aufgrund Vereinbarung sämtlicher Miteigentümer in Betracht. Da das Erlöschen des Wohnungseigentums zur Folge hat, dass gewöhnliches Miteigentum entsteht, unterliegt dieser Erwerb ebenfalls der GrESt. Zwar enthält das Gesetz keine ausdrückliche Befreiungsvorschrift für diesen Rechtsvorgang; gleichwohl ist nach herrschender Meinung und neuerer Auffassung der FinVerw. der Rechtsgedanke des § 5 Abs. 2 GrEStG i.V.m. § 7 Abs. 1 GrEStG heranzuziehen, sodass der Erwerb, sofern keine Wertverschiebungen erfolgen, befreit ist.[113]

71

▶ **Gestaltungshinweis:**

Zu beachten ist ferner, dass nach h.M. die *Instandhaltungsrückstellung* nach § 21 Abs. 5 Nr. 4 WEG eine mit einer Geldforderung vergleichbare Vermögensposition darstellt, deren gleichzeitiger Erwerb mit einer Eigentumswohnung nicht in die grunderwerbsteuerrechtliche Gegenleistung einzubeziehen ist. Insoweit bietet es sich bei Kaufverträgen über Eigentumswohnungen aus *grunderwerbsteuerlicher* Sicht an, den Gesamtkaufpreis nicht nur hinsichtlich der miterworbenen Einrichtungsgegenstände aufzuschlüsseln, sondern darüber hinaus auch den auf die betreffende Wohnung entfallenden Anteil der Instandhaltungsrücklage ausdrücklich auszuweisen, um auch insoweit die GrESt zu reduzieren.

Wenn es im Einzelfall zu aufwendig ist, die genaue Höhe der Instandhaltungsrücklage zu ermitteln, um diese exakt ausweisen zu können, bietet sich folgender Formulierungsvorschlag an:

---

111 Vgl. Rdn. 43.
112 Vgl. *Hofmann*, § 2 Rn. 39.
113 Ebenso *Pahlke*, § 2 Rn. 59; *Hofmann*, § 2 Rn. 38; vgl. ferner Erl. des Finanzministeriums Baden Württemberg vom 27.09.2005, DStR 2005, S. 1774; vgl. hierzu ausführlich *Gottwald/Schiffner*, MitBayNot 2006, S. 125 ff.

## B. Die Steuerbarkeit

▶ Formulierungsvorschlag:

*Mitverkauft ist die Instandhaltungsrücklage. Der Betrag wird dem FA gesondert nachgewiesen.*

Hier ist das FA zumindest schon darauf hingewiesen, dass es nicht die GrESt aus dem vollen Kaufpreis festsetzen darf.

Allerdings ist bei der Instandhaltungsrücklage zu bedenken, dass es sich um den Kauf eines Geldguthabens handelt und folglich bei gesonderter Ausweisung hierauf keine Abschreibungen vorgenommen werden können.

72   Es ist nicht davon auszugehen, dass sich durch den Beschluss des BGH vom 02.06.2005,[114] in welchem die Teilrechtsfähigkeit der Wohnungseigentümergemeinschaft anerkannt wurde, eine Änderung der grunderwerbsteuerlichen Beurteilung ergibt.[115] Da das rechtliche Schicksal des Verwaltungsvermögens, zu dem auch die Instandhaltungsrücklage gehört, vor der BGH-Entscheidung nicht abschließend geklärt war, entsprach es auch gängiger Praxis, in den Kaufvertrag eine gesonderte Übertragung des Anteils des Veräußerers am Verwaltungsvermögen aufzunehmen, um in jedem Fall den Übergang dieser Vermögensbeteiligung zivilrechtlich abzusichern. Nach der neuen BGH-Rechtsprechung bedarf es in Zukunft aus zivilrechtlichen Gründen einer solchen Regelung nicht mehr, da dem Veräußerer kein Anteil am Verwaltungsvermögen zusteht, den er übertragen könnte. Eigentümer des Verwaltungsvermögens ist vielmehr der Verband, an dem der jeweilige Wohnungseigentümer nur über seine Mitgliedschaft beteiligt ist. Die FinVerw. hat sich bislang noch nicht dazu geäußert, ob sich diese zivilrechtliche Änderung der Sichtweise auf die Bemessung der GrESt auswirkt. Nach h.M. dürften sich jedoch keine Änderungen ergeben, da die Instandhaltungsrücklage nicht einen wesentlichen Bestandteil des Wohnungs- oder Teileigentums darstellt; vielmehr wird der jeweilige Erwerber nur über seine Mitgliedschaft in der Eigentümergemeinschaft an dem Verbandsvermögen beteiligt.[116] Deshalb sollte die Instandhaltungsrücklage weiterhin als Teil des Gesamtkaufpreises getrennt ausgewiesen werden, um die grunderwerbsteuerliche Bemessungsgrundlage zu reduzieren.[117] Nicht übersehen werden darf allerdings, dass sich hier möglicherweise eine Änderung der Rechtsprechung abzeichnet. So entschied etwa das FG Leipzig zuletzt mehrfach, dass die Gegenleistung für die Festsetzung der GrESt bei Erwerb eines

---

114  Vgl. BGH, NJW 2005, S. 2061 ff.
115  Vgl. *Kahlen*, ZMR 2007, S. 179.
116  Es bleibt abzuwarten, inwieweit sich die Rechtsprechungsänderung auf die umsatz- und einkommensteuerliche Rechtslage auswirkt.
117  Vgl. *Hügel*, DAI-Skript zur 3. Jahresarbeitstagung des Notariats 2005, S. 249, der zurecht darauf hinweist, dass aus zivilrechtlicher Sicht eine vorsorgliche Abtretung der Instandhaltungsrücklage nicht mehr erforderlich ist; dem Veräußerer steht zivilrechtlich kein Anteil am Verwaltungsvermögen zu, den er übertragen könnte. Vielmehr geht die Mitgliedschaft am Verband durch die Veräußerung über, wobei der Verband Eigentümer des Verwaltungsvermögens ist. In der Notarurkunde sollte deshalb anstelle der bisherigen Abtretung der Instandhaltungsrücklage lediglich ein Hinweis erfolgen, dass die Instandhaltungsrücklage mit dem Eintritt des Erwerbers in die Eigentümergemeinschaft übergeht. Beim Kaufpreis ist gleichwohl der auf die Instandhaltungsrücklage entfallende Betrag aufzuschlüsseln.

## 5. Dauerwohn- und Dauernutzungsrecht

Das *Dauerwohn- und Dauernutzungsrecht* (§§ 31 f. WEG) ist kein Grundstück i.S.d. bürgerlichen Rechts (§ 1 Abs. 1 Satz 1 GrEStG). Es steht auch *nicht* gem. § 2 Abs. 2 GrEStG den Grundstücken gleich, sodass darauf bezogene Rechtsvorgänge grunderwerbsteuerfrei sind. Da das GrEStG auch keine wirtschaftliche Betrachtungsweise zulässt, sind diese Rechtsvorgänge selbst dann grunderwerbsteuerfrei, wenn das Dauerwohn- bzw. Dauernutzungsrecht aufgrund entsprechender Abreden eine dem Wohnungs- oder Teileigentum ähnliche Gestaltung erfährt. Auch erhält der Erwerber allein mit dem Erwerb eines Dauerwohn- oder Dauernutzungsrechts noch nicht die Möglichkeit zur Verwertung (§ 1 Abs. 2 GrEStG) des belasteten Grundstücks.[119]

73

In der Praxis dürfte sich diese redaktionelle Lücke des Gesetzes kaum auswirken, da ein Dauerwohnrecht in der Regel nur für die eigenen Kinder bestellt wird und dieser Rechtsvorgang auch aufgrund der Befreiungsvorschrift des § 3 Nr. 6 GrEStG nicht steuerpflichtig wäre. Anders verhält es sich, wenn das Dauerwohnrecht entgeltlich für einen nichtehelichen Lebenspartner bestellt wird.[120]

74

Viel zu selten werden allerdings Dauerwohnrechte im Konzern anstelle der (grunderwerbsteuerpflichtigen) Übertragung von Grundstücken zwischen Konzerngesellschaften verwendet, um das wirtschaftliche Eigentum einem anderen Rechtsträger grunderwerbsteuerfrei zuzuordnen.

Insoweit besteht meines Erachtens ein gewisser grunderwerbsteuerlicher Gestaltungsspielraum.

## II. Rechtsträgerwechsel

### 1. Rechtsträger i.S.d. Grunderwerbsteuergesetzes

Die GrESt besteuert den Eigentumswechsel von Grundstücken. Ein Eigentumswechsel liegt vor, wenn das Eigentum von einem Rechtsträger auf einen anderen Rechtsträger übergeht.

75

---

118 Vgl. FG Sachsen, Urt. v. 25.06.2014, Mietrecht kompakt 2014, S. 127; FG Sachsen, Urt. v. 02.04.2014, BeckRS 2014, 95631; vgl. hierzu auch *Elzer*, MittBayNot 2014, S. 533; gegen die Abziehbarkeit der Instandhaltungsrücklage spricht sich demgegenüber aus: *Spanke*, jurisPR-SteuerR 35/2014 Anm. 5. A.A. FG Berlin-Brandenburg, Urteil 15 K 4320/10 v. 26.02.2015, EFG 2015, 360 (Rev. beim BFH, II R 29/15).
119 Vgl. BFH, BStBl. III 1957, S. 269; eine Verwertungsbefugnis dürfte allenfalls in ganz extremen Fällen zu bejahen sein, Vgl. *Boruttau/Viskorf*, § 2 Rn. 269 ff.
120 Mit der Abschaffung der Eigenheimzulageförderung sind Fälle einer entgeltlichen Einräumung von Dauerwohnrechten allerdings stark zurückgegangen.

**B.**                                              Die Steuerbarkeit

76   Als Rechtsträger im Grunderwerbsteuerrecht kommen in Betracht:
1. natürliche Personen,
2. juristische Personen,
3. bestimmte Gesamthandsgemeinschaften (GbR, nicht-rechtsfähiger Verein, OHG, KG, Erbengemeinschaft).

77   Nicht als selbstständiger Rechtsträger im grunderwerbsteuerlichen Sinn sind anzusehen:
1. die Gütergemeinschaft,
2. die fortgesetzte Gütergemeinschaft

und zwar ungeachtet dessen, dass bei diesen Gemeinschaften nicht Bruchteilseigentum, sondern Gesamthandseigentum vorliegt.[121]

*a) Personengesellschaften*

78   Bei den Personengesellschaften gelten keine Besonderheiten. Der Gesellschafterwechsel ist unbeachtlich, solange nicht die Voraussetzungen des § 1 Abs. 2a oder § 1 Abs. 3 GrEStG erfüllt sind, da kein Rechtsträgerwechsel erfolgt. Eigentümer des Grundstücks bleibt stets dieselbe Personengesellschaft.

▶ **Beispiel:**

Eine OHG, bestehend aus den Gesellschaftern A, B und C zu je $1/3$ Anteil, ist Eigentümerin von zwei bebauten Grundstücken. Im Jahr 2000 kauft A den $1/3$-Anteil von C. Das Anteilsverhältnis danach: A = $2/3$ Anteil; B = $1/3$ Anteil.

In 2001 kauft A auch den Anteil von B hinzu. A führt das Unternehmen jetzt als Einzelfirma.

**Lösung:**

Der Kauf des $1/3$-Anteils in 2000 von C stellt *keinen* steuerbaren Vorgang dar, da die Gesamthand als gleiche Gesamthand fortbestand. Es hat lediglich ein Gesellschafterwechsel stattgefunden bzw. es ist lediglich ein Gesellschafter ausgeschieden. Die Voraussetzungen des § 1 Abs. 2a GrEStG und § 1 Abs. 3 GrEStG bzw. § 1 Abs. 3a GrEStG lagen ebenfalls nicht vor. Mangels eines tatsächlichen oder fingierten Rechtsträgerwechsels liegt somit kein Steuertatbestand vor.

In 2001 geht die Gesamthand mit dem Hinzuerwerb des $1/3$-Anteils von B auf A unter. Das Eigentum an dem Grundstück hat somit den Rechtsträger gewechselt. Der Rechtsträgerwechsel besteht darin, dass das Eigentum von der Gesamthand OHG auf die natürliche Person A gewechselt ist.

Der Rechtsträgerwechsel hat sich hier kraft Gesetzes vollzogen, da dem A das gesamte Gesellschaftsvermögen angewachsen ist. Da gleich zwei Grundstücke übergehen, liegen grunderwerbsteuerlich somit zwei Erwerbsvorgänge i.S.d. § 1 Abs. 1

---

121   Erläuterungen hierzu folgen in Rdn. 511–583.

Nr. 3 GrEStG vor. (Eine Heranziehung des § 1 Abs. 3 GrEStG ist nicht erforderlich). Der Erwerb ist jedoch z.T. gem. § 6 Abs. 2 GrEStG von der GrESt befreit.[122]

*b) Erbengemeinschaft*

Besonderheiten gelten bei der Erbengemeinschaft: 79

Da der Miterbenanteil bei der Erbengemeinschaft stets übertragbar ist und die Erbengemeinschaft weder freiwillig entstanden noch auf Fortbestand ausgerichtet ist, ist dessen Veräußerung gem. § 1 Abs. 1 Nr. 3 GrEStG steuerbar, soweit davon Grundstücke betroffen sind. Beim Verkauf eines Miterbenanteils bleibt die Erbengemeinschaft zwar weiterhin die gleiche Erbengemeinschaft, sodass grds. kein Rechtsträgerwechsel vorliegt und demzufolge auch kein steuerbarer Vorgang gegeben ist. Da der Gesetzgeber bestimmte Rechtsgeschäfte unter Miterben in § 3 Nr. 3 GrEStG jedoch ausdrücklich von der GrESt freigestellt hat, wird von der herrschenden Meinung hieraus im Umkehrschluss gefolgert, dass der Verkauf von Miterbenanteilen an Dritte zu versteuern ist.[123] 80

Der Erbschaftskauf (vom Alleinerben) ist dagegen gem. § 1 Abs. 1 Nr. 1 GrEStG grunderwerbsteuerpflichtig.[124] 81

▶ Merksatz:

*Die Erbteilsübertragung auf Dritte ist steuerpflichtig (anders als bei Personengesellschaften, bei denen die Übertragung der Gesellschaftsbeteiligung nur unter den engen Voraussetzungen des § 1 Abs. 2a bzw. § 1 Abs. 3 GrEStG steuerpflichtig ist). Von der Steuer befreit ist der Vorgang nur, wenn die Erbteilsübertragung an einen Miterben erfolgt (§ 3 Nr. 3 GrEStG).*

Nach der Rechtsprechung des BFH gilt eine Erbengemeinschaft als ein einzelner Erwerber i.S.d. § 1 Abs. 3 Nr. 1 GrEStG.[125] Es kommt somit nicht auf die wirtschaftliche Beteiligung der einzelnen Miterben an; vielmehr wird die Erbengemeinschaft selbst als eine Hand betrachtet.[126] Nach FG Rheinland-Pfalz[127] ist nach erfolgter Erbauseinandersetzung die spätere Grundstücksübertragung an einen der Miterben nicht mehr steuerfrei.

*c) Bruchteilseigentum*

Bei Bruchteilseigentum ist zu beachten, dass dieses grunderwerbsteuerlich wie Alleineigentum behandelt wird. 82

---

122 Vgl. hierzu Rdn. 550.
123 Vgl. *Pahlke*, § 1 Rn. 147 ff. m.w.N. Beim Erwerb des letzten Erbteils ist demnach nicht mehr der ganze Grundstückserwerb, sondern nur der quotale Erwerb des letzten Anteils zu versteuern. Auf etwaige Befreiungstatbestände kommt es also – anders als bei Personengesellschaften (s. nachfolgende Ziffer 2c) – nicht an; Vgl. ferner *Hofmann*, § 1 Rn. 25.
124 Vgl. *Pahlke*, § 1 Rn. 51 und Rn. 147 m.w.N.
125 Vgl. BFH-Urt. v. 12.02.2014, DStRE 10/2014, S. 636 ff.
126 Vgl. *Graessner*, NWB 22/2014, S. 1645 ff., der die Auffassung vertritt, dass zumindest im Bereich der Befreiungsvorschriften der §§ 5 und 6 GrEStG im Fall einer Erbengemeinschaft auf die dahinterstehenden Miterben abzustellen sei.
127 Urteil 4 K 1380/13 v. 16.04.2015, juris.

## B. Die Steuerbarkeit

▶ **Beispiel 1:**

A verkauft ein Grundstück an B und C zu je $1/3$ Bruchteil sowie an D und E zu je $1/6$ Bruchteil. Der Kaufpreis beträgt insgesamt 10.000,00 €.

**Lösung:**

Grunderwerbsteuerlich wird jeder Bruchteil wie Alleineigentum behandelt. Da hier vier Bruchteile (Bruchteils- bzw. Miteigentumsanteile) an vier verschiedene Erwerber verkauft werden, liegen auch vier Erwerbsvorgänge vor:

*Erster* Erwerbsvorgang:

A verkauft einen $1/3$ Miteigentumsanteil an B. Der Vorgang ist steuerbar und steuerpflichtig, weil die Freigrenze von 2.500,00 € (§ 3 Nr. 1 GrEStG) überschritten wird. Die Bemessungsgrundlage beträgt $1/3$ von 10.000,00 € = 3.333,00 €

*Zweiter* Erwerbsvorgang:

A verkauft einen $1/3$ Miteigentumsanteil an C. Lösung wie beim ersten Erwerbsvorgang.

*Dritter* Erwerbsvorgang:

A verkauft einen $1/6$ Miteigentumsanteil an D. Der Vorgang ist steuerbar, aber gem. § 3 Nr. 1 GrEStG grunderwerbsteuerbefreit, da die Freigrenze von 2.500,00 € nicht überschritten wird. Die Bemessungsgrundlage beträgt nur $1/6$ von 10.000,00 € = 1.666,00 €.

*Vierter* Erwerbsvorgang:

A verkauft einen $1/6$ Miteigentumsanteil an E. Lösung wie beim dritten Erwerbsvorgang.

Zusammenfassung: Nur B und C erhalten für den ersten und zweiten Erwerbsvorgang jeweils einen eigenständigen Grunderwerbsteuerbescheid.

▶ **Beispiel 2:**

Die Eheleute A und B sind Grundstückseigentümer zu je $1/2$. Ihr Grundstück verkaufen sie an die Eheleute C und D, die ebenfalls zu je $1/2$ Grundstückseigentümer werden. Der Kaufpreis beträgt insgesamt 10.000,– €.

**Lösung:**

Es liegt Bruchteilseigentum vor. A verkauft seinen $1/2$-Anteil an C und D, B verkauft seinen $1/2$-Anteil ebenfalls an C und D. Nach einem neueren Erlass der FinVerw.[128] wird durch den Verkauf des Hälfte-Miteigentumsanteils von A an C und D dieser Anteil jedoch nur dann in 2 gleich große Anteile, also jeweils in $1/4$-Anteile (Bruchteile) aufgespalten, wenn ausdrücklich in der notariellen

---

128 Vgl. Erl. des Finanzministeriums Saarland vom 29.04.2002, DStR 2002, S. 860.

Urkunde jeweils $^{1}/_{4}$-Anteile (von A an C bzw. von A an D) übertragen werden; nur dann sollen getrennte Erwerbsvorgänge vorliegen. Gleiches gilt für die Übertragung des Hälfte-Miteigentumsanteils von B an C und D. Wird in der Urkunde folglich nicht ausdrücklich in $^{1}/_{4}$-Miteigentumsanteile aufgespalten, sondern pauschal von A und B an C und D verkauft, dann sollen nur so viele Erwerbsvorgänge vorliegen, wie Erwerber vorhanden sind. Bei ausdrücklicher Aufspaltung liegen somit insgesamt vier Erwerbsvorgänge vor, sodass die Freigrenze von 4 mal € 2.500,00 eingehalten ist (§ 3 Nr. 1 GrEStG).[129] Der Vorgang ist folglich grunderwerbsteuerbefreit. Ohne künstliche Aufspaltung handelt es sich dagegen nur um zwei Erwerbe (i.H.v. je 5.000,00 €), sodass die Freigrenze überschritten ist und GrESt anfällt. Dies ist bei der Vertragsgestaltung zu beachten.[130]

## 2. Weitere Einzelfälle

### a) Vorgründungsgesellschaft/Vorgesellschaft

Wenn ein Grundstück von einer sogenannten Vorgesellschaft auf eine Kapitalgesellschaft bzw. – bei Personengesellschaften – von der Gründergesellschaft auf die spätere Personengesellschaft übergeht, besteht nach herrschender gesellschaftsrechtlicher Auffassung eine rechtliche Identität von Vorgesellschaft und späterer Gesellschaft. Da es infolgedessen an einem Rechtsträgerwechsel fehlt, ist der Übergang des Grundstückes grunderwerbsteuerfrei.[131]  **83**

Grunderwerbsteuerpflichtig ist hingegen die Übertragung eines Grundstücks von einer Vorgründungsgesellschaft auf eine (Vor-) Kapitalgesellschaft. Dies folgt daraus, dass die Vorgründungsgesellschaft eine GbR oder OHG ist; das Recht der Vorgesellschaft findet auf sie keine Anwendung. Sie ist auch nicht mit der Vorgesellschaft identisch, sodass es zum Übergang der Aktiva und Passiva der Vorgründungsgesellschaft auf die Vorgesellschaft oder die Kapitalgesellschaft der Einzelübertragung bedarf.[132]  **84**

Hat eine GmbH in Gründung von einem Dritten ein Grundstück erworben und kommt es anschließend nicht zur Eintragung der Gesellschaft in das HR, so führt die Auflösung der GmbH in Gründung hinsichtlich des Grundstücks zu einem Rechtsträgerwechsel i.S.d. § 1 Abs. 1 Satz 3 GrEStG auf den bzw. die Gründungsgesellschafter.[133]  **85**

---

129 Ebenso *Everts*, MittBayNot 2003, S. 207 m.w.Bsp.
130 Vgl. *Wohltmann*, Steuer und Studium, Beilage 1/2002, S. 3 ff.
131 Vgl. *Hofmann*, § 1 Rn. 7; *Schmitz*, Grunderwerbsteuerrecht, Rn. 74.
132 Vgl. *Pahlke*, § 1 Rn. 16; vgl. hierzu auch BFH, BStBl. II 1990, S. 91.
133 Vgl. BFH-Urteil II R 43/99 vom 17.10.2001, abgedruckt in DStRE 2002, S. 387.

## b) Sitzverlegung ins Ausland

86 Die Sitzverlegung einer Gesellschaft im Inland führt nicht zu einem Rechtsträgerwechsel und ist daher auch nicht grunderwerbsteuerbar.[134] Bei der Sitzverlegung einer deutschen Gesellschaft über die Grenze hinaus wird nur dann eine Grunderwerbsteuerpflicht ausgelöst, wenn die Gesellschaft nach der Sitzverlegung ins Ausland nicht als rechtlich identischer Rechtsträger fortbesteht.[135] Nach der Rechtsprechung des EuGH zur Niederlassungsfreiheit der Gesellschaften gemäß Art. 49, 54 AEUV ist die Verlegung des Sitzes einer deutschen GmbH in das EU-Ausland unter gleichzeitigem Wechsel in eine Rechtsform eines anderen EU-Mitgliedstaats zulässig, wenn der Rechtsformwechsel jeweils auch für innerstaatliche Sachverhalte vorgesehen ist.[136] Dies gilt u.E. auch für den grenzüberschreitenden Rechtsformwechsel einer Sàrl & Co. KG in eine luxemburgische Sàrl. Dem ist auch für den Fall des Zuzugs einer Gesellschaft ins Inland unter Wechsel in eine Rechtsform deutschen Rechts zu folgen.[137]

87 Bei der europäischen Aktiengesellschaft (SE) lässt das Gesetz eine identitätswahrende Sitzverlegung zu. Mangels Rechtsträgerwechsel kann folglich eine europäische Aktiengesellschaft grunderwerbsteuerfrei ihren Sitz in das europäische Ausland verlegen.[138]

88 Durch die Streichung des § 4a Abs. 2 GmbHG wurde im Zuge des Gesetzes zur Modernisierung des GmbH-Rechts und zur Bekämpfung von Missbräuchen (MoMiG) es deutschen Gesellschaften ermöglicht, einen Verwaltungssitz zu wählen, der nicht notwendig mit dem Satzungssitz übereinstimmt. Dieser Verwaltungssitz kann auch im Ausland liegen. Damit wurde der Spielraum deutscher Gesellschaften erhöht, ihre Geschäftstätigkeit auch außerhalb des deutschen Hoheitsgebietes zu entfalten. Deutsche Kapitalgesellschaften können daher künftig insbesondere auch als Rechtsformen für im Ausland tätige Konzern-Töchter eingesetzt werden, sofern das ausländische Kollisionsrecht dem nicht entgegensteht. Da die Verlegung des Verwaltungssitzes ins Ausland keinen Rechtsträgerwechsel darstellt, fällt hierfür auch keine GrESt an.

---

134 Sofern eine ausländische Gesellschaft ihren Sitz nach Deutschland verlegt, fällt ebenfalls keine GrESt an. Eine ausländische Kapitalgesellschaft gilt nach einer Sitzverlegung ins Inland als GbR; diese kann sodann als OHG zum HR angemeldet und anschließend grunderwerbsteuerfrei in die Rechtsform einer GmbH formgewechselt werden.
135 Bei Identität des Rechtsträgers fehlt es an einem Rechtsträgerwechsel, es wird kein Tatbestand erfüllt.
136 Vgl. EuGH v. 16.12.2008, C-210/06 »Cartesio«, BB 2009, 11; EuGH v. 12.07.2012, C-378/10 »VALE«, BB 2012, 2069. In der grunderwerbsteuerrechtlichen Literatur ist diese gesellschaftsrechtliche Entwicklung noch nicht berücksichtigt, vgl. z.B. *Fischer*, in: Boruttau, § 1 GrEStG Rn. 59, dessen Ansicht, dass der Verlegung des satzungsmäßigen Sitzes jedenfalls unter Beibehaltung der Identität als deutsche GmbH nicht möglich sei, nach der jüngeren EuGH-Rechtsprechung nicht aufrecht erhalten werden kann.
137 Vgl. OLG Nürnberg, Beschl. v. 19.06.2013, W 520/13, NZG 2014, 349.
138 Nach Art. 64 der SE-Verordnung ist es jedoch erforderlich, dass sowohl der satzungsmäßige Sitz als auch der tatsächliche Verwaltungssitz verlegt werden.

## III. Die Erwerbsvorgänge des § 1 Abs. 1 GrEStG

### 1. Verpflichtungsgeschäfte

Nach § 1 Abs. 1 Nr. 1 GrEStG unterliegen ein Kaufvertrag oder ein anderes Rechtsgeschäft, das den Anspruch auf Übereignung begründet, der GrESt.

89

*a) Kaufvertrag*

Der wichtigste Erwerbsvorgang überhaupt ist der Kauf. Mit dem Kaufvertrag verpflichtet sich der Verkäufer, dem Käufer ein Grundstück zu übergeben und das Eigentum daran zu verschaffen (*Verpflichtungsgeschäft*). Das Verpflichtungsgeschäft ist zur Entstehung der GrESt ausreichend. Es ist nicht erforderlich, dass das Verfügungsgeschäft erfolgt ist. Die Eintragung der Rechtsänderung in das Grundbuch und damit der Übergang des zivilrechtlichen Eigentums ist ohne Bedeutung.

90

▶ Beispiel:

Ein notarieller Kaufvertrag vom 10.05.1998 enthält die Verpflichtung, das verkaufte Grundstück am 15.06.1998 von A auf B zu übergeben. Die Eintragung in das Grundbuch erfolgt erst am 05.01.1999.

Lösung:

Zivilrechtlich wird B erst Eigentümer mit der Eintragung in das Grundbuch. Wirtschaftlicher Eigentümer ist er schon mit der Übergabe geworden, sodass ihm das Grundstück für die Zwecke der Besitzsteuern schon ab diesem Zeitpunkt als wirtschaftlichem Eigentümer zuzurechnen war (§ 39 Abs. 2 Nr. 1 AO).
Das Verpflichtungsgeschäft wurde dagegen noch früher abgeschlossen. Die Voraussetzungen für die Steuerbarkeit nach dem GrEStG lagen schon zu diesem Zeitpunkt (10.05.1998) vor.

*b) Andere Verpflichtungsgeschäfte*

Als weitere Verpflichtungsgeschäfte kommen z.B. in Betracht: Übergabeverträge (gemischte Schenkungen, Schenkung unter einer Auflage), Einbringungsverträge, Auseinandersetzungsverträge zur Auflösung von Bruchteils- und Gesamthandgemeinschaften.[139]

91

### 2. Auflassung

Nach § 1 Abs. 1 Nr. 2 GrEStG unterliegt auch die *Auflassung*, wenn kein Rechtsgeschäft vorausgegangen ist, das einen Anspruch auf Übereignung begründet, der GrESt. Die Auflassung unterliegt nicht der GrESt, wenn diese nur die Übertragung solcher Grundstücke auf Personen bewirkt, in deren grunderwerbsteuerlichen

92

---

[139] Vgl. *Pahlke*, § 1 Rn. 153; *Hofmann*, § 1 Rn. 36.

Zurechnungsbereich sie gem. § 1 Abs. 1 Nr. 1 GrEStG bereits zuvor getreten waren.[140] An einem solchen Verpflichtungsgeschäft fehlt es insbesondere dann, wenn der der Auflassung zugrunde liegende Anspruch kraft Gesetzes entstanden ist. Im Einzelnen ist der in der Praxis wenig bedeutsame § 1 Abs. 1 Nr. 2 GrEStG z.B. anzuwenden bei
– einer auf gesetzlicher (§ 667 BGB) Verpflichtung beruhenden Übereignung eines Grundstücks durch einen Beauftragten an den Auftraggeber, in dessen Auftrag das Grundstück erworben wurde, oder
– einer Übereignung eines Grundstücks aufgrund eines Schadensersatzanspruches (§ 249 Satz 1 BGB) oder ungerechtfertigter Bereicherung (§§ 812 ff. BGB).[141]

Bei aufschiebend bedingtem Kaufvertrag und unbedingt mit erklärter Auflassung entsteht nicht sofort mit der Erklärung der Auflassung GrESt nach § 1 Abs. 1 Nr. 2 GrEStG.[142] GrESt entsteht erst mit Eintritt der aufschiebenden Bedingung, und zwar nach § 1 Abs. 1 Nr. 1 GrEStG.[143]

Für den Ausschluss des Tatbestands von § 1 Abs. 1 Nr. 2 GrEStG ist es nicht erforderlich, dass das Rechtsgeschäft, das einen Anspruch auf Übereignung des Grundstücks begründet hatte, zwischen denselben Parteien abgeschlossen worden war, die die Auflassung erklären. Steuer nach § 1 Abs. 1 Nr. 2 GrEStG fällt auch dann nicht an, wenn die Auflassung zwischen dem Grundstücksverkäufer und einem Dritten erklärt wird, auf den der Übereignungsanspruch übergegangen ist. Dies gilt auch dann, wenn der Übereignungsanspruch im Wege der Gesamtrechtsnachfolge auf den Dritten übergegangen ist, ohne dass hierdurch ein GrESt-Tatbestand erfüllt wurde.[144]

In dem dem Urteil des FG Bremen vom 11.06.2003 zugrunde liegenden Sachverhalt war am 19.08.1994 ein Grundstückskaufvertrag zwischen der veräußernden Stadt H und der P-GmbH notariell beurkundet worden. Anschließend wurden alle Anteile an der P-GmbH auf die M-KG übertragen, was den Tatbestand von § 1 Abs. 3 Nr. 1 GrEStG auslöste. Ein Jahr später wurde die P-GmbH auf die M-KG verschmolzen, was weder nach § 1 Abs. 1 Nr. 3 GrEStG (mangels Grundstückseigentums der P-GmbH) noch nach § 1 Abs. 1 Nr. 7 GrEStG (mangels Abtretung des Auflassungsanspruchs) zum

---

140 Vgl. BFH-Urteil II R 20/98 vom 16.06.2000, BFH/NV 2000, 80, wonach dies regelmäßig der Fall ist, wenn durch die Auflassung ein Anspruch auf Eigentumsverschaffung erfüllt wird.
141 Weitere Beispielsfälle finden sich bei *Pahlke*, § 1 Rn. 159 ff.; vgl. ferner *Hofmann*, § 1 Rn. 38; *Boruttau/Fischer*, § 1 Rn. 416 ff.
142 Vgl. BFH-Beschluss II B 115/04 vom 10.02.2005, BFH/NV 2005, 1139; FG München, Urteil 4 K 1801/04 vom 17.05.2006, EFG 2006, 1358, rkr; a.A. allerdings *Fischer*, in: Boruttau, § 1 GrEStG, Rn. 422, der lediglich darauf hinweist, dass der BFH die Ansicht, auch der Tatbestand des § 1 Abs. 2 GrEStG sei durch ein unter einer Bedingung abgeschlossenes oder genehmigungsbedürftiges Rechtsgeschäft nicht zwangsläufig ausgeschlossen, im Beschluss II B 115/04 als zweifelhaft angesehen habe.
143 Vgl. im Kapitel H., Rdn. 932 ff.
144 Vgl. FG Bremen, Urteil 2 K 639/02 (1) vom 11.06.2003, rkr, EFG 2003, 1323 m. Anm. *Fumi*.

III. Die Erwerbsvorgänge des § 1 Abs. 1 GrEStG                                            B.

Anfall von GrESt führte. Durch die Verschmelzung ging der Auflassungsanspruch der P-GmbH im Wege der Gesamtrechtsnachfolge auf die M-KG über. Im folgenden Jahr erklärten die Grundstücksveräußerin (Stadt H) und die M-KG die Auflassung. Das FA setzte GrESt auf Grundlage von § 1 Abs. 1 Nr. 2 GrEStG fest.

FG Bremen, Urteil 2 K 639/02 (1) vom 11.06.2003, EFG 2003, 1323

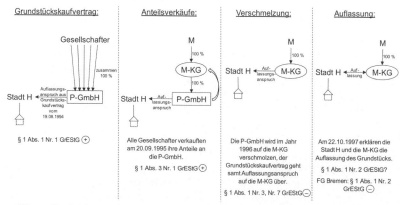

FG Bremen: "Dass die Auflassung zwischen der Stadt H und der M-KG nicht losgelöst von einem vorausgegangenen Rechtsgeschäft als Causa erklärt wurde, sondern den Anspruch der M-KG auf Übereignung aus dem notariellen Kaufvertrag vom 19.08.1994 erfüllen sollte, ergibt sich aus ... ".

Das FG Bremen entschied, dass der Auflassung wegen des Grundstückskaufvertrags vom 19.08.1994 ein Rechtsgeschäft vorausgegangen sei, das einen Anspruch auf Übereignung des Grundstücks begründet habe, dessen Erfüllung die im Jahr 1997 erklärte Auflassung diente. Unerheblich sei, dass bei geringfügig anderer Gestaltung – und zwar in dem Fall, dass das Grundstückseigentum noch vor Eintragung der Verschmelzung im HR eingetragen worden wäre – durch die Verschmelzung GrESt nach § 1 Abs. 1 Nr. 3 GrEStG angefallen wäre. Um ein vorausgegangenes Rechtsgeschäft annehmen zu können, das einen Anspruch auf Übereignung begründet hat, scheint es das FG Bremen für erforderlich zu halten, dass die Auflassung gerade dem Anspruch auf Übereignung aus dem Kaufvertrag vom 19.08.1994 erfüllen sollte.

### 3. Übergang des Eigentums

§ 1 Abs. 1 Nr. 3 GrEStG besteuert Erwerbsvorgänge, in denen das Eigentum an einem Grundstück ohne vorheriges schuldrechtliches Geschäft (§ 1 Abs. 1 Nr. 1 GrEStG) übergeht und es auch keiner Auflassung (§ 1 Abs. 1 Nr. 2 GrEStG) bedarf. Im Einzelnen erfasst § 1 Abs. 1 Nr. 3 GrEStG solche Rechtsvorgänge, in denen sich der Eigentumsübergang unmittelbar kraft Gesetzes vollzieht oder die Übertragung des Eigentums kraft behördlichen bzw. gerichtlichen Ausspruchs erfolgt. In allen Fällen vollzieht sich der Eigentumsübergang außerhalb des Grundbuchs; die Eintragung als Eigentümer erfolgt im Wege der Grundbuchberichtigung. Kraft Ausspruchs einer

Behörde geht das Eigentum über im Enteignungsverfahren, im Flurbereinigungsverfahren[145] und bei der Baulandumlegung.[146]

§ 1 Abs. 1 Nr. 3 GrEStG knüpft an den sachenrechtlich vorgegebenen Eigentumswechsel an,[147] der durch eine grunderwerbsteuerliche Zuordnung weder negativ ausgeschlossen noch positiv bewirkt werden kann.[148]

*a) Anwachsungsvorgänge*

94 Kraft Gesetzes geht das Eigentum insbesondere über in Fällen der Anwachsung. So führt etwa in einer 2-Personen-Gesellschaft das Ausscheiden eines Gesellschafters zur Beendigung der Gesellschaft. Dies hat zur Folge, dass sich das Gesamthandseigentum in Alleineigentum des verbleibenden Gesellschafters verwandelt. Sofern zum Gesamthandsvermögen ein Grundstück gehört, unterliegt dieser Erwerb des verbleibenden Gesellschafters gem. § 1 Abs. 1 Nr. 3 GrEStG der GrESt. Es ist jedoch bei Personengesellschaften die Begünstigung des § 6 Abs. 2 GrEStG – und gegebenenfalls aus § 3 Nr. 2 GrEStG – zu beachten.[149] Die Grunderwerbsteuerbelastung kann allerdings – vorbehaltlich der §§ 1 Abs. 2a und 1 Abs. 3 GrEStG – durch die Aufnahme eines neuen Gesellschafters vor dem Ausscheiden des bisherigen Gesellschafters vermieden werden. In diesen Fällen bleibt es, sofern nicht die Voraussetzungen der §§ 1 Abs. 2a oder 1 Abs. 3 GrEStG eingreifen bei derselben Personengesellschaft, sodass mangels Rechtsträgerwechsels kein Steuertatbestand vorliegt.[150]

95 Sofern es durch Erbanfall oder Schenkung zu einem Anwachsungsvorgang kommt, war bisher umstritten, ob der Übergang der Grundstücke der Gesellschaft kraft Zivilrechts oder kraft Erbrechts bzw. Schenkungsrechts erfolgt. Erfreulicherweise hat der BFH in dem Urteil vom 13.09.2006 zu dieser Frage eindeutig Stellung bezogen und die Anwendbarkeit der Befreiungsvorschrift des § 3 Nr. 2 Satz 1 GrEStG bejaht.[151] Demzufolge ist ein unentgeltlicher Anwachsungsvorgang vollständig und nicht nur i.H.d. bisherigen Beteiligungsquote des letzten Gesellschafters gem. § 6 Abs. 2 GrEStG von der GrESt befreit.[152]

---

145 Hier gelten allerdings Ausnahmen von der Steuerpflicht gem. § 1 Abs. 1 Nr. 3 Satz 2a, b GrEStG. Grunderwerbsteuerpflichtig ist dagegen der Eigentumsübergang im Grenzregelungsverfahren nach §§ 80 ff. BauGB; Vgl. BFH, BStBl. II. 1988, S. 457; vgl. ferner *Pahlke*, § 1 Rn. 193, § 9 Rn. 202 m.w.N.
146 Vgl. *Pahlke*, § 1 Rn. 161 ff.; *Hofmann*, § 1 Rn. 57 ff.
147 Vgl. BFH-Beschluss II B 177/01 vom 19.08.2002, BFH/NV 2003, 200; BFH-Urteil II R 1/02 vom 21.01.2004, BFH/NV 2004, 1120.
148 Vgl. BFH-Urteil II R 125/90 vom 16.02.1994, BStBl. II 1994, 866.
149 Vgl. *Boruttau/Meßbacher-Hönsch*, § 3 Rn. 106 ff.
150 Vgl. *Hofmann*, § 9 Rn. 79 mit weiteren Beispielen.
151 Vgl. BFH-Urt. v. 13.09.2006, ZEV 2007, S. 43 ff. m. Anm. *Gottwald*, ZEV 2007, S. 44 ff.
152 Vgl. *Boruttau/Meßbacher-Hönsch*, § 3 Rn. 106.

III. Die Erwerbsvorgänge des § 1 Abs. 1 GrEStG     B.

§ 3 Nr. 2 Satz 1 GrEStG ist allerdings nur auf den unentgeltlichen Teil des Erwerbsvorgangs anwendbar. Sofern dem Anwachsungsvorgang dagegen eine entgeltliche oder teilentgeltliche Abtretung zugrunde liegt, ist die Befreiungsvorschrift nicht einschlägig. Allerdings sind nicht die vom Erwerber für die Anteilsübertragung zu erbringenden Gegenleistungen, soweit sie auf den Grundbesitz entfallen, als Bemessungsgrundlage der GrESt heranzuziehen, sondern die Grundbesitzwerte nach §§ 138 ff. Bewertungsgesetz, soweit sie weder dem bisherigen Anteil des Erwerbers am Vermögen der Gesamthand (§ 6 Abs. 2 Satz 1 GrEStG, vorbehaltlich § 6 Abs. 4 GrEStG) noch dem unentgeltlichen Teil des Erwerbs (§ 3 Nr. 2 Satz 1 GrEStG) entsprechen. Dies folgt letztlich aus § 8 Abs. 2 Satz 1 Nr. 2 GrEStG, da es sich bei einem Anwachsungsvorgang um einen Erwerbsvorgang auf gesellschaftsvertraglicher Grundlage handelt und insoweit eine Spezialvorschrift zu § 8 Abs. 1 GrEStG besteht. **96**

In diesem Zusammenhang ist darauf hinzuweisen, dass der BFH kurz nach der Anwachsungsentscheidung die Anwendbarkeit der Befreiungsvorschrift des § 3 Nr. 2 Satz 1 GrEStG auch bei einer unentgeltlichen Änderung des Gesellschafterbestandes i.S.d. § 1 Abs. 2a GrEStG bejaht hat.[153] Dem hat sich die FinVerw. inzwischen angeschlossen.[154] **97**

Bei entgeltlichen bzw. teilentgeltlichen Vorgängen findet sich allerdings im Bereich des § 1 Abs. 2a GrEStG mit § 8 Abs. 2 Satz 1 Nr. 3 GrEStG ebenfalls eine Spezialregelung zu § 8 Abs. 1 GrEStG, sodass auch hier die Bemessungsgrundlage nach den Grundbesitzwerten der §§ 138 ff. Bewertungsgesetz und nicht nach dem Wert der Gegenleistung zu ermitteln ist. **98**

### b) Umwandlungsvorgänge

Grunderwerbsteuerrechtlich ist ein Umwandlungsvorgang nach § 1 Abs. 1 Nr. 3 GrEStG der GrESt unterworfen, sofern ein Grundstück im Weg der (partiellen) Gesamtrechtsnachfolge durch Verschmelzung, Spaltung oder Vermögensübertragung übergeht.[155] Die Bemessungsgrundlage für diese sämtlichen Erwerbsvorgänge bestimmt sich seit dem 01.01.1997 nach den Werten i.S.d. § 138 Abs. 2 und 3 BewG (§ 8 Abs. 2 Satz 1 Nr. 2 GrEStG). **99**

Dabei erstreckt sich die Grunderwerbsteuerpflicht gem. § 1 Abs. 1 Nr. 3 GrEStG auf alle inländischen (d.h. in der Bundesrepublik Deutschland belegenen) Grundstücke, die im *zivilrechtlichen* Eigentum des übertragenden Rechtsträgers stehen.[156] Diese **100**

---

153 Vgl. BFH, II R 79/05, ZEV 2007, S. 140 ff. m. Anm. *Gottwald*.
154 Vgl. Erl. des FinMin BaWü vom 11.10.2007, DStR 2007, S. 1913 und vom 18.12.2009, DStR 2010, S. 114.
155 Die Besteuerung von Umwandlungsvorgängen führt in der Praxis dazu, dass Konzerne häufig ihren Grundbesitz in eine unmittelbar unter der Muttergesellschaft angesiedelte Tochtergesellschaft einbringen, um bei späteren Übertragungsvorgängen zwischen anderen Tochtergesellschaften keine GrESt auszulösen.
156 Vgl. *Widmann/Mayer/Pahlke*, UmwG 70. Erg.Lfg. 2003, Anh. 12, GrESt, Rn. 35; *Schwerin*, RNotZ 2003, S. 482; *Fumi*, DStZ 2015, 432, 433.

Anknüpfung an die sachenrechtliche Eigentumsänderung folgt bereits aus dem Wortlaut des § 1 Abs. 1 Nr. 3 GrEStG, der auf den »Übergang des Eigentums« abstellt. Es spielt deshalb keine Rolle, ob der übertragende Rechtsträger aufgrund eines Verpflichtungsgeschäfts einen Anspruch auf Übereignung eines Grundstücks hat oder ihm die Verwertungsbefugnis an einem Grundstück zusteht, solange er nicht selbst zivilrechtlicher Eigentümer ist.

101 Auch entfällt die Steuerpflicht nicht deshalb, weil das Grundstück veräußert oder einem Dritten die Verwertungsbefugnis eingeräumt wurde.[157] Allerdings wird man diesen Umstand bei der Bewertung des Grundstücks gem. § 8 Abs. 2 GrEStG i.V.m. § 138 Abs. 2 und 3 BewG entsprechend zu berücksichtigen und bei der Ermittlung der Höhe der GrESt gegebenenfalls einen Grundstückswert von 0 € zugrunde zu legen haben.[158] Auch die FinVerw. hält es nicht für gerechtfertigt, GrESt für solche Grundstücke festzusetzen bzw. zu erheben, die bereits vor Wirksamkeit der Umwandlung oder Anwachsung durch den bisherigen Eigentümer schuldrechtlich an Dritte veräußert waren. Aus sachlichen Billigkeitsgründen ist daher in diesen Fällen die GrESt nicht festzusetzen bzw. nicht zu erheben.[159]

102 Nähere Einzelheiten zur grunderwerbsteuerrechtlichen Behandlung der nach dem UmwG in Betracht kommenden Fälle ergeben sich aus den koordinierten Erlassen der FinVerw. betreffend den Übergang von Grundstücken bei Umwandlungen, Einbringungen und anderen Erwerbsvorgängen auf gesellschaftsvertraglicher Grundlage (sogenannte Grunderwerbsteuererlasse Umwandlung).[160]

**Gestaltungsüberlegungen:**

*aa) Verschmelzung*

103 Die Grunderwerbsteuerpflicht erstreckt sich bei der Verschmelzung durch Neugründung auf sämtliche Grundstücke der sich verschmelzenden Gesellschaften.[161] Hier ist es zur Reduzierung der Grunderwerbsteuerbelastung vorteilhaft, als aufnehmende Gesellschaft diejenige mit dem größten Grundbesitz zu bestimmen. Bei der Verschmelzung durch Aufnahme wird die Grunderwerbsteuerbelastung reduziert, wenn

---

157 Vgl. *Viskorf*, StbJb 1998/1999, S. 103; *Schwerin*, RNotZ 2003, S. 482.
158 Dies gilt bspw., wenn vor dem Umwandlungsvorgang das Grundstück bereits schuldrechtlich durch den übertragenden Rechtsträger an einen Dritten verkauft worden war, sich aber im Zeitpunkt des Wirksamwerdens der Umwandlung zivilrechtlich noch im Eigentum des übertragenden Rechtsträgers befunden hatte; vgl. hierzu auch *Widmann/Mayer/Pahlke*, UmwG 70. Erg.Lfg. 2003, Anh. 12 GrESt Rn. 38; *Schwerin*, RNotZ 2003, S. 482. Vgl. ferner BFH, DStR 1994, S. 1190; *Pahlke*, § 1 Rn. 164; *Franz/Golücke*, DStR 2003, S. 1154; a.A. *Weilbach*, § 1 Rn. 41.
159 Vgl. FinMin Hessen, Erl. vom 09.10.2003 (im Einvernehmen mit den Obersten Finanzbehörden der anderen Länder), DStR 2003, S. 1981.
160 Vgl. z.B. FinMin BaWü vom 19.12.1997, BB 1998 S. 146 ff.; *Pahlke*, § 1 Rn. 165.
161 Vgl. BFH, DStR 1994, S. 1190; *Pahlke*, § 1 Rn. 164; *Franz/Golücke*, DStR 2003, S. 1154; a.A. *Weilbach*, § 1 Rn. 41.

III. Die Erwerbsvorgänge des § 1 Abs. 1 GrEStG

auf den Rechtsträger mit dem wertmäßig größten Grundbesitz verschmolzen wird.[162] Soweit nach Maßgabe des UmwG anstelle der Verschmelzung ein *Formwechsel* in Betracht kommt (z.B. bei Formwechsel einer Kapitalgesellschaft in eine Personengesellschaft) kann durch letzteren – da er mangels Rechtsträgerwechsel nicht der GrESt unterliegt[163] – eine Belastung mit GrESt vermieden werden.

▶ **Grundsatz 1:**

*Bei einer Verschmelzung sollte stets auf denjenigen Rechtsträger verschmolzen werden, dem wertmäßig der größte Grundbesitz gehört.*[164]

▶ **Beispiel:**

Die A GmbH hat Grundstücke im Wert (nach neuer Bedarfsbewertung) von 10 Mio. €, die B GmbH Grundstücke im Wert von 2 Mio. €. Beide Gesellschaften sollen verschmolzen werden.

**Lösung:**

Wird die A GmbH auf die B GmbH verschmolzen, findet hinsichtlich der Grundstücke im Wert von 10 Mio. € ein Rechtsträgerwechsel statt; die Steuer hierfür beträgt 350.000,– €. Wird hingegen die B GmbH auf die A GmbH verschmolzen, beträgt die Steuerlast bei ansonsten gleichen wirtschaftlichen Auswirkungen lediglich 70.000,– € (3,5 % aus 2 Mio. €).

▶ **Grundsatz 2:**

*Eine Verschmelzung auf einen neu zu gründenden Rechtsträger ist grunderwerbsteuerrechtlich stets die ungünstigste Lösung.*

▶ **Beispiel:**

Die A GmbH hat Grundstücke im Wert (nach neuer Bedarfsbewertung) von 10 Mio. €, die B GmbH Grundstücke im Wert von 2 Mio. €. Beide Gesellschaften sollen auf die neu zu gründende C GmbH verschmolzen werden.

---

162 Gehen im Zuge der Verschmelzung Anteile an einer grundbesitzenden Personengesellschaft auf den übernehmenden Rechtsträger über, kommt die Begünstigung aus § 6 GrEStG in Betracht; hier ist jedoch die Fünf-Jahresfrist des § 6 Abs. 4 GrEStG zu beachten. Siehe hierzu Rdn. 572–577. Außerdem ist stets die Befreiungsvorschrift des § 6a GrEStG zu berücksichtigen. S. hierzu Rdn. 583.1.
163 Die unterschiedliche grunderwerbsteuerliche Behandlung von Umwandlungsvorgängen, die zu einem Rechtsträgerwechsel führen (Verschmelzung, Spaltung, Vermögensübertragung) einerseits und des bloßen Formwechsels andererseits ist nicht verfassungswidrig; vgl. BFH, Urt. v. 07.09.2007, UVR 2008, S. 5.
164 Insoweit kann allerdings insb. bei komplexeren Reorganisationen das Problem bestehen, dass diese grunderwerbsteuerliche Vorgabe sich mit anderen steuerlichen Zielen (z.B. Sicherung des Verlustabzugs) oder außersteuerlichen Überlegungen (z.B. Spartentrennung) nicht in Einklang bringen lässt; vgl. *Fuhrmann*, KÖSDI 2005, S. 14595.

**Lösung:**

In diesem Fall wechseln Grundstücke im steuerlich maßgeblichen Wert von 12 Mio. € den Rechtsträger (sie gehen auf die C GmbH über). Die GrESt beträgt hierfür 420.000,– €.

Dasselbe wirtschaftliche Ergebnis kann dadurch erreicht werden, dass die B GmbH auf die A GmbH verschmolzen wird und die A GmbH anschließend in C GmbH umfirmiert. Hier gehen die Grundstücke im Wert von 2 Mio. €, nämlich die der B GmbH auf die A GmbH über. Die Steuer hierfür beträgt 70.000,– €.[165] Die Umbenennung bewirkt keinen Rechtsträgerwechsel und ist daher grunderwerbsteuerrechtlich ohne Bedeutung.

*bb) Spaltung*

104  Die Spaltung führt bezüglich der übergehenden Grundstücke ebenfalls zu einem nach § 1 Abs. 1 Nr. 3 GrEStG zu beurteilenden Eigentumsübergang kraft Gesetzes. Aus grunderwerbsteuerlicher Sicht ist die *Abspaltung* der Aufspaltung vorzuziehen. Bei einer *Aufspaltung* fällt, da der bisherige Rechtsträger untergeht, GrESt für den Übergang sämtlicher Grundstücke an. Hingegen beschränkt sich die Grunderwerbsteuerpflicht bei einer Abspaltung auf diejenigen Grundstücke, die auf den neuen Rechtsträger übergehen.

105  Ferner kann es bei einer geplanten Spaltung u.U. günstig sein, diese mit einer Verschmelzung zu kombinieren.

▶ **Beispiel:**

Die A GmbH ist Eigentümerin von Grundstücken im steuerlich maßgeblichen Wert von 10 Mio. €. Das Vermögen der A GmbH soll im Weg der Aufspaltung auf die B GmbH und die C GmbH übergehen, wobei die C GmbH alle Grundstücke erhalten soll. Die C GmbH hat bislang keinen Grundbesitz.

**Lösung:**

Im geplanten Aufspaltungsfall wechseln die Grundstücke der A GmbH im Wert von 10 Mio. € den Rechtsträger (sie gehen auf die C GmbH über). Die Steuer hierfür beträgt 350.000,– €.

Dasselbe wirtschaftliche Ergebnis kann aber auch erreicht werden, wenn der Teil des Vermögens der A GmbH, der auf die B GmbH übergehen soll und in dem also keine Grundstücke enthalten sind, im Wege der Abspaltung auf die B GmbH übertragen wird und danach die C GmbH auf die A GmbH verschmolzen wird. Die A GmbH kann anschließend in C GmbH umbenannt werden. Da von dem

---

165 Unter den engen Voraussetzungen des § 6a GrEStG wäre der Vorgang steuerbefreit; vgl. Rdn. 583.1.

Verschmelzungsvorgang die Grundstücke nicht betroffen sind (die C GmbH hat selbst keine Grundstücke), fällt hier keine GrESt an.[166]

Auch bei einer Ausgliederung ergibt sich die Grunderwerbsteuerpflicht bezüglich übergehender Grundstücke aus § 1 Abs. 1 Nr. 3 GrEStG.[167] Die Grunderwerbsteuerbelastung wird auch hier naturgemäß gesenkt, wenn Grundstücke bei dem übertragenden Rechtsträger verbleiben. 106

In Fällen der Spaltung (Auf- und Abspaltung, Ausgliederung) zur Aufnahme bzw. zur Neugründung auf eine schon bestehende oder im Zuge der Spaltung neu gegründete *Kapitalgesellschaft* scheidet eine Vergünstigung aus §§ 5, 6 GrEStG aus. Ist übernehmender oder neuer Rechtsträger hingegen eine *Personengesellschaft*, so kommen die §§ 5 und 6 GrEStG u.U. zur Anwendung. Außerdem ist sowohl bei Kapital- als auch bei Personengesellschaften die Befreiungsvorschrift des § 6a GrEStG zu beachten, soweit es sich um einen konzerninternen Umstrukturierungsvorgang handelt.[168] 107

*c) Erwerbsvorgänge in der Flurbereinigung*

Erwerbsvorgänge im Verfahren nach dem Flurbereinigungsgesetz unterliegen der GrESt, soweit sie nicht nach § 1 Abs. 1 Nr. 3 Satz 2 Buchst. a) oder § 3 Nr. 1 GrEStG von der Besteuerung ausgenommen sind. Der Steuerbefreiung des § 1 Abs. 1, Nr. 3 Satz 2 Buchst. a) GrEStG unterfallen die Landabfindungen nach §§ 44 Abs. 1, 6 und 7, 48, 49 Abs. 1, 50 Abs. 4 und 73 FlurbereinigungsG, die entsprechenden Rechtsvorgänge im beschleunigten Zusammenlegungsverfahren (§ 91 FlurbereinigungsG) und im Landtauschverfahren (§ 103b FlurbereinigungsG).[169] 108

Ausgenommen von der GrESt ist nach Satz 2 Buchst. a) der Vorschrift unter anderem der Übergang des Eigentums durch Abfindung in Land und die unentgeltliche Zuteilung von Land für gemeinschaftliche Anlagen im Flurbereinigungsverfahren. Sofern jedoch ein Teilnehmer an einem Flurbereinigungsverfahren nach § 52 Abs. 1 FlurBG zugunsten eines Dritten zustimmt, statt in Land in von dem Dritten aufzubringenden Geld abgefunden zu werden, ist die Eigentumszuweisung an den Dritten nicht nach § 1 Abs. 1 Nr. 3 Satz 2a GrEStG von der GrESt ausgenommen.[170] Bei einer vorläufigen Besitzeinweisung im Flurbereinigungsverfahren fällt dagegen noch keine GrESt an, da die Übertragung des Anspruchs auf Abfindung in Land verbunden mit der Übertragung 109

---

166 Bei Abspaltungen von Teilen des Vermögens sind jedoch die Ertragsteuern zu beachten: häufig ist eine Abspaltung nur sinnvoll, wenn ein Teilbetrieb und nicht Einzelwirtschaftsgüter übertragen werden.
167 Grunderwerbsteuerliche Gestaltungshinweise bei der Ausgliederung kommunaler Krankenhäuser und Pflegeheime finden sich bei *Vogelbusch*, DB 2004, S. 1391 ff.
168 Vgl. hierzu Rdn. 583.1; zur grunderwerbsteuerlichen Gestaltung von Umstrukturierungen vgl. ferner *Jacobsen*, GmbHR 2009, S. 690 ff.
169 Zu den Einzelheiten vgl. den Erl. GrESt in der Flurbereinigung, FinMin Nds vom 15.10.1993, StEK GrunderwerbsteuerG § 1 Nr. 64; vgl. auch *Bruschke*, UVR 1996, S. 71; ferner *Pahlke*, § 1 Rn. 186; *Hofmann*, § 1 Rn. 56; *Weilbach*, § 1 Rn. 44.
170 Vgl. BFH, Urt. v. 23.08.2006, BStBl. II 2006, S. 919.

des vorläufig eingewiesenen Besitzes an den neuen Grundstücksflächen noch nicht für den Erwerb einer Verwertungsbefugnis i.S.d. § 1 Abs. 2 GrEStG ausreicht.[171]

### d) Grundstückszuweisungen im Umlegungsverfahren

110  Bei einem Umlegungsverfahren werden die in einem als Umlegungsgebiet bezeichneten Bereich befindlichen Grundstücke in der Weise neu geordnet, dass nach den Festsetzungen des Bebauungsplanes bebaubare Flurstücke entstehen und die für die Erschließung nötigen Straßen und Plätze erstellt werden können. Faktisch handelt es sich um einen Grundstückstausch.[172]

111  Es ist zwischen **förmlichen** Umlegungsverfahren nach §§ 45 ff. BauGB und **freiwilligen** Baulandumlegungen zu unterscheiden.

112  Um eine *freiwillige* Umlegung handelt es sich, wenn sich mehrere Grundstückseigentümer privatrechtlich einigen und zum Zweck der Erlangung von Baugrundstücken Teilflächen tauschen. Ein derartiger Tausch ist nach § 1 Abs. 1 Nr. 1 i.V.m. § 1 Abs. 5 GrEStG grunderwerbsteuerpflichtig. Bei freiwilligen Baulandumlegungen kann gegebenenfalls die Einschaltung einer GbR Vorteile bieten.[173]

113  Bei einem förmlichen Umlegungsverfahren (§§ 45 ff. BauGB) werden sämtliche Grundstücke (sogenannte Einwurfflächen) rechnerisch zu einer Masse vereinigt und nach Ausscheiden der für die Erschließung etc. nötigen Flächen an die am Umlegungsverfahren beteiligten Grundstückseigentümer verteilt (§ 55 BauBG). Soweit die dem einzelnen Eigentümer zugewiesenen Grundstücke flächen- und deckungsgleich sind, liegt kein steuerbarer Vorgang vor, da keine Eigentumsänderung eintritt.

114  Bei nur teilweiser oder fehlender Flächenidentität kommt es zu einem teilweisen bzw. vollständigen Eigentumswechsel. Dieser ist grds. steuerpflichtig, wenn nicht die Voraussetzungen des § 1 Abs. 1 Nr. 3 Satz 2 Buchst. b) GrEStG vorliegen. In der Vergangenheit legte der BFH diese Regelung stets dahingehend aus, dass der Vorgang nur dann nicht steuerbar war, wenn keine Mehrzuteilungen gegen Geldausgleich erfolgten.[174]

115  Eine Mehrzuteilung mit der Verpflichtung, einen Barausgleich zu leisten, kommt jedoch regelmäßig vor, da die Grundstücke nach den Festsetzungen des Bebauungsplanes und nicht nach der Größe der Einwurfgrundstücke gebildet werden. Im Übrigen kann es auch ohne Mehrzuteilung zu einer Ausgleichspflicht allein zur Abgeltung umlegungsbedingter Vorteile kommen.

---

171 Vgl. BFH, Urt. v. 17.05.2000, BStBl. II 2000, S. 627 entgegen der bisherigen Auffassung der FinVerw. (TZ 5. S. 3 des Rund-Erl. des niedersächsischen Ministers der Finanzen und des niedersächsischen Ministers für Ernährung und Landwirtschaft und Forsten vom 15.10.1993); vgl. hierzu auch *Mößlang*, ZNotP 2001, S. 418 ff.
172 Vgl. *Pahlke*, § 1 Rn. 190; *Hofmann*, § 1 Rn. 58.
173 Vgl. *Pahlke*, § 1 Rn. 193.
174 Vgl. noch *Pahlke*, § 1 Rn. 191.

III. Die Erwerbsvorgänge des § 1 Abs. 1 GrEStG

In der Vergangenheit musste folglich auf im Umlegungsverfahren festgesetzte Ausgleichsbeträge wegen der engen Auslegung der Ausnahmevorschrift GrESt entrichtet werden. Der BFH hat nun diese von vielen als verfehlt angesehene Rechtsprechung ausdrücklich aufgegeben.[175] 116

Die neue Rechtsprechung trägt wesentlich zur Vereinfachung des Grunderwerbsteuerrechts bei, da es bei Grundstückszuweisungen i.r. von *förmlichen* Umlegungsverfahren an die alten Eigentümer – selbst bei Aufzahlungen – *nicht* mehr zu einer Belastung mit GrESt kommt. Wenn auf die Art des Umlegungsverfahrens Einfluss genommen werden kann, ist somit aus Grunderwerbsteuersicht das **öffentliche Umlegungsverfahren vorzugswürdig**, da jegliche Grunderwerbsteuerbelastung vermieden wird; ein Ergebnis, das im privaten Umlegungsverfahren regelmäßig nicht erreicht werden kann.[176] 117

Die unterschiedliche grunderwerbsteuerliche Behandlung freiwilliger und amtlicher Umlegungsverfahren verstößt nicht gegen Art. 3 Abs. 1 GG, da die Merkmale »hoheitlicher Zwang« einerseits und »Freiwilligkeit« andererseits geeignete sachliche Gründe für eine ungleiche Belastung darstellen.[177]

Erwerbsvorgänge, die i.R. einer vereinfachten Umlegung verwirklicht werden, fallen ebenfalls unter die Ausnahme von der Besteuerung des § 1 Abs. 1 Nr. 3 Satz 2 Buchst. b) GrEStG,[178] sofern die Gemeinde den Beschluss über die vereinfachte Umlegung (Grenzregelung) nicht vor dem 20.07.2004 gefasst hat.[179] 118

### 4. Meistgebot im Zwangsversteigerungsverfahren

Der Übergang des Eigentums im Zwangsversteigerungsverfahren (§ 1 Abs. 1 Nr. 3 Satz 2 Buchst. c) GrEStG) ist deshalb aus der Steuerbarkeit herausgenommen worden, weil nicht erst der Zuschlagsbeschluss (behördlicher Ausspruch), sondern schon das Meistgebot gem. § 1 Abs. 1 Satz 1 Nr. 4 GrEStG zur Steuerbarkeit führt. Denn mit dem Meistgebot erwirbt der Meistbietende bereits einen Anspruch auf Eigentumsübertragung.[180] 119

---

175 Vgl. BFH, Entscheidung vom 28.07.1999, AZ: II R 25/98, vgl. hierzu auch *Mößlang*, ZNotP 2001, S. 416 m.w.N., *Boruttau/Fischer*, § 1 Rn. 593 ff.
176 Ebenso *Reich*, DNotI-Report 11/2000, S. 99; bei freiwilligen Umlegungen gibt es keine dem § 103b FlurbG entsprechende Regelung im BauGB; vgl. hierzu auch *Wohltmann*, Steuer und Studium, Beilage 1/2002, S. 11.
177 Vgl. BFH-Urteil II R 68/09 vom 07.09.2011, DNotI-Report 2011, S. 196 ff.; BVerfG, Beschl. 1 BvR 2880/11 v. 24.03.2015, HFR 2015, 606; vgl. dazu *Behrens*, BB 2015, Heft Nr. 24, Die erste Seite.
178 Zum vereinfachten Umlegungsverfahren vgl. *Boruttau/Fischer*, § 1 Rn. 602 ff.
179 Mit der Änderung und Neufassung des Baugesetzbuches durch das Gesetz zur Anpassung des Baugesetzbuches an EU-Richtlinien (Europarechtsanpassungsgesetz Bau-EAG Bau) vom 24.06.2004 (BGBl. I, S. 1359) wurde aus der bisherigen Grenzregelung die vereinfachte Grenzregelung. Das EAG Bau ist am 20.07.2004 in Kraft getreten; vgl. Erl. des FinMin BaWü vom 25.11.2004, UVR 2005, S. 256.
180 Vgl. *Pahlke*, § 1 Rn. 194; *Hofmann*, § 1 Rn. 61; *Boruttau/Fischer*, § 1 Rn. 432; *Weilbach*, § 1 Rn. 51.

▶ **Beispiel:**

Ein Grundstück wird versteigert, bei dem in Abt. III des Grundbuchs Grundschulden zugunsten der Gläubiger A, B und C i.H.v. jeweils 100.000,00 € eingetragen sind. Die Grundpfandrechte valutieren noch in voller Höhe. Das Grundpfandrecht des A hat erste, das des B zweite und das des C dritte Rangstelle.

Die Zwangsversteigerung wurde von dem Gläubiger C anberaumt.

X gibt ein Bargebot i.H.v. 120.000,00 € ab. Das bestehen bleibende Recht des B ist Teil des geringsten Gebotes. X erhält den Zuschlag.

**Lösung:**

Nach § 44 ZVG darf das sogenannte geringste Gebot nicht unterschritten werden.

Die Bestimmung stellt folglich eine Untergrenze dar, welche bewirkt, dass vorhergehende Grundpfandrechte nicht untergehen, nur weil ein nachrangiger Grundpfandrechtsgläubiger die Zwangsversteigerung betreibt.

Das Bargebot des X (§ 49 ZVG) deckt die Forderung des A in voller Höhe ab, nicht aber die Forderung des B. Nach §§ 91, 52 Abs. 1 ZVG muss der Ersteigerer X diese Forderung jedoch als bestehen bleibendes Recht übernehmen. Folglich wurde das geringste Gebot überschritten. Das Meistgebot (§ 81 Abs. 1 ZVG) beträgt daher 120.000,00 € plus 100.000,00 € (Bargebot und die Forderung des B), das geringste Gebot beträgt 200.000,00 € (Forderungen von A und B).

Die Gegenleistung nach § 9 Abs. 1 Nr. 4 GrEStG besteht somit aus dem Meistgebot (120.000,00 €) zzgl. des bestehen bleibenden Rechtes des B (100.000,00 €). Die Bemessungsgrundlage für die GrESt beträgt somit 220.000,00 €, die Steuer (3,5 %) somit 7.700,00 €.[181]

120  Ist Meistbietender der schon bisher eingetragene Eigentümer des Grundstücks, so ist das Meistgebot mangels Rechtsträgerwechsels nicht steuerbar.[182] Eine etwaige Steuerbefreiung nach § 3 GrEStG bemisst sich nach dem Verhältnis des Meistbietenden zum Vollstreckungsschuldner.[183]

121  Bei einer freiwilligen Versteigerung wird dagegen das Grundstück nicht hoheitlich mit dem Zuschlag übertragen. Der Zuschlag stellt hier die Annahme des Gebots des Bieters nach § 156 BGB dar. Der so zustande gekommene Kaufvertrag unterliegt deshalb der GrESt nach § 1 Abs. 1 Nr. 1 GrEStG.

122  Hat der Bietende das Meistgebot im eigenen Namen abgegeben, so ist er selbst Steuerschuldner. Dies gilt auch, wenn der Bietende gar nicht die Absicht hatte, im eigenen

---

[181] Dieser Fall ist entnommen aus *Wohltmann*, Steuer und Studium, Beilage 1/2002, S. 12.
[182] Vgl. *Lieberwirth*, DStR 1972, S. 620.
[183] Vgl. BFH, BStBl. II 1969, S. 92. So ist z.B. das Meistgebot des Sohnes bei der Zwangsversteigerung des Grundbesitzes seiner Eltern nach § 3 Nr. 6 GrEStG steuerfrei.

Namen zu bieten, dieses aber bei seinem Gebot nicht erkennbar gemacht hat.[184] Bei Geboten in der Zwangsversteigerung ist nach § 71 Abs. 2 ZVG zu beachten, dass eine bei dem Gericht nicht offenkundige Vertretungsmacht oder eine erforderliche Zustimmung eines anderen oder einer Behörde, von der die Wirksamkeit des Gebots abhängt, durch eine öffentlich beglaubigte Urkunde nachzuweisen ist. Folglich unterliegt das Meistgebot auch dann in der Person des Meistbietenden nach § 1 Abs. 1 Nr. 4 GrEStG der Besteuerung, wenn dieser materiell-rechtlich zwar befugt gewesen war, im fremden Namen zu bieten, seine Vertretungsmacht aber nicht nach § 71 Abs. 2 ZVG in öffentlich beglaubigter Urkunde nachweisen konnte und deshalb gezwungen war, im eigenen Namen zu bieten.[185] Wird das ohne genügenden Nachweis der Vertretungsmacht im fremden Namen abgegebene Gebot jedoch entgegen § 71 Abs. 2 ZVG nicht zurückgewiesen, bleibt es bei der Besteuerung des Vertretenen nach § 1 Abs. 1 Nr. 4 GrEStG.[186] Sofern der Bieter jedoch im eigenen Namen geboten hat, also selbst Steuerschuldner gem. § 1 Abs. 1 Nr. 4 GrEStG wurde, und anschließend die Rechte aus dem Meistgebot an denjenigen, für den er eigentlich bieten wollte, abtritt bzw. das ihm zugeschlagene Grundstück an denjenigen weitergibt, in dessen Namen er von Anfang an handeln wollte, entsteht ein zweiter Grunderwerbsteuerfall nach § 1 Abs. 1 Nr. 5 bzw. Nr. 7 GrEStG. Hier ist jedoch von Amts wegen zu prüfen, ob die Einziehung der GrESt nach Lage des Einzelfalls i.S.v. §§ 163, 227 AO nicht sachlich unbillig ist.[187] Ein Erlass aus sachlichen Billigkeitsgründen ist allerdings nicht möglich, wenn der Meistbietende nach dem ihm erteilten Auftrag im eigenen Namen bieten sollte, etwa weil der Auftraggeber nicht als Bieter in Erscheinung treten wollte.[188] Ebenso kommt eine sachliche Unbilligkeit nicht in Betracht, wenn der Meistbietende seine Rechte aus dem Meistgebot gegen Entgelt an einen Dritten abtritt und damit seine aus dem Meistgebot erlangte Herrschaftsmacht verwertet.[189]

### 5. Besteuerung von Zwischengeschäften

*a) Allgemeine Systematik*

§ 1 Abs. 1 Nr. 5, 6 und 7 GrEStG erfassen sogenannte steuerpflichtige Zwischengeschäfte. Die Vorschriften möchten somit Umgehungsgeschäfte abdecken, die eine

---

184 Vgl. BFH, BStBl. II 1969, S. 41.
185 Kann der Nachweis der Vertretungsmacht nicht sofort im Versteigerungstermin erbracht werden, ist das Gebot nach § 71 Abs. 2 ZVG zurückzuweisen, es sei denn, der Bieter bietet im eigenen Namen. Vgl. BFH, BStBl. II 1969, S. 92.
186 Vgl. BFH, BStBl. III 1956, S. 93.
187 Vgl. BFH, BStBl. II 1969, S. 41. Dabei kommt ein Billigkeitserl. insb. in Betracht, wenn jemand, der gar nicht im eigenen Namen bieten und das Grundstück auch nicht selbst erwerben will, davon ausgeht, dass alle Anwesenden wissen, dass er für einen anderen bieten will, aber dies nur aus Unkenntnis des komplizierten Zwangsversteigerungsrechts im Termin nicht genügend zum Ausdruck bringt, und er dann, nachdem ihm der Zuschlag erteilt worden ist, das Grundstück unverzüglich an den anderen auflässt; vgl. BFH, BStBl. II 1969, S. 41.
188 Vgl. Erl. des FinMin BaWü vom 26.06.1987, StEK, GrEStG 1983, § 9 Nr. 34.
189 Vgl. *Pahlke*, § 1 Rn. 207.

Verwertung des Anspruchs auf Grundstücksübereignung durch dessen Abtretung bzw. durch die Abtretung der Rechte aus Kaufangeboten und der Ansprüche aus Meistgeboten bewirken.[190]

124 Innerhalb der von § 1 Abs. 1 Nr. 5 bis 7 GrEStG erfassten Zwischengeschäfte wird einerseits die *Abtretung des Übereignungsanspruchs* (§ 1 Abs. 1 Nr. 5 und Nr. 7, 1. Alt. GrEStG) und andererseits die *Abtretung der Rechte aus einem Kaufangebot* (§ 1 Abs. 1 Nr. 6 und Nr. 7, 2. Alt. GrEStG) erfasst. Der Unterschied zwischen diesen Tatbestandsgruppen liegt darin, dass bei den Tatbeständen der § 1 Abs. 1 Nr. 5 und 7, 1. Alt. GrEStG der aufgrund eines Kaufvertrages (oder eines anderen unter § 1 Abs. 1 Nr. 1 GrEStG fallenden Vertrages) erlangte Anspruch auf Übereignung eines Grundstücks abgetreten wird.[191] Bei den Tatbeständen des § 1 Satz 1 Nr. 6 und Nr. 7, 2. Alt. GrEStG werden demgegenüber nur die Rechte aus einem Kaufangebot an einen Dritten abgetreten. Systematisch liegt das steuerpflichtige Zwischengeschäft in den Fällen des § 1 Satz 1 Nr. 5 und Nr. 7, 1. Alt. GrEStG **nach**, in den Fällen des § 1 Satz 1 Nr. 6 und Nr. 7, 2. Alt. GrEStG **vor** dem jeweiligen Hauptgeschäft. Vom steuerlichen Ergebnis wird durch § 1 Satz 1 Nr. 6 und Nr. 7, 2. Alt. GrEStG die Abtretung der Rechte aus einem Kaufangebot der Abtretung der Rechte aus einem schon entstandenen Übereignungsanspruch gleichgestellt.

125 Inhaltlich betreffen § 1 Abs. 1 Nr. 6 und Nr. 7, 2. Alt. GrEStG die Dritteinwirkung eines Nichteigentümers (Angebotsempfänger) ohne Übereignungsanspruch. Die Vorschriften sollen damit grunderwerbsteuerlich den Handel mit Kaufangeboten erfassen. Systematisch wären diese Regelungen eher in den Zusammenhang des § 1 Abs. 2 GrEStG einzuordnen, wobei sie allerdings im Gegensatz zu § 1 Abs. 2 GrEStG die Steuerpflicht nicht von einer Substanzbeteiligung des Dritten am Grundstück abhängig machen.

126 Innerhalb der beiden Tatbestandsgruppen wird jeweils bei den Tatbeständen zunächst an das zur Abtretung des Übereignungsanspruchs bzw. des Kaufgebots verpflichtende schuldrechtliche Rechtsgeschäft angeknüpft. Die Abtretung des Übereignungsanspruchs bzw. der Rechte aus einem Angebot ist nach dem Auffangtatbestand des § 1 Satz 1 Nr. 7 GrEStG nur grunderwerbsteuerpflichtig, wenn kein entsprechendes schuldrechtliches Rechtsgeschäft vorangegangen ist.

---

190 Vgl. BFH, BStBl. II 1997, S. 411; BFH, BStBl. II 1998, S. 159; *Weilbach*, § 1 Rn. 54. Ein reines Verkaufsangebot reicht noch nicht für eine Steuerbarkeit nach § 1 Abs. 1 bzw. Abs. 2 GrEStG aus, nach älterer BFH-Rechtsprechung allerdings doch, wenn weitere Umstände hinzutreten wie bspw. ein sehr hohes Bindungsentgelt, welches einen faktischen Zwang zur Annahme des Angebotes begründet. Letzteres ist insb. dann der Fall, wenn das Bindungsentgelt bei Nichtausübung des Angebotes wirtschaftlich verloren ist. Vgl. BFH, BStBl. III 1963, S. 46; a.A. *Pahlke*, § 1 Rn. 128.

191 § 1 Abs. 1 Nr. 5 und 7 GrEStG knüpfen an § 1 Abs. 1 Nr. 1 und Nr. 4 GrEStG an. Deshalb fallen nicht in den Anwendungsbereich dieser Regelung die Abtretung eines gesetzlichen Anspruchs auf Eigentumsübertragung bzw. ein darauf gerichtetes Verpflichtungsgeschäft; vgl. BFH, BStBl. II 1998, S. 159.

III. Die Erwerbsvorgänge des § 1 Abs. 1 GrEStG                                     B.

Bei allen Zwischengeschäften i.S.d. § 1 Abs. 1 Nr. 5–7 GrEStG folgen letztlich zwei  127
Grundstücksumsätze aufeinander, sodass die GrESt **doppelt** anfällt.[192] Diese Rechtsfolge kann nur dadurch vermieden werden, dass das Zwischengeschäft i.S.d. § 16 Abs. 1 Nr. 1 GrEStG rückgängig gemacht und sodann das Grundstück unmittelbar durch den Dritten vom Veräußerer erworben wird. Die strengen Anforderungen für eine zivilrechtliche und wirtschaftliche vollständige Rückgängigmachung des Zwischengeschäftes sind jedoch zu beachten.[193]

*b) Abtretung eines Übereignungsanspruchs*

Der aus einem Kaufvertrag erworbene Übereignungsanspruch kann gem. § 398 BGB  128
abgetreten werden. Der Kaufvertrag selbst unterliegt als Verpflichtungsgeschäft nach § 1 Abs. 1 Nr. 1 GrEStG der GrESt. Die Verpflichtung zur Abtretung des Übereignungsanspruchs bzw. die dingliche Abtretung selbst ist zusätzlich – als Zwischengeschäft – gem. § 1 Abs. 1 Nr. 5 und Nr. 7, 1. Alt. GrEStG grunderwerbsteuerpflichtig. Die Steuerpflicht aus § 1 Abs. 1 Nr. 5 und Nr. 7, 1. Alt. GrEStG entsteht erst, wenn der Abtretende tatsächlich einen wirksamen Übereignungsanspruch erlangt, sodass für den Erwerbsvorgang i.S.d. § 1 Abs. 1 Nr. 5 und Nr. 7, 1. Alt. GrEStG die GrESt nicht früher entstehen kann als diejenige für den unmittelbaren Erwerb des Grundstücks durch den Abtretenden. Wird ein Anspruch auf Übereignung abgetreten, der etwa aufschiebend bedingt oder genehmigungsbedürftig ist, kann die Steuer aus § 1 Abs. 1 Nr. 5 und Nr. 7, 1. Alt. GrEStG somit frühestens zu dem in § 14 GrEStG bezeichneten Zeitpunkt entstehen.[194]

*c) Abtretung der Rechte aus einem Kaufangebot*

§ 1 Abs. 1 Nr. 6 und Nr. 7, 2. Alt. GrEStG begründen eine Grunderwerbsteuerpflicht  129
bei der Weiterübertragung von Kaufangeboten. Eine Grunderwerbsteuerpflicht lässt sich also nicht dadurch umgehen, dass anstelle eines Grundstückshandels lediglich ein Handel mit Kaufangeboten erfolgt.

§ 1 Abs. 1 Nr. 6 und Nr. 7, 2. Alt. GrEStG setzen voraus, dass der Abtretende kei-  130
nen bürgerlich rechtlichen Erwerbstatbestand verwirklicht, sondern der Abtretungsempfänger vielmehr unmittelbar vom Eigentümer oder einem sonstigen Veräußerer erwirbt. Deshalb sind die Steuertatbestände des § 1 Abs. 1 Nr. 6 bzw. Nr. 7, 2. Alt. GrEStG in jedem Fall erst und nur dann erfüllt, wenn der Kauf zwischen dem Dritten und dem Grundstückseigentümer auch tatsächlich zustande kommt.[195] Die GrESt

---

192 Vgl. *Pahlke*, § 1 Rn. 219; *Hofmann*, § 1 Rn. 64; *Weilbach*, § 1 Rn. 55.
193 Zu den engen Grenzen der Anwendbarkeit des § 16 Abs. 1 GrEStG vgl. unten Rdn. 952–956.
194 Der Handel mit Restitutionsansprüchen ist dagegen grunderwerbsteuerfrei, da der BFH § 1 Abs. 1 Nr. 5 und Nr. 7 GrEStG ausschließlich auf die Abtretung rechtsgeschäftlicher – und nicht auch kraft öffentlichen Rechts – begründeter Übereignungsansprüche erstreckt; Vgl. BFH, BStBl. II 1998, S. 159; Vgl. ferner *Pahlke*, § 1 Rn. 222 m.w.N.
195 Vgl. BFH, BStBl. II 1972, S. 828.

entsteht demgemäß nicht schon mit der Abtretung der Rechte an den Dritten, sondern erst mit der Annahme des Vertragsangebotes durch den Dritten.[196]

131 Im Einzelnen setzen § 1 Abs. 1 Nr. 6 bzw. Nr. 7, 2. Alt. GrEStG voraus, dass der »Zwischenhändler« ein rechtswirksames Kaufangebot mit zu seinen Gunsten begründeten eigenen Rechten an einen Dritten abtritt. Weiteres ungeschriebenes Tatbestandsmerkmal ist, dass der Berechtigte das Kaufangebot *zum Nutzen der eigenen wirtschaftlichen Interessen verwertet*.[197] Diese Tatbestandsmerkmale sollen im Folgenden näher erläutert werden:

132 **Kaufangebot**

Das »Kaufangebot« erfasst einerseits die als Vertragsangebot ausgestaltete Festofferte, durch die der Mittelsperson das Recht zur Benennung des Erwerbers eingeräumt wird; andererseits fällt unter dieses Tatbestandsmerkmal auch das in die Rechtsform eines Vertrages (z.B. Ankaufsrecht oder Optionsvertrag) gekleidete Vertragsangebot.[198]

133 Die Vorschrift erfasst allerdings nur solche Geschäfte, die den Veräußerer zum Grundstücksverkauf verpflichten; dies setzt voraus, dass ein rechtswirksames Kaufangebot besteht, welches den Formerfordernissen des § 311b BGB entspricht. Ein mündliches oder privatschriftliches Angebot erfüllt demgegenüber nicht die Anforderungen des § 1 Abs. 1 Nr. 6 und 7 GrEStG.[199]

134 **»Abtretung« eigener Rechte aus dem Kaufangebot**

§ 1 Abs. 1 Nr. 6 und Nr. 7, 2. Alt. GrEStG erfassen nur solche Kaufangebote, welche den Berechtigten auch die Möglichkeit geben, mit dem Angebot zu handeln.[200] Hierzu ist es erforderlich, dass der Berechtigte die Rechtsmacht besitzt, aus eigenem Recht an den Dritten die Rechte aus dem Kaufangebot weiterzugeben.

135 Nach Auffassung des BFH kommt es für die Anwendung von § 1 Abs. 1 Nr. 6 und Nr. 7, 2. Alt. GrEStG nicht darauf an, ob die Mittelsperson selbst ein eigenes Recht zur Annahme des Kaufangebots hat. Entscheidend ist vielmehr die Rechtsmacht des Benennungsberechtigten, mit dem Kaufangebot zu handeln. Deshalb hat es für die steuerliche Erfassung des Handels mit Kaufangeboten auch keine Bedeutung, ob dem Zwischenhändler ein Selbstbenennungsrecht eingeräumt ist oder nicht.[201]

---

196 Vgl. BFH, BStBl. II 1969, S. 595; BFH, BStBl. II 1972, S. 828. Es fällt somit zweimal GrESt an (für den Benennenden und für den Benannten).
197 Vgl. *Pahlke*, § 1 Rn. 224; *Hofmann*, § 1 Rn. 68; *Weilbach*, § 1 Rn. 57.
198 Vgl. *Pahlke*, § 1 Rn. 225; *Hofmann*, § 1 Rn. 67.
199 Vgl. BFH, Urt. v. 05.07.2006, BStBl. II 2006, S. 765.
200 Erfasst ist nur der Handel mit Verkaufsangeboten für Grundstücke. Eine vergleichbare Vorschrift für den Handel mit Angeboten von Gesellschafts- oder Geschäftsanteilen gibt es nicht, sodass beim Erwerb aller Anteile stets nur die Steuer bei dem erhoben wird, der das Angebot letztendlich annimmt, nicht aber bei einem etwaigen Zwischenhändler.
201 Vgl. *Pahlke*, § 1 Rn. 227; vgl. hierzu auch *Bruschke*, UVR 1994, S. 363.

## B. Verfolgung eigener wirtschaftlicher Interessen durch den Berechtigten

**136** Die weite Ausdehnung der in § 1 Abs. 1 Nr. 6 und Nr. 7, 2. Alt. GrEStG normierten Steuertatbestände verlangt zwingend eine Begrenzung auf solche Fallgestaltungen, in denen dem aus dem Kaufangebot Berechtigten auch tatsächlich der Handel mit dem Kaufangebot ermöglicht ist. Ungeschriebenes Tatbestandsmerkmal ist daher, dass der Benennungsberechtigte das Kaufangebot *zum Nutzen der eigenen wirtschaftlichen Interessen* verwertet.[202]

**137** Sofern sich die Tätigkeit des Berechtigten in der bloßen Vermittlung eines Grundstücks oder einer reinen Stellvertretung erschöpft, fehlt es an einem grunderwerbsteuerpflichtigen Handel mit Kaufangeboten. Dementsprechend löst die Tätigkeit eines Maklers, dessen wirtschaftliche Interessen nicht über den Abschluss des Grundstückkaufvertrages und des damit verdienten Maklerlohnes hinausgehen, keine Steuerpflicht aus § 1 Abs. 1 Nr. 6 und Nr. 7, 2. Alt. GrEStG aus. Der reine Maklervertrag unterfällt auch nicht § 1 Abs. 2 GrEStG.

**138** Gleiches gilt für ein Käuferbenennungsrecht, das alleine im Interesse des Grundstückseigentümers oder des Grundstückserwerbers selbst eingeräumt und/oder ausgeübt wird. Dies gilt auch dann, wenn der gesellschaftsrechtlich mit dem Erwerber verbundene Benennungsberechtigte mit der Ausübung seines Benennungsrechts zugunsten des Erwerbers dessen mittelbare Förderung bezweckt.[203]

**139** Die Benennung einer GmbH, an welcher der Benennungsberechtigte selbst als Gesellschafter beteiligt ist, reicht noch nicht für eine Steuerpflicht nach § 1 Abs. 1 Nr. 7 GrEStG aus, solange der Benennungsberechtigte nicht im unmittelbaren eigenen wirtschaftlichen Interesse bzw. im wirtschaftlichen Interesse Dritter handelt, sondern ausschließlich zum Nutzen und im Interesse der erwerbenden GmbH; bei den sich durch die Förderung der GmbH möglicherweise mittelbar ergebenden Vorteilen für den Benennungsberechtigten handelt es sich lediglich um wirtschaftliche Reflexe aufgrund der Gesellschafterstellung des Benennungsberechtigten, die noch kein schädliches Eigeninteresse darstellen. Es bedarf vielmehr eines konkreten Vermögensvorteils, der über das Interesse als Gesellschafter der GmbH hinausgeht.[204]

**140** Ein eigenes wirtschaftliches Interesse des Berechtigten ist demgegenüber zu bejahen, wenn es über den bloßen Abschluss des Grundstückskaufvertrages hinausreicht. Diese weitergehende wirtschaftliche Zielsetzung des Benennungsberechtigten muss sich im Einzelfall auf die Verwertung des bestimmten Kaufangebots beziehen. Ein eigenes wirtschaftliches Interesse liegt z.B. in der Möglichkeit, den zu benennenden Käufer zum Abschluss weiterer Verträge (z.B. Steuerberatervertrag oder anderer Dienstleistungsverträge) zu bestimmen.[205]

---

202 Vgl. *Pahlke*, § 1 Rn. 228, vgl. hierzu auch BFH, BStBl. II 1998, S. 986; *Hofmann*, § 1 Rn. 68; *Boruttau/Fischer*, § 1 Rn. 486.
203 Vgl. BFH, Urt. v. 15.03.2000 BStBl. II 2000, S. 359.
204 Vgl. BFH, BStBl. II 2000, S. 359.
205 Vgl. BFH, BStBl. II 1980, S. 525.

**141** Praktische Bedeutung erlangen diese Grundsätze etwa dann, wenn das Benennungsrecht im Zusammenhang mit einer noch durchzuführenden Grundstücksbebauung oder mit Bauherrenmodellen steht. Ein wirtschaftliches Interesse ist hier zu bejahen, wenn der Benennungsberechtigte bspw. Fertighäuser vertreibt und die Benennung von dem Erwerb eines solchen Fertighauses abhängig macht[206] oder die Käufer zum Abschluss von Dienst- oder Baubetreuungsverträgen bewegt.[207] In diesen Fällen werden allerdings zumeist auch die Voraussetzungen des § 1 Abs. 2 GrEStG erfüllt sein, auf die noch näher eingegangen wird.

**142** § 1 Abs. 1 Nr. 6 und Nr. 7, 2. Alt. GrEStG erfordern nicht, dass der Benennungsberechtigte in Ausübung unmittelbarer *eigener* wirtschaftlicher Interessen handelt. Ausreichend ist auch die Verfolgung wirtschaftlicher Interessen *Dritter* (also anderer Personen als der des Grundstücksveräußerers oder des Erwerbers), denen gegenüber der Benennungsberechtigte (z.b. in seiner Eigenschaft als Treuhänder im Zusammenhang mit einem Bauherrenmodell) in der Ausübung seines Benennungsrechts vertraglich gebunden ist. Im Fall einer solchen »Drittbeteiligung« ist es ausreichend, wenn wenigstens einer der Beteiligten (d.h. entweder der Benennungsberechtigte selbst oder die hinter ihm stehende Person, z.B. – bei Treuhänderstellung des Benennungsberechtigten – der Treugeber) eigene wirtschaftliche Vorteile anstrebt.[208]

**143 Das Verhältnis zu § 1 Abs. 2 GrEStG**

Die Steuertatbestände des § 1 Abs. 1 Nr. 6 und Nr. 7, 2. Alt. GrEStG sind eng verwandt mit § 1 Abs. 2 GrEStG (grunderwerbsteuerpflichtige Verschaffung der Verwertungsbefugnis).

**144** Allerdings sind die Steuertatbestände nicht ganz deckungsgleich, da im Vergleich zu der von § 1 Abs. 2 GrEStG in der Regel vorausgesetzten Verwertungsmöglichkeit, d.h. der Beteiligung an der Substanz des Grundstücks, für § 1 Abs. 1 Nr. 6 und Nr. 7, 2. Alt. GrEStG schon ein geringeres wirtschaftliches Interesse des Benennungsberechtigten ausreichend ist. Es ist allerdings denkbar, dass die angeführten Steuertatbestände durch denselben oder zumindest ähnlichen Lebenssachverhalt verwirklicht werden. Diese Einheitlichkeit des Lebenssachverhaltes ist durch die sowohl für § 1 Abs. 1 Nr. 6 und Nr. 7, 2. Alt. GrEStG als auch für § 1 Abs. 2 GrEStG charakteristische Besteuerung der Beteiligung eines Dritten vorgegeben, der selbst weder Grundstückseigentümer noch Erwerber des Grundstückes ist.[209]

---

206 Vgl. BGH, BStBl. II 1982, S. 269.
207 Vgl. BFH, BStBl. II 1989, S. 984; vgl. ferner *Boruttau/Fischer*, § 1 Rn. 486 ff.
208 Zur Beweislast vgl. *Pahlke*, § 1 Rn. 230; sofern sich das Interesse des Benennungsberechtigten oder einer mit ihm verbundenen Bank lediglich darauf beschränkt, Forderungen auf Rückzahlung der Kreditbeträge aus bestehenden Darlehensverträgen mit dem Grundstückseigentümer zu realisieren, liegt noch kein die Anwendung des § 1 Abs. 1 Nr. 6 bzw. Nr. 7 GrEStG begründendes Interesse vor; vgl. BFH, Urt. v. 18.12.2002, DStR 15/2002, S. XII.
209 Vgl. *Pahlke*, § 1 Rn. 231 mit instruktiven Beispielen für die Überschneidung der Steuertatbestände des § 1 Abs. 1 Nr. 6 u. Nr. 7, 2. Alt. GrEStG mit § 1 Abs. 2 GrEStG; vgl. ferner *Hofmann*, § 1 Rn. 70.

III. Die Erwerbsvorgänge des § 1 Abs. 1 GrEStG                                    B.

Liegt allerdings keine Beteiligung an der Substanz des Grundstücks i.S.d. § 1 Abs. 2 GrEStG vor, sondern lediglich ein geringeres wirtschaftliches Interesse i.S.d. § 1 Abs. 1 Nr. 6 und Nr. 7, 2. Alt. GrEStG, so müssen auch die sonstigen Voraussetzungen dieser Tatbestände (insbesondere ein handelbares Grundstücksangebot) vorliegen. Andernfalls kommt eine Besteuerung nicht in Betracht.

▶ Beispiel:

Eine Gemeinde räumt einer privaten GmbH eine Kaufoption für bestimmte Grundstücke ohne Drittbenennungsrecht ein. Die Kommune behält sich das Recht vor, einzelne Bauplätze an die GmbH oder auch an die jeweiligen Einzelbauherren zu einem bestimmten Festpreis zu veräußern, sobald Käufer vorhanden sind und die Planung mit dem Amt für Stadtentwicklung inhaltlich abgestimmt ist. Die GmbH überplant anschließend das Gebiet und bietet im Gemeindeblatt schlüsselfertige Doppelhaushälften incl. Grundstück an. Anschließend schließt die Stadt mit den von der GmbH geworbenen Interessenten einzelne Grundstückskaufverträge über einzelne Bauplätze zu dem vereinbarten Festpreis ab. Die Bebauung soll gemäß den Regelungen im Grundstückskaufvertrag von der GmbH durchgeführt werden. Sämtliche Käufer schließen sodann mit der GmbH Bauverträge über die Errichtung der Doppelhaushälften.

Lösung:

Die einzelnen Käufer schulden nach den Grundsätzen des einheitlichen Leistungsgegenstandes die GrESt für den Erwerb bebauter Grundstücke, d.h. die GrESt wird aus dem Grundstückspreis und den Baukosten erhoben.[210] Fraglich ist allerdings, ob neben den Bauplatzkäufern auch die GmbH einen Grunderwerbsteuertatbestand realisiert hat. Eine Verwertungsbefugnis i.S.d. § 1 Abs. 2 GrEStG würde allerdings voraussetzen, dass die Gesellschaft an der Substanz des Grundstücks beteiligt ist.[211] Bei einer vorwiegend rechtlichen Verwertungsmöglichkeit durch Veräußerung erfolgt eine Beteiligung an der Substanz des Grundstücks durch Teilhabe am Erlös;[212] bei wirtschaftlicher Verwertungsbefugnis durch Nutzung muss die Substanzbeteiligung durch Wertbeteiligung in anderer Weise erfolgen.[213] Die GmbH hat keine derartige Verwertungsbefugnis erlangt, da sie am Verkaufserlös der Gemeinde nicht beteiligt war. Diese hat auch nicht etwa die Baugrundstücke verbilligt abgegeben, um der GmbH zu ermöglichen, in die Vergütung für ihre Bauleistungen einen Teil des Grundstückswertes einzukalkulieren. Die Reservierung der Grundstücke für von der GmbH geworbene Kaufinteressenten hat ihr zwar die Bebauung gesichert; darin liegt aber noch keine Beteiligung an der jeweiligen Grundstückssubstanz. Daran vermag der Umstand nichts zu ändern, dass das Interesse der Gesellschaft, die Grundstücke zu bebauen, bei Vorliegen eines zivilrechtlich rechtsformwirksamen

---

210 Vgl. hierzu Rdn. 670 ff.
211 Vgl. hierzu Rdn. 145 ff.
212 Vgl. BFH, BStBl. II 1976, S. 27.
213 Vgl. BFH, BStBl. II 1976, S. 30.

abtretbaren Verkaufsangebots der Stadt an die GmbH ausgereicht hätte, sie bei Abtretung des Angebots und dessen Annahme durch einen von ihr geworbenen Käufer als Zwischenhändlerin i.S.d. § 1 Abs. 1 Nr. 6 GrEStG anzusehen. Die Anforderungen an einen Zwischenhändler i.S.d. § 1 Abs. 1 Nr. 6 GrEStG sind nämlich andere als diejenigen an einen Zwischenerwerber i.S.d. § 1 Abs. 2 GrEStG, der befugt ist, das Grundstück auf eigene Rechnung zu verwerten. Im Unterschied zu § 1 Abs. 1 Nr. 6 und Nr. 7 GrEStG verlangt die Verwertungsmöglichkeit gem. § 1 Abs. 2 GrEStG eine Beteiligung an der Grundstückssubstanz; die bloße Möglichkeit zur Verfolgung eines sonstigen eigenen wirtschaftlichen Interesses von der Art, den Grundstückskäufer zum Abschluss weiterer Verträge zu bestimmen, begründet noch keine Substanzbeteiligung am Grundstück.[214] Die von der GmbH erzielten Werkvergütungen können nicht als Teilhabe an der Grundstückssubstanz gewertet werden, da die GmbH die Gebäude selbst erst den Grundstücken hinzugefügt hat. Die Grundsätze zum einheitlichen Erwerbsgegenstand in den Fällen, in denen die Veräußererseite aus dem bisherigen Grundstückseigentümer als Verkäufer und einem mit diesem nicht identischen Bauunternehmer besteht, lassen sich nicht auf § 1 Abs. 2 GrEStG übertragen.[215]

### IV. Erwerb der Verwertungsbefugnis – § 1 Abs. 2 GrEStG

#### 1. Allgemeine Systematik

145 § 1 Abs. 2 GrEStG ist gegenüber § 1 Abs. 1 Nr. 1 GrEStG *subsidiär*. Erfasst sind solche Rechtsvorgänge, die einem anderen eine eigentümerähnliche Rechtsposition an einem Grundstück verschaffen, ohne dass ein Übereignungsanspruch begründet wird. Bei § 1 Abs. 2 GrEStG erfolgt somit ausnahmsweise eine Loslösung der grunderwerbsteuerlichen Tatbestände vom Zivilrecht, indem auf eine **wirtschaftliche Betrachtungsweise** abgestellt wird. Erfasst werden sollen solche Grundstücksgeschäfte, mit denen der Wert des Grundstücks *für eigene Rechnung nutzbar* gemacht werden kann und die – was die Herrschaftsmacht über das Grundstück anbelangt – den in § 1 Abs. 1 GrEStG normierten Tatbeständen nahe kommen. Hervorzuheben ist, dass eine Steuerumgehungsabsicht *nicht* erforderlich ist.[216]

146 Nach § 1 Abs. 2 GrEStG unterliegen der GrESt solche Rechtsvorgänge, die es einem anderen »rechtlich« oder »wirtschaftlich« ermöglichen, ein Grundstück auf eigene Rechnung zu verwerten.

---

214 Vgl. *Pahlke*, § 1 Rn. 254.
215 Vgl. BFH-Urt. v. 29.07.2009, II R 2/08; im Zuge dieser Entscheidung hat auch die FinVerw. ihre Auffassung zur Behandlung der Zwischenerwerber von Projektanbietern als Verwendungsbefugten geändert; vgl. FinMin Schleswig-Holstein vom 29.03.2010, UVR 2010, S. 135.
216 Dem Anreiz, der Besteuerung durch die Nichtanzeige eines unter § 1 Abs. 2 GrEStG fallenden Erwerbsvorgangs zu entgehen, wirkt § 16 Abs. 5 GrEStG entgegen.

## IV. Erwerb der Verwertungsbefugnis – § 1 Abs. 2 GrEStG    B.

Eine vorwiegend *rechtliche* Verwertungsbefugnis besteht z.B. in der Ermächtigung zur    147
Veräußerung eines Grundstücks auf eigene Rechnung.

Eine vorwiegend *wirtschaftliche* Verwertungsbefugnis unter Nutzung der Substanz    148
und Teilhabe an den Wertveränderungen eines Grundstücks kann z.b. bei dessen Einbringung in eine Personengesellschaft dem Wert nach oder bei der Verwertungsbefugnis an einem Gebäude auf fremdem Grund und Boden vorliegen.[217]

Denkbar ist schließlich auch die *Kombination* einer wirtschaftlichen und rechtlichen    149
Verwertungsbefugnis.[218]

Auch bei unwirksamen Rechtsgeschäften kann § 1 Abs. 2 GrEStG anwendbar sein.    150
So wird etwa bei einem formnichtigen Grundstückskaufvertrag kein Anspruch auf
Übereignung des Grundstückes begründet. Infolgedessen ist der vorrangige § 1 Abs. 1
Nr. 1 GrEStG nicht einschlägig; stattdessen kann eine Steuerpflicht aus § 1 Abs. 2
GrEStG entstehen, sofern die wirtschaftlichen Konsequenzen aus dem formnichtigen
Vertrag gezogen werden.[219]

Kommt es jedoch nach Verwirklichung des Ergänzungstatbestandes aus § 1 Abs. 2    151
GrEStG zu einer Übereignung des Grundstücks an den Verwertungsberechtigten (§ 1
Abs. 1 Nr. 2 GrEStG), so liegt eine nach § 1 Abs. 6 GrEStG zu behandelnde Aufeinanderfolge von Ergänzungs- und Haupttatbestand vor.[220]

### 2. Verwertungsmöglichkeit auf eigene Rechnung

Eine Verwertungsmöglichkeit auf eigene Rechnung liegt nur vor, wenn der Verwer-    152
tungsberechtigte an der ganzen Substanz des Grundstücks beteiligt ist. Dies setzt grds.
zweierlei voraus:

Einmal muss der Berechtigte an den Wertsteigerungen oder Wertminderungen betei-    153
ligt sein und insoweit für ihn eine gesicherte Realisierungsmöglichkeit bestehen.
Außerdem setzt die Verwertungsmöglichkeit grds. voraus, dass der Verwertungsbefugte an dem Grundstück Besitz- und Nutzungsrechte hat. Ausnahmsweise entbehrlich ist der Besitz als Voraussetzung der Verwertungsmacht dagegen nach der
Rechtsprechung bei Treuhandeigentum sowie bei der Veräußerung eines Grundstücks
auf eigene Rechnung.[221]

---

217 Zur Sicherungsübereignung von Gebäuden auf fremdem Boden, vgl. Erl. des FinMin
   BaWü vom 07.11.2003, DStR 2003, S. 2121, insb. für den Fall der Verschmelzung des
   Sicherungsnehmers mit einem anderen Rechtsträger.
218 Vgl. *Pahlke*, § 1 Rn. 240 ff.; *Hofmann*, § 1 Rn. 73 ff. Zur Anwendbarkeit des § 1 Abs. 2
   GrEStG bei sogenannten Public Private Partnership-Verträgen vgl. *Berg-Mosel/Jacob/Ilka*,
   BB 2005, S. 1478 ff.
219 Vgl. BFH, BStBl. III 1963, S. 15.
220 Vgl. hierzu unten Rdn. 372–378.
221 Vgl. *Pahlke*, § 1 Rn. 242 m.w.N.; *Hofmann*, § 1 Rn. 78 ff.

**154** Eine Verwertungsmöglichkeit auf eigene Rechnung kann sich nach einer z.T. in der Literatur vertretenen Ansicht aus einem Gewinnabführungs- und Beherrschungsvertrag ergeben.[222] In diesem Fall kann die beherrschende Gesellschaft kraft ihrer Weisungsrechte über die Grundstücke der beherrschten Gesellschaft verfügen und die Grundstücke kraft Gewinnabführungspflicht letztlich auf eigene Rechnung verwerten.[223] Dieser Auffassung ist jedoch der BFH entgegengetreten. Mit Urteil vom 01.03.2000 wurde klargestellt, dass die Stellung eines Alleingesellschafters einer GmbH auch dann keine Verwertungsbefugnis i.S.d. § 1 Abs. 2 GrEStG begründet, wenn zwischen GmbH und Alleingesellschafter ein Gewinnabführungsvertrag besteht. Es fehlt insoweit an einem Wechsel in der Grundstückszuordnung.[224] § 1 Abs. 2 GrEStG möchte lediglich solche Erwerbsvorgänge erfassen, die einem Eigentumserwerb so nahe kommen, dass der Verwertungsbefugte sich den Wert des Grundstücks für eigene Rechnung nutzbar machen kann. Die bloße Stellung als Alleingesellschafter vermittelt als solche keine Befugnis i.S.d. § 1 Abs. 2 GrEStG, die Grundstücke der GmbH für eigene Rechnung zu verwerten. Die eigene Rechtspersönlichkeit der GmbH schließt es vielmehr aus, in der Person des Alleingesellschafters wegen dessen Gesellschafterstellung einen weiteren Wechsel in der Grundstückszuordnung und damit einen zusätzlichen Grunderwerbsvorgang nach § 1 Abs. 2 GrEStG anzunehmen. Auch ein Beherrschungs- und Gewinnabführungsvertrag ändert nichts daran, dass es an einem Wechsel der Grundstückszuordnung auf den Alleingesellschafter fehlt. Ihm stehen weder unmittelbare Vertretungs- noch Geschäftsführungsrechte zu; infolge des Beherrschungsvertrages kann er lediglich dem Geschäftsführer der beherrschten Gesellschaft Weisungen erteilen bzw. im Fall eines Gewinnabführungsvertrages eine Gewinnabführung verlangen. Gleichwohl bleibt die GmbH eine eigenständige juristische Person, der das Grundstück zugeordnet ist.[225]

**155** Für die Verwertungsbefugnis ist kennzeichnend, dass der Verwertungsberechtigte im Innenverhältnis bereits wie der Eigentümer des Grundstücks behandelt wird, sodass er de facto der wirtschaftliche Eigentümer ist. Im Außenverhältnis ist zwar nach wie vor der zivilrechtliche Eigentümer verfügungsberechtigt; sofern er jedoch im Innenverhältnis gegenüber dem Verwertungsberechtigten gebunden ist, begründet diese wirtschaftliche Verfügungsmacht den Steuertatbestand des § 1 Abs. 2 GrEStG.

**156** *Keine* ausreichende Verwertungsmöglichkeit liegt dagegen vor, wenn die Einwirkungsmöglichkeiten des Berechtigten nicht über diejenigen eines Mieters oder Pächters

---

222 Vgl. noch *Boruttau/Fischer*, § 1 Rn. 797 in der 14. Aufl.; in der 15. Aufl. wurde diese Auffassung aufgegeben; vgl. auch *Heine*, UVR 2001, S. 105.
223 Vgl. *Pahlke*, § 1 Rn. 242; vgl. ferner FG Düsseldorf, EFG 1998, S. 1661; *Bor*, § 1 Rn. 796 f.
224 Vgl. BFH, MittRhNotK 2000, S. 361; *Hofmann*, § 1 Rn. 74; allerdings kann der Abschluss eines Organschaftsvertrages Auswirkungen im Bereich des § 1 Abs. 3 und Abs. 4 GrEStG haben; vgl. hierzu Rdn. 300–321.
225 Vgl. hierzu BFH, Urt. v. 01.03.2000, BStBl. II 2000, S. 357; vgl. ferner *Mößlang*, ZNotP 2001, S. 417 ff.

IV. Erwerb der Verwertungsbefugnis – § 1 Abs. 2 GrEStG                    B.

hinausgehen. Dies gilt auch bei langfristigen Pachtverträgen, sofern nicht durch zusätzliche Abreden die wirtschaftliche Verfügungsmacht über das Grundstück begründet wird.

Ebenso reicht eine bloße Verkaufsvollmacht für ein Grundstück nicht aus, um § 1 Abs. 2 GrEStG anwenden zu können, solange nicht ein etwa erzielter Mehrerlös dem Bevollmächtigen zufließen soll.[226]  157

Der atypisch stille Gesellschafter erhält mangels Besitzrechten ebenfalls keine Verwertungsmacht an dem Grundstück, das der Inhaber eines Handelsgeschäfts erwirbt.[227]  158

Schon kleine Details in der rechtlichen Ausgestaltung der Verträge können über die Grunderwerbsteuerpflicht nach § 1 Abs. 2 GrEStG entscheiden. Entsprechende Sorgfalt bei der Formulierung der Verträge ist daher angezeigt.  159

Danach sprechen *für* eine Verwertungsbefugnis nach § 1 Abs. 2 GrEStG u.a.:  160
– umfangreiche Belastungsbefugnisse und weitreichende Gestaltungsbefugnisse hinsichtlich des Grundstücks,
– die Möglichkeit der uneingeschränkten Untervermietung,
– die Vereinbarung einseitiger Kündigungsrechte des Mieters bzw. zukünftigen Erwerbers,
– die Vereinbarung eines symbolischen Kaufpreises nach Beendigung des Nutzungsverhältnisses,
– die jederzeitige, nur von der Entscheidung des Mieters abhängige Wechselmöglichkeit von der Position des Mieters in die des Eigentümers,
– die dingliche Sicherung des Ankaufsrechts.[228]

*Gegen* eine Verwertungsbefugnis nach § 1 Abs. 2 GrEStG sprechen indes u.a.  161
– umfangreiche Kontroll-, Gestaltungs- und Belastungsrechte des Eigentümers,
– von der Zustimmung des Eigentümers abhängige Untervermietungsrechte,
– Kündigungsrechte des Eigentümers, z.B. bei Zahlungsverzug und Insolvenz des Mieters,
– die Vereinbarung eines marktgerechten Kaufpreises nach Beendigung des Nutzungsverhältnisses,
– ein späterer Übergang von Nutzen und Lasten bei vorzeitiger Ausübung des Optionsrechtes.[229]

Fällt die Verwertungsmöglichkeit auf den Grundstückseigentümer zurück, erfüllt dies grds. nicht den Tatbestand nach § 1 Abs. 2 GrEStG. Eine Ausnahme besteht nur dann, wenn der Verwertungsberechtigte seine Verwertungsbefugnis bei Rückgabe der Verwertungsbefugnis an den Grundstückseigentümer ausnutzt, indem er sich z.B. vom Grundstückseigentümer für die Erlangung des Substanzwerts am Grundstück ein besonderes Entgelt zahlen lässt.[230]  162

---

226 Vgl. BFH, BStBl. III 1960, S. 254.
227 Vgl. hierzu *Pahlke*, § 1 Rn. 246; *Hofmann*, § 1 Rn. 75.
228 Vgl. *Loose*, EFG 2004, S. 840.
229 Vgl. *Loose*, EFG 2004, S. 841.
230 Vgl. *Pahlke*, § 1 Rn. 245.

## 3. Typische Fallbeispiele

163 In der Praxis treten immer wieder typische Sachverhalte auf, die eine Bildung von Fallgruppen erlauben. Eine Verwertungsbefugnis kann jedoch auch vorliegen, wenn ein Sachverhalt nicht alle Merkmale einer bestimmten Fallgruppe erfüllt. Es ist deshalb jeweils im Einzelfall zu prüfen, ob sich der Sachverhalt unter § 1 Abs. 2 GrEStG einordnen lässt.[231]

### a) Verkaufsermächtigung und atypischer Maklervertrag

164 Die stärkste Form der Verwertungsmacht besteht in der Ermächtigung zur Veräußerung eines Grundstücks auf eigene Rechnung des Ermächtigten (*Verkaufsermächtigung*). Auf eigene Rechnung des Ermächtigten erfolgt die Veräußerung, wenn der Ermächtigte einen eigenen Mehrerlös nicht an den Eigentümer abführen muss, sondern für sich behalten darf.

165 Infolge dieser Rechtsmacht bedarf es für § 1 Abs. 2 GrEStG hier nicht einmal der zusätzlichen Einräumung von Besitz und Nutzungsbefugnissen am Grundstück.

166 Grundlage dieser Ermächtigung kann eine Vollmacht sein. Hierbei ist es ohne Bedeutung, ob es sich um eine widerrufliche oder unwiderrufliche Vollmacht handelt.[232]

167 Eine Ermächtigung kann aber auch in der Einwilligung eines Eigentümers nach § 185 Abs. 1 BGB zu einer Veräußerung durch den Ermächtigten sowie in einer (z.B. durch atypischen Maklervertrag) erteilten Verkaufsermächtigung liegen.

168 Auch ein Vertrag, durch den für den Eigentümer lediglich mittelbar durch die Vereinbarung von Nachteilen – z.B. einer Vertragsstrafe – die Verpflichtung zur Veräußerung eines Grundstückes begründet wird, kann eine hinreichende Rechtsgrundlage sein.[233]

169 Erst recht liegt eine Verwertungsbefugnis vor, wenn der Grundstückseigentümer einem anderen eine unwiderrufliche Verkaufsvollmacht mit Vorwegabtretung der Kaufpreisansprüche erteilt und andererseits vom Bevollmächtigten ein bares, sofort fälliges unverzinsliches Darlehen erhält, zu dessen Sicherung eine Gesamtgrundschuld bestellt wird.[234]

170 Alle diese Vereinbarungen bringen regelmäßig eine Bindung des Eigentümers (faktische Pflicht zur Grundstücksveräußerung) mit sich und sind daher gem. § 311b Abs. 1 Satz 1 BGB beurkundungspflichtig. Fehlt es an der notariellen Beurkundung, lassen die Beteiligten jedoch das wirtschaftliche Ergebnis des Vertrages gleichwohl eintreten, ist § 1 Abs. 2 GrEStG auch in diesem Fall tatbestandlich erfüllt.[235]

---

231 Vgl. *Pahlke*, § 1 Rn. 248; *Hofmann*, § 1 Rn. 71.
232 Vgl. *Pahlke*, § 1 Rn. 250, vgl. ferner BFH, NV 1994, S. 123.
233 Vgl. *Pahlke*, § 1 Rn. 250, vgl. ferner BFH, BStBl. II 1975, S. 863.
234 Vgl. *Pahlke*, § 1 Rn. 250, vgl. ferner BHF, DVR 1987, S. 76.
235 Vgl. *Pahlke*, § 1 Rn. 250, vgl. ferner BFH, BStBl. II, 1977, S. 166. Jedenfalls bei unwiderruflichen Verkaufsvollmachten für Grundstücke besteht eine Anzeigepflicht des Notars gem. § 18 Abs. 1 Nr. 1 GrEStG.

## IV. Erwerb der Verwertungsbefugnis – § 1 Abs. 2 GrEStG　　　　B.

Beim **atypischen Maklervertrag** ist der Makler kraft unwiderruflicher Veräußerungsermächtigung zur Veräußerung eines Grundstücks berechtigt und ihm gebührt ein über den mit dem Eigentümer ausbedungenen Festpreis hinausgehender Mehrerlös. Dies gilt als steuerpflichtiger Zwischenerwerb durch den Makler.[236]　　**171**

Eine Verwertungsbefugnis kann jedoch auch infrage kommen, wenn nicht sämtliche dieser Merkmale des atypischen Maklervertrages erfüllt sind. Wenn sich etwa der Eigentümer selbst auch die Möglichkeit vorbehält, das Grundstück zu veräußern, so hat der Makler zunächst lediglich die Chance auf die Substanzbeteiligung. In einem solchen Fall entsteht die Steuerschuld aus § 1 Abs. 2 GrEStG daher erst in dem Zeitpunkt, in dem der Makler diese Chance realisiert, indem er also von der Verkaufsbefugnis Gebrauch macht und das Rechtsgeschäft mit dem Erwerber abschließt.[237] Hieraus folgt für befristete oder gleichzeitig verschiedenen voneinander unabhängigen Personen erteilte Veräußerungsermächtigungen, dass derartige Vereinbarungen grunderwerbsteuerlich dahingehend auszulegen sind, dass die Verwertungsbefugnis stets nur unter der aufschiebenden Bedingung (§ 14 Nr. 1 GrEStG) einer erfolgreichen Veräußerung des Grundstücks eingeräumt ist. Die Steuer fällt somit erst und nur für denjenigen Veräußerungsermächtigten an, der den Verkauf zustande bringt.　　**172**

Die Abgrenzungsproblematik zwischen § 1 Abs. 2 und § 1 Abs. 1 Nr. 6 und 7, 2. Alt. GrEStG wurde bereits erläutert.[238]　　**173**

*b) Einbringung eines Grundstücks in eine Personengesellschaft dem Wert nach*

Gesellschaftsrechtlich kann die Einbringung eines Grundstücks in eine Personengesellschaft in der Weise erfolgen, dass der Gesellschaft das Grundstück lediglich dem Wert nach, also ohne formelle Rechtsänderung, zur Verfügung gestellt wird. Es handelt sich um eine sogenannte Einbringung quoad sortem, die nach § 1 Abs. 2 GrEStG grunderwerbsteuerpflichtig ist. In diesem Fall gilt das Grundstück im Innenverhältnis als Teil des Gesellschaftsvermögens, sodass Nutzungen und Wertsteigerungen dem Gesellschaftsvermögen zufließen; dieses trägt auch die Lasten des Grundstücks. Im Außenverhältnis bleibt das Grundstück im Alleineigentum des Gesellschafters.[239]　　**174**

Abzugrenzen hiervon ist die bloße Gebrauchsüberlassung, bei der der Gesellschaft nicht die Substanz, sondern nur der Gebrauch überlassen wird.[240] Der Tatbestand　　**175**

---

[236] Ein instruktives Beispiel zur Berechnung der Bemessungsgrundlage für Fälle, in denen der Bevollmächtigte das Grundstück zunächst in Eigentumswohnungen aufteilen und an Dritte verkaufen soll, jedoch nicht alle Wohnungen verkaufen kann und infolgedessen die übrig gebliebenen Wohnungen selbst erwirbt, findet sich bei *Hofmann*, § 9 Rn. 84; Vgl. ferner *Boruttau/Fischer*, § 1 Rn. 727 ff.; *Weilbach*, § 1 Rn. 65.
[237] Vgl. *Pahlke*, § 1 Rn. 252, vgl. ferner BFH, BStBl. II, 1986, S. 417.
[238] Vgl. hierzu auch *Pahlke*, § 1 Rn. 254 f.; zur Bemessungsgrundlage beim atypischen Maklervertrag vgl. unten Rdn. 836–839.
[239] Zu Gestaltungsmöglichkeiten zur Vermeidung einer Steuerbarkeit nach § 1 Abs. 2 GrEStG in derartigen Einbringungsfällen vgl. *Jacobsen*, UVR 2009, S. 150.
[240] Vgl. hierzu MüKo/*Ulmer*, § 706 Rn. 11 ff.

des § 1 Abs. 2 GrEStG ist also nur erfüllt, wenn sich die Einwirkungsmöglichkeiten der Personengesellschaft auf den gesamten Substanzwert des Grundstücks erstrecken und sich die Gesellschaft die wertmäßige Substanz durch tatsächliche Nutzung und Beteiligung am Wert zunutze machen kann.[241]

176 Eine bloße mietähnliche Gebrauchsüberlassung des Grundstücks an die Personengesellschaft genügt dagegen nicht den Anforderungen des § 1 Abs. 2 GrEStG.[242]

177 Erfüllt die Einbringung eines dem Gesellschafter gehörenden Grundstücks in die Personengesellschaft die Voraussetzungen des § 1 Abs. 2 GrEStG, so ist dieser Erwerb gegebenenfalls nach § 5 Abs. 2 GrEStG begünstigt.

*c) Kombination wirtschaftlicher und rechtlicher Verwertungsbefugnis*

178 Auch eine Kombination von wirtschaftlicher und rechtlicher Verwertungsbefugnis kann die Voraussetzungen des § 1 Abs. 2 GrEStG erfüllen.

179 Dies gilt etwa für eine vertragliche Vereinbarung mit einem beurkundeten, für 24 Jahre bindenden Kaufangebot zu einem festen Kaufpreis, Auflassungsvormerkung zugunsten des »Erwerbers«, Darlehensgewährung zugunsten des »Veräußerers« sowie sofortiger Nutzungsüberlassung mit der Befugnis zur Vermietung und Verpachtung.[243]

180 Gleiches gilt für den Abschluss eines Vertrags über ein Tonausbeutungsrecht auf 30 Jahre, verbunden mit einem Kaufangebot des Eigentümers für dieselbe Zeit und der Vereinbarung, dass der Kaufpreis in der Gesamtvergütung für das Ausbeutungsrecht besteht.[244]

*d) Drittbenennungsrechte*

181 Rechtlich problematisch sind Gestaltungen, in denen Berechtigter aus dem Kaufangebot ein **noch zu benennender Dritter** ist:

182 Sofern eine Mittelsperson beim Abschluss eines Vertrages eingeschaltet wird und diese lediglich in Stellvertretung für einen Dritten handelt (sodass die Person des Vertretenen objektiv bestimmbar ist), ist lediglich der Dritte (der Vertretene) als Vertragspartei anzusehen. Insofern erlangt die Mittelsperson keine eigenen grunderwerbsteuerrechtlich relevanten Rechte am Grundstück, sodass in ihrer Person ein grunderwerbsteuerlicher Rechtsvorgang nach § 1 Abs. 1 Nr. 5–7 oder § 1 Abs. 2 GrEStG nicht vorliegt.[245]

---

241 Vgl. BFH, BStBl. II, 1974, S. 773.
242 Vgl. *Pahlke*, § 1 Rn. 256 ff.; *Hofmann*, § 1 Rn. 77.
243 Vgl. BFH, BStBl. II 1974, S. 251.
244 Vgl. *Pahlke*, § 1 Rn. 261 m.w.N.
245 Fraglich ist, ob die Rechtsprechung zu den Drittbenennungsfällen wegen der sonst drohenden Umgehungsmöglichkeit auch auf Fälle einer sogenannten verdeckten Stellvertretung entsprechend anzuwenden ist.

IV. Erwerb der Verwertungsbefugnis – § 1 Abs. 2 GrEStG  B.

Steht dagegen die Person des Erwerbers im Zeitpunkt der Abgabe des Kaufangebotes 183
objektiv noch nicht fest, sondern ist er erst von der Mittelsperson auszuwählen, liegt
ein echtes Drittbenennungsrecht vor.

Sobald die Benennung des Dritten durch die Mittelsperson erfolgt, kommt der Ver- 184
trag zwischen dem Eigentümer und dem Drittbenannten zustande. Folglich fällt erst
mit der Ausübung des Benennungsrecht die GrESt für den Vertrag zwischen dem
Eigentümer und dem Drittbenannten an. Dies gilt unabhängig davon, ob das Selbstbenennungsrecht
des Angebotsempfängers ausgeschlossen war oder nicht.

Aus grunderwerbsteuerlicher Sicht muss daher das Selbstbenennungsrecht nicht zwin- 185
gend ausgeschlossen werden, da selbst bei einem Eigenbenennungsrecht die GrESt erst
mit der Ausübung der Selbstbenennung anfällt.[246]

Aus zivilrechtlicher Sicht empfiehlt es sich im Hinblick auf die Eintragbarkeit einer 186
Auflassungsvormerkung sogar, das Selbstbenennungsrecht nicht auszuschließen. Bei
einem Kaufvertrag oder einem Angebot auf Abschluss eines Kaufvertrages zugunsten
eines vom Vertragspartner noch zu benennenden Dritten kann vor Benennung
des Dritten und Zugang des Angebots an ihn für diesen keine Vormerkung eingetragen
werden.[247] Praktisch kann aber dadurch geholfen werden, dass die Vormerkung
nicht für den noch unbekannten Dritten, sondern für den Vertragspartner bzw.
Angebotsempfänger eingetragen wird.[248] Dies ist aber nur möglich, wenn der Vertragspartner
gegen den Verpflichteten einen Rechtsanspruch auf (künftige) Übertragung
des Eigentums an den Dritten hat. Ein solcher Anspruch liegt bspw. vor, wenn
dem Benennungsberechtigten das Recht eingeräumt ist, das Angebot selbst anzunehmen.[249]
Mit Abtretung der Rechte aus dem Angebot an den Dritten geht auch die
Vormerkung auf diesen über (§ 401 BGB). Besteht kein Eintrittsrecht des Benennungsberechtigten,
erwirbt er einen Rechtsanspruch auf Übertragung an den Dritten
nur durch beurkundungsbedürftigen Vertrag mit dem Veräußerer. Vor Benennung des
Dritten und Abschluss des Hauptvertrages zwischen diesem und dem Verkäufer ist
der Anspruch des Versprechensempfängers (§ 335 BGB) als künftiger Anspruch vormerkungsfähig.[250]
Steht dem Benennungsberechtigten dagegen kein Übereignungsanspruch
zu (z.B. mangels formgerechten Vertrages), ist keine Vormerkung eintragbar.[251]

Das Drittbenennungsrecht kann jedoch zu einem *doppelten Anfall von GrESt* füh- 187
ren. Wenn der Benennungsberechtigte mit der Benennung des Dritten *eigene wirtschaftliche Interessen* verfolgt, die über das Interesse einer bloßen Maklerprovision

---

[246] Allenfalls Aspekte der objektiven Beweislast könnten dafür sprechen, das Selbstbenennungsrecht auszuschließen; vgl. die Ausführungen im Anschluss an das nachfolgende Beispiel.
[247] Vgl. BGH, DNotZ 1983, S. 484.
[248] Vgl. BGH, DNotZ 1983, S. 484; *Haegele*, Rn. 1494; *Hieber*, DNotZ 1957, S. 662.
[249] Vgl. BGH, NJW 1983, S. 1543 ff.; MüKo/*Gottwald*, § 328, Rn. 24; a.A. *Preuß*, DNotZ 2002, S. 287 ff.
[250] Vgl. *Ludwig*, NJW 1983, S. 2798; *Denck*, NJW 1984, S. 1009; *Haegele*, Rn. 1494.
[251] Vgl. Bay ObLG, DNotZ 1987, S. 101.

hinausgehen, so stellt die Einräumung des Benennungsrechtes an die Mittelsperson ein steuerpflichtiges Geschäft i.S.d. § 1 Abs. 2 GrEStG dar;[252] die spätere Benennung des Dritten führt zu einer weiteren GrESt nach § 1 Abs. 1 Nr. 1 GrEStG aufgrund des Kaufvertrages zwischen dem Verkäufer und dem Drittbenannten.[253]

▶ Beispiel:

Der Verkäufer räumt dem Architekten ein Drittbenennungsrecht ein. Sofern der Architekt die Benennung des Dritten davon abhängig macht, dass dieser mit ihm einen Architektenvertrag abschließt, liegen zwei grunderwerbsteuerpflichtige Vorgänge vor.

188 Zu beachten ist schließlich, dass es unerheblich ist, ob die verfolgten wirtschaftlichen Interessen durch den Benennungsberechtigten tatsächlich erreicht werden oder nicht.[254] Selbst eine wirtschaftliche Fehlplanung aufseiten des Benennungsberechtigten hat keine Auswirkungen auf die Erfüllung des grunderwerbsteuerlichen Tatbestandes.[255]

189 Generell ist bei der Beurteilung der Verfolgung eigener wirtschaftlicher Interessen durch den Benennungsberechtigten auf die Formulierung des Kaufangebotes abzustellen. Ergeht das Kaufangebot an den Benennungsberechtigten selbst oder an eine von ihm zu benennende Person, so ist in der Regel von einem eigenen wirtschaftlichen Interesse des Benennungsberechtigten auszugehen. Sollte im Einzelfall dieses Interesse tatsächlich nicht vorhanden sein, muss dieser Sachverhalt durch den Benennungsberechtigten nachgewiesen werden.[256] Ergeht das Angebot dagegen an den Benennungsberechtigten mit der Maßgabe, dass das Selbstbenennungsrecht ausgeschlossen ist, liegt der Sachverhalt weniger klar. Hier müssen eigene wirtschaftliche Vorteile aus der Stellung des Benennungsberechtigten (z.B. als Architekt) abgeleitet werden. In Betracht kommen auch solche wirtschaftlichen Vorteile, die sich lediglich im Umfeld des eigentlichen Grundstücksgeschäftes durch den Abschluss weiterer Verträge ergeben.[257]

---

252 Ein derartiger Fall könnte u.U. auch unter § 1 Abs. 1 Nr. 5–7 GrEStG subsumiert werden; die überwiegende Ansicht wendet jedoch § 1 Abs. 2 GrEStG an, da der Benennungsberechtigte häufig keinen eigenen Übereignungsanspruch i.S.d. § 1 Abs. 1 Nr. 5 GrEStG hat und ggf. auch kein Angebot i.S.d. § 1 Abs. 1 Nr. 6 GrEStG an ihn vorliegt; dies ist jedenfalls dann der Fall, wenn das Selbstbenennungsrecht ausgeschlossen ist.
253 Vgl. zu den Selbstbenennungsfällen *Pahlke*, § 1 Rn. 94 ff.; *Hofmann*, § 1 Rn. 68. Das Interesse einer benennungsberechtigten Gemeinde an der Benennung eines Unternehmens im Hinblick auf höhere Gewerbesteuereinnahmen dürfte jedoch als lediglich mittelbarer Vorteil noch kein schädliches Eigeninteresse darstellen.
254 Vgl. BFH, BStBl. II 1989, S. 984; *Schmitz*, Grunderwerbsteuerrecht in der Praxis, S. 41.
255 Vgl. BFH, BStBl. II, 1986, S. 858; *Bruschke*, UVR 2004, S. 338.
256 Vgl. BFH, BStBl. II, 1997, S. 411 m. Anm. *Bruschke* in UVR 1997, S. 179.
257 Vgl. *Bruschke*, UVR 2004, S. 338. Das alleinige Interesse, durch das Kaufangebot Forderungen auf Rückzahlung der Kreditbeträge aus bestehenden Darlehensverträgen mit dem Grundstückseigentümer zu realisieren, reicht noch nicht für eine Steuerbarkeit i.S.d. § 1 Abs. 1 Nr. 6 bzw. Nr. 7 GrEStG aus; vgl. BFH, BStBl. II, 2003, S. 357; *Bruschke*, UVR 2004, S. 338.

IV. Erwerb der Verwertungsbefugnis – § 1 Abs. 2 GrEStG                    B.

Schuldner der GrESt für Zwischengeschäfte ist in den Fällen des § 1 Abs. 1 Nr. 5 **190**
bis Nr. 7 GrEStG jeweils die zur Abtretung der Rechte verpflichtete bzw. den Käufer
benennende Mittelsperson.[258] Eine Gesamtschuldnerschaft mit der das Grundstück
veräußernden Person liegt nicht vor. Die Gesamtschuldnerschaft besteht nur hinsichtlich der GrESt aus dem eigentlichen Grundstücksübergang zwischen dem Veräußerer
und dem endgültigen Erwerber gem. § 1 Abs. 1 Nr. 1 GrEStG.[259]

Die GrESt für das Zwischengeschäft bemisst sich mangels einer konkreten Gegenleistung **191**
nach dem Wert des Grundstücks (§ 8 Abs. 2 Nr. 1 GrEStG). Als Wert des Grundstücks ist dabei der in einem gesonderten Verfahren nach § 138 Abs. 2 oder Abs. 3
BewG festzustellende Grundstückswert anzusehen.[260] Erfüllt der Lebenssachverhalt
im Einzelfall neben den Tatbeständen des § 1 Abs. 1 Nr. 5 bis Nr. 7 GrEStG auch
andere Steuertatbestände, wobei insbesondere § 1 Abs. 2 GrEStG in Betracht kommt,
so ist unter Umständen die dafür anzusetzende Bemessungsgrundlage maßgebend,
sofern sie größer ist als der nach dem Bewertungsgesetz festgestellte Grundstückswert.

Die Bemessungsgrundlage für den eigentlichen Grundstückskaufvertrag ist dagegen **192**
nach allgemeinen Grundsätzen zu bestimmen (§ 8 Abs. 1 GrEStG). Sie besteht in
der Gegenleistung für die Übertragung des Grundstücks, d.h. insbesondere aus dem
Kaufpreis und den vom Verkäufer vorbehaltenen Nutzungen und etwaigen vom Käufer zusätzlich übernommenen sonstigen Leistungen gem. § 9 Abs. 1 Nr. 1 GrEStG.

Umstritten ist jedoch die Höhe der Bemessungsgrundlage für das Zwischengeschäft, **193**
sofern sich das eigene wirtschaftliche Interesse des Benennungsberechtigten auf die
zukünftige Grundstücksbebauung bezieht.

▶ Beispiel:

Der Eigentümer E macht der Bauträgergesellschaft B ein Angebot mit Drittbenennungsrecht zum Erwerb eines unbebauten Grundstücks. B schließt mit K einen
Vertrag über die schlüsselfertige Errichtung eines Wohnhauses auf dem Grundstück des E und benennt deshalb K als Dritten für den Grundstückserwerb. K
nimmt das Angebot des E an.

Lösung:

Hier tritt die Bauträgergesellschaft B wie ein Grundstückszwischenhändler auf.
Sie macht von ihrem Benennungsrecht zum Nutzen der eigenen wirtschaftlichen
Interessen Gebrauch und erfüllt die Voraussetzungen des § 1 Abs. 1 Nr. 7 GrEStG.
Demgemäß erstreckt sich auch der der Steuer unterliegende Zwischenhandel der B
auf ein Grundstück mit noch zu errichtendem Gebäude. Hier ist keine Gegenleistung
der Bauträgergesellschaft vorhanden. Nach § 8 Abs. 2 Satz Nr. 1, Satz 2 GrEStG

---

258 Vgl. BFH, BStBl. II, 1974, S. 772.
259 Vgl. *Bruschke*, UVR 2004, S. 339.
260 Vgl. *Bruschke*, UVR 2004, S. 339.

ist deshalb der Grundbesitzwert des bebauten Grundstücks maßgebend.[261] Nach anderer Auffassung bezieht sich der Erwerbsvorgang des § 1 Abs. 1 Nr. 7 GrEStG hier nur auf das unbebaute Grundstück, sodass nur der Wert des unbebauten Grundstücks nach § 8 Abs. 2 Nr. 1 GrEStG anzusetzen sei.[262]

Der Käufer K muss dagegen die GrESt aus dem unbebauten Grundstück gem. § 1 Abs. 1 Nr. 1 i.V.m. § 9 Abs. 1 Nr. 1 bezahlen, sofern nicht die Grundsätze zum einheitlichen Vertragswerk eingreifen.[263]

### e) Treuhandgeschäfte

194 Bei Treuhandgeschäften treten verschiedene grunderwerbsteuerrechtlich relevante Sachverhalte auf, die die FinVerw. in ihren sogenannten **Treuhanderlassen** abhandelt.[264]

#### aa) Begründung eines Treuhandverhältnisses

195 Der erste Sachverhalt, den die Treuhanderlasse behandeln, betrifft die Übertragung des Grundstückes durch den Eigentümer auf einen Treuhänder.[265]

196 In diesem Zusammenhang kommen je nach Ausgestaltung des Treuhandverhältnisses unterschiedliche Steuertatbestände in Betracht.

197 Der in den Treuhanderlassen unter Tz. 1.1. enthaltene Hinweis auf die Steuerpflicht nach § 1 Abs. 1 GrEStG erscheint hierbei etwas zu pauschal.

198 Handelt es sich nämlich um eine sogenannte uneigennützige Treuhand (Verwaltungstreuhand), so ist zu beachten, dass der Übereignung regelmäßig kein Übereignungsanspruch zugrunde liegt. Infolgedessen entsteht die Grunderwerbsteuerpflicht nicht aus § 1 Abs. 1 Nr. 1 GrEStG, sondern aus § 1 Abs. 1 Nr. 2 GrEStG; hat der Treuhänder dagegen einen rechtsgeschäftlichen Anspruch auf Übereignung des Grundstücks, fällt die GrESt aus § 1 Abs. 1 Nr. 1 GrEStG an.

199 Die Unterscheidung ist bedeutsam im Hinblick auf die *Bemessungsgrundlage* der GrESt: Bei der uneigennützigen Treuhand ist im Regelfall der Wert i.S.d. § 138 Abs. 2 und 3 BewG (§ 8 Abs. 2 Satz 1 Nr. 1 GrEStG) Bemessungsgrundlage, weil

---

261 Vgl. *Pahlke*, § 8 Rn. 84.
262 Vgl. *Hofmann*, § 8 Rn. 45.
263 Vgl. hierzu ausführlich Rdn. 670–701. Hier dürften die Grundsätze zum einheitlichen Vertragswerk wohl zu einer Erhöhung der Bemessungsgrundlage führen.
264 Vgl. BStBl. I, 1984, S. 378; vgl. ferner den Erl. des Finanzministeriums BaWü betreffend Treuhandfälle im Zusammenhang mit § 1 Abs. 2a GrEStG, vom 15.05.2000, DStR 2000, S. 1014 und vom 14.05.2003, DStR 2003, S. 984 sowie den gleichlautenden Erl. der Obersten Finanzbehörden der Länder vom 12.10.2007 betreffend Treuhandfälle im Zusammenhang mit § 1 Abs. 3 GrEStG, welcher den Erl. vom 25.05.1984 ersetzt, vgl. DStR 2008, S. 256 ff.
265 Vgl. Treuhanderl. Tz. 1., BStBl. I 1984, S. 378.

## IV. Erwerb der Verwertungsbefugnis – § 1 Abs. 2 GrEStG B.

eine Gegenleistung fehlt; bei der eigennützigen Treuhand kann hingegen eine Gegenleistung nach §§ 8 Abs. 1, 9 GrEStG vorliegen.

Im Fall der uneigennützigen Treuhand steht dem Treugeber gegen den Treuhänder ein Rückübertragungsanspruch gem. § 667 BGB zu. Die Entstehung dieses Rückgewähranspruchs löst für sich noch keine GrESt aus; vielmehr verbleibt der Herausgabeanspruch dem Treugeber als Ausfluss seiner (vormaligen) Eigentümerstellung. Die Begründung des Rückübertragungsanspruchs ist auch nicht gem. § 19 Abs. 1 Satz 2 GrEStG anzeigepflichtig. 200

Die Rückübertragung des Grundstücks vom Treuhänder auf den Treugeber durch Rückauflassung unterliegt der GrESt nach § 1 Abs. 1 Nr. 2 GrEStG,[266] im Fall des Bestehens eines schuldrechtlichen Rückübertragungsanspruches nach § 1 Abs. 1 Nr. 1 GrEStG. Der Rückerwerb ist jedoch nach § 3 Nr. 8 GrEStG steuerbefreit, soweit nicht bereits die Voraussetzungen des § 16 Abs. 2 GrEStG erfüllt sind.[267] 201

Denkbar ist ferner, dass durch vertragliche Vereinbarungen eine Treuhänderstellung des Grundstückseigentümers begründet wird. Hier verschafft der Eigentümer eines Grundstücks einem Treugeber die Verwertungsmöglichkeit an einem Grundstück.[268] Zwar bleibt das zivilrechtliche Eigentum beim bisherigen Eigentümer; dieser hat das Grundstück jedoch künftig nach den Weisungen des Treugebers zu treuen Händen zu verwalten. Der Treugeber erhält zudem die Befugnis, gegebenenfalls die Herausgabe des Grundstücks vom Eigentümer zu verlangen. Da eine derartige Rechtsposition des Treugebers in der Regel auf einem gegenüber dem Grundstückseigentümer rechtsgeschäftlich begründeten Übereignungsanspruch beruht, ergibt sich die Steuerpflicht bereits aus § 1 Abs. 1 Nr. 1 GrEStG (also nicht erst aus § 1 Abs. 2 GrEStG). 202

Im Fall des § 1 Abs. 1 Nr. 1 GrEStG führt die spätere Grundstücksübereignung auf den Treugeber zu keiner zusätzlichen Grundsteuerbelastung und die Auflösung bzw. Aufhebung der Treuhandvereinbarung ist nach § 16 Abs. 1 GrEStG zu behandeln.[269] 203

Für die Anwendung des § 1 Abs. 2 GrEStG macht es jedoch einen Unterschied, ob Gegenstand eines Treuhandverhältnisses unmittelbar das Eigentum am Grundstück oder die Gesellschafterstellung an einer grundbesitzenden Personengesellschaft ist. 204

---

266 Vgl. Treuhanderl. Tz. 1.3.1.1., BStBl. I 1984, S. 378 ff.
267 Vgl. *Pahlke*, § 1 Rn. 109; *Hofmann*, § 3 Rn. 40.
268 Vgl. Tz. 2. Treuhanderl., BStBl. I 1984, S. 378 ff.
269 Insoweit ist der Hinweis in Tz. 2.2.1.2. der Treuhanderl. auf § 16 Abs. 2 GrEStG zu eng. Zur Übereignung durch den Treuhänder an einen Dritten vgl. *Pahlke*, § 1 Rn. 110; *Hofmann*, § 1 Rn. 82.

▶ Beispiel:

A und B erwerben in GbR ein inländisches Grundstück von V. Es besteht Einvernehmen darüber, dass A und B ihren Gesellschaftsanteil an der GbR jeweils treuhänderisch für C und D halten.

Lösung:

Der Erwerb des Grundstücks durch die aus A und B bestehende GbR ist grunderwerbsteuerpflichtig gem. § 1 Abs. 1 Nr. 1 GrEStG. Ein zusätzlicher Steuertatbestand nach § 1 Abs. 2 GrEStG liegt jedoch nicht vor, da C und D trotz des Treuhandverhältnisses nicht die Verwertungsbefugnis über das Grundstück erlangt haben. Dies folgt daraus, dass der Anteil am Vermögen einer Gesamthand nicht die wirtschaftliche Verwertungsbefugnis i.S.d. § 1 Abs. 2 GrEStG an den Grundstücken, die sich im Gesamthandsvermögen befinden, vermittelt. Dem Gesellschafter einer grundbesitzenden Personengesellschaft kommt nicht kraft seiner Gesellschafterstellung hinsichtlich der Grundstücke der Personengesellschaft eine Verwertungsbefugnis i.S.d. § 1 Abs. 2 GrEStG zu. Folglich kann bei einer treuhänderisch überlassenen Gesellschafterstellung nichts anderes gelten, da die Befugnisse des Treugebers nicht über die des eigentlichen Gesellschafters hinausgehen können.[270]

*bb) Auflösung des Treuhandverhältnisses*

205 Wenn der Treugeber gegenüber den Treuhänder auf seinen Rückübertragungsanspruch nach § 667 BGB verzichtet, kommt es zu einer Auflösung des Treuhandverhältnisses. Da hiermit der Treuhänder die ihm bis dahin fehlende Möglichkeit zur Verwertung des Grundstücks erhält, fällt eine Steuer nach § 1 Abs. 2 GrEStG an.[271] Es ist allerdings die Anrechnungsbestimmung des § 1 Abs. 6 GrEStG zu beachten.

206 Ferner wird ein Treuhandverhältnis aufgelöst, wenn das Grundstück durch den Treuhänder an einen Dritten übereignet wird. Grunderwerbsteuerpflichtig ist dieser Vorgang jedoch nur, soweit der Dritte das Grundstück erwirbt. Im Verhältnis zwischen Treugeber und Treuhänder fehlt es hingegen nach Auffassung der FinVerw. an einem steuerpflichtigen Erwerbsvorgang. Nach a.A. kann zumindest in besonders gelagerten Fällen der Treuhänder verwertungsbefugt i.S.d. § 1 Abs. 2 GrEStG sein, wenn er nach

---

270 Vgl. BFH, NV 2001, S. 1299. § 1 Abs. 2a GrEStG ist auch nicht einschlägig, obwohl von der FinVerw. die Begründung eines Treuhandverhältnisses als mittelbarer Gesellschafterwechsel angesehen wird, vgl. Erl. des Finanzministeriums BaWü vom 14.05.2003, DStR 2003, S. 984. Denn im Zeitpunkt der Begründung des Treuhandverhältnisses gehörte der GbR noch kein Grundstück. Dieses wurde vielmehr erst danach erworben. Bei nachträglicher Vereinbarung eines Treuhandverhältnisses kommt es demgegenüber zu einem mittelbaren Gesellschafterwechsel. Im Bereich des § 1 Abs. 3 GrEStG ist jedoch der neue Treuhänder. vom 12.10.2007, DStR 2008, S. 256 ff. zu beachten; vgl. hierzu ausführlich Rdn. 287–294.
271 Vgl. Treuhanderl. Tz. 1.3.2.1., BStBl. I 1984, S. 378 ff.

## IV. Erwerb der Verwertungsbefugnis – § 1 Abs. 2 GrEStG B.

den mit dem Treugeber getroffenen Vereinbarungen (z.B. aufgrund einer Beteiligung des Treuhänders am Mehrerlös bei Veräußerung des Grundstücks) auch an der Substanz des Grundstücks beteiligt ist.[272]

*cc) Treugeberwechsel*

Denkbar ist es auch, dass der Treugeber ausgetauscht wird.[273] Der Treugeberwechsel kommt in seiner wirtschaftlichen Bedeutung einem Eigentumswechsel gleich. Deshalb unterliegt der Vorgang der GrESt nach § 1 Abs. 2 GrEStG, wenn der übertragende Treugeber nach § 667 BGB einen Anspruch auf Übereignung des Grundstücks hat. Soweit dem übertragenden Treugeber sogar ein vertraglicher Übereignungsanspruch zusteht, liegt bereits ein Erwerbsvorgang nach § 1 Abs. 1 Nr. 5 bzw. Nr. 6 GrEStG vor (Abtretung eines Übereignungsanspruchs). 207

Zu einem Treugeberwechsel kann es bspw. auch bei der Übertragung von Bruchteilen an geschlossenen Immobilienfonds kommen. Diese sind oftmals in der Weise konzipiert, dass ein Treuhänder (in der Regel eine Treuhandgesellschaft) als Alleineigentümer eines Grundstücks im Grundbuch eingetragen wird und den Teilhabern (Treugebern) ein Anspruch auf Übertragung von Bruchteilen an dem Grundstück zusteht (uneigennützige Treuhand). Der Erwerber eines Fondsanteils erlangt die Verwertungsmöglichkeit i.S.d. § 1 Abs. 2 GrEStG.[274] 208

*dd) Treuhänderwechsel*

Möglich ist auch, dass der Treuhänder ausgetauscht wird.[275] Ein Treuhänderwechsel erfolgt durch die Übereignung des Grundstücks auf den neuen Treuhänder. Dieser Vorgang ist bereits nach § 1 Abs. 1 Nr. 1 oder Nr. 2 GrEStG grunderwerbsteuerpflichtig, wobei es nicht entgegensteht, dass kein Wechsel in der Person des Treugebers erfolgt. 209

*f) Auftragserwerbe*

In Tz. 3. der Treuhanderlasse wird ein Sachverhalt aufgeführt, bei dem der »Treuhänder« das Eigentum im Auftrag des »Treugebers« von einem Dritten erwirbt. Diese Rechtsvorgänge sollten richtigerweise als *Auftragserwerbe* (und nicht als Treuhanderwerbe) bezeichnet werden. 210

Der Erwerb des Grundstücks durch den Beauftragten ist nach § 1 Abs. 1 Nr. 1 GrEStG grunderwerbsteuerpflichtig. Der Auftraggeber erlangt aufgrund seines Anspruchs aus § 667 BGB und der im Innenverhältnis ihm gegenüber bestehenden Bindungen des 211

---

272 Vgl. *Pahlke*, § 1 Rn. 110; *Hofmann*, § 1 Rn. 82.
273 Vgl. Treuhanderl. Tz. 1.3.4., BStBl. I 1984, S. 378 ff.
274 Zur Steuerbefreiung beim Erwerb von Fondsanteilen vgl. *Pahlke*, § 6 Rn. 28.
275 Vgl. Treuhanderl. Tz. 1.3.5., BStBl. I 1984, S. 378 ff.

Beauftragten die Möglichkeit, das Grundstück auf eigene Rechnung zu verwerten (§ 1 Abs. 2 GrEStG).[276]

212 Ein *Auftragserwerb* im vorgenannten Sinne liegt etwa vor, wenn eine Grundstücksbeschaffungs- und Erschließungsgesellschaft nach zuvor abgeschlossenem Geschäftsbesorgungsvertrag mit einer Gemeinde Grundstücke kauft, erschließt und an Dritte zur Bebauung weiter veräußert. Hier erlangt die Gemeinde (Auftraggeber) eine grunderwerbsteuerrechtlich relevante Verwertungsbefugnis, wenn sie bezüglich des Grundstücksweiterverkaufs ein Weisungsrecht und die Befugnis zur Übernahme der Grundstücke hat.[277] Für die Anwendung des § 1 Abs. 2 GrEStG ist es daher ausreichend, dass dem Beauftragten – aufgrund vertraglicher Vereinbarungen – die Rechtsmacht fehlt, über das Grundstück frei und eigenmächtig zu verfügen. In Ausnahme von den ansonsten in § 1 Abs. 2 GrEStG geltenden Grundsätzen setzt die Verwertungsbefugnis beim Treuhandeigentum und beim Auftragserwerb keinen Besitz am Grundstück voraus. Die Grunderwerbsteuerpflicht tritt insoweit bereits mit dem Erwerb des Grundstücks durch den Beauftragten ein. Der Tatbestand des § 1 Abs. 2 GrEStG wird auch nicht dadurch ausgeschlossen, dass der Auftraggeber die Verwertung des Grundstücks selbst durchführt, d.h. das Grundstück selbst veräußert.

213 Im Ergebnis fällt die GrESt daher beim Erwerb durch den Beauftragten – wegen der durch seinen Erwerb gleichzeitig begründeten Verwertungsbefugnis des Auftraggebers – **doppelt** an.[278]

214 Erfüllt der Beauftragte seine gesetzliche Herausgabepflicht (§ 667 BGB) durch Übereignung des Grundstücks an den Auftraggeber, so ist dieser Übertragungsvorgang gem. § 1 Abs. 1 Nr. 2 GrEStG steuerpflichtig. Die GrESt wird nach § 1 Abs. 6 Satz 2 GrEStG jedoch nur insoweit erhoben, als die Gegenleistung den Betrag übersteigt, der für den Erwerb der Verwertungsbefugnis i.S.d. § 1 Abs. 1 Nr. 2 GrEStG berechnet wurde.[279]

215 Soweit der Beauftragte das Grundstück unmittelbar einem Dritten veräußert (Treuhanderlasse Tz. 3.2.3.), ist der Erwerb des Dritten gem. § 1 Abs. 1 Nr. 1 GrEStG grunderwerbsteuerpflichtig. Für den Auftraggeber führt dieser Vorgang zu keiner zusätzlichen grunderwerbsteuerlichen Belastung, weil er selbst keinen Anspruch auf Übereignung des Grundstücks i.S.d. § 1 Abs. 1 Nr. 1 GrEStG zusätzlich erlangt und

---

[276] Die Ersteigerung oder der freihändige Erwerb von Grundstücken zur Rettung grundpfandrechtlich gesicherter, aber ausfallgefährdeter Darlehen durch Verwertungsgesellschaften von Kreditinstituten führt nur dann zu einem steuerbaren Erwerb der Verwertungsbefugnis durch das Kreditinstitut, wenn sich ein konkretes Auftragsverhältnis feststellen und nachweisen lässt; vgl. Erl. des FinMin BaWü vom 23.10.2007, 3-S 450.0/42; zur schwierigen Abgrenzung, wann eine Verwertungsgesellschaft im Auftrag der Bank und wann sie im eigenen Interesse tätig wird, vgl. *Philipowski*, DStR 2008, S. 1413 ff.
[277] Vgl. *Pahlke*, § 1 Rn. 115 m.w.N.; *Hofmann*, § 1 Rn. 83.
[278] Vgl. BFH, Urt. v. 08.11.2000, BStBl. II 2001, S. 419; vgl. hierzu auch *Mößlang*, ZNotP 2001, S. 418.
[279] Vgl. *Pahlke*, § 1 Rn. 116; *Hofmann*, § 1 Rn. 86.

## IV. Erwerb der Verwertungsbefugnis – § 1 Abs. 2 GrEStG   B.

der eintretende Verlust seiner Verwertungsbefugnis i.S.d. § 1 Abs. 2 GrEStG nicht der GrESt unterliegt.

Anders als bei Treuhandgeschäften scheidet im Zusammenhang mit der Abwicklung von Auftragserwerben eine Anwendung des § 3 Nr. 8 GrEStG aus. Hier ist der in der Vorschrift vorausgesetzte **Rück**erwerb durch den Treugeber nicht möglich, weil der Auftraggeber das Grundstück nicht vom Auftrag- bzw. Treugeber erworben hatte. Möglich ist allenfalls eine durch § 16 GrEStG begünstigte Rückübertragung der Verwertungsmöglichkeiten.[280]

216

▶ Beispiel:

B hat am 06.10.1998 im Auftrag von A ein Grundstück für 500.000,– € gekauft. Am 18.02.1999 überträgt B das Grundstück an seinen Auftraggeber für 600.000,– €.

Lösung:

Es liegen insgesamt drei Erwerbsvorgänge vor:

*Erster* Erwerbsvorgang am 06.10.1998.

Der Kaufvertrag ist grunderwerbsteuerpflichtig gem. § 1 Abs. 1 Nr. 1 GrEStG.

Steuerschuldner sind der Käufer B und der Verkäufer gem. § 13 Nr. 1 GrEStG.

Bemessungsgrundlage: 500.000,– € gem. § 9 Abs. 1 Nr. 1 GrEStG.

*Zweiter* Erwerbsvorgang ebenfalls am 06.10.1998.

Erwerb der Verwertungsbefugnis (Herausgabeanspruch) des A gem. § 1 Abs. 2 GrEStG.

Steuerschuldner sind die am Erwerbsvorgang beteiligten A und B gem. § 13 Nr. 1 GrEStG.

Bemessungsgrundlage ist der zu ersetzende Kaufpreis mit Auslagen (z.B. die GrESt), also 500.000,– € plus Auslagen.

*Dritter* Erwerbsvorgang am 18.02.1999:

Auflassung des Grundstücks auf A gem. § 1 Abs. 1 Nr. 2 GrEStG.

Steuerschuldner sind die am Erwerbsvorgang beteiligten A und B nach § 13 Nr. 1 GrEStG.

Bemessungsgrundlage ist der Kaufpreis von 600.000,– € gem. § 9 Abs. 1 Nr. 1 GrEStG.

Die Bemessungsgrundlage des zweiten Vorgangs (500.000,– € plus Auslagen) ist nach § 1 Abs. 6 Satz 2 GrEStG jedoch anzurechnen.[281]

---

280 Vgl. *Pahlke*, § 1 Rn. 120; *Hofmann*, § 3 Rn. 40.
281 Vgl. im Einzelnen zur Bemessungsgrundlage bei Treuhandfällen und beim Auftragserwerb Rdn. 825–834.

*g) Leasingverträge*

217 Sofern nicht bereits ein Eigentumsverschaffungsanspruch i.S.d. § 1 Abs. 1 Nr. 1 GrEStG begründet wird, ist § 1 Abs. 2 GrEStG häufig bei den üblichen Verträgen zum Immobilienleasing erfüllt: Der Leasinggeber verpflichtet sich, auf einen von ihm zu erwerbenden (oder gleichzeitig erworbenen) Grundstück nach den Wünschen und Vorstellungen des Leasingnehmers ein Gebäude zu errichten und übernimmt die Aufgaben des Bauherren. Während der Laufzeit des unkündbaren Leasingvertrages hat er das Leasingobjekt uneingeschränkt dem Leasingnehmer zu Besitz und Nutzung zu überlassen. Der Leasingnehmer soll »wirtschaftlicher Eigentümer« sein und hat Lasten und Gefahr sowie Instandhaltung, Unterhaltung und Erneuerung zu tragen. Dem Leasingnehmer wird nicht nur das Recht eingeräumt, die Übereignung des Grundstücks nach Ablauf des Leasingvertrages zu verlangen; er ist regelmäßig auch berechtigt, jederzeit während der Laufzeit des Vertrages durch Zahlung der Investitionskosten (abzüglich geleisteter Tilgungsraten) die Übertragung des (bebauten) Grundstücks zu fordern.[282] In diesen Fällen kann der Leasingnehmer letztlich uneingeschränkt nach seinem Belieben über das Grundstück verfügen, sodass § 1 Abs. 2 GrEStG tatbestandsmäßig erfüllt ist.[283]

218 Zu beachten ist allerdings, dass dem Übergang des wirtschaftlichen Eigentums im Sinn des Ertragsteuerrechtes nach bisheriger Rechtsprechung zumindest indizielle Bedeutung zukam,[284] während der BFH nunmehr die ertragsteuerliche Behandlung der Leasingverträge für unbeachtlich hält.[285]

219 Ist demgegenüber der Leasingvertrag (wenn auch möglicherweise eingeschränkt) kündbar, verbleibt die Gefahr der zufälligen sowie der vom Leasingnehmer nicht zu vertretenden ganzen oder teilweisen Zerstörung des Leasingobjektes mit Auswirkungen auf die Leistungspflicht des Leasingnehmers beim Leasinggeber und ist dem Leasingnehmer nicht jederzeit, sondern nur zu zwei unterschiedlichen Zeitpunkten das Recht gewährt, jeweils einmalig den Abschluss eines Kaufvertrages zu verlangen, so hat der Leasinggeber dem Leasingnehmer noch nicht die Verwertungsbefugnis im Sinn § 1 Abs. 2 GrEStG verschafft. Hat gar noch bei Nichtausübung des Rechts, das Leasingobjekt zu kaufen, der Leasingnehmer bezüglich ihm von vornherein oder von Fall zu Fall gestatteter baulicher Veränderungen den ursprünglichen Zustand wieder herzustellen, so erweist sich dieses Leasingverhältnis lediglich als besonderes Miet- bzw. Pachtverhältnis, das dem Nutzenden ebenfalls keine Substanzberechtigung dem Wert nach gewährt.[286]

---

282 Vgl. hierzu ausführlich *Hofmann*, § 1 Rn. 75.
283 Vgl. BFH/NV 1996, S. 579 ff.
284 Vgl. BFH, BStBl. II 1970, S. 522 und BStBl. II 1974, S. 773.
285 Vgl. *Boruttau/Fischer*, § 1 Rn. 636 ff.
286 Vgl. *Hofmann*, § 1 Rn. 75; a.A. offenbar FG Köln, EFG 2003, S. 1113 unter Einbeziehung von Wahrscheinlichkeitserwägungen.

## IV. Erwerb der Verwertungsbefugnis – § 1 Abs. 2 GrEStG   B.

Im Sinne dieser bisherigen Trennungslinie bewegt sich auch die Rechtsprechung des BFH,[287] wonach ein Leasingvertrag dann keine Verwertungsbefugnis i.S.d. § 1 Abs. 2 GrEStG begründet, wenn dem Leasingnehmer lediglich das Recht eingeräumt wird, zum Ablauf des Leasingvertrages den Abschluss eines Kaufvertrages über das Leasingobjekt herbeizuführen. Eine maßgebliche Verwertungsbefugnis besteht in der Regel nur, wenn der Leasingnehmer *jederzeit* die Übereignung des Grundstücks herbeiführen und sich dadurch den etwaigen Zuwachs des Grundstücks verschaffen kann. Keine Verwertungsbefugnis besteht somit auch dann, wenn dem Leasingnehmer lediglich ein außerordentliches Ankaufsrecht zusteht, das er nur unter im Vertrag näher bestimmten Voraussetzungen ausüben kann. In einer solchen Konstellation kann der Leasingnehmer nicht nach seinem Belieben wie ein Eigentümer über das Grundstück verfügen. Es fehlt ihm an der Möglichkeit, auch die Substanz des Grundstücks verwerten zu können. Der GrESt unterliegt in derartigen Fällen vielmehr erst der durch die Ausübung des Ankaufsrechts herbeigeführte Kaufvertrag gem. § 1 Abs. 1 Nr. 1 GrEStG. 220

Sofern jedoch später das Ankaufsrecht ausgeübt und damit ein grunderwerbsteuerpflichtiger Vorgang ausgelöst wird, ist bei der Ermittlung der *Gegenleistung* für diesen späteren Erwerb neben dem vereinbarten Kaufpreis unter Umständen auch der Teil des Nutzungsentgelts (Leasingraten) als »sonstige Leistung« i.S.d. § 9 Abs. 1 Nr. 1 GrEStG zu berücksichtigen, soweit dieses Nutzungsentgelt den Rahmen der *Angemessenheit* und *Verkehrsüblichkeit* übersteigt und als Vorauszahlung auf den Kaufpreis in Zusammenhang mit dem Erwerb des Grundstücks anzusehen ist.[288] Denn für die Annahme, dass die Leasingraten auch Vorauszahlungen auf die Substanz des Leasingobjekts enthalten, spricht der Umstand, dass die Höhe des vereinbarten Nutzungsentgeltes von der Höhe der Gesamtherstellungskosten abhängig ist.[289] 221

Der Abschluss eines Leasingvertrages begründet somit nur dann eine grunderwerbsteuerlich relevante Verwertungsbefugnis des Leasingnehmers i.S.d. § 1 Abs. 2 GrEStG, wenn der Leasingnehmer nach den Vertragsbestimmungen letztlich uneingeschränkt und beliebig über das Grundstück verfügen, also insbesondere jederzeit die Übereignung des Grundstücks herbeiführen kann.[290] Hierdurch ist es ihm möglich, sich den etwaigen Wertzuwachs des Grundstücks zu verschaffen. Ein lediglich außerordentliches Ankaufsrechts für bestimmte Fälle reicht nicht aus für die Verwertungsbefugnis 222

---

287 Vgl. BFH, II R 28/05 vom 11.04.2006 und II R 29/04 sowie II R 11/05, jeweils vom 15.03.2006.
288 Vgl. krit. hierzu *Stoschek/Sommerfeld/Mies*, DStR 2008, S. 2046 ff., die zu Recht darauf hinweisen, dass die Parteien eines Teilamortisationsleasingvertrages zum Zeitpunkt des Abschlusses dieses Vertrages die Bemessungsgrundlage für die GrESt im Fall der Ausübung der Option nicht mehr eindeutig berechnen können, was sich in der Praxis als Hemmnis für derartige Transaktionen auswirken kann.
289 Vgl. auch *Bruschke*, UVR 2002, S. 122 ff. zur Bemessung der Gegenleistung; vgl. ferner *Schneck/Pirkl/Erhardt*, BB 2004, S. 1658 ff. zu weiteren grunderwerbsteuerlichen Gestaltungsmöglichkeiten beim Immobilienleasing.
290 Vgl. *Gottwald*, MittBayNot 2007, S. 103 ff.

## B. Die Steuerbarkeit

an der Substanz des Grundstücks. Vielmehr kommt dann erst durch die Ausübung eines etwaigen Ankaufsrechts ein erneuter Grunderwerbsteuertatbestand, nämlich § 1 Abs. 1 Nr. 1 GrEStG zur Anwendung. Für diesen späteren Grunderwerbsteuertatbestand sind jedoch die Warnhinweise des BFH hinsichtlich der Bemessungsgrundlage (§ 9 Abs. 1 Nr. 1 GrEStG) zu beachten.[291]

### V. Die Erwerbsvorgänge des § 1 Abs. 2a GrEStG – Änderung des Gesellschafterbestandes

#### 1. Vorbemerkung

*a) Die Rechtslage bis 1996*

223  Der Wechsel von Gesellschaftern einer Personengesellschaft einschließlich des 100-prozentigen Austausches aller Gesellschafter war bis 1996 aufgrund der grunderwerbsteuerlichen Selbstständigkeit von Gesamthandsgemeinschaften nicht steuerbar. Der Übergang eines Grundstücks von einem oder mehreren Eigentümern auf eine Personengesellschaft (Gesamthand) oder von einer Gesamthand auf eine andere war und ist generell steuerfrei, soweit Beteiligungsidentität besteht (§ 5 und § 6 GrEStG). In der Praxis wurde diese Rechtslage dazu ausgenutzt, Grundstücke in Gesamthandsgemeinschaften einzubringen, dann die Gesellschafter auszutauschen, und so Grundstücke auf andere »Rechtsträger« grunderwerbsteuerfrei zu übertragen. Mit der Zeit entwickelten Verwaltung und Rechtsprechung für solche Fälle Grundsätze zur Versagung der Vergünstigungen der §§ 5 und 6 GrEStG, um grunderwerbsteuerfreie Übertragungen über den Umweg einer Gesamthand zu verhindern bzw. einzudämmen. Nach den von der Rechtsprechung abgesegneten Grundsätzen wurde die Vergünstigung des § 5 Abs. 2 GrEStG insbesondere nicht mehr gewährt, wenn Gesellschafter i.R. eines vorgefassten Plans innerhalb einer bestimmten Zeit (ca. 12 bis 15 Monate) aus- und eintraten bzw. sich ihr Anteil zugunsten neuer Gesellschafter verminderte.[292]

*b) Rechtslage von 1997 bis 1999*

224  Im Zuge des Jahressteuergesetzes 1997 wurde § 1 Abs. 2a GrEStG a.F. neu in das Gesetz eingefügt. Damit wollte der Gesetzgeber die o.g. BFH-Rechtsprechung primär in zwei Punkten ausweiten: Zum einen wurde der Anwendungsbereich der Norm nicht auf grundbesitzhaltende Gesellschaften beschränkt, sondern auf Personengesellschaften allgemein erstreckt; zum anderen war nicht mehr ein vollständiger Wechsel

---

291 Die Grunderwerbsteuerbelastung beim Immobilienleasing kann unter Umständen durch die Einräumung dinglicher Gestattungsrechte weitgehend vermieden werden, da dann kein Tatbestand des Grunderwerbsteuergesetzes verwirklicht wird; vgl. hierzu *Schneck/Pirkl/Erhardt*, BB 2004, S. 1658 ff.

292 Vgl. BFH, BStBl. II, 1989, S. 201, BStBl. II, 1997, S. 87; zur Entstehungsgeschichte des § 1 Abs. 2a GrEStG vgl. ferner *Boruttau/Fischer*, § 1 Rn. 810 ff.

der Gesellschafter notwendig; es reichte vielmehr bereits der Übergang von 95 % der Anteile am Gesellschaftsvermögen binnen fünf Jahren aus, um die Steuerbarkeit auszulösen.[293] Der Gesetzgeber versuchte darüber hinaus auch diejenigen Fälle zu erfassen, in denen zwar weniger als 95 % der Anteile den Inhaber wechselten, jedoch bei wirtschaftlicher Betrachtung gleichwohl eine Übertragung des Grundstücks auf eine neue Personengesellschaft vorlag.[294]

### c) Die Rechtslage seit 01.01.2000

§ 1 Abs. 2a GrEStG in der Fassung des Jahressteuergesetzes 1997 ist durch Art. 15 SteuerentlastungsG 1999/2000/2002 geändert worden. Die Vorschrift stellt nicht mehr auf die wirtschaftliche Betrachtungsweise ab, sondern allein auf den Übergang von mindestens 95 % der Geschäftsanteile innerhalb des Fünfjahreszeitraums. Außerdem ist ausdrücklich geregelt, dass auch mittelbare Anteilsübertragungen GrESt auslösen können.[295] Die Neuregelung gilt für Erwerbsvorgänge, die nach dem 31.12.1999 verwirklicht werden.[296]

### 2. Personengesellschaften

Personengesellschaften i.S.d. § 1 Abs. 2a GrEStG sind die Gesellschaft bürgerlichen Rechts, die OHG, die KG sowie die GmbH & Co. KG. Auch ausländische Personengesellschaften mit entsprechender Rechtsform kommen für die Anwendung von § 1

---

293 Das durch die Neuregelung erzielte steuerliche Mehraufkommen rechtfertigt den mit der komplizierten Vorschrift einhergehenden Aufwand, der für FinVerw., Rechtsprechung und Vertragsgestalter mit der neuen Vorschrift verbunden ist, in keiner Weise; vgl. hierzu *Weilbach*, UVR 2003, S. 373 m.w.N. Sofern eine Kapitalerhöhung um über 95 %, jedoch unter 100 %, vor dem 01.01.1997 erfolgte, wurde kein steuerpflichtiger Tatbestand ausgelöst. Dies gilt selbst dann, wenn die Kapitalerhöhung aufgrund der zivilrechtlich entwickelten Grundsätze zum fehlerhaften Beitritt zu einer Gesellschaft vor diesem Stichtag erfolgt war. Vgl. BFH, Urt. v. 20.10.2004, AZ II R 54/02, DStR 2005, S. 423 ff.
294 Die wirtschaftliche Betrachtungsweise war in der Lit. von Anfang an wegen ihrer Unbestimmtheit erheblicher Kritik ausgesetzt, vgl. *Gottwald*, BB 2000, S. 69; *Weilbach*, § 1 Rn. 80; *Hofmann*, NWB 1998 Fach 8, S. 1225.
295 Nach Auffassung des BFH erfüllten mittelbare Änderungen des Gesellschafterbestandes nicht den Tatbestand des § 1 Abs. 2a GrEStG in der bis Ende 1999 geltenden Fassung; vgl. BFH, Urt. v. 30.04.2003, DStR 2003, S. 1390 ff.
296 Mit erneuter Änderung des § 1 Abs. 2a Satz 1 GrEStG durch Art. 13 des Steueränderungsgesetzes 2001 vom 20.12.2001 (BGBl. I, S. 3794) wurde klargestellt, dass mit »Anteil« die vermögensmäßige Beteiligung am Gesamthandvermögen und nicht die Gesellschafterstellung als dingliche Mitberechtigung gemeint ist. Die weitere Änderung des § 1 Abs. 2a Satz 3 GrEStG korrigiert eine sprachliche Ungenauigkeit, da § 5 Abs. 3 GrEStG kein Steuertatbestand, sondern die Einschränkung einer Begünstigung ist. Ferner wurde § 1 Abs. 2a Satz 3 GrEStG an den neuen § 6 Abs. 3 Satz 2 GrEStG angepasst. Vgl. hierzu *Schmitz*, Grunderwerbsteuerrecht in der Vertragspraxis, S. 64 ff.

**B.** Die Steuerbarkeit

Abs. 2a GrEStG in Betracht.[297] Erfasst sind auch Personengesellschaften, deren Zweck sich nicht im Halten und Verwalten von inländischen Grundstücken erschöpft.[298] Andere Gesamthandsgemeinschaften (Erbengemeinschaft, Gütergemeinschaft) fallen dagegen nicht unter den Tatbestand des § 1 Abs. 2a GrEStG, da dieser ausschließlich auf Personengesellschaften abstellt.[299]

### 3. Vermögen der Personengesellschaft

227 Die Regelung des § 1 Abs. 2a GrEStG erfasst alle Grundstücke, die während des Zeitraums, in welchem sich der Gesellschafterbestand um mindestens 95 % der Anteile ändert, *durchgängig*[300] zum Vermögen der Personengesellschaft **gehören**. Maßgeblich ist hierbei die grunderwerbsteuerrechtliche Zuordnung des Grundstücks, also nicht das zivilrechtliche Eigentum.[301] Das Grundstück gehört daher bereits dann der Gesellschaft, sobald der grunderwerbsteuerliche Erwerbstatbestand (in der Regel bereits der Abschluss des schuldrechtlichen Kaufvertrages) verwirklicht wurde. Umgekehrt gehört das Grundstück der Gesellschaft bereits dann nicht mehr, sobald es von der Gesellschaft an Dritte schuldrechtlich weiterverkauft wurde.[302]

---

297 Zur Anwendung von § 5 Abs. 2 GrEStG auf ausländische Personengesellschaften ist auf den koordinierten Länder-Erl. vom Herbst 2008 zu verweisen, wonach die Obersten Finanzbehörden der Länder der Auffassung sind, dass § 5 Abs. 2 GrEStG »auch auf ausländische Gesellschaften anzuwenden ist, sofern es sich dabei um Gesamthandsgemeinschaften i.S.v. § 5 GrEStG handelt«. Zur Entscheidung dieser Frage könne dabei die mit BMF-Schreiben vom 24.12.1999, BStBl. I 1999, 1076 vorgenommene Klassifizierung von ausländischen Gesellschaften herangezogen werden. Ob die FinVerw. für die Anwendung von § 1 Abs. 2a GrEStG auf ausländische Personengesellschaften entsprechend verfährt, ist unklar; vgl. *Behrens*, in: Wassermeyer/Richter/Schnittker, Personengesellschaften im internationalen Steuerrecht, Kapitel 24, Rz. 24.8, 2010.
298 Vgl. BFH, DStR 2002, S. 1761; vgl. *Pahlke*, § 1 Rn. 273; *Hofmann*, § 1 Rn. 90; a.A. *Wiese*, UVR 2004, S. 58 ff.
299 Vgl. *Pahlke*, § 1 Rn. 273; *Verweyen*, Grunderwerbsteuer, S. 95 ff.; zur Anwendbarkeit des § 1 Abs. 2a GrEStG auf ausländische Personengesellschaften mit inländischem Grundbesitz, vgl. *Behrens*, DStR 2010, S. 786.
300 Besteuert werden nur die Grundstücke, die während der ganzen ggf. zeitlich gestreckten Tatbestandsverwirklichung zum Vermögen der Gesellschaft gehören. Grundstücke, die vor dem letzten Anteilsübergang weggefallen oder erst nach der ersten Anteilsübertragung hinzuerworben wurden, werden i.R.d. § 1 Abs. 2a GrEStG nicht besteuert; vgl. *Pahlke*, § 1 Rn. 277, vgl. ferner *Müller*, BB 1997, S. 1387.
301 Maßgebend für § 1 Abs. 2a GrEStG ist – ebenso wie für § 1 Abs. 3 und Abs. 3a GrEStG – die grunderwerbsteuerliche Zuordnung des Grundstücks (anders als bei § 1 Abs. 1 Nr. 3 GrEStG, welcher auf das zivilrechtliche Eigentum abstellt); vgl. *Boruttau/Fischer*, § 1 Rn. 881 ff.; *Schwerin*, RNotZ 2003, S. 484; ebenso Erl. vom 19.02.2014, Tz. 1.2., StEK § 1 GrEStG Nr. 207; vgl. zuletzt BFH-Urteil II R 26/12 vom 11.12.2014, DStR 2015, 116.
302 Vgl. zuletzt BFH-Urteil II R 26/12 vom 11.12.2014, DStR 2015, 116. Etwaige aufschiebende Bedingungen i.S.v. § 14 Nr. 1 GrEStG müssen eingetreten, Genehmigungen i.S.v. § 14 Nr. 2 GrEStG müssen erteilt sein. Zur Relevanz aufschiebender Befristungen bei der Würdigung aus Grundstücks- und Anteilsgeschäften bestehender einheitlicher Rechtsgeschäfte vgl. FG Nürnberg, Urteil 4 K 1355/12 v. 27.03.2014, EFG 2014, 1499; Rev. beim BFH, II R 29/14.

## V. Die Erwerbsvorgänge des § 1 Abs. 2a GrEStG B.

Die Fünf-Jahres-Frist ist für jedes Grundstück im Vermögen der Personengesellschaft 228 selbstständig zu beurteilen.[303]

Es gehören auch solche Grundstücke zum Vermögen der Gesellschaft, über die die 229 Personengesellschaft lediglich die Verwertungsmöglichkeit nach § 1 Abs. 2 GrEStG (z.B. durch ein unwiderrufliches Verkaufsangebot) erlangt hat.[304] Grundstücke, die der Personengesellschaft nach § 1 Abs. 3 GrEStG zuzuordnen sind, zählen nach Verwaltungsansicht ebenfalls zum Vermögen der Personengesellschaft.[305] Sofern eine Gesellschaft Grundstücke zu unterschiedlichen Zeitpunkten erworben hat, gelten für die jeweiligen Grundstücke somit auch unterschiedliche Fünf-Jahres-Zeiträume.[306]

Ein Grundstück gehört zum Vermögen einer Gesellschaft (d.h. ein Grundstück ist grunderwerbsteuerrechtlich der Gesellschaft zuzurechnen), wenn die Gesellschaft in Bezug auf das betreffende Grundstück im Zeitpunkt der Entstehung der Steuerschuld für den nach § 1 Abs. 2a, Abs. 3 oder Abs. 3a GrEStG der GrESt unterliegenden Vorgang einen unter § 1 Abs. 1, 2 oder 3 oder nunmehr auch Abs. 3a GrEStG fallenden Erwerb verwirklicht hat.[307] Z.B. gehört ein Grundstück grunderwerbsteuerrechtlich schon dann zum Vermögen der Gesellschaft, wenn die Gesellschaft über dieses Grundstück als Käuferin einen unbedingt wirksamen Kaufvertrag abgeschlossen hat. Umgekehrt gehört ein Grundstück nicht mehr zum Vermögen der Gesellschaft, wenn es zwar noch in ihrem Eigentum steht bzw. ihr bewertungsrechtlich zuzurechnen ist, es aber vor Entstehung der Steuerschuld Gegenstand eines Veräußerungsvorgangs i.S.v. § 1 Abs. 1, 2, 3 oder 3a GrEStG war und der Erwerber des Grundstücks bereits einen unbedingt wirksamen Anspruch auf Übereignung erlangt hat. Mit Urteil II R 26/12 vom 11.12.2014 hatte der BFH[308] bestätigt, dass es für die grunderwerbsteuerrechtliche Zurechnung nicht genügt, wenn ein Erwerbsvorgang lediglich im Sinne von § 23 GrEStG verwirklicht wurde. Vielmehr muss nach Ansicht des BFH einer der in § 1 Abs. 1, 2, 3 oder 3a GrEStG geregelten Tatbestände im Sinne von § 38 AO verwirklicht worden sein, d.h. es muss unter Berücksichtigung von § 14 GrEStG die GrESt bereits entstanden sein.

---

303 Vgl. gleichlautenden Erl. der Obersten Finanzbehörden der Länder vom 19.02.2014, Tz. 4., StEK § 1 GrEStG Nr. 207.
304 Grundstücke im Eigentum der Personengesellschaft, an denen sie einem anderen die Verwertungsbefugnis i.S.d. § 1 Abs. 2 GrEStG eingeräumt hat, gehören nach Verwaltungsansicht weiterhin zum Vermögen der Personengesellschaft; vgl. hierzu gleichlautenden Erl. der Obersten Finanzbehörden der Länder vom 19.02.2014, Tz. 1.2., StEK § 1 GrEStG Nr. 207. U.E. kann dem nicht gefolgt werden.
305 Vgl. gleichlautende Erl. der Obersten Finanzbehörden der Länder vom 19.02.2014, StEK § 1 GrEStG Nr. 207.
306 Vgl. hierzu gleichlautenden Erl. der Obersten Finanzbehörden der Länder vom 19.02.2014, Tz. 4.1., StEK § 1 GrEStG Nr. 207.
307 Die Zuordnung zu einem nach der sog. Treuhandlösung aufgelegten Sondervermögen steht der Zurechnung des Grundstücks zum Vermögen der KVG im Sinne von § 1 Abs. 2a, Abs. 3 oder Abs. 3a GrEStG nach der Rechtsprechung des BFH nicht entgegen, vgl. Urteil II R 14/02 vom 29.09.2004, BStBl. II 2005, 148 und Kapitel N.
308 Vgl. DStR 2015, 116.

Auch Grundstücke solcher Tochtergesellschaften, an denen die Gesellschaft zu mindestens 95 % beteiligt ist, gehören nach Verwaltungsansicht[309] grunderwerbsteuerrechtlich zum Vermögen der Gesellschaft; der BFH scheint darauf abzustellen, ob die Gesellschaft die mindestens 95 % an der Grundstücke haltenden Gesellschaft zu einem Zeitpunkt erworben hat, als die Gesellschaft, zu deren Vermögen ein oder mehrere Grundstücke gehören, das bzw. die Grundstücke bereits ihrerseits erworben hatte, sodass der Erwerb der mindestens 95 % der Anteile GrESt nach § 1 Abs. 3 oder Abs. 3a GrEStG ausgelöst hat.[310] Dies steht u.E. mit der früheren BFH-Rechtsprechung nicht in Einklang, wonach es unbeachtlich ist, ob die durch die vorausgegangene Anteilsvereinigung ausgelösten Erwerbsvorgänge besteuert oder ob durch diese Anteilsvereinigung Erwerbsvorgänge nicht verwirklicht wurden, weil die Gesellschaft zu diesem Zeitpunkt noch keinen Grundbesitz hatte oder das Beteiligungsverhältnis schon seit Gründung der Gesellschaft bestand.[311] U.E. sollte es im Anwendungsbereich des § 1 Abs. 2a GrEStG insgesamt nicht auf die Zurechnung nach § 1 Abs. 3 GrEStG ankommen. Denn der Tatbestand von Abs. 3, Abs. 3a ist systematisch dem Tatbestand des § 1 Abs. 2a GrEStG nachgelagert. Anders als bei § 1 Abs. 3, Abs. 3a GrEStG geht es zudem bei § 1 Abs. 2a GrEStG nicht um die Zurechnung von Grundstücken zu einem Gesellschafter der das Grundstück haltenden Gesellschaft.

### 4. Änderung des Gesellschafterbestandes

#### a) Anteil am Gesellschaftsvermögen

230 Der BFH und ihm folgend die FinVerw. bezeichnen als Anteil am Gesellschaftsvermögen i.S.d. § 1 Abs. 2a GrEStG den den einzelnen Gesellschaftern zustehenden Wertanteil am Reinvermögen als schuldrechtlicher, gesellschaftsvertraglicher Anspruch des einzelnen Gesellschafters gegen die Gesamthand.[312] Die wertmäßige Beteiligung ergibt sich aus den gesellschaftsinternen Vereinbarungen, hilfsweise aus §§ 722, 734 BGB bzw. §§ 120 bis 122 HGB. Ausschlaggebend sind damit grds. die in aller Regel gesellschaftsvertraglich vereinbarten festen Kapitalanteile, soweit sie handelsrechtlich wirksam und ernstlich gewollt sind sowie tatsächlich (unter anderem bilanzmäßig) durchgeführt werden.[313] Das Verhältnis der Einzahlungen auf individuelle Rücklagenkonten ist grds. unerheblich.[314]

231 In Übereinstimmung mit der BFH-Rechtsprechung zu § 5 und § 6 GrEStG ist mit Anteil am Gesellschaftsvermögen i.S.d. § 1 Abs. 2a GrEStG die durch gesamthänderische Beteiligung vermittelte Teilhabe des Gesellschafters am Wert des zum

---

309 Vgl. gleichlautende Länder-Erl. vom 18.02.2014, BStBl. I 2014, 561, Tz. 1.2.
310 So nach unserem Verständnis die Entscheidungsgründe des BFH-Urteils II R 26/12 vom 11.12.2014, DStR 2015, 116.
311 Vgl. BFH-Urteil II R 130/91 vom 12.01.1994, BStBl. II 1994, 408. Vgl. auch gleich lautende Länder-Erlasse vom 02.12.1999, StEK § 1 GrEStG Nr. 141, Anm. 3 Abs. 3.
312 Vgl. BFH/NV 1993, S. 494; vgl. ferner koordinierter Länder-Erl. vom 25.02.2010, Tz. 1.3., DStR 2010, S. 697 ff.
313 *Boruttau/Viskorf*, § 5, Rn. 39; *Behrens/Hofmann*, UVR 2004, S. 27.
314 *Behrens/Hofmann*, UVR 2004, S. 27.

## V. Die Erwerbsvorgänge des § 1 Abs. 2a GrEStG    B.

Gesamthandsvermögen der Personengesellschaft gehörenden Grundstücks gemeint. Werden die Beteiligungsverhältnisse der Gesellschafter im Gesellschaftsvertrag durch unveränderliche (sogenannte feste) Kapitalanteile festgelegt, und enthält der Gesellschaftsvertrag keine davon abweichenden Vereinbarungen über die Teilhabe der einzelnen Gesellschafter am Wert und an der Wertentwicklung der zum Gesamthandsvermögen gehörenden Grundstücke, so richtet sich die für die Bestimmung des Anteils am Gesellschaftsvermögen i.S.d. § 1 Abs. 2a GrEStG relevante Beteiligungsquote nach dem Verhältnis der *festen Kapitalanteile* der Gesellschafter zueinander.[315] Vorrangig sind jedoch gesellschaftsvertragliche Vereinbarungen über die Teilhabe am Wert und an der Wertentwicklung der einzelnen zum Gesamthandsvermögen gehörenden Grundstücke. Ist im Gesellschaftsvertrag bspw. vereinbart, dass der Wert eines zum Gesamthandsvermögen gehörenden Grundstücks nur einem oder einzelnen bestimmten Gesellschaftern zustehen soll, ist der Übergang der Anteile der übrigen (am Wert des Grundstücks nicht beteiligten) Gesellschafter auf neue Gesellschafter i.R. des § 1 Abs. 2a GrEStG irrelevant. Hier bestimmt sich im Fall des Übergangs eines Anteils eines am Grundstückswert teilhabenden Gesellschafters auf einen neuen Gesellschafter die Höhe des übergegangenen Anteils nach dem Verhältnis der Beteiligungen nur der Gesellschafter zueinander, denen der Wert des betreffenden Grundstücks nach den gesellschaftsvertraglichen Vereinbarungen zusteht.[316]

Sind in der Satzung keine festen Kapitalanteile vereinbart, ist der verhältnismäßige Anteil des betreffenden Gesellschafters am Gesellschaftsvermögen (d.h. am Wert und an der Wertentwicklung der zum Gesamthandsvermögen gehörenden Grundstücke) im Zeitpunkt des wirksamen Übergangs des Anteils auf den/die neuen Gesellschafter unter Berücksichtigung der bis zu diesem Zeitpunkt entstandenen Gewinne und Verluste sowie der getätigten Entnahmen und Einlagen zu bestimmen.    232

Veränderungen, die sich erst nach dem wirksamen Übergang des Anteils auf den oder die neuen Gesellschafter ergeben, bleiben außer Betracht. Die Höhe der übergegangen Anteile ist bei sukzessiven Anteilsübertragungen somit nicht einheitlich auf den Zeitpunkt des letzten Teilaktes zu ermitteln, mit dem die tatbestandsbegründende Grenze von 95 % erreicht ist, sondern in Bezug auf jeden übergegangenen Anteil auf den jeweiligen Zeitpunkt des dinglichen Wirksamwerdens des Übergangs.[317]    233

Ohne Bedeutung für die Bestimmung des Anteils am Gesellschaftsvermögens i.S.d. § 1 Abs. 2a GrEStG sind demgegenüber gesellschaftsvertragliche Regelungen über Stimm- bzw. sonstige Mitsprache- und Kontrollrechte, Verfügungsbeschränkungen und zumindest bis auf bestimmte Ausnahmefälle auch die Vereinbarungen über die Gewinn- und Verlustverteilung.[318]    234

---

315 Vgl. *Behrens/Schmitt*, UVR 2005, S. 386; der materielle Gehalt der gesellschaftsvertraglichen Vereinbarungen über die sogenannten festen Kapitalanteile ist insb. an den Vereinbarungen über die Auseinandersetzungsquote zu messen.
316 Vgl. *Behrens/Schmitt*, UVR 2005, S. 386.
317 Vgl. *Behrens/Schmitt*, UVR 2005, S. 386.
318 Vgl. *Behrens/Schmitt*, UVR 2005, S. 385 ff. m.w.N.

235 Ebenso spielen bei der Bestimmung der Höhe der Anteile i.S.d. § 1 Abs. 2a GrEStG von der grundbesitzenden Personengesellschaft abgeschlossene schuldrechtliche Verträge keine Rolle. Dies gilt sowohl für von der Gesellschaft aufgenommene Darlehen oder i.r. schuldrechtlicher Austauschverträge getroffene Vereinbarungen z.b. über die Verteilung zukünftiger Gewinne aus der Veräußerung von zum Gesellschaftsvermögen gehörenden Grundstücken als auch für von der Personengesellschaft abgeschlossene typische oder atypische stille Gesellschaftsverträge. Dabei ist auch unbedeutend, ob ein Dritter oder ein Gesellschafter zugleich an der grundbesitzenden Personengesellschaft (typisch oder atypisch) still beteiligt ist. Stille Beteiligungen sind bei der Frage, ob innerhalb von fünf Jahren 95 % oder mehr der Anteile am Gesellschaftsvermögen auf neue Gesellschafter übergegangen sind, nicht zu berücksichtigen.[319]

235.1 Allerdings vertritt der BFH im Urteil II R 49/12 vom 09.07.2014[320] die Auffassung, dass – auch wenn die dingliche Rechtsinhaberschaft an Anteilen nicht übertragen wird – mittelbare Anteilsübergänge anzunehmen seien, wenn einem vom dinglichen Rechtsinhaber verschiedenen Rechtsträger die Anteile »in Anlehnung an die Grundsätze von § 39 Abs. 2 Nr. 1 AO« zuzurechnen sind. Dies sei dann der Fall, wenn z.B. der Käufer des Personengesellschaftsanteils
– aufgrund eines (bürgerlich-rechtlichen) Rechtsgeschäfts bereits eine rechtlich geschützte, auf den Erwerb des Rechts gerichtete Position erworben hat, die ihm gegen seinen Willen nicht mehr entzogen werden kann, und
– die mit dem Anteil verbundenen wesentlichen Rechte sowie
– das Risiko der Wertminderung und die Chance der Wertsteigerung auf ihn übergegangen sind.

Die Bedeutung der Formulierung »in Anlehnung an die für § 39 Abs. 2 Nr. AO geltenden Grundsätze« in Tz. 17 des BFH-Urteils II R 49/12 ist unklar; u.E. besteht eine Abweichung zur ertragsteuerrechtlichen Rechtslage nur insoweit, als es grunderwerbsteuerlich zu einer »mittelbaren Änderung des Gesellschafterbestandes« kommen soll, während der Anteil ertragsteuerlich unmittelbar dem wirtschaftlichen Eigentümer zugerechnet wird. Unklar ist auch, ob ein späterer Gesellschafterwechsel bei einer Gesellschaft, der ein Anteil nach § 39 AO nicht mehr zugerechnet wird, für die Zwecke von § 1 Abs. 2a GrEStG weiter relevant bleibt (weil sie zivilrechtliche Inhaberin des Anteils am Vermögen der grundbesitzenden Personengesellschaft geblieben ist).

235.2 U.E. ist die Anwendung von § 39 AO i.R. von § 1 Abs. 2a GrEStG abzulehnen. Zwar ist ein mittelbarer Anteilsübergang zivilrechtlich nicht denkbar. Bei diesem Tatbestandsmerkmal handelt es sich jedoch um einen sog. grunderwerbsteuerrechtlichen Zweckbegriff. Ein mittelbarer Anteilsübergang liegt danach vor, wenn ein Anteil an einer einen Anteil an der grundbesitzenden Personengesellschaft vermittelnden Gesellschaft dinglich auf einen anderen Rechtsträger übergeht. Auch belegt u.E. die Entscheidung des Gesetzgebers, die

---

319 Vgl. *Behrens/Schmitt*, UVR 2005, S. 387.
320 Vgl. BFH/NV 2014, 1667. Vgl. dazu *Behrens/Bielinis*, DStR 2014, 2369; *Rutemöller*, BB 2015, 1058; *Schanko*, UVR 2015, 49.

V. Die Erwerbsvorgänge des § 1 Abs. 2a GrEStG                                    B.

Verwertungsbefugnis i.S.v. § 1 Abs. 2 GrEStG nur auf Grundstücke selbst, nicht aber auf Anteile an grundbesitzenden Gesellschaften zu beziehen, dass nur solche Anteilsgeschäfte grunderwerbsteuerrechtlich relevant sein sollen, die auf den Übergang der dinglichen Rechtsinhaberschaft an dem Anteil gerichtet sind bzw. einen solchen Übergang bewirken.

### b) Alt- und Neugesellschafter

§ 1 Abs. 2a GrEStG erfasst sowohl die Änderung des Gesellschafterbestandes durch einen derivativen Erwerb als auch die Änderung durch einen originären Erwerb. 236

Unter *derivativem* Erwerb ist der Übergang von Gesellschaftsanteilen der Altgesellschafter auf neue Gesellschafter zu verstehen, während es sich bei dem Erwerb von Gesellschaftsanteilen im Wege des Beitritts eines neuen Gesellschafters zur Personengesellschaft gegen Gesellschafterbeitrag um einen *originären* Erwerb des »neu ausgegebenen Gesellschaftsanteils« handelt.[321] 237

Änderungen der Beteiligung am Gesellschaftsvermögen der Altgesellschafter im Verhältnis zueinander sind jedoch nicht zu berücksichtigen.[322] Die mehrfache Übertragung desselben Anteils zählt innerhalb desselben Fünf-Jahres-Zeitraums nur einmal.[323] 238

Altgesellschafter in diesem Sinne sind die Gründungsgesellschafter, daneben die Gesellschafter, die im Zeitpunkt des Erwerbs des Grundstücks bereits beteiligt waren, ferner alle, die vor Beginn des Fünf-Jahres-Zeitraumes des § 1 Abs. 2a GrEStG unmittelbar oder mittelbar an der Gesellschaft beteiligt waren,[324] sowie die Gesellschafter, deren Beitritt schon einmal den Tatbestand des § 1 Abs. 2a GrEStG erfüllt hat.[325] Ein Gesellschafter verliert jedoch seine Stellung als (Alt-) Gesellschafter einer Personengesellschaft, wenn sein Mitgliedschaftsrecht zivilrechtlich wirksam auf ein neues Mitglied der Personengesellschaft übergeht. Diese mit dem Ausscheiden des Gesellschafters verbundenen Rechtsfolgen können nur nach Maßgabe des § 16 Abs. 2 GrEStG durch Anteilsrückübertragung auf den vormaligen (Alt-) Gesellschafter beseitigt werden. Erwirbt dagegen der zuvor ausgeschiedene (Alt-) Gesellschafter erneut einen Anteil an der Personengesellschaft (ohne dass die Voraussetzungen des § 16 Abs. 2 GrEStG 239

---

321 Vgl. gleichlautenden Erl. vom 25.02.2010, Tz. 3., DStR 2010, S. 698.
322 Zur Anwendbarkeit der personenbezogenen Befreiungstatbestände des § 3 GrEStG vgl. differenzierend *Boruttau/Meßbacher-Hönsch*, § 3 Rn. 33 ff., 39 ff., 46 ff. Neue Gesellschafter i.S.d. § 1 Abs. 2a GrEStG können dagegen auch ausgeschiedene ehemalige Gesellschafter sein; vgl. FG BaWü, EFG 2004, S. 142. Neugesellschafter verlieren ihre Stellung als Neugesellschafter mit Ablauf von fünf Jahren und werden damit zu Altgesellschaftern.
323 Vgl. *Behrens/Hofmann*, UVR 2004, S. 27. Dies gilt sowohl für mehrfache unmittelbare als auch mittelbare Anteilsübertragungen als auch für den Fall, dass derselbe Anteil unmittelbar und mittelbar übertragen wird; vgl. *Hofmann/Behrens*, UVR 2004, S. 34.
324 Zur geänderten Auffassung der FinVerw. bei einem Gesellschafterbeitritt im Fall eines vorgefassten Plans vgl. gleichlautenden Erl. vom 25.02.2010 der Obersten Finanzbehörden der Länder, Tz. 2.1., DStR 2010, S. 697.
325 Vgl. gleichlautenden Erl. vom 25.02.2010 der Obersten Finanzbehörden der Länder, Tz. 2.1., DStR 2010, S. 697.

# B. Die Steuerbarkeit

vorliegen), ist er *neuer* Gesellschafter i.S.d. § 1 Abs. 2a Satz 1 GrEStG. Dies gilt auch dann, wenn das Ausscheiden aus der Personengesellschaft und der Wiedereintritt innerhalb der Fünf-Jahres-Frist des § 1 Abs. 2a Satz 1 GrEStG erfolgen.[326]

240 § 1 Abs. 2a GrEStG erfasst seit dem 01.01.2000 auch ausdrücklich **mittelbare** Änderungen im Gesellschafterbestand. Im Folgenden wird die Verwaltungsansicht zu diesem Tatbestandsmerkmal dargestellt.

▶ Beispiel 1:

Am Vermögen einer grundbesitzenden GmbH & Co. KG sind A und B als Kommanditisten zu je 45 % und die Komplementär-GmbH zu 10 % beteiligt. Gesellschafter der Komplementär-GmbH sind ebenfalls A und B zu je 50 %. Auf C und D gehen die Kommanditanteile zu 85 % (jeweils 42,5 %) und ferner sämtliche GmbH-Anteile über.

**Beispiel 1 (Skizze 1)**

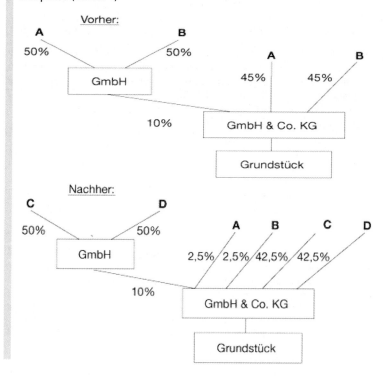

---

326 Vgl. BFH, DStR 2013, S. 2058 ff.

V. Die Erwerbsvorgänge des § 1 Abs. 2a GrEStG                                        B.

Lösung:

Die Komplementär-GmbH ist keine neue Gesellschafterin der Personengesellschaft. Nach § 1 Abs. 2a GrEStG a.F. in der Fassung des Jahressteuergesetzes 1997 war eine Steuerpflicht zu verneinen, da sich »bei ihr«, d.h. bei der Personengesellschaft, der Gesellschafterbestand nicht um wenigstens 95 % geändert hat.[327] Da § 1 Abs. 2a GrEStG n.F. jedoch auch ausdrücklich eine mittelbare Änderung des Gesellschafterbestandes für ausreichend erklärt, dürften die aus dem Wortlaut des § 1 Abs. 2a Satz 1 GrEStG a.F. herzuleitenden Einwände gegen eine Steuerpflicht entfallen sein.[328] Nach herrschender Meinung schützt also auch die Konstruktion einer GmbH & Co. KG, bei der die Komplementärin zu mehr als 5 % am Vermögen der KG beteiligt ist, *nicht* mehr stets davor, dass § 1 Abs. 2a GrEStG n.F. einschlägig sein kann. In Beispiel 1 fällt daher GrESt an.[329]

Der gleichlautende Erlass der Obersten Finanzbehörden der Länder vom 25.02.2010 hat in diesem Zusammenhang jedoch eine Änderung der Terminologie gebracht: Ist an einer Personengesellschaft eine Kapitalgesellschaft beteiligt, so gilt lediglich die Kapitalgesellschaft als Altgesellschafterin, nicht jedoch die Gesellschafter dieser Kapitalgesellschaft; die Gesellschafter der Kapitalgesellschaft werden auch nicht mehr als mittelbare Gesellschafter der Personengesellschaft (an der die Kapitalgesellschaft beteiligt ist) angesehen. Gleichwohl ist eine Änderung im Gesellschafterbestand relevant: Ändern sich nämlich mindestens 95 % der Gesellschafter der beteiligten Kapitalgesellschaft, so wird nunmehr fingiert, dass jetzt eine neue Kapitalgesellschaft beteiligt ist. Bei mehrstufigen mittelbaren Beteiligungen ist die Prüfung, ob die 95 %-Grenze erreicht ist, für jede Beteiligungsebene gesondert vorzunehmen. Ist aber die 95 %-Grenze erreicht, dann ist die mittelbare Beteiligung in voller Höhe (und nicht etwa nur i.H.v. jeweils 95 %) zu berücksichtigen. Während nach vormaliger Terminologie somit in Beispiel 1 durch die Änderung bei den Kommanditisten ein unmittelbarer Gesellschafterwechsel und durch den Austausch der Gesellschafter der Komplementärin ein mittelbarer Gesellschafterwechsel vorgelegen hätte, handelt es sich nach neuer Erlasslage ausschließlich um einen unmittelbaren Gesellschafterwechsel. Da sich bei der Komplementärin nämlich die Beteiligungsverhältnisse um mindestens 95 % (hier 100 %) geändert haben, gilt die Komplementärgesellschaft als neue Gesellschafterin.[330]

Schon in dem gleichlautenden Erlass der Obersten Finanzbehörden der Länder vom 07.02.2000 zu § 1 Abs. 2a GrEStG n.F.[331] wurde in Tz. 4.2.4. geregelt, dass der Wechsel im Gesellschafterbestand einer GmbH, welche an einer grundbesitzenden

---

327 Im Beispiel 1 liegt lediglich eine Änderung um 85 % vor.
328 Vgl. *Pahlke*, § 1 Rn. 307; a.A. *Hörger/Mentel/Schulz*, DStR 1999, S. 574 f.
329 Dies folgt daraus, dass sich die Beteiligungsverhältnisse an der GmbH um mindestens 95 % geändert haben und deshalb die mittelbare Änderung des Gesellschafterbestandes mit zu berücksichtigen ist (s. hierzu auch nachfolgendes Beispiel 2).
330 Vgl. gleichlautenden Erl. vom 25.02.2010, Tz. 2.1., DStR 2010, S. 697.
331 Vgl. MittBayNot 2000, S. 155.

B.　Die Steuerbarkeit

Personengesellschaft beteiligt ist, nicht mit dem unmittelbaren Gesellschafterwechsel der KG-Gesellschafter zusammengerechnet werden darf, solange sich die Beteiligungsverhältnisse der GmbH nicht um mindestens 95 % geändert haben.[332]

▶ **Beispiel 2:**

Eine GmbH ist als persönlich haftende Gesellschafterin mit 20 % am Gesellschaftsvermögen einer GmbH & Co. KG beteiligt. Alle Kommanditisten übertragen ihre Anteile auf neu hinzutretende Kommanditisten (hier: Kommanditist A überträgt seine Anteile auf C). Außerdem werden 80 % der Anteile an der GmbH an die neu hinzutretenden Kommanditisten (hier: GmbH-Gesellschafter A überträgt die GmbH-Anteile auf C) veräußert.

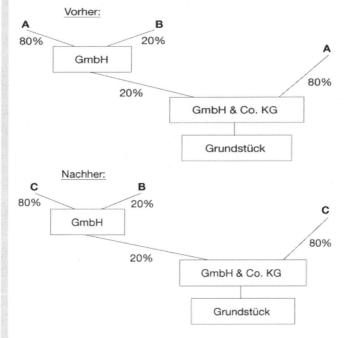

Lösung:

Nach Auffassung der FinVerw. ist § 1 Abs. 2a GrEStG n.F. hier nicht erfüllt.[333] Wenngleich rein rechnerisch 96 % der Anteile an der GmbH &

---

332　Vgl. auch den insoweit gleichlautenden Erl. der Obersten Finanzbehörden der Länder vom 25.02.2010, Tz. 3., DStR 2010, S. 698; ebenso *Weilbach*, UVR 2000, S. 257; *Schmitt*, DB 1999, S. 1873; kritisch hierzu *Tipke/Lang*, StR § 15 Rn. 24, Fn. 57, 17. Aufl. 2002.

333　Vgl. gleichlautenden Erl. der Obersten Finanzbehörden der Länder vom 07.07.2000, MittBayNot 2000, S. 153, Beispiel 4.2.4. und Erl. vom 25.02.2010, Tz. 3., DStR 2010, S. 698.

## V. Die Erwerbsvorgänge des § 1 Abs. 2a GrEStG    B.

Co. KG auf neue Gesellschafter übergehen (80 % unmittelbar und 16 %, nämlich 80 % von 20 %, mittelbar) ist nach Auffassung der FinVerw. kein Steuertatbestand einschlägig, da sich die Beteiligungsverhältnisse bei der GmbH nicht um mindestens 95 % geändert haben und folglich eine Zusammenrechnung mit dem unmittelbaren Gesellschafterwechsel nicht in Betracht kommt.[334]

Die vorstehend bezeichnete 95 %-Schwelle für die Zurechenbarkeit mittelbarer Beteiligungen gilt – laut FinVerw. – jedoch nur für Kapitalgesellschaften. Bei doppelstöckigen Personengesellschaften sind vor dem Hintergrund der Regelungen in §§ 5 und 6 Änderungen im Gesellschafterbestand derjenigen Personengesellschaft, die ihrerseits Gesellschafterin einer Personengesellschaft ist, nach Verwaltungsansicht als mittelbare Änderung im Gesellschafterbestand der Letzteren zu qualifizieren (Durchgriff durch die beteiligte Personengesellschaft). Dies folgt daraus, dass jeder Gesellschafter der ihrerseits als Gesellschafterin an einer Personengesellschaft beteiligten Personengesellschaft nach Verwaltungsansicht über seine Gesamthandberechtigung an deren Vermögen mittelbar an der anderen Personengesellschaft beteiligt ist.[335]

242

▶ Beispiel:

An der grundbesitzhaltenden X-GbR sind A zu 50 %, B zu 40 % und die C-OHG zu 10 % beteiligt. Am Vermögen der C-OHG sind D und E je zu 50 % beteiligt. Im Jahr 01 überträgt A seinen Anteil am Vermögen der X-GbR auf U. Im Jahr 02 überträgt B seinen Anteil am Vermögen der X-GbR auf W. Im Jahr 03 veräußert schließlich D seinen Anteil an der C-OHG an V.

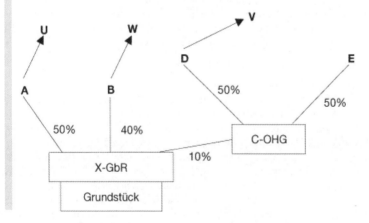

---

334 Wären dagegen 95 % der Anteile an der Komplementär-GmbH abgetreten worden, so würde die mittelbare Änderung voll (d.h. mit 20 % und nicht nur mit den anteiligen rechnerischen 16 %) berücksichtigt werden (vgl. hierzu nachfolgende Skizze 5). Vgl. ferner *Schwerin*, RNotZ 2003, S. 486.
335 Vgl. gleichlautende Erl. zu § 1 Abs. 2a GrEStG vom 18.02.2014, Tz. 2.1 und 2.2; vgl. auch *Boruttau/Fischer*, § 1 Rn. 856 ff.

## B. Die Steuerbarkeit

▶ **Lösung:**

Der Tatbestand des § 1 Abs. 2a GrEStG ist erfüllt. Die unmittelbare Änderung im Gesellschafterbestand bei der X-GbR erreicht 90 % (Anteilsabtretungen durch A und B). Ihr ist der mittelbare Übergang des Anteils des D auf V i.H.v. 5 % (50 % von 10 %) hinzuzurechnen.[336]

**242.1** Während somit Personengesellschaften von der FinVerw. im Bereich des § 1 Abs. 2a GrEStG als transparent erachtet und folglich auch die Gesellschafter der beteiligten Personengesellschaft als mittelbare Gesellschafter angesehen werden, ist bei an grundbesitzhaltenden Personengesellschaften beteiligten Kapitalgesellschaften nach Auffassung der FinVerw. eine andere Sichtweise angezeigt: Hier gilt nur die an der Personengesellschaft beteiligte Kapitalgesellschaft als Gesellschafter i.S.d. § 1 Abs. 2a GrEStG. Die Gesellschafter der beteiligten Kapitalgesellschaft selbst werden von der FinVerw. nicht als mittelbare Gesellschafter der Personengesellschaft angesehen. Gleichwohl sind Gesellschafteränderungen auch auf Ebene der beteiligten Kapitalgesellschaft bedeutsam; ändern sich nämlich mindestens 95 % der Gesellschafter der beteiligten Kapitalgesellschaft (u.E.: innerhalb der Fünf-Jahres-Frist), so fingiert die FinVerw., dass jetzt eine neue Kapitalgesellschaft, also ein neuer Gesellschafter i.S.d. § 1 Abs. 2a GrEStG beteiligt ist. Bei mehrstufigen mittelbaren Beteiligungen von Kapitalgesellschaften an einer grundbesitzhaltenden Personengesellschaft nimmt die FinVerw. die Prüfung, ob die 95 %-Grenze erreicht ist, für jede Beteiligungsebene gesondert vor. Ist diese Grenze jedoch erreicht, dann ist die Veränderung nach Verwaltungsansicht in voller Höhe (und nicht etwa nur i.H.v. jeweils 95 %) zu berücksichtigen. Bei Personengesellschaften wird dagegen (wie bisher) von der FinVerw. durchgerechnet, sodass sich bei mehreren hintereinander geschalteten 95 %-Beteiligungsquoten durch die Multiplikation eine Quote unter 95 % ergeben kann.

Eine a.A. vertritt inzwischen die Rechtsprechung:

Nach einem Urteil des BFH vom 24.04.2013[337] ist die mittelbare Änderung des Gesellschafterbestandes einer grundstücksbesitzenden Personengesellschaft i.S.d. § 1 Abs. 2a GrEStG ausschließlich nach wirtschaftlichen Maßstäben zu beurteilen. Kapital- und Personengesellschaften sind hierbei – entgegen der bisherigen Auffassung der FinVerw.[338] – gleichermaßen als transparent zu betrachten. Eine Veränderung der Beteiligungsverhältnisse an einer im maßgeblichen Fünf-Jahres-Zeitraum unmittelbar an der grundstücksbesitzenden Personengesellschaft beteiligt gebliebenen Kapital- oder Personengesellschaft lässt diese nur dann fiktiv zu einer neuen Gesellschafterin werden, wenn sich in diesem Zeitraum deren Gesellschafterbestand unmittelbar oder mittelbar, d.h. auf den weiteren Beteiligungsebenen, im wirtschaftlichen Ergebnis vollständig (also 100 %ig) geändert hat.

---

336 Vgl. *Hofmann*, § 1 Rn. 117.
337 Vgl. BFH, Urt. v. 24.04.2013, DStR 2013, S. 1280 ff.
338 Vgl. gleichlautende Erl. der FinVerw., BStBl. I 2010, S. 245 ff.

V. Die Erwerbsvorgänge des § 1 Abs. 2a GrEStG                    B.

Dem Urteil lag folgender Sachverhalt zugrunde: Die Klägerin ist eine grundstücksbesitzende GmbH & Co. KG. Alleingesellschafterin der mit 6 % an ihrem Gesellschaftsvermögen beteiligten persönlich haftenden Gesellschafterin (A-GmbH) ist eine weitere GmbH (C-GmbH), deren alleiniger Gesellschafter zunächst die I-AG war. Die I-AG veräußerte zum 01.01.2005 die Hälfte ihrer Beteiligung an der C-GmbH an die K, eine Anstalt des öffentlichen Rechts. Den restlichen Anteil an der C-GmbH übertrug die I-AG am 31.03.2006 auf eine 100 %ige Tochtergesellschaft (I-GmbH). Die einzige Kommanditistin der Klägerin, die G-AG, übertrug ihre Beteiligung an der Klägerin am 16.03.2006 auf die H-GmbH.

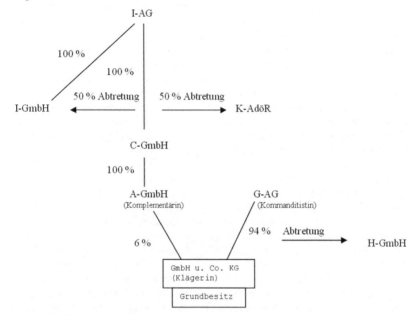

Das FA stellte bei diesen Vorgängen einen Gesellschafterwechsel i.S.d. § 1 Abs. 2a GrEStG fest und besteuerte die Vorgänge. Einspruch und erstinstanzliche Klage blieben erfolglos. Demgegenüber entschied der BFH, dass der Tatbestand des § 1 Abs. 2a Satz 1 GrEStG nicht verwirklicht worden sei. Der Gesellschafterbestand habe sich nicht innerhalb von fünf Jahren unmittelbar oder mittelbar dergestalt geändert, dass mindestens 95 % der Anteile am Gesellschaftsvermögen auf neue Gesellschafter übergegangen sind. Die unmittelbare Änderung des Gesellschafterbestandes durch die Übertragung der Kommanditbeteiligung der G-AG auf die H-GmbH am 16.03.2006 betraf lediglich 94 % der Anteile am Gesellschaftsvermögen. Zu weiteren i.R. des § 1 Abs. 2a Satz 1 GrEStG zu berücksichtigenden Änderungen des Gesellschafterbestandes sei es nicht gekommen. Die Veränderungen auf den Beteiligungsebenen oberhalb der persönlich haftenden Gesellschafterin, der A-GmbH, erfüllten nach Ansicht des BFH nicht das Tatbestandsmerkmal der mittelbaren Änderung des Gesellschafterbestandes

89

# B. Die Steuerbarkeit

der Klägerin. Eine mittelbare Änderung des Gesellschafterbestandes einer grundstücksbesitzenden Personengesellschaft sei nach Auffassung des Gerichts – anders als die unmittelbare Änderung – nur nach wirtschaftlichen Maßstäben zu beurteilen. Die vom Gesetzgeber angeordnete Einbeziehung mittelbarer Vorgänge erfordere zwar die Berücksichtigung von Änderungen der Beteiligungsverhältnisse an denjenigen Kapital- und Personengesellschaften, die hinter dem unmittelbar an der grundstücksbesitzenden Personengesellschaft beteiligten Rechtsträger (Kapital- oder Personengesellschaft) stünden. Eine angemessene Berücksichtigung solcher mittelbaren Strukturen könne unter wirtschaftlichen Gesichtspunkten nur erreicht werden, wenn auf allen Beteiligungsebenen durch Kapital- und Personengesellschaften gleichermaßen durchgeschaut und dortige Veränderungen der jeweiligen Beteiligungsverhältnisse in die Betrachtung einbezogen werden würden. Dabei seien nur diejenigen Veränderungen in den Beteiligungsverhältnissen relevant, durch die solche Rechtsträger neu beteiligt werden würden, an denen keine gesellschaftsrechtlichen Beteiligungen bestehen können (natürliche und juristische Personen außer Kapitalgesellschaften). Soweit demgegenüber die Fin-Verw. danach unterscheide, ob an einer grundstücksbesitzenden Personengesellschaft wiederum eine Personengesellschaft (dann unmittelbare Durchrechnung) oder eine Kapitalgesellschaft (dann 100 %ige Berücksichtigung ab einer Änderung von 95 % der Gesellschafter) beteiligt sei, vermöge der Senat dieser Auffassung mangels gesetzlicher Grundlage nicht beizutreten. Nach Auffassung des BFH genüge ein nicht vollständiger (also nicht 100 %iger) Wechsel im Bestand der Rechtsträger, die wirtschaftlich hinter einer an der grundstücksbesitzenden Personengesellschaft als Gesellschafterin beteiligten Personen- oder Kapitalgesellschaft stünden, nicht den Anforderungen des § 1 Abs. 2a Satz 1 GrEStG an eine mittelbare Änderung des Gesellschafterbestands der grundstücksbesitzenden Personengesellschaft. Vielmehr liege ein mittelbarer Gesellschafterwechsel nur vor, wenn sich der Bestand der Rechtsträger (natürliche und juristische Personen außer Kapitalgesellschaften), die wirtschaftlich hinter einer an der grundstücksbesitzenden Personengesellschaft als Gesellschafterin beteiligten Personen- oder Kapitalgesellschaft stehen, vollständig (also zu 100 %) ändere. Demzufolge sei es in dem konkreten Fall lediglich durch die unmittelbare Änderung des Gesellschafterbestandes der Klägerin durch die Übertragung des Anteils der G-AG am Gesellschaftsvermögen der Klägerin auf die H-GmbH zu einem 94 %igen unmittelbaren Gesellschafterwechsel gekommen. Darüber hinaus sei keine mittelbare Änderung des Gesellschafterbestandes erfolgt. Dies folge daraus, dass die Anteilsübertragung auf die I-GmbH i.R. des Tatbestandes des § 1 Abs. 2a Satz 1 GrEStG nicht berücksichtigt werden könne, weil die I-AG und somit auch ihre Gesellschafter über ihre Tochtergesellschaft I-GmbH mittelbar an der Klägerin beteiligt geblieben seien. Folglich habe sich der Bestand der Rechtsträger (natürliche und juristische Personen außer Kapitalgesellschaften), die wirtschaftlich hinter einer an der grundstücksbesitzenden Personengesellschaft als Gesellschafterin beteiligten Personen- bzw. Kapitalgesellschaft stehen, nicht vollständig, sondern im konkreten Fall nur zur Hälfte geändert. Die bloße Zwischenschaltung einer 100 %igen Tochterkapitalgesellschaft stellt somit nach Auffassung des BFH keinen mittelbaren Gesellschafterwechsel dar. Insoweit tritt der BFH eindeutig der bisherigen Verwaltungsmeinung[339] entgegen.

---

339 Vgl. Erl. der Obersten Finanzbehörden der Länder vom 25.02.2010, BStBl. I 2010, S. 445 ff.

V. Die Erwerbsvorgänge des § 1 Abs. 2a GrEStG                                    B.

Die BFH-Entscheidung ist für den Steuerpflichtigen erfreulich, da es in Zukunft wesentlich seltener zu steuerbaren mittelbaren Änderungen des Gesellschafterbestandes i.S.d. § 1 Abs. 2a GrEStG kommen dürfte.

Dies soll anhand folgenden Beispielsfalles verdeutlicht werden:

▶ Beispiel

An einer grundbesitzenden OHG sind A zu 85 %, B zu 5 % und die C-GmbH zu 10 % beteiligt. Die Anteile der C-GmbH halten X zu 90 % und Y und Z zu je 5 %. In 01 überträgt A seine gesamte Beteiligung an der OHG auf D, in 02 übertragen X und Y ihre Anteile an der C-GmbH auf E und F.

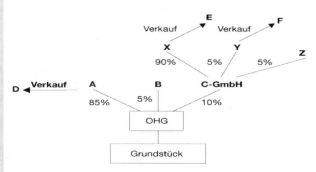

Lösung:

Die Übertragung der Beteiligung des A auf D führt zu einem unmittelbaren Gesellschafterwechsel i.H.v. 85 % der Anteile am Gesellschaftsvermögen. In Bezug auf die Anteile der C-GmbH lag nach bisheriger Verwaltungsmeinung ein mittelbarer Gesellschafterwechsel i.H.v. 10 % vor, weil die Änderung der Anteile an der C-GmbH 95 % betrug. Die mittelbare Anteilsänderung wurde nicht anteilig (95 % von 10 %), sondern *voll* mit 10 % berücksichtigt, sobald sich ein mittelbarer Gesellschafterwechsel bei einer Kapitalgesellschaft von über 95 % ereignete. Nach der neuen Rechtsprechung des BFH dürfte dagegen in diesem Beispielsfall keine GrESt mehr anfallen, da sich kein 100 %iger mittelbarer Gesellschafterwechsel vollzogen hat.

Abwandlung:

Anstelle der C-GmbH ist in obigem Beispielsfall eine C-OHG mit 10 % am Vermögen der Grundbesitz haltenden OHG beteiligt.

Lösung:

Die Übertragung der Beteiligung des A auf D führt auch hier zu einem unmittelbaren Gesellschafterwechsel i.H.v. 85 % der Anteile am Gesellschaftsvermögen. In Bezug auf die Anteile der C-OHG lag nach bisheriger Verwaltungsmeinung ein mittelbarer Gesellschafterwechsel i.H.v. 9,5 % vor, weil Personengesellschaften als transparent betrachtet wurden und folglich eine Durchrechnung erfolgte. In der Addition betrug somit der Gesellschafterwechsel nur 94,5 % (85 % unmittelbar und 9,5 % mittelbar), sodass der Tatbestand des § 1 Abs. 2a GrEStG nicht realisiert wurde. Nach der neuen BFH-Rechtsprechung ist der Tatbestand des § 1 Abs. 2a GrEStG ebenfalls nicht verwirklicht, da nur noch 100 %ige mittelbare Gesellschafterwechsel zu beachten sind. Der BFH käme in der Abwandlung somit zu einem 85 %igen Gesellschafterwechsel, während die FinVerw. einen 94,5 %igen Gesellschafterwechsel angenommen hätte.

Würde in der Abwandlung bspw. B auch noch 1 % seiner Beteiligung an einen neuen Gesellschafter veräußern, wäre demgemäß nach der bisherigen Auffassung der FinVerw. der Tatbestand des § 1 Abs. 2a GrEStG realisiert worden (es wären dann 86 % der Anteile, nämlich 85 % von A und 1 % von B unmittelbar auf neue Gesellschafter übergegangen und 9,5 % mittelbar). Demgegenüber dürfte die neue BFH-Rechtsprechung dazu führen, dass trotz der zusätzlichen 1 %igen Geschäftsanteilsabtretung durch B keine Steuerbarkeit ausgelöst wird. Der BFH käme nach seiner Betrachtungsweise nur zu einem unmittelbaren 86 %igen Gesellschafterwechsel, während die mittelbaren Gesellschafteränderungen nicht berücksichtigt werden könnten, da sie unter 100 % liegen.

Die FinVerw. hat auf diese neue Rechtsprechung am 09.10.2013 mit einem Nichtanwendungserlass reagiert.[340] Folglich werden die Finanzämter das BFH-Urteil vom 24.04.2013 nicht über den entschiedenen Einzelfall hinaus anwenden. Zur Absicherung des Nichtanwendungserlasses ist eine Gesetzesänderung geplant, wonach die Verwaltungsmeinung gesetzlich umgesetzt werden soll,[341] möglicherweise auch mit (verfassungsrechtlich bedenklicher) Rückwirkung.

Bei der Abschirmwirkung einer beteiligten Kapitalgesellschaft gibt es nach dem Erlass vom 18.04.2014, BStBl. I 2014, 561 jedoch weiterhin folgende Ausnahme:

Die Altgesellschaftereigenschaft einer mittelbar über eine beteiligte Kapitalgesellschaft beteiligten weiteren Kapitalgesellschaft bleibt dann erhalten, wenn sich die Beteiligungskette von Kapitalgesellschaften verkürzt (entweder durch ein näheres Heranrücken oder durch eine Verstärkung einer mittelbaren in eine unmittelbare Beteiligung). Voraussetzung ist jedoch, dass auf jeder Stufe der Beteiligungskette das grunderwerbsteuerrechtlich erhebliche Quantum von 95 % weiterhin erreicht wird. Ist dieses Quantum nicht erreicht und wird die Beteiligungskette verkürzt, gilt die näher herangerückte Kapitalgesellschaft als Neugesellschafterin mit der Folge, dass der übergegangene Vermögensanteil bei der Berechnung des maßgeblichen Vomhundertsatzes einzubeziehen ist.[342]

---

340 Vgl. oberste Finanzbehörden der Länder, Erl. vom 09.10.2013, BStBl. I 2013, S. 1278; DStR 2014, S. 1062.
341 Vgl. Art. 6 des RefE des BMF eines Gesetzes zur Umsetzung der Protokollerklärung zum ZollkodexanpassungsG und zur Änderung weiterer steuerlicher Vorschriften, Stand: 19.02.2015, 15:30 Uhr.
342 Vgl. gleichlautenden Erl. vom 25.02.2010, Tz. 3.7., DStR 2010, S. 698; vgl. hierzu auch *Schanko*, UVR 2010, S. 150.

## c) Derivativer Erwerb

**243** Beim derivativen Erwerb liegen die Voraussetzungen des § 1 Abs. 2a GrEStG vor, wenn mindestens 95 % der Anteile am Gesellschaftsvermögen unmittelbar oder mittelbar auf neue Gesellschafter übergehen.

**244** Nach § 1 Abs. 2a Satz 2 GrEStG bleibt bei der Ermittlung des in Satz 1 bestimmten Vomhundertsatzes der Erwerb von Gesellschaftsanteilen von Todes wegen außer Ansatz. Mit der Herausnahme des Anteilserwerbs von Todes wegen aus dem Anwendungsbereich des § 1 Abs. 2a GrEStG ist klargestellt, dass ein solcher Erwerb keine tatbestandserfüllende Änderung im Gesellschafterbestand darstellt. Dies gilt auch dann, wenn die tatbestandserfüllende Änderung im Gesellschafterbestand sich erst aufgrund der Zusammenrechnung anderweitiger steuerbarer Anteilsübergänge ergibt. Aus der Nichtsteuerbarkeit des Anteilserwerbs von Todes wegen kann jedoch nicht geschlossen werden, dass der unentgeltliche Anteilserwerb unter Lebenden grunderwerbsteuerpflichtig ist. Der unentgeltliche Anteilserwerb unter Lebenden ist im Unterschied zum Anteilserwerb von Todes wegen steuerbar und wird daher auch bei der Prüfung der tatbestandserfüllenden Änderung im Gesellschafterbestand mit anderweitigen steuerbaren Anteilsübertragungen innerhalb der Fünf-Jahres-Frist mit berücksichtigt. Die Freistellung des lebzeitigen Anteilserwerbs von der GrESt in entsprechender Anwendung des § 6 Abs. 3 GrEStG i.V.m. § 3 Nr. 2 GrEStG bleibt jedoch trotz Herbeiführung der tatbestandserfüllenden Änderung des Gesellschafterbestandes unberührt. Nach der neuen Rechtsprechung des BFH findet die Befreiungsvorschrift des § 3 Nr. 2 Satz 1 GrEStG über § 6 Abs. 3 GrEStG bei unentgeltlichen Änderungen im Gesellschafterbestand i.S.d. § 1 Abs. 2a GrEStG entsprechende Anwendung.[343] Inzwischen hat sich die FinVerw. dieser Auffassung angeschlossen.[344]

**245** Die Steuerbefreiung von steuerbaren Anteilsübergängen nach § 1 Abs. 2a GrEStG ist nicht auf unentgeltliche Anteilserwerbe beschränkt. Befreit sind vielmehr alle Anteilsübergänge, bei denen mittels § 6 Abs. 3 GrEStG die Zurechnungsrelationen der personenbezogenen Befreiungsvorschriften des § 3 Nr. 3–7 GrEStG gegeben sind.[345]

▶ Beispiel:

An der W-GmbH & Co. KG sind seit mehr als fünf Jahren der kinderlose Witwer W als alleiniger Kommanditist und die W-GmbH als Komplementärin (ohne wertmäßigen Anteil am Gesellschaftsvermögen der KG) beteiligt. Die Anteile an der Komplementär-GmbH hält W ebenfalls zu 100 %. Zum Vermögen der KG gehört ein wertvolles Grundstück. W überträgt seinen Kommanditanteil und seinen Anteil an der W-GmbH zu gleichen Teilen unentgeltlich im Weg der vorweggenommenen Erbfolge auf seine Neffen X und Y.

---

343 Vgl. Urt. des BFH, vom 13.09.2006, BStBl. 2007 II, S. 59.
344 Vgl. Erl. des FinMin BaWü vom 23.10.2007, DStR 2007, S. 1913.
345 Vgl. *Pahlke*, § 3 Rn. 11, 174, 234, 265; *Hofmann*, § 1 Rn. 105, 130.

**Lösung:**

Die Anteilsübertragungen auf X und Y stellen einen Erwerbsvorgang i.S.d. § 1 Abs. 2a GrEStG dar, da innerhalb von fünf Jahren (hier: durch die zeitgleichen Abtretungen) mindestens 95 % der KG-Anteile (hier: 100 %) übertragen werden. Der Erwerbsvorgang ist nach § 3 Nr. 2 GrEStG vollständig von der GrESt befreit.[346]

**246** Ein Gesellschafterwechsel liegt auch dann vor, wenn sich dieser durch übertragende Umwandlung i.r. der Gesamtrechtsnachfolge auf einen anderen Rechtsträger vollzieht.[347] Bei der Ermittlung des Vom-100-Satzes sind nach den gleichlautenden Erlassen der Obersten Finanzbehörden der Länder vom 07.02.2000 insbesondere zu berücksichtigen:
1. Veränderungen der Vermögensbeteiligungen durch bloße Kapitaländerung (TZ 4.2.1.),
2. Begründung von Treuhandverhältnissen (TZ 4.2.2.), Treuhänder- und Treugeberwechsel, nicht dagegen die Rückübertragung auf den Treugeber,[348]
3. mittelbare Veränderungen der Vermögensbeteiligungen (z.B. Änderungen der Beteiligungsverhältnisse bei einer Komplementär-GmbH); diese sind nur dann zu berücksichtigen, wenn sich die Beteiligungsverhältnisse der Gesellschaft, die unmittelbar oder mittelbar an der grundbesitzenden Gesellschaft beteiligt ist, zu mindestens 95 % ändern (TZ 4.2.3. und 4.2.4.). Bei mehrstufigen mittelbaren Beteiligungen ist die Prüfung, ob die 95 %-Grenze erreicht ist, für jede Beteiligungsebene gesondert zu prüfen. Ist die 95 %-Grenze erreicht, dann ist die mittelbare Beteiligung in voller Höhe zu berücksichtigen (nicht nur i.H.v. 95 %, Vgl. Tz. 4.2.3.).[349]

**247** In den in Ziff. 1–3 genannten Konstellationen werden Sonderfälle der Übertragung von Alt- auf Neugesellschafter als relevante Gesellschafterwechsel beschrieben. Hervorzuheben ist, dass infolge des Wegfalls der wirtschaftlichen Betrachtungsweise die FinVerw. nunmehr auch die Begründung von Treuhandverhältnissen sowie den Treuhänder- und Treugeberwechsel als schädlichen Gesellschafterwechsel ansieht. Unzweifelhaft wird der Treuhänder zivilrechtlich neuer Gesellschafter. Dementsprechend ist nach Verwaltungsansicht und BFH-Rechtsprechung[350] auch der

---

346 Vgl. BFH, Urt. v. 13.09.2006, UVR 2007, S. 40; vgl. hierzu Anm. *Gottwald*, ZEV 2007, S. 140 ff. Hätte es sich bei den Erwerben um Kinder des W gehandelt, wäre der Erwerbsvorgang zusätzlich nach § 3 Nr. 6 GrEStG von der GrESt befreit gewesen.
347 Vgl. BFH, BStBl. II, 1997, S. 296.
348 Vgl. hierzu kritisch *Eisele*, UVR 2001, S. 418 ff.
349 Vgl. hierzu gleichlautende Erl. der Obersten Finanzbehörden der Länder vom 07.02.2000, MittBayNot 2000, S. 153. f und vom 25.02.2010, Tz. 3., DStR 2010, S. 698; vgl. ferner *Behrens/Hofmann*, UVR 2004, S. 27 ff.
350 A.A. FG München, Urteil 4 K 1537/11 vom 12.02.2014, EFG 2014, 948. Rev. beim BFH. Az. II R 18/14.

## V. Die Erwerbsvorgänge des § 1 Abs. 2a GrEStG   B.

Treuhänderwechsel eine Änderung des Gesellschafterbestands. Aber auch der Treugeberwechsel soll mittelbar zu einem Wechsel des Gesellschafterbestands führen. Diese Gesetzesinterpretation war nach Auffassung der FinVerw. erforderlich, damit nicht über das Treuhandverhältnis letztlich doch ein mittelbarer Rechtsträgerwechsel durch Austausch des Treugebers grunderwerbsteuerfrei herbeigeführt werden kann.[351]

Sofern treuhänderisch gehaltene Anteile an einer Personengesellschaft ganz oder teilweise vom Treugeber unmittelbar übernommen, d.h. auf diesen zurück übertragen werden, ist der Treugeber zwar als Neugesellschafter anzusehen; in der Regel dürfte insoweit jedoch die Steuerbefreiung des § 3 Nr. 8 GrEStG einschlägig sein.[352]   248

Kein Gesellschafterwechsel liegt dagegen vor, wenn treuhänderisch gehaltene Anteile an einer Personengesellschaft ganz oder teilweise vom Treugeber unmittelbar übernommen werden.

Die bloße Verstärkung einer mittelbaren in eine unmittelbare Beteiligung ist grunderwerbsteuerlich unschädlich.   249

§ 1 Abs. 2 a GrEStG kann auch durch eine Kombination aus derivativem (Anteilsabtretung) und originärem (Kapitalerhöhung) Erwerb erfüllt werden.   250

▶ **Beispiel 1 (= Tz. 4.2.1.)**

Eine Gesellschaft besteht aus fünf Gesellschaftern, die jeweils zu 20 % am Vermögen beteiligt sind. Das Gesellschaftsvermögen beträgt € 100.000,–. Drei Gesellschafter (A, B, C) übertragen ihre Anteile auf neue Gesellschafter (F, G, H). Anschließend wird innerhalb des 5-Jahres-Zeitraums das Vermögen im Wege der Kapitalerhöhung auf 1 Mio. € aufgestockt, wobei das zusätzliche Kapital ausschließlich auf die Anteile der neuen Gesellschafter (F, G, H) entfällt.

Der Fall behandelt somit eine Kombination aus derivativem und originärem Erwerb.

---

351 Vgl. hierzu gleichlautende Erl. der Obersten Finanzbehörden der Länder vom 07.02.2000, MittBayNot 2000, S. 153 ff., Tz. 4.2.2. und vom 25.02.2010, Tz. 2.2., DStR 2010, S. 697.
352 Vgl. gleichlautenden Erl. vom 25.02.2010, Tz. 2.2., DStR 2010, S. 697; insoweit hat sich die FinVerw. mittlerweile der BFH-Rechtsprechung angeschlossen; vgl. BFH/NV 2006, S. 1341 ff.; vgl. hierzu auch *Schanko*, UVR 2010, S. 150.

## B. Die Steuerbarkeit

**Beispiel 1 (TZ 4.2.1.) (Skizze 3)**

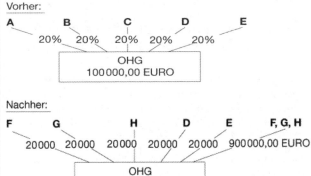

**Lösung:**

Da die Altgesellschafter (D und E) weiterhin zusammen nur zu 40.000,– € am Vermögen der Gesellschaft beteiligt bleiben, sind auf die Neugesellschafter insgesamt 96 % der nunmehr bestehenden Anteile (i.H.v. 1.000.000,00 €) übergegangen. § 1 Abs. 2a GrEStG ist somit einschlägig. Der Grundstücksübergang auf die fingierte »neue« Personengesellschaft ist allerdings gem. § 6 Abs. 3 GrEStG i.H.d. Beteiligungsquote der Altgesellschafter (4 %) befreit.

▶ **Beispiel 2 (= Tz. 4.2.2.)**

An der Komplementär-GmbH, die 20 % der Anteile einer GmbH & Co. KG hält, ist zu 100 % eine weitere GmbH beteiligt, deren gesamte Anteile veräußert werden. Der einzige Kommanditist, der bisher 80 % der GmbH & Co. KG-Anteile gehalten hat, vereinbart mit einem Treugeber, für diesen zukünftig 40 % der Kommanditanteile treuhänderisch zu halten; außerdem veräußert er weitere 35 % der Kommanditanteile an Dritte.

**Beispiel 2 (TZ 4.2.2.) (Skizze 4)**

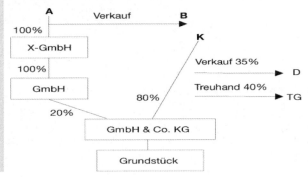

## Lösung:

Die Veränderung der mittelbaren Beteiligung an der Komplementär-GmbH (20 %), die Vereinbarung des Treuhandverhältnisses (40 %) und die Veräußerung der 35 % der Kommanditanteile sind zusammen zu berücksichtigen und führen zu einem Übergang von Gesellschaftsanteilen i.H.v. 95 % auf neue Gesellschafter.[353] Somit ist § 1 Abs. 2a GrEStG einschlägig.[354]

Die Vereinbarung eines Treuhandverhältnisses anstelle einer Abtretung schützt somit nicht vor einer Steuerpflicht nach § 1 Abs. 2a GrEStG.[355] Vielmehr gilt die Begründung eines Treuhandverhältnisses an der Beteiligung eines Altgesellschafters als ein Gesellschafterwechsel.[356]

▶ **Beispiel 3 (= Tz. 4.2.3.)**

An einer grundbesitzenden OHG sind A zu 85 %, B zu 5 % und die C-GmbH zu 10 % beteiligt. Die Anteile der C-GmbH halten X zu 90 % und Y und Z zu je 5 %. In 01. überträgt A seine gesamte Beteiligung an der OHG auf D, in 02 übertragen X und Y ihre Anteile an der C-GmbH auf E und F.

---

353 Obwohl § 1 Abs. 2a GrEStG auf den (dinglichen) Übergang der Anteile abstellt, wird das rein schuldrechtlich vereinbarte Treuhandverhältnis sofort als mittelbarer Gesellschafterwechsel angesehen. Gleiches gilt für atypisch stille Gesellschaften, da andernfalls § 1 Abs. 2a GrEStG umgehbar wäre. § 1 Abs. 3 GrEStG enthält demgegenüber eine klarere Formulierung, da § 1 Abs. 3 Nr. 1 bzw. Nr. 3 GrEStG auf das schuldrechtliche und § 1 Abs. 3 Nr. 2 bzw. Nr. 4 GrEStG auf das dingliche Rechtsgeschäft Bezug nehmen.

354 Zur geänderten Rechtslage bei Treuhandverhältnissen vgl. auch die Erl. des Finanzministeriums BaWü vom 16.05.2000, DStR 2000, S. 1014 und vom 14.05.2003, DStR 2003, S. 984. Zu beachten ist ferner, dass eine Abtretung von 100 % der Kommanditanteile an einer grundbesitzhaltenden Personengesellschaft selbst dann die Steuer nach § 1 Abs. 2a GrEStG auslöst, wenn zugleich mit der Abtretung hinsichtlich von 6 % der Anteile ein Treuhandverhältnis mit dem Zedenten vereinbart wird, d.h. der Veräußerer die 6 % der Anteile künftig treuhänderisch halten soll; vgl. BFH, Urt. v. 12.11.2004, AZ II B 5/04.

355 Vgl. hierzu kritisch *Weilbach*, § 1 Rn. 81; Konsequenz aus dieser Auffassung ist dann jedoch, dass die Rückübertragung des Anteils vom Treuhänder auf den Treugeber gem. § 3 Nr. 8 GrEStG befreit ist; vgl. Erl. vom 25.02.2010, Tz. 2.2., DStR 2010, S. 697. Nach Auffassung der FinVerw. führt auch die Beteiligung eines Anlegers über einen Treuhandkommanditisten bei geschlossenen Immobilienfonds nach § 1 Abs. 2a GrEStG zu einem Anteilsübergang; vgl. FinMin BaWü vom 09.08.2004, DStR 2004, S. 1610; ebenso FG Nürnberg, EFG 2004, S. 675; a.A. *Behrens/Schmitt*, DStR 2005, S. 1429.

356 Entsprechendes gilt für einen Treugeberwechsel. Vgl. hierzu und zum Treuhänderwechsel den Erl. vom 25.02.2010, Tz. 2.2., DStR 2010, S. 698.

▶ Beispiel 3 (= Tz. 4.2.3.) (Skizze 5)

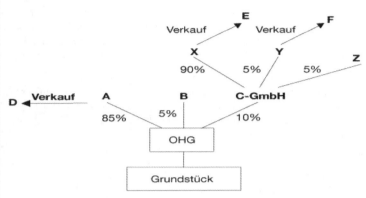

Lösung:

Die Übertragung der Beteiligung des A auf D führt zu einem unmittelbaren Gesellschafterwechsel i.H.v. 85 % der Anteile am Gesellschaftsvermögen. In Bezug auf die Anteile der C-GmbH liegt ein mittelbarer Gesellschafterwechsel i.H.v. 10 % vor, weil die Änderung der Anteile an der C-GmbH 95 % beträgt. Die mittelbare Anteilsänderung ist nicht anteilig (95 % von 10 %), sondern *voll* mit 10 % zu berücksichtigen.

251 Anmerkung:

Bei der Lösung der FinVerw. ist zu beachten, dass es für einen (mittelbaren) Gesellschafterwechsel i.R. des § 1 Abs. 2a GrEStG ausreicht, wenn zwei Gesellschafter, die lediglich unter Addition ihrer Geschäftsanteile zu insgesamt 95 % an einer GmbH beteiligt sind (hier X und Y), diese Anteile an Dritte weiterübertragen. Demgegenüber sind i.R. des § 1 Abs. 3 GrEStG n.F. nur solche mittelbaren Beteiligungen zu berücksichtigen, die zu mindestens 95 % gehalten werden.[357] Hierin liegt jedoch kein Wertungswiderspruch. Die differenzierte Betrachtung resultiert vielmehr aus der unterschiedlichen Struktur der beiden Tatbestände. Während § 1 Abs. 3 GrEStG die Zurechnung von Beteiligungen i.R. von Anteilsübertragungen bzw. Anteilsvereinigungen erfasst und insoweit gewisse Zurechnungsgrenzen erforderlich sind, stellt § 1 Abs. 2a GrEStG ausschließlich auf die Änderung des Gesellschafterbestandes ab. Eine derartige Änderung kann sich daraus ergeben, dass ein einzelner Gesellschafter eine 95 %-ige Beteiligung hält und diese überträgt oder aber, dass mehrere Gesellschafter mit geringeren Beteiligungen, die lediglich in der Summe die 95 %-Grenze erreichen, ihre Anteile übertragen. Wenn folglich durch eine oder mehrere Geschäftsanteilsübertragungen insgesamt 95 % der Geschäftsanteile wechseln, ist der Tatbestand des § 1

---

357 Vgl. Erl. des FinMin BaWü vom 14.02.2000, DStR 2000, S. 430; vgl. ferner *Schwerin*, RNotZ 2003, S. 486.

V. Die Erwerbsvorgänge des § 1 Abs. 2a GrEStG  **B.**

Abs. 2a GrEStG n.F. erfüllt. Hervorzuheben ist jedoch, dass im Anwendungsbereich des § 1 Abs. 2a GrEStG n.F. im Fall eines mittelbaren Gesellschafterwechsels die Anteilsänderung nicht nur anteilig (95 % von 10 %), sondern voll (im konkreten Fall also mit 10 %) zu berücksichtigen ist.[358] Demgegenüber enthält der Erlass des Finanzministeriums Baden-Württemberg zu § 1 Abs. 3 GrEStG vom 14.02.2000 keine entsprechende Klarstellung, sodass bei § 1 Abs. 3 GrEStG n.F. wohl davon auszugehen ist, dass lediglich eine anteilige (d.h. rechnerische) Zurechnung der mittelbaren Beteiligungen erfolgen kann. Diese Frage ist jedoch noch nicht ausdrücklich geklärt.

▶ Merksatz:

> Bei § 1 Abs. 2a GrEStG sind mittelbare Gesellschafteränderungen (z.B. bei der Komplementär-GmbH) nur zur beachten, wenn mindestens 95 % der Komplementär-Gesellschaftsanteile übertragen werden. Ändern sich allerdings 95 % der Komplementär-Gesellschaftsanteile, dann ist die volle Beteiligungsquote der GmbH an der Personengesellschaft i.R. des § 1 Abs. 2a GrEStG anzusetzen und nicht nur 95 % davon.

▶ Gestaltungshinweis:

> An der Komplementär-GmbH muss ein Fremdgesellschafter mit 6 % beteiligt werden, der niemals seine Anteile überträgt bzw. die Altgesellschafter sollten bei den Übertragungsvorgängen weiterhin zu mindestens 6 % an der Komplementär-GmbH beteiligt bleiben.

Umstritten ist allerdings, ob sich die Erwerber zusätzlich über Stimmrechtsbindungsverträge absichern können, um trotz der formalen Beteiligung eines Fremdgesellschafters bzw. eines Altgesellschafters i.H.v. 6 % an der Komplementär-GmbH die volle Entscheidungsgewalt zu haben. Die Unschädlichkeit von Stimmrechtsbindungsverträgen könnte daraus abzuleiten sein, dass § 1 Abs. 2a GrEStG nunmehr allein auf die Beteiligungsquote und nicht mehr auf die wirtschaftliche Betrachtungsweise abstellt. Allerdings ist es derzeit noch unklar, ob die Rechtsprechung in einem solchen Fall § 42 AO anwenden würde.[359] 252

Der sicherste Weg besteht somit darin, auf die Stimmrechtsbindungsverträge zu verzichten, zumal ein 6 %-iger Einfluss bei der Komplementär-GmbH kaum Auswirkungen haben dürfte. 253

---

358 Vgl. Erl. des FinMin. BaWü vom 14.02.2000, DStR 2000, S. 430; *Schwerin*, RnotZ 2003, S. 486; kritisch Reiß in *Tipke/Lang*, StR, § 15, Rz. 24, Fn. 57, 17. Aufl. 2002.
359 Nach herrschender Literaturauffassung ist jedoch eine Anwendung des § 42 AO i.R.d. missbrauchsindizierenden Tatbestandes des § 1 Abs. 2a GrEStG von vornherein ausgeschlossen. Die Wertungen des Gesetzgebers, in welchem Ausmaß rechtliche Gestaltungen als unangemessen missbilligt werden, ist durch das Spezialgesetz abschließend fixiert, sodass für eine zusätzliche Anwendung des § 42 AO neben § 1 Abs. 2a GrEStG kein Raum mehr ist. Vgl. *Behrens/Schmitt*, UVR 2005, S. 386.

**254** Neben diesen sehr komplizierten Sachverhalten kann § 1 Abs. 2a GrEStG n.F. jedoch auch in etwas einfacher gelagerten Situationen einschlägig sein, die es für den Vertragsgestalter zu erkennen gilt:

▶ Beispiel 4:

A und B sind alleinige Gesellschafter der M-GmbH. 100 %-ige Töchter der M-GmbH sind die T1-GmbH und die T2-GmbH, 100 %-ige Enkelgesellschaften sind E1-GmbH und E2-GmbH.

E1-GmbH und E2-GmbH sind zu je 50 % an der grundbesitzenden KG beteiligt. A und B verkaufen ihre Anteile an der M-GmbH an C und D.

**Beispiel 4 (Skizze 6)**

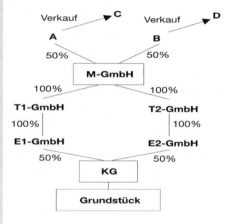

Lösung:

Da E1-GmbH und E2-GmbH an einer grundstücksbesitzenden Kommanditgesellschaft beteiligt sind und nunmehr A und B ihre Anteile an der M-GmbH an Dritte veräußern, werden mittelbar 100 % der Anteile an der KG übertragen, sodass auf der Ebene der KG GrESt gem. § 1 Abs. 2a GrEStG ausgelöst wird.

Der Anfall von GrESt würde nur vermieden, wenn A und B weiterhin zu insgesamt mehr als 5 % an der M-GmbH beteiligt blieben.[360]

**255** In der Praxis bereitet dabei der Fall, dass uno actu mehr als 95 % der Anteile an der grundbesitzhaltenden Personengesellschaft mittelbar übertragen werden, nur relativ geringe Probleme.

**256** Wesentlich gefährlicher sind sukzessive unmittelbare oder mittelbare Anteilsübertragungen.

---

360 Ebenso *Hörger/Mentel/Schulz*, DStR 1999, S. 574.

V. Die Erwerbsvorgänge des § 1 Abs. 2a GrEStG B.

Werden bspw. nur 5 % der Geschäftsanteile übertragen, sind aber innerhalb der letzten fünf Jahre bereits weitere 90 % der Geschäftsanteile übertragen worden, so löst die 5 %-ige Transaktion plötzlich GrESt aus dem *gesamten* Grundstücksvermögen der Gesellschaft aus. Die GrESt wird nicht anteilig i.H.v. 5 % des Grundbesitzwertes erhoben, sondern aus 100 %, da § 1 Abs. 2a GrEStG den Erwerb durch eine neue Gesellschaft fingiert und diese den gesamten Grundbesitz erwirbt.[361]   257

Hierbei sind sämtliche Grundstücke anzusetzen, die während der gesamten Tatbestandsverwirklichung (mehraktiger Vorgang) zum Vermögen der Personengesellschaft gehörten. Wurden somit einzelne Grundstücke vor Erfüllung des letzten Teilaktes (der 5 %-igen Transaktion) aus dem Vermögen der Gesellschaft heraus verkauft bzw. erst nach Erfüllung des ersten Teilaktes zum Vermögen hinzuerworben, zählen diese nicht mit zur Bemessungsgrundlage.   258

Dies zeigt, dass bei Anteilsübertragungen von unmittelbar oder mittelbar grundstückshaltenden Gesellschaften sämtliche Übertragungen der letzten fünf Jahre zu prüfen sind, um beurteilen zu können, ob GrESt anfällt.   259

Daher bietet sich bei GmbH-Geschäftsanteilsabtretungsurkunden folgender *Formulierungsvorschlag* an, um nicht in eine Grunderwerbsteuerfalle zu tappen:   260

▶ Formulierungsvorschlag:

*Zum Vermögen der Gesellschaft gehört[362] kein Grundbesitz; die Gesellschaft ist auch nicht an grundstückshaltenden Gesellschaften (unmittelbar oder mittelbar) beteiligt.*

Sofern die Gesellschaft an grundstückshaltenden Gesellschaften beteiligt ist, ist zu formulieren:

▶ Formulierungsvorschlag:

*Innerhalb der letzten fünf Jahre sind keine Gesellschafterwechsel bei der Gesellschaft oder bei Gesellschaftern, die an der heutigen Gesellschaft unmittelbar oder mittelbar beteiligt sind, erfolgt.[363]*

*d) Originärer Erwerb*

Unter *originärem* Erwerb ist der Beitritt neuer Gesellschafter bei gleichzeitiger Kapitalerhöhung zu verstehen. Soll das (künftige) Eigenkapital der Gesellschaft aufgrund   261

---

361 Die mehrfache Übertragung desselben Anteils zählt jedoch bei der Ermittlung der 95 %-Grenze nur einmal. Allerdings beginnt mit jeder Übertragung desselben Anteils der Lauf einer neuen 5-Jahres-Frist; vgl. *Behrens/Hofmann*, UVR 2004, S. 30.
362 Zu beachten ist, dass infolge der Phasenverschiebung nach vorne auch Grundstücke beachtlich sind, die zwar noch nicht im Eigentum der Gesellschaft stehen, über die aber bereits ein Erwerbsvertrag schuldrechtlich abgeschlossen wurde. Umgekehrt gehört derjenige Grundbesitz, der bereits schuldrechtlich veräußert, aber im Grundbuch noch nicht auf den Erwerber überschrieben wurde, nicht mehr zum Vermögen dieser Personengesellschaft. Vgl. hierzu Rdn. 227.
363 Wer diese Formulierung nicht in die Urkunde aufnehmen möchte, könnte sie zumindest in seinem Beratungsbogen (Checkliste) verwenden.

eines vorgefassten Plans – wie es z.B. bei der Durchführung größerer Immobilieninvestitionsvorhaben üblich ist – durch entsprechende Kapitalerhöhungen erbracht werden, ist § 1 Abs. 2a GrEStG erfüllt, wenn die neuen Gesellschafter innerhalb von fünf Jahren entsprechend dem vorgefassten Plan bezogen auf das geplante Eigenkapital im Verhältnis zu den Beteiligungen der Altgesellschafter zu mindestens 95 % beteiligt sind. (Vgl. nachfolgendes Beispiel 1).[364]

262 Altgesellschafter sind die Gründungsgesellschafter und grds. auch alle, die bereits vor dem Erwerb eines Grundstücks unmittelbar oder mittelbar an der Gesellschaft beteiligt gewesen sind. Gesellschafter, die bereits vor dem Erwerb eines Grundstücks an der Gesellschaft beteiligt waren, wurden allerdings nach früherer Auffassung der FinVerw. bereits als neue Gesellschafter und nicht als Altgesellschafter angesehen, wenn ihre Beteiligung mit einer Immobilieninvestition nach einem vorgefassten Plan verknüpft war. Inzwischen hat sich hier die Erlasslage geändert. Es sind bei der Ermittlung des Vomhundertsatzes künftig nur noch solche Gesellschafterwechsel zu berücksichtigen, die sich nach dem Grundstückserwerb vollziehen (vgl. nachfolgendes Beispiel 2).[365]

▶ **Beispiel 1:**

A und B gründen mit einer Beteiligung von je 5.000,– € eine GbR, die zum Zweck der Errichtung eines Bürogebäudes ein Grundstück erwirbt. Entsprechend der vorhandenen Finanzierungsplanung beteiligt sich zunächst ein weiterer Gesellschafter C mit 190.000,– € an der Gesellschaft. Anschließend treten der Gesellschaft weitere Gesellschafter bei, bis die erforderliche Kapitalaufstockung auf insgesamt 4 Mio. € vollzogen ist.

**Lösung:**

In diesem Fall ist § 1 Abs. 2a GrEStG nicht bereits mit dem Beitritt des C, sondern erst mit dem Vollzug der dem vorgefassten Plan entsprechenden Kapitalaufstockung i.H.v. 95 % bezogen auf 4 Mio. € verwirklicht, zu der auch der Kapitalbeitrag des C gehört.

In diesem Sachverhalt fällt somit zwei Mal GrESt an. Zunächst wird die GrESt gegen die aus A und B bestehende GbR für den Erwerb des Bauplatzes festgesetzt. Bemessungsgrundlage ist der Kaufpreis für das unbebaute Grundstück. Der anschließende originäre Erwerb der weiteren Gesellschaftsanteile führt jedoch zu einer weiteren Grunderwerbsteuerbelastung gem. § 1 Abs. 2a GrEStG durch die »neue« Personengesellschaft, an der sämtliche Kapitalanleger beteiligt sind. Gemäß § 8 Abs. 2 Satz 2 GrEStG ist nunmehr jedoch der Wert des Grundstücks abweichend von § 138 Abs. 1 Satz 2 BewG nach den tatsächlichen Verhältnissen im

---

364 § 1 Abs. 2a GrEStG zielt insoweit vor allem auf geschlossene Immobilienfonds, die als Kommanditgesellschaften konzipiert werden. Die Gesellschaft wird mit relativ geringem Kapital gegründet, das nach und nach durch Beitritt neuer Gesellschafter in erheblichem Umfang aufgestockt wird; vgl. hierzu *Weilbach*, UVR 2002, S. 47.
365 Vgl. gleichlautenden Erl. vom 25.02.2010, Tz. 3.6., DStR 2010, S. 698.

## V. Die Erwerbsvorgänge des § 1 Abs. 2a GrEStG   B.

Zeitpunkt der Fertigstellung des Gebäudes maßgebend, da die Änderung des Gesellschafterbestandes i.S.d. § 1 Abs. 2a GrEStG auf einem vorgefassten Plan zur Bebauung eines Grundstücks beruht. Bei dem zweiten Grunderwerbsteuerbescheid werden somit die Baukosten mit in die Bemessungsgrundlage einbezogen!

Eine Anrechnung der für den Grundstückskauf nach § 1 Abs. 1 Nr. 1 GrEStG relevanten Bemessungsgrundlage auf die für den Gesellschafterbeitritt nach § 1 Abs. 2a GrEStG maßgebende höhere Bemessungsgrundlage ist nach § 1 Abs. 6 Satz 2 GrEStG nicht möglich. Für den Bauplatzkauf gilt nur die aus den Initiatoren (A und B) bestehende Fondsgesellschaft als Erwerber, während der Tatbestand des § 1 Abs. 2a GrEStG durch die gesetzlich fingierte neue Personengesellschaft erfüllt wird. Mangels Erwerberidentität ist daher eine Verringerung der für § 1 Abs. 2a GrEStG maßgeblichen Bemessungsgrundlage nicht möglich.[366]

▶ **Beispiel 2:**

A und B gründen mit einer Beteiligung von je 5.000,– € eine GbR, um unter Hinzuziehung weiterer Geldgeber ein Grundstück zu erwerben und zu bebauen. Nunmehr beteiligt sich C mit einer Einlage von 300.000,– €. Anschließend erwirbt die Gesellschaft das Grundstück zum Zweck der Errichtung eines Bürogebäudes. Danach treten der Gesellschaft weitere Gesellschafter bei, bis die Kapitalaufstockung entsprechend der vorhandenen Finanzierungsplanung auf insgesamt 4 Mio. € vollzogen ist.

**Lösung:**

Obwohl C der Personengesellschaft vor dem Erwerb des Grundstücks beigetreten ist, gehörte sein Beitritt im Hinblick auf den vorgefassten Plan nach früherer Verwaltungsauffassung zu dem § 1 Abs. 2a GrEStG maßgeblichen Gesellschafterwechsel, d.h. C galt hier nach vormaliger Auffassung der Fin-Verw.[367] als neuer Gesellschafter.[368] Erst mit dem Vollzug der dem vorgefassten Plan entsprechenden Kapitalaufstockung i.H.v. 95 % bezogen auf 4 Mio. € waren demzufolge die Voraussetzungen des § 1 Abs. 2a GrEStG erfüllt.[369] Demgemäß wurden nach vormaliger Auffassung auch hier zwei Grunderwerbsteuerbescheide erlassen. Der erste Bescheid besteuerte den Erwerb des unbebauten Grundstücks durch die Initiatoren. Der weitere Bescheid besteuerte gem. § 8 Abs. 2

---

366 In § 1 Abs. 6 Satz 1 GrEStG wurde der Hinweis auf § 1 Abs. 2a GrEStG durch das Steuerentlastungsgesetz 1999/2000/2002 vom 24.03.1999, BGBl. I, S. 402, mit Wirkung vom 01.04.1999 gestrichen; vgl. hierzu auch *Hofmann*, § 1 Rn. 175.
367 Der früheren Verwaltungsansicht stimmt allerdings *Halaczinsky* zu, NWB, Fach 8, S. 1425.
368 Etwas anderes hätte gegolten, wenn C vor dem 01.01.1997 beigetreten wäre, da der zeitliche Anwendungsbereich des § 1 Abs. 2a GrEStG diesen Fall nicht erfasst; vgl. BFH, Urt. v. 08.11.2000 – II R 64/2000, MittBayNot 2001, S. 233 ff.
369 Würden die Beitretenden anstelle einer Kapitalbeteiligung lediglich ein Darlehenskonto erhalten, d.h. ihr Geld der Gesellschaft nur darlehensweise zur Verfügung stellen, ließe sich u.U. die GrESt vermeiden.

Satz 2 GrEStG die wesentliche Änderung des Gesellschafterbestandes gem. § 1 Abs. 2a GrEStG durch den Beitritt der Kapitalanleger, wobei für die Bemessungsgrundlage die tatsächlichen Verhältnisse zum Zeitpunkt der Fertigstellung des Gebäudes maßgebend waren. Die Baukosten zählten somit ebenfalls zur grunderwerbsteuerlichen Bemessungsgrundlage.

Diese vormalige Verwaltungsmeinung war jedoch stark umstritten, da § 1 Abs. 2a GrEStG seinem Wortlaut nach voraussetzt, dass zum Vermögen der Personengesellschaft ein inländisches Grundstück gehört und dass sich innerhalb der 5-Jahres-Frist der Gesellschafterbestand dergestalt ändert, dass mindestens 95 % der Anteile am Gesellschaftsvermögen auf neue Gesellschafter übergehen. Im Zeitpunkt des Beitrittes des Kapitalanlegers C gehörte der Gesellschaft jedoch noch kein Grundstück. Ein Grundstück »gehört« erst dann der Gesellschaft, sobald der grunderwerbsteuerliche Erwerbstatbestand verwirklicht wird.[370] Dieser Kritik hat sich inzwischen die FinVerw. gebeugt: Im Gegensatz zur früheren Auffassung, die auf die Gesamtplanbetrachtung abstellte, sind nunmehr nur noch solche Gesellschafterwechsel zu berücksichtigen, die sich zeitlich gesehen nach dem Grundstückserwerb vollziehen. Für Immobilienfondsgestaltungen bedeutet dies, dass man vor dem Erwerb des Bauplatzes bereits so viele Kapitalanleger zeichnen lassen sollte, dass mindestens 5,1 % am Gesellschaftsvermögen (bezogen auf die Gesamtinvestitionssumme) beteiligt sind. Durch den Beitritt der weiteren Gesellschafter kann dann die 95 %-Schwelle des § 1 Abs. 2a GrEStG nicht mehr erreicht werden.[371]

In diesem Zusammenhang sollte aber folgende grunderwerbsteuerliche Falle nicht verkannt werden: Sofern die Initiatoren A und B sich den Erwerb des Bauplatzes über entsprechende Angebote, Planungsvorhaben etc. wirtschaftlich dergestalt gesichert haben, dass sie schon zeitlich vor dem Beitritt des C wirtschaftliche Eigentümer des Grundstücks i.S.d. § 1 Abs. 2 GrEStG waren, kann der Tatbestand des § 1 Abs. 2a GrEStG gleichwohl noch erfüllt werden. Das Grundstück »gehört« nämlich bereits dann der Gesellschaft, sobald ein grunderwerbsteuerlicher Erwerbstatbestand verwirklicht wurde. Der Erwerbstatbestand muss nicht zwingend der Abschluss eines schuldrechtlichen Kaufvertrages sein. Es kann hier auch eine Phasenverschiebung nach vorne durch den Erwerb der wirtschaftlichen Verwertungsbefugnis i.S.d. § 1 Abs. 2 GrEStG eintreten, bevor der Beitritt des C erfolgt. In einem solchen Fall wäre C dann gleichwohl ein neuer Gesellschafter i.S.d. § 1 Abs. 2a GrEStG. Sofern die Initiatoren jedoch vor Abschluss des notariellen Grundstückskaufvertrages noch keine Verwertungsbefugnis an dem Grundstück i.S.d. § 1 Abs. 2 GrEStG erlangt hatten, würde es nach neuerer Verwaltungsauffassung im Beispiel 2 nicht mehr zu einer Änderung von 95 % der Beteiligungsverhältnisse kommen. Als der

---

370 Vgl. zu dieser Phasenverschiebung nach vorne die vorstehenden Ausführungen unter Rdn. 227–229.
371 Vgl. hierzu ausführlich *Schanko*, UVR 2010, S. 150; vgl. ferner Erl. vom 25.02.2010, Tz. 3.6., DStR 2010, S. 698.

grunderwerbsteuerlich relevante Grundstückserwerb erfolgte, waren nämlich bereits so viele Kapitalanleger beigetreten, dass es anschließend nicht mehr zu einer Änderung von 95 % der Beteiligungsverhältnisse kam. Folglich würde in Beispiel 2 dann nur einmal GrESt aus dem Kaufpreis für das unbebaute Grundstück erhoben werden.[372]

Als sicherste Gestaltung bietet es sich an, das unbebaute Grundstück erst zu erwerben, nachdem sämtliche Kapitalanleger beigetreten sind. Hier konnte selbst die FinVerw. nach ihrer früheren Auffassung keinen originären Erwerb infolge des vorgefassten Plans unterstellen, da kein neuer Gesellschafter nach dem Grundstückserwerb mehr beitritt. Eine derartige Gestaltung dürfte jedoch in der Praxis kaum durchsetzbar sein. Häufig ist es nämlich nicht möglich, bereits im Vorfeld sämtliche Investoren zu finden und erst anschließend das Grundstück zu erwerben.

Eine weitere Gestaltungsmöglichkeit bestünde darin, dass einer der Initiatoren (Gründungsgesellschafter) dauerhaft mit mindestens 5,1 % am Gesellschaftsvermögen beteiligt bleibt. In der Praxis stellt sich hier jedoch häufig das Problem, dass ein einzelner Initiator nicht über die entsprechenden Kapitalmittel verfügt, um eine derart hohe Beteiligungsquote durchgängig zu behalten. In diesem Zusammenhang ist auf die schuldrechtlichen Vereinbarungen abzustellen und nicht auf die tatsächliche Leistung der Einlage. Dies folgt schon daraus, dass es auch bei einer Steuerpflicht nach § 1 Abs. 1 Nr. 1 GrEStG lediglich auf den schuldrechtlichen Vertrag und nicht etwa auf die Leistung des Kaufpreises ankommt. Entscheidend ist aber, dass der Initiator auch an Chancen und Risiken beteiligt ist. Sofern also die Einzahlungspflicht des Initiators gesellschaftsvertraglich gestundet wird, kommt es darauf an, ob er bei einem Liquidationsverlust Nachschüsse leisten muss oder nicht; ist er nur an den Chancen, nicht aber an den Risiken beteiligt, besteht nach wie vor die Gefahr, dass die FinVerw. hier eine Steuerpflicht aus § 1 Abs. 2a GrEStG herleitet.

Fällt die Kapitalerhöhung nachträglich jedoch geringer aus, als es dem Finanzierungsplan entspricht, weil sich z.B. die Investitionskosten verringert haben, ist das Beteiligungsverhältnis der Alt- und Neugesellschafter zur Ermittlung der 95 %-Grenze von dem verringerten Eigenkapital zu berechnen. Für die Ermittlung dieses Eigenkapitals ist der Zeitpunkt maßgebend, in dem die Investition tatsächlich vorgenommen wurde, spätestens wenn das Objekt fertiggestellt worden ist.

Nach Auffassung der FinVerw. führt auch die Beteiligung eines Anlegers über einen Treuhandkommanditisten nach § 1 Abs. 2a GrEStG zu einem Anteilsübergang.[373]

---

372 Vgl. hierzu *Eisolt*, BB 1998, S. 247 ff., welcher im Bezug auf Immobilienfondsmodelle mit einer Kapitalerhöhung im Hinblick auf den Gesetzeswortlaut des § 1 Abs. 2a GrEStG empfiehlt, »möglichst viele Gesellschafter der Personengesellschaft bereits zu einem Zeitpunkt beitreten zu lassen, in dem das Grundstück der Personengesellschaft noch nicht gehört«.
373 Vgl. Erl. des FinMin BaWü vom 09.08.2004, DStR 2004, S. 1610; ebenso FG Nürnberg, EFG 2004, S. 675; a.A. *Behrens/Schmitt*, DStR 2005, S. 1429 ff.

**B.** Die Steuerbarkeit

Üblicherweise haben die Anleger bei geschlossenen Immobilienfonds die Wahl, ob sie sich direkt als Kommanditisten beteiligen wollen oder über einen sogenannten Treuhandkommanditisten. Im letztgenannten Fall schließt der Anleger einen Treuhandvertrag mit dem gesellschaftsrechtlich an der Fonds-KG beteiligten Treuhandkommanditisten,[374] d.h. der Anleger selbst ist nicht gesamthänderisch an der KG beteiligt.[375] Nach der Verwaltungsmeinung ist jedoch auch der Beitritt über einen an der Gründung der Fondsgesellschaft bereits beteiligten Treuhandkommanditisten nicht geeignet, den zweimaligen Anfall von GrESt zu verhindern.[376]

Nach a.A. kann dagegen der Erwerb einer Beteiligung durch einen Treugeber über einen als Altgesellschafter zu qualifizierenden Treuhandkommanditisten nicht als Anteilsübergang i.S.d. § 1 Abs. 2a GrEStG angesehen werden, da sich die dinglichen Beteiligungsverhältnisse nicht ändern.[377] Nach dieser Auffassung kann § 1 Abs. 2a GrEStG nur durch den dinglichen Übergang der Rechtsinhaberschaft an Anteilen auf neue Gesellschafter verwirklicht werden. Im Fall von Beteiligungen über einen Treuhandkommanditisten erlangen die Anleger keine dingliche Rechtsinhaberschaft an den Gesellschaftsanteilen. Der Anfall von GrESt in der Platzierungsphase kann also dadurch vermieden werden, dass sich Anleger in ausreichendem Maße (bei nur

---

374 Der Treuhänder ist regelmäßig eine GmbH, um die bei dem Versterben einer natürlichen Person entstehenden erbrechtlichen Probleme zu vermeiden. Die Treuhand-GmbH wird im Grundbuch – zusammen mit der vom Initiator regelmäßig gegründeten GmbH – als Gesamthandseigentümer eingetragen.
375 Bei der Beteiligung des Anlegers an einem Immobilienfonds wird häufig ein Grundbuchtreuhänder eingeschaltet, der die Gesellschaftsanteile für alle beitretenden Gesellschafter hält, um nicht den Grundbuchverkehr durch Eintragung sämtlicher Gesellschafter zu erschweren. Um den Anleger zusätzlich für den Fall der Beendigung des Treuhandverhältnisses zu schützen, wird der Anspruch auf Herausgabe der GbR-Anteile für den Fall der Beendigung des Treuhandverhältnisses durch eine Auflassungsvormerkung im Grundbuch gesichert. Um auch hier zu vermeiden, dass alle Gesellschafter als Vormerkungsberechtigte eingetragen werden müssen, wird häufig wiederum ein weiterer Treuhänder als Vormerkungsberechtigter bestellt, mit der Folge, dass sich Grundbuchtreuhänder und Auflassungsvormerkungstreuhänder gegenseitig kontrollieren können; vgl. *Görlich*, NWB Fach 18, S. 3281. Durch die Einschaltung der Grundbuchtreuhand könnte zusätzlich GrESt anfallen, wenn es in der Hand des Treuhänders zu einer Anteilsvereinigung kommen würde. Regelmäßig verbleibt jedoch der Initiator als Mitgesellschafter neben der Grundbuchtreuhand-GmbH als Altgesellschafter in dem Immobilienfonds.
376 Dies gilt, obwohl bei Gründungsgesellschaftern deren Status als Altgesellschafter grds. nicht infrage gestellt wird; vgl. Erl. des FinMin BaWü vom 26.02.2003, Tz. 4., DStR 2003, S. 980; ebenso *Salzmann/Loose*, DStR 2004, S. 1944, Fn. 35; *Behrens/Schmitt*, DStR 2005, S. 1430; *Hofmann*, § 1 Rn. 94 und Rn. 120; *Heine*, UVR 2000, S. 454; *Eggers/Fleischer/Wischott*, DStR 1998, S. 1904. Die FinVerw. vertritt die Auffassung, dass ein Grundstück auch dann durchgängig zum Vermögen der Gesellschaft gehört, wenn es im Zusammenhang mit einem vorgefassten Plan erst nach einem teilweise vollzogenen Gesellschafterwechsel erworben wurde; vgl. Erl. koordinierter Länder-Erl. vom 26.02.2003, BStBl. I, 2003, S. 271, Tz. 3.
377 Vgl. *Behrens/Schmitt*, DStR 2005, S. 1431; *Pahlke*, § 1 Rn. 286; *Hofmann*, § 1 Rn. 112.

V. Die Erwerbsvorgänge des § 1 Abs. 2a GrEStG                                    B.

0 %-iger Beteiligung der Gründungsgesellschafter also i.H.v. mehr als 5 %) über Treuhandkommanditisten beteiligen, die zu den Gründungsgesellschaftern gehören. Die sich direkt als Kommanditisten beteiligenden Anleger erwerben dann weniger als 95 % der Anteile, sodass der Tatbestand des § 1 Abs. 2a GrEStG nicht erfüllt wird.[378] Im Hinblick darauf, dass die FinVerw. derzeit jedoch die gegenteilige Auffassung vertritt, kann zu entsprechenden Gestaltungen noch nicht geraten werden.

[derzeit unbesetzt]                                                              265

### 5. Fünf-Jahres-Zeitraum

Für die Beurteilung der Frage, ob aufgrund einer Änderung des Gesellschafterbestandes von mindestens 95 % der Anteile eine Grundstücksübertragung anzunehmen ist, sind alle Anteilsübertragungen innerhalb von fünf Jahren zu berücksichtigen.[379] Die Fünf-Jahres-Frist gilt für die Zusammenrechnung von sukzessiven Anteilsübertragungen. Übertragungen von mindestens 95 % der Anteile, die in einem Rechtsakt vollzogen werden, vollziehen sich in einer logischen Sekunde, also immer innerhalb eines Zeitraums von fünf Jahren.[380] § 1 Abs. 2a GrEStG n.F. ist erstmals auf Rechtsgeschäfte anzuwenden, die die Voraussetzungen dieser Bestimmungen nach dem 31.12.1999 erfüllen (§ 23 Abs. 6 GrEStG).                                          266

---

378 Vgl. *Behrens/Schmitt*, DStR 2005, S. 1433.
379 Maßgeblich ist der dingliche Rechtsübergang der Anteile innerhalb der Fünf-Jahres-Frist; vgl. *Behrens/Hofmann*, UVR 2004, S. 28. Sofern die Abtretung eines Kommanditanteils – etwa zur Vermeidung einer Haftung nach § 176 Abs. 2 HGB – unter der aufschiebenden Bedingung der Eintragung des Käufers als Kommanditist im HR samt Nachfolgevermerk steht, liegt ein im Rahmen von § 1 Abs. 2a GrEStG relevanter Anteilsübergang folglich erst mit Eintritt dieser Bedingung (HR-Eintragung) vor.
380 Zu § 1 Abs. 2a Satz 3 GrEStG vgl. *Pahlke*, § 1 Rn. 309. Die Vorschrift betrifft insb. Fälle, in denen die Personengesellschaft vor der Änderung des Gesellschafterbestandes ein Grundstück von einem Gesellschafter erworben hatte. Durch die Regelung soll bei der Personengesellschaft eine Doppelbelastung mit GrESt ausgeschlossen werden. Wegen § 5 Abs. 3 GrEStG würde die Vergünstigung des § 5 Abs. 2 GrEStG für den Ersterwerb wegen des nachfolgenden Gesellschafterwechsels entfallen und zugleich würde über § 1 Abs. 2a GrEStG der nachfolgende Gesellschafterwechsel besteuert. Die Nachbesteuerung gem. § 5 Abs. 3 GrEStG wird daher auf die Steuer aus § 1 Abs. 2a GrEStG angerechnet. Nach der Neufassung des § 1 IIa Satz 3 GrEStG (durch das Steueränderungsgesetz 2001, BGBl. 2001 I, S. 3806 ff.) gilt entsprechendes in den Fällen, in denen gem. § 6 Abs. 3 Satz 3 GrEStG n.F. die Steuervergünstigung für den Ersterwerb nachfolgend zu versagen ist; vgl. hierzu Erl. vom 25.02.2010, Tz. 5., DStR 2010, S. 699. Die Anrechnungsbestimmung ist nur bei sukzessiven Anteilsabtretungen relevant. Werden in einem Schritt 95 % oder mehr der Anteile abgetreten, entfällt eine Nachbesteuerung des ursprünglichen Erwerbsvorganges bereits infolge einer teleologischen Reduktion des Anwendungsbereiches des § 5 Abs. 3 GrEStG. Dies gilt selbst dann, wenn unterschiedliche Steuerbemessungsgrundlagen für die verschiedenen Erwerbsvorgänge bestehen sollten.

**267** Der Fünf-Jahres-Zeitraum des § 1 Abs. 2a GrEStG kann entgegen der bisherigen Verwaltungsauffassung nach einem Urteil des BFH vom 08.11.2000 nicht vor dem 01.01.1997 – dem Inkrafttreten des § 1 Abs. 2a GrEStG a.F. – begonnen haben.[381]

**268** Zu beachten ist außerdem, dass § 1 Abs. 2a n.F. GrEStG, welcher erstmals ausdrücklich auch *mittelbare* Änderungen des Gesellschafterbestandes erfasst, erst am 01.01.2000 in Kraft getreten ist. Unseres Erachtens ist folglich – entgegen der Auffassung der FinVerw.[382] – auf der Grundlage des BFH-Urteils vom 08.11.2000 zu § 1 Abs. 2a GrEStG a.F. davon auszugehen, dass mittelbare Änderungen im Gesellschafterbestand i.S.d. § 1 Abs. 2a GrEStG n.F. erst seit 01.01.2000 berücksichtigt werden können.[383] Für die hier vertretene Auffassung spricht, dass nach einem neueren Urteil des BFH mittelbare Änderungen im Gesellschafterbestand bei Anwendung des § 1 Abs. 2a GrEStG in der bis Ende 1999 geltenden Fassung nicht zu berücksichtigen sind.[384]

Unbefriedigend ist, dass die Obersten Finanzbehörden der Länder[385] die Geltung der Fünf-Jahres-Frist auf allen Beteiligungsebenen nicht bestätigt haben. U.E. ist auf allen Beteiligungsebenen auf den selben Fünf-Jahres-Zeitraum abzustellen, d.h. es dürfen – um Grunderwerbsteuer nach § 1 Abs. 2a GrEStG festzusetzen bzw. einen entsprechenden Feststellungsbescheid nach § 17 Abs. 3 Nr. 2 GrEStG zu erlassen – nur Anteilsübergänge, die innerhalb derselben Fünf-Jahres-Zeitraums dinglich wirksam geworden sind, unabhängig davon, auf welcher Ebene sie erfolgen. Dies gebietet der Zweck des § 1 Abs. 2a GrEStG als spezieller Missbrauchsvermeidungsvorschrift.[386] Zudem würde die Vorschrift gänzlich unpraktikabel.

---

381 Vgl. BFH, Urt. v. 08.11.2000 – II. R 64/2000, MittBayNot 2001, S. 233 ff.; vgl. zur bisherigen a.A. gleichlautende Erl. der Obersten Finanzbehörden der Länder vom 24.06.1998, MittBayNot 1998, S. 383 ff.; *Pahlke*, § 1 Rn. 293; vgl. ferner zur Rückwirkungsproblematik *Weilbach*, § 1 Rn. 83.

382 Vgl. den gleichlautenden Erl. der Obersten Finanzbehörden der Länder vom 26.02.2003, DStR 2003, S. 980 ff., Tz. 5.

383 Die FinVerw. ist somit der Ansicht, dass § 1 IIa n.F. GrEStG durch die ausdrückliche Aufnahme mittelbarer Änderungen des Gesellschafterbestandes lediglich eine Klarstellung, also keine Erweiterung der bisherigen Rechtslage bedeutet; vgl. gleichlautenden Erl. vom 26.02.2003, DStR 2003, S. 980 ff., Tz. 5.; ebenso FG Niedersachsen, DStR 11/2007, S. XII rkr.

384 Vgl. BFH, Urt. v. 30.04.2003, DStR 2003, S. 1390 ff. Ebenso *Schwerin*, RNotZ 2003, S. 488. Die FinVerw. vertritt dagegen die Auffassung, dass der 5-Jahres-Zeitraum des § 1 Abs. 2a GrEStG, also auch für mittelbare Gesellschafterwechsel, nur dadurch zeitlich begrenzt wird, dass die Änderungen des Gesellschafterbestandes, die vor dem 01.01.1997 vorgenommen worden sind, nicht zu berücksichtigen sind; vgl. den gleichlautenden Erl. der Obersten Finanzbehörden der Länder vom 26.02.2003, DStR 2003, S. 980 ff., Tz. 5.

385 Vgl. Tz. 2.2 dritter Spiegelstrich der gleichlautenden Länder-Erl. vom 18.02.2014, BStBl. I 2014, 561.

386 Vgl. bereits *Behrens/Hofmann*, UVR 2004, 27, 33. Vgl. auch *Behrens*, DStR 2014, 1526, 1532 ff.

Erst recht unvertretbar wäre die Sichtweise, dass Anteilsübertragungen auf Ebene an der Personengesellschaft, zu deren Vermögen ein inländisches Grundstück gehört, beteiligter Kapitalgesellschaften unabhängig von der Länge des Zeitraums, in dem die Anteilsübergänge erfolgen, zusammenzurechnen seien. Eine solche Sichtweise wäre u.E. im Hinblick auf die in § 1 Abs. 2a GrEStG enthaltene Missbrauchstypisierung erst recht unzulässig.

Die Geltung der Fünf-Jahres-Frist i.S.v. § 1 Abs. 2a Satz 1 GrEStG auf Ebene unmittelbar oder mittelbar an der grundstücksbesitzenden Personengesellschaft beteiligter Kapitalgesellschaften hat u.E. weiter zur Folge, dass ursprünglich an der Kapitalgesellschaft nicht Beteiligte nach Ablauf von fünf Jahren nach ihrem Anteilserwerb zur Altgesellschaftern der Kapitalgesellschaft werden, was zu Folge hat, dass auch die Kapitalgesellschaft selbst zur Altgesellschafterin der grundstücksbesitzenden Personengesellschaft wird. Die in Tz. 2.1 der Erl. vom 18.02.2014 zum Ausdruck gebrachte Verwaltungsansicht, dass die Gesellschafter von Kapitalgesellschaften keine sog. Altgesellschafter sein könnten, ist abzulehnen.

In dem Referentenentwurf eines Gesetzes zur Umsetzung der Protokollerklärung zum Gesetz zur Anpassung der AO an der Zollkodex der Union und zur Änderung weiterer steuerlicher Vorschriften vom 19.02.2015, der eine Ergänzung von § 1 Abs. 2a GrEStG zum Zwecke der Durchsetzung der Verwaltungsansicht zur Auslegung des Tatbestandsmerkmals »mittelbarer Anteilsübergang« (entgegen dem BFH-Urteil II R 17/10 vom 24.04.2013)[387] enthält, wird leider ebenfalls nicht ausdrücklich angeordnet, dass derselbe Fünf-Jahres-Zeitraum, der auf Ebene der unmittelbar an der Grundstücke haltenden Personengesellschaft Beteiligten gilt, auch bei Anteilsübergängen in einer höheren Beteiligungsebene zu beachten ist. In dem vorgeschlagenen neuen Satz 3 soll lediglich geregelt werden, dass eine unmittelbar beteiligte Kapitalgesellschaft in vollem Umfang als neue Gesellschafterin gilt, »wenn an ihr mindestens 95 von Hundert der Anteile auf neue Gesellschafter übergehen«. Dieser Wortlaut überlässt es leider der Auslegung der Vorschrift, dass auf allen Ebene dieselbe Fünf-Jahres-Frist gilt. Zu kritisieren ist außerdem, dass dieser Wortlaut nicht erkennen lässt, inwiefern Änderungen im Gesellschafterbestand einer unmittelbar beteiligten Kapitalgesellschaft vor der zeitlichen Anwendbarkeit des geänderten § 1 Abs. 2a GrEStG-E bei der Ermittlung der 95 %-Grenze zu berücksichtigen sind.

### 6. Unanwendbarkeit von § 42 AO im Anwendungsbereich von § 1 Abs. 2a GrEStG

Unterhalb der 95 %-Grenze des § 1 Abs. 2a GrEStG n.F. ist ein Wechsel im Gesellschafterbestand einer Personengesellschaft nicht steuerpflichtig. Eine Ausnahme hiervon gilt, wenn der Anteil an einer Personengesellschaft mit einem der Gesellschaft gehörenden Grundstück (häufig Wohnungs- oder Teileigentum) verknüpft ist. Bei

---

387 Vgl. BStBl. II 2013, 833. Gegen dieses Urteil beschloss die FinVerw. am 09.10.2013 einen Nicht-Anwendungs-Erlass.

einer derartigen Konstruktion soll mit der Übertragung des Gesellschaftsanteiles letztlich das durch diesen verkörperte Grundstück grunderwerbsteuerfrei (da der Gesellschaftsanteil weniger als 95 % beträgt) an den Anteilserwerber übertragen werden. Die Rechtsprechung nimmt hier eine Steuerpflicht aus § 1 Abs. 1 GrEStG i.V.m. § 42 AO an (es wird also nicht auf § 1 Abs. 2 GrEStG zurückgegriffen), wenn der Anteil an der Personengesellschaft mit einer besonderen Berechtigung an dem Grundstück untrennbar verknüpft ist.[388] Faktisch handelt es sich bei einem Erwerb eines derart ausgestalteten Gesellschaftsanteiles, nach der BFH-Rechtsprechung um einen Grundstückserwerb. Voraussetzung für die Besteuerung nach § 42 AO ist hierbei, dass dem Gesellschafter nach der gesellschaftsvertraglichen Vereinbarung aufgrund einer gesicherten Rechtsposition eine eigentümerähnliche Dispositionsbefugnis über ein reales Grundstück (bzw. einen Grundstücksteil) eingeräumt wird.[389]

▶ Beispiel:

A erwirbt einen 40 %-igen Anteil an einer GbR, dem ein bestimmtes Grundstück zugeordnet ist. A kann im Fall der Kündigung der Gesellschaft keine Abfindung in Geld, sondern die Übertragung des seinem Gesellschaftsanteil zugeordneten Grundstücks verlangen. A tritt seinen Anteil an B ab.[390]

Lösung:

Der Erwerb des Gesellschaftsanteils ist grunderwerbsteuerpflichtig nach § 1 Abs. 1 Nr. 1 GrEStG i.V.m. § 42 AO, da der Gesellschafter die Übereignung des Grundstücks durch einseitige Erklärung (z.B. Kündigung oder Auflösung der Gesellschaft) herbeiführen kann. Der Steuerpflicht steht auch nicht entgegen, wenn die erstmalige Kündigung der Gesellschaft erst nach Ablauf eines mehrjährigen Zeitraums (der in der Praxis mit Rücksicht auf die §§ 6 Abs. 3, 7 Abs. 3 GrEStG zumeist auf über fünf Jahre festgelegt ist) möglich ist. Dies ist zutreffend, weil der Gesellschafter den Wert seines Gesellschaftsanteils auch ohne weiteres bereits vorher durch Anteilsabtretung realisieren kann.[391]

270 Nicht steuerpflichtig sind dagegen Vorgänge, bei denen im Zeitpunkt des Erwerbs des Gesellschaftsanteils für den Erwerber noch keine gesicherte Position auf Erwerb des Grundstücks besteht, er also nicht durch einseitige Erklärung seine Gesellschafterstellung in einen Anspruch auf Übertragung des Eigentums an diesem Grundstück umwandeln kann. Kein Gestaltungsmissbrauch liegt deshalb vor, wenn z.B. dem

---

388 Vgl. BFH, BStBl. II 1989, S. 628.
389 Vgl. *Pahlke*, § 1 Rn. 65. Nach einem Urt. des FG Hamburg vom 30.09.2004 (rkr) wird beim Kauf eines GbR-Anteils zugleich die Verwertungsbefugnis nach § 1 Abs. 2 GrEStG an einer Eigentumswohnung erworben, wenn diese an den Erwerber übergeben wird und er das Nutzungsrecht und das Recht zur Weiterveräußerung auf seine Rechnung mit der Maßgabe erhält, dass die notwendige Zustimmung der Mitgesellschafter nur aus wichtigem Grund versagt werden kann; vgl. FG Hamburg, DStRE 2005, S. 473.
390 Dieses Beispiel ist dem aus *Pahlke*, § 1 Rn. 65, nachgebildet.
391 Vgl. *Pahlke*, § 1 Rn. 66.

V. Die Erwerbsvorgänge des § 1 Abs. 2a GrEStG   B.

Gesellschafter zwar bei Auflösung der Gesellschaft ein Anspruch auf Eigentumsübertragung des ihm bisher nur schuldrechtlich zugeordneten Grundstücks zusteht, er alleine aber die Auflösung der Gesellschaft nicht herbeiführen kann und er auch ansonsten – z.b. durch Kündigung – seine Beteiligung nicht unmittelbar selbst in einen Anspruch auf Eigentumsübertragung umwandeln kann.[392]

Solange es durch die entsprechende Ausgestaltung des Gesellschaftsvertrages an einer gesicherten Rechtsposition des Gesellschafters fehlt, kann folglich auch kein Gestaltungsmissbrauch i.S.d. § 42 AO unterstellt werden, wenn später tatsächlich die Übertragung des zugeordneten Grundstücks an den entsprechenden Gesellschafter erfolgt. 271

Kritisch anzumerken ist, dass es auch denkbar wäre, die Steuerbarkeit des mit einem realen Grundstück verknüpften Gesellschaftsanteils aus § 1 Abs. 2 GrEStG herzuleiten.[393] 272

### 7. Der entrechtete Altgesellschafter (Anteilszurechnung nach § 39 Abs. 2 Nr. 1 AO durch den BFH)

Im Urteil II R 49/12 vom 09.07.2014[394] rechnete der BFH in einem Fall, in dem der mit einem Anteil von 5,6 % zivilrechtlich in der Grundstücks-KG verbliebene Altgesellschafter durch weitere Absprachen vollständig zugunsten des neuen 94,4 %igen Gesellschafters »entrechtet« worden war, den 5,6 %igen Anteil am Vermögen der grundbesitzenden K dem Käufer des 94,4 %igen Anteils (d.h. einem vom zivilrechtlichen Inhaber verschiedenen Dritten) nach den Grundsätzen des § 39 Abs. 2 Nr. 1 AO zu. Der Dritte ist danach mittelbarer Anteilserwerber, auch wenn das Mitgliedschaftsrecht zwar zivilrechtlich beim bisherigen Gesellschafter verbleibt, aufgrund rein schuldrechtlicher Bindungen jedoch dem Dritten das Risiko der Wertminderung und die Chance der Wertsteigerung sowie die mit dem unmittelbar an der grundbesitzenden Personengesellschaft bestehenden Anteil verbundenen wesentlichen Rechte zustehen und der Dritte aufgrund bürgerlich-rechtlichen Rechtsgeschäfts bereits eine rechtlich geschützte, auf den Erwerb des Anteils gerichtete Position erworben hat, die ihm gegen seinen Willen nicht mehr entzogen werden kann. Nach Ansicht des BFH soll dann eine *mittelbare* Änderung des Gesellschafterbestandes i.S.v. § 1 Abs. 2a GrEStG gegeben sein.[395] 272.1

---

392 Vgl. BFH, NV 2001, S. 1144.
393 Vgl. hierzu *Pahlke*, § 1 Rn. 70; Die dogmatische Herleitung des Ergebnisses über § 42 AO führt dazu, dass bei einem Beitritt des Steuerpflichtigen zu einer entsprechenden Grundstücks-GbR eine Grunderwerbsteuerbarkeit zu verneinen ist, wenn das GbR-Modell nicht unter dem Gesichtspunkt der Vermeidung einer Grunderwerbbesteuerung gewählt wurde, sondern primär der Aspekt des Erhalts von Sonderabschreibungen nach dem Fördergebietsgesetz im Vordergrund stand; vgl. Sächsisches FG, Urt. v. 11.04.2002, 2 K 2388/99, EFG 2002, 1104; BFH-Urteil II R 23/02 vom 01.12.2004, BFH/NV 2005, 721.
394 Vgl. BFH/NV 2014, 1667. Erstinstanzlich: FG BaWü, Urteil 2 K 364/08 vom 27.07.2011, EFG 2013, 395.
395 Nach der Formulierung des ersten amtlichen Leitsatzes des Urteils II R 49/12 »ist der Anteil am Gesellschaftsvermögen dem Dritten als Neugesellschafter zuzurechnen«.

| B. | Die Steuerbarkeit |

In dem zu beurteilenden Sachverhalt hatte sich ein i.H.v. 5,6 % dinglich an der grundbesitzenden GmbH & Co. KG beteiligt gebliebener Altgesellschafter im Verhältnis zum Neu-Gesellschafter vielfachen Beschränkungen unterworfen (jederzeit ausübbare *Call Option* des Neugesellschafters, Abtretung des aus dem zurück behaltenen 5,6 %igen Anteils resultierenden Gewinnstammrechts an den Neugesellschafter, Bevollmächtigung eines Anwalts des Neu-Gesellschafters, etc.). Der Sachverhalt lässt sich vereinfacht wie folgt veranschaulichen:

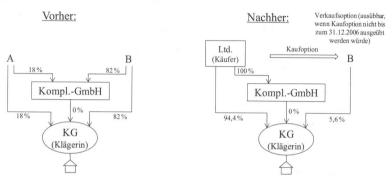

Am 16.10.2000 veräußerte der bisherige Kommanditist A sämtliche von ihm gehaltenen Anteile und der zweite bisherige Kommanditist B – bis auf einen Anteil von 5,4 % – ebenfalls die von ihm gehaltenen Anteile an der grundbesitzenden KG und an der Komplementär-GmbH. Die Abtretung der Anteile an den Käufer erfolgte unter der aufschiebenden Bedingung der vollständigen Kaufpreiszahlung, die am 01.11.2001 (Übergabestichtag) fällig war.[396] Dem Käufer wurde im Kaufvertrag einer jederzeit ausübbare Kaufoption auf den bei dem Altgesellschafter B verbliebenen 5,6 %igen Anteil mit einem Ausübungspreis von DM 1,3 Mio. eingeräumt. Zudem erhielt B ein *Put-Option* für den Fall, dass der Käufer die Kaufoption nicht spätestens bis zum 31.12.2006 ausüben würde.

Am 16. bzw. 19.11.2001 übertrug B das »Gewinnstammrecht« auf den Käufer. Der Käufer gewährte dem B am 16. bzw. 19.11.2001 ein Darlehen i.H.v. DM 1 Mio., das er sofort an B auszahlte. B erteilte dem Vertreter des Käufers am 20.11.2001 eine auf die 5,6 %ige Beteiligung an der grundbesitzenden KG gezogene »unwiderrufliche« Vollmacht. Ob die am 16. bzw. 19.11.2001 vorgenommenen Rechtsgeschäfte bereits

---

396 Das FG hatte den Zeitpunkt der vollständigen Kaufpreiszahlung nicht festgestellt. Der BFH konnte deshalb den Zeitpunkt der Verwirklichung des Tatbestands von § 1 Abs. 2a GrEStG nicht prüfen und verwies die Sache an das FG zurück, vgl. BFH-Urteil II R 49/12 vom 09.07.2014, BFH/NV 2014, 1667, Tz. 26: »Bei einer vollständigen Kaufpreiszahlung bis zum 19.11.2001 ist der Tatbestand des § 1 Abs. 2a GrEStG am 19.11.2001 und bei einer späteren Kaufpreiszahlung entsprechend später erfüllt«. Dies bestätigt, dass es bei § 1 Abs. 2a GrEStG nicht auf den Zeitpunkt des schuldrechtlichen Verpflichtungsgeschäfts, sondern auf den Zeitpunkt der dinglichen Erfüllung ankommt.

am 16.10.2000 geplant worden waren, lässt sich der Darstellung des Tatbestands durch das FG Baden-Württemberg (und auch der des BFH) nicht entnehmen.

In erster Instanz hatte das FG Baden-Württemberg entschieden, dass – weil der 5,6 %ige Anteil dinglich beim Altgesellschafter verblieben war und weil kein Treuhandverhältnis begründet worden sei – keine GrESt ausgelöst worden sei.[397] Das Handeln des Treuhänders in fremdem Interesse müsse wegen der vom zivilrechtlichen Eigentum abweichenden Zurechnungsfolge eindeutig erkennbar sein.[398] Der Streitfall enthalte jedoch keine Anhaltspunkte dafür, dass der bevollmächtigte Rechtsanwalt bei der Wahrnehmung der Rechte von B nicht an dessen Weisungen, sondern an die Weisungen der des Käufers gebunden war. Der Anteilskäufer habe auch nicht die Verwertungsbefugnis i.S.v. § 1 Abs. 2 GrEStG an den der KG gehörenden Grundstücken erlangt. Der Käufer sei nicht in die Lage versetzt worden, jederzeit die Grundstücke der KG auf sich zu übereignen. Auch wenn B als Kommanditistin von der Führung der Geschäfte der KG ausgeschlossen gewesen sei, hätte er dennoch gem. § 164 Satz 1 HGB jeder Handlung eines persönlich haftenden Gesellschafters widersprechen können, die über den gewöhnlichen Betrieb des Handelsgewerbes der Gesellschaft hinausgehe, wozu die Veräußerung von Immobilien gehöre. Das FG Baden-Württemberg lehnt außerdem eine Verwirklichung von § 1 Abs. 3 GrEStG ab, insbesondere weil erst die Ausübung und nicht bereits die Einräumung eines Optionsrechts die Grunderwerbsteuerpflicht auslöse. Auch die vom FA befürwortete Anwendung von § 42 AO wies das FG Baden-Württemberg unter Hinweis auf die Rechtsprechung des BFH[399] als rechtswidrig zurück, weil § 1 Abs. 2a GrEStG eine abschließende Spezial-Missbrauchsvermeidungsvorschrift ist.

Der BFH hat das erstinstanzliche Urteil aufgehoben. In Anwendung von § 39 Abs. 2 Nr. 1 AO und der Grundsätze der Ertragsteuer-Senate des BFH dazu rechnet der BFH den 5,6 %igen Anteil dem Neu-Gesellschafter zu, weil dieser
- wegen der Vereinbarung eines festen Kaufpreises für den 5,6 %igen Anteil für den Fall der Ausübung der Kaufoption das Risiko der Wertminderung und die Chance der Wertsteigerung sowie
- wegen der Abtretung des »Gewinnstammrechts«[400] die mit dem 5,6 %igen Anteil verbundenen wesentlichen Rechte übernommen hätte und
- außerdem aufgrund bürgerlich-rechtlichen Rechtsgeschäfts – und zwar wegen der Einräumung der jederzeit ausübbaren Kaufoption – bereits eine rechtlich geschützte, auf den Erwerb des 5,6 %igen Anteils gerichtete Position erworben hätte, die ihm gegen seinen Willen nicht mehr habe entzogen werden können.

---

397 Vgl. FG Baden-Württemberg, Urteil 2 K 463/08 vom 27.07.2011, EFG 2013, 395.
398 Das FG Baden-Württemberg verweist insoweit auf § 159 AO und auf das BFH-Urteil VIII R 14/05 vom 04.12.2007, BFH/NV 2008, 745.
399 Vgl. z.B. BFH-Beschluss II B 133/10 vom 29.05.2011, BFH/NV 2011, 1539.
400 Diese deutet der BFH angesichts des sog. Abspaltungsverbots i.S.v. § 717 BGB hilfsweise gem. § 140 BGB in eine Zustimmung aller Gesellschafter zur wirksamen Überlassung des Gewinnstammrechts zur Ausübung durch den Käufer um.

Im Ergebnis laufen die Entscheidungsgründe des BFH darauf hinaus, dass die Frage nach dem Vorliegen eines mittelbaren Anteilsübergangs nach ertragsteuerlichen Grundsätzen zu beurteilen ist.[401] U.E. ist dem Urteil des BFH nicht zu folgen: Durch die neue Fassung von § 1 Abs. 2a GrEStG durch das StEntlG 1999/2000/2002 sollte die wirtschaftliche Betrachtungsweise abgeschafft und durch die rechtliche Betrachtungsweise ersetzt werden.[402] In § 1 Abs. 2 GrEStG erfasst der Gesetzgeber die Verwertungsbefugnis ausdrücklich nur in Bezug auf Grundstücke, nicht aber in Bezug auf Anteile an Grundstücke haltenden Gesellschaften. Eine grunderwerbsteuerrechtlich relevante Verwertungsbefugnis in Bezug auf Gesellschaftsanteile ist mithin nicht vorgesehen. Diese gesetzgeberische Entscheidung wird dadurch, dass die Anteilszurechnung nach den ertragsteuerrechtlich relevanten Grundsätzen des § 39 Abs. 2 Nr. AO vorgenommen wird, konterkariert.[403]

Auch von Vertretern der FinVerw. wird die Anwendung von § 39 Abs. 2 Nr. 1 AO i.R. von § 1 Abs. 2a GrEStG – auch soweit es um die Variante des mittelbaren Anteilsübergang geht – abgelehnt.[404] Nach Verwaltungsansicht soll sich das vom BFH vertretene Ergebnis »bereits aus der Berücksichtigung grunderwerbsteuerrechtlicher Besonderheiten«[405] ergeben. Eine Erläuterung vonseiten der FinVerw., worin genau diese Besonderheiten bestehen sollen, steht jedoch noch aus.

U.E. hätte es im Fall des BFH-Urteils II R 49/12 näher gelegen, im Hinblick insbesondere der Übertragung des »Gewinnstammrechts« zu prüfen, ob nicht unmittelbar dinglich ein Anteil von mehr als 94,4 % auf den Neugesellschafter übergegangen war. Dazu, wonach sich die prozentuale Höhe des Anteils am Vermögen der Personengesellschaft bemisst, macht der BFH in diesem Urteil keine Ausführungen. Dass der BFH den Übergang eines Anteils von mehr als 94,4 % nicht in Erwägung zieht, mag daran liegen, dass die grunderwerbsteuerrechtliche Relevanz der in dem Fall getroffenen besonderen Absprachen davon abhängt, dass der durch die Absprachen Begünstigte dinglich einen Anteil an der Grundstücke haltenden KG hält. U.E. muss allerdings akzeptiert werden, dass – wenn ein Dritter, der nicht zivilrechtlich an der KG beteiligt ist, der durch die Absprachen Begünstigte ist – insoweit ein Anteilsübergang i.S.v. § 1 Abs. 2a GrEStG auf einen neuen Gesellschafter nicht angenommen werden kann.

Durch die Ergänzung von § 1 Abs. 2a GrEStG um die vorgeschlagenen neuen Sätze 2 bis 4 (vgl. Regierungsentwurf eines ProtokollergänzungsUmsG, Fn. 404) würden die vom BFH entwickelten Grundsätze zur Anwendung von § 39 Abs. 2 Nr. 1 AO obsolet, weil dann der Gesetzgeber abschließend geregelt hätte, was ein mittelbarer Anteilsübergang ist.

---

401 Vgl. dazu zuletzt BFH-Beschluss I B 159/12 vom 15.10.2013, BFH/NV 2014, 291.
402 Vgl. BT-Drucks. 13/6151, 16; BT-Drucks. 13/5359, 116 einerseits und BT-Drucks. 14/265, BR-Drucks. 910/98, BT-Drucks. 14/442, 42 Anlage 35 andererseits. Vgl. auch *Hofmann*, § 1 GrEStG, Rz. 95, 10. Aufl. 2014; *Fischer*, in: Boruttau, Vor., Rz. 96 f., 17. Aufl. 2011.
403 Zu weiteren Gegen-Argumenten gegen die Entscheidung des BFH vgl. *Behrens/Bielinis*, DStR 2014, 2369.
404 Vgl. *Schanko*, UVR 2015, 49, 51.
405 Vgl. *Schanko*, a.a.O. 49, 51.

## 8. Geplante Gesetzesänderung von § 1 Abs. 2a GrEStG

Wegen des BFH-Urteils vom 24.04.2013 zur rein wirtschaftlichen Auslegung des Tatbestandsmerkmals »mittelbarer Anteilsübergang« in § 1 Abs. 2a GrEStG[406] ist geplant, § 1 Abs. 2a GrEStG im Sinne der Ansicht der FinVerw.[407] zu ändern. Nach dem im Gesetzesentwurf der BReg. vom 27.03.2015[408] vorlegten Änderungsvorschlag sollen die folgenden neuen Sätze 2 bis 4 in den § 1 Abs. 2a GrEStG eingefügt werden:

272.2

> »Mittelbare Änderungen im Gesellschafterbestand beteiligter Personengesellschaften werden durch Multiplikationen der Vomhundertsätze der Anteile am Gesellschaftsvermögen, vorbehaltlich der Sätze 3 und 4, anteilig berücksichtigt. Eine unmittelbar beteiligte Kapitalgesellschaft gilt in vollem Umfang als neue Gesellschafterin, wenn an ihr mindestens 95 % der Anteile auf neue Gesellschafter übergehen. Bei mehrstufigen Beteiligungen gilt Satz 3 auf der Ebene jeder mittelbar beteiligten Kapitalgesellschaft entsprechend.«

Die in früheren Gesetzesentwürfen geplante Rückwirkung auf alle Erwerbsvorgänge, die nach dem 31.12.2001 verwirklicht wurden, ist im Regierungsentwurf und war auch in dem Referentenentwurf vom 19.02.2015 nicht mehr vorgesehen. Die neue Regelung soll vielmehr auf alle Erwerbsvorgänge Anwendung finden, die nach dem Tag der Verkündung des Gesetzes verwirklicht werden.

Schon bisher regelt weder der Gesetzeswortlaut von § 1 Abs. 2a GrEStG noch die gleich lautenden Ländererlasse zur Anwendung von § 1 Abs. 2a GrEStG, ob – und wenn ja, in welcher Weise – die Fünf-Jahres-Frist bei mittelbaren Gesellschafterwechseln gilt. Theoretisch denkbar sind die folgenden Sichtweisen:

– Ansicht A: Die Fünf-Jahres-Frist gilt ausschließlich auf Ebene der unmittelbar an der Grundstücks-Personengesellschaft beteiligten Gesellschafter. Auf Ebene an der Grundstücks-Personengesellschaft beteiligter Kapitalgesellschaften werden fristunabhängig sämtliche Anteilsübergänge zusammengezählt, bis 95 % der Anteile an der Kapitalgesellschaft auf neue Gesellschafter übergegangen sind. In diesem Zeitpunkt gilt der von der Kapitalgesellschaft gehaltene Anteil als auf einen neuen Gesellschafter übergegangen. Diese (höchst theoretisch denkbare) Ansicht wird vom Wortlaut der Verwaltungsanweisung in Tz. 2.2 der Erlasse vom 18.02.2014 nicht ausdrücklich ausgeschlossen.

– Ansicht B: Mit jeder weiteren Beteiligungsebene verlängert sich die Fünf-Jahres-Frist um weitere bis zu fünf Jahre. Dies ergibt sich daraus, dass der von der Gesellschaft gehaltene Anteil erst dann insgesamt auf einen neuen Gesellschafter übertragen gilt, wenn die 95 %-Grenze auf Ebene der Gesellschafter dieser Gesellschaft erreicht wird.

---

406 Vgl. BFH-Urteil II R 17/10 vom 24.04.2013, BStBl. II 2013, 833; vgl. den Nicht-Anwendungs-Erl. vom 09.10.2013, BStBl. I 2013, 1278, wonach dieses BFH-Urteil über den entschiedenen Einzelfall hinaus nicht anzuwenden ist.
407 Vgl. gleichlautende Ländererlasse vom 18.02.2014, Tz. 2.2, dritter Spiegelstrich, BStBl. I 2014, 561.
408 Vgl. Entwurf vom 27.03.2015, beruhend auf dem RefE eines Gesetzes zur Umsetzung der Protokollerklärung zum Zoll-Kodex-AnpassungG und zur Änderung weiterer steuerlicher Vorschriften. Vgl. dazu *Behrens*, UVR 2015, 138; *Fumi*, DStZ 2015, 432, 435.

- Ansicht C: Auf allen Beteiligungsebenen gilt **dieselbe** Fünf-Jahres-Frist, d.h. es werden (unabhängig von der Beteiligungsebene) insgesamt nur solche Anteilsübergänge in die Betrachtung einbezogen, die tatsächlich im selben Fünf-Jahres-Zeitraum dinglich wirksam geworden sind.

Für allein richtig halten wir die Ansicht C. Der Gesetzeswortlaut ordnet u.E. an, dass insgesamt nur solche Anteilsübergänge zusammengezählt werden können, die innerhalb derselben Fünf-Jahres-Frist dinglich wirksam werden, und zwar unabhängig davon, auf welchen Beteiligungsebenen die Anteilsübergänge stattfinden. Die Ansichten A und C sind mit dem Charakter von § 1 Abs. 2a GrEStG als Missbrauchsvermeidungsvorschrift[409] nicht vereinbar.

Leider regelt auch der vorgeschlagene neue Gesetzeswortlaut von § 1 Abs. 2a GrEStG nicht, ob bzw. wie für mittelbare Gesellschafterwechsel die Fünf-Jahres-Frist gilt. Denn der vorgeschlagene neue Satz 3 besagt lediglich, dass eine unmittelbar beteiligte Kapitalgesellschaft »in vollem Umfang als neue Gesellschafterin gilt, wenn an ihr mindestens 95 % der Anteile auf neue Gesellschafter übergehen«. In welchem Zeitraum mindestens 95 % der Anteile auf neue Gesellschafter übergehen müssen, um die unmittelbar beteiligte Kapitalgesellschaft als in vollem Umfang neue Gesellschafterin werten zu können, besagt der vorgeschlagene Gesetzeswortlaut leider nicht.

Die Problematik soll anhand der folgenden beiden Beispiele erläutert werden:

An einer Grundstücks-KG sind unmittelbar eine GmbH und B hälftig beteiligt. Jeweils 50 %ige Gesellschafter der GmbH sind B und der nicht unmittelbar an der KG beteiligte A.

Im Jahr 01 überträgt A seinen 50 %igen Geschäftsanteil an der GmbH auf C. Im Jahr 07 überträgt B seinen 50 %igen Geschäftsanteil an der GmbH und seine 50 %ige Kommanditbeteiligung auf D.

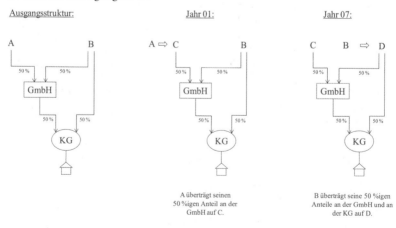

---

409 Vgl. BFH-Beschluss II B 133/10 vom 29.05.2011, BFH/NV 2011, 1539.

V. Die Erwerbsvorgänge des § 1 Abs. 2a GrEStG                    B.

Müssten auf Ebene der GmbH sämtliche Gesellschafterwechsel zusammengezählt werden, unabhängig davon, über welchen Zeitraum sie sich erstrecken, wäre im Jahr 07 GrESt nach § 1 Abs. 2a GrEStG auf das Grundstück der Grundstücks-KG ausgelöst worden. Denn im Jahr 07 sind verglichen mit dem Gesellschafterbestand in der Ausgangsstruktur alle Anteile an der GmbH auf neue Gesellschafter übergegangen, zudem ist der bisher von B unmittelbar gehaltene Kommanditanteil an der Grundstücks-KG auf den neuen Gesellschafter D übergegangen. Gegen die Tatbestandsverwirklichung spricht jedoch, dass zwischen Anteilübergängen auf Ebene der GmbH mehr als fünf Jahre liegen. Der Tatbestand von § 1 Abs. 2a GrEStG wäre u.E. nur dann verwirklicht worden, wenn A seinen 50 %igen Geschäftsanteil an der GmbH nicht schon im Jahr 01, sondern innerhalb von fünf Jahren vor den Anteilsübertragungen durch B auf C übertragen hätte.

Nach dem Übergang des 50 %igen Geschäftsanteils an der GmbH von A auf C im Jahr 01 überträgt B im Jahr 07 seinen 50 %igen Kommanditanteil an der Grundstücks-KG auf D und seinen 50 %igen Geschäftsanteil an der GmbH auf C. Auch wenn diese Fallkonstellation scheitert die Verwirklichung von § 1 Abs. 2a GrEStG daran, dass zwischen dem Anteilsübergang von A auf C und dem Anteilsübertragungen durch B ein Zeitraum von mehr als fünf Jahren liegt. Außerdem ist C im Jahr 07 bereits als Altgesellschafter zu qualifizieren, weil er bereits seit mehr als fünf Jahren an der GmbH beteiligt ist. Allerdings ist die FinVerw. insoweit a.A. Nach Tz. 2.1 drittletzter Absatz der gleich lautenden Erlasse vom 18.02.2014 können nur die Kapitalgesellschaften selbst Altgesellschafter sein, deren Anteilseigner jedoch nicht. Dennoch würde auch die FinVerw. in dieser Fallkonstellation keine GrESt nach § 1 Abs. 2a GrEStG festsetzen. Denn inoffiziell wurde bereits mehrfach vonseiten der FinVerw. bestätigt, dass die Fünf-Jahres-Frist auch auf Ebene der Gesellschafter an der grundbesitzenden Personengesellschaft unmittelbar oder mittelbar beteiligter Kapitalgesellschafter beachtet würde, und zwar in der Weise, dass auf allen Ebenen dieselbe Fünf-Jahres-Frist gilt wie in Bezug auf die unmittelbar an der Grundstücke haltenden Personengesellschaft bestehenden Anteile.

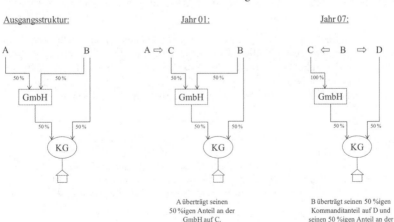

A überträgt seinen 50 %igen Anteil an der GmbH auf C.

B überträgt seinen 50 %igen Kommanditanteil auf D und seinen 50 %igen Anteil an der GmbH auf C.

117

## VI. Anteilsvereinigung und Übertragung vereinigter Anteile – § 1 Abs. 3, Abs. 4 GrEStG

### 1. Vorbemerkung

*a) Hintergründe der Gesetzesänderung*

273 Bis zum 31.12.1999 unterlagen der unmittelbare Erwerb *aller* Anteile durch *eine* Person (= *Anteilsübertragung*) sowie der Erwerb derjenigen Anteile, die dem Erwerber bislang noch fehlten, um zu einer 100 %-igen Beteiligung zu gelangen *(= Anteilsvereinigung)* gem. § 1 Abs. 3 GrEStG a.f. der Besteuerung. Hintergrund dieses zur Vermeidung von Steuerumgehungen konzipierten Ergänzungstatbestandes war das grunderwerbsteuerliche Verständnis, dass die Verwertungsmöglichkeit hinsichtlich eines Grundstücks auch dadurch erworben werden kann, dass sämtliche Anteile an einer grundbesitzenden Gesellschaft[410] durch eine Person erworben bzw. in der Hand einer Person vereinigt werden.[411] Die Vorgänge des § 1 Abs. 3 GrEStG sind mithin fingierte Grundstückserwerbe.

274 Die Steuerbarkeit gem. § 1 Abs. 3 GrEStG trat schon nach alter Fassung auch bei nur mittelbaren Anteilsübertragungen ein, wenn also die Gesellschaft, deren sämtliche Anteile erworben wurden, zwar nicht selbst zivilrechtliche Grundstückseigentümerin war, aber – gegebenenfalls über eine Vielzahl von Stufen (*Beteiligungskette*) – sämtliche Anteile an einer anderen grundbesitzenden Gesellschaft hielt. In diesem Fall »gehörte« das Grundstück aus grunderwerbsteuerlicher Sicht der erworbenen Gesellschaft.[412] Ein grunderwerbsteuerlicher Anteilsübergang lag somit also nicht nur bei der unmittelbaren Übertragung aller Anteile an einer grundbesitzenden Tochtergesellschaft vor; vielmehr reichte es schon bisher aus, wenn eine 100 %-ige Tochtergesellschaft, deren Anteile übergingen, 100 % der Anteile an einer nachgeschalteten grundbesitzenden Enkelgesellschaft hielt. Das im Vermögen der mittelbar zu 100 % beherrschten Enkelgesellschaft befindliche Grundstück gehörte grunderwerbsteuerlich i.S.d. § 1 Abs. 3 GrEStG zur Muttergesellschaft.

275 Die Neufassung des § 1 Abs. 3 GrEStG soll die erheblichen Steuerausfälle beseitigen, die dadurch eintraten, dass häufig Zwerganteile (z.B. eine Aktie) zurückbehalten oder auf (konzern-)fremde Personen übertragen wurden. Da die alte Fassung des Gesetzes die Vereinigung *aller* Anteile verlangte, löste die Vereinigung nahezu aller Anteile an einer Gesellschaft die Steuerpflicht nicht allein deshalb aus, weil die in anderer Hand

---

410 Eingetragene, nicht eingetragene Vereine und VVaGs sind keine Gesellschaften i.S.v. § 1 Abs. 3, Abs. 3a GrEStG; auch Erbengemeinschaften, Stiftungen und stille Gesellschaften sind keine Gesellschaften i.S.d. § 1 Abs. 3, Abs. 3a GrEStG; vgl. *Boruttau/Fischer*, § 1 Rn. 925 ff. Ausländische Gesellschaften fallen in den Anwendungsbereich von § 1 Abs. 3 GrEStG, soweit zu ihrem Vermögen inländische Grundstücke gehören, vgl. *Schwerin*, RNotZ 2003, S. 489 m.w.N.
411 Vgl. *Boruttau/Fischer*, § 1 Rn. 901; *Eder*, DStR 1994, S. 736.
412 Vgl. *Beckmann*, GmbHR 1999, S. 219.

## VI. Anteilsvereinigung und Übertragung vereinigter Anteile    B.

verbliebenen Zwerganteile wirtschaftlich bedeutungslos waren.[413] Ein steuerbarer Vorgang lag nur dann vor, wenn der Erwerber alle Anteile erwarb (mit Ausnahme derjenigen, die sich schon im Besitz der Gesellschaft befanden).[414]

Um auch nach der Neuregelung die aus der unmittelbaren oder mittelbaren Übertragung von Anteilen an grundbesitzenden Gesellschaften resultierende GrESt zu verhindern, müssen folglich künftig mehr als 5 % der Anteile in die Hände Außenstehender oder nicht organschaftlich verbundener Gesellschaften übertragen werden.[415]    276

### b) Nicht-Steuerbarkeit der Aufstockung von mind. 95 % auf bis zu 100 %

Waren bis zum 31.12.1999 bereits mindestens 95 % der Anteile einer Gesellschaft in einer Hand vereinigt und wird diese Beteiligung erst nach dem 31.12.1999 ganz oder teilweise aufgestockt, kann dadurch § 1 Abs. 3 Nr. 1 und 2 GrEStG n.F. nicht mehr verwirklicht werden, da am 01.01.2000, dem Anwendungszeitpunkt der Neuregelung des § 1 Abs. 3 GrEStG, die Anteilsvereinigung i.H.v. mindestens 95 % bereits eingetreten war und der Erwerb eines weiteren Anteils keine erneute Verwirklichung des Tatbestandes des § 1 Abs. 3 GrEStG – und zwar auch nicht für die nach dem Überschreiben der 95 %-Grenze hinzuerworbenen Grundstücke – zur Folge hat.[416] Die in der Literatur in diesem Zusammenhang dargestellte Möglichkeit, sämtliche Anteile an grundbesitzenden Gesellschaften in zwei Teilschritten grunderwerbsteuerneutral auf einen anderen Rechtsträger zu übertragen, wurde von der FinVerw. in dem Erlass vom 02.12.1999 ausdrücklich bestätigt:    277

Zum einen können Beteiligungskonstellationen mit Zwerganteilen (5 % und weniger) bei grundbesitzenden Personen- und Kapitalgesellschaften seit dem Jahr 2000 grunderwerbsteuerneutral bereinigt werden.[417]    278

---

413 Vgl. *Weilbach*, § 1 Rn. 87.
414 Im Bereich des § 1 Abs. 3 GrEStG n.F. sind dementsprechend im Eigentum der Kapitalgesellschaft stehende Anteile für die Berechnung der 95 %-Grenze auszuscheiden; es ist daher die prozentuale Beteiligung des einzelnen Gesellschafters umzurechnen auf das um die Eigenanteile der GmbH verminderte Stammkapital bzw. auf das um die im Eigenbesitz stehenden Aktien verminderte Grundkapital, vgl. *Hofmann* § 1 Rn. 143 und Rn. 156. Zum mittelbaren Erwerb eigener Anteile und zu den schwierigen Fragen zirkulärer Beteiligungsverhältnisse vgl. ferner *Heine*, GmbHR 2005, S. 1470 ff.
415 Soweit die Befreiungsvorschrift des § 6a GrEStG im Raum steht, wäre dagegen eine entsprechende Gestaltung der Unternehmensstruktur schädlich; vgl. hierzu Rdn. 583.1.
416 Vgl. gleichlautende Erl. der Obersten Finanzbehörden der Länder vom 02.12.1999, DStR 1999, S. 2075; vgl. hierzu auch *Weilbach*, § 1 Rn. 89.
417 Demgemäß kann ein sogenanntes Squeeze-out-Verfahren grunderwerbsteuerfrei durchgeführt werden, sofern die Hauptaktionärin ihre 95 %-ige Beteiligung schon vor dem 01.01.2000 innehatte. Erfolgten dagegen noch Aktienzukäufe seit dem 01.01.2000 durch die Hauptaktionärin, um die für das Squeeze-out-Verfahren nötige 95 %-Schwelle zu überschreiten, so löst die dadurch bewirkte Anteilsvereinigung GrESt aus.

279 Des weiteren konnten 100 %-ige Beteiligungen an grundstücksbesitzenden Kapitalgesellschaften in zwei Teilschritten (Erwerb von mindestens 95 %, aber weniger als 100 % der Anteile vor dem 01.01.2000 und der Restanteile nach dem 31.12.1999) auf einen anderen Rechtsträger übertragen werden. Für Personengesellschaften bestand diese Möglichkeit bei Übertragung von mehr als 95 % der Anteile in 1999 jedoch wegen § 1 Abs. 2a GrEStG nicht.

## 2. Unmittelbare und mittelbare Anteilsvereinigung

*a) Allgemeine Zurechnungskriterien*

280 Anteilsvereinigungen bzw. -übertragungen i.S.d. § 1 Abs. 3 Nr. 1–4 GrEStG lösen die GrESt schon dann aus, wenn mindestens 95 % der Anteile unmittelbar oder mittelbar bei einer Person vereinigt bzw. auf eine Person übertragen werden.[418]

281 Vereinigungen in der Hand des Erwerbers i.S.d. § 1 Abs. 3 Nr. 1 und 2 GrEStG können sowohl unmittelbar als auch mittelbar über eine andere Gesellschaft oder teilweise unmittelbar und teilweise mittelbar über eine andere Gesellschaft erfolgen.[419]

▶ Beispiel 1:

An der X-AG, zu deren Vermögen drei Grundstücke gehören, waren zunächst die Y-GmbH und die Z-GmbH zu je 50 % beteiligt. Gesellschafter der Y-GmbH waren A und B je zur Hälfte, Gesellschafter der Z-GmbH andere Personen (hier: C).

In 1997 erwarb A 95 % der bis dahin von der Z-GmbH gehaltenen Anteile an der X-AG. Damit war er zu 47,5 % (95 % von 50 %) unmittelbar und zu 25 % mittelbar (über die von der Y-GmbH gehaltenen Anteile an der X-AG) beteiligt.

In 2000 erwirbt A die bisher von B gehaltenen Anteile an der Y-GmbH.

---

418 Der Erwerb von mind. 95 % der Anteile an einer Kapitalanlage- bzw. -verwaltungsgesellschaft unterliegt nach § 1 Abs. 3, Abs. 3a GrEStG der Grunderwerbsteuer. Von diesem Erwerb erfasst werden auch die von der KAG bzw. KVG in Sondervermögen gehaltenen Grundstücke; vgl. BFH, Urt. v. 29.04.2004, II R 14/02. Vgl. Abschnitt N.

419 Eine Anteilsvereinigung kann sich auch kraft Gesetzes vollziehen, z.B. im Fall einer Einziehung von Geschäftsanteilen, wenn dadurch Anteile untergehen und die verbleibenden Anteile sich folglich in einer Hand befinden; vgl. BFH, BStBl. II 1988, S. 959; *Pahlke*, § 1 Rn. 330. Eine Anteilsvereinigung setzt eine rechtliche Zuordnung der Anteile voraus; eine wirtschaftliche Zuordnung über § 39 Abs. 2 Nr. 1 AO erfolgt nicht; vgl. *Behrens/Bielinis*, DStR 2014, 2369; für eine analoge Anwendung von § 1 Abs. 2 GrEStG aber *Rutemöller*, BB 2015, 1058 und ggf. *Schanko*, UVR 2015, 49 (allerdings unklar); aus gesetzessystematischen Gründen ist eine analoge Anwendung von § 1 Abs. 2 GrEStG abzulehnen. Eine Anteilsvereinigung kann auch Folge des Erwerbs eigener Anteile durch eine Kapitalgesellschaft sein.

VI. Anteilsvereinigung und Übertragung vereinigter Anteile  B.

Beispiel 1 (Skizze 7)

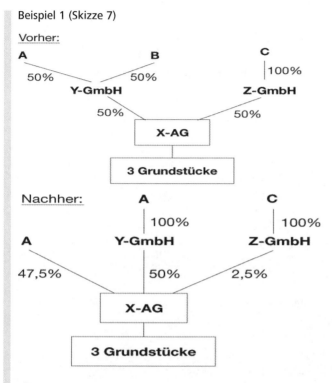

Lösung:

Durch diesen Erwerb werden 97,5 % der Anteile an der X-AG teils unmittelbar (47,5 %), teils mittelbar (50 % über die Y-GmbH) i.S.d. § 1 Abs. 3 Nr. 1 oder 2 GrEStG in der Hand von A vereinigt mit der Folge, dass hinsichtlich der zum Vermögen der X-AG gehörenden Grundstücke drei Grunderwerbsteuerfälle vorliegen. Steuerschuldner ist Anteilserwerber A gem. § 13 Nr. 5 GrEStG.

Der Beispielsfall verdeutlicht folgendes: 282

Zunächst kauft A einen Anteil der Z-GmbH an der X-AG. Anschließend kauft er einen Anteil des B an der Y-GmbH. Obwohl es sich also um den Erwerb von Anteilen an unterschiedlichen Unternehmen handelt, welche auf den ersten Blick nicht zusammenzuhängen scheinen, fällt GrESt an. Dies verdeutlicht, dass man bei der Übertragung von Gesellschaftsanteilen unbedingt die genaue Unternehmensstruktur kennen muss, um beurteilen zu können, ob es sich um einen grunderwerbsteuerpflichtigen Vorgang handelt.

▶ **Beispiel 2:**

Alleingesellschafterin der D-GmbH, zu deren Vermögen ein Grundstück gehört, ist die C-GmbH. Gesellschafter der C-GmbH sind A und B zu gleichen Anteilen.

In 2000 erwirbt A 90 % der bisher von B gehaltenen Anteile an der C-GmbH.

**Beispiel 2 (Skizze 8)**

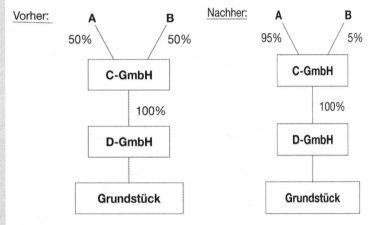

**Lösung:**

Damit werden 95 % der Anteile an der D-GmbH mittelbar (über die C-GmbH) in der Hand des A vereinigt, sodass § 1 Abs. 3 GrEStG einschlägig ist.[420]

**283** Nach Veröffentlichung der gleichlautenden Erlasse vom 02.12.1999 war zunächst noch unklar, ob in Fällen mittelbarer Anteilsvereinigungen einem Gesellschafter die Anteile an juristischen Personen auch dann zuzurechnen sind, wenn er an diesen zu weniger als 95 % beteiligt ist.

▶ **Beispiel 2.1:**

Die M-GmbH ist zu 60 % an der T1-GmbH und zu 100 % an der T2-GmbH beteiligt. Die Anteile der grundstücksbesitzenden E-GmbH sollen ohne Anfall von GrESt von T1-GmbH und/oder T2-GmbH erworben werden.[421]

---

420 Die Beispielsfälle 1 und 2 sind den Erlassen der Obersten Finanzbehörden der Länder vom 02.12.1999 entnommen, DStR 1999, S. 2075.
421 Dieses Fallbeispiel wurde bereits in meinem Beitrag, MittBayNot 1999, S. 338 f., verwendet; es wird jedoch darauf hingewiesen, dass sich durch den Erl. vom 14.02.2000 des Finanzministeriums BaWü ergeben hat, dass die FinVerw. in diesen Fällen eine a.A. als die in meinem Beitrag (auf der Grundlage der damals ganz h.M.) vertretene für zutreffend hält.

## VI. Anteilsvereinigung und Übertragung vereinigter Anteile

**B.**

**Beispiel 2.1 (Skizze 9)**

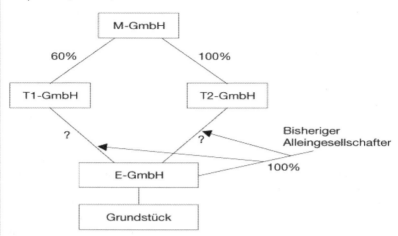

**Lösung:**

Hier ist zunächst festzustellen, dass ein alleiniger Anteilserwerb durch T1-GmbH oder T2-GmbH bereits gem. § 1 Abs. 3 Nr. 1 GrEStG grunderwerbsteuerpflichtig ist.

Erwirbt dagegen die T1-GmbH 90 % und die T2-GmbH 10 % Anteile an der E-GmbH, so fällt keine GrESt gem. § 1 Abs. 3 GrEStG n.F. an, da in diesem Fall die M-GmbH an der E-GmbH zu lediglich 64 % beteiligt ist. Eine Beteiligung von 10 % ergibt sich über die T2-GmbH und eine Beteiligung von 54 % (60 % von 90 %) über die T1-GmbH.

Dass der bisherige Inhaber der Geschäftsanteile der E-GmbH 100 % seiner Anteile auf T1-GmbH und T2-GmbH überträgt, ist nicht steuerpflichtig, sofern alleine an die T1-GmbH bzw. alleine an die T2-GmbH nicht mind. 95 % übergehen. Dies folgt aus § 1 Abs. 1 Nr. 4 GrEStG, dessen Wortlaut in § 1 Abs. 1 Nr. 3 GrEStG nach h.M. hineinzulesen ist. Demzufolge ist auch bei § 1 Abs. 1 Nr. 3 GrEStG die Abtretung an einen anderen nötig (z.B. nur an die T1-GmbH); erfolgt dagegen wie hier die Abtretung an zwei verschiedene Personen, so wird dadurch grds. noch kein Steuertatbestand erfüllt.

Da jedoch die M-GmbH mit weniger als 95 % an der T1-GmbH beteiligt ist, war unmittelbar nach Inkrafttreten der Neufassung zweifelhaft, ob sich die GrESt auch dadurch vermeiden lässt, dass die T1-GmbH z.B. nur 10 % und die T2-GmbH die restlichen 90 % der Anteile an der E-GmbH erwirbt. Nach der bisherigen Rechtsprechung des BFH wurden nämlich die Anteile der T1-GmbH an einer anderen grundstückshaltenden Kapitalgesellschaft der M-GmbH grds. (Ausnahme Organschaft) nur dann zugerechnet, wenn die M-GmbH an der T1-GmbH zu 100 % beteiligt

**284**

war.[422] Nunmehr stellt § 1 Abs. 3 GrEStG n.F. jedoch allein darauf ab, ob bei der M-GmbH eine mittelbare (mindestens 95 %-ige) Anteilsvereinigung erfolgt. Diese liegt nach dem Wortlaut vor, da die M-GmbH über die T2-GmbH zu 90 % und über die T1-GmbH zu 6 % (60 % von 10 %) an E-GmbH beteiligt ist. Folglich würde bei fiskalischer Wortlautinterpretation auch hier GrESt anfallen.

285 Mit Erlass des Finanzministeriums Baden-Württemberg vom 14.02.2000 wurde jedoch klargestellt, dass i.R.d. § 1 Abs. 3 GrEStG n.F. nicht alle mittelbaren Beteiligungen an grundstücksbesitzenden Gesellschaften zu berücksichtigen sind, die rein rechnerisch dazu führen, dass in der Hand des Erwerbers mittelbar oder teils unmittelbar und teils mittelbar über eine andere Gesellschaft mindestens 95 % der Anteile vereinigt werden; vielmehr ist eine mittelbare Beteiligung grds. nur dann anzusetzen, wenn der Anteilseigner an der Gesellschaft zu mindestens 95 % beteiligt ist.[423] Demzufolge sind bei der Anwendung des § 1 Abs. 3 GrEStG n.F. nur solche mittelbaren Beteiligungen zu berücksichtigen, die zu mindestens 95 % gehalten werden (Ausnahme Organschaft)[424] Folglich ist künftig davon auszugehen, dass die FinVerw. in dem genannten Beispiel *keine* GrESt gem. § 1 Abs. 3 GrEStG erheben wird.[425] Die Planungssicherheit besteht insbesondere deshalb, weil der Erlass des Finanzministeriums Baden-Württemberg im Einvernehmen mit den Obersten Finanzbehörden der anderen Länder ergangen ist.

286 Der Tatbestand des § 1 Abs. 3 Nr. 3 GrEStG ist auch dann erfüllt, wenn derjenige, der alle Anteile an einer Gesellschaft überträgt, zugleich Alleingesellschafter der die Anteile erwerbenden Gesellschaft ist.[426] Die Grunderwerbsteuerbarkeit setzt nämlich nicht zwingend voraus, dass ein wirtschaftlicher Grundstücksumsatz vorliegt.[427]

▶ Gestaltungshinweis:

*I.R. des § 1 Abs. 3 GrEStG dürfte somit eine Reduzierung der Beteiligungen an Tochtergesellschaften unter 95 % oder der Erwerb von weniger als 95 % der Anteile an einer Grundstücksgesellschaft durch die Tochtergesellschaften die grunderwerbsteuerrechtlich optimale Gestaltung sein*[428]

---

422 Vgl. *Boruttau/Fischer*, § 1 Rn. 905.
423 Vgl. FinMin BaWü, Erl. vom 14.02.2000, abgedruckt in DStR 2000, S. 430. Umstritten ist jedoch, ob bei Überschreiten der 95 %-Schwelle die mittelbare Beteiligung voll oder nur prozentual zugerechnet wird; vgl. hierzu *Schwerin*, RNotZ 2003, S. 489 m.w.N.
424 Siehe hierzu Rdn. 300 ff.
425 Zu den Tatbestandsvoraussetzungen des § 1 Abs. 3a GrEStG vgl. Rdn. 366.1 ff.
426 Vgl. BFH, Urt. v. 15.01.2003, MittBayNot 2003, S. 322 ff.
427 Vgl. BFH, Urt. v. 10.07.2002, II R 87/00, NV; § 1 Abs. 6 GrEStG kommt nicht in Betracht, solange an den aufeinanderfolgenden Rechtsvorgängen auf Erwerberseite nicht dieselbe Person beteiligt ist.
428 Ebenso *Hörger/Mentel/Schulz*, DStR 1999, S. 1304. Eine Ausnahme gilt bei einer Organschaft, s. hierzu Rdn. 300 ff.

*b) Treuhandgeschäfte*

Zum einen kommt eine mittelbare Anteilsvereinigung – wie vorstehend dargestellt – in Betracht bei Vermittlung der Anteilsvereinigung durch eine mindestens zu 95 % beherrschte Zwischengesellschaft, da die mindestens zu 95 % beherrschte Hand der beherrschenden Hand zuzurechnen ist.[429] Unerheblich ist, ob diese Sachherrschaft mittelbar durch eine oder mehrere zwischengeschaltete Gesellschaften ausgeübt wird.[430] 287

Zum anderen liegt eine mittelbare Anteilsvereinigung (§ 1 Abs. 3 Nr. 1 bzw. Nr. 2 GrEStG) auch bei Vermittlung der Anteilsvereinigung durch einen Treuhänder vor.[431] Auch der Herausgabeanspruch des Treugebers nach § 667 BGB gegenüber dem Treuhänder ist ein rechtsgeschäftlich begründeter Anspruch auf Übertragung von Anteilen an einer Gesellschaft mit Grundbesitz. 288

▶ **Beispiel:**

An der grundbesitzenden X-AG sind A mit 60 % und B mit 40 % beteiligt.

A veräußert seine Beteiligung an den Treuhänder T, der die Anteile treuhänderisch für B hält.

**Lösung:**

Es liegt ein Vorgang i.S.d. § 1 Abs. 3 Nr. 1 GrEStG vor, da B nunmehr 40 % der Anteile an der X-AG unmittelbar und 60 % der Anteile mittelbar hält. Die Anteilsvereinigung tritt ein, da der Treugeber B gegen den Treuhänder T einen Herausgabeanspruch nach § 667 BGB erworben hat. Da die Anteile aufgrund dieses Herausgabeanspruchs dem Treugeber (B) zuzurechnen sind, liegt eine rechtliche (teils unmittelbare und teils mittelbare) Anteilsvereinigung vor.

§ 1 Abs. 3 GrEStG ist auch erfüllt, wenn dem Erwerber die Anteile nur mittelbar – sei es über mehrere Treuhänder, sei es über eine Treuhand und eine beherrschte Hand oder sei es über mehrere beherrschte Hände – oder auch teils mittelbar, teils unmittelbar zustehen.[432] 289

---

429 Vgl. Erl. des FinMin BaWü vom 14.02.2000, DStR 2000, S. 430.
430 Vgl. BFH, NV 2003, S. 505.
431 Die Beteiligung des Treugebers über einen gesellschaftsrechtlich allein an der grundbesitzenden Gesellschaft beteiligten Treuhänder wird einer mittelbaren Beteiligung (d.h. der Beteiligung an einer Gesellschaft, die ihrerseits an der grundbesitzenden Gesellschaft gesellschaftsrechtlich beteiligt ist) gleichgestellt; vgl. BFH, BStBl. II 1987, S. 225; *Eisele*, UVR 2001, S. 419; *Behrens/Schmitt*, DStR 2005, S. 1432; allerdings ließ es der BFH bisher ausdrücklich offen, ob die Anteilsübertragung durch den Treuhänder auf den Treugeber den Tatbestand des § 1 Abs. 3 GrEStG erfüllt, wenn zuvor schon eine Anteilsvereinigung i.S. von § 1 Abs. 3 GrEStG in der Person des Treugebers verwirklicht war; vgl. BFH, DStR 1994, S. 203 zur grunderwerbsteuerlichen Irrelevanz der Verstärkung einer bisher teils mittelbaren und teils unmittelbaren Anteilsvereinigung zu einer ausschließlich unmittelbaren Anteilsvereinigung.
432 Vgl. gleichlautende Ländererlasse vom 02.12.1999, BStBl. I, S. 999, Tz. 2.

| B. | Die Steuerbarkeit |

290 Die Begründung eines Treuhandverhältnisses kann auch eine Anteilsübertragung i.S.d. § 1 Abs. 3 Nr. 3 bzw. Nr. 4 GrEStG auslösen. Mit gleichlautendem Erlass der Obersten Finanzbehörden der Länder vom 12.10.2007 hat die FinVerw. auch hierzu genauer Stellung genommen.[433]

291 Überträgt bspw. ein Gesellschafter mindestens 95 % der Anteile an einer Kapitalgesellschaft auf einen Treuhänder, unterliegt die so gestaltete Begründung des Treuhandverhältnisses als Anteilsübertragung der Steuer nach § 1 Abs. 3 Nr. 3 GrEStG bzw. Nr. 4 GrEStG.[434] Sofern der Treuhänder später die Anteile auf den Treugeber zurück überträgt, handelt es sich erneut um einen steuerbaren Vorgang gem. § 1 Abs. 3 Nr. 3 bzw. Nr. 4 GrEStG, auf den jedoch – bei Erfüllung der jeweiligen Tatbestandsvoraussetzungen – § 3 Nr. 8 Satz 1 GrEStG bzw. § 16 Abs. 2 GrEStG anwendbar sein kann.[435] Dies gilt allerdings jeweils nur insoweit, als die Grundstücke bereits bei der Anteilsübertragung auf den Treuhänder zum Vermögen der Gesellschaft gehörten und in diesem verblieben waren.[436] Soweit durch die Gesellschaft seit Begründung des Treuhandverhältnisses jedoch weitere Grundstücke hinzuerworben wurden, ist für diese i.R. der Rückübertragung der treuhänderisch gehaltenen Anteile erstmals GrESt wegen der eintretenden Anteilsvereinigung zu erheben.[437]

292 Verzichtet der Treugeber dagegen auf seinen Herausgabeanspruch, löst dies keinen zusätzlichen Rechtsvorgang i.S.d. § 1 Abs. 3 GrEStG aus. Sofern der Treuhänder allerdings die ihm übertragenen mindestens 95 % der Anteile der Gesellschaft (im Einvernehmen mit dem Treugeber) auf einen Dritten überträgt, wird in der Person des Dritten erneut ein steuerbarer Tatbestand i.S.d. § 1 Abs. 3 Nr. 3 bzw. Nr. 4 GrEStG

---

433 Vgl. Erl. vom 12.10.2007, DStR 2008, S. 256 ff.; der Erl. tritt an die Stelle des Erl. vom 25.05.1984, BStBl. I 1984, S. 380.
434 § 1 Abs. 3 Nr. 3 GrEStG ist einschlägig, wenn ein rechtsgeschäftlicher Übertragungsanspruch für den Treuhänder begründet wird (regelmäßig bei der sogenannten eigennützigen Treuhand, z.B. Sicherungstreuhand); handelt es sich dagegen aus Sicht des Treuhänders um eine sogenannte uneigennützige Treuhand (z.B. Liquidationstreuhand), besteht regelmäßig aufgrund der Treuhandvereinbarung nur die Pflicht des Treuhänders aus Auftrag oder Geschäftsbesorgungsvertrag (§§ 662, 675 Abs. 1 BGB), die Übertragung der Anteile anzunehmen, nicht aber das Recht, diese zu verlangen. Mangels Übertragungsanspruchs des Treuhänders unterliegt die Übertragung der Anteile bei der sogenannten uneigennützigen Treuhand daher der Steuer nach § 1 Abs. 3 Nr. 4 GrEStG; vgl. gleichlautenden Erl. der Obersten Finanzbehörden der Länder vom 12.10.2007, Tz. 1.1., DStR 2008, S. 257.
435 Hierbei ist § 3 Nr. 8 Satz 1 GrEStG stets vorrangig vor § 16 Abs. 2 GrEStG anzuwenden; vgl. hierzu Rdn. 475–481.
436 Vgl. gleichlautenden Erl. der Obersten Finanzbehörden der Länder vom 12.10.2007, Tz. 1.3.1., DStR 2008, S. 257.
437 Vgl. gleichlautenden Erl. der Obersten Finanzbehörden der Länder vom 12.10.2007, Tz. 2.2.2. Wurde i.R.d. Treuhandvertrages rechtsgeschäftlich die Rückübertragungsverpflichtung aufschiebend bedingt gestaltet, entsteht die Steuer aus § 1 Abs. 3 Nr. 3 GrEStG nach § 14 Nr. 1 GrEStG erst mit Bedingungseintritt.

VI. Anteilsvereinigung und Übertragung vereinigter Anteile    B.

realisiert. Ein weiterer grunderwerbsteuerbarer Vorgang wird durch die gleichzeitig eintretende Auflösung des Treuhandverhältnisses jedoch nicht verwirklicht.[438]

Sofern der Treugeber dagegen seine Rückübertragungsansprüche in Bezug auf die treuhänderisch gehaltenen mindestens 95 % der Anteile auf einen Dritten überträgt (Treugeberwechsel), stellt auch dieser Vorgang eine Anteilsübertragung i.S.d. § 1 Abs. 3 Nr. 3 GrEStG dar. Entsprechendes gilt beim Treuhänderwechsel, also der Übertragung der vom Treuhänder gehaltenen mindestens 95 % der Anteile auf einen anderen Treuhänder.[439]    293

Sind *mehrere* Treuhänder oder Treugeber beteiligt, so ist ferner zu beachten, dass ein grunderwerbsteuerbarer Vorgang jeweils nur vorliegt, wenn mindestens 95 % der Anteile in *einer* Hand vereinigt werden. Dagegen werden die grunderwerbsteuerbaren Tatbestände nicht realisiert, wenn die Rückübertragungsverpflichtung bzw. der Herausgabeanspruch auf mehrere Treugeber übergeleitet wird oder mehrere Treuhänder die Anteile erwerben.[440]    294

### 3. Verstärkung bestehender Beteiligungen

Die *Verstärkung* einer schon bestehenden Anteilsvereinigung (z.B. wenn A im Beispielsfall 2, Skizze 8, anschließend 50 % der von der C-GmbH gehaltenen Anteile an der D-GmbH erwirbt) löst den Besteuerungstatbestand des § 1 Abs. 3 Nr. 1 oder 2 GrEStG dagegen *nicht* aus.[441] Dies gilt bereits auch dann, wenn mindestens 95 %    295

---

438 Vgl. gleichlautenden Erl. der Obersten Finanzbehörden der Länder vom 12.10.2007, Tz. 1.3.3.2.; für den durch die Begründung des Treuhandverhältnisses verwirklichten ursprünglichen Erwerbsvorgangs i.S.d. § 1 Abs. 3 GrEStG kommt § 16 Abs. 2 GrEStG nicht zur Anwendung, weil keine Rückübertragung der Anteile auf den Treugeber erfolgt.
439 Der Erl. der Obersten Finanzbehörden der Länder vom 12.10.2007 enthält zahlreiche Klarstellungen zu Fällen, in denen ein Gesellschafter mindestens 95 % der Anteile auf einen Treuhänder überträgt oder einem Treugeber einen auf diese Anteile bezogenen Übertragungsanspruch verschafft; darüber hinaus werden auch Auftragsfälle behandelt, in denen ein Auftragnehmer oder ein Geschäftsbesorger mindestens 95 % der Anteile einer Gesellschaft für den Auftraggeber bzw. Geschäftsherren erwirbt; vgl. DStR 2008, S. 256 ff.
440 Bemessungsgrundlage für die Steuer sind nach § 8 Abs. 2 Satz 1 Nr. 3 GrEStG stets die Werte i.S.d. § 138 BewG. Die Besteuerungsgrundlagen sind ggf. gesondert festzustellen, vgl. § 17 Abs. 3 Nr. 2 GrEStG. Soweit sich das Treuhandgeschäft nicht auf Geschäftsanteile, sondern auf Grundstücke bezieht, sind die Ausführungen unter Rdn. 194–209 zu § 1 Abs. 2 GrEStG zu beachten.
441 Dagegen sind Seitwärtsbewegungen (z.B. Konzernmutter verschmilzt Schwestergesellschaften, wobei die untergehende Gesellschaft zu 100 % an einer grundbesitzenden Kapitalgesellschaft beteiligt ist) oder Anteilsbewegungen von oben nach unten (Konzernmutter bringt z.B. eine 100 %-ige Beteiligung an einer Tochtergesellschaft in eine andere 100 %-ige Tochtergesellschaft ein) nach Auffassung der FinVerw. weiterhin grunderwerbsteuerbar; vgl. gleichlautende Erl. der Obersten Finanzbehörden der Länder vom 02.12.1999, DStR 1999, S. 2076; vgl. hierzu *Schulz*, DStR 1999, S. 2076. Sidestream- und Downstream-Bewegungen sind lediglich unter den engen Voraussetzungen des § 6a GrEStG befreit; vgl. Rdn. 583.1.

der Anteile einer grundbesitzenden Gesellschaft teils mittelbar und teils unmittelbar von einer Person gehalten werden.[442]

▶ **Beispiel 3:**

Sachverhalt wie Beispiel 2, (Skizze 8) jedoch erwirbt A später alle bis dahin von der C-GmbH gehaltenen Anteile an der D-GmbH.

**Lösung:**

Mit dem Anteilserwerb wird die bisher zu 95 % bestehende mittelbare Anteilsvereinigung lediglich zu einer unmittelbaren verstärkt.[443] Der Tatbestand des § 1 Abs. 3 Nr. 3 oder 4 GrEStG wird dadurch nicht erneut ausgelöst.[444]

296 Die Verkürzung einer Beteiligungskette löst allerdings nur dann keine GrESt aus, wenn nicht zugleich die zivilrechtlichen Eigentumsverhältnisse am Grundbesitz der Gesellschaft verändert werden. Sofern also eine Tochtergesellschaft auf die Muttergesellschaft verschmolzen wird, fällt auf der Ebene der grundbesitzhaltenden Enkelgesellschaft keine GrESt an, weil die Beteiligungskette verkürzt wird. Sofern dagegen die Enkelgesellschaft ihrerseits auf die Tochtergesellschaft verschmolzen wird, fällt sehr wohl GrESt an (soweit nicht die Befreiungsvorschrift des § 6a GrEStG eingreift), da hier hinsichtlich des Grundbesitzes ein zivilrechtlicher Rechtsträgerwechsel stattfindet. Das Eigentum am Grundbesitz geht von der Enkel- auf die Tochtergesellschaft über.

297 Im Zusammenhang mit der Verstärkung bestehender Beteiligungen hat der Erlass vom 14.02.2000[445] noch weitere Rechtsunsicherheiten hinsichtlich der Zurechenbarkeit mittelbarer Beteiligungen beseitigt.

---

442 Vgl. Gleichlautende Erl. der Obersten Finanzbehörden der Länder vom 02.12.1999, DStR 1999, S. 2075; vgl. hierzu auch *Weilbach*, § 1 Rn. 92 ff.
443 Dieses Beispiel entspricht dem Beispiel 3 der gleichlautenden Erl. der Obersten Finanzbehörden der Länder vom 02.12.1999, DStR 1999, S. 2075. Die Änderung von mittelbarer zu unmittelbarer Anteilsvereinigung ist somit nicht erneut steuerpflichtig. Dies gilt selbst dann, wenn im Zeitpunkt der unmittelbaren Anteilsvereinigung noch zusätzliche Grundstücke zum Gesellschaftsvermögen gehören sollten; während i.R.d. § 1 Abs. 6 GrEStG die Steuer insoweit erhoben wird, als die Bemessungsgrundlage für den späteren Rechtsvorgang den Betrag übersteigt, bei dem beim vorausgegangenen Rechtsvorgang die Steuer berechnet worden ist, löst die Verstärkung einer mittelbaren in eine unmittelbare Anteilsvereinigung keinerlei neue Grunderwerbsteuerbelastung mehr aus.
444 Umgekehrt soll die Umwandlung einer unmittelbaren in eine mittelbare Beteiligung sehr wohl grunderwerbsteuerbar sein (sogenannter Downstream); vgl. FG Münster, DStR 2002, Heft 36, S. XVII, Revision eingelegt, AZ: BFH II R 10/02. Der Vorgang ist jedoch unter den engen Voraussetzungen des § 6a GrEStG befreit.
445 Vgl. DStR 2000, S. 430.

VI. Anteilsvereinigung und Übertragung vereinigter Anteile    B.

▶ **Beispiel 3.1.:**

Die A-GmbH ist zu 90 % an der B-GmbH beteiligt. Die restlichen 10 % sind Fremdanteile (hier: D). Außerdem sind A-GmbH zu 50 % und B-GmbH ebenfalls zu 50 % an der grundbesitzenden C-GmbH beteiligt. Die A-GmbH erwirbt sodann die Anteile der B-GmbH an der C-GmbH.

**Beispiel 3.1. (Skizze 10)**

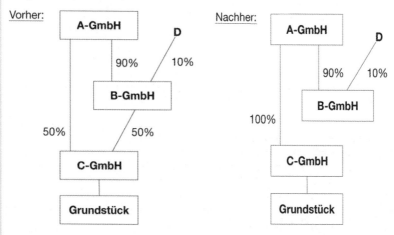

Lösung:

In diesem Fall war die A-GmbH von vornherein – jedenfalls rein rechnerisch – zu 95 % an der C-GmbH beteiligt (50 % unmittelbar und 45 % mittelbar über die B-GmbH, nämlich 90 % von 50 %). Der Anteilsvereinigung in der Hand der A-GmbH würde daher bei großzügiger Wortlautinterpretation bereits eine mittelbare Anteilsvereinigung in ihrer Hand vorausgehen, obwohl die A-GmbH lediglich zu 90 % an der B-GmbH beteiligt war. Da nach dem Wortlaut des § 1 Abs. 3 GrEStG allein darauf abgestellt wird, dass bei der A-GmbH eine mittelbare (95 %-ige) Anteilsvereinigung vorliegt, wäre es nach dem Gesetzestext ausreichend, wenn sich diese 95 %-ige Beteiligung rein rechnerisch über eine 90 %-ige Beteiligung an der Tochtergesellschaft und im Übrigen aus einer unmittelbaren Beteiligung ergäbe. Bei dieser Gesetzesauslegung wäre der Erwerb der Anteile der B-GmbH an der C-GmbH durch die A-GmbH folglich grunderwerbsteuerfrei.

Dieser Ansicht ist die FinVerw. jedoch entgegengetreten, indem in dem Erlass vom 14.02.2000 klargestellt wurde, dass bei § 1 Abs. 3 GrEStG n.F. nur solche mittelbaren Beteiligungen zu berücksichtigen sind, die zu mindestens 95 % gehalten werden (Ausnahme: Organschaft). Dies bedeutet, dass die im Beispielsfall 2.1 für den Steuerpflichtigen erfreuliche Auslegung des Gesetzeswortlauts sich im Beispiel 3.1 für ihn als nachteilig erweist. Da nach dem Erlass vom 14.02.2000 eine mittelbare Beteiligung nur dann anzusetzen ist, wenn der Anteilseigner an der Gesellschaft zu mindestens

95 % beteiligt ist, liegt in der vorliegenden Fallkonstellation mit dem Erwerb der Anteile der B-GmbH an der C-GmbH durch A eine *erstmalige* Vereinigung aller Anteile in einer Hand i.S.d. § 1 Abs. 3 GrEStG n.F. vor; folglich fällt hier GrESt an.

298 Im Zusammenhang mit der grunderwerbsteuerlich unbeachtlichen Verstärkung bestehender Beteiligungen ist weiter zu beachten, dass die Ausnahme von der Besteuerung nicht nur hinsichtlich derjenigen Grundstücke gilt, die der Gesellschaft bereits in dem Zeitpunkt grunderwerbsteuerrechtlich zuzurechnen waren, in welchem die teils unmittelbare, teils durch die beherrschende Gesellschaft vermittelte Anteilsvereinigung eintrat, sondern auch bezüglich weiterer in der Zwischenzeit erworbener Grundstücke. Unbeachtlich ist, ob die durch die vorausgegangene Anteilsvereinigung ausgelösten Erwerbsvorgänge besteuert oder durch diese Anteilsvereinigung Erwerbsvorgänge nicht verwirklicht wurden, weil die Gesellschaft zu diesem Zeitpunkt noch keinen Grundbesitz hatte oder das Beteiligungsverhältnis schon seit der Gründung der Gesellschaft bestand.[446]

299 Im Gegensatz zur Up-Stream-Übertragung (grunderwerbsteuerlich unbeachtliche Verstärkung einer bestehenden Beteiligung) sind Seitwärtsbewegungen (z.B. die Verschmelzung von Schwestergesellschaften, Side-Stream) oder Anteilsbewegungen von oben nach unten (Einbringung einer 100 %-igen Tochtergesellschaft in eine andere 100 %-ige Tochtergesellschaft durch die Konzernmutter, Down-Stream)[447] nach Auffassung der FinVerw. weiterhin grunderwerbsteuerbar.[448] Lediglich bei Umwandlungen in Konzernsachverhalten existiert mit § 6a GrEStG eine Befreiungsvorschrift, die jedoch an enge Voraussetzungen geknüpft ist.[449]

---

446 Vgl. gleichlautende Erl. der Obersten Finanzbehörden der Länder vom 02.12.1999, DStR 1999, S. 2075; zu den grunderwerbsteuerlichen Auswirkungen der Übernahme oder Einziehung eigener Geschäftsanteile, vgl. *Heine*, GmbHR 2002, S. 678 ff.
447 Bei der Verschmelzung einer Mutter- auf ihre Tochtergesellschaft kommt es zu einem grunderwerbsteuerbaren Übergang gem. § 1 Abs. 1 Nr. 3 GrEStG hinsichtlich des Grundbesitzes der Muttergesellschaft. Soweit es im Zug dieses down-stream-mergers zu einer Vereinigung von mindestens 95 % der Anteile an der Tochterkapitalgesellschaft in der Hand eines Gesellschafters kommt, stellt dies einen unschädlichen Übergang von einer mittelbaren in eine unmittelbare Anteilsvereinigung dar. Zu beachten ist allerdings, dass der down-stream-merger einen Verstoß gegen § 5 Abs. 3 bzw. § 6 Abs. 3 Satz 2 GrEStG bewirkt, wenn ein Personengesellschafter zuvor innerhalb der 5-Jahres-Frist Grundstücke auf die Gesamthand übertragen hatte und die Gesamthand im Zuge der Verschmelzung auf die Tochterkapitalgesellschaft untergeht. Hier kann sich ein Konkurrenzverhältnis zu der Befreiungsvorschrift des § 6a GrEStG ergeben; vgl. hierzu *Wischott/Schönweiß*, DStR 2009, S. 2644 ff. Ferner ist eine Grunderwerbsteuerpflicht gem. § 1 Abs. 2a bzw. Abs. 3 GrEStG gegeben, wenn einer von der Mutterpersonengesellschaft unmittelbar oder mittelbar zu mindestens 95 % gehaltenen Personen- oder Kapitalgesellschaft ein Grundstück gehört; vgl. *Middendorf/Stegemann*, DStR 2005, S. 1082.
448 Vgl. gleichlautenden Erl. der Obersten Finanzbehörden der Länder vom 02.12.1999, DStR 1999, S. 2076; *Schulz*, DStR 1999, S. 2076; kritisch *Behrens/Hofmann*, UVR 2004, S. 32.
449 Vgl. Rdn. 583.1.

VI. Anteilsvereinigung und Übertragung vereinigter Anteile      B.

▶ Beispiel:

Die A-AG ist 95 % an der A-GmbH und zu 95 % an der B-GmbH beteiligt. Die A-GmbH wiederum ist zu 95 % an der grundbesitzenden X-GmbH beteiligt. Die Beteiligung der A-GmbH an der X-GmbH wird an die B-GmbH im Weg der Einzelrechtsnachfolge abgetreten.[450]

Beispiel (Skizze 11)

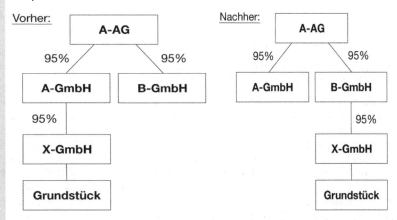

Lösung:

Aufgrund der Übertragung von 95 % der Anteile an der grundbesitzenden X-GmbH im Weg der Abtretung an die B-GmbH fällt GrESt gem. § 1 Abs. 3 Nr. 4 GrEStG an.

Dass die Grundstücke auch nach der Abtretung grunderwerbsteuerrechtlich weiterhin der mittelbar beteiligten A-AG zugerechnet werden, ändert an diesem Ergebnis nichts.[451]

### 4. Ausnahmen von Anteilsverstärkungen – Organschaftsverhältnisse

Besonderheiten gelten im Fall einer Organschaft.[452]      300

---

450 Da es sich um keinen Umwandlungsvorgang handelt, sondern um eine Anteilsübertragung im Weg der Einzelrechtsnachfolge, kommt die Befreiungsvorschrift des § 6a GrEStG nicht in Betracht; vgl. hierzu Rdn. 583.1.
451 Vgl. *Schwerin*, RNotZ 2003, S. 491. Zur restriktiven Anwendung des § 1 Abs. 6 GrEStG im Konzernbereich vgl. Teil B. VIII.
452 Die durch die Unternehmenssteuerreform 2001 bewirkte Änderung bei der körperschaftsteuerlichen Organschaft hat keine Auswirkungen auf die Grunderwerbsteuer. § 1 Abs. 4 GrEStG enthält vielmehr eine eigenständige Definition abhängiger Unternehmen; vgl. *Pahlke*, § 1 Rn. 338 f.; *Hofmann*, § 1 Rn. 165 ff.; *Heine*, UVR 2004, S. 191 ff.; vgl. ferner zu Grundstücks- und Anteilsverschiebungen im Konzern *Boruttau/Fischer*, § 1 Rn. 985 ff.; *Heine*, UVR 2001, S. 349 ff.

301 Die in § 1 Abs. 3 Nr. 1 und 2 i.V.m. § 1 Abs. 4 GrEStG normierte Vereinigung von mindestens 95 % der Anteile einer Gesellschaft mit inländischem Grundbesitz in der Hand von herrschenden und abhängigen Unternehmen bzw. nur von abhängigen Unternehmen ist ein besonders geregelter Fall der mittelbaren Anteilsvereinigung.[453] Das Abhängigkeitsverhältnis ersetzt dabei die sonst für die mittelbare Anteilsvereinigung in einer einzigen Hand erforderliche direkte oder indirekte mindestens 95 %-ige Beteiligung des Erwerbers an zwischengeschalteten Gesellschaften.[454]

302 Die in § 1 Abs. 3 Nr. 1 und Abs. 4 Nr. 2 GrEStG gegebenen Begriffsbestimmungen für die abhängigen Personen und Unternehmen definieren eine *grunderwerbsteuerrechtlich eigenständige Organschaft*.[455]

303 Die Begriffsbestimmung der abhängigen Personen in § 1 Abs. 4 Nr. 2a GrEStG hat hierbei keine praktische Bedeutung.[456]

304 Die Unternehmen eines Organkreises bleiben grunderwerbsteuerrechtlich selbstständige Rechtsträger. Grundstücksübertragungen zwischen Unternehmen des Organkreises unterliegen daher uneingeschränkt der GrESt. Bedeutung erlangt die Organschaft allerdings i.R. des § 1 Abs. 3 GrEStG, weil mit dem Bestehen eines Organschaftsverhältnisses in der Regel die finanzielle, wirtschaftliche und organisatorische Eingliederung von Unternehmen i.S.d. § 1 Abs. 4 Nr. 2b GrEStG verbunden ist. In derartigen Fällen werden das herrschende Unternehmen (Organträger) und das oder die abhängigen Unternehmen (Organgesellschaften), die einen Organkreis bilden, als *eine Hand* i.S.d. § 1 Abs. 3 GrEStG behandelt. Das Organschaftsverhältnis modifiziert lediglich das Kriterium der *einen Hand*; der Organkreis ist jedoch nicht als Einheit selbst grunderwerbsteuerlicher Rechtsträger.[457]

305 Als *abhängige Unternehmen* kommen in erster Linie juristische Personen des Zivil- und Handelsrechts in Betracht. Eine juristische Person gilt dann als abhängiges Unternehmen, wenn sie nach dem Gesamtbild der tatsächlichen Verhältnisse finanziell, wirtschaftlich und organisatorisch in ein Unternehmen eingegliedert ist (§ 1 Abs. 4 Nr. 2b GrEStG). Abhängiges Unternehmen kann auch eine Personengesellschaft sein, wenn deren Gesellschafter entweder das herrschende Unternehmen und abhängige juristische Personen oder nur abhängige juristische Personen sind.[458]

---

453 Vgl. BFH, BStBl. II 1980, S. 360; Erl. der Obersten Finanzbehörden der Länder vom 21.03.2007, DStR 2007, S. 900 ff.
454 Vgl. BFH, BStBl. II 2002, S. 156; Erl. der Obersten Finanzbehörden der Länder vom 21.03.2007, DStR 2007, S. 900 ff.
455 Vgl. *Pahlke*, § 1 Rn. 338; *Hofmann*, § 1 Rn. 165. Eine ungeprüfte Übernahme der umsatzsteuerlichen Kriterien zur Organschaft für Zwecke der GrESt ist insb. bei grenzüberschreitenden Erwerbsvorgängen problematisch; vgl. hierzu *Heine*, UVR 2005, S. 315. So ist bei Umstrukturierungen und Akquisitionen insb. zu beachten, dass die grunderwerbsteuerliche Organschaft anders als ihr umsatzsteuerliches Pendant nicht auf das Inland beschränkt ist, sondern weltweit bestehen kann. Vgl. *Brinkmann/Tschesche*, BB 2005, S. 2784.
456 Vgl. *Pahlke*, § 1 Rn. 339 m.w.N.; *Hofmann*, § 1 Rn. 166.
457 Vgl. Erl. der Obersten Finanzbehörden der Länder vom 21.03.2007, DStR 2007, S. 900 ff.
458 Vgl. BFH, BStBl. II 2002, S. 156.

## VI. Anteilsvereinigung und Übertragung vereinigter Anteile   B.

*Herrschendes Unternehmen* kann jeder Unternehmer im umsatzsteuerlichen Sinn sein. Die Anteile an den untergeordneten juristischen Personen dürfen bei einer natürlichen Person jedoch nicht im Privatvermögen gehalten werden.[459] Daraus folgt, dass neben den Organgesellschaften auch der Organträger in einem grunderwerbsteuerlichen Organschaftsverhältnis zwingend Unternehmer sein muss. Anders als bei der USt ist das grunderwerbsteuerliche Organschaftsverhältnis jedoch nicht auf das Inland beschränkt, sofern nur die Grundstücke, deren Erwerb bei den Rechtsvorgängen des § 1 Abs. 3 GrEStG fingiert wird, im Inland belegen sind.[460] 306

Ob eine finanzielle, wirtschaftliche und organisatorische Eingliederung vorliegt, ist entsprechend den Grundsätzen aus § 2 Abs. 2 UStG zu beurteilen.[461] 307

Aus dem Verweis der FinVerw. auf § 2 Abs. 2 UStG ist zu schließen, dass eine Finanzholding, die ihre Beteiligung am abhängigen Unternehmen nicht zum Zweck des unmittelbaren Eingreifens in die Verwaltung der abhängigen Gesellschaft erworben hat oder die nicht durch unternehmerische Leistungen im Sinn von § 1 Abs. 1 Nr. 1, § 2 Abs. 1 UStG in die Verwaltung der abhängigen Gesellschaft eingreift, nicht herrschendes Unternehmen im Sinn von § 1 Abs. 3 Nr. 1, Abs. 4 Nr. 2b GrEStG ist.[462] Nach den umsatzsteuerrechtlichen Verwaltungsanweisungen setzt die wirtschaftliche Eingliederung voraus, dass die Beteiligung an der Tochtergesellschaft im unternehmerischen Bereich des Anteilseigners gehalten wird.[463] Das Innehaben einer gesellschaftsrechtlichen Beteiligung stelle nur dann eine unternehmerische Tätigkeit dar, wenn sie im Zusammenhang mit einem unternehmerischen Grundgeschäft erworben und gehalten werde, es sich bei diesem Erwerb bzw. Halten also um Hilfsgeschäfte handele. Zwischen der gesellschaftsrechtlichen Beteiligung und der unternehmerischen Haupttätigkeit müsse ein erkennbarer und objektiver wirtschaftlicher Zusammenhang bestehen. Dies sei der Fall, wenn die Aufwendungen für die gesellschaftsrechtliche Beteiligung zu den Kostenelementen der Umsätze aus der Haupttätigkeit gehören. Wenn das herrschende Unternehmen also kein Grundgeschäft betreibt, in dessen Rahmen sich der Erwerb und das Halten der Beteiligung an der untergeordneten Gesellschaft als Hilfsgeschäft darstellt, liegt demzufolge kein Abhängigkeitsverhältnis im Sinn von § 1 Abs. 4 Nr. 2b GrEStG vor.[464] 308

Voraussetzung der Organschaft ist die *finanzielle, wirtschaftliche und organisatorische Eingliederung* einer juristischen Person in ein Unternehmen. Die *finanzielle* Eingliederung setzt den Besitz der Anteilsmehrheit voraus, die nach dem Gesetz oder der Satzung 309

---

459 Vgl. Erl. der Obersten Finanzbehörden der Länder vom 21.03.2007, DStR 2007, S. 900 ff.
460 Vgl. Erl. der Obersten Finanzbehörden der Länder vom 21.03.2007, DStR 2007, S. 900 ff.
461 Vgl. kritisch hierzu *Heine*, GmbHR 2003, S. 453 ff. Neben den Organgesellschaften muss nach bisheriger deutscher Rechtspraxis auch der Organträger einer grunderwerbsteuerlichen Organschaft zwingend Unternehmer sein; vgl. aber z.B. EuGH-Urteil C-85/11 v. 09.04.2013, UR 2013, 238. Natürliche Personen, die ihre Anteile im Privatvermögen halten, qualifizieren nicht. Vgl. *Hofmann*, § 1 Rn. 169; *Brinkmann/Tscheche*, BB 2005, S. 2784.
462 Vgl. *Behrens/Meyer-Wirges*, DStR 2007, S. 1290.
463 Vgl. BMF-Schreiben vom 26.01.2007, BStBl. I 2007, S. 211 Abschnitt 2.8 Abs. 6 UStAE.
464 Vgl. *Behrens/Meyer-Wirges*, DStR 2007, S. 1290.

erforderlich ist, um die wesentlichen Entscheidungen in der Gesellschaft durchzusetzen. Die *wirtschaftliche* Eingliederung zeigt sich in der Regel in der Verflechtung von Organträger und Organ; es muss ein vernünftiger betriebswirtschaftlicher Zusammenhang zwischen ihnen bestehen.[465] Die *organisatorische* Eingliederung ist gegeben, wenn der Organträger seinen Willen in der Organgesellschaft aufgrund organisatorischer Verflechtungen (so z.b. bei personeller Verflechtung der Geschäftsführungen oder kraft Beherrschungsvertrag) sicherstellen kann; viele Einzelheiten sind unklar bzw. umstritten.[466]

310 Die bloße Begründung eines Organschaftsverhältnisses oder dessen Änderung, z.b. eine Erweiterung des Organkreises, löst keinen Rechtsträgerwechsel an Grundstücken und damit keine Steuerpflicht gem. § 1 Abs. 3 GrEStG aus, wenn nicht zugleich ein auf den Erwerb von Anteilen gerichtetes Rechtsgeschäft (z.b. Anteilsübertragung) oder der Übergang von Anteilen (z.B. Verschmelzung) damit verknüpft ist. Von einer solchen Verknüpfung ist nach Ansicht der FinVerw. auch dann auszugehen, wenn zwischen dem Anteilserwerb bzw. -übergang und der Begründung des Organschaftsverhältnisses ein enger zeitlicher und sachlicher Zusammenhang im Sinn eines *vorgefassten Plans* vorliegt.[467] Ob der Anteilserwerb bzw. -übergang und die Begründung eines Organschaftsverhältnis aufgrund eines vorgefassten Plans erfolgen, kann nur nach den Umständen des Einzelfalles beurteilt werden.

311 Dem tatsächlichen Vollzug eines solchen Plans kommt dabei keine eigene tatbestandsbegründende, sondern indizielle Bedeutung für die Vorstellungen und Absichten (den Plan) der Beteiligten im Erwerbszeitpunkt zu. Erfolgt in einem zeitlichen Zusammenhang mit dem Anteilserwerb bzw. -übergang die Begründung eines Organschaftsverhältnisses, besteht nach Auffassung der FinVerw. eine tatsächliche (widerlegbare) Vermutung, dass beide Vorgänge auf einem vorgefassten, auf ein einheitliches Ziel gerichteten Plan beruhen.[468] Diese Vermutung kann der Steuerpflichtige allerdings dadurch widerlegen, dass er substanziiert belegbare Tatsachen vorträgt, die einen anderen Geschehensablauf möglich erscheinen lassen.

312 Ein *zeitlicher Zusammenhang* kann regelmäßig noch angenommen werden, wenn zwischen beiden Vorgängen ein Zeitraum von nicht mehr als 15 Monaten liegt.

313 Im Übrigen ist die Subsidiarität des Tatbestandes der Vereinigung der Anteile einer grundstücksbesitzenden Gesellschaft in der Hand des Organträgers und/oder von Organgesellschaften zu beachten. Die Zusammenfassung von juristisch selbstständigen Unternehmen zu einem Organkreis i.R. des § 1 Abs. 3 Nr. 1 und Nr. 2 GrEStG ist nur dann zulässig, wenn die Anteile der grundstücksbesitzenden Gesellschaft nicht

---

465 Vgl. *Pahlke*, § 1 Rn. 340; BFH, BStBl. II 1969, S. 413; *Hofmann*, § 1 Rn. 168.
466 Vgl. z.B. FG Münster, Urteil 5 K 1401/104 v. 25.04.2013, EFG 2014, 1829; Rev. beim BFH XI R 30/14.
467 Vgl. gleichlautenden Erl. der Obersten Finanzbehörden der Länder vom 21.03.2007, DStR 2007, S. 900; kritisch hierzu *Behrens/Meyer-Wirges*, DStR 2007, S. 1290, wonach die Ansicht der FinVerw. zur Relevanz des Gesamtplans bei § 1 Abs. 3 Nr. 1 GrEStG einer gesetzlichen Grundlage entbehre.
468 Vgl. Erl. der Obersten Finanzbehörden der Länder vom 21.03.2007, DStR 2007, S. 900 ff.

## VI. Anteilsvereinigung und Übertragung vereinigter Anteile B.

bereits zumindest 95 % unmittelbar oder mittelbar in der Hand des Organträgers oder einer Organgesellschaft vereinigt sind.[469]

*a) Begründung eines Organschaftsverhältnisses unter Beibehaltung der bestehenden Anteilsverhältnisse*

▶ Beispiel: 313.1

Die M-GmbH ist zu 80 % an der grundstücksbesitzenden A-GmbH sowie zu 50 % an der grundstücksbesitzenden B-GmbH beteiligt, an der die A-GmbH ihrerseits zu 46 % beteiligt ist. Zwischen der M-GmbH und der A-GmbH wird ein Organschaftsverhältnis begründet.[470]

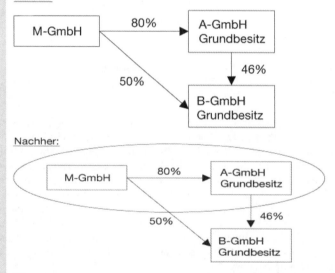

Lösung:

Die bloße Begründung eines Organschaftsverhältnisses ohne Veränderung der Zuordnung von Anteilen erfüllt nicht den Tatbestand der mittelbaren Anteilsvereinigung (Anteilsvereinigung im Organkreis) nach § 1 Abs. 3 Nr. 1 bzw. Nr. 2 i.V.m. Abs. 4 Nr. 2b GrEStG, weil weder ein Rechtsgeschäft, das die Vereinigung oder Übertragung von Anteilen an der grundstücksbesitzenden Gesellschaft begründet, noch eine tatsächliche Anteilsvereinigung bzw. Anteilsübertragung stattfindet, sodass sich die bestehenden Anteilsverhältnisse nicht ändern.[471]

---

469 Vgl. Erl. vom 21.03.2007, DStR 2007, S. 900 ff.
470 Das Beispiel ist entnommen aus Tz. 2.1.2. des Erl. vom 21.03.2007, DStR 2007, S. 901.
471 Vgl. Erl. vom 21.03.2007, DStR 2007, S. 901, Tz. 2.1.2.

## B. Die Steuerbarkeit

**b) Begründung eines Organschaftsverhältnisses unter Veränderung der bestehenden Anteilsverhältnisse**

313.2 ▶ **Beispiel:**

Die M-GmbH beteiligt sich zu 80 % an der grundstücksbesitzenden A-GmbH und begründet gleichzeitig ein Organschaftsverhältnis. Die A-GmbH hält 95 % der Anteile an der grundstücksbesitzenden B-GmbH.[472]

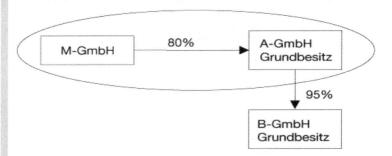

**Lösung:**

Mit der Begründung des Organschaftsverhältnisses findet *gleichzeitig* ein Anteilserwerb an der A-GmbH statt. Der Erwerb der Anteile der A-GmbH i.H.v. 80 % erfüllt jedoch nicht den Tatbestand der Anteilsvereinigung gem. § 1 Abs. 3 Nr. 1 bzw. Nr. 2 GrEStG, denn die von der M-GmbH gehaltenen Anteile an der A-GmbH unterschreiten das erforderliche Quantum von 95 %. In Bezug auf die B-GmbH wird der Tatbestand der mittelbaren Anteilsvereinigung (Anteilsvereinigung im Organkreis) nach § 1 Abs. 3 Nr. 1 bzw. Nr. 2 i.V.m. § 1 Abs. 4 Nr. 2b GrEStG nicht erfüllt, denn die Anteile der B-GmbH sind ausschließlich in der Hand der A-GmbH vereinigt.[473] Insoweit stellt der Erlass der FinVerw. vom 21.03.2007 eine Abkehr von der Auffassung der OFD Münster dar, welche noch zu einer Steuerpflicht gelangt war.[474]

314 Bei dem vorbezeichneten Beispiel handelt es sich um eine Fallkonstellation, die u.a. in Public M&A-Transaktionen regelmäßig anzutreffen ist. Häufig erwirbt die übernehmende Gesellschaft eine (qualifizierte) Mehrheit an einem Zielmutterunternehmen, die die grunderwerbsteuerlich maßgebliche Schwelle von 95 % nicht erreicht. Das Zielmutterunternehmen verfügt jedoch seinerseits über grundstücksbesitzende 100 %-ige Tochtergesellschaften oder über Tochtergesellschaften, die zumindest die grunderwerbsteuerlich maßgebliche Grenze von 95 % erreichen. Bereits vor der

---

472 Dieses Beispiel ist Tz. 2.2.2. des Erl. vom 21.03.2007, DStR 2007, S. 901, nachgebildet.
473 Vgl. BFH, BStBl. II 2005, S. 839; ebenso nunmehr der Erl. vom 21.03.2007, DStR, 2007, S. 901.
474 Vgl. Fallvariante 4b) der Verfügung der OFD Münster vom 07.12.2000, UVR 2001, S. 366 ff.

## VI. Anteilsvereinigung und Übertragung vereinigter Anteile B.

Entscheidung des BFH vom 20.07.2005 hatte ein Großteil der Literatur diese für die M&A-Praxis wichtige Fallvariante gegen der Auffassung der OFD Münster nicht für grunderwerbsteuerbar angesehen.[475] Allerdings ist zu beachten, das eine nachträgliche Übertragung eines Anteils an der B-GmbH durch die A-GmbH auf die M-GmbH eine grunderwerbsteuerbare Anteilsvereinigung in der Hand der Organschaft auslösen kann, soweit der Organkreis, nicht aber die A-GmbH, nach der Anteilsübertragung 95 % der Anteile an der B-GmbH hält[476]

▶ Beispiel:

An der grundstücksbesitzenden B-GmbH sind die M-GmbH zu 10 % und die A-GmbH zu 90 % beteiligt. Die M-GmbH erwirbt 80 % der Anteile an der A-GmbH unter gleichzeitiger Begründung eines Organschaftsverhältnisses.[477]

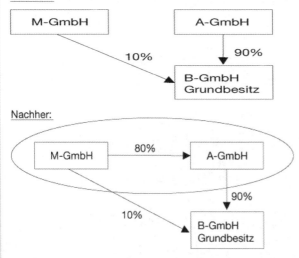

Lösung:

Der Erwerb der Anteile an der A-GmbH durch die M-GmbH unter gleichzeitiger Begründung eines Organschaftsverhältnisses ist darauf gerichtet, alle Anteile der B-GmbH in der Hand von herrschenden und abhängigen Unternehmen zu vereinigen. Das Abhängigkeitsverhältnis ersetzt lediglich den – andernfalls erforderlichen – Erwerb von 95 % der Anteile der M-GmbH an der A-GmbH.[478]

---

475 Vgl. *Pahlke*, § 1 Rn. 341; *Heine* UVR 2001, S. 352; *Brinkmann/Tschesche*, BB 2005, S. 2783; *Behrens*, BB 2005, S. 2622; *Willibald/Widmayer*, DB 2005, S. 2546.
476 Vgl. *Brinkmann/Tschesche*, BB 2005, S. 2787.
477 Das Beispiel ist aus Tz. 2.2.3. des Erl. vom 21.03.2007, DStR 2007, S. 902 entnommen.
478 Vgl. Erl. vom 21.03.2007, DStR 2007, S. 902, Tz. 2.2.3.

### B. Die Steuerbarkeit

Durch den gleichzeitigen Erwerb der Anteile der A-GmbH durch die M-GmbH werden im Zuge der Begründung des Organschaftsverhältnisses erstmals die Anteile der B-GmbH in der Hand von herrschenden (M-GmbH: 10 %) und abhängigen Unternehmen (A-GmbH: 90 %) vereinigt. Der Tatbestand der mittelbaren Anteilsvereinigung (Anteilsvereinigung im Organkreis) nach § 1 Abs. 3 Nr. 1 bzw. Nr. 2 i.V.m. Abs. 4 Nr. 2b GrEStG ist erfüllt.[479]

c) *Veränderung der Anteilsverhältnisse bei bestehendem Organschaftsverhältnis*

314.1 ▶ Beispiel:

Die M-GmbH ist zu 80 % an der grundstücksbesitzenden A-GmbH beteiligt. Zwischen der M-GmbH und der A-GmbH besteht ein Organschaftsverhältnis. Die A-GmbH ist zu 95 % an der grundstücksbesitzenden B-GmbH beteiligt. Sie überträgt 40 % der Anteile der B-GmbH auf die M-GmbH.[480]

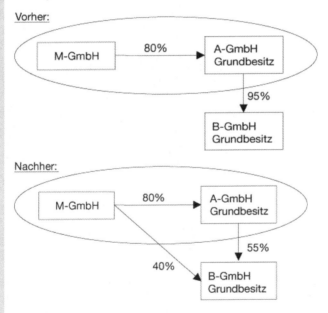

Lösung:

Durch den Erwerb der Anteile der B-GmbH durch die M-GmbH werden erstmals die Anteile der B-GmbH in der Hand von herrschenden (M-GmbH: 40 %) und abhängigen Unternehmen (A-GmbH: 55 %) vereinigt. Der Tatbestand der

---

479 Vgl. Erl. vom 21.03.2007, DStR 2007, S. 902, Tz. 2.2.3.
480 Das Beispiel ist aus Tz. 2.3.1. des Erl. vom 21.03.2007, DStR 2007, S. 902 entnommen.

## VI. Anteilsvereinigung und Übertragung vereinigter Anteile    B.

mittelbaren Anteilsvereinigung (Anteilsvereinigung im Organkreis) nach § 1 Abs. 3 Nr. 1 bzw. Nr. 2 i.V.m. Abs. 4 Nr. 2b GrEStG ist somit nach Ansicht der FinVerw. erfüllt.[481]

Das Ergebnis der FinVerw. erscheint zweifelhaft, weil in dem Fall, in welchem die Muttergesellschaft ursprünglich mindestens 95 % Anteile an der Tochtergesellschaft (B-GmbH) hält, aus der (aus Sicht der Muttergesellschaft) – mittelbaren Anteilsvereinigung grunderwerbsteuerlich abgeschwächt eine teils unmittelbare und teils mittelbare Anteilsvereinigung entsteht. Die OFD Münster hatte in Tz. 6.b der Verfügung vom 07.12.2000 für den Fall der Übertragung von weniger als 95 % der Anteile durch die bisher zu mindestens 95 % an der grundbesitzenden Gesellschaft beteiligten Organgesellschaft auf andere Organgesellschaften noch die Auffassung vertreten, dass keine GrESt anfallen würde.[482] Gegen die neuere Ansicht der FinVerw. lässt sich auch anführen, dass die vom Gesetzgeber vorausgesetzte Umgehungsmöglichkeit[483] nicht gegeben sei. Unter Hinweis auf die Subsidiarität der grunderwerbsteuerlichen Organschaft gegenüber § 1 Abs. 3 Nr. 1, 1. Alt. GrEStG wäre auch begründbar, dass in dem Beispielsfall keine GrESt anfällt. Denn waren zuvor 95 % oder mehr der Anteile an der grundbesitzenden Gesellschaft durch ein und dieselbe Organgesellschaft erworben worden, hat der Organträger die gesellschaftliche Unternehmensstruktur nicht dazu genutzt, um die GrESt zu umgehen. In teleologischer Reduktion von § 1 Abs. 3 Nr. 1, 2. Alt. und 3 i.V.m. Abs. 4 Nr. 2b GrEStG ist nach dieser Literaturansicht die der Vereinigung von mindestens 95 % der Anteile in der Hand eines Organmitglieds nachfolgende Vereinigung von mindestens 95 % der Anteile in der Hand von herrschendem Unternehmen und abhängigen Unternehmen bzw. abhängigen Unternehmen allein nicht tatbestandsmäßig.[484]

315

▶ Beispiel:

Die Organmutter A-GmbH ist zu 90 % an der Organtochter B-GmbH beteiligt. Die restlichen 10 % sind Fremdanteile. Die B-GmbH ist in die A-GmbH i.S.d. § 1 Abs. 4 Nr. 2b GrEStG finanziell, wirtschaftlich und organisatorisch eingegliedert. Außerdem sind A-GmbH zu 50 % und B-GmbH zu 50 % an der grundbesitzenden Gesellschaft C-GmbH beteiligt. Es liegt somit hinsichtlich der Grundstücke

---

481 Vgl. Erl. vom 21.03.2007, DStR 2007, S. 902, Tz. 2.3.1.
482 Vgl. Verfügung der OFD Münster vom 07.12.2000, UVR 2001, S. 366 ff.
483 Vgl. RStBl 1940, S. 392: »Größere Unternehmen mit weitgehender gesellschaftlicher Verschachtelung konnten die Entstehung der Steuer bisher dadurch umgehen, dass sie Anteile in der Hand mehrerer abhängiger Unternehmen oder in der Hand des herrschenden und eines abhängigen Unternehmens vereinigten«.
484 Vgl. *Behrens/Meyer-Wirges*, DStR 2007, S. 1292.

der C-GmbH eine Anteilsvereinigung im Konzern vor.[485] Die A-GmbH erwirbt sodann die Anteile der B-GmbH an der C-GmbH.

**Beispiel (Skizze 12)**

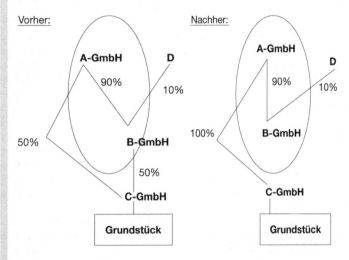

Lösung:

Da die B-GmbH ein abhängiges Unternehmen i.S.d. § 1 Abs. 4 Nr. 2b GrEStG ist, stellt sich hier die Frage, ob bei der Verstärkung einer organschaftlichen Zurechnung in eine unmittelbare Beteiligung davon auszugehen ist, dass bereits eine Anteilsvereinigung i.S.d. § 1 Abs. 3 GrEStG bestand und die nachfolgende Verstärkung der Beteiligung somit steuerunschädlich ist. Hierfür spricht, dass die Grundstücke nach § 1 Abs. 4 Nr. 2b GrEStG grunderwerbsteuerrechtlich bereits der Organmutter zugerechnet werden konnten und demzufolge jetzt an sich kein erstmaliger Erwerb der Organmutter erfolgt. Vielmehr war die frühere Anteilsvereinigung im Konzern schon steuerpflichtig gewesen.

Gleichwohl geht die FinVerw. in dem Erlass vom 02.12.1999 davon aus, dass beim Zuerwerb von Anteilen durch eine Konzerngesellschaft keine steuerunschädliche Anteilsverstärkung vorliegt, wenn dadurch erstmalig mindestens 95 % der Anteile

---

485 Diese Anteilsvereinigung dürfte im Zeitpunkt ihres Eintritts grunderwerbsteuerpflichtig gewesen sein, da § 1 Abs. 4 GrEStG insoweit die Steuerpflicht erweitert. Bei einem Organschaftsverhältnis findet nämlich eine Zurechenbarkeit auch dann statt, wenn die mittelbare Beteiligung der Organmutter A-GmbH an der Organtochter B-GmbH unter 95 % liegt. Etwas anderes gilt freilich, wenn das Organschaftsverhältnis erst zeitlich nach dem Anteilserwerb begründet wurde; dies folgt daraus, dass der Gesetzeswortlaut für die Steuerbarkeit an einen Anteilserwerb, nicht jedoch an die Begründung eines Organschaftsverhältnisses anknüpft.

an der grundbesitzhaltenden Gesellschaft in der Hand der Konzernmutter i.S.d. § 1 Abs. 3 Nr. 1 oder Nr. 2 GrEStG vereinigt werden.[486] Der Grundbesitz der Gesellschaft C-GmbH war nicht der Organmutter, sondern ausschließlich dem *Organkreis* zuzurechnen, sodass sich durch den Erwerb der restlichen Anteile an der C-GmbH alle Anteile dieser Gesellschaft erstmals in der Hand der Organmutter vereinigen. Die geänderte Zurechnung löst die Steuer nach § 1 Abs. 3 Nr. 1 oder Nr. 2 GrEStG aus.[487] Trotz § 1 Abs. 3 Nr. 1, 2. Alt. GrEStG kann also nicht davon ausgegangen werden, dass die zu einem Organkreis gehörenden Gesellschaften als grunderwerbsteuerliche Einheit anzusehen sind. Vielmehr ist die Bezugnahme in § 1 Abs. 3 Nr. 1, 2. Alt. GrEStG auf das Vorliegen einer Organschaft lediglich als *Erweiterung* der Steuerpflicht anzusehen.[488] Die Innenumsätze zwischen Konzerngesellschaften bleiben damit steuerpflichtig.[489]

Die FinVerw. setzt sich in diesem Zusammenhang auch nicht mit der Frage auseinander, ob nicht möglicherweise § 1 Abs. 6 Satz 2 GrEStG zu einer Ermäßigung der GrESt führen könnte, insbesondere im Hinblick darauf, dass die GrESt ja schon bei der ursprünglichen Anteilsvereinigung im Konzern angefallen war und jetzt erneut anfällt. Da die verschiedenen Organgesellschaften aufgrund ihrer rechtlichen Selbstständigkeit jedoch nicht identisch sind, wird die Frage offenbar wegen fehlender Erwerberidentität nicht näher erläutert.[490]

Aus dem Vorliegen eines Organschaftsverhältnisses folgt für die Anteilsvereinigung, dass diese auch ohne 95 %-ige Beteiligung des herrschenden an dem abhängigen Unternehmen vorliegt. Insofern ist die Anteilsvereinigung in der Hand von herrschenden und abhängigen Unternehmen ein gesetzlich besonders geregelter Fall der mittelbaren Anteilsvereinigung.[491]

---

486 Gleiches gilt, wenn Rechtsvorgänge zwischen Konzerngesellschaften i.S.d. § 1 Abs. 1 und Abs. 2 GrEStG vorliegen; vgl. gleichlautende Erl. der Obersten Finanzbehörden der Länder vom 02.12.1999, DStR 1999, S. 2076.
487 Vgl. hierzu kritisch im Hinblick auf den Grundsatz der Besteuerung nach der Leistungsfähigkeit, *Eder*, DStR 1994, S. 735 f.
488 Die Ausdehnung der Besteuerung beruht auf dem Gedanken, dass bei verbundenen Unternehmen die Konzernspitze bestimmen kann, welche Konzerngesellschaft die Anteile an den Grundstücksgesellschaften halten soll, vgl. *Eder*, DStR 1994, S. 735 f.
489 Zur GrESt im Konzern vgl. ausführlich *Fleischer*, in: Kessler/Gröner/Köhler, Konzernsteuerrecht 2004, S. 467 ff. mit vielen instruktiven Beispielen.
490 Fraglich ist jedoch, ob aufgrund des Organschaftsverhältnisses und der dadurch bedingten Zuordnung der Gesellschaften zur Konzernmutter nicht gleichwohl eine Identität analog § 1 Abs. 6 GrEStG bejaht werden kann. Vgl. auch FG Münster zur Frage der Anwendbarkeit des § 1 Abs. 6 GrEStG beim sog. Downstream, EFG 2002, S. 573.
491 Vgl. *Pahlke*, § 1 Rndr. 341.

B. Die Steuerbarkeit

d) *Änderung der Anteilsverhältnisse und nachfolgende Begründung des Organschaftsverhältnisses*

315.1 ▶ Beispiel:

Die M-GmbH ist zu 80 % an der grundstücksbesitzenden A-GmbH sowie zu 60 % an der grundstücksbesitzenden B-GmbH beteiligt. Kurze Zeit, nachdem die A-GmbH 35 % der Anteile an der B-GmbH erworben hat, wird zwischen der M-GmbH und der A-GmbH ein Organschaftsverhältnis begründet.[492]

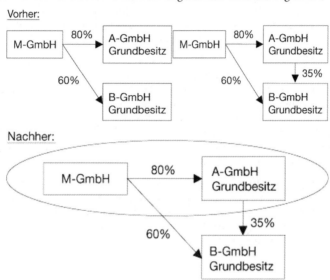

Lösung:

Weder der Erwerb der Anteile der B-GmbH durch die A-GmbH noch die bloße Begründung eines Organschaftsverhältnisses ohne Veränderung in der Zuordnung von Anteilen erfüllen für sich allein genommen den Tatbestand der mittelbaren Anteilsvereinigung (i.S. einer Anteilteilsvereinigung im Organkreis) nach § 1 Abs. 3 Nr. 1 bzw. Nr. 2 i.V.m. Abs. 4 Nr. 2b GrEStG. Allerdings begründet der enge zeitliche und sachliche Zusammenhang zwischen dem Erwerb der 35 %-igen Beteiligung an der B-GmbH durch die A-GmbH und der Begründung des Organschaftsverhältnisses zwischen der M-GmbH und der A-GmbH die widerlegbare Vermutung, dass beide Vorgänge durch einen vorgefassten Plan, die Anteile der B-GmbH im Organkreis zu vereinigen, verknüpft sind. Dadurch erfolgt im

---

492 Dieses Beispiel ist Tz. 2.4.2. des Erl. vom 21.03.2007, DStR 2007, S. 904 entnommen.

VI. Anteilsvereinigung und Übertragung vereinigter Anteile　　　　　　　B.

Organkreis eine grunderwerbsteuerpflichtige Anteilsvereinigung i.S.d. § 1 Abs. 3 Nr. 1 bzw. Nr. 2 i.V.m. § 1 Abs. 4 Nr. 2b GrEStG.[493]

e) *Erweiterung des Organschaftsverhältnisses*

▶ Beispiel:　　　　　　　　　　　　　　　　　　　　　　　　　　　　　　315.2

Die M-GmbH ist zu 80 % an der D-GmbH beteiligt. Zwischen der M-GmbH und der D-GmbH besteht ein Organschaftsverhältnis. Die A-GmbH hält 60 % und die D-GmbH 35 % der Anteile an der grundstücksbesitzenden C-GmbH. Die M-GmbH erwirbt 80 % der Anteile an der A-GmbH und erweitert gleichzeitig das Organschaftsverhältnis auf diese.[494]

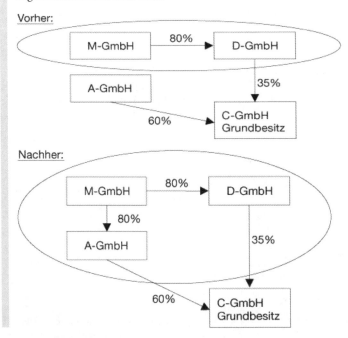

---

[493] Vgl. Erl. vom 21.03.2007, DStR 2007, S. 904, Tz. 2.4.2. Demgegenüber lehnen *Behrens/Meyer-Wirges*, DStR 2007, S. 1290 ff. die Relevanz des Gesamtplans mangels gesetzlicher Grundlage als steuerbegründendes Tatbestandselement ab. Zur Erweiterung des Organschaftsverhältnisses unter gleichzeitigem oder vorgeschaltetem Anteilserwerb vgl. den gleichlautenden Erl. der Obersten Finanzbehörden der Länder vom 21.03.2007, DStR 2007, S. 904 m.w.Bsp.

[494] Dieses Beispiel ist entnommen aus Tz. 3.1. des Erl. vom 21.03.2007, DStR 2007, S. 904.

B.  Die Steuerbarkeit

**Lösung:**

Der Erwerb der Anteile der A-GmbH durch die M-GmbH unter gleichzeitiger Begründung eines Abhängigkeitsverhältnisses und der daraus folgenden Erweiterung des Organschaftsverhältnisses ist darauf gerichtet, alle Anteile an der C-GmbH in der Hand von abhängigen Unternehmen (A-GmbH und D-GmbH) zu vereinigen. In der Hand des Organkreises findet somit eine Anteilsvereinigung i.S.d. § 1 Abs. 3 Nr. 1 i.V.m. § 1 Abs. 4 Nr. 2b GrEStG in Bezug auf die C-GmbH statt, da mindestens 95 % der Anteile dieser Gesellschaft in der Hand von zwei abhängigen Gesellschaften (A-GmbH: 60 % und D-GmbH: 35 %) des Organkreises vereinigt werden.[495]

*f) Verschmelzung des Organträgers auf eine Gesellschaft außerhalb des Organkreises*

315.3 ▶ **Beispiel:**

Die M-GmbH hält 80 % der Anteile an der A-GmbH und 30 % der Anteile der grundstücksbesitzenden E-GmbH. Zwischen der M-GmbH und der A-GmbH besteht ein Organschaftsverhältnis. Die A-GmbH hält ihrerseits 65 % der Anteile an der E-GmbH. Die M-GmbH verschmilzt auf die V-GmbH; das Organschaftsverhältnis wird fortgeführt.[496]

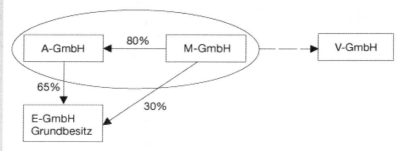

**Lösung:**

Durch den Übergang der 30 %-igen Beteiligung der M-GmbH an der E-GmbH auf die V-GmbH tritt mit Wirksamwerden der Verschmelzung (Eintragung im HR) eine Anteilsvereinigung im fortgeführten Organkreis ein, welche eine Grunderwerbsteuerpflicht gem. § 1 Abs. 3 Nr. 2 i.V.m. Abs. 4 Nr. 2b GrEStG auslöst.[497]

---

495 Vgl. Erl. vom 21.03.2007, DStR 2007, S. 904, Tz. 3.1.
496 Dieses Beispiel ist Tz. 4.1.3. des Erl. vom 21.03.2007, DStR 2007, S. 905, nachgebildet.
497 Vgl. Erl. vom 21.03.2007, DStR 2007, S. 905, Tz. 4.1.3. Die Verschmelzung des Organträgers auf eine Organgesellschaft unter Fortführung des Organschaftsverhältnisses löst für sich genommen keine GrESt aus; vgl. Erl. vom 21.03.2007, Tz. 4.2., DStR 2007, S. 905.

## VI. Anteilsvereinigung und Übertragung vereinigter Anteile   B.

### g) Umstrukturierungen im Organkreis

Anteilsverschiebungen im Organkreis, die dazu führen, dass vorher und nachher bei verschiedenen Gesellschaften des Organkreises zusammengerechnet mindestens 95 % der Anteile einer grundstücksbesitzenden Gesellschaft gehalten werden, sind grunderwerbsteuerlich unbeachtlich, da die Anteile weiterhin im Organkreis vereinigt bleiben.[498]   316

Anteilsverschiebungen im Organkreis, die jedoch dazu führen, dass erstmals in der Hand einer Gesellschaft des Organkreises mindestens 95 % der Anteile an einer grundstücksbesitzenden Gesellschaft vereinigt werden, erfüllen den Tatbestand des § 1 Abs. 3 GrEStG. Dies gilt auch, wenn die Anteile zuvor bereits zu mindestens 95 % im Organkreis vereinigt waren, da der Organkreis und seine Mitglieder nicht identisch sind.[499]   317

Anteilsverschiebungen innerhalb des Organkreises, die dazu führen, dass die Anteile an einer grundstücksbesitzenden Gesellschaft nicht mehr durch eine einzelne Gesellschaft des Organkreises, sondern nunmehr von mehreren Gesellschaften dieses Organkreises gehalten werden, erfüllen den Tatbestand des § 1 Abs. 3 Nr. 1 bzw. Nr. 2 i.V.m. Abs. 4 Nr. 2b GrEStG, wenn dadurch erstmals mindestens 95 % der Anteile im Organkreis vereinigt werden.   318

▶ Beispiel:

Die M-GmbH hält je 80 % der Anteile an der A-GmbH und der B-GmbH. Zwischen der M-GmbH und diesen Gesellschaften besteht ein Organschaftsverhältnis. An der grundstücksbesitzenden E-GmbH hält die B-GmbH 100 % der Anteile. Die B-GmbH überträgt 40 % der Anteile an der E-GmbH auf die M-GmbH.[500]

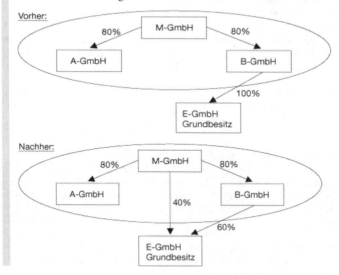

---

498  Vgl. hierzu Tz. 5.1. des Erl. vom 21.03.2007, DStR 2007, S. 905.
499  Vgl. vorstehendes Beispiel Skizze 12; vgl. ferner Tz. 5.2. des Erl. vom 21.03.2007, DStR 2007, S. 906.
500  Dieses Beispiel ist Tz. 5.3. des Erl. vom 21.03.2007, DStR 2007, S. 906, entnommen.

**Lösung:**

Durch den Übergang der Anteile i.H.v. 40 % an der E-GmbH auf die M-GmbH tritt erstmals eine Anteilsvereinigung in der Hand von herrschenden (M-GmbH: 40 %) und abhängigen Unternehmen (B-GmbH: 60 %) ein. Dieser Vorgang soll nach Auffassung der FinVerw. GrESt gem. § 1 Abs. 3 Nr. 1 bzw. Nr. 2 i.V.m. § 1 Abs. 4 Nr. 2b GrEStG auslösen.[501] Dem wird teilweise in der Literatur entgegengehalten, dass bereits zuvor 95 % oder mehr der Anteile an der grundbesitzenden Gesellschaft durch ein und dieselbe Organgesellschaft erworben worden waren; folglich habe der Organträger die gesellschaftliche Unternehmensstruktur nicht dazu genutzt, um die GrESt zu vermeiden. In teleologischer Reduktion des Anwendungsbereichs des § 1 Abs. 3 Nr. 1 i.V.m. Abs. 4 Nr. 2b GrEStG wird nach dieser Auffassung die der Vereinigung von mindestens 95 % der Anteile in der Hand eines Organkreismitglieds nachfolgende Vereinigung von mindestens 95 % der Anteile in der Hand von herrschenden Unternehmen und abhängigen Unternehmen bzw. abhängigen Unternehmen allein nicht als tatbestandsmäßig erachtet.[502]

### h) Zusammenfassung

319 Ist eine »grunderwerbsteuerliche Organschaft« i.S.d. § 1 Abs. 4 Nr. 2b GrEStG gegeben, so ist der Tatbestand des § 1 Abs. 3 GrEStG bereits dann erfüllt, wenn mindestens 95 % der Anteile an einer grundbesitzenden Gesellschaft in der Hand von herrschenden und abhängigen Unternehmen oder abhängigen Unternehmen allein vereinigt werden.[503] § 1 Abs. 4 Nr. 2b GrEStG erweitert somit die Steuerpflicht auf Anteilsvereinigungen in einem Organkreis. Gleichwohl lässt man eine bereits steuerpflichtig gewesene Anteilsvereinigung im Organkreis unbeachtet, wenn es in der Folgezeit zu einer zusätzlichen Anteilsvereinigung in der Hand der Organmutter oder einer der Organtöchter kommt, sodass erneut GrESt anfällt.

320 Zu beachten ist allerdings, dass das Vorliegen eines Organschaftsverhältnisses irrelevant ist, sofern bereits eine mindestens 95 %-ige Beteiligung der Organmutter an der

---

501 Vgl. Erl. vom 21.03.2007, DStR 2007, S. 906, Tz. 5.3.
502 Vgl. *Behrens/Meyer-Wirges*, DStR 2007, S. 1292. Zu Organschaftsverhältnissen innerhalb einer Beteiligungskette, zu Anteilsvereinigungen im Organkreis bei zwischengeschalteten Personengesellschaften und zur Frage der Steuerschuldnerschaft vgl. den gleichlautenden Erl. der Obersten Finanzbehörden der Länder vom 21.03.2007, DStR 2007, S. 906 ff. Der Erl. hat jedoch einige Fragen ungeklärt gelassen, etwa die Übertragung von weniger als 95 % von der bisher zu 95 % beteiligten Muttergesellschaft auf eine Organgesellschaft oder den Hinzuerwerb der restlichen bis zu 5 % durch ein anderes Organkreismitglied nach Vereinigung von mindestens 95 % in der Hand einer Organgesellschaft, ferner die Anteilsvereinigung innerhalb des Organkreises und der nachfolgenden Anteilsvereinigung in der Hand einer Organgesellschaft sowie die Übertragung von mindestens 95 % auf andere abhängige Unternehmen bei Identität des Organträgers; vgl. hierzu ausführlich und kritisch *Behrens/Meyer-Wirges*, DStR 2007, S. 1293 ff.
503 Vgl. *Hörger/Mentel/Schulz*, DStR 1999, S. 1304.

Organtochter besteht.[504] Es handelt sich dann vielmehr um eine steuerunschädliche Verstärkung einer mittelbaren zu einer unmittelbaren Beteiligung.[505]

Die bloße Begründung oder Erweiterung einer Organschaft ohne gleichzeitigen Anteilserwerb, etwa der bloße Abschluss eines Beherrschungs- und Gewinnabführungsvertrages, erfüllt dagegen nicht den Tatbestand des § 1 Abs. 3 GrEStG.[506] Bei bereits bestehender gesellschaftsrechtlicher Beteiligung (finanzielle Eingliederung) löst daher eine nachfolgende wirtschaftliche und organisatorische Eingliederung, die ohne weitere Anteilsübertragung zur Begründung der Organschaft und gleichzeitig zur Anteilsvereinigung im neu gegründeten Organkreis führt, nicht den Tatbestand des § 1 Abs. 3 i.V.m. Abs. 4 GrEStG aus.[507] Eine Steuerpflicht ist jedoch nach Auffassung der FinVerw. dann zu bejahen, wenn zwischen dem Eintritt der finanziellen Voraussetzungen für eine Organschaft (Anteilserwerb) und der wirtschaftlichen und organisatorischen Eingliederung ein enger zeitlicher und sachlicher Zusammenhang i.S. eines vorgefassten Gesamtplans besteht.[508] 321

### 5. Kritik an der derzeitigen Rechtslage

Die GrESt ist eine Verkehrsteuer. Demzufolge ist grds. die zivilrechtliche Selbstständigkeit von den mit dem Grundstückserwerber organschaftlich verbundenen Unternehmen maßgebend.[509] In Abweichung hiervon wird durch § 1 Abs. 3 i.V.m. Abs. 4 GrEStG der Konzernobergesellschaft als Ausfluss einer wirtschaftlichen Betrachtungsweise ein Grundstück zugerechnet, obwohl es ihr rechtlich nicht gehört. Konsequent weitergedacht würde diese Zuordnung dann aber eine Besteuerung bei konzerninternen Umstrukturierungen verbieten, da wirtschaftlich kein Rechtsträgerwechsel erfolgt. Gleichwohl wird von FinVerw. und Rechtsprechung § 1 Abs. 3 GrEStG dahingehend ausgelegt, dass auch nach einer Anteilsvereinigung im Konzern die konzerninterne Weiterübertragung von mindestens 95 % der Anteile an einer grundbesitzenden Gesellschaft nochmals grunderwerbsteuerpflichtig sein soll.[510] 322

Wenn es der Grundsatz der Besteuerung nach der Leistungsfähigkeit verbietet, eine Umgehung der Besteuerung durch bloße Anteilsvereinigung im Konzern hinzunehmen, so drängt sich jedoch die Frage auf, ob es eben dieser Grundsatz nicht in gleicher Weise gebietet, auf eine Besteuerung von notwendigen Umstrukturierungsmaßnahmen ohne wirtschaftliche Übertragung der Grundstücke auf konzernaußenstehende Personen zu verzichten und folglich die Ausweitung des Besteuerungsrechts auf 323

---

504 Vgl. *Hofmann*, § 1 Rn. 173.
505 Vgl. hierzu Abschn. B. VI. 3. Weitere interessante Übungsfälle zur Organschaft im Grunderwerbsteuerrecht finden sich bei *Heine*, UVR 2001, S. 349 ff.
506 Vgl. *Boruttau/Fischer*, § 1, Rn. 1066; *Götz*, UVR 2001, S. 139; vgl. ferner Tz. 1. und Tz. 2. des Erl. der OFD Münster vom 07.12.2000, UVR 2001, S. 366.
507 Vgl. Erl. des FinMin BaWü vom 11.10.2005, DStR 2005, S. 1903.
508 Vgl. Erl. des FinMin BaWü vom 11.10.2005, DStR 2005, S. 1903.
509 Vgl. BFH, Bundessteuerblatt II 1983, S. 139; *Krebühl*, DStR 2002, S. 1249.
510 Vgl. *Krebühl*, DStR 2002, S. 1249; vgl. *Mitsch*, DB 2001, S. 2116.

Konzernstrukturen auch zugunsten des Konzerns vorzunehmen.[511] Die inzwischen in das Gesetz aufgenommene Befreiungsvorschrift für konzerninterne Umstrukturierungen in § 6a GrEStG ist insoweit nur unzureichend ausgestaltet und wird zudem von der FinVerw. sehr eng ausgelegt.

324 Besonders problematisch erscheint diese Gesetzesauslegung, wenn sich die relevanten Umstrukturierungsvorgänge ausschließlich im Ausland abspielen.[512] Zu Recht wird in der Literatur darauf hingewiesen, dass ausländischen Direktinvestoren nur schwer vermittelbar ist, dass die Fusion mit einem anderen ausländischen Unternehmen bei ihrer deutschen Tochtergesellschaft, die durch den Vorgang allenfalls mittelbar berührt wird, GrESt auslösen soll,[513] sofern nicht die Befreiungsvorschrift des § 6a GrEStG eingreift.

325 Auf noch größeres Unverständnis stößt es, wenn bei der anschließenden Neuordnung der nun gemeinsamen deutschen Konzernunternehmen nochmals GrESt entsteht. Spätestens wenn auch noch der ausländische Konzernaufbau, z.B. durch Bildung einer Holdingstruktur, optimiert werden soll, verhindert die mehrfach anfallende deutsche GrESt die betriebswirtschaftlich gebotene Neuordnung. Dies fördert naturgemäß nicht die Investitionsbereitschaft in Deutschland.

326 Die aufgezeigte Mehrfachbelastung verstößt gegen das Marktrealisierungsgebot und das Leistungsfähigkeitsprinzip.[514] Umwandlungen, Einbringungen, Verschmelzungen und Anteilsvereinigungsvorgänge sollten daher zumindest dann nicht der GrESt unterliegen, wenn ausschließlich herrschende und abhängige Unternehmen beteiligt sind,[515] selbst wenn die engen Voraussetzungen des § 6a GrEStG nicht vorliegen.[516]

---

511 Vgl. *Eder*, DStR 1994, S. 735 ff.
512 Auch die Übertragung von Anteilen an ausländischen Gesellschaften kann GrESt auslösen, wenn die ausländische Gesellschaft – oder eine ihrer Tochtergesellschaften – Grundbesitz in der Bundesrepublik Deutschland hat; vgl. *Fuhrmann*, KÖSDI 2005, S. 14592.
513 Vgl. *Krebühl*, DStR 2002, S. 1249; *Ehlermann/Löhr*, DStR 2003, S. 1509 ff.
514 Vgl. *Krebühl*, DStR 2002, S. 1249. Vgl. ferner zur Frage der Vereinbarkeit der Erhebung von GrESt in Einbringungsfällen mit europarechtlichen Vorgaben, insb. mit Art. 10 der Richtlinie 69/335/EWG, *Spengel/Dörrfuß*, DStR 2003, S. 1059 ff.
515 Sofern eine Umwandlung oder Einbringung i.S.d. §§ 20, 24 UmwStG steuerneutral durchgeführt werden kann, sollte auch keine GrESt anfallen. Vgl. hierzu *Behrens/Schmitt*, DB 2005, S. 525 ff. Solange kein umfassendes grunderwerbsteuerliches Konzernprivileg besteht (§ 6a GrEStG reicht nicht aus), muss sich der Berater mit Ausweichgestaltungen behelfen, deren Erfolgsaussichten aufgrund undeutlicher oder unvollständiger Erl. der FinVerw. nicht ganz klar sind. Vgl. bspw. zu Vorschlägen grunderwerbsteuerneutraler Umstrukturierungen im Konzern *Salzmann/Loose*, DStR 2004, S. 1941 ff. (Einbringungsmodelle, Formwechselmodelle). Diese Umgehungsversuche sind jedoch teilweise sehr zeitintensiv und mit erheblichen Transaktionskosten (Notargebühren, Grundbuchberichtigungskosten) verbunden.
516 Vgl. hierzu Rdn. 583.1.

## 6. Das Verhältnis von § 1 Abs. 2a GrEStG zu § 1 Abs. 3 GrEStG

*a) Allgemeine Systematik*

Während § 1 Abs. 2a GrEStG nach seinem Wortlaut ausschließlich für Personengesellschaften gilt, enthält § 1 Abs. 3 GrEStG keine vergleichbare Einschränkung auf Kapitalgesellschaften. Dies bedeutet, dass § 1 Abs. 3 GrEStG subsidiär auch bei Personengesellschaften zur Anwendung kommen kann.[517] 327

Dies gilt es dann zu beachten, wenn bspw. 95 % der Anteile einer grundbesitzenden Personengesellschaft durch Anteilsübertragung oder -verschiebung in einer Hand vereinigt werden. Sollte in einem solchen Fall § 1 Abs. 2a GrEStG n.F. bspw. wegen Überschreitens des *Fünf-Jahres-Zeitraums* nicht mehr eingreifen, kommt § 1 Abs. 3 GrEStG zur Anwendung, sodass deshalb möglicherweise GrESt anfällt. § 1 Abs. 3 GrEStG kennt nämlich keine Fünf-Jahres-Frist. 328

Entsprechendes gilt, wenn eine Anteilsverschiebung unter Altgesellschaftern erfolgt; während § 1 Abs. 2a GrEStG den Übergang auf *neue* Gesellschafter verlangt, kann eine Verschiebung unter Altgesellschaftern i.R. des § 1 Abs. 3 GrEStG bei Personengesellschaften gleichwohl von Bedeutung sein, sofern sich dadurch 95 % der Anteile in einer Hand vereinigen. 329

Die Anwendung des nachrangigen § 1 Abs. 3 GrEStG wird durch § 1 Abs. 2a GrEStG jedoch dann ausgeschlossen, wenn nach dessen Satz 3 oder einer Befreiungsvorschrift die Steuer nicht erhoben wird. 330

*b) Eingeschränkter Anwendungsbereich des § 1 Abs. 3 GrEStG bei Personengesellschaften*

Allerdings ist i.R. des § 1 Abs. 3 GrEStG bei Personengesellschaften – anders als bei Kapitalgesellschaften – unter »Anteil an der Gesellschaft« die gesamthänderische Mitberechtigung und nicht die vermögensmäßige Beteiligung am Gesellschaftsvermögen zu verstehen; hierdurch wird der Anwendungsbereich des § 1 Abs. 3 GrEStG bei Personengesellschaften stark eingeschränkt.[518] Während § 1 Abs. 2a GrEStG auf den *Anteil am Gesellschaftsvermögen* Bezug nimmt,[519] stellt § 1 Abs. 3 GrEStG auf den *Anteil an der Gesellschaft* ab.[520] 331

Die strenge Wortlautauslegung ergibt somit, dass die gesellschaftsrechtliche Beteiligung i.S.d. § 1 Abs. 3 die aus der Mitgliedschaft in der jeweiligen Gesellschaft sich ergebende gesamthänderische Mitberechtigung bezeichnet und sich somit – anders als 332

---

517 Vgl. *Kaiser*, Grunderwerbsteuerplanung, S. 123 ff.
518 Vgl. hierzu den gleichlautenden Erl. der Obersten Finanzbehörden der Länder vom 26.02.2003, DStR 2003, S. 980 ff., Tz. 7.1.
519 Ebenso verhält es sich bei den §§ 5 und 6 GrEStG.
520 Vgl. neuerdings zum Anteilsbegriff i.S.d. § 1 Abs. 3 GrEStG *Rothenöder*, S. 107 ff.; vgl. ders., DStZ 2010, S. 334 ff.

die Beteiligung am Gesellschaftsvermögen i.S.d. § 1 Abs. 2a GrEStG sowie i.S.d. §§ 5 und 6 GrEStG – jeder Quotelung entzieht.[521] Bei einer Übertragung einer Mitgliedschaft auf einen Mitgesellschafter geht demnach zwar die gesamthänderische Mitberechtigung des Übertragenen unter; demgegenüber hält der den Anteil übernehmende Gesellschafter nach wie vor seinen (einzigen) Anteil an der Gesellschaft, wenngleich dieser nunmehr auch wertmäßig vergrößert ist.[522]

333 Die FinVerw. hat sich in dem Erlass vom 26.02.2003 dieser in der Literatur herrschenden Meinung inzwischen angeschlossen.[523]

334 Der gleichlautende Erlass der Obersten Finanzbehörden der Länder vom 26.02.2003 enthält somit eine wesentliche Änderung der Rechtsauffassung der FinVerw. zur Frage der Anwendbarkeit des § 1 Abs. 3 GrEStG bei der Vereinigung von Anteilen an Personengesellschaften. Zuvor erachtete die FinVerw. die vermögensmäßige Beteiligung eines Gesellschafters am Gesellschaftsvermögen – wie bei § 1 Abs. 2a GrEStG – auch bei der Bemessung der Höhe der Beteiligung i.S.d. § 1 Abs. 3 GrEStG für maßgebend. Die FinVerw. hat nunmehr diese Auffassung aufgegeben und stellt i.R. des § 1 Abs. 3 GrEStG auf die gesamthänderische Mitberechtigung ab.[524]

335 Die Anwendung des § 1 Abs. 3 GrEStG auf Personengesellschaften ist außerdem dadurch begrenzt, dass es eine *unmittelbare* Vereinigung aller Anteile in der Hand einer erwerbenden Person nicht gibt. Scheidet nämlich einer der beiden letzten Gesellschafter einer Personengesellschaft aus, so wächst dem anderen das Gesellschaftsvermögen kraft Gesetzes an.[525] Die Anteile gehen nicht auf den Erwerber über, sondern unter.[526]

---

521 Der Gesetzeswortlaut stellt bei § 1 Abs. 3 GrEStG auf die Übertragung bzw. Vereinigung der »Anteile der Gesellschaft« ab, während bei § 1 Abs. 2a GrEStG auf die »Anteile am Gesellschaftsvermögen« Bezug genommen wird. Auch die §§ 5 und 6 GrEStG stellen auf den »Anteil am Vermögen« der Gesamthand ab.
522 Dies folgt letztlich aus dem Verbot einer Mehrfachbeteiligung im Personengesellschaftsrecht. Ein Gesellschafter kann nicht mehrere Anteile an einer Personengesellschaft halten. Vgl. hierzu *Ardizzoni/Führlein/Körner*, Gunderwerbsteuer, S. 68 ff.
523 Vgl. DStR 2003, S. 982, Tz. 7.1.2.; vgl. hierzu auch *Teiche*, DStR 2005, S. 49 ff. m.w.N. Bei Kapitalgesellschaften gilt aber weiterhin die wirtschaftliche Betrachtung.
524 Fraglich ist, ob diese Änderung eine Folgeänderung in Tz. 1. des gemeinsamen Länder-Erl. betreffend die Anwendung des § 1 Abs. 3 GrEStG vom 02.12.1999 (DStR 1999, S. 2075 ff.) erforderlich macht. So wurde die Aussage in diesem Erl., die Vorschrift des § 1 Abs. 3 GrEStG könne auch auf andere Personengesellschaften als die GmbH & Co. KG Anwendung finden, soweit § 1 Abs. 2a GrEStG nicht vorgeht, dahingehend verstanden, dass bei der Anwendung des § 1 Abs. 3 GrEStG in dem Fall der Vereinigung von Anteilen an Personengesellschaften auf die vermögensmäßige Beteiligung abzustellen sei. Diese Anweisung betrifft jedoch darüber hinaus auch den Fall der mittelbaren Vereinigung von Anteilen an einer Enkelpersonengesellschaft durch eine Mutterkapitalgesellschaft über ihre Tochterkapitalgesellschaften. Insoweit behält diese Anweisung ihre Gültigkeit.
525 Der Anwachsungsfall wird bereits von § 1 Abs. 1 Nr. 3 GrEStG erfasst; vgl. Rdn. 94–98.
526 Vgl. BFH, BStBl. II 1995, S. 903; *Heine*, INF 21/2003, S. 819.

## VI. Anteilsvereinigung und Übertragung vereinigter Anteile     B.

Eine *unmittelbare* Anteilsvereinigung von mindestens 95 % der Anteile an einer Personengesellschaft in einer Hand ist somit ausgeschlossen. Wenn nämlich eine Person alleine alle Anteile (100 %) hält, erlischt die Gesellschaft und es liegt der Steuertatbestand des § 1 Abs. 1 Nr. 3 GrEStG (also nicht § 1 Abs. 3 GrEStG) vor. Der damit einhergehende Anwachsungsvorgang ist nach § 6 Abs. 2 GrEStG i.H.d. bisherigen Gesellschaftsbeteiligung des letzten Gesellschafters, dem die Anteile anwachsen, befreit.[527]    336

Wenn dagegen noch zwei Gesellschafter in der Gesellschaft verbleiben, vereinigt nicht ein Gesellschafter mehr als 95 % der Anteile in seiner Hand. Er hält vielmehr einen von 2 Anteilen, also 50 %, unabhängig davon, wie er vermögensmäßig an der Gesellschaft beteiligt ist.[528] Bei Kapitalgesellschaften wird dagegen auch im Bereich des § 1 Abs. 3 GrEStG auf die vermögensmäßige Beteiligung abgestellt.[529]    337

▶ **Beispiel 1:**

An der grundbesitzenden AB-OHG sind A und B seit mehr als 5 Jahren mit jeweils 50 % beteiligt. A scheidet aus der Gesellschaft aus.[530]

**Lösung:**

Das Ausscheiden des A führt nicht zu einer unmittelbaren Vereinigung aller Anteile der AB-OHG i.S.d. § 1 Abs. 3 Nr. 1 und 2 GrEStG in der Hand des B. Vielmehr kommt es unter gleichzeitiger Vollbeendigung der AB-OHG gem. § 738 BGB zu einer Anwachsung des Gesellschaftsvermögens (einschließlich Grundbesitz) bei B. Die Anteile an der AB-OHG gehen also nicht auf den B über, sondern unter. Ein solcher Vorgang unterliegt allein nach § 1 Abs. 1 Nr. 3 GrEStG der Besteuerung.[531] Aus § 6 Abs. 2 GrEStG folgt allerdings eine Steuerbefreiung i.H.d. bereits bisher von B gehaltenen Beteiligung, also i.H.v. 50 %.[532]

▶ **Beispiel 2:**

An der grundbesitzenden ABC-OHG sind A mit 70 %, B mit 25 % und C mit 5 % beteiligt. A erwirbt die Anteile des B.[533]

**Lösung:**

A verfügt zwar nach dem Anteilserwerb über 95 % der Anteile am Gesellschaftsvermögen der ABC-OHG. Er hält jedoch weiterhin lediglich einen (einzigen) Anteil an der Gesellschaft. Weil daneben auch C einen Anteil an der Gesellschaft innehat,

---

527 Es ist jedoch § 6 Abs. 4 GrEStG zu beachten.
528 Vgl. *Teiche*, DStR 2005, S. 50.
529 Vgl. *Teiche*, DStR 2005, S. 50.
530 Dieser Fall ist dem Beispiel 1 bei *Teiche*, DStR 2005, S. 50 nachgebildet.
531 Vgl. BFH, DStR 1996, S. 20 ff.; vgl. *Breiteneicher*, DStR 2004, S. 1408; *Teiche*, DStR 2005, S. 51.
532 Vgl. *Teiche*, DStR 2005, S. 51; vgl. auch *Heine*, INV 2003, S. 818.
533 Dieser Fall ist dem Beispiel 2 bei *Teiche*, DStR 2005, S. 51 nachgebildet.

stehen A lediglich 50 % der Anteile an der Gesellschaft zu (von 2 Anteilen hält A einen). Die Voraussetzungen des § 1 Abs. 3 Nr. 1 und Nr. 2 GrEStG sind mithin nicht erfüllt. Ergänzend müsste allerdings noch geprüft werden, ob eine Besteuerung nach § 1 Abs. 2a GrEStG eingreift. Letzteres wäre jedoch nur der Fall, wenn innerhalb der letzten fünf Jahre mindestens 95 % der Gesellschaftsanteile auf neue Gesellschafter übergegangen wären. Eine Anteilsverschiebung unter den Altgesellschaftern ist dagegen bei § 1 Abs. 2a GrEStG unbeachtlich.

338 Die Mischform der teils unmittelbaren und teils mittelbaren Anteilsvereinigung i.S.d. § 1 Abs. 3 Nr. 1 und 2 GrEStG kommt in der Praxis insbesondere bei grundbesitzhaltenden GmbH & Co. KGs in Betracht.

▶ **Beispiel 3:**

*Ausgangsfall:*

An der grundbesitzhaltenden ABC-GmbH & Co. KG sind A mit 70 %, B mit 30 % und die C-GmbH als Komplementärin ohne wertmäßigen Anteil am Gesellschaftsvermögen beteiligt. Gesellschafter der Komplementär-GmbH sind ebenfalls A zu 70 % und B zu 30 %. A erwirbt die Kommanditanteile des B.[534]

*Abwandlung:*

A erwirbt außerdem noch die Anteile des B an der Komplementär-GmbH.

**Lösung:**

*Ausgangsfall:*

A verfügt zwar nach dem Anteilserwerb über 100 % der Anteile am Gesellschaftsvermögen der ABC-GmbH & Co. KG. Er hält jedoch weiterhin unmittelbar lediglich einen (einzigen) Anteil an der Gesellschaft. Da daneben auch die C-GmbH trotz fehlender Beteiligung am Gesellschaftsvermögen einen Anteil an der Gesellschaft innehat, stehen A lediglich 50 % der Anteile (nämlich einer von 2 Anteilen) an der Gesellschaft zu. Eine mittelbare Zurechnung der GmbH-Anteile ist nicht möglich, da A nur 70 % dieser GmbH-Anteile hält.[535] Die Voraussetzungen des § 1 Abs. 3 Nr. 1 und 2 GrEStG sind mithin nicht erfüllt. Ergänzend müsste jedoch noch geprüft werden, ob eine Besteuerung nach § 1 Abs. 2a GrEStG in Betracht kommt.[536] Dies ist jedoch nicht der Fall, sofern innerhalb der letzten fünf Jahre nicht mehr als 95 % der Gesellschaftsanteile auf neue Gesellschafter übertragen wurden.

---

534 Dieser Fall ist dem Beispiel 3 bei *Teiche*, DStR 2005, S. 51 nachgebildet.
535 Eine Zurechnung kommt erst bei mindestens 95 %-iger Beteiligung in Betracht (Ausnahme Organschaft), s. hierzu die Ausführungen unter Rdn. 285.
536 Vgl. *Teiche*, DStR 2005, S. 51.

## VI. Anteilsvereinigung und Übertragung vereinigter Anteile   B.

*Abwandlung:*

In der Abwandlung hat A neben den Kommanditanteilen des B auch dessen Anteile an der Komplementär-GmbH erworben. Hier liegt somit eine teils unmittelbare und teils mittelbare Anteilsvereinigung i.S.d. § 1 Abs. 3 Nr. 1 und 2 GrEStG vor, da nunmehr dem A auch der Gesellschaftsanteil der Komplementär-GmbH an der ABC-GmbH & Co. KG zugerechnet wird. Die Steuerbefreiung des § 6 Abs. 2 GrEStG greift allerdings i.H.d. von A ursprünglich gehaltenen Beteiligung am Gesellschaftsvermögen (also i.H.v. 70 %) ein, da die Befreiungsvorschriften der §§ 5 und 6 GrEStG – anders als der Steuertatbestand des § 1 Abs. 3 GrEStG – auf die vermögensmäßige Beteiligung am Gesellschaftsvermögen abstellen.[537]

Obwohl der Wortlaut des § 6 Abs. 2 GrEStG nicht einschlägig zu sein scheint, ist die Bestimmung in den Fällen einer Anteilsvereinigung gem. § 1 Abs. 3 Nr. 1 und 2 GrEStG entsprechend anwendbar, da in diesen Konstellationen das Gesetz den Erwerb eines Grundstücks von einer Gesellschaft fingiert.[538] Der Gesellschafter, der 95 % der Anteile (unmittelbar oder mittelbar) in seiner Hand vereinigt und dadurch die Sachherrschaft über das Grundstück erlangt, wird folglich so gestellt, als habe er das Grundstück unmittelbar von der Gesellschaft erworben. Sofern ein Gesellschafter jedoch von einer Personengesellschaft ein Grundstück erwirbt, ist § 6 Abs. 2 GrEStG einschlägig und deshalb in den Fällen des § 1 Abs. 3 Nr. 1 und 2 GrEStG entsprechend anwendbar.[539]

Sofern der Erwerber sämtlicher Anteile an einer GmbH & Co. KG jedoch bereit ist, den Erwerbsvorgang auf über fünf Jahre zu strecken, bietet sich folgende grunderwerbsteuerlich günstige Gestaltung an: **339**

▶ **Beispiel 4:**

A ist alleiniger Kommanditist der grundstückshaltenden GmbH & Co. KG. Die Komplementärin ist nicht am Vermögen beteiligt. A ist außerdem alleiniger Gesellschafter der Komplementär-GmbH. Es sollen sämtliche Anteile an KG und GmbH an B verkauft werden. Würde der Verkauf ohne besondere Vorkehrungen durchgeführt werden, so käme es zu einer Grunderwerbsteuerbelastung nach § 1 Abs. 2a GrEStG, sofern der Erwerber sämtliche Anteile innerhalb von fünf Jahren erwirbt. Werden die Anteile jedoch sukzessive veräußert, sodass die 5-Jahres-Frist des § 1 Abs. 2a GrEStG überschritten wird, so kommt eine Grunderwerbsteuerbelastung nach § 1 Abs. 3 GrEStG in Betracht, da eine teils unmittelbare und teils mittelbare Anteilsvereinigung bei B eintritt (s. Beispiel 3, Abwandlung). Da B jedoch bisher nicht an der GmbH & Co. KG beteiligt war, kann die Steuerbefreiung nach § 6 Abs. 2 GrEStG durch folgende Vorgehensweise optimal ausgeschöpft werden.

---

[537] Vgl. *Teiche*, DStR 2005, S. 52. Es ist jedoch § 6 Abs. 4 GrEStG zu beachten.
[538] Vgl. *Pahlke*, § 1 Rn. 317.
[539] Allerdings ist dann auch die Frist aus § 6 Abs. 4 GrEStG zu beachten; vgl. *Pahlke*, § 6 Rn. 10.

B.                                                                       Die Steuerbarkeit

▶ **Gestaltungsvorschlag:**

A veräußert zunächst jeweils 94,9 % der Anteile an GmbH und KG an B. Anschließend werden die Beteiligungsverhältnisse über fünf Jahre nicht verändert (wegen § 6 Abs. 4 Satz 1 GrEStG). Nach Ablauf der 5-Jahres-Frist überträgt A die bei ihm verbliebenen 5,1 % der GmbH- und KG-Beteiligung auf B.

**Lösung:**

§ 1 Abs. 2a GrEStG ist nicht mehr einschlägig, da der 5-Jahres-Zeitraum überschritten ist.

§ 1 Abs. 3 GrEStG ist zwar tatbestandsmäßig erfüllt, da eine teils unmittelbare und teils mittelbare Anteilsvereinigung bei B vorliegt. Da B jedoch in den letzten fünf Jahren zu 94,9 % am Vermögen der Gesellschaft beteiligt war, bleibt die GrESt auch in Höhe dieser Beteiligungsquote unerhoben. Es wird folglich nur aus 5,1 % der Bemessungsgrundlage die GrESt erhoben. Die fünfjährige Sperrfrist des § 6 Abs. 4 Satz 1 GrEStG ist ebenfalls beachtet worden. Allerdings muss B jetzt gem. § 6 Abs. 3 Satz 2 GrEStG eine weitere 5-jährige Behaltefrist beachten, da er die Privilegierungen aus § 6 Abs. 2 GrEStG in Anspruch genommen hat.[540]

▶ **Gestaltungshinweis:**

Um somit bei einer grundbesitzhaltenden GmbH & Co. KG eine GrESt nach § 1 Abs. 3 Nr. 1 und 2 GrEStG zu vermeiden, dürfte A folglich nur max. 94,99 % der Anteile an der Komplementär-GmbH erwerben.[541]

▶ **Beispiel 5:**

An der grundbesitzhaltenden GmbH & Co. KG sind seit mehr als fünf Jahren A mit 70 % und B mit 30 % beteiligt. Die Komplementär-GmbH, an welcher A ebenfalls mit 70 % und B mit 30 % beteiligt sind, ist ihrerseits vermögensmäßig nicht am Vermögen der Personengesellschaft beteiligt. A möchte die restlichen Anteile des B möglichst grunderwerbsteuerfrei übernehmen, sodass er künftig alleiniger Gesellschafter ist.

---

540  Dies folgt u.E. letztlich aus der Wertung des § 1 Abs. 2a GrEStG, wonach ein über 95 %-iger Austausch der Gesellschafter einer Personengesellschaft als ein Erwerb durch eine neue Personengesellschaft angesehen wird; sofern jedoch ein Grundstück von einer Personengesellschaft auf eine andere Personengesellschaft übertragen wird, darf sich die Beteiligung des Gesamthänders am Vermögen der erwerbenden Gesamthand innerhalb von fünf Jahren nach dem Übergang des Grundstücks von der einen auf die andere Gesamthand gem. § 6 Abs. 3 Satz 2 GrEStG nicht vermindern. Gegen diese Auffassung ließe sich jedoch ins Feld führen, dass die Wertung aus § 1 Abs. 2a GrEStG wegen Überschreitens des 5-Jahres-Zeitraums gerade nicht auf den vorgenannten Sachverhalt übertragen werden kann. Vor einer etwaigen Weiterveräußerung der Anteile durch B ist daher zur Einholung einer verbindlichen Auskunft beim FA anzuraten.

541  Ausnahmen gelten bei dem Vorliegen eines Organschaftsverhältnisses; vgl. hierzu die Ausführungen unter Rdn. 300–321.

## VI. Anteilsvereinigung und Übertragung vereinigter Anteile B.

**Lösung:**

Sofern B sowohl die Kommanditanteile als auch die Anteile an der Komplementär-GmbH in einem Akt an A abtritt, liegt eine teils unmittelbare und teils mittelbare Anteilsvereinigung i.S.d. § 1 Abs. 3 GrEStG in der Person des A vor. Deshalb bietet sich hier folgende Gestaltung an:

**Abwandlung:**

B veräußert zunächst lediglich seine gesamten Kommanditanteile an A (hier: 30 %). An der Komplementär-GmbH bleibt er jedoch noch mit 5,1 % beteiligt; B tritt somit nur insgesamt 24,9 % der GmbH-Anteile ab. Erst nach Ablauf der 5-Jahres-Frist überträgt B die bei ihm verbliebenen letzten 5,1 % der GmbH-Anteile an A.

**Lösung:**

§ 1 Abs. 2a GrEStG ist nicht einschlägig, da lediglich 30 % der Anteile an der Personengesellschaft übertragen werden, sodass das 95 %-Quantum nicht erfüllt ist. § 1 Abs. 3 GrEStG ist zwar tatbestandsmäßig erfüllt, da eine teils unmittelbare und teils mittelbare Anteilsvereinigung bei A vorliegt. Da A jedoch in den letzten fünf Jahren vermögensmäßig zu 100 % an der Gesellschaft beteiligt war, bleibt die GrESt in voller Höhe unerhoben. I.R. des § 6 Abs. 2 GrEStG ist nämlich ausschließlich auf die vermögensmäßige Beteiligung am Gesellschaftsvermögen abzustellen, sodass die 5,1 %-ige Beteiligung am Vermögen der Komplementär-GmbH unschädlich ist, da die Komplementärin ihrerseits nicht am Vermögen der Gesellschaft beteiligt ist. Die 5-jährige Sperrfrist des § 6 Abs. 4 Satz 1 GrEStG ist ebenfalls vor dem Eintritt der mittelbaren Anteilsvereinigung beachtet worden. Allerdings muss A jetzt gem. § 6 Abs. 3 Satz 2 GrEStG eine weitere 5-jährige Behaltefrist beachten, da er die Privilegierungen aus § 6 Abs. 2 GrEStG in Anspruch genommen hat.[542]

---

542 Häufig ist in KG-Satzungen eine sogenannte Gleichlaufklausel enthalten, wonach die GmbH- und KG-Anteile immer den gleichen Gesellschaftern zustehen müssen. Diese Gleichlaufklausel kann bei der Abtretung von Kommanditanteilen dazu führen, dass der Zedent verpflichtet ist, auch die GmbH-Anteile abzutreten. § 1 Abs. 3 Nr. 1 bzw. § 1 Abs. 3 Nr. 3 GrEStG erfasst bereits das schuldrechtliche Verpflichtungsgeschäft zur Anteilsübertragung. Da es sich bei der Regelung in der Satzung jedoch u.E. nicht um ein Verpflichtungsgeschäft zur Anteilsübertragung, sondern um eine korporative Regelung sämtlicher Gesellschafter handelt, führt allein das Bestehen einer Gleichlaufklausel noch nicht zur Anteilsvereinigung. Bis zur endgültigen gerichtlichen Klärung dieser Frage sollten jedoch vor der Abtretung sämtlicher Kommanditanteile derartige Gleichlaufklauseln in den Satzungen der GmbH und der KG vorsichtshalber aufgehoben werden.

▶ **Beispiel 6:**

An der Grundbesitz haltenden GmbH & Co. KG ist A als alleiniger Kommanditist mit 100 % beteiligt. Die Komplementär-GmbH, an welcher A ebenfalls mit 100 % beteiligt ist, ist ihrerseits nicht am Vermögen der Personengesellschaft beteiligt. A möchte seine gesamten Anteile (an KG und Komplementärin) möglichst grunderwerbsteuerfrei auf B übertragen.

**Lösung:**

Erfolgt ein Verkauf der Anteile ohne besondere Vorkehrungen, so fällt GrESt gem. § 1 Abs. 2a Satz 1 GrEStG an, da innerhalb von fünf Jahren (hier in einem Akt) mehr als 95 % der Anteile auf neue Gesellschafter (hier auf B) übergehen. Erwirbt B hingegen zunächst lediglich 94,9 % der Anteile und erst nach Ablauf der Fünf-Jahres-Frist des § 1 Abs. 2a Satz 1 GrEStG die restlichen 5,1 % der Kommanditanteile und die Anteile an der Komplementär-GmbH, fällt zwar keine GrESt mehr nach § 1 Abs. 2a Satz 1 GrEStG an; der Vorgang ist jedoch dann als Anteilsvereinigung nach § 1 Abs. 3 GrEStG in der Hand des B steuerpflichtig. Da aber i.R. einer Anteilsvereinigung unterstellt wird, dass der Erwerber den Grundbesitz unmittelbar von der Personengesellschaft erworben hat, ist § 6 Abs. 2 GrEStG entsprechend anwendbar.[543] Nachdem der Erwerber schon länger als fünf Jahre mit 94,9 % am Vermögen der Kommanditgesellschaft beteiligt war, fällt also nur i.H.v. 5,1 % der Bemessungsgrundlage GrESt an.

Eine *Optimierung* dieses Ergebnisses lässt sich wie folgt erreichen:

Die Komplementär-GmbH wird vor den Anteilsübertragungen auf B selbst mit 5,1 % am Vermögen der Personengesellschaft beteiligt. Anschließend veräußert A 94,9 % der Kommanditanteile und 94,9 % der Anteile an der Komplementär-GmbH an B. Durch die eigenen Anteile der Komplementär-GmbH an der KG ist A folglich nur noch mit rechnerisch 0,26 % am Vermögen der KG beteiligt. Gleichwohl fällt bei der ersten Transaktion weder GrESt nach § 1 Abs. 2a GrEStG noch nach § 1 Abs. 3 GrEStG an. Nach Ablauf der Fünf-Jahres-Frist kann B die restlichen Anteile des A an der Komplementärin und an der KG erwerben. § 1 Abs. 2a Satz 1 GrEStG wird nicht realisiert, da die Fünf-Jahres-Frist überschritten ist. Allerdings liegt eine erstmalige Anteilsvereinigung in der Hand des B vor; gem. § 6 Abs. 2 Satz 1 GrEStG, der entsprechend anwendbar ist,[544] fällt jedoch nur noch aus 0,26 % der Bemessungsgrundlage GrESt an, da dies der vermögensmäßigen Beteiligung des Verkäufers an der Personengesellschaft entspricht. Wegen § 1 Abs. 4 GrEStG dürfte diese Gestaltung jedoch

---

543 Vgl. *Boruttau/Viskorf*, § 6 Rn. 14 m.w.N.
544 Vgl. *Boruttau/Viskorf*, § 6 Rn. 14 m.w.N.

## VI. Anteilsvereinigung und Übertragung vereinigter Anteile　　　　B.

nur dann funktionieren, wenn nicht zwischen dem Käufer und der Komplementär-GmbH ein Organschaftsverhältnis besteht.[545]

▶ **Gestaltungshinweis:**

Bei einer grundbesitzhaltenden GmbH & Co. KG kann somit durch eine entsprechende langfristige Gestaltung trotz der Vereinigung sämtlicher Anteile unmittelbar und mittelbar in der Hand eines Gesellschafters ein Grunderwerbsteueranfall gem. § 1 Abs. 3 GrEStG weitgehend vermieden werden. Es ist jedoch stets zu prüfen, ob nicht vorrangig eine Besteuerung nach § 1 Abs. 2a GrEStG in Betracht kommt.[546]

Das Ausscheiden des vorletzten Kommanditisten einer grundbesitzhaltenden GmbH & Co. KG unter gleichzeitigem Ausscheiden aus der Komplementär-GmbH dürfte in der Praxis der Hauptanwendungsfall des § 1 Abs. 3 Nr. 1 und 2 GrEStG bei Personengesellschaften sein. 340

§ 1 Abs. 3 Nr. 1 und 2 GrEStG ist bei Personengesellschaften somit nur noch in Fällen mittelbarer Anteilsvereinigungen über *Kapitalgesellschaften* denkbar.[547] Demgegenüber kann eine mittelbare Anteilsvereinigung über *Personengesellschaften* nur noch in eher konstruierten Ausnahmefällen eintreten, da bei der Zurechnung mittelbarer Beteiligungsverhältnisse über Personengesellschaften wiederum die gesamthänderische Mitberechtigung entscheidend ist.[548] 341

Ferner ist zu beachten, dass eine teilweise Befreiung von der GrESt gem. § 6 Abs. 2 GrEStG bei mittelbaren Anteilsvereinigungen über *Kapitalgesellschaften* nach h.M. nicht in Betracht kommt. 342

▶ **Beispiel:**

An der grundbesitzenden AB-OHG sind die A-GmbH und die B-GmbH mit jeweils 50 % beteiligt. Die Anteile an der A-GmbH werden von C, diejenigen an der B-GmbH von D gehalten. Diese Konstellation besteht seit mehr als fünf Jahren. Nunmehr erwirbt C von D 95 % der Anteile an der B-GmbH.[549]

---

545　Eine natürliche Person, die ihre Anteile im Privatvermögen hält, kann jedoch kein Organträger sein. Werden die Anteile dagegen im Betriebsvermögen gehalten, müsste bspw. über entsprechende Stimmrechtsverteilungen in der Komplementär-GmbH das Entstehen eines Organschaftsverhältnisses verhindert werden.
546　Vgl. *Teiche*, DStR 2005, S. 51.
547　Besteht nämlich die mittelbare Beteiligung über eine Kapitalgesellschaft, so soll nach h.M. wiederum die prozentuale Beteiligung an deren Stammkapital maßgebend sein. Vgl. *Teiche*, DStR 2005, S. 51; *Hofmann*, § 1 Rn. 143.
548　Vgl. *Teiche*, DStR 2005, S. 51 ff. mit Beispielsfällen; vgl. hierzu *Behrens/Hofmann*, DStR 2003, S. 2093 ff. m.w.N. zur Anteilsvereinigung bei doppelstöckigen Personengesellschaften.
549　Dieser Fall ist dem Beispiel 4 bei *Teiche*, DStR 2005, Beispiel 4, S. 51 nachgebildet.

**B.** Die Steuerbarkeit

▶ Beispiel (Skizze 6.1):

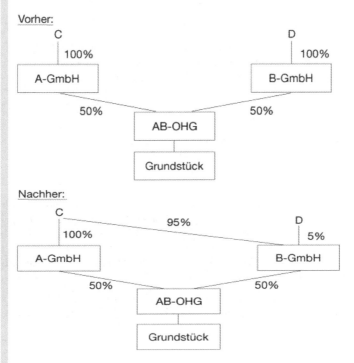

Lösung:

C verfügt nach dem Anteilserwerb mittelbar über 100 % der Anteile an der AB-OHG (hier nämlich insgesamt 2 Anteile). Da die Beteiligungsquote des C an der B-GmbH mindestens 95 % beträgt, wird ihm deren Anteil an der AB-OHG zugerechnet. Entsprechendes gilt für die Beteiligung der A-GmbH an der AB-OHG. Mithin sind die Voraussetzungen einer Anteilsvereinigung i.S.d. § 1 Abs. 3 Nr. 1 und Nr. 2 GrEStG auf der Ebene des C erfüllt. Ferner ist darauf hinzuweisen, dass der Vorgang nicht – und zwar auch nicht anteilig in Bezug auf die bereits mittelbar über die A-GmbH bestehende Beteiligung des C – gem. § 6 Abs. 2 GrEStG von der GrESt befreit ist. Zwar ist § 6 Abs. 2 GrEStG grds. auch auf Vorgänge i.S.d. § 1 Abs. 3 Nr. 1 und Nr. 2 GrEStG anwendbar,[550] denn bei der Vereinigung aller Anteile i.S.d. § 1 Abs. 3 GrEStG wird derjenige, in dessen Hand sich dies vollzieht, grunderwerbsteuerlich so

---

550 Vgl. *Teiche*, DStR 2005, S. 51; *Boruttau/Viskorf*, § 6 Rn. 10.

behandelt, als habe er das Grundstück von der Gesellschaft erworben;[551] diese fiktive Grundstücksübertragung ist allerdings nur insoweit gem. § 6 Abs. 2 GrEStG begünstigt, als ursprünglich bereits eine unmittelbare oder eine mittelbare Beteiligung über eine Personengesellschaft, die insofern als transparent behandelt wird, bestand. Auf mittelbar über Kapitalgesellschaften gehaltene Beteiligungen ist § 6 Abs. 2 GrEStG dagegen nicht anwendbar.[552]

Eine vorrangige Grunderwerbsteuerbarkeit aus § 1 Abs. 2 a GrEStG kommt dagegen nicht in Betracht, da nicht mindestens 95 % der Gesellschaftsanteile an der grundbesitzhaltenden AB-OHG auf neue Gesellschafter übergegangen sind.[553]

Die vorstehenden Ausführungen zeigen auf, dass § 1 Abs. 3 Nr. 1 und Nr. 2 GrEStG bei Personengesellschaften nur noch eingeschränkt zur Anwendung kommt.[554]  343

Darüber hinaus kann § 1 Abs. 3 Nr. 3 und 4 GrEStG bei Personengesellschaften bspw. eingreifen, sofern eine GmbH & Co. KG im Gesamten auf einen neuen Erwerber übertragen wird.[555] Sofern der Übertragungsvorgang jedoch uno actu erfolgt, ist die Fünfjahresfrist des § 1 Abs. 2a GrEStG nicht überschritten, sodass in diesen Fällen § 1 Abs. 2a GrEStG vorrangig ist.  344

Im Hinblick hierauf wird teilweise in der Literatur der Verdacht geäußert, dass bei der Formulierung des § 1 Abs. 3 GrEStG ein Redaktionsversehen unterlaufen ist, da nach den Motiven des Gesetzgebers eine derart starke Einschränkung des Anwendungsbereiches bei Personengesellschaften wahrscheinlich nicht beabsichtigt war.[556] Letztlich führte diese Rechtsprechung auch dazu, dass der Gesetzgeber die wirtschaftliche Anteilsvereinigung in § 1 Abs. 3a GrEStG als zusätzlichen Fiktionstatbestand geschaffen hat.  345

Der Nichtanfall von GrESt nach § 1 Abs. 3 GrEStG setzt nach h.M. voraus, dass mehrere Käufer nicht zum selben Organkreis im Sinn von § 1 Abs. 4 Nr. 2b GrEStG gehören, d.h. es darf sich bei ihnen nicht um herrschende und abhängige Unternehmen oder um von derselben dritten Gesellschaft abhängige Unternehmen handeln. Darüber hinaus dürfen die zwei Erwerber nicht durch Treuhand- oder Auftragsverhältnisse derart miteinander verbunden sein, dass einer der beteiligten Erwerber in Form von Herausgabeansprüchen  346

---

551 Vgl. *Teiche*, DStR 2005, S. 51; Sächsisches Staatsministerium der Finanzen, Erl. vom 30.03.1993, DStR 1993, S. 801.
552 Vgl. *Teiche*, DStR 2005, S. 51; ebenso *Teiche,* zur Parallelproblematik bei § 1 Abs. 2a GrEStG und § 6 Abs. 3 GrEStG, UVR 2003, S. 303 m.w.N.
553 Weitere instruktive Beispielsfälle zur begrenzten Anwendbarkeit des § 1 Abs. 3 Nr. 1 und 2 GrEStG bei Personengesellschaften finden sich bei *Teiche*, DStR 2005, S. 51 ff.
554 Vgl. hierzu ausführlich *Heine*, INF 21/2003, S. 819 ff. m.w.Bsp.
555 Vgl. *Weilbach*, UVR 2003, S. 372.
556 Vgl. *Teiche*, DStR 2005, S. 52 ff.; demgegenüber halten Salzmann/Loose die am Wortlaut orientierte Gesetzesinterpretation für stimmig und erkennen weder de lege lata noch de lege ferenda einen Nachbesserungsbedarf an; vgl. *Salzmann/Loose*, DStR 2005, S. 53 ff.; vgl. ferner *Heine*, INF 2003, S. 817 ff.

# B. Die Steuerbarkeit

die Übertragung von mindestens 95 % der Anteile auf sich verlangen kann.[557] In Betracht kommt allerdings, dass als zweiter Käufer eine Personenaußengesellschaft auftritt, die mehr als 5 % der Anteile in ihr Gesamthandsvermögen erwirbt. An dieser Personenaußengesellschaft kann der erste Käufer gesamthänderisch bis zu 100 % vermögensmäßig beteiligt sein, wenn es zumindest einen weiteren – nicht zum Organkreis des ersten Käufers gehörenden – Gesamthänder gibt, der seine (ggf. 0 %-ige) Beteiligung nicht als Treuhänder oder sonstiger Auftragnehmer für den ersten Käufer hält.

▶ Beispiel:

Verkäufer V hält 100 % der Anteile an einer Grundbesitz haltenden GmbH. Er möchte sämtliche Anteile an K verkaufen. Da dies jedoch ohne besondere Vorkehrungen eine Übertragung vereinigter Anteile i.S.d. § 1 Abs. 3 Nr. 3 und Nr. 4 GrEStG darstellen würde, verkauft V seine Anteile zu 94 % an K und zu 6 % an eine Gesellschaft bürgerlichen Rechts, an welcher K vermögensmäßig zu 100 % und der außenstehende D zu 0 % vermögensmäßig beteiligt sind.

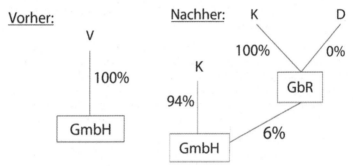

Lösung:
Der von der Personenaußengesellschaft erworbene 6 %-ige Geschäftsanteil an der grundbesitzenden GmbH kann dem Käufer K für die Zwecke des § 1 Abs. 3 Nr. 3 GrEStG nicht zugerechnet werden.[558] Eine solche Zurechnung setzt voraus, dass der erste Käufer mindestens 95 % der Beteiligungen an der Personengesellschaft hält. Gehört ihm jedoch nur *eine von zwei* existierenden Beteiligungen, hält er für die Zwecke von § 1 Abs. 3 Nr. 3 GrEStG nur 50 % der Anteile, unabhängig davon, dass ihm wertmäßig 100 % zustehen; denn i.R. von § 1 Abs. 3 GrEStG ist nicht die kapitalmäßige Beteiligung an der Personengesellschaft, sondern vielmehr die aus der Gesellschafterstellung erwachsende sachenrechtliche Berechtigung am Gesamthandsvermögen maßgebend (»Pro-Kopf-Betrachtung«).[559]

---

557 Vgl. zur Treuhandschaft bei § 1 Abs. 3 GrEStG den Erl. vom 12.10.2007, BStBl. I 2007, S. 761.
558 Vgl. *Behrens*, Unternehmensbesteuerung 2008, S. 317.
559 Vgl. FinMin BaWü, Erl. vom 28.04.2005, DB 2005, S. 975.

VI. Anteilsvereinigung und Übertragung vereinigter Anteile  B.

Im Hinblick auf die seit 01.01.2008 gültige Neufassung von § 42 AO durch das Jahressteuergesetz 2008 wird möglicherweise erwogen werden, ob der Erwerb von mehr als 5 % der Anteile durch eine Personengesellschaft in dieser Konstellation als Gestaltungsmissbrauch zu werten und deshalb GrESt festzusetzen ist, so als hätte der Käufer K sämtliche Anteile an der grundbesitzenden GmbH unmittelbar erworben. Diese Auffassung ist jedoch abzulehnen.[560]

## 7. Anwendbarkeit personenbezogener Befreiungstatbestände

Während auf steuerbare Änderungen im Gesellschafterbestand einer Personengesellschaft i.S.d. § 1 Abs. 2a GrEStG die personenbezogenen Befreiungsvorschriften des § 3 Nr. 2–7 GrEStG anwendbar sind,[561] muss im Bereich des § 1 Abs. 3 GrEStG eine differenzierende Beurteilung vorgenommen werden.  347

### a) Anteilsvereinigungen, § 1 Abs. 3 Nr. 1, Nr. 2 GrEStG

Auf Anteilsvereinigungen i.S.d. § 1 Abs. 3 Nr. 1 und Nr. 2 GrEStG finden die personenbezogenen Befreiungstatbestände des § 3 Nr. 2–7 GrEStG keine Anwendung, sofern es sich um *Kapitalgesellschaften* handelt.[562] Dies folgt daraus, dass bei der Anteilsvereinigung ein Grundstückserwerb von der *Gesellschaft* fingiert wird.[563]  348

Anders verhält es sich bei *Personengesellschaften*: Hier sind die personenbezogenen Befreiungsvorschriften des § 3 Nr. 2–7 GrEStG sehr wohl anwendbar, da Eigentümer des Vermögens einer Personengesellschaft die Gesellschafter in ihrer gesamthänderischen Verbundenheit – also nicht die Personengesellschaft selbst – sind. Dies rechtfertigt es nach herrschender Meinung, die persönlichen Eigenschaften der Gesellschafter im Grundstücksverkehr mit der Personengesellschaft grds. zu berücksichtigen.[564]  349

---

560 Vgl. *Behrens*, Unternehmensbesteuerung 2008, S. 317 ff. m.w.N. Vgl. ferner zur Übertragung von Grundstücken auf eine Tochter-KG vor Verkauf der GmbH sowie zu Gestaltungen mit wechselseitigen Beteiligungen *Behrens*, Unternehmensbesteuerung 2008, S. 317 ff.
561 Eine Einschränkung könnte sich allenfalls dann ergeben, wenn sich der Gesellschafterbestand der Personengesellschaft mittelbar über eine vermittelnde Kapitalgesellschaft ändert.
562 Vgl. *Pahlke*, § 3 Rn. 14; BFH, BStBl. II 1988, S. 785; *Hofmann*, § 1 Rn. 175; *Weilbach*, § 1 Rn. 93; vgl. neuerdings auch FinMin BaWü, Erl. vom 28.04.2005, DStR 2005, S. 1012.
563 Vgl. krit. hierzu *Teiche*, BB 2008, S. 196 ff., der die persönlichen Befreiungstatbestände des § 3 GrEStG auf sämtliche fiktiven Erwerbstatbestände des § 1 GrEStG, also insb. auch auf § 1 Abs. 3 Nr. 1 und Nr. 2 GrEStG anwenden möchte. Bis zu einer entsprechenden Entscheidung des BFH ist jedoch davon auszugehen, dass die FinVerw. zumindest bei Anteilsvereinigungen i.S.d. § 1 Abs. 3 Nr. 1 und Nr. 2 GrEStG, sofern es sich um Kapitalgesellschaften handelt, die Anwendbarkeit der personenbezogenen Befreiungstatbestände ablehnt und den Vorgang besteuert.
564 Vgl. *Pahlke*, § 3 Rn. 15 m.w.N. zu mittelbaren Anteilsvereinigungen; a.A. *Hofmann*, § 1 Rn. 175; *Weilbach*, § 1 Rn. 93. Nach einem Erl. des FinMin BaWü vom 18.12.2009, DStR 2010, S. 114, soll demgegenüber die Befreiungsvorschrift des § 3 Nr. 2 GrEStG in den Fällen der Anteilsvereinigung bei Personengesellschaften nicht anwendbar sein. Der Erl. dürfte insoweit allerdings im Widerspruch zur BFH-Rechtsprechung stehen; vgl. *Viskorf*, Festschrift für Spiegelberger, S. 518 ff.

*b) Anteilsübertragungen, § 1 Abs. 3 Nr. 3, Nr. 4 GrEStG*

350 Bei einer Weiterübertragung der Geschäfts- bzw. Gesellschaftsanteile auf einen neuen Erwerber (§ 1 Abs. 3 Nr. 3 und Nr. 4 GrEStG) sind dagegen die personenbezogenen Befreiungen des § 3 Nr. 2–7 GrEStG nicht nur bei *Personen-*, sondern auch bei *Kapitalgesellschaften* anwendbar. Dies wird damit begründet, dass bei einer Weiterübertragung ein Grundstückserwerb von dem jeweiligen *Gesellschafter* fingiert wird.[565]

▶ Beispiel 1:

Vater und Sohn sind an einer GmbH mit Grundbesitz zu je 50 % beteiligt. Der Vater überträgt seine 50 %-Beteiligung an den Sohn.

Lösung:

Es erfolgt eine steuerbare Anteilsvereinigung durch Vereinigung aller GmbH-Anteile in der Hand des Sohnes gem. § 1 Abs. 3 Nr. 1 GrEStG. Da fingiert wird, dass der Sohn das Grundstück von der GmbH erwirbt, sind die personenbezogenen Steuerbefreiungen nach § 3 GrEStG (hier: § 3 Nr. 6 GrEStG) nicht anwendbar.[566]

▶ Beispiel 2:

Der Vater ist alleiniger Gesellschafter einer GmbH mit Grundbesitz. Er überträgt sämtliche Geschäftsanteile auf seinen Sohn.

Lösung:

Die Übertragung sämtlicher Geschäftsanteile erfüllt den Tatbestand des § 1 Abs. 3 Nr. 3 GrEStG. Der Erwerb ist jedoch nach § 3 Nr. 6 GrEStG befreit, da bei einer Weiterübertragung der Geschäftsanteile ein Grundstückserwerb vom Gesellschafter (Vater an Sohn) fingiert wird.

351 Während der Erwerb der lediglich 50 %-igen Beteiligung in Beispiel 1 GrESt auslöst, ist die Übertragung der 100 %-igen Beteiligung in Beispiel 2 steuerbefreit. Dieses auf den ersten Blick überraschende Ergebnis rechtfertige sich nach Auffassung der FinVerw. daraus, dass bei einer Anteilsvereinigung (Beispiel 1) die Anteile lediglich in mehreren Schritten miteinander vereinigt werden und folglich ein fiktiver Erwerb von der *Gesellschaft* vorliege, während bei einer Anteilsübertragung (Beispiel 2) in einem Schritt ein Erwerb von dem bisherigen *Gesellschafter* angenommen werden könne. Nur im letztgenannten Fall sei die Anwendbarkeit

---

565 Vgl. *Pahlke*, § 3 Rn. 16; *Hofmann*, § 1 Rn. 175; *Weilbach*, § 1 Rn. 93.
566 Nach h.M. soll selbst im Fall einer Schenkung der 50 %-Beteiligung GrESt anfallen, obwohl es in diesem Fall wirtschaftlich zu einer Doppelbelastung mit Schenkungsteuer und GrESt kommt; vgl. *Hofmann*, § 3 Rn. 7; *Halaczinsky*, ZEV 2003, S. 100. Vgl. ausdrücklich nunmehr auch FinMin Niedersachsen vom 02.11.2007, S 4500-148-39 2, Haufe-Index 187 3007; vgl. hierzu *Heine*, UVR 2008, S. 186.

## VI. Anteilsvereinigung und Übertragung vereinigter Anteile B.

der personenbezogenen Befreiungstatbestände auch bei Kapitalgesellschaften gerechtfertigt.[567]

Selbstverständlich wird in der Literatur für diese Fälle z.T. die Auffassung vertreten, dass die personenbezogenen Befreiungsvorschriften auch bei der erstmaligen Anteilsvereinigung i.S.d. § 1 Abs. 3 Nr. 1 bzw. 2 GrEStG anzuwenden seien.[568]

352

Selbst wenn man die Argumentation der FinVerw. teilt, wonach die GmbH als bisheriger Herrscher des Grundstücks als Veräußerer der Immobilie anzusehen sei und folglich die Befreiungsvorschrift des § 3 Nr. 6 GrEStG nicht angewendet werden könne, sollte u.E. gleichwohl zumindest die Befreiungsvorschrift des § 3 Nr. 2 Satz 1 GrEStG zur Anwendung gelangen, da man auch von einer GmbH unentgeltlich etwas erwerben kann. Zumindest bleibt ein merkwürdiges Gefühl, warum bei einer Übertragung sämtlicher Anteile in einem Akt keine GrESt anfällt, während bei einer Aufsplittung in zwei Teilakte sehr wohl GrESt anfallen soll. Dies gilt insbesondere, wenn man bedenkt, dass § 1 Abs. 3 GrEStG letztlich nur als Auffangtatbestand konzipiert ist und grunderwerbsteuerfreie Transaktionen durch Zwischenschaltung von Gesellschaften verhindern soll. Hätte aber eine Person einer anderen ein Grundstück geschenkt, so wäre es – für die Anwendbarkeit der Befreiungsvorschrift des § 3 Nr. 2 GrEStG – auch völlig unerheblich gewesen, ob zunächst nur 50/100 Miteigentumsanteile und anschließend 50/100 Miteigentumsanteile übertragen worden wären oder ob der Erwerber das Grundstück sofort unentgeltlich zum Alleineigentum erworben hätte. § 3 Nr. 2 GrEStG wäre zudem auch einschlägig gewesen, wenn eine GmbH ein Grundstück verschenkt hätte.

353

Solange jedoch an der verstehend dargestellten differenzierenden Auffassung festgehalten wird, ist zu folgender Gestaltung bei sukzessiven Übertragungen zu raten:

354

▶ **Ausweichgestaltung:**

Es sollte sofort eine 100 %-ige Geschäftsanteilsabtretung von Vater an Sohn beurkundet werden, um in den Genuss des § 3 Nr. 2 (und des § 3 Nr. 6) GrEStG zu gelangen. Das dingliche Rechtsgeschäft der Anteilsabtretung kann dann u.E. in zwei Stufen erfolgen. Die ersten 49 % der Geschäftsanteile können mit sofortiger dinglicher Wirkung abgetreten werden, während die restlichen Teilgeschäftsanteile bspw. erst aufschiebend bedingt in drei Jahren übergehen. Außerdem könnte dann dem Vater ein Rücktrittsrecht vom schulrechtlichen Vertrag für den Fall eingeräumt werden, dass sich der Sohn nicht bewährt. Im Hinblick darauf, dass § 1 Abs. 3 Nr. 1 bzw. § 1 Abs. 3 Nr. 3 GrEStG auf das schuldrechtliche Verpflichtungsgeschäft abstellen und die dinglichen Übertragungsvorgänge nach § 1 Abs. 3 Nr. 2 bzw. Nr. 4 GrEStG nur besteuert werden, wenn kein schuldrechtliches Rechtsgeschäft vorausgegangen ist, verbleibt es bei dieser Gestaltung bei einer schuldrechtlichen Übertragung vereinigter Anteile i.S.d. § 1 Abs. 3 Nr. 3 GrEStG und folglich bei der Anwendbarkeit der Befreiungsvorschriften.

---

567 Vgl. *Wohltmann*, Steuer und Studium, Beilage 1/2002, S. 17; auch bei mittelbaren Anteilsvereinigungen bei Kapitalgesellschaften kann es zu einer Doppelbelastung mit Grunderwerb und Schenkungsteuer kommen; vgl. hierzu *Halaczinsky*, ZEV 2003, S. 101.
568 Vgl. hierzu vom *Proff zu Irnich*, DB 2007, S. 2616 ff. m.w.N.

Offen ist, ob die FinVerw. diese Gestaltung als Umgehungsfall i.S.d. § 42 AO ansehen würde.

*c) Zusammenfassung*

355  Auf steuerbare Änderungen im Gesellschafterbestand einer Personengesellschaft i.S.d. § 1 Abs. 2a GrEStG sind die personenbezogenen Befreiungsvorschriften des § 3 Nr. 2–7 GrEStG grds. anwendbar.

356  Bei Anteilsvereinigungen gem. § 1 Abs. 3 Nr. 1 und 2 GrEStG sind dagegen die personenbezogenen Befreiungsvorschriften des § 3 Nr. 2–7 GrEStG nur bei Personen-, nicht aber bei Kapitalgesellschaften anwendbar, während die personenbezogenen Befreiungsvorschriften im Bereich der Anteilsübertragungen des § 1 Abs. 3 Nr. 3 und 4 GrEStG sowohl bei Personen- als auch bei Kapitalgesellschaften eingreifen.[569]

Allerdings deutet sich bei der erstmaligen Anteilsvereinigung gem. § 1 Abs. 3 Nr. 1 und Nr. 2 GrEStG eine Änderung der Rechtsprechung im Hinblick auf die Anwendbarkeit des § 3 Nr. 2 GrEStG an. Mit Gerichtsbescheid vom 26.10.2011, Az: II R 21/10 hat der BFH entschieden, dass die Steuerbefreiung des § 3 Nr. 2 GrEStG auch dann eingreift, wenn Gegenstand einer freigebigen Zuwendung ein Anteil an einer grundbesitzenden Kapitalgesellschaft ist und durch die Übertragung der Tatbestand des § 1 Abs. 3 Nr. 1 GrEStG erfüllt wird. Bei gemischten Schenkungen ist die Steuerbefreiung des § 3 Nr. 2 GrEStG jedoch nur auf den unentgeltlichen Teil des Erwerbes anzuwenden. Eine darüber hinausgehende Steuerbefreiung, z.B. nach § 3 Nr. 6 GrEStG, findet dagegen keine Anwendung, da der fiktive Grundstückserwerb von der Kapitalgesellschaft (und nicht von dem geradlinig Verwandten) erfolgt.[570] Die FinVerw. hat sich nunmehr mit Erlass vom 03.06.2013[571] der vorgenannten Auffassung der Rechtsprechung angeschlossen.

### 8. Anwendbarkeit der Vergünstigungsvorschrift des § 5 GrEStG

356.1  Werden Gesellschaftsanteile in eine Gesamthand eingebracht, ist bezüglich der Frage der Anwendbarkeit der Vergünstigungsvorschrift des § 5 Abs. 1 GrEStG ebenfalls danach zu differenzieren, ob durch die Einbringung der Anteile eine erstmalige

---

569  Mit Erl. des FinMin BaWü vom 18.12.2009, DStR 2010, S. 114, hat die FinVerw. dies im Wesentlichen bestätigt. Lediglich im Bereich der Anteilsvereinigung (§ 1 Abs. 3 Nr. 1 und Nr. 2 GrEStG) soll die Befreiungsvorschrift des § 3 Nr. 2 GrEStG auch bei Personengesellschaften keine Anwendung finden. Insoweit dürfte der Erl. allerdings im Widerspruch zur BFH-Rechtsprechung stehen. Zum Teil wird in der Lit. sogar vertreten, dass die personenbezogenen Befreiungsvorschriften nicht nur bei Personengesellschaften, sondern auch bei Kapitalgesellschaften und dort sowohl bei Anteilsvereinigungen als auch bei Anteilsübertragungen gelten sollen; vgl. *Proff zu Irnich*, DB 2007, S. 2616 ff.
570  Vgl. hierzu Schreiben der OFD Frankfurt am Main vom 20.01.2012, S. 4514 A – 4 – St 121, DStR 2012, S. VIII ff.
571  Vgl. gleichlautende Erl. der Obersten Finanzbehörden der Länder vom 06.03.2013, BStBl. I 2013, S. 773 ff.; der Erl. ist als Anh. 4 beigefügt.

## VI. Anteilsvereinigung und Übertragung vereinigter Anteile B.

Anteilsvereinigung (§ 1 Abs. 3 Nr. 1 und Nr. 2 GrEStG) in der Person der Gesamthand entsteht oder ob es sich um die Übertragung bereits vereinigter Anteile (§ 1 Abs. 3 Nr. 3 und Nr. 4 GrEStG) handelt.

### a) Anteilsvereinigungen, § 1 Abs. 3 Nr. 1, Nr. 2 GrEStG

Nach der Rechtsprechung des BFH ist die Vergünstigungsvorschrift des § 5 Abs. 1 GrEStG auf eine Anteilsvereinigung (§ 1 Abs. 3 Nr. 1 und Nr. 2 GrEStG) in der Person einer Gesamthand nicht (entsprechend) anwendbar.[572]

356.2

▶ Beispiel:

An der AB-GmbH sind zunächst A und B je zur Hälfte beteiligt. Die AB-GmbH ist Alleingesellschafterin der T-GmbH, zu deren Gesellschaftsvermögen Grundstücke gehören. A und B gründen nunmehr eine GbR, an der sie wiederum je zur Hälfte beteiligt sind und bringen alle Anteile an der AB-GmbH in diese GbR ein.

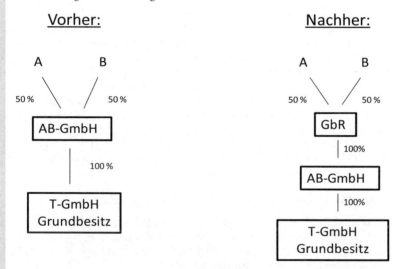

Lösung:

Der Einbringungsvorgang stellt eine steuerbare mittelbare Vereinigung aller Anteile an der T-GmbH in der Hand der GbR dar und ist somit steuerbar gem. § 1 Abs. 3 Nr. 1 GrEStG. Eine steuerbare Anteilsvereinigung liegt auch dann vor, wenn der Erwerber die Anteile an der grundbesitzenden Gesellschaft (hier: T-GmbH) nur mittelbar über eine zwischengeschaltete Gesellschaft (hier: AB-GmbH) hält, an der er zu mindestens 95 % (hier 100 %) beteiligt ist. Grunderwerbsteuerrechtlich wird derjenige, in dessen Hand sich die Anteile vereinigen, so behandelt, als habe er die

---

572 Vgl. BFH, MittBayNot 2008, S. 502 ff.

Grundstücke von der Gesellschaft erworben, deren Anteile sich in seiner Hand vereinigen. Der BFH lehnt die Anwendung der Steuerbefreiungsvorschrift des § 5 Abs. 1 GrEStG auf die Vereinigung der Anteile bei der GbR ab. Die Steuervergünstigungsvorschrift sei mangels Miteigentümerschaft der anteilsübertragenden Gesamthänder nicht anwendbar, selbst wenn diese die Anteile an der grundbesitzenden GmbH (bzw. der mit dieser konzernmäßig verbundenen Gesellschaft) in einem Zug auf die Personengesellschaft übertragen.[573]

*b) Anteilsübertragungen, § 1 Abs. 3 Nr. 3, Nr. 4 GrEStG*

356.3 Anders ist die Rechtslage in den Fällen des § 1 Abs. 3 Nr. 3 und Nr. 4 GrEStG, d.h. bei der steuerbaren Übertragung bereits vereinigter Anteile an einer grundbesitzenden Gesellschaft. Hier ist § 5 Abs. 1 GrEStG auch dann anzuwenden, wenn auf eine Personengesellschaft statt eines Grundstücks mindestens 95 % der Anteile an einer grundbesitzenden Gesellschaft übergehen.[574]

Ebenso wie bei der Frage nach der Anwendbarkeit der personenbezogenen Befreiungstatbestände des § 3 Nr. 1 bis 7 GrEStG differenziert die Rechtsprechung auch im Bereich des § 5 Abs. 1 GrEStG danach, ob eine Übertragung vereinigter Anteile stattfindet oder eine erstmalige Anteilsvereinigung eintritt. Nur soweit ein Gesellschafter bereits wenigstens 95 % der Anteile an einer Kapitalgesellschaft in seiner Hand vereinigt hat, kann der Einbringungsvorgang einer Grundstücksübertragung gleichgestellt werden. Dagegen vermittelt der Besitz einer geringeren Anteilsquote gerade keine Sachherrschaft an den Grundstücken der Gesellschaft, sodass die Steuervergünstigung des § 5 Abs. 1 GrEStG mangels Miteigentümerschaft der anteilsübertragenden Gesamthänder nicht anwendbar ist, selbst wenn diese Anteile an der grundbesitzenden GmbH (bzw. der mit dieser konzernmäßig verbundenen Gesellschaft) in einem Zug auf die Personengesellschaft übertragen werden.[575]

### 9. Mittelbare Steuerbelastungen bei Umwandlungsfällen

357 Bei Umwandlungsfällen ist nicht nur die Frage von Bedeutung, welche grunderwerbsteuerrechtlichen Folgen sich aus dem Umwandlungsvorgang selbst ergeben; vielmehr sind auch stets die mittelbaren Steuerbelastungen zu berücksichtigen, die sich als Folge eines Umwandlungsvorganges einstellen können.[576]

*a) § 1 Abs. 3 GrEStG als mittelbare Umwandlungsfolge*

358 I.R. von Umstrukturierungsmaßnahmen innerhalb von Konzernen ist bei den übertragenden Umwandlungsformen (Verschmelzung und Spaltung) stets die Frage

---

573 Vgl. BFH, MittBayNot 2008, S. 503.
574 Vgl. *Ihle,* Notar 2008, S. 186.
575 Vgl. *Ihle,* Notar 2008, S. 186.
576 Zur sofortigen Abziehbarkeit der GrESt bei Umwandlungen als Betriebsausgabe vgl. *Fatouros,* DStR 2003, S. 772 ff. m.w.N.

## VI. Anteilsvereinigung und Übertragung vereinigter Anteile  B.

eventueller Grunderwerbsteuerbelastungen wegen des Eintritts einer Anteilsvereinigung nach § 1 Abs. 3 GrEStG im Blick zu behalten.

▶ Beispiel 1:

An der grundbesitzenden A-AG sind die B-KG und die C-KG jeweils zu 50 % beteiligt.

Die B-KG wird im Wege der Verschmelzung zur Aufnahme auf die C-KG (übernehmender Rechtsträger) verschmolzen.

Lösung:

Sofern die B-KG selbst Grundbesitz halten sollte, führt die übertragende Umwandlung zu einem grunderwerbsteuerpflichtigen Erwerb dieses Grundbesitzes bei der C-KG gem. § 1 Abs. 1 Nr. 3 GrEStG. Neben dieser unmittelbaren Auswirkung der Verschmelzung darf jedoch die weitere mittelbare Wirkung des Umwandlungsvorganges nicht übersehen werden:
Mit dem Wirksamwerden der Verschmelzung befinden sich alle Anteile an der grundstückshaltenden A-AG alleine in der Hand der C-KG. Hierdurch wird GrESt nach § 1 Abs. 3 Nr. 1, 1. Alt. bzw. Nr. 2 GrEStG ausgelöst.

▶ Beispiel 2:

Die grundbesitzhaltende C-GmbH soll auf die B-GmbH verschmolzen werden. Alleiniger Gesellschafter der B-GmbH ist die A-AG. Die C-GmbH wiederum ist zu 100 % an der ebenfalls grundbesitzhaltenden D-GmbH beteiligt.

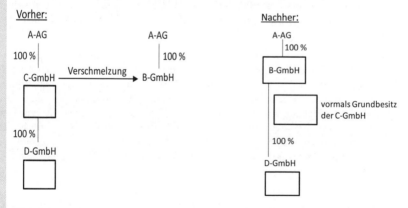

Lösung:

Die übertragende Umwandlung führt zu einem grunderwerbsteuerbaren Erwerb des Grundbesitzes der C-GmbH durch die B-GmbH gem. § 1 Abs. 1 Nr. 3 GrEStG.

Neben dieser unmittelbaren Auswirkung der Verschmelzung darf jedoch die weitere mittelbare Wirkung des Umwandlungsvorganges nicht übersehen werden:

Mit dem Wirksamwerden der Verschmelzung befinden sich (erstmals) alle Anteile an der grundstückshaltenden D-GmbH unmittelbar in der Hand der B-GmbH. Folglich ist in der Person der B-GmbH der Steuertatbestand des § 1 Abs. 3 Nr. 1 GrEStG erfüllt.

Die Vorgänge sind jedoch umfassend gem. § 6a GrEStG von der GrESt befreit, sofern die Beteiligungsverhältnisse schon mindestens fünf Jahre bestehen und weitere fünf Jahre unverändert aufrechterhalten werden (§ 6a Satz 4 GrEStG).

Darüber hinaus ist keine zusätzliche (mittelbare) Anteilsvereinigung in der Hand der A-AG erstmals eingetreten. Dies folgt daraus, dass die A-AG »qualifiziert«, d.h. mit mindestens 95 % an der C-GmbH beteiligt war. Deshalb scheidet eine (nochmalige) mittelbare Anteilsvereinigung in ihrer Person aus. Die vormals über die C-GmbH vermittelte Anteilsvereinigung wird vielmehr jetzt von der B-GmbH vermittelt.

Sofern dagegen die A-AG an der C-GmbH nicht oder mit weniger als 95 % beteiligt gewesen wäre,[577] befänden sich mit der Verschmelzung der C-GmbH auf die B-GmbH erstmals (auch) mittelbar alle Anteile an der D-GmbH in der Hand der A-AG. Ob in einem solchen Fall tatsächlich zweimal GrESt nach § 1 Abs. 3 Nr. 1 GrEStG anfallen würde (unmittelbare Anteilsvereinigung bei B-GmbH und mittelbare Anteilsvereinigung bei A-AG), ist noch nicht abschließend geklärt. Die FinVerw. scheint jedoch keine zweimalige Steuer zu verlangen.[578] Für die Richtigkeit dieser Auffassung spricht die Funktion des § 1 Abs. 3 GrEStG als Ersatztatbestand. Wäre der Grundbesitz der D-GmbH nämlich direkt an die B-GmbH veräußert worden (§ 1 Abs. 1 Nr. 1 GrEStG), so wäre auch nur in der Hand der B-GmbH, nicht aber zusätzlich bei der A-AG GrESt angefallen. Sicherheitshalber sollte jedoch in einem derartigen Fall vorab eine verbindliche Auskunft beim FA eingeholt werden.

**359** Derzeit nicht geklärt ist, ob es neben den übertragenden Umwandlungsformen (Verschmelzung und Spaltung) auch bei einem Formwechsel zu einer steuerbaren Anteilsvereinigung i.S.d. § 1 Abs. 3 GrEStG kommen kann.[579] Zwar ist allgemein anerkannt, dass der Formwechsel keinen GrESt auslösenden tatsächlichen Rechtsträgerwechsel hinsichtlich der im Eigentum des formwechselnden Rechtsträgers stehenden Grundstücke bewirkt; gleichwohl gibt es mittlerweile untergerichtliche Rechtsprechung, in welcher der heterogene Formwechsel einer grundbesitzenden Personengesellschaft mit mindestens 95 %-igem Hauptgesellschafter in eine Kapitalgesellschaft GrESt auslösen soll.[580]

---

577 In einer derartigen Konstellation würde die Befreiungsvorschrift des § 6a GrEStG nicht eingreifen, da bei einer Verschmelzung von Tochtergesellschaften die Muttergesellschaft jeweils mindestens 95 % halten müsste (vgl. § 6a Satz 3 GrEStG).
578 Vgl. FinMin Niedersachsen vom 08.07.1992, StEK GrEStG 1983 § 1 Nr. 50.
579 Vgl. hierzu *Mack,* UVR 2009, S. 254 ff.
580 Vgl. FG Münster, Urt. v. 16.02.2006, EFG 2006, S. 1034. Die Revision wurde vom BFH wegen eines Formmangels zurückgewiesen, vgl. BFH, NV 2008, S. 1435, AZ II R 31/06, sodass der BFH in der Sache selbst nicht entschieden hat.

## VI. Anteilsvereinigung und Übertragung vereinigter Anteile   B.

▶ Beispiel:

An der grundbesitzhaltenden A-B-OHG sind die Gesellschafter A mit 96 % und B mit 4 % vermögensmäßig beteiligt. Die Personengesellschaft wird formwechselnd in die A-B-GmbH umgewandelt. Aufgrund des quotenwahrenden heterogenen Formwechsels sind ab Eintragung der Umwandlung im HR an der GmbH der Gesellschafter A mit 96 % und der Gesellschafter B mit 4 % beteiligt.

Lösung:

Nach dem Wortlaut des § 1 Abs. 3 Nr. 2 GrEStG fällt GrESt an, wenn unmittelbar oder mittelbar mindestens 95 % der Anteile der Gesellschaft in einer Hand vereinigt werden, auch wenn kein schuldrechtliches Geschäft (z.B. rechtsgeschäftliche Verpflichtung zur Anteilsübertragung) voraus gegangen ist. Nach der Rechtsprechung des FG Münster wird deshalb tatsächlich die Steuerbarkeit des Vorganges bejaht, weil sich durch die Eintragung des Formwechsels für die Zwecke des § 1 Abs. 3 GrEStG die Qualität der vermögensmäßig mindestens 95 %-igen Beteiligung wandelt. Bis zum Formwechsel war i.R. der Personengesellschaft auf die gesamthänderische Mitberechtigung abzustellen, die gegenüber den anderen Beteiligungen unabhängig von der – nur schuldrechtlichen – Vermögensbeteiligungsquote gleichwertig ist, d.h. es wurde eine Pro-Kopf-Betrachtung vorgenommen. Hiernach hielt der Gesellschafter A lediglich einen von 2 Gesellschaftsanteilen, also 50 %, wenngleich ihm vermögensmäßig 95 % des Gesellschaftsvermögens zuzurechnen waren; nach dem Formwechsel hält A dagegen einen Kapitalgesellschaftsanteil, der dem Vermögensanteil dinglich anhängt.[581] Nach der herrschenden Literaturauffassung bewirkt der Formwechsel dagegen keinen tatsächlichen Rechtsträgerwechsel, sodass § 1 Abs. 3 GrEStG trotz seines weiten Wortlautes aus systematischen Gründen auf den vorliegenden Fall nicht anwendbar ist. § 1 Abs. 3 GrEStG besteuert nämlich fingierte Grundstückserwerbe; sämtliche Tatbestände des § 1 Abs. 3 Nr. 1, Nr. 3 und Nr. 4 GrEStG setzen voraus, dass entweder ein Rechtsgeschäft besteht, das einen Anspruch auf Anteilsübertragung begründet, oder aber dass ein Anteil tatsächlich bewegt wird. Mithin ist auch für die Verwirklichung des Tatbestandes des § 1 Abs. 3 Nr. 2 GrEStG zu fordern, dass zumindest ein Anteil an der grundbesitzenden Gesellschaft übertragen oder eingezogen oder in sonstiger Weise bewegt wird, d.h. die Vermögensrechte eines Gesellschafters wertmäßig vermehrt werden.[582] Beim quotenwahrenden Formwechsel ist dies nicht der Fall, sodass der Tatbestand des § 1 Abs. 3 Nr. 2 GrEStG nicht erfüllt wird. Im Hinblick auf die bestehende untergerichtliche Rechtsprechung bzw. bis zur endgültigen Klärung der Frage durch den BFH sollte jedoch im Fall eines quotenwahrenden Formwechsel vorab eine absichernde verbindliche Auskunft der FinVerw. eingeholt werden.

Demgegenüber wird für den *quotenverschiebenden* Formwechsel einer Personen- in eine Kapitalgesellschaft auch nach der Literaturauffassung die Steuerbarkeit aus   360

---

581 Vgl. hierzu ausführlich Rdn. 331–346.
582 Vgl. hierzu auch *Behrens/Schmitt*, UVR 2008, S. 56.

§ 1 Abs. 3 Nr. 2 GrEStG bejaht, wenn durch die Quotenverschiebung erstmals die 95 %-Schwelle überschritten wird.

▶ Beispiel:

An der grundbesitzhaltenden A-B-OHG sind A mit 50 % und B mit 50 % vermögensmäßig beteiligt. Es erfolgt ein quotenverschiebender Formwechsel,[583] mit dessen Vollzug an der entstehenden A-B-GmbH der Gesellschafter A mit 95 % und der Gesellschafter B nur noch mit 5 % beteiligt sind.

Lösung:

Zwar wird auch in diesem Fall weder ein Anteil zwischen verschiedenen Rechtssubjekten übertragen noch eingezogen, doch steht die Aufstockung der Beteiligung des bisher zu weniger als 95 % beteiligten Gesellschafters auf mindestens 95 % einem Anteilsübergang gleich, sodass GrESt nach § 1 Abs. 3 Nr. 2 GrEStG ausgelöst wird.[584] Die Befreiungsvorschrift des § 6a GrEStG ist beim Formwechsel nicht anwendbar.[585]

361 Zum Anfall der GrESt (allerdings nach § 1 Abs. 3 Nr. 1 GrEStG) kann es ferner dann kommen, wenn der Formwechsel – etwa i.R. des sogenannten Treuhandmodells – mit einer Anteilsübertragung verbunden wird.[586] Jedoch verwirklicht dann nicht der Formwechsel als solcher, sondern das der Anteilsübertragung zugrunde liegende Rechtsgeschäft den Tatbestand des § 1 Abs. 3 Nr. 1 GrEStG.

362 Sofern dagegen die Beteiligung des Minderheitsgesellschafters (und im Fall einer Grundstücks-GmbH & Co. KG auch die 0 %-ige Beteiligung des Komplementärs) schon vor dem Umwandlungsvorgang dem Mehrheitsgesellschafter für grunderwerbsteuerliche Zwecke zuzurechnen war (etwa weil der Mehrheitsgesellschafter mit 95 % oder mehr an dem Minderheitsgesellschafter beteiligt war), ist die Verwirklichung des § 1 Abs. 3 Nr. 2 GrEStG durch den Formwechsel ausgeschlossen. Dies folgt daraus, dass dann der Formwechsel aus der Personen- in die Kapitalgesellschaft lediglich zu einer – grunderwerbsteuerlich irrelevanten – Verstärkung der bisher teils mittelbaren, teils unmittelbaren Anteilsvereinigung in eine ausschließlich unmittelbare Anteilsvereinigung führt.[587] Deshalb ist insbesondere der Formwechsel

---

583 Ein Formwechsel ist grds. mit keiner Änderung der Beteiligungsquoten der Anteilsinhaber verbunden; nach h.M. ist jedoch ein quotenverschiebender Formwechsel zulässig; vgl. *Usler*, MittRhNotK 1998, S. 53, Fn. 434; *Lutter/Decher*, § 202 UmwG, Rn. 21.
584 Vgl. *Behrens/Schmitt*, UVR 2008, S. 56 ff.
585 Vgl. hierzu Rdn. 583.1.
586 Vgl. hierzu *Behrens/Schmitt*, UVR 2008, S. 20 ff., die jedoch zu Recht darauf hinweisen, dass das Treuhandmodell umwandlungsrechtlich nicht mehr erforderlich ist.
587 Vgl. *Behrens/Schmitt*, UVR 2008, S. 54; vgl. ferner zur grunderwerbsteuerlichen Irrelevanz einer derartigen Verstärkung der Anteilsvereinigung z.B. BFH, BStBl. II 1994, S. 121 und BFH, BStBl. II 1994, S. 408.

einer grundbesitzhaltenden Ein-Mann-GmbH & Co. KG in eine GmbH von der GrESt befreit.[588]

### b) § 1 Abs. 2a GrEStG als mittelbare Umwandlungsfolge

Als weitere mittelbare Folge von Umwandlungsvorgängen kann sich auch eine Steuerpflicht nach § 1 Abs. 2a GrEStG ergeben, sofern durch den Umwandlungsvorgang bedingt Veränderungen im Personenstand der Gesamthand erfolgen. 363

▶ Beispiel:

Die A-GmbH ist zu 95 % an einer grundbesitzenden B-KG beteiligt. Nunmehr wird die A-GmbH auf die C-GmbH verschmolzen.

Lösung:

Sofern die A-GmbH grundbesitzhaltend sein sollte, führt der Verschmelzungsvorgang gem. § 1 Abs. 1 Nr. 3 GrEStG zu einem grunderwerbsteuerpflichtigen Erwerb dieses Grundbesitzes durch den aufnehmenden Rechtsträger (C-GmbH). Darüber hinaus ist jedoch auch die mittelbare Folge des Umwandlungsvorgangs zu berücksichtigen: Der Verschmelzungsvorgang führt zu einem Gesellschafterwechsel bei der B-KG. Die C-GmbH als Gesamtrechtsnachfolgerin der A-GmbH wird mit Wirksamwerden der Umwandlung neue Gesellschafterin mit einer vermögensmäßigen Beteiligung von 95 %. Dies führt zu einer *zusätzlichen* Steuerpflicht nach § 1 Abs. 2a GrEStG. Eine Befreiung kommt nur unter den engen Voraussetzungen des § 6a GrEStG in Betracht.[589]

Bei der Planung von Umwandlungsvorgängen (Verschmelzung, Spaltung) sind im Hinblick auf eine mögliche Steuerpflicht nach § 1 Abs. 2a GrEStG folglich nicht nur die unmittelbaren Auswirkungen des eigentlichen Umwandlungsvorganges zu untersuchen; vielmehr ist auch in Erwägung zu ziehen, dass weitere, im zurückliegenden 5-Jahres-Zeitraum liegende Veränderungen im Personenstand einer Gesamthand zusammen mit der durch den Umwandlungsvorgang herbeigeführten Veränderung zu einer Steuerpflicht nach § 1 Abs. 2a GrEStG führen können. 364

---

588 Etwas anderes könnte sich allenfalls unter Anwendung des Treuhandmodelles ergeben. Dann folgt die Steuerbarkeit jedoch nicht aus dem Formwechsel als solchem, sondern aus den im Zusammenhang mit dem Formwechsel erfolgenden Geschäftsanteilsabtretungen; eine Steuerbarkeit ist jedoch nur denkbar, wenn die Komplementär-GmbH im Zuge des Treuhandmodells zwischenzeitlich mit über 5 % am Vermögen der formwechselnden Gesellschaft beteiligt wird; doch selbst hier dürfte die Steuerbarkeit wegen der mittelbaren Zurechenbarkeit des treuhänderisch gehaltenen Anteils ausscheiden. Vgl. hierzu *Behrens/Schmidt*, UVR 2008, S. 20 ff. Wegen § 5 Abs. 3 GrEStG kann es jedoch unter Umständen zu einer Nachbesteuerung von Einbringungsvorgängen kommen, wenn innerhalb eines Zeitraumes von fünf Jahren vor dem Formwechsel der Personen- in die Kapitalgesellschaft von dem Gesellschafter unter Inanspruchnahme der Befreiungsvorschriften des § 5 Abs. 2 GrEStG Grundbesitz in die Personengesellschaft eingebracht wurde; vgl. hierzu Rdn. 529–533.
589 Vgl. hierzu Rdn. 583.1.

#### c) § 5 Abs. 3 GrEStG als mittelbare Umwandlungsfolge

365 Schließlich ist noch zu berücksichtigen, dass durch einen Umwandlungsvorgang auch nachträglich ein Wegfall der Steuerbegünstigung nach § 5 Abs. 1 oder Abs. 2 GrEStG herbeigeführt werden kann.

366 Geht etwa durch Verschmelzungs- oder Spaltungsvorgänge die gesamthänderische Mitberechtigung an der erwerbenden Gesamthand vom grundstückseinbringenden Gesamthänder (übertragender Rechtsträger) auf eine andere Person (übernehmender Rechtsträger) über, so führt dies – ebenso wie eine Veräußerung/Abtretung – zum Verlust der von § 5 GrEStG vorausgesetzten Rechtsposition und damit zum Wegfall der Vergünstigung für den Einbringungsvorgang.[590]

▶ Beispiel 3:

Die A-KG und die B-KG sind Gesellschafter einer GbR.

Die A-KG, welche vermögensmäßig mit 60 % beteiligt ist, bringt ein Grundstück in die GbR ein. Ein Jahr später wird die A-KG auf die C-GmbH verschmolzen.

Lösung:

Soweit die A-KG noch weiteren Grundstücksbesitz hat, löst die Verschmelzung diesbezüglich unmittelbar GrESt aus (§ 1 Abs. 1 Nr. 3 GrEStG).

Durch die Verschmelzung geht die gesamthänderische Mitberechtigung der A-KG an der GbR auf den übernehmenden Rechtsträger (hier: C-GmbH) über. Der Verlust der Gesellschafterstellung führt somit zusätzlich nach § 5 Abs. 3 GrEStG zum Wegfall der Steuerbegünstigung (i.H.v. 60 %), die für den Einbringungsvorgang nach § 5 Abs. 2 GrEStG zunächst gewährt worden war.[591]

### VII. Wirtschaftliche Anteilsvereinigung, § 1 Abs. 3a GrEStG

366.1 Bestimmte Erwerbe von Beteiligungen an Gesellschaften mit inländischem Grundbesitz, die bislang unter Verwendung sog. Real Estate Transfer Tax Blocker (RETT-Blocker) keine GrESt ausgelöst haben, sollten nach den geplanten Regelungen des GrEStG i.d.F. des Jahressteuergesetzes 2013 der Besteuerung unterworfen werden. Zwar ist das Jahressteuergesetz 2013 nach der Ablehnung des Bundesrates gescheitert;[592] allerdings integriert das Amtshilferichtlinie-Umsetzungsgesetz nahezu alle im Dezember 2012 gefundenen Kompromisse zum gescheiterten Jahressteuergesetz 2013 mit Ausnahme der damals vorgeschlagenen Gleichstellung homosexueller Lebenspartnerschaften.

---

590 Zu den Gefahren eines heterogenen Formwechsels im Zusammenhang mit § 5 Abs. 3 GrEStG; vgl. Rdn. 529–533.
591 Vgl. zum Anwendungsbereich des § 5 Abs. 2 GrEStG Rdn. 519. Die Anwendbarkeit des § 6a GrEStG scheitert schon an der Nichteinhaltung der Vorbehaltsfristen; vgl. Rdn. 583.1.
592 Vgl. *Schaflitzl/Schrade*, BB 2013, S. 343 ff.

## VII. Wirtschaftliche Anteilsvereinigung, § 1 Abs. 3a GrEStG   B.

Durch das Gesetz zur Umsetzung der Amtshilferichtlinie sowie zur Änderung steuerlicher Vorschriften (Amtshilferichtlinie-Umsetzungsgesetz) vom 26.06.2013[593] wurde in das GrEStG folgender § 1 Abs. 3a GrEStG neu eingefügt:

»Soweit eine Besteuerung nach Abs. 2a und Abs. 3 nicht in Betracht kommt, gilt als Rechtsvorgang im Sinne des Abs. 3 auch ein solcher, aufgrund dessen ein Rechtsträger unmittelbar oder mittelbar oder teils unmittelbar, teils mittelbar eine wirtschaftliche Beteiligung in Höhe von mindestens 95 vom Hundert an einer Gesellschaft, zu deren Vermögen ein inländisches Grundstück gehört, innehat. Die wirtschaftliche Beteiligung ergibt sich aus der Summe der unmittelbaren und mittelbaren Beteiligungen am Kapital oder am Vermögen der Gesellschaft. Für die Ermittlung der mittelbaren Beteiligungen sind die Vomhundertsätze am Kapital oder am Vermögen der Gesellschaften zu multiplizieren.«

Zur Vermeidung eines Eingriffs in die Systematik des Grunderwerbsteuergesetzes wurde die Besteuerung sog. RETT-Blocker-Strukturen in einem eigenständigen Fiktionstatbestand – § 1 Abs. 3a GrEStG neu – geregelt. Dieser wird in der Weise ausgestaltet, dass der Anwendungsbereich der Abs. 2a und 3 des § 1 GrEStG hierdurch unberührt bleibt. Die Neuregelung sieht vor, einem Rechtsträger ein Grundstück einer nachgeordneten Gesellschaft auch dann fiktiv zuzurechnen, wenn dessen wirtschaftliche Beteiligung an der Gesellschaft mindestens 95 % beträgt. Der neue Tatbestand führt die wirtschaftliche Beteiligung in das Grunderwerbsteuerrecht ein, welche auf die unmittelbare und/oder mittelbare Beteiligung am Kapital oder am Vermögen einer Gesellschaft abstellt. Subjektive Beweggründe sind nicht beachtlich.

Die wirtschaftliche Beteiligung unterscheidet sich von der sachenrechtlichen Betrachtungsweise. Zur Ermittlung der wirtschaftlichen Beteiligung i.S.d. § 1 Abs. 3a GrEStG n.F. sind alle Beteiligungen am Kapital oder am Vermögen einer Gesellschaft rechtsformneutral anteilig zu berücksichtigen. Bei mittelbarer Beteiligung ist die Beteiligung am Kapital oder am Vermögen aufgrund der vorgesehenen Multiplikation »durchzurechnen«. Die unmittelbaren und mittelbaren Beteiligungen eines Rechtsträgers an der Gesellschaft werden für die Ermittlung der maßgeblichen wirtschaftlichen Beteiligung zusammengerechnet. Die Neuregelung trägt Gestaltungen Rechnung, die einem Rechtsträger durch Anteilserwerbe in entsprechendem wirtschaftlichen Umfang die wirtschaftliche Verfügungsmacht über Grundstücke im Eigentum nachgeordneter Gesellschaften verschaffen, obwohl diese nach bisheriger Rechtslage keinen grunderwerbsteuerlichen Tatbestand erfüllten. Die Neuregelung ergänzt das Grunderwerbsteuerrecht um einen Tatbestand, der Gestaltungen der Besteuerung unterwerfen soll, die in der öffentlichen Wahrnehmung vermehrt als »Steuerschlupflöcher« angesehen wurden. Im Ergebnis kommt die Neuregelung politischen Forderungen nach, zivilrechtliche Gestaltungen nach ihrem wirtschaftlichen Gehalt zu besteuern. Insbesondere die Personengesellschaft verliert durch die Neuregelung im Bereich des Grunderwerbsteuerrechts ihre gestalterische Funktionalität. Mit der Formulierung »innehat« bezieht die Neuregelung nicht nur Fälle ein, in denen ein Rechtsträger eine

366.2

---

593 Vgl. BStBl. I 2013, S. 1809 ff.

wirtschaftliche Beteiligung von mindestens 95 % in einem Rechtsakt erwirbt, sondern erfasst auch sukzessive Anteilserwerbe in mehreren Rechtsvorgängen, die erst in der Summe zu einer wirtschaftlichen Beteiligung von mindestens 95 % führen.

▶ Beispiel:

Die M-GmbH erwirbt 94,9 % der Anteile an der T-GmbH von der X-GmbH und 100 % der vermögensmäßigen Beteiligung an der KG, die ihrerseits zu 5,1 % an der T-GmbH beteiligt ist. Daneben ist die fremde Y-GmbH mit 0 % am Vermögen der KG beteiligt.

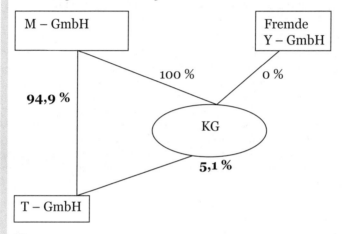

Lösung:

Nach bisheriger Rechtslage war kein Steuertatbestand erfüllt; insbesondere wurde keine Anteilsvereinigung nach § 1 Abs. 3 GrEStG verwirklicht. Die M-GmbH war aufgrund des Anteilserwerbs zwar unmittelbar i.H.v. 94,9 % an der Grundbesitz haltenden T-GmbH beteiligt. Eine grunderwerbsteuerliche Zurechnung der von der KG gehaltenen Anteile an der T-GmbH bei der M-GmbH war jedoch nicht zulässig. Sowohl die M-GmbH als auch die fremde Y-GmbH hielten jeweils einen von 2 KG-Anteilen. Die vermögensmäßige Beteiligung war bei Personengesellschaften (i.R. des § 1 Abs. 3 GrEStG) bislang unerheblich. Derartige Gestaltungen werden nunmehr allerdings über den neuen Tatbestand des § 1 Abs. 3a GrEStG besteuert.

Unter Zugrundelegung der bisherigen Rechtslage ließen sich Anteilsübertragungen bei mehrstufigen Beteiligungsstrukturen folglich durch Zwischenschaltung einer Personengesellschaft, an der ein fremder Dritter beteiligt ist (sog. RETT-Blocker), ohne Grunderwerbsteuerbelastung durchführen.[594]

---

594 Vgl. *Hofmann*, § 1 Rn. 173 ff. m.w.N.; *Schaflitzl/Schrade*, BB 2013, S. 343 ff.

VII. Wirtschaftliche Anteilsvereinigung, § 1 Abs. 3a GrEStG    B.

Die in der Praxis noch häufiger verwendeten Strukturen stellten sich meist wie folgt dar: 366.3
Ein Investor erwirbt unmittelbar bis zu 94,9 % an einer grundstückshaltenden Kapitalgesellschaft (»OpCo«). Die restlichen 5,1 % werden von einer Personengesellschaft (üblicherweise eine Kommanditgesellschaft nach deutschem Recht, »JV-KG«) erworben. Gesellschafter der JV-KG sind zu 94,9 % der Investor, die restlichen 5,1 % werden von einem Co-Investor gehalten.[595] Die in der Praxis häufig anzutreffende Beteiligung des Co-Investors i.H.v. 5,1 % orientiert sich offensichtlich an der in § 1 Abs. 2a und Abs. 3 GrEStG normierten Beteiligungsgrenze von (mindestens) 95 %. Aufgrund der sachenrechtlichen Betrachtung wäre jedoch auch eine geringere Beteiligung des Co-Investors ausreichend.[596] Zur gewerblichen »Entprägung« i.S.d. § 15 Abs. 3 Nr. 2 EStG wird häufig eine natürliche Person als geschäftsführender Kommanditist beteiligt. Der Co-Investor ist ein fremder Dritter, d.h. der Co-Investor ist insbesondere kein herrschendes oder abhängiges Unternehmen i.S.d. § 1 Abs. 4 Nr. 2 GrEStG. Die Komplementärin der Kommanditgesellschaft wird üblicherweise von dem Investor gehalten und ist am Vermögen der Personengesellschaft nicht beteiligt. Die durchgerechnete Beteiligung des Co-Investors beträgt rund 0,26 %.

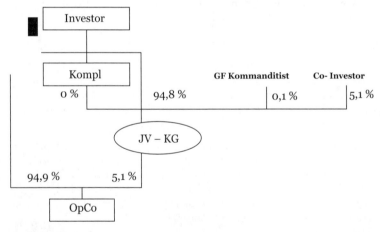

▶ **Lösung:**

Nach bisheriger Rechtslage verwirklicht der Investor mit dem unmittelbaren bzw. mittelbaren Erwerb der Anteile an der OpCo keine Anteilsvereinigung nach § 1 Abs. 3 Nr. 1 GrEStG, da ihm die von der JV-KG gehaltenen Anteile nicht zuzurechnen sind. Nach der vorgeschlagenen Neuregelung erwirbt der Investor dagegen eine wirtschaftliche Beteiligung und erfüllt damit eine grunderwerbsteuerpflichtige Anteilsvereinigung i.S.d. § 1 Abs. 3a GrEStG.

---

595 Vgl. *Mayer*, BB 2012, S. 875.
596 Vgl. *Schaflitzl/Schrade*, BB 2013, S. 343 ff., FN. 21.

Möglicherweise trägt die neue Vorschrift des § 1 Abs. 3a GrEStG dazu bei, dass komplizierte Beteiligungsstrukturen, die vielfach überwiegend zur Vermeidung von GrESt geschaffen wurden, nicht mehr in diesem Maße entstehen bzw. bestehende Konstruktionen gestrafft werden, wenn sie den bezweckten Erfolg künftig nicht mehr herbeizuführen vermögen.

Der Gesetzestext enthält naturgemäß noch viele offene Anwendungs- und Auslegungsfragen.[597]

366.4 Zur Anwendung des § 1 Abs. 3a GrEStG sind die gleich lautenden Erlasse der obersten Finanzbehörden der Länder vom 09.10.2013 ergangen. Im Folgenden werden zunächst die in den Erlassen vom 09.10.2013 enthaltenen Verwaltungsanweisungen dargestellt und erläutert (vgl. unten in Ziffer 1) sowie anschließend in diesen Erlassen nicht behandelte Fragen diskutiert (vgl. unten in Ziffer 2).

### 1. Die Regelungen in den gleich lautenden Länder-Erlassen

366.5 Die in den Erlassen zu § 1 Abs. 3a GrEStG vom 09.10.2013 enthaltenen Verwaltungsanweisungen werden im Folgenden dargestellt und kommentiert. Die Gliederung hier entspricht der Gliederung des Länder-Erlasses.

### a) Allgemeines

In Tz. 1 des Länder-Erlasses wird § 1 Abs. 3a GrEStG als »neuer, eigenständiger Fiktionstatbestand« bezeichnet, mit dessen Hilfe »insbesondere Erwerbsvorgänge mit sog. Real Estate Transfer Tax Blocker-Strukturen (RETT-Blocker) der Besteuerung unterworfen« würden. Die Grundsätze zu § 1 Abs. 3 GrEStG sollen – soweit in den weiteren Tz. des Erlasses nicht abweichend dargestellt – entsprechend gelten.

Anders als der Gesetzeswortlaut (»... gilt als Rechtsvorgang i.S. des Abs. 3 auch ein solcher, aufgrund dessen ... innehat«) andeutet,[598] besagt der Erlass, dass nach § 1 Abs. 3a GrEStG Rechtsvorgänge »im Sinne des § 1 Abs. 3 Nr. 1 bis 4 GrEStG« fingiert würden. Dies bedeutet insbesondere, dass nach Verwaltungsansicht bereits die Entstehung unbedingt wirksamer schuldrechtlicher Anteilsübertragungsansprüche Steuer nach § 1 Abs. 3a GrEStG auslösen können.

Nach Ansicht der FinVerw. unterliegt nur die erstmalige Begründung einer wirtschaftlichen Beteiligung von mindestens 95 % der Besteuerung nach § 1 Abs. 3a GrEStG.

---

597 Vgl. hierzu ausf. *Schaflitzl/Schrade*, BB 2013, S. 343 ff.; *Behrens*, DStR 2013, S. 1405 ff.
598 In der Beschlussempfehlung des Vermittlungsausschusses vom 12.12.2012, BT-Drucks. 17/11844, S. 5, war – anstelle des Wortes »innehat« – am Ende von Satz 1 des § 1 Abs. 3a GrEStG-E das Wort »erwirbt« verwandt worden. Warum in der Beschlussempfehlung des Vermittlungsausschusses vom 05.06.2013 das Wort »erwirbt« wieder durch das Wort »innehat« ersetzt wurde, ist nicht bekannt.

## VII. Wirtschaftliche Anteilsvereinigung, § 1 Abs. 3a GrEStG   B.

Dem ist zuzustimmen. Dies war aufgrund der Gesetzesformulierung »innehat« nach in der Literatur geäußerter Ansicht[599] nicht ohne jeden Zweifel.

Daraus, dass im Erlass auf § 1 Abs. 3 Nr. 1 bis 4 GrEStG verwiesen wird und die entsprechende Geltung der Grundsätze zu § 1 Abs. 3 GrEStG, »soweit nachfolgend nicht abweichend dargestellt«, angeordnet werden soll, wird ersichtlich, dass die FinVerw. der in der Literatur vertretenen Ansicht, für die Verwirklichung des Tatbestands von § 1 Abs. 3a GrEStG komme es auf den Zeitpunkt des Übergangs des wirtschaftlichen Eigentums an den Anteilen an,[600] nicht zu folgen bereit ist. Dem ist zuzustimmen, weil § 39 AO im zivilrechtlich ausgerichteten Grunderwerbsteuerrecht grds. – und bei § 1 Abs. 3a GrEStG wegen der Definition des mittelbaren Innehabens einer wirtschaftlichen Beteiligung von min. 95 % ausnahmslos – keinen Anwendungsbereich hat.[601]

Zudem wird deutlich, dass die FinVerw. auch der Literaturansicht, bei der Bestimmung des wirtschaftlich beteiligten Rechtsträgers komme es allein »auf den obersten Rechtsträger an, der gerade noch die Voraussetzungen einer wirtschaftlichen Beteiligung erfülle, so dass bei konzerninternen Transaktionen RETT-Blocker-Strukturen weiterhin eingesetzt werden könnten«,[602] nicht zu folgen bereit ist. U.E. ist der FinVerw. auch insoweit zuzustimmen, weil der Gesetzeswortlaut dafür, dass nur auf den obersten Rechtsträger abzustellen sei, keinerlei Anhaltspunkte bietet.

Ausweislich der Sätze 2 und 3 des Abs. 3a bedeutet »wirtschaftliche Beteiligung« lediglich, dass für die Beteiligungsquote bei Personengesellschaften auf den durch die gesamthänderische Beteiligung vermittelten Anteil am Vermögen der Gesamthand abzustellen ist[603] und bei Beteiligungsketten über vermittelnde Gesellschaften gehaltene Anteile auch dann – allerdings nur anteilig – mitzurechnen sind, wenn die Beteiligung an der vermittelnden Gesellschaft weniger als 95 % der Anteile am Kapital oder Vermögen ausmacht.[604]

In den Erlassen stellen die Obersten Finanzbehörden der Länder klar, dass § 1 Abs. 3a GrEStG nicht einschlägig ist, wenn eine Gesellschaft, an der bereits eine sog.

---

599 Vgl. *Schober/Kuhnke*, NWB 2013, 2225, 2229.
600 Vgl. *Wagner/Lieber*, DB 2013, 1387, 1389 und DB 2013, 2295, 2296.
601 Vgl. z.B. *Fischer*, in: Boruttau, § 1 GrEStG, Rz. 638 m.w.N., 17. Aufl. 2011. Vgl. zum Merkmal »mittelbarer Anteilsübergang« bei § 1 Abs. 2a GrEStG aber das BFH-Urteil II R 49/12 vom 09.07.2014; vgl. dazu *Behrens/Bielinis*, DStR 2014, 2369.
602 Vgl. *Joisten/Liekenbrock*, Ubg 2013, 469, 472, 479.
603 Die im Anwendungsbereich von § 1 Abs. 3 GrEStG relevante Pro-Kopf-Betrachtung (»Jede Gesamthands-berechtigung zählt aufgrund der gleichen dinglichen Rechtsmacht gleichviel«) ist für § 1 Abs. 3a GrEStG bedeutungslos.
604 Ebenso *Hofmann*, § 1 GrEStG, Rz. 189, 10. Aufl. 2014. Eine Rechtfertigung für die anteilige Zurechnung ist u.E. nicht vorhanden, weil eine unter 95-ige (ggf. sehr viel geringere) Beteiligung keine Herrschaftsmacht vermittelt (so die Rechtfertigung der grunderwerbsteuerrechtlichen Erfassung von Anteilsgeschäften durch § 1 Abs. 3 GrEStG; vgl. z.B. BFH-Urteil II R 65/08 vom 25.08.2010, BStBl. II 2011, 225).

wirtschaftliche Beteiligung i.S.v. § 1 Abs. 3a GrEStG von einem Rechtsträger gehalten wird, weitere Grundstücke hinzuerwirbt. Dies soll anhand des folgenden Beispiels verdeutlicht werden:

Der Käufer hatte die Grundstücks-GmbH bereits vor dem 07.06.2013 mit einem sog. RETT-Blocker erworben. Nach dem 06.06.2013 kaufte die Grundstücks-GmbH ein weiteres Grundstück.

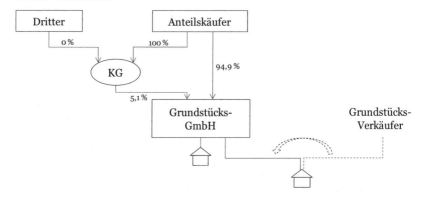

Nach der Anweisung in Tz. 2 der Erlasse ist § 1 Abs. 3a GrEStG nicht anwendbar. Dem ist zuzustimmen. Nur Anteilsgeschäfte sind i.R. von § 1 Abs. 3a GrEStG tatbestandsmäßig. Dies folgt aus der Gesetzeshistorie und aus der Gleichstellung der Rechtsvorgänge i.S.v. § 1 Abs. 3a GrEStG mit denen des § 1 Abs. 3 GrEStG.[605]

b) **Anwendungsbereich der Vorschrift**

366.6  Gemäß § 23 Abs. 11 GrEStG n.F. ist § 1 Abs. 3a GrEStG n.F. erstmals auf Erwerbsvorgänge anzuwenden, die nach dem 06.06.2013 verwirklicht werden. Aufgrund der in Tz. 1 vertretenen Ansicht, die Fiktion des § 1 Abs. 3a GrEStG erstrecke sich auf sämtliche Rechtsvorgänge i.S.v. § 1 Abs. 3 Nr. 1 bis 4 GrEStG, müsste die FinVerw. die Ansicht vertreten, dass keine GrESt anfällt, wenn der schuldrechtliche Anteilsübertragungsanspruch bereits vor dem 07.06.2013 entstanden war[606] und nach dem 06.06.2013 die sachenrechtliche Erfüllung – d.h. der dinglich wirksame Übergang

---

[605] Nach dem BFH-Urteil II R 117/78 vom 28.11.1979, BStBl. II 1980, 357, Tz. 16 ist mit dem Begriff »Anteilsvereinigung« in § 1 Abs. 3 Nr. 2 GrEStG nur die Vereinigung durch Übertragung von Anteilen gemeint; dieser in § 1 Abs. 3 Nr. 2 GrEStG verwendete Begriff könne nur vor dem Hintergrund von § 1 Abs. 3 Nr. 1 GrEStG interpretiert werden. Nach Tz. 1 der gleichlautenden Länder-Erlasse zu § 1 Abs. 3a GrEStG vom 09.10.2013 gelten die Grundsätze zu § 1 Abs. 3 GrEStG im Rahmen von § 1 Abs. 3a GrEStG entsprechend.

[606] Ob aufschiebende Bedingungen, deren Eintritt nicht allein vom Willen einer der Parteien abhängt, noch nicht eingetreten bzw. bei Genehmigungsvorbehalten Genehmigungen noch nicht erteilt waren, ist irrelevant.

VII. Wirtschaftliche Anteilsvereinigung, § 1 Abs. 3a GrEStG   B.

der Rechtsinhaberschaft an den Anteilen – nachfolgt. Der Länder-Erlass enthält dazu leider keine Aussage.

Vielmehr wird lediglich festgestellt, dass »allein das Inkrafttreten der Neuregelung mangels Rechtsvorgang keinen steuerbaren Tatbestand« auslöse. Dem ist zuzustimmen. Der Gesetzgeber hat in § 23 Abs. 11 GrEStG unmissverständlich angeordnet, dass nur Erwerbsvorgänge den Tatbestand von § 1 Abs. 3a GrEStG erfüllen können. Das Inkrafttreten der Neuregelung ist kein Erwerbsvorgang.

Weiter trifft die FinVerw. in Tz. 2 des Erlasses die Aussagen, dass – bei Aufstockung einer bereits bis zum 06.06.2013 entstandenen wirtschaftlichen Beteiligung i.H.v. durchgerechnet mindestens 95 % und – auf den Hinzuerwerb von Grundstücken nach dem Erreichen der 95 %-Grenze keine GrESt nach § 1 Abs. 3a GrEStG ausgelöst wird. Beiden Aussagen ist zuzustimmen. Nur das erstmalige Erreichen einer Beteiligung von (ggf. durchgerechnet) 95 % und nur Anteilsgeschäfte sind tatbestandsmäßig.   366.7

Weiter stellt die FinVerw. fest, dass § 1 Abs. 3a GrEStG verwirklicht werde, wenn die wirtschaftliche Beteiligung von mindestens 95 % auf einen anderen Rechtsträger übertragen werde. Sie bildet dazu das folgende Beispiel, das unterstellt, dass die X-GmbH nicht im Sinne von § 1 Abs. 4 Nr. 2b GrEStG in das Unternehmen der Z-GmbH eingegliedert ist:

Beispiel 1 des Länder-Erlasses:

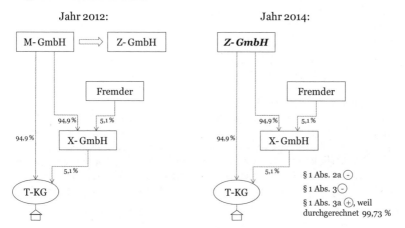

Der Aussage, dass auf Ebene der Z-GmbH GrESt nach § 1 Abs. 3a GrEStG anfalle, wenn die M-GmbH im Jahr 2014 sowohl ihren 94,9 %igen Kommanditanteil an der T-KG als auch ihren 94,9 %igen Geschäftsanteil an der X-GmbH an die Z-GmbH veräußere, ist angesichts des Gesetzeswortlauts zuzustimmen. Denn aufgrund dieser Anteilsübertragungen hat die Z-GmbH erstmals eine durchgerechnete Beteiligung von mindestens 95 % an der T-KG inne.

In den Lösungshinweisen zu diesem Beispiel gibt die FinVerw. zu erkennen, dass sie den Grundsätzen des BFH-Urteils II R 17/10 vom 24.04.2013[607] zur Auslegung des Tatbestandsmerkmals »mittelbarer Anteilsübergang« i.S.v. § 1 Abs. 2a Satz 1 GrEStG nicht zu folgen bereit ist.[608] Denn im Länder-Erlass wird festgestellt, dass die X-GmbH dadurch, dass nur 94,9 % der Anteile an der X-GmbH auf bisher nicht Beteiligte übergehen, die Alt-Gesellschafterstellung nicht verliere. Im Urteil II R 17/10 hatte der BFH jedoch festgestellt, dass auf allen Beteiligungsebenen durch Kapital- und Personengesellschaften hindurch geschaut werden müsse und nur diejenigen Veränderungen in den Beteiligungsverhältnissen relevant seien, »durch die solche Rechtsträger neu beteiligt werden, an denen keine gesellschaftsrechtlichen Beteiligungen bestehen können (natürliche und juristische Personen außer Kapitalgesellschaften)«.[609] Die FinVerw. hält demgegenüber an ihrer in den gleich lautenden Länder-Erlassen vom 18.04.2014, BStBl. I 2014, 561[610] vertretenen Ansicht fest, wonach der von der unmittelbar an der Grundbesitz-KG beteiligten Gesellschaft gehaltene Anteil dann als auf einen neuen Gesellschafter übergegangen gilt, wenn 95 % oder mehr der an ihr bestehenden Anteile auf bisher nicht beteiligte Gesellschaften übertragen werden, auch wenn an diesen Gesellschaften auf oberster Ebene natürliche oder juristische Personen außer Kapitalgesellschaften beteiligt sind, die auch schon bisher hinter der unmittelbar an der Grundstücks-KG beteiligten Gesellschaft gestanden haben.

Allerdings sind Anzeichen dafür, dass es sich beim Urteil II R 17/10 vom 24.04.2013 um ein Fehlurteil handeln und der BFH seine Rechtsprechung zum Tatbestandsmerkmal »mittelbarer Anteilsübergang« i.S.v. § 1 Abs. 2a GrEStG bei nächster Gelegenheit ändern könnte, nicht ersichtlich.[611]

### c) Nachrangigkeit

366.8 In Übereinstimmung mit dem Gesetzeswortlaut stellt die FinVerw. in Tz. 3 des Länder-Erlasses fest, dass § 1 Abs. 3a GrEStG nur dann zu prüfen sei, wenn eine Besteuerung nicht bereits nach § 1 Abs. 2a oder Abs. 3 GrEStG in Betracht komme. Die Anwendung des § 1 Abs. 3a GrEStG werde – so der Länder-Erlass – durch § 1 Abs. 2a und Abs. 3 GrEStG auch dann ausgeschlossen, wenn die Steuer nach § 1 Abs. 2a Satz 3 GrEStG oder aufgrund einer Befreiungs- oder Vergünstigungsvorschrift nicht erhoben werde. Weil der Einleitungssatz (»soweit eine Besteuerung nach Absatz 2a und Absatz 3 nicht in Betracht kommt«) von § 1 Abs. 3a GrEStG lediglich auf die Tatbestände der zitierten Absätze abstellt, nicht aber auf das Nicht-Eingreifen von Befreiungs- oder Vergünstigungsvorschriften, ist der Verwaltung auch insoweit zuzustimmen.[612]

---

607 Vgl. BFH/NV 2013, 1327; BFHE 241, 53.
608 So auch der Nichtanwendungs-Erl. der Obersten Finanzbehörden der Länder vom 08.10.2013.
609 Vgl. BFH-Urteil II R 17/10, vom 24.04.2013, BStBl. II 2013, 833, Tz. 18, Tz. 23.
610 Vgl. BStBl. I 2010, 245, dort Tz. 2.2.
611 Vgl. insb. *Loose*, DB 2013, 1687: Nur eine Gesetzesänderung des § 1 Abs. 2a GrEStG könne an den Grundsätzen des BFH-Urteils II R 17/10 etwas ändern.
612 Vgl. auch *Blumenberg*, in: Arbeitsbuch der FAfStR, 64. Jahresarbeitstagung Unternehmen 2013, 450 ff.; *Wagner/Lieber*, DB 2013, 2295, 2297.

## VII. Wirtschaftliche Anteilsvereinigung, § 1 Abs. 3a GrEStG B.

Um die Nachrangigkeit von § 1 Abs. 3a GrEStG gegenüber Abs. 2a und Abs. 3 zu veranschaulichen, bildet die FinVerw. in Tz. 3 des Länder-Erlasses die folgenden Beispiele:

Beispiel 2 des Länder-Erlasses :

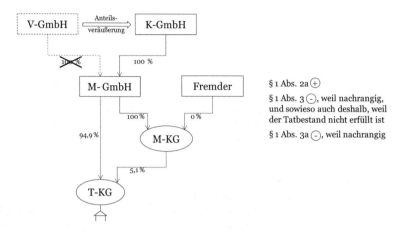

Im Länder-Erlass wird festgestellt, dass – weil § 1 Abs. 2a GrEStG durch die Übertragung des 100 %-Geschäftsanteils an der M-GmbH durch die V-GmbH auf die K-GmbH erfüllt werde – eine Besteuerung nach § 1 Abs. 3 und Abs. 3a GrEStG ausscheide.

Beispiel 3 des Länder-Erlasses :

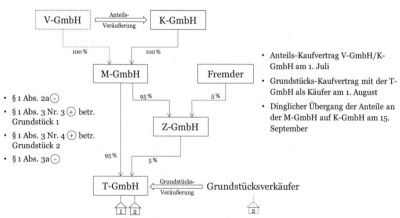

181

In den Lösungshinweisen wird festgestellt, dass hinsichtlich des Grundstücks 1, das bereits bei Abschluss des Anteilskaufvertrags durch die V-GmbH und die K-GmbH am 1. Juli zum Vermögen der T-GmbH gehörte, GrESt nach § 1 Abs. 3 Nr. 3 ausgelöst worden sei, weshalb eine Besteuerung nach § 1 Abs. 3a GrEStG ausscheide. Hinsichtlich des von der T-GmbH nach Abschluss des schuldrechtlichen Kaufvertrags, aber vor dessen sachenrechtlicher Erfüllung gekauften Grundstücks 2 wird in den Lösungshinweisen ausgeführt, dass insoweit nicht § 1 Abs. 3 Nr. 3 GrEStG eingreife, sondern § 1 Abs. 3 Nr. 4 GrEStG. Dies entspricht der bisher herrschenden Meinung.[613]

In der Darstellung des Sachverhalts wird im Länder-Erlass ausgeführt, dass die T-GmbH am 1. August »durch den Erwerb weiterer Grundstücke den Tatbestand des § 1 Abs. 1 Nr. 1 GrEStG verwirklicht habe«.[614] Dies könnte bedeuten, dass die FinVerw. für die Frage, unter welchen Voraussetzungen ein Grundstück »zum Vermögen der Gesellschaft« gehört, auf den Zeitpunkt der Verwirklichung des Erwerbsvorgangs entsprechend § 23 GrEStG abstellen möchte. Bisheriger Rechtspraxis entspricht es, im Fall des Ankaufs eines Grundstücks die Zurechnung des Grundstücks zum Vermögen der Gesellschaft für die Zwecke des § 1 Abs. 2a und Abs. 3 GrEStG davon abhängig zu machen, dass die GrESt auf den Grundstückskauf im Zeitpunkt der Entstehung der GrESt nach § 1 Abs. 2a, Abs. 3 GrEStG bereits entstanden ist. Dies setzt im Fall der Vereinbarung aufschiebender Bedingungen oder von Genehmigungsvorbehalten gem. § 14 GrEStG voraus, dass die aufschiebenden Bedingungen bis zum Zeitpunkt der Entstehung der Steuer nach § 1 Abs. 2a, Abs. 3 GrEStG eingetreten bzw. ausstehende Genehmigungen bis zu diesem Zeitpunkt erteilt worden sind.[615] Alternativ käme es in Betracht, statt auf den Zeitpunkt der Steuerentstehung entsprechend § 14 GrEStG auf den Zeitpunkt der Verwirklichung des Erwerbsvorgangs entsprechend § 23 GrEStG abzustellen. Maßgebend wäre dann der Zeitpunkt, zu dem die Vertragsparteien im Verhältnis zueinander gebunden sind, sodass keine Partei sich gegen den Willen der anderen Partei vom Vertrag lösen kann.[616] Es würde sich dann die Frage anschließen, ob der Nicht-Eintritt aufschiebender Bedingungen bzw. die Nicht-Erteilung von Genehmigungen rückwirkende Ereignisse i.S.v. § 175 Abs. 1 Satz 1 Nr. 2 AO darstellen.

Diese Frage kann für § 1 Abs. 3a GrEStG nicht anders entschieden werden als für § 1 Abs. 2a und Abs. 3 GrEStG.

### d) Steuerbare Erwerbsvorgänge

366.9   In Tz. 4 des Länder-Erlasses stellt die FinVerw. klar, dass nur solche Rechtsvorgänge steuerbar nach § 1 Abs. 3a GrEStG sind, die dazu führen, dass ein Rechtsträger erstmalig eine wirtschaftliche Beteiligung i.H.v. mindestens 95 % an einer grundbesitzenden

---

613   Vgl. *Fischer*, in: Boruttau, § 1 GrEStG, Rz. 1001, 17. Aufl. 2011.
614   Vgl. Tz. 3, Abwandlung zu Beispiel 3.
615   Vgl. BFH-Urteil II R 26/12 vom 11.12.2014, BFH/NV 2015, 444; erstinstanzlich. FG Münster, Urteil 8 K 1667/09 vom 05.06.2012, EFG 2012, 1873.
616   Vgl. z.B. *Hofmann*, § 23 GrEStG, Rz. 1 m.w.N., 10. Aufl. 2014.

VII. Wirtschaftliche Anteilsvereinigung, § 1 Abs. 3a GrEStG    B.

Gesellschaft innehat. Dem ist zuzustimmen. Umstrukturierungen oder Anteilserwerbe, die zu einer erneuten wirtschaftlichen Beteiligung von mindestens 95 % oder einer Erhöhung der bereits bestehenden wirtschaftlichen Beteiligung von mindestens 95 % führen, sind nicht steuerbar.[617]

Der Länder-Erlass stellt – den Gesetzeswortlaut wiederholend – klar, dass es unerheblich ist, ob der Rechtsträger die wirtschaftliche Beteiligung i.H.v. mindestens 95 % unmittelbar, mittelbar oder teils unmittelbar, teils mittelbar hält. Zur Erläuterung führt der Länder-Erlass das folgende Beispiel an:

Beispiel 4 des Länder-Erlasses :

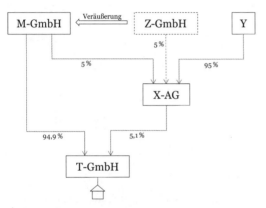

Dadurch, dass die M-GmbH von der Z-GmbH deren 5 %ige Beteiligung an der X-AG erwirbt, wird zwar nicht der Tatbestand von § 1 Abs. 3 GrEStG auf Ebene der M-GmbH verwirklicht, jedoch der von § 1 Abs. 3a GrEStG. Die Quote der mittelbaren wirtschaftlichen Beteiligung ist im Wege der Durchrechnung (Prozent am Kapital oder Vermögen der vermittelnden Gesellschaft von Prozent am Kapital oder Vermögen der Grundstücksgesellschaft) zu berechnen. Den Ausführungen im Länder-Erlass ist mit der Maßgabe zuzustimmen, dass nicht bereits die Entstehung des schuldrechtlichen Anspruchs auf Übertragung des 5 %-Anteils an der X-AG zur Verwirklichung von § 1 Abs. 3a GrEStG führt, sondern erst der sachenrechtliche Übergang der Rechtsinhaberschaft an diesem 5 %igen Anteil.[618]

e) Wirtschaftliche Beteiligung

In Tz. 5 wird dargestellt, dass i.R. von § 1 Abs. 3a GrEStG die sachenrechtliche Betrachtungsweise, die bei Anwendung von § 1 Abs. 3 GrEStG zu beachten ist, nicht gilt. Es seien alle Beteiligungen am Kapital oder am Vermögen einer Gesellschaft    366.10

---

617 Vgl. oben in Ziffern 1 und 2.
618 Vgl. oben in Ziffer 1.

B.                                                                Die Steuerbarkeit

rechtsformneutral anteilig zu berücksichtigen.[619] Unabhängig davon, ob es sich bei den vermittelnden Gesellschaften um Kapital- oder Personengesellschaften handelt, sind für die Ermittlung der Beteiligungsquote die Vomhundertsätze am Kapital oder Vermögen der Gesellschaft zu multiplizieren, somit durch die verschiedenen Beteiligungsebenen »durchzurechnen«.[620] Anders als im Anwendungsbereich von § 1 Abs. 3 GrEStG ist es unerheblich, ob der Gesellschafter mindestens 95 % der Anteile an der vermittelnden Gesellschaft hält. Verdeutlicht wird dies anhand des folgenden Beispiels:

**Beispiel 5 des Länder-Erlasses :**

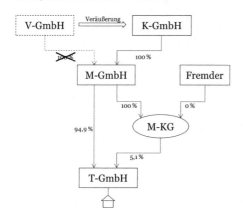

Tz. 5: Gemäß § 1 Abs. 3a S. 2 GrEStG "gilt hier nicht die sachenrechtliche Betrachtungsweise."

Der Verkauf des 100 %igen Anteils an der M-GmbH durch V-GmbH an die K-GmbH erfüllt nicht den Tatbestand von § 1 Abs. 3 Nr. 3 GrEStG, weil der V-GmbH bzw. der K-GmbH der von der M-KG gehaltene 5,1 %ige Anteil an der grundbesitzenden T-GmbH nicht zugerechnet werden kann. »Anteil der Gesellschaft« i.S.v. § 1 Abs. 3 GrEStG meint bei Personengesellschaften die gesamthänderische Mitberechtigung am Gesellschaftsvermögen, ohne dass es darauf ankommt, ob und in welcher Höhe der gesamthänderisch Mitberechtigte am Wert des Gesellschaftsvermögens beteiligt ist.[621] Die K-GmbH verwirklicht jedoch § 1 Abs. 3a GrEStG, weil ihr für die Zwecke dieser Neuregelung sowohl der von der M-GmbH direkt an der T-GmbH gehaltene

---

619  Vereinbarungen zwischen den mehreren Käufern der Anteile an einer Grundstücksgesellschaft sind unbeachtlich. Dies gilt auf Grundlage des Länder-Erl. dann nicht, wenn die Vereinbarung einen schuldrechtlichen Anteilsübertragungsanspruch begründet.
620  Der Länder-Erl. stellt klar, dass es für das Innehaben der wirtschaftlichen Beteiligung auf das Innehaben eines Anteils am (gezeichneten) Kapital bzw. am Vermögen der Gesellschaft ankommt. Demnach sind z.B. Mezzanine-Kapital-Strukturen, atypisch stille Beteiligungen, unterschiedliche Anteilsklassen, Gewinnabführungsverträge etc. nicht zu berücksichtigen. Auf den Umfang der Stimmrechte kommt es nicht an; so auch *Wischott/Keller/Graessner/Bakeberg*, DB 2013, 2235, 2236.
621  Vgl. *Hofmann*, § 1 GrEStG, Rz. 141, 9. Aufl. 2010; BFH-Urteil II R 68/92 vom 26.07.1995, BStBl. II 1995, 736.

## VII. Wirtschaftliche Anteilsvereinigung, § 1 Abs. 3a GrEStG     B.

94,9 %ige Anteil zuzurechnen ist als auch 100 % des von der M-KG an der T-GmbH gehaltenen 5,1 %igen Anteils. Hinsichtlich der M-KG kommt es auf die Höhe des Anteils am Vermögen an.[622]

In einer Abwandlung zu Beispiel 5 wiederholt der Länder-Erlass die schon in Tz. 1 dargelegte Verwaltungsansicht, dass – entsprechend § 1 Abs. 3 Nr. 1 bis 4 GrEStG – auch schon die Entstehung des schuldrechtlichen Anspruchs auf Übertragung der Anteile tatbestandsmäßig ist. Würden zwischen Kaufvertragsabschluss und sachenrechtlicher Übertragung des 100 %igen Anteils an der M-GmbH von der T-GmbH Grundstücke hinzuerworben, so werde in Bezug auf die hinzuerworbenen Grundstücke § 1 Abs. 3a GrEStG im Zeitpunkt des sachenrechtlichen Anteilsübergangs verwirklicht. U.E. wird in Bezug auf sämtliche Grundstücke der Tatbestand von § 1 Abs. 3a GrEStG erst im Zeitpunkt des sachenrechtlichen Anteilsübergangs verwirklicht.[623]

Die FinVerw. bestätigt, dass auch eine gesamthänderische Beteiligung des Fremden am Vermögen der M-KG i.H.v. nur 0 % die Zurechnung des von der M-KG gehaltenen 5,1 %igen Anteils an der T-GmbH zur M-GmbH verhindert. In der Praxis war zuletzt zu beobachten, dass einzelne Finanzämter trotz Nichterfüllung des Tatbestands von § 1 Abs. 3 GrEStG unter Hinweis auf § 42 AO dennoch GrESt festsetzen.[624] Der Länder-Erlass ist u.e. als Anweisung zu verstehen, dass die Finanzämter die Anwendung von § 42 AO in diesem Zusammenhang zu unterlassen haben.[625] Denn wenn der Gesetzgeber innerhalb eines spezifischen Bereichs durch einen speziellen Umgehungstatbestand konkretisiert, welche Gestaltung er als angemessen akzeptiert und welche nicht, schafft er für den Steuerpflichtigen insoweit Gestaltungssicherheit. Daran muss er sich trotz des Vorbehalts in § 42 Abs. 1 Satz 2, Satz 3 AO festhalten lassen.[626] Dadurch, dass der Gesetzgeber Anteilsgeschäfte zum Anlass für die Fiktion grunderwerbsteuerbarer Rechtsträgerwechsel in Bezug auf Grundstücke nimmt, ordnet er bereits eine wirtschaftliche Betrachtung an. Wie weit diese wirtschaftliche Betrachtung gehen kann, legt der Gesetzgeber abschließend in § 1 Abs. 2a, Abs. 3 und nun auch in Abs. 3a GrEStG fest. Dass, wenn der Gesetzgeber bestimmte Prozentsätze vorgibt, ab deren Erreichung ein Grundstücksübergang fingiert werden soll, Steuerpflichtige bei entsprechenden Geschäften knapp unterhalb dieser Grenze bleiben, ist legitim und muss von der FinVerw. anerkannt werden. Dass dies nun in den gleich lautenden

---

622 Dies entspricht der Regelung in § 1 Abs. 2a Satz 1 GrEStG (»Anteil am Gesellschaftsvermögen«). Gemeint ist der Anteil des einzelnen Gesamthänders am Vermögen der Gesamthand; vgl. *Fischer*, in: Boruttau, § 1 GrEStG, Rz. 842, 17. Aufl. 2011.
623 Vgl. oben in Ziffer 1.
624 In der Lit. war bereits auf die Unanwendbarkeit von § 42 AO hingewiesen worden; vgl. z.B. *Hofmann*, § 1 GrEStG, Rz. 137, 9. Aufl. 2010, auch unter Hinweis auf das BFH-Urteil II R 257/88 vom 31.07.1991, BFH/NV 1992, 97.
625 So auch *Heine*, UVR 2009, 212, 215.
626 Vgl. z.B. *Drüen*, in: Tipke/Kruse, § 42 AO, Rz. 20, Oktober 2010.

Länder-Erlassen zur Anwendung von § 1 Abs. 3a GrEStG »offiziell« angeordnet wird, ist zu begrüßen.

366.11 Zur Verdeutlichung der Rechtsformneutralität von § 1 Abs. 3a GrEStG n.F. enthält der Länder-Erlass die folgenden Beispiele:

Beispiel 6 des Länder-Erlasses:

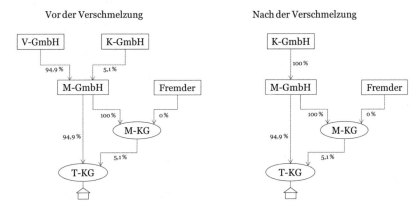

Weil die V-GmbH nur 94,9 % der Anteile an der M-GmbH auf K-GmbH überträgt, sei – so der Länder-Erlass in Tz. 5 – § 1 Abs. 2a GrEStG nicht erfüllt.[627] Der Tatbestand von § 1 Abs. 3 GrEStG wird aus demselben Grund wie im Fall des Beispiels 5 nicht verwirklicht.[628] Erfüllt sei jedoch § 1 Abs. 3a GrEStG, weil die K-GmbH eine wirtschaftliche Gesamtbeteiligung i.H.v. 100 % auf sich vereinige. Dem ist zuzustimmen.[629]

366.12 Die Rechtsformneutralität von § 1 Abs. 3a GrEStG verdeutlicht der Länder-Erlass weiter wie folgt:

---

627 Auch hier wird erkennbar, dass sich die FinVerw. den Grundsätzen des BFH-Urteils II R 17/10 vom 24.04.2013 nicht anschließen will.

628 Der von der M-KG gehaltene 5,1 %-ige Anteil an der T-KG ist der M-GmbH nicht – auch nicht teilweise – zuzurechnen, weil eine der zwei existenten Beteiligungen an der M-KG vom Fremden gehalten wird, folglich die M-GmbH für die Zwecke von § 1 Abs. 3 GrEStG nur zur Hälfte an der M-KG beteiligt ist.

629 Die Verschmelzung sollte jedoch nach § 6a GrEStG in der Fassung des AmtshilfeRLUmsG vom 26.06.2013 steuerbefreit sein unter der Prämisse, dass es sich bei V-GmbH und K-GmbH um sog. abhängige Gesellschaften im Sinne dieser Befreiungsvorschrift handelt.

## VII. Wirtschaftliche Anteilsvereinigung, § 1 Abs. 3a GrEStG

Beispiel 7 des Länder-Erlasses:

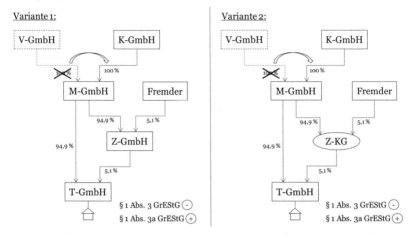

In beiden Varianten, die unterstellen, dass keine Organschaft i.S.v. § 1 Abs. 4 Nr. 2b GrEStG gegeben ist, vereinigt die K-GmbH eine wirtschaftliche Beteiligung i.H.v. 99,73 % (100 % von 94,9 % zzgl. 100 % von 94,9 % von 5,1 %) der Anteile an der T-GmbH auf sich. Sie löst mithin den Tatbestand von § 1 Abs. 3a GrEStG aus, unabhängig davon, ob es sich bei der vermittelnden, den 5,1 %igen Anteil an der T-GmbH haltenden Gesellschaft um eine Kapital- oder Personengesellschaft handelt.

Beispiel 8 des Länder-Erlasses:

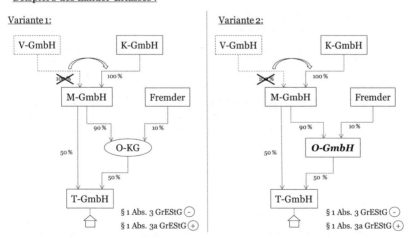

In beiden Varianten vereinigt die K-GmbH eine wirtschaftliche Beteiligung i.H.v. durchgerechnet 95 % auf sich (100 % von 50 % zzgl. 100 % von 90 % von 50 %).

B.                                                          Die Steuerbarkeit

Auch in Bezug auf dieses Beispiel wird im Länder-Erlass betont, dass sich die gleiche Beurteilung ergibt, unabhängig davon, ob es sich bei der den zweiten 50 %-Anteil an der T-GmbH haltenden Gesellschaft um eine Kapital- oder Personengesellschaft handelt.

366.14   Das folgende Beispiel ruft in Erinnerung, dass die Rechtsformneutralität nicht im Zusammenhang mit § 1 Abs. 2a GrEStG gilt. Diese Vorschrift betrifft ausschließlich grundbesitzende Personengesellschaften.

Beispiel 9 des Länder-Erlasses :

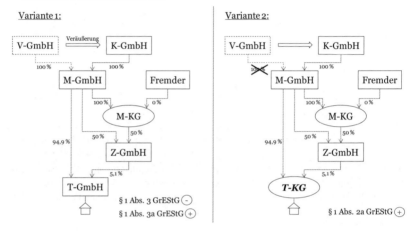

Durchgerechnet erwirbt die K-GmbH 100 % der Anteile an der grundbesitzenden Gesellschaft. Handelt es sich bei ihr um eine Personengesellschaft, fällt GrESt nach § 1 Abs. 2a GrEStG[630] – gem. § 13 Nr. 6 GrEStG gegenüber der T-KG festzusetzen – an und ist die Anwendung von § 1 Abs. 3 und Abs. 3a GrEStG gesperrt. Handelt es sich bei der grundbesitzenden Gesellschaft um eine Kapitalgesellschaft, scheidet nicht nur die Anwendung von § 1 Abs. 2a GrEStG aus, sondern auch die von Abs. 3 (wegen der gesamthänderischen Beteiligung des Fremden an der M-KG). Jedoch verwirklichen die V-GmbH und K-GmbH den Tatbestand von § 1 Abs. 3a GrEStG. Steuerschuldner ist der Rechtsträger, der aufgrund des steuerbaren Rechtsvorgangs die wirtschaftliche Beteiligung i.H.v. mindestens 95 % innehat.[631]

---

630  Vorausgesetzt, dass V-GmbH und K-GmbH wirtschaftlich völlig unterschiedliche ultimative Gesellschafter haben; vgl. BFH-Urteil II R 17/10 vom 24.04.2013, insb. Tz. 18 und Tz. 23, BFH/NV 2013, 1327.
631  Vgl. § 13 Nr. 7 GrEStG, vgl. dazu Tz. 8 des Länder-Erlasses.

VII. Wirtschaftliche Anteilsvereinigung, § 1 Abs. 3a GrEStG                    B.

Anschließend wird verdeutlicht, dass – soweit grundbesitzende Personengesellschaften  366.15
betroffen sind – GrESt nach § 1 Abs. 3a GrEStG nicht nur bei RETT-Blocker-Gestaltungen anfallen kann, sondern auch dann, wenn ein seit Gründung oder seit mindestens fünf Jahren oder seit Grundstückserwerb durch die Gesamthand beteiligter Gesamthänder seine Beteiligung auf 95 % oder mehr aufstockt.

Beispiel 10 des Länder-Erlasses :

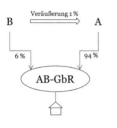

§ 1 Abs. 2a GrEStG ⊖, weil Anteilsverschiebung zwischen Altgesellschaftern

§ 1 Abs. 3 GrEStG ⊖ wegen der weiterhin bestehenden gesamthänderischen Mitberechtigung von A und B

§ 1 Abs. 3a GrEStG ⊕, aber § 6 Abs. 2 i.H.v. 94 %

§ 6 Abs. 4 schließt § 6 Abs. 2 nicht aus, weil A Gründungsgesellschafter ist.

Gründung der AB-GbR in 01
Hinzuerwerb von 1 % durch A in 03

Anders als i.R. von § 1 Abs. 3 GrEStG ist die sachenrechtliche Betrachtung irrelevant. Weil A erstmals 95 % der Anteile am Vermögen der AB-GbR innehat, ist der Tatbestand von § 1 Abs. 3a GrEStG erfüllt. Erfreulich ist die Klarstellung, dass die nach § 1 Abs. 3a GrEStG anfallende GrESt i.H.v. 94 % gem. § 6 Abs. 2 GrEStG unerhoben zu bleiben hat. Dies bestätigt die bereits in Tz. 1 getroffene Aussage, dass die Grundsätze zu § 1 Abs. 3 GrEStG entsprechend gelten.[632]

f) Aufeinanderfolge von Tatbeständen (§ 1 Abs. 6 GrEStG)

Der Länder-Erlass gibt den durch das AmtshilfeRLUmsG geänderten Wortlaut von  366.16
§ 1 Abs. 6 GrEStG wieder und macht deutlich, dass in Bezug auf dasselbe Grundstück vom selben Erwerber sowohl der Rechtsvorgang nach § 1 Abs. 3 GrEStG als auch der Rechtsvorgang nach § 1 Abs. 3a GrEStG hintereinander verwirklicht werden können.

---

632  Dazu, dass nach § 6 Abs. 2 GrEStG auch die aufgrund Anteilsvereinigung i.S.v. § 1 Abs. 3 GrEStG auf den fingierten Grundstückserwerb anfallende GrESt unerhoben zu bleiben hat, vgl. FM BaWü, koordinierter Länder-Erl. vom 18.12.2009 – 3 S 4505/18, StEK § 1 GrEStG Nr. 189.

Beispiel 11 des Länder-Erlasses :

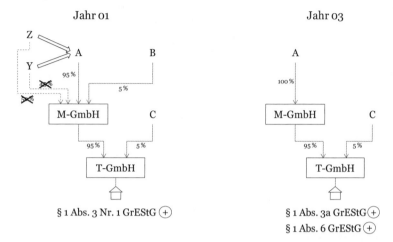

Im Jahr 01 erwirbt A 50 % der Anteile an der M-GmbH von Z und 45 % der Anteile an der M-GmbH von Y. Wegen der 95 %igen Beteiligung der M-GmbH an der grundbesitzenden T-GmbH verwirklicht A mithin im Jahr 01 den Tatbestand von § 1 Abs. 3 Nr. 1 GrEStG hinsichtlich des Grundstücks der T-GmbH. Dadurch, dass A im Jahr 03 den restlichen 5 %-Anteil an der M-GmbH von B hinzuerwirbt, erhöht er seine durchgerechnete sog. wirtschaftliche Beteiligung an der T-GmbH von bisher 90,25 % auf 95 %. Die FinVerw. vertritt die Auffassung, dass A damit im Jahr 03 den Tatbestand von § 1 Abs. 3a GrEStG erfülle. Gemäß § 1 Abs. 6 GrEStG sei auf die für den im Jahr 03 verwirklichten Tatbestand relevante Bemessungsgrundlage die für die Besteuerung nach § 1 Abs. 3 Nr. 1 GrEStG in im Jahr 01 relevante Bemessungsgrundlage anzurechnen.

Beispiel 12 des Länder-Erlasses :

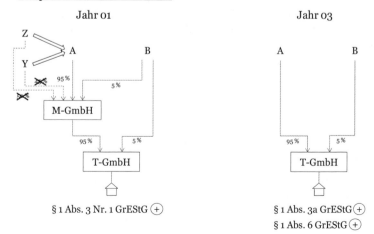

## VII. Wirtschaftliche Anteilsvereinigung, § 1 Abs. 3a GrEStG   B.

Für den Fall, dass A nicht den 5 %igen Anteil an der M-GmbH von B hinzuerwirbt, sondern den 95 %igen an der T-GmbH von der M-GmbH, gilt nach Ansicht der FinVerw. Entsprechendes. Statt bisher mittelbar nur i.H.v. 90,25 % hat A im Jahr 03 erstmals 95 % der Anteile am Kapital der T-GmbH inne. Insoweit sei unbeachtlich, dass der Grundbesitz der T-GmbH dem A bereits aufgrund der Anteilsvereinigung i.S.v. § 1 Abs. 3 GrEStG im Jahr 03 grunderwerbsteuerrechtlich zuzurechnen war.   366.17

Anschließend betont die FinVerw., dass § 1 Abs. 6 GrEStG für die Bemessungsgrundlagen-Anrechnung die Identität des Erwerbers verlangt.   366.18

Beispiel 13 des Länder-Erlasses :

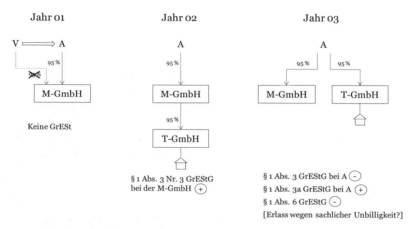

Erwerberin im Jahr 02 ist die M-GmbH. Nur auf ihrer Ebene wird der Tatbestand von § 1 Abs. 3 Nr. 3 GrEStG erfüllt. Eine Besteuerung nach § 1 Abs. 3 Nr. 3 GrEStG auch auf der Ebene des A hat zu unterbleiben. A verwirklicht im Jahr 03 nach Verwaltungsansicht den Tatbestand von § 1 Abs. 3a GrEStG, wenn er den 95 %igen Anteil an der T-GmbH von der M-GmbH übernimmt. Denn seine bisher durchgerechnet 90,25 %ige Beteiligung an der T-GmbH wird auf 95 % aufgestockt.

Zuzustimmen ist der Verwaltung darin, dass sie im Jahr 03 auf der Ebene des A den Tatbestand des § 1 Abs. 3 GrEStG nicht für verwirklicht hält. Widersprochen werden muss jedoch der Ansicht, dass Steuer nach § 1 Abs. 3a GrEStG angefallen sei.[633] Denn ausweislich des Gesetzeswortlauts (Rechtsvorgänge i.S.v. Abs. 3a »gelten als Rechtsvorgänge nach § 1 Abs. 3 GrEStG«) ist § 1 Abs. 3a GrEStG im Verhältnis zu § 1 Abs. 3 GrEStG nicht eigenständig. Nach dem Länder-Erlass soll eine Anrechnung der für den Vorgang im Jahr 02 relevanten Bemessungsgrundlage auf die Bemessungsgrundlage, nach der die im Jahr 03 angefallene Steuer zu berechnen ist, ausscheiden. Zu der

---

633 Ebenso *Fleischer*, StuB 20/2013, 765, 767; *Wagner/Lieber*, DB 2013, 2295, 2297.

Frage, ob dem A die nach § 1 Abs. 3a GrEStG nach Ansicht der FinVerw. angefallene GrESt aus Billigkeitsgründen zu erlassen ist, wird im Länder-Erlass nicht Stellung genommen.[634]

### g) Anwendung der §§ 3, 6 und 6a GrEStG

366.19 Der Länder-Erlass stellt klar, dass die Grundsätze zur Anwendung der §§ 3 und 6 GrEStG auf die Fälle von § 1 Abs. 3 GrEStG entsprechend gelten.[635] Zudem seien unter den Voraussetzungen des § 6a GrEStG Rechtsvorgänge i.S.d. § 1 Abs. 3a GrEStG begünstigt.[636] Verdeutlicht wird dies für § 6 Abs. 2 GrEStG anhand des folgenden Beispiels:

<u>Beispiel 14 des Länder-Erlasses :</u>

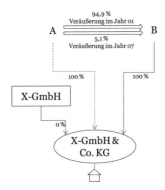

§ 1 Abs. 2a GrEStG (−)
§ 1 Abs. 3 GrEStG (−)
§ 1 Abs. 3a GrEStG (+)
§ 6 Abs. 2 GrEStG (+) i.H.v. 94,9 %
§ 6 Abs. 4 schließt Abs. 2 nicht aus, da B seine gesamthänderische Mitberechtigung in 01 und damit vor mehr als 5 Jahren erworben hat.

Die entsprechende Anwendbarkeit von § 6 Abs. 2 GrEStG wird bereits in den Lösungshinweisen zu Beispiel 10 des Länder-Erlasses verdeutlicht. Es ist bedauerlich, dass der Länder-Erlass die entsprechende Anwendung von § 3 GrEStG nicht näher erläutert.

### h) Steuerschuldnerschaft

366.20 Der Länder-Erlass gibt lediglich den Gesetzeswortlaut von § 13 Nr. 7 GrEStG wieder. Nicht beantwortet wird die Frage, ob in Beteiligungsketten auf jeder Ebene eine

---

634 Z.B. lässt die FinVerw. die Differenzbesteuerung nach § 1 Abs. 6 GrEStG zu, wenn zunächst die Tochter-GmbH die restlichen, bisher bei konzernfremden Dritten liegenden Anteile an der Grundstücks-GmbH hinzuwirbt (und dadurch § 1 Abs. 3 Nr. 1 GrEStG erfüllt) und anschließend die Grundstücks-GmbH ein Grundstück auf den Alleingesellschafter der Tochter-GmbH überträgt; z.B. koordinierter Erl., FM Niedersachsen vom 23.09.1992, DStR 1992, 1513.
635 Vgl. dazu auch *Dorn/Galke*, DStR 2013, 2365.
636 Dies ergibt sich eindeutig aus der durch das AmtshilfeRLUmsG geänderten Fassung von § 6a GrEStG.

## VII. Wirtschaftliche Anteilsvereinigung, § 1 Abs. 3a GrEStG    B.

Besteuerung nach § 1 Abs. 3a GrEStG in Betracht gezogen werden könnte. U.E. ist dies nicht der Fall. Steuerschuldner ist lediglich der Rechtsträger, der durch den Anteilserwerb aktiv selbst die Erfüllung des Tatbestands von § 1 Abs. 3a GrEStG herbeiführt.

### i) Verhältnis zu § 16 GrEStG

Im Länder-Erlass wird festgestellt, dass § 16 GrEStG im Zusammenhang mit § 1 Abs. 3a GrEStG anzuwenden sei. Die Grundsätze zur Anwendung des § 16 GrEStG in den Fällen des § 1 Abs. 3 GrEStG würden entsprechend gelten. Dem ist uneingeschränkt zuzustimmen.[637] Auch für die Rückgängigmachung eines Rechtsvorgangs i.S.v. § 1 Abs. 3a GrEStG n.F. ist die Rückübertragung (ggf. auf Grundlage eines Rückverkaufs) eines Teilanteils für die Anwendung von § 16 Abs. 2 Nr. 1 GrEStG ausreichend, der groß genug ist, sodass anschließend eine (ggf. durchgerechnete) Kapital- oder Vermögensbeteiligung des ursprünglichen erwerbenden Rechtsträgers an der grundbesitzenden Gesellschaft von weniger als 95 % verbleibt.    366.21

### j) Anzeigepflicht und Inhalt der Anzeige

Der Länder-Erlass gibt den Gesetzeswortlaut von § 19 Abs. 1 Satz 1 Nr. 7a GrEStG wieder, wonach Rechtsvorgänge i.S.v. § 1 Abs. 3a GrEStG anzuzeigen sind. Nach § 20 Abs. 2 Nr. 3 GrEStG müsse die Anzeige bei mehreren Beteiligten eine Beteiligungsübersicht enthalten. Unbeantwortet bleibt die Frage, ob § 20 Abs. 2 Nr. 3 GrEStG auch zu beachten ist, wenn Erwerbsvorgänge nach § 1 Abs. 2a oder Abs. 3 GrEStG angezeigt werden. Vorsorglich sollte bei der Anfertigung und Abgabe von Anzeigen davon ausgegangen werden.    366.22

Die neue Dokumentationspflicht in § 20 Abs. 2 Nr. 3 GrEStG verfolgt offensichtlich das Ziel, die Finanzämter in den Stand zu versetzen, Fälle einer wirtschaftlichen Anteilsvereinigung i.S.d. § 1 Abs. 3a GrEStG leichter zu identifizieren. Gleichwohl ist die Bestimmung ihrem Wortlaut nach nicht auf diese Fälle beschränkt.

Der Notar, der eine Übertragung von Anteilen an einer grundstückshaltenden Personen- oder Kapitalgesellschaft beurkundet, erfüllt seine ihm obliegende Anzeigepflicht nach § 18 GrEStG grds. dadurch, dass er eine Anzeige nach amtlich vorgeschriebenem Vordruck erstattet und dem Vordruck eine Abschrift der Urkunde über den Rechtsvorgang beilegt. Der Umfang der vom Notar verlangten Angaben wird dabei durch die Vorgaben des § 20 GrEStG begrenzt, aber nicht erweitert. Nach herrschender Meinung sind deshalb Notare von der Pflicht, der Anzeige an das FA eine Übersicht über die beteiligten Rechtsträger beizufügen,

---

[637] Vgl. *Behrens*, BB 2013, S. 2341 f.

nicht betroffen.[638] Eine Klarstellung dieser Frage seitens der Finanzverwaltung steht jedoch noch aus.

Allerdings könnte – ohne dass hierzu eine Amtspflicht bestehen dürfte – der Notar die Beteiligten auf die erweiterten Dokumentationspflichten nach § 20 Abs. 2 GrEStG hinweisen. Eine ordnungsgemäße Anzeige des Erwerbsvorgangs liegt regelmäßig auch im Interesse der Beteiligten. Insbesondere ist die Rückgängigmachung eines nach § 1 Abs. 3a GrEStG steuerbaren Erwerbsvorgangs gem. § 16 Abs. 5 GrEStG nur möglich, wenn dieser zuvor dem zuständigen FA fristgerecht und ordnungsgemäß angezeigt wurde. Andernfalls werden die Begünstigungen des § 16 Abs. 1 bzw. Abs. 2 GrEStG nicht gewährt.

Dabei ist insbesondere zu beachten, dass der Gesetzgeber den Wortlaut von § 16 Abs. 5 GrEStG mit Wirkung ab dem 07.06.2013 dahingehend ergänzt hat, dass die Anzeige *fristgerecht und in allen Teilen vollständig (§§ 18 bis 20)* sein muss, um die Möglichkeit der Rückgängigmachung nach § 16 Abs. 1 bis 4 GrEStG zu ermöglichen.

Zwar genügt es prinzipiell, wenn der Notar die Anzeige erstattet hat. Eine ordnungsgemäße, zur Rückgängigmachung des Erwerbsvorgangs berechtigende Anzeige i.S.d. § 16 Abs. 5 GrEStG liegt allerdings nur vor, wenn der Erwerbsvorgang dem FA in einer Weise bekannt wird, dass es die Verwirklichung des Tatbestandes nach § 1 Abs. 3a GrEStG erkennen und prüfen kann. Sollte dafür allerdings die Vorlage der Beteiligungsübersicht erforderlich sein, kann sich der Steuerpflichtige später nicht auf die Anzeige des Notars berufen, die eine solche Übersicht nicht beinhaltet.

366.23 Deshalb könnte in die Geschäftsanteilsübertragungsurkunde folgender Hinweis für die Beteiligten aufgenommen werden:[639]

▶ Formulierungsvorschlag:

»Der Notar hat die Beteiligten auf die Steuertatbestände des § 1 Abs. 2, Abs. 3 und Abs. 3a GrEStG hingewiesen, die auch in Fällen einer mittelbaren wirtschaftlichen Anteilsvereinigung zu einer Grunderwerbsteuerpflicht führen können. Der Notar hat den Beteiligten geraten, den beurkundeten Rechtsvorgang selbst gegenüber den zuständigen Finanzämtern anzuzeigen und bei mehreren beteiligten Rechtsträgern – entsprechend den Vorgaben des § 20 Abs. 2 Nr. 3 GrEStG – zusätzlich eine Beteiligungsübersicht beizufügen (u.E. muss es statt § 1 Abs. 2 im ersten Satz § 1 Abs. 2a heißen).«

---

638 Dies würde jedoch dann nicht mehr gelten, wenn der im Reg.-Entwurf der Protokollergänzungen UmsG v. 27.03.2015 (BR-Drs. 121/15) enthaltene Vorschlag umgesetzt würde, § 21 GrEStG dahingehend zu ergänzen, dass die Gerichte, Behörden und Notare Urkunden, die einen anzeigepflichtigen Vorgang betreffen, den Beteiligten erst aushändigen und Ausfertigungen oder beglaubigte Abschriften den Beteiligten erst erteilen dürfen, wenn sie die Anzeigen *in allen Teilen vollständig (§§ 18 bis 20)* an das FA abgesandt haben. An diesem Gesetzesänderungsvorschlag ist zumindest zu kritisieren, dass der Verweis auf § 19 GrEStG keinen Sinn macht; außerdem wäre es wünschenswert, wenn § 20 Abs. 2 Nr. 3 GrEStG, wonach eine Beteiligungsübersicht beizufügen ist, ausgenommen würde.
639 Der Formulierungsvorschlag ist übernommen von *Ihle*, Notar 2013, S. 379.

VII. Wirtschaftliche Anteilsvereinigung, § 1 Abs. 3a GrEStG    B.

## 2. In den Erlassen vom 09.10.2013 nicht beantwortete Fragen

### a) Anwendbarkeit von § 5 Abs. 2 GrEStG

Durch die Bezeichnung von § 1 Abs. 3a GrEStG als »Fiktionstatbestand« erkennt die FinVerw. an, dass es – wie bei § 1 Abs. 3 GrEStG[640] – auch bei § 1 Abs. 3a GrEStG nicht um die Besteuerung von Anteilserwerben geht, sondern um die Besteuerung gedachter Grundstückserwerbe.    366.24

Wenn der erwerbende Rechtsträger bereits Anteile unmittelbar und/oder mittelbar an der grundbesitzenden Gesellschaft hält und durch Hinzuerwerb weiterer Anteile erstmals eine sog. wirtschaftliche Beteiligung i.H.v. (ggf. durchgerechnet) 95 % erwirbt, wird – wie bei § 1 Abs. 3 Nr. 1, 2 GrEStG[641] – der Übergang des Grundstücks von der grundbesitzenden Gesellschaft auf denjenigen Rechtsträger fingiert, der erstmals eine sog. wirtschaftliche Beteiligung i.H.v. 95 % an der betreffenden grundbesitzenden Gesellschaft innehat. Für den Fall, dass ein Rechtsträger von einem anderen Rechtsträger dessen sog. wirtschaftliche Beteiligung i.H.v. (ggf. durchgerechnet) mindestens 95 % am Kapital oder Vermögen einer grundbesitzenden Gesellschaft erwirbt, liegt dem Tatbestand des § 1 Abs. 3a GrEStG – wie dem der § 1 Abs. 3 Nr. 3, Nr. 4 GrEStG[642] – die Vorstellung zugrunde, dass der die sog. wirtschaftliche Beteiligung übertragende Rechtsträger die Gesellschaftsgrundstücke auf den erwerbenden Rechtsträger überträgt.

Von Bedeutung sind diese Fiktionen insbesondere für die Anwendung der grunderwerbsteuerrechtlichen Befreiungs- und Nicht-Erhebungsvorschriften auf die Fälle von § 1 Abs. 3a GrEStG.[643] Bringt der Gesellschafter einer Gesellschaft, zu deren Vermögen grunderwerbsteuerrechtlich inländische Grundstücke gehören, die bei ihm bereits bestehende sog. wirtschaftliche Beteiligung i.S.v. § 1 Abs. 3a GrEStG i.H.v. mindestens (ggf. durchgerechnet) 95 % am Kapital oder Vermögen der grundbesitzenden Gesellschaft in eine KG ein, wird zwar GrESt ausgelöst, und zwar nach Verwaltungsansicht gem. § 1 Abs. 3a i.V.m. Abs. 3 Nr. 3, Nr. 4 GrEStG. Diese bleibt jedoch gem. § 5 Abs. 2 GrEStG unerhoben, sofern die Zurechnung des Grundstücks zu diesem Gesellschafter in den folgenden fünf Jahren aufrechterhalten bleibt, sich also z.B. die Beteiligung des Gesellschafters an der KG innerhalb dieses Zeitraums nicht

---

640 Vgl. z.B. BFH-Urteil II R 237/85 vom 05.11.1986, BStBl. II 1987, 225, Tz. 14: § 1 Abs. 3 Nr. 1 GrEStG »will die Sachherrschaft erfassen, welche jemand an dem Gesellschaftsgrundstück über die rechtliche Verfügungsmacht an den Gesellschaftsanteilen erlangt«. Für § 1 Abs. 3a GrEStG gilt dies entsprechend.
641 Vgl. z.B. BFH-Urteil II R 92/81 vom 31.03.1982, BStBl. II 1982, 424.
642 Vgl. BFH-Urteil II R 53/06 vom 02.04.2008, BStBl. II 2009, 544.
643 Keine Bedeutung haben diese Fiktionen – anders als für die Fälle von § 1 Abs. 3 Nr. 3, Nr. 4 GrEStG, bei denen sich die Steuerschuldnerschaft nach h.M. nach § 13 Nr. 1 GrEStG richtet – für die Steuerschuldnerschaft bei Verwirklichung von § 1 Abs. 3a GrEStG, vgl. § 13 Nr. 7 GrEStG.

vermindert⁶⁴⁴ und die KG diese sog. wirtschaftliche Beteiligung von ggf. durchgerechnet mindestens 95 % in diesem Zeitraum behält.

366.25 Dies soll anhand der folgenden Beispiele verdeutlicht werden:

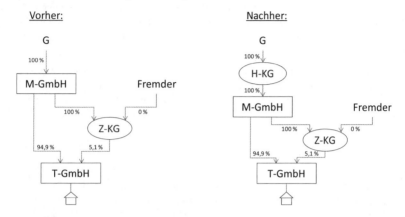

G ist Alleingesellschafter der M-GmbH, die vor dem 07.06.2013 zusammen mit der Z-KG alle Anteile an der grundbesitzenden T-GmbH erworben hatte. An der Z-KG ist ein Fremder gesamthänderisch (mit einem Vermögensanteil von 0 %) beteiligt. Eine Zurechnung der Grundstücke der T-GmbH zur M-GmbH auf Grundlage von § 1 Abs. 3 GrEStG scheitert deshalb aus. Seit dem 07.06.2013 wird der M-GmbH der Grundbesitz der T-GmbH jedoch auf Grundlage von § 1 Abs. 3a GrEStG zugerechnet.⁶⁴⁵

Mithin löst die Übertragung der 100 %igen Beteiligung an der M-GmbH durch G auf die H-KG dem Grunde nach GrESt nach § 1 Abs. 3a GrEStG aus. Jedoch hat diese Steuer nach § 5 Abs. 2 GrEStG unerhoben zu bleiben, weil der Sachverhalt so zu besteuern ist, als hätte G die zivilrechtlich der T-GmbH gehörenden Grundstücke an die H-KG veräußert. Voraussetzung ist jedoch gem. § 5 Abs. 3 GrEStG, dass die Zurechnung der Grundstücke zu G in den nächsten fünf Jahren fortbesteht, also z.B.

---

644 Vgl. BFH-Urteil II R 53/06 vom 02.04.2008, BStBl. II 2009, 544, Tz. 21: Den Steuertatbeständen in § 1 Abs. 3 Nr. 3 und 4 GrEStG »liegt ein (fingierter) Grundstückserwerb von dem Veräußerer aller Anteile zugrunde. ... Diese grunderwerbsteuerrechtliche Fiktion rechtfertigt es, die Veräußerung aller (bereits vereinigten) Anteile einer grundbesitzenden Gesellschaft wie eine Veräußerung des Grundstücks selbst zu behandeln und damit bei einer Übertragung aller Anteile auf eine Gesamthand die Steuervergünstigung des § 5 GrEStG zu gewähren ...«.

645 Diese Zurechnung erfolgt unabhängig davon, ob der Erwerb der Anteile nach § 1 Abs. 3a GrEStG oder einer sonstigen Vorschrift GrESt ausgelöst hat.

VII. Wirtschaftliche Anteilsvereinigung, § 1 Abs. 3a GrEStG                          B.

in den folgenden fünf Jahren zum Vermögen der H-KG gehören und sich die Beteiligung des G an der H-KG innerhalb dieses Zeitraums nicht vermindert.[646]

Auf Anteilsvereinigungen i.S.v. § 1 Abs. 3 Nr. 1 und Nr. 2 GrEStG ist § 5 GrEStG jedoch nicht entsprechend anwendbar.[647] Dementsprechend wird die nach § 1 Abs. 3a GrEStG angefallene GrESt in den folgenden Beispielen erhoben, d.h. § 5 GrEStG ist nicht anwendbar: 366.26

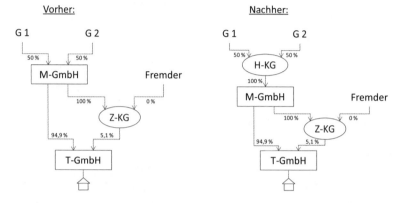

Gemäß § 1 Abs. 3a GrEStG ist der M-GmbH seit dem 07.06.2013 das inländische Grundstück der T-GmbH für grunderwerbsteuerrechtliche Zwecke zuzurechnen. Bringen die beiden Gesellschafter G 1 und G 2 ihren jeweiligen 50 %igen Geschäftsanteilen an der M-GmbH in die H-KG ein, hat die H-KG erstmals eine sog. wirtschaftliche Beteiligung von (durchgerechnet) 95 % – hier 100 % – der Anteile am Kapital der T-GmbH inne.[648] Grunderwerbsteuerrechtlich kann der Erwerb einzelner Anteile – hier von jeweils 50 % der Anteile an der M-GmbH – nicht dem Erwerb von Miteigentumsanteilen an Grundstücken der GmbH gleichgestellt werden. Der zur Begründung angeführte Gedanke, dass der Erwerb einzelner Anteile einer grundbesitzenden GmbH keine Sachherrschaft an den Grundstücken der GmbH vermittele,[649]

---

646  Die Fünf-Jahres-Frist i.S.v. § 5 Abs. 3 GrEStG ist auch dann nicht erfüllt, wenn G die H-KG oder die M-GmbH das Grundstück der T-GmbH innerhalb der nächsten fünf Jahre von der T-GmbH erwirbt, auch wenn dieser Erwerb selbst GrESt z.B. § 1 Abs. 1 Nr. 1 GrEStG auslöst (insoweit kommt ggf. eine Verrechnung der Bemessungsgrundlagen nach § 1 Abs. 6 GrEStG in Betracht).
647  Vgl. BFH-Urteil II R 53/06 vom 02.04.2008, BStBl. II 2009, 544, Tz. 20, Tz. 22: »In den Fällen der Anteilsvereinigung i.S.v. § 1 Abs. 3 Nr. 1 und Nr. 2 GrEStG scheidet eine solche Fiktion eines Grundstückserwerbs der Gesellschaft und damit die entsprechende Anwendung der §§ 5 aus«.
648  Personengesellschaften sind Rechtsträger i.S.v. § 1 Abs. 3a GrEStG, sofern sie nach außen auftreten und ein Gesamthandsvermögen haben.
649  Vgl. BFH-Urteil II R 53/06 vom 02.04.2008, BStBl. II 2009, 544, Tz. 23.

hat zwar i.R. von § 1 Abs. 3a GrEStG keine Bedeutung. Dadurch, dass die FinVerw. für die Auslegung von § 1 Abs. 3a GrEStG auf die Grundsätze zu § 1 Abs. 3 GrEStG verweist, ist jedoch zu schließen, dass der Anteilsveräußerer nur dann fiktiv als Grundstücksveräußerer behandelt wird, wenn er eine bei ihm bereits vorhandene wirtschaftliche Beteiligung i.H.v. 95 % i.S.v. § 1 Abs. 3a GrEStG auf den Erwerber überträgt. Weil die H-KG von zwei Veräußerern jeweils weniger als 95 % der Anteile erwirbt, wird der Übergang des Grundstücks der T-GmbH nicht von den Gesellschaftern G 1 und G 2, sondern von der M-GmbH auf die H-KG fingiert. Dies schließt die Anwendung von § 5 Abs. 2 GrEStG aus.

366.27 Dasselbe Ergebnis gilt in der folgenden Fallkonstellation:

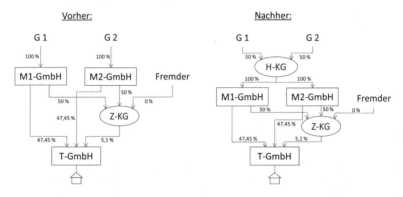

G 1 und G 2 übertragen jeweils nur (mittelbar) 47,45 % der Anteile am Kapital der T-GmbH auf die H-KG. § 1 Abs. 3 GrEStG wird nicht erfüllt, weil die gesamthänderische Beteiligung des Fremden i.H.v. 0 % an der Z-KG die (vollständige oder teilweise) Zurechnung des 5,1 %igen Anteils der Z-KG an der T-GmbH – und damit auch die Zurechnung des inländischen Grundstücks der T-GmbH – zur H-KG ausschließt. Durchgerechnet hat die H-KG jedoch infolge der Anteilsübertragungen erstmals 95 % (bzw. hier 100 %) der Anteil am Kapital der T-GmbH inne, sodass Steuer nach § 1 Abs. 3a GrEStG ausgelöst wird. Weil weder G 1 noch G 2 eine bei ihm bereits vorhandene sog. wirtschaftliche Beteiligung i.S.v. § 1 Abs. 3a GrEStG auf die H-KG überträgt, gilt die T-GmbH auch in dieser Fallkonstellation als (fiktive) Veräußerin des Grundstücks und ist § 5 GrEStG daher nicht anwendbar.

**b) Anwendbarkeit von §§ 3, 6, 6a GrEStG auf die Fälle des § 1 Abs. 3a GrStG**

366.28 In Tz. 7 der Erlasse bestätigt die FinVerw., dass die Befreiungs- und Nichterhebungs-Vorschriften in den §§ 3, 6, 6a GrEStG auf die Fälle von § 1 Abs. 3a GrEStG entsprechend anzuwenden sind.[650] Die Anwendung von § 3 Nr. 2 Satz 1 und

---

650 Die gleichlautenden Erl. betr. Anwendung der §§ 3 und 6 GrEStG in den Fällen des § 1 Abs. 3 GrEStG vom 06.03.2013, BStBl. I 2013, 773 gelten für § 1 Abs. 3a GrEStG entsprechend.

## VII. Wirtschaftliche Anteilsvereinigung, § 1 Abs. 3a GrEStG

Nr. 6 GrEStG sowie von § 6 Abs. 2 GrEStG soll anhand des folgenden Beispiels verdeutlicht werden:

Seit mehr als fünf Jahren sind der Vater und sein Sohn jeweils hälftig an einer grundbesitzenden GbR beteiligt. Der Vater überträgt nun 49 % der Anteile am Vermögen der GbR auf seinen Sohn entweder durch Schenkung oder auf Grundlage eines Kaufvertrags:

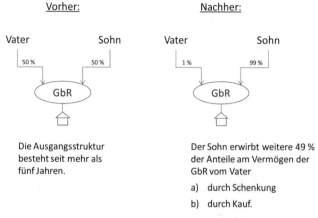

Die Ausgangsstruktur besteht seit mehr als fünf Jahren.

Der Sohn erwirbt weitere 49 % der Anteile am Vermögen der GbR vom Vater
a) durch Schenkung
b) durch Kauf.

Der Übergang des 49 %igen Anteils auf den Sohn löst weder nach § 1 Abs. 2a[651] noch nach § 1 Abs. 3 GrEStG[652] GrESt aus. Jedoch hat der Sohn erstmals eine sog. wirtschaftliche Beteiligung i.H.v. mindestens 95 % (hier: 99 %) der Anteile am Vermögen der GbR inne. Die Übertragung des 49 %igen Anteils auf den Sohn verwirklicht mithin den Tatbestand von § 1 Abs. 3a GrEStG.[653]

Weil der Sohn seit mehr als fünf Jahren gesamthänderisch zur Hälfte an der grundbesitzenden GbR beteiligt gewesen ist, bleibt die nach § 1 Abs. 3a GrEStG ausgelöste GrESt gem. § 6 Abs. 2 GrEStG i.H.v. 50 % unerhoben.[654] In Bezug auf die beim

---

651 Der Sohn ist sog. Alt-Gesellschafter.
652 Auf Grundlage der sog. sachenrechtlichen Betrachtungsweise bleibt der Vater für die Zwecke von § 1 Abs. 3 GrEStG zu 50 % an der GbR beteiligt.
653 Vgl. auch die Erl. zur Anwendung von § 1 Abs. 3a GrEStG vom 09.10.2013, Tz. 5, Beispiel 10.
654 § 6 Abs. 4 GrEStG steht der hälftigen Befreiung nach § 6 Abs. 2 GrEStG nicht entgegen, weil der Sohn seinen 50 %-igen Anteil seit mehr als fünf Jahren innehat. Auch in Bezug auf die zweite Hälfte der nach § 1 Abs. 3a GrEStG angefallenen GrESt greift eine Befreiungsvorschrift: Im Fall der Schenkung ist § 3 Nr. 2 Satz 1 GrEStG anzuwenden; Zweck dieser Vorschrift ist es, die doppelte Belastung eines Lebenssachverhalts mit Grunderwerb- und Erbschaft- bzw. Schenkungsteuer zu vermeiden. Vgl. zum Zweck von § 3 Nr. 2 Satz 1 GrEStG z.B. BFH-Urteil II R 21/10 vom 23.05.2012, BStBl. II 2012, 793 und gleich lautender Erl. zur Anwendung der §§ 3 und 6 GrEStG in den Fällen des § 1 Abs. 3 GrEStG vom 06.03.2013, BStBl. I 2013, 773, Tz. 1.

Vater verbleibende 1 %-Beteiligung greift nicht § 6 Abs. 3 GrEStG nicht, weil kein (fiktiver) Grundstücksübergang auf eine andere Personengesellschaft vorliegt. Allerdings ist im Fall des Kaufs in Bezug auf die restlichen 49 % § 3 Nr. 6 GrEStG, im Fall der Schenkung § 3 Nr. 2 GrEStG anzuwenden. Auf Grundlage von § 1 Abs. 3a GrEStG wird zwar der Übergang des Grundstücks nicht vom Vater, sondern von der GbR auf den Sohn fingiert.[655] Jedoch sind persönliche Eigenschaften der Gesellschafter im (ggf. fingierten) Grundstückverkehr mit der Gesellschaft, d.h. mit der Gesamthand der Gesellschafter, zu berücksichtigen.[656]

### c) Relevanz von Treuhandgeschäften i.R. von § 1 Abs. 3a GrEStG

366.29 Nach dem Gesetzeswortlaut (»innehat«) kann nur die dingliche Rechtsinhaberschaft an Anteilen zur Verwirklichung von § 1 Abs. 3a GrEStG in der Personen des dinglichen Rechtsinhabers der Anteile führen. Auch wenn die FinVerw. sich zur Geschäften in den Erlassen vom 09.10.2013 nicht äußert, muss davon ausgegangen werden, dass sie dennoch Anteilserwerbe durch Treuhänder (entgegen der hier vertretenen Ansicht) für tatbestandsmäßig hält. Dies folgt u.E. bereits daraus, dass die FinVerw. der Auffassung ist, die wirtschaftliche Beteiligung könne in allen Varianten des § 1 Abs. 3 GrEStG verwirklicht werden.[657]

Mithin ist für die Praxis davon auszugehen, dass z.B. die Grundsätze des BFH-Urteils II R 237/85 vom 05.11.1986[658] von der FinVerw. i.R. von § 1 Abs. 3a GrEStG entsprechend angewandt werden. Nach diesem Urteil kommt es für die Verwirklichung des Tatbestands von § 1 Abs. 3 Nr. 1 GrEStG nicht darauf an, ob die Sachherrschaft, die durch diese Vorschrift besteuert werden soll, direkt oder indirekt – durch zwischengeschaltete Gesellschafter oder Treuhänder – ausgeübt wird. Die Sachherrschaft kann nach der BFH-Rechtsprechung auch mehrstufig indirekt ausgeübt werden, indem eine Gesellschaft und ein Treuhänder zwischengeschaltet werden.

366.30 In dem dem BFH-Urteil II R 237/85 vom 05.11.1986 zugrunde liegenden Fall hatte ein Herr B im Auftrag des Klägers als dessen Treuhänder den 100 %igen Geschäftsanteil an der z.B. zu 6 % an der grundbesitzenden L-KG beteiligten Komplementärin (L-GmbH) und ein Herr P ebenfalls im Auftrag des Klägers als dessen Treuhänder den einzigen Kommanditanteil an der L-KG i.H.v. 94 % erworben. Der BFH entschied, dass damit in der Person des Klägers der Tatbestand von § 1 Abs. 3 Nr. 1 GrEStG erfüllt worden sei.[659] Durch § 1 Abs. 3 Nr. 1 GrEStG erfasst werde das auf den Erwerb der Kommanditbeteiligung gerichtete Rechtsgeschäft, welches der Treuhänder P für den Kläger abgeschlossen hatte. Das Treuhandverhältnis zwischen Herrn P und

---

655 Vgl. oben in Ziffer 1.
656 Vgl. gleichlautende Erl. zur Anwendung der §§ 3 und 6 GrEStG in den Fällen des § 1 Abs. 3 GrEStG vom 06.03.2013, BStBl. I 2013, 773, Tz. 3 Abs. 3 m.w.N.
657 Vgl. Tz. 1 Abs. 2 der Erl. vom 09.10.2013.
658 Vgl. BStBl. II 1987, 225.
659 § 1 Abs. 2a GrEStG trat erst mit Wirkung zum 01.01.1997 in Kraft. Der vom BFH mit Urteil 2 R 237/95 vom 05.11.1986 entschiedene Sachverhalt ereignete sich im Jahr 1978.

## VII. Wirtschaftliche Anteilsvereinigung, § 1 Abs. 3a GrEStG

dem Kläger führe lediglich dazu, dass aufgrund des § 667 BGB i.R. des § 1 Abs. 3 Nr. 1 GrEStG dem Kläger die von Herrn P gehaltene Beteiligung zugerechnet würde.

Die FinVerw. wird diese Grundsätze entsprechend anwenden, wenn ein Fremder z.B. i.H.v. 3 % am Vermögen der Grundstücks-KG beteiligt ist:[660]

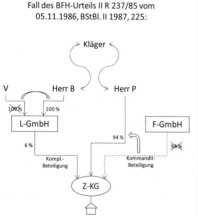

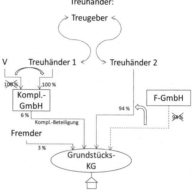

Herr B kaufte im Auftrag (als Treuhänder) des Klägers den 100 %-Anteil an der L-GmbH, Herr P kaufte im Auftrag (als Treuhänder) des Klägers die 100 %-Kommanditbeteiligung.

Es ist davon auszugehen, dass die FinVerw. den Tatbestand von § 1 Abs. 3a GrEStG in der Person des Treugebers für erfüllt hält. Denn nach Tz. 1 Abs. 2 der Erlasse vom 09.10.2013 kann die wirtschaftliche Beteiligung (hier i.H.v. durchgerechnet 97 %) in allen Varianten des § 1 Abs. 3 GrEStG verwirklicht werden, mithin auch in der Variante von § 1 Abs. 3 Nr. 1 GrEStG. Dadurch, dass die FinVerw. auf Anteile bezogene Treuhandgeschäfte i.R. von § 1 Abs. 3a GrEStG vermutlich für beachtlich hält, folgt, dass schuldrechtliche Absprachen zwischen den Gesellschaftern derselben grundbesitzenden Gesellschaft oder derselben zwischengeschalteten Gesellschaften (zwar grds. unbeachtlich sind,[661] jedoch) nicht dazu führen dürfen, dass der eine Gesellschafter seine Anteile als Treuhänder für den anderen Gesellschaftern als Treugeber hält. Dies soll anhand des folgenden, den Sachverhalt des Urteils des FG Münster 8 K 5386/00 F vom 05.02.2004[662] geringfügig abändernden Beispiels verdeutlicht werden:

**366.31** Die A-Company, USA, an der 161 Gesellschafter – unter anderem G – beteiligt waren, war alleinige Gesellschafterin der A-International GmbH, die einen 91 %igen

---

660 Annahme: Zwischen den Anteilserwerben durch die beiden Treuhänder liegt ein Zeitraum von mehr als fünf Jahren, sodass § 1 Abs. 2a GrEStG nicht anwendbar ist.
661 Vgl. oben in Ziffer 1.4.1 m.w.N.
662 Vgl. EFG 2004, 1078; BFH-Urteil II R 23/05 vom 02.08.2006, BFH/NV 2006, 2306.

Kommanditanteil an der grundbesitzenden X-GmbH & Co. KG hielt. In engem zeitlichen Zusammenhang mit dem Anteilserwerb durch die A-International GmbH hatte G die A-Corporation, USA, gegründet, die anschließend den verbliebenen 6 %-Geschäftsanteil an der B-GmbH, die ihrerseits zu 4 % an der X-GmbH & Co. KG beteiligt war, erwarb. Das FG Münster kam aufgrund der folgenden Sachverhaltsumstände zu dem Ergebnis, dass die A-Corporation den 6 %igen Geschäftsanteil an der B-GmbH als Treuhänderin im Auftrag für die A-Company erworben habe und deshalb auf Ebene der A-Company der Tatbestand von § 1 Abs. 3 Nr. 1 GrEStG erfüllt worden sei:

– Die A-Corporation war nach einem sog. Maßnahmepapier vom 01.12.1995 im engen zeitlichen Zusammenhang mit dem Erwerb der Anteile an der B-GmbH mit Vertrag vom 21.12.1995 gegründet worden, und zwar im Wesentlichen zu dem Zweck, den 6 %igen Geschäftsanteil an der B-GmbH zu erwerben.
– Weitere wirtschaftliche Aktivitäten entfaltete die A-Corporation nicht.
– Im Vorstand der A-Corporation waren ausschließlich drei Personen (u.a. G) die auch bei der A-Company im Vorstand mitbestimmten.
– Die A-Company hatte dem G ein Darlehen zum Erwerb der Anteile an der A-Corporation gewährt. In dem zugrunde liegenden Schuldschein war ausdrücklich geregelt worden, dass G keine persönliche Haftung für die Bezahlung der Hauptsumme und der Zinsen übernehmen würde. Die A-Company wurde ausschließlich durch einen gleichzeitigen abgeschlossenen Verpfändungsvertrag abgesichert, auf dessen Grundlage die A-Corporation den Geschäftsanteil an der B-GmbH an die A-Company zur Sicherheit abtrat.
– G war nach dem Inhalt des Verpfändungsvertrages zur Ausübung der Stimm- und sonstigen Konsensrechte nur so lange berechtigt, wie kein Verzugsfall und kein potenzieller Verzugsfall eintrat oder fortdauerte.
– Auch die A-Corporation hatte von der A-Company ein Darlehen erhalten. Die A-Company wurde durch die Verpfändung und ein Sicherungsrecht an sämtlichen materiellen und immateriellen Aktiva der A-Corporation gesichert.

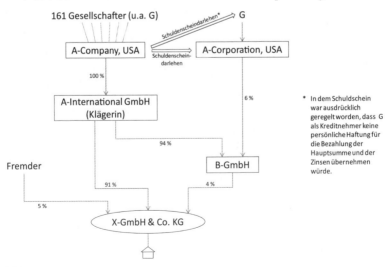

Das FG Münster gelangte aufgrund seiner Würdigung aller Umstände des Sachverhalts zu dem Ergebnis, dass die A-Corporation den 6 %igen Geschäftsanteil an der B-GmbH als Treuhänderin der A-Company erworben hatte, weshalb die A-Company den Tatbestand von § 1 Abs. 3 Nr. 1 GrEStG ausgelöst habe.[663] Im Fall der Beteiligung eines Fremden z.B. i.H.v. 5 % am Vermögen der grundbesitzenden X-GmbH & Co. KG ist davon auszugehen, dass die FinVerw. den Tatbestand von § 1 Abs. 3a GrEStG auf Ebene der A-Company aufgrund des Treuhandverhältnisses zur A-Corporation für erfüllt halten würde.

### d) Anteilsvereinigung im Organkreis

Die FinVerw. nimmt in den Erlassen vom 09.10.2012 nicht zu der Frage Stellung, ob der Erwerb von zusammengerechnet mindestens 95 % am Kapital oder am Vermögen einer grundbesitzenden Gesellschaft durch ein herrschendes Unternehmen und ein oder mehrere von ihm abhängige Gesellschaften zum Anfall von GrESt nach § 1 Abs. 3a GrEStG führen kann. Weil der Gesetzeswortlaut auf die Innehabung einer sog. wirtschaftlichen Beteiligung i.H.v. mindestens 95 % durch **einen** Rechtsträger abstellt, ist diese Frage zu verneinen. — 366.32

### e) Besteuerung nach § 1 Abs. 3a GrEStG nur des Anteilserwerbers

Nach dem Gesetzeswortlaut, wonach solche Rechtsvorgänge die Steuer nach § 1 Abs. 3a GrEStG auslösen, aufgrund deren Rechtsträger unmittelbar und/oder mittelbar eine sog. wirtschaftliche Beteiligung i.H.v. mindestens 95 % an der grundbesitzenden Gesellschaft innehaben, spricht viel dafür, dass dieser Rechtsträger die Steuer schuldet, unabhängig davon, ob er selbst den Tatbestand von § 1 Abs. 3a GrEStG durch einen Erwerb von Anteilen verwirklicht oder nicht. Dafür spricht auch die Formulierung von § 13 Nr. 7 GrEStG, wonach bei der wirtschaftlichen Beteiligung von mindestens 95 % an einer grundbesitzenden Gesellschaft der Rechtsträger die GrESt schuldet, der die wirtschaftliche Beteiligung **innehat**. — 366.33

Dadurch, dass die FinVerw. den Gesetzeswortlaut »innehat« ignoriert und § 1 Abs. 3a GrEStG so auslegt, als hätte der Gesetzgeber statt des Worts »innehat« das Wort »erwirbt« verwandt, müsste sie in der folgenden Fallkonstellation konsequenterweise den Anfall von GrESt nach § 1 Abs. 3a GrEStG verneinen: — 366.34

---

663 Das FA nahm auf Grundlage von § 13 Nr. 5b GrEStG die A International GmbH als Steuerschuldnerin in Anspruch. In dem Rechtsstreit ging es um die Frage, ob ausschließlich die A Company nach § 13 Nr. 5a GrEStG Steuerschuldnerin sei oder ob das FA in entsprechender Anwendung von § 13 Nr. 5b GrEStG auch die A International GmbH zulässigerweise in Anspruch nehmen konnte. Der BFH entschied im Widerspruch zum Urteil des FG Münster mit Urteil II R 23/05 vom 02.08.2006, dass eine entsprechende Anwendung von § 13 Nr. 5b GrEStG auf Fälle einer mittelbaren Anteilsvereinigung in der Hand eines Erwerbers i.S.v. § 1 Abs. 3 Nr. 1, 1. Alt. GrEStG unzulässig sei, weil eine solche entsprechende Anwendung im Hinblick auf die dafür getroffene Regelung der Steuerschuldnerschaft in § 13 Nr. 5a GrEStG wegen Fehlens einer Lücke im Gesetz ausscheide; vgl. BFH/NV 2006, 2306.

B.  Die Steuerbarkeit

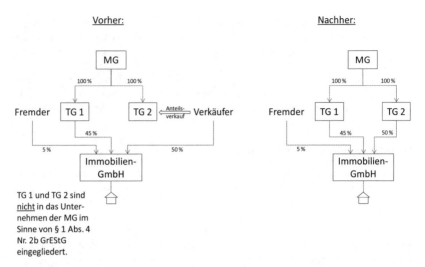

Anteilserwerberin ist ausschließlich die TG 2. TG 2 erwirbt jedoch nur einen 50 %igen Geschäftsanteil an der Immobilien-GmbH, sodass sie in ihrer Person keine sog. wirtschaftliche Beteiligung i.H.v. mindestens 95 % an der Immobilien GmbH erwirbt und damit den Tatbestand von § 1 Abs. 3a GrEStG nicht verwirklicht. Dadurch, dass die TG 2 den 50 %igen Geschäftsanteil an der Immobilien-GmbH vom Verkäufer erwirbt, hat jedoch MG erstmals eine sog. wirtschaftliche Beteiligung i.H.v. 95 % i.S.v. § 1 Abs. 3a GrEStG an der Immobilien-GmbH inne. Nach dem Gesetzeswortlaut würde GrESt anfallen, die gem. § 13 Nr. 7 GrEStG von MG geschuldet würde; dieses Ergebnis ist allerdings zumindest in dem Fall zweifelhaft, in dem MG keinerlei Einfluss auf den Anteilserwerb durch TG 2 genommen hat, ggf. sogar nicht einmal Kenntnis davon hat. Sollte ein Rechtsträger zu mindestens 95 % an der MG beteiligt sein, scheidet eine Steuerschuldnerschaft gem. § 13 Nr. 7 GrEStG u.E. ebenso aus.

Lässt man – wie die FinVerw. – den Gesetzeswortlaut unbeachtet und unterstellt, dass der Gesetzgeber statt »innehat« das Tatbestandsmerkmal »erwirbt« gemeint hat, ist – weil MG keine Anteile erwirbt – keine GrESt nach § 1 Abs. 3a GrEStG angefallen.[664]

---

664 Ob die FinVerw. und die Finanzgerichte dies ebenso beurteilen würden, ist allerdings unklar. Vgl. z.B. FG Münster, Urteil 8 K 5386/00 F vom 05.02.2004, EFG 2004, 1078, Tz. 148: »Zwar weist die Klin. zutreffend darauf hin, dass das Gesetz im Rahmen der mittelbaren Anteilsvereinigung gemäß § 1 Abs. 3 Nr. 1 GrEStG denjenigen, in dessen Hand sich die mittelbare Anteilsvereinigung vollzieht, als Erwerber ansieht (vgl. BFH-Urt. vom 05.11.1986, II R 237/85, BStBl. II 1987, 225)«.

## f) Wechselseitige Beteiligungen

Keine Ausführungen enthalten die Erlasse vom 09.10.2013 zu wechselseitigen Beteiligungen.[665] Fraglich ist, wie bei wechselseitigen Beteiligungen die Quote der sog. wirtschaftlichen Beteiligung i.S.v. § 1 Abs. 3a GrEStG zu ermitteln ist. Dies soll anhand des folgenden Beispiels, in dem der Ober-Gesellschafter die Anteile an einer Grundstücks-GmbH mittelbar über zu weniger als 95 % gehaltene Tochter-GmbHs erwirbt, die wechselseitig zu unter 95 % aneinander beteiligt sind, erläutert werden:

Die M-GmbH ist jeweils zu 50 % an zwei Tochter-GmbHs beteiligt. Die Tochter-GmbHs sind jeweils zu 50 % wechselseitig aneinander beteiligt.[666] Sie erwerben jeweils 50 % der Anteile an einer Grundstücks-GmbH:

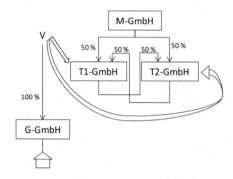

V verkauft jeweils 50 % seines Geschäftsanteils an T1-GmbH und an T2-GmbH.

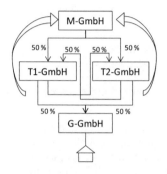

T1-GmbH und T2-GmbH verkaufen ihre 50 %-Geschäftsanteile an M-GmbH.

Obwohl kein externer Rechtsträger Anteile an der T1-GmbH, der T2-GmbH und der G-GmbH hält, wird durch den Erwerb von jeweils 50 % der Anteile an der G-GmbH durch die T1-GmbH und durch die T2-GmbH keine rechtliche Anteilsvereinigung i.S.v. § 1 Abs. 3 GrEStG verwirklicht. Denn für die mittelbare Anteilsvereinigung sind nur solche mittelbaren Beteiligungen zu berücksichtigen, die zu mindestens 95 % gehalten werden.[667] Die M-GmbH ist weder an der T1-GmbH noch an der T2-GmbH zu mindestens 95 % beteiligt. Wegen Fehlens der finanziellen Eingliederung

---

665 Zur Anwendung von § 1 Abs. 3 GrEStG auf einen Fall wechselseitiger Beteiligungen, in dem eine der Gesellschaften zu 100 % an der anderen Gesellschaft beteiligt war, vgl. zuletzt FG Köln, Urteil 5 K 1542/09 vom 30.11.2011, EFG 2012, 1582. Vgl. dazu *Meiisel/Bokeloh*, Ubg 2013, 587, *Behrens*, BB 2013, 1064. Gegen das Urteil des FG Köln ist beim BFH unter AZ II R 21/12 die Revision anhängig.
666 Vgl. §§ 33 Abs. 2, 272 Abs. 4 HGB.
667 Vgl. z.B. Erl. des FM BaWü vom 14.02.2000, StEK § 1 GrEStG Nr. 144; vgl. auch BFH-Urteil II R 65/08 vom 25.08.2010, BStBl. II 2011, 225.

## B. Die Steuerbarkeit

der T1-GmbH und der T2-GmbH in das Unternehmen der M-GmbH liegt im ersten Schritt auch keine Anteilsvereinigung i.S.v. § 1 Abs. 3, Abs. 4 Nr. 2b GrEStG vor.

GrESt fällt jedoch auf Grundlage des Gesetzeswortlauts (»innehat«) nach § 1 Abs. 3a GrEStG an. Die sog. wirtschaftliche Beteiligung ergibt sich aus der Summe der unmittelbaren und mittelbaren Beteiligungen am Kapital der G-GmbH. Für die Ermittlung der mittelbaren Beteiligungen sind die Vomhundertsätze am Kapital zu multiplizieren, sodass man im obigen Beispiel bei der dann i.R. von Abs. 3a gebotenen Berechnung der durchgerechneten Beteiligungsquote an der G-GmbH entlang den einzelnen Beteiligungssträngen in eine Endlosschleife gelangt. Die Summe der aufzuaddierenden Einzel-Beteiligungsquoten auf Ebene der M-GmbH immer weiter 100 % an.

Auf Grundlage der Verwaltungsansicht, die das Wort »innehat« ignoriert und stattdessen die Verwendung des Worts »erwirbt« durch den Gesetzgeber unterstellt, könnte u.E. trotz Erreichens der durchgerechnet mindestens 95 %-igen Beteiligungsquote dennoch keine GrESt gegenüber der M-GmbH festgesetzt werden: Denn die M-GmbH erwirbt selbst keine Anteile, was vom Wortlaut von § 1 Abs. 3a GrEStG jedoch vorausgesetzt wird.[668]

### g) Kriterien für die Zugehörigkeit eines Grundstücks »zum Vermögen der Gesellschaft«

366.36 Aufgrund der Formulierung der Beispiele in den Erlassen vom 09.10.2013 ist unklar, ob die FinVerw. die Zuordnung von Grundstücken zum Vermögen einer Gesellschaft davon abhängig machen will, dass die Gesellschaft einen Erwerbsvorgang entsprechend § 23 GrEStG verwirklicht hat. Nach bisher wohl ganz überwiegender Ansicht kommt es auf den Zeitpunkt der Steuerentstehung an. Die Erlasse vom 09.10.2013 könnten so verstanden werden, als ob sie andeuten wollten, dass die FinVerw. stattdessen auf den Zeitpunkt der Verwirklichung des Erwerbsvorgangs entsprechend § 23 GrEStG abstellen will.

### h) Auswirkungen auf anteilsbezogene Zwischengeschäfte

366.37 Während die in § 1 Abs. 1 Nr. 5 bis Nr. 7 GrEStG geregelten Tatbestände unmittelbar auf inländische Grundstücke bezogene Zwischengeschäfte (einschließlich der Übernahme eines noch nicht vollzogenen Grundstückskaufvertrags durch einen neuen Käufer)[669] der GrESt unterwerfen, enthält das GrEStG keine Vorschriften,

---

668 Vgl. oben in Ziffer 1.5.2.
669 Vgl. BFH-Urteil II R 32/01 vom 22.01.2003, BStBl. II 2003, 526, Leitsatz: »Tritt ein Dritter durch eine Vertragsübernahme als neuer Käufer in einen noch nicht vollzogenen Grundstückskaufvertrag ein, verwirklicht sich ein Erwerbsvorgang gemäß § 1 Abs. 1 Nr. 5 bzw. Nr. 7 GrEStG. Dieser schließt bezüglich des nämlichen Grundstücks einen Rechtsträgerwechsel vom Verkäufer auf den neuen Käufer nach § 1 Abs. 1 Nr. 1 GrEStG aus (Aufgabe der Rechtsprechung im Urteil des BFH vom 26.09.1990, II R 107/87, BFH/NV 1991, 482).«.

wonach auch Zwischengeschäfte[670] GrESt auslösen, die sich auf Anteile an Gesellschaften beziehen, zu deren Vermögen Grundstücke gehören. In der Praxis sind einzelne Finanzämter nicht bereit, diesen Befund hinzunehmen, sondern wollen auf Anteile an grundbesitzenden Gesellschaften bezogene Zwischengeschäfte über eine extensive Auslegung von § 1 Abs. 3 Nr. 3 oder Nr. 4 GrEStG der GrESt unterwerfen.

Im Urteil V K 235/11 vom 26.03.2014[671] vertritt nun auch das FG Köln die Auffassung, dass beim derivativen Anteilserwerb durch einen Dritten infolge der Abtretung eines Anspruchs auf Übertragung von mindestens 95 % der Anteile an einer grundbesitzenden Kapitalgesellschaft zweimal GrESt anfällt, und zwar zunächst gem. § 1 Abs. 3 Nr. 3 GrEStG auf den Abschluss des ursprünglichen Anteilskaufvertrags sowie anschließend nach § 1 Abs. 3 Nr. 4 GrEStG auf die dingliche Übertragung der Rechtsinhaberschaft an den Anteilen durch den Anteilsverkäufer auf den vom Anteilskäufer benannten Dritten. Gegen dieses Urteil ist die Revision beim BFH anhängig,[672] sodass in Kürze mit einer höchstgerichtlichen Klärung der Anwendbarkeit von § 1 Abs. 3 Nr. 3 oder Nr. 4 GrEStG auf anteilsbezogene Zwischengeschäfte gerechnet werden kann.

Im Folgenden wird dargelegt, dass anteilsbezogene Zwischengeschäfte GrESt weder nach § 1 Abs. 3 Nr. 3 oder Nr. 4 GrEStG noch nach dem seit 07.06.2013 gültigen § 1 Abs. 3a GrEStG auslösen.

(1) Sachverhalt des Urteils des FG KÖLN VOM 26.03.2014 (5 K 235/11)

In dem zugrunde liegenden Sachverhalt hatte die Y-Bank ihre 100 %ige Beteiligung an der ZYX N.V. im September 2006 an die W-Bank verkauft. Die ZYX N.V. war Alleingesellschafterin einiger niederländischer BVs, zu deren Vermögen in Deutschland belegene Grundstücke gehörten. Nach dem Anteilskaufvertrag war die W-Bank berechtigt, vor dem Vollzug des Vertrags eine ihrer Konzerngesellschaften als Käuferin zu benennen. Nach Erfüllung der im Anteilskaufvertrag vereinbarten Bedingungen für den Vollzug benannte die W-Bank die Klägerin als Käuferin. Die Y-Bank, die W-Bank und die Klägerin schlossen im Dezember 2006 eine Änderungsvereinbarung, wonach die Anteile an der ZYX N.V. (umbenannt in WX N.V.) unmittelbar von der Y-Bank auf die Klägerin übertragen werden sollten.

---

670 Zum Beispiel Rechtsgeschäfte, die den Anspruch auf Abtretung eines Anspruchs auf Übertragung der bereits vereinigten Anteile an Grundstücks-Gesellschaften begründen, oder die den Anspruch auf Abtretung der Rechte aus einem Angebot zum Kauf der bereits vereinigten Anteile an einer Grundstücks-Gesellschaft begründen, sowie die dingliche Abtretung derartiger Rechte.
671 Vgl. EFG 2014, 1501.
672 AZ II R 26/14.

# B.　Die Steuerbarkeit

Sachverhalt des Urteils des FG Köln vom 26.03.2014, 5 K 235/11

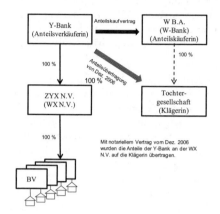

Der Anteilskaufvertrag sah zugunsten der W-Bank das Recht vor, vor dem Vollzug des Vertrags eine Gesellschaft ihrer Unternehmensgruppe als Käuferin zu benennen.

Nach Erfüllung aller Bedingungen für den Vollzug des Vertrags benannte die W-Bank die Klägerin als Käuferin.

Zur Umsetzung des ausgeübten Benennungsrechts schlossen die Y-Bank, die W-Bank und die Klägerin im Dezember 2006 eine Änderungsvereinbarung, wonach die Anteile an der WX N.V. direkt auf die Klägerin übertragen werden sollten.

Das FA erließ zwei Bescheide über die einheitliche und gesonderte Feststellung der Besteuerungsgrundlagen, und zwar zum einen gegenüber der W-Bank aufgrund des Anteilskaufvertrags von September 2006 (Erwerb von der Y-Bank) und zum anderen gegenüber der Klägerin aufgrund der Anteilsübertragung im Dezember 2006. In der Entscheidung über den Einspruch gegen den zweitgenannten Bescheid wertete das FA den Erwerb durch die Klägerin als nach § 1 Abs. 3 Nr. 3 GrEStG steuerbaren Erwerb von der W-Bank.

(2)　Entscheidung des FG Köln im Urteil vom 26.03.2014

Nach Auffassung des FG Köln ist auf den Erwerb durch die Klägerin § 1 Abs. 3 Nr. 3 GrEStG nicht anwendbar, weil diese Vorschrift nur die erstmalige Begründung eines Anspruchs auf Übertragung von mindestens 95 % der Anteile an der grundbesitzenden Gesellschaft erfasse, nicht hingegen die Übertragung eines bereits bestehenden Übertragungsanspruchs.[673] Eine über den Wortlaut von § 1 Abs. 3 Nr. 3 GrEStG hinausgehende, extensive Auslegung dieser Vorschrift lehnt das FG Köln mit der folgenden Begründung ab:

»*Dem Gesetzgeber war die Problematik bekannt. Dies ergibt sich aus der steuerlichen Erfassung der Zwischengeschäfte in § 1 Abs. 1 Nr. 5 bis Nr. 7 GrEStG. Wenn er für die Fälle der Anteilsübertragung und Anteilsvereinigung auf eine vergleichbare Regelung der Besteuerung von Zwischengeschäften verzichtet hat, kann diese Entscheidung nicht durch Auslegung oder Analogie korrigiert werden.*«[674]

---

673　Dies entspricht der in der Lit. einhellig vertretenen Meinung, vgl. z.B. vgl. *Fischer*, in: Boruttau, GrEStG, 16. Auf. 2007, § 1 GrEStG, Rn. 859.
674　Vgl. FG Köln, Urt. v. 26.03.2014, V K 235/11, Tz. 22.

## VII. Wirtschaftliche Anteilsvereinigung, § 1 Abs. 3a GrEStG     B.

Das FG Köln bejaht jedoch die Steuerbarkeit des Anteilserwerbs durch die Klägerin nach § 1 Abs. 3 Nr. 4 GrEStG. Zwar wäre die Anteilsübertragung vom Dezember 2006 ohne den Anteilskaufvertrag vom September 2006 nicht zustande gekommen. Jedoch sei die Klägerin am Anteilskaufvertrag vom September 2006 schuldrechtlich nicht beteiligt gewesen. Ein nur mit einem Dritten vorausgegangenes schuldrechtliches Rechtsgeschäft könne insoweit nicht genügen. Weil kein Neuabschluss, sondern eine Vertragsübernahme erfolgt sei, könne auch die Änderungsvereinbarung vom Dezember 2006 nicht als vorausgegangenes schuldrechtliches Rechtsgeschäft gewertet werden.

(3) Argumente gegen die Anwendung von § 1 Abs. 3 Nr. 4 GrEStG

Entgegen der Ansicht des FG Köln ist die Besteuerung des Anteilserwerbs durch die Klägerin nach § 1 Abs. 3 Nr. 4 GrEStG abzulehnen. Die Vorschrift ist in ihrem »wenn«-Halbsatz passivisch formuliert. Der Tatbestand von § 1 Abs. 3 Nr. 4 GrEStG ist nicht erfüllt, »wenn ein schuldrechtliches Geschäft im Sinne von § 1 Abs. 3 Nr. 3 GrEStG vorausgegangen ist«, unabhängig davon, ob die Anteilserwerberin selbst an diesem vorausgegangen schuldrechtlichen Geschäft als Vertragspartei beteiligt gewesen ist. Hätte der Gesetzgeber die Identität der Beteiligten am vorausgegangenen schuldrechtlichen Rechtsgeschäft einerseits und am dinglichen Erfüllungsgeschäft andererseits als Voraussetzung für die Nichtbesteuerung der dinglichen Erfüllung nach § 1 Abs. 3 Nr. 4 GrEStG verlangen wollen, hätte er den Wortlaut des »wenn«-Halbsatzes anders formuliert. Die Anwendung von § 1 Abs. 3 Nr. 4 GrEStG scheidet zumindest dann aus, wenn – wie im Sachverhalt, den das FG Köln zu beurteilen hatte – die dingliche Übertragung der Rechtsinhaberschaft an den Anteilen der Erfüllung des aus dem vorausgegangenen schuldrechtlichen Rechtsgeschäft resultierenden Anteilsübertragungsanspruchs dient.[675]

Allein der Umstand, dass auf der Erwerber-Seite zwei Rechtsträger beteiligt sind, rechtfertigt keine zweifache Erhebung von GrESt. So ist für die Konstellation des Grundstückskaufvertrags zugunsten eines Dritten gem. §§ 433, 328 ff. BGB anerkannt, dass im Ergebnis nur einmal GrESt anfällt.[676] Beim Vertrag zugunsten Dritter schließt der Versprechensempfänger (Käufer) im eigenen Namen einen Vertrag mit dem Versprechenden (Verkäufer) ab. Der Dritte hat – soweit er nicht von seinem Zurückweisungsrecht i.V.m. § 333 BGB Gebrauch macht – den Eigentumsverschaffungsanspruch. Dieser Anspruch entsteht allein aufgrund des Vertrags zwischen Versprechendem und

---

675 So auch *Hofmann*, § 1 GrEStG, Rz. 136, 10. Aufl. 2014. Ähnlich in Bezug auf das Verhältnis zwischen Nr. 1 einerseits und Nr. 2, Nr. 3 von § 1 Abs. 1 GrEStG andererseits FG Bremen, Urteil 2 K 639/02 (01) vom 11.06.2003, EFG 2003, 1324, Leitsatz: »Wird die Auflassung nicht zwischen den Vertragsparteien des nach § 1 Abs. 1 Nr. 1 GrEStG besteuerten Verpflichtungsgeschäfts, sondern zwischen dem Veräußerer und einem Dritten erklärt, auf den der Übereignungsanspruch im Wege der Gesamtrechtsnachfolge übergangen ist, unterliegt der Rechtsvorgang weder der Besteuerung nach § 1 Abs. 1 Nr. 2 GrEStG noch nach § 1 Abs. 1 Nr. 3 GrEStG.«
676 Vgl. BFH-Urteil II 166/64 vom 06.05.1969, BStBl. II 1969, 558.

Versprechensempfänger. Einer Mitwirkung des Dritten bedarf es nicht. Der Dritte erwirbt den Anspruch originär in seiner Person. Der Anspruch gehört nicht – auch nicht durchgangsweise – zum Vermögen des Versprechensempfängers.[677] Bezieht sich der Vertrag zugunsten Dritter auf den Kauf eines Grundstücks oder auf den Kauf von mindestens 95 % der Anteile an einer grundbesitzenden Kapitalgesellschaft, wird der Tatbestand von § 1 Abs. 1 Nr. 1 bzw. § 1 Abs. 3 Nr. 3 GrEStG durch den Abschluss des Vertrags zugunsten Dritter zwischen dem Versprechensempfänger und dem Versprechenden erfüllt. Steuerschuldner i.V.m. § 13 Nr. 1 GrEStG sind nur diese beiden, nicht aber der unmittelbar den Anspruch erlangende Dritte.[678]

Beim Versprechenden erfolgt kein Durchgangserwerb, sodass kein Rechtsträgerwechsel vom Versprechensempfänger auf den Dritten vorliegen kann. Auch im Verhältnis zwischen Versprechendem und Drittem liegt kein steuerbarer Erwerbsvorgang vor, weil der in diesem Verhältnis erfolgenden Auflassung bzw. dem dinglichen Erfüllungsgeschäft der vom Versprechenden mit dem Versprechensempfänger abgeschlossene schuldrechtliche Vertrag zugunsten Dritter vorausgegangen ist.[679]

Zwar unterscheidet sich der Vertrag zugunsten Dritter von der vom FG Köln beurteilten Konstellation, in der ein Anteilsübertragungsanspruch weiter übertragen bzw. vom Anteilskäufer ein Dritter als Käufer benannt wird, dadurch, dass nach Abschluss des Kaufvertrags noch ein weiteres Rechtsgeschäft abgeschlossen wurde. Die grunderwerbsteuerrechtliche Behandlung des Vertrags zugunsten Dritter zeigt aber, dass die Beteiligung von zwei Rechtsträgern auf der Käufer-Seite keinesfalls automatisch dazu führt, dass zweimal GrESt anfällt. Auch belegt sie, dass die dingliche Erfüllung zwischen dem Veräußerer (Versprechenden) und dem Dritten nicht steuerbar ist, weil zwischen dem Veräußerer und dem Ersterwerber bzw. Versprechensempfänger ein schuldrechtliches Rechtsgeschäft vorausgegangen ist. Dass auf der Erwerber-Seite keine Partei-Identität besteht, ist unerheblich.

(4) Mehrfache Benennung des Käufers

Auf Grundlage der vom FG Köln im Urteils vom 26.03.2014 vertretenen Grundsätze fiele auch dann »nur« zweimal GrESt an, wenn der vom ursprünglichen Anteilskäufer Benannte nicht seinerseits die dingliche Rechtsinhaberschaft an den Anteilen erwirbt, sondern vor Vollzug des Vertrags einen weiteren Rechtsträger benennt, der dann mit dem Anteilsverkäufer den Vertrag über die dingliche Übertragung der Rechtsinhaberschaft an den Anteilen abschließt. Hätte im Fall des FG Köln die Klägerin nach ihrer Benennung eine weitere Konzerngesellschaft benannt, die anschließend die

---

677 Vgl. *Grüneberg*, in: Palandt, BGB-Kommentar, 73. Aufl. 2013, Einführung vor § 328, Rz. 6 m.w.N.
678 Vgl. BFH-Urteil II R 146/76 vom 21.11.1979, BStBl. II 1980, 132; *Fischer*, in: Boruttau, § 1 GrEStG, Rz. 23 f.; *Hofmann*, § 13 GrEStG, Rz. 4, 10. Aufl. 2014; *Pahlke*, § 13 GrEStG, Rz. 5, 5. Aufl. 2014.
679 Vgl. *Pahlke*, in: Pahlke, § 1 GrEStG, Rz. 98, 5. Aufl. 2014.

VII. Wirtschaftliche Anteilsvereinigung, § 1 Abs. 3a GrEStG                    B.

Änderungsvereinbarung mit der Anteilsverkäuferin und dem Anteilskäufer abschließt, wäre ebenfalls zweimal – und nicht dreimal – GrESt angefallen.

Variante zum Sachverhalt des Urteils des FG Köln vom 26.03.2014, 5 K 235/11

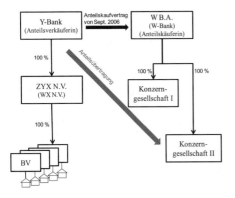

Der Anteilskaufvertrag sieht zugunsten der W-Bank das Recht vor, vor dem Vollzug des Vertrags eine Gesellschaft ihrer Unternehmensgruppe als Käuferin zu benennen.

Nach Erfüllung aller Bedingungen für den Vollzug des Vertrags benennt die W-Bank die Konzerngesellschaft I als Käuferin.

Vor Vollzug des Vertrags benennt die Konzerngesellschaft I mit Zustimmung der W-Bank die Konzerngesellschaft II als Käuferin.

Die Y-Bank, die W-Bank sowie die Konzerngesellschaften I und II schließen eine Änderungsvereinbarung, wonach die Anteile an der WX N.V. direkt auf die Konzerngesellschaft II übergehen sollen.

M.E. ist jedoch auch in dieser Fallkonstellation § 1 Abs. 3 Nr. 4 GrEStG unanwendbar, sodass auch hier insgesamt nur einmal GrESt anfällt. Denn mit dem Anteilskaufvertrag ist der Übertragung der dinglichen Rechtsinhaberschaft an der Beteiligung an der WX N.V. ein schuldrechtliches Rechtsgeschäft i.V.m. § 1 Abs. 3 Nr. 3 GrEStG vorausgegangen. Die oben in Ziffer 0 gegen die Ansicht des FG Köln vorgebrachten Argumente gelten hier entsprechend.

(5) Auch keine Besteuerung des dinglichen Anteilserwerbers nach § 1 Abs. 3a

Bei nach dem 06.06.2013 verwirklichten anteilsbezogenen Zwischengeschäften ist zudem noch die Anwendbarkeit von § 1 Abs. 3a GrEStG zu prüfen.[680] Dies soll hier anhand des folgenden Beispiels geschehen:

Der Anteilsverkäufer verkauft seine 100 %igen Geschäftsanteil an der Target-GmbH an die MG. Die MG überträgt diesen Anteilsübertragungsanspruch auf die zu 100 %igen in ihrem Anteilsbesitz stehende Tochter-GmbH. Anschließend überträgt der Anteilsverkäufer die Rechtsinhaberschaft an dem 100 %igen Geschäftsanteil direkt auf die Tochter-GmbH:

---

[680] Vgl. § 23 Abs. 11 GrEStG zum zeitlichen Anwendungsbereich von § 1 Abs. 3a GrEStG.

B.  Die Steuerbarkeit

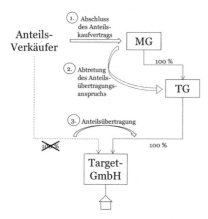

Der Abschluss des Anteilskaufvertrags löst im Verhältnis des Anteilsverkäufers zur MG GrESt nach § 1 Abs. 3 Nr. 3 GrEStG aus. Die Abtretung des Anteilsübertragungsanspruchs durch MG an die Tochter-GmbH verwirklicht den Tatbestand von § 1 Abs. 3 Nr. 3 GrEStG nicht, weil kein Anspruch auf Übertragung des 100 %igen Geschäftsanteils an der Target-GmbH begründet wird; es wird vielmehr der bereits bestehende Anteilsübertragungsanspruch abgetreten, was vom Wortlaut von § 1 Abs. 3 GrEStG nicht erfasst ist. Die anschließende Übertragung der dinglichen Rechtsinhaberschaft an dem 100 %igen Geschäftsanteil an der Target-GmbH durch den Anteilsverkäufer auf die Tochter-GmbH löst – entgegen der vom FG Köln im dessen Urteil vom 26.03.2014 vertretenen Ansicht – keine GrESt aus; § 1 Abs. 3 Nr. 4 GrEStG ist nicht erfüllt, weil mit dem Abschluss des Anteilskaufvertrags durch den Anteilsverkäufer und MG ein Rechtsgeschäft vorausgegangen ist, das den Anspruch auf Übertragung des 100 %igen Geschäftsanteils begründet hat, und weil die Übertragung der dinglichen Rechtsinhaberschaft an diesem Anteil durch den Anteilsverkäufer auf die Tochter-GmbH der Erfüllung dieses Anteilsübertragungsanspruchs dient.[681] Allerdings sieht dies FG Köln in seinem Urteil vom 26.03.2014[682] anders: Im Fall der Vertragsübernahme hinsichtlich einer vereinbarten Anteilsübertragung sei § 1 Abs. 3 Nr. 4 GrEStG einschlägig, wenn der Erwerber an dem vor Vertragsübernahme abgeschlossenen Anteilskaufvertrag schuldrechtlich nicht beteiligt war und so nur ein mit einem Dritten voraus gegangenes schuldrechtliches Rechtsgeschäft vorlegt. Gegen die Auffassung des FG Köln spricht jedoch, dass die dingliche Übertragung der Rechtsinhaberschaft an den Anteilen der Erfüllung des aus dem voraus gegangenen schuldrechtlichen Rechtsgeschäft resultierenden Anteilsübertragungsanspruchs dient.[683] Im Fall des Grundstücksgeschäfts führte die Ansicht des FG Köln dazu, dass insgesamt

---

681 Vgl. *Hofmann*, § 1 GrEStG, Rz. 136. Vgl. zum Verhältnis von § 1 Abs. 1 Nr. 2 zu § 1 Abs. 1 Nr. 1 GrEStG FG Bremen, EFG 2003, 1324 linke Spalte unten.
682 Vgl. FG Köln, Urteil 5 K 235/11 vom 26.03.2014, EFG 2014, 1501.
683 Vgl. auch *Hofmann*, § 1 GrEStG, Rz. 136, 10. Aufl. 2014; vgl. auch FG Bremen, Urteil II K 639/02 (01) vom 11.06.2003, EFG 2003, 1324.

VII. Wirtschaftliche Anteilsvereinigung, § 1 Abs. 3a GrEStG    B.

dreimal GrESt anfiele, zunächst beim Abschluss des ursprünglichen Grundstückskaufvertrages nach § 1 Abs. 1 Nr. 1 GrEStG, anschließend bei der Vertragsübernahme nach § 1 Abs. 1 Nr. 5 GrEStG und ein drittes Mal bei der Auflassung des Grundstücks nach § 1 Abs. 1 Nr. 2 GrEStG. Eine dreimalige Besteuerung dürfte nicht der Intention des Gesetzes entsprechen; u.E. würde eine nicht gewollte Übermaßbesteuerung vorliegen.

Fraglich ist, ob sich am Ergebnis, dass insgesamt nur einmal GrESt anfällt, durch das Inkrafttreten von § 1 Abs. 3a GrEStG am 06.06.2013 etwas geändert hat. Dies ist zu verneinen:

**Kein Erwerbsvorgang i.S.v. § 1 Abs. 3a GrEStG im Verhältnis Anteilsverkäufer/MG:**

§ 1 Abs. 3a GrEStG kann nur anwendbar sein, »wenn keine Besteuerung nach § 1 Abs. 3 GrEStG in Betracht kommt«. Der Abschluss des Anteilskaufvertrags zwischen dem Anteils-Verkäufer und der MG ist jedoch nach § 1 Abs. 3 – und zwar Nr. 3 – GrEStG besteuert worden, d.h. es kommt eine Besteuerung nach § 1 Abs. 3 GrEStG in Betracht. Dass die Besteuerung des von der MG verwirklichten Erwerbsvorgangs nach § 1 Abs. 3 Nr. 3 GrEStG (entgegen der Ansicht des FG Köln) die Besteuerung der dinglichen Erfüllung als Erwerb der TG ausschließt, gilt nicht nur im Hinblick auf § 1 Abs. 3 Nr. 4, sondern auch im Hinblick auf § 1 Abs. 3a GrEStG. Denn die in Abs. 3a beschriebenen Rechtsvorgänge gelten als Rechtsvorgänge i.S.v. Abs. 3. Somit gilt der Ausschlussgrund »wenn kein schuldrechtliches Rechtsgeschäft im Sinne des § 1 Abs. 3 Nr. 3 vorausgegangen ist« in § 1 Abs. 3 Nr. 4 GrEStG für § 1 Abs. 3a GrEStG entsprechend.[684]

**Kein Erwerbsvorgang i.S.v. § 1 Abs. 3a GrEStG im Verhältnis MG/TG:**

Auf der Grundlage der Verwaltungsansicht, wonach § 1 Abs. 3a GrEStG bereits durch schuldrechtliche Verpflichtungsgeschäfte ausgelöst werden kann,[685] erscheint es zwar als nicht ausgeschlossen, die Abtretung des Anteilsübertragungsanspruchs durch MG auf die Tochter-GmbH als Rechtsvorgang zu werten, aufgrund dessen die Tochter-GmbH erstmals eine wirtschaftliche Beteiligung von mindestens 95 % der Anteile am Kapital der Target-GmbH »innehat«. Denn wenn mit »innehat« nicht der sachenrechtliche Erwerb der dinglichen Rechtsinhaberschaft an den Anteilen gemeint ist, sondern auch die Erlangung des Anspruchs auf Übertragung von Anteilen an der grundbesitzenden Gesellschaft, könnte der Erwerb der schuldrechtlichen Rechtsstellung der Tochter-GmbH – weil § 1 Abs. 3 GrEStG anders als § 1 Abs. 3 Nr. 1, Nr. 3 GrEStG kein Rechtsgeschäft voraussetzt, das den Anspruch auf Übertragung von Anteilen begründet – als tatbestandsmäßig angesehen werden. Allerdings kann § 1 Abs. 2a GrEStG nur anwendbar sein, »wenn keine Besteuerung nach § 1 Abs. 3 GrEStG in Betracht kommt«. Jedoch hat der Abschluss des Anteilskaufvertrags bereits nach § 1 Abs. 3 Nr. 3 GrEStG GrESt ausgelöst, d.h. es kommt eine Besteuerung nach

---

684 Im Ergebnis ebenso *Mückl/München*, DStR 2014, 2273.
685 Vgl. Tz. 1 Abs. 2 der gleichlautenden Erl. zur Anwendung von § 1 Abs. 3a GrEStG vom 09.10.2013.

213

§ 1 Abs. 3 GrEStG in Betracht. Dass die Besteuerung des von der MG verwirklichten Erwerbsvorgangs nach § 1 Abs. 3 Nr. 2 GrEStG die Besteuerung der dinglichen Erfüllung als Erwerb der TG ausschließt, gilt nicht nur im Hinblick auf § 1 Abs. 3 Nr. 4, sondern auch in Hinblick auf § 1 Abs. 3a GrEStG. Auch im Verhältnis zwischen der MG und der TG liegt kein nach § 1 Abs. 3a GrEStG steuerbarer Rechtsträgerwechsel vor. Denn die Innehabung einer sog. wirtschaftlichen Beteiligung i.S.v. § 1 Abs. 3a GrEStG gilt als Rechtsvorgang i.S.v. § 1 Abs. 3 GrEStG. Wenn also im Sinne von § 1 Abs. 3 GrEStG im Verhältnis MG/TG kein Rechtsträgerwechsel vorliegt, kann dies auch nach § 1 Abs. 3a GrEStG nicht der Fall sein.

Jedoch gelten die in Abs. 3a angesprochenen Rechtsvorgänge als solche i.S.d. Abs. 3. Dies bedeutet, dass die wirtschaftliche Beteiligung i.S.v. § 1 Abs. 3a GrEStG in allen Varianten des § 1 Abs. 3 GrEStG – und damit auch *nur* in den Varianten des § 1 Abs. 3 GrEStG – verwirklicht werden kann.[686] Im Verhältnis zwischen Anteils-Käufer und in dessen Rechtsposition eintretendem Dritten wird jedoch keiner der Tatbestände des § 1 Abs. 3 GrEStG verwirklicht.[687] Mithin wird auch der Tatbestand des § 1 Abs. 3a GrEStG in diesem Verhältnis nicht verwirklicht.

### i) Heterogener Formwechsel

366.38  Keine Ausführungen enthalten die Erlasse zu der Frage, ob der Tatbestand von § 1 Abs. 3a GrEStG durch heterogenen Formwechsel[688] verwirklicht werden kann. Diese Fragen soll anhand des folgenden Beispiels dargestellt werden:

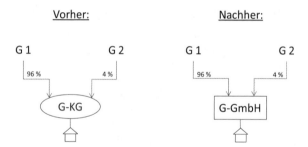

Ursprünglich waren an der G-KG G 1 i.H.v. 96 % und G 2 i.H.v. 4 % beteiligt. Die G-KG wird gem. §§ 190 ff. UmwG identitätswahrend in G-GmbH umgewandelt. Anschließend ist G 1 i.H.v. 96 % und G 2 i.H.v. 4 % am Kapital der G-GmbH beteiligt.

---

686 Vgl. Tz. 1 Abs. 2 der Erl. vom 09.10.2013 zu § 1 Abs. 3a GrEStG, BStBl. I 2013, 1324.
687 Vgl. FG Köln, Urteil 5 K 235/11 vom 26.03.2014, Tz. 22.
688 Formwechsel von der Kapital- in die Personengesellschaft und umgekehrt.

VII. Wirtschaftliche Anteilsvereinigung, § 1 Abs. 3a GrEStG   B.

Auf Grundlage der vom FG Münster im Urteil vom 16.02.2006[689] vertretenen Ansicht führt die Eintragung des Formwechsels im HR zur Verwirklichung des Tatbestands von § 1 Abs. 3 Nr. 2 GrEStG. Nach der in der Literatur vertretenen Gegenansicht ist der Formwechsel grunderwerbsteuerrechtlich irrelevant, weil die Beteiligungsquoten unverändert bleiben und deshalb keine Anteilsübertragung ausgelöst worden ist.[690] Auf Grundlage dieser Gegenansicht stellt sich die Frage, ob § 1 Abs. 3a GrEStG verwirklicht worden ist, weil G 1 infolge der Eintragung des Formwechsels erstmals mindestens 95 % der Anteile am Kapital der G-GmbH innehat; zuvor hatte sie in diesem Umfang »nur« der Anteile am Vermögen der G-KG inne.

Im Hinblick darauf, dass Rechtsvorgänge i.S.v. § 1 Abs. 3a GrEStG als solche i.S.d. § 1 Abs. 3 GrEStG gelten, muss auch im Beispiel maßgebend sein, dass sich die Beteiligungsquote nicht ändert. Dass G 1 infolge des Formwechsels erstmals eine mindestens 95 %ige Beteiligung am Kapital der G-GmbH erwirbt, stellt grunderwerbsteuerrechtlich keinen Erwerbsvorgang dar, weil G 1 bereits zuvor im selben Umfang am Vermögen der mit der G-GmbH identischen früheren G-KG beteiligt war.

### 3. Zusammenfassung

Zuzustimmen ist den Ausführungen im Länder-Erlass vom 09.10.2013 in Bezug auf die folgenden Regelungen:   366.39
- Das Tatbestandsmerkmal »wirtschaftliche Beteiligung« wird in Übereinstimmung mit dem Wortlaut von § 1 Abs. 3a Satz 2 GrEStG n.F. als »unmittelbare und/oder mittelbare Beteiligung am Kapital oder am Vermögen« der grundbesitzenden Gesellschaft definiert.[691] Dies kann nur dahin verstanden werden, dass die Fin-Verw. schuldrechtliche Vereinbarungen z.B. zwischen den mehreren Käufern der Anteile an einer grundstücksbesitzenden Gesellschaft auch i.R. von § 1 Abs. 3a GrEStG n.F. für irrelevant hält, vorausgesetzt, diese Vereinbarungen begründen (noch) keine schuldrechtlichen Ansprüche auf die Übertragung von Anteilen.[692]
- Im Länder-Erlass wird bestätigt, dass – wenn bis zum 06.06.2013 bereits mindestens 95 % der Anteile einer Gesellschaft wirtschaftlich i.S.v. § 1 Abs. 3a

---

689 AZ 8 K 1785/03 GrE, EFG 2006, 1034.
690 Vgl. *Hofmann*, § 1 GrEStG, Rz. 172, *Behrens/Schmitt*, UVR 2008, 53, 56; *Jüptner*, URV 2009, 62.
691 Vgl. Tz. 5.
692 Auf Grundlage der im Länder-Erl. vertretenen Ansicht, wonach durch § 1 Abs. 3a GrEStG Rechtsvorgänge i.S.d. § 1 Abs. 3 *Nr. 1 bis 4* GrEStG fingiert würden, können auf Anteile bezogene Treuhandverträge, die Ansprüche auf Abtretung der Rechtsinhaberschaft an den Anteilen begründen, tatbestandsmäßig sein. Bei der u.E. gebotenen Beachtung des Merkmals »innehat« sind Treuhandverträge irrelevant. Der pauschalen Aussage von *Wischott/Keller/Graessner/Bakeberg*, DB 2013, 2235, 2238, dass die vom Treuhänder gehaltene Beteiligung an der Grundstücksgesellschaft dem Treugeber »auch für grunderwerbsteuerliche Zwecke« zuzurechnen sei, ist in dieser Allgemeinheit nicht zu folgen. Denn entscheidend ist, ob der im konkreten Fall zu prüfende grunderwerbsteuergesetzliche Tatbestand bereits an das schuldrechtliche Rechtsgeschäft anknüpft oder erst an den dinglichen Anteilserwerb.

GrEStG n.F. in einer Hand vereinigt waren und diese Beteiligung nach dem 06.06.2013 ganz oder teilweise aufgestockt wird – dadurch § 1 Abs. 3a GrEStG nicht mehr verwirklicht werden kann.[693]
- Ebenso wird bestätigt, dass keine GrESt nach § 1 Abs. 3a GrEStG n.F. anfällt »für die nach dem Überschreiten der 95 %-Grenze hinzuerworbenen Grundstücke«.[694]
- Die Befreiungs- und Nichterhebungs-Regelungen in den §§ 3, 6, 6a GrEStG sind auf die Fälle des § 1 Abs. 3a GrEStG n.F. entsprechend anwendbar.[695]
- RETT-Blocker-KGs sind i.r. des § 1 Abs. 3 GrEStG selbst bei einer Beteiligung des Fremden am Vermögen der RETT-Blocker-KG nur i.H.v. 0 % anzuerkennen.[696]

366.40 Den folgenden im Länder-Erlass getroffenen Aussagen zur Auslegung von § 1 Abs. 3a GrEStG n.F. ist **nicht** zuzustimmen:
- Der Anwendungsbereich von § 1 Abs. 3a GrEStG n.F. wird – in gewissen Fällen zwar dem Gesetzeswortlaut entsprechend, jedoch im Widerspruch zum Zweck dieser Neuregelung – nicht auf RETT-Blocker-Fallkonstellationen beschränkt. Dies wäre durch teleologische Reduktion des Tatbestands von § 1 Abs. 3a GrEStG zulässig und – wegen des Gesetzeswortlauts (Rechtsvorgänge i.S.v. § 1 Abs. 3a GrEStG »gelten als Rechtsvorgänge nach § 1 Abs. 3 GrEStG«) – u.E. geboten.
- Die FinVerw. ist der Auffassung, dass die Tatbestände in § 1 Abs. 3a GrEStG n.F. und in § 1 Abs. 3 GrEStG nacheinander verwirklicht werden können.[697] Sie sieht § 1 Abs. 3a GrEStG also auch im Verhältnis zu § 1 Abs. 3 GrEStG als eigenständig an. Wegen der gesetzlich angeordneten Gleichstellung (Rechtsvorgänge nach § 1 Abs. 3a gelten als Rechtsvorgänge i.S.v. Abs. 3) ist dem nicht zuzustimmen. Die FinVerw. verweist lediglich auf die Möglichkeit der Bemessungsgrundlagen-Verrechnung nach § 1 Abs. 6 GrEStG.

366.41 Auch lässt der Länder-Erlass die folgenden offenen Fragen offen:
- Keine eindeutige Aussage trifft die FinVerw. zu der Frage, ob die Innehabung einer wirtschaftlichen Beteiligung von ggf. durchgerechnet mindestens 95 % am Kapital oder Vermögen einer grundstücksbesitzenden Gesellschaft in der Hand von herrschendem Unternehmen und abhängigen Gesellschaften (d.h. im Organkreis i.S.v. § 1 Abs. 4 Nr. 2b GrEStG) mit der Folge des Anfalls von GrESt nach § 1 Abs. 3a GrEStG n.F. denkbar ist. Weil der Gesetzeswortlaut auf die Innehabung einer solchen Beteiligung durch einen Rechtsträger abstellt, ist diese Frage zu verneinen.[698]

---

693 Vgl. Tz. 2.
694 Richtig müsste es heißen: »Für die nach dem *Erreichen* der 95 %-Grenze hinzuerworbenen Grundstücke«.
695 Vgl. Tz. 7.
696 Vgl. z.B. Tz. 5, Beispiel 5.
697 Vgl. Tz. 6, Beispiele 11 und 12.
698 Ebenso *Hofmann*, § 1 GrEStG, Rz. 190, 10. Aufl. 2014.

VII. Wirtschaftliche Anteilsvereinigung, § 1 Abs. 3a GrEStG    B.

– Unabhängig von der Auslegung speziell des § 1 Abs. 3a GrEStG n.F. wirft der Länder-Erlass die Frage auf, ob die FinVerw. die Zuordnung von Grundstücken zum Vermögen einer Gesellschaft davon abhängig machen will, dass die Gesellschaft einen Erwerbsvorgang entsprechend § 23 GrEStG verwirklicht hat. Nach bisher wohl ganz überwiegender Ansicht kommt es auf den Zeitpunkt der Steuerentstehung an. Der Erlass-Entwurf erweckt den Eindruck, dass die FinVerw. stattdessen auf den Zeitpunkt der Verwirklichung des Erwerbsvorgangs entsprechend § 23 GrEStG abstellen will.
– Trotz mehrfacher Betonung der angeblichen Rechtsformneutralität von § 1 Abs. 3a GrEStG erläutert die FinVerw. nicht, was sie genau unter »Anteil am Kapital« bei Kapitalgesellschaften und »Anteil am Vermögen« bei Personengesellschaften versteht.[699]
– Im Länder-Erlass wird zu der Frage nicht Stellung genommen, ob § 20 Abs. 2 Nr. 3 GrEStG auch bei der Anzeige von Erwerbsvorgängen nach § 1 Abs. 2a oder Abs. 3 GrEStG zu beachten ist. Hiervon sollte in der Praxis bei der Abgabe von Anzeigen vorsorglich ausgegangen werden.
– Unbeantwortet bleibt die Frage, ob bei Entstehung des Anteilsübertragungsanspruchs vor dem 07.06.2013 die dingliche Übertragung der Anteile nach dem 06.06.2013 nach Verwaltungsansicht den Tatbestand von § 1 Abs. 3a GrEStG erfüllen kann. U.E. ist dies auf Grundlage der im Länder-Erlass vertretenen Ansicht, wonach durch § 1 Abs. 3a GrEStG Rechtsvorgänge i.S.d. § 1 Abs. 3 **Nr. 1 bis 4** GrEStG fingiert würden, das Merkmal »**innehat**« von der FinVerw. also ignoriert wird, zu verneinen. Denn es ist ein schuldrechtliches Rechtsgeschäft vorausgegangen, das einen Anteilsübertragungsanspruch begründet hat (und zwar auch dann, wenn das schuldrechtliche Rechtsgeschäft unter aufschiebenden Bedingungen oder Genehmigungsvorbehalten steht, die erst nach dem 06.06.2013 eingetreten bzw. erteilt worden sind).
– Trotz Betonung der Rechtsformneutralität trifft die FinVerw. im Länder-Erlass keine Aussage zu der Frage, ob ein heterogener Rechtsformwechsel auf der Ebene des Gesellschafters – oder ein Rechtsformwechsel der Grundstücksgesellschaft – zu einer Steuerbarkeit nach § 1 Abs. 3a GrEStG führen kann. U.E. ist dies zu verneinen.
– Nicht ausdrücklich Stellung nimmt die FinVerw. zu der Frage, ob bei Treuhandverträgen die vom Treuhänder gehaltenen Anteile am Kapital (bei Kapitalgesellschaften) bzw. Anteile am Vermögen (bei Personengesellschaften) diesem oder dem aufgrund des schuldrechtlichen Treuhandverhältnisses wirtschaftlich berechtigten Treugeber nach § 1 Abs. 3a GrEStG zugerechnet werden.[700]

---

699 Vgl. dazu zuletzt *Wischott/Keller/Graessner/Bakeberg*, DB 2013, 2235.
700 U.E. sind – wegen des Tatbestandsmerkmals »innehat«, wonach es auf die sachenrechtliche Rechtsinhaberschaft an den Anteilen ankommt – derartige von Treuhandverhältnissen betroffenen Anteile nicht dem Treugeber zuzurechnen. Ebenso *Hofmann*, § 1 GrEStG, Rz. 190, 10. Aufl. 2014.

– Keine Aussage trifft die FinVerw. zu der Frage, ob bereits bestehende RETT-Blocker-Strukturen durch z.b. Anwachsung oder Verschmelzung der Blocker-KG (was nach Verwaltungsansicht – entgegen der hier vertretenen Auffassung – GrESt auslöst) unter den Voraussetzungen des § 6a GrEStG i.d.F. des AmtshilfeRLUmsG steuerbefreit aufgelöst werden können.[701] Dies ist u.E. zu bejahen.

### 4. Übernahme-Angebote nach WpÜG

**367** Das Wertpapiererwerbs- und Übernahmegesetz (WpÜG) ist auf alle inländischen Angebote zum Erwerb von Aktien an Aktiengesellschaften und Kommanditgesellschaften auf Aktien anwendbar, wenn die Aktien zum Handel an einem organisierten Markt in einem Staat des Europäischen Wirtschaftsraums zugelassen sind. Den Aktien stehen zum Erwerb von Aktien berechtigende oder aktienvertretende Wertpapiere gleich. Gemäß § 17 WpÜG ist eine öffentliche, auf den Erwerb von Wertpapieren der Zielgesellschaft gerichtete Aufforderung des Bieters zur Abgabe von Angeboten durch die Inhaber der Wertpapiere, d.h. eine invitatio ad offerendum, unzulässig. Erwerbs- und Übernahmeangebote sind bindend. Sie richten sich auf den schuldrechtlichen und dinglichen Erwerb der Aktien. Der Aktionär der Zielgesellschaft erklärt die Annahme eines entsprechenden Kauf- bzw. Tauschvertrages und gibt sogleich eine Annahmeerklärung in Bezug auf die sachrechtliche Übereignung ab.[702] Beim öffentlichen Übernahme-Angebot oder beim Pflicht-Angebot kann der Bieter nicht verhindern, dass ein Anspruch auf Übertragung von mindestens 95 % der Aktien entstehen könnte. Gemäß § 32 WpÜG ist der Bieter eines öffentlichen Übernahme-Angebotes nämlich verpflichtet, allen Aktionären der Zielgesellschaft den Erwerb ihrer Aktien anzubieten. Teilangebote sind unzulässig.[703] Sofern die Ziel-AG Eigentümerin inländischer Grundstücke ist, hat es der Bieter (gem. § 2 Abs. 4 WpÜG eine natürliche oder eine juristische Person oder eine Personengesellschaft) nach Abgabe des Übernahmeangebots somit nicht mehr in der Hand, die Anteilsvereinigung i.S.d. § 1 Abs. 3 GrEStG zu vermeiden. Im Vorfeld eines Übernahmeangebotes sind deshalb Vorkehrungen zu treffen, um eine Anteilsvereinigung i.S.d. § 1 Abs. 3 GrEStG auszuschließen. Es könnte etwa eine dritte Gesellschaft mehr als 5 % der Aktien erwerben, wobei aber sichergestellt werden muss, dass der Aktienbesitz dieser Gesellschaft nicht dem Bieter bzw. einer gemeinsamen Muttergesellschaft i.S.d. § 1 Abs. 3 GrEStG zugerechnet werden kann. Alternativ könnte sich ein Aktionär, der bereits mehr als 5 % der Aktien erworben hat, gegenüber dem Bieter verpflichten, das Übernahmeangebot

---

701 Auch im gleichlautenden Länder-Erl. betr. die Änderung des § 6a GrEStG durch das AmtshilfeRLUmsG vom 09.10.2013) findet sich dazu keine Aussage.
702 Bei Anwendung des § 1 Abs. 3 GrEStG sind eigene Aktien der AG für die Berechnung der 95 %-Grenze auszuscheiden, d.h. die prozentuale Beteiligung des einzelnen Gesellschafters ist auf das um die Eigenanteile der Gesellschaft verminderte Grundkapital umzurechnen; vgl. *Hofmann*, § 1 Rn. 143, Rn. 156.
703 Ebenso wenig dürfen sich die Angebote auf den Erwerb aller Aktien nur einer bestimmten Gattung beschränken; vgl. *Kalss*, in: Semler/Volhart, Arbeitshandbuch zur Unternehmensübernahme, Bd. 2, § 51 Rn. 90.

nicht anzunehmen. Handelt es sich um eine freundliche Übernahme, könnte die Konzernstruktur der Ziel-AG vor Abgabe des Übernahmeangebotes so umgegliedert werden, dass eine grunderwerbsteuerliche Zurechnung des Grundbesitzes zur Ziel-AG ausscheidet. Die Ziel-AG könnte bspw. ihre eigenen Grundstücke auf eine Grundstücks-KG übertragen, an der sie als Kommanditistin vermögensmäßig nur zu 94,9 % beteiligt ist. Diese Beteiligungsquote darf dann die nächsten fünf Jahre nicht verringert werden.[704] Die weiteren Anteile müssten allerdings von einem außenstehenden Dritten gehalten werden.[705]

## VIII. Tausch – § 1 Abs. 5 GrEStG

Für den wechselseitigen Tausch von Grundstücken stellt § 1 Abs. 5 GrEStG klar, dass die Vereinbarung über jedes der gegeneinander auszutauschenden Grundstücke der GrESt unterliegt. Trotz Vorliegens eines einzigen Tauschvertrages sind mithin *zwei* steuerbare Erwerbsvorgänge gegeben; eine etwaige Steuerbefreiung ist für jeden einzelnen Erwerbsvorgang gesondert zu beurteilen.[706] 368

Die eigentliche Besteuerungsgrundlage des Grundstückstausches ist jeweils § 1 Abs. 1 Nr. 1 GrEStG. § 1 Abs. 5 GrEStG ist jedoch auch in anderen Fällen (z.B. bei einer Enteignung, § 1 Abs. 1 Nr. 3 GrEStG) anzuwenden, in denen die Übereignung eines Grundstücks Gegenleistung ist. 369

In Ausnahme zu § 1 Abs. 5 GrEStG behandelt § 7 Abs. 1 GrEStG den Austausch von Grundstücksbruchteilen zur flächenweisen Aufteilung eines Grundstücks als einheitlichen Erwerbsvorgang.[707] 370

Ein konkretes Berechnungsbeispiel wird im Zusammenhang mit den Bewertungsvorschriften dargestellt. 371

## IX. Die Aufeinanderfolge von Tatbeständen – § 1 Abs. 6 GrEStG

§ 1 Abs. 6 GrEStG regelt die Fälle, in denen zwei oder mehrere dasselbe Grundstück betreffende Rechtsvorgänge i.S.d. §§ 1 Abs. 1 bis 3a GrEStG nacheinander 372

---

704 Vgl. den koordinierten Länder-Erl. vom 14.02.2000, DStR 2000, S. 430, wonach bei Anwendung des § 1 Abs. 3 GrEStG nur solche mittelbaren Beteiligungen zu berücksichtigen sind, die zu mindestens 95 % gehalten werden.
705 Vgl. zu weiteren noch ausdifferenzierteren Gestaltungen *Salzmann/Loose*, DStR 2004, S. 1941 ff.; vgl. ferner ausführlich zu parallelen Übernahmeangeboten durch zwei Bieter-Vehikel *Ekkenga/Hofschroer*, DStR 2002, S. 725.
706 Vgl. zum Tausch im Grunderwerbsteuerrecht *Steiger*, UVR 2004, S. 131 ff.
707 Siehe hierzu unten Rdn. 605–610. Beim Grundstückstausch erfolgen umsatzsteuerrechtlich zwei Grundstückslieferungen; beide Grundstückslieferungen sind umsatzsteuerbefreit, wobei jeweils gesondert auf die Befreiung nach § 4 Nr. 9a UStG verzichtet werden kann, z.B. um eine Vorsteuerberichtigung zu vermeiden. Entgelt für die umsatzsteuerpflichtige Grundstückslieferung ist dann der gemeine Wert des hereingenommenen Grundstücks, § 10 Abs. 2 Satz 2 UStG.

## B.      Die Steuerbarkeit

verwirklicht werden.[708] Das Ziel der Vorschrift besteht einerseits darin, den gesamten Wert der Gegenleistung (§ 8 Abs. 1 GrEStG bzw. den ganzen Grundbesitz- oder Grundstückswert i.S.d. § 8 Abs. 2 GrEStG) zu erfassen, aber andererseits auch eine ungerechtfertigte Mehrfachbesteuerung zu vermeiden. Deshalb wird bei der Aufeinanderfolge von Ergänzungstatbeständen (§ 1 Abs. 2, Abs. 2a, Abs. 3 und Abs. 3a GrEStG) und Haupttatbeständen (§ 1 Abs. 1 GrEStG) zunächst jeder Rechtsvorgang für sich der GrESt unterworfen (§ 1 Abs. 6 Satz 1 GrEStG). Um eine Doppelbesteuerung zu vermeiden, wird sodann die Steuer für den nachfolgenden Rechtsvorgang nur i.H.d. Unterschiedsbetrages zur Bemessungsgrundlage des vorangegangenen Erwerbsvorgangs erhoben (§ 1 Abs. 6 Satz 2 GrEStG). Bei der Aufeinanderfolge von Ergänzungstatbeständen und Haupttatbeständen wird der Steuertatbestand demnach formell zweimal, dem materiellen Gehalt nach jedoch nur einmal erfüllt.[709]

**373**    Eine Anrechnung der Bemessungsgrundlagen aus einem vorangegangenen Erwerb findet somit unter folgenden Voraussetzungen statt:
- Vorausgehender und nachfolgender Erwerb müssen *dasselbe Grundstück* i.S.d. § 2 GrEStG betreffen;[710]
- *derselbe Erwerber* muss die Steuer aus beiden Erwerbsvorgängen schulden bzw. geschuldet haben;
- vorausgehender und nachfolgender Erwerb müssen unter *verschiedene Absätze* des Grunderwerbsteuergesetzes fallen;
- die Steuer für den vorausgehenden Erwerb muss *berechnet* worden sein.

▶ **Beispiel:**

Zum Vermögen einer GmbH gehört ein Grundstück (Grundbesitzwert 100.000,– €).

A vereinigt alle Anteile dieser GmbH in seiner Hand. Später erwirbt er das Grundstück von der GmbH für 150.000,– €.

**Lösung:**

Die GrESt für den ersten Erwerbsvorgang (Anteilsvereinigung) ist nach dem Wert des Grundstücks von 100.000,– € auf 3.500,– € festzusetzen. Die GrESt für den zweiten Erwerbsvorgang ist (bei Anwendung des § 8 Abs. 1 i.V.m. § 9 GrEStG) nach § 1 Abs. 6 Satz 2 GrEStG nach dem Differenzbetrag von 50.000,– € auf 1.750,– € festzusetzen.

---

708    Die Erstreckung des Anwendungsbereichs des § 1 Abs. 6 GrEStG auf Erwerbsvorgänge nach § 1 Abs. 2a GrEStG ist durch das StEntlG 1999/2000/2002 mit Wirkung zum 01.01.2000 gestrichen worden, da es einer entsprechenden Steueranrechnungsmöglichkeit nach Einschätzung des Gesetzgebers nicht bedurfte; vgl. kritisch hierzu *Schiessl/Tschesche*, BB 2003, S. 1867 ff., die sehr wohl Anwendungsfälle im Zusammenhang mit § 1 Abs. 2a GrEStG bejahen und deshalb für eine Wiedereinführung der gestrichenen Bestimmung plädieren.

709    Vgl. *Pahlke*, § 1 Rn. 369, vgl. hierzu auch BFH, NV 1995, S. 431; *Hofmann*, § 1 Rn. 176 ff.; *Weilbach*, § 1 Rn. 97; *Boruttau/Fischer*, § 1 Rn. 1023 ff.

710    Ein Erbbaurecht und das mit dem Erbbaurecht belastete Grundstück sind allerdings nicht identisch; vgl. *Heine*, UVR 2005, S. 316, Fn. 51.

## IX. Die Aufeinanderfolge von Tatbeständen – § 1 Abs. 6 GrEStG          B.

Zentrale Voraussetzungen für die Privilegierung eines Erwerbs nach § 1 Abs. 6   374
GrEStG bilden einerseits die Identität der Grundstücke (sog. Grundstücksidentität) sowie andererseits die Identität des Erwerbers (sog. Erwerberidentität) bei den nacheinander erfolgenden Erwerbsvorgängen. Letzteres setzt voraus, dass an den aufeinander folgenden Erwerbsvorgängen grunderwerbsteuerlich derselbe Erwerber beteiligt ist. Erwerber in diesem Sinne ist bei Konzernumstrukturierungen in der Regel die jeweilige grunderwerbsteuerpflichtige Gesellschaft bzw. der grunderwerbsteuerpflichtige Gesellschafter (vgl. § 13 GrEStG).

Die bloße Zuordnung eines Erwerbs zu einem Konzern oder zu einem Organkreis   375
reicht für die Annahme der Erwerberidentität nach Rechtsprechung und Verwaltungsauffassung nicht aus.[711] Demgegenüber wird eine Erweiterung der Erwerberidentität in Bezug auf Gesamtrechtsnachfolger, wie z.b. den Erben, wenn der Erblasser als Erwerber einen vorausgegangenen Rechtsvorgang verwirklicht hatte, anerkannt.[712] Auch ein Formwechsel stellt die Erwerberidentität nicht infrage.[713]

Die restriktive Auslegung des § 1 Abs. 6 GrEStG im Hinblick auf die Erwerberidenti-   376
tät führt dazu, dass bei sogenannten Side-Stream- bzw. Down-Stream-Übertragungen die Anrechnungsvorschrift keine Anwendung findet.[714] Lediglich bei sogenannten Up-Stream-Übertragungen wird eine Doppelbesteuerung vermieden. Während ein Teil der Literatur dies mit einer analogen Anwendung des § 1 Abs. 6 GrEStG begründet,[715] verneint der BFH bereits eine grunderwerbsteuerrechtlich erhebliche »Verstärkung« der Rechtsposition des Erwerbers; mithin fehlt es nach der Rechtsprechung bereits an der Verwirklichung eines Steuertatbestandes.[716]

Eine Anwendbarkeit des § 1 Abs. 6 GrEStG im *Billigkeitswege* kommt nur in ganz   377
engen Ausnahmefällen in Betracht.

▶ Beispiel:

A ist alleiniger Gesellschafter der B-GmbH, die ihrerseits einen 90 %-igen Anteil an der grundstückshaltenden C-GmbH besitzt.

Die B-GmbH erwirbt von D die restlichen Geschäftsanteile an der C-GmbH.

Nachfolgend erwirbt A die der C-GmbH gehörenden Grundstücke.[717]

---

711 Vgl. BFH, BStBl. II 1988 S. 682; gleichlautende Erl. der Obersten Finanzbehörden der Länder vom 02.12.1999, BStBl. I 1999, S. 991, Tz. 4.; *Schiessl/Tschesche*, BB 2003, S. 1868.
712 Vgl. *Hofmann*, § 1 Rn. 177; *Boruttau/Fischer*, § 1 Rn. 1031.
713 Vgl. *Boruttau/Fischer*, § 1 Rn. 1031; *Pahlke*, § 1 Rn. 373.
714 Vgl. hierzu kritisch *Schiessl/Tschesche*, BB 2003, S. 1867 ff. m.w.N.
715 Vgl. hierzu *Eder*, DStR 1994, S. 735 m.w.N.
716 Vgl. BFH/NV 2003, S. 507; vgl. ebenso die gleichlautenden Erl. der Obersten Finanzbehörden der Länder vom 02.12.1999, BStBl. I 1999, S. 991, Tz. 3.
717 Der Beispielsfall ist entnommen aus *Schiessl/Tschesche*, BB 2003, S. 1869 ff.; dort finden sich auch weitere Beispielsfälle zur Up-Stream-, Side-Stream- und Down-Stream-Übertragung im Zusammenhang mit § 1 Abs. 6 GrEStG.

B.  Die Steuerbarkeit

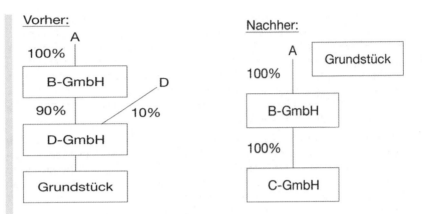

Lösung:

Der Erwerb der verbleibenden Geschäftsanteile an der C-GmbH unterliegt nach § 1 Abs. 3 Nr. 1 GrEStG der GrESt, weil durch die Übertragung alle Anteile an der Gesellschaft in der Hand der B-GmbH vereinigt werden.

Der nachfolgende Erwerb der Grundstücke der C-GmbH durch A ist nach § 1 Abs. 1 Nr. 1 GrEStG erneut grunderwerbsteuerpflichtig.

Dabei kommt eine Anrechnung der GrESt aus dem Erwerb der verbleibenden Anteile der C-GmbH nach den Grundsätzen des § 1 Abs. 6 GrEStG mangels Erwerberidentität eigentlich nicht in Betracht. Die B-GmbH erwirbt die verbleibenden Geschäftsanteile der C-GmbH, während A nachfolgend die Grundstücke erwirbt.

Nach dem koordinierten Ländererlass des Finanzministeriums Bayern bestehen in einem derartigen Fall jedoch keine Bedenken, eine Anrechnung im Billigkeitswege zu gewähren.[718] Die GrESt für den Erwerb der Grundstücke der C-GmbH ist deshalb nur insoweit zu erheben, als die Bemessungsgrundlage für diesen Rechtsvorgang den Betrag übersteigt, von dem bei dem vorausgegangenen Erwerb durch die B-GmbH die GrESt berechnet worden ist. Grunderwerbsteuerlich wird der Erwerb der verbleibenden Geschäftsanteile der C-GmbH durch die B-GmbH im Ergebnis damit durch die FinVerw. wie ein unmittelbar vorangegangener Erwerb durch den Gesellschafter A behandelt.[719]

378  War der zunächst erfüllte Steuertatbestand gem. §§ 3 ff. GrEStG steuerbefreit, so unterliegt der nachfolgende – wenn für ihn nicht auch die Voraussetzungen

---

718  Vgl. FinMin. Bayern, 05.10.1992-37-S 4521-22/3-63816; gleichlautender Erl. des niedersächsischen Finanzministeriums, 23.09.1992, DStR 1992, S. 1513.
719  Vgl. *Schiessl/Tschesche*, BB 2003, S. 1870.

für die Steuerbefreiung vorliegen – in voller Höhe der GrESt.[720] Dasselbe gilt bei fälschlicher Befreiung des vorausgegangenen Erwerbsvorgangs[721] sowie bei Aufhebung des Steuerbescheids für den vorausgegangenen Rechtsvorgang wegen Ablauf der Festsetzungsfrist.[722] Voraussetzung für die Anwendung des § 1 Abs. 6 Satz 2 GrEStG ist allerdings, dass an den aufeinander folgenden Rechtsvorgängen auf Erwerberseite dieselbe Person beteiligt ist und dass sich die beiden Rechtsvorgänge auf dasselbe Grundstück beziehen.

---

720 Vgl. BFH/NV 1988, S. 463; *Schiessl/Tschesche*, BB 2003, S. 1868.
721 Vgl. BFH, NV 1995, S. 431.
722 Vgl. BFH, BStBl. 1972 II, S. 914.

# C. Sachliche Steuerbefreiungen – §§ 3 und 4 GrEStG

## Übersicht
|  |  | Rn. |
|---|---|---|
| I. | Systematische Vorbemerkungen | 379 |
| II. | Erwerb geringwertiger Grundstücke | 384 |
| III. | Grundstückserwerb von Todes wegen und Grundstücksschenkungen | 391 |

  1. Grundstückserwerb\des wegen ... 391
     - a) Systematische Vorbemerkungen ... 391
     - b) Grundstückserwerb durch Erbanfall ... 393
     - c) Vor- und Nacherbschaft ... 394
     - d) Grundstücksübertragung als Gegenleistung für die Ausschlagung einer Erbschaft/für einen Erbverzicht ... 399
     - e) Grundstücksübertragungen zur Erfüllung eines Vermächtnisses ... 400
       - aa) Grundstücksübertragung zur Erfüllung eines Geldvermächtnisses ... 400
       - bb) Grundstücksübertragung zur Erfüllung eines Wahlrechtsvermächtnisses ... 402
       - cc) Grundstücksübertragung zur Erfüllung eines Kaufrechtsvermächtnis ... 403
       - dd) Grundstücksübertragung zur Erfüllung eines Verschaffungsvermächtnisses ... 409
     - f) Grundstückserwerb aufgrund eines geltend gemachten Pflichtteilsanspruchs ... 410
     - g) Grundstückserwerb durch Schenkung auf den Todesfall ... 412
     - h) Grundstückserwerb aufgrund eines vom Erblasser geschlossenen Vertrages zugunsten Dritter ... 414
     - i) Vermögensübergang auf eine vom Erblasser angeordnete Stiftung ... 415
     - j) Grundstückserwerb aufgrund sonstiger Erwerbe von Todes wegen ... 416
     - k) Interpolation ... 417
  2. Grundstücksschenkungen unter Lebenden, § 3 Nr. 2 GrEStG ... 421
     - a) Grundstückserwerb aufgrund freigebiger Zuwendung unter Lebenden ... 424
     - b) Grundstückserwerb aufgrund gemischter Schenkung ... 428
     - c) Schenkung unter Auflagen ... 429
     - d) Unentgeltliche Vermögensübertragungen zwischen Trägern öffentlicher Verwaltung ... 438
     - e) Unentgeltlicher Erwerb von Geschäftsanteilen ... 447
     - f) Erbschaftsteuerreform 2009 ... 450

| IV. | Grundstückserwerb aufgrund einer Erbauseinandersetzung | 453 |
|---|---|---|

  1. Systematische Vorbemerkungen ... 453
  2. Interpolation ... 456

| V. | Grundstückserwerb zwischen Ehegatten | 457 |
|---|---|---|

  1. Systematische Vorbemerkungen ... 457
  2. Interpolation ... 460

| VI. | Grundstückserwerb nach Scheidung | 461 |
|---|---|---|

  1. Systematische Vorbemerkungen ... 461
  2. Interpolation ... 466

| VII. | Grundstückserwerb durch Verwandte und Gleichgestellte | 467 |
|---|---|---|

  1. Systematische Vorbemerkungen ... 467
  2. Interpolation ... 470

## C. Sachliche Steuerbefreiungen – §§ 3 und 4 GrEStG

VIII. Grundstückserwerb durch Teilung des Gesamtguts der fortgesetzten
Gütergemeinschaft ................................................. 471
   1. Systematische Vorbemerkungen ................................ 471
   2. Interpolation ................................................ 473
IX. Rückerwerb eines Grundstücks bei Auflösung von Treuhandverhältnissen ...... 474
   1. Systematische Vorbemerkungen ................................ 474
   2. Interpolation ................................................ 482
   3. Zusammenfassung ............................................ 484
X. Besondere Ausnahmen von der Besteuerung, § 4 GrEStG ................ 488
XI. Gesetzliche Grunderwerbsteuerbefreiungen außerhalb des
Grunderwerbsteuergesetzes. ...................................... 507

## I. Systematische Vorbemerkungen

379  Das GrEStG differenziert zwischen *sachlichen* Steuerbefreiungen (§§ 3 und 4 GrEStG) sowie den Steuerbefreiungen in *Sonderfällen* (§§ 5 bis 7 GrEStG). Innerhalb der sachlichen Befreiungsvorschriften gibt es in § 3 Nr. 2–7 GrEStG die Untergruppe der sogenannten *personenbezogenen* Befreiungen. Diese Befreiungstatbestände knüpfen an Merkmale an, die entweder in der Person des *Erwerbers* begründet sind (z.B. Erbe, Beschenkter) oder die in einem bestimmten Verhältnis zwischen dem Erwerber und dem Veräußerer liegen (z.b. Abkömmling oder Ehegatte).[723]

380  Zu beachten ist, dass bei einem echten Vertrag zugunsten Dritter gem. §§ 328 ff. BGB bei der Prüfung eines personenbezogenen Befreiungstatbestandes auf das Verhältnis zwischen dem Versprechenden (Veräußerer) und dem Dritten (Erwerber) abzustellen ist und nicht auf das Verhältnis zwischen den Vertragspartnern (Versprechender und Versprechensempfänger).[724]

381  Soweit es um den Erwerb von oder durch Kapitalgesellschaften geht, können nur solche personenbezogenen Befreiungstatbestände angewendet werden, die auf Merkmale abstellen, welche von der Kapitalgesellschaft selbst unmittelbar erfüllt werden.[725]

382  So ist § 3 Nr. 2 GrEStG etwa anwendbar, wenn eine Kapitalgesellschaft ein Grundstück erbt oder im Vermächtniswege erwirbt (§ 3 Abs. 1 Nr. 1 ErbStG).[726]

383  Auf Erwerbe von oder durch Gesamthandgemeinschaften sind demgegenüber personenbezogene Befreiungsvorschriften (§ 3 Nr. 2–7 GrEStG) grds. uneingeschränkt anwendbar. Wenngleich diese Gesamthandgemeinschaften im Grunderwerbsteuerrecht materiell-rechtlich als selbstständige Rechtsträger behandelt werden, rechtfertigt

---

723  Vgl. *Pahlke*, § 3 Rn. 3; *Hofmann*, § 3 Rn. 1.
724  Vgl. *Pahlke*, § 3 Rn. 5; *Hofmann*, § 3 Rn. 1.
725  Im Bereich des § 1 Abs. 3 GrEStG ist dagegen eine differenzierende Betrachtungsweise hinsichtlich der Anwendbarkeit personenbezogener Befreiungstatbestände vorzunehmen; vgl. hierzu ausführlich Rdn. 347–356.
726  Vgl. *Pahlke*, § 3 Rn. 9.

es die gesamthänderische Struktur der Personengesellschaft, im Grundstücksverkehr die persönliche Eigenschaft oder Beziehung eines Gesellschafters im Verhältnis zum Veräußerer (über § 5 GrEStG) oder Erwerber (über § 6 GrEStG) anteilsmäßig auf den Erwerb durchschlagen zu lassen.[727]

▶ Beispiel:

> Frau F veräußert ein Grundstück an eine GbR, an der nicht sie, sondern ihr Ehemann E beteiligt ist.[728]
>
> Lösung:
>
> F ist zwar nicht an der GbR beteiligt. Ihre Ehe mit E wird der GbR aber im Maße der Beteiligung des E an der GbR zugerechnet. Insoweit ist der nach § 1 Abs. 1 Nr. 1 GrEStG steuerpflichtige Erwerb durch die GbR nach § 5 Abs. 2 i.V.m. § 3 Nr. 4 GrEStG von der GrESt i.H.d. Beteiligungsquote des E befreit.

Bei den personenbezogenen Steuerbefreiungen ist Veräußerer derjenige, der sein grunderwerbsteuerrechtlich maßgebendes Recht verliert und Erwerber derjenige, der ein solches Recht erhält. Es ist somit nicht auf die Vertragsteile, sondern auf den Wechsel von dem früheren Eigentümer auf den neuen Eigentümer abzustellen. Auf die Person dessen, der als *Insolvenzverwalter, Testamentsvollstrecker* oder *Nachlassverwalter* fremdes Vermögen kraft seines Amtes verwaltet, kommt es nicht an. Kauft der Sohn des Gemeinschuldners das Grundstück seines Vaters vom Insolvenzverwalter oder der Sohn des Erben ein Nachlassgrundstück vom Testamentsvollstrecker, so ist der Erwerb gem. § 3 Nr. 6 Satz 1 GrEStG steuerfrei.[729]

## II. Erwerb geringwertiger Grundstücke

§ 3 Nr. 1 GrEStG soll eine Bagatellebesteuerung vermeiden. Es handelt sich bei diesem Wert nicht um einen Freibetrag, sondern um eine Freigrenze. Dies bedeutet, dass in Fällen, in denen der für die Steuerberechnung maßgebende Wert € 2.500,00 übersteigt, die Steuerpflicht in vollem Umfang eintritt. **384**

Zur Vereinfachung des Verfahrens kann die Eigentumsumschreibung im Grundbuch bei Verträgen, die eindeutig unterhalb der Freigrenze liegen, ohne Unbedenklichkeitsbescheinigung erfolgen. Auf Anforderung des Grundbuchamtes ist die Unbedenklichkeitsbescheinigung jedoch vorzulegen.[730] **385**

---

727 Vgl. *Pahlke*, § 3 Rn. 10; BFH, BStBl. II 1981, S. 177; *Hofmann*, § 3 Rn. 3.
728 Dieses Beispiel ist entnommen aus *Pahlke*, § 3 Rn. 10.
729 Vgl. *Boruttau/Meßbacher-Hönsch*, § 3 Rdn. 23.
730 Vgl. *Pahlke*, § 3 Rn. 18.

### C. Sachliche Steuerbefreiungen – §§ 3 und 4 GrEStG

▶ **Beispiel:**

A veräußert sein Grundstück an B zu 4/5 für 10.000,– € und an C zu 1/5 für 2.500,– €.

**Lösung:**

Es handelt sich um zwei Erwerbe. Der Erwerb des B ist grunderwerbsteuerpflichtig, der des C ist nach § 3 Nr. 1 GrEStG grunderwerbsteuerfrei.[731]

386 Nach Auffassung der FinVerw. liegen stets so viele Erwerbsvorgänge vor, wie Erwerber vorhanden sind.[732]

387 Beim Erwerb in *Gütergemeinschaft* ist zu beachten, dass sich hier ein grunderwerbsteuerrechtlicher **Gestaltungsfehler** einschleichen kann:

388 Erwerben beide Ehegatten, die in Gütergemeinschaft leben, ein Grundstück zusammen, so liegen zwei Erwerbe vor. Erwirbt dagegen nur ein in Gütergemeinschaft lebender Ehegatte das Grundstück, sodass sein Ehepartner kraft Gesetzes Mitberechtigter wird (§ 1416 Abs. 1 Satz 2 und Abs. 2 BGB), so folgt das Grunderwerbsteuerrecht dieser Betrachtung.

▶ **Beispiel:**

Die in Gütergemeinschaft lebenden Ehegatten A und B erwerben von C ein Garagengrundstück zum Preis von 5.000,– €.

**Lösung:**

Beide Erwerbe (2 × 2.500,– €) von C sind grunderwerbsteuerfrei nach § 3 Nr. 1 GrEStG; die gesetzlichen Erwerbe zum Gesamtgut sind grunderwerbsteuerfrei nach § 3 Nr. 4 GrEStG.[733]

**Abwandlung:**

Ehemann A erwirbt das Grundstück alleine.

**Lösung:**

Der Erwerb durch A (1 × 5.000,– €) ist nicht nach § 3 Nr. 1 GrEStG befreit, weil die Gegenleistung die Freigrenze übersteigt. Der gesetzliche Erwerb der B zum Gesamtgut ist dagegen wieder grunderwerbsteuerfrei nach § 3 Nr. 4 GrEStG.[734]

---

731 Vgl. *Pahlke*, § 3 Rn. 19; Erl. des FinMin. Saarland vom 29.04.2002, DStR 2002, 860 m. w. Beispielen.
732 Vgl. Erl. des FinMin. Saarland vom 29.04.2002, DStR 2002, S. 860; *Everts*, MittBayNot 2003, S. 207 m.w.Bsp.; vgl. hierzu bereits ausführlich Rdn. 82.
733 Vgl. allerdings kritisch *Wohltmann*, Steuer und Studium, Beilage 1/2002, S. 3.
734 Ebenso *Pahlke*, § 3 Rn. 22.

Für die Freigrenze des § 3 Nr. 1 GrEStG zählen außerdem nach der Rechtsprechung 389
des BFH in Gütergemeinschaft verheiratete Veräußerer nicht als zwei, sondern lediglich als ein Veräußerer.[735]

§ 3 Nr. 1 GrEStG ist neben anderen Befreiungsvorschriften anwendbar. Ist daher der 390
Erwerb aufgrund anderer Befreiungsvorschriften teilweise grunderwerbsteuerfrei (z.B.
bei einer Schenkung unter einer Leistungsauflage) und bleibt danach eine Bemessungsgrundlage übrig, die den Wert von 2.500,– € nicht übersteigt, so ist der Erwerb
insgesamt von der GrESt befreit.[736]

### III. Grundstückserwerb von Todes wegen und Grundstücksschenkungen

#### 1. Grundstückserwerb von Todes wegen

*a) Systematische Vorbemerkungen*

Nach § 3 Nr. 2 Satz 1 GrEStG sind der *Erwerb eines Grundstückes von Todes wegen* und 391
*Grundstücksschenkungen* unter Lebenden i.S.d. Erbschaft- und Schenkungsteuergesetzes von der Besteuerung ausgenommen.

Die Vorschrift bezweckt, dass ein Erwerb nicht zugleich mit Erbschaft- bzw. Schen- 392
kungsteuer einerseits und zusätzlich mit GrESt andererseits belastet werden soll. Allerdings ist zu beachten, dass die grunderwerbsteuerliche Befreiungsvorschrift auch dann
gilt, wenn wegen der geringen Höhe des Erwerbs keine Erbschaft- bzw. Schenkungsteuer anfällt oder der Erwerb aufgrund besonderer Bestimmungen von der Erbschaft-
und Schenkungsteuer befreit ist. Auch in solchen Fällen bleiben die Erwerbe für die
GrESt solche i.S.d. Erbschaftsteuergesetzes und folglich grunderwerbsteuerbefreit.[737]

*b) Grundstückserwerb durch Erbanfall*

Der Erwerb eines Grundstückes durch Erbanfall erfüllt zwar den Tatbestand des § 1 393
Abs. 1 Nr. 3 GrEStG, ist jedoch nach § 3 Nr. 2 Satz 1 GrEStG von der GrESt befreit.
Der Erbanfall ist ein Erwerb von Todes wegen i.S.d. Erbschaft- und Schenkungsteuergesetzes (§ 3 Abs. 1 Nr. 1, 1 Alt. ErbStG).[738]

---

735 Vgl. BFH, Urt. v. 28.03.2007, MittBayNot 2007, S. 528 m. Anm. *Everts*; ebenso nunmehr FinMin BaWü, Erl. vom 06.05.2008, DStR 2008, S. 1096.
736 Vgl. *Pahlke*, § 3 Rn. 23 mit Beispielsfällen; vgl. ferner *Hofmann*, § 3 Rn. 4 ff.; vgl. ferner *Wohltmann*, Steuer und Studium, Beilage 1/2002, S. 3.
737 Vgl. *Pahlke*, § 3 Rn. 24; *Hofmann*, § 3 Rn. 7.
738 Zur eingeschränkten Anwendbarkeit des § 3 Nr. 2 GrEStG beim Erwerb von Anteilen an Kapitalgesellschaften von Todes wegen oder durch lebzeitige Schenkungen vgl. Rdn. 447–449.

*c) Vor- und Nacherbschaft*

394  Der nach § 1 Abs. 1 Nr. 3 GrEStG grunderwerbsteuerbare Erwerb des Nachlassgrundstücks durch den Vorerben und der Erwerb des Grundstücks durch den Nacherben (mit dem Nacherbfall) ist jeweils von der Steuer nach § 3 Nr. 2 Satz 1 GrEStG i.V.m. § 3 Abs. 1 Nr. 1, 1. Alt. ErbStG befreit.

395  Bei Rechtsgeschäften zwischen Vor- und Nacherben untereinander bzw. mit Dritten ist jeweils maßgeblich, ob es sich um einen Erwerb im Sinne des Erbschaft- und Schenkungsteuergesetzes handelt.

396  Überträgt der Vorerbe bereits vor Eintritt des Nacherbfalles mit Rücksicht auf die Nacherbschaft ein zur Erbschaft gehörendes Grundstück auf den Nacherben, so ist dieser Erwerb nach § 7 Abs. 1 Nr. 7 ErbStG i.V.m. § 3 Nr. 2 Satz 1 GrEStG von der GrESt befreit.

397  Demgegenüber stellt die Übertragung des Nacherbenrechtes an einer Erbschaft mit Grundbesitz auf den Vorerben, gleichgültig ob entgeltlich oder unentgeltlich, überhaupt keinen steuerbaren Tatbestand dar. Dies folgt daraus, dass es an der Rechtsträgerschaft des Nacherben bezüglich des Grundbesitzes und folglich auch an einem Rechtsträgerwechsel auf den Vorerben fehlt.[739] Entsprechendes gilt bei einem Verzicht auf das Nacherbenrecht gegenüber dem Vorerben. Sofern der Nacherbe als Abfindung für die Ausschlagung oder für die Übertragung des Anwartschaftsrechts ein Grundstück erhält, gilt diese Abfindung nach § 3 Abs. 2 Nr. 4 bzw. Nr. 6 ErbStG als Erwerb von Todes wegen. Dieser Erwerb ist nach § 3 Nr. 2 GrEStG von der GrESt befreit.[740]

398  Selbst wenn der Nacherbe sein Anwartschaftsrecht am Nachlass, zu welchem Grundbesitz gehört, entgeltlich auf einen Dritten überträgt, ist der Erwerb des Grundstücks durch den Dritten mit Eintritt des Nacherbfalls zwar steuerpflichtig nach § 1 Abs. 1 Nr. 1 GrEStG; auch dieser Vorgang ist jedoch gem. § 3 Nr. 2 GrEStG von der GrESt befreit, weil der Erwerb des Anwartschaftsrechts bei Eintritt des Nacherbfalls gem. §§ 1 Abs. 1 Nr. 1, 3 Abs. 1 Nr. 1, 1. Alt. ErbStG i.V.m. §§ 1922, 2139 BGB der Erbschaftsteuer unterliegt.[741]

*d) Grundstücksübertragung als Gegenleistung für die Ausschlagung einer Erbschaft/für einen Erbverzicht*

399  Die Ausschlagung einer Erbschaft löst selbst keine GrESt aus.[742] Selbst wenn als Gegenleistung für die Ausschlagung der Erbschaft ein Grundstück übertragen wird, ist dieser Erwerb ein erbschaftsteuerbarer Vorgang (§ 3 Abs. 2 Nr. 4 ErbStG) und

---

739  Vgl. *Pahlke*, § 3 Rn. 36.
740  Vgl. *Pahlke*, § 3 Rn. 36; *Hofmann*, § 3 Rn. 12. Fraglich ist, ob nach der neueren Rechtsprechung etwas anderes gilt, wenn das Grundstück an Erfüllung statt für das Nacherbenrecht übertragen wird; s. hierzu die Ausführungen unter der nachfolgenden Ziffer d.
741  Vgl. *Pahlke*, § 3 Rn. 36; BFH, BStBl. II 1993, S. 158.
742  Vgl. *Pahlke*, § 3 Rn. 40.

## III. Grundstückserwerb von Todes wegen und Grundstücksschenkungen  C.

infolgedessen nach § 3 Nr. 2 Satz 1 GrEStG von der GrESt befreit.[743] Entsprechendes gilt, wenn ein Grundstück als Abfindung für einen Erbverzicht hingegeben wird (§ 7 Abs. 1 Nr. 5 ErbStG i.V.m. § 3 Nr. 2 Satz 1 GrEStG).[744]

### e) Grundstücksübertragungen zur Erfüllung eines Vermächtnisses

#### aa) Grundstücksübertragung zur Erfüllung eines Geldvermächtnisses

Wenn als Gegenleistung für die Ausschlagung eines Geldvermächtnisses ein Grundstück übertragen wird, war nach bislang h.M. dieser Erwerb ein erbschaftsteuerbarer Vorgang (§ 3 Abs. 2 Nr. 4 ErbStG) und infolgedessen nach § 3 Nr. 2 Satz 1 GrEStG von der GrESt befreit.[745] Unter Verweis auf die geänderte BFH-Rechtsprechung zu erbschaftsteuerlichen Beurteilung der Übertragung von Grundstücken an Erfüllung statt[746] wird nunmehr jedoch die Auffassung vertreten, dass eine Grunderwerbsteuerbefreiung nur noch bei einer *Vermächtnisausschlagung gegen Abfindung* mit einem Grundstück bestehen soll, während demgegenüber die Erfüllung eines Geldvermächtnisses durch Übertragung eines Grundstücks *an Erfüllung statt* nicht mehr grunderwerbsteuerbefreit sein soll.[747] Dieser Auffassung ist jedoch entgegenzuhalten, dass sie faktisch zu einer Doppelbelastung mit Erbschaft- und GrESt führt, was durch § 3 Nr. 2 GrEStG eigentlich verhindert werden soll. Es ist auch nicht ersichtlich, worin ein qualitativer Unterschied zwischen einem Verzicht auf eine Forderung bzw. der Ausschlagung einer Verfügung von Todes wegen gegen Grundstücksabfindung einerseits und der Übertragung eines Grundstücks an Erfüllung statt andererseits bestehen soll; vielmehr stellt – jedenfalls bei wirtschaftlicher Betrachtung – jede Vereinbarung einer Grundstücksübertragung an Erfüllung statt zugleich einen Verzicht auf die ursprünglichen Ansprüche (auf Geld gerichtet) dar. Gleichwohl hat sich diese Auffassung mittlerweile in der BFH-Rechtsprechung durchgesetzt,[748] sodass bei künftigen Vereinbarungen aus grunderwerbsteuerlicher Sicht genau darauf zu achten ist, dass das Grundstück nicht an Erfüllung statt für ein Geldvermächtnis übertragen wird, sondern stets als Gegenleistung für einen Verzicht auf ein entsprechendes Recht bzw. für die Ausschlagung einer entsprechenden Verfügung von Todes wegen.[749]

400

Nur soweit im Verhältnis der Beteiligten persönliche Befreiungstatbestände bestehen (z.B. § 3 Nr. 4 oder Nr. 6 GrEStG), hat die geänderte Rechtsprechung keine negativen Auswirkungen.

401

---

743 Vgl. *Pahlke*, § 3 Rn. 40.
744 Die Rechtsauffassung wird z.T. kritisiert unter Verweisung auf die geänderte BFH-Rechtsprechung zur erbschaftsteuerlichen Beurteilung der Übertragung von Grundstücken an Erfüllung statt; vgl. hierzu *Boruttau/Meßbacher-Hönsch*, § 3 Rn. 185.
745 Vgl. *Pahlke*, § 3 Rn. 40.
746 Vgl. BFH, vom 07.10.1998, BFHE 181, 50, ZEV 1999, 34 m. Anm. *Daragan*.
747 Vgl. auch *Viskorf*, FR 1999, 664.
748 Vgl. BFH, vom 10.07.2002, MittBayNot 2003, 73, ZEV 2002, 425 m. Anm. *Daragan*.
749 Vgl. hierzu auch *Gottwald*, MittBayNot 2003, 75; *Halaczinsky*, ZEV 2003, 97.

### bb) Grundstücksübertragung zur Erfüllung eines Wahlrechtsvermächtnisses

**402** Anders verhält es sich dagegen bei einem sog. Wahlrechtsvermächtnis, bei dem der Erblasser gem. § 2154 BGB festlegen kann, dass der Vermächtnisnehmer den einen oder den anderen Gegenstand aus dem Nachlass erhalten soll. Er hat außerdem zu bestimmen, wer die Wahl ausüben darf (Erbe oder Vermächtnisnehmer).[750] Erbschaftsteuerlich richtet sich die Bewertung des Wahlvermächtnisses nach dem Gegenstand, für den sich der Bedachte entscheidet.[751] *Grunderwerbsteuerlich* ist der Grundstückserwerb auf der Grundlage eines Wahlvermächtnisses gem. § 3 Nr. 2 GrEStG *steuerbefreit*.[752]

### cc) Grundstücksübertragung zur Erfüllung eines Kaufrechtsvermächtnis

**403** Besonderheiten gelten demgegenüber bei einem *Kaufrechtsvermächtnis*, bei dem der Erblasser dem Vermächtnisnehmer in einer Verfügung von Todes wegen einen Anspruch auf Abschluss eines Kaufvertrages über ein Nachlassgrundstück einräumt.

**404** Nach Auffassung der FinVerw. sollte der nach § 1 Abs. 1 Nr. 1 GrEStG steuerbare Kauf des Grundstücks in Ausübung des Kaufrechtsvermächtnisses gem. § 3 Nr. 2 Satz 1 GrEStG i.V.m. § 3 Abs. 1 Nr. 1, 3. Alt. ErbStG nur dann grunderwerbsteuerbefreit sein, wenn das Grundstück zu einem *unter dem Verkehrswert* liegenden Preis erworben werden könne.[753] War dem Bedachten jedoch lediglich das Recht zugewendet worden, das Grundstück zum *Verkehrswert* zu erwerben, so sollte – mangels Bereicherung des Vermächtnisnehmers – der infolge des Kaufrechtsvermächtnisses abgeschlossene Kaufvertrag nicht gem. § 3 Nr. 2 Satz 1 GrEStG befreit sein.[754]

**405** Demgegenüber wurde in der Literatur teilweise die Auffassung vertreten, dass ein Kaufrechtsvermächtnis nur *insoweit* von der GrESt befreit sei, als unter Verkehrswert erworben werden könne. Für das im Übrigen zu zahlende Entgelt sei dagegen – wie bei gemischten Schenkungen – GrESt zu erheben, solange keine sonstigen persönlichen Befreiungsvorschriften (z.B. Eltern-Kind-Verhältnis) existierten.

**406** Entgegen den beiden vorgenannten Meinungen der FinVerw. und der Literatur stellt der BFH in seinem Urteil vom 08.10.2008 nunmehr jedoch – für den Steuerpflichtigen erfreulich – klar, dass nicht nur der Grundstückserwerb durch ein reines Sachvermächtnis, sondern auch derjenige aufgrund eines Kaufrechtsvermächtnisses generell von der GrESt befreit ist. Zu diesem Ergebnis gelangt das Gericht, indem es unterstellt, dass Erwerbsgegenstand eines grundstücksbezogenen Kaufrechtsvermächtnisses

---

750 Vgl. *Schlichting*, in: MüKo, § 2154 Rn. 3.
751 Vgl. BFH, BStBl. II 2001, 725; *Kapp/Ebeling*, § 3 Rn. 173; *Wachter*, ZNotP 2001, 385. Der steuerliche Vorteil der einen Seite entspricht im Regelfall dem Nachteil auf der anderen. Echte Kooperationsgewinne lassen sich erzielen, wenn Erbe und Vermächtnisnehmer unterschiedlichen Steuerklassen unterliegen und die niedriger bewerteten Vermögensgegenstände demjenigen Steuerpflichtigen zugewiesen werden, der die schlechtere Steuerklasse hat.
752 Vgl. BFH, BStBl. II 1981, 177; *Kapp/Ebeling*, § 3 Rn. 174.
753 Vgl. Erl. des FinMin BaWü vom 26.06.2003, DStR 2003, S. 1169.
754 Vgl. *Pahlke*, § 3 RN 57 m.w.N.

die aufschiebend bedingte Forderung des Vermächtnisnehmers gem. § 2174 BGB gegen den Beschwerten auf Übertragung des betroffenen Grundstücks und nicht etwa – wie bis dahin allgemein angenommen – ein Gestaltungsrecht sei. Durch diesen juristischen Schachzug konnte ein Einklang zur erbschaftsteuerlichen Betrachtung, insbesondere zum Urteil des BFH vom 13.08.2008[755] hergestellt werden. Folglich sind künftig sämtliche Grundstücksübertragungen in Erfüllung von Kaufrechtsvermächtnissen von der GrESt befreit, unabhängig davon, ob der Vermächtnisnehmer das Recht hat, das Grundstück zu einem unter dem Verkehrswert liegenden Preis oder zum Verkehrswert zu erwerben.

Demgegenüber ist nach Ansicht des BFH Vermächtnisgegenstand bei einem *Vorkaufs-* **407** *rechtsvermächtnis* nach wie vor ein Gestaltungsrecht und nicht etwa ein aufschiebend bedingtes Recht auf Übertragung eines Grundstücks. Das Gericht begründet dies damit, dass es bei einem Kaufrechtsvermächtnis nicht mehr des Abschlusses eines Kaufvertrages bedürfe, um den – aufschiebend bedingten – Übereignungsanspruch gegen den Beschwerten entstehen zu lassen. Demgegenüber sei bei einem Vorkaufsrechtsvermächtnis lediglich ein Anspruch auf Einräumung eines dinglichen Vorkaufsrechtes gegeben. Dieser Anspruch sei mit Bewilligung und Eintragung des Vorkaufsrechts im Grundbuch erfüllt, sodass der durch Ausübung des Vorkaufsrechts zustande kommende Kaufvertrag als neuer Rechtsvorgang nicht mehr unter die Befreiungsvorschrift des § 3 Nr. 2 GrEStG falle.

Will man sich die obige Rechtsprechung des BFH zu Nutze machen und eine Grunder- **408** werbsteuerbelastung vermeiden, aber gleichzeitig – wie bei einem Vorkaufsrecht – die Erwerbsmöglichkeit des Begünstigten vom Verkauf des Objekts durch den Beschwerten abhängig machen, so bietet es sich an, ein aufschiebend bedingtes Ankaufsrechtsvermächtnis einzuräumen. Die aufschiebende Bedingung könnte z.B. in der Dokumentation der Verkaufsabsicht des mit dem Vermächtnis Beschwerten liegen. Wird in diesem Fall das Ankaufsrecht (bspw. auch zum Verkehrswert) ausgeübt, fällt keine GrESt an, wenngleich durch diese Gestaltung nahezu die gleiche zivilrechtliche Situation wie bei einem Vorkaufsrecht geschaffen wird. Um den Einwand eines Gestaltungsmissbrauchs zu entkräften, könnte außerdem der Ankaufspreis geringfügig unter den Verkehrswert gesetzt werden, sodass in keinem Fall mehr von einer Umgehung der Vorkaufsrechtsvorschriften die Rede sein kann. In diesem Fall könnte sogar der Abschluss des Kaufvertrages durch den Beschwerten mit dem Dritten – wie bei einem Vorkaufsrechtsvermächtnis – zur Bedingung für das Entstehen des Ankaufsrechtes erhoben werden.

*dd) Grundstücksübertragung zur Erfüllung eines Verschaffungsvermächtnisses*

Anders verhält es sich, wenn der Erblasser dem Bedachten ein Grundstück vermacht **409** hat, das sich der Erbe erst selbst von einem außenstehenden Dritten beschaffen muss. Erwirbt der Erbe das Grundstück zunächst für sich und veräußert es dann in Erfüllung des Verschaffungsvermächtnisses an den Vermächtnisnehmer, so ist nach h.M.

---

755 Vgl. BFH/NV 2008, S. 1760.

der erste Vorgang ein grunderwerbsteuerpflichtiger Kaufvertrag und der zweite Vorgang in Erfüllung des Verschaffungsvermächtnisses gem. § 3 Nr. 2 GrEStG vollständig von der GrESt befreit.[756]

*f) Grundstückserwerb aufgrund eines geltend gemachten Pflichtteilsanspruchs*

410 Beim Pflichtteilsanspruch handelt es sich um eine Geldforderung. In der Praxis kommt es jedoch häufig vor, dass einem Pflichtteilsberechtigten aufgrund eines geltend gemachten Pflichtteilsanspruch bzw. als Abfindung für den Verzicht auf den entstandenen Pflichtteilsanspruch ein Grundstück übertragen wird. Beide Fälle unterfallen der Erbschaftsteuer (§ 3 Abs. 1 Nr. 1, 4. Alt. ErbStG, § 3 Abs. 2 Nr. 4 ErbStG), sodass nach bislang h.M. die Grundstücksübertragungen nach § 3 Nr. 2 Satz 1 GrEStG grunderwerbsteuerfrei waren.[757] Zu beachten ist jedoch, dass der BFH mittlerweile danach differenziert, ob das Grundstück an Erfüllung statt für einen geltend gemachten Pflichtteilsanspruch hingegeben wird oder als Gegenleistung für den Verzicht auf einen noch nicht geltend gemachten Pflichtteilsanspruch.[758] Nach dieser neueren Rechtsprechung käme es in den Fällen der Übertragung eines Grundstücks an Erfüllung statt für einen Pflichtteilsanspruch zu einer Doppelbelastung mit Erbschaft- und Grunderwerbsteuer. Dies gilt jedenfalls dann, wenn zwischen Geschwistern Grundstücksübertragungen an Erfüllung statt für Pflichtteils- bzw. Pflichtteilsergänzungsansprüche erfolgen (nach den verstorbenen Eltern), da im Verhältnis von Geschwistern kein persönlicher Befreiungstatbestand besteht. Sofern dagegen die Hingabe des Grundstücks an Erfüllung statt für den geltend gemachten Pflichtteilsanspruch eines (enterbten) Kindes nach dem vorverstorbenen Elternteil gegen den längerlebenden Elternteil erfolgt, ist der Vorgang nach § 3 Nr. 6 GrEStG befreit.[759]

411 Für die Kautelarpraxis empfiehlt es sich daher aus grunderwerbsteuerlicher Sicht, bei künftigen Urkundengestaltungen, sofern die Grundstücksübertragungen zwischen Geschwistern erfolgen, genau darauf zu achten, dass der Grundstückserwerb als »Abfindung« für einen Verzicht auf einen noch nicht geltend gemachten Pflichtteils- bzw. Pflichtteilsergänzungsanspruch und nicht als »Hingabe an Erfüllung statt« für einen geltend gemachten Pflichtteilsanspruch ausgestaltet wird.[760]

---

756 Vgl. *Hofmann*, § 3 Rn. 10a; *Boruttau/Meßbacher-Hönsch*, § 3 Rn. 168.
757 Vgl. *Pahlke*, § 3 Rn. 61; a.A. *Hofmann*, § 3 Rn. 11, wonach die Hingabe eines Grundstücks an Erfüllung statt für den geltend gemachten Pflichtteilsanspruch nicht nach § 3 Nr. 2 Satz 1 GrEStG befreit sein soll; ebenso nunmehr auch *Boruttau/Meßbacher-Hönsch*, § 3 Rn. 185.
758 Vgl. BFH, vom 10.07.2002, MittBayNot 2003, 73, ZEV 2002, 425 m. Anm. *Daragan*.
759 Vgl. hierzu auch BFH, vom 10.07.2002, ZEV 2003, 425 m. Anm. *Daragan*; vgl. ferner hierzu krit. *Gottwald*, MittBayNot 2003, 75.
760 Vgl. *Gottwald*, MittBayNot 2003, 75. Allerdings sollte stets ein Gesamtbelastungsvergleich im Hinblick auf Erbschaft- und GrESt erfolgen. Aufgrund unterschiedlicher Steuerklassen und divergierender Freibeträge kann im Einzelfall auch eine Übertragung an Erfüllung statt günstiger sein; vgl. hierzu *Noll*, DStR 2004, 260 mit Berechnungsbsp. (allerdings zum alten Erbschaftsteuerrecht).

## g) Grundstückserwerb durch Schenkung auf den Todesfall

Der Erwerb eines Grundstücks durch Schenkung von Todes wegen i.S.v. § 3 Abs. 1 Nr. 2 Satz 1 ErbStG ist nach § 3 Nr. 2 Satz 1 GrEStG von der GrESt befreit. **412**

Da die Voraussetzungen des § 3 Abs. 1 Nr. 2 Satz 1 ErbStG nur vorliegen, soweit die Zuwendung zu einer Bereicherung führt, greift die grunderwerbsteuerliche Befreiungsvorschrift des § 3 Nr. 2 Satz 1 GrEStG nicht ein, soweit der Erwerber für die Zuwendung eine Gegenleistung zu erbringen hat oder soweit die Zuwendung in Erfüllung einer Verbindlichkeit erfolgt. Es gelten dann die Grundsätze zur gemischten Schenkung.[761] **413**

## h) Grundstückserwerb aufgrund eines vom Erblasser geschlossenen Vertrages zugunsten Dritter

Nach § 3 Abs. 1 Nr. 4 ErbStG gilt als Erwerb von Todes wegen jeder Vermögensvorteil, der unmittelbar von einem Dritten aufgrund eines vom Erblasser geschlossenen Vertrages bei dessen Tod erworben wird. Der Vermögensvorteil wird somit im Wege eines Vertrages zugunsten Dritter auf den Todesfall gem. §§ 328, 331 BGB erworben. Nach der Rechtsprechung ist ein solcher Erwerb des Dritten wie eine gemischte Schenkung zu behandeln, sofern der Bezugsberechtigte im Valutaverhältnis eine Gegenleistung zu erbringen hat.[762] **414**

## i) Vermögensübergang auf eine vom Erblasser angeordnete Stiftung

Nach § 3 Abs. 2 Nr. 1 ErbStG gilt als Erwerb von Todes wegen auch der Übergang von Vermögen auf eine vom Erblasser angeordnete Stiftung. Die Grunderwerbsteuerbefreiung nach § 3 Nr. 2 GrEStG entfällt auch nicht bei Zuwendungen von Grundstücken an Familienstiftungen oder an Stiftungen, die ausschließlich und unmittelbar kirchliche, gemeinnützige oder mildtätige Zwecke verfolgen, obwohl diese Zuwendungen erbschaftsteuerlich begünstigt bzw. von der Erbschaftsteuer befreit sind (§ 15 Abs. 2, § 13 Abs. 1 Nr. 16b ErbStG).[763] **415**

---

761 Vgl. *Pahlke*, § 3 Rn. 65; *Boruttau/Meßbacher-Hönsch*, § 3 Rn. 184; zu den Grundsätzen bei einer gemischten Schenkung s.u. Rdn. 428–437.

762 Vgl. *Pahlke*, § 3 Rn. 79 m.w.N.; vgl. FG RhPf. UVR 1994, S. 117; ebenso wohl auch BFH, BStBl. II 1991, S. 181.

763 Vgl. *Pahlke*, § 3 Rn. 81; *Hofmann*, § 3 Rn. 14; *Wachter*, Stiftungen, S. 107. Nach einem Erl. der Finanzbehörde Hamburg vom 28.12.2004 (53-S 4505-003/03) handelt es sich bei Grundstücksübertragungen von der öffentlichen Hand auf landesgesetzlich errichtete Stiftungen nicht um freigiebige Zuwendungen i.S.d. § 7 Abs. 1 Nr. 1 ErbStG, da die Verwaltung nicht freigiebig, sondern in Erfüllung einer rechtlichen Verpflichtung handelt. Folglich sind derartige Zuwendungen nicht mehr nach § 3 Nr. 2 GrEStG von der GrESt ausgenommen.

*j) Grundstückserwerb aufgrund sonstiger Erwerbe von Todes wegen*

416 Nach § 3 Abs. 2 Nr. 4–7 ErbStG gelten bestimmte weitere Fälle als vom Erblasser zugewendet und damit als Erwerb von Todes wegen. Besteht in diesen Fällen die Abfindung, das Entgelt oder die Erfüllung des Herausgabeverlangens nach § 2287 BGB in der Übertragung eines Grundstücks, so ist der Erwerb nach § 3 Nr. 2 Satz 1 GrEStG von der GrESt befreit.[764]

*k) Interpolation*

417 Bei der sogenannten Interpolation handelt es sich um das Zusammentreffen von Befreiungstatbeständen, die in ihrer Zusammenschau einen neuen, eigenständigen (übergesetzlichen) Befreiungstatbestand ergeben. Entsprechend dieser interpolierenden Betrachtung sind folgenden Beispielsfälle ganz oder teilweise von der GrESt ausgenommen:

418 Die Übertragung des vermachten Grundstücks durch den Erben in Erfüllung des Vermächtnisses auf
1. den Ehegatten des Vermächtnisnehmers (Zusammenschau mit § 3 Nr. 4 GrEStG),
2. den geschiedenen Ehegatten des Vermächtnisnehmers, wenn sich der Erwerb i.R.d. Vermögensauseinandersetzung nach Scheidung vollzieht (Zusammenschau mit § 3 Nr. 5 GrEStG),
3. einen mit dem Vermächtnisnehmer in gerader Linie Verwandten bzw. ihm Gleichgestellten (Zusammenschau mit § 3 Nr. 6 GrEStG).[765]

419 Soweit sich im Wege der Interpolation zusätzliche Befreiungstatbestände ergeben, können somit auch Transaktionskosten (Notar- und Grundbuchkosten) gespart werden. In den vorstehend aufgezeigten Beispielsfällen ist aus grunderwerbsteuerlicher Sicht[766] nur *ein* Grundstücksübertragungsvertrag erforderlich; einer Übertragung des Grundstücks zunächst durch den Erben an den Vermächtnisnehmer und anschließend durch den Vermächtnisnehmer an dessen Ehegatten bzw. an den mit dem Vermächtnisnehmer in gerader Linie Verwandten bedarf es gerade nicht. Stattdessen fällt auch bei einer direkten Übertragung des Grundbesitzes durch den Erben an den Enderwerber keine GrESt an.

420 Eine interpolierende Betrachtungsweise darf jedoch *nicht zur Umgehung* von Steuertatbeständen führen. Da die Übertragung von Grundbesitz zwischen Geschwistern nicht grunderwerbsteuerbefreit ist, wäre eine Gestaltung, in der bspw. der Sohn das Grundstück zunächst an seinen Vater zurück überträgt (befreit gem. § 3 Nr. 6 Satz 1 GrEStG) und anschließend der Vater das Grundstück an seine Tochter weiter

---

764 Vgl. *Pahlke*, § 3 Rn. 83; *Hofmann*, § 3 Rn. 14. Auch hier sollte bei der Vertragsgestaltung die neue Rechtsprechung des BFH beachtet werden; vgl. hierzu die vorstehenden Ausführungen unter Rdn. 399–409.
765 Vgl. *Pahlke*, § 3 Rn. 122 mit weiteren Beispielen für eine Interpolation.
766 Etwas anderes kann sich selbstverständlich aus erbschaft- oder schenkungsteuerlichen bzw. aus einkommensteuerlichen Gesichtspunkten ergeben.

## III. Grundstückserwerb von Todes wegen und Grundstücksschenkungen   C.

überträgt (befreit ebenfalls gem. § 3 Nr. 6 Satz 1 GrEStG), eine Umgehungskonstruktion. Jedenfalls bei einem vorgefassten Plan verbietet hier § 42 AO eine Anwendung der beiden Befreiungstatbestände. Die von den Beteiligten gewählte Gestaltung ist unangemessen und dient ausschließlich der Steuerersparnis. Dementsprechend ist auch bei einer direkten Übertragung unter Geschwistern eine doppelt interpolierende Betrachtungsweise (zweimal § 3 Nr. 6 Satz 1 GrEStG) unzulässig.[767]

### 2. Grundstücksschenkungen unter Lebenden, § 3 Nr. 2 GrEStG

Nach § 3 Nr. 2 Satz 1 GrEStG sind auch Grundstücksschenkungen unter *Lebenden* i.S.d. Erbschaft- und Schenkungsteuer generell von der GrESt freigestellt und zwar unabhängig davon, ob tatsächlich Schenkungsteuer entsteht oder erhoben wird. 421

§ 3 Nr. 2 Satz 2 GrEStG enthält jedoch eine besondere Regelung für Schenkungen unter Auflagen. Grundstücksschenkungen unter Auflagen sind hinsichtlich des Wertes solcher Auflagen, die bei der Berechnung der Schenkungsteuer abziehbar sind, nicht nach § 3 Nr. 2 Satz 1 GrEStG von der GrESt befreit. 422

Nach dem eindeutigen Wortlaut des § 3 Nr. 2 Satz 1 GrEStG gilt der Befreiungstatbestand nur für Grundstücksschenkungen unter Lebenden; wird das Grundstück dagegen von Todes wegen, z.B. vermächtnisweise, zugewendet, so ist der Erwerb auch i.H.d. auf dem Grundstück lastenden Verbindlichkeiten, welche ebenfalls von Todes wegen mitübergehen, von der GrESt befreit. Letzteres gilt selbst dann, wenn diese Belastungen bei der Erbschaftsteuer in Abzug gebracht werden können. Eine analoge Anwendung des § 3 Nr. 2 Satz 2 GrEStG verbietet sich, da dies eine unzulässige Analogie zulasten des Steuerpflichtigen bedeuten würde.[768] 423

*a) Grundstückserwerb aufgrund freigebiger Zuwendung unter Lebenden*

Grundstückserwerbe aufgrund einer freigiebigen Zuwendung i.S.v. § 7 Abs. 1 Nr. 1 ErbStG sind gem. § 3 Nr. 2, Satz 1 GrEStG von der GrESt befreit, wenn und soweit der Bedachte dadurch auf Kosten des Zuwendenden bereichert wird. Dies setzt voraus, dass sich der Grundstückserwerb zwischen dem Zuwendenden und dem Bedachten vollzieht.[769] 424

---

767 Vgl. *Hofmann*, § 3 Rn. 35.
768 Wenn somit ein mit einer Hypothek oder einer Grundschuld belastetes Grundstück unter Lebenden geschenkt wird, fällt auch GrESt an; würde das Grundstück dagegen mit der valutierenden Hypothek bzw. Grundschuld vermächtnisweise zugewendet werden, so würde keine GrESt entstehen. Der Unterschied wirkt sich in der Praxis jedoch kaum aus, da i.d.R. Beschenkter bzw. Vermächtnisnehmer ein Angehöriger ist, sodass in jedem Fall der Befreiungstatbestand des § 3 Nr. 4 bzw. Nr. 6 GrEStG einschlägig ist.
769 Nach der Rechtsprechung des BFH fehlt es bei Schenkungen der öffentlichen Hand an der objektiven Freigebigkeit; wenn ein Hoheitsträger somit eine Grundstücksübertragung ohne Gegenleistung vornimmt, handelt es sich i.d.R. nicht um eine Schenkung i.S.d. § 7 Abs. 1 Nr. 1 ErbStG, die die GrESt nach § 3 Nr. 2 GrEStG ausschließen könnte; vgl. BFH, Urt. v. 29.03.2006, DStR 2006, S. 942. Vgl. hierzu nachfolgende Rdn. 438–446.

425 Bei einer *mittelbaren Grundstücksschenkung* ist folgendes zu beachten:

426 Eine mittelbare Grundstücksschenkung liegt insbesondere vor, wenn der Zuwendende den Kaufpreis für das Grundstück anstelle des Bedachten zahlt oder diesem die erforderlichen Mittel zum Kauf des Grundstücks in der Weise zur Verfügung stellt, dass der Bedachte über die Mittel bestimmungsgemäß (nur zum Kauf des konkreten Grundstücks) verfügen muss.

427 Hierbei ist zu beachten, dass eine Schenkung nur im Verhältnis zwischen Schenker und Beschenktem (Valutaverhältnis) vorliegt. Dagegen liegt dem Kaufvertrag mit dem Veräußerer keine freigiebige Zuwendung zugrunde, sodass dieser Vorgang gem. § 1 Abs. 1 Nr. 1 GrEStG grunderwerbsteuerpflichtig ist.[770] Es handelt sich um keine unzulässige Doppelbelastung mit Grunderwerb- und Schenkungsteuer, da die betreffenden Steuern in jeweils unterschiedlichen Rechtsverhältnissen anfallen.[771]

*b) Grundstückserwerb aufgrund gemischter Schenkung*

428 Eine sogenannte gemischte Grundstücksschenkung liegt vor, wenn bei dem Vertrag über ein Grundstück die Leistung (Hingabe des Grundstücks) und die Gegenleistung (z.B. Kaufpreis) in einem offenbaren Missverhältnis stehen und sich der Zuwendende des Mehrwerts seiner Leistung bewusst ist.[772] Da die Schenkungsteuer nur den unentgeltlich zugewendeten Leistungsteil (§ 7 Abs. 1 Nr. 1 ErbStG) erfasst, folgt hieraus, dass auch nur dieser unentgeltliche Erwerbsteil nach § 3 Nr. 2 Satz 1 GrEStG von der GrESt befreit ist. Der entgeltliche Erwerbsteil unterliegt dagegen als Gegenleistung nach § 8 Abs. 1 GrEStG der Grunderwerbsteuer, sofern nicht dieser Teil aus anderen Rechtsgründen (z.B. § 3 Nr. 6 GrEStG) von der GrESt befreit ist.

▶ **Beispiel:**

A überträgt ein Grundstück an B zu einem Kaufpreis von 500.000,– €. Der Verkehrswert des Grundstücks beträgt 1 Mio. €. A ist sich des Missverhältnisses zwischen Leistung und Gegenleistung bewusst.

**Lösung:**

Der Erwerbsvorgang ist steuerbar gem. § 1 Abs. 1 Nr. 1 GrEStG. Der niedrige Kaufpreis führt als solcher zur (teilweisen) Grunderwerbsteuerpflicht und fließt nach § 9 Abs. 1 Nr. 1 GrEStG in die Bemessungsgrundlage ein. Für die GrESt kann es daher regelmäßig dahingestellt bleiben, ob der geringe Kaufpreis auf Freigiebigkeit oder auf anderen Gründen beruht. Die gemischte Schenkung

---

770 Vgl. *Pahlke*, § 3 Rn. 103; *Hofmann*, § 3 Rn. 14.
771 Die mittelbare Grundstücksschenkung dürfte aufgrund der angehobenen Immobilienbewertung im Bereich des Erbschaftsteuerrechtes seit der Erbschaftsteuerreform 2009 (vgl. BGBl. I 2008, S. 3018 ff.) an Bedeutung verlieren.
772 Vgl. *Pahlke*, § 3 Rn. 104; BFH, BStBl. II 1982, S. 83; *Hofmann*, § 3 Rn. 17; vgl. ferner ausführlich *Hartmann*, UVR 2003, S. 19 ff.

des Grundstückes ist von der GrESt folglich nur insoweit befreit, als das Geschäft unentgeltlich ist. Im Umfang der vereinbarten Gegenleistung entsteht die GrESt aus dieser (hier somit aus 500.000,00 €).[773]

Handelt es sich bei dem Käufer B allerdings um ein Kind des Verkäufers A, so ist der Vorgang nach § 3 Nr. 6 GrEStG insgesamt von der GrESt befreit.[774]

*c) Schenkung unter Auflagen*

Im Schenkungsteuerrecht wurde vor der Erbschaftsteuerreform 2009[775] zwischen *Leistungsauflagen* einerseits und *Nutzungs- sowie Duldungsauflagen* andererseits differenziert. Leistungsauflagen verursachen beim Empfänger der Schenkung Aufwendungen im Sinne von Geld- oder Sachleistungen. Dagegen zählen zu Nutzungs- sowie Duldungsauflagen etwa der Nießbrauch oder beschränkt persönliche Dienstbarkeiten wie das Wohnungsrecht. 429

Während Leistungsauflagen wie die Gegenleistung bei einer gemischten Schenkung zu behandeln sind, wurde nach der alten Fassung des Erbschaftsteuergesetzes der Steuerwert von Nutzungs- und Duldungsauflagen vom Steuerwert des Zuwendungsgegenstandes bei der Schenkungsteuer nur abgezogen, sofern das Abzugsverbot des § 25 ErbStG nicht eingriff.[776] 430

**Leistungsauflagen** (z.B. Rentenzahlungen, Gleichstellungsgelder, Übernahme von Grundstücksbelastungen und andere Verpflichtungen des Zuwendenden) hat der Bedachte unabhängig vom Innehaben des auf ihn übergegangenen Gegenstandes, also ggf. aus seinem persönlichen Vermögen zu erbringen. Schenkungsteuerrechtlich gelten bei diesen Leistungsverpflichtungen die gleichen Grundsätze wie bei gemischten Schenkungen. Ungeachtet ihrer zivilrechtlichen Einordnung als Auflage oder Gegenleistung tritt im Umfang dieser Leistungsauflage keine Bereicherung i.S.d. § 7 Nr. 1 ErbStG ein.[777] 431

Da eine Leistungsauflage somit *stets* von der Schenkungsteuer abziehbar ist, unterliegt sie hinsichtlich ihres Wertes der *Grunderwerbsteuer*. Wie bei der gemischten Schenkung ist der Erwerb des Grundstücks nur insoweit von der GrESt ausgenommen, als der Wert des Grundstücks den Wert der Leistungsauflage übersteigt. 432

---

773 Vgl. BFH, BStBl. II/1977, S. 676; vgl. *Boruttau/Meßbacher-Hönsch*, § 3 Rn. 253.
774 Vgl. hierzu ferner *Geck*, ZEV 1997, S. 284 ff. zur Konkurrenz von Schenkungsteuer und GrESt bei teilentgeltlichen Rechtsgeschäften mit zahlreichen Rechenbeispielen; vgl. ferner die Ländererlasse der FinVerw. vom 21.05.1990, DStR 1990, S. 496; vgl. auch *Meincke*, § 7 Rn. 27 ff. zur Berechnung der Schenkungsteuer.
775 Vgl. Gesetz zur Reform des Erbschaftsteuer- und Bewertungsrechtes (Erbschaftsteuerreformgesetz), BGBl. I 2008, S. 3018 ff.
776 Vgl. *Pahlke*, § 3 Rn. 109; BFH, BStBl. II 1989, S. 524.
777 Vgl. *Pahlke*, § 3 Rn. 110; *Hofmann*, § 3 Rn. 19.

433 **Nutzungs- und Duldungsauflagen** sind der Schenkung beigefügte Nebenabreden, nach denen der Beschenkte zwar um das Eigentum des Zuwendungsgegenstandes bereichert ist, ihm aber die Nutzung (§ 100 BGB) des Gegenstandes nicht sofort (in vollem Umfang) gebühren soll. Typische Fälle sind etwa, wenn der Bedachte verpflichtet ist, dem Zuwendenden oder einem Dritten ein dingliches Nutzungsrecht (Nießbrauch) oder eine beschränkt persönliche Dienstbarkeit (insbesondere Wohnrecht) am Zuwendungsgegenstand zu bestellen. Gleiches gilt, wenn der Bedachte kraft schuldrechtlicher Vereinbarung verpflichtet ist, die Früchte auszukehren oder den Gebrauch der Sache zu überlassen. Durch diese Nebenabrede wird somit lediglich der Übergang des mit dem Eigentumsübergang grds. verbundenen vollen Nutzungsrechtes zeitlich verschoben. Diese zeitliche Verschiebung behandelte § 25 Abs. 1 Satz 2 ErbStG a.F.

434 § 25 Abs. 1 Satz 1 ErbStG a.F. schloss einen Abzug der Nutzungs- oder Duldungsauflagen bei der Schenkungsteuer dann nicht aus, wenn die Auflagen einer anderen Person als dem Schenker oder dessen Ehegatten zugute kamen. Weil in diesen Fällen die Auflagen bei der Schenkungsteuer abgezogen werden konnten, fiel somit hierauf GrESt an.

435 Wurde dagegen der Schenker oder dessen Ehegatte begünstigt, so erfolgte gem. § 25 ErbStG kein Abzug der Auflage von der Schenkungsteuer; infolgedessen schloss § 3 Nr. 2 GrEStG hier die Festsetzung der GrESt aus.[778]

436 Mit der Erbschaftsteuerreform 2009[779] wurde die differenzierende Regelung in § 25 ErbStG abgeschafft, sodass künftig sowohl Leistungs- als auch Duldungs- und Nutzungsauflagen stets von der Schenkungsteuer abziehbar sind. Folglich gelten die gleichen Grundsätze wie bei gemischten Schenkungen.[780] Sowohl Leistungs- als auch Nutzungs- und Duldungsauflagen unterliegen hinsichtlich ihres Wertes der Grunderwerbsteuer, soweit nicht sonstige Befreiungsvorschriften (z.B. bei Grundstücksübertragungen an Abkömmlinge gem. § 3 Nr. 6 GrEStG) eingreifen.

---

778 Vgl. *Pahlke*, § 3 Rn. 113; *Hofmann*, § 3 Rn. 20.
779 Vgl. Gesetz zur Reform des Erbschaftsteuer- und Bewertungsrechtes (Erbschaftsteuerreformgesetz), BGBl. I 2008, S. 3018 ff.
780 Vgl. Erl. des FinMin BaWü vom 15.04.2009, DStR 2009, S. 856.

### III. Grundstückserwerb von Todes wegen und Grundstücksschenkungen  C.

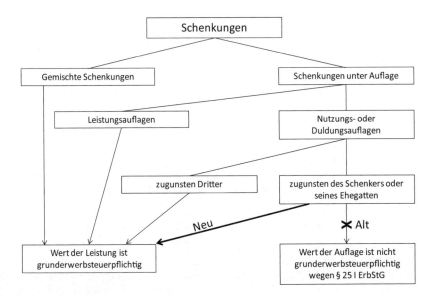

In der Praxis kommt es mitunter zur **Kombination** verschiedener Gegenleistungen (z.B. Kaufpreis, Leistungsauflagen sowie Nutzungs- und Duldungsauflagen). 437

▶ Beispiel:

Der 60-jährige A ist kinderlos und verwitwet. Er ist unter anderem Eigentümer eines Hauses, in welchem bisher seine Schwester unentgeltlich wohnt. Mit notariellem Vertrag vom 15.03.2002 überträgt er dieses Anwesen auf seinen Neffen N im Wege der vorweggenommenen Erbfolge. A selbst behält sich keine Nutzungsrechte vor. Allerdings darf seine 50-jährige Schwester B lebenslang die Wohnung im 1. Obergeschoss nutzen. N muss außerdem einmalig 20.000 € an A bezahlen. Die beiden in dem Haus gelegenen Wohnungen sind mit jeweils 130 m² gleich groß. Die ortsübliche Miete für ein vergleichbares Zweifamilienhaus beträgt 6,00 € pro m².

Lösung:

Leistung und Gegenleistung wurden von den Vertragsparteien nicht gegeneinander abgewogen; vielmehr stand die unentgeltliche Übertragung an den Neffen N im Vordergrund. Folglich liegt eine Schenkung unter Lebenden i.S.d. § 7 Abs. 1 Nr. 1 ErbStG vor.[781]

Da der Neffe jedoch Gegenleistungen zu erbringen hat, unterfällt der Vorgang auch dem Grunderwerbsteuergesetz.

---

[781] Vgl. ErbStR 14 Abs. 3 Satz 3.

# C. Sachliche Steuerbefreiungen – §§ 3 und 4 GrEStG

1. Die *Einmalzahlung des N* an den A ist gem. § 12 BewG mit dem Nennwert 20.000,00 € anzusetzen.
2. Das *lebenslange Wohnungsrecht für die Schwester* des A ist als Nutzungs- oder Duldungsauflage bei der Schenkungsteuer abziehbar. Folglich fällt GrESt an. Als lebenslange wiederkehrende Leistung ist die Auflage mit dem Kapitalwert nach § 14 BewG zu bewerten. Hierbei ist der Jahreswert des Wohnungsrechtes (130 m² × 6,00 €/m² × 12 = 9.360,00 €) mit dem Vervielfältiger, welcher sich aus dem Alter der Wohnungsberechtigten ergibt (§ 14 BewG i.V.m. Anl. 9 BewG, bei 50 Jahren somit 14,361) zu multiplizieren, sodass sich insgesamt ein Wert von 134.418,00 € ergibt.[782]
3. Die *grunderwerbsteuerliche Bemessungsgrundlage* setzt sich folglich aus der Einmalzahlung (20.000,00 €) und dem Wert des Wohnungsrechtes der B (134.418,00 €) zusammen, sodass die grunderwerbsteuerliche Bemessungsgrundlage 154.418,00 € beträgt.

Bei einem Steuersatz von 3,5 % beträgt die GrESt folglich 5.404,00 €.

Sofern die Nutzungs- bzw. Duldungsauflage durch den Tod des Berechtigten vorzeitig wegfällt, kann es zu einer nachträglichen Korrektur der ursprünglichen Schenkungsteuerfestsetzung und infolgedessen auch zu einer Neufestsetzung der GrESt kommen. Wird die in § 14 Abs. 2 BewG festgelegte, altersabhängige Mindestdauer nicht erreicht, wird die Nutzungs- oder Rentenlast, deren Kapitalwert unter Berücksichtigung der im Jahr des Übertragungsvorgangs maßgeblichen Sterbetafel des statistischen Bundesamtes ermittelt wurde, nur noch mit dem geringeren Kapitalwert angesetzt, der sich unter Berücksichtigung des tatsächlichen Bestands der Last ergibt.[783]

Zum anderen kann es in diesen Fällen zu einer *nachträglichen Korrektur der ursprünglichen Schenkungsteuerfestsetzung* kommen, wenn die Last durch den Tod des Berechtigten vorzeitig wegfällt. Wird die in § 14 Abs. 2 BewG festgelegte, altersabhängige Mindestdauer nicht erreicht, wird die Nutzungs- oder Rentenlast, deren Kapitalwert unter Berücksichtigung der im Jahr des Übertragungsvorgangs maßgeblichen Sterbetafel des Statistischen Bundesamtes ermittelt wurde, nur noch mit dem geringeren Kapitalwert angesetzt, der sich unter Berücksichtigung des tatsächlichen Bestands der Last ergibt.[784]

▶ **Beispiel (Besteuerung einer Grundstücksübertragung unter Nießbrauchsvorbehalt):**

Zu Beginn des Jahres 2010 überträgt der 70-jährige Onkel O seinem Neffen N ein Mietshaus (Verkehrswert 800.000,00 €) und behält sich dabei auf Lebenszeit den

---

782 Aufgrund der gestiegenen Lebenserwartung wurde der Kapitalisierungsfaktor des Bewertungsgesetzes zwischenzeitlich erhöht.
783 S. dazu Abschn. 42 Abs. 5 Erbschaftsteuer-Erl.; krit. dazu *Söffing/Thonemann*, ErbStB 2009, S. 335.
784 S. dazu Abschn. 42 Abs. 5 Erbschaftseuer-Erl.; Krit. dazu *Söffing/Thonemann*, ErbStB. 2009, S. 335.

III. Grundstückserwerb von Todes wegen und Grundstücksschenkungen  C.

Nießbrauch vor. Der jährliche Reinertrag des Nießbrauchs z.Zt. der Schenkung beträgt 35.000,00 €.[785]

**Lösung:**

**I. Steuerwert des Grundstücks**

| | |
|---|---|
| Wert des Grundstücks | € 800.000 |
| ./. Verschonungsabschlag von 10 % (% 13 c ErbStG) | € 80.000 |
| Steuerwert des Grundstücks | € 720.000 |

**II. Kapitalwert des Nießbrauchs**

| | |
|---|---|
| Jahreswert des Nießbrauchs | € 35.000 |
| Höchstwert gem. § 16 BewG: | |
| € 800.000: 18,6 = 43.011 € | |
| x Vervielfältiger für 70-jährigen Mann[1] | 9,633 |
| Kapitalwert | € 337.155 |

**III. Steuerpflichtiger Erwerb des N**

| | |
|---|---|
| Steuerwert des Grundstücks | € 720.000 |
| ./. Anteilige Nießbrauchslast (90 %) | |
| § 10 Abs. 1 Satz 5 ErbStG | € 303.440 |
| Steuerpflichtiger Erwerb | € 416.560 |
| abgerundet auf volle € 100 (§ 10 Abs. 1 Satz 6 ErbStG) | € 416.500 |

**IV. Schenkungsteuer**

| | |
|---|---|
| Steuerpflichtiger Erwerb | € 416.500 |
| ./. persönlicher Freibetrag, § 16 Abs. 1 Nr. 5 ErbStG | € 20.000 |
| | € 396.500 |
| x Steuersatz | 25 % |
| Festzusetzende Schenkungsteuer | € 99.125 |

**V. Grunderwerbsteuer**

| | |
|---|---|
| Wert der bei der Schenkungsteuer abziehbaren Auflage (Nießbrauch), § 3 Nr. 2 Satz 2 GrEStG | € 303.440 |
| 3,5 % GrESt hieraus | € 10.620 |

**Ergänzung des Beispiels:**

O verstirbt am 06.02.2013.

---

785 Dieses Beispiel wurde übernommen von *Ihle*, Notar 2010, S. 61.

## C. Sachliche Steuerbefreiungen – §§ 3 und 4 GrEStG

### I. Korrigierter Kapitalwert des Nießbrauchs

| | |
|---|---:|
| Jahreswert des Nießbrauchs | € 35.000 |
| x Vervielfältiger für 3,1 Jahre | |
| (= tatsächliche Dauer des Nießbrauchs): | 2,857 |
| Kapitalwert | € 99.995 |

### II. Steuerpflichtiger Erwerb des N

| | |
|---|---:|
| Steuerwert des Grundstücks | € 720.000 |
| ./. Anteilige Nießbrauchslast (90 %), § 10 Abs. 1 Satz 5 ErbStG | € 89.995 |
| steuerpflichtiger Erwerb | € 630.005 |
| abgerundet auf volle € 100 (§ 10 Abs. 1 Satz 6 ErbStG) | € 630.000 |

### III. Schenkungsteuer

| | |
|---|---:|
| Steuerpflichtiger Erwerb | € 630.000 |
| ./. persönlicher Freibetrag, § 16 Abs. 1 Nr. 5 ErbStG | € 20.000 |
| | € 610.000 |
| x Steuersatz | 30 % |
| (vorläufige) Schenkungsteuer | € 183.000 |

### IV. Härteausgleich nach § 19 Abs. 3 ErbStG

| | |
|---|---:|
| Steuer auf den Betrag, bei dem die vorhergehende Wertgrenze endet: 25 % x 600.000 € | € 150.000 |
| + 50 % des Betrags, um den der Erwerb diese Wertgrenze überschreitet: 50 % v. € 10.000 | € 5.000 |
| Festzusetzende Schenkungsteuer | € 155.000 |

### V. Neufestsetzung Grunderwerbsteuer

| | |
|---|---:|
| Wert bei der Schenkungsteuer abziehbaren Auflage (Nießbrauch), § 3 Nr. 2 Satz 2 GrEStG | € 89.995 |
| 3,5 % GrESt hieraus | € 3.149[2] |

Anmerkung:

[1] BMF vom 01.10.2009 – IV C 2 – S 3104/09/10001, BStBl. I 2009, S. 1168.

[2] Die oft übersehene Sondervorschrift für vorbehaltene Nutzungen und Leistungen (§ 14 BewG) war in der Vergangenheit nur in wenigen Fällen anwendbar, weil § 25 ErbStG a.F. deren Anwendungsbereich mittelbar einschränkte. Ihre Bedeutung als Korrekturvorschrift wächst durch die Streichung des § 25 ErbStG a.F. seit 01.01.2009 erheblich. Einem Erwerber drohen bei einem frühen Tod des Nießbrauchsberechtigten latente Nachsteuern; vgl. *Götz*, DStR 2009, S. 2235.

## III. Grundstückserwerb von Todes wegen und Grundstücksschenkungen  C.

Nach der BFH-Rechtsprechung kann bei einer Schenkung eines Grundstücks unter Vorbehalt eines Wohnungsrechts der für die Bemessungsgrundlage der GrESt maßgebliche Kapitalwert des Wohnungsrechtes höher sein als der Kapitalwert, mit dem das Wohnungsrecht bei der Schenkungsteuer bereicherungsmindernd berücksichtigt wird.[786] Dies folgt daraus, dass nach § 17 Abs. 3 Satz 2 BewG die Kappungsgrenze des § 16 BewG im Grunderwerbsteuerrecht keine Anwendung findet.

▶ Beispiel:

Der siebzigjährige O möchte seinem Neffen N im Jahr 2014 die von ihm selbst genutzte Immobilie (Wert 500.000,00 €) übertragen und sich ein lebenslanges Wohnrecht vorbehalten. Der ungekürzte Jahreswert des Wohnungsrechtes beträgt 30.000,00 €. Der Höchstwert gem. § 16 BewG beläuft sich auf (500.000,00 €: 18,6 =) ca. 26.882,00 €.

Lösung:

Der Wert des Wohnungsrechts hängt von dessen Jahreswert und der statistischen Lebenserwartung des O ab. Als Vervielfältiger für einen siebzigjährigen Mann ist dabei ein Faktor von 9,801 anzusetzen. Das Wohnungsrecht hat danach einen schenkungsteuerlichen Kapitalwert von 26.882,00 € × 9,801 = ca. 263.470,00 €. Der steuerpflichtige Erwerb des N. beläuft sich auf 500.000,00 € (=Steuerwert des Grundstücks) abzüglich 263.470,00 € (= Kapitalwert des Wohnungsrechtes), also somit auf 236.530,00 €, abgerundet auf volle 100,00 € (§ 10 Abs. 1 Satz 6 ErbStG), also auf somit 236.500,00 €. An Schenkungsteuer würde nach Abzug des persönlichen Freibetrages gem. § 16 Abs. 1 Nr. 5 ErbStG von 20.000,00 € und Multiplikation mit dem Steuersatz von 20 % ein Betrag von 43.300,00 € anfallen.

Zur Ermittlung der GrESt müsste der Wert des bei der Schenkungsteuer abziehbaren Wohnrechts mit dem ungekürzten Jahreswert, d.h. mit 30.000,00 € angesetzt werden. An GrESt würden somit zusätzlich 30.000,00 € × 9,801 × z.B. Steuersatz 5 % = 14.701,50 € festgesetzt werden. Wäre die GrESt dagegen auf der Basis des Höchstbetrages nach § 16 BewG zu ermitteln, würde diese nur 26.882,00 € × 9,801 × 5 % = 13.173,50 € betragen. Daraus ergibt sich als Folge der BFH-Entscheidung in dem vorstehenden Fall eine Mehrbelastung (= Doppelbesteuerung) i.H.v. 1.628,00 € (= Differenz zwischen 14.801,50 € und 13.173,50 €).

Der Jahreswert eines Wohnrechtes wird somit bei der Schenkungsteuer gesetzlich begrenzt auf höchstens den Betrag, der sich ergibt, wenn man den Grundstückswert durch 18,6 teilt. Diese gesetzliche Begrenzung auf einen Höchstbetrag gilt nach der BFH-Entscheidung nicht für die Berechnung des Wertes des Wohnrechtes für Zwecke der Grunderwerbsteuer. Dies hat also zur Konsequenz, dass der Wert des Wohnrechts bei der GrESt höher sein kann als der Wert, der bei der Berechnung der Schenkungsteuer abzuziehen ist.

---

786 Vgl. BFH, DStR 2014, S. 369 ff.

## C. Sachliche Steuerbefreiungen – §§ 3 und 4 GrEStG

### d) Unentgeltliche Vermögensübertragungen zwischen Trägern öffentlicher Verwaltung

**438** Nach neuerer Rechtsprechung sind unentgeltliche Vermögensübertragungen zwischen Trägern öffentlicher Verwaltung regelmäßig keine freigebigen Zuwendungen im Sinn vom § 7 Abs. 1 Nr. 1 ErbStG. Diese vom BFH zunächst in Rechtsstreitigkeiten über Schenkungsteuerbescheide vertretene Betrachtungsweise wurde mittlerweile auch in den Entscheidungen zur GrESt übernommen und weiterentwickelt.[787] Derartige unentgeltliche Vermögensübertragungen sind daher nicht nach § 3 Nr. 2 Satz 1 GrEStG von der GrESt befreit. Für unentgeltliche Übertragungen zwischen nicht staatlichen (z.b. kirchlichen) Körperschaften gilt diese Rechtsprechung allerdings nicht. Dort kann es sich auch künftig um freigebige Zuwendungen handeln.

**439** Der BFH begründet seine Rechtsauffassung damit, dass aufgrund der Bindung der vollziehenden Gewalt an Recht und Gesetz, d.h. auch an die jeweils maßgeblichen haushaltsrechtlichen Vorschriften, im Regelfall anzunehmen ist, dass der Träger öffentlicher Verwaltung in Wahrnehmung der ihm obliegenden öffentlichen Aufgaben und somit nicht freigebig handelt. Nur wenn die übertragende juristische Person des öffentlichen Rechts den Rahmen ihrer Aufgaben eindeutig überschreitet, kommt eine freigebige Zuwendung in Betracht.

▶ **Beispiele:**

Demgemäß ist eine unentgeltliche Grundstücksübertragung von einem Landkreis auf eine GmbH, deren alleiniger Gesellschafter der Landkreis ist, objektiv dann nicht freigebig, wenn der Landkreis mit der Zuwendung der Immobilie in Wahrnehmung der ihm übertragenen öffentlichen Aufgaben, bspw. der Krankenversorgung in Krankenhäusern, handelt und diese Zweckbindung der Zuwendung vertraglich absichert.[788]

**440** In einem Urteil des BFH vom 29.03.2006[789] wurde die Freigebigkeit der Zuwendung trotz einer unentgeltlichen Vermögensübertragung durch einen Landkreis auf eine GmbH, deren alleiniger Gesellschafter der Landkreis war, abgelehnt. Der Landkreis als Mehrheitsgesellschafter einer gemeinnützigen Krankenhausbetreiberin hatte dieser den mit einem Krankenhausgebäude bebauten Grundbesitz unentgeltlich zugewendet. Nach Auffassung des Gerichts handelte der Kreis in Wahrnehmung der ihm obliegenden Aufgaben, denn die Sicherstellung der Krankenversorgung in Krankenhäusern stelle eine öffentliche Aufgabe dar.[790]

**441** Diese Grundsätze erfassen auch den Fall, dass ein Grundstück unentgeltlich von einer Handwerkskammer auf eine Kreishandwerkerschaft im Beitrittsgebiet übertragen

---

787 Vgl. BFH, Urt. v. 29.03.2006, II R 68/04, BStBl. II/06, S. 632.
788 Vgl. BFH, Urt. v. 29.03.2006, II R 1504, BStBl. II/06, S. 557.
789 Vgl. BFH, II R 15/04, BStBl. II/06, S. 557.
790 Dies folgte im konkreten Fall aus § 1 Abs. 2 des Krankenhausgesetzes des Landes Brandenburg vom 11.05.1994, GVBl Brandenburg I/06, S. 106.

## III. Grundstückserwerb von Todes wegen und Grundstücksschenkungen C.

wird, da es sich bei beiden Vertragsbeteiligten um Körperschaften des öffentlichen Rechts und damit um Träger staatlicher Verwaltung handelt.[791] Die Eigentumsübertragung erfolgt i.R. der gesetzlich angeordneten Neuorganisation der Berufskammern im Beitrittsgebiet und damit innerhalb des Rahmens der diesen obliegenden Aufgaben.[792]

Es liegt auch dann keine freigebige Grundstücksübertragung vor, wenn die öffentliche Hand eine ansonsten ihr obliegende Aufgabe auf den Grundstücksübernehmer abwälzt, also bspw. die Gemeinde eine Immobilie einem Träger der freien Wohlfahrtspflege überträgt mit der Verpflichtung, dem bereits bisher auf dem Grundstück von der Kommune verfolgten Zweck (Kindertagesstätte) weiter zu verfolgen.[793] 442

Ebenso ist eine freigebige Zuwendung dann auszuschließen, wenn eine Gemeinde einem freien Träger der Wohlfahrtspflege zur Erfüllung öffentlicher Aufgaben unentgeltlich ein Erbbaurecht an einem Grundstück mit darauf befindlichem Senioren- und Pflegeheim bestellt.[794] In dem der Entscheidung des BFH vom 29.03.2006[795] zugrunde liegenden Fall hatte eine kreisfreie Stadt einem Träger der Wohlfahrtspflege ein Erbbaurecht an einem Grundstück mit aufstehendem Senioren- und Pflegeheim unentgeltlich bestellt; die Erwerberin hatte sich verpflichtet, das Grundstück ausschließlich für Zwecke des Senioren- und Pflegeheims zu nutzen. Das Betreiben von Alten- und Pflegeheimen zur Daseinsvorsorge gehört nach Art. 28 Abs. 2 GG zu den freiwilligen Selbstverwaltungsaufgaben der Gemeinden. Die Übertragung des Grundstücks und der Sicherung der entsprechenden Zweckbindung erfolgte daher nach Auffassung des Gerichts nicht freigebig, sondern in Erfüllung der öffentlichen Aufgaben der Kommune. 443

In allen diesen Fällen ist somit die Befreiungsvorschrift des § 3 Nr. 2 Satz 1 GrEStG nicht anwendbar, sodass für den Übertragungsvorgang GrESt anfällt. Sollte eine Gegenleistung nicht vorhanden oder nicht zu ermitteln sein, richtet sich die Bewertung gem. § 8 Abs. 2 Satz 1 Nr. 1 GrEStG nach den Werten i.S.d. § 138 Abs. 2 oder 3 BewG. Dies soll selbst dann gelten, wenn in der notariellen Grundstücksüberlassungsurkunde der Vorgang ausdrücklich als Schenkung bezeichnet worden war. 444

Unter Abkehr von ihrer bisherigen Auffassung sieht die FinVerw. nunmehr die unentgeltliche Übertragung von Grundstücken durch die öffentliche Hand auf eine steuerbegünstigten Zwecken dienende Stiftung des privaten Rechts nicht mehr als freigebige Zuwendung an, sodass auch auf einen derartigen Übertragungsvorgang GrESt erhoben wird.[796] 445

---

791 Vgl. *Boruttau/Meßbacher-Hönsch*, § 3 Rn. 242.
792 Vgl. bereits BFH, Urt. v. 01.12.2004, II R 46/02, BStBl. II/05, S. 311.
793 Vgl. BFH, Beschl. v. 28.08.2004, BFH/NV 2005, S. 57.
794 Vgl. BFH, Urt. v. 29.03.2006, II R 68/04, BStBl. II/06, S. 632.
795 BFH, II R 68/04, BStBl. II/06, S. 632.
796 Vgl. koordinierter Länder-Erl. vom 28.04.2004, DStR 2005, S. 196; zur aktuellen Rechtsprechung zu unentgeltlichen Grundstücksübertragungen vgl. ausführlich *Mack*, UVR 2006, S. 281.

**446** Die vorstehenden Grundsätze lassen sich demgegenüber nicht auf Vermögensübertragungen zwischen nicht staatlichen Körperschaften untereinander anwenden.

▶ Beispiel:

Bestellt eine Kirchengemeinde einer kirchlichen Einrichtung mit karitativer Zielsetzung – zumindest zunächst – unentgeltlich ein Erbbaurecht an einem Grundstück mit aufstehendem Alten- und Pflegeheim, so kann dies eine freigebige Zuwendung i.S.d. § 3 Nr. 2 Abs. 1 GrEStG sein.[797] Dies folgt daraus, dass die Kirchen und ihre Untergliederungen nicht dem staatlichen Haushaltsrecht unterworfen sind, sondern ihre Angelegenheiten selbstständig innerhalb der Schranken der für alle geltenden Gesetze (Art. 140 GG i.V.m. Art. 137 Abs. 3 Satz 1 Weimarer Reichsverfassung) ordnen und verwalten und anders als Träger öffentlicher Verwaltung nicht durch staatliches Recht gehindert sind, freigebige Zuwendungen vorzunehmen. Selbst wenn ein derartiger Vorgang schenkungsteuerlich gem. § 13 Abs. 1 Nr. 16 ErbStG privilegiert ist, fällt gem. § 3 Nr. 2 GrEStG keine GrESt an.

*e) Unentgeltlicher Erwerb von Geschäftsanteilen*

**447** Ebenso wie beim Grundstückserwerb durch Erbanfall ist auch bei Grundstücksschenkungen unter Lebenden zu beachten, dass gem. § 3 Nr. 2 GrEStG nur der *Grundstückserwerb* von der GrESt befreit ist, nicht aber der Erwerb von *Anteilen an Gesellschaften*.[798]

**448** Durch den Erlass der FinVerw. vom 11.10.2007 hat sich insoweit jedoch teilweise eine Änderung ergeben. Die Ausführungen in den bisherigen Erlassen zu § 1 Abs. 3 GrEStG[799] zur Nichtanwendung der Befreiungsvorschrift des § 3 Nr. 2 GrEStG in den Fällen des § 1 Abs. 3 Nr. 3 und Nr. 4 GrEStG (Übertragung vereinigter Anteile) bei Kapitalgesellschaften wurden gestrichen. Im Ergebnis unterliegen somit Schenkungen vereinigter Anteile an Kapitalgesellschaften, die Grundbesitz halten, nicht der Grunderwerb-, sondern der Erbschaftsteuer. Soweit die Anteile an einer Kapitalgesellschaft jedoch i.S.d. § 1 Abs. 3 Nr. 1 oder Nr. 2 GrEStG erstmals in einer Hand vereinigt werden, kommt § 3 Nr. 2 GrEStG dagegen nach wie vor nicht zur Anwendung.

▶ Beispiel 1:

Werden 10 % der Anteile an einer Kapitalgesellschaft an eine Stiftung vererbt, die bisher schon 90 % der Anteile hielt, so löst die dadurch eintretende erstmalige Anteilsvereinigung in der Hand der Stiftung nicht nur Erbschaftsteuer, sondern auch GrESt aus.

---

797 Vgl. BFH, Urt. v. 17.05.2006, II R 46/04.
798 Vgl. FinMin BaWü vom 28.04.2005, DStR 2005, S. 1012. Dieser Erl. ist teilweise überholt durch den Erl. vom 11.10.2007, DStR 2007, S. 1913; vgl. hierzu vom *Proff zu Irnich*, DB 2007, S. 2616 ff. Der Erl. vom 11.10.2007 wurde inzwischen ersetzt durch einen Erl. vom 18.12.2009, DStR 2010, S. 114, der im Bereich der Personengesellschaften eindeutig im Widerspruch zur BFH-Rechtsprechung steht.
799 Vgl. FinMin BaWü vom 28.04.2005, DB 2005, S. 975.

III. Grundstückserwerb von Todes wegen und Grundstücksschenkungen    C.

Abwandlung:

Werden dagegen 100 % der Anteile an einer grundbesitzenden Kapitalgesellschaft an eine Stiftung vererbt, kann nach der neuen Verwaltungsauffassung keine Grunderwerb-, sondern nur noch Erbschaftsteuer entstehen. Die bisherige zweimalige Besteuerung entfällt insoweit.

▶ Beispiel 2:

Waren bspw. die Ehegatten M und F an einer grundbesitzhaltenden GmbH je zur Hälfte beteiligt und überträgt nunmehr der Ehemann seinen 50 %-igen Geschäftsanteil im Wege einer Schenkung oder unbenannten Zuwendung unter Ehegatten auf die Ehefrau, so führt diese Übertragung dazu, dass sich über 95 % aller Gesellschaftsanteile in der Hand der Ehefrau vereinigen. Dieser Vorgang löst somit einerseits Schenkungsteuer, andererseits aber auch GrESt gem. § 1 Abs. 3 GrEStG aus. Die Befreiungsvorschrift des § 3 Nr. 2 GrEStG ist nach herrschender Meinung nicht einschlägig, da lediglich der Grundstückserwerb, nicht aber der Erwerb von Anteilen an Kapitalgesellschaften steuerbefreit ist; auch § 3 Nr. 4 GrEStG (Grundstückserwerb durch den Ehegatten des Veräußerers) ist nicht anwendbar, da eine Anteilsvereinigung als ein Erwerb von der Gesellschaft, nicht aber von dem Mitgesellschafter gilt.[800]

Hier kommt es de facto zu einer Doppelbelastung des Rechtsvorganges mit Grunderwerb- und Schenkungsteuer, da einerseits GrESt wegen der Anteilsvereinigung erhoben wird und andererseits die Grundstücke bei der Bemessung der Schenkungsteuer mittelbar über den Wert der GmbH-Geschäftsanteile berücksichtigt werden.

Abwandlung:

Sofern dagegen der Ehegatte M alleine 100 % der GmbH-Geschäftsanteile hielt und alle Anteile in einem Akt auf seine Ehefrau F unentgeltlich überträgt, ist für den Fall der Übertragung vereinigter Anteile nach herrschender Auffassung die Befreiungsvorschrift des § 3 Nr. 2 GrEStG sehr wohl anwendbar.[801]

Allerdings deutet sich bei der erstmaligen Anteilsvereinigung gem. § 1 Abs. 3 Nr. 1 und Nr. 2 GrEStG eine Änderung der Rechtsprechung im Hinblick auf die Anwendbarkeit des § 3 Nr. 2 GrEStG an. Mit Gerichtsbescheid vom 26.10.2011, Az: II R 21/10 hat der BFH entschieden, dass die Steuerbefreiung des § 3 Nr. 2 GrEStG auch dann eingreift, wenn Gegenstand einer freigebigen Zuwendung ein Anteil an einer grundbesitzenden Kapitalgesellschaft ist und durch die Übertragung der Tatbestand des § 1 Abs. 3 Nr. 1 GrEStG erfüllt wird. Bei gemischten Schenkungen ist die Steuerbefreiung des § 3 Nr. 2 GrEStG jedoch nur auf den unentgeltlichen Teil des Erwerbes anzuwenden. Eine darüber hinausgehende Steuerbefreiung, z.B. nach § 3 Nr. 6 GrEStG, findet dagegen

---

800 Vgl. *Hofmann*, § 3 Rn. 7.
801 Vgl. Erl. des FinMin BaWü vom 11.10.2007, DStR 2007, S. 1913 und Erl. vom 18.12.2009, DStR 2010, S. 114; krit. hierzu vom *Proff zu Irnich*, DB 2007, S. 2616 ff.

C.  Sachliche Steuerbefreiungen – §§ 3 und 4 GrEStG

keine Anwendung, da der fiktive Grundstückserwerb von der Kapitalgesellschaft (und nicht von dem geradlinig Verwandten) erfolgt.[802]

449 Anders verhält es sich in den Fällen des § 1 Abs. 2a GrEStG. Zwar wollte auch hier die FinVerw. bei einer unentgeltlichen Übertragung von mindestens 95 % der Anteile an einer Personengesellschaft die Befreiungsvorschrift des § 3 Nr. 2 GrEStG zunächst nicht anwenden, weil i.r. der Schenkungsteuer der Anteilsübergang und bei der GrESt trotz Anknüpfung an diesen Anteilserwerb ein fingierter Grundstückserwerb besteuert werden sollte.[803] Dem ist jedoch der BFH mit neuerer Rechtbesprechung entgegen getreten, wonach steuerbare Änderungen im Gesellschafterbestand einer grundbesitzenden Personengesellschaft i.S.d. § 1 Abs. 2a GrEStG insoweit nach § 3 Nr. 2 GrEStG steuerbefreit sind, als sie auf einer schenkweisen Anteilsübertragung beruhen.[804] Mit gleich lautendem Erlass vom 11.10.2007 hatte sich die FinVerw. zunächst diesem Urteil angeschlossen und den früheren Erlass insoweit aufgehoben.[805] Völlig unverständlich ist es daher, dass nunmehr mit einem neuen Erlass des Finanzministeriums Baden-Württemberg vom 18.12.2009,[806] welcher im Einvernehmen mit den Obersten Finanzbehörden der anderen Länder erging, im Bereich der Personengesellschaften eine Rückkehr der FinVerw. zur früheren fiskalisch orientierten Gesetzesauslegung erfolgt, die in eindeutigem Widerspruch zur BFH-Rechtsprechung steht. In dem neuen Erlass bestätigt die FinVerw. zwar, dass im Bereich der **Kapitalgesellschaften** in den Fällen des § 1 Abs. 3 Nr. 3 und Nr. 4 GrEStG (Übertragung vereinigter Anteile) die personenbezogenen Befreiungsvorschriften einschließlich § 3 Nr. 2 GrEStG anwendbar sind. In allen Fällen des § 1 Abs. 3 Nr. 1 und Nr. 2 GrEStG (Anteilsvereinigung) sind die Befreiungsvorschriften dagegen nicht einschlägig, weil der Erwerb des Grundstücks von der Gesellschaft auf einer durch § 1 Abs. 3 GrEStG angeordneten Fiktion und somit nicht auf einer Schenkung beruht. Insoweit sollen zwei unterschiedliche Rechtsvorgänge vorliegen, die eine Doppelbesteuerung (mit Erbschaft- und Schenkungsteuer einerseits und GrESt andererseits) rechtfertigen würden. Im Bereich der **Personengesellschaften** sind für Erwerbsvorgänge i.S.d. § 1 Abs. 3 Nr. 1 und Nr. 2 GrEStG (Anteilsvereinigung) die personenbezogenen Befreiungsvorschriften, insbesondere § 3 Nr. 4-6 GrEStG zu beachten, während die weitere Befreiungsvorschrift des § 3 Nr. 2 GrEStG in den Fällen der Anteilsvereinigung bei Personengesellschaften unanwendbar sein soll.[807] Lediglich in den Fällen des § 1 Abs. 3 Nr. 3 und Nr. 4 GrEStG (Übertragung vereinigter Anteile)

---

802 Vgl. hierzu Schreiben der OFD Frankfurt am Main vom 20.01.2012, S. 4514 A – 4 – St 121, DStR 2012, S. VIII ff.
803 Vgl. FinMin BaWü, Erl. vom 28.04.2005, DStR 2005, S. 1012.
804 Vgl. BFH, Urt. v. 12.10.2006, II R 79/05, ZEV 2007, S. 140 m. Anm. *Gottwald*.
805 Vgl. oberste Finanzbehörden der Länder, gleichlautender Erl. vom 11.10.2007, DStR 2007, S. 1913.
806 Vgl. FinMin BaWü, Erl. vom 18.12.2009, DStR 2010, S. 114.
807 Vgl. FinMin BaWü, Erl. vom 18.12.2009, DStR 2010, S. 114.

III. Grundstückserwerb von Todes wegen und Grundstücksschenkungen     C.

sind nach Auffassung der FinVerw. sämtliche personenbezogenen Befreiungsvorschriften einschließlich der Befreiungsvorschrift des § 3 Nr. 2 GrEStG auch im Bereich der Personengesellschaften anwendbar.

Soweit in dem neuen Erlass die Anwendbarkeit des § 3 Nr. 2 GrEStG bei Anteilsvereinigungen (§ 1 Abs. 3 Nr. 1 und 2 GrEStG) im Bereich von Personengesellschaften abgelehnt wird, ist davon auszugehen, dass der BFH die entsprechenden Fälle anders beurteilen würde. Das Gericht hat bei vergleichbaren Fragestellungen zu § 1 Abs. 2a GrEStG sowie bei Anwachsungsfällen i.S.d. § 1 Abs. 1 Nr. 3 Nr. 1 bzw. Nr. 2 GrEStG die Anwendbarkeit der Befreiungsvorschrift des § 3 Nr. 2 GrEStG bejaht.[808] Es ist nicht davon auszugehen, dass der BFH im Bereich der Personengesellschaften diese Rechtsprechung ändert, nur weil es sich um eine Anteilsvereinigung i.S.d. § 1 Abs. 3 GrEStG handelt. Vielmehr ist sogar zu hoffen, dass durch die Rechtsprechung möglicherweise sogar die Anwendbarkeit des § 3 Nr. 2 GrEStG auch bei erstmaligen Anteilsvereinigungen im Bereich von Personen- und Kapitalgesellschaften bejaht wird[809]

▶ Beispiel 3:

D ist als alleiniger Kommanditist an einer grundbesitzenden GmbH & Co. KG beteiligt. Außerdem ist er Inhaber aller Anteile an der Komplementär-GmbH. Er überträgt seine Kommanditanteile und die GmbH-Anteile zu gleichen Teilen auf seine Neffen A, B und C schenkweise im Wege der vorweggenommen Erbfolge.

Lösung:

Durch den Übergang der Anteile auf die Neffen wird der Tatbestand des § 1 Abs. 2a GrEStG realisiert, da innerhalb von fünf Jahren (hier: uno actu) mindestens 95 % (hier 100 %) der Anteile auf neue Gesellschafter übergehen. Neffen sind im Verhältnis zum Veräußerer auch nicht nach § 3 Nr. 6 GrEStG begünstigt. Nach der neueren BFH-Rechtsprechung ist der fingierte Grundstücksübergang jedoch nach § 3 Nr. 2 GrEStG steuerbefreit.[810]

*f) Erbschaftsteuerreform 2009*

Nach Auffassung des Bundesverfassungsgerichts verstieß die Tarifvorschrift des § 19     **450** Abs. 1 ErbStG a.F. gegen Art. 3 Abs. 1 GG.[811] Der Gesetzgeber wurde verpflichtet, eine Neuregelung bis spätestens zum 31.12.2008 zu treffen. Das Gesetz zur Reform des Erbschaftsteuer- und Bewertungsrechtes (Erbschaftsteuerreformgesetz)[812] trat zum 01.01.2009 in Kraft. Insbesondere wurde die bisherige Regelung in § 25 ErbStG a.F.

---

808 Vgl. BFH, ZEV 2007, S. 140 ff. zu § 1 Abs. 2a GrEStG und BFH, ZEV 2007, S. 43 ff. zu § 1 Abs. 1 Nr. 3 GrEStG.
809 Vgl. *Viskorf*, Festschrift für Sebastian Spiegelberger, S. 518 ff.
810 Vgl. BFH, Urt. v. 12.10.2006, II R 79/05, ZEV 2007, S. 140 m. Anm. *Gottwald*.
811 Vgl. BVerfG vom 02.11.2006, DStR 2007, S. 235 ff.
812 Vgl. BGBl. I 2008, S. 3018 ff.

## C. Sachliche Steuerbefreiungen – §§ 3 und 4 GrEStG

abgeschafft, sodass auch Nutzungs- und Duldungsauflagen, wie z.B. der Vorbehaltsnießbrauch, bei der Schenkungsteuer künftig in Abzug gebracht werden können. Dies wirkt sich spiegelbildlich bei der GrESt wie folgt aus:

**451** Da der Vorbehaltsnießbrauch auch zugunsten des Übergebers oder seines Ehegatten bei der Schenkungsteuer abziehbar ist, handelt es sich um eine grunderwerbsteuerlich relevante Gegenleistung. Sofern die Überlassung an Ehegatten oder Verwandte in gerader Linie erfolgt, greifen allerdings die Befreiungsvorschriften aus § 3 Nr. 4–6 GrEStG ein und führen deshalb auch dann zur Grunderwerbsteuerfreiheit, soweit es sich um einen teilentgeltlichen Vorgang handelt. Sofern dagegen bspw. an Verwandte in Seitenlinie oder an einen nichtehelichen Lebensgefährten übergeben wird, führt der Vorbehaltsnießbrauch zu einer Einsparung bei der Erbschaftsteuer, löst aber zumindest (in kleinerem Umfang) GrESt aus.

**452** Die Entscheidung des Bundesverfassungsgerichtes könnte aber noch viel weitreichendere Auswirkungen auf die GrESt haben, da bislang die grunderwerbsteuerlichen Verweisungsvorschriften auf das BewG (§ 8 Abs. 2 GrEStG) nicht geändert wurden. Vielmehr wurde lediglich ein eigenständiges Bewertungsrecht für die Zwecke der Erb- und Schenkungsteuer geschaffen.

Mit Beschluss des *BFH* vom 27.05.2009[813] wurde jedoch das *BMF* gem. § 122 Abs. 2 FGO aufgefordert, einem Verfahren beizutreten, um zu der Frage Stellung zu nehmen, ob die in § 8 Abs. 2 GrEStG angeordnete Heranziehung der Grundbesitzwerte i.S.d. §§ 138 ff. BewG als Bemessungsgrundlage der GrESt verfassungsgemäß ist.

In dem Verfahren ist zu entscheiden, inwieweit für den Erwerb der gesamten Anteile an einer Kapitalgesellschaft mit Grundbesitz GrESt festzusetzen ist. Nach § 8 Abs. 2 Nr. 3 GrEStG bemisst sich die GrESt u.a. bei steuerpflichtigen Anteilsvereinigungen und Anteilserwerben nicht nach dem Wert der Gegenleistung (Regelbemessungsgrundlage), sondern nach den vor dem 01.01.2009 auch für die Erbschaftsteuer maßgeblichen Bedarfswerten der §§ 138 ff. BewG. Diese Bewertung gilt ferner bei Umwandlungen, anderen Erwerbsvorgängen auf gesellschaftsvertraglicher Grundlage, in den Fällen des § 1 Abs. 2a GrEStG und dann, wenn eine Gegenleistung nicht vorhanden oder nicht zu ermitteln ist (vgl. § 8 Abs. 2 Satz 1 Nr. 1 bis 3 GrEStG).

Diese Grundbesitzbewertung hat das Bundesverfassungsgericht in dem zur *Erbschaft- und Schenkungsteuer* ergangenen Beschluss vom 07.11.2006[814] in umfassender Weise als verfassungswidrig beanstandet. Es hat insbesondere festgestellt, dass die Grundbesitzwerte für *bebaute* Grundstücke zwischen weniger als 20 % und über 100 % des gemeinen Wertes liegen und somit eine so große Streubreite aufweisen, dass der Bewertung Zufälliges und Willkürliches anhafte, ohne dass dies als Folge einer zulässigen Typisierung verfassungsrechtlich hinnehmbar sei. Der Gesetzgeber hat

---

813 Vgl. BFH-Beschl. v. 27.05.2009, II R 64/08, DStR 2009, S. 1474 ff.
814 Vgl. BVerfG-Beschluss, BStBl. II 2007, S. 192 ff.

III. Grundstückserwerb von Todes wegen und Grundstücksschenkungen    C.

im Hinblick auf diese Entscheidung durch das Erbschaftsteuerreformgesetz lediglich die Grundbesitzbewertung für die Erbschaft- und Schenkungsteuer neu geregelt. Für die GrESt hat er es demgegenüber bei den bisherigen, vom Bundesverfassungsgericht beanstandeten Bewertungsvorschriften belassen.

Der BFH ist zwar nach Ergehen des Bundesverfassungsgerichtsbeschlusses vom 07.11.2006 von der Anwendbarkeit des § 8 Abs. 2 GrEStG *jedenfalls für vor dem 01.01.2009 verwirklichte Erwerbsvorgänge* ausgegangen;[815] daran könne aber nach Auffassung des Gerichts nicht mehr festgehalten werden. Denn dieser Rechtsprechung lag die Annahme zugrunde, dass der Gesetzgeber die vom Bundesverfassungsgericht festgestellten Verfassungsverstöße bei der Grundbesitzbewertung nicht nur für das ErbStG, sondern auch für das GrEStG mit Wirkung ab 01.01.2009 beseitigen würde. Da dies nicht geschehen ist, komme nunmehr eine Vorlage an das Bundesverfassungsgericht nach Art. 100 Abs. 1 GG – und zwar auch für *Besteuerungszeitpunkte vor dem 01.01.2009* – in Betracht.

Die Entscheidung der vorstehenden Fragen könnte sehr weitreichende Auswirkungen auf die GrESt haben. Sollte das Bundesverfassungsgericht die Vorschrift des § 8 Abs. 2 GrEStG i.V.m. §§ 138 ff. BewG für verfassungswidrig und nichtig erklären, so könnte die GrESt wegen des Fehlens einer Bemessungsgrundlage – jedenfalls in den Fällen des § 8 Abs. 2 GrEStG – nicht mehr festgesetzt werden. Nach Ansicht des BFH bestehen jedenfalls bei *bebauten Grundstücken* verfassungsrechtliche Bedenken, ob die gesondert festzustellenden Grundstückswerte i.S.d. § 8 Abs. 2 GrEStG i.V.m. §§ 138 ff. BewG verfassungsgemäß sind. Nicht in Zweifel gezogen wird dagegen die Verfassungskonformität des § 8 Abs. 1 GrEStG, der als Regelbemessungsgrundlage auf den Wert der Gegenleistung abstellt. In diesem Zusammenhang ist auch zu beachten, dass bei vielen Umwandlungsvorgängen und anderen Erwerbsvorgängen auf gesellschaftsvertraglicher Grundlage sehr wohl eine Gegenleistung vorhanden ist,[816] vom Gesetzgeber aber bewusst eine Verweisung auf die Vorschriften des BewG vorgenommen wurde, um schwierige Unternehmensbewertungen zu vermeiden.[817]

Es bleibt abzuwarten, ob und wie das Bundesverfassungsgericht zu diesen Fragen entscheidet. Möglicherweise ordnet es bei einer Unvereinbarkeit der Vorschriften mit dem Grundgesetz – ähnlich wie es dies bei der Erbschaft- und Schenkungsteuer getan hat – eine weitere Anwendung des bisherigen Rechts bis zu einem bestimmten Zeitpunkt an. Eventuell werden die Vorschriften aber auch mit sofortiger Wirkung oder sogar rückwirkend (u.U. zum 01.01.2009) für verfassungswidrig erklärt, da der Gesetzgeber durch die Entscheidung zur Erbschaft- und Schenkungsteuer vorgewarnt war. Im Hinblick darauf, dass im Fall einer Verfassungswidrigkeit des § 8 Abs. 2 GrEStG i.V.m. §§ 138 ff. BewG mangels Bemessungsgrundlage die GrESt

---

815 Vgl. BFH-Urt. v. 11.06.2008, DStR 2008, S. 1784.
816 Die Gegenleistung besteht in der Gewährung von Gesellschaftsrechten.
817 Vgl. hierzu *Pahlke*, § 8 Rdnr. 86.

nicht mehr festgesetzt werden könnte, setzt die FinVerw. mittlerweile die entsprechenden Grundlagen- und Grunderwerbsteuerbescheide, die in der Bemessungsgrundlage auf § 8 Abs. 2 GrEStG gestützt sind, nur noch vorläufig i.S.d. § 165 Abs. 1 Satz 2 Nr. 3 und 4 AO fest.[818]

Mittelfristig ist allerdings damit zu rechnen, dass es zu einer Erhöhung der bisherigen Grundstücksbewertung und somit zu einer höheren Grunderwerbsteuerbelastung in Fällen des § 8 Abs. 2 GrEStG kommt. Es ist zu befürchten, dass der Gesetzgeber – ähnlich wie in der Erbschaft- und Schenkungsteuer – ein neues an den Verkehrswerten orientiertes Bewertungsverfahren einführt. Eine Verweisung auf die neuen Werte, die für Erbschaft- und Schenkungsteuerfälle gelten, liegt nahe. Aber auch deren Verfassungsmäßigkeit wird inzwischen teilweise angezweifelt. Es bleibt also sehr spannend, wie sich die GrESt hier weiter entwickeln wird.

### IV. Grundstückserwerb aufgrund einer Erbauseinandersetzung

#### 1. Systematische Vorbemerkungen

453 § 3 Nr. 3 GrEStG dient der Erleichterung der Auseinandersetzung des gemeinschaftlichen Vermögens einer Erbengemeinschaft mit Grundbesitz.[819] Unter »Auseinandersetzung« i.S.d. § 3 Nr. 3 GrEStG fällt sowohl der Erwerb eines Nachlassgrundstücks durch einen Miterben als auch der Erwerb eines Erbteils von einem anderen Miterben.[820] Von der Steuerbefreiung umfasst wird der gesamte Erwerb durch einen Miterben, seinen Ehegatten oder den überlebenden Ehegatten des Erblassers. Die für den Ehegatten geltenden Steuerbefreiungen wurden durch das Jahressteuergesetz 2010 auf eingetragene Lebenspartner ausgedehnt.[821] Beachtlich ist, dass der Erwerb auch dann in vollem Umfang grunderwerbsteuerfrei ist, wenn der Miterbe einen Gegenwert zu leisten hat. Allerdings wird die Befreiung nach § 3 Nr. 3 Satz 1 GrEStG erst relevant, wenn das Grundstück entweder ungeteilt übernommen oder abweichend vom Verhältnis der Erbquoten geteilt wird. In allen anderen Fällen würden bereits die Befreiungen nach § 6 GrEStG (Übergang von einer Gesamthand) oder § 7 GrEStG (Umwandlung von gemeinschaftlichem Eigentum in Flächeneigentum) ausreichen.[822]

---

818 Vgl. gleichlautenden Erl. der Obersten Finanzbehörde der Länder vom 01.04.2010, DStR 2010, S. IX. Vgl. auch hierzu *Behrens/Schmitt*, UVR 2009, S. 365; *Gottwald*, DStR 2009, S. 1947. Eine Aussetzung der Vollziehung dürfte jedoch nur in Ausnahmefällen in Betracht kommen; vgl. *Bruschke*, UVR 2010, S. 211 ff.
819 Voraussetzung für die Befreiung ist, dass das Erwerbsgrundstück noch zu einem ungeteilten Nachlass gehört; vgl. FG München, AZ 4 K 1557/02; Letzteres ist nicht mehr der Fall, wenn sich die Miterben hinsichtlich des Grundstücks schon dergestalt auseinandergesetzt hatten, dass es diesen nicht mehr in Erbengemeinschaft, sondern im Rahmen einer Bruchteilsgemeinschaft gehört.
820 Vgl. BFH, BStBl. II 1973, S. 363; *Pahlke*, § 3 Rn. 192.
821 Vgl. Jahressteuergesetz 2010, BGBl. 2010, S. 1768 ff.
822 Vgl. *Pahlke*, § 3 Rn. 147; *Hofmann*, § 3 Rn. 22.

## IV. Grundstückserwerb aufgrund einer Erbauseinandersetzung

Bei einem Erbanteilserwerb durch *sonstige Dritte* ist der Befreiungstatbestand dagegen nicht einschlägig.

▶ Beispiel:

An einer Erbengemeinschaft sind A, B und C zu je $^1/_3$ -Anteil Miterbe. In 1998 kaufte D den Erbanteil des B für 100.000,– €. Davon entfallen auf das zur Erbmasse gehörende Grundstück 70.000,– €.

Lösung:

Es handelt sich um einen nach § 1 Abs. 1 Nr. 3 GrEStG steuerbaren Vorgang, da mit dem Erbanteil kraft Gesetzes gleichzeitig auch $^1/_3$ Erbanteil am Grundstück auf den Erbteilskäufer übergeht. Dieser Erwerbsvorgang fällt nicht unter die Befreiungsvorschrift des § 3 Nr. 3 GrEStG, da D nicht als Miterbe kauft. Als Bemessungsgrundlage sind 70.000,– € anzusetzen.

Der Erbteilskauf (§§ 2371 ff. BGB) macht den Käufer, der nicht ursprünglicher Miterbe ist, nicht zum Miterben i.S.d. § 3 Nr. 3 GrEStG, obwohl der Käufer als Teilnehmer an der Erbengemeinschaft an die Stelle des veräußernden Miterben tritt. Der fremde Erbteilserwerber kann daher trotz seiner Beteiligung am Nachlass die Steuerbefreiung nach § 3 Nr. 3 GrEStG nicht beanspruchen, wenn er ein Nachlassgrundstück i.R. der Auseinandersetzung der Erbengemeinschaft erwirbt.[823]

### 2. Interpolation

Die gesetzliche Gleichstellung von Miterben und deren Ehegatten durch § 3 Nr. 3 Satz 3 GrEStG ist ein gesetzlicher Fall einer interpolierenden Betrachtung, nämlich das Ergebnis einer Zusammenschau des § 3 Nr. 3 Satz 1 mit § 3 Nr. 4 GrEStG. Allerdings lassen sich im Wege einer interpolierenden Betrachtungsweise noch weitere Befreiungstatbestände konstruieren, in welchen der Erwerb ganz oder zu einer bestimmten Quote von der GrESt befreit ist.
1. der unmittelbare Erwerb eines Nachlassgrundstücks von der Erbengemeinschaft durch den geschiedenen Ehegatten eines Miterben, wenn im Übrigen die Voraussetzungen des § 3 Nr. 5 GrEStG vorliegen (Zusammenschau mit § 3 Nr. 5 GrEStG);
2. der unmittelbare Erwerb eines Nachlassgrundstücks von der Erbengemeinschaft durch eine Person, die mit dem betreffenden Miterben in gerader Linie verwandt ist (Zusammenschau mit § 3 Nr. 6 GrEStG).[824]

---

823 Der Erwerb des Nachlassgrundstücks durch den fremden Erbteilserwerber ist allerdings im Umfang des bereits zuvor erworbenen und versteuerten Erbteils nach § 6 oder § 7 GrEStG von der GrESt befreit; vgl. *Pahlke*, § 3 Rn. 187.
824 Vgl. zu weiteren Beispielsfällen für eine Interpolation *Pahlke*, § 3 Rn. 157.

## V. Grundstückserwerb zwischen Ehegatten

### 1. Systematische Vorbemerkungen

457 Nach § 3 Nr. 4 GrEStG sind sämtliche Grundstückserwerbe zwischen Ehegatten bei einer bestehenden Ehe von der GrESt befreit. Die für Ehegatten geltenden Steuerbefreiungen wurden durch das Jahressteuergesetz 2010 auf eingetragene Lebenspartner ausgedehnt.[825] Erwerbe nach Auflösung der Ehe (bzw. der eingetragenen Lebenspartnerschaft) sind dagegen nicht erfasst. Hier kommen allerdings die Steuerbefreiungen nach § 3 Nr. 3, 5 und 7 GrEStG in Betracht.

458 Grundstücksübertragungen zwischen Partnern einer nichtehelichen Lebensgemeinschaft sind dagegen nicht von der GrESt befreit.[826]

459 In den Fällen des § 3 Nr. 4 GrEStG kann zur Vereinfachung des Verfahrens die Eigentumsumschreibung im Grundbuch ohne Unbedenklichkeitsbescheinigung erfolgen. Eine Unbedenklichkeitsbescheinigung haben die Finanzbehörden jedoch zu erteilen, wenn sie vom Grundbuchamt angefordert wird.[827]

### 2. Interpolation

460 Aus der Zusammenschau mit anderen Befreiungsvorschriften können sich weitere Befreiungen ergeben. Zu nennen sind z.B.:
1. der Erwerb eines Grundstücks von dem ehemaligen Ehegatten durch den neuen Ehegatten i.R. der Vermögensauseinandersetzung nach der Scheidung vom ehemaligen Ehegatten (Zusammenschau mit § 3 Nr. 5 GrEStG);
2. der Übergang eines Grundstücks des Ehegatten auf eine Personengesellschaft, soweit der andere Ehegatte an der Gesellschaft beteiligt ist (Gesamtschau mit § 5 GrEStG).[828]

## VI. Grundstückserwerb nach Scheidung

### 1. Systematische Vorbemerkungen

461 Nach § 3 Nr. 5 GrEStG sind Vermögensauseinandersetzungen, welche Grundstücksübertragungen beinhalten, von der GrESt befreit, sofern es sich um Vermögensauseinandersetzungen aus Anlass der Ehescheidung handelt. Nach herrschender Meinung wird die Vorschrift entsprechend angewendet auf die Fälle der Nichtigkeitserklärung

---

825 Vgl. Jahressteuergesetz 2010, BGBl. 2010, S. 1768 ff.
826 Vgl. BFH, DStR 2001, S. 1149 ff.; *Hofmann*, § 3 Rn. 32; *Boruttau/Meßbacher-Hönsch*, § 3 Rn. 364, 368.
827 Vgl. *Pahlke*, § 3 Rn. 159; teilweise wird für die Eigentumsumschreibung allerdings die Vorlage einer Heiratsurkunde verlangt.
828 Diese und weitere Interpolationsbeispiele finden sich bei *Pahlke*, § 3 Rn. 166.

## VI. Grundstückserwerb nach Scheidung

oder Aufhebung einer Ehe.[829] Die für die Ehe bzw. deren Beendigung geltenden Steuerbefreiungen wurden durch das Jahressteuergesetz 2010 auf eingetragene Lebenspartnerschaften ausgedehnt.[830]

Die in § 3 Nr. 5 GrEStG angesprochene *Vermögensauseinandersetzung* betrifft sämtliche gegenseitigen Beziehungen der geschiedenen Eheleute wirtschaftlicher Art, also Vereinbarungen über den Zugewinnausgleich, über die Auseinandersetzung der ehelichen Gütergemeinschaft und über den Versorgungsausgleich. Auch das Recht auf nachehelichen Unterhalt unterfällt gegenständlich der Vermögensauseinandersetzung. 462

Lebten die Ehegatten etwa im Güterstand der Gütertrennung, scheidet zwar eine güterrechtliche Auseinandersetzung über Zugewinnausgleichsansprüche aus; kommt es hier gleichwohl zu einer Grundstücksübertragung, z.b. zur Abgeltung von Unterhaltsansprüchen, so ist auch dieser Vorgang befreit.[831] 463

Regelungen über die Neuzuordnung des Grundbesitzes, den eine aus den früheren Ehegatten bestehende GbR erworben hatte, können ebenfalls der Befreiungsvorschrift des § 3 Nr. 5 GrEStG unterfallen.[832] 464

Sofern i.R. einer nachehelichen Scheidungsvereinbarung »Paketlösungen« gewählt werden (Grundstücksübertragung z.B. zur Abgeltung von Zugewinnausgleichs-, Unterhalts- und Versorgungsausgleichsansprüchen), ist auch dieser Erwerb gem. § 3 Nr. 5 GrEStG vollständig befreit. 465

Werden die vertraglichen Vereinbarungen innerhalb einer Frist von zwei Jahren seit Rechtskraft des Scheidungsurteils abgeschlossen, ist im Zweifel davon auszugehen, dass die Grundbesitzübertragung noch i.R. der Vermögensauseinandersetzung nach Scheidung erfolgt.[833] Bei einer späteren Beurkundung ist – jedenfalls bei der Übertragung von Anlageobjekten (z.B. Mietshäusern) – von den Beteiligten darzulegen, dass sie sich nicht bereits wie fremde Dritte gegenüber stehen, sondern dass die Vereinbarung noch Teil der Vermögensauseinandersetzung nach Scheidung ist.[834] Derartige Verzögerungen sind bspw. denkbar, wenn sehr lange über Unterhalt gestritten wurde oder eine für die Grundstücksübertragung einzuholende Schuldübernahmegenehmigung durch einen Grundschuldgläubiger nicht früher erteilt wurde.

---

829 *Pahlke*, § 3 Rn. 169.
830 Vgl. Jahressteuergesetz 2010, BGBl. 2010, S. 1768 ff.
831 Vgl. *Kesseler*, DStR 2010, S. 2175.
832 Vgl. FG Hamburg, EFG 1990, S. 188; *Kesseler*, DStR 2010, S. 2174.
833 Vgl. *Kesseler*, DStR 2010, S. 2173 ff. m.w.N. aus der Praxis der FinVerw.; a.A. *Boruttau/ Meßbacher-Hönsch*, § 3 Rn. 391, die entsprechend dem Gesetzeswortlaut keine zeitliche Grenze ziehen; demgegenüber betonen *Pahlke*, dass ein langer Zeitraum zwischen Scheidung und Grundbesitzübertragung ein Indiz für den fehlenden Zusammenhang mit der Ehescheidung sein könne; vgl. *Pahlke*, § 3, Rn. 224. Eine BFH-Entscheidung zu dieser Beweislastfrage existiert allerdings bisher nicht.
834 Vgl. *Kesseler*, DStR 2010, S. 2173 ff.

Bei einer Übertragung des vormals gemeinsam genutzten Familienheims dürfte dagegen auch nach einem längeren Zeitraum noch kein Indiz für den fehlenden Zusammenhang mit der Ehescheidung bestehen, solange sich das Anwesen nicht zu einem (vermieteten) Anlageobjekt gewandelt hat.[835]

Aus grunderwerbsteuerlicher Sicht ist bei Scheidungsvereinbarungen stets genau abzuwägen, ob eine pauschale Abgeltungsklausel, wonach die Vermögensauseinandersetzung vollumfänglich beendet sei, in den Vertrag aufgenommen wird oder nicht. Bei einer entsprechenden Regelung wäre eine spätere Grundbesitzübertragung zwischen den früheren Ehegatten nicht mehr gem. § 3 Nr. 5 GrEStG befreit, da die Vermögensauseinandersetzung dann bereits mit der ersten Urkunde vollständig abgeschlossen war.

### 2. Interpolation

466 Aufgrund interpolierender Betrachtung sind bspw. folgende Grundstückserwerbe ganz oder teilweise von der GrESt ausgenommen:
1. Der Erwerb eines Grundstücks von dem geschiedenen Ehegatten durch den neuen Ehegatten des anderen Ehegatten i.R. der Vermögensauseinandersetzung nach der Scheidung der ehemaligen Ehegatten (Zusammenschau mit § 3 Nr. 4 GrEStG);
2. der Übergang eines Grundstücks von einer Personengesellschaft auf den geschiedenen Ehegatten eines Mitgesellschafters, soweit dieser an dem Vermögen der Gesellschaft beteiligt ist, wenn der Übergang i.R. der Vermögensauseinandersetzung nach der Scheidung unter Beachtung der Sperrfrist des § 6 Abs. 4 GrEStG erfolgt (Zusammenschau mit § 6 GrEStG).[836]

### VII. Grundstückserwerb durch Verwandte und Gleichgestellte

### 1. Systematische Vorbemerkungen

467 Nach § 3 Nr. 6 GrEStG sind Grundstückserwerbe zwischen Verwandten in gerader Linie und ihnen Gleichgestellten von der GrESt befreit. Die Eigentumsumschreibung im Grundbuch kann wiederum ohne Unbedenklichkeitsbescheinigung erfolgen.[837]

468 Mitunter trifft der Befreiungstatbestand des § 3 Nr. 6 GrEStG mit weiteren Befreiungstatbeständen zusammen.

---

835 Beim vormals gemeinsam genutzten Familienheim stehen sich die früheren Ehegatten i.d.R. auch nach einem längeren Zeitraum nicht wie fremde Dritte ggü.; vgl. ausführlich *Kesseler*, DStR 2010, S. 2176.
836 Diese und weitere Beispiele finden sich bei *Pahlke*, § 3 Rn. 176.
837 Vgl. *Pahlke*, § 3 Rn. 178. Die Grunderwerbsteuerbefreiung wird in der Praxis auch angewendet, wenn der Insolvenzverwalter an einen Verwandten in gerader Linie des Gemeinschuldners veräußert.

VII. Grundstückserwerb durch Verwandte und Gleichgestellte　　　　C.

▶ Beispiel:

A, B und C sind zu je ein Drittel Miterbe. Im Jahr 1998 kaufte die Ehefrau des A die $^{1}/_{3}$-Erbanteile von B und C auf. Im Jahr 1999 wird die Ehe des A geschieden. I.R. der Vermögensauseinandersetzung überträgt A seinen $^{1}/_{3}$-Erbanteil auf seine Ehefrau, die damit Alleineigentümerin des Grundstücks wird.

Im selben Jahr verkauft die Ehefrau das Grundstück an die Gattin ihres Sohnes.

Lösung:

1. Der Kauf der beiden Erbanteile (je $^{1}/_{3}$-Anteil von B und C) ist steuerbar nach § 1 Abs. 1 Nr. 3 GrEStG. Der Erwerb der beiden Erbanteile dient jedoch auch der Teilung des Nachlasses und ist deshalb nach § 3 Nr. 3 GrEStG steuerfrei. Dass die Ehefrau des A die Erbanteile erwirbt, ist hierbei unschädlich, da sie als Ehefrau dem Miterben A gleichsteht (§ 3 Nr. 3 letzter Satz GrEStG).
2. Die Übertragung des $^{1}/_{3}$-Erbanteils des A auf seine geschiedene Ehefrau ist ebenfalls steuerbar; die Übertragung dient aber der Vermögensauseinandersetzung nach einer Scheidung und ist deshalb nach § 3 Nr. 5 GrEStG befreit.
3. Der Verkauf des Grundstücks an die Gattin des Sohnes ist wiederum steuerbar nach § 1 Abs. 1 Nr. 1 GrEStG. Er ist jedoch nach § 3 Nr. 6 Satz 3 GrEStG befreit, denn der Verkauf an die Schwiegertochter steht dem Verkauf an den Sohn (Verwandter in gerader Linie) gleich.

§ 3 Nr. 6 GrEStG galt schon nach bisher herrschender, aber umstrittener Meinung　**469**
auch für Grundstückserwerbe zwischen einem Adoptierten und dessen früheren (leiblichen) Verwandten. Zwar ist mit der Annahme als Kind das Verwandtschaftsverhältnis durch Abstammung (§ 1755 Abs. 1 BGB) erloschen. Zu berücksichtigen ist aber, dass nach § 3 Nr. 6 Satz 2 GrEStG den Abkömmlingen die Stiefkinder gleich stehen. Da aber die Eigenschaft als Stiefkind nicht vom Fortbestand der Ehe abhängt, durch welche das Stiefkindverhältnis begründet wurde,[838] ist diese Wertung auch auf das Verhältnis zwischen den Adoptierten und ihren durch Abstammung Verwandten zu übertragen. Denn auch die besonderen persönlichen Beziehungen unter den leiblichen Verwandten in gerader Linie, die der Gesetzgeber als begünstigenswert ansieht, sind nicht vom Fortbestand der rechtlichen Verwandtschaft abhängig.[839] Durch das Jahressteuergesetz 2010 wurden Erwerbe eines Grundstücks durch Personen, deren Verwandtschaft durch die Annahme als minderjähriges Kind nach § 1755 BGB erloschen ist, nunmehr auch ausdrücklich durch den Gesetzgeber von der GrESt befreit.[840]

---

838 Vgl. BFH, BStBl. II 1989, S. 627; nach Auffassung der FinVerw. gilt dies auch für das Schwiegerkindverhältnis; vgl. Erl. des FinMin. BaWü vom 20.10.1989, UVR 1990, S. 62; *Pahlke*, § 3 Rn. 182; *Hofmann*, § 3 Rn. 38.
839 Ebenso *Pahlke*, § 3 Rn. 185; *Hofmann*, § 3 Rn. 38.
840 Vgl. Jahressteuergesetz 2010, BGBl. 2010, S. 1768 ff.

## 2. Interpolation

470 In interpolierender Betrachtung mit § 3 Nr. 6 GrEStG sind folgende Beispielsfälle ganz oder teilweise von der GrESt ausgenommen:
1. Der Erwerb eines vermachten Grundstücks unmittelbar von dem Erben durch eine Person, die im Verhältnis zum Vermächtnisnehmer zu dem nach § 3 Nr. 6 GrEStG begünstigten Personenkreis gehört (Zusammenschau mit § 3 Nr. 2 GrEStG);
2. der unmittelbare Erwerb eines Nachlassgrundstücks von der Erbengemeinschaft durch eine Person, die im Verhältnis zum Miterben zu dem nach § 3 Nr. 6 GrEStG begünstigten Personenkreis gehört (Zusammenschau mit § 3 Nr. 3 GrEStG).[841]

## VIII. Grundstückserwerb durch Teilung des Gesamtguts der fortgesetzten Gütergemeinschaft

### 1. Systematische Vorbemerkungen

471 Nach § 3 Nr. 7 GrEStG ist der Erwerb eines zum Gesamtgut gehörenden Grundstücks durch Teilnehmer an einer fortgesetzten Gütergemeinschaft zum Zwecke der Teilung des Gesamtguts von der Besteuerung ausgenommen. Den Teilnehmern an der fortgesetzten Gütergemeinschaft stehen ihre Ehegatten gleich. Ohne diese Befreiungsvorschrift wäre der Erwerb des Grundstücks nur i.H.d. Quote befreit, die dem Beteiligungsverhältnis des erwerbenden Teilnehmers an der fortgesetzten Gütergemeinschaft entspricht (§§ 6, 7 GrEStG). Der Gesetzgeber hätte es als unbefriedigend empfunden, wenn die GrESt nur deshalb anfiele, weil sich die Ehegatten nicht schon zu Lebzeiten auseinandersetzen, sondern die Gütergemeinschaft beim Tod des Erstversterbenden fortbestehen lassen.[842] Die für den Ehegatten geltenden Steuerbefreiungen wurden durch das Jahressteuergesetz 2010 auf eingetragene Lebenspartner ausgedehnt.[843]

472 § 3 Nr. 7 Satz 2 GrEStG ist wiederum ein gesetzlicher Fall einer Interpolation.

### 2. Interpolation

473 In interpolierender Betrachtung sind ferner folgende Beispielsfälle ganz oder teilweise von der GrESt ausgenommen:
1. Der unmittelbare Erwerb eines Grundstücks aus dem Gesamtgut zur Teilung des Gesamtguts durch einen Abkömmling eines Teilnehmers an einer fortgesetzten Gütergemeinschaft (Zusammenschau mit § 3 Nr. 6 GrEStG);
2. die unmittelbare Übertragung des Grundstücks aus dem Gesamtgut an die geschiedene Ehefrau eines Teilnehmers an der fortgesetzten Gütergemeinschaft, wenn die Übertragung des Grundstücks der Teilung des Gesamtguts und der

---

841 Diese und weitere Beispiele finden sich bei *Pahlke*, § 3 Rn. 196.
842 Vgl. *Pahlke*, § 3 Rn. 198; vgl. ferner *Hofmann*, § 3 Rn. 39.
843 Vgl. Jahressteuergesetz 2010, BGBl. 2010, S. 1768 ff.

IX. Rückerwerb eines Grundstücks bei Auflösung von Treuhandverhältnissen  C.

Vermögensauseinandersetzung nach der Scheidung dient (Zusammenschau mit § 3 Nr. 5 GrEStG).[844]

## IX. Rückerwerb eines Grundstücks bei Auflösung von Treuhandverhältnissen

### 1. Systematische Vorbemerkungen

Bei Grundstücksübertragungen i.R. von Treuhandverhältnissen werden sowohl für den Erwerb durch den Treuhänder (§ 1 Abs. 1 Nr. 1 oder Nr. 2) als auch für den Rückerwerb durch den Treugeber (§ 1 Abs. 1 Nr. 2) Grunderwerbsteuer-Tatbestände verwirklicht. Die zweifache Erhebung der Steuer erschien dem Gesetzgeber jedoch unbillig.[845] Deshalb stellt § 3 Nr. 8 GrEStG den Rückerwerb durch den Treugeber von der GrESt frei, wenn bereits GrESt für den Erwerb durch den Treuhänder entrichtet worden ist.[846] 474

Die Anwendung von § 16 Abs. 2 GrEStG wird durch § 3 Nr. 8 Satz 1 GrEStG nicht ausgeschlossen. U.E. sind – sofern die jeweiligen Tatbestandsmerkmale erfüllt werden – beide Vorschriften nebeneinander anwendbar. Wegen der weitergehenden Rechtsfolgen von § 16 Abs. 2 GrEStG sollte vorrangig ein Antrag nach dieser Vorschrift gestellt werden. Ist die GrESt auf den vorausgegangenen Erwerbsvorgang entrichtet worden, wird sie nach § 16 Abs. 2 Nr. 1 GrEStG auf Antrag erstattet. Allerdings gilt für den Rückerwerb i.S.v. § 16 Abs. 2 Nr. 1 GrEStG eine Zwei-Jahres-Frist, während die Steuerbefreiung nach § 3 Nr. 8 GrEStG ohne Rücksicht auf die Zeitspanne zwischen Erwerb durch den Treuhänder und Rückerwerb durch den Treugeber gilt. Ist wegen des vorausgegangen Erwerbsvorgangs angefallene Steuer nicht entrichtet worden, kommt nur § 16 Abs. 2 Nr. 1 GrEStG in Betracht, nicht aber § 3 Nr. 8 GrEStG. 475

Bei einem Rückerwerb innerhalb von 2 Jahren entfällt die GrESt sowohl für den Erst- als auch für den Rückerwerb gem. § 16 Abs. 2 GrEStG entfällt. Für die Anwendbarkeit des § 16 Abs. 2 GrEStG spielt es keine Rolle, ob die Rückgängigmachung innerhalb der 2-Jahresfrist vorher bereits geplant war oder nicht. 476

Nach dem Wortlaut des § 3 Nr. 8 GrEStG muss es sich um einen Rückerwerb durch den Treugeber handeln. Dies setzt voraus, dass der Treugeber zuvor selbst Eigentümer gewesen war, dann dem Treuhänder das Eigentum übertragen bzw. den Übereignungsanspruch an dem Grundstück verschafft hat und es anschließend zurückerwirbt.[847] Daraus folgt, dass bei einem Auftragsverhältnis die Befreiungsvorschrift nicht eingreift, weil es sich um einen *erstmaligen* Eigentumserwerb durch den Treugeber (Auftraggeber) und somit nicht um einen Rückerwerb handelt. Wird ein Grundstück treuhänderisch für einen Dritten (Treugeber) erworben und anschließend vom Treuhänder auf den Treugeber übertragen, so sind – abhängig von der konkreten Vertragsgestaltung – drei 477

---

844 Diese und weitere Beispiele finden sich bei *Pahlke*, § 3 Rn. 263.
845 Vgl. BT-Drucks. 9/251 S. 18.
846 Vgl. *Pahlke*, § 3 Rn. 265; *Hofmann*, § 3 Rn. 40; *Boruttau/Meßbacher-Hönsch*, § 3, Rz. 459.
847 Vgl. FG Köln, Urteil 1 K 637/87 vom 21.04.1988, EFG 1988, 647.

## C. Sachliche Steuerbefreiungen – §§ 3 und 4 GrEStG

grunderwerbsteuerpflichtige Vorgänge gegeben: Grundstückserwerb durch den Treuhänder nach § 1 Abs. 1 Nr. 1 oder Nr. 2 GrEStG, Erlangung der Verwertungsbefugnis durch den Treugeber nach § 1 Abs. 2 GrEStG und Grundstücksübertragung vom Treuhänder auf den Treugeber nach § 1 Abs. 1 Nr. 2 i.V.m. Abs. 6 Satz 1 GrEStG. Es kommt zur Verrechnung der Bemessungsgrundlagen nach § 1 Abs. 6 Satz 2 GrEStG, d.h. die Steuer auf den Eigentumsübergang vom Treuhänder auf den Treugeber wird nur insoweit erhoben, als die Bemessungsgrundlage für diesen Grundstückseigentums-Übergang den Betrag übersteigt, von dem beim vorausgegangenen Erwerb der Verwertungsbefugnis durch den Treugeber die Steuer berechnet worden ist.[848]

478 Fraglich ist, ob § 3 Nr. 8 GrEStG entsprechend angewandt werden kann, wenn der Eigentümer zunächst unter Begründung eines Treuhandverhältnisses das wirtschaftliche Eigentum und zu einem späteren Zeitpunkt dann auch das zivilrechtliche Grundstücks-Eigentum auf einen Treugeber/Erwerber überträgt:

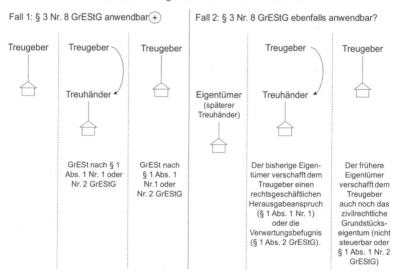

Weil in Fall 2 das Treuhandverhältnis zwar abgewickelt, nicht aber rückabgewickelt wird, ist davon auszugehen, dass FinVerw. und -gericht die Anwendung von § 3 Nr. 8 GrEStG in Fall 2 ablehnen.[849] Die Übertragung des zivilrechtlichen

---

848 Zu § 1 Abs. 6 GrEStG vgl. Kapitel B Teil VII Rz. 372 ff.
849 Nach Tz. 2.2.1.2 und 3.2.2.2 der Länder-Erl. vom 12.10.2007, BStBl. I 2007, 757 soll § 3 Nr. 8 GrEStG auch bei Rückerwerb der Verwertungsbefugnis durch den Eigentümer (Treuhänder) keine Anwendung finden; a.A. zu Recht *Pahlke/Franz*, § 3 Rz. 265; *Boruttau/Meßbacher-Hönsch*, § 3 Rz. 464.

IX. Rückerwerb eines Grundstücks bei Auflösung von Treuhandverhältnissen   C.

Grundstückseigentums ist entweder schon gar nicht steuerbar (wenn der ursprüngliche Eigentümer dem Treugeber zuvor einen rechtsgeschäftlichen Übereignungsanspruch eingeräumt hat) oder wird gem. § 1 Abs. 6 Satz 2 GrEStG im Ergebnis ermäßigt oder (wenn die für die Übertragung der Verwertungsbefugnis relevante Bemessungsgrundlage gleich hoch oder höher war als die für die Übertragung des zivilrechtlichen Eigentums) gar nicht besteuert. Auch bei der Weiterübertragung des Treuhandgrundstücks von einem Treuhänder auf einen anderen Treuhänder oder auf einen Dritten wird der Befreiungstatbestand des § 3 Nr. 8 GrEStG nichtangewandt werden, wobei jedoch die mit der Weiterveräußerung durch den Treuhänder eintretende Auflösung des Treuhandverhältnisses nicht zusätzlich der GrESt unterliegt.[850]

Zwischenzeitlich etwa eingetretene Wertveränderungen an dem Grundstück (z.B. durch Bebauung) sind für die Anwendbarkeit des Befreiungstatbestandes ohne Belang.[851]   479

Voraussetzung für die Befreiung nach § 3 Nr. 8 GrEStG ist, dass die GrESt für den Rechtsvorgang, durch den der Treuhänder (vom Treugeber) den Anspruch auf Übereignung des Grundstücks oder das Eigentum am Grundstück erlangt hatte, entrichtet worden ist (§ 3 Nr. 8 Satz 2 GrEStG). Dies ist nur der Fall, wenn die Steuer durch tatsächliche Zahlung geleistet wurde.   480

§ 3 Nr. 8 GrEStG ist nicht anwendbar, wenn der Erwerb durch den Treuhänder von der GrESt befreit war, wenn die GrESt erlassen worden ist oder wenn Festsetzungs- bzw. Zahlungsverjährung eingetreten war und aus diesem oder aus sonstigen Gründen die Zahlung nicht erfolgte.[852] Für die erfolgreiche Antragstellung nach § 16 Abs. 2 GrEStG kommt es dagegen auf die Entrichtung der anlässlich des Hin-Erwerbs angefallenen GrESt nicht an.   481

2. Interpolation

Eine Zusammenschau des § 3 Nr. 8 GrEStG mit § 3 Nr. 4, 5, 5a und 6 GrEStG kann zu Steuerbefreiungen führen, wenn bei Auflösung des Treuhandverhältnisses nicht der Treugeber, sondern z.B. sein Ehegatte (oder Lebenspartner), sein geschiedener Ehegatte (oder früherer Lebenspartner) i.R. der Vermögensauseinandersetzung nach der Scheidung (bzw. nach der Aufhebung der Lebenspartnerschaft) oder sein Verwandter in gerader Linie bzw. Gleichgestellter das Grundstück unmittelbar vom Treuhänder erwirbt.[853]   482

Auch hier wird deutlich, dass die interpolierende Betrachtungsweise neben der Grunderwerbsteuerersparnis auch die sonstigen Transaktionskosten (insbesondere die Notar- und Grundbuchkosten) reduziert, da ein Transaktionsakt ausreichend ist, um die   483

---

850 Vgl. *Pahlke*, § 3 Rn. 267. Die Weiterveräußerung an einen anderen Treuhänder oder an einen Dritten selbst unterliegt allerdings der GrESt nach § 1 Abs. 1 Nr. 1 GrEStG.
851 Vgl. *Pahlke*, § 3 Rn. 267.
852 Vgl. *Boruttau/Meßbacher-Hönsch*, § 3 GrEStG, Rz. 472.
853 Diese und weitere Beispiele finden sich bei *Pahlke*, § 3 Rn. 270.

## C. Sachliche Steuerbefreiungen – §§ 3 und 4 GrEStG

Grunderwerbsteuerbefreiung zu erlangen. Es sind keine zwei Übertragungsakte erforderlich, um das Grundstück grunderwerbsteuerfrei auf den Enderwerber (z.B. auf den Ehegatten des Erst-Veräußerers) zu übertragen.

### 3. Zusammenfassung

484 Die Rückübertragung des Grundstücks durch den Treuhänder auf den Treugeber ist ein zweiter steuerbarer Grundstückserwerb, § 1 Abs. 1 Nr. 1 oder Nr. 2 GrEStG.

485 Beim Rückerwerb innerhalb von 2 Jahren entfällt die GrESt sowohl für den Ersterwerb als auch für den Zweiterwerb, § 16 Abs. 2 Nr. 1 GrEStG.

486 Sofern die Voraussetzungen des § 16 Abs. 2 GrEStG nicht vorliegen, ist nur der Rückerwerb befreit, wenn die Steuer für den Ersterwerb entrichtet wurde, § 3 Nr. 8 GrEStG. Die GrESt auf den Ersterwerb bleibt hier bestehen.

487 § 3 Nr. 8 GrEStG gilt nicht bei Auftragserwerben.

§ 3 Nr. 8 GrEStG ist grds. auf alle Tatbestände von § 1 GrEStG anzuwenden, soweit Sinn und Zweck der Vorschrift dem nicht entgegen stehen.[854] Durch Urteil des FG Düsseldorf 3 K 2158/03 GE vom 14.03.2006[855] abgelehnt wurde die Anwendung von § 3 Nr. 8 GrEStG jedoch im folgenden Fall: Der Treugeber übertrug zunächst ein Grundstück auf eine GmbH, deren Anteile allesamt von einem Treuhänder für ihn gehalten wurden. Anschließend übertrug der Treuhänder die Anteile an dieser GmbH auf den Treugeber.

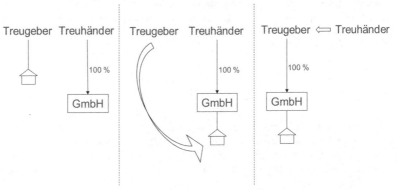

Das FG Düsseldorf lehnte die Befreiung der Anteilsübertragung nach § 3 Nr. 8 GrEStG ab, weil der »Hinerwerb« des Grundstücks nicht im Verhältnis »Treugeber/Treuhänder« erfolgt sei, sondern auf einem Kaufvertrag zwischen dem Treugeber und der GmbH beruhte, die ungeachtet der treuhänderischen Bindung ihres Anteilsinhabers grunderwerbsteuerlich ein eigenes Rechtssubjekt darstelle. Die Anwendung der an sich vorrangigen Vorschrift in § 16 Abs. 2 Nr. 1 GrEStG schied bereits wegen Überschreitens der Zwei-Jahres-Frist aus.

---

854 Vgl. z.B. *Boruttau/Meßbacher-Hönsch*, § 3 GrEStG, Rz. 463.
855 Vgl. EFG 2006, 839 (rkr).

## X. Besondere Ausnahmen von der Besteuerung, § 4 GrEStG

§ 4 GrEStG enthält Regelungen über die Begünstigung bestimmter Erwerbe, die auf öffentlich-rechtlichem Gebiet verwirklicht werden. **488**

Nach § 4 Nr. 1 GrEStG ist von der Besteuerung der Erwerb eines Grundstücks durch eine juristische Person des öffentlichen Rechts ausgenommen, wenn das Grundstück aus Anlass des Übergangs von öffentlich-rechtlichen Aufgaben oder aus Anlass von Grenzänderungen von der einen auf die andere juristische Person übergeht und nicht überwiegend einem Betrieb gewerblicher Art dient. **489**

Körperschaften des öffentlichen Rechts sind Gebietskörperschaften (Bund, Länder und Gemeinden), Kirchen, Berufskammern, Sozialversicherungsträger sowie sonstige mit hoheitlichen Befugnissen ausgestattete Organisationen, welche öffentlich-rechtliche Aufgaben wahrnehmen.[856] **490**

Wenn bspw. ein Landkreis Flurstücke auf eine kreisangehörige Stadt überträgt, etwa weil die Stadt nunmehr Trägerin der Straßenbaulast ist, so ist die Übertragung der für den Gemeinbedarf bestimmten Grundstücke steuerfrei nach § 4 Nr. 1 GrEStG. **491**

Ebenfalls steuerfrei ist es, wenn eine Gemeinde ihre Abwasserbeseitigungspflicht auf einen Zweckverband überträgt und der Zweckverband zur Durchführung dieser Aufgaben sämtliche Grundstücke der Gemeinde erhält, die bisher der Abwasserbeseitigung dienten. Für § 4 Nr. 1 GrEStG ist es unerheblich, ob die Aufgaben vertraglich oder gesetzlich übergehen.[857] **492**

Von der Besteuerung ist gem. § 4 Nr. 2 GrEStG der Erwerb eines Grundstücks durch einen ausländischen Staat ausgenommen, wenn das Grundstück für Zwecke von Botschaften, Gesandtschaften oder Konsulaten dieses Staates bestimmt ist und Gegenseitigkeit gewährt wird. **493**

Die Klärung der Gewährung der Gegenseitigkeit erfolgt jeweils durch das auswärtige Amt über die Auslandsvertretungen. Die Begünstigung ist auch anwendbar, wenn der Grundbesitz durch ausländische Staaten für Wohnzwecke des Personals der diplomatischen Missionen und konsularischen Vertretungen erworben wird.[858] **494**

---

856 Vgl. *Wohltmann*, Steuer und Studium, Beilage 1/2002, S. 5. Nicht nach § 4 Nr. 1 GrEStG begünstigt ist nach FG Kassel, Urteil 5 K 908/10 v. 21.01.2015, EFG 2015, 835, die Grundstücksübertragung durch eine gemeinnützige GmbH auf den Landkreis anlässlich der Übernahme der Aufgabe der Grundversorgung von Asylbewerbern durch den Landkreis; Rev. beim BFH, II R 12/15.
857 Wenn dagegen infolge der Insolvenz eines Sanierungsträgers Grundstücke auf eine Gemeinde zurückübertragen werden, so handelt es sich nicht um einen Erwerb anlässlich des Übergangs öffentlicher Aufgaben oder anlässlich von Grenzänderungen. Folglich ist hier § 4 Nr. 1 GrEStG nicht einschlägig; vgl. *Pahlke*, § 4 Rn. 18 ff.; *Hofmann* § 4 Rn. 8 ff.
858 Vgl. *Pahlke*, § 4 Rn. 9 ff.

C. Sachliche Steuerbefreiungen – §§ 3 und 4 GrEStG

495 Nach § 4 Nr. 3 GrEStG ist ferner der Erwerb eines Grundstücks durch einen ausländischen Staat oder eine ausländische kulturelle Einrichtung von der Besteuerung ausgenommen, wenn das Grundstück für kulturelle Zwecke bestimmt ist und Gegenseitigkeit gewährt wird.

496 Nach § 4 Nr. 4 GrEStG ist zudem der Übergang von Grundstücken gem. § 1 Abs. 1 Nr. 3 und von Gesellschaftsanteilen gem. § 1 Abs. 3 Nr. 2 und 4 als unmittelbare Rechtsfolge eines Zusammenschlusses kommunaler Gebietskörperschaften, der durch Vereinbarung der beteiligten Gebietskörperschaften mit Zustimmung der nach Landesrecht zuständigen Stelle oder durch Gesetz zustande kommt, sowie Rechtsgeschäfte über Grundstücke gem. § 1 Abs. 1 Nr. 1 und über Gesellschaftsanteile gem. § 1 Abs. 3 Nr. 1 und 3 GrEStG aus Anlass der Aufhebung der Kreisfreiheit einer Gemeinde von der Besteuerung befreit.[859]

497 Demgegenüber ist durch das Gesetz vom 01.09.2005 mit § 4 Nr. 5 GrEStG (vormals § 4 Nr. 9 GrEStG) ein weiterer Befreiungstatbestand hinzugekommen. Demnach ist der Erwerb eines Grundstücks von einer juristischen Person des öffentlichen Rechts sowie der Rückerwerb des Grundstücks durch die juristische Person des öffentlichen Rechts von der GrESt befreit, wenn das Grundstück i.R. einer Öffentlich Privaten Partnerschaft für einen öffentlichen Dienst oder Gebrauch i.S.d. § 3 Abs. 2 des Grundsteuergesetzes benutzt wird und zwischen dem Erwerber und der juristischen Person des öffentlichen Rechts die Rückübertragung des Grundstücks am Ende des Vertragszeitraums vereinbart worden ist. Die Ausnahme von der Besteuerung entfällt mit Wirkung für die Vergangenheit, wenn die juristische Person des öffentlichen Rechts auf die Rückübertragung des Grundstücks verzichtet oder das Grundstück nicht mehr für einen öffentlichen Dienst oder Gebrauch genutzt wird.[860]

498 In Zeiten akuter Finanznot und einer großen Zahl offener Infrastrukturprojekte steigt das Interesse der öffentlichen Hand an alternativen Finanzierungskonzepten. Vor diesem Hintergrund wird die Durchführung so genannter Public Private Partnerships (PPP) bzw. Öffentlich Privater Partnerschaften (ÖPP) verstärkt auch in Deutschland eingesetzt. I.R. einer ÖPP verpflichtet sich ein privater Unternehmer – in der Regel eine Projektgesellschaft, möglicherweise künftig auch ein REIT (Real Estate Investment Trust) – gegenüber der öffentlichen Hand typischerweise dazu, eine bestimmte Investition durchzuführen und das Investitionsobjekt über einen gewissen Zeitraum zu betreiben und zu erhalten.[861]

499 Mit § 4 Nr. 5 GrEStG wurde deshalb eine neue Befreiungsvorschrift geschaffen, die jedoch keine generelle Freistellung von Grundstückserwerben i.R. von ÖPP und keine Begünstigung gegenüber herkömmlichen Beschaffungsformen (Erwerb von

---

859 Die bisherigen Regelungen in § 4 Nr. 5 bis 8 GrEStG wurden mit Wirkung vom 07.06.2013 aufgehoben. Die vormalige Regelung in § 4 Nr. 9 GrEStG ist deshalb nunmehr in § 4 Nr. 5 GrEStG n.F. enthalten; vgl. BGBl.I 2013, S. 1809.
860 Hiermit korrespondiert die Anzeigepflicht aus § 19 Abs. 2 Nr. 5 GrEStG.
861 Vgl. *Drosdzol*, KVR 2006, S. 21; *Boruttau/Viskorf*, § 4 Rn. 41.

## X. Besondere Ausnahmen von der Besteuerung, § 4 GrEStG   C.

Grundstücken für die Verwaltung) vorsieht. Demgemäß unterliegt der Grundstückserwerb durch den privaten Auftragnehmer auf dem Grundstücksmarkt für Zwecke von ÖPP weiterhin der Grunderwerbsteuer. Die Befreiungsvorschrift gilt nur für Fallkonstellationen, in denen die öffentliche Hand Eigentümerin von Grundstücken ist und diese privaten Auftragnehmern i.R. einer ÖPP überträgt. Die Grundstücke sollen nach der Herrichtung bzw. nach der Errichtung von Gebäuden von der öffentlichen Hand für Verwaltungszwecke genutzt werden. Wesentliches Kriterium für die Befreiung ist, dass das Grundstück nach den vertraglichen Vereinbarungen am Ende der Vertragslaufzeit auf die öffentliche Hand zurück übertragen wird. Durch die Befreiungsvorschrift soll die ansonsten anfallende doppelte Grunderwerbsteuerbelastung verhindert werden. Dem Gesetzesentwurf liegt der Gedanke zugrunde, dass das Eigentum an dem Grundstück nur temporär nicht bei der öffentlichen Hand liegt. Um sicherzustellen, dass nur förderungswürdige ÖPP-Projekte von der Steuerbefreiung profitieren können, ist diese an folgende Voraussetzungen gebunden:
– das Grundstück wird dem privaten Unternehmer von der öffentlichen Hand zu Beginn des Vertragszeitraums übertragen;
– der private Übernehmer überlässt der öffentlichen Hand das Grundstück während des Vertragszeitraums zur Nutzung für einen öffentlichen Dienst oder Gebrauch;
– die Rückübertragung des Grundstücks an die öffentliche Hand am Ende des Vertragszeitraums ist vereinbart.

Die Vergünstigung hängt somit davon ab, dass das Grundstück für einen öffentlichen  **500**
Dienst oder Gebrauch genutzt wird. Nach § 3 Abs. 2 GrStG ist öffentlicher Dienst oder Gebrauch die hoheitliche Tätigkeit oder der bestimmungsgemäße Gebrauch durch die Allgemeinheit. Hoheitliche Tätigkeit bedeutet die Erfüllung von Hoheitsaufgaben. Es muss sich also um Aufgaben handeln, die den juristischen Personen des öffentlichen Rechts eigentümlich und ihnen vorbehalten sind. Ein Hoheitsbetrieb liegt etwa dann vor, wenn er Leistungen erbringt, zu deren Annahme der Leistungsempfänger aufgrund gesetzlicher oder behördlicher Anordnung verpflichtet ist. Keine Hoheitsbetriebe sind jedoch Kreditinstitute, Versorgungsbetriebe und Verkehrsbetriebe der öffentlichen Hand sowie andere Betriebe gewerblicher Art von juristischen Personen des öffentlichen Rechts.[862] Grundbesitz, der für Zwecke von Gebietskörperschaften, Personalkörperschaften oder Anstalten des öffentlichen Rechts, für Zwecke der Bundeswehr, des polizeilichen und sonstigen Schutzdienstes oder für Zwecke eines Hoheitsbetriebs genutzt wird, dient der Erfüllung von Hoheitsaufgaben.[863]

Ein bestimmungsgemäßer Gebrauch durch die Allgemeinheit liegt vor, wenn der  **501**
Personenkreis, dem die Benutzung vorbehalten ist, als Öffentlichkeit angesehen werden kann. Er darf deshalb weder fest umgrenzt noch dauerhaft klein sein. Die Benutzung des Grundstücks durch die Öffentlichkeit muss grds. durch die Satzung, Widmung oder Ähnliches festgelegt sein. Für einen öffentlichen Gebrauch werden sowohl Grundstücke benutzt, die der Öffentlichkeit ohne besondere Zulassung zur

---

862 Vgl. *Boruttau/Viskorf*, § 4 Rn. 43 ff.
863 Vgl. *Boruttau/Viskorf*, § 4 Rn. 43 ff.

bestimmungsgemäßen Nutzung zur Verfügung stehen (z.B. Straßen, Anlagen etc.), als auch ein Grundstück mit Anstalten, Einrichtungen oder Ähnlichem, die der Öffentlichkeit nur nach besonderer Zulassung zur Verfügung stehen (z.b. Schulen, Sportplätze, Krankenhäuser, etc.).[864]

502 Wurden ÖPP-Projekte bereits vor dem 08.09.2005 begonnen und Grundstücke von der öffentlichen Hand auf den privaten Partner übertragen, verbleibt es bei der Steuerpflicht für die Grundstücksübertragung zu Beginn des Projektes. Die spätere Rückübertragung des Grundstücks auf die juristische Person des öffentlichen Rechts ist jedoch bereits von der Steuer befreit.

503 Der Steuerbefreiung steht es auch nicht entgegen, wenn an dem privaten, in der Rechtsform einer Personen- oder Kapitalgesellschaft organisierten Partner eine juristische Person des öffentlichen Rechts beteiligt ist.

504 Fraglich ist allerdings, ob mit dem in § 4 Nr. 5 GrEStG verwendeten Grundstücksbegriff nur Grundstücke im Sinn des bürgerlichen Rechts (§ 2 Abs. 1 Satz 1 GrEStG) oder auch diesen grunderwerbsteuerlich gleichgestellte Rechte (§ 2 Abs. 2 GrEStG, Erbbaurechte, Gebäude auf fremden Boden und dingliche Sondernutzungsrechte) erfasst sind. Nach herrschender Literaturauffassung ist der weite grunderwerbsteuerliche Grundstücksbegriff zugrunde zu legen, sodass die Befreiungsvorschrift auch für Erbbaurechte und Gebäude auf fremden Boden gilt.[865]

505 Die Steuerbefreiung entfällt nach § 4 Nr. 5 Satz 2 GrEStG nachträglich, sofern die juristische Person des öffentlichen Rechts auf die Rückübertragung des Grundstücks verzichtet oder das Grundstück nicht mehr für einen öffentlichen Dienst oder Gebrauch benutzt wird.[866] Diese Regelung dient der Missbrauchsverhinderung und soll der Verschleierung »normaler«, d.h. nicht befreiter Grundstücksgeschäfte der juristischen Person des öffentlichen Rechts entgegenwirken.[867]

506 Hinsichtlich der weiteren besonderen Ausnahmen von der Besteuerung des § 4 GrEStG wird auf die einschlägige Kommentarliteratur verwiesen.[868]

### XI. Gesetzliche Grunderwerbsteuerbefreiungen außerhalb des Grunderwerbsteuergesetzes

507 Der Gesetzgeber hat im Zusammenhang mit der Wiedervereinigung auch außerhalb des Grunderwerbsteuergesetzes Befreiungen angeordnet (etwa § 67 LwAnpG, § 11

---

864 Vgl. *Boruttau/Viskorf*, § 4 Rn. 43 ff.
865 Vgl. *Boruttau/Viskorf*, § 4 Rn. 43 ff.
866 Zur Auslegung der einzelnen Tatbestandsmerkmale vgl. ausführlich *Boruttau/Viskorf*, § 4 Rn. 43 ff.
867 Der Durchsetzung des Steueranspruchs dient die Anzeigepflicht der Beteiligten in § 19 Abs. 2 Nr. 5 GrEStG.
868 Vgl. *Pahlke*, § 4 Rn. 18 ff.; *Hofmann*, § 4 Rn. 8 ff.

## XI. Gesetzliche Grunderwerbsteuerbefreiungen C.

EigentÜbtrG, § 34 Abs. 3 VermG,[869] § 2 Abs. 3 Satz 1 MauerG, Art. 8 des Gesetzes über die Beendigung der Tätigkeit der sowjetisch-deutschen Aktiengesellschaft Wismut).[870]

Darüber hinaus existieren einzelne sonstige spezialgesetzliche Grunderwerbsteuerbefreiungen (Vgl. Art. 1 § 15 Abs. 5, § 26, Art. 2 § 11 Abs. 2 ENeuOG, § 10 Abs. 1 PostUmwG, § 6 Satz 1 PostSVOrgG, § 15 Satz 1 PTStiftG, § 1 der Verordnung über die Gewährung von Steuerbefreiungen für die European Transonic Windtunnel GmbH)[871] sowie spezielle Billigkeitsregelungen der FinVerw. im Zusammenhang mit der Herstellung der deutschen Einheit.[872] 508

Im Zuge der Maßnahmen gegen die negativen Auswirkungen der Finanzmarktkrise hat der Bund u.a. einen Fonds unter der Bezeichnung »Finanzmarktstabilisierungsfonds – FMS« errichtet, der ein Sondervermögen im Sinn von Art. 110 Abs. 1 und Art. 115 Abs. 2 GG und nicht rechtsfähig ist.[873] 509

§ 14 Abs. 4 FMStFG enthält für diesen Fonds eine Befreiungsregelung von der Grunderwerbsteuer. Danach sind die zur Wahrnehmung der dem Fonds zugewiesenen Aufgaben als Erwerber vorgenommenen Rechtsakte von der GrESt befreit. Außerdem bleiben bei der Ermittlung des vom Hundertsatzes des § 1 Abs. 2 GrEStG Erwerbe von Anteilen durch den Fonds außer Betracht.[874] 510

---

869 Nach § 34 Abs. 3 VermG sind Personen, deren Vermögenswerte von Maßnahmen nach § 1 VermG betroffen sind, hinsichtlich der nach diesem Gesetz erfolgenden Grundstückserwerbe grunderwerbsteuerbefreit. Ein derartiger Erwerb liegt auch vor bei einer während eines anhängigen Verfahrens nach dem Vermögensgesetz aufgrund gütlicher Einigung zwischen den Beteiligten erfolgten rechtsgeschäftlichen Grundstücksübertragung; vgl. BFH, Urt. v. 18.08.2004, II R 42/02.
870 Vgl. zu den einzelnen spezialgesetzlichen Grunderwerbsteuerbefreiungen im Zusammenhang mit der Herstellung der deutschen Einheit *Pahlke*, § 4 Rn. 54–76; *Hofmann*, § 4 Rn. 9 ff. und Anh. zu § 4 Rn. 24 ff.
871 Zu diesen anderweitigen spezialgesetzlichen Grunderwerbsteuerbefreiungen vgl. *Pahlke*, § 4 Rn. 77–90; *Hofmann*, Anh. zu § 4 Rn. 1 ff.
872 Vgl. hierzu *Pahlke*, § 4 Rn. 92–96. Zur Frage der Grunderwerbsteuerbarkeit eines nach § 3 Ausgleichsleistungsgesetz begünstigten Flächenerwerbs i.V. mit der Flächenerwerbsverordnung vgl. *Wendenburg/Seidenfus*, DStZ 2004, S. 231 ff.
873 Vgl. Finanzmarktstabilisierungsgesetz-FMStG vom 17.10.2008, BGBl. I. 2008, S. 1982.
874 Das Gesetz ist am 18.10.2008 in Kraft getreten, vgl. Erl. des FinMin BaWü vom 30.10.2008, DStR 2008, S. 2219.

# D. Grundstücksübertragungen in den Sonderfällen der §§ 5, 6 und 6a GrEStG

## Übersicht

| | Rn. |
|---|---|
| I. Übergang auf eine Gesamthand | 513 |
|   1. Systematische Vorbemerkungen | 513 |
|   2. Grundstücksübergang von mehreren Eigentümern auf eine Gesamthand | 518 |
|   3. Grundstücksübergang vom Alleineigentümer auf eine Gesamthand | 519 |
|   4. Der Anwendungsbereich des § 5 Abs. 3 GrEStG | 520 |
|     a) Die Rechtslage bis einschließlich 31.12.1999 | 520 |
|     b) Die Rechtslage seit 01.01.2000 | 521 |
|     c) Umwandlungsvorgänge im Zusammenhang mit § 5 Abs. 3 GrEStG | 526 |
|   5. Interpolation | 534 |
|   6. Teleologische Einschränkung des Anwendungsbereichs des § 5 Abs. 3 GrEStG | 537 |
| II. Übergang von einer Gesamthand | 542 |
|   1. Systematische Vorbemerkungen | 542 |
|   2. Der Übergang eines Grundstücks von einer Gesamthand in das Miteigentum mehrerer Personen | 546 |
|   3. Der Übergang eines Grundstücks einer Gesamthand in das Alleineigentum einer Person | 548 |
|   4. Der Übergang eines Grundstücks von einer Gesamthand auf eine andere Gesamthand | 551 |
|     a) Systematische Vorbemerkungen | 551 |
|     b) Doppelstöckige Gesamthandgemeinschaften | 560 |
|     c) Umwandlungsvorgänge | 563 |
|   5. Die Sperrvorschrift des § 6 Abs. 4 GrEStG | 572 |
|   6. Besonderheiten im Zusammenhang mit § 1 Abs. 2a GrEStG | 578 |
|   7. Interpolation | 580 |
|   8. Steuergünstige Gestaltung mithilfe der §§ 5 und 6 GrEStG bei langfristiger Planung | 581 |
| III. Befreite Umwandlungsvorgänge im Konzern | 583.1 |
|   1. Begünstigungsfähige Tatbestände und begünstigungsfähige Rechtsvorgänge | 583.3 |
|   2. Am Umwandlungsvorgang, an der Einbringung bzw. am anderen Erwerbsvorgang auf gesellschaftsvertraglicher Grundlage Beteiligte | 583.5 |
|   3. Identifizierung des herrschenden Unternehmens »vom Zeitpunkt der Eintragung der Umwandlung aus« | 583.7 |
|   4. § 6a GrEStG nach Verwaltungsansicht »nicht grundstücksbezogen«, sondern »beteiligungsbezogen« | 583.8 |
|   5. »Verbund« (Tz. 1 und Tz. 2 der Erlasse vom 19.06.2012) | 583.9 |
|   6. Herrschendes Unternehmen (Tz. 2.2 der Erlasse vom 19.06.2012) | 583.22 |
|   7. Abhängige Gesellschaften, für die Berechnung der Fristen maßgebender Zeitpunkt (Tz. 2.3 der Erlasse vom 19.06.2012) | 583.27 |
|   8. Beteiligung (Tz. 2.4 der Erlasse vom 19.06.2012) | 583.28 |
|   9. Vorbehaltens-Frist i.S.v. § 6a Satz 4 GrEStG (Tz. 4 der Erlasse vom 19.06.2012) | 583.31 |
|     a) Die Verwaltungsansicht | 583.31 |
|     b) Ernsthafte Zweifel an der Richtigkeit der Verwaltungsan-sicht laut Beschluss 4 V 1742/12 des FG Nürnberg vom 27.06.2013 | 583.33 |

D.    Grundstücksübertragungen in den Sonderfällen der §§ 5, 6 und 6a GrEStG

    c) »Verbundgeborenheit« aufgrund einer Bar- oder Sachgründung innerhalb der letzten fünf Jahre? . . . . . . . . . . . . . . . . . . . . . . . . . . . . . . . . . . . 583.34
10. Nachbehaltens-Frist i.S.v. § 6a Satz 4 GrEStG (Tz. 5 der Erlasse vom 19.06.2012) . . . . . . . . . . . . . . . . . . . . . . . . . . . . . . . . . . . . . . . . . . . . . . . . 583.37
11. Begünstigungsfähige Erwerbsvorgänge (Tz. 3 der Erlasse vom 19.06.2012) . . . . 583.42
12. Folgen der Nicht-Einhaltung der Nachbehaltens-Frist (Tz. 6 Erlass vom 19.06.2012) . . . . . . . . . . . . . . . . . . . . . . . . . . . . . . . . . . . . . . . . . . . . . . . . . . 583.47
13. Verhältnis der §§ 5, 6 GrEStG und § 6a GrEStG (Tz. 7 Erlass vom 19.06.2012) . . . . . . . . . . . . . . . . . . . . . . . . . . . . . . . . . . . . . . . . . . . . . . . . . . 583.48
14. Neue Möglichkeiten grunderwerbsteuerneutraler Umstrukturierungen . . . . . . . 583.49
15. Entsprechende Geltung der Erlasse zu § 6a GrEStG vom 19.06.2012 . . . . . . . . . 583.50
16. Begünstigung entsprechender EU/EWR-Einbringungen und Erwerbsvorgänge auf gesellschafts-vertraglicher Grundlage? . . . . . . . . . . . . . . . . . . 583.51

511  Die §§ 5 und 6 GrEStG regeln Übertragungsvorgänge zwischen einer Gesamthand und den an ihr beteiligten Personen. Die Begünstigung (Steuerbefreiung) besteht insoweit, als die bisherigen bzw. künftigen Gesamthandeigentümer an der bisherigen bzw. künftigen Gesamthand beteiligt sind. Besteuert werden soll also nur das tatsächliche »Mehr«, welches die erwerbenden Rechtsträger erhalten.

512  Zu den Gesamthandgemeinschaften i.S.d. § 5 GrEStG zählen die OHG, die KG, die Gesellschaft bürgerlichen Rechts, die Partnerschaftsgesellschaft sowie die Erben- und Gütergemeinschaft.[875]

## I. Übergang auf eine Gesamthand

### 1. Systematische Vorbemerkungen

513  § 5 Abs. 1 GrEStG stellt die Überführung von Bruchteilseigentum und § 5 Abs. 2 GrEStG die Überführung von Alleineigentum in Gesamthandeigentum von der GrESt frei, soweit der Einbringende nach der Grundstücksübertragung im gleichen Verhältnis am Grundstück berechtigt ist wie zuvor. GrESt wird also nur insoweit erhoben, als die anderen an der Gesamthand Beteiligten durch den Übertragungsvorgang eine (anteilige) Berechtigung am Grundstück erhalten, welche ihnen zuvor nicht zustand.[876]

514  Nach § 5 Abs. 3 GrEStG werden jedoch die Begünstigungen des § 5 Abs. 1 und Abs. 2 GrEStG ganz oder teilweise ausgeschlossen, wenn sich der Anteil des Veräußerers am Vermögen der Gesamthand innerhalb von fünf Jahren nach dem Übergang des Grundstücks auf die Gesamthand vermindert. § 5 Abs. 3 GrEStG wurde im Zuge des

---

875  Vgl. *Schwerin*, RNotZ 2003, S. 494.
876  Die Befreiungsvorschrift gilt auch für ausländische Gesamthandsgemeinschaften, wenn deren Struktur einer inländischen Gesamthand vergleichbar ist; vgl. Erl. des FinMin BaWü vom 30.10.2008, DStR 2008, S. 2267. Zur Entscheidung dieser Frage kann die mit Schreiben des BMF vom 24.12.1999 (BStBl. I. 1999 S. 1076) veröffentlichte Auflistung (Anh. Tabelle 1 und 2) von ausländischen Gesellschaften herangezogen werden.

I. Übergang auf eine Gesamthand                                              D.

Steuerentlastungsgesetzes 1999/2000/2002 in das Gesetz eingeführt, um das bedeutende Befreiungspotenzial der §§ 5 Abs. 1 und Abs. 2 GrEStG für Erwerbsvorgänge, die nach dem 31.12.1999 verwirklicht werden, weit über die von der Rechtsprechung entwickelten Grundsätze hinaus einzuschränken.[877]

Unter Vermögensanteil ist die rechnerische, verhältnismäßige, dingliche Mitberechtigung des Gesamthänders am Reinvermögen der Gesamthand zum Grunderwerbsteuererstichtag zu verstehen. Auf die Gewinn- und Verlustbeteiligung oder auf eine von der dinglichen Mitberechtigung abweichende Auseinandersetzungsquote kommt es grds. nicht an.[878]    515

Ebenso sind schuldrechtliche Berechtigungen gegenüber dem Vermögen der Gesamthand (z.B. Gesellschafterdarlehen oder stille Beteiligungen) für die in § 5 GrEStG vorausgesetzte dingliche Berechtigung nicht ausreichend.    516

▶ Beispiel 1:

A überträgt an eine Personengesellschaft, an der er lediglich als stiller Gesellschafter beteiligt ist, ein Grundstück.

Lösung:

Der Grundstücksübergang ist nicht nach § 5 GrEStG von der GrESt befreit, weil A an der Personengesellschaft dinglich nicht beteiligt ist.[879] Es spielt hierbei keine Rolle, ob A typischer oder atypischer stiller Gesellschafter ist.

Eine bloße Unterbeteiligung an dem Geschäftsanteil eines Gesellschafters reicht ebenfalls nicht für § 5 GrEStG aus.    517

▶ Beispiel 2:

A und B sind an einer Personengesellschaft zu je $1/2$ beteiligt. C ist an dem Anteil des A zur Hälfte unterbeteiligt. C verkauft ein Grundstück an die Personengesellschaft.

Lösung:

Der Verkauf des Grundstücks von C an die Personengesellschaft unterliegt voll der Grunderwerbsteuer; er ist nicht nach § 5 Abs. 2 GrEStG begünstigt.[880]

---

877 Vgl. *Pahlke*, § 5 Rn. 1; zur früheren Rechtsprechung vgl. nachfolgende Rdn. 520.
878 Vgl. BFH, BStBl. II 1980, S. 217 zu § 6 Abs. 1 GrEStG; *Pahlke*, § 5 Rn. 10 zu § 5 Abs. 1 GrEStG; *Schwerin*, RNotZ 2003, S. 494. Haben die Gesellschafter feste Beteiligungsquoten festgelegt, sind sie der Berechnung zugrunde zu legen. Bei variablen Kapitalkonten ist zum Stichtag eine Vermögensbilanz zu Teilwerten bzw. gemeinen Werten zu erstellen. Die stillen Reserven sind den Gesellschaftern nach dem Gewinnverteilungsschlüssel zuzurechnen; vgl. BFH, BStBl. II 1972, S. 833.
879 Vgl. *Pahlke*, § 5 Rn. 12; *Hofmann*, § 5 Rn. 7.
880 Vgl. *Pahlke*, § 5 Rn. 12.

## 2. Grundstücksübergang von mehreren Eigentümern auf eine Gesamthand

518 Gemäß § 5 Abs. 1 GrEStG wird beim Übergang eines Grundstücks von mehreren Miteigentümern auf eine Gesamthand die Steuer insoweit nicht erhoben, soweit der Anteil des Einzelnen am Vermögen der Gesamthand seinem Bruchteil am Grundstück entspricht. Entgegen ihrem Wortlaut setzt die Bestimmung *nicht* voraus, dass *alle* übertragenden Miteigentümer auch Berechtigte an der erwerbenden Gesamthand sind.[881] Ausschlaggebend für die Begünstigung ist allein das Ausmaß der Deckungsgleichheit des hingegebenen Grundstücksbruchteils und des Anteils des übertragenden Gesamthänders am Vermögen der Gesamthand.

▶ Beispiel 1:

A und B sind jeweils zu $^1/_2$ Miteigentümer an einem Grundstück, das sie an eine Personengesellschaft veräußern, an der sie zu je $^1/_2$ beteiligt sind.

Lösung:

Die GrESt bleibt nach § 5 Abs. 1 GrEStG vollständig unerhoben.

▶ Beispiel 2:

A und B sind zu jeweils $^1/_2$ Miteigentümer an einem Grundstück, das sie an eine Personengesellschaft veräußern, an der A, B und C zu je $^1/_3$ beteiligt sind.

Lösung:

Die GrESt bleibt nach § 5 Abs. 1 GrEStG zu $^2/_3$ unerhoben.[882]

Es wird lediglich das »Mehr« besteuert, welches C erwirbt.

▶ Beispiel 3:

A, B und C sind zu je $^1/_3$ Miteigentümer eines Grundstücks, das sie an eine Personengesellschaft veräußern, an der nur B und C zu je $^1/_2$ beteiligt sind.

Lösung:

Die GrESt bleibt nach § 5 Abs. 1 GrEStG zu $^2/_3$ unerhoben.[883]

B und C erwerben jeweils $^1/_6$ mehr im Vergleich zu ihrer vorherigen Bruchteilsbeteiligung.

---

881 Vgl. BFH, BStBl. II 1980, S. 217.
882 Vgl. *Pahlke*, § 5 Rn. 3.
883 Vgl. *Pahlke*, § 5 Rn. 3.

I. Übergang auf eine Gesamthand                    D.

## 3. Grundstücksübergang vom Alleineigentümer auf eine Gesamthand

Nach § 5 Abs. 2 GrEStG wird bei einem Übergang eines Grundstücks von einem Alleineigentümer auf eine Gesamthand die Steuer i.H.d. Anteils nicht erhoben, zu dem der Veräußerer am Vermögen der Gesamthand beteiligt ist.

519

▶ Beispiel 1:

A ist Alleineigentümer eines Grundstücks, das er an eine Personengesellschaft veräußert, an der er zu $^1/_2$ beteiligt ist.

Lösung:

Die GrESt bleibt nach § 5 Abs. 2 GrEStG zu $^1/_2$ unerhoben.[884]

▶ Beispiel 2:

In eine Personengesellschaft, bestehend aus den Gesellschaftern A und B mit einer Beteiligung von jeweils $^1/_2$ tritt C ein. Das Beteiligungsverhältnis ist jetzt je $^1/_3$, wobei C ein Grundstück als Einlage mitbringt.

Lösung:

Durch die Einbringung des Grundstücks erfolgt ein Rechtsträgerwechsel, der gem. § 1 Abs. 1 Nr. 3 GrEStG steuerpflichtig ist. Das Grundstück geht von der natürlichen Person C in das Eigentum der Personengesellschaft (Gesamthand) über. Ein »Mehr« an dem Grundstück haben hier nur A und B erhalten, sodass nur i.H.v. $^2/_3$ eine Steuerpflicht gegeben ist. Der Anteil des C ist nach § 5 Abs. 2 GrEStG steuerfrei.

## 4. Der Anwendungsbereich des § 5 Abs. 3 GrEStG

### a) Die Rechtslage bis einschließlich 31.12.1999

Vor Inkrafttreten des § 5 Abs. 3 GrEStG[885] versagte der BFH im Wege der teleologischen Reduktion die tatbestandsmäßigen Voraussetzungen des § 5 Abs. 1 und 2 GrEStG insbesondere dann, wenn und soweit der Übertragende *entsprechend einem vorgefassten Plan in zeitlichem und sachlichem Zusammenhang* (12–15 Monate) mit der Grundstücksübertragung auf die Gesamthand seine Gesellschafterstellung auf einen anderen übertrug oder sich seine vermögensmäßige Beteiligung – z.B. durch

520

---

884 Umsatzsteuerrechtlich gilt folgendes: Die Grundstückslieferung gegen Gewährung von Gesellschaftsrechten ist ein tauschähnlicher Umsatz gem. § 3 Abs. 12 Satz 2 UStG. Beide Leistungen (Grundstückslieferung und Gewährung von Gesellschaftsrechten) sind nach § 4 Nr. 9 und Nr. 8 UStG befreit. Auf die Befreiung kann verzichtet werden, z.B. um eine Vorsteuerberichtigung zu vermeiden, § 15a UStG.
885 Gemäß § 23 Abs. 6 Satz 2 GrEStG ist § 5 Abs. 3 GrEStG erstmals auf Erwerbsvorgänge anzuwenden, die nach dem 31.12.1999 verwirklicht werden.

## D. Grundstücksübertragungen in den Sonderfällen der §§ 5, 6 und 6a GrEStG

Neuaufnahme von Gesellschaftern oder durch Kapitalerhöhung, an der der Übertragende nicht teilnahm – verringerte.[886]

### b) Die Rechtslage seit 01.01.2000

**521** Für die nach dem 31.12.1999 verwirklichten Erwerbsvorgänge gilt § 5 Abs. 3 GrEStG (§ 23 Abs. 6 Satz 2 GrEStG).[887] Nach dieser Neuregelung sind die Begünstigungen des § 5 Abs. 1 und 2 GrEStG insoweit nicht anzuwenden, als sich der Anteil des Veräußerers am Vermögen der Gesellschaft innerhalb von 5 Jahren nach dem Übergang des Grundstücks auf die Gesamthand vermindert.[888] Auf einen vorgefassten Plan kommt es *nicht* mehr an. Damit ist für das Grunderwerbsteuerrecht ein bedeutendes Befreiungspotenzial entfallen, weil nicht nur die bisher ins Auge gefassten Umgehungsfälle, sondern sämtliche Anteilsreduzierungen des Einbringenden erfasst werden. Sofern also keine anderweitige Befreiungsvorschrift eingreift, kann innerhalb der ersten 5 Jahre seit der Grundstücksübertragung keine Veränderung in den Beteiligungen am Vermögen der Gesamthand und keine Umstrukturierungsmaßnahme, welche eine Anteilsreduzierung des Einbringenden zur Folge hat, ohne Grunderwerbsteuerbelastung mehr durchgeführt werden.[889]

**522** Sofern dagegen die 5-Jahres-Frist beachtet wird, ist es auch unschädlich, wenn die Veränderung in den Beteiligungsverhältnissen von vornherein geplant war. Für eine Anwendung des § 42 AO aufgrund des vorgefassten Planes ist kein Raum mehr.

**523** Verfahrensrechtlich stellt eine Anteilsreduzierung i.S.d. § 5 Abs. 3 GrEStG, welche den Finanzbehörden anzuzeigen ist (§ 19 Abs. 2 Nr. 4 GrEStG) ein rückwirkendes Ereignis im Sinn von § 175 Abs. 2 AO dar, das verfahrensrechtlich zur Aufhebung oder Änderung des Steuerbescheides gem. § 175 Abs. 1 Nr. 2 AO führt.[890]

---

886 Ferner wurden § 5 Abs. 1 und Abs. 2 GrEStG versagt, wenn der Übertragende durch (gesellschafts)vertragliche Abreden im Ergebnis wirtschaftlich so gestellt war, als sei er während der Dauer seiner Beteiligung an der Gesamthand und bei deren Beendigung nicht wie ein Eigentümer (anteilig) an den Wertverhältnissen des Grundstücks beteiligt gewesen; vgl. BFH, BStBl. II 1991, S. 374; BStBl. II 1997, S. 87; vgl. hierzu ferner *Pahlke*, § 5 Rn. 15 m.w.N.; *Hofmann*, § 5 Rn. 13 ff.; *Boruttau/Viskorf*, § 5 Rn. 54.
887 Vgl. FinMin. BaWü, Erl. vom 14.02.2002, DStR 2002, S. 360.
888 Umstritten ist, ob die 5-Jahres-Frist des § 5 Abs. 3 GrEStG mit Abschluss des schuldrechtlichen Verpflichtungsgeschäftes beginnt (vgl. *Schwerin*, RNotZ 2003, S. 496) oder ob auf den Zeitpunkt des Eigentumsübergangs abzustellen ist (vgl. OFD Hannover, Verfügung vom 24.03.2000, StEK § 5 GrEStG, Nr. 11.
889 Vgl. *Pahlke*, § 5 Rn. 21; somit werden durch die Vorschrift auch Umstrukturierungen erfasst, denen keine Steuerumgehungsabsicht immanent ist; dies belegt, dass die Vorschrift lediglich auf fiskalischen Erwägungen ruht; ebenso *Hörger/Mentel/Schulz*, DStR 1999, S. 1305.
890 Vgl. *Pahlke*, § 5 Rn. 25; *Hofmann*, § 5 Rn. 34. Entsprechendes gilt für die Sperrfristen in § 6 Abs. 3 und 4 sowie in § 7 Abs. 3 GrEStG. Die Festsetzungsfrist für den Erl. des Änderungsbescheids beginnt mit Ablauf des Kalenderjahres, in dem das Ereignis eintritt; vgl. Erl. des FinMin Niedersachsen vom 07.10.2002, DStR 2002, S. 2172.

I. Übergang auf eine Gesamthand  D.

Soweit die Steuervergünstigung nach § 5 GrEStG eine sachenrechtliche Mitberechtigung (Gesamthänderstellung) sowie eine Beteiligung am Vermögen der Gesamthand desjenigen verlangt, der ein Grundstück auf eine Gesamthand überträgt, liegt eine den Tatbestand des § 5 GrEStG nachträglich ausschließende Veränderung der Rechtsstellung des grundstückseinbringenden Gesellschafters in Bezug auf das auf die Gesamthand übergegangene Grundstück vor, 524

– wenn dieser seine dingliche Mitberechtigung, d.h. seine Gesamthänderstellung durch Übertragung auf einen Dritten oder durch schlichtes Ausscheiden aufgibt,[891]
– wenn dieser seine dingliche Mitberechtigung (Gesellschafterstellung) zwar behält, sich aber die vermögensmäßige Beteiligung am eingebrachten Grundstück durch gesellschaftsvertragliche Absprachen mit den übrigen Gesamthändern oder durch Neuaufnahme von Gesellschaftern reduziert[892] oder
– wenn dieser bei bestehen bleibender gesamthänderischer Mitberechtigung und unveränderter vermögensmäßiger Beteiligung am übrigen Gesamthandvermögen »während der Dauer seiner Beteiligung an der Gesamthand und bei deren Beendigung nicht wie ein Eigentümer anteilig an den Wertveränderungen des Grundstücks beteiligt« ist.[893]

▶ Beispiel:

An der AB-OHG sind A zu 95 % und B zu 5 % beteiligt.

A veräußert an die OHG sein Grundstück zum Kaufpreis von 400.000,00 €.

2 Jahre später überträgt A 90 % der OHG-Anteile auf C.

---

891 Vgl. BFHE 181, S. 344, BStBl. II 1997, S. 87; deshalb entfällt die Steuervergünstigung auch dann, wenn der Gesamthänder seine dingliche Mitberechtigung aufgibt, aber über schuldrechtliche Vereinbarungen (z.B. Treuhandverhältnis, Unterbeteiligungsabsprache, stille Beteiligung) vermögensmäßig am Gesellschaftsvermögen und damit am eingebrachten Grundstück weiter beteiligt bleibt.
892 Vgl. BFHE 155, S. 171, BStBl. II 1989, S. 201.
893 Denkbar ist bspw., dass es bei einer i.Ü. unveränderten vermögensmäßigen Beteiligung zu einer Beschränkung oder Aufgabe der Teilhabe am Wert des eingebrachten Grundstücks kommt. Allein maßgeblich sind die gesellschaftsvertraglichen Vereinbarungen im Innenverhältnis. Im Rahmen des § 5 Abs. 3 GrEStG ist umstritten, ob bei sogenannten beweglichen Kapitalkonten die sich durch Gewinne, Verluste sowie Einlagen und Entnahmen ergebenden Veränderungen der verhältnismäßigen Beteiligungen innerhalb der 5-Jahres-Frist Auswirkungen auf die Steuervergünstigungen nach § 5 Abs. 1 und Abs. 2 GrEStG haben; nach *Hofmann*, BB 2000, S. 2608 sind derartige schleichende Veränderungen irrelevant; a.A. *Pahlke*, § 5 Rn. 53; vgl. hierzu auch *Behrens/Schmitt*, UVR 2005, S. 383, Fn. 51. Offen ist derzeit auch noch, ob bereits von vornherein im Gesellschaftsvertrag vereinbart werden kann, dass sich die vermögensmäßige Beteiligung am Grundbesitz der Gesellschaft unmittelbar nach Ablauf der 5-Jahres-Frist des § 5 Abs. 3 GrEStG in einer bestimmten Weise verändert, oder ob hierin ein Gestaltungsmissbrauch i.S.d. § 42 AO zu sehen ist. Für die Zulässigkeit derartiger Vereinbarungen spricht jedoch, dass eine Nachbesteuerung nach Ablauf der 5-Jahres-Frist selbst bei einem vorgefassten Plan nicht mehr zulässig ist.

**D.** Grundstücksübertragungen in den Sonderfällen der §§ 5, 6 und 6a GrEStG

Beispiel (Skizze 15)

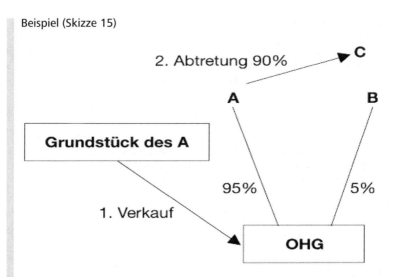

Lösung:

Für diesen Kaufvertrag ist die GrESt wegen § 5 Abs. 2 GrEStG nur von 20.000,– € zu bemessen (= 5 %).

Verringert A nunmehr innerhalb von 5 Jahren nach der Grundstücksübertragung seine Beteiligung durch Übertragung von 90 % der Geschäftsanteile an C, so ist die Steuer von dem anteiligen Kaufpreis von 360.000,– € (= 90 %) nach § 5 Abs. 3 GrEStG (nachträglich) zu bemessen.[894]

---

[894] Sofern B anschließend innerhalb des 5-Jahres-Zeitraums seine 5 %-ige Beteiligung an D veräußert, liegen die Voraussetzungen des § 1 Abs. 2a Satz 1 GrEStG vor. Von der Bemessungsgrundlage wird die Steuer jedoch gem. § 6 Abs. 3 i.V.m. § 6 Abs. 1 GrEStG nicht erhoben, soweit die Berechtigung der Gesamthänder am gesamthänderisch gebundenen Vermögen in beiden Gesamthandgemeinschaften übereinstimmt; dies ist hier im Hinblick auf den Anteil von 5 % des A der Fall. Auf die so ermittelte Bemessungsgrundlage ist nunmehr die Bemessungsgrundlage anzurechnen, von der die Steuer aufgrund der Versagung der Steuervergünstigung des § 5 Abs. 2 GrEStG aufgrund des § 5 Abs. 3 GrEStG nachträglich zu erheben ist; vgl. hierzu den gleichlautenden Erl. der Obersten Finanzbehörden der Länder vom 26.02.2003, DStR 2003, S. 980 ff., Tz. 7.1.; vgl. ferner *Schwerin*, RNotZ 2003, S. 499 m.w. Rechenbeispielen. Im Bereich des § 1 Abs. 2a GrEStG kann es somit zu unterschiedlichen Ergebnissen kommen, je nach dem, ob eine 95 %-ige Anteilsabtretung in einem Rechtsvorgang oder sukzessive erfolgt. Im erstgenannten Fall werden vorgeschaltete Einbringungsvorgänge im Wege einer teleologischen Reduktion des § 5 Abs. 3 GrEStG nicht nachbesteuert, während im letztgenannten Fall lediglich eine Anrechnungsbestimmung existiert. Gravierendere Unterschiede bestehen allerdings, wenn innerhalb der fünfjährigen Nachbehaltefrist des § 5 Abs. 3 GrEStG eine erstmalige Anteilsvereinigung i.S.d. § 1 Abs. 3 GrEStG realisiert wird. Sofern diese Realisierung in

I. Übergang auf eine Gesamthand D.

Der Beispielsfall belegt, dass allein die Übertragung von weniger als 95 % der Gesellschaftsanteile den Anfall von GrESt noch nicht zwingend ausschließt.

Als **Formulierungsvorschlag** für eine etwaige Abtretungsurkunde bzw. als Gedankenstütze i.r. einer Checkliste bietet sich daher folgende Formulierung an:

»*Die Gesellschaft hat innerhalb der letzten 5 Jahre von dem Veräußerer des Anteils keinen Grundbesitz erworben, für welchen die Vergünstigungen des § 5 Abs. 1 oder 2 GrEStG in Anspruch genommen wurden*«.[895]

Änderungen im Gesellschafterbestand einer Gesamthand bei Gewährung der Steuervergünstigung nach § 5 Abs. 1 und 2 GrEStG sind seit 01.01.2000 gem. § 19 Abs. 2 Nr. 4 GrEStG durch den Steuerschuldner anzeigepflichtig.

*c) Umwandlungsvorgänge im Zusammenhang mit § 5 Abs. 3 GrEStG*

Auch Umwandlungsvorgänge, welche innerhalb der 5-Jahres-Frist des § 5 Abs. 3 GrEStG erfolgen, können zur nachträglichen Versagung der Begünstigungen nach § 5 Abs. 1 und 2 GrEStG führen.

Überträgt etwa eine Kapitalgesellschaft ihr Grundstück auf eine Personengesellschaft, an welcher die Kapitalgesellschaft beteiligt ist (begünstigt gem. § 5 Abs. 2 GrEStG i.H.d. Beteiligungsquote) und geht anschließend die Gesellschafterstellung der Kapitalgesellschaft an dieser Personengesellschaft durch eine Verschmelzung – gleichgültig, ob im Wege der Aufnahme oder Neugründung – auf eine andere Kapitalgesellschaft über, so entfällt die Begünstigung des § 5 Abs. 2 GrEStG nachträglich. Dies gilt stets, wenn die Verschmelzung (auch ohne vorgefassten Plan) innerhalb der Fünf-Jahresfrist nach dem Übergang des Grundstücks auf die Personengesellschaft erfolgt.[896]

Die Versagung der Begünstigungen aus § 5 Abs. 1 und 2 GrEStG kann aber bei Verschmelzungen dadurch vermieden werden, dass der grundbesitzhaltende Rechtsträger bzw. der Rechtsträger, der innerhalb von 5 Jahren nach dem Übergang des Grundstücks auf die Gesamthand die Begünstigungen des § 5 Abs. 1 oder 2 GrEStG in Anspruch genommen hatte, als übernehmender Rechtsträger fungiert.[897]

525

526

527

528

---

einem einzigen Akt erfolgt, entfällt eine Doppelbesteuerung infolge einer teleologischen Reduktion des § 5 Abs. 3 GrEStG; wird der Tatbestand des § 1 Abs. 3 GrEStG dagegen in mehreren Teilschritten verwirklicht, fehlt eine dem § 1 Abs. 2a Satz 3 GrEStG vergleichbare Anrechnungsbestimmung im Bereich des § 1 Abs. 3 GrEStG. Hier könnte allenfalls eine Korrektur über die Vorschriften der Abgabenordnung (rückwirkendes Ereignis) versucht werden.

895 Ein ähnliches Formulierungsbeispiel findet sich bei *Schwerin*, RNotZ 2003, S. 500.
896 Es fällt somit GrESt an, obwohl die verschmolzene GmbH selbst keinen Grundbesitz mehr hat.
897 Vgl. *Pahlke*, § 5 Rn. 27. Zu dem Konkurrenzverhältnis zwischen § 5 Abs. 3 GrEStG und § 6a GrEStG vgl. *Wischott/Schönweiß*, DStR 2009, S. 2643 ff.

**D.** Grundstücksübertragungen in den Sonderfällen der §§ 5, 6 und 6a GrEStG

529 Auch formwechselnde Umwandlungen sind gefährlich.[898] Zwar entsteht durch den Formwechsel selbst mangels Rechtsträgerwechsels keine Grunderwerbsteuer;[899] daher bedarf es auch der Anwendung des § 5 Abs. 1 und 2 GrEStG nicht; überführt jedoch ein Gesellschafter einer Personengesellschaft auf diese ein Grundstück, so entfällt nach h.M. die hierfür zunächst gewährte Begünstigung des § 5 Abs. 2 GrEStG nachträglich, wenn die Personengesellschaft im Anschluss an die Grundstücksübertragung innerhalb der Fünf-Jahresfrist in eine Kapitalgesellschaft formwechselnd umgewandelt wird. Durch die der Grundstücksübertragung nachfolgende formwechselnde Umwandlung wird zwar kein (weiterer) Erwerbsvorgang verwirklicht; die Umwandlung (Formwechsel)[900] bewirkt jedoch, dass die gesamthänderische Beteiligung des übertragenden Gesellschafters entfällt.[901]

530 Der Formwechsel lässt somit gem. § 5 Abs. 3 GrEStG nachträglich die ursprünglich gewährten Begünstigungen des § 5 Abs. 1 bzw. 2 GrEStG entfallen.[902] Dies ist stets bei einem heterogenen Formwechsel von einer Personen- in eine Kapitalgesellschaft zu beachten.[903]

531 Eine ähnliche Problematik stellt sich auch, wenn etwa ein Einzelkaufmann Grundbesitz in eine neu zu gründende GmbH einbringen möchte. Hier liegt die Überlegung nahe, dass der Einzelkaufmann, zu dessen Betriebsvermögen auch Grundbesitz gehört, diesen Grundbesitz zunächst grunderwerbsteuerfrei in eine ihm gehörende GmbH &

---

898 Vgl. ausführlich *Gottwald*, NotBZ 2001, S. 285.
899 Bisher nicht geklärt ist, ob der Formwechsel einer grundbesitzenden Personengesellschaft in eine Kapitalgesellschaft jedenfalls dann GrESt auslöst, wenn einer der Personengesellschafter vermögensmäßig zu mindestens 95 % an der Personengesellschaft beteiligt ist. Vgl. hierzu bejahend FG Münster, Urt. v. 16.02.2006, EFG 2006, S. 1034 (Rev. BFH, AZ II R 31/06); dagegen differenzierend *Behrens/Schmitt*, UVR 2008, S. 16 ff. Vgl. hierzu auch Rdn. 359.
900 Die Befreiungsvorschrift des § 6a GrEStG gilt nicht beim Formwechsel; vgl. hierzu Rdn. 583.1.
901 Vor dem Inkrafttreten des § 5 Abs. 3 GrEStG war dies bereits der Fall, wenn der anschließende Formwechsel auf einem vorgefassten Plan beruhte und innerhalb eines zeitlichen und sachlichen Zusammenhanges erfolgte, vgl. *Hofmann*, § 5 Rn. 18. Nunmehr zählt nicht mehr der vorgefasste Plan, sondern ausschließlich die objektive 5-Jahres-Frist, vgl. ferner BFH, Urt. v. 18.12.2002, II. R 13/01, MittBayNot 2003, S. 501 ff., m. Anm. *Gottwald*, MittBayNot 2003, S. 438 ff., zur Frage des Wegfalls der Vergünstigung des § 6 Abs. 3 GrEStG bei einem Formwechsel in eine Kapitalgesellschaft; vgl. ferner *Gottwald*, DStR 2004, S. 341 ff.
902 Steuerschuldner sind neben dem einbringenden Gesellschafter nur diejenigen Gesellschafter, die im Zeitpunkt des Umwandlungsbeschlusses noch an der Gesellschaft beteiligt sind, vgl. *Schwerin*, RNotZ 2003, S. 497.
903 Anders als der Formwechsel der Gesamthand, die ein Grundstück von einem ihrer Gesellschafter erworben hat, führt der Formwechsel eines Gesellschafters, von dem die Gesamthand den Grundbesitz erworben hat, nicht zum Wegfall der Privilegierung, weil der formgewechselte Rechtsträger rechtlich mit dem ursprünglichen Rechtsträger identisch ist; vgl. *Schwerin*, RNotZ 2003, S. 496.

## I. Übergang auf eine Gesamthand     D.

Co. KG einbringt (§ 5 Abs. 2 GrEStG) und anschließend einen vermeintlich ebenfalls grunderwerbsteuerfreien Formwechsel in eine GmbH vornimmt.

Grunderwerbsteuerfrei ist diese Gestaltung – soweit nicht § 42 AO aufgrund des vorgefassten Planes für einschlägig erachtet wird – nur, wenn zwischen der Einbringung des Grundbesitzes in die Personengesellschaft und dem nachgeschalteten Formwechsel in eine Kapitalgesellschaft die Fünf-Jahresfrist beachtet wird.[904]     532

Folglich ist es trügerisch, allein aufgrund der Tatsache, dass es sich bei dem Umwandlungsvorgang um einen Formwechsel handelt, von vornherein jegliche grunderwerbsteuerrechtliche Bedenken auszublenden. Selbst wenn der Formwechsel von der Personen- in die Kapitalgesellschaft anschließend innerhalb der 2-Jahresfrist des § 16 Abs. 2 Nr. 1 GrEStG rückgängig gemacht wird, kann die Nachbesteuerung nicht mehr verhindert werden. Nach der Rechtsprechung gilt § 16 GrEStG nämlich nicht für die Rückgängigmachung einer die Steuerbefreiung ausschließenden Änderung der Gesellschaftsverhältnisse; stattdessen müsste dann auch noch der Einbringungsvorgang rückabgewickelt werden.[905]     533

Beim Formwechsel von einer Personen- in eine Kapitalgesellschaft bietet sich daher folgender **Formulierungsvorschlag** (bzw. Checklistenpunkt) an:

> »*Die Personengesellschaft, die in die Rechtsform einer Kapitalgesellschaft im Wege des Formwechsels überführt werden soll, hat innerhalb der letzten 5 Jahre von keinem Gesellschafter Grundbesitz erworben und hierfür die Begünstigungen aus § 5 Abs. 1 oder 2 GrEStG in Anspruch genommen.*«

### 5. Interpolation

Nach herrschender Meinung können personenbezogene Beziehungen von grunderwerbsteuerlicher Bedeutung (§ 3 Nr. 2–7 GrEStG) zwischen dem Übertragenden und dem Gesamthänder der Gesamthand zu dem Anteil berücksichtigt werden, zu dem der betreffende Gesamthänder an dem Vermögen der Gesamthand beteiligt ist.[906]     534

In interpolierender Betrachtung des § 5 Abs. 1 und 2 GrEStG mit den personenbezogenen Befreiungsvorschriften des § 3 GrEStG sind bspw. von der GrESt (in der Regel teilweise) ausgenommen:     535

---

904 Vgl. *Pahlke*, § 5 Rn. 28. U.E. kann § 42 AO trotz eines vorgefassten Planes nicht angewendet werden, sofern die 5-Jahres-Frist beachtet wird, da § 1 Abs. 2a GrEStG bzw. § 5 Abs. 3 GrEStG spezialgesetzlich regeln, welche Sachverhalte als missbräuchlich erachtet werden; ebenso *Stoschek/Peter*, DStR 2002, S. 2111; fraglich ist jedoch, ob sich die FinVerw. dieser Auffassung anschließen wird.
905 Vgl. BFH, Urt. v. 29.09.2005, BStBl. 2006, S. 43 ff.
906 In diesen Fällen ist der Rechtsnachfolger an die 5-jährige Behaltensfrist des Rechtsvorgängers gebunden.

## D. Grundstücksübertragungen in den Sonderfällen der §§ 5, 6 und 6a GrEStG

1. die unmittelbare Übertragung eines vermachten Grundstücks vom Erben auf eine Personengesellschaft zu dem Anteil, zu dem der Vermächtnisnehmer beteiligt ist (Gesamtschau mit § 3 Nr. 2 GrEStG);
2. die Übertragung eines Grundstücks von der Erbengemeinschaft auf eine Personengesellschaft bei Teilung des Nachlasses zu dem Anteil, zu dem ein Miterbe an der erwerbenden Personengesellschaft beteiligt ist (Zusammenschau mit § 3 Nr. 3 GrEStG).[907]

**536** Auch im Zusammenhang mit § 5 Abs. 3 GrEStG sind die personenbezogenen Befreiungsvorschriften des § 3 Nr. 2–7 GrEStG zu beachten. Die Begünstigung des § 5 Abs. 2 GrEStG entfällt daher bspw. nicht, wenn ein Gesellschafter ein Grundstück in eine KG einbringt und anschließend innerhalb der Fünf-Jahresfrist seine Gesellschaftsanteile an seine Ehefrau oder Kinder überträgt. Diese Personen hätten ohnehin das Grundstück vom übertragenen Gesellschafter kraft Gesetzes (§ 3 Nr. 4 bzw. Nr. 6 GrEStG) grunderwerbsteuerfrei erwerben können.[908]

### 6. Teleologische Einschränkung des Anwendungsbereichs des § 5 Abs. 3 GrEStG

**537** Durch § 5 Abs. 3 GrEStG soll Gestaltungen entgegengewirkt werden, in denen durch eine Kombination eines nach § 5 Abs. 1 oder Abs. 2 GrEStG steuerbegünstigten Einbringungsvorgangs mit einem **nicht** der GrESt unterliegenden Wechsel im Personenbestand einer Gesamthand fremde Dritte wertmäßig an dem Grundstück beteiligt werden. In der Literatur gab es daher schon frühzeitig die Auffassung, dass § 5 Abs. 3 GrEStG einschränkend dahingehend auszulegen ist, dass trotz der Aufgabe der gesamthänderischen Mitberechtigung bzw. der Verminderung der vermögensmäßigen Beteiligung des das Grundstück einbringenden Gesamthänders die Vergünstigungen nach § 5 Abs. 1 und Abs. 2 GrEStG *nicht* nachträglich entfallen, wenn die vom Gesetz vorausgesetzte *Steuerumgehung objektiv ausscheidet*.[909] Dies ist der Fall, wenn der Vorgang, durch welchen der grundstückseinbringende Gesamthänder seine Mitberechtigung verliert bzw. vermindert, *selbst wieder grunderwerbsteuerbar ist*. In einem solchen Fall fehlt es nämlich an dem vom Gesetz vorausgesetzten, keinen Grunderwerbsteuertatbestand erfüllenden Ausscheiden des Grundstücks aus dem grunderwerbsteuerrechtlichen Zuordnungsbereich des Gesamthänders. Wenn also der Rechtsvorgang, durch den der ursprünglich das Grundstück einbringende Gesamthänder seine gesamthänderische Mitberechtigung verliert bzw. verringert, selbst der GrESt unterliegt, entfallen die ursprünglichen Begünstigungen nach dieser Literaturmeinung nicht.

---

907 Diese und weitere Beispiele finden sich bei *Pahlke*, § 5 Rn. 51.
908 Vgl. hierzu auch *Pahlke*, § 5 Rn. 51; vgl. ferner FinMin. BaWü, Erl. vom 14.02.2002, DStR 2002, S. 360; die Vergünstigung nach § 5 GrEStG kann aber auch in diesen Fällen nur gewährt werden, wenn der mit dem Grundstücksveräußerer in gerader Linie verwandte Gesamthänder seine Gesellschafterstellung unverändert aufrecht erhält; vgl. BFH, Beschl. v. 26.02.2003, DStR 2003, S. 777 ff.
909 Vgl. *Viskorf*, DStR 2001, S. 1104 ff.; vgl. neuerdings auch *Boruttau/Viskorf*, § 5 Rn. 102 ff.

I. Übergang auf eine Gesamthand	D.

**Fall 1 – Weiterverkauf des Grundstücks durch die Personengesellschaft an Dritte**  538

Die grundstückserwerbende Gesamthand verliert das Eigentum am eingebrachten Grundstück durch einen grunderwerbsteuerbaren Vorgang.

▶ Beispiel:

A bringt das Grundstück in die A- und B-OHG ein, an der er zu 50 % beteiligt ist. Anschließend verkauft die OHG das Grundstück an einen externen Dritten weiter.

Lösung:

Nach der Literaturansicht entfällt die ursprüngliche Steuerbefreiung des Einbringungsvorganges nicht nach § 5 Abs. 3 GrEStG, da der Verkauf durch die OHG an den Dritten selbst der GrESt unterliegt.[910] Die teleologische Einschränkung des Anwendungsbereichs des § 5 Abs. 3 GrEStG erscheint in diesem Fall erforderlich, da eine Verminderung des Anteils am Gesellschaftsvermögen i.S.d. § 5 Abs. 3 GrEStG bereits dann vorliegt, wenn sich die vermögensmäßige Beteiligung eines Gesellschafters hinsichtlich eines etwa eingebrachten Grundstücks reduziert. Letzteres ließe sich durch den Verkauf des Grundstücks an den externen Dritten bejahen, da A seine gesamthänderische Mitberechtigung an dem Grundstück verliert, obwohl er weiterhin zu 50 % am sonstigen Vermögen der Personengesellschaft beteiligt ist.[911]

**Fall 2 – Steuerpflichtiger Gesellschafterwechsel gem. § 1 Abs. 2a GrEStG:**  539

§ 5 Abs. 3 GrEStG soll auch in den Fällen ausscheiden, in denen der infolge eines Gesellschafterwechsels eintretende Verlust der gesamthänderischen Mitberechtigung des das Grundstück einbringenden Gesamthänders der GrESt nach § 1 Abs. 2a GrEStG unterliegt.[912]

▶ Beispiel:

An der A- und B-OHG ist A zu 95 % und B zu 5 % beteiligt. A bringt in die Personengesellschaft ein Grundstück ein. Der Einbringungsvorgang ist nach § 5 Abs. 2 GrEStG zu 95 % grunderwerbsteuerbefreit. Nunmehr überträgt A seine Beteiligung an der OHG auf einen externen Dritten.

---

910 Vgl. *Viskorf*, DStR 2001, S. 1105 mit weiteren Beispielen.
911 Vgl. *Viskorf*, DStR 2001, S. 1105.
912 Entsprechendes gilt, wenn der das Grundstück einbringende Gesamthänder seine gesamthänderische Mitberechtigung durch einen der GrESt gem. § 1 Abs. 3 GrEStG unterliegenden Vorgang verliert; vgl. *Viskorf*, DStR 2001, S. 1105; dieser Fall dürfte jedoch nur noch selten vorkommen, da der Erl. vom 26.02.2003 (DStR 2003, S. 980 ff., Tz. 7.1.) den Anwendungsbereich des § 1 Abs. 3 GrEStG bei Personengesellschaften erheblich eingeschränkt hat; vgl. hierzu auch Rdn. 331–346.

# D. Grundstücksübertragungen in den Sonderfällen der §§ 5, 6 und 6a GrEStG

**Lösung:**

Da für den Übertragungsvorgang auf den Dritten bereits eine Steuer nach § 1 Abs. 2a GrEStG anfällt, ist es auch hier nicht gerechtfertigt, die ursprüngliche Begünstigung des Einbringungsvorganges nachträglich gem. § 5 Abs. 3 GrEStG entfallen zu lassen.[913] Dies soll selbst dann gelten, wenn für den Einbringungsvorgang einerseits und den steuerbaren Gesellschafterwechsel andererseits unterschiedlich hohe Bemessungsgrundlagen existieren. Bei sukzessiv erfolgenden Anteilsabtretungen kann demgegenüber aufgrund der Spezialregelung in § 1 Abs. 2 a Satz 3 GrEStG bei unterschiedlich hohen Bemessungsgrundlagen lediglich eine Anrechnung erfolgen; die Steuerbarkeit bleibt aber nicht vollständig ausgeschlossen.[914]

Dieser Literaturmeinung hat sich inzwischen die FinVerw. mit Erlass vom 19.11.2008 angeschlossen.[915] Mit einem weiteren Erlass vom 25.05.2009[916] hat die FinVerw. außerdem klargestellt, dass die Sichtweise zu § 5 Abs. 3 GrEStG entsprechend für den Anwendungsbereich des § 6 Abs. 3 Satz 2 GrEStG gilt.

Abweichend von der Literaturauffassung steht die FinVerw. allerdings auf dem Standpunkt, dass eine objektive Missbrauchsgefahr nur dann entfalle, wenn der Vorgang, durch welchen der grundstückseinbringende Gesamthänder seine Mitberechtigung verliert bzw. vermindert, nicht nur grunderwerbsteuerbar,[917] sondern auch grunderwerbsteuerpflichtig[918] ist. Ist dagegen der Verlust bzw. die Verminderung der gesamthänderischen Mitberechtigung selbst von der GrESt befreit,[919] so sei der ursprüngliche Einbringungsvorgang gleichwohl nachzubesteuern.[920]

---

913 Dies gilt jedenfalls dann, wenn die Abtretung der Beteiligung in einem Akt die 95 %-Schwelle erreicht; handelt es sich dagegen um sukzessiv erfolgende Abtretungen, die lediglich in der Summe innerhalb der 5-Jahres-Frist des § 1 Abs. 2a GrEStG die 95 %-Schwelle erreichen, ist demgegenüber die Anrechnungsbestimmung des § 1 Abs. 2a Satz 3 GrEStG als Sonderregelung anzuwenden; vgl. hierzu *Viskorf*, DStR 2001, S. 1105.
914 Vgl. hierzu nunmehr auch den gleichlautenden Erl. vom 25.02.2010, Tz. 5., DStR 2010, S. 699.
915 SenFin Berlin, DStR 2009, 434.
916 SenFin Berlin, DStR 2009, 1313.
917 Die Steuertatbestände sind in § 1 GrEStG abschließend geregelt.
918 SenFin Berlin, Erl. vom 19.11.2008, DStR 2009, 434.
919 Die wichtigsten Befreiungsvorschriften finden sich in den §§ 3 bis 7 GrEStG.
920 Demgegenüber stellt der Folge-Erl. zu § 6 Abs. 3 Satz 2 GrEStG auf die Steuerbarkeit des Rechtsvorganges ab, durch den sich die Beteiligungsquote vermindert, und nicht wie der Erl. vom 19.11.2008 auf die Grunderwerbsteuerpflicht; vgl. SenFin Berlin, Erl. vom 25.05.2009, DStR 2009, 1313.

I. Übergang auf eine Gesamthand                                            D.

Hierzu wird folgender Fall behandelt:[921]

▶ Beispiel:

Ein Gesamthänder hat ein Grundstück in eine KG eingebracht, an der er vermögensmäßig zu 100 % beteiligt ist. GrESt für diesen Vorgang ist nach § 5 Abs. 2 GrEStG zunächst nicht erhoben worden. Vor Ablauf von fünf Jahren nach der Einbringung überträgt der Gesamthänder einen Gesellschaftsanteil im Wege der Schenkung auf seine Lebensgefährtin.

Lösung:

Nach Auffassung der für Verkehrssteuern zuständigen Vertreter der Obersten Finanzbehörden der Länder sei das im Bezugserlass genannte BFH-Urteil vom 12.10.2006[922] für den vorgenannten Sachverhalt nicht einschlägig. Die zunächst nach § 5 Abs. 2 GrEStG nicht erhobene GrESt sei gem. § 5 Abs. 3 GrEStG entsprechend dem schenkweise übertragenden Gesellschaftsanteil anteilig nachzuerheben.

Der Erlass steht im Widerspruch zu dem Gerichtsbescheid des FG Nürnberg vom 01.04.2008.[923] Nach Auffassung des FG Nürnberg bleibt die Einbringung eines Grundstücks in eine KG selbst dann grunderwerbsteuerfrei, wenn der Kommanditanteil innerhalb von fünf Jahren nach Einbringung unentgeltlich weitergegeben wird, sofern die Beschenkten ihre Gesellschafterstellung im maßgebenden Fünfjahreszeitraum des § 5 Abs. 3 GrEStG aufrechterhalten.

Auch nach einem Urteil des BFH vom 07.10.2009[924] setzt § 5 Abs. 3 GrEStG die objektive Möglichkeit einer Steuerumgehung voraus und ist daher einschränkend dahingehend auszulegen, dass – trotz der Verminderung der vermögensmäßigen Beteiligung des grundstückseinbringenden Gesamthänders – die Vergünstigung nach § 5 Abs. 1 und Abs. 2 GrEStG nicht entfällt, wenn aufgrund einer Anteilsschenkung eine Steuerumgehung objektiv ausscheidet. Aus der BFH-Entscheidung geht allerdings nicht eindeutig hervor, ob die Beschenkten ihre Gesellschafterstellung im maßgebenden Fünfjahreszeitraum des § 5 Abs. 3 GrEStG tatsächlich aufrechterhalten müssen.

Während die FinVerw. somit darauf abstellt, ob die Übertragung nicht nur steuerbar, sondern auch steuerpflichtig ist, lehnt das FG Nürnberg die objektive Gefahr des Missbrauchs bereits dann ab, wenn die Reduzierung der Gesellschaftsbeteiligung für sich genommen steuerbar, möglicherweise aber nach § 3 Nr. 2 GrEStG (oder nach einer sonstigen Befreiungsvorschrift) von der Steuer befreit ist, solange der befreite Erwerber in die Fünfjahresfrist seines Rechtsvorgängers eintritt. Auch der BFH wendet die Befreiungsvorschriften des § 3 GrEStG im Bereich des § 5

---

921  SenFin Berlin, Erl. vom 19.11.2008, DStR 2009, 434.
922  BStBl. II 2006, S. 409 = ZEV 2007, 140 m. Anm. *Gottwald*.
923  DStR 2008, S. X (rechtskräftig).
924  Vgl. BFH, II R 58/08, DStR 2009, S. 2534 ff.

# D. Grundstücksübertragungen in den Sonderfällen der §§ 5, 6 und 6a GrEStG

Abs. 3 GrEStG an, lässt aber offen, ob die Einhaltung der Nachbehaltensfristen durch den privilegierten Erwerber erforderlich ist.[925]

Zu beachten ist ferner, dass § 5 Abs. 3 GrEStG zu einer Nachbesteuerung der ursprünglichen Einbringung führt, sodass auch hinsichtlich der Bemessungsgrundlage auf diesen Vorgang abzustellen ist und nicht auf die spätere (beteiligungsreduzierende) Übertragung der Gesellschaftsanteile.

**540** Fall 3 – Steuerpflichtige Anteilsvereinigung gem. § 1 Abs. 3 GrEStG

Außerdem ist § 5 Abs. 3 GrEStG nach seinem Sinn und Zweck dann nicht anwendbar, wenn der grundstückseinbringende Gesamthänder seine gesamthänderische Mitberechtigung durch einen Vorgang verliert, der seinerseits der GrESt wegen Vereinigung aller Anteile in einer Hand nach § 1 Abs. 3 GrEStG unterliegt.[926] Entsprechendes gilt in den Fällen einer wirtschaftlichen Anteilsvereinigung nach § 1 Abs. 3a GrEStG.

▶ Beispiel:

An einer GmbH & Co. KG sind A und B als Kommanditisten i.H.v. jeweils 50 % vermögensmäßig beteiligt. Die Komplementär-GmbH ist ihrerseits nicht am Vermögen der Gesellschaft beteiligt. Gesellschafter der Komplementär-GmbH sind ebenfalls A und B zu je 50 %. Zunächst bringt der Gesellschafter A ein Grundstück in die KG ein. Ein Jahr später scheidet er unter Übertragung seiner Anteile an GmbH und KG auf den Mitgesellschafter B aus der KG aus.

Lösung:

Für den ursprünglichen Einbringungsvorgang bleibt die Steuer i.H.v. 50 % (Beteiligungsquote des A) gem. § 5 Abs. 2 GrEStG unerhoben. Der Umstand, dass A mit seinem Ausscheiden aus der KG innerhalb des 5-Jahres-Zeitraums des § 5 Abs. 3 GrEStG seine gesamthänderische Mitbeteiligung verloren hat, führt nicht zum rückwirkenden Wegfall der Steuerbegünstigung für den Einbringungsvorgang. Dies folgt daraus, dass der Vorgang, durch den A seine gesamthänderische Mitberechtigung verloren hat, selbst der GrESt unterliegt. Durch die Übertragung sämtlicher Anteile an Komplementär-GmbH und KG liegt eine teils unmittelbare und teils mittelbare Anteilsvereinigung in der Hand des B vor, die ihrerseits gem. § 1 Abs. 3 GrEStG steuerpflichtig ist.[927]

---

925 Vgl. bereits BFH, DStR 2003, 777; *Gottwald*, Grunderwerbsteuer, Rn. 536 m.w. N. Die Begünstigung des § 5 Abs. 2 GrEStG entfällt daher bspw. auch dann nicht, wenn ein Gesellschafter in eine KG einbringt und anschließend innerhalb der Fünf-Jahresfrist seine Gesellschaftsanteile an seine Ehefrau oder Kinder überträgt (vgl. § 3 Nr. 4 bzw. Nr. 6 GrEStG), jedenfalls sofern der Erwerber seine Gesellschafterstellung in der verbleibenden Fünf-Jahresfrist unverändert aufrechterhält.

926 Ebenso gehört der Tod eines Gesellschafters nicht zu den Gestaltungsmitteln, die eingesetzt werden, um das Steuervermeidungspotential, welches mit § 5 Abs. 3 GrEStG eingeschränkt werden soll, auszuschöpfen. Auch hier ist es daher gerechtfertigt, § 5 Abs. 3 GrEStG teleologisch einzuschränken; vgl. hierzu auch *Hofmann*, § 5 Rn. 22.

927 Vgl. hierzu bereits Rdn. 338, Beispiel 3. § 1 Abs. 2a GrEStG ist nicht einschlägig, da nur 95 % der Anteile auf neue Gesellschafter übertragen wurden.

II. Übergang von einer Gesamthand                                    D.

[derzeit unbesetzt]                                                                                541

## II. Übergang von einer Gesamthand

### 1. Systematische Vorbemerkungen

Nach § 6 Abs. 1 und 2 GrEStG wird die Überführung eines Grundstücks von ei-   542
ner Gesamthand in das Miteigentum (§ 6 Abs. 1 GrEStG) oder Alleineigentum (§ 6
Abs. 2 GrEStG) ihrer Gesamthänder von der GrESt ausgenommen, soweit der jeweilige Erwerber vor dem Erwerb bereits am Grundstück beteiligt war.

Außerdem stellt § 6 Abs. 3 GrEStG den Übergang eines Grundstücks von einer Ge-   543
samthand auf eine andere Gesamthand grunderwerbsteuerfrei, soweit bei beiden Gesamthandgemeinschaften identische Gesellschafter mit deckungsgleicher Beteiligung
vorhanden sind.

Im Ergebnis wird die GrESt also nur erhoben, soweit der Gesamthänder ein »Mehr«   544
am Grundstück erwirbt, als ihm zuvor wertmäßig zustand.

Mit der Sperrfrist des § 6 Abs. 4 GrEStG sollen Steuerumgehungen verhindert werden,   545
die sich daraus ergeben könnten, dass der Wechsel im Personenbestand und die Änderungen der Beteiligungsverhältnisse einer Gesamthand grds. nicht der GrESt unterliegen.[928]

### 2. Der Übergang eines Grundstücks von einer Gesamthand in das Miteigentum mehrerer Personen

§ 6 Abs. 1 Satz 1 GrEStG erfasst den Übergang eines Grundstücks von der Gesamt-   546
hand in das Miteigentum mehrerer an der Gesamthand beteiligten Personen. Die Vorschrift entspricht – mit umgekehrten Vorzeichen – der Bestimmung des § 5 Abs. 1
GrEStG. Der Vorbehalt des § 6 Abs. 4 GrEStG ist stets zu beachten.

Abweichend vom Wortlaut wird jedoch nicht vorausgesetzt, dass sämtliche zum Mitei-   547
gentum erwerbenden Personen an der Gesamthand beteiligt sind. Die Bestimmung ist
also auch dann einschlägig, wenn und soweit nur einer der Erwerber der Gesamthand
angehört hat. Allerdings ist eine Verrechnung zwischen den erwerbenden Gesamthändern bei fehlender Deckungsgleichheit ihrer Vermögensanteile oder jeweiligen Auseinandersetzungsquoten mit dem erworbenen Grundstücksbruchteil ausgeschlossen.[929]

▶ **Beispiel 1:**

A, B und C sind jeweils zu $^1/_3$ am Vermögen einer Personengesellschaft beteiligt. Sie
erwerben von der Gesellschaft ein Grundstück zu jeweils $^1/_3$ Miteigentumsanteilen.

**Lösung:**

Die GrESt bleibt nach § 6 Abs. 1 GrEStG vollständig unerhoben.[930]

---

928 Vgl. *Pahlke*, § 6 Rn. 1; *Hofmann*, § 6 Rn. 15 ff.
929 Vgl. *Pahlke*, § 6 Rn. 4; *Hofmann*, § 6 Rn. 9.
930 Vgl. *Pahlke*, § 6 Rn. 4.

**D.** Grundstücksübertragungen in den Sonderfällen der §§ 5, 6 und 6a GrEStG

▶ **Beispiel 2:**

A, D und E erwerben das Grundstück von der Personengesellschaft (Gesellschafter: A, B, C) zu jeweils $^1/_3$ Miteigentumsanteilen.

Lösung:

Die GrESt bleibt nach § 6 Abs. 1 GrEStG allein für A zu $^1/_3$ unerhoben.[931]

▶ **Beispiel 3:**

A erwirbt das Grundstück der Personengesellschaft (Gesellschafter: A, B, C) zu $^1/_2$, B und C zu jeweils $^1/_4$ Miteigentumsanteilen.

Lösung:

Die GrESt bleibt für den Erwerb des A zu $^1/_3$ unerhoben, weil er in diesem Umfang bereits vorher an der Personengesellschaft beteiligt war. Er hat somit ein »Mehr« i.H.v. $^1/_6$ (vorher $^1/_3$, jetzt $^1/_2$) erworben. Für die Erwerbe des B und C bleibt die GrESt dagegen nach § 6 Abs. 1 GrEStG vollständig unerhoben, weil diese kein »Mehr« erworben haben, sondern nur noch jeweils zu $^1/_4$ (vorher $^1/_3$) beteiligt sind. Nur für den Erwerb des A fällt somit GrESt zu $^1/_6$ an.[932]

### 3. Der Übergang eines Grundstücks einer Gesamthand in das Alleineigentum einer Person

548 § 6 Abs. 2 Satz 1 GrEStG entspricht – mit umgekehrten Vorzeichen – der Bestimmung des § 5 Abs. 2 GrEStG. Es wird – unter dem Vorbehalt des § 6 Abs. 4 GrEStG – der Übergang eines Grundstücks von einer Gesamthand in das Alleineigentum eines Gesamthänders in bestimmtem Umfang von der GrESt freigestellt.

549 Zu beachten ist, dass § 6 Abs. 2 Satz 1 GrEStG nicht nur die Überführung des Grundstücks im Ganzen in das Alleineigentum eines Gesamthänders erfasst; die Vorschrift ist vielmehr auch dann einschlägig, wenn der Gesamthänder lediglich einen Miteigentumsanteil am Grundstück erwirbt und der andere Miteigentumsanteil im Vermögen der Gesamthand bleibt. Dies folgt daraus, dass Miteigentum gem. § 2 Abs. 1 Satz 1 GrEStG dem Alleineigentum gleichgestellt ist.

550 § 6 Abs. 2 Satz 1 GrEStG ist auch einschlägig, wenn sich der Grundstücksübergang durch Anwachsung (§ 738 Abs. 1 Satz 1 BGB) vollzieht und dadurch alle Anteile einer Personengesellschaft in der Hand des verbleibenden »Gesellschafters« gem. § 1 Abs. 1 Nr. 3 GrEStG vereinigt werden.[933]

---

931 Vgl. *Pahlke*, § 6 Rn. 4.
932 Vgl. *Pahlke*, § 6 Rn. 4.
933 Vgl. *Pahlke*, § 6 Rn. 5; BFH, BStBl. II 1977, S. 359; *Hofmann*, § 6 Rn. 8.

II. Übergang von einer Gesamthand                                            D.

▶ Beispiel:

A und B sind jeweils zu $^1/_2$ Gesellschafter einer Personengesellschaft. A scheidet aus der Gesellschaft aus. Dem B wächst das Gesellschaftsvermögen an.

Lösung:

Der damit bewirkte Übergang des Gesellschaftsgrundstücks auf B ist steuerpflichtig nach § 1 Abs. 1 Nr. 3 GrEStG, da ein Rechtsträgerwechsel (von der Personengesellschaft auf B) eintritt. Die GrESt bleibt jedoch zu dem Anteil, zu dem B bereits am Grundstück beteiligt war, gem. § 6 Abs. 2 Nr. 1 GrEStG unerhoben.[934]

Sofern A seinen Gesellschaftsanteil unentgeltlich auf B überträgt, ist der Anwachsungsvorgang dagegen sogar insgesamt gem. § 3 Nr. 2 GrEStG von der GrESt befreit.[935]

### 4. Der Übergang eines Grundstücks von einer Gesamthand auf eine andere Gesamthand

*a) Systematische Vorbemerkungen*

Der Tatbestand des § 6 Abs. 3 GrEStG ist erforderlich, da die Übertragung eines Grundstücks von einer Gesamthand auf eine andere Gesamthand wegen der grunderwerbsteuerlich selbstständigen Rechtsträgerschaft der jeweiligen Gesamthand auch dann einen steuerbaren Tatbestand auslöst, wenn an beiden Gemeinschaften dieselben Personen beteiligt sind. § 6 Abs. 3 GrEStG verlangt die Identität der Gesamthänder der übertragenden und erwerbenden Gesamthand, wobei jedoch eine vollständige Identität nicht erforderlich ist. Ausreichend ist es, wenn und soweit nur ein Gesamthänder an den beiden Gesamthandgemeinschaften beteiligt ist.   551

Nach der *bisherigen Rechtsprechung* war jedoch erforderlich, dass der Gesamthänder der abgebenden Gesamthand mittels seiner Gesamthandbeteiligung auch an der erwerbenden Gesamthand und damit weiterhin am Grundstückswert beteiligt blieb.[936] Demgemäß lagen die Voraussetzungen für einen nach § 6 Abs. 3 GrEStG begünstigten Übergang eines Grundstücks von einer Gesamthand auf eine andere dann nicht vor, wenn und soweit ein an beiden Gesamthandgemeinschaften Beteiligter mit dem Abschluss des Grundstückseinbringungsvertrages oder entsprechend einem vorgefassten Plan in sachlichem und zeitlichem Zusammenhang seine Gesellschafterstellung an der erwerbenden Gesamthand übertrug oder beschränkte.[937]   552

---

934 Vgl. *Pahlke*, § 6 Rn. 5; zur Anwendbarkeit des § 6 Abs. 3 Satz 1 GrEStG in den Fällen des § 1 Abs. 2 a GrEStG bei mittelbarer Beteiligung über eine Kapitalgesellschaft vgl. SenFin Berlin, Erl. vom 26.02.2009, DStR 2009, S. 1203.
935 Vgl. BFH, Urt. v. 13.09.2006, AZ II R 37/05, ZEV 2007, S. 43 ff., m. Anm. *Gottwald*.
936 Vgl. *Pahlke*, § 6 Rn. 7; vgl. ferner BFH/NV 1997, S. 146; BFH, MittBayNot 1999, S. 594.
937 Vgl. BFH/NV 1997, S. 146.

**D.** Grundstücksübertragungen in den Sonderfällen der §§ 5, 6 und 6a GrEStG

553 Der Versagungstatbestand des § 5 Abs. 3 GrEStG konnte auf die Begünstigungen des § 6 GrEStG mangels Analogiefähigkeit nicht angewendet werden.[938] Die Sperrfrist des § 6 Abs. 4 GrEStG war ebenfalls nicht einschlägig, weil sie nur für Beteiligungen an der übertragenden Gesamthand galt.

554 Mit Inkrafttreten des § 5 Abs. 3 Satz 1 GrEStG (01.01.2000) gab es daher zunächst bei § 5 Abs. 1 und Abs. 2 GrEStG und bei § 6 Abs. 3 GrEStG unterschiedliche Befreiungstatbestände:

555 Beim Übergang eines Grundstücks von mehreren Miteigentümern auf eine Gesamthand (§ 5 Abs. 1 GrEStG) bzw. beim Übergang von einem Alleineigentümer auf eine Gesamthand (§ 5 Abs. 2 GrEStG) wurde die Steuer lediglich dann nicht erhoben, wenn sich der Anteil des Veräußerers am Vermögen der Gesamthand innerhalb von fünf Jahren nach dem Übergang des Grundstücks auf die Gesamthand nicht verminderte (§ 5 Abs. 3 GrEStG).

556 Dagegen war im Fall der Übertragung des Objekts von einer Gesamthand auf eine andere Gesamthand (§ 6 Abs. 3 GrEStG) die Grunderwerbsteuerbefreiung nur zu versagen, wenn gemäß einem vorgefassten Plan in sachlichem und zeitlichem Zusammenhang mit der Grundstücksübertragung die gesamthänderische Beteiligung völlig oder teilweise durch Verminderung der Beteiligung aufgegeben oder durch Hinzutritt weiterer Gesamthänder verringert wurde.

557 Eine analoge Anwendung des § 5 Abs. 3 GrEStG war i.R. des § 6 Abs. 3 GrEStG nicht möglich.[939]

558 Dieses redaktionelle Versehen, auf welches in der Literatur frühzeitig hingewiesen wurde,[940] ist durch das Steueränderungsgesetz 2001 mit Wirkung ab dem 01.01.2002 korrigiert worden.[941] Durch § 6 Abs. 3 Satz 2 GrEStG n.F. wurde, falls sich nach Übertragung eines Grundstücks von einer Gesamthand auf die andere die Beteiligung eines Gesamthänders an der erwerbenden Gesamthand mindert, ebenfalls eine rein objektive fünfjährige Behaltensfrist eingeführt. Gestaltungen zur Vermeidung der GrESt sind damit zunichte gemacht, soweit es sich um Erwerbsvorgänge handelt, die nach dem 31.12.2001 erfolgen (§ 23 Abs. 7 GrEStG).

▶ Beispiel:

An der OHG 1 sind die Gesellschafter A und B zu je 50 % beteiligt. Die OHG 1 möchte ihr Grundstück auf C und D übertragen. Zu diesem Zweck gründen A und C die OHG 2, an der A und C ebenfalls zu je 50 % beteiligt sind. Jetzt verkauft die OHG 1 das Grundstück an die OHG 2. Anschließend tritt A seine Beteiligung an der

---

938 Vgl. *Pahlke*, § 6 Rn. 8; *Gottwald*, MittBayNot 1999, S. 595 f.
939 Vgl. eingehend hierzu *Gottwald*, MittBayNot 1999, S. 595 m.w.N.
940 Vgl. *Gottwald*, MittBayNot 1999, S. 595 m.w.N.
941 Vgl. BStBl. I 2001, S. 3794 ff.

OHG 2 an D ab, sodass sich das Grundstück nunmehr im Eigentum der OHG 2 (jetzt bestehend aus C und D) befindet.

Lösung:

Der Verkauf des Grundstücks von der OHG 1 an die OHG 2 (zunächst aus A und C bestehend) ist gem. § 6 Abs. 3 GrEStG i.H.v. 50 % (Beteiligungsquote des A an der OHG 2) grunderwerbsteuerbefreit. Die anschließende Anteilsübertragung, d.h. die Abtretung der Beteiligung des A an der OHG 2 auf D löst keine GrESt aus, da nicht 95 % der Geschäftsanteile i.S.d. § 1 Abs. 2a GrEStG übertragen werden. Allerdings entfiel nach der bisherigen Rechtsprechung die 50 %-ige Begünstigung aus § 6 Abs. 3 GrEStG nachträglich, sofern das Ausscheiden des A entsprechend einem vorgefassten Plan im sachlichen und zeitlichen Zusammenhang mit dem Grundstückskaufvertrag erfolgte.

Nach der Neuregelung des § 6 Abs. 3 Satz 2 GrEStG n.F., welche für Erwerbsvorgänge nach dem 31.12.2001 gilt, entfällt die Steuerbefreiung dagegen unabhängig von einem vorgefassten Plan, sofern die fünfjährige Behaltensfrist missachtet wird.

Tritt ein Grundstücksübergang im Weg der Gesamtrechtsnachfolge durch Verschmelzung von Personengesellschaften ein, so ist § 6 Abs. 3 Satz 1 GrEStG i.V.m. § 6 Abs. 1 GrEStG im Umfang der Beteiligungsidentität derselben Gesellschafter an der übertragenden und übernehmenden bzw. neuen Personengesellschaft anwendbar.[942]

559

▶ Beispiel:

Am Vermögen der grundbesitzenden AB-OHG sind A und B je zur Hälfte beteiligt.

Die AB-OHG wird auf die ABC-KG verschmolzen, an deren Vermögen A, B und C zu je ein Drittel beteiligt sind.[943]

Lösung:

Die GrESt bleibt gem. § 6 Abs. 3 Satz 1 GrEStG i.V.m. § 6 Abs. 1 GrEStG zu zwei Drittel unerhoben.[944]

*b) Doppelstöckige Gesamthandgemeinschaften*

§ 6 Abs. 3 GrEStG setzt keine unmittelbare Beteiligung der Gesamthänder an den Gesamthandgemeinschaften voraus. Erfasst werden vielmehr auch Erwerbsvorgänge zwischen sogenannten doppelstöckigen Gesamthandgemeinschaften, also Fälle, in denen eine Gesamthand selbst an der anderen Gesamthand beteiligt ist.[945] Die Steuerprivilegierung aus § 6 Abs. 3 GrEStG greift jedoch nur in dem Maße ein, in dem der

560

---

942 Vgl. *Schwerin*, RNotZ 2003, S. 497.
943 Der Fall ist entnommen aus *Schwerin*, RNotZ 2003, S. 497.
944 Vgl. *Schwerin*, RNotZ 2003, S. 497.
945 Zur GrESt bei Umstrukturierungen in sogenannten doppelstöckigen Personengesellschaften vgl. ausführlich *Behrens/Hofmann*, DStR 2003, S. 2093 ff.

D. Grundstücksübertragungen in den Sonderfällen der §§ 5, 6 und 6a GrEStG

nämliche Gesamthänder am Grundstückswert mittels seiner Gesamthandbeteiligung an beiden Gemeinschaften entweder unmittelbar oder mittelbar deckungsgleich beteiligt bleibt.[946]

▶ Beispiel:

Am Vermögen der OHG 1 sind (seit über 5 Jahren) A, B und C zu je $^1/_3$ beteiligt. Die OHG 1 wiederum ist am Vermögen der KG 1 ebenfalls zu $^1/_3$ beteiligt. Die restlichen $^1/_3$ gehören dem außenstehenden X.

Die OHG 1 verkauft ein Grundstück an die KG 1.[947]

**Beispiel 2 (Skizze 16)**

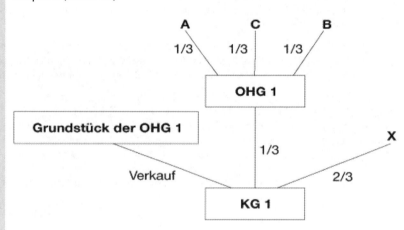

Lösung:

Für den Grundstücksübergang von der OHG 1 auf die KG 1 bleibt die GrESt i.H.v. dreimal $^1/_9$ (= mittelbare Beteiligungen von A, B und C an der KG I) nach § 6 Abs. 3 GrEStG unerhoben.[948]

561 § 6 Abs. 3 GrEStG ist auch anwendbar, wenn ein Grundstück von einer Erbengemeinschaft, an welcher eine andere Erbengemeinschaft beteiligt ist, auf eine Personengesellschaft übergeht, an welcher sowohl die Erben als auch die Erbeserben beteiligt sind.

---

946 Das Fortbestehen der abgebenden Gesamthand wird dagegen von § 6 Abs. 3 GrEStG nicht vorausgesetzt; vgl. BFH, BStBl. II 1985, S. 715; *Pahlke*, § 6 Rn. 9; *Hofmann*, vor § 5 Rn. 1, § 6 Rn. 20.
947 Dieser Beispielsfall ist entnommen aus *Pahlke*, § 6 Rn. 9.
948 Weitere Beispielsfälle für doppelstöckige Gesamthandgemeinschaften finden sich bei *Pahlke*, § 6 Rn. 9; *Hofmann*, § 6 Rn. 3.

Dies folgt daraus, dass eine mittelbare Beteiligung im Durchgriff durch andere Erbengemeinschaften für die Befreiungsvorschrift ausreicht.[949]

*c) Umwandlungsvorgänge*

**Formwechsel**

Ein Formwechsel ist nicht grunderwerbsteuerpflichtig, weil kein Rechtsträgerwechsel erfolgt.

Für die Anwendung des § 6 GrEStG ist daher kein Raum. Zu beachten ist jedoch, dass sogenannte »kreuzende« Formwechsel von Personen- in Kapitalgesellschaften den Verlust der Begünstigungsmöglichkeiten des § 6 GrEStG (ebenso des § 7 GrEStG) zur Folge haben, weil das Vermögen der Kapitalgesellschaft – im Unterschied zur Personengesellschaft – nicht das Vermögen ihrer Gesellschafter ist.[950]

▶ Beispiel:

Wenn ein Grundstück von einer OHG auf eine beteiligungsidentische OHG übertragen wird, ist dieser Vorgang gem. § 6 Abs. 3 GrEStG steuerbefreit. Wird jedoch anschließend (binnen fünf Jahren) die erwerbende OHG im Wege eines Formwechsel in eine Kapitalgesellschaft umgewandelt, so entfällt rückwirkend der Befreiungstatbestand.[951]

Der umgekehrte kreuzende Formwechsel von einer Kapitalgesellschaft in eine Personengesellschaft führt demgegenüber zu einem Hineinwachsen in die Anwendbarkeit des § 6 GrEStG (ebenso der §§ 5 und 7 GrEStG). Im Anschluss an einen nicht steuerbaren Formwechsel einer grundbesitzenden Kapitalgesellschaft in eine Personengesellschaft ist daher – vorbehaltlich des § 6 Abs. 4 GrEStG[952] – ein nach § 6 GrEStG begünstigter Erwerb durch einen an der Personengesellschaft beteiligten Gesellschafter möglich.[953]

Nach Auffassung des BFH steht § 6 Abs. 4 GrEStG allerdings einer Steuerbefreiung nach § 6 GrEStG innerhalb von fünf Jahren ab dem Zeitpunkt der Eintragung des Formwechsels in das HR entgegen.[954]

---

949 Vgl. BFH, HFR 1968, S. 32; ebenso *Pahlke*, § 6 Rn. 9.
950 Auch die Begünstigung des § 5 GrEStG kann entfallen, vgl. hierzu bereits oben Rdn. 526–533.
951 Die Befreiungsvorschrift des § 6a GrEStG kommt beim Formwechsel nicht in Betracht; vgl. hierzu Rdn. 583.1.
952 Vgl. hierzu ausführlich *Schiessl/Tschesche*, BB 2003, S. 1874, welche darauf hinweisen, dass ein Formwechsel als rechtsgeschäftlicher Erwerb der Personengesellschaftsanteile qualifiziert wird und infolgedessen die Missbrauchsregelung des § 6 Abs. 4 GrEStG auslöst, soweit nicht eine teleologische Reduktion des Anwendungsbereichs in Betracht kommt.
953 Vgl. *Pahlke*, § 6 Rn. 10; vgl. dagegen kritisch *Heine*, INF 21/2003, S. 820; vgl. ferner zur Berechnung der Fünfjahresfrist BFH, DStR 2001, S. 1069 ff.
954 Vgl. BFH, DStR 2001, S. 1069 ff.; vgl. hierzu auch *Fleischer*, in: Kessler/Gröner/Köhler, Konzernsteuerrecht 2004, S. 477.

## D. Grundstücksübertragungen in den Sonderfällen der §§ 5, 6 und 6a GrEStG

▶ Beispiel:

Die A-GmbH ist Eigentümerin eines Grundstückes. Der alleinige Gesellschafter der A-GmbH möchte dieses Grundstück – möglichst grunderwerbsteuerfrei – entnehmen und in sein Privatvermögen überführen.

Lösung:

Eine grunderwerbsteuerfreie Entnahme[955] aus einer Kapitalgesellschaft in das Eigentum einer natürlichen Person ist nicht möglich. Sofern vor der Entnahme ein Formwechsel der GmbH in die Rechtsform einer Personengesellschaft (z.b. in eine GmbH & Co. KG) erfolgt, kann jedoch für die künftige Entnahme die Befreiungsvorschrift des § 6 Abs. 2 Satz 1 GrEStG in Anspruch genommen werden. Zu beachten ist jedoch, dass zwischen der Eintragung des Formwechsels in das HR und der anschließenden Entnahme des Grundstücks in das Privatvermögen des Gesellschafters nach § 6 Abs. 4 Satz 1 GrEStG fünf Jahre verstreichen müssen. Die sich aus dem UmwG ergebende Identität der beiden Rechtsträger (Kapitalgesellschaft und Personengesellschaft) überstrahlt nicht den Anwendungsbereich des § 6 Abs. 4 Satz 1 GrEStG, sodass diese Vorschrift uneingeschränkt zur Anwendung gelangt. Die Zeit seiner Beteiligung an der Kapitalgesellschaft kann dem Gesamthänder nicht fiktiv als Beteiligung an der Personengesellschaft angerechnet werden; vielmehr beginnt die Fünf-Jahres-Frist mit der Eintragung der Umwandlung in das HR.[956] In der Praxis besteht daher häufig das Problem, dass die Beteiligten keine fünf Jahre warten können, bis die Entnahme erfolgt. In einem solchen Fall ist es dann häufig besser, auf die Inanspruchnahme der Befreiungsvorschriften zu verzichten und stattdessen für die Grundstücksübertragung zwischen Gesellschaft und Gesellschafter eine möglichst günstige grunderwerbsteuerliche Bemessungsgrundlage durch eine entsprechende Vertragsgestaltung (z.b. niedriger Kaufpreis) herbeizuführen.[957]

567 Ein heterogener Formwechsel von der Personen- in die Kapitalgesellschaft kann grunderwerbsteuerlich sinnvoll sein, wenn alle Geschäftsanteile verkauft werden sollen. Bei einer Personengesellschaft bestünde nämlich das Problem, dass gem. § 1 Abs. 2a Satz 1 GrEStG innerhalb von fünf Jahren nicht mehr als 95 % der Anteile an neue Gesellschafter grunderwerbsteuerfrei übertragen werden können. Unerheblich ist in diesem Zusammenhang, ob ein oder mehrere Erwerber auftreten. Sofern jedoch vor dem Verkauf der Anteile die Personengesellschaft im Weg eines Formwechsels in eine GmbH umgewandelt wird, kann man durch eine Abtretung der Geschäftsanteile i.H.v. bspw. 94,9 % an Erwerber 1 und 5,1 % an Erwerber 2 die Grunderwerbsteuerbelastung

---

955 Bei der Entnahme sind zudem die ertragsteuerlichen Auswirkungen, insb. die Versteuerung stiller Reserven, zu beachten.
956 Vgl. BFH, BStBl. II 2001, S. 587; *Pahlke*, § 6 Rn. 36.
957 Vgl. hierzu ausführlich Rdn. 869–881. Ein günstiger Kaufpreis kann auch ertragsteuerlich von Vorteil sein im Hinblick auf die Versteuerung stiller Reserven; die Wechselwirkung mit dem verringerten Abschreibungsvolumen beim Erwerber ist jedoch zu beachten.

vermeiden. § 1 Abs. 2a Satz 1 GrEStG ist nicht einschlägig, da es sich nunmehr um eine Kapitalgesellschaft handelt, bei der sämtliche Anteile auf neue Gesellschafter übergehen. Der Tatbestand des § 1 Abs. 3 GrEStG ist ebenfalls nicht erfüllt, da sich nicht in der Hand eines Erwerbers mindestens 95 % der Anteile vereinigen.[958] Unschädlich ist es auch, dass der Formwechsel unmittelbar vor der Anteilsübertragung vollzogen wurde; die Missbrauchsverhinderungsvorschrift aus § 6 Abs. 4 GrEStG kann nur herangezogen werden, wenn zuvor eine Befreiungsvorschrift aus § 6 Abs. 1 bis 3 GrEStG in Anspruch genommen wurde. Letzteres ist hier jedoch nicht der Fall, da überhaupt kein Steuertatbestand ausgelöst wird, sodass es auch nicht der Anwendung einer Befreiungsvorschrift bedarf.[959]

**Verschmelzung** 568

Bei einer Verschmelzung erfolgt eine Übertragung des gesamten Vermögens eines Rechtsträgers unter Auflösung ohne Abwicklung auf einen anderen Rechtsträger. Der Übergang des Grundbesitzes unterliegt gem. § 1 Abs. 1 Nr. 3 GrEStG der Grunderwerbsteuer.

Werden Kapitalgesellschaften miteinander verschmolzen, kommt eine Steuerbefreiung 569
nach § 6 GrEStG nicht in Betracht. Dagegen ist ein begünstigter Erwerb durch einen an der Personengesellschaft Beteiligten nach Maßgabe des § 6 GrEStG (ebenso § 7 GrEStG) – vorbehaltlich § 6 Abs. 4 GrEStG bzw. § 7 Abs. 3 GrEStG – möglich.[960] Werden Personengesellschaften miteinander verschmolzen, so wird nach Maßgabe des § 6 Abs. 3 i.V.m. § 6 Abs. 1 GrEStG – wiederum vorbehaltlich § 6 Abs. 4 GrEStG – keine GrESt erhoben, soweit Personen- und Beteiligungsidentität bei den Gesellschaften besteht. Unabhängig von der Rechtsform der an der Verschmelzung beteiligten Gesellschaften kann jedoch stets zusätzlich die Befreiungsvorschrift des § 6a GrEStG in Betracht kommen.[961]

Weichen Personen- und Beteiligungsverhältnisse voneinander ab (letzteres ist i.d.R. bei einer Verschmelzung durch Neugründung der Fall) so bleibt die GrESt nur zu dem Anteil unerhoben, zu dem die Personen- und Beteiligungsidentität besteht.[962]

**Spaltung** 570

Bei einer Aufspaltung einer Personengesellschaft fällt keine GrESt an, wenn das Grundstück durch den Umwandlungsvorgang auf eine andere (übernehmende oder neue) Personengesellschaft übergeht, soweit Personen- und Beteiligungsidentität

---

958 Voraussetzung ist natürlich, dass Erwerber 1 und Erwerber 2 nicht organschaftlich verbunden sind; sonst wäre § 1 Abs. 3 i.V.m. Abs. 4 GrEStG einschlägig.
959 Ist dagegen lediglich ein einziger Kaufinteressent vorhanden, lässt sich die Gestaltung nicht grunderwerbsteuerfrei realisieren, da dann eine Übertragung vereinigter Anteile gem. § 1 Abs. 3 GrEStG im Raum steht. Hier wäre eine sukzessive Übertragung in der Rechtsform einer Personengesellschaft unter Umständen günstiger.
960 Vgl. *Pahlke*, § 6 Rn. 40 m.w.N. zu Mischverschmelzungen.
961 Vgl. hierzu Rdn. 583.1.
962 Vgl. *Pahlke*, § 6 Rn. 11; *Hofmann*, § 6 Rn. 9.

besteht (§ 6 Abs. 3 GrEStG). Da die Aufspaltung zur Auflösung der Personengesellschaft führt (§ 123 Abs. 1 UmwG), ist allerdings – unter Beachtung der Sperrfrist des § 6 Abs. 4 GrEStG – die gegebenenfalls vom Beteiligungsverhältnis abweichende Auseinandersetzungsquote maßgebend (§ 6 Abs. 3 i.V.m. Abs. 1 Satz 2 GrEStG).[963]

571 Vorstehende Grundsätze gelten auch bei Abspaltungen oder Ausgliederungen aus Personengesellschaften. Der von der GrESt freizustellende Anteil richtet sich hier jedoch ausschließlich nach der Personen- und Beteiligungsidentität, da die übertragende Personengesellschaft bestehen bleibt.[964]

Außerdem ist bei Spaltungsvorgängen stets die Befreiungsvorschrift des § 6a GrEStG zu beachten.[965]

### 5. Die Sperrvorschrift des § 6 Abs. 4 GrEStG

572 § 6 Abs. 4 Satz 1 GrEStG schließt die Steuervergünstigungen nach § 6 Abs. 1 bis 3 GrEStG insoweit aus, als der erwerbende Gesamthänder innerhalb von 5 Jahren *vor* dem Erwerbsvorgang seinen Anteil an der Gesamthand durch Rechtsgeschäft unter Lebenden erworben hat.[966] Diese Einschränkung gilt nach § 6 Abs. 4 Satz 2 GrEStG auch insoweit, als die vom Beteiligungsverhältnis abweichende Auseinandersetzungsquote innerhalb der letzten 5 Jahre vor Auflösung der Gesamthand vereinbart worden ist.[967]

573 § 6 Abs. 4 GrEStG soll Steuerumgehungen vorbeugen, welche durch den steuerfreien Übergang von Anteilen an einer Gesamthand bzw. durch die steuerfreie Änderung der Beteiligungsverhältnisse bei einer Gesamthand konstruierbar wären.[968] Zu beachten ist jedoch, dass eine subjektive Umgehungsabsicht nicht erforderlich ist.

---

963 Vgl. *Pahlke,* § 6 Rn. 12; *Hofmann,* § 6 Rn. 9.
964 Vgl. *Pahlke,* § 6 Rn. 12; *Hofmann,* § 6 Rn. 6.
965 Vgl. hierzu Rdn. 583.1.
966 Auch ein Erwerb im Wege einer Umwandlung gilt als rechtsgeschäftlicher Erwerb i.S.d. § 6 Abs. 4 Satz 1 GrEStG; vgl. BFHE 181, S. 524; Widmann/Mayer/*Pahlke* UmwG 70. Erg. Lfg. 2003, Anh. 12, GrESt, Rn. 66; *Schwerin,* RNotZ 2003, S. 498; Änderungen im prozentualen Beteiligungsverhältnis durch Zuschreiben von Gewinnen oder durch Abschreiben von Verlusten bleiben jedoch unberücksichtigt; vgl. BFH, BStBl. 1969 II, S. 400.
967 Zur zeitlichen Berechnung der Fünfjahresfrist des § 6 Abs. 4 GrEStG vgl. BFH, DStR 2001, S. 1752 ff. § 6 Abs. 4 GrEStG ist auch dann anzuwenden, wenn die Gesamthänder ihre gesamthänderische Mitberechtigung erst durch einen Formwechsel einer Kapital- in eine Personengesellschaft innerhalb der 5-Jahres-Frist erworben haben. Die Zeit der Beteiligung der Gesellschafter an der Kapitalgesellschaft kann ihnen nicht fiktiv als Beteiligung an der Personengesellschaft angerechnet werden; vgl. *Schwerin,* RNotZ 2003, S. 499. Die Ausnutzung der Grunderwerbsteuerbefreiungen des § 6 GrEStG ist deshalb nach einem Formwechsel einer Kapital- in eine Personengesellschaft bis zum Ablauf der 5-Jahres-Frist ausgeschlossen, soweit nicht eine teleologische Reduktion des § 6 Abs. 4 GrEStG in Betracht kommt; vgl. hierzu *Schiessl/Tschesche,* BB 2003, S. 1867 ff.
968 Vgl. ausführlich zu § 6 Abs. 4 Satz 1 GrEStG *Behrens/Schmidt,* UVR 2004, S. 270 ff. § 6 Abs. 4 GrEStG hat kein Pendant in § 5 GrEStG. Während § 5 GrEStG lediglich die

## II. Übergang von einer Gesamthand D.

Außerdem entfällt bei Änderungen des Beteiligungsverhältnisses bzw. der Auseinandersetzungsquote die Steuerbegünstigung nicht in vollem Umfang; entscheidend für das Ausmaß der Befreiung ist vielmehr das Beteiligungsverhältnis, das zuletzt mehr als fünf Jahre vor dem Grundstücksübergang bestanden hatte, bzw. die Auseinandersetzungsquote, die zuletzt mehr als fünf Jahre vor der Auflösung getroffen worden war.[969] 574

Hat die übertragene Gesamthand selbst noch keine fünf Jahre bestanden oder sind seit dem Erwerb des Grundstücks durch die Gesamthand noch keine fünf Jahre verstrichen, so scheidet eine Steuerumgehung objektiv aus. Deshalb ist § 6 Abs. 4 GrEStG dahingehend einschränkend auszulegen, dass die Vorschrift nicht gilt, wenn die Beteiligungsverhältnisse an der veräußernden Gesamthand seit ihrer Gründung oder seit Erwerb des abgegebenen Grundstückes unverändert geblieben sind.[970] 575

Die Frist von fünf Jahren beginnt in dem Zeitpunkt, in dem der Gesamthänder den Anteil an der Gesamthand zivilrechtlich wirksam erworben hat, bzw. mit der wirksamen Vereinbarung der abweichenden Auseinandersetzungsquote. Abzustellen ist auf den Zeitraum der unmittelbaren dinglichen Mitberechtigung des Gesamthänders vor dem Grundstücksübergang von der Gesamthand auf ihn. Nicht maßgeblich ist dagegen der Zeitpunkt eines etwa vorangegangenen Erwerbs eines schuldrechtlichen Anspruchs auf Einräumung der Gesellschafterstellung.[971] 576

Gibt ein Gesamthänder seine Mitberechtigung auf und erlangt er sie erst später wieder, ist für das Ausmaß der Vergünstigung der Gesellschafterbestand vor dem ersten und nach dem letzten Teilakt maßgeblich. Das Gleiche gilt bei mehrstöckigen Personengesellschaften.[972] 577

---

5-jährige Nachbehaltefrist (§ 5 Abs. 3 GrEStG) vorschreibt, müssen im Anwendungsbereich des § 6 GrEStG gleich zwei 5-Jahres-Fristen beachtet werden. Einerseits ist beim Übergang eines Grundstücks von einer Gesamthand auf eine andere Gesamthand nach § 6 Abs. 3 Satz 2 erforderlich, dass sich der Anteil des Gesamthänders am Vermögen der erwerbenden Gesamthand innerhalb von fünf Jahren nach dem Übergang des Grundstücks von der einen auf die andere Gesamthand nicht verringert. Diese Bestimmung entspricht somit spiegelbildlich der Regelung in § 5 Abs. 3 GrEStG. Andererseits verlangt § 6 Abs. 4 GrEStG zusätzlich, dass der Gesamthänder nicht erst innerhalb von fünf Jahren vor dem Erwerbsvorgang seinen Anteil an der Gesamthand erworben hat.

969 Vgl. *Pahlke*, § 6 Rn. 23; *Hofmann*, § 6 Rn. 16.
970 Vgl. *Pahlke*, § 6 Rn. 26; BFH, BStBl. II 1973, S. 802; *Hofmann*, § 6 Rn. 20.
971 Vgl. BFH, BStBl. II 2002, S. 96.
972 Vgl. hierzu *Schanko*, UVR 2010, S. 151. Dessen ungeachtet verliert der Gesellschafter durch sein zwischenzeitliches Ausscheiden seine Altgesellschaftereigenschaft i.S.d. § 1 Abs. 2a GrEStG dauerhaft; sie kann selbst durch einen unmittelbaren oder mittelbaren Wiedereintritt i.R.d. § 1 Abs. 2a GrEStG nicht wiedererlangt werden.

**D.** Grundstücksübertragungen in den Sonderfällen der §§ 5, 6 und 6a GrEStG

▶ Beispiel:

Am Vermögen der grundbesitzenden AB-GbR sind die A-AG und die B-GmbH je zur Hälfte beteiligt. Die A-AG hält ihre Beteiligung seit Gründung der GbR im Jahr 2001. Neben der A-AG war ursprünglich die C-GmbH am Vermögen der GbR beteiligt gewesen. Deren Beteiligung wurde jedoch im Jahr 2002 auf die B-GmbH abgespalten. Im Jahr 2006 wird die A-AG auf die B-GmbH verschmolzen.[973]

**Beispiel (Skizze 17)**

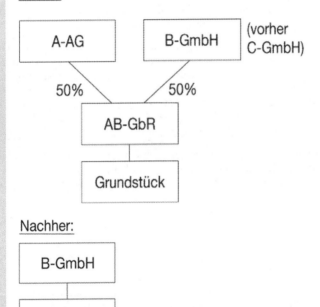

**Lösung:**

Die Verschmelzung führt zum Erlöschen der AB-GbR und zum Anwachsen des Gesellschaftsvermögens bei der B-GmbH. Folglich fällt GrESt gem. § 1 Abs. 1 Nr. 3 GrEStG an. Die GrESt bliebe an sich wegen der Beteiligung der B-GmbH an der erloschenen AB-GbR gem. § 6 Abs. 2 GrEStG i.H.v. ein Halb unerhoben. Weil die B-GmbH ihren Anteil am Vermögen der GbR jedoch weniger als fünf Jahre vor

---

973 Dieses Beispiel ist entnommen aus *Schwerin*, RNotZ 2003, S. 483.

II. Übergang von einer Gesamthand	D.

der Anwachsung durch Rechtsgeschäft unter Lebenden erworben hat, findet wegen § 6 Abs. 4 Satz 1 GrEStG die Steuervergünstigung des § 6 Abs. 2 GrEStG insoweit keine Anwendung.[974] Die Voraussetzungen des § 6a GrEStG (Abhängigkeitsverhältnis, Vorbehaltensfristen) sind ebenfalls nicht erfüllt.

### 6. Besonderheiten im Zusammenhang mit § 1 Abs. 2a GrEStG

Nach herrschender Meinung ist die Vorschrift des § 6 Abs. 3 Satz 1 GrEStG auch in den Fällen des § 1 Abs. 2a GrEStG (hinsichtlich etwa verbleibender Altgesellschafter) sinngemäß anzuwenden.[975]

**578**

▶ Beispiel:

An einer grundbesitzenden Personengesellschaft sind A zu 60 %, B zu 35 % und C zu 5 % beteiligt. A und B übertragen ihre Anteile auf D.

Lösung:

Es liegt eine Änderung im Gesellschafterbestand der Personengesellschaft i.S.d. § 1 Abs. 2a GrEStG vor. § 1 Abs. 2a GrEStG fingiert einen Erwerb durch eine »neue« GbR. Da der Gesellschafter C an dieser fingierten »neuen« Personengesellschaft wiederum zu 5 % beteiligt ist (ebenso wie an der »alten« GbR), ist der Erwerb nach § 6 Abs. 3 GrEStG zu 5 % von der GrESt befreit.[976]

Im Anwendungsbereich des § 1 Abs. 2a GrEStG können zudem die personenbezogenen Befreiungen des § 3 Nr. 2–7 GrEStG einschlägig sein.[977]

**579**

---

974 Vgl. *Schwerin*, RNotZ 2003, S. 483; da der bisherige Eigentümer infolge der Anwachsung erloschen ist, kommt als Steuerschuldner gem. § 13 Abs. 1 Nr. 2 GrEStG nur der Erwerber in Betracht. Außerdem findet § 6 Abs. 4 GrEStG dann keine Anwendung, wenn der übernehmende Rechtsträger seine Beteiligung an der Personengesellschaft aufgrund einer nach § 1 Abs. 2a GrEStG steuerpflichtigen wesentlichen Veränderungen im Gesellschafterbestand der Personengesellschaft erworben hat. In diesem Fall gelangt nämlich das Grundstück nicht grunderwerbsteuerfrei in den Zuordnungsbereich des »neuen« Gesellschafters; vielmehr unterlag der Erwerb der Rechtsposition, die die Anwendung der Steuervergünstigung voraussetzt, bereits der Grunderwerbsteuer; vgl. Widmann/Mayer/*Pahlke*, UmwG 70. Erg.Lfg. 2003, Anh. 12, GrESt Rn. 67; *Orth*, DStR 1999, S. 1017.
975 Vgl. *Pahlke*, § 6 Rn. 30; zur Anwendbarkeit des § 6 Abs. 3 Satz 1 GrEStG in den Fällen des § 1 Abs. 3 GrEStG, vgl. *Pahlke*, § 6 Rn. 31 ff.
976 Dieses Beispiel ist entnommen aus *Pahlke*, § 6 Rn. 30.
977 Nach Auffassung des BFH, sind z.B. steuerbare Änderungen i.S.d. § 1 Abs. 2a GrEStG insoweit nach § 3 Nr. 2 GrEStG befreit, als sie auf einer schenkungsweisen Anteilsübertragung beruhen; vgl. BFH, Urt. v. 12.10.2006, II R 79/05. Bei einem Erwerb von Todes wegen sieht jedoch § 1 Abs. 2a Satz 2 GrEStG eine Spezialregelung vor, sodass sich die Frage der Anwendbarkeit des § 3 Nr. 2 GrEStG nur bei unentgeltlichen Rechtsgeschäften unter Lebenden stellt.

# D. Grundstücksübertragungen in den Sonderfällen der §§ 5, 6 und 6a GrEStG

▶ Beispiel:

Am Vermögen der grundbesitzenden ABC-OHG sind A zu 90 %, die B-GmbH zu 8 % und C zu 2 % beteiligt. Im Jahr 2001 überträgt A seine 90 %-ige Beteiligung auf seinen Sohn D. Im Jahr 2002 wird die B-GmbH auf die E-GmbH verschmolzen.

Lösung:

Insgesamt sind mehr als 95 % der Anteile am Gesellschaftsvermögen auf neue Gesellschafter (auf D bzw. auf E-GmbH) übergegangen. Der Tatbestand des § 1 Abs. 2a GrEStG ist erfüllt. Aufgrund des zwischen Vater A und Sohn D bestehenden Verwandtschaftsverhältnisses findet aber für die Übertragung der 90 %-igen Beteiligung § 3 Nr. 6 GrEStG Anwendung. Weil C zu 2 % an der Gesellschaft beteiligt bleibt, ist die GrESt zudem insoweit gem. § 6 Abs. 3 Satz 1. i.V.m. Abs. 1 GrEStG nicht zu erheben. Zu besteuern sind daher nur 8 % der Bemessungsgrundlage.[978] Die Voraussetzungen der weiteren Befreiungsvorschrift des § 6a GrEStG (Abhängigkeitsverhältnis, Vorbehaltensfristen) liegen dagegen nicht vor.

## 7. Interpolation

580 Für § 6 GrEStG gelten die gleichen Grundsätze wie für § 5 GrEStG. Auf die Erläuterungen dort wird verwiesen.

## 8. Steuergünstige Gestaltung mithilfe der §§ 5 und 6 GrEStG bei langfristiger Planung

581 Zur Vermeidung der Steuerpflicht für den Übergang von Grundstücken auf den aufzunehmenden Rechtsträger i.R. einer übertragenden Umwandlung (Verschmelzung oder Spaltung) wird häufig empfohlen, beim übertragenden Rechtsträger vorhandene Grundstücke vor der Umwandlung in eine Gesamthand zu überführen und hierbei die Steuerbefreiung nach § 5 Abs. 2 GrEStG auszunutzen. Das Grundstück soll während der Umwandlung in der GbR »geparkt« werden und anschließend – unter Beachtung der Fünf-Jahresfrist des § 6 Abs. 5 GrEStG – von der GbR auf den übernehmenden Rechtsträger, jetzt unter Ausnutzung des § 6 Abs. 2 GrEStG, übergehen. Aufgrund der langen Fünf-Jahresfristen in § 5 Abs. 3 bzw. § 6 Abs. 4 GrEStG dürften derartige Gestaltungsmodelle jedoch nur in Ausnahmefällen für die Praxis geeignet sein.

---

978 Darüber hinaus findet nach neuerer Rechtsprechung auf steuerbare Änderungen im Gesellschafterbestand einer grundbesitzenden Personengesellschaft i.S.d. § 1 Abs. 2a GrEStG die Befreiungsvorschrift des § 3 Nr. 2 GrEStG Anwendung, soweit die Anteilsübertragung schenkweise erfolgt; vgl. BFH, Urt. v. 12.10.2006, II R 79/05; ebenso nunmehr FinMin BaWü vom 11.10.2007, DStR 2007, S. 1913, überholt durch Erl. vom 18.12.2009, DStR 2010, S. 114; ebenso Erl. vom 18.04.2014, BStBl. I 2014, 561, Tz. 7.1., DStR 2010, S. 700.

II. Übergang von einer Gesamthand                                          D.

▶ Beispiel:

Die grundbesitzende A-GmbH soll mit der B-GmbH verschmolzen werden. Übernehmender Rechtsträger soll die B-GmbH sein, der ebenfalls wertvoller Grundbesitz gehört. Es besteht kein Konzernverhältnis i.S.d. § 6a GrEStG. Vor der Verschmelzung überträgt die A-GmbH ihre Grundstücke auf eine neu gegründete GbR, an der sie selbst zu 94 % beteiligt ist. Als weitere Gesellschafterin ist die C-GmbH an der GbR beteiligt. Fünf Jahre nach der Grundstückseinbringung erfolgt die geplante Verschmelzung. Hierdurch wird die B-GmbH Gesamtrechtsnachfolgerin der A-GmbH und somit auch zu 94 % Gesellschafterin an der GbR. Weitere fünf Jahre später überträgt die GbR die ursprünglich der A-GmbH gehörenden Grundstücke auf die B-GmbH.[979]

**Beispiel (Skizze 18)**

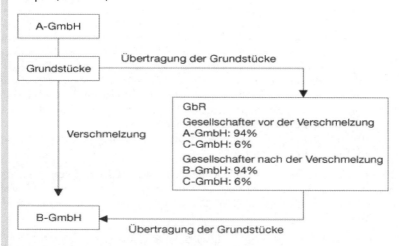

Lösung:

Bei einem solchen Vorgehen liegen *drei* grunderwerbsteuerrechtlich relevante Vorfälle vor.
1. Einbringungsvorgang:
   Durch die Übertragung der Grundstücke von der A-GmbH auf die aus A-GmbH und C-GmbH bestehende GbR fällt GrESt an, wobei jedoch nach § 5 Abs. 2 GrEStG eine Befreiung i.H.v. 94 % zu erlangen ist. § 5 Abs. 3 GrEStG steht dem nicht entgegen, da die A-GmbH ausreichend lange (5 Jahre) über die Gesamthandsberechtigung weiterhin am Grundstück beteiligt geblieben ist.

---

[979] Dieses Beispiel ist entnommen aus *Heckschen/Spieglberger/Viskorf*, DAI-Skript: Grundstückserwerb und Immobiliengesellschaft 2004, S. 245 ff.

D. Grundstücksübertragungen in den Sonderfällen der §§ 5, 6 und 6a GrEStG

2. Umwandlungsvorgang:
Durch die Verschmelzung wird die B-GmbH Gesamtrechtsnachfolgerin der A-GmbH. Die B-GmbH rückt in die Gesellschafterstellung der A-GmbH bei der GbR ein. Durch diesen Wechsel im Personenbestand der GbR fällt keine Steuer nach §§ 1 Abs. 2a oder 1 Abs. 3 GrEStG an, da nur 94 % der Anteile an der GbR betroffen sind.
Der 6 %-Anteil der C-GmbH bleibt bei der Frage, ob eine wesentliche Veränderung im Gesellschafterbestand der GbR vorliegt jedoch nur unberücksichtigt, wenn die C-GmbH nicht selbst eine Tochter der A-GmbH ist; sonst läge nämlich nicht nur eine unmittelbare Beteiligung i.H.v. 94 %, sondern zusätzlich auch eine mittelbare Beteiligung an der GbR vor, sodass durch die Verschmelzung die 95 %-Grenze überschritten würde. (Auch deshalb wird dieses Modell in der Praxis oft ausscheiden.)
3. Rückführung des Grundstücks:
Die Rückführung des Grundstücks von der Gesamthand an den übernehmenden Rechtsträger ist nach § 6 Abs. 2 GrEStG i.H.d. Anteils steuerfrei, zu dem der Erwerber am Vermögen der Gesellschaft beteiligt ist (also 94 %). Es sind jedoch die Beschränkungen nach § 6 Abs. 4 GrEStG (Fünf-Jahresfrist) zu beachten. Danach entfällt die Steuerbefreiung, sofern ein Gesamthänder innerhalb von fünf Jahren vor dem Erwerbsvorgang seinen Anteil an der Gesamthand durch Rechtsgeschäft unter Lebenden erworben hat. Ein solches Rechtsgeschäft unter Lebenden wird auch im Fall einer Umwandlung bejaht. Deshalb ist es erforderlich, den Grundbesitz erst fünf Jahre nach der Verschmelzung auf die B-GmbH zu übertragen.[980]

582 Offen ist allerdings, ob es sich um eine missbräuchliche Gestaltung gem. § 42 AO handelt, sofern sämtliche Maßnahmen auf einem vorgefassten Plan beruhen. Gegen § 42 AO ließe sich allerdings anführen, dass die gesetzlich vorgegebenen Fristen beachtet wurden.[981]

583 Sofern dagegen kein vorgefasster Plan bestand, ist die Gestaltung unbedenklich.[982]

---

980 Vgl. hierzu auch *Heckschen/Spiegelberger/Viskorf*, DAI-Skript: Grundstückserwerb und Immobiliengesellschaft 2004, S. 245 ff.
981 Diese Auffassung ist jedoch noch nicht durch die Rechtsprechung bestätigt. U.E. handelt es sich jedoch bei den Fünf-Jahres-Fristen um gesetzliche Spezialregelungen zu § 42 AO.
982 Sofern sich die langfristige Planung jedoch nicht durchhalten lässt und bspw. vor Ablauf der Fünf-Jahres-Frist die Übertragung des Grundbesitzes von der GbR auf die B-GmbH erforderlich wird, entfällt einerseits die Steuervergünstigung für die Übertragung des Grundbesitzes durch die A-GmbH auf die GbR wegen § 5 Abs. 3 GrEStG nachträglich; außerdem unterliegt dann zusätzlich die Übertragung des Grundbesitzes von der GbR auf die B-GmbH voll der Grunderwerbsteuer, da die Steuervergünstigung nach § 6 Abs. 2 GrEStG wegen § 6 Abs. 4 Satz 1 GrEStG nicht anwendbar ist. Die B-GmbH hat ihren Anteil am Vermögen der GbR nämlich innerhalb von fünf Jahren vor dem Erwerbsvorgang durch Rechtsgeschäft unter Lebenden (Umwandlung) erworben. Im Ergebnis ist die Grunderwerbsteuerbelastung

## III. Befreite Umwandlungsvorgänge im Konzern

Mit der Einfügung von § 6a GrEStG mit Wirkung ab 01.01.2010 gab der Gesetzgeber einer jahrzehntelangen Forderung nach grunderwerbsteuerrechtlicher Erleichterung konzerninterner Umstrukturierungen nach. Unter dem Datum 19.06.2012 hatten die obersten Finanzbehörden der Länder gleich lautende Erlasse zur Anwendung des durch das Wachstumsbeschleunigungsgesetzes eingefügten § 6a GrEStG[983] veröffentlicht.[984] Wesentlichste Neuregelung war die erstmalige Definition des von der FinVerw. in den Erlassen vom 01.12.2010 eingeführten, im Gesetzeswortlaut nicht enthaltenen Begriffs »Verbund«. Daraus leitet die FinVerw. Beschränkungen des Anwendungsbereichs von § 6a GrEStG ab, die sich dem Gesetzeswortlaut nicht entnehmen lassen.

583.1

Durch das AmtshilfeRLUmsG ist § 6a GrEStG mit Wirkung ab dem 07.06.2013 dahingehend erweitert worden, dass nun auch der Tatbestand des § 1 Abs. 3a GrEStG sowie als Rechtsvorgänge auch Einbringungen sowie andere Erwerbsvorgänge auf gesellschaftsvertraglicher Grundlage begünstigungsfähig sind. Statt die gleich lautenden Länder-Erlasse vom 19.06.2012 insgesamt zu überarbeiten und an die vom Gesetzgeber neu aufgenommenen Tatbestandsmerkmale anzupassen, haben die Obersten Finanzbehörden der Länder am 09.10.2013 sehr knapp gehaltene Ergänzungs-Erlasse beschlossen.[985] Darin wird lediglich geregelt,

583.2

– dass die Grundsätze zur Anwendung des § 6a GrEStG in den Fällen des § 1 Abs. 3 GrEStG für Erwerbsvorgänge i.S.d. § 1 Abs. 3a GrEStG entsprechend gelten,
– »die Einbringung von Grundstücken – mit Ausnahme der Fälle der Gesamtrechtsnachfolge – § 1 Abs. 1 Nr. 1 GrEStG unterliege und damit nicht vom Anwendungsbereich des § 6a GrEStG erfasst« sei,
– die in § 6a Sätze 3 und 4 GrEStG normierten Voraussetzungen für alle begünstigungsfähigen Rechtsvorgänge zu beachten seien, und
– diese Anweisungen für Erwerbsvorgänge gelten, die nach dem 06.06.2013 verwirklicht würden.[986]

---

dann sogar höher als bei einer direkten Verschmelzung der A-GmbH auf die B-GmbH ohne vorherige Übertragung der Grundstücke auf die GbR; vgl. *Schwerin*, RNotZ 2003, S. 501.
983 § 6a GrEStG, durch das Wachstumbeschleunigungsgesetz vom 22.12.2009 mit Wirkung ab dem 01.01.2010 ins GrEStG eingefügt, ist auf Umwandlungen (Verschmelzungen, Spaltungen, Vermögensübertragungen) anwendbar, die nach dem 31.12.2009 im HR eingetragen worden sind bzw. werden, sowie auf Einbringungen und anderen Erwerbsvorgängen auf gesellschaftsvertraglicher Grundlage, die nach dem 06.06.2013 verwirklicht werden (zu Letzterem vgl. auch die gleichlautenden Länder-Erlasse vom 09.10.2013 betr. Änderung des § 6a GrEStG durch das AmtshilfeRLUmsG, BStBl. I 2013, 1375).
984 Vgl. BStBl. I 2010, 1321; diese Erl. traten an die Stelle der gleichlautenden Erl. vom 01.12.2010 sowie vom 22.06.2011 und sind von den Finanzämtern in allen offenen Fällen anzuwenden Es wird allerdings nicht beanstandet, wenn sich der Steuerpflichtige für Rechtsvorgänge, die nach dem 31.12.2009 und vor dem 13.07.2012 verwirklicht wurden, auf die Erl. vom 01.12.2010 und 22.06.2011 beruft; vgl. Tz. 8 letzter Satz der Erl. vom 19.06.2012.
985 Vgl. BStBl. I 2013, 1375.
986 Unter Hinweis auf § 23 Abs. 11 GrEStG.

## D. Grundstücksübertragungen in den Sonderfällen der §§ 5, 6 und 6a GrEStG

Durch das sog. Kroatiengesetz vom 25.07.2014 erlangen die entsprechenden Aussagen der Erlasse vom 09.10.2013 rückwirkend ab dem 07.06.2013 Gesetzeskraft.[987] Inwieweit diese Rückwirkung verfassungsrechtlich problematisch ist, wird ggf. das BVerfG zu beurteilen haben.[988]

Insbesondere zu beachten ist, dass die Einbringung von Grundstücken und auch die Übertragung von Grundstücken auf einen oder mehrere Gesellschafter im Zuge der Auflösung der Gesellschaft den Tatbestand von § 1 Abs. 1 Nr. 1 GrEStG auslösen und nach Verwaltungsansicht schon seit dem 07.06.2013, bei Berücksichtigung des verfassungsrechtlichen Rückwirkungsverbots seit Inkrafttreten des sog. KroationG vom 25.07.2014 § 6a GrEStG Vorgänge nach § 1 Abs. 1 Nr. 1 GrEStG in keinem Falle von der GrESt befreit.[989] Der ursprüngliche Wortlaut des § 6a Satz 1 GrEStG legte nahe, dass – entgegen der Verwaltungsansicht – Einbringungen und andere Erwerbsvorgänge auf gesellschaftsvertraglicher Grundlage nach § 6a GrEStG von der GrESt befreit sein können, auch wenn durch die Einbringung bzw. den anderen Erwerbsvorgang auf gesellschaftsvertraglicher Grundlage im ersten Halbs. von Satz 1 des § 6a GrEStG nicht genannte Tatbestände von § 1 GrEStG verwirklicht sind (Verwendung des Worts »aufgrund« einerseits und des Worts »bei« andererseits). Auch aus der amtlichen Überschrift von § 6a GrEStG (»Steuervergünstigungen bei Umstrukturierungen im Konzern«) ließ sich kein Argument für die Ansicht der FinVerw. ableiten, dass auch bei Einbringungen und den anderen Erwerbsvorgängen auf gesellschaftsvertraglicher Grundlage nur die in § 1 Abs. 1 Nr. 3, Abs. 2, 2a, 3 und Abs. 3a GrEStG genannten Rechtsvorgänge befreit sein könnten. Auf diese redaktionelle Ungenauigkeit hat der Gesetzgeber im sog. KroatienG vom 25.07.2014 reagiert, indem er das Wort »bei« aus dem Tatbestand des § 6a GrEStG entfernt hat, sodass nunmehr die Auffassung der FinVerw. zumindest durch den Wortlaut des Gesetzes abgedeckt wird.[990]

Daraus, dass die gleich lautenden Länder-Erlasse vom 19.06.2012 nicht überarbeitet und an die Gesetzesänderungen der Jahre 2013 und 2014 angepasst worden sind, resultiert in bestimmten Bereichen (z.B. »verbundgeborene« Gesellschaften) eine Rechtsunsicherheit, wie sich die mit Wirkung ab 07.06.2013 bzw. 25.07.2014 in Kraft getretenen neuen Tatbestandsmerkmale auf die im Erlass vom 19.06.2012 getroffenen Aussagen auswirken.

---

987 Vgl. BStBl. I 2013, 1375.
988 Aus dem BVerfG-Beschluss 1 BvL 5/08 vom 17.12.2013 wird in der Lit. geschlossen, dass klarstellende Gesetzesänderungen mit Rückwirkung grds. unzulässig sind; vgl. *Drüen*, Ubg 2014, 747, 758; Schönfeld/Bergemann, DStR 2015, 257, 262.
989 Vgl. gleichlautende Erl. der Obersten Finanzbehörden der Länder zur Änderung von § 6a GrEStG durch das AmtshilfeRLUmsG vom 09.10.2013: »Die Einbringung von Grundstücken unterliegt – mit Ausnahme der Fälle der Gesamtrechtsnachfolge – § 1 Abs. 1 Nr. 1 GrEStG und ist damit nicht vom Anwendungsbereich des § 6a GrEStG erfasst.«.
990 Vgl. das sog. Kroatien-Anpassungsgesetz vom 25.07.2014, BGBl. I/2014, S. 1266 ff.

III. Befreite Umwandlungsvorgänge im Konzern                                    D.

## 1. Begünstigungsfähige Tatbestände und begünstigungsfähige Rechtsvorgänge

Nach § 6a GrEStG befreit können – zumindest soweit es um übertragende Umwandlungen i.S.v. § 1 Abs. 1 bis 3 UmwG geht – nur solche Rechtsvorgänge sein, die die Tatbestände in § 1 Abs. 1 Nr. 3, Abs. 2, 2a, 3 oder Abs. 3a GrEStG erfüllen.[991] Gemäß § 1 Abs. 1 Nr. 1 bis 3 UmwG können Rechtsträger mit Sitz im Inland umgewandelt werden
– durch Verschmelzung,
– durch Spaltung (Aufspaltung, Abspaltung, Ausgliederung) und
– durch Vermögensübertragung.
Übertragende Umwandlungsvorgänge i.S.v. § 1 Abs. 1 bis 3 UmwG sind auch insoweit begünstigungsfähig, als sie auf Landesrecht beruhen.[992] Begünstigungsfähig sind zudem übertragende Umwandlungen von SE und SCE sowie grenzüberschreitende Umwandlungen von Gesellschaften aus verschiedenen Mitgliedsstaaten.[993] Vom Tatbestandsmerkmal »Umwandlung« in § 6a Satz 1 GrEStG nicht erfasst ist der Formwechsel i.S.v. §§ 1 Abs. 1 Nr. 4, 190 ff. UmwG.[994]

583.3

Seit dem 07.06.2013 sind neben übertragenden Umwandlungen i.S.v. § 1 Abs. 1 Nr. 1 bis 3 UmwG auch Einbringungen und andere Erwerbsvorgänge auf gesellschaftsvertraglicher Grundlage nach § 6a GrEStG begünstigungsfähig. Diese Merkmale sind ebenso auszulegen wie in § 8 Abs. 2 Satz 1 Nr. 2 GrEStG:[995]
– Einbringungen sind solche Rechtsvorgänge, durch die ein Gesellschafter ein Grundstück zur Erfüllung einer Sacheinlageverpflichtung[996] oder zur Erfüllung einer Beitragspflicht[997] auf eine Gesellschaft überträgt.

583.4

---

991 Dass auch bei Einbringungen und anderen Erwerbsvorgängen auf gesellschaftsvertraglicher Grundlage nur die Fälle von § 1 Abs. 1 Nr. 3, Abs. 2, 2a, 3 oder Abs. 3a GrEStG befreit sein können, ergibt sich zwar nicht zwingend aus dem Gesetz, ist jedoch Verwaltungsansicht; vgl. Erl. vom 09.10.2013 betr. § 6a GrEStG n.F., BStBl. I 2013, 1375.
992 Vgl. *Viskorf*, in: Boruttau, § 6a GrEStG, Rz. 18, 17. Aufl. 2011.
993 Vgl. *Viskorf*, in: Boruttau, § 6a GrEStG, Rz. 23 und 25.
994 Für den Fall, dass der Formwechsel – entgegen der hier vertretenen Ansicht (vgl. auch *Behrens/Schmitt*, UVR 2008, 21 ff. und 53 ff.) – GrESt nach § 1 Abs. 3 Nr. 2 GrEStG auslöst, ist jedoch die Fallgruppe »anderer Erwerbsvorgang auf gesellschaftsvertraglicher Grundlage« einschlägig. Denn durch den Formwechsel wird die Gesellschafterstellung rechtlich verändert. Es besteht jedoch ein Risiko, dass die FinVerw. im Gegenschluss aus der Nennung nur der übertragenden Umwandlungen in § 1 Abs. 1 Nr. 1 bis Nr. 3 UmwG, auf die § 6a Satz 1, 1. Alt. GrEStG verweist, die Var. 3 dahingehend auslegt, dass die »anderen Erwerbsvorgänge auf gesellschaftsvertraglicher Grundlage« den Formwechsel nicht erfassen. U.E. wäre eine solche Argumentation nicht vertretbar.
995 Vgl. z.B. auch *Wischott/Keller/Graessner*, NWB 44/2013, 3460, 3461; so wohl auch *Fleischer*, StuB 20/2013, 765, 769.
996 Z.B. nach § 27 AktG oder nach § 5 Abs. 4 GmbHG oder nach § 5 Abs. 4 GmbHG.
997 Vgl. § 706 BGB.

305

## D.   Grundstücksübertragungen in den Sonderfällen der §§ 5, 6 und 6a GrEStG

- Andere Erwerbsvorgänge auf gesellschaftsvertraglicher Grundlage sind solche Erwerbsvorgänge, die die Gesellschafterstellung des beteiligten Gesellschafters und damit das Gesellschaftsverhältnis *in rechtlicher Hinsicht* beeinflussen.[998] Die erforderliche Veränderung der Gesellschafterstellung des beteiligten Gesellschafters in rechtlicher Hinsicht[999] ist gegeben bei
  - der Übertragung eines Grundstücks oder von Gesellschaftsanteilen an einer grundbesitzenden Gesellschaft auf einen oder mehrere Gesellschafter im Zuge der Auflösung einer Gesellschaft,
  - bei der Anwachsung auf den »letzten Gesellschafter«,[1000]
  - Aufstockung der Beteiligungsquote,
  - Verminderung der Beteiligungsquote,
  - Sachkapitalerhöhung und
  - Formwechsel, sofern der Formwechsel GrESt – nach § 1 Abs. 3 Nr. 2 GrEStG[1001] – auslöst oder es sich um einen quotenverschiebenden Formwechsel handelt, sodass erstmals beim betreffenden Rechtsträger eine rechtliche Anteilsvereinigung i.S.v. § 1 Abs. 3 GrEStG oder die Innehabung einer wirtschaftlichen Beteiligung i.S.v. § 1 Abs. 3a GrEStG eintritt.

Vorher:                    Nachher:

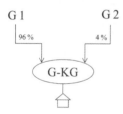   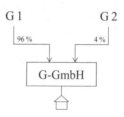

§ 1 Abs. 3 GrEStG nach Ansicht des FG Münster v. 16.2.2006: (+)

§ 6a GrEStG (+), weil der Formwechsel ein anderer Erwerbsvorgang auf gesellschaftsvertraglicher Grundlage ist

Für den Fall, dass der Formwechsel in Übereinstimmung mit dem Urteil des FG Münster 8 K 1785/03 BrE vom 16.02.2006[1002] als Fall der Anteilsvereinigung

---

998  Vgl. *Viskorf*, in: Boruttau, § 8 GrEStG, Rz. 74.
999  Vgl. BFH-Beschluss II B 54/02 vom 26.02.2003, BStBl. II 2003, 483.
1000 Nicht jedoch im Fall der Anwachsung auf einen Rechtsträger, der bisher nicht Gesellschafter der endenden Personengesellschaft gewesen ist.
1001 So Urteil des FG Münster 8 K 1785/03 GrE vom 16.02.2006.
1002 Vgl. EFG 2006, 1034.

## III. Befreite Umwandlungsvorgänge im Konzern  D.

i.S.v. § 1 Abs. 3 Nr. 2 GrEStG eingeordnet wird,[1003] ist unter der Voraussetzung, dass die übrigen Anforderungen von § 6a GrEStG erfüllt werden, die Befreiung nach § 6a GrEStG zu gewähren.[1004] Der Formwechsel stellt sich u.E. als anderer Erwerbsvorgang auf gesellschaftsvertraglicher Grundlage dar, weil die Gesellschafterstellung in der G-KG bzw. G-GmbH rechtlich verändert wird.

### 2. Am Umwandlungsvorgang, an der Einbringung bzw. am anderen Erwerbsvorgang auf gesellschaftsvertraglicher Grundlage Beteiligte

Um § 6a GrEStG anwenden zu können, dürfen am Umwandlungsvorgang, an der Einbringung bzw. am anderen Erwerbsvorgang auf gesellschaftsvertraglicher Grundlage ausschließlich
– entweder das herrschende Unternehmen und eine oder mehrere von diesem abhängige Gesellschaft(en)
– oder mehrere von dem herrschenden Unternehmen abhängige Gesellschaften

beteiligt sein. Als an einem Umwandlungsvorgang »beteiligt« werden nur diejenigen Rechtsträger angesehen, die Vermögensgegenstände[1005] durch die Umwandlung übertragen oder erwerben.[1006] Für die Fallgruppe »Einbringungen« und »andere Erwerbsvorgänge auf gesellschaftsvertraglicher Grundlage« kann nichts Anderes gelten. Im Fall der durch Einzelrechtsübertragung[1007] der Gesamtbeteiligung des damit ausscheidenden »vorletzten« Gesellschafters ausgelösten Anwachsung auf den »letzten Gesellschafter«, die als anderer Erwerbsvorgang auf gesellschaftsvertraglicher Grundlage anzusehen ist, sind an diesem anderen Erwerbsvorgang beteiligt die endende Personengesellschaft und der »letzte Gesellschafter«, der das Vermögen der endenden Personengesellschaft übernimmt.

583.5

---

1003 U.E. wäre dies unzulässig, weil auch § 1 Abs. 3 Nr. 2 GrEStG nur die Anteilsvereinigung durch Übertragung von Anteilen meint; vgl. BFH-Urteil II R 117/78 vom 28.11.1979, BStBl. II 1980, 357, Tz. 16.
1004 Dass die FinVerw. dieser Ansicht folgen wird, ist nicht gesichert. Ein Gegenschluss aus § 6a Satz 1, 1. Alt. GrEStG (»Umwandlung i.S.v. § 1 Abs. 1 Nr. 1 bis Nr. 3 UmwG«) ist unzulässig, weil nicht ersichtlich ist, dass § 6a Satz 1, 3. Alt. GrEStG (»anderer Erwerbsvorgang auf gesellschaftsvertraglicher Grundlage«) wegen der Nicht-Nennung des Formwechsels in § 6a Satz 1, 1. Alt. GrEStG einschränkend auszulegen sein soll. Gerade weil der Formwechsel ein »anderer Erwerbsvorgang auf gesellschaftsvertraglicher Grundlage« sein kann, machte es keinen Sinn, § 6a Satz 1, 1. Alt. GrEStG um den Fromwechsel zu erweitern.
1005 Grundstücke; Anteile an grundbesitzenden Gesellschaften; Rechtspositionen, die grunderwerbsteuerlich die Verwertungsbefugnis i.S.v. § 1 Abs. 2 GrEStG an einen inländischen Grundstück vermitteln; etc.
1006 Vgl. Tz. 5 letzter Satz vor Beispiel 1 der Erl. vom 19.06.2012; so auch *Viskorf*, in: Boruttau, § 6a GrEStG, Rz. 42.
1007 Anders zu beurteilen ist die Anwachsung infolge Verschmelzung des »vorletzten« Gesellschafters auf den »letzten« Gesellschafter, vgl. dazu das zusammenfassende Beispiel in Tz. 9 der Erl. vom 19.06.2012, a.a.O.

# D. Grundstücksübertragungen in den Sonderfällen der §§ 5, 6 und 6a GrEStG

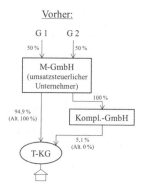
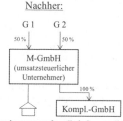

- An diesem anderen Erwerbsvorgang auf gesellschaftsvertraglicher Grundlage beteiligt sind die T-KG und die M-GmbH.
- Gehört die Kompl.-GmbH zum für diese Anwachsung relevanten Verbund?
  Tz. 2.1 Abs. 2 Erlass vom 19.06.2012: "Der für den jeweiligen Umwandlungsvorgang bzw. *für den Erwerbsvorgang auf gesellschaftsvertraglicher Grundlage* zu bestimmende Verbund besteht aus dem herrschenden Unternehmen und der oder den am Umwandlungsvorgang beteiligten abhängigen Gesellschaft(en) sowie den dieses Beteiligungsverhältnis vermittelnden abhängigen Gesellschaften."
  Im Grundfall (+), in der Alt.?
- Annahme: Der 100 %-Gesellschaftsanteil an der Kompl.-GmbH gehört zum Unternehmen der M-GmbH (Gelten die umsatzsteuerrechtlichen, vom EuGH durch die Auslegung der MwStSystRL geprägten Grundsätze? nein).

Tritt die Kompl.-GmbH aus der T-KG aus, geht das Vermögen der T-KG samt inländischem Grundstück von der T-KG auf die M-GmbH über. Der Übergang des Grundstückseigentums auf die M-GmbH löst den Tatbestand von § 1 Abs. 1 Nr. 3 GrEStG aus.

Unabhängig davon, in welchem Umfang die GrESt nach § 6 Abs. 2 GrEStG unerhoben bleibt,[1008] setzt die Befreiung nach § 6a GrEStG auf Grundlage der Verwaltungsansicht[1009] voraus, dass die M-GmbH umsatzsteuerrechtliche Unternehmerin und als solche seit mindestens fünf Jahren (hier: teils unmittelbar, teils mittelbar) an der T-KG i.H.v. mindestens 95 % am Vermögen der T-KG beteiligt gewesen ist. Außerdem darf der für diese Anwachsung relevante Verbund nicht durch die Anwachsung enden. Im Grundfall vermittelt die Komplementär-GmbH die mindestens 95 %ige Beteiligung der M-GmbH an der T-KG, weshalb die Kompl.-GmbH zum Verbund gehört. In der Alternative ist dies zweifelhaft, weil die M-GmbH bereit unmittelbar eine Beteiligung im erforderlichen Quantum von mindestens 95 % am Vermögen der T-KG hält. Auch im Grundfall wird die FinVerw. die Befreiung nach § 6a GrEStG nur dann gewähren, wenn die fünfjährige Nachbehalte-Frist i.S.v. § 6a Satz 4 GrEStG erfüllt wird, was voraussetzt, dass die M-GmbH weitere fünf Jahre i.H.v. mindestens 95 % an der Kompl.-GmbH beteiligt bleibt und sie diesen Anteil in ihrem Unternehmen hält.

583.6 Ebenso kann der Fall nach § 6a GrEStG begünstigt sein, dass nicht die Kompl.-GmbH durch Einzelrechtsübertragung aus der T-KG ausscheidet, sondern die M-GmbH, sodass das Vermögen der T-KG auf die Kompl.-GmbH übergeht.

---

[1008] In Betracht kommt die Befreiung nach § 6 Abs. 2 GrEStG i.H.v. 94,9 %, in der Variante sogar i.H.v. 100 %.
[1009] Vgl. Tz. 2.2 der Erl. vom 19.06.2012.

## III. Befreite Umwandlungsvorgänge im Konzern D.

Vorher:

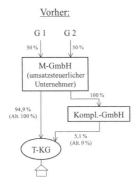

Die M-GmbH scheidet aus der T-KG aus.

Nachher:

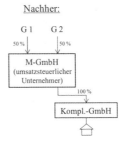

- An diesem anderen Erwerbsvorgang auf gesellschaftsvertraglicher Grundlage beteiligt sind die T-KG und die Kompl.-GmbH.
- Die Kompl.-GmbH gehört in beiden Varianten zum für diese Anwachsung relevanten Verbund.
- Zugehörigkeit des 100 %-Anteils an der Kompl.-GmbH zum Unternehmen der M-GmbH ⊕.

Mit der T-KG und der Kompl.-GmbH sind zwei von der M-GmbH abhängige Gesellschaften an diesem Erwerbsvorgang auf gesellschaftsvertraglicher Grundlage beteiligt, wenn die M-GmbH als umsatzsteuerliche Unternehmerin an beiden Gesellschaften seit mindestens fünf Jahren i.H.v. mindestens 95 % beteiligt ist. Der Verbund besteht insoweit über den Zeitpunkt des dinglichen Wirksamwerdens der Anwachsung hinaus fort, als er aus der M-GmbH als herrschendem Unternehmen und der Kompl.-GmbH als von der M-GmbH abhängige Gesellschaft besteht. § 6a GrEStG ist daher sowohl im Grundfall als auch in der Alternative anwendbar, vorausgesetzt, die M-GmbH erfüllt die nachgelagerte Fünf-Jahres-Frist in Bezug auf eine mindestens 95 %ige Beteiligung an der das Vermögen der T-KG übernehmenden Kompl.-GmbH.

### 3. Identifizierung des herrschenden Unternehmens »vom Zeitpunkt der Eintragung der Umwandlung aus«

Die FinVerw. vertritt die Auffassung, dass in Bezug auf die zu beurteilende Umwandlung nur ein Unternehmen in der Gesellschaftsgruppe herrschendes Unternehmer sein könne.[1010] Das herrschende Unternehmen müsse vom Zeitpunkt der Eintragung der Umwandlung aus betrachtet identifiziert werden.[1011]

583.7

---

1010 Vgl. Tz. 1 der Erl. vom 19.06.2012. Vgl. auch Schanko, Ubg 2011, 73, 75: Einer Verbundgesellschaft komme bereits nach dem eindeutigen Gesetzeswortlaut keine »Doppelfunktion« in der Form zu, dass sie als abhängige Gesellschaft zugleich herrschendes Unternehmen für eine (auch) von ihr abhängige Gesellschaft sein könne. Warum sich dies eindeutig aus dem Gesetzeswortlaut ergeben soll, ist u.E. nicht ersichtlich.

1011 Der FinVerw. ist zu widersprechen. Der Gesetzeswortlaut »ein herrschendes Unternehmen« zwingt nicht dazu, nur den obersten und nur einen Rechtsträger in einer 95 %-Beteiligungskette als herrschend anzugehen. Auch ergibt sich aus dem Gesetzeswortlaut

## D. Grundstücksübertragungen in den Sonderfällen der §§ 5, 6 und 6a GrEStG

Seit dem 07.06.2013 wird für einen nach § 1 Abs. 1 Nr. 3 Satz 1, Abs. 2, 2a, 3 oder Abs. 3a steuerbaren Rechtsvorgang aufgrund einer Umwandlung i.S.d. § 1 Abs. 1 Nr. 1 bis 3 UmwG, bei Einbringungen sowie bei anderen Erwerbsvorgänge auf gesellschaftsvertraglicher Grundlage die Steuer nicht erhoben. Bei Einbringungen sowie bei anderen Erwerbsvorgängen auf gesellschaftsvertraglicher Grundlage ist, wenn bereits das schuldrechtliche Verpflichtungsgeschäft – wie z.b. der Einbringungsvertrag – einen der begünstigungsfähigen Tatbestände § 1 Abs. 1 Nr. 3 Satz 1, Abs. 2, 2a, 3 oder Abs. 3a auslöst, auf den Zeitpunkt des Abschlusses des schuldrechtlichen Verpflichtungsgeschäfts abzustellen.

### 4. § 6a GrEStG nach Verwaltungsansicht »nicht grundstücksbezogen«, sondern »beteiligungbezogen«

583.8   Die FinVerw. vertritt die Ansicht, dass die Steuervergünstigung nach § 6a GrEStG – im Gegensatz zu den steuerbaren Rechtsvorgängen – nicht grundstücksbezogen sei. Änderungen in der grunderwerbsteuerrechtlichen Zuordnung der Grundstücke während der Vor- und Nach-Mindest-Behaltensfristen wirkten sich nicht aus.[1012]

---

nicht, dass das eine relevante herrschende Unternehmen vom Zeitpunkt der Eintragung der Umwandlung aus zu bestimmen ist. Legal definiert wird nur der Begriff »abhängige Gesellschaft«. Herrschendes Unternehmen kann im Wege des Umkehrschlusses aus der Legaldefinition des Begriffs »abhängige Gesellschaft« jeder Rechtsträger sein, der im Nachhinein betrachtet sowohl die vorgelagerte als auch die nachgelagerte Fünf-Jahres-Frist erfüllt. Vgl. *Viskorf,* in: Boruttau, 17. Aufl. 2011, § 6a GrEStG, Rz. 60 unter Hinweis auf Schaflitzl/Stadler, BB 2010, 1188; Neitz/Lange, Ubg 2010, 17/21: »Der Gesetzeswortlaut ist insoweit indifferent. ... . ... § 6a GrEStG 3 GrEStG lässt es deshalb durchaus zu, auch jede weitere Gesellschaft der Beteiligungskette von mindestens 95 % in Bezug auf nachgeordnete abhängige Gesellschaften unter den weiteren Voraussetzungen als herrschendes Unternehmen anzusehen«.

1012   Dieser Ansicht (auch wenn sie zwischenzeitlich von der wohl ganz h.M. vertreten wird) ist zu widersprechen: Weil die grunderwerbsteuerrechtlichen Tatbestände in § 1 GrEStG allesamt grundstücksbezogen ausgestaltet sind (§ 1 Abs. 1 und Abs. 2 GrEStG) oder grundstücksbezogen ausgelegt werden (§ 1 Abs. 2a und Abs. 3 GrEStG), ist es allein folgerichtig, auch die Vorschriften, die die Nicht-Erhebung der GrESt anordnen, ebenfalls grundstücksbezogen auszulegen. Dafür spricht auch die systematische Stellung von § 6a GrEStG im Anschluss an die §§ 5, 6 GrEStG, vgl. auch BT-Drucks. 17/147 S. 10. Vgl. *Behrens/Bock,* NWB 8/2011, 615, 623. Obwohl die Regelungen in §§ 5 Abs. 3, 6 Abs. 3 Satz 2 und 6 Abs. 4 GrEStG die jeweilige Fünf-Jahres-Frist an die Aufrechterhaltung des Anteils des Gesamthänders am Vermögen der Gesamthand knüpfen, ist unstreitig, dass diese Fristen grundstücksbezogen zu verstehen und teleologisch zu reduzieren sind, wenn das Ereignis, dass die Nicht-Wahrung der Frist verursacht, selbst einen Grundstücksübergang oder einen fingierten Grundstücksübergang enthält und deshalb selbst grunderwerbsteuerbar ist; vgl. z.B. Hofmann, 9. Aufl. 201, § 5 GrEStG, Rz. 15. Die gebotene grundstücksbezogene Auslegung von § 6a GrEStG ergibt, dass die vorgelagerte Fünf-Jahres-Frist nur für die Beteiligung des herrschenden Unternehmens an der übertragenden abhängigen Gesellschaft und die nachgelagerten Fünf-Jahres-Frist nur für die Beteiligung des herrschenden Unternehmens an der übernehmenden abhängigen

III. Befreite Umwandlungsvorgänge im Konzern    D.

**5. »Verbund« (Tz. 1 und Tz. 2 der Erlasse vom 19.06.2012)**

**Übertragende Umwandlungen** 583.9

Nach Ansicht der FinVerw. besteht der für den jeweiligen Umwandlungsvorgang zu bestimmende Verbund aus dem herrschenden Unternehmen und der oder den am Umwandlungsvorgang beteiligten abhängigen Gesellschaft(en) und den dieses Beteiligungsverhältnis vermittelnden abhängigen Gesellschaften. Einer abhängigen Gesellschaft nachgelagerte Gesellschaften sollen in Bezug auf den zu prüfenden Umwandlungsvorgang, an dem ein oder zwei an ihnen (mittelbar) beteiligte Rechtsträger beteiligt sind, nicht zum Verbund gehören.[1013] Die FinVerw. fordert das Bestehen des Verbundes während des gesamten Zehn-Jahres-Zeitraums. Der Umwandlungsvorgang, durch den der Verbund begründet oder beendet wird, soll nicht begünstigt sein.

§ 6a GrEStG ist danach von vornherein nicht anwendbar, wenn die (letzte) am Umwandlungsvorgang beteiligte abhängige Gesellschaft auf das herrschende Unternehmen verschmolzen wird. 583.10

Erlasse vom 19.06.2012, Tz. 2.1, Beispiel 1:

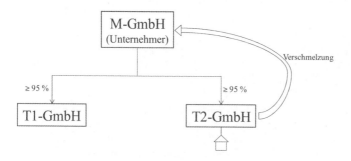

Finanzverwaltung: § 6a GrEStG ⊖

---

Gesellschaft gilt. Sofern das Ereignis, dass die Nicht-Wahrung der jeweiligen Frist begründet, selbst grunderwerbsteuerbar ist, steht die Nicht-Wahrung der Frist der Befreiung der Umwandlung nach § 6a GrEStG nicht entgegen. Der grunderwerbsteuerbare Kauf oder Verkauf des Grundstücks durch die abhängige Gesellschaft verkürzt die vorgelagerte bzw. die nachgelagerte Fünf-Jahres-Frist. Auf Grundlage der grundstücksbezogenen Sichtweise entfällt die Befreiung nach § 6a GrEStG nur dann, wenn die Umwandlung zu einer Statusverbesserung des Steuerpflichtigen geführt hat, er also mithilfe der Umwandlung das Grundstück – käme § 6a GrEStG zur Anwendung – ohne Anfall von GrESt (tatsächlich oder fiktiv) veräußert hat, während ohne die Umwandlung GrESt angefallen wäre. Dieser grundstücksbezogenen Auslegung folgt die FinVerw. bei § 6a GrEStG – anders als bei §§ 5, 6 GrEStG – leider nicht.

1013 Vgl. auch *Lieber/Wagner*, DB 2012, 1772, 1774.

**D.** Grundstücksübertragungen in den Sonderfällen der §§ 5, 6 und 6a GrEStG

Weil der Verbund durch die Verschmelzung der T2-GmbH auf die M-GmbH erlösche, sei diese Verschmelzung nicht nach § 6a GrEStG begünstigt. Dass die M-GmbH im Verhältnis zu T1-GmbH herrschende Unternehmerin bleibe, sei irrelevant, weil die T1-GmbH weder am Umwandlungsvorgang beteiligt sei noch die Beteiligung der M-GmbH an der T2-GmbH als abhängige Gesellschaft vermittelt habe.[1014]

583.11 Es ist zu befürchten, dass die FinVerw. die Anwendung von § 6a GrEStG auch dann ablehnt, wenn die M-GmbH ein Grundstück auf eine neue Tochter-GmbH zur Neugründung ausgliedert, und zwar auch in dem Fall, dass die M-GmbH seit mindestens fünf Jahren mindestens 95 %ige Beteiligungen an anderen Konzerngesellschaften hält und daher bereits seit mehr als fünf Jahren herrschende Unternehmerin ist.[1015]

Erlasse vom 19.06.2012, Tz. 2.1, Beispiel 1:

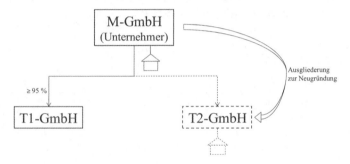

583.12 Die Befreiung nach § 6a GrEStG kommt demgegenüber auch auf Grundlage der Verwaltungsansicht zur Anwendung, wenn die M-GmbH als Unternehmerin bereits seit mindestens fünf Jahren zu mindestens 95 % an der T2-GmbH beteiligt ist und nun ihr Grundstück auf die T2-GmbH zur Aufnahme ausgliedert.

---

1014 Unabhängig von der Beteiligung an der T1-GmbH ist die Verwaltungsansicht abzulehnen: Dass Verschmelzungen von abhängigen Gesellschaften auf das herrschende Unternehmen von § 6a GrEStG begünstigt sein können, ergibt sich aus dem Verweis in § 6a Satz 1 GrEStG auf § 1 Abs. 1 Nr. 1 bis 3 UmwG. Es ist unzulässig, diese gesetzliche Vorgabe über das im Gesetz gar nicht genannte angebliche Tatbestandsmerkmal »Verbund« zu ignorieren.

1015 Auch dies ist u.E. unzulässig: Dass Ausgliederungen zur Neugründung durch ein herrschendes Unternehmen auf eine dadurch neu entstehende abhängige Gesellschaft von § 6a GrEStG begünstigt sein können, ergibt sich ebenfalls aus dem Verweis in § 6a Satz 1 GrEStG auf § 1 Abs. 1 Nr. 1 bis 3 UmwG.

## III. Befreite Umwandlungsvorgänge im Konzern D.

Ausgliederung durch das herrschende Unternehmen zur Aufnahme:

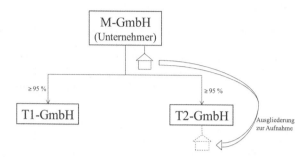

Die erste Variante in § 6a Satz 3 GrEStG (an dem Umwandlungsvorgang ist ausschließlich ein herrschendes Unternehmen und eine von diesem herrschenden Unternehmen abhängige Gesellschaft beteiligt) ist mithin auf Grundlage der Erlasse vom 19.06.2012 nur auf Ausgliederungen und Abspaltungen, jeweils zur Aufnahme, anwendbar.[1016] Dieser Beschränkung steht u.E. der Wortlaut von § 6a Satz 1 GrEStG entgegen; auch widerspricht sie der gesetzgeberischen Intention bei Schaffung von § 6a GrEStG.

Die Verschmelzung der bisher unmittelbar vom herrschenden Unternehmen gehaltenen grundbesitzenden Tochtergesellschaft auf das herrschende Unternehmen ist nach Verwaltungsansicht auch dann nicht begünstigt, wenn die übertragende Tochtergesellschaft ihrerseits zu mindestens 95 % an weiteren (grundbesitzenden) Gesellschaften beteiligt ist. 583.13

Erlasse vom 19.06.2012, Tz. 2.1, Beispiel 2:

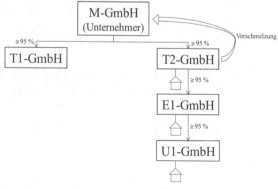

Finanzverwaltung: § 6a GrEStG ⊖

---

[1016] Vgl. dazu auch *Lieber/Wagner*, DB 2012, 1772, 1775.

## D. Grundstücksübertragungen in den Sonderfällen der §§ 5, 6 und 6a GrEStG

Der für die Anwendung von § 6a GrEStG erforderliche Verbund erlösche, weil die E1-GmbH und die U1-GmbH in Bezug auf die Verschmelzung der T2-GmbH auf die M-GmbH nicht zum Verbund gehörten.[1017]

**583.14** Es ist davon auszugehen, dass die FinVerw. eine Ausgliederung zur Neugründung durch das herrschende Unternehmen auch dann nicht als begünstigungsfähig ansieht, wenn das herrschende Unternehmen zusammen mit dem Grundstück auch mindestens 95 %ige Beteiligungen an anderen Tochtergesellschaften mit in die durch Ausgliederung entstehende Tochtergesellschaft einbringt. Dies soll anhand des folgenden Beispiels verdeutlicht werden.

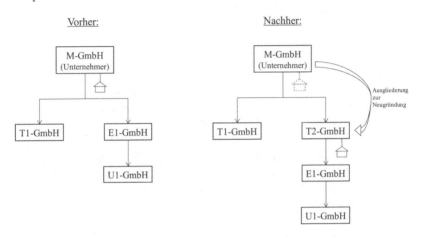

Die E1-GmbH und die U1-GmbH sind selbst an der Ausgliederung zur Neugründung nicht beteiligt. Nach Verwaltungsansicht gehören sie deshalb nicht zu dem hier relevanten, erst durch die Ausgliederung zur Neugründung – und damit nach Verwaltungsansicht zu spät – entstehenden Verbund zwischen der M-GmbH und der neu entstandenen T2-GmbH.

**583.15** Auf Grundlage der Verwaltungsansicht ist es für die Anwendbarkeit von § 6a GrEStG mithin entscheidend, auf welcher Ebene in einer Beteiligungskette die übertragende Umwandlung zur Neugründung erfolgt. Wird eine grundbesitzende Enkel-Gesellschaft auf die Tochter-Gesellschaft verschmolzen, ist – weil die M-GmbH als herrschende Unternehmerin und die Tochter-GmbH als unmittelbar gehaltene abhängige Gesellschaft nach wie vor einen Verbund darstellen – § 6a GrEStG anwendbar.

---

1017 Die aus der Verschmelzung der T2-GmbH auf die M-GmbH resultierende Verkürzung der Beteiligungskette wird in Bezug auf den Grundbesitz der E1-GmbH und der U1-GmbH im Erl. vom 19.06.2012 als nicht steuerbar beurteilt, weil eine grunderwerbsteuerlich irrelevante Verkürzung der Beteiligungskette vorliegt; vgl. z.B. koordinierter Länder-Erl. FM BaWü – 3 – S 4500/43 vom 14.02.2000, BStBl. I 2000, 991.

## III. Befreite Umwandlungsvorgänge im Konzern    D.

Erlasse vom 19.06.2012, Tz. 2.1, Beispiel 2:

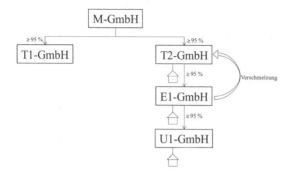

§ 6a GrEStG würde von der Verwaltung auch dann angewandt, wenn z.B. die E1-GmbH (oder die U1-GmbH) ihr Grundstück zur Neugründung ausgliedert.

Die Differenzierung danach, auf welcher Ebene in einer Beteiligungskette die übertragende Umwandlung zur Neugründung (bzw. die Verschmelzung) erfolgt, erscheint als willkürlich und unzulässig. Diese Differenzierung wird auch nicht durch den Gesetzeswortlaut vorgegeben. Dass Umwandlungen zur Neugründung und Verschmelzungen von § 6a GrEStG begünstigt sein können, ergibt sich aus dem Verweis in § 6a Satz 1 GrEStG auf § 1 Abs. 1 Nr. 1 bis 3 UmwG. Damit steht fest, dass bei der Verschmelzung die nachgelagerte Fünf-Jahres-Frist auf die verschmolzene abhängige Gesellschaft nicht anwendbar sein kann und bei Umwandlungen zur Neugründung die vorgelagerte Fünf-Jahres-Frist auf die so neu gegründete Gesellschaft keine Anwendung findet. Die sich daraus ergebende Einschränkung von § 6a Satz 4 GrEStG im Wege der Auslegung akzeptiert im Grundsatz auch die FinVerw.[1018] Der Versuch, diese Einschränkung nun über das von der Verwaltung erfundene Merkmal »Verbund« wieder zu begrenzen, entbehrt einer gesetzlichen Grundlage.  583.16

[derzeit unbesetzt]  583.17 – 583.21

### 6. Herrschendes Unternehmen (Tz. 2.2 der Erlasse vom 19.06.2012)

Für die Einordnung eines Rechtsträgers als herrschendes Unternehmen verlangt die FinVerw. die umsatzsteuerliche Unternehmer-Eigenschaft.[1019] Die Verwaltung vertritt zudem die Ansicht, dass die Unternehmereigenschaft innerhalb der Vor- und Nachbehaltensfristen ununterbrochen vorliegen müsse, es also nicht nur auf den Zeitpunkt  583.22

---

1018 Vgl. bereits die Erl. vom 01.12.2010, BStBl. I 2010, 1321, DStR 2010, 2520, Tz. 4, Tz. 5 und nun Tz. 4 der Erl. vom 19.06.2012, DStR 2012, 1556.
1019 So bereits die gleichlautenden Länder-Erlasse vom 01.12.2010 und vom 22.06.2011. A.A. *Behrens*, Ubg 2010, 845, 846.

# D. Grundstücksübertragungen in den Sonderfällen der §§ 5, 6 und 6a GrEStG

der Eintragung der Umwandlung im HR ankomme.[1020] Fraglich ist, wie das Bestehen der Unternehmereigenschaft während des gesamten Zehn-Jahres-Zeitraums nachzuweisen ist. Für den Fall, dass es sich um einen inländischen oder innerhalb der EU ansässigen Rechtsträger handelt, muss es ausreichen, dass der Rechtsträger während des Zehn-Jahres-Zeitraums als umsatzsteuerlicher Unternehmer registriert und durchgehend zur USt veranlagt worden ist.

583.23 Umsatzsteuerliche Organgesellschaften können nach Ansicht der FinVerw. herrschende Unternehmen sein. Dass die Organgesellschaft gem. § 2 Abs. 2 UStG ihre gewerbliche Tätigkeit nicht selbstständig ausübt, ist für die Einordnung als herrschendes Unternehmen i.S.v. § 6a GrEStG also irrelevant.

Die Frage, ob die Beteiligung an der abhängigen Gesellschaft nach umsatzsteuerrechtlichen Grundsätzen zum Unternehmen des herrschenden Unternehmens gehören muss, wird weder in den Erlassen vom 19.06.2012 noch in sonstigen die GrESt betreffenden Verwaltungsanweisungen angesprochen.[1021] Die Voraussetzungen für die Zugehörigkeit einer Beteiligung zum Unternehmen sind in Bezug auf Holdinggesellschaften selbst umsatzsteuerrechtlich noch nicht abschließend geklärt.[1022] U.E. ist es unzulässig, in § 6a GrEStG auf den umsatzsteuerlichen Unternehmerbegriff abzustellen; auch für die Zugehörigkeitsfrage kann es nicht auf die MwStSystRL und die EuGH-Rechtsprechung dazu ankommen.

583.24 In den Erlassen vom 01.12.2010 hatte die FinVerw. die Einordnung von Gebietskörperschaften als herrschende Unternehmen für den Fall vorgesehen, »soweit die Beteiligungen an den abhängigen Gesellschaften einem Betrieb gewerblicher Art zuzuordnen sind«. Dies behält die Verwaltung in den Erlassen vom 19.06.2012 bei, übernimmt jedoch die weitere umsatzsteuerrechtliche Entwicklung[1023] durch die Anordnung, dass eine Gebietskörperschaft auch dann herrschendes Unternehmen sein könne, »soweit die Beteiligungen an den abhängigen Gesellschaften dem unternehmerischen Bereich zuzuordnen sind«.

Mit Urteil vom 26.11.2013[1024] hat das FG Hamburg entschieden, dass eine natürliche Person nur unter der Voraussetzung herrschendes Unternehmen i.S.v. § 6a Satz 3 GrEStG sein könne, wenn
– sie Unternehmerin im umsatzsteuerlichen Sinne und
– die Beteiligung an der abhängigen Gesellschaft ihrem unternehmerischen Bereich zuzurechnen

---

1020 Vgl. auch OFD Magdeburg, Verfügung vom 25.07.2010, AZ S 4518-1-St 271.
1021 Vgl. dazu *Viskorf*, in: Boruttau, § 6a GrEStG, Rz. 57.
1022 Vgl. BFH-Urteil V R 40/10 vom 09.02.2012, BFH/NV 2012, 681. Vgl. dazu *Behrens*, BB 2012, 2147; vgl. EuGH-Urteil C-651/11 vom 30.05.2013.
1023 Vgl. dazu zuletzt *Becker*, BB 2012, 2154.
1024 Vgl. FG Hamburg, Urteil 3 K 149/12 vom 26.11.2013, EFG 2014, 570.

## D. III. Befreite Umwandlungsvorgänge im Konzern

sei. Es bestehe kein Grund dafür, die aktien- bzw. konzernrechtliche Definition des Tatbestandsmerkmals »Unternehmen« auch i.r. von § 6a GrEStG heranzuziehen.[1025] Der Grundsatz der Einheit der (Steuer-) Rechtsordnung spreche für eine Heranziehung ein steuergesetzlichen Definition des Unternehmens, die sich allein in § 2 Abs. 1 Satz 2 UStG finde.

Dem Urteil des FG Hamburg lag der folgende Sachverhalt zugrunde:

Die Klägerin, eine in Deutschland ansässige Kapitalgesellschaft, stand im alleinigen Anteilsbesitz einer in der Russischen Föderation (»RF«) ansässigen natürlichen Person (»**Herr B**«). Herr B war zudem alleiniger Gesellschafter der in Deutschland ansässigen C-GmbH, zu deren Vermögen ein inländisches Grundstück gehörte. Die Klägerin war alleinige Gesellschafterin einer in RF ansässigen Kapitalgesellschaft. In 2010 wurde die grundbesitzende C-GmbH auf die Klägerin verschmolzen.

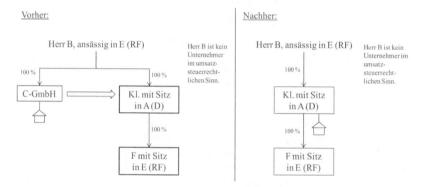

Das FG Hamburg konnte nicht feststellen, dass Herr B Unternehmer im umsatzsteuerrechtlichen Sinne war. Schon aus diesem Grunde verneinte es die Anwendbarkeit von § 6a GrEStG. Dass der Grundsatz der Einheit der (Steuer-) Rechtsordnung für die Heranziehung einer steuergesetzlichen Definition des Unternehmens, die sich allein in § 2 Abs. 2 Satz 2 UStG finde, gelte insbesondere vor dem Hintergrund, dass der Begriff des herrschenden Unternehmens auch in § 1 Abs. 3 Nr. 1, Abs. 4 Nr. 2b GrEStG verwendet werde. Insoweit sei es aber ganz überwiegende Auffassung in Rechtsprechung und Literatur, dass der Tatbestand nicht erfüllt sei, wenn bei einer Anteilsvereinigung die an der Spitze stehende natürliche Person keine Unternehmerin im umsatzsteuerlichen Sinne sei oder wenn die natürliche Person die Anteile in ihrem Privatvermögen halte.[1026] Auch wenn § 6a Satz 4 GrEStG eine eigenständige und

---

1025 Für die Auslegung des Tatbestandsmerkmals »Unternehmen« in § 6a GrEStG i.S.d. §§ 15 ff. AktG vgl. z.B. *Behrens*, Ubg 2010, 845.
1026 Das FG Hamburg verweist insoweit auf das BFH-Urteil II R 185/66 vom 20.03.1974, BStBl. II 1974, 769; *Fischer*, in: Boruttau, § 1 GrEStG, Rz. 1052 f., 17. Aufl.; *Pahlke*, in: Pahlke/Franz, § 1 GrEStG, Rz. 359, 4. Aufl.; *Hofmann*, § 1 GrEStG, Rz. 176, 9. Aufl.

**D.**  Grundstücksübertragungen in den Sonderfällen der §§ 5, 6 und 6a GrEStG

von § 1 Abs. 4 Nr. 2 GrEStG abweichende Definition des abhängigen Unternehmens enthalte, sodass es unter systematischen Gesichtspunkten nicht ausgeschlossen wäre, nicht nur die Abhängigkeit, sondern korrespondierend dazu auch den Begriff des herrschenden Unternehmens anders auszulegen, sei in Ermangelung anderer steuergesetzlicher Definitionen das umsatzsteuerliche Verständnis gesetzessystematisch das Naheliegendste.[1027] Stellte man entgegen der Ansicht des FG Hamburg etwa auf eine planmäßige, wirtschaftliche Betätigung ab, die über einen gewissen Zeitraum ausgeübt werde und ein Mindestmaß an kaufmännische Organisation erfordere, verlöre der Unternehmensbegriff an Kontur, ohne dass es dafür einen nachvollziehbaren Grund gebe.[1028] Bei einer natürlichen Person als Unternehmerin müsse nach dem Sinne und Zweck der Regelung, Konzernumstrukturierungen zu erleichtern, hinzukommen, dass die fraglichen Beteiligungen an den abhängigen Gesellschaften dem unternehmerischen Bereich zuzuordnen sind.[1029] Dies unterscheide sich nur in der Terminologie, regelmäßig aber nicht im Ergebnis von der Auffassung, die verlange, dass sich die Beteiligungen nicht im Privatvermögen befinden dürften. An den konzernrechtlichen Unternehmensbegriff anzuknüpfen mach keinen Sinn, weil es im Konzernrecht um den Schutz außenstehender (Minderheits-) Gesellschafter gehe, der im Grunderwerbsteuerrecht keine Rolle spiele.

Jedoch hält auch das FG Münster den umsatzsteuerrechtlichen Unternehmerbegriff für maßgebend. Es entschied,[1030] dass »herrschende Rechtsträger«, die keine Unternehmer seien, weil sie die Voraussetzungen des § 2 Abs. 1 UStG nicht erfüllten, von § 6a GrEStG nicht erfasst würden. Deshalb scheide eine Grunderwerbsteuer-Befreiung nach § 6a GrEStG aus, wenn eine Software-Entwicklung betreibende Kauffrau sämtliche Anteile an einer GmbH, welche als Unternehmensgegenstand den Ankauf und die Verwaltung von Immobilien ausweise, im Privatvermögen halte und die GmbH auf die Kauffrau verschmolzen würde. Denn um diese Befreiung in Anspruch nehmen zu können, müsse sich die Beteiligung an der übertragenden GmbH im Betriebsvermögen befunden haben.

Das Urteil des FG Münster, gegen das unter Az. II R 50/13 die Revision beim BFH anhängig ist, bezieht sich auf den folgenden Sachverhalt:

Die Klägerin, eine im HR eingetragene Einzelhandelskauffrau, war Alleingesellschafterin der E-GmbH, zu deren Vermögen in inländisches Grundstück gehörte. Der Unternehmensgegenstand der E-GmbH, der Ankauf und die Verwaltung von Immobilien, hatte mit der Tätigkeit der Einzelhandelskauffrau als Software-Beraterin und -Entwicklerin nichts zu tun. Mit HR-Eintragung am 14.09.2010 wurde die E-GmbH auf die Einzelhandelskauffrau verschmolzen. In der Bilanz der Einzelhandelskauffrau

---

1027  Vgl. FG Hamburg, Urteil 3 K 149/12 vom 26.11.2013, EFG 2014, 570, Rz. 44.
1028  Vgl. FG Hamburg, Urteil 3 K 149/12 vom 26.11.2013, EFG 2014, 570, Rz. 45 a.E.
1029  Das FG Hamburg verweist insoweit auf *Weilbach*, Kommentar zum Grunderwerbsteuergesetz, § 6a GrEStG, Rz. 28, Tz. 46.
1030  Vgl. FG Münster, Urteil 8 K 1507/11 GrE vom 15.11.2013, EFG 2014, 306.

III. Befreite Umwandlungsvorgänge im Konzern  D.

auf den 31.12.2008, die am 07.01.2009 erstellt worden war, war die Beteiligung an der E-GmbH nicht ausgewiesen. Erst in der Bilanz auf den 31.12.2009, die vom 07.02.2011 datiert, war die Beteiligung an der E-GmbH als Anlagevermögen erfasst.

Das Konzernrecht hat nicht primär den Schutz außenstehender Gesellschafter zum Gegenstand, sondern den Ausgleich der Interessen aller Beteiligter, insbesondere den Schutz der beherrschten Gesellschaft.[1031] U.E. gibt es keinen überzeugenden Grund, bei der Auslegung von § 6a GrEStG auf den umsatzsteuerrechtlichen Unternehmerbegriff zurückzugreifen, zumal unklar ist, inwieweit er sich vom Unternehmerbegriff im Sinne der Auslegung der MwStSystRL durch den EuGH unterscheidet.

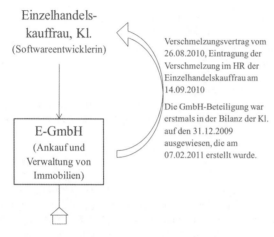

Die Kl. hält alle Anteile an der E-GmbH im Privatvermögen. Es fehlt an einer vor der Verschmelzung liegenden Einlagehandlung.

Das FA verweigerte die Anwendung von § 6a GrEStG, weil die Anteile an der E-GmbH-in den Bilanzen der Einzelhandelskauffrau nicht erfasst seien, weshalb sie die Anteile nicht im Betriebsvermögen, sondern im Privatvermögen gehalten habe. Das FG Münster stellte fest, dass sich die GmbH-Beteiligung weder im notwendigen noch im gewillkürten Betriebsvermögen der Einzelhandelskauffrau gefunden habe. Die Frage, ob die von der FinVerw. vertretene Auffassung[1032] zutrifft, dass § 6a GrEStG keine Anwendung findet, wenn der »Verbund« aufgrund des Umwandlungsvorgangs endet, etwa weil – wie hier – die abhängige Gesellschaft mit ihrer Alleingesellschafterin verschmolzen wird, brauche nicht beantwortet zu werden.

---

1031 Vgl. z.B. *EmmerichHabersack,* Konzernrecht, 9. Aufl. 2008, S. 10.
1032 Vgl. gleichlautende Erl. vom 19.06.2012 zu § 6a GrEStG, BStBl. I 2012, 662.

**D.** Grundstücksübertragungen in den Sonderfällen der §§ 5, 6 und 6a GrEStG

Die Entscheidung des FG Münster überrascht insofern, als – obwohl der umsatzsteuerrechtliche Unternehmerbegriff für maßgebend erklärt wird – im Zusammenhang mit der Frage nach der Zuordnung der Beteiligung zum unternehmerischen Bereich auf ertragsteuerrechtliche Kategorien (Betriebs- oder Privatvermögen) zurückgegriffen wird.[1033] U.E. zeigt dies, dass die bisher praktizierten Grundsätze zu den Tatbestandsmerkmalen »Unternehmen« und »Beteiligung des Unternehmens« in § 6a GrEStG nicht konsistent sind. Es ist u.E. auch mit der Einheit der Rechtsordnung nicht überzeugend begründbar, wieso bei einer grunderwerbsteuerrechtlichen Vorschrift das eine Tatbestandsmerkmal umsatzsteuerrechtlich, das andere ertragsteuerrechtlich ausgelegt werden sollte.[1034]

583.25 Wie bereits in den gleich lautenden Länder-Erlassen vom 22.06.2011[1035] vertritt die FinVerw. auch in den Erlassen vom 19.06.2012[1036] die Auffassung, dass das herrschende Unternehmen i.S.v. § 6a GrEStG der oberste Rechtsträger sei, der die Voraussetzungen von § 6a Satz 4 GrEStG erfüllt und Unternehmer im oben genannten Sinne ist. Zur weiteren Konkretisierung werden die Prüfungsschritte aufgelistet, die zur Bestimmung des herrschenden Unternehmens abzuarbeiten seien:
(1) Zunächst ist von unten nach oben der oberste Rechtsträger zu bestimmen, der ausgehend von den am Umwandlungsvorgang beteiligten Gesellschaften die Mindestbeteiligungshöhe an diesen erfüllt.
(2) Beginnend bei dem so ermittelten Rechtsträger ist nach unten zu prüfen, welcher Rechtsträger als oberster die Unternehmer-Eigenschaft im oben genannten Sinne erfüllt.
(3) Erfüllt der so ermittelte Rechtsträger die Vorbehaltensfrist (Unternehmer-Eigenschaft und Mindestbeteiligungshöhe hinsichtlich der am Umwandlungsvorgang beteiligten Gesellschaften), ist dieser das herrschende Unternehmen. Anderenfalls ist die Prüfung nach unten so lange fortzusetzen, bis das herrschende Unternehmen gefunden ist.

583.26 Soweit kein Rechtsträger die vorstehenden Voraussetzungen erfüllt, ist eine Anwendung des § 6a GrEStG mangels Verbund ausgeschlossen.«

Danach ist das herrschende Unternehmen in dem folgenden Beispiel, in dem die UE1-GmbH ihr Grundstück im Jahr 2012 auf die EU2-GmbH abspaltet, in Bezug auf diese Abspaltung wie folgt zu bestimmen:

---

1033 Das FG Münster prüft, ob die Beteiligung an der E-GmbH zum notwendigen oder gewillkürten Betriebsvermögen der Einzelhandelskauffrau gehörte, und verweist insoweit auf die Rechtsprechung der Ertragsteuer-Senate des BFH; vgl. FG Münster, Urteil 8 K 1507/11 GrE vom 15.11.2013, EFG 2014, 306, Tz. 17.
1034 Gegen das Urteil des FG Münster vom 15.11.2013 ist beim BFH unter AZ II R 50/13 die Revision anhängig.
1035 Vgl. gleichlautende Erl. vom 22.06.2011, BStBl. I 2011, 673.
1036 Vgl. gleichlautende Erl. vom 19.06.2012, BStBl. I 2012, 662.

# III. Befreite Umwandlungsvorgänge im Konzern D.

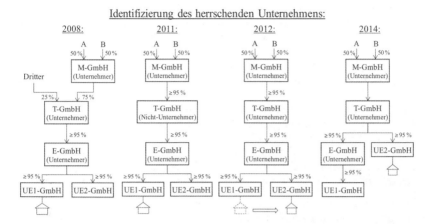

In 2012 ist der oberste Rechtsträger, der mittelbar zu mindestens 95 % an den an der Abspaltung beteiligten UE1-GmbH und UE2-GmbH beteiligt ist, die M-GmbH. Die M-GmbH ist seit mindestens fünf Jahren umsatzsteuerliche Unternehmerin. Jedoch ist sie erst seit 2011 zu mindestens 95 % an der T-GmbH beteiligt, erfüllt die vorgelagerte Fünf-Jahres-Frist mithin nicht. Die M-GmbH scheidet deshalb für die Einordnung als herrschendes Unternehmen aus. Eine mindestens 95 %ige Beteiligung mittelbar an den an der Abspaltung beteiligten UE1-GmbH und UE2-GmbH liegt während der vorgelagerten fünf Jahre auf Ebene der T-GmbH vor. Jedoch war die T-GmbH während der vorgelagerten Fünf-Jahres-Frist nicht durchgehend umsatzsteuerliche Unternehmerin, weil sie Anfang 2011 beschlossen hatte, keine Leistungen gegen Entgelt nachhaltig an Dritte mehr zu erbringen, und sie aufgrund eines neuerlichen Beschlusses erst Anfang 2012 wieder unternehmerisch tätig geworden ist. Mithin ist weiter nach unten zu prüfen, welcher Rechtsträger als oberster seit mindestens fünf Jahren die Unternehmer-Eigenschaft hat. Im Beispiel ist dies die E-GmbH. Sie erfüllt die vorgelagerte Fünf-Jahres-Frist, weil sie seit mindestens fünf Jahren zu mindestens 95 % sowohl an der UE1-GmbH als auch an der UE2-GmbH beteiligt ist. Zudem ist sie während dieser Zeit durchgehend umsatzsteuerliche Unternehmerin gewesen.

Mithin muss nach Verwaltungsansicht die E-GmbH ab Eintragung der Abspaltung im HR mindestens zu 95 % an der UE2-GmbH für weitere fünf Jahre beteiligt bleiben. Weil die E-GmbH im Beispiel bereits im Jahr 2014 ihre Beteiligung an der UE2-GmbH auf die T-GmbH überträgt, wird die nachgelagerte Fünf-Jahres-Frist – obwohl die Beteiligung an der UE2-GmbH samt Grundstück im Konzern verbleibt – nicht gewahrt und ist deshalb nach Verwaltungsansicht nachträglich in 2014 GrESt nach § 1 Abs. 1 Nr. 3 GrEStG auf die im Jahr 2012 durch die im HR eingetragene Abspaltung ausgelöste Grundstücksübertragung festzusetzen.

Hätte auch die E-GmbH ihre unternehmerische Tätigkeit im vorgelagerten Fünf-Jahres-Zeitraum zwischenzeitlich eingestellt, gäbe es nach Verwaltungsansicht in Bezug auf die Abspaltung des Grundstücks der UE1-GmbH auf die UE2-GmbH kein herrschendes

**D.** Grundstücksübertragungen in den Sonderfällen der §§ 5, 6 und 6a GrEStG

Unternehmen. Die Anwendung von § 6a GrEStG wäre dann mangels Verbund von vornherein ausgeschlossen. U.E. ist die T-GmbH als herrschendes Unternehmen einzustufen, weil es auf die umsatzsteuerliche Unternehmereigenschaft nicht ankommt.

### 7. Abhängige Gesellschaften, für die Berechnung der Fristen maßgebender Zeitpunkt (Tz. 2.3 der Erlasse vom 19.06.2012)

583.27 Für die Berechnung der in der Legaldefinition des Begriffs »abhängige Gesellschaft« enthaltenen vor- und nachgelagerten Fünf-Jahres-Zeiträume kommt es auf die den Vermögensübergang auslösende Eintragung der Umwandlung im HR an. Für Verschmelzungen nach §§ 3 ff. UmwG ist dies die Eintragung in das Register des Sitzes des übernehmenden Rechtsträgers.[1037] Für die Spaltung nach §§ 123 ff. UmwG ist dies die Eintragung in das Register des Sitzes des übertragenden Rechtsträgers.[1038]

Bei Einbringungen und anderen Erwerbsvorgänge nach gesellschaftsvertraglicher Grundlage wird in der Regel ein schuldrechtlicher Verpflichtungsvertrag abgeschlossen, bevor es zur dinglichen Rechtsänderung kommt. Die Tatbestände in § 1 Abs. 3 Nr. 1 und Nr. 3 GrEStG können bereits durch das unbedingte Wirksamwerden schuldrechtlicher Anteilsübertragungsansprüche ausgelöst werden. Für die Berechnung der Fünf-Jahres-Fristen in § 6a Satz 4 GrEStG kommt es deshalb in diesen Fällen auf den Zeitpunkt des unbedingten Wirksamwerdens der schuldrechtlichen Anteilsübertragungsansprüche an. In Bezug auf §§ 1 Abs. 3 Nr. 2 und Nr. 4 GrEStG ist der Zeitpunkt der dinglichen Rechtsänderung maßgebend. § 1 Abs. 3 Nr. 2 und Nr. 4 GrEStG sind jedoch nicht anwendbar, wenn ein schuldrechtliches Verpflichtungsgeschäft vorausgegangen ist, was in den Fallgruppen »Einbringung« und »anderer Erwerbsvorgang auf gesellschaftsvertraglicher Grundlage« in vielen Fällen (nicht aber bei der Anwachsung) der Fall sein sollte.

### 8. Beteiligung (Tz. 2.4 der Erlasse vom 19.06.2012)

583.28 Ist das herrschende Unternehmen nicht unmittelbar, sondern nur über weitere Gesellschaften an der an der Umwandlung beteiligten abhängigen Gesellschaft beteiligt, ist es nach Verwaltungsansicht für die geforderte mindestens 95 %ige Beteiligung erforderlich, dass auf jeder Stufe eine kapital- bzw. vermögensmäßige Beteiligung i.H.v. mindestens 95 % besteht.[1039] Dass das herrschende Unternehmen durchgerechnet ggf. zu weniger als 95 % an der an der Umwandlung beteiligten abhängigen Gesellschaft beteiligt ist, ist danach für die Anwendung von § 6a GrEStG unschädlich.

---

1037 Vgl. § 20 Abs. 1 UmwG.
1038 Vgl. § 131 Abs. 1 UmwG.
1039 Vgl. Tz. 2.4 S. 2 der Erl. vom 19.06.2012: »Eine mittelbare Beteiligung am Kapital oder Gesellschaftsvermögen einer Gesellschaft in Höhe von mindestens 95 % liegt dann vor, wenn auf jeder Stufe mindestens eine kapital- oder vermögensmäßige Beteiligung in dieser Höhe besteht«.

III. Befreite Umwandlungsvorgänge im Konzern　　　　　　　　　　　　　　D.

Spätestens seit Einfügung von § 1 Abs. 3a GrEStG durch das AmtshilfeRLUmsG mit Wirkung ab 07.06.2013 muss es u.E. alternative auch genügen, dass das herrschende Unternehmen auf Durchrechnungsbasis (unabhängig von der Höhe der Beteiligung an der jeweiligen zwischengeschalteten Gesellschaft) 95 % der Anteile am Kapital bzw. am Vermögen der abhängigen Gesellschaft hält. Denn nach Satz 3 von § 1 Abs. 3a GrEStG kommt es nicht darauf an, dass auf jeder Stufe eine mindestens 95 %ige Beteiligung gegeben ist; auch unterhalb dieser Beteiligungsschwelle sind für die Ermittlung der durchgerechneten Beteiligungsquote bei mittelbaren Beteiligungen die vom Hundertsätze am Kapital oder Vermögen der Gesellschaft zu multiplizieren. Weil § 1 Abs. 3a GrEStG mit Wirkung ab 07.06.2013 als weiterer begünstigungsfähiger grunderwerbsteuerrechtlicher Tatbestand in die Vorschrift des § 6a Satz 1 GrEStG aufgenommen worden ist, sollte für die mindestens 95 %ige Beteiligung für die Zwecke von § 6a GrEStG bei Beteiligungsketten alternativ ebenfalls die durchgerechnete Quote bedeutsam sein; eine Beteiligung von mindestens 95 % auf jeder Stufe sollte ebenfalls als ausreichend eingeordnet werden, weil dies der Systematik des ebenfalls nach § 6a GrEStG begünstigungsfähigen Tatbestands in § 1 Abs. 3 GrEStG entspricht.

Dies soll anhand der folgenden Beispiele verdeutlicht werden:　　　　　　　　583.29

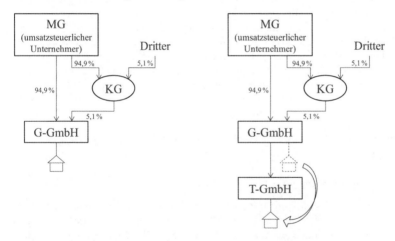

Auf Grundlage von Tz. 2.4 S. 2 der Erlasse vom 19.06.2012 ist die G-GmbH keine vom herrschenden Unternehmen MG abhängige Gesellschaft, weil nur die unmittelbar gehaltene 94,9 %ige Beteiligung, mangels mindestens 95 %iger Beteiligung am Vermögen der KG nicht aber die über die KG gehaltene mittelbare Beteiligungen (i.H.v. 94,9 % von 5,1 %) bei der Prüfung von § 6a Satz 4 GrEStG einzubeziehen sei.

Dass Tz. 2.4 S. 2 der Erlasse vom 19.06.2012 spätestens ab Einfügung von § 1 Abs. 3a 583.30 GrEStG mit Wirkung ab 07.06.2013 nicht mehr sachgemäß ist, verdeutlicht insbesondere das folgende Beispiel:

**D.** Grundstücksübertragungen in den Sonderfällen der §§ 5, 6 und 6a GrEStG

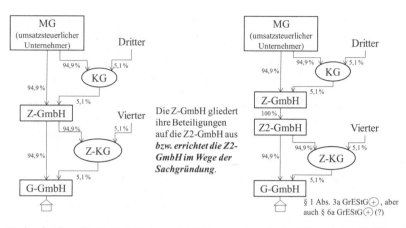

Dadurch, dass die Z-GmbH ihre 94,9 %igen an der G-GmbH und der Z-KG auf die zu 100 % von ihr gehaltene Z2-GmbH ausgliedert oder im Wege der Sachgründung überträgt, verwirklicht die Z2-GmbH den Tatbestand von § 1 Abs. 3a GrEStG. Zumindest dann, wenn es um die Anwendung von § 6a GrEStG auf Fälle i.S.v. § 1 Abs. 3a GrEStG geht, sollte bei Berechnung mittelbarer Beteiligungsquoten die in § 1 Abs. 3a Satz 3 GrEStG angeordnete Berechnungsmethode, die nicht eine mindestens 95 %ige Beteiligung auf jeder Stufe voraussetzt, entsprechend gelten. Allerdings sollte u.E. die Ermittlung der Beteiligungshöhe im Sinne von § 6a Satz 4 GrEStG nicht davon abhängen, nach welchem Tatbestand die dann nach § 6a GrEStG nicht zu erhebende GrESt angefallen ist. Die verschiedenen Berechnungsmethoden sollten aus Gründen der Praktikabilität alternativ ohne Rücksicht auf den im Einzelfall verwirklichten Tatbestand anwendbar sein.

### 9. Vorbehaltens-Frist i.S.v. § 6a Satz 4 GrEStG (Tz. 4 der Erlasse vom 19.06.2012)

*a) Die Verwaltungsansicht*

583.31 Bereits in den Erlassen vom 01.12.2010 hatte die FinVerw. zugestanden, dass die fünfjährige Vorbehaltensfrist nicht verletzt ist, wenn innerhalb des der Eintragung der Umwandlung vorausgehenden Fünf-Jahres-Zeitraums abhängige Gesellschaften durch einen Umwandlungsvorgang im Verbund entstanden sind. Für die Prüfung der Vorbehaltensfrist würden in diesen Fällen die Behaltenszeiten im Verbund zusammengerechnet.[1040] In den Erlassen vom 19.06.2012 wurde dies dahingehend konkretisiert, dass sog. »verbundgeborene« Gesellschaften von dem Erfordernis der fünfjährigen Vorbehaltensfrist ausgenommen seien, die durch einen Umwandlungsvorgang ausschließlich aus einer oder mehreren Gesellschaften entstanden sind, die spätestens im

---

1040 Vgl. Tz. 4 Abs. 3 der Erl. vom 01.12.2010.

III. Befreite Umwandlungsvorgänge im Konzern       D.

Zeitpunkt des zu beurteilenden Erwerbsvorgangs abhängige Gesellschaft ist bzw. abhängige Gesellschaften sind.[1041]

Diese »Zusammenrechnung der Behaltenszeiten im Verbund« wird in den Erlassen anhand des folgenden Beispiels verdeutlicht: 583.32

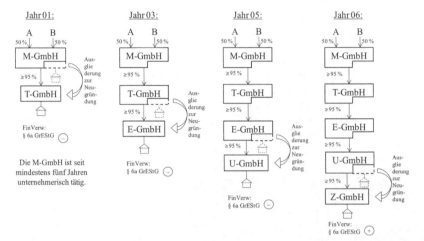

Die Anwendung von § 6a GrEStG auf die Ausgliederung zur Neugründung auf die T-GmbH im Jahr 01 scheidet nach Verwaltungsansicht schon deshalb aus, weil durch diese Ausgliederung erstmalig ein Verbund entstehe und die Vorbehaltensfrist nicht erfüllt sei. Ebenso seien die Ausgliederungen in den Jahren 03 und 05 nicht begünstigungsfähig, weil bei Eintragung der Ausgliederung im Jahr 03 die T-GmbH und die E-GmbH und bei der Eintragung der Ausgliederung im Jahr 05 die T-GmbH, die E-GmbH und die U-GmbH noch keine abhängigen Gesellschaften seien. Der Verbund bestehe im Jahr 03 erst seit zwei und im Jahr 05 erst seit vier Jahren, was für die Erfüllung der vorgelagerten Fünf-Jahres-Frist nicht genüge.

Für die im Jahr 06 eingetragene Ausgliederung zur Neugründung auf die Z-GmbH seien die Behaltenszeiten der U-GmbH, der E-GmbH und der T-GmbH »zusammenzurechnen«.[1042]

Die E-GmbH, die U-GmbH und die Z-GmbH sind nach Verwaltungsansicht sog. »verbundgeborene« Gesellschaften. Weil die E-GmbH »verbundgeboren« sei, bezieht die FinVerw. auch das zweijährige Halten der mindestens 95 %igen Beteiligung an T-GmbH durch die M-GmbH in die Prüfung der Wahrung der vorgelagerten Fünf-Jahres-Frist ein. Die mit Eintragung der Ausgliederung zur Neugründung auf

---

1041 Vgl. Tz. 4 der Erl. vom 19.06.2012.
1042 Vgl. auch *Neitz-Hackstein/Lange*, GmbHR 2012, 998, 1004.

# D. Grundstücksübertragungen in den Sonderfällen der §§ 5, 6 und 6a GrEStG

Z-GmbH im Jahr 06 nach § 1 Abs. 1 Nr. 3 GrEStG anfallende GrESt wird daher nach § 6a GrEStG – zumindest zunächst[1043] – nicht erhoben.

**b) Ernsthafte Zweifel an der Richtigkeit der Verwaltungsansicht laut Beschluss 4 V 1742/12 des FG Nürnberg vom 27.06.2013[1044]**

583.33 Im diesem Beschluss zugrunde liegenden Sachverhalt hatte eine Holding-KG am 25.09.2009 die M-GmbH gegründet, die am selben Tag die Z-GmbH gründete. Einige Monate später, und zwar am 25.05.2010, brachte die Holding-KG ihre bereits seit mehr als fünf Jahren gehaltene 100 %ige Beteiligung an der P-GmbH, die ihrerseits zu 100 % an der grundstücksbesitzenden C-GmbH beteiligt war, in die M-GmbH ein, und zwar rechtstechnisch im Wege der Ausgliederung zur Aufnahme nach § 123 Abs. 3 Nr. 1 UmwG. Am selben Tag brachte die M-GmbH diese 100 %ige Beteiligung an der P-GmbH in die Z-GmbH ein, ebenfalls per Ausgliederung zur Aufnahme nach § 123 Abs. 3 Nr. 1 UmwG.

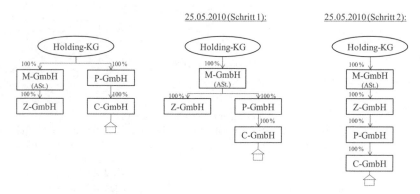

Das FA setzte nach § 1 Abs. 3 Nr. 4 GrEStG GrESt gegenüber der M-GmbH (und wohl auch gegenüber der Z-GmbH) fest. Die M-GmbH (und wohl auch die Z-GmbH) seien keine sog. »verbundgeborenen« Gesellschaften, weil sie nicht durch Umwandlungsvorgänge entstanden seien. Die fünf-jährige Vorbehaltens-Frist i.S.v. § 6a Satz 4 GrEStG sei daher in Bezug auf diese jeweils erwerbenden Gesellschaften nicht erfüllt. Mit Blick auf die vielfach in der Literatur vertretene Ansicht, wonach die Vorbehaltens-Frist als eingehalten gelten muss, wenn innerhalb der Frist von fünf Jahren vom herrschenden Unternehmen eine abhängige Gesellschaft gegründet werde und diese nachfolgend vor Ablauf von fünf Jahren an einem konzerninternen

---

1043 Dafür, dass die GrESt endgültig unerhoben bleibt, ist Voraussetzung, dass die M-GmbH als herrschendes Unternehmen fünf Jahre lang nach Eintragung der Ausgliederung zur Neugründung auf die Z-GmbH i.H.v. mindestens 95 % (unmittelbar oder mittelbar) beteiligt bleibt.
1044 Vgl. EFG 2013, 1517.

## III. Befreite Umwandlungsvorgänge im Konzern D.

Umwandlungsvorgang beteiligt sei,[1045] gestand das FG Nürnberg Zweifel zu, »ob nicht doch entgegen der Auffassung des FA im Streitfall die Vorbehalts-Frist nach § 6a S. 4 GrEStG als gewahrt anzusehen sei«. U.E. ist die fünfjährige Vorbehalts-Frist – in entsprechender Anwendung der zu §§ 5, 6 GrEStG geltenden Grundsätze – insgesamt nicht auf die erwerbende Gesellschaft anzuwenden, sondern nur auf die Gesellschafteranteile oder Grundstücke übertragende abhängige Gesellschaft.

Das FG Düsseldorf entschied mit Urteil vom 07.05.2014,[1046] dass die Steuervergünstigung nach § 6a GrEStG nicht bereits deshalb zu versagen sei, weil das herrschende Unternehmen seine Beteiligung an dem beherrschten Unternehmen noch keine fünf Jahre gehalten habe, weil das beherrschte Unternehmen neugegründet worden sei. Diesem Urteil, gegen das beim BFH unter Az. II R 36/14 die Revision anhängig ist, lag der folgende Sachverhalt zugrunde:

Im Juni 2012 gründete die D-GmbH ihren Teilbetrieb für Heizkostenmessung und -abrechnung auf eine neu zu gründende GmbH aus. Keiner der Gesellschafter der ausgliedernden GmbH war zu 95 % oder mehr an ihr beteiligt.

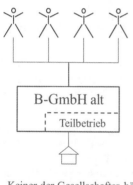

Keiner der Gesellschafter hält 95 % oder mehr der Anteile an der B-GmbH alt.

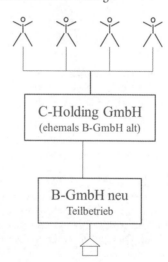

Ausgliederung des Teilbetriebs für Heizkostenmessung und Abrechnung samt Grundstück zur Neugründung

---

1045 Unter Hinweis auf *Viskorf*, in: Boruttau, § 6a GrEStG, Rz. 81 ff.; *ders. Die Steuerberatung* 2010, 534, 539; *Fleischer*, Die Steuerberatung 2011, 542, 550; *Schaflitzl/Stadler*, DB 2010, 185, 188; *Rödder/Schönfeld*, DStR 2010, 415; *Mensching/Tyarks*, BB 2010, 87, 91.
1046 Vgl. FG Düsseldorf, Urteil 7 K 281/14 GE vom 07.05.2014, EFG 2014, 1424.

**D.** Grundstücksübertragungen in den Sonderfällen der §§ 5, 6 und 6a GrEStG

Nach Ansicht des FG Düsseldorf dient die in § 6a Satz 4 GrEStG normierte Frist – wie die Frist in § 6 Abs. 4 Satz 1 GrEStG – der Verhinderung von Steuerumgehungen durch missbräuchliche Gestaltungen. Bei einem – wie hier – ausschließlich konzerninternen Vorgang sei ein solcher Missbrauch objektiv ausgeschlossen. Durch den Umwandlungsvorgang würden keine Grundstücke aus dem Konzernverbund gelöst.[1047] U.E. ist der Ansicht des FG Düsseldorf zuzustimmen. § 6a Satz 4 GrEStG ist ebenso wie §§ 5 Abs. 3, 6 Abs. 3 Satz 2 GrEStG als Missbrauchsvermeidungsvorschrift auszulegen, d.h. § 6a Satz 4 GrEStG ist teleologisch zu reduzieren, wenn die Umwandlung, die Einbringung oder der andere Erwerbsvorgang auf gesellschaftsvertraglicher Grundlage zu keiner grunderwerbsteuerrechtlichen Statusverbesserung geführt hat, d.h. dieser Vorgang also nicht gewirkt hat, dass ein Grundstück im Ergebnis grunderwerbsteuerneutral ausscheidet, wenn es – wäre die Umwandlung, die Einbringung oder der andere Erwerbsvorgang auf gesellschaftsvertraglicher Grundlage nicht erfolgt – nur unter Auslösung von GrESt aus dem Konzern hätte ausscheiden können. Dies hat zur Folge, dass § 6a Satz 4 GrEStG nicht beteiligungsbezogen, sondern – wie §§ 5 Abs. 3, 6 Abs. 3 Satz 2 GrEStG – beteiligungsbezogen auszulegen ist.

*c) »Verbundgeborenheit« aufgrund einer Bar- oder Sachgründung innerhalb der letzten fünf Jahre?*

583.34 Nach bisheriger Verwaltungsansicht sind solche Gesellschaften »verbundgeboren«, die vor weniger als fünf Jahren vor der zu begünstigenden Umwandlung oder gar erst durch die zu begünstigende Umwandlung selbst innerhalb des Konzerns entstanden sind.[1048]

Seit dem 07.06.2013 stellt sich die Frage, ob eine noch keine fünf Jahre bestehende Gesellschaft auch dann als sog. »verbundgeborene« abhängige Gesellschaft anerkannt werden kann, wenn sie innerhalb der letzten fünf Jahre vor der zu begünstigenden Umwandlung, Einbringung oder vor dem zu begünstigenden anderen Erwerbsvorgang auf gesellschaftsvertraglicher Grundlage durch Bar- oder Sachgründung ausschließlich durch eine oder mehrere Gesellschaften entstanden ist, die spätestens im Zeitpunkt des zu beurteilenden Erwerbsvorgangs abhängige Gesellschaft ist bzw. abhängige Gesellschaften sind. Diese Frage ist u.E. zu bejahen.[1049] Seit dem nicht mehr nur übertragende Umwandlungen, sondern auch Einbringungen und andere Erwerbsvorgänge auf gesellschaftsvertraglicher Grundlage nach § 6a GrEStG begünstigt sein können, muss auch der Begriff »Verbundgeborenheit« über die Fälle der Entstehung der abhängigen Gesellschaft innerhalb der letzten fünf Jahre durch Umwandlung hinaus auf Fälle der Entstehung durch Einbringung (Sach-, aber auch Bargründung), und auf Fälle anderer Erwerbsvorgänge auf gesellschaftsvertraglicher Grundlage ausgedehnt werden. Dass von den obersten Finanzbehörden der Länder in Tz. 4 der Erlasse vom

---

1047 Vgl. FG Düsseldorf, Urteil 7 K 281/14 GE vom 07.05.2014, EFG 2014, 1424, Rz. 10.
1048 Vgl. Tz. 4 Abs. 2 der Erl. vom 19.06.2012.
1049 Ebenso wohl *Fleischer*, StuB 20/2013, 765, 770.

## III. Befreite Umwandlungsvorgänge im Konzern D.

19.06.2012 dargestellte Beispiel (vgl. oben in Ziffer 9.1) hat daher für den Fall, dass die Gesellschaftskette nicht durch Ausgliederungen zur Neugründung, sondern durch Bar- oder Sachgründung entsteht, entsprechend zu gelten:

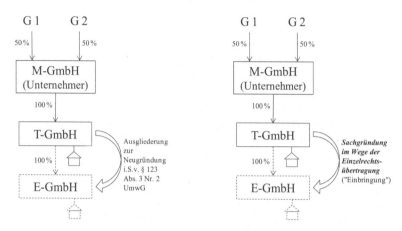

Die M-GmbH ist seit mehr als fünf Jahren umsatzsteuerliche Unternehmerin und zu 100 % an der T-GmbH beteiligt, der ein inländisches Grundstück gehört. Die T-GmbH gliedert das Grundstück zur Neugründung auf die E-GmbH aus. In der Alternative gründet die T-GmbH die E-GmbH und bringt i.r. der Sachgründung das Grundstück in die E-GmbH ein. In einer weiteren Alternative gründet die T-GmbH die E-GmbH durch Bargründung und bringt anschließend das Grundstück durch Sachkapitalerhöhung oder unter Buchung in die Rücklagen in die E-GmbH ein.

Nach Verwaltungsansicht[1050] ist die E-GmbH – weil durch übertragende Umwandlung aus dem Verbund heraus entstanden – als »verbundgeborene« Gesellschaft abhängig i.S.v. § 6a Satz 4 GrEStG. Dies muss seit dem 07.06.2013 zumindest für den Fall der Sachgründung der E-GmbH unter Einbringung des Grundstücks für die T-GmbH entsprechend gelten. U.E. ist zudem kein Grund ersichtlich, warum im Fall der Bargründung und anschließenden Einbringung des Grundstücks in E-GmbH etwas Anderes gelten sollte. Allerdings greift § 6a GrEStG nach Verwaltungsansicht in der Alternative dennoch nicht ein, weil die Einbringung den Tatbestand von § 1 Abs. 1 Nr. 1 GrEStG verwirklicht, der von vornherein nicht von § 6a GrEStG begünstigt werden kann. Brächte die T-GmbH im Zuge der Sachgründung nicht das Grundstückseigentum, sondern eine mindestens 95 %ige Beteiligung an einer Gesellschaft, zu deren Vermögen das Grundstück gehört, in die E-GmbH ein, müsste jedoch die nach § 1 Abs. 3 Nr. 3 GrEStG ausgelöste GrESt auch nach Verwaltungsansicht gem. § 6a GrEStG unerhoben bleiben.

[derzeit unbesetzt]

583.35 –
583.36

---

1050 Vgl. Tz. 4 der Erl. zu § 6a GrEStG vom 19.06.2012.

**D.** Grundstücksübertragungen in den Sonderfällen der §§ 5, 6 und 6a GrEStG

**10. Nachbehaltens-Frist i.S.v. § 6a Satz 4 GrEStG (Tz. 5 der Erlasse vom 19.06.2012)**

583.37 Die Wahrung der fünfjährigen Nachbehaltensfrist setzt nach Auffassung der FinVerw. voraus, dass der Verbund nach der Verwirklichung des Erwerbsvorgangs durch Umwandlung noch mindestens fünf Jahre fortbesteht. Die Mindestbeteiligung von 95 % an der abhängigen Gesellschaft müsse fünf Jahre nach dem Rechtsvorgang fortbestehen. Erlösche die übertragende abhängige Gesellschaft bei der Umwandlung, so müsse nur die übernehmende abhängige Gesellschaft fünf Jahre fortbestehen und dann an ihr die Mindestbeteiligung von 95 % bestehen bleiben.[1051]

583.38 In Tz. 5 Abs. 2 der Erlasse vom 19.06.2012 lässt die FinVerw. die Fortführung der nachgelagerten Fünf-Jahres-Frist in Bezug auf innerhalb der nachgelagerten fünf Jahre durch Umwandlung übernehmende abhängige Gesellschaften zu. Dies bedeutet, dass die Fortführung der nachgelagerten Fünf-Jahres-Frist durch eine bisher abhängige Gesellschaft in dem Fall, dass das herrschende Unternehmen auf diese abhängige Gesellschaft down-stream verschmolzen wird, nach Verwaltungsansicht nicht zulässig ist.[1052] Dies soll anhand des folgenden Beispiels veranschaulicht werden:

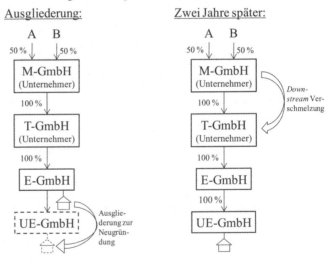

Die Struktur besteht im Zeitpunkt der Eintragung der Ausgliederung seit min. fünf Jahren.

---

1051 Vgl. gleichlautende Länder-Erlasse vom 19.06.2012, Tz. 5.
1052 Vgl. gleichlautende Länder-Erlasse vom 19.06.2012, Tz. 22, Abs. 3, wonach es die FinVerw. nur im Fall der Gesamtrechtsnachfolge einer natürlichen Person als ausreichend erachtet, dass der Gesamtrechtsnachfolger den Rest der Nachbehalte-Frist einhält. So auch *Neitz-Hackstein/Lange*, GmbHR 2012, 998, 1001.

III. Befreite Umwandlungsvorgänge im Konzern  D.

Nach HR-Eintragung der *down-stream*-
Verschmelzung ergibt sich die folgende Struktur:

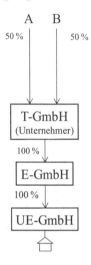

Alternativ wird die M-GmbH zwei Jahre nach der Ausgliederung liquidiert und werden die Anteile an der T-GmbH jeweils hälftig an A und B ausgekehrt.

U.E. muss es[1053] in beiden Fällen (down-stream-merger und Liquidation der M-GmbH) für den Erhalt der GrESt-Befreiung der Ausgliederung genügen, dass die T-GmbH den verbliebenen Teil der nachgelagerten Fünf-Jahres-Frist erfüllt.[1054] Nur dadurch wird ein Wertungswiderspruch zu der von der Verwaltung in Tz. 5, Beispiel 2, vertretenen Ansicht vermieden, wonach »die von der T2-GmbH zu erfüllende Nachbehaltensfrist aufgrund der Verschmelzung in 04 nun von der T3-GmbH als übernehmende abhängige Gesellschaft fortzuführen« sei. Die FinVerw. vertritt jedoch die gegenteilige Ansicht und verlangt, dass das im Zeitpunkt der Eintragung der Umwandlung im HR, das im Zeitpunkt der Verwirklichung der Einbringung bzw. des anderen Erwerbsvorgang auf gesellschaftsvertraglicher Grundlage herrschende Unternehmen fünf Jahre lang fortbestehen müsse, es sei denn, eine natürliche Person, die innerhalb der nachgelagerten Fünf-Jahres-Frist verstirbt, war bei Steuerentstehung das herrschende Unternehmen.[1055]

---

1053 Wenn man es – wie die FinVerw. – nicht als von vornherein möglich ansieht, dass die T-GmbH das für die Ausgliederung relevante herrschende Unternehmen sein kann.
1054 So auch *Pahlke*, 5. Aufl. 2014, § 6a GrEStG, Rz. 33.
1055 Vgl. Tz. 2.2 Abs. 3 der Erl. vom 19.06.2012.

# D. Grundstücksübertragungen in den Sonderfällen der §§ 5, 6 und 6a GrEStG

583.39 Für den Fall, dass die M-GmbH nicht durch Down-Stream-Verschmelzung endet, sondern durch Liquidation unter Sachauskehrung der Anteile an der T-GmbH an die beiden Gesellschafter A und B, wird die FinVerw. voraussichtlich Entsprechendes vertreten. Es ist davon auszugehen, dass die Qualifikation als »herrschendes Unternehmen« auch in diesem Fall nach Verwaltungsansicht nicht auf die T-GmbH übergeht und es die FinVerw. nicht zulassen wird, dass die T-GmbH den verbliebenen Teil der nachgelagerten Fünf-Jahres-Frist erfüllt.

583.40 In Tz. 5 der gleich lautenden Länder-Erlasse fehlen im Zusammenhang mit der Nachbehaltensfrist Ausführungen dazu, dass Veränderungen der Art der Beteiligung (z.B. vollständig oder teilweise Verkürzung oder Verlängerung der Beteiligungskette) unbeachtlich sind. Weil der Gesetzeswortlaut insoweit keine Differenzierung zwischen Vor- und Nachbehaltensfrist zulässt, gelten u.E. die Anweisungen in Tz. 4 letzter Absatz[1056] zur Vorbehaltensfrist entsprechend. Innerhalb der nachgelagerten fünf Jahre eintretende Veränderungen der Art der Beteiligung müssten deshalb auch nach Verwaltungsansicht unbeachtlich sein, wenn die erforderliche Mindestbeteiligung des im Zeitpunkt der Verwirklichung des Erwerbsvorgangs durch Umwandlung bestimmten herrschenden Unternehmens von 95 % erhalten bleibt.[1057]

583.41 In Tz. 5 Abs. 3 der Erlasse vom 19.06.2012 stellt die FinVerw. fest, dass die Nachbehaltensfrist nicht eingehalten sei (und deshalb die Vergünstigung nach § 6a GrEStG wohl insgesamt entfalle), wenn die Mindestbeteiligung das herrschende Unternehmen von 95 % am Kapital- oder Gesellschaftsvermögen *auch nur einer am Umwandlungsvorgang beteiligter Gesellschaft* unterschritten wird oder nicht mehr besteht.

Dies wirft bei der Aufspaltung die Frage auf, ob die Befreiung nach § 6a GrEStG auch für den Übergang eines Grundstücks auf die abhängige Gesellschaft, in Bezug auf die die nachgelagerte Fünf-Jahres-Frist gewahrt wird, nachträglich entfällt, wenn das herrschende Unternehmen seine Beteiligung an einer anderen durch dieselbe Aufspaltung ein Grundstück übernehmenden abhängigen Gesellschaft vor Ablauf der nachgelagerten Fünf-Jahres-Frist auf unter 95 % verringert. Dies soll anhand des folgenden Beispiel veranschaulicht werden:

---

1056 Tz. 4 letzter Absatz der Erl. vom 19.06.2012 lautet wie folgt: »Jede Veränderung der Art der Beteiligung (z.B. vollständige oder teilweise Verkürzung oder Verlängerung der Beteiligungskette) ist unbeachtlich. Voraussetzung ist, dass die erforderliche Mindestbeteiligung des im Zeitpunkt der Verwirklichung des Erwerbsvorgangs durch Umwandlung bestimmten herrschenden Unternehmens von 95 % erhalten bleibt«.

1057 Unschädlich sind auch Formwechsel, wenn die jeweilige kapital- oder vermögensmäßige Beteiligung von mindestens 95 % bestehen bleibt; vgl. Tz. 4 vorletzter Absatz der Erl. vom 19.06.2012.

III. Befreite Umwandlungsvorgänge im Konzern D.

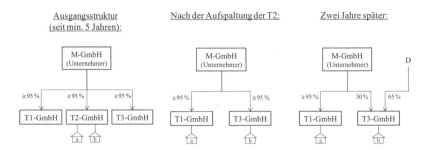

Weil die M-GmbH ihre mindestens 95 %ige Beteiligung an der T3-GmbH bereits zwei Jahre nach Eintragung der Aufspaltung der T2-GmbH auf 30 % reduziert, ist auf die durch Aufspaltung erfolgte Grundstücksübertragung auf die T3-GmbH nachträglich GrESt festzusetzen. Aufgrund der Formulierung von Tz. 5 Abs. 3 der Erlasse ist zu befürchten, dass die FinVerw. auch hinsichtlich des Grundstücks nachträglich GrESt wird festsetzen wollen. Dies wäre nicht sachgerecht, weil insoweit die mindestens 95 %ige Beteiligung bestehen bleibt.

Mit Urteil vom 23.07.2014 entschied das FG München,[1058] dass die Anwendung von § 6a Satz 1 GrEStG ausscheide, wenn der nur aus einem herrschenden Unternehmen und einer einzigen an der Umwandlung beteiligten abhängigen Gesellschaft bestehende Verbund infolge der vollständigen Ausgliederung des herrschenden Unternehmens erlösche. Die fünfjährige Nachbehaltensfrist i.S.v. § 6a Satz 4 GrEStG könne nicht eingehalten werden, wenn infolge der Beendigung der unternehmerischen Tätigkeit des herrschenden Unternehmens i.S.v. § 2 Abs. 1 UStG kein herrschendes Unternehmen mehr bestehe. Das Urteil des FG München bezieht sich auf den folgenden Sachverhalt:

In 2011 gliederte die natürliche Person X das gesamte Betriebsvermögen ihres einzelkaufmännischen und im HR eingetragenen Gewerbebetriebs einschließlich inländischer Grundstücke auf die am selben Tag zuvor von ihr gegründete Klägerin, eine GmbH, aus. X wurde Alleingesellschafterin der GmbH.

---

1058 Vgl. FG München, Urteil 4 K 1304/13 vom 23.07.2014, EFG 2014, 1703. Aufgrund Rücknahme der zunächst eingelegten Nichtzulassungsbeschwerde (AZ des BFH: II B 97/14) ist dieses Urteil rechtskräftig.

**D.** Grundstücksübertragungen in den Sonderfällen der §§ 5, 6 und 6a GrEStG

Vorher:

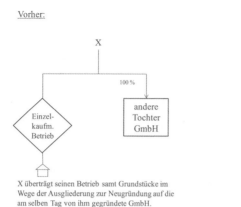

X überträgt seinen Betrieb samt Grundstücke im Wege der Ausgliederung zur Neugründung auf die am selben Tag von ihm gegründete GmbH.

Nachher:

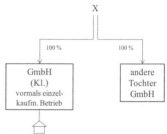

Verw.: § 6a GrEStG⊖, auch wenn X umsatzsteuerlicher Unternehmer ist.

Das FG München lehnte die Anwendung von § 6a GrEStG ab, weil die durch die Ausgliederung zur Neugründung entstandene GmbH die fünfjährige Vorbehaltensfrist nicht erfülle. Ende der Verbund mit dem grunderwerbsteuerrechtlich relevanten Umwandlungsvorgang, so sei der Anwendungsbereich der Steuerbefreiung nicht gegeben. Die fünfjährige Nachbehaltensfrist i.s.v. § 6a Satz 4 GrEStG könne nicht eingehalten werden, weil infolge der Beendigung der unternehmerischen Tätigkeit des X im Sinne von § 2 Abs. 1 UStG kein herrschendes Unternehmen mehr bestehe.[1059] Dies entspreche auch dem Zweck der Rechtsnorm, die die Befreiung von der GrESt nur für Vorgänge der Restrukturierung bzw. der Umstrukturierung von Konzernen bestimme. Ende der Verbund mit der Umwandlung, sei der im Hinblick auf den Ausnahmecharakter der Steuerbefreiungsvorschrift des § 6a GrEStG restriktiv zu verstehende Anwendungsbereich überschritten. Schließlich habe X nicht nur Teile seines einzelkaufmännischen Unternehmens, sondern das gesamte Einzelunternehmen auf die Klägerin ausgegliedert. Auf den Gesichtspunkt, dass X als Alleingesellschafter der Klägerin auf diese nach wie vor den entscheidenden Einfluss ausübt, komme es in diesem Zusammenhang ebenso wenig an wie auf den Umstand, dass neben der Klägerin noch mindestens eine ebenfalls X als Alleingesellschafter gehörende »Schwestergesellschaft« bestanden habe bzw. bestehe.

U.E. ist es nicht sachgerecht, das Tatbestandsmerkmal »Unternehmen« in § 6a UStG im umsatzsteuerrechtlichen Sinne zu verstehen.[1060] Die selbstständige nachhaltige Erbringung entgeltlicher Leistungen, die gem. § 2 Abs. 1 UStG Voraussetzung für die Unternehmereigenschaft im umsatzsteuerrechtlichen Sinne ist, hat im Grunderwerbsteuerrecht keine Bedeutung und kann daher auch nicht Voraussetzung für die Anwendung nach § 6a GrEStG sein. Konzernrechtlich wird die Unternehmensqualität

---

1059 Das FG München verweist insoweit auf die gleichlautenden Ländererlasse vom 19.06.2012, BStBl. I 2012, 662, Tz. 2.1.
1060 Vgl. auch *Behrens*, Ubg 2010, 845.

III. Befreite Umwandlungsvorgänge im Konzern

des (Mehrheits-) Gesellschafters davon abhängig gemacht, ob zusätzlich zu seiner Beteiligung an der Gesellschaft noch wirtschaftliche Interessenbindungen außerhalb der Gesellschaft bestehen, die geeignet sind, die ernste Besorgnis zu begründen, dass der Gesellschafter um ihretwillen seinen Einfluss zum Nachteil der Gesellschaft geltend machen könnte. Danach ist jeder Gesellschafter Unternehmer, der nicht nur in der Gesellschaft, sondern auch außerhalb der Gesellschaft wirtschaftliche Interessen verfolgt.[1061] Dass das Konzernrecht den Schutz der abhängigen Gesellschaft und als Reflex auch den Schutz von außenstehenden Minderheitsgesellschaftern bezweckt, spricht nicht dagegen, den Unternehmensbegriff in § 6a GrEStG ebenso weit zu verstehen wie den konzernrechtlichen Unternehmensbegriff. Nach der amtlichen Überschrift von § 6a GrEStG handelt es sich bei dieser Vorschrift um eine Steuervergünstigung bei Umstrukturierungen *im Konzern*. Am naheliegendsten ist es deshalb, den Unternehmensbegriff in dieser Vorschrift konzernrechtlich zu verstehen. Dem Umsatzsteuerrecht hingegen ist der Konzernbegriff fremd. Der Hinweis auf das umsatzsteuerrechtliche Verständnis von § 1 Abs. 4 Nr. 2b GrEStG überzeugt schon deshalb nicht, weil § 6a GrEStG nicht auf die Organschaftsvoraussetzungen abstellt.

### 11. Begünstigungsfähige Erwerbsvorgänge (Tz. 3 der Erlasse vom 19.06.2012)

In Bezug auf die Verwirklichung von § 1 Abs. 2a GrEStG durch übertragende Umwandlung hatte die FinVerw. in den Erlassen vom 01.012.2010 wohl die Ansicht vertreten, dass § 6a GrEStG nur anwendbar sei, wenn der Tatbestand von § 1 Abs. 2a GrEStG unmittelbar durch einen auf einer übertragenden Umwandlung beruhenden Anteilsübergang ausgelöst wird (und dass die Befreiung dann nur in dem Ausmaß greift, in dem der zuletzt und durch Umwandlung übertragende Gesellschafter vermögensmäßig an der grundbesitzenden Personengesellschaft beteiligt gewesen ist).[1062] Die Erlasse vom 19.06.2012 sehen die Befreiung nach § 6a GrEStG anteilig insoweit vor, als Umwandlungen innerhalb der Fünf-Jahres-Frist i.S.v. § 1 Abs. 2a GrEStG zur Erfüllung des Tatbestands beitragen; dass die 95 %-Grenze i.S.v. § 1 Abs. 2a GrEStG durch einen nicht unter § 6a GrEStG fallenden Anteilsübergang erreicht bzw. überschritten wird, steht der anteiligen Steuerbefreiung nicht entgegen.[1063] Für Anteilsübergänge, die durch Einbringungen oder andere Erwerbsvorgänge auf gesellschaftsvertraglicher Grundlage bewirkt werden, gilt diese Erlass-Regelung u.E. entsprechend.

583.42

Im folgenden Beispiel sind ursprünglich an der grundbesitzenden G-KG die seit mindestens fünf Jahren zu mindestens 95 % von M-GmbH gehaltene T-GmbH als auch der fremde Dritte (»D«) zu jeweils 50 % seit mehr als fünf Jahren beteiligt. Im Jahr 01 wird die T-GmbH auf die ebenfalls seit mindestens fünf Jahren zu mindestens 95 % von der M-GmbH

583.43

---

1061 Vgl. *Emmerich/Habersack*, Konzernrecht, S. 26, Tz. 8, 9. Aufl. 2008, m.w.N.
1062 Vgl. Tz. 3 Abs. 2 der Erl. vom 01.12.2010.
1063 Vgl. Tz. 3 Abs. 2 der Erl. vom 19.06.2012.

# D. Grundstücksübertragungen in den Sonderfällen der §§ 5, 6 und 6a GrEStG

gehaltene Anteilserwerber-GmbH verschmolzen.[1064] Vier Jahre später überträgt D seine 50 %ige Kommanditbeteiligung an der G-KG durch Einzelrechtsübertragung auf den bisher nicht beteiligten F. Dies lässt sich wie folgt veranschaulichen:

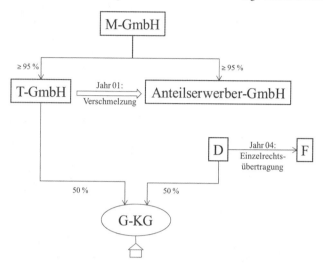

Ausgelöst wird der Tatbestand von § 1 Abs. 2a GrEStG erst durch die Einzelrechtsübertragung des 50 %igen Anteils des D auf F im Jahr 04. Weil jedoch die im Jahr 01 eingetragene Verschmelzung der T-GmbH auf die Anteilserwerber-GmbH zur Verwirklichung des Tatbestands § 1 Abs. 2a GrEStG beigetragen hat,[1065] wird die gegenüber der G-KG festzusetzende GrESt gem. § 6a GrEStG i.H.v. 50 % nicht erhoben. Diese Befreiung bleibt nur dann aufrecht erhalten, wenn die M-GmbH mindestens fünf Jahre lang weiterhin i.H.v. mindestens 95 % an der Anteilserwerber-GmbH beteiligt bleibt. Nicht geklärt ist, ob es für den Beginn der nachgelagerten Fünf-Jahres-Frist, während der die M-GmbH zu mindestens 95 % (unmittelbar oder mittelbar oder teils unmittelbar, teils mittelbar) an der Anteilserwerber-GmbH beteiligt bleiben muss, auf den Zeitpunkt des den Tatbestand von § 1 Abs. 2a

---

1064 Alternative: Die T-GmbH bringt ihren Anteil an der G-KG in die Anteilserwerber-GmbH ein.

1065 Dass die M-GmbH nach wie vor (mittelbar) an der G-KG beteiligt ist, spielt nach Ansicht der FinVerw. und auch nach Ansicht des BFH keine Rolle; bei unmittelbaren Anteilsübergängen wird allein darauf abgestellt, ob der den anteilerwerbende Gesellschafter im Erwerbszeitpunkt noch nicht Gesellschafter der grundbesitzenden Personengesellschaft ist; vgl. z.B. BFH-Urteil II R 57/09 vom 29.02.2012, BStBl. II 2012, 917: Nach § 1 Abs. 2a Satz 1 GrEStG ist es alleine entscheidend, ob ein zivilrechtlich wirksamer Übergang eines Mitgliedschaftsrechts einschließlich der anteiligen sachenrechtlichen Mitberechtigung am Gesellschaftsvermögen auf ein neues Mitglied der Personengesellschaft vorliegt. A.A. z.B. *Behrens*, BB 2013, 805.

## III. Befreite Umwandlungsvorgänge im Konzern    D.

GrEStG auslösenden Anteilsübergangs im Jahr 04 ankommt oder auf den Zeitpunkt der Eintragung der Verschmelzung im Register der übernehmenden Anteilserwerber-GmbH im Jahr 01. Fraglich ist, ob mit dem Begriff »Rechtsvorgang« in § 6a Satz 4 GrEStG die Umwandlung (bzw. Einbringung oder der andere Erwerbsvorgang auf gesellschaftsvertraglicher Grundlage) oder der von § 1 Abs. 2a GrEStG fingierte Erwerbsvorgang gemeint ist. Die FinVerw. äußert sich dazu leider nicht. U.E. kommt es für die Fristen auf den Zeitpunkt der Verwirklichung von § 1 Abs. 2a GrEStG an.[1066]

Führt eine übertragende Umwandlung (bzw. Einbringung bzw. ein Erwerbsvorgang auf gesellschaftsvertraglicher Grundlage) zur Verwirklichung von § 1 Abs. 3 Nr. 2 GrEStG, bleibt die GrESt nach § 6a GrEStG vollständig unerhoben, auch wenn der Anteilserwerber die von ihm zuvor bereits gehaltenen Anteile durch Vorgänge erworben hatte, die nicht nach § 6a GrEStG begünstigungsfähig sind. Dies soll anhand des folgenden Beispiels veranschaulicht werden:   583.44

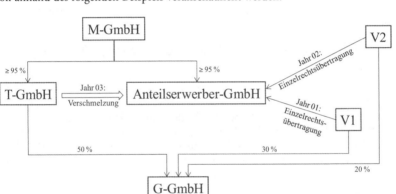

Nach Tz. 3 Abs. 4 der Erlasse vom 19.06.2012 bleibt die nach § 1 Abs. 3 Nr. 2 GrEStG angefallene GrESt in voller Höhe unerhoben, obwohl die Anteilserwerber-GmbH den 30 %igen und den 20 %igen Anteil an der G-GmbH zuvor jeweils im Wege der Einzelrechtsübertragung erworben hatte. Dem ist zuzustimmen. Die Verwaltung äußert sich nicht zu dem Fall, dass nur einer der ersten Anteilserwerbe unmittelbar durch Umwandlung bewirkt wird. Auch in diesem Fall beruht die Anteilsvereinigung zumindest auch auf einer Umwandlung, sodass u.E. nichts Anderes gelten sollte; die FinVerw. sieht dies aber wohl anders.

Vermindert sich der Anteil am Vermögen der Gesamthand infolge einer nach § 6a GrEStG begünstigungsfähigen Umwandlung innerhalb der Fünf-Jahres-Frist i.S.v.   583.45

---

1066 Vgl. Behrens/Bock, NWB 8/2011, 615, 628 f.

§§ 5 Abs. 3 oder 6 Abs. 3 Satz 2 GrEStG, steht § 6a GrEStG der nachträglichen Festsetzung von GrESt auf die Übertragung des Grundstücks auf die Gesamthand nach Verwaltungsansicht nicht entgegen. Dem ist zu widersprechen: In diesen Fällen ist die nachträgliche Festsetzung von GrESt aufgrund teleologischer Reduktion von §§ 5 Abs. 3 bzw. 6 Abs. 3 Satz 2 GrEStG unzulässig, weil keine objektive Missbrauchsvermeidungsmöglichkeit besteht;[1067] wäre das Grundstück nicht innerhalb der letzten fünf Jahre auf die Gesamthand übertragen worden, wäre es unmittelbar durch die Umwandlung auf den übernehmenden Rechtsträger übertragen worden. Die an sich nach § 1 Abs. 1 Nr. 3 GrEStG ausgelöste GrESt wäre nach § 6a GrEStG nicht zu erheben gewesen.[1068]

583.46 Für die Anwendung von § 6a GrEStG auf Fälle i.S.v. § 1 Abs. 3a GrEStG gelten die obigen Ausführungen entsprechend. In den Erlassen vom 09.10.2013 betr. Änderung des § 6a GrEStG durch das AmtshilfeRLUmsG vom 09.10.2013 wird bestätigt, dass »die Grundsätze zur Anwendung des § 6a GrEStG in den Fällen des § 1 Abs. 3 GrEStG für Erwerbsvorgänge im Sinne des § 1 Abs. 3a GrEStG entsprechend gelten«.[1069]

### 12. Folgen der Nicht-Einhaltung der Nachbehaltens-Frist (Tz. 6 Erlass vom 19.06.2012)

583.47 Durch den Verweis auf die Tz. 2 und 5 verdeutlicht die FinVerw. in Tz. 6.1 der Erlasse vom 19.06.2012, dass zu den nach §§ 19 Abs. 2 Nr. 4a GrEStG nach Verwaltungsansicht anzeigepflichtigen Änderungen von Beherrschungsverhältnissen i.S.v. § 6a Satz 4 GrEStG nicht nur das Absinken der Beteiligung an einer abhängigen Gesellschaft auf unter 95 % gehört, sondern auch die Beendigung des Verbunds oder der Wegfall der umsatzsteuerlichen Unternehmereigenschaft beim herrschenden Unternehmen vor Ablauf der nachgelagerten Fünf-Jahres-Frist.

### 13. Verhältnis der §§ 5, 6 GrEStG und § 6a GrEStG (Tz. 7 Erlass vom 19.06.2012)

583.48 Die FinVerw. bestätigt, dass die Steuervergünstigungen nach §§ 5, 6 GrEStG einerseits und § 6a GrEStG andererseits gleichrangig nebeneinander bestehen. Fallen die Voraussetzungen für die Begünstigung nach einer der Vorschriften nachträglich weg, bedeutet dies nicht automatisch, dass auch die in der jeweils anderen Vorschrift vorgesehene Begünstigung nicht mehr anwendbar ist. Vielmehr ist jede

---

1067 Zur teleologischen Reduktion von §§ 5 Abs. 3, 6 Abs. 3 Satz 2 GrEStG vgl. z.B. *Viskorf*, in: Boruttau, § 5 GrEStG, Rz. 99, § 6 GrEStG, Rz. 68; *Hofmann*, § 5 GrEStG.
1068 Vgl. *Behrens*, Ubg 2010, 845, 856 unter Hinweis auf BFH-Urteil II R 58/08 vom 17.10.2009, BStBl. II 2010, 302.
1069 Mit den »Grundsätzen zur Anwendung des § 6a GrEStG in den Fällen des § 1 Abs. 3 GrEStG« sind u.E. die den Tatbestand von § 1 Abs. 3 GrEStG betreffenden Anweisungen in Tz. 3 der gleichlautenden Länder-Erlasse vom 19.06.2012 gemeint.

III. Befreite Umwandlungsvorgänge im Konzern  D.

Begünstigungsvorschrift unabhängig von der jeweils anderen eigenständig zu prüfen. Dies soll anhand des folgenden Beispiels verdeutlicht werden:

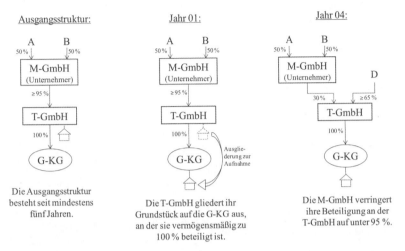

Die nach § 1 Abs. 1 Nr. 3 GrEStG im Jahr 01 durch die Eintragung der Ausgliederung des Grundstücks zur Aufnahme auf die G-KG ausgelöste GrESt bleibt unerhoben. Dies folgt sowohl aus § 6a GrEStG als auch – wegen der vermögensmäßigen 100 %-Beteiligung der T-GmbH an der G-KG – aus § 5 Abs. 2 GrEStG. Dadurch, dass die M-GmbH ihre Beteiligung an der T-GmbH im Jahr 04 – d.h. vor Ablauf der fünfjährigen Nachbehaltensfrist i.S.v. § 6a Satz 4 GrEStG – auf 30 % reduziert, fällt die Befreiung gem. § 6a GrEStG nach Verwaltungsansicht rückwirkend weg. Dennoch kommt es nicht zur nachträglichen Festsetzung von GrESt auf den durch Eintragung der Ausgliederung im Jahr 01 bewirkten Grundstücksübergang auf die G-KG. Denn die Befreiung nach § 5 Abs. 2 GrEStG besteht fort. Dem ist zuzustimmen, weil die Systematik und der Wortlaut des Gesetzes keiner dieser Befreiungsvorschriften den Rang als *lex specialis* einräumen.

## 14. Neue Möglichkeiten grunderwerbsteuerneutraler Umstrukturierungen

Die Ergänzung von § 6a Satz 1 GrEStG um Einbringungen sowie andere Erwerbsvorgänge auf gesellschaftsvertraglicher Grundlage erweitern die Möglichkeiten zu grunderwerbsteuerneutralen konzerninternen Umstrukturierungen. Dies soll anhand des folgenden Beispiels verdeutlicht werden:

583.49

Die seit mehr als fünf Jahren umsatzsteuerlich als Unternehmerin tätige M-GmbH, deren Anteile hälftig von G 1 und G 2 gehalten werden, ist Alleingesellschafterin der T1-GmbH sowie der grundbesitzenden T2-GmbH. Die T2-GmbH soll beendet und deren Geschäftsbetrieb samt Grundstücken von der M-GmbH übernommen und fortgeführt werden. Würde die T2-GmbH auf die M-GmbH verschmolzen, fiele GrESt nach § 1 Abs. 1 Nr. 3 GrEStG an. Auf Grundlage der Verwaltungsansicht stünde die Befreiung nach § 6a GrEStG dennoch nicht zur Verfügung, weil die Verschmelzung der T2-GmbH auf die M-GmbH zur Beendigung des Verbunds, d.h. zur Nicht-Wahrung der nachgelagerten Fünf-Jahres-Mindest-Haltefrist i.S.v. § 6a Satz 4 GrEStG führt.[1070] Statt der Verschmelzung der T2-GmbH auf die M-GmbH kommt es in Betracht, die T2-GmbH identitätswahrend gem. §§ 190 ff. UmwG in eine KG umzuwandeln und anschließend das Vermögen der KG durch Anwachsung auf die M-GmbH zu übertragen:gottwald_behrens_58516000_094

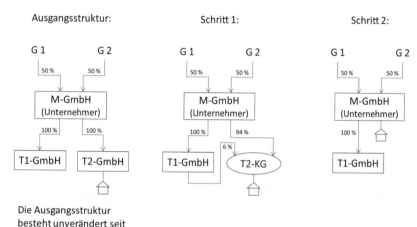

Die Ausgangsstruktur besteht unverändert seit mindestens fünf Jahren.

Der Formwechsel der T2-GmbH in eine KG ist grunderwerbsteuerrechtlich irrelevant; auch § 1 Abs. 3 GrEStG wird nicht erfüllt, weil die Anteile an der T2-GmbH bereits zuvor in der M-GmbH vereinigt waren.[1071] Dass die M-GmbH bis zur Eintragung des Formwechsels im HR am Kapital der T2-GmbH beteiligt war und durch die Eintragung des Formwechsels erstmalig (teils unmittelbar, teils mittelbar über die

---

1070 Vgl. gleichlautende Länder-Erlasse zur Anwendung von § 6a GrEStG vom 22.06.2011, Tz. 2.1: Der für den jeweiligen Umwandlungsvorgang zu bestimmende Verbund besteht aus dem herrschenden Unternehmen und der oder den am Umwandlungsvorgang beteiligten abhängigen Gesellschaft(en) sowie die dieses Beteiligungsverhältnis vermittelnden abhängigen Gesellschaften. Der Umwandlungsvorgang, durch den der Verbund begründet oder beendet wird, ist nicht begünstigt. Spiegelbildlich liegt kein begünstigungsfähiger Vorgang vor, wenn die letzte am Umwandlungsvorgang beteiligte abhängige Gesellschaft auf das herrschende Unternehmen verschmolzen wird.

1071 Folgt auf die unmittelbare Anteilsvereinigung die teils unmittelbare, teils mittelbare (hier in Bezug auf den 6 %-igen Komplementäranteil über die T1-GmbH), wird der Tatbestand von § 1 Abs. 3 GrEStG nicht erfüllt. Auch § 1 Abs. 3a GrEStG wird nicht erfüllt, weil die M-GmbH bereits zuvor i.H.v. mindestens 95 % (hier: i.H.v. 100 %) am Kapital der T2-GmbH beteiligt war.

III. Befreite Umwandlungsvorgänge im Konzern                                    D.

T1-GmbH) eine Beteiligung i.H.v. mindestens 95 % am Vermögen der T2-KG erwirbt, erfüllt den Tatbestand von § 1 Abs. 3a GrEStG nicht.

Scheidet die T1-GmbH anschließend aus der T2-KG aus, erwirbt die M-GmbH das Vermögen der T2-KG einschließlich der inländischen Grundstücke durch Erwerbsvorgang auf gesellschaftsvertraglicher Grundlage.[1072] An diesem Erwerbsvorgang beteiligt sind die T2-KG als übertragender Rechtsträger und die M-GmbH als Erwerberin.[1073] An diesem Erwerbsvorgang sind ausschließlich das herrschende Unternehmen (M-GmbH) und eine von diesem abhängige Gesellschaft (T2-KG) beteiligt. Infolge des Formwechsels der T2-GmbH in eine KG, an der die T1-GmbH als Komplementärin beteiligt ist, wird die T1-GmbH zum Mitglied des für den Erwerbsvorgang auf gesellschaftsvertraglicher Grundlage zu bestimmenden Verbunds. Unter der Voraussetzung, dass die M-GmbH eine Beteiligung i.H.v. mindestens 95 % an der T1-GmbH nach dinglichem Wirksamwerden der Anwachsung für mindestens fünf weitere Jahre in ihrem unternehmerischen Bereich hält, bleibt die durch die Anwachsung nach § 1 Abs. 1 Nr. 3 GrEStG ausgelöste GrESt endgültig unerhoben.

### 15. Entsprechende Geltung der Erlasse zu § 6a GrEStG vom 19.06.2012

In den Erlassen vom 09.10.2013 wird klargestellt, dass die Grundsätze zur Anwendung des § 6a GrEStG in den Fällen des § 1 Abs. 3 GrEStG für Erwerbsvorgänge i.S.v. § 1 Abs. 3a GrEStG entsprechend gelten. Dies entspricht der Aussage in den Erlassen zur Anwendung des § 1 Abs. 3a GrEStG vom 09.10.2013, dass die Grundsätze zu § 1 Abs. 3 GrEStG i.R. von § 1 Abs. 3a GrEStG entsprechend gelten.    583.50

Konkret bedeutet dies, dass die Regelung in Tz. 3 der Erlasse vom 19.06.2012 für die Verwirklichung von § 1 Abs. 3a GrEStG durch eine übertragende Umwandlung, bei einer Einbringung oder einem anderen Erwerbsvorgang auf gesellschaftsvertraglicher Grundlage entsprechend gilt. Wird der Tatbestand von § 1 Abs. 3a GrEStG durch einen begünstigungsfähigen Rechtsvorgang erfüllt, dann wird die Steuer nach § 6a GrEStG in vollem Umfang nicht erhoben. Unerheblich ist auch in den Fällen von § 1 Abs. 3a GrEStG, wann und wodurch der Erwerber die ihm zuvor bereits zustehenden Anteile an der grundbesitzenden Gesellschaft erworben hat.

### 16. Begünstigung entsprechender EU/EWR-Einbringungen und Erwerbsvorgänge auf gesellschaftsvertraglicher Grundlage?

Der Gesetzgeber stellt im Wachstumsbeschleunigungsgesetz entsprechende EU/ EWR-Umwandlungsvorgänge in § 6a GrEStG den übertragenden Umwandlungen i.S.v. § 1 Abs. 1 Nr. 1 bis Nr. 3 UmwG gleich, um Verstöße gegen das EU/EWR-Recht zu vermeiden. Aus demselben Grund ist auch die Gleichbehandlung entsprechender EU/EWR-Einbringungen und Erwerbsvorgänge auf gesellschaftsvertraglicher    583.51

---

1072 Die Gesellschafterstellung der M-GmbH und der T1-GmbH in der T2-KG verändern sich in rechtlicher Hinsicht, weil sie beendet werden.
1073 A.A. *Wischott/Keller/Graessner*, NWB 44/2013, 3460, 3467.

**D.** Grundstücksübertragungen in den Sonderfällen der §§ 5, 6 und 6a GrEStG

Grundlage mit nach deutschem Recht erfolgenden Einbringungen und Erwerbsvorgängen nach gesellschaftsvertraglicher Grundlage geboten.

Der Wortlaut von Satz 2 von § 6a GrEStG idFd AmtshilfeRLUmsG, wonach die Begünstigung nach »Satz 1 auch entsprechende Umwandlungen aufgrund des Rechts eines Mitgliedsstaats der EU oder des EWR gilt«, wurde durch das sog. KroatienG wie folgt neu gefasst:

»Satz 1 gilt auch für entsprechende Umwandlungen, Einbringungen sowie andere Erwerbsvorgänge auf gesellschaftsvertraglicher Grundlage auf Grund des Rechts eines Mitgliedstaates der Europäischen Union oder eines Staats, auf den das Abkommen über den Europäischen Wirtschaftsraum Anwendung findet.«

Aus dieser Gesetzesänderung wird in der Literatur abgeleitet, dass zwischen Umwandlungen einerseits und Einbringungen sowie anderen Erwerbsvorgängen auf gesellschaftsvertraglicher Grundlage andererseits in räumlicher Hinsicht ein Gleichlauf hergestellt worden sei. Einbringungen und andere Erwerbsvorgänge auf gesellschaftsvertraglicher Grundlage seien daher nur dann nach § 6a GrEStG begünstigungsfähig, wenn mindestens ein an dem Vorgang beteiligter Rechtsträger in einem EU-/EWR-Staat ansässig ist. U.E. bleibt es vertretbar, § 6a Satz 1 GrEStG als bei Einbringungen und sonstigen Erwerbsvorgängen auf gesellschaftsvertraglicher Grundlage weltweit anwendbar anzusehen, weil im Satz 1 von § 6a GrEStG ein § 1 Abs. 1 UmwG entsprechender Anknüpfungspunkt an das Inland fehlt.

# E. Umwandlung von gemeinschaftlichem Eigentum in Flächeneigentum – § 7 GrEStG

## Übersicht

| | Rn. |
|---|---|
| I. Systematische Vorbemerkungen | 584 |
| II. Grundstücksteilung unter Miteigentümern in Flächeneigentum | 588 |
|    1. Realteilung | 588 |
|    2. Aufteilung in Wohnungseigentum | 595 |
|    3. Aufhebung von Wohnungseigentum | 600 |
| III. Grundstücksteilung von Gesamthandeigentum in Flächeneigentum | 605 |
|    1. Allgemeine Systematik | 605 |
|    2. Freiwillige Baulandumlegungen | 610 |
| IV. Die Sperrfrist des § 7 Abs. 3 GrEStG | 611 |
| V. Interpolation | 612 |

## I. Systematische Vorbemerkungen

Wenn ein Grundstück zwischen Personen flächenweise aufgeteilt wird, denen das Grundstück bereits zum Miteigentum (§ 7 Abs. 1 GrEStG) oder zu Gesamthandeigentum (§ 7 Abs. 2 GrEStG) gehört, so kann dieser Rechtsvorgang von der GrESt befreit sein. Ohne die Befreiungsvorschrift müsste die flächenmäßig Aufteilung eines Grundstückes zwischen diesen Personen als gegenseitiger Tausch angesehen werden, welcher nach § 1 Abs. 1 i.V.m. Abs. 5 GrEStG zwei eigenständige Erwerbsvorgänge beinhalten würde. 584

§ 7 GrEStG befreit diese Vorgänge jedoch von der GrESt insoweit, als der einzelne Erwerber eine Grundstücksfläche erhält, die dem Wert seiner bisherigen Beteiligung entspricht.[1074] 585

Erfasst ist lediglich die Aufteilung eines Grundstückes in *reale* Teile. Miteigentumsanteile (ideelle Anteile) und Gesamthandeigentum sind keine realen Teile eines Grundstücks.[1075] 586

Der Gesetzeswortlaut des § 7 GrEStG bezieht sich eindeutig stets nur auf die flächenmäßige Teilung *eines*, d.h. eines einzelnen Grundstücks. Bei der Verteilung mehrerer Grundstücke unter den Miteigentümern ist der Umfang der Steuerbefreiung nach § 7 Abs. 1 GrEStG daher für jedes Grundstück unabhängig von den anderen Grundstücksteilungen zu prüfen.[1076] Eine Ausnahme gilt nur, wenn die mehreren zivilrechtlichen Grundstücke eine wirtschaftliche Einheit bilden (§ 2 Abs. 3 Satz 1 GrEStG), da sie insoweit *ein* Grundstück im grunderwerbsteuerlichen Sinn bilden und folglich § 7 GrEStG eingreift. 587

---

1074 Vgl. *Pahlke*, § 7 Rn. 1; *Hofmann*, § 7 Rn. 1; Boruttau/*Viskorf*, § 7 Rn. 11.
1075 Vgl. *Pahlke*, § 7 Rn. 3; *Hofmann*, § 7 Rn. 4 ff.
1076 Vgl. *Pahlke*, § 7 Rn. 4; BFH, BStBl. III 1957, S. 69; *Hofmann*, § 3 Rn. 3.

# E. Umwandlung von gemeinschaftlichem Eigentum in Flächeneigentum – § 7 GrEStG

▶ **Beispiel 1:**

A und B sind zu je $^1/_2$ Miteigentümer von zwei rechtlich selbstständigen, aber wirtschaftlich gleichwertigen Grundstücken. Sie setzten sich in der Weise auseinander, dass jeder von ihnen ein Grundstück zu Alleineigentum erwirbt.[1077]

Lösung:

Sofern es sich bei den beiden rechtlich selbstständigen Grundstücken um zwei unterschiedliche Grundstücke handelt, die auch keine wirtschaftliche Einheit und somit ein Grundstück i.S.d. § 2 Abs. 3 GrEStG darstellen, so liegen zwei nach § 1 Abs. 1 Nr. 1 i.V.m. Abs. 5 GrEStG steuerbare Tauschvorgänge von Miteigentumsanteilen (Erwerbe von A und B) vor.

Eine Befreiung nach § 7 Abs. 1 GrEStG kommt hier nicht in Betracht, weil nicht **ein** Grundstück unter mehreren Miteigentümern flächenweise geteilt wird. Auch die §§ 5 und 6 GrEStG sind nicht einschlägig bei der Auseinandersetzung von Miteigentümern.

Würden die beiden Grundstücke dagegen eine wirtschaftliche Einheit und somit ein Grundstück i.S.d. § 2 Abs. 3 GrEStG darstellen, so läge eine nach § 7 Abs. 1 GrEStG steuerbefreite Umwandlung von Miteigentum in Flächeneigentum vor.

▶ **Beispiel 2:**

A und B sind zu je $^1/_2$ beteiligt an einer GbR, zu deren Vermögen zwei gleichwertige selbstständige Grundstücke gehören. A und B erwerben von der GbR jeweils ein Grundstück.[1078]

Lösung:

Handelt es sich bei den beiden Grundstücken auch um grunderwerbsteuerrechtlich selbstständige Grundstücke (also keine wirtschaftliche Einheit i.S.d. § 2 Abs. 3 Satz 1 GrEStG), so liegen zwei getrennt zu behandelnde Erwerbsvorgänge vor. Eine Steuerbefreiung nach § 7 Abs. 2 GrEStG ist ausgeschlossen. Allerdings kommt für beide Erwerbe – unter dem Vorbehalt des § 6 Abs. 4 GrEStG – eine Steuerbefreiung jeweils zur Hälfte nach § 6 Abs. 2 GrEStG in Betracht.[1079]

Würden die beiden Grundstücke dagegen eine wirtschaftliche Einheit im grunderwerbsteuerlichen Sinn bilden, so läge – unter dem Vorbehalt des § 7 Abs. 3 GrEStG – eine steuerbefreite Umwandlung von Gesamthandeigentum in Flächeneigentum gem. § 7 Abs. 2 GrEStG vor.

---

1077 Der Beispielsfall ist entnommen aus *Pahlke*, § 7 Rn. 5.
1078 Dieses Beispiel ist entnommen aus *Pahlke*, § 7 Rn. 5.
1079 Vgl. *Pahlke*, § 6 Rn. 5. Zu beachten ist, dass bei Fall 1 die GrESt auch nur aus dem jeweils halben Grundstück erhoben wird, da jeweils nur Hälftemiteigentumsanteile getauscht werden; demgegenüber wird bei einer GbR eine Auseinandersetzung über das ganze Grundstück vorgenommen, die jedoch nach § 6 Abs. 2 GrEStG wiederum zur Hälfte befreit ist.

## II. Grundstücksteilung unter Miteigentümern in Flächeneigentum

### 1. Realteilung

Nach § 7 Abs. 1 GrEStG wird bei einer flächenweisen Teilung eines Grundstücks, das mehreren Miteigentümern gehört, die Steuer nicht erhoben, soweit der Wert des Teilgrundstücks, das der einzelne Erwerber erhält, dem Bruchteil entspricht, zu dem er am gesamten zu verteilenden Grundstück beteiligt ist.

▶ Beispiel:

Ein 600 m² großes Grundstück gehört A, B und C zu je $^1/_3$-Anteil. Es wird flächenmäßig in der Weise aufgeteilt, dass jeder Beteiligte 200 m² erhält.

Lösung:

GrESt wird nach § 7 Abs. 1 GrEStG nur unter der Voraussetzung nicht erhoben, dass jedes Teilgrundstück (200 m²) nicht nur flächen-, sondern auch wertgleich ist.

Bei fehlender Wertgleichheit wird die GrESt nur insoweit erhoben, als ein Miteigentümer bei der Teilung wertmäßig einen größeren Teil des Grundstücks erhält, als ihm aufgrund seiner Beteiligung als Miteigentümer dem Werte nach zugestanden hätte.

Beispiel:

A und B sind Miteigentümer je zur Hälfte eines Grundstücks, dessen gemeiner Wert € 120.000,00 beträgt. I.R. der Realteilung des Grundstücks erhält A $^2/_6$ tel und B $^4/_6$ tel der gleichwertigen Grundstücksfläche.

Lösung:

B erhält i.R. der Realteilung $^1/_6$ tel Grundstücksfläche mehr als es seiner bisherigen Beteiligung am Grundstück entspricht. Bemessungsgrundlage nach § 8 Abs. 1 GrEStG für den Erwerb des B ist der gemeine Wert des von B hingegebenen Hälfte-Miteigentumsanteils. Die GrESt beträgt damit mit 3,5 % von € 60.000 = € 2.100,00. Derjenige Teilbetrag, der nach § 7 Abs. 1 GrEStG davon unerhoben bleibt, berechnet sich wie folgt:

€ 2.100,00 × (€ 60.000,00 : € 80.000,00) = € 1.575,00.

Für die nach § 7 Abs. 1 GrEStG nicht zu erhebende GrESt gilt daher folgende

Formel:

Volle GrESt × Wert des Bruchteils/Wert des Teilgrundstücks = nicht zu erhebende Grunderwerbsteuer

Sind mehrere Personen Bruchteilseigentümer eines Grundstückes und beabsichtigen diese, das Grundstück in mehrere Teilparzellen aufzuteilen, sodass jede einzelne Person Alleineigentümer einer Teilfläche wird, ist für die vermessungstechnische und grundbuchrechtliche Umsetzung folgendes zu beachten:

# E. Umwandlung von gemeinschaftlichem Eigentum in Flächeneigentum – § 7 GrEStG

Durch die bloße Vermessung des Grundstückes werden zwar neue Flurstücksnummern gebildet; solange diese jedoch unter einer laufenden Nummer im Grundbuch vorgetragen sind, handelt es sich grundbuchrechtlich weiterhin um ein Grundstück im Rechtssinne und folglich auch um ein Grundstück im grunderwerbsteuerlichen Sinne gem. § 2 Abs. 1 Satz 1 GrEStG.[1080] Die beiden Flurnummern werden erst dann zu selbstständigen Grundstücken, wenn die Bruchteilseigentümer einen Antrag auf Aufhebung der rechtlichen Vereinigung an das Grundbuchamt stellen und diesem Antrag durch Vollzug im Grundbuch entsprochen wird. In der ersten Alternative (mehrere Flurstücke, aber unter einer laufenden Nummer im Grundbuch vorgetragen) ist für die anschließende Auseinandersetzung unter den Miteigentümern § 7 Abs. 1 GrEStG schon dem Wortlaut nach anwendbar, da hier ein Grundstück im Wege der Auseinandersetzung geteilt wird.[1081] Wird dagegen zunächst die Aufhebung der Grundstücksvereinigung beantragt und im Grundbuch vollzogen, werden die einzelnen Bruchteilseigentümer zu Miteigentümern der hierdurch neu entstandenen Grundstücke im Rechtssinne. Bei der anschließenden Aufteilung der Grundstücke auf die einzelnen Eigentümer handelt es sich zivilrechtlich somit nicht mehr um eine Auseinandersetzung über ein einzelnes Grundstück, sondern um einen Tausch von Miteigentumsanteilen an verschiedenen Grundstücken. In einer derartigen Konstellation greift die Befreiungsvorschrift des § 7 Abs. 1 GrEStG nur ein, wenn der Tausch dieser Miteigentumsanteile in zeitlichem und sachlichem Zusammenhang mit der grundbuchtechnischen Realteilung des Grundstücks erfolgt.[1082] In diesem Fall bestehen Indizien dafür, dass die Zuordnung der einzelnen Teilflächen und die ursprüngliche Teilung des Grundstücks einem einheitlichen vorgefassten Plan unterlagen.

590 Von der Rechtsprechung wird ein zeitlicher Zusammenhang abgelehnt, wenn zwischen der Zuweisbarkeit der einzelnen Grundstücke (dem Vollzug der Aufhebung der rechtlichen Grundstücksvereinigung im Grundbuch) und der Beurkundung und Grundbuchvorlage des Tauschvertrages über die Miteigentumsanteile eine Zeitspanne von mehr als einem Jahr liegt.[1083] In diesem Fall verblasst folglich die Indizwirkung für einen vorgefassten Plan. Deshalb bietet es sich an, bei der ursprünglichen Teilung im Eigenbesitz in dem Grundbuchantrag auf Aufhebung der rechtlichen Vereinigung zu dokumentieren, dass noch eine Zuweisung der einzelnen Teilparzellen zum Alleineigentum an einzelne Miteigentümer vorgesehen ist. Sofern diese Absicht von vornherein klargestellt wird, dürfte es unschädlich sein, wenn die endgültige Zuweisung der einzelnen Grundstücke an die einzelnen Alleineigentümer erst nach Ablauf der vorbezeichneten Zeitspanne erfolgt.[1084]

---

1080 Vgl. *Pahlke*, § 2 Rn. 6.
1081 Kostenrechtlich ist allerdings ein Auseinandersetzungsvertrag teurer als ein Tausch von Miteigentumsanteilen; vgl. Streifzug durch das GNotKG, 10. Aufl., Rn. 147 ff.
1082 Vgl. ähnlich *Hofmann*, § 7 Rn. 5.
1083 Vgl. BFH/NV 1995, S. 156, im Zusammenhang mit § 8 WEG; *Hofmann*, § 7 Rn. 5.
1084 Ebenfalls nicht Voraussetzung für die Anwendbarkeit des § 7 Abs. 1 GrEStG ist, dass im Zeitpunkt der Teilung bereits feststeht, welcher Miteigentümer welches Grundstück erhält; vgl. BFH, BStBl. 1990 II, S. 922.

## II. Grundstücksteilung unter Miteigentümern in Flächeneigentum

Auf den Zeitpunkt des Vollzuges des Tauschvertrages hinsichtlich der Miteigentumsanteile im Grundbuch kommt es dagegen nicht an, da die Vertragsbeteiligten keinen Einfluss auf die Schnelligkeit des Rechtspflegers am Grundbuchamt haben. Es reicht vielmehr aus, wenn die Grundbuchanträge insoweit rechtzeitig vorgelegt werden.

591

§ 7 Abs. 1 GrEStG greift nicht nur beim Erwerb von Alleineigentum ein. Auch wenn bspw. vier Miteigentümer ein Grundstück in der Weise teilen, dass jeweils zwei Miteigentümer wertgleiche Grundstückshälften wiederum jeweils zum Miteigentum erhalten, so ist auch dieser Vorgang nach § 7 Abs. 1 GrEStG vollständig steuerbefreit.[1085]

592

§ 7 Abs. 1 GrEStG ist nach herrschender Meinung auch dann anwendbar, wenn nur einer der ehemaligen Miteigentümer eine bestimmte Grundstücksfläche zum Alleineigentum erwirbt und die Restfläche zugunsten der übrigen Miteigentümer an Dritte veräußert wird. Der Erwerb des Flächeneigentums bedeutet also nicht, dass die Aufteilung des Grundstückes nur unter den Miteigentümern erfolgen muss. Voraussetzung ist jedoch stets, dass ein einheitlicher Entschluss zur entsprechenden Teilung des gesamten Grundstücks vorliegt.[1086]

593

Nicht begünstigt nach § 7 Abs. 1 GrEStG ist dagegen, wenn ein vormaliger Miteigentümer das gemeinschaftliche Grundstück *im Ganzen* zum Alleineigentum erwirbt. Hier liegt nämlich keine flächenmäßige Aufteilung des Grundbesitzes vor; vielmehr handelt es sich um einen Hinzuerwerb der Bruchteile der übrigen Miteigentümer.[1087]

594

### 2. Aufteilung in Wohnungseigentum

Nach der Rechtsprechung kann § 7 Abs. 1 GrEStG auch bei der Umwandlung von gemeinschaftlichem Eigentum in *Wohnungseigentum* anwendbar sein, wenn etwa das Miteigentum an einem Grundstück in der Weise beschränkt wird, dass jedem Miteigentümer Sondereigentum nach WEG eingeräumt wird.[1088]

595

Sofern eine Aufteilung gem. § 3 WEG erfolgt, greift die Befreiungsvorschrift des § 7 Abs. 1 GrEStG ein, ohne dass irgendwelche Zeitprobleme bestünden.[1089]

596

---

1085 Vgl. BFH, BStBl. II 1969, S. 669; *Pahlke*, § 7 Rn. 9; *Hofmann*, § 7 Rn. 6.
1086 Vgl. *Pahlke*, § 7 Rn. 10; vgl. FG Nds. EFG 1996, S. 721.
1087 Vgl. *Pahlke*, § 7 Rn. 10.
1088 Vgl. *Pahlke*, § 7 Rn. 21; vgl. BFH, BStBl. II 1980, S. 667; *Hofmann*, § 7 Rn. 1. Vgl. allerdings FG Berlin-Brandenburg, Urteil 15 K 4223/10 v. 26.02.2015, EFG 2015, 943; Rev. beim BFH, II R 28/12.
1089 Erfolgt die Teilung nach § 3 Abs. 1 WEG durch Vertrag unter den Miteigentümern eines Grundstücks, so ergibt sich die Grunderwerbsteuerbarkeit aus § 1 Abs. 1 GrEStG, da Miteigentumsanteile aufgegeben werden und Alleineigentum erworben wird. Der der GrESt unterliegende Tatbestand ist somit der Erwerb der restlichen Miteigentumsanteile hinsichtlich der jeweiligen Sondereigentumseinheit aus der Hand der anderen Miteigentümer. Da § 7 Abs. 1 GrEStG anwendbar ist, ist nur ein etwaiger Mehrerwerb der Besteuerung unterworfen; vgl. BFH, BStBl. 1980 II, S. 667.

# E. Umwandlung von gemeinschaftlichem Eigentum in Flächeneigentum – § 7 GrEStG

**597** Wenn dagegen die Miteigentümer das Grundstück gem. § 8 WEG aufteilen, so entsteht an jeder Sondereigentumseinheit wiederum Miteigentum der bisherigen Miteigentümer. Dies allein führt noch nicht zu einer Grunderwerbsteuerpflicht, da noch kein Rechtsträgerwechsel erfolgt. Anstelle des Miteigentums an dem Gesamtobjekt besteht vielmehr Miteigentum an den einzelnen Eigentumswohnungen durch dieselben Personen. Folglich ist insofern auch noch kein Bedarf für die Befreiungsvorschrift. Der Rechtsträgerwechsel erfolgt erst, wenn anschließend die einzelnen Sondereigentumseinheiten den einzelnen Miteigentümern jeweils als Alleineigentum zugewiesen werden, sodass jeder Miteigentümer künftig Alleineigentümer der ihm zugewiesenen Wohnung wird.[1090] Hier gilt nach der Rechtsprechung die Befreiungsvorschrift des § 7 GrEStG nur, wenn die Teilungserklärung gem. § 8 WEG und die anschließende Zuweisung der Sondereigentumseinheit in einem *sachlichen und zeitlichen Zusammenhang* erfolgen.[1091] Sofern die Teilung gem. § 8 WEG, welche die Verteilung der Sondereigentumseinheiten nur vorbereitet und die Zuweisung der einzelnen Sondereigentumseinheiten durch mehrere aufeinanderfolgende Verträge erfolgen sollen, hat der Notar somit auf eine zeitlich gedrängte Abwicklung zu achten. Beim zeitlichen Zusammenhang gilt, dass die Zeitspanne bereits anläuft, sobald die Eigentumswohnungen zuweisbar sind, d.h., sobald die Teilungserklärung beurkundet wurde und die Abgeschlossenheitsbescheinigung vorliegt;[1092] es kommt also nicht auf den Vollzug der Teilung gem. § 8 WEG im Grundbuch an.[1093]

**598** Der BFH hat einen zeitlichen Zusammenhang verneint, wenn bei einer Aufteilung eines der Gesamthand gehörenden Grundstücks durch die Gesamthänder gem. § 8 WEG die neu entstandenen Wohnungseigentumseinheiten erst mehr als ein Jahr nach erfolgter Aufteilung des Grundstücks in Wohnungseinheiten auf die einzelnen Gesamthänder übertragen werden.[1094]

---

1090 Vgl. *Hofmann*, § 7 Rn. 5.
1091 Vgl. BFH, Urt. v. 08.08.1990, BStBl. II 1990, S. 922.
1092 Nach a.A. kann sogar unabhängig vom Vorliegen der Abgeschlossenheitsbescheinigung bereits die Jahresfrist in Gang gesetzt werden, da eine schuldrechtliche Auseinandersetzung schon ab dem Vorliegen der Teilungserklärung möglich ist; vgl. hierzu das Gutachten des DNotI zu § 7 GrEStG – 56865.
1093 Vgl. BFH/NV 1995, S. 156.
1094 Vgl. *Pahlke*, § 7 Rn. 21; vgl. BFH/NV 1995, S. 156; *Hofmann*, § 7 Rn. 1 m.w.N. Nach Ansicht des FG Düsseldorf stehen die Aufteilung eines im Eigentum einer GbR stehenden Wohnungseigentums in zwei Eigentumswohnungen und die Übertragung je einer Wohnung zu Alleineigentum eines der beiden Gesellschafter in einem für die Steuerbefreiung nach § 7 Abs. 2 GrEStG geforderten ausreichenden engen zeitlichen und sachlichen Zusammenhang, wenn zwischen beiden Rechtsakten nur deshalb rd. drei Jahre vergehen, weil zunächst ein Rechtsstreit mit den Eigentümern der übrigen Wohnungen auf Zustimmung zur Änderung der Teilungserklärung erforderlich ist; vgl. FG Düsseldorf, UVR 2009, S. 293.

## II. Grundstücksteilung unter Miteigentümern in Flächeneigentum E.

Auch hier sollte daher in der Teilungserklärung nach § 8 WEG bereits angedeutet werden, dass eine Aufteilung der Wohnungen an die bisherigen Miteigentümer zu Alleineigentum beabsichtigt ist.

599

### 3. Aufhebung von Wohnungseigentum

Im Fall der *Aufhebung der Gemeinschaft* bestimmt sich nach § 17 WEG der Anteil der Miteigentümer nach dem Verhältnis des Wertes ihrer Wohnungs- bzw. Teileigentumsrechte z.Zt. der Aufhebung der Gemeinschaft. Bei unveränderten Bruchteilen tritt hinsichtlich des *gemeinschaftlichen Eigentums* keine Rechtsänderung ein. Allerdings erwirbt bei der Aufhebung jeder Wohnungseigentümer auch Miteigentum an den *Sondereigentumseinheiten* der übrigen Beteiligten. Dieser Erwerb ist grunderwerbsteuerbar.

600

Nach ihrem Wortlaut lassen sich die Befreiungsvorschriften in §§ 5 bis 7 GrEStG hier zumindest nicht unmittelbar anwenden, nachdem bei der Aufhebung von Sondereigentum keiner der dort begünstigten Tatbestände vorliegt. Ausgehend von der vergleichbaren Sach- und Interessenlage wird jedoch überwiegend vertreten, den Rechtsgedanken des § 7 GrEStG bzw. dessen Umkehrung auch auf diese Fälle anzuwenden und nur Wertverschiebungen i.S. eines Mehrerwerbs zu besteuern.[1095]

601

Deutlicher wird dieser Gedanke, wenn die Beteiligten bestehendes Sonder- und Teileigentum aufheben und in Flächeneigentum umwandeln.

602

▶ Beispiel:

A und B sind Eigentümer zu je ein Halb eines mit einem Doppelhaus bebauten Grundstücks, das nach WEG aufgeteilt ist. Jedem Miteigentumsanteil ist das Sondereigentum an einer Doppelhaushälfte zugeordnet. A und B heben die bestehende Wohnungseigentümergemeinschaft auf und teilen das Grundstück real in der Weise, die der bisherigen Aufteilung entspricht.

Lösung:

Die Überführung des Wohnungs- in Flächeneigentum erfolgt in zwei Schritten: Zunächst wird die Gemeinschaft aufgehoben und die bisherigen Sondereigentumseinheiten werden in das Miteigentum überführt. Erst anschließend erfolgt die flächenweise Teilung des Grundstücks. Während der zweite Schritt unproblematisch von § 7 GrEStG erfasst wird, wurde die entsprechende Anwendung des Befreiungstatbestandes auf den ersten Schritt von der FinVerw. bislang nicht anerkannt. Als Argument hierfür wurde in Anlehnung an die BFH-Rechtsprechung[1096] unter anderem der mit der Aufteilung in Sondereigentum eingetretene »Verbrauch« des § 7 GrEStG herangezogen. Wenn eine Aufteilung einmal vertraglich konkretisiert worden sei – hier die Aufteilung in Wohnungs- und Teileigentum –, dann sei für eine weitere Privilegierung – hier die Aufteilung in Flächeneigentum – kein Raum mehr.

---

1095 Vgl. *Hofmann*, § 2 Rn. 41; *Boruttau/Viskorf*, § 2 Rn. 251 ff.
1096 Vgl. etwa BFH, vom 12.10.1988 (II R 6/86); BStBl. 1989 II, S. 54.

E. Umwandlung von gemeinschaftlichem Eigentum in Flächeneigentum – § 7 GrEStG

603 Mittlerweile scheint die FinVerw. allerdings von dieser Ansicht abgerückt zu sein. In gegenseitigem Einvernehmen der Obersten Finanzbehörden der Länder soll künftig bei der Aufhebung von Sondereigentum und realer Teilung folgende Auffassung[1097] vertreten werden: Nach dem Rechtsgedanken des § 5 Abs. 2 GrEStG und des § 7 GrEStG sind bei diesen und ähnlichen Konstellationen nur echte Wertverschiebungen grunderwerbsteuerlich zu erfassen. Liegen solche nicht vor, weil die Aufteilung wertneutral erfolgt, ist GrESt nicht zu erheben. Damit fällt im Beispiel keine GrESt an.

604 Zahlt A an B etwa einen Geldbetrag von € 30.000,00, um Wertunterschiede hinsichtlich der zugewiesenen Grundstücksflächen auszugleichen, so ist nur dieser Betrag steuerliche Bemessungsgrundlage für den Erwerb des A.[1098]

## III. Grundstücksteilung von Gesamthandeigentum in Flächeneigentum

### 1. Allgemeine Systematik

605 Nach § 7 Abs. 2 GrEStG wird, wenn das Grundstück einer Gesamthand flächenweise geteilt wird, die Steuer insoweit nicht erhoben, soweit der Wert des Teilgrundstückes, das der einzelne Erwerber erhält, dem Anteil entspricht, zu dem er am Vermögen der Gesamthand beteiligt war. Die Vorschrift soll somit die flächenmäßige Aufteilung eines Grundstücks unter Gesamthändern erleichtern. Während § 6 Abs. 2 GrEStG die Umwandlung von Gesamthandeigentum an einem Grundstück in Alleineigentum begünstigt, erfasst § 7 Abs. 2 GrEStG dagegen die Umwandlung von Gesamthandeigentum in Flächeneigentum an Teilen des bisher gemeinsamen Grundstücks. Sofern der erworbene Grundstücksteil und die gesamthänderische wertmäßige Beteiligung an dem gesamten Grundstück gleichwertig sind, führt § 7 Abs. 2 GrEStG somit zur vollständigen Steuerbefreiung des Vorganges.

606 Demgegenüber wird durch § 6 Abs. 2 GrEStG stets nur der Teil des Erwerbs von der GrESt befreit, zu dem sich die dingliche Berechtigung des Erwerbers an dem erworbenen Grundstück gleichwertig fortsetzt. Oftmals überschneiden sich die beiden Vorschriften jedoch ganz oder teilweise.[1099]

▶ Beispiel:

Ein 800 m² großes Grundstück gehört einer GbR, an der A, B, C und D zu je $1/4$ Anteil beteiligt sind. D scheidet aus der GbR aus und erhält als Ausgleich eine Grundstücksteilfläche, die 50 % der Größe und des Werts des bisherigen Grundstücks ausmacht.

---

1097 Beachte die entsprechenden Erl. der jeweiligen Landesfinanzministerien, z.B. BayFMin vom 19.09.2005, AZ 36 – S 4514 – 031 – 38787/05; FinMin. BaWü vom 27.09.2005, AZ 3 – S 4514/19, abgedruckt in DStR 2005, S. 1774.
1098 Vgl. *Gottwald/Schiffner*, MittBayNot 2006, S. 125 ff.
1099 Vgl. *Pahlke*, § 7 Rn. 11; *Hofmann*, § 7 Rn. 6.

III. Grundstücksteilung von Gesamthandeigentum in Flächeneigentum			E.

**Lösung:**

Die Grundstücksübertragung ist nach § 7 Abs. 2 GrEStG zur Hälfte (50 % von 50 %-iger Teilfläche) steuerfrei, denn D war über die GbR nur zu $^1/_4$-Anteil am gesamten Grundstück beteiligt.

§ 7 Abs. 2 GrEStG ist lediglich anzuwenden bei einer *flächenweisen* Teilung, d.h. einer Teilung in reale Teile. Bei der Bestellung eines *Erbbaurechts* kommt es – anders als bei der Begründung von Wohnungseigentum – nicht zur Realteilung eines Grundstücks. Wenn sich somit die Gesellschafter einer GbR in der Weise über das der GbR gehörende Grundstück auseinandersetzen, dass der Gesellschafter A ein Erbbaurecht an dem Grundstück erhält und der Gesellschafter B Alleineigentümer des nunmehr belasteten Grundstücks wird, so ist § 7 Abs. 2 GrEStG nicht einschlägig.[1100]   607

Ebenso wie bei § 7 Abs. 1 GrEStG muss es sich auch bei § 7 Abs. 2 GrEStG bei der flächenweisen Aufteilung um **ein** einzelnes Grundstück i.S.d. § 2 GrEStG handeln. Die Vorschrift ist daher nicht einschlägig, wenn der Grundbesitz einer Gesamthand aus mehreren rechtlich und wirtschaftlich selbstständigen Objekten besteht. Werden diese Grundstücke auf die einzelnen Gesamthänder verteilt, so ist der Vorgang nicht vollständig nach § 7 Abs. 2 GrEStG, sondern nur teilweise nach § 6 Abs. 2 GrEStG privilegiert.[1101]   608

Werden mehrere Grundstücke einer Gesamthand dergestalt auf die einzelnen Gesellschafter übertragen, dass jeder Gesellschafter ein ganzes Grundstück erhält, kann dies nur dann wie die flächenweise Teilung eines einzigen Grundstücks behandelt werden, wenn diese Grundstücke im Gesellschaftsvermögen der Personengesellschaft zu einer wirtschaftlichen Einheit (§ 2 Abs. 3 Satz 1 GrEStG) zusammengefasst sind. Mehrere Grundstücke gehören zu einer wirtschaftlichen Einheit, wenn sie zu einem einheitlichen Zweck zusammengefasst sind, der sich äußerlich in einer entsprechenden einheitlichen Ausgestaltung niederschlägt, durch welche die selbstständige Funktion des einzelnen Grundstücks nach der Verkehrsauffassung aufgehoben wird. Bei Mietwohngrundstücken spricht grds., sofern die mehreren Grundstücke nicht als eine Einheit bebaut worden sind, die selbstständige Nutzbarkeit der einzelnen Grundstücke gegen das Vorliegen einer wirtschaftlichen Einheit. Weder die Einheitlichkeit der Planung und architektonischen Gestaltung der Gesamtanlage noch deren gleichzeitige Errichtung begründet für sich allein das Vorliegen einer wirtschaftlichen Einheit. Eine andere Beurteilung ist nur gerechtfertigt, wenn mehrere Wohnblöcke in einem objektiven Funktionszusammenhang stehen, der eine gemeinsame Nutzung gebietet oder doch als sinnvoll erscheinen lässt.[1102] Bei einer nach einheitlichem Plan errichteten Wohnanlage liegt daher eine wirtschaftliche Einheit nur vor, wenn die gesamte Wohnanlage zu einem einheitlichen Zweck zusammengefasst ist, der sich nicht nur   609

---

1100 Vgl. *Pahlke*, § 7 Rn. 23; FinMin Nds. Erl. vom 08.08.1996, UVR 1996, S. 319; *Boruttau/Viskorf*, § 7 Rn. 71.
1101 Vgl. *Pahlke*, § 7 Rn. 13; *Hofmann*, § 7 Rn. 10.
1102 Vgl. BFH/NV 1994, S. 504.

# E. Umwandlung von gemeinschaftlichem Eigentum in Flächeneigentum – § 7 GrEStG

äußerlich in einer entsprechenden einheitlichen Ausgestaltung niederschlägt, sondern der auch die selbstständige Funktion des einzelnen Grundstücks nach der Verkehrsauffassung aufhebt.[1103]

## 2. Freiwillige Baulandumlegungen

**610** § 7 Abs. 2 GrEStG kann auch bei sogenannten **freiwilligen Baulandumlegungen** (dies sind Rechtsgeschäfte zur Vermeidung einer Umlegung nach dem BauGB) einschlägig sein. Hier bringen in der Regel die Umlegungsteilnehmer ihren Grundbesitz in eine GbR (Umlegungsgemeinschaft) ein, welche nach Durchführung der Umlegung die neu gebildeten Grundstücke wieder auf die Umlegungsteilnehmer zurück überträgt. Soweit hier ein Teilnehmer eine identische Fläche zurückerhält, liegen u.U. bereits die Voraussetzungen des § 16 GrEStG vor. Im Übrigen handelt es sich jedoch um steuerpflichtige Erwerbe, wobei für die Hingabe des Grundstückes in die GbR eine teilweise Befreiung nach § 5 GrEStG (i.H.d. Anteils, zu dem der Teilnehmer am Vermögen der GbR beteiligt wird) in Betracht kommt. Auf den Rückerwerb des neu gebildeten Grundstückes ist § 7 Abs. 2 GrEStG anwendbar, soweit der Wert des zurückerlangten Grundstückes dem Wert des Anteils entspricht, mit dem der Umlegungsteilnehmer am Vermögen der Umlegungsgemeinschaft beteiligt war. Dies folgt daraus, dass die verschiedenen eingebrachten Grundstücke nach der Übertragung auf die Umlegungsgemeinschaft aufgrund des wirtschaftlichen Zusammenhanges nur noch *ein* Grundstück i.S.d. § 2 Abs. 3 GrEStG bilden. Die durch das Umlegungsgebiet verlaufenden Straßen heben hierbei den räumlichen Zusammenhang nicht auf.[1104]

▶ **Beispiel:**

An einem Umlegungsverfahren sind Grundstückseigentümer beteiligt, die insgesamt 21.000 m² Umlegungsfläche in eine Umlegungs-GbR einbringen. Die Flächen sind jeweils 100,00 € pro m² wert, somit insgesamt 2,1 Mio. €.

Umlegungsteilnehmer A hat ein 210 m² großes Grundstück in die Umlegungs-GbR einbracht. Er ist somit rechnerisch mit 21.000,00 € (1 %) am Gesellschaftsvermögen beteiligt.

Dem Umlegungsteilnehmer A wird von der Umlegungs-GbR im Zuge des Umlegungsverfahrens ein 230 m² großes Grundstück gegen eine Ausgleichszahlung von 2.000,00 € (20 m² Mehrfläche × 100,00 €) zugeteilt.

Die zugeteilte Fläche entspricht räumlich zu 30 m² der von ihm zuvor eingebrachten Fläche. Das Umlegungsverfahren wird innerhalb von 2 Jahren abgeschlossen.

---

1103 Vgl. BFH/NV 2006, S. 2124.
1104 Vgl. hierzu ausführlich *Pahlke*, § 7 Rn. 24, Erl. des Finanzministeriums Niedersachsen vom 13.10.1997, DStR 1998, S. 143; vgl. ferner *Hofmann*, § 7 Rn. 17.

III. Grundstücksteilung von Gesamthandeigentum in Flächeneigentum E.

Lösung:

1. Flächenidentität:

Hinsichtlich der 30 m$^2$ liegt ein Rückerwerb i.S.d. § 16 Abs. 2 Nr. 1 GrEStG vor, sodass sowohl für die Einbringung des Grundstücks in die Umlegungs-GbR als auch für den Rückerwerb durch den A keine GrESt festgesetzt werden darf bzw. eine bereits erfolgte Steuerfestsetzung aufzuheben ist.

2. Grundstücksübertragung auf die Umlegungs-GbR:

Die Gegenleistung (= Wert des Gesellschaftsrechts) beträgt 21.000,00 € abzüglich des Anteils für den Rückerwerb i.S.d. § 16 Abs. 2 Nr. 1 GrEStG (30 m$^2$ × 100,00 € = 3.000,00 €). Somit verbleiben 18.000,00 €.

Hiervon ist der Anteil der Gegenleistung, auf den gem. § 5 Abs. 2 GrEStG die GrESt nicht zu erheben ist, in Abzug zu bringen (1 % Beteiligung am Gesellschaftsvermögen), somit 180,00 €. Die Bemessungsgrundlage für die Grundstücksübertragung auf die Umlegungs-GbR beträgt folglich 17.820 €.

Die GrESt (3,5 %) hieraus beträgt 623,00 € (abgerundet gem. § 11 Abs. 2 GrEStG).

3. Grundstücksübertragung auf den Umlegungsteilnehmer:

Die Gegenleistung für die Übertragung des Umlegungsgrundstückes beträgt zunächst 21.000,00 € (Beteiligung am gedachten Liquidationserlös) zzgl. einer Ausgleichszahlung von 2.000,00 €, insgesamt somit 23.000,00 €.

Hiervon ist wiederum der Anteil der Gegenleistung für den Rückerwerb i.S.d. § 16 Abs. 2 Nr. 1 GrEStG (3.000,00 €, s.o.) in Abzug zu bringen, sodass eine Bemessungsgrundlage von 20.000,00 € verbleibt.

Von dieser Bemessungsgrundlage ist nunmehr der Anteil der Gegenleistung abzuziehen, auf den gem. § 7 Abs. 2 GrEStG die GrESt nicht zu erheben ist. Es ist somit das Verhältnis der Beteiligung des A an der Umlegungs-GbR (21.000,00 €) zur gesamten Gegenleistung (23.000,00 €, s.o.) zu bilden.

21/23tel von 20.000,00 € entsprechen 18.261,00 € (aufgerundet).

Dieser Betrag ist mithin von der Bemessungsgrundlage i.H.v. 20.000,00 € abzuziehen, sodass eine Bemessungsgrundlage von 1.739,00 € verbleibt.

Da der verbleibende Betrag die Freigrenze des § 3 Nr. Abs. 1 GrEStG (2.500,00 €) nicht übersteigt, ist folglich für die Übertragung des Grundstücks auf den Umlegungsteilnehmer A keine GrESt zu erheben.[1105]

---

1105 Dieses Berechnungsbeispiel ist nachgebildet dem Beispiel bei *Weilbach*, § 7 Rn. 8.

E. Umwandlung von gemeinschaftlichem Eigentum in Flächeneigentum – § 7 GrEStG

## IV. Die Sperrfrist des § 7 Abs. 3 GrEStG

611 § 7 Abs. 3 GrEStG schließt die Anwendung des § 7 Abs. 2 GrEStG insoweit aus, als ein Gesamthänder seinen Anteil an der Gesamthand innerhalb von fünf Jahren vor der Umwandlung in Flächeneigentum durch ein Rechtsgeschäft unter Lebenden erworben hat. § 7 Abs. 2 Satz 2 GrEStG gilt außerdem insoweit nicht, als eine vom Beteiligungsverhältnis abweichende Auseinandersetzungsquote innerhalb der letzten fünf Jahre vor der Auflösung der Gesamthand vereinbart wurde. § 7 Abs. 3 GrEStG entspricht den Regelungen in § 6 Abs. 4 GrEStG.[1106]

## V. Interpolation

612 Nach herrschender Meinung ist es zulässig, den begünstigen Personenkreis den § 7 GrEStG im Wege der interpolierenden Betrachtung um die personenbezogenen Befreiungsvorschriften (§ 3 Nr. 2–7 GrEStG) zu erweitern.[1107]

---

1106 Vgl. *Pahlke*, § 7 Rn. 18; *Hofmann*, § 7 Rn. 16.
1107 Vgl. *Pahlke*, § 7 Rn. 29.

## F. Bemessungsgrundlage – §§ 8, 9 GrEStG

**Übersicht**    Rn.
I. Übersicht .................................................... 613
II. Die Regelbemessungsgrundlage gem. § 8 Abs. 1 i.V.m. § 9 GrEStG –
Wert der Gegenleistung .......................................... 615
   1. Gegenleistung ............................................... 615
   2. Eigennützige Erwerberleistungen .............................. 619
   3. Öffentlich-rechtliche Abgaben und Leistungspflichten .......... 624
      a) Künftige Abgabepflichten ................................. 626
      b) Bereits entstandene Abgabepflichten ...................... 633
      c) Erwerb gemeindeeigener Grundstücke ....................... 636
      d) Erschließungsverträge ................................... 645
      e) Zusammenfassung ......................................... 651
   4. Inhalt der Gegenleistung ..................................... 657
   5. Aufteilung von Gesamtgegenleistungen ......................... 660
   6. Bewertung der Gegenleistung. ................................. 666
   7. Einheitlicher Leistungsgegenstand – Einheitliches Vertragswerk –
Vertragsbündeltheorie. ........................................ 670
      a) Zivilrechtliche Verknüpfung .............................. 674
      b) Einheitlicher Leistungsgegenstand ........................ 677
      c) Neuere Rechtsprechung zum einheitlichen Vertragswerk ...... 696
         aa) Einflussnahme des Erwerbers auf die Bauplanung ....... 697
         bb) Einheitliches Vertragswerk bei Sanierungsobjekten .... 700
   8. Doppelbelastung mit USt und GrESt beim einheitlichen Vertragsgegenstand ... 702
      a) Rechtsprechungsgrundsätze ................................ 702
      b) Gestaltungsüberlegungen .................................. 712
      c) Wirtschaftliche Betrachtung .............................. 717
III. Gegenleistung bei den einzelnen in § 9 Abs. 1 GrEStG aufgeführten
Erwerbsvorgängen. ............................................... 720
   1. Kauf. ........................................................ 721
      a) Kaufpreis ................................................ 721
         aa) Stundung ............................................. 724
         bb) Vorzeitige Nutzungsüberlassung ....................... 725
      b) Vom Käufer übernommene sonstige Leistungen ............... 728
         aa) Kosten der Übergabe .................................. 730
         bb) Übernahme von Grundpfandrechten ..................... 735
         cc) Übernahme bzw. Begründung sonstiger Grundstückslasten . 737
         dd) Verpflichtung zum Eintritt in gegenseitige Verträge .. 742
         ee) Übernahme vorhandener Baupläne durch den Käufer ..... 743
         ff) Entmietungsverpflichtung des Verkäufers. ............. 744
         gg) Mietgarantie des Verkäufers .......................... 748
         hh) Verpflichtung des Verkäufers zur Herstellung eines bestimmten
Grundstückszustandes ................................. 751
         ii) Bauverpflichtung des Erwerbers gegenüber Gemeinden .. 757
         jj) Maklerkosten ......................................... 759
         kk) Zusammenfassung ...................................... 760
      c) Dem Verkäufer vorbehaltene Nutzungen ..................... 764
   2. Tausch ....................................................... 766

3. Leistung an Erfüllung statt. . . . . . . . . . . . . . . . . . . . . . . . . . . . . . . . . . 771
4. Meistgebot im Zwangsversteigerungsverfahren. . . . . . . . . . . . . . . . . . . 773
5. Abtretung der Rechte aus dem Meistgebot. . . . . . . . . . . . . . . . . . . . . . 780
6. Abtretung des Übereignungsanspruchs. . . . . . . . . . . . . . . . . . . . . . . . 786
7. Enteignung. . . . . . . . . . . . . . . . . . . . . . . . . . . . . . . . . . . . . . . . . . . 789
IV. Gegenleistung bei anderen Erwerbsvorgängen . . . . . . . . . . . . . . . . . . . . . . 791
 1. Erbbaurechtsvorgänge . . . . . . . . . . . . . . . . . . . . . . . . . . . . . . . . . . . . 792
  a) Bestellung und Übertragung des Erbbaurechts . . . . . . . . . . . . . . . . 793
  b) Verlängerung des Erbbaurechts. . . . . . . . . . . . . . . . . . . . . . . . . . . 799
  c) Aufhebung und Erlöschen des Erbbaurechts. . . . . . . . . . . . . . . . . . 800
  d) Heimfall des Erbbaurechts . . . . . . . . . . . . . . . . . . . . . . . . . . . . . . 809
  e) Rechtsvorgänge über erbbaurechtsbelastete Grundstücke . . . . . . . . . 813
   aa) Nacherwerb des erbbaurechtsbelasteten Grundstücks durch den Erbbauberechtigten . . . . . . . . . . . . . . . . . . . . . . . . . . . . 813
   bb) Erwerb des erbbaurechtsbelasteten Grundstücks durch Dritte . . . . . 818
   cc) Nacherwerb des Erbbaurechts durch den Grundstückseigentümer. . . . 821
 2. Treuhandgeschäfte und Auftragserwerbe. . . . . . . . . . . . . . . . . . . . . . . . 825
  a) Übertragung. . . . . . . . . . . . . . . . . . . . . . . . . . . . . . . . . . . . . . . 825
  b) Rückübertragung . . . . . . . . . . . . . . . . . . . . . . . . . . . . . . . . . . . . 827
  c) Auftragserwerb . . . . . . . . . . . . . . . . . . . . . . . . . . . . . . . . . . . . . 830
 3. Gemischte Schenkung und Auflagenschenkung . . . . . . . . . . . . . . . . . . 834
 4. Erwerb der Verwertungsbefugnis . . . . . . . . . . . . . . . . . . . . . . . . . . . . 836
V. Sonstige zur Gegenleistung gehörende Leistungen – § 9 Abs. 2 GrEStG . . . . . . . . 840
 1. Zusätzliche/nachträgliche Leistungen. . . . . . . . . . . . . . . . . . . . . . . . . . 840
 2. Kraft Gesetzes auf den Erwerber übergehende Lasten. . . . . . . . . . . . . . . . 843
 3. Leistungen an Dritte für einen Erwerbsverzicht . . . . . . . . . . . . . . . . . . . 845
 4. Leistungen Dritter an den Veräußerer . . . . . . . . . . . . . . . . . . . . . . . . . 847
 5. Behandlung der Grunderwerbsteuer. . . . . . . . . . . . . . . . . . . . . . . . . . 848
VI. Die Bemessungsgrundlage des § 8 Abs. 2 GrEStG . . . . . . . . . . . . . . . . . . . . . 850
 1. Allgemeine Vorbemerkungen . . . . . . . . . . . . . . . . . . . . . . . . . . . . . . 850
 2. Nicht vorhandene oder nicht zu ermittelnde Gegenleistung. . . . . . . . . . . . 854
 3. Umwandlungen, Einbringungen und andere Erwerbsvorgänge auf gesellschaftsvertraglicher Grundlage . . . . . . . . . . . . . . . . . . . . . . . . . . . . . . 855
 4. Rechtsvorgänge i.S.d. § 1 Abs. 2a und 3. . . . . . . . . . . . . . . . . . . . . . . . . 857
 5. Künftiger Grundstückszustand. . . . . . . . . . . . . . . . . . . . . . . . . . . . . . 858
VII. Grundstücksübertragungen zwischen Gesellschaft und Gesellschaftern. . . . . . . 861
 1. Allgemeine Vorbemerkungen . . . . . . . . . . . . . . . . . . . . . . . . . . . . . . 861
 2. Erwerbsvorgänge auf gesellschaftsvertraglicher Grundlage – Gesetzesinterpretation . . . . . . . . . . . . . . . . . . . . . . . . . . . . . . . . . . . . . . . . . . . 863
 3. Gestaltungsüberlegungen . . . . . . . . . . . . . . . . . . . . . . . . . . . . . . . . . 869
  a) Personengesellschaften . . . . . . . . . . . . . . . . . . . . . . . . . . . . . . . . 872
  b) Kapitalgesellschaften . . . . . . . . . . . . . . . . . . . . . . . . . . . . . . . . . 873
  c) Konsequenzen für die Praxis . . . . . . . . . . . . . . . . . . . . . . . . . . . . 876

## I. Übersicht

**613** Als Bemessungsgrundlage für die GrESt gilt
a) der Wert der Gegenleistung (§ 8 Abs. 1 GrEStG i.V.m. § 9 GrEStG) oder
b) der Wert des Grundstücks (§ 8 Abs. 2 GrEStG i.V.m. den Grundbesitzwerten i.S.v. § 138 Abs. 2 oder Abs. 3 BewG).

II. Die Regelbemessungsgrundlage gem. § 8 Abs. 1 i.V.m. § 9 GrEStG    F.

Hierbei hat § 8 Abs. 1 GrEStG absoluten **Vorrang**! §§ 8 Abs. 2 GrEStG i.V.m. 138 **614**
Abs. 2 bzw. Abs. 3 BewG sind nur einschlägig, wenn eine Gegenleistung nicht vorhanden bzw. nicht zu ermitteln ist sowie bei Umwandlungsvorgängen, Einbringungen und in den Fällen des § 1 Abs. 2a und Abs. 3 GrEStG (Vgl. § 8 Abs. 2 Nr. 1–3 GrEStG).

## II. Die Regelbemessungsgrundlage gem. § 8 Abs. 1 i.V.m. § 9 GrEStG – Wert der Gegenleistung

### 1. Gegenleistung

Nach § 8 Abs. 1 GrEStG bemisst sich die Steuer nach dem Wert der Gegenleistung. **615**
Zur Gegenleistung gehört jede Leistung, die der Erwerber als Entgelt für den Erwerb des Grundstückes gewährt oder die der Veräußerer als Entgelt für die Veräußerung des Grundstückes empfängt. Es ist folglich eine kausale Verknüpfung zwischen Grundstückserwerb und Gegenleistung erforderlich; nicht nötig ist dagegen, dass die Gegenleistung zwischen Erwerber und Veräußerer ausgetauscht wird.[1108]

Die entscheidenden Fragen lauten deshalb: **616**

*Mussten die Leistungen für den Erwerb des Grundstücks erbracht werden?* bzw. *Wurden* **617**
*die Leistungen wegen der Veräußerung des Grundstücks empfangen?*[1109]

Der Wert der Gegenleistung ist nach § 8 Abs. 1 GrEStG selbst dann Bemessungs- **618**
grundlage, wenn er außergewöhnlich niedrig ist, insbesondere hinter dem Verkehrswert des Grundstücks zurückbleibt. Erforderlich ist allerdings, dass diese geringe Gegenleistung ernsthaft gewollt ist und sich überhaupt in eine Relation zum Wert des übertragenen Grundstückes bringen lässt. Liegt dagegen lediglich eine »symbolische Gegenleistung« vor, so ist die tatsächliche Gegenleistung nach anderweitig vom Erwerber übernommenen sonstigen Leistungen i.S.d. § 9 Abs. 1 Nr. 1 GrEStG bzw. gegebenenfalls gem. § 8 Abs. 2 Satz 1 Nr. 1 GrEStG zu ermitteln.[1110]

### 2. Eigennützige Erwerberleistungen

Eine grunderwerbsteuerliche Gegenleistung liegt nur vor, wenn der Erwerber einem **619**
anderen gegenüber eine Leistung erbringt. Hieran fehlt es bei den sogenannten **eigennützigen Erwerberleistungen**, da hier der Erwerber Leistungen nur für sich selbst

---

1108 Vgl. *Pahlke*, § 8 Rn. 4 m.w.N.; BFH-Urteil II R 28/86 vom 25.01.1989, BStBl. II 1989, S. 466 betr. eine in 1974 im HR eingetragene Umwandlung einer GmbH auf ihren Alleingesellschafter (der Wert der Gegenleistung bemesse sich nach dem Wert der auf den Alleingesellschafter übergehenden Gesellschaftsschulden und dem Wert der untergehenden Gesellschaftsanteil); *Hofmann*, § 8 Rn. 3.
1109 Deshalb zählen z.B. Vertragsstrafen (§§ 339 ff. BGB) nicht zur Gegenleistung; sie sichern allein die Erfüllung der Hauptverpflichtung und stehen deshalb nicht in kausaler Verknüpfung mit dem Erwerbsvorgang, vgl. *Hofmann*, § 8 Rn. 4.
1110 Vgl. *Pahlke*, § 8 Rn. 4; handelt es sich jedoch um eine Schenkung, so ist der Vorgang gem. § 3 Nr. 2 GrEStG von der GrESt befreit. Vgl. ferner zu symbolischen Kaufpreisen in der GrESt *Teiche*, UVR 2005, S. 115 ff.

bewirkt. Ist etwa Gegenstand eines Erwerbsvorgangs nur das unbebaute Grundstück und veranlasst der Erwerber selbst eine Bebauung des erworbenen Bauplatzes, so gehören die Baukosten nicht zur Gegenleistung.[1111]

620 Selbst wenn sich der Erwerber gegenüber dem Veräußerer (z.B. gegenüber der Gemeinde) zur Bebauung oder zur Gebäuderenovierung verpflichtet, handelt es sich um eine eigennützige Erwerberleistung. Auch die häufig im Bauträgervertrag anzutreffenden sogenannten Eigenleistungen des Käufers kommen nur diesem zugute, sodass es sich auch insoweit um eigennützige Erwerberleistungen handelt. Nachträglich vereinbarte Eigenleistungen sind u.U. gem. § 16 Abs. 3 Nr. 1 GrEStG zu berücksichtigen, sofern sich hierdurch nachträglich der Kaufpreis reduziert.[1112]

621 Verpflichtet sich dagegen der Erbbauberechtigte in einem Erbbaurechtsbestellungsvertrag zur Errichtung eines bestimmten Gebäudes auf dem Erbbaugrundstück, so ist wie folgt zu differenzieren:

622 Sofern sich der Erbbauberechtigte lediglich zur ordnungsgemäßen Unterhaltung über die Gesamtlaufzeit des Erbbaurechts verpflichtet und er bei Erlöschen des Erbbaurechts vom Grundstückseigentümer eine *Entschädigung* für das Gebäude i.H.d. Verkehrswertes erhält, kommen die Verwendungen auf das Erbbaugrundstück ausschließlich dem Erbbauberechtigten zugute. In der Gebäudeherstellungsverpflichtung liegt deshalb keine Gegenleistung für die Bestellung des Erbbaurechts, sondern eine eigennützige Erwerberleistung.[1113]

623 Verpflichtet sich jedoch der Erbbauberechtigte z.B. zur Errichtung eines Gebäudes nach den Plänen des Erbbaurechtsbestellers und ist sogleich als Inhalt des Erbbaurechts die weitere Instandhaltung des Gebäudes durch den Erbbauberechtigten vereinbart worden, kommt die Gebäudeerstellung nicht nur dem künftigen Erbbauberechtigten als Erwerber zugute, wenn bei Erlöschen des befristeten Erbbaurechts das Bauwerk *entschädigungslos* auf den Grundstückseigentümer übergehen soll. Die mit der Herstellung des Gebäudes verbundenen Kosten gehören mit dem geschätzten Zeitwert zum Rückübertragungszeitpunkt zur grunderwerbsteuerlichen Gegenleistung.[1114]

### 3. Öffentlich-rechtliche Abgaben und Leistungspflichten

624 Die Frage, ob für das Grundstück zu entrichtende öffentlich-rechtliche Abgaben (z.B. Erschließungsbeiträge gem. § 127 BauGB bzw. Kanal- und Straßenausbaubeiträge

---

1111 Vgl. *Pahlke*, § 8 Rn. 8; vgl. ferner BFH-Beschluss II B 74/89 vom 09.08.1989, BFH/NV 1990, 596 (die auf Bebauung gerichteten Aktivitäten wurden nicht von der Veräußerer-, sondern von der Erwerber-Seite entfaltet); *Hofmann*, § 8 Rn. 5.
1112 Vgl. *Pahlke*, § 8 Rn. 9.
1113 Vgl. BFH-Urteil II R 81/00 vom 23.10.2002, BStBl. II 2003, S. 199.
1114 Vgl. ausführlich zum Erbbaurecht Rdn. 792–824.

II. Die Regelbemessungsgrundlage gem. § 8 Abs. 1 i.V.m. § 9 GrEStG  F.

gem. KAG)[1115] oder Aufwendungen zur Erfüllung sonstiger öffentlich-rechtlicher Verpflichtungen (z.b. Altlastensanierung oder bauordnungsrechtliches Gebot zur Beseitigung von Bauwerken) zur Gegenleistung zählen, entscheidet sich nach dem für die Besteuerung maßgebenden Grundstückszustand.[1116]

Zu prüfen ist daher, welcher (Erschließungs-) Zustand sich aus den Vereinbarungen der Parteien bzw. dem gewollten wirtschaftlichen Ergebnis ergibt.[1117] Entscheidend ist somit, ob Gegenstand des Erwerbsvorgangs ein erschlossenes oder ein unerschlossenes Grundstück ist. Finden sich keine Hinweise auf die Maßgeblichkeit eines künftigen (Erschließungs-) Zustandes, so kann die Bemessungsgrundlage nur nach dem tatsächlichen (Erschließungs-) Zustand im Zeitpunkt der Veräußerung bestimmt werden.[1118]   625

*a) Künftige Abgabepflichten*

Unproblematisch fehlt es an einer Gegenleistung, wenn die entsprechende öffentlich-rechtliche Verpflichtung erst **nach** dem Zeitpunkt des grunderwerbsteuerlichen   626

---

1115 Zur Abgrenzung der Erschließungskosten nach BauGB von denen nach KAG vgl. *Baumann*, UVR 2004, S. 64; vgl. ferner zum Begriff der Erschließung von Grundstücken ausführlich *Wilhelms*, DNotZ 2004, S. 33 ff.; vgl. ferner ausführlich *Grziwotz/Gottwald*, UVR 2005, S. 13 ff. Zu den Erschließungsanlagen i.S.d. BauGB gehören insb. die Verkehrs- und Grünanlagen sowie die Anlagen zur Ableitung von Abwässern sowie zur Versorgung mit Elektrizität, Gas, Wärme und Wasser. Nicht zu den Erschließungsanlagen gehören die auf dem Grundstück selbst notwendigen Anschlüsse, wie die Zufahrtswege und die Anschlüsse an die Ver- und Entsorgungseinrichtungen; vgl. BFH-Urteil II R 39/99 vom 15.03.2001, BStBl. II 2002, S. 93.
1116 Vgl. den Erl. vom 25.07.2002, FinMin BaWü, DStR 2002, S. 1532; vgl. *Pahlke*, § 8 Rn. 10; vgl. ausführlich zum Verhältnis von Erschließungskosten und GrESt *Gottwald/Mehler*, MittBayNot 2001, S. 438 ff.; *Bruschke*, UVR 2002, S. 281 ff. An der grunderwerbsteuerlichen Rechtslage hat sich auch durch die zivilrechtliche Neuregelung in § 436 BGB nichts geändert; vgl. *Baumann*, UVR 2004, S. 69.
1117 Vgl. Erl. des Finanzministeriums BaWü vom 26.06.2001, DStR 2001, S. 1216.
1118 Sind sämtliche nach dem örtlichen Baurecht vorgeschriebenen öffentlichen Erschließungsanlagen, die ein Grundstück zu einem erschlossenen Grundstück machen, im Zeitpunkt des Abschlusses des Erwerbsvorgangs bereits vorhanden, kann das Grundstück nur als erschlossenes verkauft werden. Zu den Erschließungsanlagen gehören im Wesentlichen die Verkehrs- und Grünanlagen sowie die Anlagen zur Ableitung von Abwässern und zur Versorgung mit Elektrizität, Gas, Wärme und Wasser. Nicht zu den Erschließungsanlagen gehören die auf den (Privat-) Grundstücken selbst notwendigen Anschlüsse wie Zufahrtswege und Anschlüsse an die Ver- und Entsorgungsleitungen. Die Merkmale der endgültigen Erschließung sind von der Gemeinde durch Satzung geregelt (§ 132 Nr. 4 BauGB); die Erschließungskosten zählen somit zur Grunderwerbsteuerbemessungsgrundlage; Besonderheiten gelten jedoch, wenn die Kommune eigene erschlossene Grundstücke veräußert und den Erschließungsbeitrag abgabenrechtlich geltend macht; vgl. Erl. vom 25.07.2002, FinMin BaWü, DStR 2002, S. 1532, vgl. auch nachfolgende Rdn. 636–644; vgl. *Pahlke*, § 8 Rn. 10; zur umsatzsteuerlichen Behandlung von Erschließungsmaßnahmen vgl. BMF-Schreiben vom 31.05.2002, DStR 2002, S. 999 ff.

Erwerbsvorganges entsteht. Hier erbringt der Erwerber die Leistung zu seinem eigenen Vorteil; es handelt sich um eine eigennützige Erwerberleistung. Dies gilt auch dann, wenn sich der Erwerber gegenüber dem Veräußerer vertraglich zur Übernahme noch nicht entstandener Beitragsleistungen verpflichtet hat.[1119]

627 Ebenfalls keine Gegenleistung ist eine vom Grundstücksveräußerer bereits gezahlte und vertraglich auf den Erwerber abgewälzte **Vorausleistung** auf den Erschließungsbeitrag gem. § 133 Abs. 3 Satz 1 BauGB.[1120]

628 Gleiches gilt für Vorausleistungen nach Landeskommunalabgabenrecht: Enthält der Grundstückskaufvertrag keine Regelung über erbrachte Vorausleistungen nach dem KAG, sind diese dem Veräußerer vom Erwerber[1121] zu erstatten.[1122] Bemessungsgrundlage für die GrESt ist jedoch nur der vereinbarte Kaufpreis. Die spätere Beitragspflicht des Erwerbers besteht kraft öffentlichen Rechts und ist nicht (zusätzlich) Bestandteil der Gegenleistung.

629 Häufig wird in den Kaufvertrag eine Regelung folgenden Inhalts aufgenommen:

630 »Vorausleistungen stehen dem Erwerber zu und sind im Kaufpreis enthalten. Sie sind mit der endgültigen Beitragsschuld des Erwerbers zu verrechnen.«

631 Diese Vereinbarung ist als Abtretung des Rückzahlungsanspruchs des Veräußerers gegen die Gemeinde an den Erwerber zu werten und wird auch in der Praxis der Kommunen als solche betrachtet.[1123]

632 Auch in diesem Fall erfolgt die Verrechnung mit der Beitragspflicht des Erwerbers, die diesen kraft öffentlichen Rechts trifft. Der zweckmäßigerweise anzugebende oder später nachzuweisende Betrag der Vorauszahlung unterliegt auch in diesem Fall nicht der Grunderwerbsteuer.[1124] Deshalb empfiehlt es sich, diesen Betrag nicht ungenannt

---

1119 Vgl. BFH-Urteil II 188/65 vom 10.11.1970, BStBl. II 1971, S. 252 bzgl. Erschließungsbeitrag; *Pahlke*, § 8 Rn. 11 m.w.N.; *Hofmann*, § 8 Rn. 7.
1120 Vgl. *Pahlke*, § 8 Rn. 11.
1121 Im Verhältnis zur Gemeinde wird gem. § 133 Abs. 3 Satz 2 BauGB bzw. Art. 5 Abs. 5 Satz 2 BayKAG die Vorausleistung des Veräußerers mit der endgültigen Beitragsschuld des Erwerbers verrechnet, wohingegen der Anspruch ggü. der Gemeinde auf Rückzahlung eines überschießenden Betrages oder im Fall des § 133 Abs. 3 Satz 3 BauGB bzw. Art. 5 Abs. 5 Satz 3 BayKAG ohne ausdrückliche vertraglich zwischen Veräußerer und Erwerber vereinbarte und gem. § 46 AO 1977 der Gemeinde anzuzeigende Abtretung im Verhältnis zur Gemeinde weiterhin dem Veräußerer zusteht (vgl. zum ganzen *Grziwotz*, MittBayNot 1989, S. 9 ff., ders. MittBayNot 1993, S. 137 ff., ders. DStR 1994, S. 1014).
1122 A.A.: *Grziwotz*, MittBayNot 1989, S. 9 ff., 10 mit Verweis auf *Löhr*, in: Battis/Krautzberger/Löhr, BauGB, 2. Aufl., § 133 Rn. 44.
1123 Vgl. *Grziwotz*, DB 1990, S. 1694.
1124 Vgl. *Grziwotz*, DB 1990, S. 1694.

## II. Die Regelbemessungsgrundlage gem. § 8 Abs. 1 i.V.m. § 9 GrEStG    F.

und unbeziffert dem Kaufpreis hinzuzurechnen, sondern ausdrücklich als solchen im Kaufvertrag aufzuführen.[1125]

### b) Bereits entstandene Abgabepflichten

Sofern öffentlich-rechtliche Abgaben oder Verpflichtungen bereits zeitlich **vor** dem Zeitpunkt des grunderwerbsteuerlichen Erwerbsvorgangs entstanden und gegen den Grundstücksveräußerer geltend gemacht worden sind, ist regelmäßig das Grundstück in erschlossenem Zustand verkauft. Die zur Abgeltung dieser Abgaben erbrachten Aufwendungen des Erwerbers zählen daher zur Gegenleistung,[1126] sodass sich die Bemessungsgrundlage der GrESt entsprechend erhöht. Dies ergibt sich bereits aus § 9 Abs. 2 Nr. 2 GrEStG, wonach auf dem Grundstück ruhende Belastungen, zu denen auch die entstandene Erschließungskostenschuld zählt, zur Gegenleistung im Sinne § 9 GrEStG gehören. 633

Gleiches müsste an sich auch für einen auf den Erwerber im Zusammenhang mit der Erschließungsbeitragspflicht abgewälzten Ablösungsbetrag gelten, den der Grundstücksveräußerer aufgrund der mit der Gemeinde abgeschlossenen **Ablösungsvereinbarung** an diese zu bezahlen hat.[1127] Denn im Fall der bereits bezahlten Ablösung (vgl. § 133 Abs. 3 Satz 5 BauGB) kann eine Erschließungsbeitragspflicht nicht mehr entstehen, sodass sich die entsprechende Wertsteigerung des Grundstücks bereits vor dem grunderwerbsteuerpflichtigen Erwerbsvorgang realisiert hat.[1128] 634

Demgegenüber soll nach einem Schreiben des Bay. Staatsministeriums der Finanzen vom 30.10.2002, welches im Einvernehmen mit den Obersten Finanzbehörden der anderen Länder erging, die vom Verkäufer aufgrund einer Ablösungsvereinbarung bereits geleistete Zahlung nicht in die grunderwerbsteuerliche Bemessungsgrundlage 635

---

1125 Vgl. *Manstein*, MittRhNotK 1995, S. 1 ff., 17; bei dem an den Erwerber abgetretenen Rückzahlungsanspruch des Veräußerers gegen die Gemeinde handelt es sich um eine bloße Geldforderung, die (ähnlich wie die Instandhaltungsrücklage beim Verkauf von Eigentumswohnungen) nicht grunderwerbsteuerpflichtig ist.
1126 Vgl. BFH-Urteil II 112/64 vom 27.06.1968, BStBl. II 1968, S. 690; *Pahlke*, § 8 Rn. 12 m.w.N.
1127 Diese Grundsätze dürften auch auf andere Ablösungsvereinbarungen (z.B. im Zusammenhang mit der Verpflichtung zur Schaffung von Kfz-Stellplätzen) anzuwenden sein. Vgl. *Pahlke*, § 8 Rn. 12.
1128 In dem Erl. des FinMin. BaWü vom 25.07.2002 werden dagegen aufgrund einer Ablösungsvereinbarung geleistete Zahlungen nicht zur grunderwerbsteuerlichen Bemessungsgrundlage gezählt, vgl. DStR 2002, S. 1532; vgl. zur Ablösung von Erschließungs- und Anschlussbeiträgen in Kaufverträgen mit Gemeinden: *Eue*, DNotI-Report Heft 8/1998, 83 ff.; vgl. ferner ausführlich *Boruttau/Loose*, § 9 Rn. 280 ff. Zu beachten ist ferner, dass die Ablösewirkung (= Erlöschen der Beitragspflicht) erst mit der tatsächlich erfolgten Zahlung eintritt. Sofern der Verkäufer den Ablösebetrag noch nicht bezahlt hat und der Erwerber die Zahlungsverpflichtung übernimmt, zählt der Ablösebetrag folglich nicht zur grunderwerbsteuerlichen Bemessungsgrundlage; vgl. BFH, DStRE 2004, S. 726.

einzuberechnen sein.[1129] Vielmehr könne die vom Käufer eingegangene Verpflichtung, dem Verkäufer die aufgrund einer Ablösungsvereinbarung bereits geleistete Zahlung zu erstatten, nicht als Teil der grunderwerbsteuerlichen Gegenleistung angesehen werden. Die Einbeziehung dieser Kosten nach den Grundsätzen zum Erwerb eines Grundstücks im zukünftig bebauten Zustand scheide wegen des sich aus der öffentlich-rechtlichen Erschließungslast der Gemeinde ergebenden besonderen Charakters der Grundstückserschließung regelmäßig aus.[1130]

### c) Erwerb gemeindeeigener Grundstücke

636  Bei einem Grundstückserwerb von einer **Gemeinde**[1131] ist die Besonderheit zu beachten, dass diese nach h.M. für ihr eigenes Grundstück nicht erschließungsbeitragspflichtig ist.[1132] Die Beitragspflicht kann hier erst **nach** Übereignung des Grundstücks auf den Erwerber entstehen. Deshalb wurde nach bislang überwiegender Auffassung ein vom Erwerber noch zu entrichtender Erschließungsbeitrag (oder eine Vorleistung auf den Erschließungsbeitrag) nicht zur grunderwerbsteuerlichen Bemessungsgrundlage gezählt. Dieser Auffassung ist allerdings der BFH mit Urteil vom 23.09.2009 teilweise entgegengetreten:[1133] Kauft ein Erwerber von einer Gemeinde ein Grundstück, das im Zeitpunkt des Vertragsabschlusses bereits erschlossen ist, und enthält der vereinbarte Kaufpreis Kosten für die Erschließung sowie für bereits durchgeführte Ausgleichsmaßnahmen nach § 135a Abs. 2 BauGB für den Naturschutz, so gehörte nach Auffassung des Gerichts auch der auf die Erschließung und die Ausgleichsmaßnahmen entfallende Teil des Kaufpreises zur Bemessungsgrundlage der Grunderwerbsteuer. Nach Ansicht des BFH sei für den Umfang der grunderwerbsteuerlichen Gegenleistung darauf abzustellen, in welchem Zustand die Vertragsbeteiligten das Grundstück zum Gegenstand des Erwerbs gemacht haben. Ist ein Grundstück im Zeitpunkt des Abschlusses des Grundstückskaufvertrages bereits tatsächlich erschlossen, zählten die im Kaufvertrag explizit als Kaufpreisteil ausgewiesenen Kosten für die Erschließung grds. zur Gegenleistung. Dies gelte gerade auch dann, wenn der Erwerber ein erschlossenes Grundstück von einer Gemeinde kauft, der Kaufpreis Kosten für die Erschließung enthält und insoweit eine öffentlich-rechtliche Beitragspflicht nach

---

1129 Vgl. Schreiben des Bay. Staatsministeriums der Finanzen vom 30.10.2002, GZ 36 – S 4521 – 006 – 46222/02, abgedruckt in der Anlage. Es ist auf alle offenen Fälle anzuwenden und tritt an die Stelle der Bezugsschreiben FMS vom 04.09.1989 – 37 – S 4521 – 6/24 – 53903 – und FMS vom 15.01.1990 – 37 – S 4521 – 6/34 – 76120.
1130 Gleichwohl hat das niedersächsische FinMin. die nachgeordneten Behörden mit einer insoweit von den übrigen Ländererlassen abweichenden Erlassregelung angewiesen, die Beiträge zunächst weiterhin in die Gegenleistung einzubeziehen; vgl. Ziffer 2. a Abs. 2 des Erl. vom 16.12.2002 – S 4521-7342. Vgl. hierzu kritisch *Baummann*, UVR 2004, S. 70.
1131 Grunderwerbsteuerlich ist ein Zweckverband einer Gemeinde gleichzustellen, da er ebenfalls berechtigt ist, Erschließungsbeiträge nach BauGB und auf landesrechtlicher Grundlage zu erheben; vgl. Erl. des Finanzministeriums BaWü vom 20.03.2003, DStR 2003, S. 782 ff., Tz. 6.
1132 Vgl. BVerwG, DVBl, 1984, S. 188; a.A. BayVGH, BayVBl. 1966, S. 84 f.; vgl. auch das Schreiben des BayFMin, DB 1990, S. 1699; *Pahlke*, § 8 Rn. 14.
1133 Vgl. BFH, DStR 2010, S. XI.

## II. Die Regelbemessungsgrundlage gem. § 8 Abs. 1 i.V.m. § 9 GrEStG F.

der Rechtsprechung des Bundesverwaltungsgerichts[1134] erst dann entsteht, wenn sich das Grundstück nicht mehr im Eigentum der zur Beitragserhebung berechtigten Gemeinde befindet. Sofern im Kaufvertrag die entsprechenden Erschließungsbeträge als Teil des Kaufpreises ausgewiesen werden, handele es sich folglich nicht um eigennützige Erwerberleistungen; vielmehr seien diese Kaufpreisteile **kraft kaufvertraglicher Verpflichtung** allein für die Übertragung des Grundstücks im erschlossenen Zustand zu entrichten.

Ausdrücklich offen gelassen wurde vom BFH allerdings, ob die Einbeziehung der entsprechenden Erschließungskosten in die grunderwerbsteuerliche Gegenleistung jedenfalls dann ausgeschlossen ist, wenn beim Erwerb eines gemeindeeigenen erschlossenen Grundstücks die Gemeinde die Erschließungsbeiträge gegenüber dem Erwerber **abgabenrechtlich** geltend macht; sollte in einem derartigen Fall – wovon u.E. auszugehen ist – eine grunderwerbsteuerliche Gegenleistung ausscheiden, wäre im Hinblick auf die Vertragsgestaltung aus grunderwerbsteuerlicher Sicht zu empfehlen, die Erschließungskosten nicht mehr als Teil des Kaufpreises auszuweisen, sondern lediglich einen Hinweis in die Kaufurkunde aufzunehmen, dass noch durch gesonderten Bescheid von der Gemeinde Erschließungsbeiträge erhoben werden. I.R. dieses Hinweises könnte dann der zu erwartende Betrag beziffert werden.[1135] Ob diese Vorgehensweise allerdings mit § 311b BGB vereinbar ist, erscheint äußerst zweifelhaft. Deshalb ist diese Vorgehensweise aus zivilrechtlichen Gründen abzulehnen. Zudem kann eine abgabenrechtliche Geltendmachung nach wohl noch herrschender Meinung nicht bedeuten, dass die Beiträge vertraglich »abgabenrechtlich« geltend gemacht werden können;[1136] nur wenn man der Gemeinde mit der Mindermeinung[1137] dieses Rechtsformwahlrecht zugesteht, wäre der Ausweg gangbar. Nur nach dieser Mindermeinung könnten somit neben dem Kaufpreis in einer mit zu beurkundenden öffentlich-rechtlichen Vereinbarung die Erschließungskosten gesondert ausgewiesen werden.

▶ **Formulierungsvorschlag**

»Der Kaufpreis für das Grundstück (ohne Erschließungskosten) beträgt .... EUR. Die Erschließungskosten für ... betragen ... EUR. Diese werden hiermit abgabenrechtlich geltend gemacht.«

Die Urkunde stellt somit eine Mischung aus zivilrechtlichem und öffentlich-rechtlichem Vertrag dar. Es ist jedoch zu betonen, dass bis zur Klärung der Rechtslage durch einen entsprechenden Erlass der FinVerw. die grunderwerbsteuerliche Akzeptanz der vorstehenden Vertragsgestaltung nicht gesichert ist.[1138] Macht die Gemeinde für den

---

1134 Vgl. BVerwG, DVBl, 1984, S. 188 ff.
1135 Schädlich ist aber in jedem Fall die Ausweisung der Erschließungsbeiträge als Teil des Kaufpreises.
1136 Vgl. *Driehaus*, Erschließungs- und Ausbaubeiträge, 8. Aufl. 2007, § 6 Rn. 9; *Quaas*, BauR 1999, S. 1113.
1137 Vgl. hierzu ausführl. *Krautzberger* in Ernst/Zinkahn/Bielenberg/Krautzberger, BauGB, § 11 Rn. 160.
1138 Als Alternative käme u.U. auch eine gesonderte Ablösungsvereinbarung über künftig entstehende Erschließungskosten in Betracht. Dann müsste aber auch diese Ablösevereinbarung ausdrücklich als solche bezeichnet sein; die Erschließungsbeiträge dürfen auf der

Erwerber erkennbar die Eigentumsumschreibung von der Entrichtung der Erschließungsbeiträge abhängig, bedarf dies ohnehin auch zivilrechtlich der Beurkundung. Insofern ist der scheinbare Ausweg des BFH auch beurkundungsrechtlich bei der bescheidsmäßigen Geltendmachung der Abgaben problematisch.

637 Zusätzliche Besonderheiten gelten bei landesrechtliche Erschließungsmaßnahmen in **Bayern**:[1139] Dort unterliegen nach der Rechtsprechung des Bayerischen Verwaltungsgerichtshofs[1140] auch gemeindeeigene Grundstücke der Beitragspflicht.[1141]

638 Im Anwendungsbereich des Bayerischen KAG kann eine Gemeinde somit sehr wohl ihr eigener Beitragsschuldner sein. Von einem Grundstückserwerber übernommene Erschließungsbeiträge, die aufgrund Art. 5 BayKAG erhoben werden, gehören somit – unabhängig von der konkreten Ausgestaltung des Kaufvertrages – zur grunderwerbsteuerlichen Bemessungsgrundlage, wenn die entsprechende Anlage bereits **vor** dem Erwerbszeitpunkt *betriebsbereit* war.[1142]

639 Zu beachten ist jedoch, dass der Beschluss des BayVGH ausdrücklich nur zu den Beiträgen nach dem Kommunalabgabengesetz ergangen ist, da bei diesen die abstrakte Beitragspflicht mit Fertigstellung der Erschließungsanlage entsteht, d.h. eine Konkretisierung der Beitragspflicht mittels Bescheid wie im Baugesetzbuch nicht erforderlich ist. Demgegenüber legt § 134 Abs. 1 BauGB als Beitragspflichtigen den Grundstückseigentümer im Zeitpunkt der Bekanntgabe des Beitragsbescheides fest. Da die Gemeinde jedoch nicht gegen sich selbst einen Bescheid erlassen kann, gelten für Beitragsleistungen auf der Grundlage des BauGB in Bayern keine Besonderheiten.[1143] Es

---

Grundlage der neueren BFH-Rechtsprechung aus grunderwerbsteuerlicher Sicht jedoch nicht als Teil des Kaufpreises in der Urkunde ausgewiesen werden.
1139 Eine entsprechende Rechtslage existiert in BaWü für die Beiträge nach dem KAG-BaWü (Art. 10 Abs. 7 i.V.m. 9 Abs. 5 KAG), vgl. hierzu den Erl. des Finanzministeriums BaWü vom 20.03.2003, DStR 2003, S. 782 ff., Tz. 2., wonach die Gemeinde auch in BaWü hinsichtlich der KAG-Beiträge – anders als im Anwendungsbereich des BauGB – ihr eigener Beitragsschuldner sein kann. Vgl. hierzu auch *Baumann*, UVR 2004, S. 67.
1140 Vgl. BayVGH, BayVBl. 1966, S. 84 f.
1141 Vgl. hierzu *Grziwotz*, DB 1990, S. 1694 f.; in manchen anderen Bundesländern ist die Rechtsprechung diesbezüglich noch nicht gefestigt, doch widerspricht wohl die Landesgesetzgebung in den meisten Bundesländern der bayer. Rechtsprechung.
1142 Vgl. Erl. des BayFMin vom 15.01.1990, DB 1990, S. 1696.
1143 Aufgrund einer Änderung des Grundgesetzes durch Gesetz vom 27.10.1994 (BGBl. I, S. 3146) ist die konkurrierende Gesetzgebungskompetenz des Bundes im Bereich des Rechts der Erschließungsbeiträge entfallen (Art. 74 Abs. 1 Nr. 18 GG). Das Recht der Erschließungsbeiträge fällt nunmehr in den Bereich der ausschließlichen Landesgesetzgebung. Art. 125a Abs. 1 GG ordnet die Fortgeltung der §§ 127 ff. BauGB als Bundesrecht an, solange der Landesgesetzgeber von seiner Gesetzgebungskompetenz keinen Gebrauch macht. Der bay. Gesetzgeber hat durch Änderungsgesetz vom 27.12.1996 (LT-Drucks.s. 13/4553, S. 3) in Art. 5a KAG eine Regelung über Erschließungsbeiträge getroffen (nunmehr Art. 5a Abs. 1 KAG). Aus diesem Grund ist das Erschließungsbeitragsrecht der §§ 127 ff. BauGB seit 01.01.1997 in Bayern Landesrecht; vgl. hierzu auch *Grziwotz*, MittBayNot 2003, S. 201. Möglicherweise führt diese Gesetzesänderung dazu, dass auch

## II. Die Regelbemessungsgrundlage gem. § 8 Abs. 1 i.V.m. § 9 GrEStG   F.

ist jedoch die neue BFH-Rechtsprechung zu beachten, wonach der auf die BauGB-Erschließungskosten entfallende Betrag nicht als Teil des Kaufpreises ausgewiesen werden sollte.

In Bayern empfiehlt es sich daher beim Erwerb gemeindeeigener Grundstücke darauf zu achten, auf welcher Rechtsgrundlage eventuell noch anfallende Erschließungsbeiträge erhoben werden.[1144] **640**

Sollte eine Erhebung nach dem Bayerischen Kommunalabgabengesetz unvermeidlich sein, kann aufseiten des Erwerbers bei den Kaufpreisverhandlungen darauf hingewiesen werden, dass die Gemeinde nach Art. 8 des Bayerischen Finanzausgleichsgesetzes an der erhöhten GrESt partizipiert.[1145] **641**

Bei den Ländern Bremen, Hamburg, Hessen, Niedersachsen, Rheinland-Pfalz, Saarland und Schleswig-Holstein entspricht der landesrechtliche Gesetzeswortlaut dem des BauGB. Bei diesen Bundesländern können auch Erschließungskosten bei gemeindeeigenen Grundstücken auf landesrechtlicher Ebene nicht unter die grunderwerbsteuerliche Bemessungsgrundlage fallen.[1146] **642**

Die vorstehenden Rechtsgrundsätze gelten entsprechend auch für Anliegerkosten, die auf der Grundlage der kommunalen Abgabengesetze der Länder erhoben werden (z.B. Straßenausbau oder Kanalbeiträge). **643**

Bei dem Erwerb eines im Sanierungsgebiet gelegenen Grundstücks ist für den vom Erwerber zu zahlenden Ausgleichsbetrag nach § 154 BauGB ebenfalls auf den Zeitpunkt seiner Entstehung (§ 154 Abs. 3 BauGB) abzustellen. **644**

---

die Erschließungskosten nach BauGB entsprechend den bay. KAG – Erschließungskosten zu behandeln sind. Sofern demnach die Erschließungsanlage noch nicht fertiggestellt ist, sollte dies in der Kaufvertragsurkunde vorsichtshalber hervorgehoben werden.

1144 Formulierungsvorschläge zur grunderwerbsteuerlich günstigen Regelung der Erschließungskostenlast im Grundstücksvertrag finden sich bei *Grziwotz*, MittBayNot 2003, S. 200 ff.

1145 Vgl. *Knorr*, DB 1990, S. 1896; dies folgt daraus, dass die Ertragshoheit über die GrESt nach Art. 106 Abs. 2 Nr. 4, 107 Abs. 1 Satz 1 GG bei den Ländern liegt und die Landesgesetzgebung nach Art. 106 Abs. 7 Satz 2 GG darüber bestimmen kann, ob und inwieweit das Aufkommen der GrESt den Gemeinden zufließt; vgl. hierzu Art. 8 des Bayer. Finanzausgleichsgesetzes.

1146 In BaWü entsteht nach Art. 10 Abs. 7 i.V.m. 9 Abs. 5 KAG für gemeindeeigene Grundstücke die KAG-Beitragspflicht in dem Zeitpunkt, in dem sie bei einem Dritten entstehen würde, d.h. sobald das Grundstück an die Einrichtung oder den Teil einer Einrichtung angeschlossen werden kann (abstrakte Beitragspflicht). Einer Konkretisierung der Beitragspflicht mittels Bescheid bzw. öffentlich-rechtlichem Vertrag wie bei § 134 Abs. 1 BauGB bedarf es insoweit nicht. Im Anwendungsbereich des KAG kann eine Gemeinde deshalb – anders als im Anwendungsbereich des BauGB – auch in BaWü ihr eigener Beitragsschuldner sein; vgl. den Erl. des FinMin. BaWü vom 20.03.2003, DStR 2003, S. 782 ff., Tz. 2. Hinsichtlich der neuen Bundesländer wird auf die einschlägigen landesrechtlichen Bestimmungen verwiesen.

*d) Erschließungsverträge*

645 Überträgt eine Gemeinde die Erschließung durch öffentlich-rechtlichen Vertrag gem. § 124 Abs. 1 BauGB (**Erschließungsvertrag**) auf einen Dritten, darf sie bei ordnungsgemäßer Durchführung der Erschließung mangels eigener Kostentragung keinen Erschließungsbeitrag erheben. Natürlich kann auch der Erschließungsunternehmer die Kosten der von ihm aufgrund des Erschließungsvertrages zu tragenden und durchzuführenden Erschließungsmaßnahmen nicht kraft öffentlichen Abgaben- und Beitragsrechtes nach BauGB oder KAG bei den Grundstückseigentümern einfordern.

646 Nur wenn der *Erschließungsunternehmer zugleich auch der Eigentümer* und somit Verkäufer der erschlossenen Grundstücke ist, kann er die ihm entstandenen Kosten i.R. des Verkaufs der Grundstücke auf die Erwerber vertraglich abwälzen. Verpflichtet sich also der Grundstücksveräußerer gegenüber dem Erwerber im Kaufvertrag zur Grundstückserschließung, so ist bei entsprechender Auslegung des Vertrages grds. das *erschlossene* Grundstück Gegenstand des Erwerbsvorgangs. Damit gehört das vom Erwerber insoweit zu zahlende »Erschließungsentgelt« zur Gegenleistung im grunderwerbsteuerlichen Sinne.[1147] Darin liegt kein Wertungswiderspruch zu der abweichenden grunderwerbsteuerrechtlichen Behandlung einer noch nicht entstandenen Erschließungsbeitragsschuld bei Erschließung durch die Gemeinde selbst. Denn zum einen erhebt diese ihre Kosten als Abgaben und Beiträge aufgrund öffentlich-rechtlicher Vorschriften, sodass im Hinblick auf die Frage, ob das Grundstück im erschlossenen oder im unerschlossenen Zustand Gegenstand des Erwerbsvertrages ist, auf den Zeitpunkt des Entstehens der öffentlich-rechtlichen (und nach Entstehung als öffentliche Last auf dem Grundstück lastenden)[1148] Beitragsschuld abzustellen ist. Zum anderen empfängt der das Grundstück veräußernde private Erschließungsunternehmer die ihm entstandenen Erschließungskosten – ähnlich wie der Bauträger die ihm entstandenen Baukosten – regelmäßig als Entgelt für die Veräußerung des Grundstücks im erschlossenen Zustand.[1149] Umgekehrt erbringt der Erwerber die Erschließungskosten an den veräußernden Erschließungsunternehmer nicht als eigennützige

---

1147 Nach dem Erl. vom 25.07.2002 des Finanzministeriums BaWü, welcher im Einvernehmen mit den Obersten Finanzbehörden der anderen Länder ergangen ist und an die Stelle des Erl. vom 04.09.1989 in der zuletzt durch Erl. vom 27.06.2001 geänderten Fassung tritt, wird allerdings danach differenziert, ob der Verkäufer die Verpflichtung übernommen hat, das Grundstück im erschlossenen Zustand zu verschaffen (dann zählt der auf die Erschließung entfallene Teil des Kaufpreises zur Gegenleistung) oder ob sich der Verkäufer durch eine weitere rechtlich selbstständige Vereinbarung (Werkvertrag, Geschäftsbesorgungsvertrag) neben der Grundstücksübertragung in unerschlossenem Zustand zur Durchführung der Erschließung verpflichtet hat. In letzterem Fall soll das Entgelt hierfür nicht als Gegenleistung für die Grundstücksübertragung zu behandeln sein, selbst wenn beide Verpflichtungen zusammen beurkundet werden. Vgl. DStR 2002, S. 1536.
1148 Vgl. § 9 Abs. 2 Nr. 2 GrEStG.
1149 Vgl. hierzu *Pahlke*, § 8 Rn. 13.

## II. Die Regelbemessungsgrundlage gem. § 8 Abs. 1 i.V.m. § 9 GrEStG — F.

Erwerberleistung, sondern als Leistung für den Erwerb des Grundstücks (im erschlossenen Zustand).

Nach einem neueren Schreiben des Bay. Staatsministeriums der Finanzen vom 30.10.2002, welches im Einvernehmen mit den Obersten Finanzbehörden der anderen Länder ergangen ist, wird allerdings zusätzlich danach differenziert, ob es sich bei der vom Verkäufer übernommenen Verpflichtung, das Grundstück zu erschließen, um eine rechtlich selbstständige Vereinbarung handelt oder nicht. Hat demnach der Verkäufer die Verpflichtung übernommen, das Grundstück im erschlossenen Zustand zu verschaffen, wird das Grundstück in diesem Zustand Gegenstand des Erwerbsvorgangs mit der Folge, dass der auf die Erschließung entfallende Teil des Kaufpreises Gegenleistung für den Erwerb des Grundstücks ist. Hat sich dagegen der Verkäufer durch eine *weitere, rechtlich selbstständige Vereinbarung* (Werkvertrag, Geschäftsbesorgungsvertrag) neben der Grundstücksübertragung auch selbst zur Durchführung der Erschließung verpflichtet, so ist das Entgelt hierfür nicht als Gegenleistung für die Grundstücksübertragung zu behandeln, selbst wenn beide Verpflichtungen zusammen beurkundet werden. Für die rechtliche Selbstständigkeit beider Verpflichtungen sprechen folgende Indizien: **647**

– zwei selbstständige Geldforderungen,
– unterschiedliche Leistungspflichten des Veräußerers,
– selbstständige Fälligkeiten beider Forderungen,
– rechtliche Unabhängigkeit des Kaufvertrages von der Durchführung der Erschließung.[1150]

Der letztgenannten Auffassung hat sich inzwischen auch der BFH angeschlossen. Soweit der private Erschließungsunternehmer und der verkaufende Grundstückseigentümer *nicht identisch* sind, zählen die Erschließungskosten selbst dann *nicht* zur grunderwerbsteuerlichen Bemessungsgrundlage, wenn der Kaufvertrag und die Vereinbarungen zur Grundstückserschließung eine rechtliche oder tatsächliche Einheit bilden.[1151] Der BFH wendet nämlich die Grundsätze zum einheitlichen Vertragswerk bzw. einheitlichen Leistungsgegenstand[1152] auf die vorliegende Fallgestaltung wegen des besonderen hoheitlichen Charakters der Erschließung nicht an. Diese Grundsätze führen in anderen Konstellationen, z.B. bei der getrennten Beurkundung von **648**

---

1150 Vgl. Schreiben des Bay. Staatsministeriums der Finanzen vom 30.10.2002, GZ 36 – S 4521 – 006 – 46222/02, abgedruckt als Anh. 3. Die Richtigkeit dieser Ansicht wird jedoch in ihrer Pauschalität bestritten von *Grziwotz*, MittBayNot 2003, S. 204, der darauf hinweist, dass dann auch andere in städtebaulichen Verträgen getroffene Vereinbarungen über Kostenerstattungen, wie z.B. für die Freilegung, die Beseitigung von Bodenverunreinigungen und Altlasten, sowie die Vermessung, als Bemessungsgrundlage für die GrESt ausscheiden müssten.
1151 Vgl. BFH, Urt. v. 15.03.2001, DStR 2001, S. 1247; *Boruttau/Loose*, § 9 Rn. 290 und Rn. 300, 301 zu den Folgekosten einer Erschließung gem. § 11 Abs. 1 Satz 2, Nr. 3 BauGB.
1152 Vgl. hierzu nachfolgende Ziffer 7.

Kaufvertrag und Werkvertrag dazu, dass auch die werkvertraglichen Leistungen der GrESt unterliegen.[1153]

649 In einem weiteren vom BFH unlängst entschiedenen Fall waren der private Erschließungsunternehmer und der verkaufende Grundstückseigentümer *dieselben Personen*.[1154] Im Zeitpunkt des Abschlusses des Grundstückskaufvertrages war das Vertragsobjekt noch nicht erschlossen. Nach den vertraglichen Vereinbarungen sollte das Grundstück im vorhandenen (unerschlossenen) Zustand verkauft werden. Der Verkäufer verpflichtete sich jedoch gegenüber den Erwerbern, die Erschließung des Kaufgrundstücks nach Maßgabe eines noch zwischen ihm und der Gemeinde für das gesamte Baugebiet abzuschließenden Erschließungsvertrages durchzuführen. Im Kaufvertrag waren gesonderte Preise für das Grundstück und die künftige Erschließung ausgewiesen. Außerdem war der Verkäufer zum Rücktritt vom Vertrag berechtigt, falls der Erschließungsvertrag nach § 124 Abs. 1 BauGB mit der Stadt nicht bis zu einem bestimmten Termin rechtsverbindlich abgeschlossen wurde. In derartigen Konstellationen ist durch *Auslegung* zu ermitteln, ob das erschlossene Grundstück Gegenstand der Übereignungsverpflichtung ist oder ein unerschlossenes Grundstück. Im Hinblick darauf, dass die von der Rechtsprechung entwickelten Grundsätze zum grunderwerbsteuerrechtlich einheitlichen Erwerbsgegenstand beim Erwerb eines Grundstücks im zukünftig bebauten Zustand wegen des sich aus der öffentlich-rechtlichen Erschließungslast der Gemeinde (vgl. § 123 BauGB) ergebenden besonderen Charakters der Grundstückserschließung nicht anwendbar sind, war entscheidend, dass es sich bei der vom Verkäufer eingegangenen Verpflichtung zur Erschließung des Grundstücks um eine *eigenständige* vertragliche Verpflichtung handelte, für die eine gegenüber der Kaufpreisforderung verselbstständigte Entgeltvereinbarung getroffen wurde. Auch war die Wirksamkeit des Grundstücksvertrags nicht von der vollständigen Durchführung der Erschließungsmaßnahmen abhängig; andernfalls hätte es nicht des dem Verkäufer eingeräumten Rücktrittsrechtes für den Fall bedurft, dass es sich nicht zum rechtsverbindlichen Abschluss des Erschließungsvertrags mit der Gemeinde bis zu einem bestimmten Zeitpunkt kommen würde. Folglich ergibt die Auslegung, dass die Erwerber ein unerschlossenes Grundstück gekauft haben.

650 Nach dieser BFH-Rechtsprechung ist somit in Zukunft stets zu empfehlen, dass bei Grundstückskaufverträgen in Verbindung mit Erschließungsverträgen gem. § 124 Abs. 1 BauGB das Erschließungsentgelt stets gesondert neben dem Grundstückskaufpreis (d.h. gerade nicht als Teil des Kaufpreises) in der Urkunde ausgewiesen wird.[1155]

---

1153 Über die rein zivilrechtliche Betrachtung hinaus wird der Gegenstand des Erwerbvorgangs hier um solche Vereinbarungen erweitert, welche rechtlich oder wirtschaftlich in einem engen sachlichen Zusammenhang mit dem eigentlichen Grundstückserwerb stehen. Zielen die Vereinbarungen auf einen einheitlichen Leistungsgegenstand, so sind sie auch dann als Einheit zu behandeln, wenn es sich um formal getrennte Verträge handelt. Die Baukosten unterliegen dann ebenfalls der Grunderwerbsteuerpflicht, vgl. BFH, BStBl. II 1990, S. 181, *Pahlke*, § 9 Rn. 16; vgl. ferner nachfolgende Ziffer 7.
1154 Vgl. BFH-Urteil II R 67/05 vom 21.03.2007, BStBl. II 2007, 614.
1155 Zur grunderwerbsteuerlichen Behandlung von Verkehrs- und Gemeinbedarfsflächen, die i.R.d. Neuaufstellung von Bebauungsplänen und der anschließenden Umsetzung auf eine Gebietskörperschaft übertragen werden, vgl. *Bruschke*, UVR 2009, S. 113 ff.

II. Die Regelbemessungsgrundlage gem. § 8 Abs. 1 i.V.m. § 9 GrEStG  F.

*e) Zusammenfassung*

Wird ein Grundstück erschlossen verkauft, ist die Abgeltung der vor Kaufvertragsabschluss entstandenen Erschließungskosten Teil der Gegenleistung. Die Abgeltung von bereits durch den Verkäufer bezahlten oder die Überleitung von noch nicht bezahlten Ablösebeträgen erhöht dagegen die grunderwerbsteuerliche Bemessungsgrundlage nicht.[1156]   651

Vorauszahlungen erhöhen die GrESt ebenfalls nicht. Gleiches gilt für öffentlich-rechtliche Verpflichtungen, die erst nach dem Erwerbsvorgang entstehen.   652

Die Grundsätze zum einheitlichen Vertragswerk (einheitlicher Leistungsgegenstand) sind nicht auf Vereinbarungen zu den Erschließungskosten übertragbar. Soll die künftige Erschließung durch den Verkäufer oder einen von ihm beauftragten Dritten erfolgen, so ist zu einer gesonderten rechtlich selbstständigen Vereinbarung zu raten, um die GrESt zu reduzieren.[1157]   653

Bei einem Erwerb von einer Gemeinde gilt in Bayern folgendes:   654

Beiträge nach dem BayKAG gehören zur grunderwerbsteuerlichen Bemessungsgrundlage, wenn die entsprechende Anlage bereits vor dem Erwerbszeitpunkt betriebsbereit war. Beiträge nach dem BauGB zählen dagegen nicht zur Bemessungsgrundlage. Etwas anderes gilt nach neuerer Rechtsprechung allerdings, wenn die BauGB-Erschließungsmaßnahme bereits durchgeführt ist und der hierauf entfallende Betrag als Teil des Kaufpreises ausgewiesen wird.[1158]   655

Vorsichtshalber sollte bei einem Verkauf eines Grundstücks von einer Gemeinde in die Kaufvertragsurkunde aufgenommen werden, dass die Gemeinde die Erschließungskosten vom Käufer durch gesonderten Bescheid erhebt bzw. die Erschließungslast über einen gesonderten Erschließungsvertrag regelt.   656

**4. Inhalt der Gegenleistung**

Gegenleistung i.S.d. Grunderwerbsteuergesetzes ist jede geldwerte Leistung, z.B. Geld-, Sach-, Dienst- oder sonstige Leistungen. Auch der Verzicht auf eine werthaltige Forderung stellt eine Gegenleistung dar.[1159]   657

---

1156 Diese für den Steuerpflichtigen günstige Auffassung vertritt die FinVerw. Demgegenüber kommt es nach Auffassung des BFH zu einer Erhöhung der Grunderwerbsteuer, falls der Ablösebetrag bereits bezahlt worden war.
1157 Es ist jedoch stets zu beachten, ob der Formzwang nach § 311b BGB für diese gesonderte Vereinbarung gilt.
1158 Vgl. BFH, DStR 2010, S. XI.
1159 Ist die Forderung dagegen uneinbringlich oder zweifelhaft, ist lediglich ein niedrigerer Schätzwert nach § 12 Abs. 2 BewG anzusetzen; vgl. BFH, BStBl. II 1971, S. 533; *Pahlke*, § 8 Rn. 17.

369

**658** Vorleistungen, d.h. bereits vor Verwirklichung des Erwerbsvorgangs erbrachte Leistungen, gehören zur Gegenleistung, wenn sie mit dem Erwerb des Grundstücks kausal verknüpft sind.[1160]

**659** Bedingt geschuldete, also von einem ungewissen zukünftigen Ereignis abhängige Leistungen sind der Gegenleistung ebenfalls – gegebenenfalls aufgrund § 9 Abs. 2 Nr. 1 GrEStG – hinzuzurechnen. Eine Erhöhung der Gegenleistung ist gem. § 19 Abs. 2 Nr. 1 GrEStG anzeigepflichtig.[1161]

### 5. Aufteilung von Gesamtgegenleistungen

**660** Für die GrESt darf in die Bemessungsgrundlage nur der Anteil der Gegenleistung einbezogen werden, der für den Erwerb des Grundstücks i.S.d. § 2 GrEStG bezahlt wird. Wird ein Grundstück zusammen mit anderen, nicht der GrESt unterliegenden Gegenständen (z.B. Grundstück mit Zubehör, Unternehmen, Erbschaft) zu einem Gesamtpreis verkauft, so ist die Gesamtgegenleistung aufzuteilen.

**661** Sofern für die einzelnen mitverkauften Gegenstände wirtschaftlich angemessene (sonst kann § 42 AO einschlägig sein) und von den Parteien ernstlich gewollte konkrete Einzelpreise ausgewiesen werden, sind für die Besteuerung allein die vereinbarten Einzelpreise maßgebend, die auf das Grundstück i.s.d. § 2 GrEStG entfallen.

**662** Wird dagegen ein Gesamtpreis ohne Festlegung der genauen Einzelpreise für die einzelnen Sachen gebildet, so ist die Gegenleistung durch eine Verhältnisrechnung nach der sogenannten **Boruttau'schen Formel** wie folgt aufzuteilen:

> Gesamtpreis × gemeiner Wert des Grundstücks/Gemeiner Wert der sonstigen Gegenstände + gemeiner Wert des Grundstücks

**663** Diese vom BFH in ständiger Rechtsprechung praktizierte Aufteilungsmethode verhindert, dass die Bemessungsgrundlage der GrESt verfälscht wird. Hierzu käme es, wenn der nicht grunderwerbsteuerpflichtige Entgeltanteil lediglich von der Gesamtgegenleistung abgezogen werden würde. Durch die Anknüpfung an das vereinbarte Gesamtentgelt und seine Aufteilung nach den gemeinen Werten (§ 9 BewG) wird sichergestellt, dass sich eine vom objektiven Wert abweichende Beurteilung der Vertragschließenden in gleicher Weise auf sämtliche erworbene Gegenstände auswirkt.[1162]

▶ **Beispiel 1:**

A erwirbt ein Grundstück (gemeiner Wert 440.000,– €) mit Zubehör (gemeiner Wert 200.000,– €) zu einem Gesamtpreis von 500.000,– €.

**Bemessungsgrundlage der Grunderwerbsteuer:**

500.000,– € × 440.000,– €/200.000,– € + 440.000,– € = 343.750,– €

---

1160 Zu den Besonderheiten bei Vorausleistungen auf Erschließungskosten vgl. vorstehende Ziffer 3. a.
1161 Vgl. *Pahlke*, § 8 Rn. 19.
1162 Vgl. *Pahlke*, § 8 Rn. 25; BFHE 91, S. 494.

II. Die Regelbemessungsgrundlage gem. § 8 Abs. 1 i.V.m. § 9 GrEStG   F.

Bei einem vollen Abzug des Zubehörs vom Gesamtpreis würde sich dagegen eine zu niedrige Bemessungsgrundlage, nämlich i.H.v. nur 300.000,– €, ergeben.

Die **FinVerw.** verzichtet jedoch aus *Vereinfachungsgründen* auf eine Aufteilung, soweit die von den Beteiligten angegebenen Werte der grunderwerbsteuerfrei erworbenen Gegenstände angemessen erscheinen und 15 % der Gesamtgegenleistung – höchstens aber € 50.000,00 – nicht übersteigen.[1163]

In der Praxis bereitet im Zusammenhang mit der Boruttau'schen Formel die Frage besondere Schwierigkeiten, ob der Firmenwert eines Unternehmens dem Grundstück zuzuordnen ist oder nicht. Die Zuordnung hat Auswirkung auf die Höhe der grunderwerbsteuerlichen Bemessungsgrundlage. Bei einer Gastwirtschaft ist der Firmenwert regelmäßig dem Grundstück zuzuordnen, weil die Lage von besonderer Bedeutung ist. Fehlt es dagegen an einer eindeutigen Zuordnung, so ist der Firmenwert auf die übernommenen Wirtschaftsgüter aufzuteilen mit der Folge, dass der Firmenwert ohne Auswirkung auf den Aufteilungsmaßstab ist.[1164]   664

Auch bei Tankstellen kann die Lage von besonderer Bedeutung sein.   665

▶ Beispiel:

V betreibt als Einzelfirma eine Tankstelle mit Einkaufs-Shop. Er verkauft diese mit Wirkung zum 31.12.2002 unter Übernahme sämtlicher Aktiva und Passiva für 1.760.000,00 € an den Käufer K. Grundlage für die Verkaufsverhandlungen war neben der Steuerbilanz auch eine von einer WP-Gesellschaft erstellte Teilwertbilanz. Besonderes Merkmal der Tankstelle ist die außergewöhnlich gute Lage durch die Nähe zu einer Autobahnausfahrt. Konkurrenztankstellen gibt es im Umkreis von 20 km nicht.[1165]

Steuerbilanz 31.12.2002

|  | Euro |  | Euro |
|---|---:|---|---:|
| Grund und Boden | 100.000 | Eigenkapital | 950.000 |
| Gebäude | 500.000 | Darlehen | 200.000 |
| Tanksäulenüberdachung (27 m$^2$) | 50.000 | Verbindlichkeiten LuL | 50.000 |
| Hofpflasterung | 20.000 |  |  |
| Maschinen | 200.000 |  |  |
| Betriebsausstattung | 120.000 |  |  |
| Vorräte | 100.000 |  |  |
| Forderungen LuL | 20.000 |  |  |
| Bank | 90.000 |  |  |
|  | 1.200.000 |  | 1.200.000 |

---

1163 Vgl. FinMin BaWü vom 21.02.2003, Grunderwerbsteuerkartei der Oberfinanzdirektionen Freiburg/Karlsruhe/Stuttgart, §§ 8 bis 10, GrEStG Karte 10.
1164 Vgl. *Wohltmann*, Steuer und Studium, Beilage 1/2002, S. 7.
1165 Dieser Beispielsfall ist mit geringfügigen Änderungen entnommen aus *Wohltmann*, Steuer und Studium, Beilage 1/2002, S. 6 ff.

## F. Bemessungsgrundlage – §§ 8, 9 GrEStG

Teilwerte 31.12.2002

|  | Euro |  | Euro |
|---|---|---|---|
| Grund und Boden | 330.000 | Wert | 1.860.000 |
| Gebäude | 645.000 | Darlehen | 200.000 |
| Tanksäulenüberdachung (27 m$^2$) | 80.000 | Verbindlichkeiten LuL | 50.000 |
| Hofpflasterung | 25.000 | | |
| Maschinen | 420.000 | | |
| Betriebsausstattung | 150.000 | | |
| Vorräte | 100.000 | | |
| Forderungen LuL | 20.000 | | |
| Bank | 90.000 | | |
| Firmenwert | 250.000 | | |
| | 2.110.000 | | 2.110.000 |

### Lösung:

Soweit der Kaufpreis auf das Grundstück i.S.d. § 2 GrEStG entfällt, liegt ein Erwerbsvorgang i.S.d. § 1 Abs. 1 Satz 1 GrEStG vor. Allerdings ist die Gesamtgegenleistung nach der Boruttauschen Formel auf den Grundstücksanteil zu beschränken. Allein dies ist die Bemessungsgrundlage für die GrESt nach § 8 Abs. 1 i.V.m. § 9 Abs. 1 Nr. 1 GrEStG.

a) Gesamtgegenleistung:

| | |
|---|---|
| Kaufpreis | 1.760.000,00 € |
| Übernommene Schulden: | 200.000,00 € |
| | 50.000,00 € |
| Erhaltene Forderungen ./. | 20.000,00 € |
| Bankkonto ./. | 90.000,00 € |
| | 1.900.000,00 € |

b) Grundstücksbestandteile

Neben dem Grund und Boden sowie den Gebäuden sind als Bilanzpositionen noch der Firmenwert, die Tanksäulenüberdachung, die Hofpflasterung, die Maschinen sowie die Geschäftsausstattung und Vorräte zu beachten.

*Firmenwert:*

Grunderwerbsteuerlich ist hier zu prüfen, welche Bedeutung das Grundstück für den Betrieb hat. Im vorliegenden Fall sprechen eindeutige Hinweise dafür, dass der Firmenwert lagebedingt ist und folglich Auswirkungen auf die Grunderwerbsteuerbemessungsgrundlage hat.

II. Die Regelbemessungsgrundlage gem. § 8 Abs. 1 i.V.m. § 9 GrEStG   F.

*Tankstellenüberdachung:*

Die Überdachung ist eine Betriebsanlage i.S.d. § 2 Abs. 1 Nr. 1 GrEStG weil es an einem ausreichenden Schutz gegen Witterungseinflüsse durch räumliche Umschließung fehlt.[1166]

*Hofpflasterung:*

Wenngleich die Hofpflasterung gesondert bilanziert wurde, handelt es sich um einen wesentlichen Bestandteil des Grund und Bodens.[1167]

*Maschinen:*

Bei Maschinen handelt es sich normalerweise um Zubehör, welches nicht zur grunderwerbsteuerlichen Bemessungsgrundlage zählt. Sollte es sich bei den Maschinen ausnahmsweise um wesentliche Bestandteile des Grundstücks handeln, ist im Regelfall von Betriebsanlagen auszugehen, die ebenfalls nach § 2 Abs. 1 Satz 2 Nr. 1 GrEStG nicht zum grunderwerbsteuerlichen Grundstücksbegriff zählen.

*Geschäftsausstattung/Vorräte:*

Bei der Geschäftsausstattung und den Vorräten handelt es sich um bewegliche Wirtschaftsgüter (Zubehör/Inventar), die nicht zum Grundstück zählen.

Demnach ergibt sich folgender Aufteilungsmaßstab:

| | |
|---|---|
| Grund und Boden | 330.000 € |
| Gebäude | 645.000 € |
| Firmenwert | 250.000 € |
| Hofpflasterung | 25.000 € |
| Insgesamt entfällt somit auf den Grundstückserwerb ein Betrag i.H.v. | 1.250.000 € |
| Demgegenüber entfallen auf die sonstigen übernommenen Wirtschaftsgüter: | |
| Überdachung | 80.000 € |
| Maschinen | 420.000 € |
| Betriebsausstattung | 150.000 € |
| Vorräte | 100.000 € |
| insgesamt somit | 750.000 €. |

Nach der Boruttauschen Formel ergibt sich folgende Bemessungsgrundlage der Grunderwerbsteuer:

1.250.000 € × 1.900.000 €/1.250.000 € + 750.000 € = 1.187.500 €

---

1166 Gleichlautender Ländererl. vom 31.03.1992, BStBl. I 1992, S. 342, Tz. 7.
1167 Die gesonderte Bilanzierung erfolgt aus ertragsteuerlichen Gründen, weil hier zwischen abnutzbarem und nicht abnutzbarem Anlagevermögen unterschieden wird; vgl. § 6 Abs. 1 Nr. 1 und 2 EStG.

F.                                                                 Bemessungsgrundlage – §§ 8, 9 GrEStG

Die 3,5 %-ige GrESt hieraus beträgt 41.562 € (abgerundet gem. § 11 Abs. 2 GrEStG).[1168]

## 6. Bewertung der Gegenleistung

666   Für die Bewertung der Gegenleistung ist auf den Zeitpunkt des Grundstücksumsatzes abzustellen, d.h. entscheidend ist, wann der Erwerbsvorgang verwirklicht wird.

667   Wertänderungen, die erst nach dem Bewertungsstichtag eintreten, sind – im Gegensatz zu nachträglichen Änderungen der Gegenleistung selbst – grunderwerbsteuerlich irrelevant.[1169]

668   Die Bewertung von Kapitalforderungen und Schulden erfolgt mit dem Nennwert (§ 12 Abs. 1 BewG), sofern nicht besondere Umstände einen höheren oder geringeren Wert begründen. Der Kaufpreis eines Grundstücks ist somit grds. mit dem Nennwert anzusetzen.[1170]

669   Wiederkehrende Nutzungen und Leistungen werden nach §§ 13, 14 BewG mit dem Kapitalwert bewertet, wobei der Kapitalwert lebenslänglicher (d.h. mit dem Tod einer Person endender) Nutzungen und Leistungen (z.B. Leibrenten) nach Anlage 9 zu § 14 Abs. 2 BewG zu errechnen ist.[1171]

▶ Beispiel:

Die Ehegatten M und F verkaufen an K ihr Einfamilienhaus am 01.04.2002 zu folgenden Bedingungen:

K übernimmt die auf dem Vertragsobjekt eingetragenen Grundschulden i.H.v. 200.000 €, welche noch mit 15.000 € valutieren. Am 01.01.2004 sind weitere 50.000 € zu zahlen. Dieser Kaufpreisteilbetrag wird bis dahin zinslos gestundet. Ab 01.01.2005 erhalten M und F monatlich einen Betrag von 1.500 € bis zum Tod des Erstversterbenden. Danach reduziert sich der Betrag für den Überlebenden auf 1.000 € pro Monat. Der Betrag wird lebenslang, längstens aber bis zum 31.12.2030 bezahlt. M ist am 01.05.1952 geboren, seine Ehefrau F am 05.10.1961.[1172]

---

1168 Die Lösung ist übernommen aus *Wohltmann*, Steuer und Studium, Beilage 1/2002, S. 6 ff. Im Beispielsfall weicht der Kaufpreis (1,9 Mill. €) vom Verkehrswert (2,0 Mill. €) ab, um die Wirkungsweise der Boruttauschen Formel zu verdeutlichen. Bei einem Übereinstimmen von Gegenleistung und Verkehrswert wäre es dagegen auch zulässig, die nicht steuerbaren Werte abzuziehen bzw. die steuerbaren Werte aufzuaddieren.
1169 Vgl. *Pahlke*, § 8 Rn. 30 f.
1170 Vgl. *Pahlke*, § 8 Rn. 36; *Boruttau/Viskorf*, § 8 Rn. 27.
1171 Vgl. *Pahlke*, § 8 Rn. 38 m.w. N.
1172 Der Beispielsfall ist mit geringfügigen Änderungen entnommen aus *Wohltmann*, Steuer und Studium, Beilage 1/2002, S. 7.

II. Die Regelbemessungsgrundlage gem. § 8 Abs. 1 i.V.m. § 9 GrEStG    F.

**Lösung:**

Zur Ermittlung der grunderwerbsteuerlichen Bemessungsgrundlage ist die Gegenleistung in ihre Bestandteile zu zerlegen und der Reihe nach zu bewerten.[1173]

1. Schuldübernahme:

Maßgebend ist der tatsächliche Valutastand, nicht aber die Eintragung im Grundbuch. Der Ansatz der Verbindlichkeiten erfolgt gem. § 12 Abs. 1 Satz 1 BewG mit dem Nennwert, d.h. hier i.H.v. 15.000 €.

2. Einmalzahlung zum 01.01.2004

Da die Einmalzahlung um mehr als ein Jahr unverzinslich gestundet wurde, ist der Betrag gem. § 12 Abs. 1 Satz 2 und III BewG auf den Gegenwartswert abzuzinsen.

| Betrag: | 50.000 € | |
|---|---|---|
| Laufzeit: | ein Jahr, neun Monate[1] | |
| Faktor: | ein Jahr | 0,948 |
| | zwei Jahre | ./. 0,898 |
| | Differenz | 0,050 × $^9/_{12}$ = ./. 0,037 |
| | ein Jahr, neun Monate = 0,901 | |
| Wert: | 50.000 € × 0,901 = 45.050 € | |

3. Rentenvereinbarung

a) Anschubzeit:

Hier ist wie bei vorstehender Nr. 2 vorzugehen, da die Zahlungen bis zum 01.01.2005 unverzinslich aufgeschoben wurden. Der abzuzinsende Kapitalwert ist jedoch noch nicht bekannt, sodass vorab der Kapitalwert der Rente auf den 01.01.2005 ermittelt werden muss.

b) Kapitalwert zum 01.01.2005:

Die Rente ist in zwei Bestandteile aufzuteilen. Bis zum Tod des überlebenden Ehegatten werden unter Berücksichtigung der Höchstzeitdauer 1.000 € bezahlt (Grundrente). Bis zum Tod des Erstversterbenden sind zusätzlich weitere 500 € zu zahlen (Zusatzrente). Die Bewertung erfolgt nach § 14 BewG.[1174]

---

1173  Grundlage ist der gleichlautende Ländererl. vom 15.09.1997, BStBl. I 1997, S. 832.
1174  Die Todeszeitpunkte sind nach der statistischen Lebenserwartung zu bestimmen, welche in der Anlage 9 des BewG eingearbeitet ist.

Zusatzrente von 500 €:

| | | |
|---|---|---|
| Jahreswert: | 12 × 500 € | = 6.000 € |
| Alter der Berechtigten: | M = 52 Jahre | Faktor: 12,494 |
| | F = 43 Jahre | Faktor: 15,489[2] |

Anzusetzen ist der niedrigere Faktor, da die Zusatzrente mit dem Tod des Erstversterbenden erlischt (§ 14 Abs. 3 BewG).

Wert: 6.000 € × 12,494 = 74.964 €

Grundrente von 1.000 €.

Sie ist bis zum Tod des zuletzt Sterbenden zu zahlen (hier somit bis zum statistischen Tod der F, s. Zusatzrente), jedoch ist die Laufzeit begrenzt. Folglich ist hier ein Vergleich mit dem Wert einer Zeitrente durchzuführen. Eine Zeitrente ist nach § 13 BewG zu bewerten.

Jahreswert: 12 × 1.000 € = 12.000 €

Laufzeit der
Zeitrente: 01.01.2005 bis 31.12.2030 = 26 Jahre (Zeitrente)

Faktor:[3] als Leibrente der F: 15,489 (Anlage 9 zum BewG)

als Zeitrente der F: 14,038 (Anlage 9a zum BewG)

Anzusetzen ist wegen der Höchstzeitregelung der niedrigere Faktor (§ 13 Abs. 1 Satz 2 BewG).

Wert: 12.000 € × 14,038 = 168.456 €

c) Kapitalwert zum 01.04.2002

Es ist auf den 01.04.2002 abzuzinsen (s. vorstehende Ziffer a).

Betrag: 74.964 € (Zusatzrente) + 168.456 € (Grundrente)

= 243.420 € (Gesamtrente)

Abzinsungslaufzeit: zwei Jahre, neun Monate

| Faktor: | zwei Jahre | | 0,898 | | |
|---|---|---|---|---|---|
| | drei Jahre | ./. | 0,852 | | |
| | Differenz | | $0,046 \times {}^{9}/_{12}$ | = | ./. 0,034 |
| | zwei Jahre, neun Monate | | | = | 0,864 |

Wert: 243.420 € × 0,864 = 210.314 €

## 4. Bemessungsgrundlage

| | |
|---|---|
| Schuldübernahme | 15.000 € |
| Einmalzahlung | 45.050 € |
| Rente | 210.314 € |
| Gesamtgegenleistung somit: | 270.364 € |

Die 3,5 %-ige GrESt hieraus beträgt 9.462 € (abgerundet gem. § 11 Abs. 2 GrEStG).

Anmerkungen:

[1] Dass die Faktoren im Bewertungsgesetz jeweils nur für volle Jahre angegeben sind, ist bei der Ermittlung der grunderwerbsteuerlichen Bemessungsgrundlage rechnerisch zu berücksichtigen.
[2] Aufgrund der gestiegenen Lebenserwartung wurde inzwischen der Kapitalisierungsfaktor im Bewertungsgesetz angepasst.
[3] Aufgrund der gestiegenen Lebenserwartung wurde inzwischen der Kapitalisierungsfaktor im Bewertungsgesetz angepasst.

## 7. Einheitlicher Leistungsgegenstand – Einheitliches Vertragswerk – Vertragsbündeltheorie

Im Gegensatz zu den eigennützigen Erwerberleistungen müssen solche Leistungen der grunderwerbsteuerlichen Gegenleistung hinzugerechnet werden, die nach dem maßgeblichen Gegenstand des Erwerbsvorgangs auf einen noch *vom Veräußerer* herzustellenden künftigen Zustand des Grundstückes entfallen. 670

Die Bemessungsgrundlage hängt daher davon ab, in welchem Zustand (z.B. bebaut oder unbebaut) das Grundstück erworben werden soll. Der tatsächliche Grundstückszustand bei Vertragsabschluss ist demgegenüber bedeutungslos.[1175] 671

In diesem Zusammenhang spielt die Problematik des sogenannten **einheitlichen Leistungsgegenstandes** – z.T. auch als einheitliches Vertragswerk oder als Vertragsbündeltheorie bezeichnet – eine wichtige Rolle. Diese Grundsätze betreffen alle Erwerbsvorgänge bezüglich Baugrundstücken, bei denen in engem Zusammenhang mit dem Erwerb auch die Bebauung oder sonstige Veränderungen des Grundstücks (und/oder des aufstehenden Gebäudes) herbeigeführt werden. Hierbei handelt es sich um eine übergesetzliche Rechtsprechung des BFH, welche sich am Sinn und Zweck des Gesetzes orientiert.[1176] 672

---

1175 Vgl. *Pahlke*, § 9 Rn. 5; *Hofmann*, § 8 Rn. 12 ff.; vgl. hierzu auch *Weilbach*, § 8 Rn. 3a ff.; *Boruttau/Loose*, § 9 Rn. 136 ff.
1176 Vgl. BFH-Urteil II R 85/87 vom 18.10.1989, BStBl. II 1990, S. 181; vgl. zu der Bestätigung der bisherigen RSpr. auch *Mößlang*, ZNotP 2001, S. 414 ff.; zustimmend *Bunjes /Geist*, § 4 Nr. 9, Rn. 6; das Steuerentlastungsgesetz 1999/2000/2002 hat durch die Einführung des § 8 Abs. 2 Satz 2 GrEStG – der allerdings ausschließlich für § 8 Abs. 2 Satz 1 GrEStG gilt – erstmals die Maßgeblichkeit des künftigen Grundstückszustandes normiert; vgl. hierzu auch Rdn. 858–860.

| F. | Bemessungsgrundlage – §§ 8, 9 GrEStG |

673 Nach der Rechtsprechung vom einheitlichen Leistungsgegenstand wird der Gegenstand des Erwerbsvorgangs um solche Vereinbarungen erweitert, welche **rechtlich** oder **wirtschaftlich** in einem **engen sachlichen Zusammenhang** mit dem eigentlichen Grundstückserwerb stehen. Wenn bei objektiver Betrachtungsweise mehrere Vereinbarungen auf einen einheitlichen Leistungsgegenstand zielen, so sind diese auch dann als Einheit zu behandeln, wenn es sich formal um getrennte Verträge handelt. In diesen Fällen erhöht sich somit die grunderwerbsteuerliche Bemessungsgrundlage. Sind die Verträge dagegen weder zivilrechtlich verknüpft noch in einem engen sachlichen Zusammenhang mit dem Grundstückserwerb stehend, so kann die GrESt lediglich aus der Gegenleistung für das Grundstück bemessen werden.

**Terminologie:**

Von einem *einheitlichen Vertragswerk* spricht man, wenn der Kaufvertrag und der Werkvertrag in einer Urkunde niedergelegt sind. Als *einheitlicher Leistungsgegenstand* wird dagegen der Fall bezeichnet, wenn die beiden Verträge in getrennten Urkunden abgefasst werden, aber rechtlich oder wirtschaftlich zusammenhängen.

*a) Zivilrechtliche Verknüpfung*

674 Eine *zivilrechtliche Verknüpfung* liegt vor, wenn die Verpflichtung zur Grundstücksübereignung und die Bauverpflichtung in einem Vertrag niedergelegt sind; bei einer Aufspaltung in mehrere Verträge (Grundstückskaufvertrag und Werkvertrag) besteht die zivilrechtliche Verknüpfung, wenn die Vereinbarungen nach dem Willen der Beteiligten miteinander stehen und fallen sollen (z.B. durch ausdrückliche Bestandsverknüpfungen der Verträge, oder durch Bedingungen, Rücktrittsmöglichkeiten oder Ähnliches).

675 Die Einheitlichkeit liegt schon dann vor, wenn nur einer der Vertragspartner auf Veräußererseite die Verträge nur insgesamt wünscht und die andere Partei dies zumindest hinnimmt. Nicht erforderlich ist dagegen die Identität der leistenden Parteien auf Veräußererseite.

676 Soweit die Verträge miteinander stehen und fallen sollen, ist auch der Werkvertrag gem. § 311b Abs. 1 Satz 1 BGB beurkundungspflichtig.[1177] Eine privatschriftliche Vereinbarung, welche zivilrechtlich formnichtig ist, ist jedoch grunderwerbsteuerlich sehr wohl in die Bemessungsgrundlage mit einzubeziehen, solange der wirtschaftliche Erfolg eintritt.[1178]

*b) Einheitlicher Leistungsgegenstand*

677 Liegt keine zivilrechtliche Verknüpfung vor, so handelt es sich gleichwohl um einen einheitlichen Leistungsgegenstand, wenn bei objektiver Betrachtung der Erwerber das *bebaute*

---

1177 Die Schwelle, ab der grunderwerbsteuerlich von einem einheitlichen Leistungsgegenstand auszugehen ist, liegt dabei wesentlich niedriger als die Schwelle der zur Beurkundungspflicht des Werkvertrages führenden rechtlichen Abhängigkeit; vgl. *Opgenhoff*, RNotZ 2006, S. 268 ff.
1178 Vgl. BFH Urteil II R 133/87 vom 06.03.1991, BStBl. II 1991, S. 532; *Pahlke*, § 9 Rn. 13; *Hofmann*, § 8 Rn. 12 ff.

## II. Die Regelbemessungsgrundlage gem. § 8 Abs. 1 i.V.m. § 9 GrEStG   F.

*Grundstück als einheitlichen Leistungsgegenstand* erhält.[1179] So besteht beim sogenannten »Erwerb aus einer Hand« eine sachliche Verflechtung zwischen den einzelnen Verträgen, da der Erwerber nur die Gesamtgegenleistung annehmen oder vom Vertragsabschluss Abstand nehmen kann. Sofern auf Veräußererseite mehrere Personen mitwirken, kann ein einheitlicher Leistungsgegenstand vorliegen, wenn diese ihr Verhalten erkennbar aufeinander abgestimmt haben. Ein zufälliges Zusammenwirken der Beteiligten genügt jedoch nicht, faktisch einvernehmliches Zusammenwirken reicht jedoch aus.[1180] Die Verbindung kann auch dadurch entstehen, dass ein zwischengeschalteter Treuhänder die Abwicklung, insbesondere die Beauftragung des Bauunternehmers übernimmt, selbst wenn der Bauunternehmer bei Vertragsschluss noch nicht einmal feststeht.[1181]

Eine faktische Verbindung liegt auch vor, wenn ein Dritter durch seine vertraglichen Beziehungen mit der Veräußererseite die Möglichkeit hat, die Leistung als einheitliche anzubieten und dabei ein wirtschaftliches Interesse am Abschluss aller Verträge hat. Dies ist etwa bei einem Makler der Fall, welcher zugleich einen bestimmten Fertighausanbieter vertritt. Auf Erwerberseite muss allerdings der Eindruck entstehen, dass das von der Veräußererseite angebotene Leistungspaket nur als Einheitliches akzeptiert oder ausgeschlagen werden kann.[1182] **678**

Bei der **Aufspaltung in Grundstückskaufvertrag und Werkvertrag** gelten folgende Grundsätze: **679**

Haben die Beteiligten bereits einen Bauerrichtungsvertrag schriftlich abgeschlossen, **bevor** die Beurkundung des Grundstücksgeschäftes erfolgt, so liegt stets ein enger sachlicher Zusammenhang zwischen den beiden Verträgen vor, wenn Verkäufer und Bauunternehmer identisch sind.[1183] **680**

Entsprechendes gilt, wenn diese Verträge **zeitgleich**, z.B. in zwei aufeinanderfolgenden notariellen Urkunden abgeschlossen werden. Gleiches gilt aber auch, wenn Veräußerer und Bauunternehmer zwar verschiedene Personen, aber personell, wirtschaftlich oder gesellschaftsrechtlich eng miteinander verbunden sind.[1184] **681**

Wird der Bauerrichtungsvertrag dagegen erst **nach** Abschluss des Grundstückskaufvertrages abgeschlossen, müssen weitere Voraussetzungen hinzukommen, um einen **682**

---

1179 Vgl. *Pahlke*, § 9 Rn. 16, vgl. hierzu auch BFH, BStBl. II 1990, S. 181, 16; *Hofmann*, § 8 Rn. 12 ff.
1180 Hierzu ist ein zielgerichtetes Zusammenwirken der auf Veräußererseite beteiligten Personen dahingehend erforderlich, dass der Erwerber das Grundstück in fertig bebautem Zustand erhält; eine lediglich persönliche Bekanntschaft der auf Veräußererseite beteiligten Personen alleine reicht nicht aus. Vgl. BFH, Beschl. v. 17.01.2005, AZ II B 15/04.
1181 Vgl. *Pahlke*, § 9 Rn. 17; vgl. hierzu auch BFH/NV 1999, S. 667.
1182 Vgl. *Pahlke*, § 9 Rn. 16 ff.; *Hofmann*, § 8 Rn. 9 ff.
1183 Der sachliche Zusammenhang folgt daraus, dass die aus dem Werkvertrag geschuldete Bauleistung für den Erwerber unbrauchbar wäre, wenn er nicht auch das dazu gehörige Grundstück erhalten würde.
1184 Vgl. *Pahlke*, § 9 Rn. 17; *Hofmann*, § 8 Rn. 9 ff.; vgl. BFH-Urteil II R 9/14 v. 03.03.2015, BFH/NV 2015, 1054.

engen sachlichen Zusammenhang bejahen zu können. Hier kommen **faktische Zwänge, vorherige Absprachen oder Hinnahme eines von der Veräußererseite vorbereiteten Geschehensablaufs** in Betracht.

683 Ein **faktischer Zwang** besteht z.b. beim Erwerb eines Grundstücksanteils an einem noch zu errichtenden Mehrfamilienhaus vor, wenn es ausgeschlossen ist, dass der Erwerber seine Wohnung durch einen eigenständigen Bauunternehmer errichten lässt. Er ist hier vielmehr faktisch auf den vom Initiator der Gesamtmaßnahme eingesetzten Bauunternehmer angewiesen.

684 Eine **vorherige Absprache** liegt etwa vor, wenn ein Bauunternehmer zugleich Gemeinderatsmitglied ist und dem Grundstückseigentümer die Ausweisung eines Bebauungsplanes für den Fall in Aussicht stellt, dass der Grundstückseigentümer im Gegenzug nur an solche Interessenten verkauft, die mit dem Bauunternehmer entsprechende Werkverträge abschließen. Eine entsprechende vorherige Absprache ist jedoch häufig schwer nachweisbar. Es bedarf der konkreten Feststellung, dass die Vergabe des Bauauftrages an den der Veräußererseite zuzurechnenden Auftragsnehmer im maßgeblichen Beurteilungszeitraum feststand. Ein starkes Indiz ist jedoch, wenn sämtliche Einfamilienhäuser in dem entsprechenden Baugebiet durch denselben Bauunternehmer errichtet werden.[1185]

685 Eine rein einseitig subjektive Überzeugung des Grundstücksverkäufers, dass ihm der Erwerber des Grundstücks auch den Bauauftrag erteilen werde, reicht jedoch für den erforderlichen engen sachlichen Zusammenhang nicht aus.

686 Die **Hinnahme eines von der Veräußererseite vorbereiteten Geschehensablaufs** liegt vor, wenn bei Abschluss des Grundstückskaufvertrages zwar noch keine Festlegung des Erwerbs auf eine bestimmte Bebauung stattgefunden hatte, aber der anschließende Gebäudeerrichtungsvertrag vom Verkäufer auf das konkrete Grundstück bezogen angeboten wird. Lediglich unverbindliche Bebauungsvorschläge der Veräußererseite reichen allerdings nicht aus.

687 Von der Hinnahme eines von der Veräußererseite vorbereiteten Geschehensablaufs ist auszugehen, wenn auf Veräußererseite erhebliche Vorbereitungsmaßnahmen erforderlich waren und der Bauerrichtungsvertrag in engem zeitlichem Zusammenhang mit dem Grundstückserwerb abgeschlossen wird. Der Erwerber kann die von der FinVerw. unterstellte Hinnahme des vorbereiteten Geschehensablaufs allerdings dadurch widerlegen, dass er nachweist, dass dieser Geschehensablauf gerade nicht von der Veräußererseite bestimmt wurde. Dies ist möglich, indem der Erwerber etwa darlegt und beweist, dass er unter mehreren Angeboten gerade den Grundstücksverkäufer als günstigsten Anbieter ermittelt hat.[1186]

688 Die FinVerw. stellt regelmäßig bei Bauplatzkäufen Ermittlungen dazu an, ob in die grunderwerbsteuerliche Bemessungsgrundlage neben dem vom Notar mitgeteilten

---

1185 Zu den besonderen Beweisproblemen vgl. *Pahlke*, § 9 Rn. 35 ff.
1186 Vgl. *Pahlke*, § 9 Rn. 23; vgl. *Wohltmann*, Steuer und Studium, Beilage 1/2002, S. 10.

II. Die Regelbemessungsgrundlage gem. § 8 Abs. 1 i.V.m. § 9 GrEStG          F.

Kaufpreis für das Baugrundstück weitere Gegenleistungen einzubeziehen sind. Machen die Beteiligten in diesem Zusammenhang gegenüber dem FA unvollständige oder unrichtige Angaben, erfüllt dies regelmäßig den Tatbestand der Steuerhinterziehung (§ 370 AO).[1187]

▶ **Merksatz:**

Der Abschluss eines Werkvertrages über die Errichtung eines Gebäudes unterliegt grds. *nicht* der Grunderwerbsteuer.

Sind aber Grundstückskaufvertrag und Werkvertrag so miteinander verbunden, dass ein einheitliches Vertragswerk vorliegt, unterliegen *auch* die Baukosten der Grunderwerbsteuer. Dies gilt auch dann, wenn die Verträge mit unterschiedlichen Vertragspartnern geschlossen werden.[1188]

Ein einheitliches Vertragswerk liegt vor, wenn der Grundstückskaufvertrag und der Bauvertrag in einem engen rechtlichen oder sachlich-objektiven Zusammenhang stehen. Es liegt hier ein einheitlicher Leistungsgegenstand vor; der Erwerbsvorgang ist insgesamt auf den Kauf eines Grundstücks mit Gebäude gerichtet.

Nach einem Urteil des BFH vom 19.06.2013[1189] liegt ein einheitlicher, auf den Erwerb des bebauten Grundstücks gerichteter Erwerbsvorgang bei Auftreten mehrerer Personen auf Veräußererseite u.a. auch dann vor, wenn die Personen durch ihr abgestimmtes Verhalten auf den Abschluss des Grundstückskaufvertrages und die Verträge, die der Bebauung des Grundstücks dienen, hinwirken, auch wenn dies der Erwerber nicht erkannt hatte.                                                                                            688.1

Dem BFH-Urteil lag folgender Sachverhalt zugrunde:

Zwischen dem Verkäufer eines Bauplatzgrundstückes und dem Bauunternehmer, der nach dem Kauf vom Käufer mit der Errichtung eines Gebäudes auf diesem Grundstück beauftragt wurde, bestand – offenbar ohne Kenntnis des Käufers – eine Provisionsabrede. Das FA bezog aus diesem Grund die Bauleistung in die Bemessungsgrundlage der GrESt ein.

▶ **Lösung:**

Der BFH hat – abweichend von der Vorinstanz – die Auffassung des FA bestätigt. Zur Annahme eines einheitlichen Erwerbsgegenstandes sei es nötig, dass vor Abschluss des Kaufvertrages ein Angebot für Kauf- und Bauleistungen vorliege, das vom Käufer später – nicht zwingend in einem Schritt – so oder mit kleineren

---

1187 Vgl. Rundschreiben Nr. 6/2007 des Präsidenten der Rheinischen Notarkammer vom 30.11.2007.
1188 Eine Ausnahme gilt nach neuerer Rechtsprechung allerdings bei den Erschließungskosten, auf die die Grundsätze zum einheitlichen Vertragswerk aufgrund des hoheitlichen Charakter der Erschließungsmaßnahme nicht anwendbar sind, vgl. hierzu BFH, DStRE 2001, S. 875, vgl. hierzu auch oben Rdn. 648–650 m.w.N.
1189 Vgl. BFH, Urt. v. 19.06.2013, DStRE 2013, S. 1456 ff.

F.   Bemessungsgrundlage – §§ 8, 9 GrEStG

Veränderungen angenommen werde. Sind Verkäufer und Bauunternehmer verschiedene Personen, sei zusätzlich erforderlich, dass diese miteinander verbunden sind oder sich abgestimmt verhalten. Nicht erforderlich sei allerdings – anders als z.b. im Urteil vom 27.10.1999,[1190] dass dieser Umstand dem Erwerber bekannt war.[1191]

Die Rechtsprechung zum einheitlichen Erwerbsvorgang zieht, den Angriffen des FG Niedersachsen[1192] zum Trotz, immer weitere Kreise und erfasst folglich nunmehr auch Fälle, in denen der Käufer guten Gewissens davon ausgehen konnte, alles richtig gemacht zu haben, weil ihm eine Innenprovisionsabrede zwischen Verkäufer und Bauunternehmer verschwiegen wurde.

Folgende Formulierung im Kaufvertrag könnte dem Käufer hier zumindest einen Schadensersatzanspruch gegen den Verkäufer verschaffen:[1193]

▶ Formulierungsvorschlag:

»Der Käufer plant nach seiner Erklärung auf dem Vertragsgrundstück die Errichtung eines Gebäudes auf der Grundlage eines ihm bereits vorliegenden Angebotes der Firma X-Bau GmbH. Der Verkäufer versichert hiermit, dass er mit der Firma X-Bau GmbH in keiner Weise verbunden ist und dass bezüglich des vertragsgegenständlichen Grundstücks und der vorbezeichneten Bauleistung zwischen dem Verkäufer und der X-Bau GmbH kein abgestimmtes Verhalten vorliegt.«

Für das Vorliegen eines einheitlichen Vertragswerks kommt es nach der neuen Rechtsprechung folglich nur noch darauf an, dass Grundstücksverkäufer und Bauunternehmer objektiv zusammenwirken. Das Zusammenwirken muss dem Erwerber nicht bekannt sein; **objektive Erkennbarkeit** reicht vielmehr aus.

689   Nach einem Urteil des BFH vom 27.10.2004[1194] können die Grundsätze des einheitlichen Vertragswerkes jedoch dann nicht angewendet werden, wenn der Erwerber nicht ein bebautes Grundstück, sondern lediglich einen Bauplatz sowie einen Blockholzbausatz erwirbt und anschließend selbst den Bausatz zusammenbaut. Solange auf Veräußererseite nämlich nicht die Verpflichtung zum Verkauf eines bebauten Grundstückes begründet wird, sondern lediglich die Verpflichtung zur Lieferung eines Hausbausatzes (zusätzlich zum unbebauten Grundstück), kann die GrESt nur aus den Gestehungskosten für den Bauplatz erhoben werden. Gerade noch zulässig ist es, wenn durch die Veräußererseite ein Richtmeister für die fachliche Anleitung des Käufers zur Errichtung des Rohbaues gestellt wird und der Käufer verpflichtet ist, den Anordnungen dieses Instrukteurs Folge zu leisten. Sofern dagegen der Veräußerer

---

1190 Vgl. BFH, Urt. v. 27.10.1999, II R 3/97.
1191 Nach Aussage des Vizepräsidenten des BFH, Herrn Viskorf, anlässlich der Jahresarbeitstagung des Notariats – einer Veranstaltung des Deutschen Notarinstitutes – sei allerdings objektive Erkennbarkeit für den Steuerpflichtigen erforderlich.
1192 Vgl. neuerdings wieder Urt. v. 20.03.2013 des Niedersächsischen FG, DStRE 2014, S. 481 ff.
1193 Die Formulierung ist übernommen von *Wartenburger*, Steuern im Notariat 2014, S. 11.
1194 Vgl. BFH, AZ II R 12/2003.

II. Die Regelbemessungsgrundlage gem. § 8 Abs. 1 i.V.m. § 9 GrEStG　　　　F.

selbst zur Aufstellung und Montage der Bausatzteile verpflichtet ist, würden dagegen die Grundsätze zum einheitlichen Vertragswerk eingreifen. Die Haftung der Veräußererseite muss folglich beschränkt sein auf die Fehlerfreiheit der angelieferten Bausatzteile und der Montagepläne sowie der Anweisungen des Richtmeisters; keinesfalls darf jedoch die Verpflichtung zur Aufstellung und Montage einzelner Bausatzteile durch die Veräußererseite enthalten sein. Sofern sich der Veräußerer dagegen zu sonstigen Dienstleistungen, wie bspw. der Einholung der Baugenehmigungsunterlagen nebst Statik und Ausführungsplänen verpflichtet, sowie zur Erbringung des Wärmeschutznachweises, kann die GrESt gleichwohl nur aus den Kosten des unbebauten Grundstücks erhoben werden.

Die vorstehenden Grundsätze gelten im Wesentlichen auch für Erwerbsvorgänge im **Bauherrenmodell**. Hier wird ein vom Projektanbieter bzw. Initiator erstelltes und dem Erwerber fest vorgegebenes Bebauungs- und Vertragskonzept realisiert. 690

In der Regel wird die Einheitlichkeit aller Verträge durch eine Basisvereinbarung hergestellt, sodass die Grundsätze zum einheitlichen Vertragswerk einschlägig sind.[1195] 691

Für die Bemessungsgrundlage beim Bauherrenmodell ist es entscheidend, mit welchen Leistungen des Erwerbers objektiv der Aufwand abgegolten werden soll, der die Herstellung des vereinbarten Zustandes des veräußerten Grundstückes betrifft. Nur hierauf kann GrESt erhoben werden. 692

Aus dem Gesamtaufwand gehören im Einzelnen die Kosten für den Grundstückserwerb sowie die anteiligen Baukosten zur Gegenleistung. Auch diejenigen Leistungsbestandteile, die ausschließlich im Zusammenhang mit der Gebäudeherstellung stehen (z.B. Bürgschafts- und Garantiegebühren oder die Kosten einer Zwischenfinanzierung) zählen zur Gegenleistung. 693

Nicht zur grunderwerbsteuerlichen Gegenleistung gehören demgegenüber solche Leistungsanteile, die außerhalb des grunderwerbsteuerpflichtigen Erwerbsvorgangs stehen und sich als angemessener Aufwand für tatsächlich erbrachte sonstige Leistungen darstellen, etwa die vom Erwerber übernommene Verpflichtung zur Tragung der GrESt und der Kosten der Rechtsänderung (z.B. Notar- und Grundbuchkosten) sowie die Aufwendungen bezüglich der Nutzung des fertiggestellten Objekts (z.B. Gebühren für Vermietungsgarantie und Vermittlung). Zur grunderwerbsteuerlichen Bemessungsgrundlage gehören ferner nicht die Aufwendungen für die steuerliche und rechtliche Beratung des Erwerbers sowie die Gebühren für die Besorgung der Endfinanzierung. Insoweit handelt es sich nicht um eine Gegenleistung für den Erwerb des bebauten Grundstückes, sondern um eine zusätzliche Dienstleistung. 694

Auf den Erwerb im sogenannten **Erwerbermodell** können die das Bauherrenmodell betreffenden Grundsätze in der Regel entsprechend angewendet werden.[1196] 695

---

1195 Vgl. *Pahlke,* § 9 Rn. 24, vgl. ferner BFH, BStBl. II 1990, S. 230; *Boruttau/Loose* § 9 Rn. 162 ff.
1196 Vgl. hierzu ausführlich *Pahlke,* § 9 Rn. 62 m.w.N.

### c) Neuere Rechtsprechung zum einheitlichen Vertragswerk

**696** Im Zusammenhang mit dem einheitlichen Vertragswerk sind zwei neuere Entscheidungen noch hervorzuheben:

#### aa) Einflussnahme des Erwerbers auf die Bauplanung

**697** Mit Urteil des BFH vom 21.09.2005[1197] wurde entschieden, dass ein einheitliches Angebot im vorbezeichneten Sinne auch dann gegeben sein kann, wenn die bis (annähernd) zur Baureife gediehene Vorplanung inhaltlich maßgebend von der Erwerberseite mit beeinflusst oder gar veranlasst worden ist. Letzteres beinhaltet eine Änderung der bisherigen Rechtsprechung.

**698** Nach der früheren Judikatur wurde ein enger sachlicher Zusammenhang zwischen Kauf- und Bauvertrag indiziert, wenn der Veräußerer aufgrund einer in bautechnischer und finanzieller Hinsicht konkreten und bis annähernd zur Baureife gediehenen Vorplanung ein bestimmtes Gebäude auf einem bestimmten Grundstück zu einem im Wesentlichen feststehenden Preis anbot und der Erwerber diese Angebot annahm.[1198]

**699** Doch die entscheidende Frage, ob der Abschluss des Grundstückskaufvertrags an die Beauftragung eines bestimmten Bauunternehmers gekoppelt ist, ist unabhängig davon, ob der Erwerber das einheitliche Angebot der Veräußererseite unverändert übernimmt oder ob er der Veräußererseite konkrete Vorgaben machen kann, die dann zur Grundlage für das einheitliche, vom Erwerber akzeptierte Angebot über den Erwerb von Grundstück und Gebäude werden. Darin liegt insoweit eine Abweichung von der bisherigen Rechtsprechung, als dieser die Vorstellung zugrunde lag, dass die *Veräußererseite* das Objekt zur Baureife gebracht haben müsse.[1199] Sofern also Bauleistungen einheitlich mit einem Grundstück angeboten werden, indiziert dies einen engen sachlichen Zusammenhang zwischen den später abgeschlossenen Verträgen, auch wenn auf Veräußererseite mehrere Personen beteiligt sind. Eine etwaige Beteiligung der Erwerber an der konkreten Bauplanung ist unerheblich.

#### bb) Einheitliches Vertragswerk bei Sanierungsobjekten

**700** In einem weiteren Urteil vom 02.03.2006[1200] hat der BFH hervorgehoben, dass die Grundsätze zum einheitlichen Vertragswerk auch hinsichtlich der Frage gelten, ob ein Objekt im sanierten oder im unsanierten Zustand erworben wurde. Trotz des Erwerbes einer zunächst unsanierten Eigentumswohnung kann nach diesen Grundsätzen die sanierte Eigentumswohnung Gegenstand für die Bemessung der GrESt sein. Dies gilt es insbesondere zu beachten, wenn der Erwerb der Wohnung und die Werkverträge über die Sanierung des Objektes in getrennten Vereinbarungen geschlossen werden. Sofern zwischen den unterschiedlichen Verträgen ein rechtlicher oder ein enger

---

1197 AZ II R 49/04.
1198 Vgl. BFHE 176 S. 450, BStBl. II 1995, S. 331.
1199 Vgl. BFH/NV 1996, S. 637; BFH/NV 2004, S. 663.
1200 Vgl. BFH, AZ II R 47/04.

sachlicher Zusammenhang besteht, sodass der Erwerber bei objektiver Betrachtungsweise ein saniertes Objekt erhält, ist die Bemessungsgrundlage der GrESt aus dem Wert der sanierten Wohnung abzuleiten.

Treten in einer solchen Konstellation auf Veräußererseite mehrere Personen als Vertragspartner auf, liegt ein sachlicher Zusammenhang zwischen den Verträgen nur vor, wenn die Personen entweder personell, wirtschaftlich oder gesellschaftsrechtlich eng verbunden sind oder aufgrund von Abreden bei der Veräußerung zusammenarbeiten oder durch abgestimmtes Verhalten auf den Abschluss sowohl des Grundstückskaufvertrags als auch der Verträge, die der Bebauung/Sanierung des Grundstücks dienen, hinwirken. Eines schriftlichen Vertrages zwischen den auf der Veräußererseite verbundenen bzw. auftretenden Personen bedarf es *nicht*. Es reicht vielmehr ein tatsächliches, einvernehmliches Zusammenwirken aus. Der bloße Hinweis auf eine Kaufgelegenheit oder einen Generalübernehmer oder Bauunternehmer reicht dagegen nicht aus.[1201]

701

### 8. Doppelbelastung mit USt und GrESt beim einheitlichen Vertragsgegenstand

*a) Rechtsprechungsgrundsätze*

Ein Umsatzsteuerproblem kann nur entstehen, wenn der Verkäufer ein Unternehmer ist und das Grundstück bzw. das Haus i.R. seines Unternehmens liefert (z.B. der Bauträger). Bei einem Verkauf durch einen Unternehmer aus seinem Privatvermögen fällt keinesfalls USt an.

702

Bei dem Verkauf durch einen Unternehmer i.R. seines Unternehmens gelten folgende Grundsätze:

703

Nach § 4 Nr. 9a UStG ist die Lieferung eines unbebauten oder bebauten Grundstücks umsatzsteuerfrei, wenn darüber ein entsprechender Kaufvertrag abgeschlossen wurde. Wird der Kaufvertrag über ein bebautes Grundstück bereits zu einem Zeitpunkt abgeschlossen, zu dem das Gebäude noch nicht errichtet war (Bauträgervertrag), unterliegt der Vorgang insgesamt der Grunderwerbsteuer, sodass die Umsatzsteuerbefreiung auch hinsichtlich des auf das Gebäude entfallenen Kaufpreisteiles eintritt.

704

Umgekehrt liegt bei einem Werkvertrag über die Errichtung eines Gebäudes ohne gleichzeitigen Verkauf von Grund und Boden kein Verpflichtungsgeschäft vor, das den Anspruch auf Übereignung eines Grundstücks i.S.d. § 1 Abs. 1 Nr. 1 GrEStG begründet. Daher unterliegt die Errichtung eines Gebäudes auf dem Grundstück des Bestellers durch den Bauhandwerker der USt.[1202]

705

Die Abgrenzung zwischen grunderwerbsteuerbaren Vorgängen und umsatzsteuerpflichtigen Lieferungen ist durch die Rechtsprechung des Grunderwerbsteuersenats des BFH problematisch geworden. Dieser vertritt in nunmehr ständiger

706

---

1201 Vgl. BFH/NV 2006, S. 683.
1202 Vgl. *Rau/Dürrwächter*, § 4 Rn. 9, Rn. 21 ff.

Rechtsprechung[1203] die Auffassung, dass auch bei formal mehreren Verträgen über den Kauf eines Grundstücks und Werkverträgen mit Bauhandwerkern (auch bei verschiedenen Vertragspartnern) das Gesamtentgelt der GrESt zu unterwerfen ist, wenn die Verträge sich als einheitliches – auf den Erwerb eines bebauten Grundstücks gerichteten – Rechtsgeschäft darstellen.[1204]

**707** Die Werklieferungen der Bauhandwerker unterliegen – isoliert gesehen – jedoch nicht der Grunderwerbsteuer. Mangels Deckungsgleichheit zwischen umsatzsteuerlicher Leistung nach § 1 Abs. 1 Nr. 1 UStG und dem der GrESt unterliegenden einheitlichen Rechtsgeschäft sind die Werklieferungen und Werkleistungen der Bauhandwerker daher **nicht** von der USt befreit.[1205]

**708** Das Ergebnis erscheint unbefriedigend, da es zu einer Doppelbesteuerung mit Grunderwerb- und USt kommt. Dies könnte nur durch eine Gesetzesänderung bei der GrESt geändert werden.[1206]

**709** Wird daher von einem *Bauträger* i.R. einer einzigen Leistungsbeziehung ein noch zu errichtendes Gebäude (oder Eigentumswohnung) erworben, so ist der Erwerb zwar nach den vorstehenden Grundsätzen u.U. im vollen Umfang grunderwerbsteuerpflichtig, jedoch gem. § 4 Nr. 9a UStG umsatzsteuerfrei.[1207]

**710** Setzen sich die vorbehandelten Erwerbsvorgänge hingegen – umsatzsteuerrechtlich betrachtet – aus mehreren Verträgen zusammen, so liegen nach Auffassung des BFH und der FinVerw. keine insgesamt unter das GrEStG fallenden Umsätze i.S.d. § 4 Nr. 9a UStG vor. Demgemäß kommt es in diesen Fällen hinsichtlich der Baukosten und etwaiger sonstiger Nebenkosten zu einer Kumulierung von Grunderwerb- und USt.[1208]

**711** Nach der BFH-Rechtsprechung behalten die Einzelleistungen der an der Gebäudeerrichtung beteiligten Unternehmen umsatzsteuerrechtlich somit auch dann ihre Selbstständigkeit, wenn sie grunderwerbsteuerrechtlich als Teil des einheitlichen Erwerbsvorgangs beurteilt werden.

---

1203 Vgl. zuletzt BFH, Urt. v. 27.10.1999, MittBayNot 2000, S. 63 m. Anm. von *Fischer*, MittBayNot 2000, S. 381 ff.
1204 Dies betrifft insb. die Bauherrenmodelle, aber nicht nur diese, vgl. BFH, BStBl. II 1990, S. 391.
1205 Vgl. BFH, BStBl. II 1987, S. 145.
1206 Eine Änderung bei der USt verbietet sich aus europarechtlichen Gesichtspunkten, vgl. EuGH UR 1986, S. 297; *Reiß*, Umsatzsteuerrecht, S. 181 m.w.N.
1207 Vgl. *Pahlke*, § 9 Rn. 63; BFH, BStBl. II 1987, S. 145. Ist Gegenstand der zu erbringenden Leistung ein bebautes Grundstück, liegt eine einheitliche Leistung vor, die im Interesse eines funktionierenden Mehrwertsteuersystems nicht künstlich aufgespalten werden darf; vgl. BFH, UVR 2009, S. 357; EuGH, BStBl. II 2003, S. 452.
1208 Vgl. *Pahlke*, § 9 Rn. 63; BFH, BStBl. II 1987, S. 145; Abschn. 71 I UStR; vgl. ferner ausführlich zur USt im Immobilienkaufvertrag *Schuck*, MittBayNot 1998, S. 412 ff. Da kein Optionsfall vorliegt, dürfte die USt trotz der Neuregelung des § 13b UStG weiterhin in die Bemessungsgrundlage der GrESt einzubeziehen sein.

II. Die Regelbemessungsgrundlage gem. § 8 Abs. 1 i.V.m. § 9 GrEStG  F.

**Zusammenfassung:**

**Situation 1:** Auf Veräußererseite steht nur **eine** Person.

▶ **Fall 1:**

Der Bauträger verkauft das Grundstück samt dem künftig zu errichtenden Haus in einer Urkunde.

Hier liegt die volle Umsatzsteuerbefreiung (für Grundstück und Haus) gem. § 4 Nr. 9a UStG vor. Die GrESt wird aus dem Gesamtpreis für das bebaute Grundstück erhoben.

▶ **Fall 2:**

Der Unternehmer verkauft das Haus und das Grundstück in zwei getrennten Urkunden, die nicht aufeinander verweisen (weil er so hofft, die GrESt sparen zu können hinsichtlich des Hauskaufs).

Hier fällt die GrESt aus der erhöhten Bemessungsgrundlage (Grundstück + Haus) an, da ein einheitlicher Vertragsgegenstand vorliegt.

Außerdem fällt USt an. Dies wird damit begründet, dass im Umsatzsteuerrecht nicht die Grundsätze des einheitlichen Vertragsgegenstandes aus dem Grunderwerbsteuerrecht gelten und folglich hier ein getrennter Bauerrichtungsvertrag vorliegt, für den somit die Befreiungsvorschrift des § 4 Nr. 9a UStG nicht mehr eingreift.

▶ **Fall 3:**

Der Bauunternehmer verkauft das Haus und das Grundstück in zwei getrennten Urkunden, die jedoch aufeinander gegenseitig verweisen.

Z.T. wird selbst diese Konstruktion für umsatzsteuerschädlich gehalten. Meines Erachtens darf dieser Fall jedoch nicht anders als das Ausgangsbeispiel 1 beurteilt werden, da die Aufteilung in zwei getrennte Verträge mit einer dem FA deutlich erkennbaren gegenseitigen Verweisung lediglich als technische Art der Urkundengestaltung anzusehen ist. In Anbetracht der steuerlichen Unsicherheit sollte jedoch in einem solchen Fall unbedingt die Beurkundung in einer einzigen Urkunde erfolgen.

**Situation 2:** Auf Veräußererseite stehen zwei **verschiedene Personen** (Grundstückseigentümer und Bauunternehmer)

▶ **Fall 1:**

Grundstückseigentümer und Bauunternehmer sind nicht miteinander »verflochten« i.S.d. Lehre vom einheitlichen Leistungsgegenstand.

Hier fällt die GrESt nur aus dem Grundstückskaufvertrag an (da kein einheitlicher Vertragsgegenstand i.S.d. Grunderwerbsteuergesetzes vorliegt);[1209] außerdem fällt die USt für den Bauerrichtungsvertrag an.

---

1209 Die Bebauung stellt vielmehr eine eigennützige Erwerberleistung dar.

▶ **Fall 2:**

Grundstückseigentümer und Bauunternehmer sind miteinander »verflochten« i.S. der grunderwerbsteuerlichen Lehre vom einheitlichen Leistungsgegenstand.

Hier fällt GrESt aus der erhöhten Bemessungsgrundlage (Grundstück + Haus) an, da die Grundsätze des einheitlichen Vertragsgegenstandes gelten.[1210] Außerdem fällt USt an.

*b) Gestaltungsüberlegungen*

712  Diese Rechtsprechungsgrundsätze führen zu folgender *Gestaltungsüberlegung*, wenn Grundstückseigentümer und Bauunternehmer *verschiedene* Personen sind:[1211]

713  Grundstückseigentümer und Bauunternehmer gründen eine Gesellschaft bürgerlichen Rechts,[1212] die das Haus sowie das Grundstück in einer einheitlichen Urkunde an den Käufer weiterverkaufen soll. Als Gesellschafter verpflichtet sich der Eigentümer, bei dem künftigen Vertrag sein Grundstück zur Verfügung zu stellen; der Werkunternehmer verpflichtet sich als Gesellschafter, bei dem Vertrag die Hauserrichtung vorzunehmen. Wenn anschließend die GbR den Bauträgervertrag über das zu errichtende Haus mit dem Käufer abschließt, handelt es sich nur um *eine* Person auf Veräußererseite, nämlich die Gesellschaft bürgerlichen Rechts. Folglich fällt die GrESt zwar aus der erhöhten Bemessungsgrundlage (Haus + Grundstück) an, aber keine zusätzliche USt (da nur eine Person auf Veräußererseite steht und die Verträge nicht in zwei getrennten Urkunden abgeschlossen werden).[1213]

714  Zu bedenken ist jedoch, dass in diesem Fall eine umsatzsteuerfreie Lieferung vorliegt und folglich der Bauunternehmer auch für seine eigenen Anschaffungskosten keine Vorsteuererstattung beantragen kann (da er nicht umsatzsteuerpflichtig an den Käufer liefert, sondern umsatzsteuerfrei). Hier ist auszurechnen, ob dies sinnvoll ist. Es kann u.E. dann sinnvoll sein, wenn die eigene Wertschöpfung durch den Bauunternehmer sehr hoch war (aufgrund großer eigener Unternehmerleistung), aber nur niedrige Anschaffungskosten bestanden. Hier bestünde nämlich der Vorsteuererstattungsanspruch nur bezüglich der (niedrigen) Anschaffungskosten.

715  Eine Befreiung von der USt nach § 4 Nr. 9a UStG führt beim Verkäufer nämlich stets dazu, dass er auch seine eigenen Anschaffungskosten nicht als Vorsteuer erstattet

---

1210  Steuerschuldner ist der Erwerber; auf Veräußererseite ist der jeweilige Vertragsbeteiligte Steuerschuldner nur insoweit, als die GrESt auf seine Leistung (Haus bzw. Grundstück) entfällt, vgl. *Hofmann*, § 13 Rn. 6.
1211  Die Zulässigkeit der Gestaltung ist höchstrichterlich noch nicht geklärt.
1212  Aus Haftungsgründen erscheint es jedoch vorzugswürdig, wenn eine GmbH & Co. KG anstelle einer Gesellschaft bürgerlichen Rechts gegründet wird, an der sich der Grundstückseigentümer nur als Kommanditist beteiligt.
1213  Aus zivilrechtlicher Sicht sind allerdings die mit einer GbR verbundenen Haftungsrisiken zu beachten.

bekommt (weil er umsatzsteuerfrei verkauft). Der Vorsteuererstattungsanspruch würde ihm aber nur hinsichtlich seiner eigenen Anschaffungskosten, für die er selbst USt zu entrichten hatte, zugute kommen. Für seine eigene Wertschöpfung (Unternehmerleistung und Zahlung der Löhne an die eigenen Arbeitnehmer), die sich ebenfalls im Verkaufspreis und somit auch in der USt bei einem umsatzsteuerpflichtigen Weiterverkauf niederschlagen würden, würde er keine Vorsteuererstattung bekommen. Dies folgt daraus, dass er für diese Maßnahmen selbst auch keine USt bezahlen musste.

Ein Verzicht auf die Umsatzsteuerbefreiung ist i.d.R. nur sinnvoll, wenn der Verkäufer an einen anderen Unternehmer liefert, der selbst vorsteuererstattungsberechtigt ist. 716

### c) Wirtschaftliche Betrachtung

Die vorstehenden Überlegungen führen zu folgendem wirtschaftlichen Ergebnis: 717

Der »normale« Fall des Verkaufs eines bebauten Grundstücks (z.B. im Weg eines Bauträgervertrages) ist gem. § 4 Nr. 9a UStG umsatzsteuerfrei. Daher besteht wegen § 15 Abs. 2 UStG beim Verkäufer ein Vorsteuerabzugsverbot. Folglich muss der Verkäufer die nicht abzugsfähige USt kalkulatorisch in den Kaufpreis beim Weiterverkauf mit einfließen lassen. Durch den erhöhten Kaufpreis kommt es somit zu einer höheren Grunderwerbsteuerbelastung (die USt erhöht über den höheren Kaufpreis die Grunderwerbsteuer). Wirtschaftlich gesehen ist der Käufer somit bei dem Normalfall ebenfalls mit USt und GrESt belastet, wenngleich er rechtlich nur einen Grunderwerbsteuerbescheid erhält. Insoweit ist die »Doppelbelastung« sicherlich verfassungsrechtlich unbedenklich, da keine wirtschaftliche Mehrbelastung erfolgt.[1214] Allerdings führt die Rechtsprechung des BFH natürlich dazu, dass bei einer Aufspaltung von Kaufvertrag und Werkvertrag zusätzlich auch auf die eigene Wertschöpfung des Werkunternehmers USt anfällt. 718

Gerade dies ist bei einem herkömmlichen Bauträgervertrag *nicht* der Fall, sodass sich dieser Betrag auch nicht im Kaufpreis und folglich auch nicht in einer zusätzlich erhöhten Bemessungsgrundlage für die GrESt niederschlägt. Insoweit erscheint die Rechtsprechung u.E. verfassungsrechtlich bedenklich.[1215] 719

### III. Gegenleistung bei den einzelnen in § 9 Abs. 1 GrEStG aufgeführten Erwerbsvorgängen

§ 9 Abs. 1 GrEStG ist keine abschließende Regelung, sondern enthält nur für bestimmte Fälle eine ausdrückliche Klarstellung zur grunderwerbsteuerlichen Bemessungsgrundlage. 720

---

1214 Vgl. *Hofmann*, Einf. Rn. 9.
1215 Die Erhebung der GrESt verstößt europarechtlich nicht gegen die Mehrwertsteuerrichtlinie; vgl. EuGH, Bschl. vom 27.11.2008, DStR 2009, S. 223.

## 1. Kauf

### a) Kaufpreis

**721** Nach § 9 Abs. 1 Nr. 1 GrEStG gelten bei einem Kaufvertrag der Kaufpreis einschließlich der vom Käufer übernommenen sonstigen Leistungen und der dem Verkäufer vorbehaltenen Nutzungen als Gegenleistung.

**722** Als Kaufpreis ist hierbei nur der Betrag anzusehen, der für den Erwerb des Grundstücks nach § 2 GrEStG aufgewendet wird. Entfällt ein Kaufpreisteil nicht auf das Grundstück – etwa bei der Übernahme des in einer Instandhaltungsrücklage angesammelten Guthabens durch den Erwerber –, so liegt keine grunderwerbsteuerliche Gegenleistung vor.[1216]

**723** Der Kaufpreis ist auch dann Bemessungsgrundlage, wenn er unter dem Verkehrswert des Grundstücks liegt oder den Verkehrswert des Grundstücks übersteigt.[1217] Verkauft demgemäß eine Kapitalgesellschaft ein Grundstück an ihre Gesellschafter zu einem unter dem gemeinen Wert liegenden Preis, liegt i.H.d. körperschaftsteuerlich als *verdeckte Gewinnausschüttung* zu behandelnden Differenz zwischen dem Kaufpreis und dem gemeinen Wert keine Gegenleistung des kaufenden Gesellschafters an die Gesellschaft vor, um die der Kaufpreis als Bemessungsgrundlage für die GrESt zu erhöhen wäre. Bemessungsgrundlage ist vielmehr der tatsächlich ausgewiesene Kaufpreis.[1218]

### aa) Stundung

**724** Wird der Kaufpreis längerfristig gestundet, ist eine Abzinsung nach Maßgabe des § 12 Abs. 3 BewG vorzunehmen. Die Vorschrift ist nur auf unverzinsliche Forderungen anzuwenden.[1219] Die Abzinsung entfällt, wenn die vereinbarten Zinsen angemessen sind. Eine Abzinsung ist zudem auch nur vorzunehmen, wenn der Verkäufer Besitz, Nutzen und Lasten des Grundstücks bereits vor der Kaufpreiszahlung überträgt.[1220]

### bb) Vorzeitige Nutzungsüberlassung

**725** Überlässt der Grundstücksverkäufer im Wege einer Vorleistung dem Käufer bereits vor der Zahlung des Kaufpreises die Nutzungen des Grundstücks, so stellt die vorzeitige Nutzungsüberlassung eine selbstständige (Neben-)leistung des Verkäufers dar, die weder in seiner kaufvertraglichen Verpflichtung zur Übertragung von Besitz und

---

1216 Vgl. *Pahlke*, § 9 Rn. 70; BFH, BStBl. II 1992, S. 195.
1217 Vgl. BFH, BStBl. II 1969, S. 668; BFH, BStBl. III 1955, S. 380.
1218 Vgl. BFH, BStBl. II 1978, S. 201.
1219 Nach Auffassung des BFH ist auch ein Kapitalnutzungsvorteil von kürzerer Dauer als einem Jahr als grunderwerbsteuerliche Gegenleistung zu berücksichtigen, da der »einjährige« Betrag i.S.d. § 15 Abs. 1 BewG ausschließlich den Wertansatz für die Nutzung einer Geldsumme i.H.v. 5,5 % beschreibt, nicht aber eine zeitliche Mindestvoraussetzung für den gewährten Nutzungsvorteil; vgl. BFH, Urt. v. 14.06.2006, AZ II R 12/05.
1220 Vgl. *Pahlke*, § 9 Rn. 81; vgl. auch das Beispiel in Rdn. 669.

Nutzungen aufgeht, noch mit ihr identisch ist. Das für die Nutzungsüberlassung gesondert vereinbarte Entgelt[1221] gehört daher nicht zur grunderwerbsteuerlichen Gegenleistung.[1222]

Wenn demgegenüber der Käufer eines Bauträgerobjekts den Kaufpreis vorleistet, so liegt hierin ein geldwerter Vorteil, der in die Bemessungsgrundlage der GrESt als sonstige Leistung einzubeziehen ist.[1223] Bloße Abschlagszahlungen nach Maßgabe der Makler- und Bauträgerverordnung sind dagegen keine derartigen Vorleistungen. Für die Berechnung des geldwerten Vorteiles bei einer Vorauszahlung ist jedoch nicht auf den Zeitraum zwischen Zahlung und endgültiger Fertigstellung des Objekts, sondern auf den Zeitraum zwischen Zahlung und Fälligkeit der Abschlagszahlungen abzustellen, die der Käufer sonst nach Baufortschritt zu zahlen gehabt hätte.[1224] 726

Andererseits stellt der geldwerte Vorteil, den ein Erwerber eines Grundstücks einem Verkäufer aufgrund einer vorzeitigen Kaufpreiszahlung in Gestalt einer Kapitalnutzungsmöglichkeit gewährt, dann keine Gegenleistung i.S.d. Grunderwerbsteuergesetzes dar, wenn der Erwerber ein Wahlrecht dahingehend ausgeübt hat, den Kaufpreis vor Erbringung der Gegenleistung, aber unter Abzug eines Kaufpreisnachlasses zu zahlen.[1225] 727

*b) Vom Käufer übernommene sonstige Leistungen*

Die durch § 9 Abs. 1 Nr. 1 GrEStG angeordnete Einbeziehung der vom Käufer übernommenen sonstigen Leistungen folgt bereits aus dem allgemeinen Gegenleistungsbegriff. Neben den nachfolgend gesondert behandelten häufig vorkommenden 728 729

---

1221 Der Verkäufer muss das Nutzungsentgelt jedoch als Einkunft aus Vermietung und Verpachtung gem. § 21 EStG versteuern.
1222 Vgl. BFH, Urt. v. 08.08.2001 – II R 49/01; wäre daggen die vorzeitige Nutzungsüberlassung ohne zusätzliches Entgelt vereinbart, so würde es sich wirtschaftlich um eine Stundung des Kaufpreises handeln; bei einer längerfristigen Stundung findet eine Abzinsung des Kaufpreises nach Maßgabe des § 12 Abs. 3 BewG statt, vgl. *Pahlke*, § 9 Rn. 81.
1223 Als Entgelt für die Veräußerung des Grundstücks gilt auch der Verzicht des Grundstückskäufers auf sein Recht, den Kaufpreis erst Zug um Zug gegen Übereignung und Übergabe des Grundstücks zahlen zu müssen. Unterwirft er sich einer Vorleistungspflicht und erhält er dafür als Ausgleich einen Kaufpreisabschlag von beispielsweise 2 %, so ist die Kapitalnutzungsmöglichkeit Teil des Entgeltes und mit 5,5 % verzinst dem gezahlten Kaufpreis zuzuschlagen; vgl. BFH, Urt. v. 05.07.2006, AZ II R 37/04.
1224 Vgl. BFH, Urt. v. 25.04.2002, MittBayNot 2003, S. 242 m. Anm. *Frantzen*; bei der Vereinbarung von Ratenzahlungen nach Baufortschritt gem. § 632a BGB i.V.m. der Verordnung über Abschlagszahlungen bei Bauträgerverträgen vom 23.05.2001 (BGBl. I 2001, S. 981), wiederum i.V.m. § 3 Abs. 2 MaBV (Ratenzahlungsvariante) richtet sich die Bemessungsgrundlage für die GrESt somit ausschließlich nach dem vereinbarten Kaufpreis. Etwas anderes gilt nur für die Fälle, in denen der Käufer unabhängig vom Baufortschritt den gesamten Kaufpreis oder Teile des Kaufpreises an- oder vorausbezahlt (sogenannte Anzahlungs- bzw. Vorauszahlungsvariante i.S.d. § 7 MABV).
1225 Vgl. Sächsisches FG, Urt. v. 05.05.2004, DStR 2004, S. XII.

Fallgruppen kommt eine große Anzahl weiterer sonstiger Leistungen in Betracht, die nicht erschöpfend aufgezählt werden können.[1226]

### aa) Kosten der Übergabe

730 Gemäß § 448 Abs. 1 BGB hat der Verkäufer die Kosten der Übergabe (z.B. Vermessungskosten) zu tragen. Werden im Kaufvertrag diese Kosten dem Käufer auferlegt, sind sie Teil der Gegenleistung.[1227]

▶ Beispiel:

K erwirbt von V eine Teilfläche von ca. 1.200 m² zu einem Kaufpreis von 60,00 € pro m². Für den endgültigen Kaufpreis soll jedoch die Grundstücksgröße nach Vorliegen des amtlichen Vermessungsergebnisses maßgebend sein. Vermessungskosten sowie GrESt sind vom Käufer zu tragen.

Die Vermessung ergibt eine Größe von 1.210 m². Die Vermessungskosten beim Katasteramt betragen 1.032,00 €.[1228]

Lösung:

Die grunderwerbsteuerliche Bemessungsgrundlage setzt sich aus Kaufpreis und den vom Käufer übernommenen Vermessungskosten zusammen.

| | |
|---|---|
| Kaufpreis: | 1.210 m² × 60,00 €/m² = 72.600,00 € |
| Vermessungskosten: | 1.032,00 € |
| Bemessungsgrundlage somit: | 73.632,00 € |

Die Steuer hieraus i.H.v. 3,5 % beträgt somit 2.577,00 € (abgerundet gem. § 11 Abs. 2 GrEStG).

731 Wenngleich die theoretische Berechnung der GrESt keine Schwierigkeiten bereitet, entstehen die eigentlichen Probleme in diesem Fall durch die tatsächliche Handhabung in der Praxis. Dies folgt daraus, dass im Zeitpunkt der Erstellung des Grunderwerbsteuerbescheides das genaue Vermessungsergebnis und die Vermessungskosten noch nicht bekannt sind. Folglich müsste das FA bei jedem Teilflächenkauf einen vorläufigen Bescheid i.S.d. § 165 Abs. 1 AO erlassen, weil die Besteuerungsgrundlagen erst in der Zukunft genau feststehen. Anschließend müsste der Bescheid gem. § 165 Abs. 2 AO korrigiert werden. Da dieser Verwaltungsaufwand jedoch in keinem Verhältnis zur Steueränderung steht, kommt gerade in diesen Fällen eine **Vereinfachungsregelung** der FinVerw. zum Zuge, nach der ohne

---

1226 Einen Überblick gibt das »ABC der Gegenleistungen« bei *Pahlke*, § 9 Rn. 107, Rn. 86. Zu den Auswirkungen von Wettbewerbsbeschränkungen auf die grunderwerbsteuerliche Bemessungsgrundlage vgl. außerdem Sauerland, UVR 2010, S. 157 ff.
1227 Vgl. BFH, BStBl. II 1975, S. 362; *Hofmann*, § 9 Rn. 7.
1228 Der Fall ist mit geringfügigen Änderungen entnommen aus *Wohltmann*, Steuer und Studium, Beilage 1/2002, S. 9.

III. Gegenleistung bei den einzelnen F.

weitere Ermittlungen sofort ein endgültiger Bescheid zu erstellen ist. Demzufolge sind unabhängig von der Höhe der Hauptleistung Ermittlungen, die allein wegen des Wertes dieser Leistungen anzustellen wären, nicht durchzuführen, wenn angenommen werden kann, dass der Wert dieser sonstigen Leistungen nicht mehr als € 2.500,00 beträgt.[1229]

Nach den bisherigen Erlassen (vor Einführung des Euro) war von weiteren Ermittlungen zur Feststellung des Wertes der sonstigen Leistungen abzusehen, wenn angenommen werden konnte, dass der Wert dieser sonstigen Leistungen DM 5.000,00 nicht überstieg.[1230] 732

Der Käufer erhält in der Praxis daher einen Bescheid über eine Gegenleistung von 733

1.200 m² × 60 €/m² = 72.000,00 €

Steuer hieraus 3,5 % = 2.520,00 €[1].

Anmerkung:

[1]Vgl. hierzu auch *Wohltmann*, Steuer und Studium, Beilage 1/2002, S. 9.

Nach herrschender Meinung gehören die gem. § 448 Abs. 2 BGB vom Käufer zu tragenden Notar- und Gerichtskosten sowie die GrESt weder zum Kaufpreis noch zu den sonstigen Leistungen. Sie erhöhen damit nicht die grunderwerbsteuerliche Bemessungsgrundlage.[1231] 734

*bb) Übernahme von Grundpfandrechten*

Nach § 442 Abs. 1 BGB hat der Verkäufer eines Grundstücks eingetragene Grundpfandrechte zu beseitigen. Übernimmt der Käufer das (valutierte) Grundpfandrecht zusätzlich zum Kaufpreis, so ist die Übernahme eine sonstige Leistung,[1232] sofern die 735

---

1229 Vgl. Erl. des FinMin. BaWü. vom 21.02.2003, O 2124/17, abgedruckt in DStR 17/2003, S. XII. Werden jedoch zur Erledigung des Steuerfalls Ermittlungen aus anderen Gründen erforderlich, so sind auch Feststellungen wegen des Wertes der sonstigen Leistungen zu treffen. Entsprechendes gilt hinsichtlich der dem Verkäufer vorbehaltenen Nutzungen, wie z.b. das kurzfristige unentgeltliche Weiterbewohnen eines veräußerten Grundstücks durch den Verkäufer oder das Recht des Veräußerers eines landwirtschaftlichen Grundstücks, dieses noch abernten zu dürfen. Sofern der Wert dieser vorbehaltenen Nutzungen nicht mehr als € 2.500,00 beträgt, sind aus Gründen der Verwaltungsvereinfachung diesbezüglich keine weiteren Ermittlungen durchzuführen.
1230 Vgl. Erl. zur Verwaltungsvereinfachung, DStR 1992, S. 169, DStR 1996, S. 1366; DStR 1997, S. 82; vgl. ferner *Pahlke*, § 9 Rn. 89 m.w.N. Dies gilt allerdings nicht, wenn bereits aus anderen Gründen Ermittlungen anzustellen sind. Sollte sich das Vermessungsergebnis nachträglich verringern, ist der Bescheid nach § 173 Abs. 1 Nr. 2 AO zu ändern. Die Vermessungskosten sind i.R.d. § 177 Abs. 2 AO zu erfassen.
1231 Vgl. *Pahlke*, § 9 Rn. 87.
1232 Vgl. *Pahlke*, § 9 Rn. 90, BFH/NV 1995, S. 638.

Übernahme des Grundpfandrechts und der dadurch gesicherten Verpflichtungen auf den Grundstückserwerb entfällt.[1233]

736 Bei der Übernahme einer Hypothek ist jedoch deren Akzessorietät zu beachten. Wird lediglich die Hypothek, nicht aber die persönliche Schuld übernommen, so ist die Gegenleistung für die Übernahme der dinglichen Haftung mit Null zu bewerten, wenn der Käufer die aus seiner Inanspruchnahme folgenden Ersatzansprüche (§§ 1142, 1143 BGB) gegen den persönlichen Schuldner durchsetzen kann. Sind solche Ersatzansprüche demgegenüber voraussichtlich uneinbringlich (dies werden die Vertragsparteien bei der Kaufpreisbemessung i.d.R. berücksichtigt haben), so ist die Hypothek mit ihrem Nennwert zu bewerten.[1234] Die gleichen Grundsätze gelten auch bei der Übernahme ausschließlich der dinglichen Haftung für eine Grundschuld.[1235]

▶ Beispiel:

A kauft von B ein Grundstück. A zahlt einen Kaufpreis von 100.000,- €, außerdem übernimmt er ausdrücklich die in Abteilung 3 des Grundbuchs eingetragene Hypothek i.H.v. 100.000,- € samt zugrunde liegender Forderung und die vom Verkäufer vereinbarte Maklergebühr i.H.v. 7.000,- €. Die Hypothek valutiert zum Kaufvertragszeitpunkt mit 50.000,- €.

Lösung:

Die Bemessungsgrundlage setzt sich zusammen aus
1. dem Kaufpreis von 100.000,- €
2. Schuldübernahme (tatsächlicher Schuldenstand zählt) 50.000,- €
3. Maklergebühr 7.000,- €

Bemessungsgrundlage somit 157.000,- €

Grunderwerbsteuer: 3,5 % von 157.000,- € = 5.495,- €

Beachte:

Die Maklergebühr kann aber nur dann zur Gegenleistung gerechnet werden, wenn im Maklervertrag für Verkäufer und Erwerber je eine gesonderte Gebühr vereinbart wurde und der Erwerber ausdrücklich die Schuld des Verkäufers übernimmt. Wenn dagegen die Vereinbarungen mit dem Makler von vornherein so gestaltet waren, dass der Grundstückseigentümer keine Courtage zu zahlen hat, sondern der Erwerber vielmehr allein die Maklercourtage aufbringen muss, handelt es sich um eine eigene Schuldverpflichtung des Erwerbers, die nicht zur Gegenleistung gehört.

---

1233 Zur Zuordnung übernommener Grundpfandrechte zu gleichzeitig mit dem Grundstück erworbenen anderen Vermögensgegenständen vgl. FG Münster, EFG 1998, S. 893; vgl. ferner das Beispiel unter Rdn. 669.
1234 Vgl. *Pahlke*, § 9 Rn. 92, BFH, BStBl. III 1960, S. 412; *Hofmann*, § 9 Rn. 10.
1235 Vgl. hierzu *Pahlke*, § 9 Rn. 93; *Hofmann*, § 9 Rn. 10.

> **Merksatz:**
> Die Maklergebühr des *Käufers* erhöht die GrESt *nicht*. Nur wenn der Käufer die Maklergebühr des *Verkäufers* übernimmt, zählt diese zur Bemessungsgrundlage.

### cc) Übernahme bzw. Begründung sonstiger Grundstückslasten

§ 9 Abs. 2 Nr. 2 GrEStG regelt ausdrücklich die Behandlung sonstiger Grundstückslasten. Nach § 9 Abs. 2 Nr. 2 Satz 2 GrEStG gehören zur Gegenleistung nicht die auf dem Grundstück ruhenden dauernden Lasten. Nicht dauernde Lasten sind hingegen der Gegenleistung zuzurechnen.[1236] 737

*Dauernde Lasten* sind in erster Linie subjektiv dingliche Grunddienstbarkeiten (§§ 1018 ff. BGB, z.B. Baubeschränkungen, Gewerbe- und Wettbewerbsverbote, Sand- oder Kiesgewinnungsrechte) sowie Dauerwohn- und Dauernutzungsrechte gem. §§ 31 ff. WEG.[1237] 738

*Nicht dauernde Lasten* sind dadurch gekennzeichnet, dass sie der Eigentümer nur vorübergehend zu tragen hat. Hierzu gehören im Einzelnen der nicht übertragbare, unvererbliche und nur zugunsten einer bestimmten natürlichen Person bestellte Nießbrauch (§§ 1030, 1059, 1061 BGB) sowie die beschränkt persönlichen Dienstbarkeiten (§§ 1090 ff. BGB, z.B. das dingliche Wohnungsrecht) sowie das dingliche Vor- und Wiederkaufsrecht (§§ 1094 ff. BGB), Reallasten (§ 1105 Abs. 1 BGB, z.B. das Altenteil). Die Bewertung dieser Lasten erfolgt nach ihrem gemeinen Wert (§ 9 BewG) bzw. mit ihrem Kapitalwert (§§ 13, 14 BewG).[1238] 739

Die Unterscheidung in § 9 Abs. 2 Nr. 2 GrEStG ist jedoch nur bei bereits eingetragenen dauernden Lasten von Bedeutung, da nur solche auf dem Grundstück »ruhen« können. 740

Werden dagegen vom Erwerber zugunsten des Veräußerers Lasten neu, d.h. erstmalig begründet, so rechnet diese Verpflichtung zur Gegenleistung, unabhängig davon, ob es sich um eine dauernde oder eine nicht dauernde Last handelt.[1239] 741

### dd) Verpflichtung zum Eintritt in gegenseitige Verträge

Sofern der Käufer in einen bereits abgeschlossenen gegenseitigen Vertrag des Verkäufers mit einem Dritten eintritt, handelt es sich nur dann um eine sonstige Leistung, wenn die Gegenleistung des Käufers für den Vertragseintritt unausgewogen hoch ist und tatsächlich lediglich eine weitere verdeckte Zahlung für das Grundstück darstellt. 742

---

1236 Vgl. *Pahlke*, § 9 Rn. 95; *Hofmann*, § 9 Rn. 96; *Boruttau/Loose*, § 9 Rn. 562 ff.
1237 Vgl. *Pahlke*, § 9 Rn. 214 f.; *Hofmann*, § 9 Rn. 97a.
1238 Vgl. hierzu *Pahlke*, § 9 Rn. 215–217 m.w.N.; *Hofmann*, § 9 Rn. 97b.
1239 Vgl. *Hofmann*, § 9 Rn. 97a.

▶ **Beispiel:**

Der Eigentümer hat Bauverträge und Architektenverträge abgeschlossen, weil er ein Haus auf seinem Grundstück errichten wollte. Jetzt geht ihm das Geld aus; er möchte das Grundstück abstoßen und hätte es am liebsten, wenn der Käufer auch die Architekten- und Bauverträge übernimmt, damit der Verkäufer insoweit keinen Schadensersatzverpflichtungen seiner Vertragspartner ausgesetzt ist.[1240]

**Lösung:**

Es handelt sich nicht um eine grunderwerbsteuerliche Gegenleistung, wenn für die zu übernehmenden Architekten- und Bauverträge zusätzliche Gegenleistungen vom Käufer bezahlt werden, sofern keine unausgewogen hohe Kostenverteilung auf diese Verträge entfällt.

Es liegt auch kein Fall eines einheitlichen Vertragsgegenstandes vor, da zwischen dem Verkäufer und dem Architekten bzw. dem Bauunternehmer keine gleichgerichteten Interessen bestehen; vielmehr will der Verkäufer lediglich alles abstoßen.

Dies ist so zu bewerten, als hätte der Käufer selbst diese Verträge nach dem Erwerb des Grundstücks mit dem Architekten und den Bauhandwerkern abgeschlossen.[1241] Es fehlt an einem zielgerichteten Zusammenwirken von Verkäufer und Architekt bzw. Bauunternehmer.[1242]

*ee) Übernahme vorhandener Baupläne durch den Käufer*

743 Entsprechende Grundsätze gelten, wenn der Käufer für die Übernahme bereits vorhandener Baupläne ein Entgelt zahlt.[1243] Auch dieses zählt grds. nicht zur grunderwerbsteuerlichen Bemessungsgrundlage.[1244]

**Ausnahmen:**

– Wenn die Baupläne zu einem überhöhten Preis weitergegeben werden, ist dies eine verdeckte Gegenleistung für das Grundstück, die die Bemessungsgrundlage erhöht.
– Gleiches gilt, wenn der Bauplan für den Käufer völlig nutzlos ist, weil er selbst ganz anders bauen möchte (sogenannter nutzloser Aufwand). Wird hier gleichwohl ein besonderes Entgelt für den Bauplan ausgewiesen, gilt dies ebenfalls als verdeckte Gegenleistung für den tatsächlichen Grundstückswert. Folglich erhöht sich die grunderwerbsteuerliche Bemessungsgrundlage.

---

1240 Vgl. BFH, BStBl. I 2000, S. 143; vgl. hierzu auch *Mößlang*, ZNotP 2001, S. 415.
1241 Vgl. BFH, BStBl. 2000, S. 143.
1242 Vgl. *Hofmann*, § 8 Rn. 16; *Gottwald*, MittBayNot 2002, S. 221.
1243 Zivilrechtlich ist hierbei allerdings zu beachten, dass nach Art. 10 § 3 MRVerbG (Gesetz zur Verbesserung des Mietrechts und zur Begrenzung des Mietanstiegs sowie zur Regelung von Ingenieur- und Architektenleistungen vom 04.11.1971) eine Vereinbarung unwirksam ist, durch die der Erwerber eines Grundstücks im Zusammenhang mit dem Erwerb verpflichtet wird, bei der Planung oder Ausführung eines Bauwerks auf dem Grundstück die Leistungen eines bestimmten Ingenieurs oder Architekten in Anspruch zu nehmen (sog. Koppelungsverbot).
1244 Vgl. zuletzt BFH-Urteil II R 9/14 v. 03.03.2015, BFH/NV 2015, 1054, Tz. 15.

*ff) Entmietungsverpflichtung des Verkäufers*

Ist das Objekt derzeit vermietet und verpflichtet sich der Verkäufer, das Objekt bis zum Besitzübergang zu entmieten bzw. zu räumen und wird für diese Verpflichtung eine zusätzliche Gegenleistung vereinbart, so ist der Erhöhungsbetrag Teil der grunderwerbsteuerlichen Bemessungsgrundlage. Der Kaufpreis erhöht sich eben, weil das Objekt leer ist. 744

Wenn der Verkäufer nur zur Räumung in der Lage ist, indem er dem Mieter eine Entschädigung zahlt, und nunmehr vom Käufer diese Entschädigung erstattet verlangt, so gehört der Entschädigungsbetrag ebenfalls zur grunderwerbsteuerlichen Bemessungsgrundlage. 745

Verpflichtet sich der Verkäufer dagegen nicht, ein geräumtes Grundstück zu verkaufen, sondern lediglich zu einer **Dienstleistung**, nämlich dem **Bemühen** um eine Entmietung, dann ist der Mehrbetrag, der für dieses Bemühen vom Käufer entrichtet wird, kein Teil der grunderwerbsteuerlichen Bemessungsgrundlage. 746

Wenn dagegen der Käufer ein vermietetes bzw. nicht geräumtes Grundstück kauft und sich anschließend selbst um die Entmietung bzw. Räumung kümmert, so sind die Beträge, die der Käufer dann aufwenden muss (z.B. Entschädigungszahlungen an die Mieter) kein Teil der grunderwerbsteuerlichen Bemessungsgrundlage; es handelt sich vielmehr um eigennützige Erwerberleistungen.[1245] 747

*gg) Mietgarantie des Verkäufers*

Wenn für die Mietgarantie des Verkäufers ein gesondertes Entgelt vom Käufer zu zahlen ist, zählt dieses nicht zur grunderwerbsteuerlichen Bemessungsgrundlage, da es sich um eine grunderwerbsteuerfreie Dienstleistung des Verkäufers handelt. Dies gilt sowohl bei der Erstvermietungsgarantie, einer echten Mietgarantie als auch bei einer bloßen Vermittlungsvereinbarung.[1246] In allen Fällen handelt es sich um eine sonstige Verpflichtung des Verkäufers. 748

Von diesem Grundsatz gibt es jedoch zwei Ausnahmen: 749
– Wenn die Gebühr für die Mietgarantie unausgewogen hoch ist, liegt hierin eine verdeckte Gegenleistung für das Grundstück, sodass sich die Bemessungsgrundlage entsprechend erhöht.[1247]

---

1245 Vgl. BFHE 57, S. 371.
1246 Eine sogenannte Erstvermietungsgarantie liegt vor, wenn sich der Verkäufer lediglich verpflichtet, einen Erstmieter zu stellen. Eine echte Mietgarantie liegt dagegen vor, wenn der Verkäufer für den tatsächlichen Eingang der Miete über einen bestimmten Zeitraum einstehen muss. Eine Mietervermittlungsverpflichtung liegt dagegen vor, wenn sich der Verkäufer lediglich verpflichtet, bei der Vermietung behilflich zu sein, ohne selbst jedoch eine Garantie für den Erfolg seiner Bemühungen zu übernehmen.
1247 Als angemessen dürften 3 bis 4 Monatsmieten erscheinen. Nach Auffassung des FG Berlin ist die grunderwerbsteuerliche Bemessungsgrundlage um ein geschätztes Entgelt für die Mietgarantie i.H.v. 20 % der Jahresmiete zu mindern. Vgl. FG Berlin, Urt. v. 20.01.2005, AZ 1 K 1192/04.

- Wenn die Mietgarantie für den Käufer völlig nutzlos ist, weil er die Wohnung selbst nutzen möchte (sog. nutzloser Aufwand), so erhöht sich die Bemessungsgrundlage, da hier die Gebühr wiederum nur ein verdecktes Entgelt für den höheren Grundstückskaufpreis ist.

750 In allen anderen Fällen ist das Entgelt für die Mietgarantie kein Teil der grunderwerbsteuerlichen Bemessungsgrundlage und sollte daher aus grunderwerbsteuerlicher Sicht gesondert zum Kaufpreis ausgewiesen werden.[1248]

*hh) Verpflichtung des Verkäufers zur Herstellung eines bestimmten Grundstückszustandes*

751 Verpflichtet sich der Verkäufer zur Herstellung eines bestimmten Grundstückszustandes (z.b. zur Übereignung eines Grundstücks, bei dem sämtliche Mängel beseitigt sind bzw. dessen Boden bereits entkontaminiert ist, oder zur Baureifmachung des Grundstücks), so zählen die hierfür ausgewiesenen Gegenleistungen ebenfalls zur grunderwerbsteuerlichen Bemessungsgrundlage.

752 Auch Veränderungen auf einem (z.B. dem Verkäufer gehörenden) Nachbargrundstück, die den tatsächlichen Zustand des Kaufgrundstücks verändern, z.b. zum Wegfall von Emissionen führen oder eine bessere Aussicht gewähren, erhöhen die grunderwerbsteuerliche Bemessungsgrundlage, sofern der Käufer für diese Veränderungen ein gesondertes Entgelt leistet. Die Veränderungen auf dem Nachbargrundstück betreffen nämlich zugleich den rechtlichen oder tatsächlichen Zustand des Vertragsobjektes. Das gesondert ausgewiesene Entgelt wird für eine bestimmte Eigenschaft des Vertragsobjektes (gute Lage oder gute Aussicht) gezahlt.[1249]

753 Eine etwaige Wertsteigerung eines beim Verkäufer verbleibenden Restgrundstückes verändert dagegen den tatsächlichen Zustand der veräußerten Teilfläche nicht, sodass diese Wertsteigerung die Bemessungsgrundlage des veräußerten Grundbesitzes nicht erhöht.

754 Sofern bspw. eine Gemeinde von einem Landwirt einen Teil des Ackerlandes günstig ankauft, aber zusätzlich das beim Landwirt verbliebene restliche Grundstück ebenfalls im Zuge der Baulandplanung zusammen mit der erworbenen Fläche als Bauland ausweist, ist die damit verbundene Wertsteigerung des beim Veräußerer verbliebenen Grundbesitzes keine Gegenleistung i.S.d. Grunderwerbsteuergesetzes. Für die Bemessungsgrundlage ist allein der Kaufpreis maßgeblich, den die Gemeinde für das von ihr erworbene Ackerland bezahlt, nicht aber zusätzlich die Wertsteigerung, die der restliche Besitz des Veräußerers erfährt. Der BFH stützt diese Auffassung auf die Überlegung, dass die Erschließung eines Grundstückes eine öffentlich rechtliche Pflicht der Gemeinde darstellt, die allen Bürgern zugute kommt und folglich nicht

---

1248 Vgl. BFH, BStBl. II. 1994, S. 409.
1249 Sofern ggü. dem Verkäufer bereits durch Verwaltungsakt eine entsprechende Entkontaminierungsverpflichtung behördlich geltend gemacht wurde, erhöht sich die grunderwerbsteuerliche Bemessungsgrundlage, sofern der Erwerber die Verpflichtungen aus dem Verwaltungsakt übernimmt; vgl. z.B. FinMinNW vom 08.07.1993, DStR 1993, S. 1223.

als grunderwerbsteuerliche Gegenleistung angesehen werden kann. Es handelt sich folglich nicht um eine vertragsobjektbezogene Gegenleistung.[1250]

▶ **Gestaltungshinweis:**

> Bei der Gestaltung des Kaufvertrages ist § 14 GrEStG zu beachten. Wird ein unbedingter Kaufvertrag abgeschlossen, wird die GrESt sofort erhoben. Bemessungsgrundlage ist der hohe Wert des entkontaminierten (bzw. mängelfreien oder baureifen) Grundstücks, selbst wenn die Entkontaminierung (bzw. Mängelbeseitigung oder Baureifmachung) noch lange nicht erfüllt ist. Deshalb sollte der schuldrechtliche Kaufvertrag aufschiebend bedingt bis zur Entkontaminierung (bzw. Mängelbeseitigung oder Baureife) abgeschlossen werden. Hier fällt die GrESt erst mit Bedingungseintritt an. Als Alternative bietet sich ein Angebots- bzw. Optionsvertrag an, um die Entstehung der GrESt zu verzögern.

Wenn beim Verkäufer bereits eine öffentlich-rechtliche Verpflichtung zur Beseitigung der Mängel eingetreten ist (der Verwaltungsakt zur Entkontaminierung wurde bereits gegenüber dem Verkäufer bekannt gegeben) und nunmehr der Käufer diese Verpflichtung übernimmt, so ist die Schuldübernahme der öffentlich-rechtlichen Beseitigungsverpflichtung ebenfalls Teil der grunderwerbsteuerlichen Bemessungsgrundlage.[1251] **755**

Abrisskosten sind Bestandteil der Gegenleistung, wenn der Erwerber eine hinreichend konkretisierte Verpflichtung des Veräußerers zum Abriss der aufstehenden Gebäude auf dem Vertragsobjekt durch ausdrückliche vertragliche Vereinbarung übernimmt. Dies kann insbesondere dann der Fall sein, wenn der Veräußerer bereits durch eine Verfügung der zuständigen Behörde zum Abriss verpflichtet wurde oder er sich Dritten gegenüber zum Abriss verpflichtet hatte. Ist die Verpflichtung des Veräußerers zum Abriss der Gebäude dagegen noch nicht konkretisiert, sind die mit dem Abriss der Gebäude verbundenen Kosten des Erwerbers nicht Bestandteil der Gegenleistung bzw. es entfällt eine Hinzurechnung zum vereinbarten Kaufpreis. Übernimmt der Veräußerer dagegen den Abriss der Gebäude aufgrund einer vertraglichen Vereinbarung mit dem Käufer, ist das unbebaute Grundstück Gegenstand des Erwerbsvorgangs mit der Folge, dass die Abrisskosten – sofern sie dem Erwerber in Rechnung gestellt werden – Teil der Gegenleistung sind.[1252] **756**

Verpflichtet sich ein Grundstückserwerber, bestimmte Investitionen zu tätigen und/ oder einen bestimmten Beschäftigungsstand aufzubauen bzw. beizubehalten, stellen diese Investitions- bzw. Beschäftigungsgarantien keine Gegenleistung im grunderwerbsteuerlichen Sinne für das übertragene Grundstück dar.[1253]

---

1250 Vgl. BFH, MittBayNot 2006, S. 79 ff.; vgl. hierzu bereits *Gottwald*, Anm. zum vorinstanzlichen Urt. des FG München, vom 22.08.2001, MittBayNot 2003, S. 318 ff.
1251 Vgl. *Pahlke*, § 9 Rn. 107, Stichwort: Altlasten; ebenso FinMin BaWü, Erl. vom 15.04.2010, UVR 2010, S. 169 ff.
1252 Vgl. OFD Münster vom 08.02.2001, StEK, GrEStG 1983, § 9 Nr. 113.
1253 Vgl. FinMin BaWü, Erl. vom 15.04.2010, UVR 2010, S. 169 ff.

*ii) Bauverpflichtung des Erwerbers gegenüber Gemeinden*

757 Wenn Gemeinden Grundstücke verkaufen, werden oftmals in die Kaufverträge Bauverpflichtungen der Erwerber aufgenommen (bei einem Verstoß gegen die Bauverpflichtung besteht ein Rückforderungsrecht der Gemeinde, welches durch eine Auflassungsvormerkung gesichert wird).

758 Der Wert des Hauses, zu dessen Bau sich der Erwerber verpflichtet, zählt nicht zur grunderwerbsteuerlichen Bemessungsgrundlage, da es sich um eine sog. eigennützige Erwerberleistung handelt. Gleiches gilt, wenn eine Bauverpflichtung in einen Kaufvertrag zwischen Privatpersonen aufgenommen wird. Ein privater Verkäufer kann etwa an einer Bauverpflichtung des Erwerbers interessiert sein, wenn er eine Teilfläche verkauft und selbst auf der Restfläche seine Doppelhaushälfte errichten möchte. Nicht zu folgen ist der Ansicht des FG Rheinland-Pfalz,[1254] wonach trotz Fehlens einer zivilrechtlichen Bauverpflichtung des Veräußerers ein einheitliches Vertragswerk vorliegen könne, wenn sich der Veräußerer bei eigenem wirtschaftlichem Interesse an einer Bebauung die rechtliche und tatsächliche Kontrolle hieran vorbehält (Rev. beim BFH, II R 4/15).

*jj) Maklerkosten*

759 Die vom Käufer zu bezahlende Maklercourtage zählt nicht zur grunderwerbsteuerlichen Bemessungsgrundlage.

▶ Ausnahme:

Wenn der Käufer die vom Verkäufer geschuldete Provision im Grundstückskaufvertrag übernimmt, zählt diese zur grunderwerbsteuerlichen Bemessungsgrundlage.[1255]

*kk) Zusammenfassung*

760 Verpflichtet sich der Veräußerer eines Grundstücks dem Erwerber gegenüber neben der Übereignungsverpflichtung zu weiteren Leistungen, ist jeweils zu prüfen, ob das Entgelt, welches der Erwerber für solche Leistungen entrichtet, eine Gegenleistung i.S.d. § 9 GrEStG darstellt.

761 Abgrenzungskriterium ist stets die Frage, ob der Erwerber das zusätzliche Entgelt für den Erwerb des Grundstücks aufzuwenden hat. Derartige grundstücksbezogene Leistungen zählen zur grunderwerbsteuerlichen Bemessungsgrundlage, da sie den rechtlichen bzw. tatsächlichen Zustand des Grundstücks betreffen.

762 Handelt es sich dagegen um Verpflichtungen, die bereits Gegenstand der Übereignungspflicht sind bzw. den Verkäufer ohnehin treffen, so zählen diese zur grunderwerbsteuerlichen Bemessungsgrundlage, wenn sie der Käufer anstelle des Verkäufers übernimmt.

---

1254 Urteil 4 K 1324/12 v. 09.12.2014, juris.
1255 Vgl. FG Köln, Urt. v. 21.09.2000, AZ 5 K 8151/97; außerdem ist hier die Übernahme der Provision durch den Käufer kostenrechtlich bei den Notargebühren mitzubewerten.

Dagegen handelt es sich bei sonstigen Verpflichtungen, die nicht den Grundstückszustand betreffen, nur dann um eine grunderwerbsteuerliche Gegenleistung, wenn entweder wegen Unausgewogenheit von Leistung und Gegenleistung oder wegen Nutzlosigkeit der Leistung für den Erwerber angenommen werden muss, dass das Entgelt ganz oder teilweise eine verdeckte Gegenleistung für den Erwerb des Grundstücks darstellt.

763

### c) Dem Verkäufer vorbehaltene Nutzungen

Zur Gegenleistung gehören gem. § 9 Abs. 1 Nr. 1 GrEStG auch die dem Verkäufer vorbehaltenen Nutzungen. Der Verkäufer erlangt durch diese einen an sich dem Käufer gem. § 446 Abs. 1 BGB zustehenden Vermögensvorteil, welcher die Hinzurechnung der vorbehaltenen Nutzungen zum Kaufpreis rechtfertigt.[1256] Zu Nutzungen zählen etwa Nießbrauchs- und Wohnungsrechte, obligatorische Geh- und Fahrtrechte sowie beschränkt persönliche Dienstbarkeiten.

764

Erfasst ist auch ein Nutzungsrecht, welches erst anlässlich des Erwerbsvorgangs begründet wird.[1257] Auch Mietvorauszahlungen, welche der Verkäufer einbehalten darf und nicht an den Käufer auskehren muss, fallen unter den Begriff der vorbehaltenen Nutzungen und erhöhen dementsprechend die grunderwerbsteuerliche Bemessungsgrundlage.

765

## 2. Tausch

Gemäß § 9 Abs. 1 Nr. 2 GrEStG gelten als Gegenleistung bei einem Tausch die Tauschleistung des anderen Vertragsteils, d.h. die für den erworbenen Gegenstand hingegebene Tauschleistung, sowie eine gegebenenfalls vereinbarte zusätzliche Leistung.

766

Das Gesetz behandelt den Grundstückstausch nach § 1 Abs. 5 GrEStG als zwei Erwerbsvorgänge und damit zwei getrennt zu behandelnde Steuerfälle. Die GrESt ist folglich für jeden Erwerbsvorgang gesondert zu berechnen.

767

Wird bei einem Grundstückstausch für eine Seite eine zusätzliche Leistung (z.B. Zuzahlung) vereinbart, so ist das weniger wertvolle Grundstück und die zusätzliche Leistung zusammen die Gegenleistung für das wertvollere Grundstück.

768

Demgegenüber besteht die Gegenleistung für das weniger wertvolle Grundstück nur in einem Teil des wertvolleren Grundstücks, während der weitere Teil dieses Grundstücks nur Gegenleistung für die zusätzliche Zuzahlung ist. Dementsprechend ist der Gesamtwert nach dem Verhältnis zu verteilen, in dem das weniger wertvolle Grundstück zur zusätzlichen Leistung (Zuzahlung) steht.[1258]

769

---

1256 Vgl. *Pahlke*, § 9 Rn. 104; dies folgt daraus, dass auch eine wertmäßige Leistung des Käufers vorliegt, wenn er den Verkäufer noch weiterhin in dem Objekt unentgeltlich wohnen lässt, obwohl er es bereits bezahlt hat.
1257 Für ein Nießbrauchsrecht vgl. BFH, BStBl. II 1977, S. 676; *Pahlke*, § 9 Rn. 105.
1258 Vgl. *Pahlke*, § 9 Rn. 110; *Hofmann*, § 9 Rn. 23 ff.; *Weilbach*, § 9 Rn. 9; *Boruttau/Loose*,

## F. Bemessungsgrundlage – §§ 8, 9 GrEStG

▶ **Beispiel 1:**

A tauscht das Grundstück I (gemeiner Wert 30.000,– €) gegen das Grundstück II des B (gemeiner Wert 28.000,– €). Beide Grundstücke sind unbelastet. Zuzahlungen werden nicht vereinbart.

**Lösung:**

Erster Erwerbsvorgang: A erwirbt das Grundstück II.

Die Gegenleistung des A für das Grundstück II ist das Grundstück I.

GrESt des A: 3,5 % von 30.000,– € (Wert von Grundstück I) = 1.050,– €.

Zweiter Erwerbsvorgang: B erwirbt Grundstück I.

Die Gegenleistung des B für das Grundstück I ist das Grundstück II.

GrESt des B: 3,5 % von 28.000,– € (Wert von Grundstück I) = 980,– €.

▶ **Beispiel 2:**

A tauscht sein Grundstück I (gemeiner Wert 18.000,– €) gegen das Grundstück II des B (gemeiner Wert 30.000,– €). Beide Grundstücke sind unbelastet. A zahlt zusätzlich 9.000,– €.

**Lösung:**

Erster Erwerbsvorgang: A erwirbt das Grundstück II.

Die Gegenleistung des A für das Grundstück II ist das Grundstück I = 18.000,– € und eine zusätzliche Geldleistung von 9.000,– €, also insgesamt 27.000,– €.

GrESt des A: 3,5 % von 27.000,– € = 945,– €.

Zweiter Erwerbsvorgang: B erwirbt das Grundstück I.

Die Gegenleistung des B für das Grundstück I ist der Betrag, der sich ergibt, wenn der Wert des Grundstücks II (30.000,– €) im Verhältnis 18.000,– €: 9.000,– € verteilt wird. Zum Wert des hingegebenen Grundstücks II (30.000,– €) entfallen danach 18/27-tel = 20.000,– € auf das Grundstück I und 9/27-tel = 10.000,– € auf die zusätzlich in Geld bestehende Leistung.

GrESt des B: 3,5 % von 20.000,– € = 700,– €.[1259]

**770** Besteht die zusätzliche Leistung in der (gegebenenfalls wechselseitigen) Übernahme von Grundstücksbelastungen durch eine Vertragspartei, so ist die jeweilige Gegenleistung ebenfalls nach den vorstehenden Rechtsgrundsätzen zu ermitteln.

---

§ 9 Rn. 341 ff.
1259 Zur Zuständigkeit der Finanzämter bei Tauschverträgen vgl. Wohltmann, Steuer und Studium, Beilage 1/2002, S. 20; vgl. ferner *Hofmann*, § 17 Rn. 3.

## 3. Leistung an Erfüllung statt

Nach § 9 Abs. 1 Nr. 3 GrEStG gilt bei einer Leistung an Erfüllung statt der Wert als Gegenleistung, zu dem die Leistung an Erfüllung statt angenommen wird.[1260] Zu bestimmen ist dieser Wert nach dem Inhalt des Schuldverhältnisses, das durch die Hingabe des Grundstücks erlischt.

**771**

▶ Beispiel 1:

S schuldet G aus Darlehen 100.000,- € und erfüllt die Darlehensschuld an Erfüllung statt durch Hingabe eines Grundstücks.

Lösung:

Bemessungsgrundlage ist der Wert der von G aufgegebenen Darlehensforderung von 100.000,- €.[1261]

Wird vom Erwerber eine Zuzahlung oder eine sonstige weitere Leistung erbracht, ist dem Wert der erloschenen Schuldverpflichtung diese Zuzahlung bzw. sonstige weitere Leistung als Gegenleistung hinzuzurechnen. Der Wert der erloschenen Schuldverpflichtung ist anteilsmäßig auf den gemeinen Wert des Grundstücks und den gemeinen Wert der weiteren Leistung aufzuteilen, wenn nicht nur das Grundstück, sondern noch eine weitere Leistung an Erfüllung statt hingegeben wird.

**772**

▶ Beispiel 2:

S schuldet G eine Forderung i.H.v. € 900.000,00. S befindet sich in Zahlungsschwierigkeiten. Er bietet G ein ihm gehörendes Grundstück, dessen gemeiner Wert € 1,1 Mill. beträgt, gegen eine Zuzahlung von € 200.000,00 an Erfüllung statt an. A ist damit einverstanden.

Lösung:

Die Übertragung des Grundstücks von S auf G unterliegt der GrESt nach § 1 Abs. 1 Nr. 1 GrEStG. Es liegt eine Leistung an Erfüllung statt vor. Die Bemessungsgrundlage für die GrESt bestimmt sich nach § 8 Abs. 1, § 9 Abs. 1 Nr. 3 GrEStG. Sie beträgt € 1,1 Mill. Sie setzt sich aus dem Wert des Anspruchs, der durch die Übereignung des Grundstücks erfüllt wird, i.H.v. € 900.000,00 und der Zuzahlung i.H.v. € 200.000,00 zusammen.

▶ Beispiel 3:

S schuldet G aus Darlehen € 900.000,00. Da S in Zahlungsschwierigkeiten ist, bietet er dem B ein Grundstück an, dessen gemeiner Wert nur € 750.000,00 beträgt. Außerdem bietet er noch die Zahlung von € 100.000,00 auf die Forderung des G an.

---

1260 Vgl. *Pahlke*, § 9 Rn. 112; *Hofmann*, § 9 Rn. 28.
1261 Die Bewertung von Kapitalforderungen und Schulden erfolgt mit dem Nennwert (§ 12 Abs. 1 BewG), sofern nicht besondere Umstände einen höheren oder geringeren Wert begründen; vgl. *Pahlke*, § 8 Rn. 36.

G willigt ein, da er befürchtet, anderenfalls seine Forderung überhaupt nicht mehr realisieren zu können.

**Lösung:**

Da der bisherige Grundstückseigentümer eine Zuzahlung an den Grundstückserwerber vornimmt, ist die Gegenleistung des G nur der Teil der aufgegebenen Forderung, der auf das Grundstück entfällt. Die Aufteilung der aufgegebenen Forderung erfolgt wie folgt:

Wert der aufgegebenen Forderung × gemeiner Wert des Grundstücks/gemeiner Wert des Grundstücks + Wert der Zuzahlung

Die Bemessungsgrundlage für den Grundstückserwerb des G beträgt somit rund € 794.118,00 (€ 900.000,00 × € 750.000,00: € 850.000,00).

## 4. Meistgebot im Zwangsversteigerungsverfahren

773   Nach § 9 Abs. 1 Nr. 4 GrEStG gilt bei einem Meistgebot im Zwangsversteigerungsverfahren als Gegenleistung das Meistgebot einschließlich der nach den Versteigerungsbedingungen bestehen bleibenden Rechte. Die in § 9 Abs. 1 Nr. 4 GrEStG verwendeten Begriffe sind i.S.d. Zwangsversteigerungsrechts auszulegen.

774   Das Meistgebot ist das höchste Gebot, das ein Bieter bis zum Ende der Bieterstunde abgibt. Es setzt sich zusammen aus dem baren Meistgebot und den bestehen bleibenden Belastungen. Das Bargebot (§ 49 Abs. 1 ZVG) setzt sich aus den nach den Versteigerungsbedingungen zu leistenden Barzahlungen, die Teil des geringsten Gebots (§ 44 Abs. 1 ZVG) sind, und dem Mehrgebot zusammen. Das Bargebot ist mit dem Nennwert der Besteuerung zugrunde zu legen. Dies gilt auch dann, wenn die Beteiligten außerhalb des Zwangsversteigerungsverfahrens andere betragsmäßig vom Meistgebot abweichende private Vereinbarungen treffen.[1262]

775   Bestehen bleibende Rechte sind solche Rechte, die bei der Feststellung des geringsten Gebots berücksichtigt und nicht durch Zahlung zu decken sind (§ 52 ZVG), wobei nach § 9 Abs. 1 Nr. 4 GrEStG zum Meistgebot nur diejenigen Rechte gehören, die nach den Versteigerungsbedingungen bestehen bleiben. Versteigerungsbedingungen sind entweder die gesetzlichen (§§ 49 ff. ZVG) oder die von einem Beteiligten begehrten abweichenden Versteigerungsbedingungen (§ 59 ZVG). Als bestehen bleibende Rechte sind die Hypotheken und die Grundschulden mit ihrem Kapitalbetrag – dem Nennwert – anzusetzen, und zwar unabhängig davon, ob ein solches Recht dem Meistbietenden zusteht oder ob ein Grundpfandrecht vom Meistbietenden erst kurz vor der Versteigerung zu einem Bruchteil seines Nennwerts erworben wurde. Die Gesetzesanordnung ist insoweit eindeutig.[1263]

---

1262 Vgl. BFH, BStBl. II 1973, S. 709.
1263 Vgl. BFH, NV 2001, S. 482.

III. Gegenleistung bei den einzelnen                                      F.

Wird der Zuschlag einem zur Befriedigung aus dem Grundstück Berechtigten zu 776
einem Gebot erteilt, das einschließlich des Kapitalwerts der nach den Versteigerungsbedingungen bestehen bleibenden Rechte hinter 7/10tel des Grundstückswerts zurückbleibt, gilt der Ersteher nach § 114a ZVG auch insoweit als aus dem Grundstück befriedigt, als sein Anspruch zwar nicht durch das Meistgebot gedeckt ist, aber bei einem Gebot zum Betrag der 7/10tel Grenze gedeckt sein würde.[1264]

§ 114a ZVG hat mithin drei Voraussetzungen: 777
– Meistgebot durch einen befriedigungsberechtigten Gläubiger i.S.d. § 10 ZVG,
– Meistgebot unterhalb der 7/10tel Grenze und
– die eigene Forderung des Gläubigers ist nicht bereits durch das Meistgebot getilgt.

Die Wirkung des § 114a ZVG tritt erst mit dem Zuschlag ein. 778

Nach § 9 Abs. 2 Nr. 1 GrEStG rechnet zur Gegenleistung bei Abgabe eines Meistge- 779
bots auch der Betrag, in dessen Höhe der Gläubiger, der das Meistgebot abzugeben hat, gem. § 114a ZVG als aus dem Grundstück befriedigt gilt.[1265] Zur Gegenleistung gehören nach § 9 Abs. 2 Nr. 1 GrEStG auch die Leistungen, die der Erwerber dem Grundstücksveräußerer neben der beim Erwerbsvorgang vereinbarten Gegenleistung zusätzlich gewährt. Zu den in dieser Vorschrift genannten zusätzlichen Leistungen gehören auch die Beträge, hinsichtlich derer der Erwerber nach § 114a ZVG als aus dem Grundstück befriedigt gilt, denn insoweit hat der Erwerber dem früheren Grundstückseigentümer eine zusätzliche Leistung erbracht. Er hat ihn kraft Gesetzes von einer Schuld befreit, ohne dass dieser leisten musste.[1266]

## 5. Abtretung der Rechte aus dem Meistgebot

Als Gegenleistung gilt nach § 9 Abs. 1 Nr. 5 GrEStG bei Abtretung der Rechte aus 780
dem Meistgebot die Übernahme der Verpflichtung aus dem Meistgebot. Zusätzliche Leistungen, zu denen sich der Erwerber gegenüber dem Meistbietenden verpflichtet, sind dem Meistgebot hinzuzurechnen. Abzusetzen sind Leistungen, die der Meistbietende gegenüber dem Erwerber übernimmt.

§ 9 Abs. 1 Nr. 5 GrEStG findet sowohl in den Fällen des § 1 Abs. 1 Nr. 5 als auch in 781
denen des § 1 Abs. 1 Nr. 7 GrEStG Anwendung.

Die Regelung gilt ebenso für die in der Erklärung des Meistbietenden im Verstei- 782
gerungstermin, er habe für einen anderen geboten, liegende Abtretung der Rechte aus dem Meistgebot; sie gilt auch dann, wenn derjenige, für den der Meistbietende handelte, aufgrund des zwischen ihm und den Meistbietenden bestehenden Auftragsverhältnisses die Verwertungsbefugnis nach § 1 Abs. 2 GrEStG über das Grundstück erlangt.[1267]

---
1264 Vgl. BGHZ 108, S. 248.
1265 Vgl. BFH, BStBl. II 1990, S. 228.
1266 Vgl. hierzu ausführlich *Schnitter*, Grunderwerbsteuerrecht, S. 131 ff. m.w.Bsp.
1267 Vgl. BFH, BStBl. II 1980, S. 523.

783 Unter der Übernahme der Verpflichtungen aus dem Meistgebot ist die Übernahme der Verpflichtung zur Zahlung des Bargebots zuzüglich der Übernahme der aus den nach den Versteigerungsbedingungen bestehen bleibenden Rechten sich ergebenden Verbindlichkeiten sowie die Übernahme der Verpflichtungen, in die der Meistbietende mit Abgabe des Meistgebots eingetreten ist, zu verstehen.

784 Eine zusätzliche Leistung des Erwerbers an den Meistbietenden i.S.v. § 9 Abs. 1 Nr. 5 Satz 2 GrEStG liegt z.b. vor, wenn er sich zur Zahlung eines das Meistgebot übersteigenden Betrags verpflichtet oder dem Meistbietenden Ersatz für dessen Leistungen an andere Personen oder die von ihm geschuldete GrESt leistet.

785 Gewährt der Meistbietende dem Abtretungsempfänger z.b. eine Entschädigung dafür, dass er die Rechte aus dem Meistgebot übernimmt, sind derartige Leistungen nach § 9 Abs. 1 Nr. 5 Satz 3 GrEStG abzuziehen.[1268]

### 6. Abtretung des Übereignungsanspruchs

786 Als Gegenleistung für die Abtretung des Übereignungsanspruchs nach § 1 Abs. 1 Nr. 7 GrEStG sowie für das darauf abzielende Verpflichtungsgeschäft nach § 1 Abs. 1 Nr. 5 GrEStG gelten nach § 9 Abs. 1 Nr. 6 GrEStG die Übernahme der Verpflichtung aus dem Rechtsgeschäft, das den Übereignungsanspruch begründet hat, einschließlich der besonderen Leistungen, zu denen sich der Übernehmer dem Abtretenden gegenüber verpflichtet.

787 Abzusetzen sind Leistungen, die der Abtretende dem Übernehmer gegenüber erbringt.

788 Keine Anwendung findet § 9 Abs. 1 Nr. 6 GrEStG in den Fällen der Abtretung der Rechte aus einem Kaufangebot nach § 1 Abs. 1 Nr. 6 bzw. Nr. 7 GrEStG. Besteuerungsgrundlage ist weder die Gegenleistung für die Abtretung noch die Gegenleistung des aufgrund der Abtretung zustande kommenden Kaufvertrages. Maßgebend ist vielmehr über § 8 Abs. 2 Satz 1 Nr. 1 GrEStG der Wert des Grundstücks nach § 8 Abs. 2 GrEStG.[1269]

### 7. Enteignung

789 Als Gegenleistung beim Erwerb eines Grundstücks im Enteignungsverfahren gilt nach § 9 Abs. 1 Nr. 7 Satz 1 GrEStG die Entschädigung. Sie ist nur insoweit Gegenleistung als sie sich auf das Grundstück i.S.d. § 2 GrEStG bezieht.

790 Wird ein Grundstück enteignet, das zusammen mit anderen Grundstücken eine wirtschaftliche Einheit bildet, gehört nach § 9 Abs. 1 Nr. 7 Satz 2 GrEStG die besondere Entschädigung für eine Wertminderung der nicht enteigneten Grundstücke nicht zur Gegenleistung. Dies gilt auch dann, wenn ein Grundstück zur Vermeidung der Enteignung freiwillig veräußert wird.

---

1268 Vgl. hierzu ausführlich *Schnitter,* Grunderwerbsteuerrecht, S. 131 ff. m.w.Bsp.
1269 Vgl. BFH, vom 06.05.1969, BStBl. II, S. 595.

## IV. Gegenleistung bei anderen Erwerbsvorgängen

Die Einzelbestimmungen des § 9 Abs. 1 GrEStG beschränken sich auf die wichtigsten Arten der Grundstücksgeschäfte. Die nachfolgende Darstellung betrifft die Bemessungsgrundlage für diejenigen Erwerbsvorgänge, die in § 9 GrEStG nicht ausdrücklich angesprochen sind. 791

### 1. Erbbaurechtsvorgänge

Bei Grundstücken, die mit einem Erbbaurecht belastet sind, ist zu differenzieren, ob sich der Erwerbstatbestand auf das Grundstück oder auf das Erbbaurecht bezieht. Das Erbbaurecht steht gem. § 2 Abs. 2 Nr. 1 GrEStG einem Grundstück gleich.[1270] 792

#### a) Bestellung und Übertragung des Erbbaurechts

Wird ein Erbbaurecht bestellt, so ist die grunderwerbsteuerliche Gegenleistung jede Leistung, die der Erbbauberechtigte als Entgelt für die Bestellung des Erbbaurechts gewährt. Kraft der Fiktion des § 9 Abs. 2 Nr. 2 Satz 3 GrEStG gehört hierzu auch der gem. § 13 BewG kapitalisierte Erbbauzins.[1271] 793

▶ Beispiel:

An dem Grundstück des A wird zugunsten des B am 01.03.2002 ein Erbbaurecht für die Dauer von 50 Jahren bestellt. B zahlt eine einmalige Summe von 15.000,00 €. Der monatliche Erbbauzins beträgt 300,00 €. Ab dem 01.01.2006 soll alle fünf Jahre eine Anpassung an die gestiegenen Lebenshaltungskosten erfolgen.[1272]

Lösung:

Die Bestellung eines Erbbaurechts ist grunderwerbsteuerpflichtig gem. § 1 Abs. 1 Nr. 1 GrEStG.

Als Gegenleistung sind die Einmalzahlung sowie der Kapitalwert der Verpflichtung zur Zahlung des Erbbauzinses anzusetzen.

Die Anpassung an das Preisniveau ist allerdings unbeachtlich und stellt auch keine zukünftige Gegenleistung i.S.d. § 9 Abs. 2 Nr. 1 GrEStG dar.[1273]

---

1270 Vgl. hierzu auch den Erl. des Finanzministeriums BaWü vom 07.03.2002, DStR 2002, S. 591 ff.
1271 Vgl. BFH, BStBl. II 1978, S. 318; *Pahlke*, § 9 Rn. 169. Die Bestellung des Erbbaurechts ist eine sonstige Leistung i.S.d. § 3 Abs. 9 UStG. Die Dauerleistung ist wie eine Grundstücksvermietung umsatzsteuerbefreit (mit Verzichtsmöglichkeit) gem. § 4 Nr. 12c UStG, vgl. Abschn. 24 Abs. 3 Satz 3 UStR. Beispielsfälle zur Bewertung von Erbbaurechten finden sich bei *Wohltmann*, Steuer und Studium, Beilage 1/2002, S. 13 ff.
1272 Der Beispielsfall ist mit geringfügigen Änderungen entnommen aus *Wohltmann*, Steuer und Studium, Beilage 1/2002, S. 13.
1273 Vgl. BFH, BStBl. II 1968, S. 43; vgl. auch *Wohltmann*, Steuer und Studium, Beilage 1/2002, S. 13. Zur neuen Bedarfsbewertung bei Erbbaurechten seit 01.01.2007 vgl. Rdn. 806 ff.

Die Bemessungsgrundlage bestimmt sich somit wie folgt:

a) Einmalzahlung: 15.000,00 €

b) Kapitalisierter Erbbauzins:

| | | |
|---|---|---|
| Jahreswert: | 12 × 300,00 € = | 3.600,00 € |
| Laufzeit: | 50 Jahre | |
| Faktor gemäß Anlage 9a: | 17,397 | |
| Wert: | 3.600,00 € × 17,397 = | 62.629 €. |

Zuzüglich der einmaligen Zahlung i.H.v. 15.000 € beträgt die Bemessungsgrundlage folglich 77.629 €.

Die GrESt hieraus (3,5 %) beträgt unter Berücksichtigung der Abrundungsbestimmung des § 11 Abs. 2 GrEStG somit 2.717,00 €.

**794** Der vereinbarte Erbbauzins gilt auch dann als Gegenleistung, wenn er außergewöhnlich niedrig ist, sofern er ernsthaft gewollt und nicht lediglich als symbolischer Erbbauzins gemeint ist. Handelt es sich nur um eine symbolische Gegenleistung, so kann sich die eigentliche grunderwerbsteuerliche Gegenleistung auch aus einer vom Erbbauberechtigten übernommenen sonstigen Verpflichtung (z.B. zur Gebäuderestaurierung) ergeben.[1274] Allerdings stellt die übliche Gebäudeunterhaltungspflicht des Erbbauberechtigten als eigennützige Erwerberleistung grds. keine Gegenleistung dar. Anders verhält es sich freilich, wenn nach Laufzeit und konkreter Vertragsgestaltung der entschädigungslose Übergang von Bauleistungen an den Grundstückseigentümer über das Maß einer normalen und üblichen Erhaltungs- und Bewahrungspflicht hinausgeht.[1275]

**795** Ist auf dem Grundstück, an welchem ein Erbbaurecht bestellt wird, bereits ein Gebäude vorhanden, so geht das Eigentum an diesem nach § 12 Abs. 1, 2 ErbbauRG kraft Gesetzes auf den Erbbauberechtigten über. Ist hierfür eine zusätzliche Vergütung vereinbart, so zählt auch diese zur Gegenleistung.[1276]

**796** Wird ein Erbbaurecht an einen Dritten weiter **übertragen**, setzt sich die Gegenleistung aus dem vereinbarten Veräußerungspreis und dem nach § 13 BewG kapitalisierten Wert der Erbbauzinsverpflichtung – allerdings beschränkt auf die restliche Laufzeit ab Übernahme – zusammen.[1277]

---

1274 Vgl. *Pahlke*, § 9 Rn. 169; *Hofmann*, § 9 Rn. 68.
1275 Vgl. hierzu auch *Gottwald*, NotBZ 2003, S. 201 ff. mit Gestaltungshinweisen, vgl. auch bereits Rdn. 619–623 zur Abgrenzung zwischen eigennütziger Erwerberleistung und Gegenleistung bei Erbbaurechten.
1276 Vgl. *Pahlke*, § 9 Rn. 170; vgl. ferner BFH, BStBl. III 1960, S. 234.
1277 Vgl. *Pahlke*, § 9 Rn. 170 m.w.N. auch zum Immobilienleasing. Beispielsfälle finden sich bei *Wohltmann*, Steuer und Studium, Beilage 1/2002, S. 13 ff.

IV. Gegenleistung bei anderen Erwerbsvorgängen                    F.

▶ **Beispiel:**

B hat am 01.03.2002 ein Erbbaurecht für die Dauer von 50 Jahren bestellt und einen monatlichen Erbbauzins von 300,00 € vereinbart. Im Laufe des Jahres 2002 hat B als Erbbauberechtigter ein Gebäude errichtet, muss anschließend jedoch aus beruflichen Gründen wegziehen. Deshalb veräußert er das Grundstück am 01.06.2006 an C für einen Kaufpreis von 200.000,00 €. Der Erbbauzins beträgt seit Januar 2006 infolge einer Anpassung an das Preisniveau 320,00 €.[1278]

**Lösung:**

Die Übertragung des Erbbaurechtes auf C erfüllt den Tatbestand des § 1 Abs. 1 Nr. 1 GrEStG. Da der Erbbauzins bereits erhöht wurde, ist der Jahreswert nunmehr ebenfalls zu erhöhen; lediglich die zukünftigen weiteren Erhöhungen bleiben außer Betracht. Durch den Zeitablauf verändert sich der Kapitalwert nach § 13 BewG, wobei die in Anlage 9a angegebenen Faktoren nur für volle Jahre angegeben sind. Dies ist bei der Ermittlung der grunderwerbsteuerlichen Bemessungsgrundlage rechnerisch zu berücksichtigen.

a) Kaufpreis:              200.000,00 €

b) Kapitalisierter Erbbauzins:

Jahreswert:        12 × 320,00 €  = 3.840,00 €

Restlaufzeit:      46 Jahre, 9 Monate

Faktor:            47 Jahre       17,173

                46 Jahre  ./.  17,090

        Differenz 0,083 × 9/12  =  0,062

                17,090 + 0,062  =  17,152

Wert:              3.840,00 € × 17,152  =  65.863 €.

Der Kaufpreis i.H.v. 200.000 € und der kapitalisierte Erbbauzins i.H.v. 65.863 € ergeben somit eine Bemessungsgrundlage von 265.863 €.

Die GrESt hieraus beträgt 9.305,00 € (abgerundet gem. § 11 Abs. 2 GrEStG).

Liegt die Gegenleistung beim Kauf eines Erbbaurechts erheblich über dem Verkehrswert des Erbbaurechts, ist als Bemessungsgrundlage für die Berechnung der GrESt der Wert der Gegenleistung (i.d.R. Kaufpreis zzgl. kapitalisierter Erbbauzinsverpflichtung) und nicht der Grundbesitzwert als Ersatzbemessungsgrundlage heranzuziehen.[1279]

---

1278 Der Beispielsfall ist mit geringfügigen Änderungen entnommen aus *Wohltmann*, Steuer und Studium, Beilage 1/2002, S. 13. Zur neuen Bedarfsbewertung bei Erbbaurechten seit 01.01.2007 vgl. Rdn. 806 ff.
1279 Vgl. FG Hamburg, DStR 2009, S. IX.

797  Auswirkungen des § 13b Abs. 1 Nr. 3 UStG n.F. auf Erbbaurechtsvorgänge:

§ 13b Abs. 1 Nr. 3 UStG n.F. erfasst auch die USt auf den Erbbauzins.

798  Dies bedeutet, dass nicht mehr der Eigentümer als Ausgeber des Erbbaurechts Schuldner der USt ist, sondern der Erbbauberechtigte als Leistungsempfänger. Hieraus folgt, dass sich der zivilrechtliche Kaufpreis (der Erbbauzins) durch die Option zur USt nicht mehr verändert. Folglich ist es künftig auch nicht mehr möglich, eine Reallast zur Sicherung des Grundstückseigentümers in der Höhe des Erbbauzinses zuzüglich der USt zu bestellen, da der Umsatzsteuerbetrag nicht mehr Bestandteil des Erbbauzinses als Gegenleistung ist. Sofern in älteren Erbbauzinsverträgen noch Erbbauzinsreallasten »in Höhe des Erbbauzinses zuzüglich der Umsatzsteuer« enthalten sind, läuft die Reallast hinsichtlich des umsatzsteuerlichen Teils ins Leere. Im Wege einer geltungserhaltenden Reduktion sind derartige Klauseln folglich dahingehend auszulegen, dass der Bestandteil »zuzüglich der Umsatzsteuer« schlicht entfällt. Im Übrigen behalten die Urkunden ihre Gültigkeit und bedürfen keiner Änderung.[1280]

*b) Verlängerung des Erbbaurechts*

799  Bei der Verlängerung eines Erbbaurechts ist als Gegenleistung der kapitalisierte Erbbauzins für die Laufzeit der Verlängerung maßgeblich.[1281] Im Übrigen gelten die für die Bestellung des Erbbaurechts anzuwendenden Grundsätze entsprechend, sodass insbesondere auch sonstige Einmalzahlungen die Bemessungsgrundlage erhöhen.

*c) Aufhebung und Erlöschen des Erbbaurechts*

800  Wird anlässlich der Aufhebung eines Erbbaurechts vom Eigentümer an den Erbbauberechtigten eine Entschädigung für ein von diesem errichtetes Bauwerk gezahlt (§ 27 Abs. 1 ErbbauRG) oder übernimmt der Grundstückseigentümer die auf dem Erbbaurecht lastenden und noch valutierenden Grundpfandrechte, so handelt es sich um eine Gegenleistung für den Erwerb des Erbbaurechts. Dagegen gehört der kapitalisierte Wert der Erbbauzinsverpflichtung nicht zur Gegenleistung, weil der Erbbauzins kraft Gesetzes mit der Aufhebung des Erbbaurechtes erlischt.[1282]

801  Ist demgegenüber eine Gegenleistung nicht zu ermitteln oder nicht vorhanden, so ist die GrESt gem. § 8 Abs. 2 1 Nr. 1 GrEStG nach dem Grundstückswert des Erbbaurechts (§ 138 Abs. 3, 148 I BewG) zu bemessen. Der Gesamtwert des Erbbaurechts hängt folglich davon ab, ob das belastete Grundstück unbebaut (§ 145 Abs. 3 BewG) oder bebaut (§§ 146, 147 BewG) ist oder ob sich auf ihm am Bewertungsstichtag ein Gebäude im Zustand der Bebauung (§ 149 BewG) befindet.

---

1280  Vgl. DNotI-Gutachten eV-ge M/IX/2 – § 13b UStG – 60291 vom 13.07.2005.
1281  Vgl. *Pahlke*, § 9 Rn. 172, vgl. ferner BFH, BStBl. II 1993, S. 766; *Hofmann*, § 9 Rn. 70.
1282  Vgl. Tz. 4. der Erbbaurechtserlasse der Obersten Finanzbehörden der Länder, DStR 1985, S. 530; *Pahlke*, § 2 Rn. 77, § 9 Rn. 173; *Hofmann*, § 9 Rn. 68.

## IV. Gegenleistung bei anderen Erwerbsvorgängen F.

Nach dem Bewertungsgesetz war bis zum 31.12.2006 der *Grund und Boden* mit dem 18,6-fachen des nach den vertraglichen Bestimmungen im Besteuerungszeitpunkt zu zahlenden jährlichen Erbbauzinses anzusetzen. Dieser bei der Berechnung des Wertes eines erbbaurechtsbelasteten Grundstücks anzusetzende Faktor von 18,6 war ein starrer Wert, der unabhängig von der Restlaufzeit des Erbbaurechts anzuwenden war.[1283] Bestand das Erbbaurecht nur noch für kurze Zeit, ergab sich für das erbbaurechtsbelastete Grundstück ein u.U. nicht gerechtfertigter hoher Wert. In den Fällen des § 8 Abs. 2 GrEStG konnte es daher grunderwerbsteuerlich günstiger sein, das erbbaurechtsbelastete Grundstück erst nach Ablauf oder Heimfall des Erbbaurechts zu erwerben.

802

Umgekehrt konnte sich bei der Bewertung des *Erbbaurechts* häufig, insbesondere bei einem marktorientierten hohen Erbbauzins, ein negativer Wert ergeben, der grunderwerbsteuerrechtlich im Bereich des § 8 Abs. 2 GrEStG zu einer Bemessungsgrundlage von 0,- € führte.[1284] Die vorstehenden grunderwerbsteuerlichen Auswirkungen galten entsprechend beim Erwerb von Gebäuden auf fremdem Boden.[1285]

803

Die bisherige Bedarfsbewertung von Erbbaurechten und erbbaurechtsbelasteten Grundstücken wurde aus zwei Gründen kritisiert:

804

Zum einen lagen die Steuerwerte bei bestimmten Konstellationen (z.B. kein oder ein sehr niedriger Erbbauzins) weit unter den Verkehrswerten; zum anderen (insbesondere bei verkehrswertüblichen Erbbauzinsen und noch kurzer Restlaufzeit) lagen die Steuerwerte weit über den Verkehrswerten. Die FinVerw. ließ für die letztgenannten Fälle entsprechend der BFH-Rechtsprechung und entgegen dem Gesetzeswortlaut den Nachweis des niedrigeren Verkehrswertes zu.[1286] Umgekehrt musste das FA die zu niedrigen Steuerwerte akzeptieren.

805

Durch das Jahressteuergesetz 2007,[1287] welches zum 01.01.2007 in Kraft getreten ist, wurde die Bedarfsbewertung im Bereich der Erbbaurechte und der Gebäude auf fremden Grund und Boden völlig neu geregelt. Die neue Konzeption des § 148 BewG unterscheidet zwischen Boden- und Gebäudewert. Der *Bodenwert,* der 20 % des Gesamtwertes betragen soll, wird immer dem Eigentümer des Grundstücks zugerechnet.[1288] Beim *Gebäudewert,* der einen Anteil von 80 % ausmacht, wird dagegen nunmehr wie folgt unterschieden:

806

Beträgt die Restlaufzeit des Erbbaurechts *40 Jahre und mehr* oder erhält der Erbbauberechtigte für den Übergang des Gebäudes eine Entschädigung, wird der Gebäudewert voll dem Erbbauberechtigten zugerechnet.

807

---

1283 Vgl. *Pahlke,* § 8 Rn. 54 m.w.N.
1284 Vgl. *Pahlke,* § 8 Rn. 54.
1285 Vgl. *Pahlke,* § 8 Rn. 54.
1286 Vgl. gleichlautende Ländererlasse vom 01.12.2004, BStBl. I/2004, S. 1194.
1287 Vgl. Jahressteuergesetz 2007 vom 13.12.2006, BGBl. I/2006, S. 2878.
1288 Der Nachweis eines niedrigeren Verkehrswertes ist möglich gem. § 138 Abs. 4 BewG.

808 Beträgt die Restlaufzeit dagegen *weniger als 40 Jahre* und ist *keine Entschädigung* vorgesehen, wird der Gebäudewert nach einer zeitlichen Staffelung auf die beiden wirtschaftlichen Einheiten aufgeteilt.

*d) Heimfall des Erbbaurechts*

809 Erlischt das Erbbaurecht kraft Zeitablaufs, so handelt es sich nicht um einen grunderwerbsteuerpflichtigen Vorgang, auch wenn es zum Übergang eines auf dem Grundstück errichteten Gebäudes auf den Grundstückseigentümer kommt.[1289]

810 Übt der Grundstückseigentümer dagegen sein Heimfallrecht aus, so muss er dem Erbbauberechtigten gem. § 32 ErbbauRG eine angemessene Vergütung für das Erbbaurecht bezahlen. Diese zählt als grunderwerbsteuerliche Gegenleistung. Hinzu kommen etwaige sonstige Leistungen wie z.B. die Übernahme grundpfandrechtlicher Belastungen des Erbbaurechts. Der kapitalisierte Wert der Erbbauzinsverpflichtung gehört hingegen nicht zur Gegenleistung, da die Erbbauzinsverpflichtung mit dem Heimfall erlischt.[1290]

811 Bei einer Übertragung des Erbbaurechts i.R. des Heimfalls auf einen Dritten ist der Erwerb des Dritten wie eine erstmalige Bestellung des Erbbaurechts zu bewerten. Bemessungsgrundlage ist das zwischen dem Grundstückseigentümer und dem Dritten vereinbarte Entgelt, insbesondere der kapitalisierte Erbbauzins.[1291]

812 Kommt es dagegen zu einem Heimfall, weil der Erbbauberechtigte eine Hauptleistungspflicht aus dem Vertrag nicht erfüllt hat, kann ein Fall des § 16 Abs. 2 Nr. 3 GrEStG vorliegen, der auf Antrag zur Aufhebung der Steuerfestsetzung für den ursprünglichen Erwerbsvorgang sowie für den Rückerwerb führt.[1292]

*e) Rechtsvorgänge über erbbaurechtsbelastete Grundstücke*

*aa) Nacherwerb des erbbaurechtsbelasteten Grundstücks durch den Erbbauberechtigten*

813 Nach der Regelung des § 1 Abs. 7 GrEStG a.F. gilt für vor dem 01.01.2002 verwirklichte Rechtsvorgänge Folgendes: Sofern ein Erbbauberechtigter das mit dem Erbbaurecht belastete Grundstück erwirbt, wird die Steuer nur insoweit erhoben, als die Bemessungsgrundlage für den Erwerb des Grundstücks den Betrag übersteigt, von dem für die Begründung oder den Erwerb des Erbbaurechts die Steuer berechnet worden ist.

---

1289 Vgl. *Pahlke*, § 9 Rn. 174; *Hofmann*, § 9 Rn. 70. Beispielsfälle zum Erbbaurecht finden sich bei *Wohltmann*, Steuer und Studium, Beilage 1/2002, S. 13 ff.
1290 Vgl. *Pahlke*, § 9 Rn. 175; *Hofmann*, § 9 Rn. 69.
1291 Vgl. *Pahlke*, § 9 Rn. 175; *Hofmann*, § 9 Rn. 69.
1292 Vgl. BFH, BStBl. II 1983, S. 683.

IV. Gegenleistung bei anderen Erwerbsvorgängen  F.

Die kompliziert formulierte Vorschrift sollte nach der ursprünglichen Vorstellung  814
des Gesetzgebers eine Doppelbelastung des Erbbauberechtigten ausschließen. Die
Vorschrift beruhte auf dem Gedanken, dass der Erbbauzinsanspruch grunderwerbsteuerlich einen wesentlichen Grundstücksbestandteil des erbbaurechtsbelasteten
Grundstücks darstellt und folglich bei der Übertragung des Grundstücks die Bemessungsgrundlage erhöht. Gleichzeitig gehörte gem. § 9 Abs. 2 Nr. 2 Satz 3 GrEStG
bei der Veräußerung des Erbbaurechts die auf den Erwerber übergehende Belastung
mit dem Erbbauzins zur Gegenleistung. Der Erbbauzinsanspruch wäre somit zum
einen beim Erwerb des Erbbaurechts gem. § 9 Abs. 2 Nr. 2 Satz 1 GrEStG Teil der
Gegenleistung; gleichzeitig wäre er bei der Veräußerung des erbbaurechtsbelasteten
Grundstücks ebenfalls Teil der Gegenleistung. Diese doppelte Erfassung des Erbbauzinsanspruchs sollte daher gem. § 1 Abs. 7 GrEStG für den Fall ausgeschlossen
werden, dass der Erbbauberechtigte selbst das erbbaurechtsbelastete Grundstück
erwirbt.[1293]

Inzwischen hat jedoch der BFH zutreffend den mit dem Erbbaugrundstück ver-  815
bundenen Erbbauzinsanspruch als reine Geldforderung und für Zwecke der GrESt
nicht als Bestandteil des Grundstücks qualifiziert.[1294] Damit ist beim Erwerb des
erbbaurechtsbelasteten Grundstücks durch den Erbbauberechtigten der auf den
Erwerb des Erbbauzinsanspruchs entfallende Teil der Gegenleistung nicht in die
grunderwerbsteuerlichen Bemessungsgrundlage einzuberechnen. Folglich kann die
von § 1 Ab. 7 GrEStG vorausgesetzte Doppelbelastung nicht mehr eintreten. Gleichwohl musste die Vorschrift, solange sie noch galt (§ 1 Abs. 7 GrEStG wurde erst mit
Wirkung ab. 01.01.2002 aufgehoben),[1295] angewendet werden, was im Ergebnis zu
einer Steuervergünstigung für den Erwerb des mit dem Erbbaurecht belasteten Grundstücks *durch den Erbbauberechtigten* führte. Hier wurde der Erbbauzinsanspruch
doppelt berücksichtigt, was sachlich nicht gerechtfertigt war. Er war beim Erwerb
des erbbaurechtsbelasteten Grundstücks einerseits als reine Geldforderung aus der
Bemessungsgrundlage auszuscheiden und sodann gem. § 1 Abs. 7 a.F. GrEStG nochmals von der so gefundenen Bemessungsgrundlage abzuziehen.[1296]

▶ Beispiel:

A erwarb 1995 ein Erbbaurecht, für dessen Bestellung die GrESt nach einer Bemessungsgrundlage von 50.000 € berechnet wurde. 1998 kaufte A das erbbaurechtsbelastete Grundstück zu einer Gesamtgegenleistung von 200.000 €. Von diesem
Betrag entfielen im Verhältnis der gemeinen Werte 30.000 € auf den Erbbauzinsanspruch und 170.000 € auf das Grundstück.

---

1293 Vgl. *Pahlke*, § 9 Rn. 178; BT-Drucks. 9/251, S. 16 ff.
1294 Vgl. BFH, BStBl. II 1991, S. 271, bestätigt im BFH, Beschl. v. 12.04.2000 – II B
133/99, abgedruckt in: DNotI-Report 20/2000, S. 171; vgl. hierzu auch *Pahlke*, § 9
Rn. 179; *Hofmann*, § 1 Rn. 179.
1295 Vgl. Steueränderungsgesetz 2001, BGBl. I, S. 3806 ff.
1296 Vgl. *Pahlke*, § 9 Rn. 179; *Hofmann*, § 9 Rn. 179, str.

**Lösung:**

Die GrESt für den Erwerb des erbbaurechtsbelasteten Grundstücks war nur nach dem auf diesen entfallenen Teil der Gegenleistung von 170.000 € zu bemessen. Von diesem Betrag waren gem. § 1 Abs. 7 GrEStG weiterhin die auf den Erwerb des Erbbaurechts entfallenden 50.000 € abzusetzen, sodass sich die GrESt für den Erwerb des erbbaurechtsbelasteten Grundstücks nach einer Bemessungsgrundlage von 120.000 € berechnete.

816 Die FinVerw. lehnte schon vor Abschaffung des § 1 Abs. 7 GrEStG diese doppelte Berücksichtigung des auf den Erbbauzinsanspruch entfallenden Teils der Gegenleistung ab.[1297] Im einem Beschluss vom 12.04.2000 hat der BFH jedoch seine bisherige Rechtsprechung zu § 1 Abs. 7 GrEStG ausdrücklich bestätigt,[1298] sodass das für den Steuerpflichtigen günstige Ergebnis für alle vor dem 01.01.2002 verwirklichten Erwerbstatbestände nach wie vor zumindest über den gerichtlichen Rechtsweg herbeigeführt werden kann.

817 Hinsichtlich neuer Erwerbsvorgänge ist jedoch seit 01.01.2002 die Grundlage für diese begünstigende Rechtsprechung infolge der Aufhebung des § 1 Abs. 7 GrEStG durch das Steueränderungsgesetz 2001 entfallen.[1299]

*bb) Erwerb des erbbaurechtsbelasteten Grundstücks durch Dritte*

818 Bei einem Erwerb des mit dem Erbbaurecht belasteten Grundstücks durch einen Dritten (also nicht durch den Erbbauberechtigten selbst) fand schon nach bisher herrschender Meinung § 1 Abs. 7 GrEStG keine Anwendung (bezogen auf die Restlaufzeit des Erbbauzinsanspruchs).[1300]

819 Der Erbbauzinsanspruch ist aus der grunderwerbsteuerlichen Bemessungsgrundlage auszuscheiden. Folglich muss die Gesamtgegenleistung des Dritten, die dieser für den Erwerb des erbbaurechtsbelasteten Grundstücks und den Erbbauzinsanspruch erbringt, nach der Boruttauschen Formel verhältnismäßig aufgeteilt werden:

Boruttau'sche Formel bei Erbbaurechten

Bemessungsgrundlage (d.h. auf das Grundstück entfallender grunderwerbsteuerpflichtiger Teil des Kaufpreises) =

Gesamtpreis × gemeiner Wert des Grundstücks/Gemeiner Wert des Erbbauzinsanspruchs + gemeiner Wert des Grundstücks

---

1297 Vgl. koordinierter Erl. des Finanzministeriums BaWü, vom 25.08.1994, DStR 1994, S. 1422; vgl. nunmehr auch den geänderten Erl. vom 07.03.2002, DStR 2002, S. 591 ff.
1298 Vgl. BFH, Beschl. v. 12.04.2000 – II B 133/99, abgedruckt in: DNotI-Report 20/2000, S. 171; vgl. hierzu auch die Ausführungen im Erl. des Finanzministeriums BaWü vom 20.03.2001, DStR 2001, S. 622, und den geänderten Erl. vom 07.03.2002, DStR 2002, S. 591 ff.
1299 Vgl. BGBl. I 2001, S. 3806 ff.
1300 Die FinVerw. wendete § 1 Abs. 7 GrEStG allerdings entsprechend an, wenn ein Dritter das mit dem Erbbaurecht belastete Grundstück und nachfolgend das Erbbaurecht erwarb (gleichlautende Ländererlasse vom 30.08.1994, Tz. 6., Bsp. 2, vgl. DStR 1994, S. 1665). Diese Rechtsfolge ergibt sich nach Wegfall des § 1 Abs. 7 GrEStG aus § 1 Abs. 6 Satz 2 GrEStG.

IV. Gegenleistung bei anderen Erwerbsvorgängen	F.

Die FinVerw. lässt es allerdings aus Vereinfachungsgründen zu, den Wert der Gesamtgegenleistung um den Kapitalwert des Rechts auf den Erbbauzins zu kürzen.[1301]   820

cc) *Nacherwerb des Erbbaurechts durch den Grundstückseigentümer*

Wird ein Erbbaurecht bestellt, so ist die grunderwerbsteuerliche Gegenleistung jede Leistung, die der Erbbauberechtigte als Entgelt für die Bestellung des Erbbaurechts gewährt. Kraft der Fiktion des § 9 Abs. 2 Nr. 2 Satz 3 GrEStG gehört hierzu auch der gem. § 13 BewG kapitalisierte Erbbauzins.[1302]   821

Mit Urteil vom 14.11.2007[1303] hat der BFH jedoch entschieden, dass etwas anderes gilt, wenn das Erbbaurecht durch den Eigentümer des Grundstücks, das mit dem Erbbaurecht belastet ist, erworben wird. Zwar geht die Erbbauzinsreallast auch in diesem Fall wie bei einem Erwerb durch einen Dritten kraft Gesetzes auf den Erwerber über, sodass § 9 Abs. 2 Nr. 2 Satz 1 GrEStG dem Wortlaut nach erfüllt ist. Ihr Ansatz bei der Bemessungsgrundlage ist jedoch unter Berücksichtigung des in § 8 Abs. 1 und § 9 GrEStG verwendeten Begriffs der »Gegenleistung« und nach dem Sinn und Zweck der gesetzlichen Fiktion des § 9 Abs. 2 Nr. 2 Satz 3 GrEStG nicht geboten.   822

Zwar bleibt die als Reallast verdinglichte Verpflichtung zur Zahlung des Erbbauzinses in diesen Fällen bestehen und erlischt gemäß § 889 BGB nicht durch Vereinigung von Recht und Verbindlichkeit beim erwerbenden Grundstückseigentümer; in dessen Person entsteht vielmehr eine Eigentümerreallast.[1304] Diese stellt aber keine Belastung für den das Erbbaurecht erwerbenden Grundstückseigentümer dar, weil keine Leistungspflicht einer anderen Person gegenüber gegeben ist. Vielmehr steht der Eigentümerreallast das ebenfalls in der Person des Grundstückseigentümers fortbestehende Zinsstammrecht einschließlich des Rechts auf die noch nicht fälligen Einzelleistungen gegenüber. Auf den Erwerber des Erbbaurechts geht damit die Verpflichtung zu einer solchen Leistung über, auf die er in seiner Eigenschaft als Grundstückseigentümer einen Anspruch hat. Damit fehlt dem Übergang der verdinglichten Verpflichtung zur   823

---

1301 Vgl. Erl. des FinMin BaWü vom 07.03.2002, DB 2002, S. 710. Nach a.A. kommt ein bloßer Abzug des kapitalisierten Erbbauzinsanspruchs vom Wert des Grundstücks nur in Betracht, sofern die Gesamtgegenleistung dem Verkehrswert des Grundstücks entspricht; vgl. *Pahlke*, § 9 Rn. 181; *Hofmann*, § 9 Rn. 85.
1302 Vgl. BFH, BStBl. II 1978, S. 318; *Pahlke*, § 9 Rn. 169. Einschlägig ist seit Inkrafttreten der Schuldrechtsreform § 9 Abs. 1 Nr. 1 GrEStG und nicht mehr – wie in dem vom BFH entschiedenen Urt. – § 9 Abs. 2 Nr. 2 GrEStG; vgl. *Behrens/Meyer-Wirges*, DStR 2006, S. 1867 m.w.N. zum Streitstand. Ungeachtet dessen gilt die Erkenntnis des BFH im Urteil II R 64/06 vom 14.11.2007, BStBl II 2008, 486, dass der Grundstückseigentümer mit der Übernahme der Erbbauzinsverpflichtung keine geldwerte Gegenleistung für den Erwerb des Erbbaurechts erbringt, auch für § 9 Abs. 1 Nr. 1 GrEStG; vgl. *Ihle*, Notar 7/2008, S. 141.
1303 Vgl. BFH, AZ II R 64/06, BStBl II 2008, 486.
1304 Vgl. Palandt/*Bassenge*, § 1105 Rn. 3.

Zahlung des Erbbaurechts auf den Grundstückseigentümer der Charakter einer Gegenleistung für den Erwerb des Erbbaurechts.[1305]

824 Erst wenn der Grundstückseigentümer das Erbbaurecht anschließend an einen Dritten weiter überträgt, ist der kapitalisierte Erbbauzins gem. § 9 Abs. 1 Nr. 1 bzw. § 9 Abs. 2 Nr. 2 Satz 3 GrEStG wiederum zur Gegenleistung zu zählen.

▶ **Gestaltungsempfehlung bei Erwerb von Grundstückseigentum und Erbbaurecht:**

Praktische Bedeutung hat das BFH-Urteil in allen Fällen der nachträglichen Entstehung eines Eigentümererbbaurechts durch Erwerb des Grundstückseigentümers.

▶ Beispiel:

K möchte von E ein mit einem Erbbaurecht zugunsten des B belastetes Grundstück kaufen. B verlangt für die vorzeitige Aufhebung des Erbbaurechts eine Entschädigung für das von ihm errichtete Bauwerk.

Lösung:

Grunderwerbsteuerlich ist es in dieser Konstellation am günstigsten, wenn K zunächst das belastete Grundstück von E erwirbt und sich erst anschließend mit B über die Aufhebung des Erbbaurechtes einigt. Nach § 2 Abs. 1 Satz 2 Nr. 3 GrEStG ist das mit dem Erbbaugrundstück verbundene Recht des Grundstückseigentümers auf den Erbbauzins – entgegen § 96 BGB – nicht Teil des Grundstücks. Die Gegenleistung für den Grundstückserwerb bemisst sich daher nach dem Kaufpreis abzüglich des (gem. § 13 BewG zu kapitalisierenden) Wertes des Erbbauzinsanspruchs.[1306] Die Gegenleistung für die grunderwerbsteuerpflichtige Aufhebung des Erbbaurechts ist die an B zu zahlende Entschädigung ohne Berücksichtigung der erlöschenden Erbbauzinsverpflichtung.[1307] Die Gesamtsteuerbelastung wäre dagegen höher, wenn sich E mit B über die Aufhebung des Erbbaurechts einigt, bevor er das dann unbelastete Grundstück an K veräußert. In diesem Fall wird E die an B gezahlte Entschädigung in den Kaufpreis für das Grundstück einkalkulieren, wodurch sich die Bemessungsgrundlage für den Erwerb des K erhöht.

Sofern der Käufer nicht bereit ist, isolierte Kaufverträge über Erbbaurecht und Grundstück abzuschließen, sondern eine einheitliche Beurkundung wünscht, sollte aus grunderwerbsteuerlicher Sicht die Gesamturkunde in zwei Teile gegliedert und klargestellt werden, dass der erste Teil (= Erwerb des Grundstückes) eine juristische Sekunde vor dem zweiten Teil (= Erwerb des Erbbaurechtes) erfolgt. Zu beachten ist allerdings auch das BFH-Urteil II R 30/11 vom 11.06.2013, BFH/NV 2013, 1632 und das Urteil des FG Berlin-Brandenburg 15 K 4236/10 vom 20.05.2014, EFG 2014, 1025, Rev. beim BFH, Az. II R 8/14.

---

1305 Ebenso nunmehr auch FinBeh. Hamburg, Erl. vom 17.07.2008, DStR 2008, S. 2113.
1306 Vgl. FinMin NRW, Erl. vom 24.07.2008, S 4521-10-V A6.
1307 Vgl. FinMin NRW, Erl. vom 24.07.2008, S 4521-10-V A6.

## 2. Treuhandgeschäfte und Auftragserwerbe

### a) Übertragung

Bei Treuhandgeschäften[1308] ist zu differenzieren, ob eine Gegenleistung vorhanden ist (§ 8 Abs. 1 i.V.m. § 9 GrEStG) oder nicht (§ 8 Abs. 2 GrEStG i.V.m. §§ 138 ff. BewG).

825

Wird ein Grundstück auf einen Treuhänder *übertragen*, so ist bei der *uneigennützigen* Treuhand in der Regel der Wert i.S.d. § 138 Abs. 2 und 3 BewG Bemessungsgrundlage, weil der Treuhänder einer uneigennützigen Treuhand keine Gegenleistung für die Übereignung des Grundstücks erbringt. Bei einer *eigennützigen* Treuhand kann hingegen eine Gegenleistung vorliegen, wenn bspw. für die Übereignung ein Kaufpreis vereinbart wird oder der Treuhänder sonstige Leistungen erbringt.[1309]

826

### b) Rückübertragung

Bei der *Rückübertragung* eines Grundstücks vom Treuhänder auf den Treugeber liegt in der Regel ebenfalls keine Gegenleistung vor, sodass auch hier die Bemessungsgrundlage der Wert i.S.d. § 138 Abs. 2 und 3 GrEStG ist (§ 8 Abs. 2 Satz 1 Nr. 1 GrEStG).

827

Erwirbt der Treuhänder die Verwertungsbefugnis an einem Grundstück i.S.d. § 1 Abs. 2 GrEStG, weil anlässlich der Auflösung eines Treuhandverhältnisses der Treugeber auf seinen Rückübertragungsanspruch verzichtet, so wird der Treuhänder hierfür meist eine Gegenleistung zu erbringen haben.

828

Die für die Übertragung des Grundstücks auf den Treuhänder berechnete Steuer ist nach Maßgabe des § 1 Abs. 6 Satz 2 GrEStG jedoch zu berücksichtigen.[1310]

829

### c) Auftragserwerb

Bei einem *Auftragserwerb*[1311] erlangt der Auftraggeber die Verwertungsbefugnis gem. § 1 Abs. 2 GrEStG am Grundstück. Gegenleistung ist daher der gem. § 670 BGB vom Auftraggeber dem Beauftragten zu leistende Aufwendungsersatz. Hierzu zählen die vom Beauftragten eingegangenen Verbindlichkeiten (Kaufpreis) sowie die ihm entstandenen sonstigen Kosten (Beurkundungsgebühren, Grundbuchkosten, sonstige Auslagen), die der Auftraggeber gem. § 670 BGB erstattet bekommt. Dem Beauftragten ist auch die ihm entstandene GrESt zu ersetzen und infolgedessen der Bemessungsgrundlage für den Erwerb des Auftraggebers hinzuzuaddieren.[1312]

830

Finanzierungskosten, die Verwaltungskosten und die Grundsteuer sind dagegen nicht als Teil der Gegenleistung anzusehen. Bei den Finanzierungskosten handelt es sich

831

---

1308 Vgl. hierzu bereits Rdn. 194–209.
1309 Vgl. *Pahlke*, § 9 Rn. 192; *Hofmann*, § 9 Rn. 85.
1310 Vgl. *Pahlke*, § 9 Rn. 193.
1311 Vgl. hierzu bereits Rdn. 210.
1312 Vgl. *Pahlke*, § 9 Rn. 195; *Hofmann*, § 9 Rn. 85.

nach herrschender Meinung nicht um Aufwendungen, die zur Durchführung des Auftragserwerbs erforderlich waren. Vielmehr liegt diesen Aufwendungen ein selbstständiger, vom Grundstückserwerb losgelöster und nicht der GrESt unterliegender Auftrag zugrunde.[1313] Entsprechendes gilt für die Verwaltungskosten. Diese werden nicht dafür bezahlt, dass der Auftragnehmer das Grundstück erwirbt, um dem Auftraggeber die Verwertungsbefugnis i.S.d. § 1 Abs. 2 GrEStG zu verschaffen.[1314] Ebenfalls nicht zur Gegenleistung gehört die zu erstattende Grundsteuer. Anders als die GrESt entsteht sie nicht durch den Erwerb des Grundstücks, sondern als Folge dessen Behaltens.[1315]

832 Überträgt der Beauftragte das Grundstück auf den Auftraggeber, ist wiederum § 1 Abs. 6 Satz 2 GrEStG zu beachten, sofern die Steuer aus dem ersten Erwerbsvorgang (d.h. dem Erwerb der Verwertungsmöglichkeit durch den Auftraggeber) berechnet worden ist.

833 Wurde die Steuer hierfür nicht erhoben, so ist die für diesen Erwerb erbrachte Gegenleistung (Kaufpreis und sonstige Kosten) die Bemessungsgrundlage für den zweiten Erwerbsvorgang.[1316]

### 3. Gemischte Schenkung und Auflagenschenkung

834 Bei einer gemischten Schenkung entfällt die Gegenleistung voll auf den entgeltlichen Teil des Grundstückserwerbs; der Erwerb des unentgeltlich zugewendeten Teils ist dagegen grunderwerbsteuerfrei nach § 3 Nr. 2 Satz 1 GrEStG.[1317]

835 Dies gilt unabhängig von der tatsächlichen Erhebung einer Schenkungsteuer.[1318]

### 4. Erwerb der Verwertungsbefugnis

836 Die Bemessungsgrundlage bemisst sich in den Fällen des § 1 Abs. 2 GrEStG nach dem Wert der Leistungen, die der Erwerber dem Eigentümer für den Erwerb der Verwertungsbefugnis gewährt. Zu beachten ist, dass bei der Verkaufsermächtigung und beim atypischen Maklervertrag die Besteuerung auf dem gedachten Zwischenerwerb des Verwertungsberechtigten beruht. Bemessungsgrundlage ist daher die mit dem Grundstückseigentümer vereinbarte Gegenleistung (bspw. der mit dem Eigentümer vereinbarte und an ihn auszukehrende Festpreis).[1319]

---

1313 Vgl. BFH, NV 2001, S. 206; a.A. *Pahlke*, § 9 Rn. 195, wonach die Finanzierungskosten ebenfalls zur Bemessungsgrundlage zählen.
1314 Vgl. BFH, NV 2001, S. 206.
1315 Vgl. BFH, NV 2001, S. 206.
1316 Vgl. *Pahlke*, § 9 Rn. 198, vgl. ferner BFH/NV 1988, S. 390.
1317 Vgl. hierzu bereits Rdn. 428–437.
1318 Vgl. hierzu bereits Rdn. 429–437.
1319 Vgl. *Pahlke*, § 9 Rn. 205.

V. Sonstige zur Gegenleistung gehörende Leistungen – § 9 Abs. 2 GrEStG    F.

Ein dem Verwertungsberechtigten etwa verbleibender Mehrerlös ist Folge der Erlangung der Verwertungsbefugnis und somit nicht Gegenleistung für deren Erwerb.[1320] 837

Der Mehrbetrag wirkt sich folglich erst bei der Bemessungsgrundlage für den Weiterverkauf aus.[1321] 838

Ist dagegen für den Zwischenerwerb keine Gegenleistung vorhanden oder eine solche nicht zu ermitteln, so richtet sich die Steuer gem. § 8 Abs. 2 Satz 1 Nr. 1 GrEStG nach den Werten i.S.d. § 138 Abs. 2 oder 3 BewG. 839

## V. Sonstige zur Gegenleistung gehörende Leistungen – § 9 Abs. 2 GrEStG

### 1. Zusätzliche/nachträgliche Leistungen

Zur Gegenleistung gehören gem. § 9 Abs. 2 Nr. 1 GrEStG auch Leistungen, die der Erwerber des Grundstücks dem Veräußerer neben der beim Erwerbsvorgang vereinbarten Gegenleistung *zusätzlich* gewährt. Erfasst werden insbesondere auch *nachträgliche* Leistungen, sodass die Vorschrift spiegelbildlich der durch § 16 Abs. 3 GrEStG vorgeschriebenen Berücksichtigung einer nachträglichen Herabsetzung der Gegenleistung entspricht.[1322] 840

Erforderlich ist allerdings, dass es sich um eine Leistung für den Grundstückserwerb handeln muss. Dies setzt voraus, dass sie mit dem Erwerbsvorgang in rechtlichem Zusammenhang steht, z.B. weil sich bereits aus dem ursprünglichen Vertrag ein Anspruch auf die spätere Leistung ableitet. 841

Wurde etwa eine aufschiebend bedingte Verpflichtung zur Pflege im Bedarfsfall vereinbart und tritt der Pflegefall später ein, so kommt es nachträglich zu einer nach § 9 Abs. 2 Nr. 1 GrEStG zu berücksichtigenden Gegenleistung für den Grundstückserwerb. 842

### 2. Kraft Gesetzes auf den Erwerber übergehende Lasten

Nach § 9 Abs. 2 Nr. 2 Satz 1 GrEStG sind sogenannte nicht-dauernde Lasten der Gegenleistung hinzuzurechnen.[1323] Sogenannte dauernde Lasten erhöhen dagegen nicht die grunderwerbsteuerliche Bemessungsgrundlage gem. § 9 Abs. 2 Nr. 2 Satz 2 GrEStG. 843

Hintergrund der Regelung ist, dass die Beteiligten den Wert einer nichtdauernden Last, welche vom Erwerber übernommen wird, bei der Bemessung des Kaufpreises berücksichtigen. Folglich soll der Gesamtbetrag von vereinbarter und kraft Gesetzes übergehender Leistung als Gegenleistung für das Grundstück erfasst werden. 844

---

1320 Vgl. im Einzelnen dazu *Pahlke*, § 9 Rn. 203 ff. m.w.N.; *Hofmann*, § 9 Rn. 83.
1321 Vgl. hierzu bereits Rdn. 164–173.
1322 Vgl. *Pahlke*, § 9 Rn. 207; durch den nachträglichen Verzicht auf Eigenleistungen des Käufers erhöht sich beim Bauträgervertrag der an den Bauträger zu entrichtende Kaufpreis und somit auch die grunderwerbsteuerliche Bemessungsgrundlage.
1323 Gleiches gilt für den Erbbauzins, § 9 Abs. 2 Nr. 2 Satz 3 GrEStG.

Demgegenüber muss eine Hinzurechnung bei solchen dauernden Lasten entfallen, die dem Grundstück als dauernd wertmindernde Eigenschaften anhaften. Hier ist das Grundstück infolgedessen einfach weniger wert, sodass eine Erhöhung der grunderwerbsteuerpflichtigen Gegenleistung um den Wert der dauernden Last nicht gerechtfertigt ist.[1324]

### 3. Leistungen an Dritte für einen Erwerbsverzicht

845 Zur Gegenleistung gehören auch Leistungen, die der Erwerber des Grundstücks anderen Personen als dem Veräußerer als Gegenleistung dafür gewährt, dass sie auf den Erwerb des Grundstücks verzichten (§ 9 Abs. 2 Nr. 3 GrEStG). Die Hinzurechnung rechtfertigt sich daraus, dass der Erwerber kausal zur Erlangung des Eigentums am Grundstück diese Leistungen bewirken muss.[1325] Voraussetzung ist jedoch, dass der Dritte tatsächlich in der Lage und willens ist, das Eigentum am Grundstück anstelle des Erwerbers zu erlangen und der Erwerber seine Leistung in Kenntnis dieser Verhältnisse für den Erwerbsverzicht des Dritten erbringt.[1326]

846 Deshalb erhöht bspw. die Zahlung eines bestimmten Geldbetrages an einen Mitbieter im Zwangsversteigerungsverfahren grunderwerbsteuerliche Gegenleistung, sofern die Zahlung an den Mitbieter erfolgt, um diesen von weiteren Geboten abzuhalten. Vorausgesetzt wird allerdings, dass der Mitbieter objektiv in der Lage und subjektiv willens ist, das Grundstück für sich selbst zu erwerben.

### 4. Leistungen Dritter an den Veräußerer

847 Leistungen, die ein anderer als der Erwerber des Grundstücks dem Veräußerer als Gegenleistung dafür gewährt, dass der Veräußerer dem Erwerber das Grundstück überlässt, erhöhen ebenfalls die grunderwerbsteuerliche Bemessungsgrundlage (§ 9 Abs. 2 Nr. 4 GrEStG). Vorausgesetzt wird allerdings, dass die Leistung des Dritten primär auf die Überlassung des Grundstücks durch den Veräußerer an den Erwerber abzielt.[1327] Die Überlassung des Grundstücks an den Erwerber muss Hauptzweck der Leistung des Dritten sein. Der Erwerber muss jedoch keine Kenntnis von der Leistung des Dritten haben.[1328]

▶ Beispiel:

> Ein Mäzen veranlasst einen Grundstückseigentümer durch Zuwendungen, ein Grundstück einem Fußballverein zu einem günstigen Preis zu überlassen, damit dieser Verein die Forderungen eines anzuwerbenden Fußballers erfüllen kann.[1329]

---

1324 Vgl. *Pahlke*, § 9 Rn. 212 ff.; zu den einzelnen Fallbeispielen für dauernde und nicht dauernde Lasten s. bereits oben, Rdn. 737 ff.
1325 Vgl. *Pahlke*, § 9 Rn. 218; *Hofmann*, § 9 Rn. 99.
1326 Vgl. BFH, Urt. v. 25.06.2003, AZ II R 39/01, DStR 2004, Heft 5, S. XII.
1327 Vgl. *Pahlke*, § 9 Rn. 219; BFH-Urteil II R 168/82 vom 18.09.1985, NV 1986, S. 698.
1328 Vgl. BFH/NV 2004, S. 228.
1329 Vgl. *Hofmann*, § 9 Rn. 100.

> **Lösung:**
>
> Die Leistungen, die der Mäzen an den Grundstückseigentümer als Dritter erbringt, zählen ebenfalls zur grunderwerbsteuerlichen Bemessungsgrundlage, weil die Leistung des Mäzens in ihrem Hauptzweck auf die Überlassung des Grundstücks durch den Veräußerer an den Erwerber gerichtet ist.

### 5. Behandlung der Grunderwerbsteuer

Die Grunderwerbsteuer, die für den zu besteuernden Erwerbsvorgang zu entrichten ist, wird gem. § 9 Abs. 3 GrEStG der Gegenleistung weder hinzugerechnet noch von ihr abgezogen. Hierdurch soll die Erhebung einer Steuer von der Steuer vermieden werden.[1330] **848**

Werden allerdings Grundstücke wechselseitig getauscht, ist § 9 Abs. 3 GrEStG nur auf den einzelnen Erwerbsvorgang anzuwenden. Übernimmt daher ein Tauschpartner die GrESt für beide Erwerbsvorgänge, so ist die auf seine Gegenleistung entfallende Grunderwerbsteuer, die eigentlich vom Vertragspartner zu tragen gewesen wäre, bei der Bemessungsgrundlage für den eigenen Erwerbsvorgang einzubeziehen. Da nach der Auffassung des BFH Käufer und Verkäufer gesamtschuldnerisch zu gleichen Teilen für die GrESt haften, wird allerdings nur der *hälftige* Betrag der GrESt hinzugerechnet.[1331] **849**

## VI. Die Bemessungsgrundlage des § 8 Abs. 2 GrEStG

### 1. Allgemeine Vorbemerkungen

Nach § 8 Abs. 2 GrEStG wird die Steuer nach den Werten i.S.d. § 138 Abs. 2 oder 3 BewG bemessen, wenn eine Gegenleistung nicht vorhanden oder nicht zu ermitteln ist, ferner bei Umwandlungen aufgrund eines Bundes- oder Landesgesetzes,[1332] bei Einbringungen sowie anderen Erwerbsvorgängen auf gesellschaftsvertraglicher Grundlage und in den Fällen des § 1 Abs. 2a und 3 GrEStG. **850**

Seit 01.01.1997 treten somit in den Fällen des § 8 Abs. 2 Satz 1 GrEStG an die Stelle der bis dahin maßgeblich gewesenen Einheitswerte der land- und forstwirtschaftliche Grundbesitzwert des § 138 Abs. 2 BewG bzw. der Grundstückswert des § 138 Abs. 3 BewG. **851**

Teilweise wird die Vorschrift in Hinblick auf den Gleichheitssatz (Art. 3 GG), insbesondere hinsichtlich des Gebotes der Gleichheit im steuerlichen Belastungserfolg, **852**

---

1330 Vgl. *Pahlke*, § 9 Rn. 220.
1331 Vgl. *Pahlke*, § 9 Rn. 221; BFH, BStBl. II 1975, S. 675. Fraglich ist jedoch, ob an dieser Auffassung nach der Neuregelung des § 448 BGB durch die Schuldrechtsreform festgehalten werden kann; vgl. hierzu *von Streit*, DStR 2003, S. 1776 ff.
1332 Vgl. zur grunderwerbsteuerlichen Bemessungsgrundlage in den Sonderfällen des § 147 BewG bei Umwandlungen *Behrendt/Wischott*, DStR 2009, S. 1512 ff.

verfassungsrechtlich kritisiert. Die Kritik gründet darauf, dass das Ertragswertverfahren (§ 146 BewG) nur ca. 50 % des tatsächlichen Wertes erreicht. Insbesondere im Fall des § 8 Abs. 2 Satz 1 Nr. 2 GrEStG ist jedoch eine Gegenleistung (Gewährung von Gesellschaftsrechten) vorhanden, sodass es nicht gerechtfertigt erscheint, auch in diesen Fällen das im Zusammenhang mit der Erbschafts- und Schenkungsteuer entwickelte Ertragswertverfahren anzuwenden.[1333] Im Hinblick auf die grunderwerbsteuerliche Anknüpfung an die Grundstückswerte gemäß dem Bewertungsgesetz, die regelmäßig erheblich geringer sind als die Verkehrswerte, könnte sich auch die vom BFH angenommene und vom Bundesverfassungsgericht bestätigte Verfassungswidrigkeit einzelner Bestimmungen des Erbschaftsteuergesetzes wegen einer gleichheitswidrigen Ausgestaltung der Steuerbemessungsgrundlage auch auf die Höhe der GrESt in den Fällen des § 8 Abs. 2 GrEStG auswirken.[1334] Im Hinblick auf die Frage, ob die Verwendung der Grundbesitzwerte nach § 138 BewG als Bemessungsgrundlage für die GrESt nach § 8 Abs. 2 GrEStG verfassungsgemäß ist, ergehen nach dem gleichlautenden Erlass der Obersten Finanzbehörden der Länder vom 01.04.2010 die entsprechenden Bescheide über die Festsetzung der GrESt sowie über die Feststellungen nach § 17 Abs. 2 und 3 GrEStG und über die Feststellung von Grundbesitzwerten inzwischen nur noch vorläufig i.S.d. § 165 Abs. 1 Satz 2 Nr. 3 und 4 AO.[1335]

853 Hinsichtlich der Ermittlung der einzelnen Grundstückswerte nach dem Bewertungsgesetz wird auf die einschlägige Kommentarliteratur verwiesen.[1336]

## 2. Nicht vorhandene oder nicht zu ermittelnde Gegenleistung

854 § 8 Abs. 2 Satz 1 Nr. 1 GrEStG ist anzuwenden, wenn eine Gegenleistung überhaupt nicht vorhanden ist, etwa beim Erwerb eines Grundstücks als Lotteriegewinn, weil der Kaufpreis für das Los nur Gegenleistung für die Gewinnchance war.[1337]

---

1333 Vgl. *Pahlke*, § 8 Rn. 45, vgl. hierzu auch *Rössler/Troll*, § 146 Rn. 8 ff.; *Stöckel*, DStZ 1998, S. 233.
1334 Vgl. Beschl. des BFH, vom 22.05.2002 – II R 61/99, MittBayNot 2002, S. 418 ff.; vgl. hierzu auch *Schwerin*, RNotZ 2003, 482.
1335 Vgl. hierzu Erl. vom 01.04.2010, DStR 2010, S. IX.
1336 Vgl. *Pahlke*, § 8 Rn. 46. f m.w.N.; *Boruttau/Viskorf*, § 8 Rn. 101 ff.; vgl. auch zusammenfassend Schmitz, Grunderwerbsteuerrecht in der Vertragspraxis, S. 125 ff. Vgl. neuerdings auch die gleichlautenden Erl. der Obersten Finanzbehörden der Länder, betreffend den Nachweis eines niedrigeren gemeinen Werts in Erbbaurechtsfällen und in Fällen mit Gebäuden auf fremdem Grund und Boden vom 01.12.2004, UVR 2005, S. 160.
1337 Vgl. *Pahlke*, § 8 Rn. 64 m.w. Bsp. für eine nicht vorhandene Gegenleistung, *Hofmann*, § 8 Rn. 30; es handelt sich um keine Schenkung i.S.d. Erbschaft- und Schenkungsteuergesetzes, weil die Lotteriegesellschaft den Gewinn nicht freigebig, sondern aufgrund des Gewinnanspruches zuwendet.

## 3. Umwandlungen, Einbringungen und andere Erwerbsvorgänge auf gesellschaftsvertraglicher Grundlage

§ 8 Abs. 2 Satz 1 Nr. 2 GrEStG macht die schwierige Feststellung der tatsächlichen Grundstückswerte entbehrlich und dient der *Verwaltungsvereinfachung*. Die Vorschrift vermeidet die Probleme, die sich aus der Bewertung der Gegenleistung, insbesondere einer Anteilsbewertung nach dem Stuttgarter Verfahren, sowie der Ermittlung und der Aufteilung einer Gesamtgegenleistung ergaben.[1338]   855

Umwandlungen aufgrund Landesrecht ergeben sich etwa aus den Sparkassengesetzen einzelner Länder.[1339] Einbringungen und andere Erwerbsvorgänge auf gesellschaftsvertraglicher Grundlage liegen bspw. vor bei einer Kapitalerhöhung gegen Grundstückseinlage oder bei Anwachsungsvorgängen.[1340]   856

## 4. Rechtsvorgänge i.S.d. § 1 Abs. 2a und 3

Auch in den Fällen des § 1 Abs. 2a und Abs. 3 GrEStG wird nunmehr die Steuer nach den Werten i.S.d. § 138 Abs. 2 bzw. Abs. 3 BewG bemessen (§ 8 Abs. 2 Satz 1 Nr. 3 GrEStG). Besteuerungsgrundlage ist der sich für das ganze Grundstück ergebende Wert. Hinsichtlich des § 1 Abs. 2a GrEStG ersetzt die Regelung, welche erst durch das Steuerentlastungsgesetz 1999/2000/2002 eingefügt wurde, die überaus komplizierte Regelung des früheren § 9 Abs. 1 Nr. 8 GrEStG.   857

## 5. Künftiger Grundstückszustand

Erstreckt sich der Erwerbsvorgang auf ein noch zu errichtendes Gebäude oder beruht die Änderung des Gesellschafterbestandes i.S.d. § 1 Abs. 2a GrEStG auf einem vorgefassten Plan zur Bebauung eines Grundstücks, so ist gem. § 8 Abs. 2 Satz 2 GrEStG der Wert des Grundstücks abweichend von § 138 Abs. 1 Satz 2 BewG nach den tatsächlichen Verhältnissen im Zeitpunkt der Fertigstellung des Gebäudes maßgebend.   858

Die Vorschrift erlaubt somit – abweichend von den tatsächlichen Verhältnissen im Besteuerungszeitpunkt – den Wert des bebauten Grundstücks als Bedarfswert anzusetzen. Demzufolge handelt es sich um eine gesetzliche Anerkennung der von der Rechtsprechung entwickelten Grundsätze über den grunderwerbsteuerlich maßgeblichen Grundstückszustand.[1341]   859

---

1338 Vgl. *Pahlke*, § 8 Rn. 65; *Hofmann*, § 8 Rn. 37.
1339 Vgl. *Pahlke*, § 8 Rn. 66; *Hofmann*, § 8 Rn. 38 ff.
1340 Vgl. *Pahlke*, § 8 Rn. 69; *Hofmann*, § 8 Rn. 38 ff. Zur genauen Auslegung der Tatbestandsmerkmale und zu möglichen grunderwerbsteuerlichen Gestaltungen bei Grundstücksübertragungen zwischen Gesellschaft und Gesellschaftern vgl. nachfolgend Rdn. 861–881.
1341 Vgl. *Pahlke*, § 8 Rn. 72.

860 Soweit § 8 Abs. 2 Satz 2 GrEStG Erwerbsvorgänge i.S.d. § 1 Abs. 2a GrEStG einbezieht, ist selbstverständlich erforderlich, dass die GrESt aus § 1 Satz 2a GrEStG tatsächlich entstanden ist. Ferner muss das zur Bebauung anstehende Grundstück der Personengesellschaft gehören; ein lediglich vorgefasster Plan zum Erwerb des Grundstücks rechtfertigt noch nicht die Zugehörigkeit zum Vermögen der Personengesellschaft und folglich auch nicht die Anwendung des § 8 Abs. 2 Satz 2 GrEStG.[1342] Der vorgefasste Plan hinsichtlich der Grundstücksbebauung verlangt eine Einbindung der neuen Gesellschafter in das Bebauungskonzept kraft Vereinbarung oder sonstiger Absprachen.[1343]

### VII. Grundstücksübertragungen zwischen Gesellschaft und Gesellschaftern

#### 1. Allgemeine Vorbemerkungen

861 Als Bemessungsgrundlage für die GrESt gilt grds. nach § 8 Abs. 1 i.V.m. § 9 GrEStG der *Wert der Gegenleistung*. Nur in den Fällen des § 8 Abs. 2 GrEStG ist der Wert des Grundstücks nach den Grundbesitzwerten des § 138 Abs. 2 bzw. Abs. 3 BewG zu ermitteln.

862 Der Wert der Gegenleistung ist nach § 8 Abs. 1 GrEStG selbst dann Bemessungsgrundlage, wenn er außergewöhnlich niedrig ist, insbesondere hinter dem Verkehrswert des Grundstücks zurückbleibt. Erforderlich ist allerdings, dass diese geringe Gegenleistung ernsthaft gewollt ist und sich überhaupt in eine Relation und zum Wert des übertragenen Grundstücks bringen lässt. Liegt dagegen lediglich eine »symbolische Gegenleistung« vor, so ist die Bemessungsgrundlage gem. § 8 Abs. 2 Satz 1 Nr. 1 GrEStG zu ermitteln.[1344]

#### 2. Erwerbsvorgänge auf gesellschaftsvertraglicher Grundlage – Gesetzesinterpretation

863 Die nach dem Bewertungsgesetz ermittelten Werte sollen auch in den Fällen der Umwandlung, der Einbringung, sowie bei anderen Erwerbsvorgängen auf gesellschaftsvertraglicher Grundlage als Bemessungsgrundlage dienen (§ 8 Abs. 2 Satz 1 Nr. 2 GrEStG).

---

1342 Vgl. jedoch zur strengen Auffassung der FinVerw. im Bereich von Immobilienfonds Rdn. 262–265.
1343 Vgl. *Pahlke*, § 9 Rn. 73.
1344 Vgl. *Pahlke*, § 8 Rn. 4. Sofern es sich jedoch um eine Schenkung handelt, ist der Vorgang gem. § 3 Nr. 2 GrEStG von der GrESt befreit. In diesem Zusammenhang hat die Rechtsprechung Gegenleistungen i.H.v. 70 % (BFH, BStBl. II 2003, S. 483) bzw. 6,12 % (BFH, BStBl. II 1990, S. 186) des Verkehrswertes des übertragenen Grundvermögens als ernsthaft vereinbart, eine Gegenleistung i.H.v. 2 % des Buchwerts des übergangenen Grundbesitzes (FG Brandenburg, DStRE 2005, S. 1359) hingegen als nur symbolisch beurteilt; vgl. hierzu auch *Jacobsen*, UVR 2009, S. 152, der bei einem Kaufpreis i.H.v. 10 % des Verkehrswertes des Grundvermögens keine bloß symbolische Gegenleistung mehr sieht.

## VII. Grundstücksübertragungen zwischen Gesellschaft und Gesellschaftern F.

Diese durch das Jahressteuergesetz 1997[1345] eingeführte Regelung stellt eine echte Durchbrechung des in § 8 Abs. 1 GrEStG aufgestellten Grundsatzes der Maßgeblichkeit der Gegenleistung dar, da in den Fällen des § 8 Abs. 2 Satz 1 Nr. 2 GrEStG eine Gegenleistung – nämlich i.H.d. Wertes der gewährten Geschäftsanteile – durchaus vorhanden ist, diese aber nicht der Besteuerung zugrunde gelegt werden soll. Die Vorschrift dient in erster Linie einer Vereinfachung des Gesetzesvollzugs, weil die Ermittlung der Gegenleistung in derartigen Fällen erhebliche Schwierigkeiten bereitete. Die Bewertung der für das eingebrachte Grundstück gewährten Gesellschaftsrechte war häufig äußerst kompliziert und erforderte – etwa bei der Einbringung einer Sachgesamtheit in eine Personengesellschaft – die Feststellung des gemeinen Werts des gesamten Gesellschaftsvermögens und eine Aufteilung desselben in solche Gegenstände, die nicht der GrESt unterlagen und in Grundstücke i.S.v. § 2 GrEStG. Bei Kapitalgesellschaften war eine Bewertung des Anteils an der Kapitalgesellschaft, den der grundstückseinbringende Gesellschafter für die Übertragung des Grundstücks erhielt, nach dem sogenannten Stuttgarter Verfahren vorzunehmen. Nach der ab dem 01.01.1997 geltenden (vgl. § 23 Abs. 4 GrEStG) Regelung in § 8 Abs. 2 Satz 1 Nr. 2, 2. Alt. GrEStG soll sich die Steuer auch bei einer Einbringung sowie bei anderen Erwerbsvorgängen auf gesellschaftsvertraglicher Grundlage deshalb nach den Werten i.S.d. § 138 Abs. 2 bzw. Abs. 3 BewG bemessen. 864

Die Auslegung der Tatbestandsmerkmale des § 8 Abs. 2 Satz 1 Nr. 2 GrEStG wird in Rechtsprechung und Literatur relativ einheitlich vorgenommen: 865

Bei den von § 8 Abs. 2 Satz 1 Nr. 2 GrEStG angesprochenen *Einbringungen* handelt es sich um solche Rechtsvorgänge, durch die ein Gesellschafter ein Grundstück zur Erfüllung einer *Sacheinlageverpflichtung* (z.B. nach § 27 AktG oder nach § 5 Abs. 4 GmbHG) oder zur Erfüllung von *Beitragspflichten* (§ 706 BGB) auf eine Gesellschaft überträgt. 866

Ein *Erwerbsvorgang auf gesellschaftsvertraglicher Grundlage* liegt dagegen vor, wenn sich infolge des Erwerbsvorgangs die Gesellschafterstellung des beteiligten Gesellschafters in *rechtlicher Hinsicht* verändert,[1346] sei es, dass dem Gesellschafter für die Übertragung des Grundstücks auf die Gesellschaft eine höhere Beteiligung eingeräumt wird (z.B. bei einer Kapitalerhöhung im Weg der Sacheinlage gem. § 138 AktG, § 56 GmbH-Gesetz; höhere Beteiligungsquote am Vermögen einer Gesamthand, »Aufstockung«) oder sich wegen der Übertragung des Grundstücks durch die Gesellschaft auf den Gesellschafter dessen Beteiligung an der Gesellschaft vermindert.[1347] Auch beim Übergang eines Grundstücks im Zug der Auflösung einer 867

---

1345 Vgl. Jahressteuergesetz 1997 vom 20.12.1996, Bundesgesetzblatt I, S. 2062.
1346 Vgl. *Hofmann*, § 8 Rn. 38; *Boruttau/Viskorf*, § 8 Rn. 75.
1347 Bei einem reinen Kaufvertrag zwischen Gesellschaft und Gesellschafter verändert sich die rechtliche Stellung des Gesellschafters nicht, sodass § 8 Abs. 2 Satz 1 Nr. 2 GrEStG selbst dann nicht einschlägig ist, wenn der Kaufpreis den tatsächlichen Wert des Grundstücks unterschreitet. Vielmehr ist der niedrigere Kaufpreis gem. § 8 Abs. 1 GrEStG maßgeblich, solange es sich nicht um eine rein symbolische Gegenleistung handelt.

Gesellschaft liegt ein Erwerbsvorgang auf gesellschaftsvertraglicher Grundlage vor.[1348] Ebenso erfolgt der auf Anwachsung (§ 738 BGB) beruhende Übergang des Eigentums an einem Grundstück infolge des Ausscheidens eines von nur zwei Gesellschaftern einer Personengesellschaft auf gesellschaftsvertraglicher Grundlage i.S.d. § 8 Abs. 2 Satz 1 Nr. 2 GrEStG.[1349]

868 Kein Erwerb auf gesellschaftsvertraglicher Grundlage liegt dagegen bei Anwachsung infolge des Erwerbs aller Anteile an einer Personengesellschaft durch einen Nichtgesellschafter vor. In einem solchen Fall bleibt es bei der Grundregel des § 8 Abs. 1 GrEStG[1350]

### 3. Gestaltungsüberlegungen

869 Entsprechend der vorstehend zitierten herrschenden Literaturauffassung verlangt auch der BFH für einen »Erwerbsvorgang auf gesellschaftsvertraglicher Grundlage« einen Grundstücksübergang zwischen einer Gesellschaft und ihren Gesellschaftern, durch den die Gesellschafterstellung des beteiligten Gesellschafters in *rechtlicher*, also nicht lediglich in *wirtschaftlicher* Hinsicht berührt oder verändert wird.

870 Eine bloße Zuweisung des Vermögenszugangs bei den Rücklagen reicht nicht für eine rechtliche Änderung der Gesellschafterstellung aus. In einem vom BFH entschiedenen Fall waren von der Alleingesellschafterin auf eine GmbH verschiedene Grundstücke übertragen worden. Ca. 30 % des Wertes der Grundstücke wurden der Kapitalrücklage der einbringenden Gesellschafterin zugeführt, während der Restbetrag i.H.v. ca. 70 % als »Trägerdarlehen« der Gesellschaft gewährt wurde.[1351] Diese Gestaltung hatte zur Folge, dass lediglich die verbuchte Darlehensschuld gegenüber der Einbringenden als Gegenleistung anzusetzen war, wenngleich diese Gegenleistung weit unter dem Verkehrswert des Grundstückes lag. Es handelte sich auch nicht um einen Einbringungsvorgang i.S.d. § 8 Abs. 2 Satz 1 Nr. 2 GrEStG, da der Übertragung des Grundstücks keine entsprechende Sacheinlageverpflichtung zugrunde lag und auch keine Kapitalerhöhung erfolgte. Ein sonstiger Erwerbsvorgang auf gesellschaftsvertraglicher Grundlage bestand ebenfalls nicht, weil sich die Gesellschafterstellung des beteiligten Gesellschafters in rechtlicher Hinsicht nicht veränderte. Ein Fall des § 8 Abs. 2 Satz 1 Nr. 1 GrEStG (Gegenleistung nicht vorhanden) lag ebenfalls nicht vor, da durch die Darlehensbuchung jedenfalls teilweise eine – nicht lediglich symbolische – Gegenleistung vorhanden war. Folglich war diese zugrunde zu legen.

---

1348 Vgl. *Hofmann*, § 8 Rn. 39.
1349 Vgl. *Hofmann*, § 8 Rn. 40; *Boruttau/Viskorf*, § 8 Rn. 77.
1350 Vgl. BFH, vom 13.09.1995, BStBl. II, S. 903.
1351 Vgl. BFH, Beschl. v. 26.02.2003, II B 54/02, GmbHR 2003 S. 669; diese Entscheidung betraf zwar die Einbringung in eine Kapitalgesellschaft, ist jedoch auf eine GmbH & Co. KG übertragbar; vgl. *Kroschewski*, GmbHR 2003, S. 758.

Eine Aufteilung anhand der Relation der Gegenleistung (Darlehensforderung) zum Verkehrswert der Immobilie erfolgte dagegen nicht. 871

Aus dem Urteil lassen sich folgende Konsequenzen hinsichtlich der Bemessungsgrundlage ableiten, die bei Grundstückseinbringungen in Personen- und Kapitalgesellschaften gleichermaßen gelten dürften.[1352] 872

*a) Personengesellschaften*

▶ Beispiel:

A ist alleiniger Kommanditist der A-GmbH & Co. KG und als einziger an deren Vermögen beteiligt. Auf die Gesellschaft überträgt er Grundvermögen. Es sind im Wesentlichen sechs Varianten denkbar, wie die Übertragung in der Notarurkunde behandelt wird.

Alternative 1:

Das Kommanditkapital erhöht;

Alternative 2:

Zugunsten des A wird eine Forderung auf seinem Verrechnungskonto gutgeschrieben;

Alternative 3:

Der Vermögenszugang wird den Rücklagen zugewiesen;

Alternative 4:

Zugunsten des A wird eine (geringere) Forderung auf seinem Verrechnungskonto gutgeschrieben und im Übrigen der Grundstückswert der Kapitalrücklage zugewiesen;

Alternative 5:

Es wird das Kommanditkapital des A erhöht und ihm zudem eine Darlehensforderung hinsichtlich des restlichen Grundstückswertes gutgeschrieben.

Alternative 6:

Es wird das Kommanditkapital des A erhöht und im Übrigen der Grundstückswert der Kapitalrücklage zugewiesen.

---

1352 Vgl. hierzu ausführlich *Gottwald*, MittBayNot 2004, S. 100. Die Befreiungsvorschrift des § 6a GrEStG ist auf Einbringungen im Wege der Einzelrechtsnachfolge von vornherein nicht anwendbar; vgl. hierzu Rdn. 583.1.

## Lösung:

Die Grundstückseinbringung ist steuerbar nach § 1 Abs. 1 Nr. 1 GrEStG; jedoch wird die GrESt nach § 5 Abs. 2 GrEStG nicht erhoben.[1353] Etwas anderes gilt nur, falls A seine Beteiligung an der A-GmbH & Co. KG binnen fünf Jahren nach der Einbringung reduziert. Letzteres folgt aus § 5 Abs. 3 GrEStG. Für diesen Fall ist bedeutsam, was Bemessungsgrundlage der GrESt ist.

Hier ist bei den einzelnen Alternativen zu unterscheiden:

Alternative 1:

Bemessungsgrundlage sind die Grundbesitzwerte i.S.d. § 138 Abs. 2 oder 3 BewG, da es sich um einen Erwerbsvorgang »auf gesellschaftsvertraglicher Grundlage« i.S.d. § 8 Abs. 2 Satz 1 Nr. 2 GrEStG handelt.

Alternative 2:

Die GrESt bemisst sich nach dem Wert der Gegenleistung (§ 8 Abs. 1 GrEStG). Es kommt auf die Höhe der dem A gutgeschriebenen Forderung an. Dies gilt auch, wenn diese erheblich unter dem Verkehrswert des Grundstücks liegt, solange es sich nicht um eine rein symbolische Gegenleistung handelt.

Alternative 3:

Ein Erwerbsvorgang auf gesellschaftsrechtlicher Grundlage i.S.d. § 8 Abs. 2 Nr. 2 GrEStG liegt nicht vor, da die Gesellschafterstellung *rechtlich* nicht verändert wird.

Es ist somit keine Gegenleistung vorhanden, weshalb sich die GrESt gem. § 8 Abs. 2 Nr. 1 GrEStG nach den Grundbesitzwerten i.S.d. § 138 Abs. 2 oder Abs. 3 BewG bemisst.

Alternative 4:

Für den Fall, dass dem einbringenden Gesellschafter eine Forderung eingeräumt wird und der Grundstückswert im Übrigen der Kapitalrücklage zugewiesen wird, bemisst sich die GrESt allein nach der Gegenleistung i.H.d. eingeräumten Forderung.[1354]

Alternative 5:

Fraglich ist, was gilt, wenn das Kommanditkapital des Einbringenden erhöht wird und ihm zudem eine Darlehensforderung gutgeschrieben wird.

---

1353 Bei der Übertragung auf eine Kapitalgesellschaft würde dagegen sehr wohl GrESt anfallen, sodass sich die Frage der Bemessungsgrundlage bereits an dieser Stelle stellen würde.

1354 Vgl. *Kroschewski*, GmbHR 2003, S. 758 unter Verweis auf den Beschl. des BFH, vom 26.02.2003, II B 54/02, der die Übertragung auf eine Kapitalgesellschaft betraf.

Hier liegt ein Erwerbsvorgang vor, der einerseits eine gesellschaftsvertragliche Grundlage (§ 8 Abs. 2 Satz 1 Nr. 2 GrEStG) hat, für den aber andererseits eine Gegenleistung gewährt wird. Dieser Fall ist von der Rechtsprechung noch nicht entschieden. Man könnte an eine Aufteilung anhand der Relation der Gegenleistung zum Verkehrswert der Immobilie denken. Die damit verbundenen Schwierigkeiten der Wertermittlung sprechen jedoch gegen diesen Ansatz. Auf der Grundlage der Gesetzesauslegung des BFH in dem Beschluss vom 26.02.2003, welcher sich stark an den Motiven des Gesetzgebers orientiert, ist wohl eher davon auszugehen, dass die Rechtsprechung (auch bei Personengesellschaften) in § 8 Abs. 2 Satz 1 Nr. 2 GrEStG eine spezialgesetzliche Regelung für Erwerbsvorgänge auf gesellschaftsvertraglicher Grundlage erblickt, die den Vorrang genießen dürfte, ohne dass eine Aufteilung vorzunehmen ist. Nur bei einer derartigen Auslegung ließe sich die vom Gesetzgeber durch die Einführung des § 8 Abs. 2 Satz 1 Nr. 2 GrEStG bezweckte Vereinfachung des Gesetzesvollzuges erreichen. Außerdem hätte sonst der BFH in dem Beschluss vom 26.02.2002 wohl auch eine Aufteilung zwischen Erwerb mit Gegenleistung einerseits und Erwerb ohne Gegenleistung andererseits vornehmen müssen.[1355] Bei diesem Verständnis sind dann allein die Grundbesitzwerte maßgebend.[1356]

Alternative 6:

Sofern das Kommanditkapital erhöht und gleichzeitig der überschießende Betrag der Kapitalrücklage zugewiesen wird, bemisst sich die GrESt nach den Grundbesitzwerten i.S.d. § 138 Abs. 2 oder 3 BewG; soweit eine Kapitalerhöhung erfolgt, gelangt man zu den Grundbesitzwerten über § 8 Abs. 2 Satz 1 Nr. 2 GrEStG (Erwerbsvorgang auf gesellschaftsvertraglicher Grundlage); soweit eine Buchung bei den Rücklagen erfolgt, ist keine zusätzliche Gegenleistung vorhanden, sodass insoweit § 8 Abs. 2 Nr. 1 GrEStG einschlägig ist. Ein Konkurrenzverhältnis ist demnach nicht gegeben, da beide Vorschriften auf die Grundbesitzwerte des Bewertungsgesetzes verweisen.

*b) Kapitalgesellschaften*

Bei Kapitalgesellschaften ist die Einbringung eines Grundstücks durch einen Gesellschafter in eine Kapitalgesellschaft ebenfalls steuerpflichtig nach § 1 Abs. 1 Nr. 1 GrEStG. Eine dem § 5 Abs. 2 GrEStG vergleichbare Befreiungsvorschrift gibt es bei Kapitalgesellschaften dagegen nicht. Folglich stellt sich die Frage nach der Bemessungsgrundlage bei Kapitalgesellschaften bereits im Zeitpunkt der Einbringung des Grundstücks in diese und nicht erst – anders als bei Personengesellschaften – bei einer späteren Reduzierung der Beteiligung des Einbringenden an der Gesellschaft.

---

1355 Ähnlich *Kroschewski*, GmbHR 2003, S. 758.
1356 § 8 Abs. 2 Satz 1 Nr. 2 GrEStG geht somit als spezialgesetzliche Regelung vor; vgl. *Gottwald*, UVR 2004, S. 233 ff.; *Kroschewski*, GmbHR 2003, S. 758; nunmehr auch *Boruttau/Viskorf*, § 8 Rn. 83.

874 Das GrEStG differenziert in § 8 Abs. 1 und Abs. 2 GrEStG nicht nach der Rechtsform der erwerbenden Gesellschaft. Folglich gelten vorstehende Ausführungen entsprechend für Einbringungsvorgänge in Kapitalgesellschaften. Der Beschluss des BFH vom 26.02.2003 betraf die Übertragung eines Grundstücks auf eine Kapitalgesellschaft.[1357] In dem dem Beschluss zugrunde liegenden Fall waren nur ca. 30 % (8,673 Mill. DM) des Grundstückswerts der Kapitalrücklage zugeführt worden, während i.H.v. ca. 70 % (20,247 Mill. DM) dem einbringenden Gesellschafter ein Darlehen gewährt wurde (die Gestaltung entspricht somit vorstehender Alternative 4). Durch diese Gestaltung konnte die Bemessungsgrundlage auf 20,237 Mill. DM herabgeschleust werden.

875 In konsequenter Fortführung dieser Gedankengänge hätte die Bemessungsgrundlage jedoch bei umgekehrter Buchung (70 % Kapitalrücklage und 30 % Trägerdarlehen) sogar auf 8,63 Mill. DM reduziert werden können. Fraglich bleibt allenfalls, ab wann der BFH in dem Trägerdarlehen nur noch eine symbolische Gegenleistung gesehen hätte. Erst dann dürfte er nach den oben dargestellten Grundsätzen über § 8 Abs. 2 Satz 1 Nr. 1 GrEStG auf die Werte des § 138 Abs. 2 oder 3 BewG zurückgreifen.

*c) Konsequenzen für die Praxis*

876 Sofern ein Gesellschafter ein Grundstück auf eine Personen- oder Kapitalgesellschaft überträgt, an der er selbst beteiligt ist, empfiehlt es sich aus grunderwerbsteuerlicher Sicht, dem Gesellschafter eine Darlehensforderung gegen die Gesellschaft gutzuschreiben, die erheblich unter dem Verkehrswert des Grundstücks liegt. Sofern im Übrigen eine Verbuchung bei den Rücklagen erfolgt, erhöht dies die grunderwerbsteuerliche Bemessungsgrundlage nicht.

877 Es darf keine reine Kapitalerhöhung[1358] und keine reine Rücklagenverbuchung[1359] erfolgen, sondern es muss stets eine gewisse Gegenleistung vorhanden sein. Solange diese nicht lediglich symbolischen Charakter hat, ist sie gem. § 8 Abs. 1 GrEStG die entscheidende Bemessungsgrundlage für die Grunderwerbsteuer, selbst wenn sie wesentlich niedriger ist, als die tatsächlichen Grundstückswerte oder die Grundbesitzwerte des § 138 Abs. 2 bzw. Abs. 3 BewG.[1360]

878 Während dieses Ergebnis bei Personengesellschaften wegen der bestehenden weitgehenden Befreiungsbestimmungen in § 5 Abs. 1 und 2 GrEStG lediglich von Bedeutung ist, sofern ein Nachbesteuerungsfall gem. § 5 Abs. 3 GrEStG eintritt, wirkt sich

---

1357 Vgl. BFH, AZ II B 54/02, GmbHR 2003, S. 669.
1358 Bei einer reinen Kapitalerhöhung wäre § 8 Abs. 2 Satz 1 Nr. 2 GrEStG einschlägig.
1359 Sonst würde § 8 Abs. 2 Satz 1 Nr. 1 GrEStG eingreifen.
1360 Der BFH hat sich jedoch bislang nicht mit der Frage beschäftigt, welche grunderwerbsteuerlichen Auswirkungen eine nachträgliche Änderung des Buchungsvorganges hat. U.E. liegt ggf. eine nachträgliche Gegenleistung vor, die Anzeigepflichten der Steuerschuldner auslöst. Die Verletzung der Anzeigepflichten führt zu einer Verlängerung der Verjährungsfristen.

## VII. Grundstücksübertragungen zwischen Gesellschaft und Gesellschaftern   F.

dieses Ergebnis bei der Einbringung von Grundstücken in Kapitalgesellschaften sofort auf die Höhe der Bemessungsgrundlage aus.

Durch eine entsprechende Gestaltung kann die Grunderwerbsteuerbelastung auf ein Minimum reduziert werden.   879

### Einbringungsvorgänge

| | | |
|---|---|---|
| Alternative 1: Kapitalerhöhung | → | 8 II Nr. 2 GrEStG (auf gesellschaftsvertraglicher Grundlage) |
| Alternative 2: Forderung auf Verrechnungskonto | → | 8 I GrEStG (Wert der Gegenleistung) |
| Alternative 3: Rücklagenbuchung | → | 8 II Nr. 1 GrEStG (keine Gegenleistung) |
| Alternative 4: Forderung + Rücklagen | → | 8 I GrEStG (Wert der Gegenleistung) |
| Alternative 5: Kapitalerhöhung + Forderung | → | 8 II Nr. 2 GrEStG (streitig) |
| Alternative 6: Kapitalerhöhung + Rücklagen | → | 8 II GrEStG (nicht streitig) |

Bei Mehrpersonengesellschaften ist allerdings die *schenkungsteuerliche* Seite des Vorganges (Bereicherung der Mitgesellschafter) nicht zu vernachlässigen.[1361] Während die FinVerw. in der disquotalen Einbringung eine Bereicherung der Mitgesellschafter erblickte,[1362] handelte es sich nach der Rechtsprechung des BFH nicht um eine mittelbare Schenkung des Einbringenden an die weiteren Mitgesellschafter. Vielmehr interpretierte der BFH die sich aus der Zuwendung an die Gesellschaft ergebende Vermögensmehrung des Gesellschafters (also die Wertsteigerung seiner

---

1361 Auch wenn im Verhältnis zwischen einbringendem Gesellschafter und der erwerbenden Gesellschaft ein gesellschaftsrechtlicher Vorgang und somit keine freigebige Zuwendung vorliegt, kann es gleichwohl im Verhältnis der Mitgesellschafter untereinander (bei quotenkongruenten bzw. disquotalen Gesellschafterleistungen) zu einer Bereicherung der nicht einbringenden Gesellschafter kommen; vgl. *Hübner*, Anm. zum Urt. des BFH, vom 17.10.2007, DStR 2008, S. 147 ff.
1362 Vgl. gleichlautender Erl. der Obersten Finanzbehörden der Länder vom 15.03.1997, BStBl. I 1997, S. 350, Tz. 3.1; R 18 Abs. 4 ErbStR.

bereits vorhandenen Geschäftsanteile) lediglich als Folge seiner Gesellschafterstellung und nicht als Zuwendung des Dritten an den Gesellschafter.[1363] Inzwischen hat der Gesetzgeber i.R. des BeitrRLUmsG vom 07.12.2011 die Rechtslage – jedenfalls für Kapitalgesellschaften – neu geregelt.[1364] Nach § 7 Abs. 8 Satz 1 ErbStG gilt als Schenkung auch die Werterhöhung von Anteilen an einer Kapitalgesellschaft, die eine an der Gesellschaft unmittelbar oder mittelbar beteiligte natürliche Person oder Stiftung (Bedachte) durch die Leistung einer anderen Person (Zuwendender) an die Gesellschaft erlangt.

Außerdem sind in jedem Fall die *ertragsteuerlichen* Konsequenzen des Buchungsvorganges zu berücksichtigen.[1365] Deshalb wird man die vorstehenden grunderwerbsteuerlichen Gestaltungsmöglichkeiten bei Mehrpersonengesellschaften nur selten vollständig ausschöpfen können.

Darüber hinaus ist bei der Vereinbarung eines niedrigen Grundstückspreises zum Zwecke der Reduzierung der grunderwerbsteuerlichen Bemessungsgrundlage stets vorab zu ermitteln, ob nicht möglicherweise *Vorkaufsrechte* an dem Grundstück für Dritte (z.B. gemeindliche Vorkaufsrechte nach § 28 BauGB) im Raum stehen. In derartigen Fällen könnte nämlich ein zu niedrig vereinbarter Kaufpreis dazu führen, dass der Vorkaufsberechtigte von seinem Vorkaufsrecht Gebrauch macht und den Beteiligten das Grundstück zum »Schnäppchenpreis« wegnimmt.

---

1363 Vgl. BFH, DStR 1996, S. 379; BFH, DStR 1996, S. 1563.
1364 Vgl. BGBl. I 2011, S. 2592; Vgl. hierzu ausführlich *Korezkij*, DStR 2012, S. 163 ff.
1365 Insbesondere die grunderwerbsteuerlich interessante Gestaltung in Form einer teilweisen Darlehensgewährung i.V.m. einer Rücklagenbuchung kann zur Realisierung stiller Reserven führen, sodass häufig nur eine Veräußerung gegen Gewährung von Gesellschaftsrechten ertragsteuerlich möglich ist. Die Bemessungsgrundlage richtet sich dann nach den Grundbesitzwerten i.S.d. Bewertungsgesetzes.

## G. Die Berechnung der Grunderwerbsteuer

**Übersicht**                                         Rn.
I. Steuersatz, Abrundung ............................................... 882
II. Pauschbesteuerung ................................................... 887

### I. Steuersatz, Abrundung

Der Grunderwerbsteuer-Satz wurde durch das Jahressteuergesetz 1997 von zuvor 2 % auf nunmehr 3,5 % angehoben (§ 11 Abs. 1 GrEStG). Seit dem 01.09.2006 kann der Steuersatz von den Bundesländern abweichend festgelegt werden.[1366] Die errechnete GrESt ist gem. § 11 Abs. 2 GrEStG auf volle EURO nach unten abzurunden.[1367]   **882**

▶ Beispiel:

Bemessungsgrundlage 82.710,– €

Lösung:

GrESt gem. § 11 Abs. 1 GrEStG i.H.v. 3,5 % = 2.894,85 €

abgerundete GrESt = 2.894,– €

Die Diskussion über eine etwaige verfassungsrechtlich gebotene Belastungsgrenze bei der GrESt wegen der Höhe des Steuersatzes von 3,5 % aufgrund der Art. 3 Abs. 1 und 14 GG schien spätestens seit dem Zurückweisungsbeschluss des Bundesverfassungsgerichtes vom 08.01.1999 beendet zu sein.[1368] Mit Urteil vom 13.11.2008 stellte das FG Nürnberg fest, dass die Erhöhung der GrESt für den Erwerb eines eigengenutzten Wohnhauses von 2 % auf 3,5 % nach Wegfall der Eigenheimförderung durch das Eigenheimzulagengesetz keinen verfassungsrechtlichen Bedenken begegne.[1369] Dies hat der BFH bestätigt.[1370] Allerdings hat er dem BVerfG die Frage nach der Vereinbarkeit von §§ 11, 8 Abs. 2 GrEStG i.V.m. §§ 138 ff. BewG mit Art. 3 GG nach Art. 100 GG zur Prüfung vorgelegt.[1371] Der BFH ist der Ansicht, dass die einheitliche   **883**

---

[1366] Art. 105 Abs. 2a Satz 2 GG in der Fassung des Gesetzes zur Änderung des GG vom 28.02.2006 (Föderalismusreform I): Die Länder »haben die Befugnis zur Bestimmung des Steuersatzes bei der Grunderwerbsteuer«.
[1367] Unberührt bleibt die Regelung in § 1 Abs. 1 Satz 1 Kleinbetragsverordnung, wonach die Festsetzung der GrESt zum Nachteil des Steuerpflichtigen nur geändert oder berichtigt wird, wenn die Abweichung mindestens € 10,00 beträgt.
[1368] Vgl. BVerfG, Beschluss 1 BvL 14/98 vom 08.01.1999, DStRE 1999, 146, UVR 1999, S. 166; vgl. auch *Eggers/Fleischer/Wischott*, DStR 1999, S. 1301.
[1369] Vgl. FG Nürnberg, Urteil 4 K 826/2007 vom 13.11.2008.
[1370] Vgl. BFH-Beschluss II R 4/09 vom 22.06.2010, BFH/NV 2010, 1661.
[1371] Vgl. BFH II R 23/10 vom 02.03.2011, BStBl. II 2011, 932, und II R 64/08 vom 02.03.2011, UVR 2011, 170, HFR 2011, 778. AZ beim BVerfG: 1 BvL 14/11.

884 Der Steuersatz (vor 2007 in allen Bundesländern) von 3,5 % gilt auch für Verträge, welche vor dem 01.01.1997 abgeschlossen, aber erst nach diesem Zeitpunkt materiell-rechtlich genehmigt wurden. Die zivilrechtliche Rückwirkung der Genehmigung (§ 184 Abs. 1 BGB) wird hier grunderwerbsteuerlich nicht berücksichtigt. Aus § 14 Nr. 2 GrEStG ergibt sich vielmehr, dass für die Frage des Zeitpunkts der Entstehung der Steuer zivilrechtlichen Rückwirkungen grunderwerbsteuerlich grds. keine Bedeutung zugemessen werden kann.[1372]

885 Von der Befugnis zur Bestimmung des Steuersatzes bei der GrESt nach Art. 105 Abs. 2a Satz 2 GG hat als erstes Bundesland *Berlin* Gebrauch gemacht und die GrESt mit Wirkung zum 01.01.2007 auf 4,5 % erhöht.[1373] Zwischenzeitlich haben bis auf Bayern und Sachsen alle Bundesländer den Grunderwerbsteuersatz erhöht.

Vorangestellt ist die Steuersatzregelung in § 11 GrEStG eine ausreichend folgerichtig und belastungsgleich ausgestaltete Bemessungsgrundlage verlange.

| Bundesland | Steuersatz[1] | Geltung ab |
|---|---|---|
| Baden-Württemberg | 5,0 % | 05.11.2011 |
| Bayern | 3,5 % | – |
| Berlin[2] | 6,0 % | 01.01.2014 |
| Brandenburg | 6,5 % | 01.07.2015 |
| Bremen | 5,0 % | 01.01.2014 |
| Hamburg | 4,5 % | 01.01.2009 |
| Hessen | 6,0 % | 01.08.2014 |
| Mecklenburg Vorpommern | 5,0 % | 01.07.2012 |
| Niedersachsen | 5,0 % | 01.01.2014 |
| Nordrhein-Westfalen | 6,5 % | 01.01.2015 |

---

1372 Vgl. BFH-Urteil II R 51/98 vom 08.02.2000, BStBl. II 2000, S. 318; der BFH entschied, dass – weil die für einen in 1996 abgeschlossenen Kaufvertrag erforderliche vormundschaftsgerichtliche Genehmigung erst 1997 erteilt worden war – der Grunderwerbsteuersatz von 3,5 % zur Anwendung gelangte; a.A. *Weilbach*, § 23 Rn. 10 unter Hinweis auf BR-Drucks. 804/96 S. 16; die verspätete Einholung bzw. Erteilung von lediglich verfahrensrechtlichen Genehmigungen, die zum Grundbuchvollzug erforderlich sind (z.B. § 19 i.V.m. § 22 BauGB), dürften dagegen unschädlich sein, sofern das die Steuer auslösende Rechtsgeschäft materiell-rechtlich schon vor dem 01.01.1997 wirksam war

1373 Vgl. »Gesetz über die Festsetzung der Hebesätze für die Realsteuern für die Kalenderjahre 2007 bis 2011 und des Steuersatzes für die Grunderwerbsteuer« verkündet, am 30.12.2006 im Gesetz- und Verordnungsblatt für Berlin, GVBl. Berlin 2006, S. 1172. Ob der erhöhte Steuersatz auch bei Erwerbsvorgängen i.S.d. § 1 Abs. 2a GrEStG gilt, wenn ein Teil der Gesellschafterwechsel noch vor Anhebung des Steuersatzes und ein Teil der Gesellschafterwechsel erst danach erfolgte, ist bisher nicht abschließend geklärt; vgl. ablehnend *Halaczinsky*, NWB 2008, Fach 8, S. 1592 ff.

I. Steuersatz, Abrundung									G.

| Bundesland | Steuersatz[1] | Geltung ab |
|---|---|---|
| Rheinland-Pfalz | 5,0 % | 01.03.2012 |
| Saarland | 6,5 % | 01.01.2015 |
| Sachsen | 3,5 % | – |
| Sachsen-Anhalt | 5,0 % | 01.03.2012 |
| Schleswig-Holstein | 6,5 % | 01.01.2014 |
| Thüringen | 5 % | 07.04.2011 |

Anmerkung:

[1] Eine Übersicht über die aktuellen Grunderwerbsteuersätze findet sich auch auf der Internetseite des DNotI unter www.dnoti.de/doc/2012/grunderwerbsteuersaetze.pdf.
[2] Diskutiert wird eine nochmalige Erhöhung ggf. auf 7 %.

Nach dem jeweiligen Landesgesetz ist der erhöhte Grunderwerbsteuer-Satz auf Erwerbsvorgänge anzuwenden, die nach dem jeweiligen Stichtag verwirklicht werden.[1374] Verwirklicht ist ein Erwerbsvorgang, wenn sich die Vertragsparteien im Verhältnis zueinander gebunden haben, wobei unerheblich ist, ob der Rechtsvorgang bereits die Entstehung der Steuer ausgelöst hat.[1375] Relevant ist die Unterscheidung zwischen der Verwirklichung des Erwerbsvorgangs einerseits und dem Eintritt des Erwerbs andererseits bei den Tatbeständen in § 1 Abs. 1 Nr. 1, Nr. 5 bis Nr. 7, Abs. 3 Nr. 1 und Nr. 2 GrEStG. Unter diese Tatbestände fallende Erwerbsvorgänge sind noch nicht verwirklicht, wenn das Rechtsgeschäft von einem vollmachtlosen Vertreter vorgenommen worden und der Vertretene die Genehmigung noch nicht erteilt hat,[1376] wenn eine vormundschaftsgerichtliche Genehmigung[1377] oder die Genehmigung durch das Nachlassgericht[1378] erforderlich und noch nicht erteilt ist. Bei aufschiebend bedingten Rechtsgeschäften ist die Bindung im Regelfall bereits vor Eintritt

886

---

1374 Die Formulierung in den Landesgesetzen entspricht dem Wortlaut von § 23 Abs. 1 Satz 1 GrEStG.
1375 Die Grundsätze des BFH-Urteils II R 45/02 vom 22.09.2004, BFH/NV 2005, 1137 gelten entsprechend; vgl. *Schanko*, UVR 2011, 316, 317.
1376 Vgl. § 177 BGB. Der Vertrag ist schwebend unwirksam, beide Vertragsparteien können sich vom Vertrag lösen.
1377 Vgl. §§ 1821, 1822, 1643 BGB. Nach § 1821 BGB bedarf der Vormund zur Verfügung über ein Grundstück oder über ein Recht an einem Grundstück des Mündels der Genehmigung des Vormundschaftsgerichts. Nach § 1822 BGB bedarf der Vormund außerdem der Genehmigung des Vormundschaftsgerichts u.a. zu einem Rechtsgeschäft, durch das der Mündel zu einer Verfügung über sein Vermögen im Ganzen oder über eine angefallene Erbschaft verpflichtet wird oder auch zu einem Vertrag, der auf den entgeltlichen Erwerb oder die Veräußerung eines Erwerbsgeschäfts gerichtet ist, sowie zu einem Gesellschaftsvertrag zum Betrieb eines Erwerbsgeschäfts. Nach § 1643 BGB sind Genehmigungen des Vormundschaftsgerichts erforderlich für Rechtsgeschäfte der Eltern für ihre minderjährigen Kinder. Vgl. auch oben in Fn. 6.
1378 Vgl. *Boruttau/Viskorf*, § 23 GrEStG, Rz. 34, 17. Aufl. 2011.

der aufschiebenden Bedingung eingetreten und deshalb der Erwerbsvorgang bereits verwirklicht, es sei denn, der Eintritt der aufschiebenden Bedingung hängt vom Willen einer der Vertragsparteien ab (sog. Potestativbedingung).[1379] Bei den Grunderwerbsteuer-Tatbeständen in § 1 Abs. 1 Nr. 3, Abs. 2a, Abs. 3 Nr. 2 und Nr. 4 GrEStG fallen die Verwirklichung des Erwerbsvorgangs und der Eintritt des Erwerbs zeitlich zusammen. Bei übertragenden Umwandlungen entspricht der Zeitpunkt der Verwirklichung des Erwerbsvorgang mithin dem Zeitpunkt der die Rechtsänderung herbeiführenden Eintragung im HR (§ 1 Abs. 1 Nr. 3 GrEStG). In den Fällen von § 1 Abs. 2a GrEStG wird der Erwerbsvorgang im Zeitpunkt des Eintritts der dinglichen Rechtsänderung verwirklicht, die den Übergang von mindestens 95 % der Anteile am Vermögen der grundbesitzenden Personengesellschaft auf neue Gesellschafter bewirkt. Im Fall von § 1 Abs. 1 Nr. 2 GrEStG wird der Erwerbsvorgang mit wirksamer Erklärung der Auflassung verwirklicht, bei § 1 Abs. 1 Nr. 4 GrEStG mit der wirksamen Abgabe des Meistgebots.[1380] I.R. von § 1 Abs. 2 GrEStG ist der Zeitpunkt des Eintritts der Bindung der Vertragsparteien an den Rechtsvorgang entscheidend, der es ohne Begründung eines Anspruchs der Übereignung dem Erwerber rechtlich oder wirtschaftlich ermöglicht, ein inländisches Grundstück auf eigene Rechnung zu verwerten.

## II. Pauschbesteuerung

887 Nach § 12 GrEStG kann das FA im Einvernehmen mit dem Steuerpflichtigen von der genauen Ermittlung des Steuerbetrages absehen und die Steuer in einem Pauschbetrag festsetzen, wenn dadurch die Besteuerung vereinfacht und das steuerliche Ergebnis nicht wesentlich geändert wird.[1381]

888 Die Vorschrift dient somit der Erleichterung des Besteuerungsverfahrens, vor allem in Fällen, in denen der für die Besteuerung maßgebende Steuerwert noch nicht festgestellt ist oder die Gegenleistung nur schwer ermittelbar ist. Es handelt sich um eine Ermessensvorschrift, die in der Praxis nur geringe Bedeutung hat. Insbesondere ist die Anwendbarkeit der Norm bei einer rechtlich schwierigen Sachverhaltsbeurteilung ausgeschlossen. Im Gegensatz zur Schätzung (§ 162 AO), die sich immer auf die Besteuerungsgrundlagen bezieht, erfasst § 12 GrEStG nur die Festsetzung des Steuerbetrages selbst.[1382]

---

1379 Vgl. *Boruttau/Viskorf*, § 23 GrEStG, Rz. 29, 17. Aufl. 2011.
1380 Vgl. *Schanko*, UVR 2011, 2016, 2019 f.
1381 Da die Pauschbesteuerung im Einvernehmen mit dem Steuerpflichtigen erfolgt, handelt es sich um einen mitwirkungsbedürftigen Verwaltungsakt. Soweit wirksam zugestimmt und der Bescheid entsprechend erlassen wurde, kann der Steuerpflichtige im Rechtsbehelfsverfahren weder eine Beschwer nach § 350 AO noch eine Rechtsverletzung nach § 40 Abs. 2 FGO durch den Pauschalierungsbescheid schlüssig geltend machen.
1382 Vgl. im Einzelnen hierzu *Pahlke*, § 12 Rn. 5 f.; *Hofmann*, § 12 Rn. 1 f.; *Weilbach*, § 12 Rn. 1 ff.

# H. Die Steuerschuld

## Übersicht
| | Rn. |
|---|---|
| I. Steuerschuldner | 888.1 |
| II. Entstehung der Steuer in besonderen Fällen | 911 |
|    1. Die Entstehung der Steuer bei bedingten Erwerbsvorgängen | 913 |
|    2. Entstehung der Steuer bei genehmigungsbedürftigen Erwerbsvorgängen | 923 |
|    3. Aufschiebend bedingter Kaufvertrag und unbedingt erklärte Auflassung | 932 |

## I. Steuerschuldner

§ 13 GrEStG bestimmt den Steuerschuldner, also die Person desjenigen bzw. derjenigen, die am gesetzlichen, nicht durch privatrechtliche Vereinbarungen veränderbaren Steuerschuldverhältnis beteiligt sind. Die Steuerschuldnerschaft hängt von der Art des verwirklichten Rechtsvorgangs i.S.d. § 1 GrEStG ab. Steuerschuldner können nicht nur natürliche oder juristische Personen des Privatrechts und des öffentlichen Rechts sein, sondern auch die grunderwerbsteuerlich als selbstständige Rechtsträger zu qualifizierenden Gesamthandgemeinschaften. 888.1

Nach § 13 Nr. 1 GrEStG sind die an einem Erwerbsvorgang als Vertragsteile beteiligten Personen Steuerschuldner, also z.B. Käufer und Verkäufer beim Kaufvertrag. Die Formulierung »regelmäßig« ist irreführend, da § 13 Nr. 1 GrEStG keine Ausnahmen zulässt.[1383] 889

§ 13 Nr. 1 GrEStG gilt auch dann, wenn Gegenstand des Erwerbsvorgangs das Grundstück in einem Zustand ist, in den es erst noch zu versetzen ist. So ist bspw. bei *Bauherrenmodellen* Schuldner der gesamten GrESt der Erwerber. Bei der Steuerschuldnerschaft des Veräußerers ist zu differenzieren: 890

Hat er sich selbst zur Errichtung des Gebäudes verpflichtet, ist er im gleichen Ausmaß Steuerschuldner; in anderen Fällen, in denen dem Erwerber mehrere Personen gegenüber stehen, ist der Grundstückseigentümer zwar notwendig eingebunden; ihm kann aber die Bebauung nicht als durch ihn erfolgt zugerechnet werden, sodass er nur Schuldner der GrESt insoweit ist, als sie auf seine Leistung – im Regelfall das unbebaute Grundstück – zurückzuführen ist.[1384] Die anderen Vertragspartner des Erwerbers sind nicht an dem der GrESt unterliegenden Erwerbsvorgang i.S.d. § 13 Nr. 1 GrEStG beteiligt.[1385] 891

Da bei gewöhnlichen Kaufverträgen beide Vertragsteile Gesamtschuldner sind, hat das FA ein *Auswahlermessen*, welchen Vertragsbeteiligten es in Anspruch nimmt. Es wird 892

---

1383 Vgl. *Pahlke*, § 13 Rn. 2; *Hofmann*, § 13 Rn. 4.
1384 A.A. *Viskorf*, in: Boruttau, § 13 GrEStG, Rz. 13, 17. Aufl. 2011: Die an dem Grundstückskaufvertrag beteiligten Veräußerer und Erwerber seinen hinsichtlich des Gesamtaufwandes Steuerschuldner.
1385 Vgl. BFH-Urteil II R 258/85, vom 20.09.1988, BStBl. II, S. 898.

sein Auswahlermessen jedoch nur dann pflichtgemäß ausüben i.S.d. § 5 AO, wenn es zunächst den Erwerber zur GrESt heranzieht, sofern dieser – wie gewöhnlich – im Kaufvertrag die GrESt übernommen hat.[1386] Ist im Vertrag keine Regelung darüber getroffen, wer Träger der GrESt und der sonstigen Kosten ist, so ist die Steuer nach Auffassung der FinVerw. ebenfalls zunächst beim Erwerber geltend zu machen, da gem. § 448 Abs. 2 BGB der Erwerber Schuldner der Kaufvertragskosten ist.[1387]

893 Am Vertragsabschluss nicht beteiligte außenstehende Dritte sind dagegen keine Steuerschuldner, selbst wenn von ihnen oder an sie gewährte Leistungen (§ 9 Abs. 2 Nr. 3 und Nr. 4 GrEStG) die grunderwerbsteuerliche Bemessungsgrundlage erhöhen.[1388] Auch der Vertreter einer der Parteien des Grundstückskaufvertrags ist nicht Steuerschuldner, es sei denn, er handelt als Vertreter des Käufers ohne Vertretungsmacht, der Vertretene genehmigt nicht und der Verkäufer verlangt gem. § 179 Abs. 1, 1. Alt. BGB Erfüllung, zu der es dann auch kommt, sodass zumindest der Tatbestand von § 1 Abs. 1 Nr. 2 GrEStG verwirklicht wird. Selbst bei einem echten Vertrag zugunsten Dritter gem. § 328 BGB sind nur die unmittelbar vertragsschließenden Parteien, nicht dagegen der begünstigte Dritte, Steuerschuldner.[1389]

894 Im Fall des Grundstückskaufs durch eine Kapitalanlagegesellschaft (»**KAG**«) i.S.v. § 2 Abs. 6 InvG für ein von ihr verwaltetes Sondervermögen sind der Grundstücksverkäufer und die KAG die an dem Erwerbsvorgang als Vertragsteile beteiligten Personen i.S.v. § 13 Nr. 1 GrEStG. Dies gilt nicht nur für den Fall des Grundstückskaufs auf Rechnung eines nach der für Publikumsfonds gesetzlich vorgegebenen Treuhandlösung i.S.v. § 75 InvG strukturierten Sondervermögens, wonach die Vermögensgegenstände, die zum Sondervermögen gehören, Eigentum der KAG sind, während die Anleger auf schuldrechtliche Ansprüche gegenüber der KAG beschränkt sind. Vielmehr gilt dies auch für nach der sog. Miteigentumslösung i.S.v. §§ 30 Abs. 1 Satz 1, 2. Alt., 75, 91 Abs. 3 InvG strukturierte Immobilien-Spezialfonds. Die sog. Miteigentumslösung ist seit dem 01.01.2008 für sog. Spezial-Immobilien-Sondervermögen zulässig. Ein Spezialfonds ist gem. § 2 Abs. 3 Satz 1 InvG ein Sondervermögen, bei dem natürliche Personen als Anleger ausgeschlossen sind, d.h. dass dies institutionellen Anlegern vorbehalten ist. Wird in den investmentrechtlichen Vertragsbedingungen die Anwendung der sog. Miteigentumslösung vereinbart (wobei die in § 91 Abs. 3 InvG genannten Voraussetzungen erfüllt werden müssen), stehen die Vermögensgegenstände, die zum Sondervermögen gehören, im Miteigentum aller Anleger. Werden sämtliche Anteilsscheine an dem Spezial-Sondervermögen nur von einem Anleger

---

1386 Zur Gesamtschuldnerschaft bei der GrESt vgl. ausführlich *Bruschke*, UVR 2003, S. 168 ff.
1387 Vgl. Erl. des Finanzministeriums Schleswig-Holstein vom 03.09.2002, DStR 2003, S. 1207 unter Berücksichtigung des Gesetzes zur Modernisierung des Schuldrechts vom 26.11.2001, BGBl. I, S. 3138.
1388 Vgl. *Pahlke*, § 13 Rn. 4; vgl. hierzu auch BFH-Urteil II R 87/86 vom 14.12.1988, BFH/NV 1990, 321.
1389 Vgl. *Pahlke*, § 13 Rn. 5, vgl. hierzu auch BFH, BStBl. II 1980, S. 132; vgl. *Pahlke*, § 13 Rn. 17.

gehalten, stehen die Vermögensgegenstände des Sondervermögens im Alleineigentum dieses einen Anlegers.[1390]

Bei Abschluss eines schuldrechtlichen Vertrags durch die KAG für Rechnung eines Sondervermögens wird gem. § 31 Abs. 2 InvG allein die KAG verpflichtet,[1391] die deshalb gem. § 31 Abs. 3 InvG einen Aufwendungsersatzanspruch gegenüber dem Sondervermögen erlangt.[1392] Der aus dem von der KAG geschlossenen Vertrag resultierende Anspruch wird gem. § 31 Abs. 2, 2. Alt. InvG unmittelbar Bestandteil des Sondervermögens. Im Fall der sog. Treuhandlösung wird die KAG Anspruchsinhaber, im Fall der sog. Miteigentumslösung die bzw. der Anleger. Im Fall der sog. Miteigentumslösung entsteht der Grundstücksübereignungsanspruch mithin originär in der Person des Anlegers.[1393] Die Auflassung erklärt die KAG zwar im eignen Namen, jedoch mit Wirkung für und auf Rechnung des bzw. der Anleger. Entsprechendes gilt für die Entgegennahme der vom Grundstücksverkäufer abgegebenen Auflassungserklärung. Das Grundstückseigentum erwerben mithin unmittelbar die bzw. der Anleger. Obwohl die KAG weder Gläubigerin des Grundstücksübereignungsanspruchs noch (nach Auflassung und Grundbuch-Eintragung) Grundstückseigentümerin wird, ist sie – und ist nicht der bzw. sind nicht die Anleger – Vertragsbeteiligte des Kaufvertrags i.S.v. §§ 433, 311b BGB. Aufgrund des Handelns im eigenen Namen ist allein die KAG Vertragspartei des Kaufvertrags und wird hierdurch verpflichtet. Nur die KAG ist nach § 31 Abs. 2 InvG Schuldnerin des Kaufpreises. Gemäß § 13 Nr. 1 GrEStG sind die KAG und der Grundstücksverkäufer die Steuerschuldner. Die bzw. der Anleger sind nicht Steuerschuldner. Am Vertragsschluss nicht beteiligte Dritte scheiden für die Steuerschuldnerschaft aus.[1394]

Im Fall des Verkaufs eines Grundstücks aus einem Sondervermögen durch die KAG gilt Entsprechendes, d.h. Schuldner der GrESt nach § 13 Nr. 1 GrEStG sind die KAG als Grundstücksverkäufer und der Grundstückskäufer, obwohl das Grundstückseigentum

---

1390 Gemäß § 30 Abs. 2 InvG gehört zum Sondervermögen »auch, **was die KAG** aufgrund eines zum Sondervermögen gehörenden Rechts oder **durch ein Rechtsgeschäft erwirbt, das sich auf das Sondervermögen bezieht**, oder was derjenige, dem das Sondervermögen zusteht, als Ersatz für ein zum Sondervermögen gehörendes Recht erwirbt«.

1391 Gemäß § 31 Abs. 2 Satz 2 InvG ist die KAG nicht berechtigt, im Namen der Anleger Verbindlichkeiten einzugehen, und sind davon abweichende Vereinbarungen unwirksam.

1392 Gemäß § 31 Abs. 3 InvG »kann sich die KAG wegen ihrer Ansprüche auf Vergütung und auf Ersatz von Aufwendungen aus den für gemeinschaftlicher Rechnung der Anleger getätigten Geschäften nur aus dem Sondervermögen befriedigen; die Anleger haften hier nicht persönlich.«

1393 Nach Ansicht des Hanseatischen OLG, Beschluss 13 W 43/10 vom 25.10.2010, ist der Auflassungsanspruch des Anlegers vormerkungsfähig; allerdings muss die gem. § 91 Abs. 3 Nr. 1 InvG für die Wahl der Erwerbsform nach § 30 Abs. 1, 2. Alt. InvG erforderliche Zustimmung des Anlegers in gehöriger Form nachgewiesen werden, weil es sich um eine Eintragungsvoraussetzung i.S.v. § 29 GBO handele.

1394 Vgl. BFH-Urt. v. 27.10.1999, BStBl. II 2000, 34; *Viskorf*, in: Boruttau, § 13 GrEStG, Rz. 16, 17. Aufl. 2011; *Hofmann*, § 13 GrEStG, Rz. 4, 9. Aufl. 2009.

im Fall eines nach der sog. Miteigentumslösung strukturierten Immobilien-Spezial-Sondervermögens unmittelbar aus dem Eigentum der Spezialfonds-Anleger in das Eigentum des Grundstückskäufers gelangt. Sollte das FA die KAG auf Zahlung der GrESt in Anspruch nehmen (etwa weil sich herausstellt, dass der Anspruch auf Zahlung der GrESt gegenüber dem Grundstückskäufer nicht realisierbar ist), dürfte sich die KAG wegen ihres Anspruchs auf Aufwendungsersatz aus dem Sondervermögen befriedigen.

895 Bei der Auflassung nach § 1 Abs. 1 Nr. 2 GrEStG handelt es sich um einen dinglichen Vertrag, sodass Steuerschuldner der Auflassende und der Auflassungsempfänger sind.

896 Bei Erwerbsvorgängen nach § 1 Abs. 1 Nr. 3 GrEStG sind Steuerschuldner der bisherige Eigentümer und der Erwerber (§ 13 Nr. 2 GrEStG). Zu nennen ist insoweit nur der Fall der Umwandlung des Unternehmens eines Einzelkaufmanns in eine GmbH oder AG. Steuerschuldner sind dann der Einzelkaufmann und die AG bzw. GmbH. In den steuerbaren Fällen der Anwachsung oder Verschmelzung ist der bisherige Eigentümer nicht mehr vorhanden. Er kann daher auch kein Steuerschuldner sein.[1395]

897 In den Fällen des § 1 Abs. 1 Nr. 5 und Nr. 7 GrEStG folgen zwei Erwerbsvorgänge aufeinander. Der erste Erwerbsvorgang vollzieht sich auf der Erwerberseite in der Person des nunmehr Abtretungsverpflichteten bzw. Abtretenden, der zweite zwischen diesem und dem Abtretungsberechtigten bzw. dem Abtretungsempfänger. Hinsichtlich des zweiten Rechtsvorgangs sind die Vertragsbeteiligten des Rechtsgeschäfts Steuerschuldner. Der veräußernde Grundstückseigentümer ist nur Gesamtschuldner des ersten Rechtsvorgangs.

898 Besteht das Zwischengeschäft in der Abtretung der Rechte aus dem Meistgebot, sind Meistbietender und Abtretungsempfänger Steuerschuldner. Unberührt bleibt die Steuerschuldnerschaft des Meistbietenden gem. § 13 Nr. 4 GrEStG hinsichtlich § 1 Abs. 1 Nr. 4 GrEStG.

899 I.R. der Erwerbstatbestände nach § 1 Abs. 1 Nr. 6 und Nr. 7 GrEStG unterliegt das Zwischengeschäft erst der Grunderwerbsteuer, sobald der Benannte das Angebot des Grundstückseigentümers angenommen hat. Dadurch wird der Tatbestand des § 1 Abs. 1 Nr. 1 GrEStG verwirklicht. Steuerschuldner hierfür sind die Beteiligten dieses Rechtsgeschäfts. Aus dem Zwischengeschäft ist nur der Abtretungsverpflichtete bzw. Abtretende Steuerschuldner.[1396]

▶ Beispiel:

Vom Grundstückseigentümer E ist Z der Kauf eines Grundstücks durch ihn oder einen von ihm zu benennenden Dritten angeboten worden. K nimmt nach Benennung durch Z, der dabei eigene wirtschaftliche Interessen verfolgt, das Angebot des E an.

---

1395 Vgl. *Pahlke*, § 13 Rn. 17.
1396 Vgl. BFH-Urteil II R 109/80 vom 16.12.1981, BStBl. II 1982, S. 269. Zur Frage, unter welchen Voraussetzungen der benannte Käufer die Grunderwerbsteuer zu tragen hat, vgl. Hanseatisches OLG in Bremen, Urteil 2 U 124/14 v. 24.04.2015, juris.

I. Steuerschuldner  H.

**Lösung:**

Das Rechtsgeschäft, durch das K gegen E einen Anspruch auf Eigentumsverschaffung erworben hat, ist nach § 1 Abs. 1 Nr. 1 GrEStG steuerpflichtig. K und E sind Steuerschuldner nach § 13 Nr. 1 GrEStG. Das Gebrauchmachen von dem Benennungsrecht zum eigenen wirtschaftlichen Vorteil seitens des Z unterliegt der GrESt nach § 1 Abs. 1 Nr. 6 oder Nr. 7 GrEStG. An diesem steuerpflichtigen Vorgang ist ausschließlich Z beteiligt. Er ist insoweit als alleiniger Steuerschuldner anzusehen.[1397]

Die in § 1 Abs. 2 GrEStG bezeichneten Rechtsvorgänge sind in der Regel Verträge, sodass die Vertragsbeteiligten auch Steuerschuldner sind.[1398] Wird dagegen die Verwertungsmöglichkeit durch eine einseitige empfangsbedürftige Erklärung eingeräumt – z.b. durch Erteilung einer unwiderruflichen Vollmacht zum Verkauf auf eigene Rechnung – müssen als Steuerschuldner derjenige, der die Erklärung abgegeben hat, und derjenige angesehen werden, zu dessen Gunsten die Erklärung abgegeben worden ist.[1399] Letzteres erscheint jedenfalls dann als gerechtfertigt, sofern der Bevollmächtigte auch tatsächlich von der Vollmacht Gebrauch macht.

900

Steuerschuldner in den Fällen des § 1 Abs. 3 Nr. 3 und Nr. 4 GrEStG sind der bisherige und der künftige Inhaber von mindestens 95 % der Anteile.[1400] Dem liegt die Vorstellung zugrunde, dass derjenige, der die bereits vereinigten Anteile an einer grundbesitzenden Gesellschaft an eine andere Hand veräußert, so zu behandeln sei, als veräußere er den Grundbesitz der Gesellschaft.[1401] § 13 Nr. 5 GrEStG betrifft dagegen nur die Fälle des § 1 Abs. 3 Nr. 1 und 2 GrEStG, wonach nur der Erwerber Steuerschuldner ist.[1402] Vereinigen sich die Anteile dagegen in der Hand mehrerer Unternehmen, so sind diese Beteiligten Steuerschuldner.[1403]

901

Tritt die Pflicht zur GrESt infolge eines Gestaltungsmissbrauchs i.S.d. § 42 AO ein, gilt § 42 Abs. 1 Satz 2 AO auch für die Frage der Steuerschuldnerschaft. Folglich

902

---

1397 Vgl. *Boruttau/Viskorf*, § 13 Rn. 32.
1398 Vgl. BFH-Beschluss II B 75/97 vom 28.05.1998, BFH/NV 1998, 1523.
1399 Vgl. *Boruttau/Viskorf*, § 13 Rn. 37.
1400 Vgl. *Boruttau/Viskorf*, § 13 GrEStG, Rn. 44 unter Hinweis auf das BFH-Urteil II 186/65 vom 03.04.1974, BStBl. II 1974, 643.
1401 Vgl. *Behrens*, in FS Schaumburg, 1110, 1115.
1402 A.A. *Schiessl/Riegel*, DB 2011, 1411, nach deren Ansicht die Systematik von § 13 GrEStG dafür spricht, in allen Fällen von § 1 Abs. 3 GrEStG nur den Erwerber der Anteile als Steuerschuldner anzusehen. Die Steuerschuldnerschaft des Veräußerers bereits vereinigter Anteile zu verneinen, wenn dieser die Anteile an verschiedene Mitglieder desselben Organkreises oder an einen Erwerber veräußert, der die Anteile z.T. auch über Treuhänder oder alle Anteile über zwei oder mehrere Treuhänder erwerben lässt, erscheint zumindest dann gerechtfertigt, wenn für den Veräußerer nicht ersichtlich ist, dass seine Vertragspartner zum selben Organkreis gehören bzw. durch Treuhandsverhältnisse verbunden sind.
1403 Vgl. eingehend *Hofmann*, § 13 Rn. 10.

H.                                                                 Die Steuerschuld

entsteht der Steueranspruch so, wie er bei einer den wirtschaftlichen Vorgängen angemessenen rechtlichen Gestaltung entstehen würde.[1404]

▶ Beispiel:

Sohn A ist Eigentümer eines Grundstücks. Er will dieses auf seine Schwester B übertragen. Zu diesem Zweck überträgt A das Grundstück auf seinen Vater und dieser wiederum auf seine Tochter B.

Lösung:

Die Umgehung der GrESt mithilfe von § 3 Nr. 6 GrEStG ist rechtsmissbräuchlich i.S.v. § 42 AO. Es ist eine Grundstücksübertragung unmittelbar zwischen A und B zu unterstellen. Beide sind gem. § 42 Abs. 1 Satz 2 AO i.V.m. § 13 Nr. 1 GrEStG Steuerschuldner.

903 Beim Grundstückserwerb kraft Gesetzes sind nach § 13 Nr. 2 GrEStG der bisherige Eigentümer und der Erwerber Steuerschuldner. Erfasst werden die Fälle des Übergangs des Grundstückseigentums nach § 1 Abs. 1 Nr. 3 GrEStG.

904 Geht bei einem Umwandlungsvorgang jedoch der übertragende Rechtsträger form- und liquidationslos unter, kommt als Steuerschuldner nur noch der übernehmende Rechtsträger in Betracht.

905 Im Fall des Eigentumsübergangs im Enteignungsverfahren ist nach § 13 Nr. 3 GrEStG nur der Erwerber Steuerschuldner.

906 Beim Meistgebot im Zwangsversteigerungsverfahren (§ 1 Abs. 1 Nr. 4 GrEStG) ist nach § 13 Nr. 4 GrEStG nur der Meistbietende, d.h. derjenige, der das Meistgebot im eigenen Name abgibt, Steuerschuldner.

907 Für die Vereinigung von mindestens 95 % der Anteile an einer Gesellschaft nach § 1 Abs. 3 Nr. 1 bzw. Nr. 2 GrEStG gilt nach § 13 Nr. 5a GrEStG derjenige als Steuerschuldner, in dessen Hand die Anteile vereinigt werden.[1405] Für den Fall der Anteilsvereinigung in der Hand von herrschenden und abhängigen Unternehmen bestimmt § 13 Nr. 5b GrEStG als Steuerschuldner die Beteiligten. Dies sind die an der Anteilsvereinigung, nicht jedoch die an dem Erwerbsvorgang Beteiligten. Werden die maßgeblichen, zum Erreichen der 95 %-Grenze erforderlichen Anteile dadurch in der Hand eines herrschenden und eines abhängigen Unternehmens in der Weise vereinigt, dass das herrschende Unternehmen allein zu dem Anteilsbesitz des abhängigen Unternehmens die letzten Anteile hinzuerwirbt, so sind beide Unternehmen Steuerschuldner.[1406]

---

1404 § 13 GrEStG tritt somit ggü. § 42 Abs. 1 Satz 2 AO zurück; vgl. BFH, vom 06.05.1969, BStBl. II, S. 630.
1405 Gesellschaften, die lediglich die mittelbare Anteilsvereinigung vermitteln, sind nicht Steuerschuldner; vgl. BFH-Urteil II R 23/05 vom 02.08.2006, BFH/NV 2006, S. 2306; *Claßen*, UVR 2007, S. 217.
1406 Vgl. *Boruttau/Viskorf*, § 13 Rn. 42.

Bei einer den Tatbestand des § 1 Abs. 2a GrEStG erfüllenden Änderung des Gesellschafterbestandes ist nach § 13 Nr. 6 GrEStG die Personengesellschaft, deren Gesellschafterbestand sich innerhalb von fünf Jahren vollständig oder wesentlich geändert hat, als Steuerschuldner anzusehen.  908

Das GrEStG regelt allerdings nur, wer Steuerschuldner ist. Unberührt hiervon bleiben die sonstigen gesetzlichen Regelungen über die Haftung Dritter (z.b. aus der AO oder dem HGB), d.h. die Vorschriften über das Einstehenmüssen für fremde Steuerschulden.[1407]  909

Erwerben mehrere Personen ein Grundstück zum Miteigentum, schuldet jeder Erwerber nur die auf seinen Anteil entfallende Grunderwerbsteuer, da jeder Miteigentumsanteil als eigenständiges Grundstück i.S.d. Grunderwerbsteuerrechts anzusehen ist. Die Miteigentümer sind untereinander nicht Gesamtschuldner.[1408] Dies gilt für die auf der Veräußererseite beteiligten Miteigentümer entsprechend.  910

## II. Entstehung der Steuer in besonderen Fällen

Nach § 14 GrEStG entsteht die Steuer, wenn die Wirksamkeit eines Erwerbsvorgangs von dem Eintritt einer Bedingung abhängig ist, mit dem Eintritt der Bedingung; sofern der Erwerbsvorgang einer Genehmigung bedarf, entsteht die Steuer mit Erteilung der Genehmigung.  911

Während der Steueranspruch normalerweise unmittelbar mit der vollständigen Verwirklichung des gesetzlichen Tatbestandes entsteht (z.b. mit dem Abschluss des schuldrechtlichen Kaufvertrages gem. § 1 Abs. 1 Nr. 1 GrEStG), schiebt § 14 GrEStG die Entstehung der Steuer auf den Zeitpunkt des Eintritts der Bedingung bzw. der Genehmigungserteilung hinaus und bewirkt somit einen **Steuerstundungseffekt**.[1409] Ohne die Vorschrift müsste bei Nichteintritt der Bedingung bzw. Nichterteilung der Genehmigung das umständlichere Verfahren nach § 16 GrEStG durchgeführt werden. Infolgedessen liegen der Bestimmung auch praktische Erwägungen zugrunde. Zu beachten ist jedoch, dass die Anzeigepflichten schon vor Entstehung der Steuer zu erfüllen sind (§§ 18 Abs. 3 Satz 1, 19 Abs. 1 Satz 2 GrEStG).[1410] Auch für den Zeitpunkt der Verwirklichung des Erwerbsvorgangs i.S.v. § 23 GrEStG bzw. i.S.d. landesgesetzlichen Vorschriften, mit denen eine Steuersatzerhöhung erfolgt,[1411] kommt es grds. nicht auf  912

---

1407 Vgl. *Hofmann*, § 13 Rn. 22 ff.
1408 Vgl. BFH-Urteil II R 63/93, vom 12.10.1994, BStBl. II 1995, S. 174.
1409 Die Formulierung »Steuerstundungseffekt« ist eigentlich ungenau, da § 14 GrEStG nicht zu einer Stundung einer bereits entstandenen Steuer führt, sondern die Entstehung der Steuer hinausschiebt. Gleichwohl wird in der Lit. überwiegend diese Formulierung verwendet.
1410 Vgl. *Pahlke*, § 14 Rn. 8.
1411 Mit Wirkung vom 01.09.2006 ist den Bundesländern durch Ergänzung in Art. 105 Abs. 2a Satz 2 GG im Zuge der Föderalismusreform I die Gesetzgebungskompetenz zur Bestimmung des Grunderwerbsteuersatzes übertragen worden.

den Zeitpunkt der Steuerentstehung an[1412] (sondern auf den Zeitpunkt, an dem sich die Vertragspartner im Verhältnis zueinander gebunden haben).[1413]

### 1. Die Entstehung der Steuer bei bedingten Erwerbsvorgängen

913 § 14 Nr. 1 GrEStG erfasst lediglich **aufschiebende** Bedingungen.[1414] Beim Eintritt einer auflösenden Bedingung ist § 16 GrEStG entsprechend anzuwenden.[1415] Bei Erwerbsvorgängen, die ein Rücktrittsrecht vorsehen, entsteht die GrESt bereits im Zeitpunkt des Vertragsabschlusses. Die Rückgängigmachung des Erwerbsvorgangs ist nach § 16 GrEStG zu behandeln.[1416] Durch die Gestaltung des Kaufvertrags kann der ganze Erwerbsvorgang z.B. von der Bezahlung des Kaufpreises oder der Übergabe einer Bankbürgschaft in der Weise abhängig gemacht werden, dass ein aufschiebend bedingter Erwerb i.S.v. § 14 Nr. 1 GrEStG vorliegt.[1417] Ist die Gegenleistung insgesamt oder nur z.T. bedingt geschuldet, ist § 14 Nr. 1 GrEStG im Umfang der Bedingung entsprechend anzuwenden.[1418] Nicht als aufschiebende Bedingungen i.S.v.

---

1412 Ausnahmen stellen die Tatbestände in § 1 Abs. 1 Nr. 2, Nr. 3, Nr. 4, Abs. 2a, Abs. 3 Nr. 2, Nr. 4 GrEStG dar, bei denen der Erwerbsvorgang erst mit dem steuerpflichtigen Erwerb verwirklicht wird.
1413 Hängt der Eintritt einer aufschiebenden Bedingung vom Willen eines Vertragspartners ab (sog. Potestativbedingung), liegt noch keine Bindung vor. Vgl. *Schanko*, UVR 2011, 316.
1414 § 14 Nr. 1 GrEStG ist dagegen nicht anwendbar bei aufschiebenden Befristungen, vgl. *Hofmann*, § 14 Rn. 11; vgl. ferner *Weilbach*, § 14 Rn. 6, Lfg. 14, Dezember 2001.
1415 Vgl. *Pahlke*, § 14 Rn. 10.
1416 Vgl. auch BFH-Urteil II R 11/08 vom 18.11.2009, BStBl. II 2010, 498 wonach, wenn in einem Grundstückskaufvertrag ein vom nachträglichen Eintritt bestimmter Ereignisse abhängiges Rücktrittsrecht vereinbart wird, die Ausübung dieses Rechts bei vollständiger Rückgängigmachung des Erwerbsvorgangs dem § 16 Abs. 1 Nr. 2 GrEStG und daher nicht der Zweijahresfrist der Nr. 1 unterliegt. Sei ein solches Rücktrittsrecht befristet vereinbart, bleibe es trotz ggf. mehrfach noch innerhalb der laufenden Frist erfolgter Verlängerung bestehen, wenn jeweils wegen Wegfalls der Geschäftsgrundlage ein Anspruch auf Vertragsanpassung in Gestalt einer Fristverlängerung bestand. Sei die vereinbarte Frist für die Ausübung eines derartigen Rücktrittsrechts erst einmal verstrichen, stelle eine dennoch vereinbarte »Fristverlängerung« die Begründung eines neuen Rücktrittsrechts dar. Ihm komme nur Bedeutung zu, wenn sowohl die Neubegründung als auch die Ausübung dieses Rechts noch innerhalb der Zweijahresfrist des § 16 Abs. 1 Nr. 1 GrEStG erfolgt sei. U.E. kam es im vom BFH entschiedenen Fall nicht darauf an, ob die Fristverlängerung (ohne Berücksichtigung der zivilrechtlichen Rückwirkung der später erteilten Genehmigung gem. § 184 Abs. 1 BGB auf den Zeitpunkt der Beurkundung) rechtzeitig vor Ablauf der jeweils zu verlängernden Frist zivilrechtlich wirksam vorgenommen worden war. Es war u.E. ausreichend, dass die Klägerin (Käuferin) jeweils einen wirksamen Anspruch auf Fristverlängerung hatte. Ob die Verkäuferin das Bestehen dieses Anspruchs anerkennt und dann auch noch vor Ablauf der zu verlängernden Frist an der Fristverlängerung wirksam mitwirkt, ist für die Anwendung von § 16 Abs. 1 Nr. 2 GrEStG auch in sonstigen Fällen ohne Bedeutung; vgl. auch Behrens, UVR 2011, 65.
1417 Vgl. FG München, Urteil 4 K 1801/04 vom 17.05.2006, EFG 2006, 1358, rkr.
1418 Vgl. *Pahlke*, § 14 Rn. 12.

## II. Entstehung der Steuer in besonderen Fällen                                                                H.

§ 14 Nr. 1 GrEStG anerkannt werden bloße Rechtsbedingungen,[1419] der Eintritt der Fälligkeit des Kaufpreises vom Eintritt einer Bedingung[1420] und die Verlegung der Fälligkeit der Veräußererleistung (Übereignungsverpflichtung) auf einen späteren Zeitpunkt.[1421] Letzteres bedeutet, dass die GrESt mit der notariellen Beurkundung eines Bauträgervertrages entsteht, auch wenn sich der ein Grundstück verkaufende Bauträger zur Errichtung eines Gebäudes verpflichtet und die Übereignung erst nach Fertigstellung erfolgen soll. Typischerweise entspricht die Vereinbarung einer aufschiebenden Bedingung für den Erwerbsvorgang nicht dem Willen beider Vertragsparteien, die für die Durchführung des Projekts Vertragssicherheit benötigen.

§ 14 Nr. 1 GrEStG findet häufig i.R. von Übergabeverträgen Anwendung, in denen sich der Erwerber gegenüber dem Veräußerer zur Erbringung von Pflegeleistungen verpflichtet. Zunächst liegt eine Grundstücksschenkung vor, die nach § 3 Nr. 2 GrEStG von der GrESt befreit ist. Mit Eintritt des Pflegefalls tritt ein neuer Grunderwerbsteuer-Fall ein, für den die GrESt durch einen zusätzlichen (selbstständigen) Grunderwerbsteuerbescheid festzusetzen ist.[1422]   914

Die Pflegeleistung kann auch erbschaftsteuerlich erst dann berücksichtigt werden, wenn der Pflegefall tatsächlich eingetreten ist und der Erwerber die Leistungen erbringt. Bei der Schenkungsteuer liegt ab diesem Zeitpunkt eine gemischte Schenkung vor. Die Pflegeverpflichtung wird hierbei mit ihrem Wert im Zeitpunkt der Entstehung der Steuer für die Zuwendung (§ 11 ErbStG) angesetzt. Der Schenkungsteuerbescheid ist nach § 175 Abs. 1 Nr. 2 AO entsprechend zu ändern. Vom Eintritt des Pflegefalls kann grds. erst dann ausgegangen werden, wenn der Berechtigte pflegebedürftig im Sinn von § 15 SGB XI ist. Die Voraussetzungen für die Pflegestufe I müssen erfüllt sein. Liegen diese nicht vor, hat der Erwerber im Einzelfall in geeigneter Weise zu belegen, dass bereits Pflegeleistungen erforderlich sind und er seiner Verpflichtung nachkommt.[1423]   915

Die Pflegeleistungen sind mit ihrem Kapitalwert im Zeitpunkt des Eintritts des Pflegefalls zu bewerten. Dieser ist auf den Zeitpunkt der Ausführung der Zuwendung (§ 9 Abs. 1 Nr. 2 ErbStG) unter Anwendung der Tabelle 1 zu § 12 Abs. 3 BewG abzuzinsen.   916

Liegt Pflegebedürftigkeit im Sinn von § 15 SGB XI vor, kann der Jahreswert der Leistung (§ 15 BewG), soweit sich aus der vertraglichen Vereinbarung nichts anderes ergibt, mit dem Zwölffachen der in der gesetzlichen Pflegeversicherung vorgesehenen monatlichen Pauschalvergütung bei Inanspruchnahme von Pflegesachleistungen (§ 36 Abs. 3 SGB XI) angesetzt werden.   917

---

1419 Vgl. BFH-Urteil II R 73/75 vom 14.03.1979, BStBl. II 1981, 225.
1420 Vgl. BFH-Urteil II R 23/96 vom 22.01.1997, BFH/NV 1997, 705.
1421 Vgl. BFH-Urteil II 211/58 Urt. v. 07.12.1980, BStBl. III 1961, 78.
1422 Vgl. BFH-Urteil II R 26/92 vom 22.11.1995, BStBl. II 1996, 162; *Weilbach*, § 14 GrEStG, Rz. 4 ff., Lfg. 26, November 2009.
1423 Vgl. BayFM, Erl. vom 06.12.2002, DB 2003, S. 692.

**918** Diese betragen bei
- Pflegestufe I:
  384,– € (bis 31.12.2001: 750,– DM; ab 01.07.2008: 420,– €; ab 01.01.2010: 440,– €; ab 01.01.2012: 450,– €)
- Pflegestufe II:
  920,– € (bis 31.12.2001: 1.800,– DM; ab 01.07.2008: 980,– €; ab 01.01.2010: 1.040,– €; ab 01.01.2012: 1.100,– €)
- Pflegestufe III:
  1.432,– € (bis 31.12.2001: 2.800,– DM; ab 01.07.2008: 1.470,– €; ab 01.01.2010: 1.510,– €; ab 01.01.2012: 1.550,– €).[1424]

**919** In besonders gelagerten Einzelfällen im Sinn von § 36 Abs. 4 SGB XI ist in Pflegestufe III ein Betrag von 1.918,– € anzusetzen.

**920** Diese Beträge sind zu kürzen, soweit
- Sachleistungen durch professionelle Pflegekräfte in Anspruch genommen werden und der Pflegende die Kosten hierfür nicht zu tragen hat oder
- die pflegebedürftige Person Pflegegeld aus der Pflegeversicherung oder einer Pauschalbeihilfe nach den Beihilfevorschriften erhält und diese zu Lebzeiten an die verpflichtete Pflegeperson weiter gibt. Die Weitergabe selbst ist nach § 13 Abs. 1 Nr. 9a ErbStG von der Schenkungsteuer befreit.

**921** Wird die Pflegestufe nicht erreicht, ist der Wert der monatlichen Pflegeleistungen zu schätzen, wobei jedoch der Wert der Pflegesachleistungen nicht überschritten werden darf.[1425]

▶ Beispiel:

A, der am 05.05.1924 geboren wurde, überträgt am 01.10.1996 ein Grundstück an B, ohne dass ein Kaufpreis zu zahlen ist. B verpflichtet sich allerdings, A im Bedarfsfall zu pflegen. Der Pflegefall tritt am 25.06.2002 ein, weil A an diesem Tag einen Schlaganfall erleidet und fortan pflegebedürftig ist. A erfüllt die Voraussetzungen der Pflegestufe I.

Lösung:

Zum Zeitpunkt der Verwirklichung des Rechtsvorganges gem. § 1 Abs. 1 Nr. 1 GrEStG (Abschluss des schuldrechtlichen Kaufvertrages am 01.10.1996) bleibt die Pflegeverpflichtung grds. außer Ansatz. Der Kapitalwert der Pflegeverpflichtung ist zum Zeitpunkt des Bedingungseintritts am 25.06.2002 zu ermitteln. Die Berechnung wird unter Rückgriff auf § 14 Abs. 1 BewG i.V.m. Anlage 9 zum BewG vorgenommen:

Jahreswert zum Stichtag: 384,– € × 12 Monate = 4.608,– € (seit 01.07.2008 würde der Jahreswert bei Pflegestufe I 420,– € betragen).[1426]

---

1424 Vgl. FinMin BaWü, Erl. vom 09.09.2008, DStR 2008, S. 1964.
1425 Vgl. OFD München, Verfügung vom 18.12.2002, DB 2003, S. 693.
1426 Vgl. den neuen Erl. des FinMin BaWü vom 09.09.2008, DStR 2008, S. 1964.

II. Entstehung der Steuer in besonderen Fällen    H.

Kapitalwert: 4.608,– € × Vervielfältiger (78 Jahre) 5,198 = 23.952,– €.[1427]

Der errechnete Kapitalwert der Pflegeverpflichtung von 23.952,– € (46.846,– DM) ist auf den Zeitpunkt der Schenkung (01.01.1996) abzuzinsen.

Kapitalwert × Vervielfältiger laut Tabelle 1 zu § 12 Abs. 3 BewG (Laufzeit 5 Jahre und 265 Tage, hier also 0,736).

46.846,– DM × 0,736 = 34.479,– DM.

I.R. der Wertermittlung für die gemischte Schenkung wird die Gegenleistung des Erwerbers mit 34.479,– DM berücksichtigt.[1428]

Die i.R. einer Grundstücksübertragung als Gegenleistung zu erbringende Pflegeleistung unterliegt der Grunderwerbsteuer. Stellt der Steuerpflichtige einen Antrag auf Änderung des Schenkungsteuerbescheids,[1429] hat die Schenkungsteuerstelle den Eintritt des Pflegefalls und den von ihr angesetzten Jahreswert der Leistung der zuständigen Grunderwerbsteuerstelle mitzuteilen. Von einer Anzeige kann aufgrund der Steuerbefreiung bei der GrESt abgesehen werden, wenn    922

– der Kapitalwert der Pflegeleistung 2.500,– € nicht übersteigt (§ 3 Nr. 1 GrEStG),
– eine Grundstücksübertragung zwischen Ehegatten vorliegt (§ 3 Nr. 4 GrEStG) oder
– es sich bei dem Erwerber um eine mit dem Schenker in gerader Linie verwandte Person, ein Stiefkind des Schenkers oder den Ehegatten eines Verwandten in gerader Linie oder des Stiefkindes des Schenkers handelt (§ 3 Nr. 6 GrEStG).[1430]

### 2. Entstehung der Steuer bei genehmigungsbedürftigen Erwerbsvorgängen

Bei genehmigungsbedürftigen Erwerbsvorgängen entsteht die GrESt erst mit der Erteilung der Genehmigung und nicht bereits – anders als die Schenkungsteuer[1431] – mit dem Tag des Vertragsabschlusses (§ 14 Nr. 2 GrEStG). Das Grunderwerbsteuerrecht folgt somit ausnahmsweise nicht der zivilrechtlichen Rechtslage, der zufolge eine Genehmigung gem. § 184 Abs. 1 BGB Rückwirkung hat.    923

---

1427 Zu beachten ist, dass aufgrund der gestiegenen Lebenserwartung der Vervielfältiger des Bewertungsgesetzes zwischenzeitlich angepasst wurde.
1428 Vgl. OFD München, Verfügung vom 18.12.2002, DB 2003, S. 692. Die Grundsätze für die Ermittlung des Kapitalwerts der Pflegeleistung gelten entsprechend für den Ansatz und die Bewertung von Nachlassverbindlichkeiten aus Pflegeleistungen nach § 10 Abs. 5 Nr. 1 ErbStG und die Inanspruchnahme des Freibetrages nach § 13 Abs. 1 Nr. 9 ErbStG.
1429 Die Schenkungsteuer wird i.R.d. Erstbearbeitung endgültig festgesetzt. Der Steuerpflichtige ist im Steuerbescheid auf den Antrag auf Änderung der Festsetzung bei Eintritt des Pflegefalls hinzuweisen; vgl. OFD München, Verfügung vom 18.12.2002, DB 2003, S. 693.
1430 Vgl. OFD München, Verfügung vom 18.12.2002, DB 2003, S. 693.
1431 Vgl. *Meincke*, § 9 Rn. 42.

924 Erfasst werden alle Arten behördlicher oder privatrechtlicher Genehmigungen, wobei der Tag der Bekanntgabe der Genehmigung maßgebend ist.[1432]

925 Sofern bewusst eine Genehmigung zur Vermeidung der Steuerentstehung nicht eingeholt wird, kann u.U. eine Steuerpflicht aus § 1 Abs. 2 GrEStG in Betracht kommen.[1433]

926 Die Vorschrift führt allerdings nur bei solchen Genehmigungen zu einem Steuerstundungseffekt, welche *materiell-rechtlichen Charakter* haben. Als derartige zivilrechtliche Genehmigungserfordernisse kommen die Genehmigung des gesetzlichen Vertreters, die Genehmigung durch den ohne Vertretungsmacht Vertretenen, die Tatbestände der §§ 1365 oder 1821 BGB in Betracht. Privatrechtliche Genehmigungserfordernisse ergeben sich ferner aus §§ 5, 15 und 26 ErbbauRG sowie § 12 WEG.[1434]

927 Im öffentlichen Recht ordnet das Baugesetzbuch in § 51 Abs. 1 Nr. 1 eine Genehmigungspflicht unter anderem für Grundstücksteilungen, Verfügungen und schuldrechtliche Geschäfte über Grundstücke an, die sich in einem Umlegungsgebiet befinden.[1435]

928 *Nicht* ausreichend sind dagegen *rein verfahrensrechtliche* Genehmigungen, welche auf die materielle Wirksamkeit des Vertrages keinen Einfluss haben und lediglich zu einer Grundbuchsperre führen. In diesen Fällen entsteht die GrESt bereits mit dem materiell-rechtlich wirksamen Abschluss des schuldrechtlichen Rechtsgeschäfts. Wird die verfahrensrechtliche Genehmigung später versagt und infolgedessen der Vertrag rückabgewickelt, so ist dies nach § 16 Abs. 1 Nr. 2 GrEStG zu berücksichtigen.

929 Sofern etwa Gemeinden nach § 19 i.V.m. § 22 BauGB a.F. durch Satzung eine Genehmigungspflicht für Grundstücksteilungen anordneten, bestand lediglich eine gesetzliche Grundbuchsperre;[1436] ebenso verhält es sich beim Nachweis über die Ausübung oder das Nichtbestehen eines gemeindlichen Vorkaufsrechtes nach § 28 Abs. 1 Satz 2 BauGB. Hier fällt die GrESt bereits mit dem zivilrechtlich wirksamen Vertragsabschluss an.[1437]

930 Es ist also danach zu differenzieren, ob die Genehmigung Wirksamkeitsvoraussetzung für den Vertrag ist – dann greift § 14 GrEStG ein – oder ob die Genehmigung lediglich eine Grundbuchsperre zur Folge hat – dann fällt die GrESt bereits mit dem zivilrechtlich wirksamen Vertragsabschluss an.

---

1432 Vgl. *Pahlke*, § 14 Rn. 15; *Hofmann*, § 14 Rn. 13.
1433 Vgl. *Pahlke*, § 14 Rn. 16, vgl. hierzu auch BFHE 94, S. 359.
1434 Vgl. *Pahlke*, § 14 Rn. 17; vgl. ferner *Hofmann*, § 14 Rn. 14; *Boruttau/Viskorf*, § 14 Rn. 61 ff.
1435 Vgl. *Pahlke*, § 14 Rn. 18; *Boruttau/Viskorf*, § 14 Rn. 73.
1436 Vgl. zur Rechtslage nach dem Wegfall der Teilungsgenehmigung *Voß/Steinkemper*, ZfIR 2004, S. 797 ff.; *Eckert/Höfinghoff*, NotBZ 2004, S. 405.
1437 Zu weiteren öffentlich-rechtlichen Genehmigungserfordernissen vgl. *Pahlke*, § 14 Rn. 18 f. m.w.N.

## II. Entstehung der Steuer in besonderen Fällen H.

Wird allerdings die Erteilung einer eigentlich nur verfahrensrechtlich wirkenden Genehmigung zu einer materiell-rechtlichen Bedingung des schuldrechtlichen Rechtsgeschäftes im Wege einer entsprechenden Vertragsvereinbarung gemacht, so führt diese Vereinbarung den gewünschten Steuerstundungseffekt herbei. 931

▶ **Gestaltungshinweis:**

Das Hinausschieben der GrESt bedeutet einen *Steuerstundungseffekt*.[1438] Eine derartige Steuerstundung wird häufig beabsichtigt sein, wenn noch nicht klar ist, ob der Vertrag endgültig Bestand hat (z.B. weil der Käufer noch unentschlossen ist, aber gleichwohl bereits Bindungen herbeigeführt werden sollen). In diesen Fällen ist bei der Gestaltung der Vorteil des Steuerstundungseffektes mit dem Nachteil der ggf. höheren Notarkosten abzuwägen.

▶ **Beispiel:**

Wird der Kaufvertrag mit einem Rücktrittsrecht für den Käufer abgeschlossen, weil dieser noch nicht ganz sicher ist, ob er sich nicht vielleicht doch wieder vom Vertrag lösen möchte, so fällt die GrESt sofort mit dem Vertragsabschluss an. Sie wird allenfalls später wieder erstattet, wenn der Käufer von dem Rücktrittsrecht Gebrauch macht. Diese Konstruktion sollte daher nur verwendet werden, wenn es sehr unwahrscheinlich ist, dass der Käufer wieder zurücktritt. Dies folgt daraus, dass die Gestaltung notarkostenrechtlich günstiger als eine Angebots- und Annahmegestaltung ist, da lediglich einmal eine 2,0-Gebühr gemäß KV Nr. 21100 für den Kaufvertrag anfällt (im Gegensatz zu der 2,0-Gebühr für das Angebot gemäß KV Nr. 21100 und der 0,5-Gebühr für die Annahme gemäß KV Nr. 21101 Nr. 1 (wenn derselbe Notar beurkundet) bzw. der 1,0-Gebühr KV Nr. 21200 (wenn eine Zwangsvollstreckungsunterwerfung in der Annahmeurkunde enthalten ist).[1439] Auch ohne Zwangsvollstreckungsunterwerfung in der Annahmeurkunde wird eine 1,0-Gebühr gemäß KV Nr. 21102 ausgelöst, wenn ein anderer Notar die Annahmeerklärung beurkundet als der Notar, der das Angebot beurkundet hat.

Noch geschickter ist es, den Kaufvertrag unter einer aufschiebenden Bedingung abzuschließen, da dann die Grunderwerbsteuerpflicht nach hinten geschoben wird und trotzdem nur eine 2,0-Gebühr für den Kaufvertrag anfällt (KV Nr. 21100).[1440]

---

1438 Streng genommen ist die Bezeichnung Steuerstundungseffekt ungenau, da nicht eine bereits entstandene Steuer gestundet, sondern durch § 14 gerade die Entstehung der Steuer hinausgeschoben wird. In der Lit. wird jedoch überwiegend die Terminologie »Steuerstundseffekt« verwendet.
1439 Der Notarkostenvorteil (0,5-Gebühr statt 1,0-Gebühr) entfällt allerdings, soweit die (bedingungsfeindliche) Auflassung im Kaufvertrag zunächst nicht miterklärt wird; vgl. hierzu Rdn. 932 ff.
1440 Der Notarkostenvorteil entfällt allerdings, wenn die (bedingungsfeindliche) Auflassung im Kaufvertrag zunächst nicht miterklärt wird; vgl. hierzu Rdn. 931 ff.

449

# H. Die Steuerschuld

Wird dagegen ein Optionsvertrag[1441] abgeschlossen, in welchem der Käufer lediglich eine Kaufoption erhält, fällt noch keine GrESt an, da noch kein Eigentumsverschaffungsanspruch des Käufers entstanden ist. Dieser entsteht erst mit Ausübung der Option durch den Käufer. Notarkostenrechtlich ist dies jedoch die ungünstigste Lösung, da der Optionsvertrag bereits die 2,0-Gebühr gemäß KV Nr. 21100 auslöst und mit Ausübung der Option eine weitere 0,5-Gebühr gemäß KV Nr. 21101 (wenn derselbe Notar beurkundet) bzw. eine 1,0-Gebühr gemäß KV Nr. 21200 ausgelöst wird (wenn ein anderer Notar beurkundet oder eine Zwangsvollstreckungsunterwerfungserklärung enthalten ist).

### 3. Aufschiebend bedingter Kaufvertrag und unbedingt erklärte Auflassung

932 Bei Kaufverträgen ist zwischen Verpflichtungsgeschäft (schuldrechtlicher Kaufvertrag) und Erfüllungsgeschäft (Auflassung) zu differenzieren. Sofern das schuldrechtliche Verpflichtungsgeschäft unbedingt abgeschlossen wird, entsteht die Steuer bereits nach § 1 Abs. 1 Nr. 1 GrEStG zu diesem Zeitpunkt. Sofern dagegen das schuldrechtliche Rechtsgeschäft unter einer aufschiebenden Bedingung steht, wurde bisher von der FinVerw. § 14 GrEStG für einschlägig erachtet, und zwar unabhängig davon, ob die (gemäß § 925 Abs. 2 BGB bedingungsfeindliche) Auflassung in der Notarurkunde bereits mit erklärt wurde oder nicht. Hierbei handelte es sich um eine für den Steuerpflichtigen günstige Gesetzesinterpretation, da sie zu einem Steuerstundungseffekt führte.

933 Diese Auslegung war jedoch vorübergehend in der FinVerw. und der untergerichtlichen Rechtsprechung hinterfragt worden.[1442] Auch in der Literatur gab es einige Stimmen, die bei einer unbedingt miterklärten Auflassung sofort eine Grunderwerbsteuerpflicht nach § 1 Abs. 1 Nr. 2 GrEStG bejahten, selbst wenn die aufschiebende Bedingung für den schuldrechtlichen Kaufvertrag noch nicht eingetreten war.[1443]

934 Erfreulicherweise ist der BFH in seinem Beschluss vom 10.02.2005 diesen Überlegungen entgegengetreten.[1444] Obwohl der Beschluss nur in einem AdV-Verfahren

---

1441 Der Optionsvertrag, der ein Gestaltungsrecht begründet, ist selbst nicht grunderwerbsteuerpflichtig, da noch kein Verpflichtungsgeschäft mit einem Übereignungsanspruch abgeschlossen wird; lediglich bei Hinzutreten besonderer Umstände kann § 1 Abs. 2 GrEStG erfüllt sein.
1442 Vgl. FG Düsseldorf vom 23.09.2002, MittBayNot 2003, S. 407 und FG Düsseldorf, Beschl. 3 V 2717/04 vom 28.07.2004, EFG 2004, 1786.
1443 Vgl. *Gottwald*, MittBayNot 2003, S. 343 m.w.N.
1444 Vgl. BFH-Beschluss II B 115/04 vom 10.02.2005, BFH/NV 2005, 1139. Dieser BFH-Rechtsprechung angeschlossen hat sich das FG München im Urteil 4 K 1801/04 vom 17.05.2006, EFG 2006, 1358, rkr. Dafür, dass GrESt nach § 1 Abs. 1 Nr. 2 GrEStG entsteht, wenn bei einem unter einer aufschiebenden Bedingung abgeschlossenen Kaufvertrag gleichwohl die Auflassung erklärt wird, allerdings *Fischer*, in: Boruttau, § 1 GrEStG, Rn. 422, 17. Aufl. 2011, der lediglich darauf hinweist, dass der BFH dies im Beschluss II B 115/04 als zweifelhaft angesehen habe.

## II. Entstehung der Steuer in besonderen Fällen H.

ergangen ist, also nur eine summarische Prüfung der Rechtslage erfolgte, ist dennoch davon auszugehen, dass beim BFH keine grunderwerbsteuerlichen Gefahren mehr drohen, wenn bei einem aufschiebend bedingten Kaufvertrag die Auflassung sofort mit beurkundet wird. Begründet wird dies mit einer systematischen Gesetzesauslegung, die sich mit dem Verhältnis von § 1 Abs. 1 Nr. 1 und § 1 Abs. 1 Nr. 2 GrEStG beschäftigt. Nach der Nr. 2 dieser Vorschrift unterliegt die Auflassung der Grunderwerbsteuer, wenn kein Rechtsgeschäft vorausgegangen ist, das den Anspruch auf Übereignung begründet. Die Auflassung unterliegt demnach dann jedenfalls nicht der Grunderwerbsteuer, wenn diese nur die Übertragung solcher Grundstücke auf Personen bewirkt, in deren grunderwerbsteuerlichen Zurechnungsbereich sie gem. § 1 Abs. 1 Nr. 1 GrEStG bereits zuvor getreten waren. Letzteres soll regelmäßig der Fall sein, wenn durch die Auflassung ein Anspruch auf Eigentumsverschaffung erfüllt wird. Bei der üblichen Kaufvertragsgestaltung mit zeitgleich mit erklärter Auflassung ist dies der Fall, selbst wenn ein Anspruch auf Eigentumsverschaffung – rechtlich – nur deswegen noch nicht begründet wird, weil der Kaufvertrag mangels Bedingungseintritt noch schwebend unwirksam ist.

Es wird vom Gericht somit bewusst auf die Bedürfnisse der Vertragspraxis Rücksicht genommen. Außerdem werden die Mehrkosten vermieden, die mit der Nachholung der Auflassung erst nach dem Bedingungseintritt verbunden wären.[1445]

935

Zu beachten ist jedoch, dass das Gericht darauf abstellt, dass sich für die Vertragsparteien die Rechtslage nicht anders darstellen darf als ob die Auflassung erst mit Bedingungseintritt erklärt worden wäre. Durch weitere Vereinbarungen muss somit sichergestellt sein, dass von der Auflassung erst nach Bedingungseintritt Gebrauch gemacht werden kann. Bei Verträgen unter fremden Dritten dürfte dies jedoch in der Regel der Fall sein, da hier die Eigentumsumschreibung meist von der Kaufpreiszahlung abhängig gemacht wird. Etwas anderes könnte bei Verträgen unter nahen Angehörigen gelten. Soweit jedoch Ehegatte oder Kinder betroffen sind, stellt sich ohnehin wegen § 3 Nr. 4 bzw. Nr. 6 GrEStG aufgrund der bestehenden Befreiungsvorschriften kein Grunderwerbsteuerproblem. Lediglich beim Erwerb durch Verwandte in Seitenlinie sollte darauf geachtet werden, dass in den Vertrag ebenfalls eine Vorlagesperre (bis zum Bedingungseintritt) eingebaut ist.[1446]

---

1445 Es ist davon auszugehen, dass der BFH diese im AdV-Verfahren ergangene vorläufige Entscheidung in der Hauptsache bestätigt hat. Jedenfalls beachten die Finanzämter mittlerweile bereits diesen BFH-Beschl., sodass – wie früher – bei aufschiebend bedingten Kaufverträgen die Auflassung gleich mit beurkundet werden kann; vgl. hierzu auch *Klass*, DStR 2005, S. 1717 ff.; *Gottwald*, MittBayNot 2003, S. 343 ff.

1446 Auch bei Verwandten in Seitenlinie kann eine Eigentumsumschreibung vor Eintritt der schuldrechtlichen Vertragsbedingungen ohnehin kaum erfolgen, da bis zu diesem Zeitpunkt die Unbedenklichkeitsbescheinigung i.d.R. noch nicht vorliegen dürfte.

## I. Fälligkeit der Steuer

Die Steuer wird einen Monat nach Bekanntgabe des Steuerbescheides fällig (§ 15 Satz 1 GrEStG). Das FA darf gem. § 15 Satz 2 GrEStG jedoch eine längere Zahlungsfrist setzen. Hierdurch wird der Beginn der Zahlungsverjährung (§ 229 Abs. 1 AO) hinausgeschoben. Da es sich jedoch um keine Stundung handelt, entstehen weder Stundungszinsen (§ 234 AO) noch Säumniszuschläge (§ 240 AO). Die Ausübung des dem FA in der Vorschrift eingeräumten Ermessens kommt etwa in Betracht, wenn der Steuerschuldner weder Wohnsitz noch gewöhnlichen Aufenthalt in der Bundesrepublik Deutschland hat, da hier regelmäßig eine Verzögerung im Zahlungsweg in Betracht kommt. 936.1

Eine Stundung der GrESt nach § 222 AO kommt dagegen infrage, wenn die Einziehung der GrESt bei Fälligkeit eine erhebliche Härte für den Schuldner bedeuten würde.[1447] 936.2

---

1447 Vgl. hierzu *Pahlke*, Vorbem. zu § 15 Rn. 18; *Hofmann*, § 15 Rn. 6.

## J. Nichtfestsetzung der Steuer, Aufhebung oder Änderung der Steuerfestsetzung – § 16 GrEStG

| Übersicht | Rn. |
|---|---|
| I. Ratio legis | 937 |
| II. Rückgängigmachung eines Erwerbsvorgangs vor Eigentumsübergang | 942 |
|    1. Allgemeine Vorbemerkungen | 942 |
|    2. Einvernehmliche Rückgängigmachung eines Rechtsgeschäfts | 951 |
|       a) Vollständige zivilrechtliche Beseitigung des Rechtsvorgangs | 952 |
|       b) Tatsächliche (wirtschaftliche) Rückgängigmachung | 957 |
|    3. Rückgängigmachung aufgrund Rechtsanspruchs | 970 |
| III. Rückerwerb des Eigentums | 974 |
|    1. Allgemeine Systematik | 974 |
|    2. Rückerwerb innerhalb von zwei Jahren | 987 |
|       a) Allgemeine Vorbemerkungen | 987 |
|       b) Grunderwerbsteuerliche Besonderheiten beim Tausch mit dem Bauträger | 990 |
|    3. Rückerwerb wegen Nichtigkeit des vorangegangenen Erwerbsvorgangs | 1004 |
|    4. Rückerwerb wegen Rückgängigmachung aufgrund Rechtsanspruchs | 1012 |
| IV. Herabsetzung der Gegenleistung | 1013 |
| V. Ablaufhemmung | 1018 |
| VI. Rechtsfolgen der Nichtanzeige | 1022 |
|    1. Allgemeine Vorbemerkungen | 1022 |
|    2. Rückgängigmachung von Erwerbsvorgängen i.S.d. § 1 Abs. 2 GrEStG | 1026 |
|    3. Rückgängigmachung von Erwerbsvorgängen i.S.d. § 1 Abs. 2a GrEStG | 1029 |
|    4. Rückgängigmachung von Erwerbsvorgängen i.S.d. § 1 Abs. 3 GrEStG | 1032 |

### I. Ratio legis

§ 16 GrEStG berücksichtigt unter bestimmten Voraussetzungen das Scheitern eines Erwerbsvorganges bzw. die Herabsetzung der Gegenleistung. Rechtsfolge ist die Nichtfestsetzung der Steuer bzw. die Aufhebung oder Änderung der Steuerfestsetzung.[1448] In der GrESt kann somit durch die Rückgängigmachung eines Erwerbsvorganges die Steuerpflicht gegebenenfalls wieder beseitigt werden.[1449] Hierin besteht ein wesentlicher *Unterschied zur Einkommensteuer*, bei welcher durch die Rückgängigmachung eines Rechtsgeschäfts die durch dieses Rechtsgeschäft

937

---

[1448] Vgl. *Pahlke*, § 16 Rn. 1; *Hofmann*, § 16 Rn. 1. Zu den verfahrensrechtlichen Problemen bei Rückabwicklungen nach § 16 GrEStG vgl. *Wohltmann*, UVR 2008, S. 344 ff.

[1449] Bis zur Antragstellung i.S.d. § 16 GrEStG können jedoch Säumniszuschläge erhoben werden; vgl. *Heine*, UVR 2003, S. 294. Die Steuerschuld entfällt somit nicht mit Wirkung für die Vergangenheit (ex tunc), sondern ex nunc mit Wirkung für die Zukunft; vgl. *Boruttau/Loose*, § 16 Rn. 282. Entstandene Säumniszuschläge bleiben nach § 240 Abs. 1 Satz 4 AO bestehen; Korrekturen sind nur im Billigkeitswege möglich, wobei sie i.d.R. nicht gerechtfertigt sind; vgl. *Pahlke*, § 16, Rn. 77.

**J.** Nichtfestsetzung der Steuer, Aufhebung oder Änderung der Steuerfestsetzung

eingetretenen ertragssteuerlichen Folgen (z.B. Entnahmetatbestand) nicht mehr beseitigt werden können.

938 § 16 GrEStG ist eine spezialgesetzliche Korrekturvorschrift des Grunderwerbsteuergesetzes, die jedoch die Anwendung der §§ 172 ff. AO nicht vollständig ausschließt.[1450]

939 § 16 Abs. 1 GrEStG ist einschlägig, wenn ein Erwerbsvorgang rückgängig gemacht wird, **bevor** das Eigentum am Grundstück auf den Erwerber übergegangen ist, während § 16 Abs. 2 GrEStG den Rückerwerb des Grundstücks **nach** Eigentumsübergang betrifft.

940 Im Fall des § 16 Abs. 1 GrEStG ist von der Rückgängigmachung folglich nur **ein** der GrESt unterliegender Rechtsvorgang betroffen, für den die Steuer aufgehoben wird. In den Fällen des § 16 Abs. 2 GrEStG bedarf es dagegen zum Vollzug der Rückgängigmachung eines weiteren Erwerbsvorgangs i.S.d. § 1 Abs. 1 bis 3 GrEStG. Hier führt § 16 Abs. 2 GrEStG dazu, dass die Steuer sowohl für den Rückerwerb als auch für den vorangegangenen Erwerbsvorgang nicht erhoben werden kann.[1451]

941 § 16 Abs. 2 GrEStG ist nach seinem Sinn und Zweck natürlich auch dann anzuwenden, wenn allein die Rückabwicklung des Erwerbsvorganges zur Grunderwerbsteuerpflicht führt.

▶ **Beispiel:**

A ist Alleingesellschafter einer GmbH, zu deren Vermögen Grundbesitz gehört.

Er tritt 10 % seiner Geschäftsanteile an B ab.

Das Geschäft wird später rückabgewickelt, weil B den Kaufpreis nicht zahlen kann.

**Lösung:**

Die Abtretung der Geschäftsanteile von A an B unterlag nicht der Steuer, da kein Erwerbstatbestand i.S.d. § 1 GrEStG verwirklicht wurde.

Allerdings führt die Rückabwicklung des Geschäftes zu einer erneuten Vereinigung aller Anteile in der Hand des A i.S.d. § 1 Abs. 3 GrEStG.

Dieser Fall darf jedoch wegen § 16 Abs. 2 Nr. 3 GrEStG nicht besteuert werden.[1452]

---

[1450] Vgl. *Pahlke*, § 16 Rn. 4; zur Abgrenzung zwischen §§ 172 ff. AO und § 16 Abs. 2 Nr. 2 GrEStG s.u. Rdn. 1004–1011. Wird ein Erwerbsvorgang noch vor der Entscheidung über einen gegen die ursprüngliche Grunderwerbsteuerfestsetzung eingelegten Einspruch rückgängig gemacht, ist das FA verpflichtet, einen sich aus § 16 GrEStG ergebenden Aufhebungsanspruch spätestens in der Einspruchsentscheidung zu berücksichtigen; vgl. BFH, Urt. v. 16.02.2005, II R 53/03, DStRE 2005, S. 729.
[1451] Vgl. *Pahlke*, § 16 Rn. 11; *Hofmann*, § 16 Rn. 3.
[1452] Vgl. *Hofmann*, § 16 Rn. 10.

## II. Rückgängigmachung eines Erwerbsvorgangs vor Eigentumsübergang

### 1. Allgemeine Vorbemerkungen

Wird ein Erwerbsvorgang rückgängig gemacht, bevor das Eigentum auf den Erwerber übergegangen ist, so wird die Steuer auf Antrag nicht festgesetzt oder die Steuerfestsetzung aufgehoben, 942

1. wenn die Rückgängigmachung durch Vereinbarung, durch Ausübung eines vorbehaltenen Rücktrittsrechts oder eines Wiederkaufsrechts innerhalb von zwei Jahren seit der Entstehung der Steuer stattfindet (§ 16 Satz 1 Nr. 1 GrEStG) oder
2. wenn die Vertragsbedingungen nicht erfüllt werden und der Erwerbsvorgang deshalb aufgrund eines Rechtsanspruchs rückgängig gemacht wird (§ 16 Abs. 1 Nr. 2 GrEStG).

Die Abgrenzung der beiden Tatbestände ist von praktischer Bedeutung, wenn ein Erwerbsvorgang erst nach Ablauf von zwei Jahren rückgängig gemacht werden soll, da in diesem Fall die strengeren Voraussetzungen des § 16 Abs. 1 Nr. 2 GrEStG vorliegen müssen. 943

In den Fällen des § 16 Abs. 1 Nr. 1 GrEStG erfolgt die Rückgängigmachung durch freiwilligen Entschluss der Beteiligten bzw. durch ein vorbehaltenes Rücktrittsrecht oder Wiederkaufsrecht. 944

Hier fordert der Gesetzgeber somit für die Nichtfestsetzung der Steuer bzw. die Steueraufhebung ein rechtzeitiges Handeln der Beteiligten (Zwei-Jahres-Frist).[1453] 945

Demgegenüber ist bei § 16 Abs. 1 Nr. 2 GrEStG ein Rechtsanspruch erforderlich, welcher gegebenenfalls auch einseitig und gegen den Willen des anderen Vertragsbeteiligten durchsetzbar ist. Da derjenige Beteiligte, der die Rückgängigmachung des Vertrages durchsetzen muss, u.U. die Dauer eines Rechtsstreites nicht beeinflussen kann, hat hier der Gesetzgeber auf zeitliche Begrenzungen verzichtet. Zu beachten ist allerdings, dass auch § 16 Abs. 1 Nr. 2 GrEStG bei der Ausübung eines vertraglich vorbehaltenen Rücktrittsrechts bzw. eines Wiederkaufsrechts eingreifen kann, wenn die Ausübung dieser Rechte gerade an die Nichterfüllung von Vertragsbedingungen geknüpft ist.[1454] 946

---

[1453] Sofern bspw. eine Schenkung aufgrund eines vom Übergeber vorbehaltenen freien Widerrufsrechts nach Ablauf der 2-Jahres-Frist infolge der Ausübung des Widerrufs rückabgewickelt wird, fällt deshalb für die Rückübertragung GrESt an, soweit kein persönlicher Befreiungstatbestand (z.B. § 3 Nr. 6 GrEStG) eingreift.

[1454] Vgl. *Pahlke*, § 16 Rn. 13; *Hofmann*, § 16 Rn. 25. Die Nachweise für die tatsächliche, rechtliche und wirtschaftliche Rückgängigmachung des Erwerbsvorgangs sind dem Antrag beizufügen (Rücktrittserklärung, Vereinbarung, Darlegung und Nachweis der zum Rücktritt berechtigenden Verstöße gegen den Vertrag oder gegen das Gesetz, Anträge und Rücknahmeerklärungen ggü. dem Grundbuchamt); vgl. hierzu *Heine*, UVR 2003, S. 295.

## J. Nichtfestsetzung der Steuer, Aufhebung oder Änderung der Steuerfestsetzung

▶ **Beispiel:**
Onkel O schenkt seinem Neffen N ein Hausgrundstück, behält sich jedoch ein freies Widerrufsrecht vor. Nach drei Jahren kommt es zu einem Zerwürfnis zwischen N und O mit der Folge, dass O sein freies Widerrufsrecht geltend macht und die Rückübertragung des Grundbesitzes verlangt.

**Lösung:**
Der ursprüngliche Schenkungsvorgang war grunderwerbsteuerfrei gem. § 3 Nr. 2 GrEStG. Für die Rückübertragung fällt jedoch nunmehr GrESt an. Die Rückabwicklung einer Schenkung infolge eines freien Widerrufsrechts kann nicht unter den Befreiungstatbestand des § 3 Nr. 2 GrEStG subsumiert werden, da die Rückübertragung nicht freigebig, sondern aufgrund des bestehenden Rückübertragungsanspruchs erfolgt. Dieser Vorgang lässt somit allenfalls die Schenkungsteuer für die Grundstückszuwendung mit Wirkung für die Vergangenheit entfallen (§ 29 Abs. 1 Nr. 1 ErbStG); für die Rückübertragung fällt jedoch GrESt an, soweit keine persönlichen Befreiungstatbestände (z.B. Eltern-Kind-Verhältnis) bestehen. Nach Ablauf der Zweijahresfrist des § 16 GrEStG ist der Vorgang somit nach § 1 Abs. 1 Nr. 1 GrEStG grunderwerbsteuerpflichtig. Da eine Gegenleistung nicht vorhanden ist, bemisst sich die GrESt gem. § 8 Abs. 2 Satz 1 Nr. 1 GrEStG nach den Werten i.S.d. § 138 Abs. 2 bzw. Abs. 3 BewG.

947 Sofern dagegen die Rückabwicklung aufgrund einer Vertragsverletzung erfolgt, kann § 16 GrEStG auch nach Ablauf der Zweijahresfrist noch einschlägig sein.

948 Die Zweijahresfrist des § 16 Abs. 1 Nr. 1 GrEStG beginnt zu laufen, sobald der Steuertatbestand verwirklicht ist.[1455] Die Rückgängigmachung muss innerhalb der Zweijahresfrist tatsächlich abschließend vollzogen sein, wobei es jedoch hinsichtlich des Grundbuchs ausreichend ist, wenn der Eintragungsantrag rechtzeitig gestellt wurde. Dies folgt daraus, dass die Vertragsbeteiligten keinen Einfluss auf die Schnelligkeit des Rechtspflegers am Grundbuchamt haben.[1456]

949 Der nach § 16 Abs. 1 Nr. 1 GrEStG erforderliche Antrag auf Erstattung der GrESt kann dagegen auch erst nach Ablauf der Zweijahresfrist gestellt werden.[1457]

950 Bei einer Versäumung der Zweijahresfrist ist die Wiedereinsetzung in den vorherigen Stand (§ 110 AO) nicht möglich, weil § 16 Abs. 1 Nr. 1 GrEStG keine von § 110

---

[1455] Dies ist bei einem Kaufvertrag i.d.R. der Tag der Beurkundung; bei einem aufschiebend bedingten oder materiell genehmigungspflichtigen Kaufvertrag ist jedoch nach § 14 GrEStG erst der Eintritt der Bedingung bzw. der Erteilung der Genehmigung maßgebend; vgl. *Heine*, UVR 2003, S. 296.
[1456] Vgl. *Pahlke*, § 16 Rn. 51.
[1457] Die Nichterhebung bzw. Rückerstattung der GrESt wegen Rückgängigmachung des Erwerbsvorgangs führt jedoch nicht dazu, dass bereits verwirkte Säumniszuschläge erlassen werden; vgl. BFH, Urt. v. 14.05.2008, AZ II B 49/07.

II. Rückgängigmachung eines Erwerbsvorgangs vor Eigentumsübergang J.

AO geforderten Verhaltenspflichten des Steuerbürgers gegenüber der Verwaltung betrifft.[1458]

## 2. Einvernehmliche Rückgängigmachung eines Rechtsgeschäfts

§ 16 Abs. 1 Nr. 1 GrEStG verlangt einerseits die vollständige zivilrechtlich wirksame Beseitigung des grunderwerbsteuerpflichtigen Erwerbsvorgangs und andererseits auch die tatsächliche wirtschaftliche Rückgängigmachung. 951

### a) Vollständige zivilrechtliche Beseitigung des Rechtsvorgangs

Der grunderwerbsteuerpflichtige Erwerbsvorgang muss zivilrechtlich wirksam beseitigt werden, sodass keine Bindungen von grunderwerbsteuerrechtlicher Bedeutung mehr vorliegen.[1459] Dies kann auch durch einen schlichten Rückkauf der Fall sein; wichtigere praktische Bedeutung hat jedoch der Aufhebungsvertrag, der bei einem für den Erwerber bereits begründeten Anwartschaftsrecht gegebenenfalls notarieller Beurkundung bedarf.[1460] 952

Eine vollständige Rückgängigmachung liegt dagegen *nicht* vor, wenn lediglich eine Vertragsänderung erfolgt, etwa infolge eines teilweisen *Wegfalls, Austauschs oder Beitritts von Erwerbspersonen*.[1461] 953

Hat etwa ein Ehegatte zunächst als alleiniger Käufer den Kaufvertrag unterzeichnet und wird später im Wege einer Vertragsänderung (Nachtragsurkunde) vereinbart, dass beide Ehegatten je zur ideellen Hälfte kaufen, so handelt es sich um keine Rückgängigmachung des ersten Erwerbsvorgangs.[1462] Dies folgt daraus, dass der Verkäufer aus seiner Übereignungspflicht, welche er im ersten Vertrag übernommen hatte, nicht vollständig entlassen wurde; er muss vielmehr nach wie vor einen Hälfte-Miteigentumsanteil an den Erstkäufer übertragen. Daher handelt es sich um eine sogenannte »missglückte tatsächliche Rückgängigmachung«, bei der die GrESt zunächst für den Ersterwerb in voller Höhe festgesetzt wird. Mangels tatsächlicher Rückgängigmachung dieses Ersterwerbsvorganges wird die Steuerfestsetzung nicht aufgehoben (auch nicht zur Hälfte); zudem wird der zweite Erwerb von der FinVerw. nicht als 954

---

1458 Vgl. *Pahlke*, § 16 Rn. 33; FG Saarl., EFG 1987, S. 188; eine Fristhemmung kommt allenfalls bei höherer Gewalt analog §§ 171 Abs. 1 AO, 203 BGB in Betracht.
1459 Vgl. *Pahlke*, § 16 Rn. 15; BFH, BStBl. II 1986, S. 271; *Hofmann*, § 16 Rn. 15; *Weilbach*, § 16 Rn. 5a.
1460 Vgl. *Pahlke*, § 16 Rn. 16; vgl. hierzu auch BGH, NJW 1994, S. 3346; Palandt/*Grüneberg*, § 313 Rn. 39; zu den Formerfordernissen bei der Rückgängigmachung eines Erwerbsvorgangs durch Vereinbarung vgl. i.E. den Erl. des Finanzministeriums BaWü vom 18.05.2001, DStR 2001, S. 988 ff.; Erl. des Bay. Staatsministeriums der Finanzen vom 06.12.2002, MittBayNot 2003, S. 173 ff.
1461 Vergleichbare Probleme bestehen bei share-deal und asset-deal, sofern die Aquisitionsstruktur im Zeitpunkt des Vertragsschlusses noch unklar ist; vgl. zu den grunderwerbsteuerlichen Gestaltungsmöglichkeiten *Behrens*/Schmitt, DB 2005, S. 2491.
1462 Vgl. *Pahlke*, § 16 Rn. 19; BFH, BStBl. II 1977, S. 253; *Weilbach*, § 16 Rn. 5a.

| J. | Nichtfestsetzung der Steuer, Aufhebung oder Änderung der Steuerfestsetzung |

Veräußerung durch den Ersterwerber an den miterwerbenden Ehegatten ausgelegt, sondern als eine weitere Veräußerung durch den ursprünglichen Verkäufer an den miterwerbenden Ehegatten. Infolgedessen setzt die FinVerw. die GrESt erneut (für den halben Miteigentumsanteil des hinzugetretenen Ehegatten) fest. Die Steuerbefreiung des § 3 Nr. 4 GrEStG ist mithin nicht anwendbar. Auch ein Billigkeitserlass kommt nach der Verwaltungsmeinung nicht in Betracht.[1463]

955 Nach einem neueren Urteil des BFH wird dagegen auf sogenannte *Vertragsübernahmen* der persönliche Befreiungstatbestand des § 3 Nr. 4 GrEStG angewendet. Eine Vertragsübernahme liegt vor, wenn i.r. eines einheitlichen dreiseitigen Rechtsgeschäftes der gegen den ursprünglichen Verkäufer gerichtete Übereignungsanspruch ganz oder teilweise auf den Dritten übergeleitet wird, also in der Person des Dritten nicht neu und originär entsteht. Solange es sich – bei entsprechender Vertragsauslegung – somit nicht um einen *Neuabschluss* des Grundstückskaufvertrages handelt (d.h. solange der ursprüngliche Grundstückskaufvertrag nicht über den Austausch der Käuferseite hinaus in weiteren Punkten – etwa bezüglich Kaufgegenstand oder Kaufpreis – geändert wird), sollen die personenbezogenen Befreiungstatbestände im Verhältnis zwischen Erstkäufer und dem beitretenden Dritten angewendet werden.[1464] Es deutet sich folglich an, dass eine Änderung der Rechtsprechung zum sogenannten missglückten Erwerb durch Ehegatten bevorsteht.[1465] Das oben zitierte Urteil des BFH vom 22.01.2003 ist jedoch nicht ausdrücklich zu dieser Sachverhaltskonstellation ergangen. Deshalb sollte bis zur endgültigen Klärung der Frage vielmehr der nachfolgende Gestaltungsvorschlag berücksichtigt werden.[1466]

▶ **Gestaltungsvorschlag:**

In der Praxis entstehen diese Probleme oftmals dadurch, dass zwar ein Erwerb durch beide Ehegatten geplant, einer der Ehegatten bei der Beurkundung jedoch verhindert ist. Soweit dem Notar bekannt ist, dass beide Ehegatten gemeinsam erwerben wollen, hilft bereits ein Auftreten des erschienenen Ehegatten im eigenen Namen und zugleich aufgrund mündlich erteilter Vollmacht für den abwesenden Ehegatten mit dem Versprechen, Vollmachtsbestätigung in der gehörigen Form nachzureichen (bzw. vorbehaltlich Genehmigung).

War der geplante Erwerb durch beide Ehegatten dem Notar jedoch nicht bekannt und hat bereits ein Kauf durch einen Ehegatten allein stattgefunden, so ist zu einer

---

1463 Vgl. *Pahlke*, § 16 Rn. 19; BFH, BStBl. II 1977, S. 253.
1464 Vgl. BFH, Urt. v. 22.01.2003, AZ II R 32/01. Da es sich letztlich jedoch um eine reine Auslegungsfrage handelt, sollte das Rechtsgeschäft in der notariellen Urkunde ausdrücklich als »Vertragsübernahme« bezeichnet werden (Wortlautauslegung).
1465 Vgl. ebenso *Heine*, UVR 2003, S. 292, der zu Recht darauf hinweist, dass diese neue Sichtweise auf die Anwendbarkeit der persönlichen Befreiungsvorschriften und auf die als Gesamtschuldner haftenden Personen nach § 13 GrEStG Auswirkungen hat.
1466 Bereits bisher sprachen sich für eine Anwendbarkeit des § 3 Nr. 4 GrEStG in derartigen Konstellationen aus: *Hübner*, DB 1994, S. 2044 und mit Einschränkungen auch OFD Nürnberg, FMS vom 10.08.1995, S. 4343-1/26-51.014.

II. Rückgängigmachung eines Erwerbsvorgangs vor Eigentumsübergang J.

Überlassung des gewünschten Grundstücksanteils ohne Mitwirkung des Verkäufers (gegebenenfalls auch eine Abtretung des anteiligen Eigentumsverschaffungsanspruch) auf den anderen Ehegatten zu raten. Nur so greift die Steuerbefreiung des § 3 Nr. 4 GrEStG ein.[1467]

Alternativ könnte zwar der erste Kaufvertrag vollständig zivilrechtlich aufgehoben sowie wirtschaftlich rückgängig gemacht werden[1468] und dann ein Neuabschluss mit beiden Ehegatten erfolgen. Da jedoch zwischen den beiden Ehegatten ein grunderwerbsteuerlicher Befreiungstatbestand existiert, erscheint es – im Hinblick auf die hohen Anforderungen des § 16 GrEStG – viel sicherer, wenn lediglich der Ehemann seinen hälftigen Miteigentumsanteil an die Ehefrau weiter überträgt bzw. seinen entsprechenden Übereignungsanspruch an die Ehefrau abtritt.[1469]

956

▶ **Gestaltungshinweis:**

Sofern Befreiungstatbestände bestehen, sollten diese ausgenutzt und nicht der risikoreiche Weg des § 16 GrEStG beschritten werden.

Während die Erhöhung der Anzahl der Käufer somit keinen Fall des § 16 GrEStG darstellt, kann die Reduzierung der Anzahl der Käufer sehr wohl unter die Begünstigungsvorschrift des § 16 GrEStG fallen.

▶ **Sachverhalt:**

In dem vom BFH am 06.10.2010 entschiedenen Fall[1470] veräußerte ein Ehepaar an A und B zu je einhalb ein Mehrfamilienhaus. Da A und B nicht zahlen konnten, wurde der Kaufvertrag drei Monate später einvernehmlich aufgehoben. Die Käufer verpflichteten sich zur Zahlung eines pauschalen Schadensersatzes i.H.v. 1.000,00 €. Die Kaufvertragsparteien beantragten ferner, die Grunderwerbsteuerfestsetzungen

---

1467 Die Steuerbefreiung greift außerdem bei einer sogenannten Vertragsübernahme durch den miterwerbenden Ehegatten; es ist jedoch durch Auslegung zu ermitteln, ob es sich um eine Vertragsübernahme oder um eine Vertragsaufhebung i.V.m. einem Neuabschluss eines weiteren Vertrages handelt. Im letztgenannten Fall scheidet die Anwendbarkeit des § 16 GrEStG aus, weil hier der Ersterwerber auf den Neuabschluss des Vertrages weiterhin Einfluss nehmen kann. Dies ist bei der Vertragsformulierung zu beachten. Vgl. BFH, Urt. v. 22.01.2003, AZ II R 32/01; *Heine*, UVR 2003, S. 293; *Gottwald*/Steer, MittBayNot 2004, S. 166 ff.
1468 Sofern die Vertragsaufhebung und der Neuabschluss unmittelbar nacheinander erfolgen, kommt es jedoch für die vollständige zivilrechtliche Rückgängigmachung darauf an, ob der ursprüngliche Verkäufer seine Verfügungsmöglichkeit über das Grundstück wieder erlangt hatte, oder ob der Ersterwerber noch die Möglichkeit hatte, auf die Weiterveräußerung im eigenen Interesse Einfluss zu nehmen. Vgl. BFH/NV 2003, S. 1273.
1469 Notarkostenrechtlich ist zu beachten, dass Aufhebung und Neuabschluss eines Kaufvertrages über dasselbe Objekt gegenstandsverschieden i.S.d. § 44 Abs. 2 KostO sind; vgl. *Korintenberg*, § 44 Rn. 198; BayObLG, DNotZ 1961, S. 542.
1470 Vgl. BFH, Urt. v. 06.10.2010, UVR 2011, S. 39.

### J. Nichtfestsetzung der Steuer, Aufhebung oder Änderung der Steuerfestsetzung

aufzuheben. Unmittelbar im Anschluss an den Aufhebungsvertrag veräußerte das Ehepaar das Grundstück an A zum Alleineigentum.[1471]

**Lösung:**

Das FA erkannte die Rückgängigmachung des ersten Vertrages nicht an, da B ein eigenes wirtschaftliches Interesse am Grundstückserwerb der A gehabt habe. Auch fehle es an einer vollständigen Rückabwicklung des Vertrages, weil der Besitz sowie die Nutzungen nicht zurück übertragen worden seien. Demgegenüber entschied der BFH: Stelle der Ersterwerber eines Grundstücks einen Ersatzkäufer und erschöpfe sich dabei sein Interesse an der Abwendung möglicher Schadensersatzforderungen der Verkäuferseite, könne unter den dort genannten weiteren Voraussetzungen sehr wohl eine Rückgängigmachung nach § 16 Abs. 1 Nr. 1 GrEStG vorliegen. Dies bedeutet, dass allein die tatsächliche Möglichkeit des Ersterwerbers, weiterhin Einfluss auf die Weiterveräußerung zu nehmen, einer Rückgängigmachung i.S.d. § 16 Abs. 1 Nr. 1 GrEStG nicht (mehr) zwingend entgegensteht. Vielmehr müsse der Ersterwerber – um § 16 GrEStG ablehnen zu können – von dieser Möglichkeit auch tatsächlich Gebrauch gemacht und die ihm aus dem vorangegangenen Erwerbsvorgang verbliebene Rechtsposition im eigenen (wirtschaftlichen) Interesse verwertet haben.[1472] Diese Voraussetzungen lägen nicht vor, wenn der Ersterwerber ausschließlich im Interesse eines Dritten handele[1473] oder wenn sich sein Interesse ausschließlich darauf beschränke, vom Vertrag loszukommen und er lediglich dem Verlangen des Verkäufers nach Stellung eines Ersatzkäufers nachkomme.[1474]

U.E. enthält die BFH-Entscheidung insofern eine wichtige Neuerung, als nunmehr offensichtlich auch der *teilweise Austausch* der Erwerbspersonen unter die Fallgruppe »Stellung eines Ersatzkäufers zur Abwendung von Schadensersatzforderungen« gefasst wird. Bislang wurde nach überwiegender Auffassung die Ansicht vertreten, dass § 16 GrEStG nicht geeignet sei, einen teilweisen Austausch von Erwerbspersonen zu ermöglichen, da der nicht ausgetauschte Teil stets noch Einfluss auf die Vertragsgestaltung nehmen könne.

*b) Tatsächliche (wirtschaftliche) Rückgängigmachung*

957 Die von § 16 Abs. 1 Nr. 1 GrEStG geforderte tatsächliche wirtschaftliche Rückgängigmachung des Erwerbsvorgangs setzt voraus, dass die Vertragsparteien in der

---

1471 In der Praxis kommt es mitunter tatsächlich vor, dass Banken einen einzelnen Ehegatten als kreditwürdiger ansehen als ein Ehepaar; dies kann damit zusammenhängen, dass bei einem Ehepartner mit guter Bonität und einem mit weniger guter Bonität die Durchschnittsbewertung der Kreditwürdigkeit beider Eheleute schlechter ausfällt als die eines einzelnen Ehegatten.
1472 Vgl. BFH, BStBl. II 2003, S. 770.
1473 Vgl. BFH, BStBl. II 1988, S. 296.
1474 Vgl. BFH, BStBl. II 1986, S. 271.

## II. Rückgängigmachung eines Erwerbsvorgangs vor Eigentumsübergang　J.

Weise aus ihren vertraglichen Bindungen entlassen werden, dass der Veräußerer seine ursprüngliche Rechtsstellung wiedererlangt.[1475]

Die Möglichkeit, über das Grundstück zu verfügen, darf also nicht beim Erwerber verbleiben. Unschädlich für die Steueraufhebung ist es allerdings, wenn der Verkäufer dem Käufer für die Einwilligung in die Rückgängigmachung eine Entschädigung gewährt (dies kommt etwa vor, wenn der Verkäufer einen anderen Käufer gefunden hat, der ihm wesentlich mehr Geld für das Grundstück bezahlen will) oder umgekehrt, wenn der Käufer dem Verkäufer im Zusammenhang mit der Rückgängigmachung einen Teil des Kaufpreises belässt (z.B. als Entschädigung dafür, dass der Verkäufer den Käufer aus seinen vertraglichen Bindungen entlässt).[1476]   958

Eine tatsächliche wirtschaftliche Rückgängigmachung verlangt insbesondere die Aufhebung der Übereignungsverpflichtung des Verkäufers, die Beseitigung einer etwa eingetragenen Auflassungsvormerkung und darüber hinaus auch die Rückgängigmachung bereits empfangener Leistungen. Eine noch im Grundbuch eingetragene Auflassungsvormerkung steht der Rückgängigmachung eines Kaufvertrages jedoch dann nicht mehr entgegen, wenn dem Veräußerer bereits eine Löschungsbewilligung erteilt ist und er von dieser frei und unbeeinflusst durch den Ersterwerber Gebrauch machen kann.[1477] Erforderlich ist, dass der Verkäufer das Grundstück wieder in Besitz nimmt, die Grundstückskosten wieder trägt und die Nutzungen des Grundstücks ziehen kann, das Objekt somit in seinem gesamten wirtschaftlichen Gehalt wieder verwerten kann. Dem Käufer darf insbesondere keine tatsächliche oder rechtliche Möglichkeit mehr verbleiben, beim Weiterverkauf des Grundstücks an einen Dritten eigene wirtschaftliche Interessen an dem Grundstück zu verwirklichen bzw. abzusichern.[1478]   959

Probleme bereiten in diesem Zusammenhang Sachverhalte, in denen in zeitlichem oder wirtschaftlichem Zusammenhang mit einer Vertragsaufhebung ein neuer Kaufvertrag über das Grundstück unter Beteiligung des Ersterwerbers abgeschlossen wird. § 16 Abs. 1 Nr. 1 GrEStG ist hier dann nicht einschlägig, wenn der Ersterwerber im Zusammenhang mit der Weiterveräußerung einen grunderwerbsteuerlich relevanten Teil seiner erworbenen Rechtsposition behalten hat, etwa wenn der Veräußerer das Grundstück im Interesse des Ersterwerbers weiter verkauft.[1479]   960

Die tatsächliche wirtschaftliche Rückgängigmachung muss insoweit primär aus der Sichtweise des Ersterwerbers und seines etwaigen Eigeninteresses an der   961

---

1475　Vgl. *Pahlke*, § 16 Rn. 20; *Hofmann*, § 16 Rn. 17.
1476　Vgl. *Pahlke*, § 16 Rn. 20; vgl. hierzu auch BFH, BStBl. III 1961, S. 163.
1477　Vgl. BFH, UVR 2008, S. 330.
1478　Vgl. *Pahlke*, § 16 Rn. 22; vgl. hierzu auch BFH, BStBl. II 1988, S. 296; *Hofmann*, § 16 Rn. 17.
1479　Vgl. *Pahlke*, § 16 Rn. 23; vgl. hierzu auch BFH, BStBl. II 1994, S. 413.

## J. Nichtfestsetzung der Steuer, Aufhebung oder Änderung der Steuerfestsetzung

Weiterveräußerung beurteilt werden.[1480] Der bloße Weiterverkauf alleine ist unschädlich, solange die Weiterveräußerung nicht mit einem sogenannten *schädlichen* Eigeninteresse des Ersterwerbers erfolgt;[1481] ein schädliches Eigeninteresse liegt etwa dann nicht vor, wenn der Erstkäufer lediglich (z.b. wegen Finanzierungsproblemen) vom Vertrag freikommen will, aber der Verkäufer vor der Vertragsaufhebung die Präsentierung eines Ersatzkäufers verlangt.[1482]

962 Ein schädliches Eigeninteresse liegt auch dann noch nicht vor, wenn der Ersterwerber (z.b. ein Makler) im Zusammenhang mit der Beschaffung eines Ersatzkäufers lediglich an der Erzielung einer marktüblichen Provision interessiert ist. Dies folgt daraus, dass reine Maklergeschäfte nicht grunderwerbsteuerpflichtig sind.[1483]

963 Tritt der Ersterwerber dagegen als Zwischenhändler auf, sodass er letztlich das Grundstück wie ein Veräußerer an einen Dritten weiterverkauft, ist § 16 Abs. 1 Nr. 1 GrEStG unanwendbar. Dies ist etwa der Fall, wenn dem Ersterwerber ein Anspruch auf den aus der Weiterveräußerung entstehenden Mehrerlös zusteht.[1484]

964 Typische Umgehungsversuche liegen etwa vor, wenn der durch notarielle Vollmacht ermächtigte Erstkäufer zu notarieller Urkunde eine Vertragsaufhebung erklärt, gleichzeitig im Namen des Verkäufers das Grundstück an einen vom Erstkäufer ausgewählten Interessenten verkauft und hierbei ein schädliches Eigeninteresse verfolgt.[1485]

965 Die Rückgängigmachung eines Erwerbsvorgangs wird auch dann nicht anerkannt, wenn sie einem vorgefassten Plan folgt, z.B. bei einem absichtlichen Vorratserwerb eines Grundstücks, durch den ein Grundstück letztlich einem Dritten, der das Grundstück gleichzeitig mit der Aufhebung des ersten Erwerbsvorgangs erwirbt, gesichert werden soll. Sofern hier der Vorratserwerber schädliche Eigeninteressen verfolgt, kann die Rückgängigmachung nach § 16 Abs. 1 Nr. 1 GrEStG selbst dann nicht anerkannt werden, wenn auch der Veräußerer an der Weiterveräußerung des Grundstücks interessiert ist.[1486]

---

1480 Vgl. *Pahlke*, § 16 Rn. 23.
1481 Vgl. BFH, Urt. v. 19.03.2003, DStR 2003, S. 1343 ff.
1482 Vgl. *Pahlke*, § 16 Rn. 24; vgl. hierzu auch BFH, BStBl. II 1986, S. 271. In diesem Fall ist ein Austausch oder Beitritt von Erwerbspersonen möglich, ohne dass sich die GrESt erhöht.
1483 Vgl. *Pahlke*, § 16 Rn. 24.
1484 Vgl. *Pahlke*, § 16 Rn. 25; vgl. hierzu auch BFH, BStBl. II 1994, S. 413.
1485 Vgl. *Pahlke*, § 16 Rn. 25; vgl. hierzu auch BFH, BStBl. II 1974, S. 771. Tritt der Ersterwerber bei der Aufhebung seines Kaufvertrages und dem Weiterveräußerungsvertrag als Vertreter einer Kapitalgesellschaft als Zweiterwerberin auf und ist er an dieser Gesellschaft maßgeblich beteiligt, spricht dies prima facie für ein Handeln im eigenen wirtschaftlichen Interesse; vgl. BFH, Urt. v. 25.04.2007, DStR 2007, S. 1304.
1486 Vgl. *Pahlke*, § 16 Rn. 25; vgl. hierzu auch FG BaWü EFG 1985, S. 405.

II. Rückgängigmachung eines Erwerbsvorgangs vor Eigentumsübergang    J.

In all diesen Fällen trägt der Ersterwerber die objektive Beweislast hinsichtlich der 966
tatsächlichen Voraussetzungen des § 16 GrEStG; ihm kommt eine erhöhte Mitwirkungspflicht zu.[1487]

▶ **Gestaltungsvorschlag für den Austausch des Erwerbers:**

Sofern der Vertrag mit dem Ersterwerber aufgehoben und stattdessen ein Verkauf an den Zweiterwerber erfolgen soll, dürfte folgende Gestaltung empfehlenswert sein:

*Der künftige Zweiterwerber macht dem Verkäufer ein Ankaufsangebot. Erst danach heben Verkäufer und Ersterwerber den ursprünglichen Kaufvertrag auf und lassen eine etwa für den Käufer eingetragene Auflassungsvormerkung[1488] im Grundbuch löschen. Anschließend nimmt der Verkäufer das Angebot des Zweiterwerbers an.*

Hier ist der Verkäufer durch das Kaufangebot des Zweiterwerbers gesichert, dass er sein Grundstück in jedem Fall doch weiterverkaufen kann. Andererseits hat der Ersterwerber nach der Vertragsaufhebung »seine Finger nicht mehr im Spiel«, da der Verkäufer ja nicht gezwungen ist, das Angebot des Zweiterwerbers anzunehmen. Folglich kann der Ersterwerber gegenüber dem FA darlegen, dass er auf den Abschluss des zweiten Vertrages jedenfalls keinen rechtlichen Einfluss mehr hatte. In jedem Fall sollten aber zwischen der Aufhebung des Erstvertrages und der Annahme des Kaufangebotes einige Tage Abstand liegen; nicht ausreichend ist es sicherlich, wenn alles innerhalb eines Beurkundungstermins abgewickelt wird. Außerdem ist zu beachten, dass vor der Annahme des Angebotes sämtliche Positionen des Ersterwerbers beseitigt worden sein müssen.[1489]

---

1487 Vgl. *Pahlke*, § 16 Rn. 28 ff. zur Beweislast. Steht fest, dass der Erwerber die Möglichkeit hatte, Einfluss auf die Weiterveräußerung zu nehmen, kommt es für die Anwendbarkeit des § 16 GrEStG darauf an, ob er von dieser Möglichkeit auch tatsächlich Gebrauch gemacht hat. Sofern feststeht, dass die Weiterveräußerung an den Zweiterwerber im Interesse des Ersterwerbers erfolgte, das über das Interesse an der Präsentation eines Ersatzkäufers hinausging, liegt die Annahme (tatsächlich Vermutung) nahe, dass der Ersterwerber seine Rechtsstellung bei der Weiterveräußerung an den Dritten ausgenutzt hat. Hat der Ersterwerber dagegen tatsächlich keinen Einfluss auf die Weiterveräußerung genommen, so sollte eine Beweisvorsorge getroffen werden, damit die Umstände des Abschlusses des Weiterveräußerungsvertrages später nachgewiesen werden können und die tatsächliche Vermutung widerlegbar ist.
1488 Eine noch eingetragene Auflassungsvormerkung steht der Rückgängigmachung eines Kaufvertrages i.S.d. § 16 GrEStG dann nicht mehr entgegen, wenn dem Veräußerer bereits eine Löschungsbewilligung erteilt ist und er von dieser frei und unbeeinflusst durch den Ersterwerber Gebrauch machen kann; vgl. BFH, Urt. v. 01.07.2008, DStR 2008, S. 1151.
1489 Hinsichtlich der Auflassungsvormerkung reicht es jedoch aus, wenn der Erwerber dem Veräußerer diesbezüglich eine Löschungsbewilligung in grundbuchrechtlich gebotener Form erteilt hat und der Veräußerer über diese frei und ohne Einflussnahme seitens des Erwerbers verfügen kann; vgl. BFH, UVR 2008, S. 330 ff.

## J. Nichtfestsetzung der Steuer, Aufhebung oder Änderung der Steuerfestsetzung

**966.1** Werden die Aufhebung des ursprünglichen Kaufvertrages und die Weiterveräußerung des Grundstücks in einer einzigen Vertragsurkunde zusammengefasst, hat der Ersterwerber die Möglichkeit, die Aufhebung des ursprünglichen Kaufvertrages zum anschließenden Erwerb des Grundstücks durch eine von ihm ausgewählte dritte Person zu nutzen.

Ist dem Ersterwerber das weitere Schicksal des Grundstücks *gleichgültig*, hindert die Benennung des Dritten als Ersatzkäufer nicht die Anwendung des § 16 GrEStG.

Ob die Benennung des Ersatzkäufers auf Verlangen des Verkäufers oder im eigenen (wirtschaftlichen) Interesse des Ersterwerbers erfolgt, ist nach einem neuen Urteil des BFH i.R. einer Gesamtwürdigung aller Tatsachen festzustellen.[1490]

Wird also in einem einheitlichen Vertrag sowohl der ursprüngliche Kauf aufgehoben als auch mit dem Ersatzkäufer der neue Kaufvertrag abgeschlossen, hat der Erstkäufer regelmäßig die Möglichkeit, auf die Weiterveräußerung Einfluss zu nehmen, sodass der erste Kaufvertrag nicht vollständig rückgängig gemacht worden ist. Hat der Erstkäufer jedoch keinerlei eigene wirtschaftliche Interessen an dem Weiterverkauf des Grundstücks, entfällt die GrESt auf den ersten Erwerbsvorgang auch dann, wenn er den Ersatzkäufer benennt. Dies hat der BFH in Klarstellung seiner bisherigen Rechtsprechung entschieden. Bislang wurde die Benennung eines Ersatzkäufers durch den Erstkäufer für schädlich gehalten. Nunmehr muss anhand einer Gesamtwürdigung aller Umstände geprüft werden, ob die Benennung des Ersatzkäufers auf Verlangen des Verkäufers oder im eigenen wirtschaftlichen Interesse des Ersterwerbers erfolgt ist. Letzteres kann z.B. dann der Fall sein, wenn der Ersatzkäufer persönlich oder wirtschaftlich mit dem Erstkäufer verbunden ist. Die Anwendung des § 16 Abs. 1 Nr. 1 GrEStG ist folglich nur dann ausgeschlossen, wenn der Ersterwerber die ihm verbliebene Rechtsposition auch in seinem eigenen wirtschaftlichen Interesse verwertet hat. Eine Verwertung in diesem Sinne liegt vor, wenn die Einflussnahme des Ersterwerbers auf die Weiterveräußerung Ausfluss der ihm verbliebenen Rechtsposition ist. In diesem Fall sind die Interessen Dritter an der Weiterveräußerung unbeachtlich. Ist Ersterwerber eine Kapitalgesellschaft, so muss sie sich in diesem Zusammenhang die Interessen derjenigen Personen zurechnen lassen, die bei der Ausübung der Rechtsposition der Kapitalgesellschaft aus dem ursprünglichen Kaufvertrag gehandelt haben. Der Kapitalgesellschaft zuzurechnen sind auch die wirtschaftlichen Interessen ihres Alleingesellschafters und zwar unabhängig davon, ob es sich hierbei um eine natürliche oder um eine juristische Person handelt; denn der Alleingesellschafter kann maßgeblich nur Einfluss auf die Angelegenheiten der Kapitalgesellschaft nehmen.[1491] In Abkehr von der bisherigen BFH-Rechtsprechung kann somit § 16 Abs. 1 GrEStG auch einschlägig sein, wenn in einer einheitlichen Urkunde der erste Kauf aufgehoben und gleichzeitig ein neuer Kauf abgeschlossen

---

1490 Vgl. BFH, Urt. v. 05.09.2013, DStRE 2013, S. 1507 ff.
1491 Vgl. BFH, Urt. v. 05.09.2013, DStRE 2013, S. 1508.

## II. Rückgängigmachung eines Erwerbsvorgangs vor Eigentumsübergang J.

wird, sofern dem Erstkäufer das weitere Schicksal des Grundstücks gleichgültig ist und mit der Benennung des Dritten als Ersatzkäufer kein wirtschaftliches Eigeninteresse verfolgt wird.[1492]

Sofern die Rückgängigmachung eines Erwerbsvorganges nicht den Anforderungen des § 16 Abs. 1 Nr. 1 GrEStG genügt, ist einerseits die Steuervergünstigung ausgeschlossen; andererseits kann es – wie bereits im Fall des missglückten Miterwerbs eines Ehegatten dargestellt – zu zusätzlichen mittelbaren Nachteilen durch den Verlust grunderwerbsteuerlicher Befreiungen oder Steuervergünstigungen kommen. 967

▶ Beispiel:

A ist an einer Gesellschaft bürgerlichen Rechts mit einem 8/10-Anteil beteiligt. Er erwirbt ein Grundstück und veranlasst anschließend nach Aufhebung des Kaufvertrags den Veräußerer, das Grundstück an die Gesellschaft bürgerlichen Rechts zu übertragen.

Lösung:

Hier fällt, sofern § 16 Abs. 1 GrEStG wegen schädlichen Eigeninteresses des A nicht eingreift, für den Erwerb des A und den Erwerb der Gesellschaft bürgerlichen Rechts jeweils GrESt in voller Höhe an, während die unmittelbare Übertragung von A an die Gesellschaft bürgerlichen Rechts gem. § 5 Abs. 2 GrEStG zu 8/10 steuerfrei gewesen wäre.[1493]

Auch hier gilt (ebenso wie beim missglückten Miterwerb von Ehegatten), dass bestehende Befreiungstatbestände auszunützen sind und nicht der risikoreiche Weg des § 16 GrEStG beschritten werden sollte.[1494] 968

Noch gravierender sind die steuerlichen Nachteile allerdings bei einem nicht nach § 16 Abs. 2 GrEStG begünstigen Rückerwerb. Da hier der Rückerwerb an sich einen erneuten Steuertatbestand auslöst, kann es sogar zur Auslösung einer *dreifachen* GrESt (für den Ersterwerb, für die Rückübertragung und für die Weiterveräußerung an den Dritten) kommen.[1495] 969

---

1492 Vgl. BFH, Urt. v. 05.09.2013, II R 16/12 und II R 9/12, beides abgedruckt in DStR 2013, S. XI.
1493 Vgl. *Pahlke*, § 16 Rn. 31.
1494 Sofern es sich bei der Überleitung des Vertrages auf die Gesellschaft bürgerlichen Rechts nicht um einen Neuabschluss eines Vertrages, sondern lediglich um eine Vertragsübernahme handeln sollte, könnten jedoch nach der neueren Rechtsprechung des BFH die persönlichen Befreiungsvorschriften des § 5 Abs. 2 GrEStG ebenfalls angewendet werden; vgl. BFH, Urt. v. 22.01.2003, AZ II R 32/01; *Heine*, UVR 2003, S. 293.
1495 Vgl. *Pahlke*, § 16 Rn. 31; zu § 16 Abs. 2 GrEStG s.u. Rdn. 974–1011.

**J.** Nichtfestsetzung der Steuer, Aufhebung oder Änderung der Steuerfestsetzung

### 3. Rückgängigmachung aufgrund Rechtsanspruchs

970 Nach § 16 Abs. 1 Nr. 2 GrEStG wird die Steuer nicht festgesetzt bzw. die Steuerfestsetzung aufgehoben, wenn die Vertragsbedingungen nicht erfüllt werden und der Erwerbsvorgang deshalb aufgrund eines Rechtsanspruchs rückgängig gemacht wird. Die Rückgängigmachung kann somit einseitig und gegen den Willen des anderen an dem Rechtsgeschäft Beteiligten erzwungen werden (z.B. infolge gesetzlicher Rücktrittsrechte oder wegen Wegfalls der Geschäftsgrundlage).[1496]

971 Eine Vertragsaufhebung kann auch ausreichen; hierbei ist jedoch – um eine Umgehung des § 16 Abs. 1 Nr. 1 GrEStG bei bereits abgelaufener Zweijahresfrist auszuschließen – vorauszusetzen, dass das Rücktrittsrecht vor Abschluss des Aufhebungsvertrages unbestritten feststand und sich damit ein Vertragsbeteiligter auch ohne den Aufhebungsvertrag einseitig vom Vertrag hätte lösen können.[1497]

972 Dieser Umstand sollte u.E. in der notariellen Aufhebungsurkunde mitbeurkundet werden.

973 § 16 Abs. 1 Nr. 2 GrEStG verlangt ebenfalls – wie § 16 Abs. 1 Nr. 1 GrEStG – eine vollständige und tatsächliche Rückgängigmachung des Erwerbsvorgangs, ist selbst jedoch an keine Frist gebunden.

### III. Rückerwerb des Eigentums

### 1. Allgemeine Systematik

974 § 16 Abs. 2 GrEStG erfasst die Rückübertragung eines Grundstücks nach Eigentumsübergang sowie alle sonstigen Fälle, in denen die Rückgängigmachung des Erwerbsvorgangs einen weiteren bzw. erstmaligen Steuertatbestand erfüllt.[1498] Unerheblich ist, ob der ursprüngliche oder der die Rückgängigmachung betreffende Erwerbsvorgang grunderwerbsteuerfrei ist.[1499]

---

1496 Vgl. *Pahlke*, § 16 Rn. 35; *Hofmann*, § 16 Rn. 25; *Weilbach*, § 16 Rn. 5b. Zu den Auswirkungen der Änderungen des Leistungsstörungsrechts durch die Schuldrechtsreform auf § 16 Abs. 1 Nr. 2 bzw. Abs. 2 Nr. 3 GrEStG vgl. ausführlich *Boruttau/Loose*, § 16 Rn. 38a, S. 179. Sofern bspw. ein Rücktrittsrecht bei Nichterteilung einer bestimmten Baugenehmigung vereinbart wird, sollte der Vertrag so formuliert werden, dass der Verkäufer sich verpflichtet, ein in einer bestimmten Weise bebaubares Grundstück zu liefern; sofern dann die Baugenehmigung innerhalb der 2-Jahres-Frist nicht erteilt wurde und der Käufer vom Vertrag zurücktreten möchte, ist § 16 Abs. 1 Nr. 2 GrEStG wegen einer Vertragesverletzung des Verkäufers anwendbar.
1497 Vgl. *Pahlke*, § 16 Rn. 36; vgl. hierzu auch BFH, NV 1989, S. 728. Eine lediglich vergleichsweise Anerkennung eines Rücktrittsrechtes reicht dagegen nicht aus, vgl. *Hofmann*, § 16 Rn. 26.
1498 § 16 Abs. 2 Nr. 1 GrEStG findet auch Anwendung bei Erwerb des Erbbaurechts vom Erbbauberechtigten durch den Besteller innerhalb von zwei Jahren nach Bestellung des Erbbaurechts und bei Aufhebung des Erbbaurechts innerhalb dieser Frist. Erwirbt der ursprüngliche Veräußerer das Grundstück im Zwangsversteigerungsverfahren zurück, liegt ebenfalls ein Fall nach § 16 Abs. 1 Nr. 2 GrEStG vor.
1499 Vgl. *Pahlke*, § 16 Rn. 39; *Boruttau/Loose*, § 16 Rn. 131.

III. Rückerwerb des Eigentums                                                      J.

Bei den einzelnen Tatbeständen des § 16 Abs. 2 GrEStG ist zu beachten, dass § 16   975
Abs. 2 Nr. 1 GrEStG (entspricht § 16 Abs. 1 Nr. 1 GrEStG) den Rückerwerb innerhalb einer Frist von zwei Jahren begünstigt. Eine solche zeitliche Begrenzung ist in § 16 Abs. 2 Nr. 2 und Nr. 3 GrEStG (Nr. 3 entspricht § 16 Abs. 1 Nr. 2 GrEStG) nicht vorgesehen. Hier ist allerdings die Festsetzungsfrist (§§ 169 f. AO) mit der Sonderregelung des § 16 Abs. 4 GrEStG zu beachten.[1500]

Die tatbestandlichen Voraussetzungen des § 16 Abs. 2 GrEStG entsprechen weitgehend denen des § 16 Abs. 1 GrEStG, insbesondere ist eine zivilrechtliche Aufhebung des Erwerbsvorgangs und eine tatsächliche wirtschaftliche Durchführung des Rückerwerbs erforderlich. Der Erwerber darf keinen weiteren grunderwerbsteuerlich relevanten Einfluss mehr auf das Grundstück ausüben, der Veräußerer muss seine ursprüngliche Rechtsstellung wiedererlangen.   976

Wird dagegen nach Erfüllung eines Grundstückskaufvertrages nur die Verwertungsbefugnis (§ 1 Abs. 2 GrEStG) am Grundstück zurückübertragen, so genügt das den gesetzlichen Anforderungen nicht.   977

Ebenso wie bei § 16 Abs. 1 GrEStG kann neben einer ausdrücklichen Vertragsaufhebung auch ein schlichter Rückkauf als Rückerwerb i.S.d. § 16 Abs. 2 GrEStG angesehen werden.[1501]   978

§ 16 Abs. 2 GrEStG erfordert eine sogenannte **doppelte Identität:**   979

Einerseits muss der Rückerwerb zwischen denselben Personen erfolgen (Grundsatz   980
der Nämlichkeit der Parteien/erster Identitätsgrundsatz); andererseits ist eine Identität zwischen dem erworbenen und dem zurückerworbenen Grundstück erforderlich (zweiter Identitätsgrundsatz).

Der Grundsatz der Nämlichkeit der Parteien verbietet die Anwendung des § 16 Abs. 2   981
GrEStG, wenn der Erwerber das Grundstück weiterveräußert und erst danach der Erstveräußerer das Grundstück ohne Mitwirkung des Erstkäufers vom letzten Erwerber zurückerwirbt. Unschädlich ist es dagegen, wenn es vor dem Rückerwerb zu einem Formwechsel des Erwerbers bzw. Veräußerers kommt oder wenn das von einem Ehegatten erworbene Grundstück aufgrund einer bestehenden Gütergemeinschaft in das Gesamtgut der Ehegatten gefallen war und sodann vom Veräußerer zurückerworben wird.[1502]

---

1500 Vgl. *Pahlke*, § 16 Rn. 39.
1501 Vgl. *Pahlke*, § 16 Rn. 43; *Hofmann*, § 16 Rn. 32.
1502 Vgl. *Pahlke*, § 16 Rn. 44; vgl. hierzu auch BFH, HFR 1964, S. 241; *Hofmann*, § 16 Rn. 27. Eine Grundstücksübertragung kann nach § 16 Abs. 2 Nr. 1 GrEStG auch dann rückgängig gemacht werden, wenn die ursprüngliche Besitz-GbR mit der Übertragung des Grundstücks erloschen ist. Maßgebend ist, dass die Vertragsbeteiligten des Übertragungsvertrages und des Aufhebungsvertrages dieselben sind und bei der Rückübertragung zivilrechtlich identische Eigentumsverhältnisse wieder hergestellt werden; vgl. FG Berlin, DStRE 2004, S. 1049.

## J. Nichtfestsetzung der Steuer, Aufhebung oder Änderung der Steuerfestsetzung

982 Das Erfordernis der Identität verlangt allerdings *nicht*, dass auch auf *dinglicher* Ebene der Erwerber das Grundstück wieder an den Veräußerer übereignet. Deshalb kann es auch bei sogenannten *Kettengeschäften* zu einem begünstigten Rückerwerb nach § 16 Abs. 2 GrEStG kommen, sofern nach der Weiterveräußerung des Grundstücks durch den Ersterwerber an den Dritten eine dingliche Rückübereignung unmittelbar von dem Dritten auf den Ersterwerber erfolgt. Voraussetzung ist allerdings, dass die schuldrechtlichen Verpflichtungen zwischen den jeweiligen Vertragsbeteiligten aufgehoben werden.

▶ Beispiel:

A überträgt ein Grundstück an B, das dieser seinerseits an C weiterverkauft. Nach Rückgängigmachung der schuldrechtlichen Vereinbarungen zwischen A und B einerseits sowie zwischen B und C andererseits lässt C das Grundstück unmittelbar an A auf, damit die Beteiligten Eintragungsgebühren beim Grundbuchamt sparen.

Lösung:

Hinsichtlich der Erwerbsvorgänge zwischen A und B sowie zwischen B und C sind die Voraussetzungen eines Rückerwerbs nach § 16 Abs. 2 GrEStG erfüllt, da sich die Rückübertragung nur als vereinfachte dingliche Erfüllung der Rückübertragungsansprüche der einzelnen Beteiligten darstellt. Die Wirkungen aller vorausgegangenen Eigentumsübergänge müssen allerdings restlos beseitigt sein.[1503]

983 § 16 Abs. 2 GrEStG setzt zudem die **Identität** zwischen dem erworbenen und dem zurückerworbenen **Grundstück** voraus (zweiter Identitätsgrundsatz). Wird daher bspw. nur eine Teilfläche zurückerworben, so ist § 16 Abs. 2 GrEStG auch nur hinsichtlich der Teilfläche anwendbar.[1504]

984 Für die Anwendbarkeit des § 16 Abs. 2 GrEStG spielt es dagegen keine Rolle, ob an dem Grundstück zwischenzeitlich *Wertänderungen* (z.B. durch eine Bebauung) erfolgt sind.

985 Muss in einem solchen Fall der Veräußerer beim Rückerwerb des Grundstücks eine Zuzahlung an den Erwerber (für die geleistete Bebauung) zahlen, ist gleichwohl die GrESt für den Erstkauf aufzuheben und für den Rückerwerb keine GrESt festzusetzen. Dies folgt daraus, dass eine vor dem Rückerwerb erfolgte Wertveränderung nicht anders behandelt werden kann, als wenn der Rückerwerber selbst das Grundstück bebaut hätte. Aus Sicht des Erwerbers handelt es sich bei der Wertänderung (infolge der Bebauung des Grundstückes) um keinen steuerbaren Grundstücksumsatz.[1505]

986 Ist § 16 Abs. 2 GrEStG einschlägig, so muss das FA die Unbedenklichkeitsbescheinigung erteilen, welche zur Grundbuchumschreibung erforderlich ist (§ 22 Abs. 2

---

1503 Vgl. *Pahlke*, § 16 Rn. 46; die Kaufpreisrückerstattung muss im jeweiligen Vertragsverhältnis erfolgen.
1504 Vgl. *Pahlke*, § 16 Rn. 47; vgl. hierzu auch BFH, BStBl. II 1980, S. 129.
1505 Vgl. *Pahlke*, § 16 Rn. 48; *Hofmann*, § 16 Rn. 30.

Satz 1 GrEStG).[1506] In der Praxis entsteht manchmal das Problem, dass das FA die Unbedenklichkeitsbescheinigung nicht innerhalb der Zwei-Jahres-Frist erteilt, da die Prüfung, ob die Voraussetzungen des § 16 Abs. 2 GrEStG wirklich erfüllt sind, mitunter längere Zeit in Anspruch nimmt. Gleichwohl muss hier der Notar nach dem eindeutigen Wortlaut des Gesetzes zur Wahrung der Frist den Grundbuchantrag vorab ohne die entsprechende Unbedenklichkeitsbescheinigung vorlegen, um nicht die Steuererstattung zu gefährden.

### 2. Rückerwerb innerhalb von zwei Jahren

*a) Allgemeine Vorbemerkungen*

Erwirbt der Veräußerer das Eigentum an dem veräußerten Grundstück zurück, so wird sowohl für den Rückerwerb als auch für den vorausgegangenen Erwerbsvorgang die Steuer nicht festgesetzt bzw. die Steuerfestsetzung aufgehoben, wenn der Rückerwerb innerhalb von zwei Jahren seit der Entstehung der Steuer für den vorausgegangenen Erwerbsvorgang stattfindet (§ 16 Abs. 2 Nr. 1 Satz 1 GrEStG).[1507] 987

Ist für den Rückerwerb eine Eintragung in das Grundbuch erforderlich, so muss innerhalb der Frist die Auflassung erklärt und die Eintragung im Grundbuch beantragt werden (§ 16 Abs. 2 Nr. 1 Satz 2 GrEStG). Hierbei muss es sich um einen rechtswirksamen Umschreibungsantrag handeln, wobei jedoch geringfügige Formmängel unschädlich sein dürften. Die bloße Eintragung einer Auflassungsvormerkung reicht dagegen zur Wahrung der Zwei-Jahresfrist nicht aus.[1508] 988

Da der Gesetzeswortlaut keinen rechtsgeschäftlichen Rückerwerb verlangt, ist § 16 Abs. 2 Nr. 1 GrEStG auch erfüllt, wenn der Verkäufer den Käufer beerbt und ihm somit das Grundstück wieder zufällt.[1509] 989

*b) Grunderwerbsteuerliche Besonderheiten beim Tausch mit dem Bauträger*

In der notariellen Praxis kommt es immer wieder vor, dass ein Eigentümer sein Grundstück dem Bauträger nicht vollständig verkaufen, sondern vielmehr in der Weise veräußern will, dass der Bauträger ihm dafür die Übertragung einer bestimmten, noch zu errichtenden Wohnung oder eines Reihenhauses auf dem veräußerten Grundstück versprechen soll. Ein eventuell vorhandener Wertunterschied soll durch Aufzahlung des Bauträgers oder des Grundstückseigentümers ausgeglichen werden.[1510] 990

---

1506 Vgl. *Pahlke*, § 16 Rn. 41.
1507 Der Antrag auf Aufhebung der Steuerfestsetzung ggü. dem FA muss jedoch nicht innerhalb der Zwei-Jahresfrist gestellt werden, vgl. *Pahlke*, § 16 Rn. 77.
1508 Ebenso *Pahlke*, § 16 Rn. 51.
1509 Vgl. *Hofmann*, § 16 Rn. 32.
1510 Vgl. hierzu *Albrecht*, DNotZ 1997, S. 269; *ders.*, MittBayNot 1998, S. 418 ff.

## J. Nichtfestsetzung der Steuer, Aufhebung oder Änderung der Steuerfestsetzung

991 Motiv für diese Gestaltung war in der Vergangenheit auch eine nicht unerhebliche *Grunderwerbsteuerersparnis*.[1511] Dies hing damit zusammen, dass § 16 Abs. 2 Nr. 1 GrEStG nicht nur auf verunglückte Fälle angewendet wurde, sondern auch auf eine von vornherein geplante Rückabwicklung des Vertrages. In vielen Fällen vermindern sich zudem beim Tausch mit dem Bauträger die von den Beteiligten insgesamt zu entrichtenden *Notarkosten* im Vergleich zu einem Verkauf des Grundstücks an den Bauträger und einem gegenläufigen Kauf einer Wohnung durch den Grundstückseigentümer[1512] Auch der Bauträger selbst hat ein Interesse an dieser Gestaltung, da er dann bereits *eine Wohnung als verkauft ansehen kann*.

992 Es gibt drei Gestaltungsvarianten: das Grundstücksmodell, das Anteilsmodell sowie das Stundungsmodell.

993 Beim **Grundstücksmodell** wird das gesamte Grundstück zunächst an den Bauträger veräußert, der es nach § 8 WEG in Wohnungseigentum aufteilt[1513] und sodann eine neu gebildete Wohnung an den Grundstückseigentümer zurück überträgt.

994 Die Beteiligten tauschen folglich Grundstück gegen Wohnung; soweit die Leistungen in Geld ausgedrückt werden, rechnen die Beteiligten die Zahlungsansprüche gegeneinander auf.

995 Das **Anteilsmodell** zeichnet sich dagegen dadurch aus, dass der Bauträger einen ideellen Miteigentumsanteil am Grundstück erhält und sich der Grundstückseigentümer den Rest zurückbehält. Beide teilen dann das Grundstück nach § 3 WEG in Wohnungseigentum auf.[1514] Als Gegenleistung errichtet der Bauträger die mit dem zurückbehaltenen Anteil verbundene Wohnung.

996 Beim **Stundungsmodell** stehen sich ein Verkauf des ganzen Grundstücks an den Bauträger und ein Rückkauf einer Wohnung vom Bauträger gegenüber. Die Fälligkeit des Kaufpreises aus dem Grundstückskaufvertrag wird bis zur Fälligkeit des Wohnungskaufpreises gestundet; anschließend werden die beiden Ansprüche gegeneinander aufgerechnet.[1515] Das Stundungsmodell entspricht somit dem Grundstücksmodell, beinhaltet aber eine zusätzliche besondere Fälligkeitsvereinbarung.

997 Gem. § 1 Abs. 5 GrEStG haben beide Vertragsteile für den jeweils erworbenen Grundbesitz die GrESt zu entrichten. Beim *Stundungsmodell* sowie beim *Grundstücksmodell*

---

1511 Zur Aufhebung und Änderung der Grunderwerbsteuerfestsetzung im Zusammenhang mit einem einheitlichen Leistungsgegenstand vgl. *Claßen*, NWB Nr. 41 vom 04.10.2004, Fach 8, S. 1535 ff. Zur Einsparung der GrESt beim Bauträgervertrag vgl. *Kesseler*, RNotZ 2004, S. 324 ff.
1512 Bei einem Tausch ist für die Notarkosten bei verschieden hohen Werten die höhere Leistung für den Geschäftswert maßgeblich, § 97 Abs. 3 GNotKG.
1513 Dies löst eine 1,0 Notargebühr gem. KV Nr. 21200 aus.
1514 Dies löst eine 2,0 Notargebühr gem. KV Nr. 21100 aus.
1515 Vgl. zu den einzelnen Modellen eingehend *Albrecht*, DNotZ 1997, S. 269; *ders.*, MittBayNot 1998, S. 418 ff. Die nachfolgenden Ausführungen orientieren sich eng an den Überlegungen Albrechts in dem bezeichneten Beitrag.

## III. Rückerwerb des Eigentums J.

unterliegen danach sowohl der Erwerb des Bauträgers als auch der Erwerb des Grundstückseigentümers der GrESt bezogen auf den Wert des jeweiligen Grundstücks, da jeder Vertragsteil Grundbesitz übereignet erhält. Beim *Anteilsmodell* erwirbt dagegen nur der Bauträger Grundbesitz, der Grundstückseigentümer behält seinen Anteil am Grundstück und erhält vom Bauträger lediglich die nicht der GrESt unterliegende Bauleistung. Ein Tausch i.S.d. § 1 Abs. 5 GrEStG liegt hier nicht vor. Der Bauträger schuldet für seinen Erwerb selbstverständlich die Grunderwerbsteuer, jedoch nicht aus dem vollen Wert des Grundstücks, sondern nur aus dem Wert des erworbenen realen oder ideellen Grundstücksteils.

Allerdings unterliegt die Leistung des Bauträgers an den Grundstückseigentümer beim *Anteilsmodell* der USt; nach § 4 Nr. 9a UStG reicht die Umsatzsteuerbefreiung für den Erwerb von Kaufeigenheimen und Eigentumswohnungen etc. nämlich nur so weit, wie die Leistungen des Unternehmers der GrESt unterliegen. Der Grundstückseigentümer muss damit wie bei einem Werkvertrag auf den Wert der Bauleistung zwar keine 3,5 % Grunderwerbsteuer, aber 19 % USt entrichten. Der Bauträger hat dagegen die Möglichkeit, auch ohne die Option nach § 9 Abs. 1 UStG die bei ihm angefallenen Vorsteuern abzuziehen; allerdings muss er auch auf die beim Bauträgerverkauf nicht umsatzsteuerbaren Teile seiner Leistung (eigene Wertschöpfung, z.B. die Löhne eigener Arbeitnehmer) USt erheben. Deshalb besteht beim *Anteilsmodell* für den Bauträger eine *andere Kalkulationsgrundlage* als beim Bauträgerkauf. Wenn der Bauträger einen hohen Anteil von der Vorsteuer unterliegenden Leistungen erbringt und entweder die Vorsteuer aus dem Preis seiner Leistung herausrechnet oder insoweit seinen Vorsteuererstattungsanspruch an den Grundstückseigentümer abtritt, kann das Anteilsmodell trotz des höheren Steuersatzes (19 % auf die Wertschöpfung des Bauträgers statt 3,5 % auf den Wert von Grundstück und Gebäude bei den anderen Modellen) für den Grundstückseigentümer vorteilhaft sein. Der Bauträger wird seinen Vorsteuererstattungsanspruch bei verständiger Betrachtung der steuerlichen Lage an den Grundstückseigentümer abtreten, da die Vorsteuer beim Kauf vom Bauträger von diesem ebenfalls nicht geltend gemacht werden könnte. Inwieweit allein aus diesen steuerlichen Gründen die Wahl des Anteilsmodells für beide Beteiligten vorteilhaft ist, muss in jedem Einzelfall eingehend geprüft werden.[1516] 998

Beim *Grundstücksmodell* war ebenso wie beim Stundungsmodell demgegenüber eine weitläufig unbekannte *grunderwerbsteuerrechtlich* interessante Gestaltung möglich. Zwar unterlagen sowohl der Erwerb des Bauträgers als auch der Rückerwerb des Grundstückseigentümers (jeweils bezogen auf den Wert des erworbenen Grundbesitzes) der Grunderwerbsteuer; sofern Erwerb und Rückerwerb zeitlich gedrängt abgewickelt wurden, konnte jedoch der gesamte Vorgang dem Anwendungsbereich des § 16 Abs. 2 Nr. 1 GrEStG unterfallen. Die FinVerw. wendete § 16 Abs. 2 Nr. 1 GrEStG nämlich nicht nur auf »verunglückte« Fälle an, sondern auch, wenn die Rückgabe eines Teils des veräußerten Grundstücks von vornherein geplant war. Gerade dies war beim Tausch mit dem Bauträger der Fall.[1517] Die zwischenzeitlich erfolgte Bebauung 999

---

1516 Vgl. hierzu *Albrecht*, DNotZ 1997, S. 282.
1517 Vgl. *Albrecht*, MittBayNot 1998, S. 418 m.w.N.

**J.    Nichtfestsetzung der Steuer, Aufhebung oder Änderung der Steuerfestsetzung**

des später zurückveräußerten Grundstücksteils schadete hierbei nicht. Folglich war nach Auffassung der Finanzverwaltung einerseits der Erwerb durch den Bauträger zu dem Anteil begünstigt, der dem späteren Rückerwerb entsprach; zum anderen wurde für den Rückerwerb durch den Grundstückseigentümer in vollem Umfang keine GrESt erhoben. Da die Vorteile des § 16 Abs. 2 GrEStG jedoch nur auf Antrag gewährt wurden, musste dieser Antrag bereits in der Notarurkunde gestellt werden, mit welcher die Auflassung des Rückerwerbs beurkundet wurde. Außerdem musste der Vertrag innerhalb der 2-Jahresfrist seit dem Erwerb des Grundstücks durch den Bauträger dem Grundbuchamt zum Vollzug der Rückauflassung vorgelegt werden.

**1000** Die unbefristet mögliche Erstattung der GrESt nach § 16 Abs. 2 Nr. 3 GrEStG war dagegen nicht einschlägig, da das Rechtsgeschäft, das den Anspruch auf Übereignung begründet, vollständig erfüllt wird; § 16 Abs. 2 Nr. 3 GrEStG hat aber die Nichterfüllung zur Voraussetzung, betrifft also ausdrücklich fehlgeschlagene Erwerbsvorgänge.[1518]

**1001** Die Anwendung des § 16 Abs. 2 Nr. 1 GrEStG hatte auch *nicht* zur Folge, dass beim Grundstücksmodell (bzw. Stundungsmodell) nach Erstattung der GrESt die Leistung des Bauträgers nachträglich umsatzsteuerpflichtig wurde.[1519] Dieses umsatzsteuerliche Ergebnis erstaunte insbesondere deshalb, weil nach der Rückabwicklung die Situation so war, als hätte der ursprüngliche Grundstückseigentümer das Grundstück selbst von einem Werkunternehmer bebauen lassen. Die werkvertraglichen Leistungen hätten dann der USt unterlegen.[1520] I.R. des § 16 Abs. 2 Nr. 1 GrEStG war – wie bereits dargestellt wurde – zudem stets der Identitätsgrundsatz zu beachten:

---

1518   Zur Vertragsgestaltung im Hinblick auf die Sicherungsinteressen der Vertragsteile bei einem innerhalb der kurzen Zweijahresfrist nicht fertiggestellten Bauvorhaben vgl. *Albrecht*, MittBayNot 1998, S. 419.

1519   Vgl. *Albrecht*, MittBayNot 1998, S. 419.

1520   Möglicherweise lassen sich diese grunderwerbsteuerlichen Besonderheiten beim Tausch mit dem Bauträger auch auf gewöhnliche Werkverträge übertragen. Sofern ein Grundstückseigentümer mittels eines Werkvertrages sein Grundstück von einem Bauunternehmer bebauen lassen möchte, muss er selbstverständlich auf die Werkleistungen USt bezahlen. Zu überlegen wäre daher, ob er nicht evtl. das Grundstück zunächst an den Bauunternehmer veräußert, um es anschließend innerhalb der 2-Jahres-Frist im Wege eines Bauträgervertrages zurück zu erwerben. Sofern auf diese Gestaltung die obigen Grundsätze entsprechend angewendet werden könnten, würde sich auch hier durch den Rückerwerb eine Grunderwerbsteuerbelastung vermeiden und außerdem die USt umgehen lassen. Soweit ersichtlich ist dieses Modell jedoch in der Praxis bisher nicht durchgeführt worden. Es steht auch zu befürchten, dass die FinVerw. in dieser Gestaltung einen Missbrauch i.S.d. § 42 AO im Hinblick auf die USt bejahen könnte. Außerdem ist zu bedenken, dass sich durch die Gestaltung die Beurkundungskosten wesentlich erhöhen, da einerseits der Grundstückseigentümer seinen Bauplatz zunächst an einen Bauunternehmer veräußern und dieser anschließend im Rahmen eines Bauträgervertrages das bebaute Grundstück zurückveräußern müsste. Allein deshalb dürfte sich in der Praxis dieses Modell häufig nicht lohnen. Beim Tausch mit dem Bauträger ist diese Vorgehensweise jedoch anerkannt. Vgl. hierzu *Albrecht*, MittBayNot 1998, S. 418 ff.; a.A. *Riemenschneider* in Griziwotz/Koeble, Handbuch Bauträgerrecht, S. 512 ff.

III. Rückerwerb des Eigentums                                                    J.

▶ Beispiel:

Eine Baugenossenschaft beabsichtigt, von verschiedenen Eigentümern mehrere nebeneinander liegende Grundstücke zu erwerben, um darauf eine Wohn- und Geschäftsanlage mit 35 Wohneinheiten, 10 Gewerbeeinheiten und 80 Tiefgaragenplätzen zu errichten. In den hierzu abzuschließenden Kaufverträgen verpflichtet sie sich, nach Fertigstellung des Bauvorhabens den jeweiligen Grundstücksveräußerern in Anrechnung auf den Kaufpreis der von ihnen übertragenen unbebauten Grundstücke Wohnungs- oder Teileigentum anzubieten. Die Veräußerer verpflichten sich ihrerseits zur Annahme dieser Vertragsangebote. Die Rückerwerbe sollen innerhalb von zwei Jahren nach Abschluss der Kaufverträge über die unbebauten Grundstücke erfolgen.

Lösung:

§ 16 Abs. 2 Nr. 1 GrEStG war nach Auffassung der FinVerw. anzuwenden, wenn die Zweijahresfrist eingehalten wurde. Der Rückerwerb war aber nicht begünstigt, soweit sich der von den ehemaligen Grundeigentümern erworbene Miteigentumsanteil auch auf Flächen erstreckte, die vorher anderen Personen gehörten (Identitätsgrundsatz).

Mit Beschluss vom 19.02.2014 hat der BFH jedoch entschieden, dass die Voraussetzungen des § 16 Abs. 2 Nr. 1 GrEStG nicht erfüllt seien, wenn der Erwerber das Grundstück in Wohnungs- und Teileigentum aufteilt und der Veräußerer einen Teil der neu geschaffenen Eigentumseinheiten übertragen erhält.[1521] Nach Auffassung des BFH seien die durch Teilung des veräußerten Grundstücks in Wohnungs- oder Teileigentum neu entstehenden Miteigentumsanteile nicht mehr identisch mit dem veräußerten Grundstück. Die Entscheidung stellt sich somit gegen die herrschende Literaturauffassung,[1522] mit der sich der BFH in den Beschlussgründen nicht einmal auseinandersetzt. Somit entfällt künftig das sog. Grundstücksmodell als grunderwerbsteuerliche Gestaltungsmöglichkeit (ebenso wie das Stundungsmodell). Es verbleibt lediglich das – in Vorbereitung und Abwicklung allerdings häufig sehr aufwendige – Anteilsmodell.

Beim *Anteilsmodell* dagegen erwirbt nur der Bauträger einen Grundstücksanteil, was in diesem (reduzierten) Umfang GrESt auslöst; der Grundstückseigentümer aber erhält die nicht der GrESt unterliegende Bauleistung, sodass hier auf die Bauleistung USt anfällt. 1002

Möglicherweise funktioniert die grunderwerbsteuerlich günstige Gestaltung beim Grundstücks- bzw. Stundungsmodell zumindest dann noch, wenn bereits der Alteigentümer sein Grundstück gem. § 8 WEG in Wohnungs- und Teileigentum aufteilt, danach das aufgeteilte, aber noch unbebaute Grundstück an den Bauträger veräußert,

---

1521 Vgl. BFH, UVR 2014, S. 171; es handelte sich bei der Entscheidung um einen Beschluss über eine Nichtzulassungsbeschwerde.
1522 Vgl. *Albrecht*, DNotZ 1997, S. 282 ff. m.w.N.

welcher dann das Gebäude errichtet. Anschließend wird das bebaute Wohnungseigentum an den Alteigentümer zurückübertragen. In seinem Beschluss vom 19.02.2014 hat der BFH nämlich die Auffassung vertreten, dass die durch Teilung eines veräußerten Grundstücks in Wohnungs- und Teileigentum neu entstehenden Miteigentumsanteile mit dem ursprünglich veräußerten Grundstück nicht mehr identisch seien.[1523] Wenn dagegen ein unbebautes, aber bereits in Wohnungs- und Teileigentum aufgeteiltes Grundstück, an den Bauträger verkauft wird und nach der Bebauung ein Wohnungseigentum, welches der Alteigentümer zuvor unbebaut übertragen hat, bebaut an diesen zurückübertragen wird, könnte sehr wohl davon ausgegangen werden, dass die Identität des Grundstücks (trotz der Bebauung) gewahrt bleibt. Dies folgt daraus, dass nach der bisherigen Rechtsprechung jedenfalls tatsächliche Veränderungen am Grundstück in der Zeit zwischen Veräußerung und Rückerwerb, auch wenn diese zu einer Wertveränderung führten, für die Anwendung des § 16 Abs. 2 GrEStG bislang immer für unschädlich erachtet wurden.[1524] Solange hier kein Gestaltungsmissbrauch durch die Rechtsprechung unterstellt wird, könnte somit durch eine vorgezogene Aufteilung des Objektes durch den Alteigentümer § 16 Abs. 2 Nr. 1 GrEStG weiterhin anwendbar bleiben. Zu beachten ist natürlich, dass der Alteigentümer in der Praxis häufig kein Interesse daran hat, die kosten- und arbeitsaufwendige Aufteilung des Grundstücks in Wohnungs- und Teileigentum für den Bauträger vorzunehmen. Außerdem könnte er hierdurch ertragsteuerlich zu einem gewerblichen Grundstückshändler werden.

1003 [derzeit unbesetzt]

### 3. Rückerwerb wegen Nichtigkeit des vorangegangenen Erwerbsvorgangs

1004 Erwirbt der Veräußerer das Eigentum an dem veräußerten Grundstück zurück, so wird sowohl für den Rückerwerb als auch für den vorausgegangenen Erwerbsvorgang die Steuer nicht festgesetzt bzw. die Steuerfestsetzung aufgehoben, wenn das dem Erwerbsvorgang zugrunde liegende Rechtsgeschäft nichtig oder infolge einer Anfechtung als von Anfang an nichtig anzusehen ist (§ 16 Abs. 2 Nr. 2 GrEStG).

1005 Die bloße Anfechtbarkeit des Rechtsgeschäfts oder die Aufrechterhaltung des wirtschaftlichen Ergebnisses reicht jedoch nicht aus.[1525]

1006 Die Vorschrift hat kein Pendant in § 16 Abs. 1 GrEStG.

1007 Voraussetzung für die Anwendbarkeit des § 16 Abs. 2 Nr. 2 GrEStG ist jedoch, dass es unbeschadet der Nichtigkeit des schuldrechtlichen Verpflichtungsgeschäftes (Kaufvertrag) zu einer wirksamen dinglichen Übereignung des Grundstücks gekommen ist.

---

1523 Vgl. BGH, UVR 2014, S. 171 entgegen der vorherrschenden Literaturauffassung, z.B. *Basty*, Der Bauträgervertrag, 7. Aufl. 2012, S. 55 ff.; *Spiegelberger/*Wälzholz, Die Immobilie im Zivil- und Steuerrecht, 2008, S. 308 ff.; *Albrecht*, MittBayNot 1998, S. 418 ff.
1524 Vgl. BFH, Urt. v. 14.01.1976, II R 149/74.
1525 Vgl. *Pahlke*, § 16 Rn. 53; *Hofmann*, § 16 Rn. 35.

Das Auseinanderfallen von schuldrechtlichem und dinglichem Rechtsgeschäft ist aufgrund des sachenrechtlichen Abstraktionsprinzips möglich.

§ 16 Abs. 2 Nr. 2 GrEStG ist dagegen unanwendbar, wenn die dingliche Übereignung selbst ebenfalls nichtig ist. Hier bedarf es keines Rückerwerbs, sondern lediglich einer Grundbuchberichtigung. Wird gleichwohl ein Grunderwerbsteuerbescheid erlassen, ist dieser nach §§ 172 Abs. 1 Nr. 2, 173 Abs. 1 Satz 1 Nr. 2 AO zu ändern.[1526] **1008**

Sofern bei einem anfechtbaren Rechtsgeschäft ein sogenannter Doppelmangel vorliegt, erstreckt sich die Anfechtung sowohl auf das schuldrechtliche als auch auf das dingliche Rechtsgeschäft. Mithin sind die genannten Änderungsvorschriften der Abgabenordnung, nicht aber § 16 Abs. 2 Nr. 2 GrEStG, heranzuziehen.[1527] **1009**

Ist ein formnichtiges Verpflichtungsgeschäft dagegen durch die Auflassung und Eintragung im Grundbuch geheilt worden (z.B. gem. § 311b Abs. 1 Satz 2 BGB), so fehlt es an dem von § 16 Abs. 2 Nr. 2 GrEStG vorausgesetzten nichtigen schuldrechtlichen Rechtsgeschäft; es können hier allenfalls die Vergünstigungen des § 16 Abs. 2 Nr. 1 oder Nr. 3 GrEStG eingreifen.[1528] **1010**

Nach herrschender Meinung erstreckt sich § 16 Abs. 2 Nr. 2 GrEStG nicht nur auf die in §§ 119 ff. BGB normierten Anfechtungstatbestände; vielmehr ist die Vorschrift auch auf die Insolvenzanfechtung sowie auf Anfechtungen wegen Gläubigerbenachteiligung anwendbar.[1529] **1011**

### 4. Rückerwerb wegen Rückgängigmachung aufgrund Rechtsanspruchs

§ 16 Abs. 2 Nr. 3 GrEStG enthält eine dem § 16 Abs. 1 Nr. 2 GrEStG entsprechende Regelung für die Fälle, in denen auch die bereits eingetretenen dinglichen Wirkungen eines Rechtsgeschäfts wegen Nichterfüllung von Vertragsbedingungen rückgängig gemacht werden. **1012**

### IV. Herabsetzung der Gegenleistung

Gemäß § 16 Abs. 3 GrEStG wird auf Antrag die Steuer entsprechend niedriger festgesetzt bzw. die Steuerfestsetzung geändert, sofern die Gegenleistung für das Grundstück herabgesetzt wird. Die Vorschrift unterscheidet wiederum danach, ob die Herabsetzung der Gegenleistung im gegenseitigen Einvernehmen (§ 16 Abs. 3 Nr. 1 GrEStG) **1013**

---

1526 Grunderwerbsteuerbescheide unterliegen als Steuerbescheide dem allgemeinen System der Korrektur von Verwaltungsakten nach Maßgabe der §§ 129, 164, 165, 172 ff. AO und können daher auch außerhalb der Regelungen des § 16 GrEStG angepasst werden. Vgl. hierzu Wohltmann, UVR2010, S. 108 ff.
1527 Vgl. *Pahlke*, § 16 Rn. 55.
1528 Vgl. *Pahlke*, § 16 Rn. 56; *Hofmann*, § 16 Rn. 35.
1529 Vgl. *Pahlke*, § 16 Rn. 57; vgl. hierzu auch BFH, BStBl. II 1980, S. 363; *Hofmann*, § 16 Rn. 38.

**J.** Nichtfestsetzung der Steuer, Aufhebung oder Änderung der Steuerfestsetzung

erfolgt, sodass die Zweijahresfrist zu beachten ist, oder ob sie auf einem Rechtsanspruch beruht (§ 16 Abs. 3 Nr. 2 GrEStG).[1530]

1014 Eine einvernehmliche Herabsetzung ist bspw. beim Bauträgervertrag denkbar, wenn nachträglich Eigenleistungen des Erwerbers vereinbart werden, die dazu führen, dass sich der an den Bauträger zu leistende Kaufpreis verringert. Auch eine nachträglich vereinbarte zinslose Stundung des Kaufpreises kann unter den Voraussetzungen des § 12 Abs. 3 BewG nach § 16 Abs. 3 Nr. 1 GrEStG zu berücksichtigen sein.[1531]

1015 Demgegenüber beruht die Herabsetzung der Gegenleistung auf einem Rechtsanspruch, wenn bspw. Gewährleistungsrechte des Käufers infolge einer Schlechterfüllung des Vertrages durch den Verkäufer zu einer Kaufpreisreduzierung führen. Entsprechendes gilt für vertraglich vereinbarte Minderungsrechte.[1532]

1016 Nach Auffassung des BFH ist die Vorschrift auch dann anwendbar, wenn die tatsächliche Rückzahlung des geminderten Betrages lediglich wegen einer Insolvenz des Veräußerers unterbleibt.[1533]

1017 Kommt es bei einem einheitlichen Leistungsgegenstand (z.B. Erwerb eines Grundstücks mit einem noch zu errichtenden Gebäude) zu einer Aufhebung des Bauerrichtungsvertrages, so ist § 16 Abs. 3 GrEStG nur einschlägig, wenn der Grundstückserwerber seine volle Entscheidungsfreiheit über die Vergabe des Bauauftrags zurückerlangt.[1534]

### V. Ablaufhemmung

1018 Gemäß § 16 Abs. 4 GrEStG endet die Festsetzungsfrist (§§ 169 bis 171 AO) bei Eintritt eines Ereignisses, das nach § 16 Abs. 1 bis 3 GrEStG die Aufhebung oder Änderung einer Steuerfestsetzung begründet, insoweit nicht vor Ablauf eines Jahres nach dem Eintritt des Ereignisses.

1019 Sofern ein Steuerbescheid noch nicht ergangen war, kann das FA einem begründeten Antrag nach § 16 Abs. 1 bis 3 GrEStG in der Weise stattgeben, dass die GrESt nicht bzw. im Fall des § 16 Abs. 3 GrEStG niedriger festgesetzt wird.

---

1530 Durch den Verweis auf § 437 BGB in § 16 Abs. 3 Nr. 2 GrEStG wird auch im Grunderwerbsteuerrecht eine weitgehende Gleichbehandlung von Sach- und Rechtsmängeln erreicht, vgl. *Melchior*, DStR 2002, S. 1331; vgl. ferner den Erl. des bay. Staatsministeriums der Finanzen vom 06.12.2002, MittBayNot 2003, S. 174, wonach auch bei Rechtsmängeln eine vollzogene Minderung des Kaufpreises i.R.d. Grunderwerbbesteuerung zu berücksichtigen ist. Vgl. ferner ausführlich *Heine*, UVR 2003, S. 294 ff., im Hinblick auf das durch die Schuldrechtsreform geänderte Gewährleistungsrecht.
1531 Zur Anwendbarkeit des § 16 GrEStG im Zusammenhang mit einem sog. einheitlichen Vertragswerk vgl. *Heine*, UVR 2003, S. 297 ff.
1532 Vgl. *Pahlke*, § 16 Rn. 66; *Hofmann*, § 16 Rn. 42 ff.
1533 Vgl. BFH, BStBl. II 1982, S. 245; zustimmend *Weilbach*, § 16 Rn. 7, a.A. *Pahlke*, § 16 Rn. 67.
1534 Vgl. *Pahlke*, § 16 Rn. 63; vgl. ferner FG Berlin, DStR 2005, S. 730.

Es handelt sich hierbei um einen Freistellungsbescheid i.S.d. § 155 Abs. 1 Satz 3 AO.[1535]  1020

War der Grunderwerbsteuerbescheid dagegen bereits ergangen, ist dem begründeten Antrag nach § 16 Abs. 1 bis 3 GrEStG durch Erlass eines Aufhebungs- bzw. Änderungsbescheids nach § 172 Abs. 1 Satz 1 Nr. 2 Buchst. d) AO zu entsprechen, da § 16 GrEStG eine sonstige gesetzliche Aufhebungs- und Änderungsvorschrift ist.[1536]  1021

## VI. Rechtsfolgen der Nichtanzeige

### 1. Allgemeine Vorbemerkungen

Die Regelungen in § 16 Abs. 1 bis 4 GrEStG gelten nicht, wenn einer der in § 1 Abs. 2, Abs. 2a, Abs. 3 und Abs. 3a GrEStG bezeichneten Erwerbsvorgänge rückgängig gemacht wird, der nicht »fristgerecht und in allen Teilen vollständig (§§ 18 bis 20 GrEStG)« (so ab dem 07.06.2013 aufgrund des sog. KroatienG vom 25.07.2014) angezeigt war.[1537] Die Vorschrift des § 16 Abs. 5 GrEStG soll somit dem Versuch einer Umgehung der Steuerpflicht entgegen wirken. Die Erwerbsvorgänge des § 1 Abs. 2, 2a und 3 GrEStG werden den Finanzämtern häufig verborgen bleiben; würde das FA später einen solchen Erwerbsvorgang aufdecken, könnten sich die Steuerpflichtigen ihrer Steuerpflicht durch die Rückgängigmachung des Vertrages entziehen. Gerade dies wird durch § 16 Abs. 5 GrEStG unterbunden.[1538]  1022

Aus § 16 Abs. 5 GrEStG ist ableitbar, dass die Begünstigungen der § 16 Abs. 1 bis 3 GrEStG auch auf die Erwerbstatbestände des § 1 Abs. 2, 2a und 3 GrEStG anwendbar sind, obwohl in all diesen Fällen kein Übergang des Eigentums bzw. kein Rückerwerb des Eigentums erfolgt.[1539]  1023

Nach der Rechtsprechung des BFH gilt eine Anzeige i.S.d. § 16 Abs. 5 GrEStG bereits dann als ordnungsgemäß, wenn nur einer der anzeigepflichtigen Personen i.S.d. § 18  1024

---

1535 Vgl. *Pahlke*, § 16 Rn. 83; *Hofmann*, § 16 Rn. 58.
1536 Vgl. *Pahlke*, § 16 Rn. 83; *Hofmann*, § 16 Rn. 58.
1537 Im Hinblick auf die kurze Anzeigefrist des § 18 Abs. 3 GrEStG ist es in der Praxis empfehlenswert, wenn der Notar eine Fristverlängerung analog § 109 AO beantragt. Im Hinblick auf die strengen Rechtsfolgen des § 16 Abs. 5 GrEStG erscheint jedoch eine gesetzliche Ausdehnung der Anzeigefristen als dringend erforderlich.
1538 Vgl. *Pahlke*, § 16 Rn. 69; *Hofmann*, § 16 Rn. 45.
1539 Gemäß § 16 Abs. 5 i.V.m. § 20 GrEStG ist jedoch der Grundbesitz auf sämtlichen Beteiligungsebenen der Gesellschaften anzugeben. Vgl. ausführlich zu den grunderwerbsteuerlichen Anzeigepflichten in den Fällen des § 1 Abs. 2a und § 1 Abs. 3 GrEStG *Gottwald*, UVR 2005, S. 334 ff.

## J. Nichtfestsetzung der Steuer, Aufhebung oder Änderung der Steuerfestsetzung

bzw. des § 19 GrEStG die Anzeige vorgenommen hat.[1540] Außerdem reicht es aus, wenn der Vorgang innerhalb der Anzeigefrist dem FA in einer Weise bekannt wird, dass es die Verwirklichung eines Tatbestandes nach § 1 Abs. 2, § 1 Abs. 2a bzw. § 1 Abs. 3 GrEStG prüfen kann. Hierzu reicht es regelmäßig aus, wenn die Anzeige die einwandfreie Identifizierung von Veräußerer, Erwerber und Urkundsperson (§ 20 Abs. 1 Nr. 1 und Nr. 6 GrEStG) und gegebenenfalls der Gesellschaft (§ 20 Abs. 2 GrEStG) ermöglicht und der Anzeige die in § 18 Abs. 1 Satz 2 bzw. § 19 Abs. 4 Satz 2 GrEStG genannten Abschriften beigefügt werden. Es wird als unverhältnismäßig erachtet, die Rechtsfolgen des § 16 Abs. 5 GrEStG eintreten zu lassen, nur weil etwa der Grundbesitz nicht vollständig i.S.d. § 20 GrEStG bezeichnet worden war.[1541] Schließlich gibt es sowohl für den Steuerschuldner als auch für den Notar gem. § 109 AO die Möglichkeit, eine Fristverlängerung für die Abgabe der Anzeige zu beantragen.[1542]

Nach dem BFH-Urteil vom 18.04.2012,[1543] das einen extrem gelagerten Ausnahmefall betrifft, sollten grundstücksbezogene Angaben für die Ordnungsgemäßheit der Anzeige für die Zwecke des § 16 Abs. 5 GrEStG nicht erforderlich sein. Aufgrund der dem FA durch eine solche Anzeige eröffneten Ermittlungsmöglichkeiten setze eine ordnungsgemäße Anzeige i.S.v. § 16 Abs. 5 GrEStG unter Berücksichtigung des Übermaßverbots nicht zusätzlich voraus, dass die Anzeige auch die der betreffenden Gesellschaft gehörenden Grundstücke bezeichne. Das FA sei auch bei insoweit fehlenden Angaben in der Lage, sich aufgrund des übrigen Anzeigeinhalts die entsprechenden Informationen aufgrund eigener Ermittlungsmaßnahmen zu verschaffen. Die FinVerw. reagierte hierauf mit einem Nichtanwendungserlass.[1544] Durch das sog. KroatienG vom 25.07.2014 wurde daraufhin der Wortlaut von § 16 Abs. 5 GrEStG dahingehend geändert, dass die Vorschriften der Abs. 1 bis 4 vom § 16 GrEStG nicht gelten, wenn einer der in § 1 Abs. 2 bis 3a bezeichneten Erwerbsvorgänge rückgängig gemacht wird, der nicht fristgerecht *und in allen Teilen vollständig angezeigt (§§ 18 bis 20)* war.[1545]

---

1540 Vgl. Beschl. des BFH vom 20.01.2005, AZ: II B 52/04; ähnlich bereits BFH, Urt. v. 21.06.1995, BStBl. II, S. 802, wonach bei einer Anzeigepflicht sowohl nach § 18 als auch nach § 19 GrEStG die Erfüllung der den Gerichten, Behörden und Notaren obliegenden Anzeigepflicht den Beteiligten zugutekommen sollte. Haftungsrisiken bei Nichtanzeigen durch den Notar bestehen somit für diesen nicht. Sofern eine doppelte Anzeigepflicht für Beteiligte und Notar bestand, war die Nichtanzeige durch den Notar nicht alleine kausal für den Schaden, da auch die Beteiligten hätten anzeigen müssen. Sofern dagegen ausschließlich eine Anzeigepflicht des Notars bestand, wird dessen Pflichtverletzung nach der Rechtsprechung nicht zum Nachteil des Steuerpflichtigen herangezogen, sodass auch insoweit kein Schaden (gem. § 16 Abs. 5 GrEStG) eintreten kann. Vgl. auch BFH-Urteil II R 30/13 v. 03.03.2015, BFH/NV 2015, 1056.

1541 Vgl. BFH, Beschl. v. 20.01.2005, AZ II B 52/04; vgl. hierzu ausführlich *Gottwald*, MittBayNot 2005, S. 378 ff.; *ders.*, UVR 2005, 334 ff.

1542 Vgl. BFH, Beschl. v. 20.01.2005, AZ II B 52/04.

1543 Vgl. BFH-Urteil II R 51/11 vom 18.04.2012, BStBl. II 2013, 830.

1544 Vgl. gleichlautende Erl. der Obersten Finanzbehörden der Länder vom 04.06.2013, BStBl. II 2013, 1277.

1545 Der Gesetzgeber plant derzeit, auch § 21 GrEStG entsprechend anzupassen (wobei in § 21 GrEStG ein Verweis auf § 19 GrEStG fehlginge).

## VI. Rechtsfolgen der Nichtanzeige    J.

Für die Erfüllung der Anzeigepflicht reicht es nicht aus, die erwerbsrelevanten Vertragsunterlagen statt an die Grunderwerbsteuerstelle des FA an dessen Körperschaftsteuerstelle zu übersenden. In einem solchen Fall kann auch nicht angenommen werden, das FA habe auf andere Weise als durch eine Anzeige ausreichende Kenntnis von dem Erwerbsvorgang erlangt.[1546]    1025

### 2. Rückgängigmachung von Erwerbsvorgängen i.S.d. § 1 Abs. 2 GrEStG

Der Erwerbsvorgang des § 1 Abs. 2 GrEStG lässt sich dadurch rückgängig machen, dass der Verwertungsbefugte seine Einwirkungsbefugnisse auf das Grundstück verliert (z.B. durch einen entsprechenden Verzicht des Verwertungsbefugten auf die Einwirkungsbefugnisse). Der Verzicht muss jedoch im Einvernehmen mit dem Grundstückseigentümer erfolgen.[1547]    1026

Bei der Aufhebung einer Treuhandvereinbarung, aufgrund derer der Grundstückseigentümer dem Treugeber die Verwertungsbefugnis an einem Grundstück verschafft hatte, liegt ein Rückerwerb der Verwertungsbefugnis vor. Ebenso ist § 16 Abs. 2 GrEStG bei einem Auftragserwerb anzuwenden, wenn der Auftraggeber dem Beauftragten auch die Verwertungsbefugnis am Grundstück verschafft.[1548]    1027

Gemäß § 16 Abs. 5 GrEStG scheidet jedoch die Anwendbarkeit der § 16 Abs. 1 bis 4 GrEStG aus, wenn der Erwerbsvorgang i.S.d. § 1 Abs. 2 GrEStG nicht ordnungsgemäß angezeigt worden war.    1028

### 3. Rückgängigmachung von Erwerbsvorgängen i.S.d. § 1 Abs. 2a GrEStG

Eine konstruktive Schwierigkeit bei der Anwendung des § 16 GrEStG ergibt sich dadurch, dass die durch § 1 Abs. 2a Satz 1 GrEStG angeordnete Fiktion einer Grundstücksübereignung auf eine neue Personengesellschaft als solche nicht rückgängig gemacht werden kann. Als Bezugspunkt kommt daher in erster Linie die Rückgängigmachung der zur Anwendung des § 1 Abs. 2a GrEStG führenden Anteilsübertragung in Betracht. Durch die Rückabwicklung der Anteilsübertragung können die Anwendungsvoraussetzungen des § 1 Abs. 2a GrEStG entfallen. Nach früherer Auffassung der FinVerw. war § 16 GrEStG jedoch nur dann anzuwenden, wenn *alle* Gesellschafterwechsel, die zur Verwirklichung des § 1 Abs. 2a GrEStG geführt hatten, rückgängig gemacht wurden.[1549] Nach einem neueren Erlass vom 18.04.2014, BStBl. I 2014, 561 reicht es dagegen nunmehr aus, wenn ein *einzelner* Gesellschafterwechsel, der zur Erreichung des maßgeblichen Vomhundertsatzes beigetragen hat, *vollständig* rechtlich und tatsächlich rückgängig gemacht wird. Diese geänderte Verwaltungsauffassung    1029

---

1546 Vgl. BFH, Urt. v. 11.06.2008, AZ II R 55/06.
1547 Vgl. *Pahlke*, § 16 Rn. 71; *Boruttau/Loose*, § 16 Rn. 261.
1548 Vgl. *Pahlke*, § 16 Rn. 71.
1549 Vgl. den gleichlautenden Erl. der Obersten Finanzbehörden der Länder vom 07.02.2000, MittBayNot 2000, S. 155, Tz. 12. und vom 26.02.2003, DStR 2003, S. 980 ff., Tz. 12. (welcher an die Stelle des Erl. vom 07.02.2000 getreten ist).

## J. Nichtfestsetzung der Steuer, Aufhebung oder Änderung der Steuerfestsetzung

erleichtert somit die Rückgängigmachung eines in mehreren Teilakten verwirklichten fiktiven Grundstücksübergangs nach § 1 Abs. 2a GrEStG erheblich. Zu beachten ist in diesem Zusammenhang allerdings, dass der maßgebliche Vomhundertsatz wieder ohne Berücksichtigung des rückgängig zu machenden Gesellschafterwechsels noch durch nachfolgende Gesellschafterwechsel bis zum Ablauf des maßgeblichen Fünf-Jahres-Zeitraums erneut erreicht werden könnte.[1550] Der neuen Erlasslage ist insoweit zuzustimmen, als § 1 Abs. 2a GrEStG bereits dann nicht einschlägig gewesen wäre, wenn ursprünglich geringfügig weniger als 95 % der Anteile übertragen worden wären. Deshalb ist § 16 GrEStG bereits dann einschlägig, wenn durch die Rückabwicklung einer Anteilsübertragung oder einzelner von mehreren Anteilsübertragungen lediglich die 95 %-Schwelle des § 1 Abs. 2a GrEStG unterschritten wird.[1551] Nach neuerer Auffassung des BFH reicht es sogar aus, wenn ein einzelner Erwerbsvorgang nur *teilweise* rückabgewickelt wird, um unter die 95 %-Schwelle zu gelangen.[1552]

1030 [derzeit unbesetzt]

1031 § 16 Abs. 2 GrEStG gilt entsprechend, wenn der Steuertatbestand des § 1 Abs. 2a GrEStG bezüglich eines der Personengesellschaft zunächst gehörenden Grundstücks nachträglich aufgrund einer Rückabwicklung des Grundstückskaufvertrages gem. § 16 Abs. 1 oder 2 GrEStG entfällt.[1553]

▶ Beispiel:

Eine aus A und B bestehende GbR erwirbt im Jahr 2000 ein Grundstück von D. Dieser Vorgang ist steuerpflichtig gem. § 1 Abs. 1 Nr. 1 GrEStG.

Anschließend übertragen A und B ihre sämtlichen Gesellschaftsanteile an E und F. Dieser Vorgang ist ebenfalls steuerpflichtig gem. § 1 Abs. 2a GrEStG.

Im Jahr 2001 kommt es wegen der Nichtigkeit des 2000 abgeschlossenen schuldrechtlichen Kaufvertrages zum Grundstücksrückerwerb durch D.

Lösung:

Mit dem Rückerwerb des Grundstücks durch D sind zunächst die Voraussetzungen des § 16 Abs. 2 Nr. 2 GrEStG hinsichtlich des Erwerbs der GbR von D erfüllt. Da der Personengesellschaft nun aber kein Grundstück mehr gehört, muss entsprechend der Regelung des § 16 Abs. 2 GrEStG auch hinsichtlich des zunächst verwirklichten Steuertatbestandes des § 1 Abs. 2a GrEStG die Steuerfestsetzung aufgehoben werden. Zumindest erscheint der Erlass bzw. die Nichtfestsetzung der Steuer aus Billigkeitsgründen (§ 227 AO) geboten.[1554]

---

1550 Vgl. gleichlautenden Erl. vom 25.02.2010, Tz. 9., DStR 2010, S. 701; *Schanko*, UVR 2010, S. 153.
1551 Vgl. *Pahlke*, § 16 Rn. 73.
1552 Vgl. BFH, Urt. v. 18.04.2012, DStR 2012, S. 1342 ff.
1553 Vgl. *Behrens*, DStR 2009, S. 1611 ff.
1554 Ebenso *Pahlke*, § 16 Rn. 74.

VI. Rechtsfolgen der Nichtanzeige                                            J.

| Die Anwendung des § 16 Abs. 2 GrEStG scheidet jedoch gem. § 16 Abs. 5 GrEStG aus, wenn der Erwerbsvorgang i.S.d. § 1 Abs. 2a GrEStG nicht ordnungsgemäß nach §§ 18, 19 GrEStG angezeigt worden war.

## 4. Rückgängigmachung von Erwerbsvorgängen i.S.d. § 1 Abs. 3 GrEStG

Eine Rückgängigmachung kommt nach herrschender Meinung in Betracht, wenn *eines* der zur Anteilsvereinigung führenden Rechtsgeschäfte aufgehoben wird.[1555] Ebenso wie bei Erwerbsvorgängen des § 1 Abs. 2a GrEStG, die nach neuerer Ansicht der FinVerw. nicht mehr vollständig rückabzuwickeln sind, reicht es auch bei § 1 Abs. 3 GrEStG aus, wenn lediglich einzelne, nicht aber alle der zur Anteilsvereinigung führenden Rechtsgeschäfte aufgehoben werden.[1556] Zum Teil wird in der Literatur allerdings genauer differenziert: Bei § 1 Abs. 3 Nr. 1 und Nr. 2 GrEStG soll die Rückgängigmachung einzelner Rechtsgeschäfte ausreichend sein,[1557] während bei § 1 Abs. 3 Nr. 3 und Nr. 4 GrEStG die Rückgängigmachung aller Rechtsgeschäfte verlangt wird.[1558]    **1032**

Die Anwendbarkeit des § 16 Abs. 1 bis 4 GrEStG scheidet wiederum gem. § 16 Abs. 5 GrEStG aus, wenn der Erwerbsvorgang i.S.d. § 1 Abs. 3 GrEStG nicht ordnungsgemäß angezeigt worden war. Die Beteiligten sind gem. § 19 Abs. 1 Nr. 4 bis Nr. 7 GrEStG zur Anzeige aller Erwerbsvorgänge i.S.d. § 1 Abs. 3 GrEStG verpflichtet.    **1033**

---

1555 Vgl. *Pahlke*, § 16 Rn. 75; *Heine*, UVR 2003, S. 297.
1556 Der BFH hat die zu dieser Frage anhängige Revision zurückgewiesen, vgl. DStR 24/2002, S. XXVIII.
1557 Vgl. *Heine*, UVR 2003, S. 297. Haben mehrere Anteilsübergänge zur Sachherrschaft i.S.d. § 1 Abs. 3 Nr. 1 bzw. Nr. 2 GrEStG geführt, so muss nicht notwendigerweise der letzte Anteilsübergang rückabgewickelt werden.
1558 Vgl. *Boruttau/Loose*, § 16 Rn. 275.

## K. Örtliche Zuständigkeit des FA für die GrESt-Festsetzung und ggf. für die gesonderte Feststellung

Grds. ist gem. § 17 Abs. 1 Satz 1 GrEStG das FA für die Besteuerung zuständig, in dessen Bezirk das Grundstück liegt (Lagefinanzamt). § 17 Abs. 2 und 3 GrEStG ordnen eine gesonderte Feststellung der Besteuerungsgrundlagen an, sofern sich das Grundstück auf die Gebiete mehrerer Bundesländer erstreckt (§ 17 Abs. 1 Satz 2 und Abs. 2, 1. Alt. GrEStG), in Bezirken verschiedener Finanzämter liegt (§ 17 Abs. 2, 2. Alt. GrEStG) oder ein Fall des § 17 Abs. 3 GrEStG vorliegt.[1559] Die Vorschriften bestimmen zugleich dasjenige FA, das für die gesonderte Feststellung örtlich zuständig ist. Ist in den Fällen von § 17 Abs. 3 GrEStG der Ort der Geschäftsleitung des Erwerbers bzw. der Gesellschaft in einen anderen Finanzamtsbezirk verlegt worden, geht die örtliche Zuständigkeit gem. § 26 AO auf das FA über, in dessen Bezirk die Geschäftsleitung verlegt worden ist.[1560] Die örtliche Zuständigkeit richtet sich mithin nicht endgültig nach den im Zeitpunkt der Verwirklichung des Grunderwerbsteuer-Tatbestands gegebenen Verhältnissen. Vielmehr wandert die Zuständigkeit des FA bei späterer Geschäftsleitungsort-Verlegung mit. Eine gesonderte Feststellung ist in den in § 17 Abs. 4 Satz 1 GrEStG genannten Fällen entbehrlich, da hier ein Fall von untergeordneter Bedeutung vorliegt. **1034**

Sofern ein *einziges* Grundstück i.S.d. § 2 GrEStG veräußert wird, gilt daher Folgendes: **1035**

Liegt das Grundstück innerhalb eines Bundeslandes, ist das FA zuständig, in dessen Bezirk der wertvollste Teil des Grundstücks liegt. Eine gesonderte Feststellung erfolgt nicht, selbst wenn sich das Grundstück über verschiedene Finanzamtsbezirke erstreckt. **1036**

Für den Ausnahmefall, dass ein Grundstück auf der Grenze zwischen zwei Bundesländern liegt, sind beide Finanzämter für ihren Anteil zuständig, wobei das FA mit dem wertvolleren Teil eine gesonderte Feststellung durchführen muss. **1037**

Werden dagegen *mehrere* Grundstücke i.S.d. § 2 GrEStG veräußert, so führt das FA mit dem wertvollsten Teil grds. eine gesonderte Feststellung durch sobald sich die Grundstücke über verschiedene Finanzamtsbezirke erstrecken, allerdings nur dann, wenn ein Gesamtkaufpreis vereinbart worden ist, der sich auf mehrere Grundstücke bezieht. **1038**

Wurden dagegen lediglich mehrere Grundstückskaufverträge in einer Urkunde zusammengefasst und wurde für jedes Grundstück ein eigener Kaufpreis vereinbart, so ist **1039**

---

1559 Einer gesonderten Feststellung bedarf es grds. nicht, wenn in einem Vertrag mehreren Grundstücken jeweils selbstständige, nachvollziehbare Kaufpreise zugeordnet werden oder im Rahmen eines Tauschvertrages wechselseitig jeweils nur ein Grundstück übertragen wird; vgl. gleichlautende Länder-Erlasse vom 18.07.2007, z.B. FinMin BaWü vom 18.07.2007, 3 – S 4541/4, BStBl. I 2007, 549, Tz. 2; OFD Hannover, Verfügung S4541 – 7 – StO 262 vom 08.02.2008, StEK § 17 GrEStG Nr. 10.

1560 So OFD Münster, Verfügung S 4541 – 18 – St 24 – 35 vom 15.05.2000 für den Fall der Verlegung des Orts der Geschäftsleitung zwischen Steuerentstehung und dem Bekanntwerden des Erwerbsvorgangs bei einem FA, StEK § 26 AO Nr. 22.

jeder Vertrag für sich zu beurteilen,[1561] d.h. jedes Lage-FA hat für seinen Anteil selbst die GrESt festzusetzen.[1562]

**1040** Auch bei Grundstückserwerben durch Umwandlungsvorgänge ist gem. § 17 Abs. 1 Satz 1 GrEStG das FA örtlich zuständig, in dessen Bezirk das Grundstück bzw. der wertvollste Teil des Grundstücks liegt. Dies gilt allerdings nur, wenn die Grundstücke im Bezirk desjenigen FA liegen, in dem sich die Geschäftsleitung des übernehmenden Rechtsträgers befindet.[1563] Ist durch den Umwandlungsvorgang ein Grundstück außerhalb des Bezirks dieses FA betroffen, so bestimmt § 17 Abs. 3 Satz 1 Nr. 1 GrEStG, dass die Besteuerungsgrundlagen gesondert festzustellen sind. Zuständig für die gesonderte Feststellung ist in diesem Fall das FA, in dessen Bezirk sich die Geschäftsleitung des Erwerbers befindet. Befindet sich diese nicht im Inland, hat eine gesonderte Feststellung gem. § 17 Abs. 3 Satz 2 i.V.m. Abs. 2 GrEStG durch das FA zu erfolgen, in dessen Bezirk der wertvollste Grundstücksteil, das wertvollste Grundstück oder der wertvollste Bestand an Grundstücksteilen oder Grundstücken liegt.[1564]

**1041** Der aufgrund gesonderter Feststellung ergehende Bescheid ist ein Grundlagenbescheid gem. § 171 Abs. 10 AO und gem. § 182 Abs. 1 Satz 1 AO für die Festsetzung der GrESt verbindlich. Im Fall einer gesonderten Feststellung ist in dem Feststellungsbescheid verbindlich zu entscheiden über die Steuerpflicht dem Grunde nach, das Eingreifen von Steuerbefreiungen, die als Steuerschuldner in Betracht kommenden Personen,[1565] die zur Steuerfestsetzung berufenen Finanzämter[1566] und die

---

1561 Zur Frage, nach welchen Kriterien zu ermitteln ist, ob eine Gesamtgegenleistung oder Einzelpreise vereinbart worden sind, vgl. *Loose*, in: Boruttau, § 9 GrEStG, Rz. 112, 119 f., 17. Aufl. 2011.
1562 Vgl. *Wohltmann*, Steuer und Studium, Beilage 1/2002, S. 20.
1563 Vgl. Widmann/Mayer/*Pahlke*, UmwG, 117. Erg.Lfg. 2010, Anh. 12 GrESt Rn. 85; *Schwerin*, RNotZ 2003, S. 493.
1564 Vgl. *Schwerin*, RNotZ 2003, S. 493.
1565 Die Notwendigkeit dieser Entscheidung folgt aus § 179 Abs. 2 AO; vgl. BFH-Urteil II R54/01 vom 31.03.2004, BStBl. II 2004, 658, wonach in dem Feststellungsbescheid über die gesonderte Feststellung der Besteuerungsgrundlagen nach § 17 Abs. 2 und 3 GrEStG bei Vorhandensein mehrerer Steuerschuldner darüber zu entscheiden ist, welche Steuerschuldner von den für die Steuerfestsetzung zuständigen Finanzämtern in Anspruch zu nehmen sind. Ist nach der im Feststellungsbescheid getroffenen Auswahlentscheidung nur ein Steuerschuldner in Anspruch zu nehmen, bedarf es nach Ansicht des BFH im Hinblick auf in Betracht kommende andere Steuerschuldner über die gesonderte Feststellung hinaus keiner einheitlichen Feststellung. Soll nach der Ermessensentscheidung des für die gesonderte Feststellung zuständigen FA nur eine Person als Steuerschuldner in Anspruch genommen werden, ist der Gegenstand der Feststellung allein dieser Person zuzurechnen.
1566 Zur Feststellung nach § 17 Abs. 2, Abs. 3 GrEStG gehört auch die verbindliche Entscheidung über die Finanzämter, die zur Steuerfestsetzung berufen sind; vgl. z.B. BFH-Urteil II R 54/01 vom 31.03.2004, BStBl. II 2004, 658; BFH-Urteil II R 9/04 vom 06.07.2005, BStBl. II 2005, 780. Fraglich ist, ob der Steuerpflichtige mit Erfolg Rechtsbehelfe gegen Folgebescheide einlegen kann, wenn der zugrunde liegende Feststellungsbescheid keine Entscheidung über die zur Steuerfestsetzung berufenen Finanzämter trifft.

Grundstücke, auf die sich der Rechtsvorgang bezieht.[1567] Nach Ansicht des BFH hat die gesonderte Feststellung der Besteuerungsgrundlagen nach § 17 Abs. 3 GrEStG für alle von einem der GrESt unterliegenden Rechtsvorgang betroffenen Grundstücke in einem Feststellungsbescheid zu erfolgen. Das FA ist gehindert, für den selben Rechtsvorgang in einem weiteren Bescheid Feststellungen über Besteuerungsgrundlagen (z.b. für ein bisher nicht berücksichtigtes Grundstück) zu treffen, wenn nicht die Voraussetzungen für eine Änderung des ursprünglichen Bescheids nach den allgemeinen verfahrensrechtlichen Vorschriften vorliegen.[1568] Soweit § 17 Abs. 3a GrEStG nicht eingreift, ist auch zu entscheiden über die insgesamt nach §§ 8, 9 GrEStG zugrunde zu legende Bemessungsgrundlage und über deren Aufteilung im Verhältnis der einzelnen Grundstücke.[1569] Vor Einfügung von § 17 Abs. 3a GrEStG durch das StÄndG 2001[1570] war das Feststellungs-FA in den Fällen des § 8 Abs. 2 GrEStG verpflichtet, die Grundbesitzwerte bei den zuständigen Lagefinanzämtern anzufordern und in die Feststellung aufzunehmen. Zwar erfolgte die Grundbesitzwert-Feststellung auch vor dieser Gesetzesänderung in einem verselbstständigten Feststellungsverfahren. Innerhalb dieses zweistufigen Feststellungsverfahrens entfaltete der den Grundbesitzwert feststellende Bescheid im Umfang des ihm zugewiesenen Regelungsbereichs jedoch Bindungswirkung für den Bescheid nach § 17 Abs. 3 GrEStG.[1571] Zur Vermeidung unnötigen Verwaltungsaufwands[1572] wird hierauf seit Inkrafttretens des StÄndG 2001 am 31.12.2001 nach § 17 Abs. 3a GrEStG in allen noch offenen Fällen verzichtet. Die Ermittlung der Besteuerungsgrundlagen ist seitdem von den für die Festsetzung der GrESt zuständigen Finanzämtern zu veranlassen. Der Grundbesitzwert-Feststellungsbescheid ist Grundlagenbescheid i.S.v. §§ 175 Abs. 1 Nr. 1, 171 Abs. 10 AO für

---

1567 Vgl. *Hofmann,* § 17 GrEStG, Rz. 16, 9. Aufl. 2010; Pahlke, in: Pahlke, § 17 GrEStG, Tz. 11, 4. Aufl. 2010. Fraglich ist, ob – was in der Praxis gelegentlich zu beobachten ist – im Feststellungsbescheid auf dem Feststellungsbescheid nicht als Anlage beigefügte andere Dokumente verwiesen werden darf.
1568 Vgl. BFH-Urteil II R 120/91 vom 15.06.1994, BStBl. II 1994, 819.
1569 Vgl. *Boruttau/Viskorf,* § 17 GrEStG, Rz. 66, 17. Aufl. 2011.
1570 § 17 Abs. 3a GrEStG, wonach in die gesonderte Feststellung nach § 17 Abs. 2, Abs. 3 GrEStG nicht die Werte i.S.v. § 138 Abs. 2 bis 4 BewG aufzunehmen sind, wenn die Steuer nach § 8 Abs. 2 GrEStG zu bemessen ist, wurde durch das StÄndG 2001 mit Wirkung für alle noch offenen Steuerfälle eingeführt; vgl. BFH-Beschluss II B 172/08 vom 17.08.2009, BFH/NV 2009, 1970; *Boruttau/Viskorf,* § 17 GrEStG, Rz. 1, 17. Aufl. 2011.
1571 Vgl. das zur Rechtslage vor der Gesetzesänderung durch das StÄndG 2001 ergangene BFH-Urteil II R 27/03 vom 20.10.2004, BStBl. II 2005, 105.
1572 Vgl. BT-Drucks. 14/6877, 32. *Hofmann,* § 17 GrEStG, Rz. 16, 9. Aufl. 2010 weist darauf hin, dass es äußerst fragwürdig sei, ob durch § 17 Abs. 3a GrEStG »unnötiger« Verwaltungsaufwand vermieden werden könne, weil das Feststellungs-FA jedenfalls alle Grundstücke in den Feststellungsbescheid aufnehmen muss, auf die sich der Rechtsvorgang bezieht. Aus dieser Sicht sei es kaum verwaltungsökonomischer, dass das FA, dem gem. §§ 18, Abs. 5, 19 Abs. 4 GrEStG der Erwerbsvorgang anzuzeigen ist, nicht auch die Feststellung der Grundbesitzwerte veranlassen soll. Die Ortsnähe sei in dieser Hinsicht keine Hilfe und damit aus verwaltungsökonomischen Gründen ohne Relevanz.

den Grunderwerbsteuer-Festsetzungsbescheid. § 17 Abs. 3 GrEStG lässt die Zuständigkeit der Lagefinanzämter für die gesonderte Feststellung des Grundbesitzwerts unberührt.[1573] §§ 8 Abs. 2 GrEStG i.V.m. 151 Abs. 1 Nr. 1, Abs. 5 BewG enthalten eine gegenüber § 17 Abs. 3 GrEStG spezielle gesetzliche Grundlage zur gesonderten Feststellung des Grundbesitzwerts.[1574] Die Feststellungsfrist beträgt gem. § 169 Abs. 2 Nr. 2 AO ebenso wie die Frist für die Festsetzung der GrESt vier Jahre, und zwar sowohl für die gesonderte Feststellung nach § 17 Abs. 2, Abs. 3 GrEStG[1575] als auch für die Grundbesitzwert-Feststellung.[1576]

1042 Liegt der gesonderten Feststellung ein Rechtsvorgang zugrunde, dem ein Rechtsvorgang vorausgegangen ist, dessen Tatbestand in einem anderen Absatz (außer Abs. 2a) von § 1 GrEStG normiert ist, so ist über die in § 1 Abs. 6 Satz 2 GrEStG angeordnete Anrechnung der Bemessungsgrundlage, von der die GrESt für den vorausgegangenen Rechtsvorgang berechnet worden ist, nicht im Feststellungsbescheid nach § 17 Abs. 2, Abs. 3 GrEStG zu entscheiden. Die Anrechnung hat vielmehr durch das jeweilige Lage-FA zu erfolgen, dass auch die Steuerfestsetzung für den vorausgegangenen Rechtsvorgang durchgeführt hat.[1577] Das für die gesonderte Feststellung zuständige FA hat – soweit ihm die Tatsache der Anrechnung nach § 1 Abs. 6 Satz 2 GrEStG bekannt ist – das LageFA lediglich entsprechend zu unterrichten.

1043 Über die Durchführung der gesonderten Feststellung nach § 17 GrEStG gibt es einen ausführlichen Erlass der Obersten Finanzbehörden der Länder vom 18.07.2007, der zahlreiche Zweifelsfragen regelt.[1578] Weitergehende Verwaltungsanweisungen enthält die Verfügung der OFD Hannover vom 08.02.2008.[1579] Nachdem der BFH mit den Beschlüssen II R 23/10 und II R 64/08 vom 02.03.2011[1580] dem BVerfG die Frage zur Entscheidung vorgelegt hat, ob § 11 GrEStG in der im Jahr 2001 geltenden Fassung mit Art. 3 Abs. 1 GG insofern unvereinbar ist, als er die Beteiligten an Erwerbsvorgängen i.S.v. § 8 Abs. 2 GrEStG, für die die (Ersatz-) Steuerbemessungsgrundlage nach § 138 Abs. 2 und Abs. 3 BewG in der im Jahr 2001 geltenden Fassung zu ermitteln ist, mit einheitlichen Steuersätzen belastet, sind die Feststellungen der Besteuerungsgrundlagen nach § 17 GrEStG – ebenso wie Grunderwerbsteuer-Festsetzungsbescheide und Grundbesitzwert-Feststellungsbescheide – nach den gleichlautenden Erlassen der Obersten Finanzbehörden der Länder v. 17.06.2011[1581] mit einem Vorläufigkeitsvermerk i.S.v. § 165 Abs. 1 Satz 2 Nr. 3 AO zu versehen.

---

1573 Vgl. *Boruttau/Viskorf*, § 17 GrEStG, Rz. 68, 17. Aufl. 2011.
1574 Vgl. BFH-Urteil II R 27/03 vom 20.10.2004, BStBl. II 2005, 105.
1575 Vgl. § 181 Abs. 1 Satz 1 AO.
1576 Vgl. § 153 Abs. 5 BewG, § 181 Abs. 1 Satz 1 AO.
1577 Vgl. gleichlautende Länder-Erlasse vom 18.07.2007, BStBl. I 2007, 549 ff., Tz. 9.
1578 Vgl. Erl. vom 18.07.2007, BStBl. I 2007, 549 ff.
1579 Vgl. OFD Hannover, Verfügung S 4541 – 7 – StO – 262 vom 08.02.2008, StEK § 17 GrEStG Nr. 10.
1580 Vgl. BFH-Beschluss II R 23/10 vom 02.03.2011, BB 2011, 1630 m. Anm. *Behrens*.
1581 Vgl. BStBl. I 2011, 575.

## L. Anzeigepflichten und Unbedenklichkeitsbescheinigung

Übersicht  
Rn.
I. Anzeigepflicht der Gerichte, Behörden und Notare . . . . . . . . . . . . . . . . . . . . . . . 1043
   1. Allgemeine Vorbemerkungen . . . . . . . . . . . . . . . . . . . . . . . . . . . . . . . . . . . . . . 1043
   2. Notarhaftung . . . . . . . . . . . . . . . . . . . . . . . . . . . . . . . . . . . . . . . . . . . . . . . . . . . 1049
II. Anzeigepflicht der Beteiligten . . . . . . . . . . . . . . . . . . . . . . . . . . . . . . . . . . . . . . . . 1052
III. Inhalt der Anzeigen . . . . . . . . . . . . . . . . . . . . . . . . . . . . . . . . . . . . . . . . . . . . . . . . 1058
IV. Urkundenaushändigung . . . . . . . . . . . . . . . . . . . . . . . . . . . . . . . . . . . . . . . . . . . . 1060
V. Unbedenklichkeitsbescheinigung . . . . . . . . . . . . . . . . . . . . . . . . . . . . . . . . . . . . 1062

### I. Anzeigepflicht der Gerichte, Behörden und Notare

#### 1. Allgemeine Vorbemerkungen

Anzeigepflichtig sind nach § 18 Abs. 1 Satz 1 Nr. 1 GrEStG in erster Linie alle ein inländisches Grundstück betreffenden Rechtsvorgänge, die der Anzeigepflichtige beurkundet oder über die er eine Urkunde entworfen und darauf eine Unterschrift beglaubigt hat. Hierzu gehören neben den Rechtsgeschäften nach § 1 Abs. 1 Nr. 1 GrEStG auch z.B. Kauf- und Verkaufsangebote (einschließlich deren Annahme), Vorverträge und Optionsrechte, Erbteilsübertragungen[1582] sowie Umwandlungen.[1583] Die Obersten Finanzbehörden der Länder haben Merkblätter über die Beistandspflichten der Notare auf dem Gebiet der GrESt und der Erbschaft- und Schenkungsteuer herausgegeben.[1584]  1043

Nicht anzeigepflichtig ist die bloße Einräumung eines Vorkaufsrechts. Auch sonstige dingliche Belastungen eines Grundstücks bedürfen keiner Anzeige.[1585] Notariell beurkundete bzw. beglaubigte Vollmachten, die sich auf Grundbesitz erstrecken, sind dann anzuzeigen, wenn zugleich eine Ermächtigung zur Veräußerung des Grundstücks auf eigene Rechnung damit verbunden ist. Wann dies der Fall ist, ergibt sich im Einzelfall aus dem Auftrag an den Notar. Eine Unterscheidung zwischen  1044

---

[1582] Erbteilsübertragungen muss der Notar anzeigen, sofern Grundstücke zum Nachlass gehören und der Notar dies weiß; vgl. *Hofmann*, § 18 Rn. 3.
[1583] Vgl. Widmann/Mayer/*Pahlke*, UmwG, 117. Erg.Lfg. September 2010, Anh. 12, GrESt Rn. 92 ff., 229 ff.; *Küpperkoch*, RNotZ 2002, S. 302 ff.; a.A. *Schwerin*, RNotZ 2003, S. 502, welcher eine Anzeigepflicht nur bejaht, wenn zugleich mit dem Umwandlungsvertrag ein Grundbuchberichtigungsantrag beurkundet wird.
[1584] Abgedruckt bei *Pahlke*, § 18 Rn. 22; MittBayNot 2006, S. 366 ff. Die OFD Karlsruhe hat das Merkblatt über die steuerlichen Beistandspflichten der Notare auf den Gebieten der Grunderwerbsteuer, Erbschaftsteuer (Schenkungsteuer) und der Ertragsteuern mit Verfügung vom 23.11.2009 (Stand Oktober 2009) neu aufgelegt; vgl. hierzu OFD Karlsruhe, UVR 2010, S. 45.
[1585] Vgl. *Pahlke*, § 18 Rn. 9. Etwas anderes gilt nur bei den nach § 2 Abs. 2 GrEStG einem Grundstück gleichstehenden Rechten, z.B. bei der Bestellung eines Erbbaurechtes.

Spezial- und Generalvollmachten oder im Hinblick auf die Widerruflichkeit bzw. Unwiderruflichkeit ist nicht angezeigt.[1586] Für gewöhnliche General- und Vorsorgevollmachten sowie Spezialgrundstücksvollmachten besteht daher regelmäßig keine grunderwerbsteuerliche Anzeigepflicht des diese Vollmachten beurkundenden bzw. die Unterschriften bei einem entsprechenden eigenen Entwurf beglaubigenden Notars.[1587]

**1045** Beim sogenannten einheitlichen Vertragswerk haben sich der Bundesfinanzminister und der Präsident der Bundesnotarkammer 1992 im Hinblick auf die notarielle Verschwiegenheitspflicht dahingehend verständigt, dass den Notar nur dann keine Anzeigepflicht trifft, wenn er die grunderwerbsteuerrechtliche Relevanz solcher Verträge »mit Gewissheit« auszuschließen vermag.[1588]

**1046** Handelt es sich um einen schwebend unwirksamen Erwerbsvorgang, so umfasst die Anzeigepflicht nicht den Eintritt der Rechtswirksamkeit des Vertrages. Der Notar hat lediglich das schwebend unwirksame Rechtsgeschäft anzuzeigen, obwohl die GrESt hieraus wegen § 14 GrEStG noch nicht entsteht. Allerdings wird bei schwebend unwirksamen Verträgen auch noch keine Unbedenklichkeitsbescheinigung erteilt, sodass die Mitteilung des Eintritts der Rechtswirksamkeit die Umschreibung im Grundbuch regelmäßig beschleunigt.[1589] Der Notar genügt seiner Anzeigepflicht gem. § 18 Abs. 5 GrEStG gegenüber dem für die Besteuerung zuständigen FA jedoch nicht, wenn er die Urkunde über den Erwerbsvorgang an die Körperschaftsteuerstelle versendet.[1590] Erforderlich ist vielmehr eine Anzeige an die nach § 17 GrEStG zuständige Grunderwerbsteuerstelle.[1591] In Zweifelsfällen über die Zustän-

---

1586 Vgl. ausführlich *Everts,* UVR 2009, S. 336 ff.
1587 Vgl. *Everts,* UVR 2009, S. 339. Demgegenüber behandeln die Merkblätter der FinVerw. ohne nähere Differenzierung die Erteilung von Verkaufsvollmachten als anzeigepflichtig; vgl. z.B. Bayer. Landesamt für Steuern, Stand Mai 2006, Teil B, Tz. 2.1.6., abgedruckt in *Borrutau,* § 18 Rn. 36. Im Hinblick darauf, dass die Sichtweise der FinVerw. nicht zwingend aus dem Gesetz ableitbar ist, dürften derartige Verwaltungserlasse oder Richtlinien mangels gesetzlicher Ermächtigung gegen die notarielle Verschwiegenheitspflicht verstoßen. Bei Zweifeln über seine Pflicht zur Verschwiegenheit sollte der Notar die Entscheidung der Aufsichtsbehörde (§ 18 Abs. 3 BNotO) herbeiführen.
1588 Vgl. hierzu *Pahlke,* § 18 Rn. 10 m.w.N. Allerdings besteht für die Beteiligten i.S.v § 13 Nr. 1 GrEStG eine Anzeigepflicht hinsichtlich der neben dem Grundstückskaufvertrag abgeschlossenen Verträge (z.B. Werkverträge) gem. § 19 Abs. 2 Nr. 1 GrEStG; vgl. *Boruttau/Viskorf,* § 19 GrEStG, Rz. 20, 17. Aufl. 2011.
1589 Vgl. *Pahlke,* § 18 Rn. 11.
1590 Aufgrund Revision gegen das Urteil 2 K 1137/08 vom 02.11.2010 des FG Saarland vom 02.11.2010 ist beim BFH unter AZ II R 56/10 die Frage anhängig, ob der nach § 19 GrEStG anzeigepflichtige Steuerschuldner seine Anzeigepflicht auch dann erfüllt, wenn er seine Anzeige an das nach § 17 GrEStG zuständige FA richtet, ohne als Adressat der Anzeige die Grunderwerbsteuerstelle anzugeben.
1591 Vgl. BFH, Notar 12/2008, S. 376 ff. m. Anm. *Ihle.*

I. Anzeigepflicht der Gerichte, Behörden und Notare L.

digkeit ist zu empfehlen, die Anzeige an jedes als zuständig in Betracht kommende FA zu senden.[1592]

Mit Urteil vom 23.05.2012 hat der BFH weitgehend geklärt, welche inhaltlichen Voraussetzungen eine Anzeige erfüllen muss, um den Lauf der Festsetzungsfrist nach § 170 Abs. 2 Satz 1 Nr. 1 AO in Gang zu setzen.[1593] In dem zugrunde liegenden Fall, der eine Anteilsvereinigung i.S.v. § 1 Abs. 3 Nr. 1 GrEStG betraf, für die die Parteien des Anteilsübertragungsvertrags eine Anzeige nach § 19 Abs. 1 Satz 1 Nr. 4 GrEStG abgegeben hatten, war das der Gesellschaft gehörende Grundstück lediglich mit seiner postalischen Adresse bezeichnet und ausgeführt worden, es handele sich bei der Übertragung der Geschäftsanteile um eine Schenkung unter Lebenden i.S.v. § 3 Abs. 6 GrEStG. Der BFH entschied, dass es die in der Anzeige enthaltene Bezeichnung des Grundbesitzes der GmbH nach Straße und Hausnummer dem FA ermögliche, unverzüglich in das Besteuerungsverfahren einzutreten. Dass die Anzeige nicht die nach § 20 Abs. 1 Nr. 3 GrEStG erforderlichen Angaben zur Größe und zur Art der Bebauung des der GmbH gehörenden Grundstücks enthielt, stehe dem nicht entgegen. Denn auch ohne diese Angaben sei das Grundstück zweifelsfrei zu bestimmen, sodass die dem FA zur Verfügung stehende Bearbeitungszeit durch die fehlenden Angaben nicht verkürzt würde. Eine Anzeige nach § 19 GrEStG kommt jedoch dann keine die Anlaufhemmung beendende Wirkung zu, wenn ihr die nach § 20 Abs. 1 Nr. 2 GrEStG erforderlichen Grundstücks-Angaben vollständig fehlen.[1594] Auch wenn der Notar keinerlei Angaben i.S.v. § 20 Abs. 1 Nr. 2, Nr. 3 GrEStG macht, hindert seine Anzeige den Eintritt der Anlaufhemmung nach § 170 Abs. 2 Nr. 1 AO nicht.[1595] Zu den Steuererklärungen und Anzeigen i.S.v. § 170 Abs. 2 Nr. 1 AO gehören allerdings – wenn eine alleinige Anzeigepflicht der Gerichte, Behörden und Notare besteht und nicht daneben auch der Steuerpflichtige zur Anzeige verpflichtet ist – nicht die von Dritten zu erstattenden Anzeigen, und damit auch nicht die von Notaren nach § 18 GrEStG zu erstattenden Anzeigen.[1596] Nicht höchstgerichtlich entschieden ist bisher, ob die Anlaufhemmung auch dann eintritt, wenn der Notar zwar eine inhaltlich vollständige Anzeige erstattet, dabei jedoch nicht den amtlich vorgeschriebenen Vordruck verwendet. Nach dem Urteil des FG Nürnberg vom 18.08.2011[1597] kann ein formloses Anschreiben den

1047

---

1592 Vgl. *Haßelbeck*, MittBayNot 2009, S. 415. Allerdings dürfte die Anzeige an eines von mehreren zuständigen Finanzämtern genügen, um die Sanktion des § 16 Abs. 5 GrEStG zu vermeiden; vgl. *Gottwald*, DNotZ 2006, S. 824.
1593 Vgl. BFH-Urteil II R 56/10 vom 23.05.2012, BFH/NV 2012, 1579. Erstinstanzlich: FG Saarland, Urteil 2 K 1137/08 vom 20.01.2011.
1594 Vgl. BFH-Beschluss II B 172/08 vom 17.08.2009, BFH/NV 2009, 1970.
1595 Vgl. BFH-Beschluss II B 172/08 vom 17.08.2009, BFH/NV 2009, 1970.
1596 Vgl. BFH-Urteil II R 9/04 vom 06.07.2005, BStBl. II 2005, 780.
1597 Vgl. FG Nürnberg, Urteil 4 K 1837/10 vom 18.08.2011, allerdings im Zusammenhang mit § 16 Abs. 5 GrEStG. Abgesehen davon, dass der Notar in dem zugrunde liegenden Fall die Anzeige nicht auf dem amtlichen Vordruck, sondern in einem formlosen Anschreiben erstattete, waren zudem keine Angaben zum Grundbesitz gemacht worden.

amtlich vorgeschriebenen Vordruck nicht ersetzen. Denn die einzelnen Blätter des Vordrucksatzes »Veräußerungsanzeige« würden i.d.r. innerhalb der Finanzbehörde zur Bearbeitung weitergeleitet, die Rückseite eines Blattes enthält das Formular der Unbedenklichkeitsbescheinigung.

1048 Durch das Steuervereinfachungsgesetz vom 2011 vom 01.11.2011[1598] ist § 18 Abs. 1 Satz 3 GrEStG a.f., wonach eine elektronische Übermittlung der von Gerichten, Behörden und Notaren zu erstattenden Anzeigen ausgeschlossen war, aufgehoben worden. Nach § 22a GrEStG n.F. wird das BMF zur Vereinfachung des Besteuerungsverfahrens ermächtigt, im Benehmen mit dem Bundesministerium des Inneren und mit Zustimmung des Bundesrates durch Rechtsverordnung ein Verfahren zur elektronischen Übermittlung der Anzeige und der Abschrift der Urkunde i.S.v. § 18 GrEStG näher zu bestimmen. Die Authentifizierung des Datenübermittlers sowie die Vertraulichkeit und Integrität des übermittelten elektronischen Dokuments sind sicher zu stellen. Soweit von dieser Ermächtigung nicht gebraucht gemacht wurde, ist die elektronische Übermittlung der Anzeige und der Abschrift der Urkunde i.S.v. § 18 GrEStG ausgeschlossen. Bisher ist eine solche Rechtsverordnung nicht erlassen worden, die elektronische Übermittlung also nach wie vor ausgeschlossen.

## 2. Notarhaftung

1049 Ein Notar kann bei Unterlassung einer nach § 18 GrEStG erforderlichen Anzeige unter Umständen eine leichtfertige Steuerverkürzung begehen; in diesem Fall verlängert sich die Festsetzungsfrist auf fünf Jahre.[1599] Die Nichtanzeige des Erwerbsvorgangs i.S.d. § 1 Abs. 2, 2a, 3 GrEStG führt aufgrund § 16 Abs. 5 GrEStG darüber hinaus zum Ausschluss der Vergünstigungen aus § 16 Abs. 1 bis 4 GrEStG.[1600]

1050 Neben der strafrechtlichen Haftung des Notars aufgrund einer unterlassenen Anzeige[1601] kommt eine zivilrechtliche Schadensersatzpflicht auch dann in Betracht, wenn der Notar im Zusammenhang mit der Beurkundung tatsächlich über steuerliche Folgen berät und die Auskunft nicht zutreffend, unklar oder nicht erkennbar unvollständig ist.[1602] Zwar ist der Notar grds. nicht verpflichtet, den Beteiligten steuerliche Belehrungen zu erteilen; auch die Hinweispflicht nach § 19 BeurkG beschränkt sich darauf, dass die Eintragung im Grundbuch erst nach Erteilung der Unbedenklichkeitsbescheinigung erfolgen darf. Wenn der Notar gleichwohl ohne entsprechende Verpflichtung eine grunderwerbsteuerliche Beratung vornimmt, haftet er selbstverständlich für eine etwaige fehlerhafte Auskunft.

---

1598 BGBl. 2011 Teil I Nr. 55 ausgegeben am 04.11.2011.
1599 Vgl. *Pahlke*, § 18 Rn. 20.
1600 Zu den Haftungsrisiken des Notars vgl. bereits die Ausführungen unter Rdn. 1024.
1601 Zur zivilrechtlichen Haftungssituation des Notars bei unterlassener Anzeige vgl. Rdn. 1024.
1602 Vgl. BGH, NJW 1986, S. 1329; *Pahlke*, § 18 Rn. 24.

Bei der Gestaltung eines Kaufvertrages ist ferner darauf zu achten, dass die Kaufpreisfälligkeit nicht vom Vorliegen der Unbedenklichkeitsbescheinigung abhängig gemacht wird. Andernfalls könnte der Käufer durch Nichtzahlung der GrESt den Eintritt der Fälligkeit hinausschieben und somit einen Schaden beim Verkäufer auslösen.[1603] 1051

## II. Anzeigepflicht der Beteiligten

Nach § 19 GrEStG sind ausschließlich die Steuerschuldner i.S.d. § 13 GrEStG anzeigepflichtig.[1604] Die gesetzlich vorgeschriebene Pflicht zur Anzeige der der GrESt unterliegenden Vorgänge ist eine objektive, die unabhängig von subjektiven Kenntnissen und Fähigkeiten des zur Anzeige Verpflichteten besteht. Auch die Anlaufhemmung nach § 170 Abs. 2 AO tritt unabhängig von subjektiven Momenten schon bei objektive Anzeigepflichtverletzung ein;[1605] allerdings nützt dem nach § 19 GrEStG anzeigepflichtigen Steuerschuldner eine vom Notar tatsächlich erstattete »ordnungsgemäße« Anzeige insoweit, als der Beginn der Festsetzungs- bzw. Feststellungsfrist nach § 170 Abs. 2 Nr. 1 AO nicht dadurch weiter hinausgeschoben wird, dass für denselben Rechtsvorgang nach § 19 GrEStG Anzeigeverpflichtete ihre Anzeigepflicht nicht erfüllt haben.[1606] Die Anzeigepflicht wird nach ständiger Rechtsprechung des BFH nur durch Übermittlung der Anzeige an die *Grunderwerbsteuerstelle* des zuständigen FA ordnungsgemäß erfüllt.[1607] Außerdem muss die Anzeige als eine solche nach dem GrEStG gekennzeichnet sein.[1608] 1052

Die Vorschrift des § 19 GrEStG bezweckt ebenso wie § 18 GrEStG die Sicherung des Steueraufkommens. 1053

Andere Personen (z.B. Initiatoren oder Projektanbieter im Bauherrenmodell), die selbst keine Steuerschuldner sind, trifft keine Anzeigepflicht. 1054

Nach § 19 Abs. 2 GrEStG ist insbesondere auch über jede nachträgliche Erhöhung einer Gegenleistung Anzeige zu erstatten. Der Zeitraum, innerhalb dessen es zur Erhöhung der Gegenleistung kommt, ist für § 19 Abs. 2 Nr. 1 GrEStG ohne Bedeutung.[1609] 1055

Durch das Steuerentlastungsgesetz 1999/2000/2002 sowie das Steueränderungsgesetz 2001 wurden die Anzeigepflichten der Beteiligten z.T. erweitert; anzeigepflichtig sind seitdem gem. § 19 Abs. 2 Nr. 4 GrEStG auch Änderungen im Gesellschafterbestand 1056

---

1603 Vgl. *Pahlke*, § 18 Rn. 25; vgl. hierzu auch OLG Hamm, NJW 1993, S. 1601.
1604 Vgl. zur Anzeigepflicht der Beteiligten nach § 19 GrEStG ausführlich *Heine*, UVR 2004, S. 303 ff.
1605 Vgl. *Boruttau/Viskorf*, § 19 GrEStG, Rz. 22, 17. Aufl. 2011.
1606 Vgl. *Boruttau/Viskorf*, § 19 GrEStG, Rz. 15, 17. Aufl. 2011, m.w.N.
1607 Vgl. jedoch auch FG Saarland, Urteil 2 K 1197/08 vom 02.11.2010; Rev. beim BFH unter AZ II R 56/10.
1608 Vgl. BFH-Urteil II R 9/08 vom 29.10.2009, UVR 2010, S. 9.
1609 Vgl. *Pahlke*, in: Pahlke, § 19 GrEStG, Rz. 10, 4. Aufl. 2010.

## L. Anzeigepflichten und Unbedenklichkeitsbescheinigung

einer Gesamthand, wenn zuvor bei der Einbringung eines Grundstücks in diese Gesamthand durch einen Gesellschafter die Vergünstigungen des § 5 Abs. 1 oder Abs. 2 GrEStG in Anspruch genommen wurden.[1610] Nach § 19 Abs. 2 Nr. 4a GrEStG (erstmals anzuwenden auf Erwerbsvorgänge, die nach dem 31.12.2009 verwirklicht werden)[1611] haben die Steuerschuldner über Änderungen von Beherrschungsverhältnissen i.S.v. § 6a Satz 4 GrEStG Anzeige zu erstatten. Nach § 19 Abs. 2 Nr. 5 GrEStG ist zudem Anzeige zu erstatten über Änderungen in der Nutzung oder den Verzicht auf Rückübertragung, wenn der Grundstückserwerb nach § 4 Nr. 9 GrEStG von der Besteuerung ausgenommen war. Die in § 19 Abs. 2 Nr. 4, Nr. 4a und Nr. 5 GrEStG geregelten Anzeigepflichten gehen als *lex specialis* der allgemeinen Anzeigepflicht nach § 153 Abs. 2 AO vor.[1612]

**1057** Gem. § 19 Abs. 5 Satz 1 GrEStG sind die abzugebenden Anzeigen Steuererklärungen mit der Folge, dass die Nichtabgabe oder nicht fristgerechte Abgabe gem. § 152 AO einen Verspätungszuschlag auslösen kann. Die Nichterfüllung der Anzeigepflicht kann gegebenenfalls auch steuerstrafrechtliche Folgen gem. §§ 369 ff. AO auslösen. Schließlich führt die Verletzung der Anzeigepflicht zur Hemmung des Anlaufs der Festsetzungsfrist (§ 170 Abs. 2 Satz 1 Nr. 1 AO).[1613] Hat jedoch der Notar nach § 18 Abs. 1 Nr. 1 GrEStG eine hinreichend vollständige Anzeige erstattet, tritt die Anlaufhemmung nicht ein, auch wenn die Steuerschuldner keine Anzeige erstattet haben.[1614] Fraglich ist, ob dies auch für den Tatbestand von § 1 Abs. 2a GrEStG gilt. Denn der Notar hat bereits den Vertragsschluss über die Übertragung von Anteilen an grundbesitzenden Personengesellschaften anzuzeigen, während sich die Anzeigepflicht der Personengesellschaft als Steuerschuldnerin gem. § 19 Abs. 1 Nr. 3 GrEStG auf die (unmittelbare oder mittelbare) Änderung im Gesellschafterbestand selbst bezieht. Weil der Notar keine Angaben zum Zeitpunkt des dinglichen Vollzugs und damit zum Besteuerungszeitpunkt macht, könnte es – auch zur Verhinderung der Anlaufhemmung nach § 170 Abs. 2 Nr. 1 AO – erforderlich sein, dass die Steuerschuldnerin zusätzlich noch den dinglichen Vollzug der Anteilsübertragung anzeigt. Allerdings wird diese Angabe von § 20 GrEStG nicht gefordert.

---

1610 Vgl. zur Rechtslage vor dem 01.01.2000: BFH, NV 1996, S. 357; daneben kommt eine Anzeigepflicht des Notars gem. § 18 Abs. 2 Satz 2 GrEStG in Betracht; vgl. ferner BGBl. I 2001, S. 3806 ff.
1611 Vgl. § 23 Abs. 8 Satz 1 GrEStG.
1612 Vgl. *Viskorf*, in: Boruttau, § 19 GrEStG, Rz. 21, 17. Aufl. 2011.
1613 Vgl. *Pahlke*, § 19 Rn. 44.
1614 Vgl. BFH-Urteil II R 55/06 vom 11.06.2008, DStRE 2008, 1481; *Boruttau/Viskorf*, § 19 GrEStG, Rz. 15, 17. Aufl. 2011.

## III. Inhalt der Anzeigen

§ 20 GrEStG regelt, welchen Inhalt die aufgrund der §§ 18 und 19 GrEStG abzugebenden Anzeigen haben müssen. Darüber hinausgehende Angaben können vom FA nicht verlangt werden.[1615]   1058

Bei der *Veräußerung von Gesellschaftsanteilen* besteht für den Notar bezüglich des Vorhandenseins von Grundstücken keine besondere Nachforschungspflicht, sodass er sich i.R. seiner Mitwirkungspflicht auf die Angaben der Beteiligten beschränken kann. Da der amtliche Vordruck »Veräußerungsanzeige« für solche Fälle nur bedingt geeignet ist, kann der Notar – jedenfalls im Bereich der Oberfinanzdirektionen München und Nürnberg – seiner Anzeigepflicht gem. § 18 Abs. 2 Satz 2 GrEStG in einem vereinfachten Verfahren durch die Übersendung der notariellen Abtretungsurkunde und einer soweit als möglich ausgefüllten Veräußerungsanzeige nachkommen.[1616] Die in § 20 Abs. 1 Nr. 2 GrEStG (Bezeichnung des Grundstücks nach Grundbuch, Kataster, Straße und Hausnummer), Nr. 3 (Größe des Grundstücks und bei bebauten Grundstücken die Art der Bebauung) sowie in § 20 Abs. 2 GrEStG (Firma und Ort der Geschäftsleitung der Gesellschaft sowie die Bezeichnung des oder der Gesellschaftsanteile) geforderten Angaben brauchen in der Veräußerungsanzeige nicht gemacht zu werden. Die gegebenenfalls im Besteuerungsverfahren erforderlichen weiteren Sachverhaltsermittlungen (insbesondere bezüglich der der Gesellschaft grunderwerbsteuerlich zuzurechnenden Grundstücke) sind i.R. der §§ 88 ff. AO vom FA durchzuführen.[1617]   1059

Durch das Jahressteuergesetz 2010 wurde § 20 Abs. 1 Nr. 1 und Abs. 2 Nr. 1 GrEStG geändert.[1618] Dem FA sind nunmehr auch die steuerliche Identifikationsnummer des Erwerbers und des Veräußerers mitzuteilen. Anzeigen, die sich auf Anteile an einer Gesellschaft beziehen, müssen zusätzlich die Wirtschafts-Identifikationsnummer der Gesellschaft enthalten. Zu beachten ist in dem Zusammenhang die gleichfalls durch das Amtshilferichtlinie-Umsetzungsgesetz erfolgte Ergänzung des § 20 Abs. 2 GrEStG um eine neue Nr. 3. Danach ist einer Anzeige, die sich auf Anteile an einer

---

1615 Vgl. *Pahlke*, § 20 Rn. 1; vgl. hierzu auch BFH-Urteil II R 16/92 vom 08.11.1995, BFH/NV 1996, S. 357: Danach ist die Anzeige von Umständen, die zur Versagung der sonst indizierten Steuervergünstigung nach § 5 Abs. 1 GrEStG führen, gesetzlich nicht vorgeschrieben, bezogen auf die Übertragung von Gesamthandsbeteiligungen nach Übertragung eines Grundstücks auf die Gesamthand (der die Grundstücksübertragung auf die Gesamthand anzeigende Notar hatte die anschließende Übertragung der Gesamthandsbeteiligung durch den das Grundstück Übertragenden nicht angezeigt). Die Nicht-Anzeige dieses Umstandes führt nach Ansicht des BFH zu keiner Anlaufhemmung der Festsetzungsfrist für die Grunderwerbsteuer, die durch die Einbringung des Grundstücks in die Gesamthand entsteht.
1616 Vgl. OFD München, Verfügung vom 06.11.2001 und OFD Nürnberg, Verfügung vom 29.10.2001, abgedruckt in MittBayNot 2001, S. 595.
1617 Vgl. OFD München, Verfügung vom 06.11.2001 und OFD Nürnberg, Verfügung vom 29.10.2001, abgedruckt in MittBayNot 2001, S. 595.
1618 Vgl. Jahressteuergesetz 2010, BGBl. 2010, S. 1768 ff.

Gesellschaft bezieht, bei mehreren beteiligten Rechtsträgern eine Beteiligungsübersicht beizufügen.[1619]

Die Anlaufhemmung i.S.v. § 170 Abs. 2 Nr. 1 AO nicht verhindern kann eine Anzeige, die keinerlei Angaben zu den Grundstücken i.s.v. § 20 Abs. 1 Nr. 2, Nr. 3 GrEStG enthält.[1620] Sind nicht alle in § 20 Abs. 1 Nr. 2, Nr. 3 GrEStG genannten Angaben gemacht worden, wurden die Grundstücke als solche jedoch hinreichend individualisiert, liegt eine unschädliche Unvollständigkeit vor, die nicht zum Eintritt der Anlaufhemmung führt. Dies gilt, obwohl das Gesetz zwingend bestimmte weitere Detail-Angaben vorschreibt.[1621] Weitere Klärung der Frage, welche inhaltlichen Voraussetzungen eine Anzeige nach §§ 19, 20 GrEStG erfüllen muss, um den Lauf der Festsetzungsfrist nach § 170 Abs. 2 Satz 1 Nr. 1 AO in Gang zu setzen, wird der BFH voraussichtlich im Revisionsverfahren II R 56/10 herbeiführen können.

### IV. Urkundenaushändigung

1060 Die Gerichte, Behörden und Notare dürfen Urkunden, die einen anzeigepflichtigen Vorgang betreffen, den Beteiligten erst aushändigen und Ausfertigungen oder beglaubigte Abschriften den Beteiligten erst erteilen, wenn sie die Anzeigen an das FA abgesandt haben. Nach dem Referentenentwurf des BMF eines Gesetzes zur Umsetzung der Protokollerklärung zum Gesetz zur Anpassung der AO an den Zollkodex der Union und zur Änderung weiterer steuerlicher Vorschriften (Bearbeitungsstand: 19.02.2015, 15:30 Uhr) und auch nach dem Regierungsentwurf v. 27.03.2015 (BR-Drs. 121/15) soll § 21 dahingehend ergänzt werden, dass die Gerichte, Behörden und Notare Urkunden, die einen anzeigepflichtigen Vorgang betreffen, den Beteiligten erst aushändigen und Ausfertigungen oder beglaubigte Abschriften den Beteiligten erst erteilen dürfen, wenn sie die Anzeigen **in allen Teilen vollständig (§§ 18 bis 20)** an das FA abgesandt haben. Die Neufassung von § 21 GrEStG sollte nach dem Referentenentwurf v. 19.02.2015 auf alle Erwerbsvorgänge anzuwenden sein, die nach dem 06.06.2013 verwirklicht worden sind; im Regierungsentwurf v. 27.03.2015 wird auf diese Rückwirkung zu Recht verzichtet. Der Gesetzgeber will damit im Hinblick auf die Ergänzung von § 16 Abs. 5 GrEStG durch das sog. KroatienG vom 25.07.2014 sicherstellen, dass der Anzeigenbegriff innerhalb des GrEStG einheitlich anzuwenden ist. Mit der entsprechenden Änderung in § 16 Abs. 5 GrEStG hatte der Gesetzgeber auf das BFH-Urteil II R 51/11 vom 18.04.2012[1622] reagiert, in dem der BFH entschieden hatte, dass der in § 16 Abs. 5 GrEStG a.F. verwendete Begriff

---

1619 Vgl. Amtshilferichtlinie-Umsetzungsgesetz vom 26.06.2013, BGBl. I 2013, S. 1809; vgl. hierzu auch *Ihle*, Notar 2013, S. 379.
1620 Vgl. BFH-Beschluss II B 172/08 vom 17.08.2009, BFH/NV 2009, 1970.
1621 Vgl. FG Saarland, Urteil 2 K 1137/08 vom 02.11.2010; a.A. *Ruban*, in: HHS, § 170 AO, Rz. 19 a.E., allerdings unter Verweis auf das BFH-Urteil II R 43/96 vom 16.10.1996, BStBl. II 1997, 73, das diese Frage nicht betrifft.
1622 Vgl. BStBl. II 2013, 830. Vgl. den Nicht-Anwendungserlass vom 04.06.2013, z.B. FinMin BaWü, BStBl. I 2013, 1277.

»ordnungsgemäß« unbestimmt und einschränkend dahingehend auszulegen sei, dass grundstücksbezogene Angaben gänzlich fehlen können.

Die Vorschrift stellt sicher, dass die nach § 18 GrEStG anzeigepflichtigen Personen ihrer Anzeigepflicht tatsächlich nachkommen. Dem Grundbuchamt dürfen dagegen die Urkunden bereits vor Absendung der Anzeige vorgelegt werden, was im Hinblick auf die sich durch § 17 GBO ergebende Reihenfolge der Eintragungen wichtig ist.[1623]  **1061**

## V. Unbedenklichkeitsbescheinigung

Gemäß § 22 Abs. 1 Satz 1 GrEStG darf der Erwerber eines Grundstücks in das Grundbuch erst dann eingetragen werden, wenn eine Bescheinigung des FA vorgelegt wird, aus der sich ergibt, dass der Eintragung steuerliche Bedenken nicht entgegen stehen (sog. Unbedenklichkeitsbescheinigung). Die Nichterteilung der Unbedenklichkeitsbescheinigung hat somit die Wirkung einer *Grundbuchsperre*. Die Unbedenklichkeitsbescheinigung ist erforderlich, unabhängig davon, ob es sich um eine rechtsändernde oder nur berichtigende (z.B. bei Umwandlungsfällen) Eintragung handelt.[1624] **1062**

Es handelt sich somit um das wirksamste Mittel zur Sicherung des Steuereingangs. **1063**

Entbehrlich ist die Unbedenklichkeitsbescheinigung in den Fällen, die eindeutig nicht grunderwerbsteuerpflichtig sind (z.B. Namensberichtigung, Firmenänderung einer Kapitalgesellschaft im Grundbuch oder Grundbuchberichtigung aufgrund eines Formwechsels).[1625] **1064**

Eine Grundbuchberichtigung infolge einer Veränderung im Gesellschafterbestand einer Personengesellschaft bedarf dagegen in jedem Fall einer Unbedenklichkeitsbescheinigung, da hier eine Steuerpflicht gem. § 1 Abs. 2a bzw. Abs. 3 GrEStG möglich ist.[1626] **1065**

Weitere Ausnahmen können die Obersten Finanzbehörden der Länder vorsehen (§ 22 Abs. 1 Satz 2 GrEStG; die Hinweise der jeweiligen LandesFinVerw. zum Erfordernis einer Unbedenklichkeitsbescheinigung sind im **Anhang 2** abgedruckt).[1627] Ohne Vorlage der Unbedenklichkeitsbescheinigung kann die Eintragung eines **1066**

---

1623 Vgl. *Pahlke*, § 21 Rn. 1; *Hofmann*, § 21 Rn. 2; *Boruttau/Viskorf*, § 21 Rn. 14.
1624 Vgl. *Pahlke*, § 22 Rn. 3; *Boruttau/Viskorf*, § 22 Rn. 12. Hat der Steuerpflichtige gegen einen Grunderwerbsteuerbescheid Einspruch eingelegt, empfiehlt sich gleichwohl die vorläufige Bezahlung der Grunderwerbsteuer, um in das Grundbuch zu kommen, es sei denn, der Käufer reicht eine etwaige Auflassungsvormerkung als dingliche Absicherung aus; vgl. *Schaefer/Schlarb*, Steueränderungen 1999/2000, S. 110.
1625 Vgl. *Pahlke*, § 22 Rn. 4; LG Dresden, DB 1998, S. 1807; dies gilt auch beim heterogenen Formwechsel von einer Personen- in eine Kapitalgesellschaft, obwohl hier nachträglich etwa in Anspruch genommene Begünstigungen aus § 5 Abs. 1 und Abs. 2 GrEStG wegen § 5 Abs. 3 GrEStG entfallen können; vgl. hierzu bereits Rdn. 526–533.
1626 Vgl. *Pahlke*, § 22 Rn. 4; OLG Frankfurt am Main, Beschl. v. 17.08.2004, DNotI-Report 2005, S. 14 ff.; anders noch BayObLG, BB 1983, S. 217; an der Entscheidung des BayObLG kann jedoch seit Inkrafttreten des § 1 Abs. 2a GrEStG am 01.01.1997 nicht mehr festgehalten werden.
1627 Die Übersicht ist übernommen aus der Homepage des Deutschen Notarinstitutes und wird dort regelmäßig aktualisiert.

Eigentumswechsels durch Erbfolge erfolgen; darüber hinaus ist die Vorlage einer Unbedenklichkeitsbescheinigung in den Fällen der nach § 3 Nr. 1 GrEStG (Erwerb geringfügiger Grundstücke), § 3 Nr. 4 GrEStG (Erwerb durch den Ehegatten) und § 3 Nr. 6 GrEStG (Erwerb durch geradlinig Verwandte, Stiefkinder und deren Ehegatten) steuerbefreiten Erwerbe entbehrlich.[1628] Bei Erwerben durch die öffentliche Hand wird außerhalb Bayerns auf die Erteilung einer Unbedenklichkeitsbescheinigung verzichtet (Erwerb durch die Bundesrepublik Deutschland, ein Land oder eine Gemeinde), während das Bayerische FinMin. die Erteilung der Unbedenklichkeitsbescheinigung vor Entrichtung einer Steuer und ohne Sicherheitsleistung anordnet.[1629]

1067 Das FA ist erst dann verpflichtet, die Unbedenklichkeitsbescheinigung zu erteilen, wenn die GrESt entrichtet, sichergestellt oder gestundet wurde bzw. wenn Steuerfreiheit gegeben ist.[1630] Es darf die Bescheinigung auch in anderen Fällen erteilen, wenn nach dem Ermessen des FA die Steuerforderung nicht gefährdet ist (§ 22 Abs. 2 GrEStG). Das FA darf die Unbedenklichkeitsbescheinigung nicht deshalb versagen, weil es die Unwirksamkeit der zivilrechtlichen Erklärungen (z.B. der Auflassung im Fall von § 1 Abs. 1 Nr. 2 GrEStG) annimmt. Die Entscheidung darüber, ob der Erwerber aufgrund wirksamer Auflassung als Eigentümer in das Grundbuch einzutragen ist, steht allein dem Grundbuchamt zu.[1631]

1068 Umstritten ist die Frage, ob nach Einlegung eines Rechtsbehelfs gegen den Grunderwerbsteuerbescheid und Aussetzung der Vollziehung (§ 361 AO) ein Anspruch auf Erteilung der Unbedenklichkeitsbescheinigung besteht. Während der BFH diese Frage bejaht,[1632] vertritt die FinVerw. die Auffassung, dass die Unbedenklichkeitsbescheinigung nur dann zu erteilen ist, wenn nach dem Ermessen des FA die Steuerforderung nicht gefährdet ist.[1633] In der Praxis wird daher die Unbedenklichkeitsbescheinigung nur gegen Sicherheitsleistung (§ 241 AO) gewährt.[1634]

---

1628 Vgl. *Pahlke*, § 22 Rn. 4.
1629 Vgl. hierzu *Pahlke*, § 22 Rn. 4 m.w.N.
1630 Nach einer Entscheidung des Sächsischen FG (AZ 5 K 1985/00) vom 17.08.2004 ist die Unbedenklichkeitsbescheinigung auch dann zu erteilen, wenn Erwerber und Veräußerer in Gesamtvollstreckung sind und das FA die Möglichkeit hat, mit der Grunderwerbsteuerforderung am Gesamtvollstreckungsverfahren teilzunehmen. Während dieses Verfahrens besteht nur noch ein Anspruch auf die ordnungsgemäße Berücksichtigung der Grunderwerbsteuerforderung nach der Gesamtvollstreckungsordnung.
1631 Vgl. BFH-Beschluss II B 83/95 vom 20.06.1995, BFH/NV 1995, 1089.
1632 Vgl. BFH-Urteil II R 76/83 vom 31.07.1985, BStBl. II 1985, S. 698.
1633 Vgl. koord. Erl. FinMin Nds. vom 01.02.1993, UVR 1993, S. 160; vgl. hierzu auch *Pahlke*, § 22 Rn. 15 m.w.N.
1634 Der Streit hat nur dann praktische Auswirkungen, wenn eine Aussetzung der Vollziehung ausnahmsweise ohne Sicherheitsleistung gewährt worden ist. Wird nämlich eine Sicherheitsleistung angeordnet und erbracht, besteht schon nach § 22 Abs. 1 Satz 1 GrEStG ein Anspruch auf Erteilung der Unbedenklichkeitsbescheinigung; vgl. hierzu *Pahlke*, § 22 Rn. 15 f.

## V. Unbedenklichkeitsbescheinigung L.

Sofern die GrESt gezahlt ist, stehen dazu angefallene, aber nicht entrichtete Säumniszuschläge der Erteilung der Unbedenklichkeitsbescheinigung nicht entgegen.[1635] Besteht ein Rechtsanspruch auf Erteilung der Unbedenklichkeitsbescheinigung aufgrund einer Stundung, entfällt dieser Anspruch nicht deshalb, weil die Stundungsfrist inzwischen abgelaufen ist und nicht erneut Stundung gewährt wurde.[1636]  **1069**

Die Erteilung der Unbedenklichkeitsbescheinigung ist ein Verwaltungsakt,[1637] der nicht mit einem Widerrufsvorbehalt versehen werden darf.[1638]  **1070**

Wird die Erteilung der Unbedenklichkeitsbescheinigung abgelehnt, ist dagegen der Einspruch gegeben. In Ausnahmefällen kann die Finanzbehörde zur Vermeidung irreparabler Folgen für den Antragsteller im Weg der einstweiligen Anordnung nach § 114 FGO unter gleichzeitiger Anordnung einer Sicherheitsleistung zur Erteilung der Unbedenklichkeitsbescheinigung verpflichtet werden.[1639]  **1071**

---

1635 Vgl. FinMin BaWü vom 09.06.1998, DStR 1998, S. 1180.
1636 Vgl. BFH-Beschluss II B 102/86 vom 14.01.1987, BStBl. II 1987, S. 269.
1637 Vgl. BFH, vom 26.10.1962, BStBl. III 1963, S. 219.
1638 Vgl. BFH-Beschluss II B 83/95 vom 20.06.1995, BFH/NV 1995, S. 1089.
1639 Vgl. BFH-Beschluss II B 83/95 vom 20.06.1995, BFH/NV 1995, S. 1089.

## M. Ertragsteuerliche Behandlung der Grunderwerbsteuer

Die GrESt kann entweder als sofort abzugsfähiger Aufwand oder aber als Anschaffungsnebenkosten zu behandeln sein, § 255 Abs. 1 Satz 2 HGB, § 5 Abs. 1 Satz 1 EStG.[1640]  **1071.1**

Bei einem gewöhnlichen *Grundstückskauf* aktiviert der Unternehmer die GrESt als Anschaffungsnebenkosten des Grundstücks[1641] und teilt sie auf den Boden (keine AfA) und auf das Gebäude (AfA) auf gem. § 7 Abs. 4 oder Abs. 5 EStG.[1642]  **1071.2**

Bei *Umstrukturierungsfällen* ist dagegen entscheidend, ob die Umstrukturierung bei einem beteiligten Konzernunternehmen zu dem Erwerb eines mit Anschaffungskosten zu bilanzierenden Grundstücks führt. Ist diese Voraussetzung gegeben, kann die GrESt i.R. der steuerlichen Abschreibungen des Gebäudes ebenfalls als Betriebsausgabe geltend gemacht werden. Soweit die GrESt auf den Grund und Boden entfällt, mindert sie den Gewinn bzw. erhöht sie den Verlust aus der Veräußerung des Grundstücks.[1643]  **1072**

Die Verschmelzung und die Spaltung führen als sogenannte übertragende Umwandlungen aufseiten des übernehmenden Unternehmens grds. zu einer Anschaffung und sind daher als objektbezogene Kosten einer Vermögensübertragung als Anschaffungskosten zu aktivieren.[1644] Die FinVerw. lässt jedoch zumindest in den Fällen des Vermögensübergangs auf eine Personengesellschaft den sofortigen Abzug der GrESt als Betriebsausgabe zu.[1645] Für die im Fall der Verschmelzung zweier Kapitalgesellschaften sowie im Fall der Aufspaltung oder Abspaltung einer Kapitalgesellschaft erhobene  **1073**

---

1640 Vgl. ferner im Einzelnen zur GrESt als aktivierungspflichtige Anschaffungskosten des Grundstückserwerbs oder als Aufwand *Heine*, INF 2004, S. 583 ff.; vgl. ferner zur ertragsteuerlichen Behandlung nach § 1 Abs. 2a oder Abs. 3 GrEStG angefallener GrESt *Behrens*, DStR 2008, S. 338 ff.

1641 Vgl. *Hoffmann/Lüdenbach*, NWB Kommentar Bilanzierung, § 255 HGB, Rz. 99: Ebenso wie die Notar- und Grundbuchgebühren, Maklergebühren und Besichtigungskosten (nach dem Kaufentscheid) gehört die GrESt zu den üblichen Nebenkosten der Anschaffung von Grundstücken.

1642 Zur Aufteilung der Anschaffungskosten auf Gebäude einerseits sowie Grund und Boden andererseits vgl. z.B. H 7.3 EStH 2013, Stichwort »Kaufpreisaufteilung«, Arbeitshilfe zur Aufteilung des Gesamtkaufpreises für ein bebautes Grundstück, BMF, KPA 2/14, Januar 2014.

1643 Vgl. *Fleischer*, in: Kessler/Kröner/Köhler, Konzernsteuerrecht § 5, A., I. Rz. 40 ff., 2. Aufl. 2008.

1644 Ebenso BFH-Urteil I R 22/96 vom 15.10.1997, BStBl. II 1998, S. 168.

1645 Vgl. Umwandlungssteuererl. 2011, Tz. 03.05, wonach für aufgrund einer Verschmelzung der übertragenden Körperschaft anfallende GrESt in der steuerlichen Schlussbilanz keine Rückstellung gebildet werden kann, soweit sie vom übertragenden Rechtsträger zu tragen ist; der Umwandlungssteuererl. 2011 gilt gemäß S. 01 für alle noch nicht bestandskräftigen Fälle, auf die das seit dem 13.12.2006 gültige SEStEG anzuwenden ist; zur Rechtslage davor vgl. UmwStE 1998, Tz. 03.13. und Tz. 03.43.

GrESt trifft der Erlass hingegen keine entsprechende Regelung. Demgegenüber ist ein Formwechsel grds. nicht grunderwerbsteuerbar, sodass sich auch in der Regel nicht die Frage der ertragsteuerlichen Behandlung der GrESt stellt.[1646]

1074 Eine *Sacheinlage* ist als tauschähnlicher Vorgang ertragsteuerlich eine Veräußerung, welcher aufseiten des übernehmenden Rechtsträgers eine Anschaffung gegenübersteht. Die auf die Sacheinlage erhobene GrESt muss daher durch den übernehmenden Rechtsträger als objektbezogener Anschaffungsvorgang (Anschaffungsnebenkosten des Grundstücks) aktiviert werden.[1647] Nach Auffassung der FinVerw. kann die GrESt in den Fällen der Einbringung auch nicht aus Vereinfachungsgründen sofort als Betriebsausgabe abgezogen werden.[1648]

1075 Die *Anwachsung* führt aufseiten des Anteilserwerbers ebenfalls zu einer Anschaffung eines oder mehrerer Grundstücke, sodass die auf die Anwachsung des Grundvermögens erhobene GrESt als Anschaffungsnebenkosten des erworbenen Grundstücks zu aktivieren ist.[1649]

1076 Die *Realteilung* führt zur Anschaffung eines i.R. der Realteilung übertragenen Grundstücks. Demzufolge stellt auch die auf die Realteilung erhobene GrESt Anschaffungskosten des erworbenen Grundstücks dar.[1650]

1077 Die Aktivierung der GrESt als Anschaffungsnebenkosten setzt den Erwerb eines Grundstücks voraus. Hieran fehlt es in den Fällen der *Anteilsvereinigung und -übertragung des § 1 Abs. 3 GrEStG*, da die grunderwerbsteuerlichen Fiktionen nicht auf das Ertragsteuerrecht übertragbar sind. Damit ist die GrESt in den Fällen des § 1 Abs. 3 GrEStG sofort abzugsfähige Betriebsausgabe des Anteilserwerbers.[1651] Im Anschluss an das BFH-Urteil I R 2/10 vom 20.04.2011[1652] zählt auch die FinVerw. nach § 1 Abs. 3 GrEStG angefallene GrESt zu den sofort abzugsfähigen

---

1646 Eine Ausnahme kann sich allenfalls dann ergeben, wenn ein sog. quotenverschiebender Formwechsel oder ein heterogener Formwechsel einer Personen- in eine Kapitalgesellschaft zu einer Anteilsvereinigung i.S.d. § 1 Abs. 3 Nr. 2 GrEStG führt; vgl. hierzu Rdn. 360.
1647 Vgl. *Müller*, DB 1997, S. 1434.
1648 Vgl. UmwStE 2011, Tz. 23.01, wonach objektbezogene Kosten – hierzu gehöre grds. auch eine bei der Einbringung anfallende GrESt – auch nicht aus Vereinfachungsgründen sofort als Betriebsausgaben abgezogen werden könnten, sondern als zusätzliche Anschaffungskosten der Wirtschaftsgüter zu aktivieren seien, bei deren Erwerb (Einbringung) sie angefallen sind; zur Rechtslage vor SEStEG vgl. UmwStE 1998, Tz. 22.01 und Tz. 24.04.
1649 Vgl. *Fleischer*, in: Kessler/Kröner/Köhler, Konzernsteuerrecht 2004, S. 484.
1650 Vgl. UmwStE 1998, Tz. 24.18. i.V.m. Tz. 22.01. und Tz. 24.04. Im UmwStE 2011 finden sich hierzu keine Anweisungen.
1651 Vgl. *Fleischer*, in: Kessler/Kröner/Köhler, Konzernsteuerrecht 2004, S. 528; vgl. ferner *Behrens*, DStR 2008, S. 338 ff., *Lohmann/von Goldacker/Zeitz*, BB 2009, S. 477 ff.; *Henerichs/Stadje*, FR 2011, 890.
1652 Vgl. BStBl. II 2011, 761.

**Betriebsausgaben.**[1653] Ihre zuvor vertretene Ansicht, wonach gem. § 1 Abs. 3 GrEStG angefallene GrESt als Anschaffungsnebenkosten i.S.v. § 255 Abs. 1 HGB der (hinzu)erworbenen Anteile zu behandeln sei,[1654] wird nicht mehr aufrechterhalten. Diese neue Sichtweise hat für im Privatvermögen gehaltene Anteile zur Folge, dass die wegen einer Anteilsvereinigung bei einer Privatperson anfallende GrESt steuerlich insgesamt nicht mehr einkommensmindernd geltend gemacht werden kann. Denn Werbungskosten sind i.r. der Einkünfte aus Kapitalvermögen gem. § 20 Abs. 9 EStG nicht abzugsfähig.

Im dem BFH-Urteil I R 2/10 vom 20.04.2011 zugrunde liegenden Sachverhalt führte die Einbringung einer 50,1 %-igen Beteiligung an einer Grundstücks-GmbH (»A-GmbH«) in eine AG i.R. einer Kapitalerhöhung zur Vereinigung aller Anteile an der Grundstücks-GmbH im Organkreis der AG. Der Sachverhalt lässt sich wie folgt veranschaulichen:

**1078**

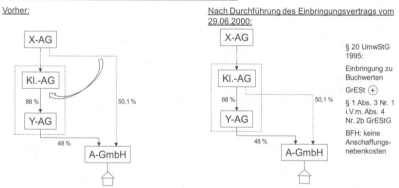

Der BFH behandelte die GrESt als sofort abzugsfähige Betriebsausgabe. Es komme auf die Zweckbestimmung der Aufwendungen (finaler Begriff der Anschaffungskosten) an. Weil der durch das GrEStG fingierte Erwerb der zum Gesellschaftsvermögen der Grundstücks-GmbH gehörenden Grundstücke im Ertragsteuerrecht keine Entsprechung finde und die Verfügungsmacht über die Grundstücke weder rechtlich noch wirtschaftlich Gegenstand der Erwerbsvorgänge in Bezug auf die Geschäftsanteile sei, fehle es ertragsteuerlich an einem über die reine Kausalität hinausgehenden inhaltlichen Zusammenhang zwischen der GrESt und der Anschaffung der 50,1 %-igen Beteiligung an der A-GmbH.

---

1653 Vgl. OFD Rheinland, Verfügung vom 23.01.2012 – S 2174 – St 141 (01/2009) (Rhld)/S 2174 – 1001 – St 141 (Rhld), DB 2012, 486.
1654 Vgl. OFD Hannover, Verfügung vom 24.07.2007, S 2171-65-STO 221/222, DANUS 5231222; Bayer. Landesamt für Steuern, Verfügung vom 20.08.2007, S. 2171-4 St 3203, DStR 2007, S. 1679.

| M. | Ertragsteuerliche Behandlung der Grunderwerbsteuer |

**1079** Mit Urteil I R 40/10 vom 14.03.2011[1655] entschied der BFH, dass auch die durch eine einfache (verdeckte) Einlage von Anteilen nach § 1 Abs. 3 Nr. 1 GrEStG ausgelöste GrESt weder nachträgliche Anschaffungsnebenkosten der vom Erwerber bereits vorher gehaltenen (Alt-) Anteile darstelle, noch den Teilwert der eingelegten Anteile erhöhe, sondern als Betriebsausgabe sofort abgezogen werden könne. Diesem Urteil lag der folgende Sachverhalt zugrunde:

BFH-Urteil I R 40/10 vom 14.03.2011, BFH/NV 2011, 1556:

Vorher:

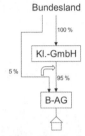

⇐ Das Bundesland überträgt die restlichen 5 % der Aktien unentgeltlich auf die Kl.-GmbH

Nach der unentgeltlichen Übertragung der restlichen 5 % auf die Kl.-GmbH im Juli 1999:

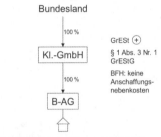

Die Kl.-GmbH bildete in der Bilanz zum 31/12/1999 eine Rückstellung für Grunderwerbsteuer. Das FA aktivierte den Rückstellungsbetrag als Nebenkosten zur Anschaffung der Beteiligung an der B-AG.

Die nach § 1 Abs. 3 Nr. 1 GrEStG anfallende GrESt erhöht nach Ansicht des BFH nicht den Teilwert, mit dem die in die Kl.-GmbH eingelegten Aktien zu aktivieren sind.[1656] Die GrESt gehöre nicht zu den Kosten, die bei der Wertbemessung den zuletzt erworbenen bzw. eingelegten Anteilen zuzuordnen seien. Nicht der Erwerb der jeweiligen Aktien als solcher löse die GrESt aus. Anknüpfungspunkt sei im Fall der Anteilsvereinigung nach § 1 Abs. 3 Nr. 1 GrEStG vielmehr die Zuordnung aller Geschäftsanteile in einer Hand, mit der das Gesetz einen grundstücksbezogenen Erwerbsvorgang fingiere. Bei der GrESt handele es sich nicht um regelmäßig, sondern nur in bestimmten Ausnahmefällen an den Aktienerwerb geknüpfte Folgekosten, die

---

1655 Vgl. BFH/NV 2011, 1556.
1656 Die bilanzielle Berücksichtigung der Grunderwerbsteuern als Bestandteil von Anschaffungskosten scheide im Streitfall schon deshalb aus, weil die vom Bundesland übertragenen Aktien bei der Kl.-GmbH nicht mit den Anschaffungskosten, sondern mit dem Teilwert zu bilanzieren sind. Die ggü. § 6 Abs. 1 Nr. 2 Satz 1 EStG speziellere Vorschrift des § 6 Abs. 1 Nr. 5 Satz 1 Halbs. 1 EStG 1997 bestimme für die Bewertung von Einlagen den Ansatz mit dem Teilwert für den Zeitpunkt der Zuführung. § 6 Abs. 1 Nr. 5 Satz 1 Halbs. 1 EStG 1997 sei hier anzuwenden, weil es sich bei der Übertragung der Aktien der B-AG auf die Kl.-GmbH um eine Einlage des Bundeslandes gehandelt habe.

deshalb i.R. der Bemessung des Teilwerts der eingelegten Aktien nicht zu berücksichtigen seien.

Vom BFH noch nicht ausdrücklich entschieden ist die ertragsteuerliche Behandlung nach § 1 Abs. 3 Nr. 3 oder Nr. 4 GrEStG anfallender Grunderwerbsteuer. Im BFH-Urteil I R 40/10 vom 14.03.2011 grenzt der BFH die Fälle von § 1 Abs. 3 Nr. 1, Nr. 2 GrEStG von den Fällen von § 1 Abs. 3 Nr. 3, Nr. 4 GrEStG ab, in dem er in Tz. 18 ausführt, dass für die Bemessung des Teilwerts nach § 6 Abs. 1 Nr. 1 Satz 3 EStG – entsprechend dem bilanzrechtlichen Grundsatz der Einzelbewertung i.S.v. § 252 Abs. 1 Nr. 3 HGB – auf das einzelne Wirtschaftsgut, im Streitfall mithin auf die einzelne Aktie, abzustellen sei. Die FinVerw. wendet die Grundsätze des ebenfalls ausdrücklich nur zu § 1 Abs. 3 Nr. 1 GrEStG ergangenen BFH-Urteils I R 2/10 vom 20.04.2011 auf § 1 Abs. 3 GrEStG insgesamt an.[1657] Dem ist zuzustimmen, weil auch den Tatbeständen in § 1 Abs. 3 Nr. 3 und Nr. 4 GrEStG Grundstückserwerbs-Fiktionen zugrunde liegen, die ertragsteuerrechtlich nicht gelten. Ebenfalls noch nicht entschieden ist die ertragsteuerrechtliche Behandlung nach § 1 Abs. 3a GrEStG angefallener Grunderwerbsteuer. Weil die dem § 1 Abs. 3a GrEStG zugrunde liegenden Fiktionen mit denen des § 1 Abs. 3 GrEStG übereinstimmen, kann u.E. für nach § 1 Abs. 3a GrEStG angefallene GrESt nichts anderes gelten als für nach § 1 Abs. 3 GrEStG angefallene Grunderwerbsteuer.

Im Fall des *Gesellschafterwechsels nach § 1 Abs. 2a GrEStG* liegt nach Ansicht des BFH[1658] und nach herrschender Literaturansicht ebenfalls weder ein Erwerb des Grundstücks durch die Personengesellschaft noch ein solcher durch die Gesellschafter vor. Die dem grunderwerbsteuerlichen Tatbestand des § 1 Abs. 2a GrEStG zugrunde liegende Fiktion des Erwerbs durch eine neue Personengesellschaft sei auch hier auf das Ertragsteuerrecht nicht übertragbar. Deshalb stelle die GrESt auch im Fall des Gesellschafterwechsels einer Personengesellschaft eine sofort abzugsfähige Betriebsausgabe bzw. Werbungskosten der Personengesellschaft dar, da die Personengesellschaft selbst Steuerschuldnerin ist.[1659] Dies gilt auch, wenn einer der Neugesellschafter die GrESt übernimmt.[1660] Die GrESt sei nicht Teil der Anschaffungskosten des Erwerbers für die Anteile (keine Abbildung in der Ergänzungsbilanz) und stelle daher keine Anschaffungskosten des Gesellschafters für das Grundstück dar (keine Abbildung in der Sonderbilanz) und führe auch nicht zu Sonderbetriebsausgaben des jeweiligen Gesellschafters.[1661] Anders als

---

1657 Vgl. OFD Rheinland Verfügung vom 23.01.2012, DB 2012, 486.
1658 Vgl. BFH-Urteil IX R 50/13 vom 02.09.2014, DStR 2015, 291 für den Fall eines 99,98 %igen Gesellschafterwechsels bei einer vermögensverwaltenden (d.h. nicht gewerblichen oder gewerblich geprägten) GmbH & Co. KG. Es ist zu erwarten, dass die FinVerw. ihre Ansicht im Hinblick auf dieses Urteil ändern wird. Derzeit ist allerdings noch die Revision gegen das Urteil 2 K 2838/10 vom 14.02.2013 des FG Münster anhängig, AZ beim BFH: IV R 10/13.
1659 Vgl. *Felix*, ZIR 1997, S. 11; vgl. ferner *Behrens*, DStR 2008, S. 338 ff.
1660 Vgl. BFH-Urteil IX R 50/13 vom 02.09.2014.
1661 Vgl. *Müller*, DB 1997, S. 1435 ff.

# M. Ertragsteuerliche Behandlung der Grunderwerbsteuer

im Fall nach § 1 Abs. 3 GrEStG angefallener GrESt will hier die FinVerw. die GrESt beim Wechsel im Gesellschafterbestand einer Personengesellschaft gem. § 1 Abs. 2a GrEStG – zumindest vor Veröffentlichung des BFH-Urteils IX R 50/13 vom 02.09.2014 – nicht zu den sofort abzugsfähigen Betriebsausgaben oder Werbungskosten zählen, sondern als Anschaffungsnebenkosten i.S.d. § 255 Abs. 1 HGB behandeln.[1662] Nach § 1 Abs. 2a GrEStG anfallende Grunderwerbsteuern seien unmittelbare Folgekosten des Wechsels der Beteiligung an einer Personengesellschaft und demzufolge grds. als Anschaffungsnebenkosten auf die Beteiligung zu aktivieren. Die ertragsteuerliche Behandlung nach § 1 Abs. 2a GrEStG anfallender GrESt als Anschaffungsnebenkosten fuße auf der insgesamt für den Erwerb von Anteilen an Mitunternehmerschaften geltenden Sichtweise, dass ein neu eintretender Gesellschafter Anteile an allen einzelnen Wirtschaftsgütern an der Personengesellschaft erwirbt. Fraglich ist, ob die FinVerw. die nach § 1 Abs. 2a GrEStG angefallene GrESt den Neu-Gesellschaftern zuordnet, die durch ihre Anteilserwerbe zur Entstehung der GrESt beigetragen haben. Dies soll anhand des folgenden Beispiels verdeutlicht werden:

An einer Grundstücks-KG sind drei Alt-Gesellschafter beteiligt, und zwar mit 5 %, mit 45 % und mit 50 %. Die zu 45 % bzw. 50 % beteiligten Alt-Gesellschafter übertragen ihre Kommanditanteile auf neue Gesellschafter.

Vorher:                                             Nachher:

AG 1        AG 2        AG 3              AG 1        NG 1        NG 2
              45 %                                      45 %
  5 %                  50 %                 5 %                  50 %
              KG              23.11.2006               KG
                              AG 2 überträgt auf NG 1.
                              22.11.2011:
                              AG 3 überträgt auf NG 2.

Auf Grundlage der bisherigen Verwaltungsansicht, wonach es sich bei der nach § 1 Abs. 2 a GrEStG angefallenen GrESt um Anschaffungsnebenkosten handelt, kommen bei gewerblichen Personengesellschaften die folgenden Lösungen in Betracht:
(1) Die Grundstücks-KG aktiviert die Anschaffungsnebenkosten für das Gebäude in der Gesamthandbilanz, sodass – vorbehaltlich abweichender Regelungen im

---

1662 Vgl. OFD Rheinland, Verfügung vom 23.01.2012, DB 2012, 486; OFD Hannover, Verfügung vom 24.07.2007, S2171-65-STO 221/222, DANUS 5231222; Bayer. Landesamt für Steuern, Verfügung vom 20.08.2007, S. 2171-4 St 3203, DStR 2007, S. 1679.

Gesellschaftsvertrag oder im Anteilskaufvertrag – alle Gesellschafter vom erhöhten AfA-Volumen anteilig profitieren.
(2) Die nach § 1 Abs. 2a GrEStG anfallende GrESt wird in Ergänzungsbilanzen nur den beiden Neu-Gesellschaftern zugeordnet.
(3) Die nach § 1 Abs. 2a GrEStG anfallende GrESt wird ausschließlich in der Ergänzungsbilanz des Neu-Gesellschafters 2 erfasst, weil dieser durch seinen Anteilserwerb die Verwirklichung von § 1 Abs. 2a GrEStG ausgelöst hat. Folglich profitiert auch nur der Neu-Gesellschafter 2 vom erhöhten AfA-Volumen.

Mit Urteil IX R 50/13 vom 02.09.2014[1663] entschied der BFH, dass die infolge eines Wechsels im Gesellschafterbestand nach § 1 Abs. 2a GrEStG ausgelöste GrESt keine Anschaffungs(neben)kosten der erworbenen Kommanditanteile oder des vorhanden Grundbesitzes der Objektgesellschaft darstellt. Im zugrunde liegenden Sachverhalt waren 99,98 % der Anteile am Vermögen einer vermögensverwaltenden Grundstücks-KG unmittelbar auf einen neuen Gesellschafter übergegangen, der sich vertraglich verpflichtet hatte, der Grundstücks-KG die GrESt zu erstatten. Der BFH bejahte den Werbungskosten-Abzug auf Ebene der Grundstücks-KG. Es handle sich um Aufwand, der aus ertragsteuerlicher Sicht nicht spezifisch und final den erworbenen Kommanditanteilen zugeordnet werden könne. Beim BFH ist derzeit noch eine weitere Revision zur Frage des Betriebsausgaben-Abzugs nach § 1 Abs. 2a GrEStG angefallener GrESt auf Ebene der (hier: gewerblichen) Grundstücks-KG anhängig.[1664] Es ist zu erwarten, dass die FinVerw. ihre Ansicht spätestens nach Ergehen des Urteils in diesem weiteren Revisionsverfahren ändern wird.

Auch die FinVerw. gestand schon vor Veröffentlichung des BFH-Urteils IX R 50/13 vom 02.09.2014 zu, dass bei Verwirklichung von § 1 Abs. 2a GrEStG durch mittelbare Anteilsübergänge bei vermittelnder Kapitalgesellschaft keine Behandlung der GrESt als Anschaffungsnebenkosten in Betracht kommt.[1665] Dies entspricht dem Grundsatz, dass ohne Anschaffung keine Anschaffungsnebenkosten anfallen können. Dies soll anhand des folgenden Beispiels verdeutlicht werden:

1082

An der Grundstücks-KG ist AG 1 zu 5 % und eine GmbH zu 95 % beteiligt. An der GmbH ist AG 2 zu 100 % beteiligt. AG 2 überträgt seine 100 %-ige Beteiligung an der GmbH auf einen neuen Gesellschafter. Weil innerhalb von fünf Jahren der Gesellschafterbestand der GmbH zu 95 % ausgewechselt wird, gilt die 95 %-ige Kommanditbeteiligung der GmbH an der AG als auf einen neuen Gesellschafter übergegangen, sodass gem. § 1 Abs. 2 a GrEStG von der KG zu zahlende[1666] GrESt angefallen ist.

---

1663 Vgl. DStR 2015, 291.
1664 AZ des BFH IV R 10/13. Vorinstanz: FG Münster, Urteil 2 K 2838/10 G, F, EFG 2013, 806.
1665 Vgl. OFG Rheinland vom 23.01.2012, DB 2012, 486.
1666 Vgl. § 13 Nr. 6 GrEStG.

## M.     Ertragsteuerliche Behandlung der Grunderwerbsteuer

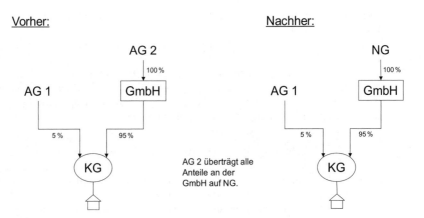

Weil mit der GmbH eine Kapitalgesellschaft zwischengeschaltet ist, führt die Beachtung des Transparenzprinzips auch auf Grundlage der bisherigen Verwaltungsansicht dazu, dass es sich bei der nach § 1 Abs. 2a GrEStG angefallenen GrESt um sofort abzugsfähige Betriebsausgaben oder Werbungskosten und nicht um Anschaffungsnebenkosten handelt.

# N. Grunderwerbsteuerrechtliche Fragen bei Immobilien-Fonds

Übersicht Rn.
I. Immobilien-Fonds vor und nach Einführung des KAGB .................... 1083
II. Verwaltung offener Immobilien-AIF durch KVGs (früher: KAGs) ............ 1086
   1. Anteilsvereinigung bzw. -übertragung in Bezug auf die Anteile an einer KVG ... 1086
   2. »Übertragung« von Grundstücken und Grundstücksgesellschaftsanteilen zwischen Eigenvermögen und Sondervermögen sowie zwischen verschiedenen Sondervermögen derselben KVG ......................... 1091
   3. Übertragung der Fonds-Verwaltung auf eine andere externe KVG ........... 1093
   4. Übertragung aller Anteilscheine an einem Immobilien-Spezialfonds ......... 1095
III. »Einbringung« von Immobilien in einen »Miteigentums-Fonds« .............. 1100
   1. Immobilien-Spezialfonds und »Miteigentumslösung« .................... 1100
   2. Grundstücke, die zum offenen Spezial-AIF gehören ..................... 1102
   3. Kommanditbeteiligungen, die zum offenen Spezial-AIF gehören ............ 1110
IV. Kauf und Verkauf von Grundstücken durch KVGs für Sondervermögen ........ 1112
   1. Für nach der »Treuhand-Lösung« strukturierte Sondervermögen ............ 1112
   2. Für nach der »Miteigentums-Lösung« strukturierte Sondervermögen ......... 1113
V. Abwicklung von Immobilien-Sondervermögen ........................... 1115
VI. Beteiligung als Treugeber-Anleger an geschlossenen Immobilienfonds in der Rechtsform der Investment-KG ................................. 1118

## I. Immobilien-Fonds vor und nach Einführung des KAGB

Vor Inkrafttreten des Kapitalanlagegesetzbuches (KAGB) am 22.07.2013 wurde zwischen Immobilien-Sondervermögen (offene Immobilienfonds)[1667] und geschlossenen Immobilienfonds[1668] unterschieden. Die gesetzlichen Regelungen waren in keinem einheitlichen Gesetz zusammengefasst. Demgegenüber ist das KAGB als in sich geschlossenes Regelwerk für sämtliche Investmentfonds und ihre Manager konzipiert. Es setzte die AIFM-Richtlinie[1669] um und hob das InvG auf. Der übergeordnete Begriff ist nach § 1 Abs. 1 KAGB weiterhin das »Investmentvermögen« als jeder Organismus für gemeinsame Anlagen, der von einer Anzahl von Anlegern Kapital einsammelt, um es gemäß einer festgelegten Anlagestrategie zum Nutzen dieser Anleger zu investieren, und der kein operativ tätiges Unternehmen außerhalb des Finanzsektors

1083

---

1667 Zu den speziellen aufsichtsrechtlichen Anforderungen für Immobilien-Sondervermögen vgl. §§ 66 bis 82 InvG.
1668 Diese waren unreguliert. Erst das Gesetz zur Novellierung des Finanzanlagenvermittler- und Vermögenanlagenrechts (FimAnlVerm- und VermAnlG) bzw. das darin enthaltene Gesetz über Vermögensanlagen (VermAnlG) zum 01.06.2012 stellte erste produktbezogene Anforderungen auf; vgl. hierzu *Hartrott/Voigt*, RDF 2012, 87; *Rinas/Pobortscha*, BB 2012, 1615.
1669 RL 2011/61/EU des Europäischen Parlaments über die Verwalter alternativer Investmentfonds und zur Änderung der RLn 2003/41/EG und 2009/65/EG und der Verordnungen (EG) Nr. 1060/2009 und (EU) Nr. 1095/2010 vom 08.06.2011.

ist.[1670] Der Begriff »Investmentvermögen« umfasst Organismen für die gemeinsame Anlage in Wertpapieren (OGAW) gemäß der OGAW-Richtlinie[1671] und Alternative Investmentfonds (AIF), womit alle übrigen Investmentvermögen gemeint sind.[1672] Offene AIF sind solche, die ihren Anlegern oder Aktionären mindestens einmal jährlich ein Rückgaberecht zum Nettoinventarwert gewähren.[1673] Geschlossene AIF sind alle übrigen AIF. Außerdem differenziert das KAGB zwischen Publikums-Investmentvermögen und Spezial-AIF. Letztere sind solche AIF, deren Anteile aufgrund von schriftlichen Vereinbarungen mit der Verwaltungsgesellschaft oder aufgrund der konstituierenden Dokumente des AIF nur von professionellen Anlegern i.S.v. § 1 Abs. 19 Nr. 32 KAGB und semi-professionellen Anlegern i.S.v. § 1 Abs. 19 Nr. 33 KAGB erworben werden dürfen.[1674]

1084 Als Kapitalverwaltungsgesellschaften (KVG) gelten nach § 17 Abs. 1 KAGB Unternehmen mit satzungsmäßigem Sitz und Hauptverwaltung im Inland, deren Geschäftsbetrieb darauf gerichtet ist, inländische Investmentvermögen, EU-Investmentvermögen oder ausländische Investmentvermögen zu verwalten. Zur Verwaltung eines Investmentvermögens zählt mindestens die Portfolioverwaltung und das Risikomanagement.[1675] Eine KVG kann eine sog. interne KVG oder eine sog. externe KVG sein.[1676] Investmentfonds ohne Rechtspersönlichkeit werden fremdverwaltet; was insbesondere die von einer KVG aufgelegten Sondervermögen[1677] betrifft. Investmentfonds mit Rechtspersönlichkeit können zwischen Selbst- und Fremdverwaltung wählen: Im Fall der internen Verwaltung wird die Investment-KG oder Investment-AG selbst als KVG zugelassen,[1678] während im Fall der externen Verwaltung grds. nur die externe KVG der Zulassung bedarf.[1679]

1085 Ursprünglich hatte der Gesetzgeber geplant, kollektive Investitionen in Immobilien nur noch über geschlossene Vehikel zu ermöglichen. Grund dafür war der Widerspruch zwischen kurzfristiger Rückgabemöglichkeit und langfristiger Anlage in

---

1670 Zu diesen Kriterien vgl. z.B. *Hartrott/Goller*, BB 2013, 1603.
1671 § 1 Abs. 2 KAGB.
1672 Vgl. § 1 Abs. 3 KAGB.
1673 Vgl. § 1 Abs. 4 Nr. 2 KAGB.
1674 Was professionelle Anleger sind, regelt Anhang II der MiFID, RL 2004/39/EG. Die Kategorie der semi-professionellen Anleger ist durch das KAGB neu geregelt worden und umfasst solche Anleger, die mindestens € 20.000 investieren und die seitens des Fondsmanagers oder des Vertriebs als erfahren und verständig eingestuft werden. Ohne diese Einstufung gilt als semi-professioneller Anleger, wer mindestens € 10 Mio. investiert.
1675 Vgl. § 23 Nr. 10 KAGB.
1676 Vgl. § 17 Abs. 2 KAGB.
1677 Vgl. § 1 Abs. 10 KAGB: »Inländische offene Investmentvermögen in Vertragsform, die von einer Verwaltungsgesellschaft für Rechnung der Anleger nach Maßgabe des KAGB und der Anlagebedingungen, nach denen sich das Rechtsverhältnis der Verwaltungsgesellschaft zu den Anleger bestimmt, verwaltet werden«.
1678 Vgl. § 17 Abs. 2 Nr. 2 Satz 2 KAGB.
1679 Vgl. *Winterhalder*, in: Weitnauer/Boxberger/Anders, KAGB, § 17, Rz. 33, 2014.

## II. Verwaltung offener Immobilien-AIF durch KVGs (früher: KAGs) N.

illiquide Produkte.[1680] Angesichts des Widerstands der Marktteilnehmer behält jedoch das am 22.07.2013 in Kraft getretene KAGB offene Immobilienfonds[1681] bei.

### II. Verwaltung offener Immobilien-AIF durch KVGs (früher: KAGs)

#### 1. Anteilsvereinigung bzw. -übertragung in Bezug auf die Anteile an einer KVG

Bei der Vereinigung der Anteile an einer KVG in einer Hand droht Grunderwerbsteuer nicht nur in Bezug auf die im Eigenvermögen der KVG gehaltenen Grundstücke, sondern auch in Bezug auf die für Rechnung von Sondervermögen gehaltenen Grundstücke. 1086

Grds. können die zum Sondervermögen gehörenden Vermögensgegenstände nach Maßgabe der Vertragsbedingungen entweder im Eigentum der KVG[1682] oder im Miteigentum der Anleger (Anteilscheininhaber)[1683] stehen.[1684] Eine Ausnahme gilt jedoch für Immobilien-Sondervermögen: Gemäß § 245 KAGB[1685] die zu einem Immobilien-Sondervermögen gehörenden Vermögensgegenstände grds. nur im Eigentum der externen KVG[1686] stehen.[1687] 1086.1

Gemäß § 1 Abs. 3 GrEStG unterliegt der unmittelbare oder mittelbare Erwerb von mindestens 95 % der Anteile an einer grundbesitzenden Gesellschaft durch eine Hand sowie der Erwerb derjenigen Anteile, die einer Hand bislang noch fehlen, um zu einer mindestens 95 %igen (unmittelbaren oder mittelbaren) Beteiligung zu gelangen, der Grunderwerbsteuer. 1087

Werden mindestens 95 % der Aktien oder Geschäftsanteile an einer AIF-KVG, die Immobilien-Sondervermögen verwaltet, in einer Hand vereinigt oder auf eine Hand übertragen, fällt zumindest auf die grunderwerbsteuerrechtlich der KVG 1088

---

1680 Vgl. BGBl. I 2011, 538 ff.
1681 Immobilien-Sondervermögen, vgl. § 1 Abs. 19 Nr. 23 KAGB.
1682 Sog. Treuhand-Lösung, die aber mit den in den Erlassen vom 12.10.2007 geregelten Treuhand-Konstellationen nichts zu tun hat.
1683 Sog. Miteigentums-Lösung. Bei Ein-Anleger-Spezialfonds handelt es sich im Ergebnis um eine »Alleineigentums-Lösung«. Bei zwei oder mehr Anlegern entsteht nach h.M. eine Bruchteilsgemeinschaft eigener Art.
1684 Vgl. § 92 Abs. 1 Satz 1 KAGB, früher § 30 Abs. 1 Satz 1 InvG.
1685 Früher § 75 InvG, davor § 30 KAGG.
1686 Diese sog. Treuhandlösung wird in den Treuhand-Erlassen der Obersten Finanzbehörden der Länder vom 12.10.2007, StEK § 1 GrEStG Nr. 181, nicht angesprochen und hat mit den dort angesprochenen Treuhand-Fällen nichts zu tun.
1687 KAGs sind Kreditinstitute, deren Geschäftsbereich darauf gerichtet ist, Sondervermögen zu verwalten; vgl. § 17 KAGB, früher § 6 Abs. 1 Satz 1 InvG. Externe Kapitalverwaltungsgesellschaften (KAG) dürfen gem. § 18 Abs. 1 KAGB in der Rechtsform der AG oder der GmbH oder auch in der Rechtsform der KG, bei der persönlich haftender Gesellschafter ausschließlich eine GmbH ist, betrieben werden.

| N. | Grunderwerbsteuerrechtliche Fragen bei Immobilien-Fonds |

zuzurechnenden[1688] Grundstücke gem. § 1 Abs. 3 GrEStG GrESt an, die zum Betriebsvermögen (Eigenvermögen) der KVG gehören. Für die rechtliche Anteilsvereinigung infolge Innehabens einer mindestens 95 %igen Beteiligung i.S.v. § 1 Abs. 3a GrEStG, der auf ab dem 07.06.2013 verwirklichte Rechtsvorgänge anwendbar ist, gilt Entsprechendes.

1089 Früher war umstritten, ob dies auch für die Grundstücke gilt, die zu Sondervermögen gehören, die nach der sog. Treuhandlösung aufgelegt worden sind.

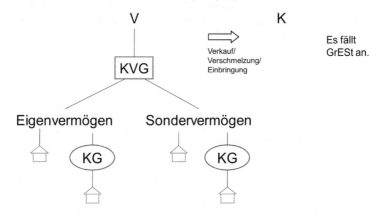

BFH-Urteil II R 14/03 vom 29.09.2004, BStBl. II 2005, 148; BFH/NV 2004, 1731

Mit Urteil vom 29.09.2004 entschied der BFH dann, dass GrESt auch auf die von der KVG (früher: KAG) in einem Sondervermögen nach § 6 Abs. 1 KAGG[1689] gehaltenen Grundstücke anfällt.[1690] I.R. von § 1 Abs. 3 GrEStG gehöre der Gesellschaft (hier: der KVG) ein Grundstück, wenn ihr dieses aufgrund eines unter § 1 Abs. 1 bis 3 GrEStG

---

1688 Die Grundsätze zur grunderwerbsteuerlichen Zurechnung von Grundstücken zum Vermögen einer Gesellschaft für die Zwecke von § 1 Abs. 3 GrEStG – für § 1 Abs. 2a und Abs. 3a GrEStG gilt nichts Anderes – sind zuletzt im BFH-Urteil II R 26/12 vom 11.12.2014, DStR 2015, 116 dargestellt und konkretisiert worden, und zwar dahingehend, dass, wenn eine Gesellschaft ein Grundstück unter einer aufschiebenden Bedingung kauft, es im Sinne von § 1 Abs. 3 GrEStG erst ab Eintritt der Bedingung zu ihrem Vermögen gehört, und zwar auch dann, wenn bereits zuvor die Auflassung erklärt wird.
1689 Anschließend § 30 InvG, seit dem 22.07.2013 § 92 Abs. 1 Satz 1, 1. Alt. KAGB.
1690 Vgl. BFH-Urteil II R 14/02 vom 29.09.2004, BStBl. II 2005, 148 und BFH/NV 2004, 1731; bereits die Vorinstanz (FG Düsseldorf, Urteil 7 K 9374/97 vom 18.10.2000, EFG 2001, 91) hatte entschieden, dass die Übertragung sämtlicher Anteile »an einer KAG, die die in ihrem Eigentum stehenden Grundstücke in das Sondervermögen eingebracht hat«, ungeachtet der Verfügungsbeschränkungen der §§ 30 Abs. 2, 31 Abs. 2 KAGG grunderwerbsteuerpflichtig sei.

## II. Verwaltung offener Immobilien-AIF durch KVGs (früher: KAGs) N.

fallenden Erwerbsvorgangs grunderwerbsteuerrechtlich zuzurechnen sei. Diese Zurechnung erfolge, sobald hinsichtlich des Grundstücks ein grunderwerbsteuerbarer Erwerbsvorgang verwirklicht werde, d.h. die KVG z.b. aufgrund des Abschlusses eines Grundstücks-Kaufvertrages einen Anspruch auf Eigentumsverschaffung erworben habe. Das Grundstück gehöre erst dann nicht (mehr) zu ihrem Vermögen, wenn sie sich als Verkäuferin des Grundstücks an einem Verkaufsgeschäft beteiligt und zur Übereignung des Grundstücks an einem Dritten verpflichtet habe (und alle aufschiebenden Bedingungen eingetreten und alle Genehmigungen i.S.v. § 14 GrEStG erteilt worden sind). Entgegen einer in der Literatur vertretenen Auffassung[1691] rechtfertigten die im Fall einer grundbesitzenden KAG bestehenden Besonderheiten, und zwar
- der Umstand, dass die KAG bzw. KVG verpflichtet sei, das eingelegte Geld und die damit angeschafften Vermögensgegenstände nach § 6 Abs. 1 Satz 1 und 3 KAGG[1692] als Sondervermögen vom eigenen Vermögen getrennt zu halten, und
- die Beschränkungen, denen eine KAG, die das bei ihr eingelegte Geld in Grundstücke anlege, aus Gründen des Schutzes der Anteilinhaber bei der Verwaltung des Sondervermögens nach §§ 26 i.V.m. 8 ff. und 31 ff. KAGG[1693] unterliege,

keine Abweichung von diesen allgemeinen Grundsätzen. Weil sich die grunderwerbsteuerrechtliche Zuordnung von Grundstücken nicht nach wirtschaftlichen Gesichtspunkten richte, seien diese Besonderheiten grunderwerbsteuerrechtlich irrelevant. Das gesetzlich angeordnete Getrennthalten des Sondervermögens vom »eigenen Vermögen« der KAG und die Verfügungsbeschränkungen änderten nichts daran, dass die KAG selbst auch in Bezug auf die zum Sondervermögen gehörenden Immobilien den grunderwerbsteuerbaren Erwerbsvorgang verwirklicht habe. Der GrESt unterlägen in typisierender Weise bestimmte in § 1 Abs. 1 und 2 GrEStG umschriebene und in Abs. 3 der Vorschrift fingierte Rechtsvorgänge. Besteuert werde danach »der (fingierte) Rechtsvorgang als solcher um des in der Rechtsänderung selbst enthaltenen Ergebnisses der Rechtsänderung Willen«.[1694] Ob der Rechtsvorgang für den Betroffenen vorteilhaft und wirtschaftlich erfolgreich gewesen sei, und ob ihm die Vorteile aus dem Rechtsvorgang zugute kämen, sei bedeutungslos.[1695]

Bei wirtschaftlicher Betrachtung ist dieses Ergebnis unerträglich. Die KVG (KAG) ist lediglich Dienstleister. Nur aus technischen Gründen sieht das Investmentrecht vor, dass die KVG (KAG) zivilrechtlich Eigentümerin der zu den von ihr für die Anleger 

1090

---

1691 Vgl. *Hoffmann*, BB 2001, 757.
1692 Anschließend § 30 Abs. 1 Satz 2 InvG bzw. jetzt § 92 Abs. 1 Satz 2 KAGB.
1693 Anschließend §§ 76, 26 InvG bzw. jetzt § 84 KAGB.
1694 Der BFH verweist auf *Fischer*, in: Boruttau, a.a.O. vor § 1, Vorbemerkungen Rz. 106 (in der 17. Aufl.; Rn. 135).
1695 Die von *Fischer*, in: Boruttau, § 1 GrEStG, Rz. 915, 16. Aufl. 2007, und auch in Rz. 999 der 17. Aufl. 2011 aufgeworfene Rechtsfrage, ob die Grundstücke des Sondervermögens aus der Bemessungsgrundlage des § 8 Abs. 2 Nr. 3 GrEStG herauszunehmen sind, hat der BFH nicht ausdrücklich beantwortet. Nach den Gründen der Entscheidung II R 14/02 vom 29.09.2004, BStBl. II 2005, 148, BFH/NV 2004, 1731, ist diese Frage aber wohl zu verneinen.

verwalteten Sondervermögen gehörenden Grundstücke sein muss. Dass diese rein abwicklungstechnisch begründete Eigentums-Struktur bei offenen Immobilien-Sondervermögen bei Anteilsgeschäften bezüglich der Anteile an der KVG (KAG) GrESt auf die wirtschaftlich den Anlegern gehörenden Immobilien auslöst, ist mit Gerechtigkeitserwägungen in keinerlei Hinsicht vereinbart. Dies kümmert allerdings (bisher) weder den Gesetzgeber noch den BFH. In der Praxis (und im Folgenden) ist deshalb von dieser Rechtslage auszugehen.

## 2. »Übertragung« von Grundstücken und Grundstücksgesellschaftsanteilen zwischen Eigenvermögen und Sondervermögen sowie zwischen verschiedenen Sondervermögen derselben KVG

1091 Überträgt die KVG ein bisher zu ihrem Eigenvermögen gehörendes Grundstück auf ein von ihr verwaltetes Sondervermögen (oder umgekehrt), oder überträgt sie ein Grundstück aus einem von ihr verwalteten Sondervermögen in ein anderes von ihr verwaltetes Sondervermögen,[1696] wird kein Grunderwerbsteuer-Tatbestand verwirklicht.[1697]

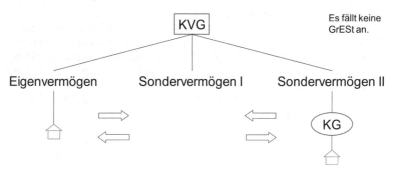

(vorbehaltlich der aufsichtsrechtlichen Zulässigkeit)

1092 U.E. bestätigt das BFH-Urteil II R 14/02 vom 29.09.2004[1698] diese Rechtslage. Denn der BFH lehnt in diesem Urteil die Existenz verschiedener Vermögensbereiche (Eigenvermögen und Sondervermögen) auf Ebene der KVG für Zwecke der GrESt ab.[1699]

---

1696 Gemäß § 30 Abs. 3 InvG darf eine KAG mehrere Sondervermögen bilden; mehrere Sondervermögen sind durch ihre Bezeichnung zu unterscheiden und getrennt zu halten.
1697 Vgl. zur Einbringung eines Grundstücks in das Sondervermögen z.B. FG Düsseldorf, Urteil 7 K 9374/97 vom 18.10.2000, EFG 2001, 91. Vgl. auch *Lübbehüsen*, in: Brinkhaus/Scherer, § 44 KAGG, Rz. 4 und *Fischer*, in: Boruttau, § 1 GrEStG, Rz. 999, 17. Aufl. 2011.
1698 Vgl. BFH-Urteil II R 14/02 vom 29.09.2004, BStBl. II 2005, 148, BFH/NV 2004, 1731.
1699 Dafür, dass die investmentrechtliche Existenz verschiedener Vermögensbereiche auch für Zwecke der GrESt anerkannt werden müsse, vgl. *Hoffmann*, BB 2001, 757. *Hoffmann* weist insb. darauf hin, dass Vermögensgegenstände, die mit Mitteln eines Sondervermögens erworben werden, kraft Gesetzes und ohne zunächst in das nicht gebundene Vermögen der KAG zu fallen, Bestandteile des Sondervermögens werden.

II. Verwaltung offener Immobilien-AIF durch KVGs (früher: KAGs)

Existieren die verschiedenen Vermögensbereiche grunderwerbsteuerrechtlich nicht, müssen »Grundstücksübertragungen« zwischen diesen Bereichen grunderwerbsteuerrechtlich bedeutungslos sein.

### 3. Übertragung der Fonds-Verwaltung auf eine andere externe KVG

Geht das Recht zur Verwaltung eines Immobilien-Sondervermögens von einer externen KVG auf eine andere externe KAG über, entsteht im Grundsatz zweimal Grunderwerbsteuer. Zum einen unterliegt der nach § 100 Abs. 1 Nr. 1 KAGB[1700] vorgesehene Übergang des Eigentums auf die Verwahrstelle/Depotbank gem. § 1 Abs. 1 Nr. 3 GrEStG der Grunderwerbsteuer.[1701] Zum anderen führt auch der Übergang des Eigentums von der Verwahrstelle/Depotbank auf die andere KAG[1702] der Grunderwerbsteuer. Die Übertragung des Eigentums auf die Verwahrstelle/Depotbank kann durch Verschmelzung der »alten« auf die »neue« KAG vermieden werden. Es fällt dann nur einmal GrESt an, und zwar auf den Übergang des Grundstückseigentums nach § 1 Abs. 1 Nr. 3 GrEStG.

1093

Wenn der übertragenden und auch der übernehmenden KVG keine Herausgabeverpflichtung gegenüber den Anteilinhabern obliegt,[1703] kommt es nicht zur Verwirklichung eines weiteren Grunderwerbsteuer-Tatbestands (z.B. § 1 Abs. 2 GrEStG) zwischen der übernehmenden KVG und den Anteilinhabern. Dass – außerhalb des KAGB[1704] – die Übertragung eines Grundstücks auf einen Treuhänder der GrESt unterliegt,[1705] ändert daran nichts. Denn die Rechtsbeziehungen zwischen Anteilinhabern und KVG sind mit denen zwischen Treugeber und Treuhänder i.S.d. Erlasse vom 12.10.2007 nicht vergleichbar.

1094

### 4. Übertragung aller Anteilscheine an einem Immobilien-Spezialfonds

Fraglich ist, ob die Übertragung von Anteilscheinen an einem Immobilien-Spezialfonds Grunderwerbsteuer auslösen kann.

1095

Gemäß § 1 Abs. 6 Satz 1 KAGB[1706] sind Spezial-AIF bzw. Spezial-Sondervermögen »AIF, deren Anteile nur von professionellen[1707] und semiprofessionellen[1708] Anlegern

1095.1

---

1700 Bisher 39 Abs. 1 InvG, davor § 14 Abs. 1 KAGG.
1701 Die Verwahrstelle bzw. früher Depotbank tritt die Gesamtrechtsnachfolge der KAG in Bezug auf das Immobilien-Sondervermögen an; vgl. *Schödermeier/Baltzer*, in: Brinkhaus/Scherer; KAGG, AIG; § 14 KAGG, Rz. 31, 2003.
1702 Vgl. § 100 Abs. 3 KAGB.
1703 Dies ist grds. der Fall, vgl. § 36 Satz 2 KAGG. Allerdings ist es bei Immobilien-Spezialfonds nicht ausgeschlossen, dass an den alleinigen Anteilinhaber, der die Investitionspolitik des Spezialfonds bestimmt, auch eine Sachauskehrung vorgesehen ist; vgl. *Sorgenfrei/Tischbirek*, WM 1990, 1859.
1704 Früher InvG und davor KAGG.
1705 Vgl. gleichlautende Länder-Erlasse vom 12.10.2007, Tz. 1, StEK § 1 GrEStG Nr. 181.
1706 Früher § 2 Abs. 3 Satz 1 InvG.
1707 § 1 Abs. 19 Nr. 32 KAGB.
1708 § 1 Abs. 19 Nr. 33 KAGB.

| N. | Grunderwerbsteuerrechtliche Fragen bei Immobilien-Fonds |

behalten werden dürfen« bzw. früher »Sondervermögen, deren Anteile auf Grund schriftlicher Vereinbarungen mit der Kapitalanlagegesellschaft ausschließlich von Anlegern, die nicht natürliche Personen sind, gehalten werden«.[1709] Gemäß § 277 KAGB[1710] hat die KAG in einer schriftlichen Vereinbarung mit den Anlegern sicherzustellen, dass die Anteile nur an professionelle und semiprofessionelle Anleger bzw. früher mit Zustimmung der KAG von den Anlegern übertragen werden dürfen. Dies sollte die enge Abstimmung zwischen KAG und Spezialfonds-Anlegern vertraglich absichern.[1711]

1096 Überträgt der Anteilinhaber seine Anteilscheine an dem Spezialfonds auf einen anderen Anleger, ist zu prüfen, ob wegen des Übergangs eines Anspruchs auf Übereignung der Grundstücke gem. § 1 Abs. 1 Nr. 5, Nr. 6 GrEStG oder wegen der Übertragung der Verwertungsbefugnis gem. § 1 Abs. 2 GrEStG GrESt entsteht. § 1 Abs. 1 Nr. 5, Nr. 6 GrEStG erfassen Rechtsgeschäfte, die den Anspruch auf Abtretung

- eines Übereignungsanspruchs oder
- der Rechte aus einem Kaufangebot oder aus einem Vertrag, der Grundlage eines Grundstücksübereignungsanspruch ist,

begründen, kraft dessen die Übereignung verlangt werden kann.[1712]

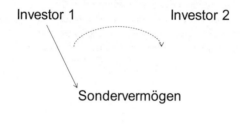

Annahme: Treuhand-Lösung, nicht Miteigentum-Lösung

Es fällt keine GrESt an (keine Verwertungsbefugnis der Anleger); Ausnahme: Sachauskehrungsanspruch.

---

1709 Gemäß § 1 Abs. 2 Satz 1 KAGG durften die Anteilscheine an Spezial-Fonds von nicht mehr als zehn Anteilinhabern, die nicht natürliche Personen sind, gehalten werden. Durch das Investmentmodernisierungsgesetz wurde die Anlegergrenze von 10 auf 30 Anleger »aufgrund der Anforderung der Praxis« erhöht, um auch kleineren institutionellen Anlegern die Anlage in Spezial-Sondervermögen zu ermöglichen. Durch eine weitere Gesetzesänderung in § 2 Abs. 3 InvG wurde die Beschränkung auf bis zu 30 Anlegern gestrichen. Auch nach dem KAGB gibt es keine solche Beschränkung mehr.
1710 Früher § 92 InvG.
1711 Vgl. Begründung zum Ersten Finanzmarktförderungsgesetz vom 22.02.1990, BGBl. I, S. 266.
1712 Vgl. *Fischer*, in: Boruttau, § 1 GrEStG, Rz. 452, 17. Aufl. 2011.

## II. Verwaltung offener Immobilien-AIF durch KVGs (früher: KAGs) N.

Ein gesetzlicher Anspruch auf Übertragung des Eigentums von Gegenständen des Son- **1097** dervermögens besteht grds. nicht.[1713] Die Übertragung der Anteilscheine führt daher grds. zu keiner Verwirklichung von § 1 Abs. 1 Nr. 5 oder Nr. 6 GrEStG.[1714] Allerdings kann bei Spezialfonds nicht ausgeschlossen werden, dass die Vertragsbedingungen oder die Anlegervereinbarung eine Sachauskehrung an den Anleger vorsehen. In diesem Fall führt die Übertragung der Anteilscheine zwar zum Übergang des Anspruchs auf Übereignung der Grundstücke, und damit zur Verwirklichung eines Grunderwerbsteuer-Tatbestandes. Weil das Rechtsverhältnis der Anteilscheininhaber untereinander (auch bei der Treuhandlösung) als Bruchteilsgemeinschaft angesehen wird[1715] und das Bruchteilseigentum grunderwerbsteuerrechtlich dem Grundstück gleichsteht,[1716] könnte dann auch die Übertragung eines Teils der Anteilscheine, d.h. die Übertragung des Anspruchs auf Übertragung von Bruchteilseigentum der GrESt unterliegen. Fraglich ist, ob die Gleichstellung des Miteigentumsanteils mit dem Grundstück auch i.R. von § 1 Abs. 1 Nr. 5 GrEStG ausschlaggebend ist. Mit Urteil vom 02.10.1985[1717] entschied der BFH, dass die Übertragung der Treugeberrechte durch einen von mehreren gegenüber dem Treuhänder als Bruchteilsgemeinschaft auftretenden Treugebern auf einen Dritten als Übertragung der Verwertungsbefugnis i.S.d. § 1 Abs. 2 GrEStG der GrESt unterliegt. Es besteht das Risiko, dass der BFH, wenn er die Übertragung einer dem Übertragenden zu einem Bruchteil zustehenden Verwertungsbefugnis für steuerpflichtig hält, bei einem Bruchteil an einem Übereignungsanspruch bzw. an den Rechten aus einem Verkaufsangebot entsprechend entscheidet.

Nach einer zumindest früher in der Literatur vertretenen Ansicht[1718] löst die Übertra- **1098** gung von Anteilscheinen an einem im Sinne der Treuhandlösung strukturierten Spezialfonds GrESt gem. § 1 Abs. 1 Nr. 1 i.V.m. § 2 Abs. 1 Satz 1 GrEStG aus, weil das Rechtsverhältnis der Anteilscheininhaber als Bruchteilgemeinschaft einzuordnen (und das Bruchteileigentum für Grunderwerbsteuerzwecke als Grundstück zu qualifizieren) ist. Dieser Auffassung kann nicht gefolgt werden. Eigentümerin der zum Sondervermögen gehörenden Grundstücke ist nach der BFH-Rechtsprechung ausschließlich die KAG, sodass die Anteilscheininhaber durch Übertragung der Anteilscheine kein Bruchteilseigentum an den Grundstücken der Spezialfonds übertragen können.[1719]

Weil den Anteilsinhabern mangels eines durch die Beziehungen zum Sondervermögen **1099** selbst begründeten Besitzrechts keine Verwertungsmöglichkeit an den Grundstücken

---

1713 Vgl. *Sorgenfrei/Tischbirek*, WM 1990, 1859.
1714 Vgl. *Lübbehüsen*, in: Brinkhaus/Scherer, § 44 KAGG, Rz. 4.
1715 Vgl. *Bauer*, Investmentgesetze, § 6 KAGG, Rz. 16, 2. Aufl. 1997.
1716 Vgl. z.B. *Hofmann*, § 1 GrEStG, Rz. 29. 10. Aufl. 2014: »Der Miteigentumsanteil ist grunderwerbsteuerrechtlich Grundstück«.
1717 BStBl. II 1986, 28. AZ II R 86/83.
1718 Vgl. *Sorgenfrei/Tischbirek*, WM 1990, 1859.
1719 Ebenso *Bauer*, Investmentgesetze, vor § 37a KAGG, Rz. 51.

zusteht, kann die Übertragung von Anteilscheinen nicht GrESt nach § 1 Abs. 2 GrEStG auslösen.[1720]

### III. »Einbringung« von Immobilien in einen »Miteigentums-Fonds«

#### 1. Immobilien-Spezialfonds und »Miteigentumslösung«

1100 Gemäß § 245 KAGB[1721] ist für Immobilien-Sondervermögen grds. nur die Treuhandlösung zulässig. Dabei stehen die Vermögensgegenstände formal im Eigentum der KVG, und sind die Anteilscheininhaber auf schuldrechtliche Ansprüche gegenüber der KVG beschränkt. Eine grunderwerbsteuerliche Zuordnung der Grundstücke zu den Anteilscheininhabern kommt nicht in Betracht (es sei denn, die vertraglichen Vereinbarungen beinhalten ausnahmsweise Grundstücksübereignungsansprüche zugunsten der Anteilscheininhaber). Die Anteilscheininhaber haben keine Verwertungsbefugnis i.S.v. § 1 Abs. 2 GrEStG an den zum Sondervermögen gehörenden Grundstücken, weil sie weder zum Besitz noch zur Nutzung der Grundstücke befugt sind und auch nicht über die Grundstücke betreffende Dispositionen entscheiden können. Der Erwerb von Grundstücken für ein offenes Sondervermögen setzt daher im Grundsatz voraus, dass die KVG das Grundstück zu Eigentum erwirbt, und zwar auch dann, wenn Veräußerer des Grundstücks ein Anteilscheininhaber des betreffenden Sondervermögens wird.

1101 Seit dem 01.01.2008 kann gem. § 284 Abs. 2 KAGB[1722] bei Spezial-Sondervermögen unter bestimmten Voraussetzungen u.a. von § 245 KAGB[1723] abgewichen werden. Danach ist die Vereinbarung der Miteigentumslösung zulässig, wenn
– die Anteilscheininhaber der Miteigentumslösung zustimmen, und
– für das Spezial-Sondervermögen nur die gesetzlich zulässigen Vermögensgegenstände erworben werden, und
– die besonderen Bestimmungen betr. Darlehensgewährung einer Immobilien-Gesellschaften und betr. Belastung von Grundstückswerten beachtet werden.

Diese seit dem 01.01.2008 aufgrund von § 91 Abs. 3 InvG, seit dem 22.07.2013 § 284 Abs. 2 KAGB mögliche Miteigentumslösung bei Immobilien-Spezialfonds ist in der Praxis insbesondere in solchen Fällen interessant, in denen die Anleger bisher Eigentümer der Grundstücke sind, die zukünftig in einem Spezialfonds durch eine KVG verwaltet werden sollen.

---

1720 Vgl. *Hofmann*, § 1 GrEStG, Rz. 150, 10. Aufl. 2014. Der BFH verzichtet lediglich in den Fällen von Treuhandeigentum und der sog. Verkaufsermächtigung auf den Besitz als Voraussetzung der Verwertungsbefugnis; vgl. BFH-Urteil II R 130/81 vom 30.11.1983, BStBl. II 1984, 158.
1721 Früher: § 75 InvG.
1722 Früher § 91 Abs. 3 InvG.
1723 Früher § 75 InvG.

III. »Einbringung« von Immobilien in einen »Miteigentums-Fonds«   N.

## 2. Grundstücke, die zum offenen Spezial-AIF gehören

Wollen Anleger bisher in ihrem Eigentum stehende Grundstücke auf einen Spezialfonds übertragen, an dem sie Anteilsscheine erwerben bzw. halten, kann mithin diese »Einbringung« durch schuldrechtliche Vereinbarung, dass die Grundstücke zukünftig zum Sondervermögen gehören sollen, durchgeführt werden. Mangels Rechtsträgerwechsels führt diese »Einbringung« nicht zum Anfall von Grunderwerbsteuer. Der Anleger bleibt Grundstückseigentümer, lediglich das Verfügungs- und Besitzrecht geht auf die KVG über. Die KVG erwirbt auch nicht die Verwertungsbefugnis nach § 1 Abs. 2 GrEStG, weil sie die Grundstücke nur auf Rechnung der Anteilsscheininhaber, nicht aber auf eigene Rechnung verwerten kann; dies hat die FinVerw. allerdings noch nicht anerkannt.[1724]   1102

Neben dem Abschluss des »Einbringungs«-Vertrags ist die Bewilligung zur Eintragung der Verfügungsbeschränkung (ausschließliche Verfügungsbefugnis der KVG unter Zustimmungsvorbehalt der Verwahrstelle)[1725] erforderlich. Insbesondere hinsichtlich des Antrags beim Grundbuchamt auf Eintragung eines Sperrvermerks in Abteilung II kann bisher kaum auf Praxiserfahrungen zurück gegriffen werden. Ein gewisser Erklärungs- und Diskussionsbedarf mit den Grundbuchämtern ist nicht auszuschließen.   1103

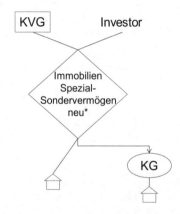

\* Miteigentumslösung, d.h. zivilrechtlicher Rechtsinhaber der zum Spezial-Sondervermögen gehörenden Vermögensgegenstände ist der Investor.

Die »Einbringung« sowohl das Grundstück als auch der Kommanditbeteiligung durch den Investor in das Immobilien-Spezial-Sondervermögen neu ist grunderwerbsteuerrechtlich irrelevant. Zivilrechtlich (dinglich) bleibt der Investor   1104

---

1724 Vgl. FG Köln, Urteil 5 K 1872/13 vom 25.06.2014, EFG 2014, 1608.
1725 Vgl. §§ 93 Abs. 1, 84 Abs. 1 KAGB (früher §§ 34 Abs. 1, 26 Abs. 1 InvG).

Grundstückseigentümer und Rechtsinhaber der Kommanditbeteiligung. Dass die Verfügungsbefugnis jeweils auf die KAG übergeht und dem Investor auch keinerlei Weisungsrechte verbleiben, verwirklicht keinen Grunderwerbsteuer-Tatbestand. Auch § 1 Abs. 2 GrEStG ist nicht erfüllt, weil die KVG kein Recht erlangt, das Grundstück auf »eigene Rechnung« zu verwerten; die FinVerw. vertritt in der Praxis bisher die gegenteilige Auffassung.[1726] Hinsichtlich der Kommanditbeteiligung kommt es zu keinem Anteilsübergang i.S.v. § 1 Abs. 2a GrEStG.

1105 Im Fall der »Einbringung« von Grundstücken durch den Anleger in einen offenen Spezial-AIF behauptet die FinVerw., dass auf die KVG die Verwertungsbefugnis i.S.v. § 1 Abs. 2 GrEStG übergehe. Im Verfahren (Az. 5 K 1872/13) vor dem FG Köln[1727] argumentierte das beklagte FA, dass die KVG mit dem Anleger- und Einbringungsvertrag eine Rechtsposition erhalten habe, die der eines Eigentümers vergleichbar sei. Hieran ändere auch nichts die Miteigentümerstellung der Anleger. Denn trotz ihrer formalen Stellung als Miteigentümer an den zum Sondervermögen gehörenden Vermögensgegenständen seien die Anleger in der Ausübung ihrer Rechte aus dem Miteigentum beschränkt. So könnten sie gem. § 33 Abs. 2 Satz 3 InvG über ihre Vermögensgegenstände weder verfügen, noch hätten sie – § 24 InvG – ein Besitzrecht. Die KVG sei dagegen gem. § 31 Abs. 1 InvG berechtigt, im eigenen Namen über die zum Sondervermögen gehörenden Gegenstände zu verfügen und alle Rechte aus ihnen auszuüben. Darüber hinaus sei eine Substanzbeteiligung durch die Regelung in § 15 Nr. 1-4 in den besonderen Vertragsbedingungen (BVB) zu sehen, da die KVG bei Erwerb ebenso wie bei der Veräußerung an der Wertentwicklung des Grundstücks beteiligt sei.[1728]

1106 Die Anteilscheininhaberin argumentierte im Verfahren (Az. 5 K 1872/13) vor dem FG Köln[1729] gegen die Begründung einer Verwertungsbefugnis i.S.v. § 1 Abs. 2 GrEStG. Die KVG könne die Verwertung nicht ausschließlich selbst herbeiführen, da sie stets die vorherige Zustimmung der Depotbank gem. § 26 InvG benötige. Der zugunsten der Depotbank in Abteilung II einzutragende Sperrvermerk stelle insoweit ein relatives Verfügungsverbot dar, sodass Verfügungen, die unter Verstoß gegen dieses

---

1726 Vgl. die Sachverhalts-Darstellung samt Argumentation des beklagten FA in FG Köln, Urt. v. 25.06.2014, AZ 5 K 1872/13, EFG 2014, 1608. Zur Frage der Verwertungsbefugnis konnte das FG Köln in diesem als Musterverfahren gedachten Klageverfahren nicht entscheiden, weil der GrESt-Bescheid schon wegen Verstoßes gegen § 17 Abs. 2 GrEStG aufzuheben war.
1727 Urt. v. 25.06.2014, EFG 2014, 1608, Tz. 10 bis 15.
1728 Danach erhielt die KVG bei Erwerb eines Grundstücks eine Vergütung i.H.v. 1,25 % des Verkehrswertes und bei Veräußerung nochmals eine Vergütung i.H.v. 1 % des Verkehrswertes. Insofern erhalte sie – so das FA – eine Beteiligung an der ganzen Substanz des Grundstücks, die nur der Höhe nach prozentual eingeschränkt sei. Die Substanz fließe erst einmal dem Fonds und damit der KVG zu, unabhängig davon, dass diese in ihrer Verfügung über die Substanz eingeschränkt sei, § 26 InvG; vgl. FG Köln, Urt. v. 25.06.2014, EFG 2014, 1608, Tz. 9.
1729 Urt. v. 25.06.2014, EFG 2014, 1608.

### III. »Einbringung« von Immobilien in einen »Miteigentums-Fonds« N.

Verbot getroffen würden, dem Anleger gegenüber relativ unwirksam seien. Auch wenn die Depotbank von der KVG beauftragt werde (§ 20 InvG), handele diese bei Wahrnehmung ihrer Aufgaben unabhängig von der KVG ausschließlich im Interesse der Anleger (§ 22 InvG). Die Depotbank müsse Weisungen der KVG nur ausführen, sofern diese nicht gegen gesetzliche Vorschriften und Vertragsbedingungen verstoßen. Da die Depotbank mit dieser Kontrollaufgabe dem Schutz des Sondervermögens verpflichtet sei, werde sie vor einer Zustimmung insbesondere prüfen, ob die jeweilige Veräußerung den rechtlichen und vertraglichen Vorgaben entspreche.

Selbst wenn man eine Verwertungsbefugnis aufseiten der KVG bejahe, fehle es an der notwendigen zweiten Komponente für eine Verwertungsbefugnis, nämlich der **Verwertung auf eigene Rechnung**. Eine Verwertung erfolge nur dann auf eigene Rechnung, wenn der Ermächtigte in der Stellung eines typischen Zwischenerwerbers einen eigenen Mehrerlös nicht an den Eigentümer abzuführen brauche und für sich behalten dürfe. Nutzen und Wertsteigerung des Grundstücks flössen unmittelbar dem einzigen Anleger und zivilrechtlichen Eigentümer der Immobilie zu. Die KVG trete insoweit lediglich als Verwalter des Grundstücks auf, da sie zwar im eigenen Namen, aber wirtschaftlich ausschließlich für Rechnung des Sondervermögens und damit für Rechnung des Anlegers handele. Aufgrund des gesetzlich angeordneten Surrogationsprinzips flössen daher sämtliche Erträge der laufenden Verwaltung unmittelbar dem Sondervermögen zu. Zum Schutz des Investmentvermögens verbuche die Depotbank den aus dem Verkauf von Vermögensgegenständen erzielten Kaufpreis sowie die anfallenden Erträge und sonstigen dem Investmentvermögen zustehenden Geldbeträge auf ein für das Investmentvermögen eingerichtetes Sperrkonto. Dieses Sperrkonto sei getrennt für jedes von der Depotbank betreute Sondervermögen einzurichten. Die KVG habe durch geeignete Verfahren und Vorkehrungen sicherzustellen, dass die Gelder, die zur Abwicklung der ausgeführten Aufträge für Rechnung eines Sondervermögens eingegangen sind, direkt auf das Sperrkonto gezahlt und dort verbucht werden. Etwaige Erträge aus der laufenden Verwaltung der Immobilie sowie Veräußerungserlöse und damit die Wertsteigerungen bzw. Wertminderungen des Grundstücks flössen somit wirtschaftlich und rechtlich gesehen unmittelbar dem Anleger, also ohne Durchfluss bei der KVG zu.

1107

Ihrer Stellung entsprechend werde die KVG nach §§ 30 ff. InvG auf der Grundlage des Investmentvertrages als Verwalter und Dienstleister im eigenen Namen für das nichtrechtsfähige Sondervermögen tätig. Als Gegenleistung für diese Dienstleistungen sollte die KVG verschiedene, abhängig von der jeweiligen Tätigkeit gestaffelte vertraglich festgelegte Vergütungen erhalten. Diese Vergütungen qualifizierten somit als schuldrechtliche Ansprüche gegenüber dem Sondervermögen/Anleger und berechtige die KVG nicht, sich unmittelbar aus den zum Sondervermögen gehörenden Vermögensgegenständen zu befriedigen. Sowohl die laufenden Erträge als auch ein etwaiger Veräußerungserlös flössen vielmehr in vollem Umfang und unmittelbar dem Sondervermögen zu und seien damit automatisch der Klägerin als einzigem Anleger des Fonds rechtlich zuzuordnen. Erst in einem zweiten Schritt könne die KVG ihre vertraglich begründeten Forderungen gegenüber der Depotbank geltend machen. Die Ansprüche der KVG auf Vergütung und Aufwendungsersatz seien nach § 31 Abs. 3

1108

InvG jeweils durch Entnahme aus dem Sondervermögen zu befriedigen. Allerdings könne die Kapitalanlagegesellschaft entsprechende Belastungen des Sondervermögens nicht eigenständig vornehmen, sondern bedürfe hierzu nach § 29 InvG der Mitwirkung der Depotbank. Die Depotbank wiederum sei nur berechtigt, der KVG aus den Sperrkonten die Verwaltungsvergütung und den Aufwendungsersatz auszuzahlen, was sich aus § 29 InvG ergebe.

1109 Der Argumentation der Klägerin im Verfahren (Az. 5 K 1872/13) vor dem FG Köln ist uneingeschränkt zuzustimmen. Zur Frage, ob die »Einbringung« von Grundstücken in einen Miteigentums-Spezialfonds zugunsten der KVG eine Verwertungsbefugnis i.S.v. § 1 Abs. 2 GrEStG begründet, konnte das FG Köln in diesem als Musterverfahren gedachten Klageverfahren allerdings nicht entscheiden. Der GrESt-Bescheid war – weil sich die Einbringung auf eine Vielzahl in verschiedenen Finanzamts-Bezirken belegener Grundstücke bezog – schon wegen Verstoßes gegen § 17 Abs. 2 GrEStG aufzuheben. Es ist davon auszugehen, dass es zu einem späteren Zeitpunkt zu einem Grundsatz-Urteil zur materiell-rechtlichen Frage kommen wird.

### 3. Kommanditbeteiligungen, die zum offenen Spezial-AIF gehören

1110 In Betracht kommt auch, dass der Anteilscheininhaber eines Miteigentums-Spezial-AIF ein bisher von ihm zu Eigentum gehaltenes Grundstück an eine vom Spezial-AIF gehaltene Kommanditgesellschaft (KG) verkauft. In diesem Fall stellt sich die Frage, ob die nach § 1 Abs. 1 Nr. 1 GrEStG anlässlich des Grundstücksverkaufs angefallene GrESt nach § 5 Abs. 2 GrEStG unerhoben bleibt, wenn der Anteilscheininhaber alleiniger Anteilscheininhaber des betreffenden Spezial-AIF bleibt.

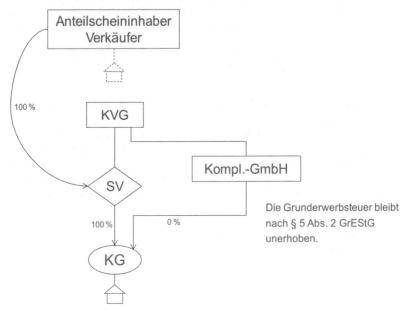

IV. Kauf und Verkauf von Grundstücken durch KVGs für Sondervermögen   N.

Die Kommanditbeteiligung an der Investment-KG steht gem. § 92 Abs. 2 KAGB in der rechtlichen Inhaberschaft des Anteilscheininhabers. § 5 Abs. 2 GrEStG ist daher anwendbar. Unklar ist die Rechtslage, wenn zwei oder mehr Anteilscheininhaber an dem Spezial-AIF in der Rechtsform der Investment-KG beteiligt sind. Denn gesellschaftsrechtlich gilt nach h.M. der Grundsatz, dass eine Rechtsgemeinschaft als solche nicht Personengesellschafter sein könne.[1730] U.E. kommt es in Betracht, für die hier vorliegende Konstellation eine Ausnahme anzuerkennen, weil die KVG quasi wie ein Geschäftsführer für die Rechtsgemeinschaft handelt.

1111

### IV. Kauf und Verkauf von Grundstücken durch KVGs für Sondervermögen

#### 1. Für nach der »Treuhand-Lösung« strukturierte Sondervermögen

Es gelten keine Besonderheiten: Schuldner der nach § 1 Abs. 1 Nr. 1 GrEStG anfallenden GrESt sind gem. § 13 Nr. 1 GrEStG der Verkäufer bzw. Käufer des Grundstücks und die KVG als Grundstückskäufer bzw. -verkäufer. Eine Verwertungsbefugnis i.S.v. § 1 Abs. 2 GrEStG für die Anteilscheininhaber wird nicht begründet (Annahme: keine Sachauskehrungsansprüche).

1112

#### 2. Für nach der »Miteigentums-Lösung« strukturierte Sondervermögen

Besteht ein solcher Miteigentums-Spezialfonds, sind Hinzuerwerbe von nicht am Fonds beteiligten Grundstücksverkäufern und Abverkäufe an nicht am Fonds beteiligte Grundstückskäufer denkbar:

1113

- § 92 Abs. 1 S. 1 Alt. 2 KAGB (§ 30 Abs. 1 S. 1 Alt. 2 InvG):
  Bei Vereinbarung der sog. Miteigentumslösung stehen die zum Sondervermögen gehörenden Vermögensgegenstände im Miteigentum der Anleger (bei nur einem Anleger ⇒ Alleineigentum.

- § 93 Abs. 1 KAGB (§ 31 Abs. 1 InvG):
  Die KVG ist berechtigt, im eigenen Namen über die zu einem Sondervermögen gehörenden Gegenstände nach Maßgabe des KAGB (InvG) und der Vertragsbedingungen zu verfügen und alle Rechte aus ihnen auszuüben.
  ⇒ Die ausschließliche Verfügungsbefugnis der KVG ist in Abteilung II des Grundbuchs einzutragen; BGH-Beschluss V ZB 200/10 vom 30.06.2011, DNotZ 2012, 56.

- § 84 Abs. 1 Nr. 3, Nr. 4 KAGB, § 26 Abs. 1 Nr. 3, Nr. 4 InvG:
  Zustimmungsvorbehalt der Verwahrstelle/Depotbank zu Verfügungen über zum Sondervermögen gehörende Immobilien
  ⇒einzutragen in Abteilung II des Grundbuchs

Anspruch auf Kaufpreiszahlung

Die KAG schließt den KV im eigenen Namen für das Sondervermögen.

Verkäufer ← Grundstückskaufvertrag → KVG

Die Auflassung wird vom Verkäufer und der KAG erklärt.

Anspruch auf Eigentumsverschaffung entsteht direkt beim Anleger, das Eigentum geht direkt auf den Anleger über.

Sondervermögen

Spezial-Anleger

Auflassungsanspruch (§ 92 Abs. 2 Alt. 2 KAGB, § 30 Abs. 2 Alt. 2 InvG):
Zum Vermögen gehört ... alles, was die KVG ... durch ein Rechtsgeschäft erwirbt, das sich auf das Sondervermögen bezieht, ... .
§ 92 Abs. 1 S. 1 Alt. 2 KAGB, § 30 Abs. 1 S. 1 Alt. 2 InvG:
Der Anleger erwirbt den Auflassungsanspruch originär (kein Durchgangserwerb der KVG).

---

1730 Vgl. *Beckmann/Scholz/Vollmer*, § 2 InvG, Rz. 180 ff., Stand 8/2011.

# N. Grunderwerbsteuerrechtliche Fragen bei Immobilien-Fonds

Schließt die KVG im eigenen Namen für den Miteigentums-Spezialfonds mit dem Grundstücksverkäufer einen Kaufvertrag, wird der dadurch begründete Anspruch auf Auflassung kraft Gesetzes unmittelbar Bestandteil des Sondervermögens;[1731] der Auflassungsanspruch steht damit dem Anleger zu. Dass das infolge der Auflassung auf den Anleger übergehende Eigentum zum Sondervermögen gehört, ändert nichts am Bestehen des Auflassungsanspruchs zugunsten des Anlegers, sondern bringt lediglich die investmentrechtlichen Bindungen, die sich in den Eintragungen in Abteilung 2 anlässlich der Eigentumsumschreibung zeigen, zum Ausdruck. Partei des Kaufvertrags ist die KVG, nicht der Anleger. Mithin wird die GrESt nicht vom Anleger, sondern von der KVG geschuldet.[1732]

**1114** Eine Parallele besteht in Bezug auf die grunderwerbsteuerrechtliche Behandlung des Kaufs oder Verkaufs von Grundstücken durch den Insolvenzverwalter für den Insolvenzschuldner.

- § 80 Abs. 1 InsO: Durch die Eröffnung des Insolvenzverfahrens geht das Recht des Schuldners, das zur Insolvenzmasse gehörende Vermögen zu verwalten und über es zu verfügen, auf den Insolvenzverwalter über.
- §§ 32 Abs. 1, 22 Abs. 1 Nr. 2, 23 Abs. 1, 3 InsO: In Abteilung II des Grundbuchs wird sowohl die Eröffnung des Insolvenzverfahrens (Insolvenzvermerk) als auch eine Verfügungsbeschränkung des Insolvenzschuldners eingetragen.
- Soweit der Insolvenzverwalter für die Insolvenzmasse erwirbt, wird der Insolvenzschuldner selbst Eigentümer bzw. Inhaber der in die Masse fallenden Rechte und Forderungen.
- Im Falle des Erwerbs von Grundstückseigentum oder eines dinglichen Rechts an einem Grundstück ist als Berechtigter im Grundbuch allein der Insolvenzschuldner einzutragen (kein Durchgangserwerb des Insolvenz-Verwalters).

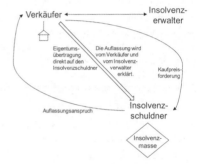

Durch das Handeln des Insolvenzverwalters wird der Insolvenzschuldner nicht nur berechtigt, sondern auch verpflichtet.

Nach Eröffnung des Insolvenzverfahrens ist ein Insolvenzverwalter gem. § 80 InsO für die Insolvenzmasse bzw. für den Insolvenzschuldner verfügungsberechtigt. Die Eröffnung des Insolvenzverfahrens wird durch den Insolvenzvermerk in Abteilung II des Grundbuchs eingetragen, ebenso die Verfügungsbeschränkung des Insolvenzschuldners.

---

1731 Gemäß § 92 Abs. 2 KAGB (früher § 30 Abs. 2 InvG) gehört zum Sondervermögen »auch, **was die KVG** aufgrund eines zum Sondervermögen gehörenden Rechts oder **durch ein Rechtsgeschäft erwirbt, das sich auf das Sondervermögen bezieht**, oder was derjenige, dem das Sondervermögen zusteht, als Ersatz für ein zum Sondervermögen gehörendes Recht erwirbt«.
1732 Gemäß § 93 Abs. 2 Satz 2 KAGB (früher § 31 Abs. 2 Satz 2 InvG) ist die KVG nicht berechtigt, im Namen der Anleger Verbindlichkeiten einzugehen, und sind davon abweichende Vereinbarungen unwirksam. Gemäß § 93 Abs. 3 KAGB (früher § 31 Abs. 3 InvG) »kann sich die KVG wegen ihrer Ansprüche auf Vergütung und auf Ersatz von Aufwendungen aus den für gemeinschaftlicher Rechnung der Anleger getätigten Geschäften nur aus dem Sondervermögen befriedigen; die Anleger haften hier nicht persönlich«.

V. Abwicklung von Immobilien-Sondervermögen N.

Der Verlust der Verwaltungs- und Verfügungsbefugnis des Schuldners stellt keinen Rechtsvorgang dar, der eine Verwertungsbefugnis i.S.d. § 1 Abs. 2 GrEStG des Insolvenzverwalters begründet.[1733] Soweit der Insolvenzverwalter für die Insolvenzmasse ein Grundstück erwirbt, wird der Insolvenzschuldner selbst Eigentümer und zuvor Inhaber des Auflassungsanspruchs.[1734] Beim Erwerb des Grundstückseigentums wird als Berechtigter im Grundbuch ausschließlich der Insolvenzschuldner eingetragen, nicht aber der Insolvenzverwalter. Beim Insolvenzverwalter findet mithin kein Durchgangserwerb statt. Der Erwerb oder die Veräußerung eines Grundstücks durch den Insolvenzverwalter im laufenden Insolvenzverfahren löst nur einmal GrESt aus.[1735]

## V. Abwicklung von Immobilien-Sondervermögen

Aufgrund der in §§ 100 Abs. 1, 245 KAGB[1736] vorgesehenen Rechtstechnik fällt bei der Abwicklung von Immobilien-Sondervermögen zweimal GrESt an: Zunächst bei der Beendigung der Verwaltungsbefugnis der KVG für das Immobilien-Sondervermögen, anschließend bei Verkauf der zum Sondervermögen gehörenden Immobilien durch die Verwahrstelle bzw. bei Begründung der Verwaltungsbefugnis einer anderen KVG. Eine Verrechnung der Bemessungsgrundlagen nach § 1 Abs. 6 GrEStG scheidet aus, weil der Eigentumsübergang auf die Verwahrstelle nach § 1 Abs. 1 Nr. 3 GrEStG und der Abverkauf durch die Verwahrstelle nach § 1 Abs. 1 Nr. 1 GrEStG GrESt nach demselben Absatz von § 1 GrEStG auslösen und weil keine Erwerber-Identität gegeben ist.

1115

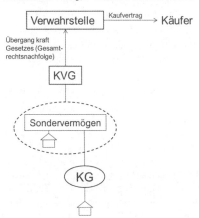

- Übergang des Sondervermögens auf die Verwahrstelle/Depotbank bei Erlöschen des Verwaltungsrechts der KVG, § 100 Abs. 1 Nr. 1 KAGB, § 39 Abs. 1 InvG
- Abwicklung des Sondervermögens durch die Verwahrstelle/Depotbank, § 100 Abs. 2, § 39 Abs. 2 InvG
⇨ Zweimal GrESt (erst nach § 1 Abs. 1 Nr. 3, dann i.d.R. nach § 1 Abs. 1 Nr. 1)
⇨ Billigkeitserlass?

---

1733 Vgl. Beschluss FG Münster 8 V 3297/10 GrE vom 31.01.2011.
1734 Vgl. Beschluss des BayObLG vom 07.08.1980, BayOblGZ 1980, 255; DNotI-Report 2010, 32.
1735 In der Kommentar-Lit. findet sich eine diesbezügliche eindeutige Aussage nicht. Die Kommentare beschränken sich darauf, den Anfall von GrESt zu erwähnen. Würde in einem solchen Fall die Ansicht vertreten, dass doppelt GrESt anfalle, so hätten die Kommentatoren entsprechende Aussagen getroffen.
1736 Das KAGB hat die bereits im KAGG und InvG geregelte Rechtstechnik übernommen; vgl. § 13 KAGG, § 39 InvG.

1116 Dies stellt eine Übermaßbesteuerung dar, eine Gesetzesänderung ist dringend erforderlich.[1737] Die Gesetzesänderung müsste – wenn schon (was ggf. vorzugswürdig wäre) die Rechtstechnik des KAGB nicht geändert werden kann – darin bestehen, den gem. § 100 Abs. 1 KAGB vorgegebenen Eigentumsübergang auf die Verwahrstelle von der GrESt auszunehmen.[1738]

1117 Bis zum Inkrafttreten einer solchen Gesetzesänderung muss die FinVerw. mit Billigkeitserlassen helfen, um eine Übermaßbesteuerung zu vermeiden. Insbesondere in Fällen, in denen gem. § 257 Abs. 4 KAGB das Verwaltungsrecht der KVG erlischt, weil auch 36 Monate nach Aussetzung der Rücknahme die liquiden Mittel nicht ausreichen, um die Rücknahmeverlangen aller Fondsanteilscheininhaber zu befriedigen, erscheint der Anfall von GrESt aufgrund des automatischen Übergangs des Grundstückseigentums auf die Verwahrstelle als unangemessen. Betroffen sind aber auch andere Fälle des automatischen Eigentumsübergangs auf die Verwahrstelle, z.B. Fälle der Kündigung nach § 99 KAGB oder der Anordnung der BaFin nach § 42 KAGB.[1739]

### VI. Beteiligung als Treugeber-Anleger an geschlossenen Immobilienfonds in der Rechtsform der Investment-KG

1118 Nach dem KAGB können geschlossene Fonds nur als Investment-AG mit fixem Kapital oder als geschlossene Investment-KG aufgelegt werden.[1740] Von größter praktischer Bedeutung ist die geschlossene Investment-KG, die gesellschaftsrechtlich eine Sonderform der Kommanditgesellschaft darstellt.[1741] Die Investment-KG muss durch eine KVG verwaltet werden. Entweder beauftragt sie gem. § 154 KAGB eine externe KVG mit der Anlage und Verwaltung des Kommanditanlagevermögens oder sie erfüllt selbst die regulatorischen Anforderungen, um eine intern verwaltete Investment-KG i.S.v. § 1 Abs. 12 KAGB zu sein.[1742]

1119 Üblicherweise haben die Anleger bei Investment-KGs die Wahl, ob sie sich direkt als Kommanditisten beteiligen wollen oder über einen sog. Treuhandkommanditisten. Im letztgenannten Fall schließt der Anleger einen Treuhandvertrag mit dem

---

1737 Vgl. auch BT-Drucks. 17/13562 vom 16.05.2013, S. 4. Darin stellt der Finanzausschuss des Bundestages fest, dass eine Übermaßbesteuerung vorliege, die allein auf Rechtstechnik, nämlich der rechtlichen Konstruktion des § 100 KAGB beruht. Allerdings bedürfe die rechtliche Umsetzung weiterer intensiver Prüfung und Abstimmung.
1738 Durch Schaffung eines weiteren Buchstabens in § 1 Abs. 1 Nr. 3 GrEStG.
1739 Vgl. *Behrens*, UVR 2014, 147.
1740 Vgl. § 139 KAGB. Dabei kann es sich sowohl um Publikums-AIF als auch um Spezial-AIF handeln.
1741 Vgl. z.B. *Wiedemann*, NZG 2013, 1041. Auf die Investment-KG sind gem. § 149 Abs. 1 Satz 2 KAGB die Vorschriften des HGB anwendbar, sofern sich nicht aus den §§ 150 bis 161 KAGB abweichende Regelungen ergeben.
1742 Der Regelfall ist die Beauftragung einer externen KVG, weil der Initiator der geschlossenen Investmentvermögen dann nur eine KVG gründen muss, die dann sämtliche seiner Investment-KGs verwalten kann; vgl. *Rüber/Reiss*, BB 2014, 1634.

## VI. Beteiligung als Treugeber-Anleger an geschlossenen Immobilienfonds

gesellschaftsrechtlich an der Investment-KG beteiligten Treuhandkommanditisten. Der Anleger ist nicht selbst gesamthänderisch an der Investment-KG beteiligt. Fraglich ist, ob die Begründung solcher Beteiligungen über Treuhandkommanditisten zu Anteilsübergängen i.S.v. § 1 Abs. 2a GrEStG führen.

Zu § 1 Abs. 2a GrEStG in der Fassung des JStG 1997 vertrat die FinVerw. die Auffassung, dass der Hinzutritt von Treugebern durch Abschluss von Treuhandverträgen mit dem Treuhandkommanditisten unter Aufstockung seiner Einlage grunderwerbsteuerlich beachtlich sei.[1743] Durch den Hinzutritt von Treugebern sei bei wirtschaftlicher Betrachtungsweise eine Änderung des Gesellschafterbestands eingetreten. Damit sei § 1 Abs. 2a Satz 2 GrEStG a.F. erfüllt.[1744] Bei wirtschaftlicher Betrachtung sei davon auszugehen, dass auch mittelbare Anteilsübertragungen GrESt auslösen könnten. Dabei sei zu prüfen, ob sich der Gesellschafterbestand so wesentlich geändert habe, dass dies wirtschaftlich der Entstehung einer neuen Gesellschaft gleichzusetzen sei. Dies sei insbesondere bei Treuhandverhältnissen der Fall.[1745]

1120

Jedoch entschied der BFH mit Urteil vom 30.04.2003,[1746] dass mittelbare Anteilsübertragungen nach der Fassung von § 1 Abs. 2a GrEStG bis 31.12.1999 unbeachtlich seien. Für die Verwirklichung von § 1 Abs. 2a GrEStG sei eine Änderung des Gesellschafterbestands »bei ihr« – der grundbesitzenden Personengesellschaft selbst – notwendig. Änderungen im Gesellschafterbestand anderer Gesellschaften, die lediglich an der grundbesitzenden Gesamthand beteiligt sind, sind danach nicht tatbestandsmäßig. § 1 Abs. 2a Sätze 2 und 3 GrEStG a.F. liefen leer, soweit sie die Besteuerung von Änderungen im Gesellschafterbestand unterhalb der 95 %-Grenze vorsahen.

1121

---

1743  Vgl. koordinierter Erl. vom 13.06.1997, Tz. 4.1 c), BStBl. I 1997, 632 und vom 24.06.1998, BStBl. I 1998, 925.

1744  § 1 Abs. 2a Sätze 1 bis 3 GrEStG in der vom 01.01.1997 bis 31.12.1999 gültigen Fassung lautete wie folgt: »Gehört zum Vermögen einer Personengesellschaft ein inländisches Grundstück und ändert sich bei ihr innerhalb von fünf Jahren der Gesellschafterbestand vollständig oder wesentlich, gilt dies als auf die Übereignung des Grundstücks auf eine neue Personengesellschaft gerichtetes Rechtsgeschäft. Eine wesentliche Änderung des Gesellschafterbestandes ist anzunehmen, wenn sie bei wirtschaftlicher Betrachtung eine Übertragung des Grundstücks auf die neue Personengesellschaft darstellt. Dies ist stets der Fall, wenn 95 % der Anteile am Gesellschaftsvermögen auf neue Gesellschafter übergehen«.

1745  Nach Tz. 4.1 (derivativer Erwerb) auch schon der gleichlautenden Erl. vom 26.02.2003, BStBl. I 2003, 271 sind bei der Ermittlung des vom Hundersatzes insb. auch die Begründung von Treuhandverhältnissen sowie Treuhänder- und Treugeber-Wechsel zu berücksichtigen, nicht dagegen die Rückübertragung auf den Treugeber. Vgl. zur Übernahme bisher treuhänderisch gehaltener Anteile durch den Treugeber vom und zum Anteilsübergang auf einen anderen Treuhänder FinMin. BaWü, Erl. vom 11.08.1998, DStR 1998, 1965 sowie FinMin BaWü, Erl. vom 16.05.2000, DStR 2000, 1014.

1746  Vgl. BFH-Urteil II R 79/00 vom 30.04.2003, BStBl. II 2003, 890. Vgl. dazu *Behrens/Hofmann*, UVR 2004, 27.

**1122** Das FG Nürnberg hat diese Grundsätze durch Urteil vom 06.11.2003[1747] auf Fälle übertragen, in denen an der Beteiligung eines Gesellschafters Treuhandverhältnisse begründet wurden. Nach der alten Gesetzesfassung konnte dadurch, dass der Treuhandkommanditist der Fonds-KG seine Kommanditbeteiligung für eine Vielzahl von Treugebern auf über 95 % der Anteile am Gesellschaftsvermögen erhöht hat, § 1 Abs. 2a GrEStG a.F. nicht verwirklicht werden. Die FinVerw. hat sich dem für bis 31.12.1999 verwirklichte Fälle durch koordinierten Erlass vom 09.08.2004[1748] angeschlossen. Dieser Erlass ordnet weiter an, dass die Erhöhung der Einlage durch den Treuhandkommanditisten im Auftrag beitretender Treugeber nach § 1 Abs. 2a GrEStG in der ab 01.01.2000 gültigen Fassung tatbestandsmäßig sei.[1749]

**1123** Weil § 1 Abs. 2a GrEStG in der nunmehr geltenden Fassung ausdrücklich und ausschließlich auf einen zivilrechtlichen Wechsel des Gesellschafterbestands der Personengesellschaft abstellt,[1750] ist die Qualifizierung der Beteiligung eines Treugebers über einen als Altgesellschafter einzuordnenden Treuhandkommanditisten als Anteilsübergang i.S.v. § 1 Abs. 2a GrEStG u.E. unzulässig.[1751] Zu §§ 5, 6 GrEStG hat der BFH[1752] entschieden, dass ein Treugeber, in dessen Auftrag ein Treuhänder eine Per-

---

1747 Vgl. FG Nürnberg, Urteil IV 234/2002 vom 06.11.2003, rechtskräftig, EFG 2004, 675.
1748 Vgl. z.B. OFD Karlsruhe, OFD Stuttgart, Erl. des FM vom 09.08.2004, GrESt-Kartei, Karte 34.
1749 Vgl. Erl. vom 09.08.2004, GrESt-Kartei, Karte 34: »Das FG hat der Klage stattgegeben, da nach seiner Auffassung mittelbare, durch Treuhandverhältnisse bedingte Änderungen im Gesellschafterbestand erst im Rahmen der ab 01.01.2000 geltenden Fassung des § 1 Abs. 2a GrEStG berücksichtigt werden können«.
1750 Vgl. Erl. vom 07.02.2000, BStBl. I 2000, 144, Tz. 1, Abs. 2: »§ 1 Abs. 2a GrEStG in der Fassung des Steuerentlastungsgesetzes 1999/2000/2002 stellt nicht mehr auf die wirtschaftliche Betrachtungsweise ab, sondern allein auf den Übergang von min. 95 % der Gesellschaftsanteile«.
1751 Vgl. dazu detailliert *Behrens/Schmitt*, DStR 2005, 1429. So auch FG München, Urteil 4 K 1537/11 vom 12.02.2014, EFG 2014, 948, Tz. 19: »Da zwischen den Treugebern und der Treuhandkommanditistin lediglich schuldrechtliche Beziehungen bestehen, hat sich der Gesellschafterbestand der Treuhandkommanditistin als dem unmittelbar an der grundstücksbesitzenden Klägerin beteiligten Rechtsträger durch den Abschluss der Treuhandverträge nicht geändert.« Der erste Leitsatz des Urteils des FG München lautet wie folgt: »Entgegen der in den gleichlautenden Erlassen der obersten Finanzbehörden der Länder zur Anwendung des § 1 Abs. 2a GrEStG in Ziff. 2.2 vertretenen Auffassung der FinVerw. (VV BW FinMin 2010-02-25 3-S 450.1/6, BStBl. I, 2010, 245) gilt derjenige, der aufgrund Vereinbarungstreuhand Treugeber eines Gesellschafters einer grundstücksbesitzenden Personengesellschaft wird, nicht als Neugesellschafter i.S.d. § 1 Abs. 2a GrEStG.« Hiergegen ist unter AZ II R 18/14 die Revision anhängig. Der BFH erhält mithin die Gelegenheit, seine im Urteil II R 49/12 entwickelten Grundsätze zur Anwendung von § 39 AO zu überprüfen.
1752 Vgl. BFH-Beschluss II B 134/99 vom 08.08.2000, BFH/NV 2001, 66. Vgl. auch BFH-Beschluss II B 134/88 vom 14.12.1988, BFH/NV 1990, 59, Leitsatz 3: »Gesellschafter ist der Treuhänder, nicht der Treugeber eines Gesellschaftsanteils. Der Treugeber ist auch nicht mittelbar (über den Treuhänder) an der Gesellschaft beteiligt«.

sonengesellschaftsbeteiligung hält (sodass nur der Treuhänder unmittelbar dinglich am Gesamthandsvermögen mitberechtigt ist), die Befreiungen nach §§ 5, 6 GrEStG nicht beanspruchen kann. Für das Grunderwerbsteuerrecht sei allein maßgebend, wer bürgerlich-rechtlich und handelsrechtlich am Gesamthandsvermögen beteiligt ist. Die Anwendung von § 39 Abs. 2 AO sei in diesen Fällen grds. ausgeschlossen. Nach wohl einhelliger Ansicht ist mit »Anteil am Gesellschaftsvermögen« i.S.v. § 1 Abs. 2a GrEStG dasselbe gemeint wie mit »Anteil am Vermögen« i.S.v. §§ 5, 6 GrEStG.[1753] Die Grundsätze zu § 1 Abs. 3 GrEStG sind auf § 1 Abs. 2a GrEStG nicht übertragbar, weil es nur bei § 1 Abs. 3 – nicht aber bei § 1 Abs. 2a GrEStG – um die Veränderung der Zuordnung der Sachherrschaft über das Grundstück auf Gesellschafterebene geht; bei § 1 Abs. 2a GrEStG geht es um die »geänderte Zuordnung der Gesellschaftergrundstücke auf der Gesellschaftsebene (Gesamthand als eigenständiger Rechtsträger)«.[1754]

In den gleich lautenden Länder-Erlassen zu § 1 Abs. 2a GrEStG vom 19.02.2014[1755] vertreten die Obersten Finanzbehörden der Länder nach wie vor die Auffassung, dass derjenige, der durch Vereinbarungstreuhand mit einem Personengesellschafter der Grundstücks-Personengesellschaft dessen Treugeber wird, sog. Neu-Gesellschafter i.S.v. § 1 Abs. 2a GrEStG sei.

**1124**

Nach Ansicht des BFH soll eine *mittelbare* Änderung des Gesellschafterbestandes i.S.v. § 1 Abs. 2a GrEStG gegeben sein,[1756] wenn das Mitgliedschaftsrecht zwar zivilrechtlich beim bisherigen Gesellschafter verbleibt, aufgrund rein schuldrechtlicher Bindungen jedoch einem Dritten das Risiko der Wertminderung und die Chance der Wertsteigerung sowie die mit dem unmittelbar an der grundbesitzenden Personengesellschaft bestehenden Anteil verbundenen wesentlichen Rechte zustehen und der Dritte aufgrund bürgerlich-rechtlichen Rechtsgeschäfts bereits eine rechtlich geschützte, auf den Erwerb des Anteils gerichtete Position erworben hat, die ihm gegen seinen Willen nicht mehr entzogen werden kann.[1757] Danach wäre die Begründung von Immobilien-Fonds-KG-Beteiligungen über Treuhandkommanditisten ein Anteilsübergang i.S.v. § 1 Abs. 2a GrEStG, wenn die Treuhandabrede nach den für § 39 Abs. 2 Nr. 1 Satz 2, 1. Alt. AO von den Ertragsteuer-Senaten des BFH entwickelten Kriterien dazu führt, dass das wirtschaftliche Eigentum an der jeweiligen Kommanditbeteiligung dem jeweiligen Treugeber

**1125**

---

1753 Vgl. z.B. *Hofmann*, § 1 GrEStG, Rz. 100, 10. Aufl. 2014.
1754 Vgl. BFH-Beschluss II B 113/02 vom 11.09.2002, BStBl. II 2002, 777.
1755 Vgl. StEK § 1 GrEStG Nr. 207.
1756 Nach der Formulierung des ersten amtlichen Leitsatzes des Urteils II R 49/12 »ist der Anteil am Gesellschaftsvermögen dem Dritten als Neugesellschafter zuzurechnen«.
1757 Vgl. Urteil II R 49/12 vom 09.07.2014, BFH/NV 2014, 1667. Kritisch dazu *Behrens/Bielinis*, DStR 2014, 2367. Vgl. auch *Rutemöller*, BB 2015, 1058, der sich für eine analoge Anwendung von § 1 Abs. 2 GrEStG im Anwendungsbereich ausspricht, was wir angesichts der Gesetzessystematik für unvertretbar halten.

zuzurechnen ist.[1758] Voraussichtlich wird der BFH in Kürze Gelegenheit haben, hierzu Stellung zu nehmen, Denn im Revisionsverfahren II R 18/14[1759] stehen die Fragen zur Entscheidung an,
- ob der Abschluss eines Treuhandvertrages mit dem Gesellschafter einer grundstücksbesitzenden Personengesellschaft zur mittelbaren Änderung des Gesellschafterbestandes dieser Personengesellschaft i.S.d. § 1 Abs. 2a GrEStG führt, und
- ob derjenige, der aufgrund Vereinbarungstreuhand Treugeber eines Gesellschafters einer grundstücksbesitzenden Personengesellschaft wird, als Neugesellschafter gilt.

Der BFH erhält mithin die Gelegenheit, seine im Urteil II R 49/12 entwickelten Grundsätze zur Anwendung von § 39 AO auf die Fallgruppe »mittelbarer Anteilsübergang i.S.v. § 1 Abs. 2a GrEStG« zu überprüfen.

---

1758 Vgl. z.B. BFH-Urteil I R 42/12 vom 21.05.2014, BFH/NV 2014, 1608, wonach ein Treuhandverhältnis nur dann gegeben ist, wenn die mit der rechtlichen Eigentümer- bzw. Inhaber-Stellung verbundene Verfügungsmacht so zugunsten des Treugebers eingeschränkt ist, dass das rechtliche Eigentum bzw. die rechtliche Inhaberschaft als »leere Hülle« erscheint. Danach muss der Treugeber das Treuhandverhältnis sowohl nach den mit dem Treuhänder getroffenen Absprachen als auch bei tatsächlichem Vollzug beherrschen, was u.a. voraussetzt, dass der Treuhänder verpflichtet ist, dem Treugeber alles aus der Treuhand Erlangte auf Verlangen herauszugeben; vgl. BFH-Urteil I R 42/12 v. 21.05.2014, BStBl. II 2015, 4, Tz. 52. Vgl. auch z.B. *Drüen*, in: Tipke/Kruse, § 39 AO, Tz. 31 ff., Juni 2012.
1759 Erste Instanz: FG München, Urteil 4 K 1537/11 vom 12.02.2014, EFG 2014, 948. Vgl. dazu *Schmidt-Gorbach/Hartrott*, DStR 2014, 1210.

# Anhang 1

Gleich lautende Erlasse der obersten Finanzbehörden der Länder zur Abgrenzung des Grundvermögens von den Betriebsvorrichtungen vom 05.06.2013

## 1. Allgemeines

### 1.1 Rechtsgrundlage

Für die Abgrenzung des Grundvermögens von den Betriebsvorrichtungen sind § 68 BewG und im Beitrittsgebiet § 129 Abs. 2 Nr. 1 BewG i.V.m. § 50 Abs. 1 Satz 2 BewG-DDR maßgebend. Dies gilt auch für die Abgrenzung der Betriebsgrundstücke von den Betriebsvorrichtungen (§ 99 Abs. 1 Nr. 1 BewG).

Nach § 68 Abs. 1 Nr. 1 BewG und im Beitrittsgebiet nach § 50 Abs. 1 Satz 1 BewG-DDR gehören zum Grundvermögen der Grund und Boden, die Gebäude, die sonstigen Bestandteile und das Zubehör. Maschinen und sonstige Vorrichtungen aller Art, die zu einer Betriebsanlage gehören (Betriebsvorrichtungen), werden nach § 68 Abs. 2 Satz 1 Nr. 2 BewG oder nach § 50 Abs. 1 Satz 2 BewG-DDR nicht in das Grundvermögen einbezogen. Das gilt selbst dann, wenn sie nach dem bürgerlichen Recht wesentliche Bestandteile des Grund und Bodens oder der Gebäude sind.

### 1.2 Allgemeine Abgrenzungsgrundsätze

Bei der Abgrenzung des Grundvermögens von den Betriebsvorrichtungen ist zunächst zu prüfen, ob das Bauwerk ein Gebäude ist. Liegen alle Merkmale des Gebäudebegriffs vor, kann das Bauwerk keine Betriebsvorrichtung sein (BFH vom 15.06.2005, BStBl II S. 688 und vom 24.05.2007, BStBl II 2008 S. 12 m.w.N.).

Ist das Bauwerk kein Gebäude, liegt nicht zwingend eine Betriebsvorrichtung vor. Vielmehr muss geprüft werden, ob es sich um einen Gebäudebestandteil bzw. eine Außenanlage oder um eine Betriebsvorrichtung handelt. Wird ein Gewerbe mit dem Bauwerk oder Teilen davon unmittelbar betrieben, liegt grds. eine Betriebsvorrichtung vor. Dies gilt jedoch nicht bei doppelfunktionalen Konstruktionselementen, vgl. Tz. 3.1.

### 1.3 Betriebsvorrichtungen

Nach § 68 Abs. 2 Satz 1 Nr. 2 BewG oder nach § 50 Abs. 1 Satz 2 BewG-DDR können nur einzelne Bestandteile und Zubehör Betriebsvorrichtung sein. Zu den Betriebsvorrichtungen gehören nicht nur Maschinen und maschinenähnliche Vorrichtungen. Unter diesen Begriff fallen vielmehr alle Vorrichtungen, mit denen ein Gewerbe unmittelbar betrieben wird (BFH vom 11.12.1991, BStBl II 1992 S. 278). Das können auch selbständige Bauwerke oder Teile von Bauwerken sein, die nach den Regeln der Baukunst geschaffen sind, z.B. Schornsteine, Öfen, Kanäle.

## Anhang 1

Für die Annahme einer Betriebsvorrichtung genügt es nicht, dass eine Anlage für die Gewerbeausübung lediglich nützlich, notwendig oder vorgeschrieben ist (z.B. i.R. einer Brandschutzauflage – BFH vom 07.10.1983, BStBl II 1984 S. 262 und vom 13.11.2001, BStBl II 2002 S. 310).

### 2. Abgrenzung der Gebäude

#### 2.1 Abgrenzungsgrundsatz

Die Gebäude sind allein mithilfe des Gebäudebegriffs von den Betriebsvorrichtungen abzugrenzen. Für die bewertungsrechtliche Einordnung eines Bauwerks als Gebäude ist entscheidend, ob es alle Merkmale eines Gebäudes aufweist (BFH vom 15.06.2005, BStBl II S. 688 und vom 24.05.2007, BStBl II 2008 S. 12 m.w.N.).

#### 2.2 Gebäudebegriff

Nach den in der höchstrichterlichen Rechtsprechung aufgestellten Grundsätzen ist ein Bauwerk als Gebäude anzusehen, wenn es Menschen oder Sachen durch räumliche Umschließung Schutz gegen Witterungseinflüsse gewährt, den Aufenthalt von Menschen gestattet, fest mit dem Grund und Boden verbunden, von einiger Beständigkeit und ausreichend standfest ist (BFH vom 28.05.2003, BStBl II S. 693). Die Abgrenzung von Gebäude und Betriebsvorrichtung kann nicht unter Heranziehung einer in Bezug auf das gesamte Bauwerk bestehenden Verkehrsauffassung erfolgen. Bestehen jedoch Zweifel, ob ein bestimmtes Merkmal des Gebäudebegriffs vorliegt, ist die Entscheidung über das Vorliegen dieses Merkmals in Bezug auf das Bauwerk nach der Verkehrsauffassung zu treffen (zum Begriff der Verkehrsauffassung vgl. BFH vom 13.06.1969, BStBl II S. 517 und S. 612 sowie BFH vom 18.03.1987, BStBl II S. 551).

Der Begriff des Gebäudes setzt nicht voraus, dass das Bauwerk über die Erdoberfläche hinausragt. Auch unter der Erd- oder Wasseroberfläche befindliche Bauwerke, z.B. Tiefgaragen, unterirdische Betriebsräume, Lagerkeller und Gärkeller, können Gebäude i.S.d. Bewertungsgesetzes sein. Das Gleiche gilt für Bauwerke, die ganz oder z.T. in Berghänge eingebaut sind. Ohne Einfluss auf den Gebäudebegriff ist auch, ob das Bauwerk auf eigenem oder fremdem Grund und Boden steht.

#### 2.3 Schutz gegen Witterungseinflüsse durch räumliche Umschließung

Der Begriff der räumlichen Umschließung, die Schutz gegen Witterungseinflüsse gewähren soll, setzt nicht voraus, dass das Bauwerk an allen Seiten Außenwände hat. Selbst wenn Außenwände an allen Seiten fehlen, kann ein Gebäude vorliegen, wenn das Bauwerk nach der Verkehrsauffassung einen Raum umschließt und dadurch gegen Witterungseinflüsse schützt (BFH vom 19.01.1962, BStBl III S. 121; vgl. Zeichnung 1 und BFH vom 28.09.2000, BStBl II 2001 S. 137).

Markthallen, Industriehallen, Bahnsteighallen und ähnliche Hallen sind dann Gebäude, wenn auch die übrigen Merkmale eines Gebäudes vorliegen. Bei freistehenden schmalen Überdachungen und ähnlichen Schutzdächern kann ein Schutz durch

# Anhang 1

räumliche Umschließung nicht angenommen werden, wenn ihre Breite nicht mindestens die doppelte mittlere lichte Höhe aufweist; sie sind deshalb keine Gebäude (vgl. Zeichnung 2). Bei freistehenden Überdachungen in leichter Bauausführung – hierzu gehören nicht Bahnsteig-, Haltestellen- und Tankstellenüberdachungen – ist ein Schutz durch räumliche Umschließung nicht gewährleistet, wenn die überdachte Fläche, unabhängig von der Höhe, nicht mehr als 30 m$^2$ beträgt. Sind Überdachungen danach nicht als Gebäude anzusehen, ist zu prüfen, ob eine Außenanlage oder eine Betriebsvorrichtung vorliegt.

## 2.4 Aufenthalt von Menschen

Das Bauwerk muss durch normale Eingänge, z.b. Türen, betreten werden können. Behelfsmäßige Eintrittsmöglichkeiten wie Luken, Leitern und schmale Stege genügen nicht. Darüber hinaus muss das Bauwerk so beschaffen sein, dass man sich in ihm nicht nur vorübergehend aufhalten kann. Transformatorenhäuschen, kleine Rohrnetzstationen, Pumpenhäuschen oder ähnliche kleine Bauwerke, die Betriebsvorrichtungen enthalten und nicht mehr als 30 m$^2$ Grundfläche haben, gestatten allenfalls einen nur vorübergehenden Aufenthalt von Menschen. Sie sind deshalb regelmäßig als Betriebsvorrichtungen anzusehen (BFH vom 24.01.1952, BStBl III S. 84 und vom 24.05.2007, BStBl II 2008 S. 12 m.w.N.).

Es ist nicht erforderlich, dass das Bauwerk zum Aufenthalt von Menschen bestimmt ist. Es muss jedoch so beschaffen sein, dass dem Menschen ein mehr als nur vorübergehender Aufenthalt möglich ist (BFH vom 18.03.1987, BStBl II S. 551, vom 15.06.2005, BStBl II S. 688 und vom 24.05.2007, BStBl II 2008 S. 12). Dies gilt bspw. für selbsttragende Stahl-Glas-Konstruktionen zur Präsentation von Personenkraftwagen (Tower) sowie für Imbisse und Kioske. Ein Bauwerk verliert seine Gebäudeeigenschaft auch nicht schon dadurch, dass bauliche Unzulänglichkeiten (z.B. schlechte Entlüftung oder schlechte Lichtverhältnisse) den Aufenthalt von Menschen erschweren. Ebenso wird die Gebäudeeigenschaft nicht dadurch berührt, dass Einwirkungen, die durch den Betrieb hervorgerufen werden, auf die Dauer zu gesundheitlichen Schäden führen können, z.B. in Fällen, in denen bei der Arbeit Masken oder Schutzkleidung getragen werden müssen. Die Gebäudeeigenschaft geht ferner nicht verloren, wenn der Aufenthalt der Menschen während eines Betriebsvorgangs vorübergehend nicht möglich ist, z.B. bei Versuchen oder gewissen Arbeitsvorgängen in Laboratorien. Ist der Aufenthalt in dem Bauwerk allein auf Vorrichtungen möglich, die nur zur Bedienung oder Wartung der Maschinen usw. bestimmt sind (z.B. Arbeitsbühnen), so wird dadurch die Gebäudeeigenschaft ebenfalls nicht beeinträchtigt. Die Vorrichtungen selbst sind Betriebsvorrichtungen (vgl. Tz. 3.4).

Bauwerke, in denen eine besonders hohe oder niedrige Temperatur herrscht und die deshalb während des laufenden Betriebsvorgangs einen Aufenthalt von Menschen nicht (vgl. Zeichnung 3) oder nur kurzfristig mit Schutzkleidung (z.B. für Inspektionsgänge) zulassen, sind keine Gebäude (BFH vom 30.01.1991, BStBl II S. 618). Herrschen in dem Bauwerk sowohl hohe oder niedrige Temperaturen als auch ein extremer Lärmpegel, kann das Zusammenwirken dieser Faktoren einen mehr als

# Anhang 1

vorübergehenden Aufenthalt von Menschen ausschließen, sodass das Bauwerk nicht als Gebäude anzusehen ist.

Der hohe Lärmpegel im Bauwerk als solcher kann nicht entscheidendes Hindernis für die Gebäudeeigenschaft sein. Das Überschreiten der arbeitsschutzrechtlichen Lärmgrenzwerte steht der Möglichkeit des nicht nur vorübergehenden Aufenthalts von Menschen nicht entgegen, wenn die Verwendung von entsprechendem Gehörschutz geeignet ist, die Schalleinwirkungen auf das menschliche Ohr unter die arbeitsschutzrechtlich zulässige Höchstgrenze (Schallpegel) zu drücken. Die arbeitsschutzrechtlichen Vorschriften zur Dauer des Aufenthalts sind nicht der Maßstab für die Gebäudeeigenschaft. Denn unter einem nicht nur vorübergehenden Aufenthalt von Menschen ist kein Aufenthalt über einen ganzen Arbeitstag hin zu verstehen (BFH vom 15.06.2005, BStBl II S. 688 und vom 24.05.2007, BStBl II 2008 S. 12).

Bei der Gesamtwürdigung, ob ein Teil oder Teile eines Bauwerks, die zum Aufenthalt von Menschen geeignet sind, von untergeordneter Bedeutung sind, ist nicht nur auf die Größenverhältnisse der Bauteile abzustellen, es kommt auch auf die Intensität der Nutzung an. Kleine Bauwerke sind nicht generell von der Bewertung als Gebäude ausgenommen, sondern nur unter der Voraussetzung, dass in ihnen Geräte für automatisch ablaufende, technische Betriebsvorgänge angebracht sind und sie nur gelegentlich zu Kontroll-, Wartungs- oder Reparaturarbeiten betreten werden. Dies trifft bspw. auf Türme von Windkraftanlagen zu (BFH vom 24.05.2007, BStBl II 2008 S. 12). Ist der Aufenthalt von Menschen in dem Bauwerk allerdings integraler Teil des Betriebsablaufs, spricht dies für die Qualifizierung als Gebäude (z.B. Kfz-Tower, Geldautomat-Pavillon).

## 2.5 Feste Verbindung mit dem Grund und Boden

Ein Bauwerk ist fest mit dem Grund und Boden verbunden, wenn es auf einzelne oder durchgehende Fundamente gegründet ist. Ein Fundament setzt eine feste Verankerung durch eine gewisse Verbindung mit dem Grund und Boden voraus, die nicht durch bloßen Abtransport beseitigt werden kann (BFH vom 23.09.1988, BStBl II 1989 S. 113 und vom 25.04.1996, BStBl II S. 613). Auf Tiefe, Art und Material der Fundamente kommt es nicht an (BFH vom 10.06.1988, BStBl II S. 847). Durch Versorgungsleitungen allein kann eine feste Verbindung mit dem Grund und Boden nicht geschaffen werden, da sie ohne Schwierigkeiten gelöst werden können. Bei Zelthallen kann die feste Verbindung mit dem Grund und Boden nur dann angenommen werden, wenn die Lasten der Hallenkonstruktion über einzelne oder durchgehende Fundamente in den Boden geleitet werden (z.B. durch Erdnägel oder Telleranker). Durch diese Maßnahmen ist das Bauwerk nicht mehr jederzeit versetzbar und transportabel. Eine feste Verbindung mit dem Grund und Boden ist auch dann anzunehmen, wenn das Bauwerk mit dem Fundament nicht verankert ist, sondern nur infolge der eigenen Schwere auf dem Fundament ruht (BFH vom 18.06.1986, BStBl II S. 787). Bei Fertiggaragen aus Beton und vergleichbaren Bauwerken liegt auch dann eine feste Verbindung mit dem Grund und Boden vor, wenn sie durch das Eigengewicht auf dem Grundstück festgehalten werden und dadurch auch ohne Verankerung

# Anhang 1

im Boden eine ihrem Verwendungszweck entsprechende Standfestigkeit haben (BFH vom 04.10.1978, BStBl II 1979 S. 190).

Eine feste Verbindung mit dem Grund und Boden ist auch dann anzunehmen, wenn bei Bauwerken im Feststellungszeitpunkt entweder eine auf Dauer angelegte Nutzung (mindestens sechs Jahre) gegeben ist oder aufgrund der Zweckbestimmung eine dauernde Nutzung zu erwarten ist (BFH vom 23.09.1988, BStBl II 1989 S. 113).

Diese Grundsätze sind auch bei Mobilheimen zu beachten. Bauwerken, die nach ihrer baulichen Gestaltung zur Verwendung auf stets wechselnden Einsatzstellen vorgesehen und ohne größere bauliche Maßnahmen jederzeit versetzbar und transportabel sind, fehlt es dagegen an der für den Gebäudebegriff immanenten Ortsfestigkeit (BFH vom 18.06.1986, BStBl II S. 787).

Wenn ein selbstständiges Gebäude auf einem anderen selbstständigen Bauwerk steht, das nicht ein Gebäude zu sein braucht, genügt es, dass das Gebäude mit dem anderen Bauwerk und das andere Bauwerk mit dem Grund und Boden fest verbunden ist (BFH vom 13.06.1969, BStBl II S. 612; vgl. Zeichnung 4).

## 2.6 Beständigkeit des Bauwerks

Die Entscheidung der Frage, ob ein Bauwerk von einiger Beständigkeit ist, richtet sich allein nach der Beschaffenheit (Material) des Bauwerks. Ohne Bedeutung ist daher, ob das Bauwerk nur zu einem vorübergehenden Zweck errichtet wurde, z.b. für Zwecke einer Ausstellung (BFH vom 24.05.1963, BStBl III S. 376).

## 2.7 Standfestigkeit

Ein Gebäude muss so gebaut sein, dass es nicht einstürzt, wenn die als Betriebsvorrichtungen anzusehenden Teile des Bauwerks entfernt werden (BFH vom 13.06.1969, BStBl II S. 612; vgl. Zeichnung 5).

Einer besonderen Prüfung der Standfestigkeit bedarf es bei Bauwerken, bei denen die Umschließungen ihre Standfestigkeit durch Bauteile wie Fundamente, Stützen, Mauervorlagen und Verstrebungen erhalten, die auch einer Betriebsvorrichtung dienen. Bauteile, die einem doppelten Zweck dienen, rechnen zum Gebäude i.S.d. § 68 Abs. 2 Satz 2 BewG. Die Umschließung ist in diesen Fällen standfest und bei Vorliegen der übrigen Begriffsmerkmale als Gebäude zu behandeln (vgl. Zeichnungen 6 bis 9).

Standfest ist eine Umschließung auch sonst, wenn sie sich auf Teile der Betriebsvorrichtung stützt und wenn die Teile bei einer Beseitigung der Betriebsvorrichtung stehen bleiben können und bei einer anderen Nutzung der Umschließung nicht im Wege stehen. Das Gleiche gilt, wenn ein Auswechseln der Betriebsvorrichtung unter vorübergehender Abstützung der Umschließung leicht möglich ist. In Betracht kommen z.B. Fälle, bei denen Mittelstützen, die auf Betriebsvorrichtungen stehen, bei einem etwaigen Abbruch der Betriebsvorrichtungen ohne große Schwierigkeiten unterfangen werden können.

## Anhang 1

Ansonsten haben Umschließungen und Überdachungen, die ausschließlich auf Betriebsvorrichtungen gegründet sind, keine ausreichende Standfestigkeit. Sie sind deshalb keine Gebäude (vgl. Zeichnung 10).

Das Gleiche gilt für Umschließungen, die nur als äußere Verkleidungen ausgeführt und an der Betriebsvorrichtung unmittelbar befestigt oder aufgehängt sind. Derartige Umschließungen, die sich oft bei modernen Kesselanlagen finden, sind nach Beseitigung der Betriebsvorrichtung nicht mehr standfest (vgl. Zeichnung 11).

Die Standfestigkeit ist auch bei Bauwerken besonders zu prüfen, deren Außenwände aus Teilen von Betriebsvorrichtungen gebildet werden (vgl. Zeichnungen 12 bis 14).

Die Standfestigkeit darf sich nicht aus Stützen und sonstigen Bauteilen wie Mauervorlagen und Verstrebungen ergeben, die ausschließlich zu einer Betriebsanlage gehören. Sofern diese Bauteile dagegen nicht ausschließlich zur Betriebsanlage gehören und sie somit einen doppelten Zweck erfüllen, sind sie stets in das Grundvermögen einzubeziehen (§ 68 Abs. 2 Satz 2 BewG). Das gilt auch, wenn die Außenwand oder Decke eines Bauwerks einem doppelten Zweck dient (vgl. Zeichnung 15).

Bestehen die Außenwände eines Bauwerks dagegen z.T. aus Umwandungen einer Betriebsvorrichtung, die einen selbstständigen, vertikal abgrenzbaren Teil des gesamten Bauwerks darstellen, ist das Bauwerk durch eine gedachte Trennlinie in einen Gebäudeteil und einen Betriebsvorrichtungsteil aufzuteilen (BFH vom 05.02.1965, BStBl III S. 220; vgl. Zeichnung 11). Eine horizontale Aufteilung des Bauwerks in Gebäude und Betriebsvorrichtung kommt nur in Betracht, wenn die Trennung in einer Ebene über die gesamte Bauwerksgrundfläche möglich ist.

In den Fällen der Tz. 2.5, in denen ein selbständiges Gebäude auf einem selbstständigen Bauwerk steht, genügt es, wenn die Standfestigkeit durch das untere Bauwerk vermittelt wird (vgl. Zeichnung 4).

Bauwerke mit pneumatischen Konstruktionen (Traglufthallen) sind nicht ausreichend standfest und deshalb keine Gebäude.

### 3. Abgrenzung der Gebäudebestandteile

#### 3.1 Abgrenzungsgrundsatz

Die Entscheidung der Frage, ob die einzelnen Bestandteile im Sinne des bürgerlichen Rechts nach Bewertungsrecht Teile von Gebäuden oder Betriebsvorrichtungen sind, hängt davon ab, ob sie der Benutzung des Gebäudes ohne Rücksicht auf den gegenwärtig ausgeübten Betrieb dienen oder ob sie in einer besonderen Beziehung zu diesem Betrieb stehen. Als Betriebsvorrichtungen können dabei nur Vorrichtungen angesehen werden, mit denen das Gewerbe unmittelbar betrieben wird (BFH vom 23.03.1990, BStBl II S. 751, vom 10.10.1990, BStBl II 1991 S. 59 und vom 11.12.1991, BStBl II 1992 S. 278).

Gebäudebestandteile sind wie Gebäude ausgehend vom Gebäudebegriff von den Betriebsvorrichtungen abzugrenzen. Von einem Gebäudebestandteil ist danach auszugehen, wenn die Vorrichtung i.R. der allgemeinen Nutzung des Gebäudes erforderlich

# Anhang 1

ist. Bei doppelfunktionalen Konstruktionselementen geht die Gebäudefunktion der betrieblichen Funktion vor (BFH vom 28.05.2003, BStBl II S. 693).

## 3.2 Aufteilung innerhalb von Gebäuden

Bauten im Innern von größeren Werkhallen (Meisterbüros, Materiallager, Schalträume und dergleichen) sind bei der Abgrenzung der Gebäudebestandteile von den Betriebsvorrichtungen grds. zum Gebäude zu rechnen, weil der insgesamt vorhandene Gebäuderaum durch diese Einbauten lediglich unterteilt wird. Die Frage, ob die Umschließung Schutz gegen Witterungseinflüsse gewährt, tritt angesichts der Funktion, nur das Gebäude zu unterteilen, bei diesen Einbauten nicht auf. Bei solchen Einbauten, z.b. Spritzboxen in Karosseriewerken und bei Transformatorenräumen, ist aber zu prüfen, ob in ihnen während des sich ständig wiederholenden Betriebsvorgangs ein nicht nur vorübergehender Aufenthalt von Menschen möglich ist. Ist ein solcher Aufenthalt ausgeschlossen oder auch mit Schutzkleidung nur kurzfristig möglich (z.b. für Inspektionsgänge), sind die Einbauten Betriebsvorrichtungen.

Die Umschließungen der nicht zum Aufenthalt geeigneten Räume innerhalb von Gebäuden (insbesondere Zellen oder Kammern) rechnen grds. zu den Betriebsvorrichtungen. Dazu gehören außer der Isolierung auch die baulichen Bestandteile der Trennwände (Isolierwände). Handelt es sich aber um Trennwände, die dazu bestimmt sind, das Gesamtgebäude mit zu stützen (tragende Wände), so gehören sie zum Gebäude. Die zu den Zellen oder Kammern gehörende Isolierung (Wand-, Decken- und Bodenisolierung) ist jedoch in jedem Fall als Teil der Betriebsvorrichtung anzusehen (vgl. Zeichnung 16). Bei Räumen, die insbesondere der Herstellung von Computerchips, Kugellagern und elektronischen Geräten dienen und in denen daher Staubfreiheit sowie eine gleichbleibende Temperatur und Luftfeuchtigkeit gewährleistet sein müssen (sog. Reinräume), sind die Klima- und Luftreinigungsanlagen sowie die Zugangsschleusen als Betriebsvorrichtungen anzusehen. Aufgebrachte Wand- und Deckenverkleidungen sowie ein zusätzlich zu dem vorhandenen Fußboden aufgebrachter Fußboden sind bei diesen Räumen ebenfalls Betriebsvorrichtungen, wenn ein Höchstmaß an Staubfreiheit, eine ganz bestimmte oder sich in engen Grenzen bewegende Raumtemperatur oder eine bestimmte Luftfeuchtigkeit für den Produktionsvorgang unbedingt gewährleistet sein müssen.

Isolierungen sowie Wand-, Decken- und Dachverkleidungen in Sandwich-Bauweise sind jedoch, da sie nicht ausschließlich zu einer Betriebsanlage gehören, stets als Gebäudebestandteile anzusehen.

Verschiebbare Innenwände sind Bestandteile des Gebäudes.

## 3.3 Verstärkungen der Decken, Fundamente und Mauern

Decken sind stets den Gebäuden zuzurechnen, auch wenn sie stärker sind, als dies im Allgemeinen der Fall ist. Ebenso gehören zum Gebäude die Verstärkungen von Fundamenten und Wänden, wenn die Fundamente und Wände nicht ausschließlich für Betriebsvorrichtungen bestimmt sind.

# Anhang 1

In Betracht kommen z.B. Mauervorlagen, besondere Stützen und Unterzüge in den Wänden. Dagegen sind Einzelfundamente für Maschinen Betriebsvorrichtungen (vgl. Zeichnung 7).

### 3.4 Bedienungsvorrichtungen

Arbeitsbühnen, Bedienungsbühnen, Beschickungsbühnen und Galerien aller Art, die ausschließlich zur Bedienung und Wartung von Maschinen, Apparaten usw. bestimmt und geeignet sind, sind Betriebsvorrichtungen. Ihre Abgrenzung gegenüber den Geschossdecken ist nach den Umständen des Einzelfalls vorzunehmen (BFH vom 12.02.1982, BStBl II S. 448).

### 3.5 Aufzüge und ähnliche Anlagen

Personenaufzüge dienen überwiegend der Benutzung des Gebäudes. Sie sind in mehrgeschossigen Gebäuden zur raschen und sicheren Abwicklung des Personenverkehrs allgemein üblich. Auch Rolltreppen und Rollsteige, die zur Bewältigung des Publikumsverkehrs dienen, sind aus diesem Grund dem Gebäude zuzurechnen (BFH vom 05.03.1971, BStBl II S. 455).

Lastenaufzüge in gewerblich genutzten Gebäuden, die unmittelbar dem Betriebsvorgang dienen, sind Betriebsvorrichtungen. Der ausschließlich einem solchen Lastenfahrstuhl dienende Schacht (z.B. ein an ein bestehendes Gebäude angebauter Fahrstuhlschacht) ist Teil der Betriebsvorrichtung (BFH vom 07.10.1977, BStBl II 1978 S. 186). Fahrstuhlschächte, die innerhalb eines Gebäudes liegen, haben regelmäßig auch konstruktive Funktionen (Aufnahme der Eigen- und Nutzlasten angrenzender Geschossdecken); sie gehören daher zum Gebäude. Autoaufzüge in Parkhäusern sind Betriebsvorrichtungen. Auch die Anlagen für den Transport von Rohstoffen oder Gegenständen der Fertigung, z.B. Förderbänder, sind den Betriebsvorrichtungen zuzurechnen.

### 3.6 Elektrische Anlagen, Heizungsanlagen, Be- und Entwässerungsanlagen, Bäder, Fotovoltaikanlagen

Beleuchtungsanlagen gehören grds. zum Gebäude (BFH vom 08.10.1987, BStBl II 1988 S. 440). Spezialbeleuchtungsanlagen, die nicht zur Gebäudebeleuchtung erforderlich sind, z.B. für die Schaufenster, sind jedoch Betriebsvorrichtungen. Das Gleiche gilt für Kraftstromanlagen, die ganz oder überwiegend einem Betriebsvorgang dienen.

Sammelheizungsanlagen, Be- und Entlüftungsanlagen, Klimaanlagen, Warmwasseranlagen und Müllschluckanlagen sind regelmäßig Teile des Gebäudes (BFH vom 07.03.1974, BStBl II S. 429, vom 20.03.1975, BStBl II S. 689, vom 29.10.1976, BStBl II 1977 S. 143 und vom 07.09.2000, BStBl II 2001 S. 253). Sie rechnen aber dann zu den Betriebsvorrichtungen, wenn sie ganz oder überwiegend einem Betriebsvorgang dienen, z.B. Klimaanlagen in Chemiefaserfabriken, Tabakfabriken und Reinräumen.

# Anhang 1

Auch Be- und Entwässerungsanlagen gehören im Allgemeinen zum Gebäude. Nur wenn sie überwiegend dem Betriebsvorgang dienen, wie z.b. bei Autowaschhallen, Brauereien, Färbereien, Molkereien und Zellstofffabriken, sind sie Betriebsvorrichtungen.

Bäder, die der Körperpflege dienen, rechnen zum Gebäude (BFH vom 12.08.1982, BStBl II S. 782). Dagegen sind Bäder, die Heilzwecken dienen (z.b. in Kur- und Krankenhäusern) oder mit denen das Gewerbe betrieben wird (z.b. in Badeanstalten), Betriebsvorrichtungen. Schwimmbecken in Hotels sind unselbstständige Gebäudeteile und nicht Betriebsvorrichtungen (BFH vom 11.12.1991, BStBl II 1992 S. 278).

Ausgehend vom maßgeblichen Gebäudebegriff handelt es sich bei dachintegrierten Fotovoltaikanlagen nicht um Betriebsvorrichtungen, sondern um Gebäudebestandteile. Die den Kern dieser Anlagen bildenden Solardachziegel ersetzen die ansonsten erforderliche Dacheindeckung. Sie erfüllen die typischen Aufgaben jedes normalen Hausdaches. Allein durch die Dacheindeckung gewährt das Gebäude auf der Dachseite vollständigen Schutz gegen äußere Einflüsse, vornehmlich Witterungseinflüsse, selbst wenn die Solardachsteine darüber hinaus auch der Gewinnung von Strom zu dienen vermögen. Bei derartigen doppelfunktionalen Konstruktionselementen geht die Gebäudefunktion der betrieblichen Funktion vor. Solche Bauteile gehören nicht i.S.d. § 68 Abs. 2 Satz 1 Nr. 2 BewG ausschließlich zu einer Betriebsanlage (§ 68 Abs. 2 Satz 2 BewG). Eine auf das vorhandene Dach aufgesetzte Fotovoltaikanlage ist für die allgemeine Nutzung des Gebäudes nicht erforderlich und stellt somit keinen Gebäudebestandteil, sondern eine Betriebsvorrichtung dar.

## 3.7 Sonstige Anlagen in gewerblich genutzten Gebäuden

Nicht zum Gebäude rechnen Kühleinrichtungen, Absaugevorrichtungen, Bewetterungsanlagen, Entstaubungsanlagen und dergleichen.

Stahltüren, Stahlkammern und Stahlfächer von Tresoranlagen sind ebenso wie die dazugehörigen Alarmanlagen Betriebsvorrichtungen.

Sprinkleranlagen sind regelmäßig Gebäudebestandteile, da sie der Gebäudenutzung dienen. Ihre Einordnung als Betriebsvorrichtung kommt nur dann in Betracht, wenn mit ihnen – ähnlich wie bei Maschinen – das Gewerbe unmittelbar betrieben wird (BFH vom 15.02.1980, BStBl II S. 409 und vom 13.12.2001, BStBl II 2002 S. 310). Dies ist bspw. der Fall, wenn vom Produktionsvorgang eine unmittelbare Brandgefahr ausgeht (Funkenflug) oder hoch explosive und leicht entzündbare Produkte (Feuerwerkskörper) produziert oder gelagert werden. Sprinklerköpfe, die an Maschinen oder sonstigen Produktionseinrichtungen angebracht sind, können auch dann Betriebsvorrichtung sein, wenn die Sprinkleranlage als solche Gebäudebestandteil ist.

Schallschutzvorrichtungen an Decken und Wänden sind regelmäßig Bestandteile des Gebäudes (BFH vom 11.12.1987, BStBl II 1988 S. 400). Nur in den Fällen, in denen von dem in dem Gebäude ausgeübten Gewerbebetrieb ein so starker Lärm ausgeht,

# Anhang 1

dass ohne entsprechende Schutzvorkehrungen der Betriebsablauf selbst infrage gestellt wäre, sind Schallschutzvorrichtungen ausnahmsweise Betriebsvorrichtungen (BFH vom 23.03.1990, BStBl II S. 751)

### 4. Abgrenzung der Außenanlagen

#### 4.1. Abgrenzungsgrundsatz

Ob Bauwerke als Außenanlagen oder als Betriebsvorrichtungen anzusehen sind, hängt davon ab, ob sie der Benutzung des Grundstücks dienen oder ob sie in einer besonderen Beziehung zu einem auf dem Grundstück ausgeübten Gewerbebetrieb stehen. Außenanlagen gehören stets zum Grundstück.

Als Betriebsvorrichtungen können nur solche Bauwerke oder Teile davon angesehen werden, mit denen das Gewerbe unmittelbar betrieben wird (BFH vom 10.10.1990, BStBl II 1991 S. 59).

#### 4.2 Einfriedungen, Bodenbefestigungen, Be- und Entwässerungsanlagen sowie Rampen

Einfriedungen stehen grds. in keiner besonderen Beziehung zu einem auf dem Grundstück ausgeübten Gewerbebetrieb. Sie gehören deshalb als Außenanlagen zum Grundstück. Das Gleiche gilt für Bodenbefestigungen (Straßen, Wege, Plätze). Sie sind im Allgemeinen zur besseren Befahrbarkeit des Bodens geschaffen; eine besondere Beziehung zu einem auf dem Grundstück ausgeübten Betrieb fehlt regelmäßig.

Schutzgitter innerhalb des Umspannwerks eines Elektrizitätsunternehmens sowie Platzbefestigungen, die der Wartung der Anlage und nicht zugleich dem sonstigen Verkehr innerhalb des Werks dienen (Schalterstraßen, Trafostraßen, Umkehrplatz), sind dagegen Betriebsvorrichtungen (BFH vom 02.06.1971, BStBl II S. 673). Teststrecken der Automobilwerke sind ebenfalls Betriebsvorrichtungen (BFH vom 19.02.1974, BStBl II 1975 S. 20).

Bodenbefestigungen der Tankstellenbetriebe sind wie die Einfriedungen, die in diesen Fällen üblich sind, wegen ihrer besonderen betrieblichen Ausgestaltung und Zweckbestimmung als Betriebsvorrichtungen anzusehen (BFH vom 23.02.1962, BStBl III S. 179). Dagegen sind die Bodenbefestigungen vor Garagen, Reparaturwerkstätten und Waschhallen sowie die Bodenbefestigungen der Dauerpark- und Abstellplätze den Außenanlagen zuzurechnen. Das Gleiche gilt für Bodenbefestigungen vor Restaurations- und Beherbergungsgebäuden, soweit eine räumliche Abgrenzung gegenüber dem Tankstellenbetrieb leicht und einwandfrei möglich ist.

Freistehende Rampen rechnen regelmäßig zu den Außenanlagen, da mit ihnen das Gewerbe nicht unmittelbar betrieben wird.

# Anhang 1

### 4.3 Beleuchtungsanlagen auf Straßen, Wegen und Plätzen

Die Beleuchtungsanlagen auf Straßen, Wegen und Plätzen des Grundstücks gehören zu den Außenanlagen. Sie sind jedoch den Betriebsvorrichtungen zuzurechnen, wenn sie überwiegend einem Betriebsvorgang (z.B. Ausleuchtung eines Lagerplatzes für Zwecke der Materiallagerung oder Ausleuchtung von Container-Terminals) dienen.

### 4.4 Gleisanlagen und Brücken

Gleise, Kräne und sonstige mechanische Verladeeinrichtungen sind Betriebsvorrichtungen. Das Gleiche gilt für den Oberbau (Schienen, Schwellen und Bettung) und den Unterbau (Aufschüttungen und Befestigungen der Dämme, Einschnitte und dergleichen) von Schienenbahnen.

Brücken, die nur dem üblichen Verkehr auf dem Grundstück dienen, stehen in keiner besonderen Beziehung zu einem auf dem Grundstück ausgeübten Gewerbebetrieb. Aus dem Umstand allein, dass eine Brücke zwei Betriebsteile miteinander verbindet, kann keine besondere Beziehung der Brücke zu einem Gewerbebetrieb hergeleitet werden. Solche Brücken sind deshalb regelmäßig als Außenanlagen des Grundstücks zu erfassen. Eine Zurechnung zu den Betriebsvorrichtungen kommt nur in Ausnahmefällen in Betracht, so z.B., wenn die Brücke als Schienenweg (Bahnunterbau) für werkseigene Bahnen benutzt wird.

### 4.5 Uferbefestigungen

Bei den Uferbefestigungen der Hafengrundstücke ist zu unterscheiden zwischen Kaimauern und den anderen Uferbefestigungen. Kaimauern sind Ufermauern, die hauptsächlich dem Hafenbetrieb dienen (Beladung und Entladung von Schiffen). Sie sind Betriebsvorrichtungen. Die anderen Uferbefestigungen (Böschungen, Ufereinfassungen), die ausschließlich zur Stützung der Erdreichs und zur Erhaltung des Hafenbeckens bestimmt sind, gehören dagegen als Außenanlagen zum Grundstück, auch wenn sie in der Form von Ufermauern aus Stein oder Stahlbeton errichtet sind (BFH vom 14.02.1969, BStBl II S. 394). Hat sich an solchen Ufermauern aber nachträglich ein Hafenbetrieb entwickelt, sind sie wie Kaimauern als Betriebsvorrichtungen zu behandeln.

## 5. Abgrenzungshinweise

Für die Abgrenzung des Grundvermögens von den Betriebsvorrichtungen vgl. Anlage 1, bei Sportstätten vgl. Anlage 2.

## 6. Anwendung

Der Erlass ergeht im Einvernehmen mit den obersten Finanzbehörden des Bundes und der anderen Länder. Er tritt an die Stelle der gleich lautenden Erlasse vom 15.03.2006 (BStBl I S. 314) und ist in allen noch offenen Fällen anzuwenden.

# Anhang 1

## Anlage 1

| Grundstücksbestandteil | Gebäude, Gebäudebestandteil, Außenanlage | Betriebsvorrichtung |
|---|---|---|
| Abfertigungsvorfelder der Flughäfen gl. lt. Erlass v. 28.11.1995, BStBl I 1996 S. 14 | | x |
| Abhitzeeinrichtungen (Kühltürme, s. Kühlhäuser) | | x |
| Absaugevorrichtungen | | x |
| Abstellplätze | x | |
| Abwasserfilterbassins, die mit dem Betriebsablauf im engen Zusammenhang stehen | | x |
| Alarmanlagen in | | |
| – Bau- und Gartenmärkten | x | |
| – Tresoranlagen | | x |
| – Spielhallen zur Innensicherung des Raumes | x | |
| Anbindungspfähle in Jacht- und Bootshäfen | | x |
| Arbeitsbühnen, soweit im Einzelfall nicht als Geschossdecken anzusehen | | x |
| Auflager, z.B. Mauerverstärkungen, verstärkte Fundamente, die ausschließlich für Maschinen und sonstige Apparate bestimmt sind | | x |
| Aufzüge | | |
| – Aktenaufzüge | | |
| (auch in Büro-/Verwaltungsgebäuden) BFH v. 07.10.1977, BStBl II 1978 S. 186 | | x |
| – Aufzugsanlage in Bäckerei | | x |
| – Autoaufzüge in Parkhäusern | | x |
| – Lastenaufzüge | | x |
| – Personenaufzüge, Paternoster | x | |
| Auto-Waschboxen | x | |
| Backöfen | | x |
| Bäder, einschließlich der Zu- und Abwasserableitungen | | |
| – in Sanatorien, Badehäusern, Spaßbädern | | x |
| – in Fabriken (Sanitärräume) | x | |
| – in Hotels | x | |
| – in anderen Gebäuden | x | |

# Anhang 1

| Grundstücksbestandteil | Gebäude, Gebäudebestandteil, Außenanlage | Betriebsvorrichtung |
|---|---|---|
| Bahn- | | |
| laderampen | | x |
| ober- und unterbau | | x |
| steige | | x |
| steighalle | x | |
| steigüberdachungen, die keinen hinreichenden Schutz gegen Witterungseinflüsse bieten | | x |
| unterführungen | | x |
| Be- und Entlüftungsanlagen | | |
| – im Allgemeinen | x | |
| – in einer Tiefgarage bzw. in Parkhäusern BFH v. 07.10.1983, BStBl II 1984 S. 262 | x | |
| – ganz oder überwiegend betrieblichen Zwecken dienend BFH v. 09.08.2001, BStBl II 2002 S. 100 | | x |
| Befeuchtungsanlagen | | |
| – für Reithallenböden | | x |
| – in gewerblichen Betrieben, soweit sie unmittelbar und ausschließlich dem Gewerbebetrieb dienen (z.B. bei der Tabaklagerung) BFH v. 28.11.1975, BStBl II 1976 S. 200 | | x |
| Befeuerungsanlagen eines Flugplatzes | | x |
| Beförderungsanlagen für | | |
| Güter (z.B. Förderbänder, Elevatoren, Hängebahnen und Krananlagen) | | x |
| Personen, z.B. Rollbänder, Rolltreppen | x | |
| Behälter (auch Erz-, Kies-, Kohlen- und Zementbunker (innerhalb von Gebäuden) | | x |
| Beleuchtungsanlagen | | |
| – in Gebäuden | x | |
| – auf Straßen, Wegen und Plätzen | x | |
| – wenn sie für die Ausübung eines Gewerbebetriebs erforderlich sind | | x |

# Anhang 1

| Grundstücksbestandteil | Gebäude, Gebäudebestandteil, Außenanlage | Betriebsvorrichtung |
|---|---|---|
| Be- und Entwässerungsanlagen | | |
| – im Allgemeinen | x | |
| – die überwiegend dem Betriebsvorgang dienen (z.b. in Färbereien, Brauereien, Autowaschanlagen Molkereien und Zellstofffabriken) | | x |
| Blockheizkraftwerk, das der Wärmegewinnung und Wasserversorgung eines Gebäudes dient | x | |
| Bodenbefestigungen | | |
| – im Allgemeinen | x | |
| – mit besonderer betrieblicher Ausgestaltung und Zweckbestimmung bei Tankstellen | | x |
| Brandmeldeanlagen in Lagergebäuden BFH v. 13.12.2001, BStBl II 2002 S. 310 | x | |
| Brücken | x | |
| Bunker für Kohle, Kies, Zement und Erze | | x |
| Container | | |
| – bei fester Verbindung mit dem Grund und Boden oder bei individueller Zweckbestimmtheit zur dauernden Nutzung z.B. Büro-, Wohn-, Hotelcontainer BFH v. 25.04.1996, BStBl II S. 613 | x | |
| – ohne feste Verbindung mit dem Grund und Boden z.B. Baustellencontainer BFH v. 18.06.1986, BStBl II S. 787 | | x |
| Einfriedungen | | |
| – im Allgemeinen | x | |
| – bei Tankstellen | | x |
| Entstaubungsanlagen | | x |
| Fahrbahnen | x | |
| Fahrradschuppen und Fahrradständer | x | |
| Fahrstuhlschacht typischer Lastenaufzüge | | |
| – ohne statische Gebäudefunktion | | x |
| – im Innern des Gebäudes mit statischer Gebäudefunktion | x | |
| Fernwärme-Hausanschlussstationen BFH v. 30.03.2000, BStBl II S. 449 | | x |

# Anhang 1

| Grundstücksbestandteil | Gebäude, Gebäudebestandteil, Außenanlage | Betriebsvorrichtung |
|---|---|---|
| Förderbänder und Förderschnecken | | x |
| Fördertürme BFH v. 13.06.1969, BStBl II S. 517 | | x |
| Fotovoltaikanlage | | |
| – dachintegriert | x | |
| – auf das Dach aufgesetzt | | x |
| Fundamentverstärkungen | x | |
| Fußboden, | | |
| – im Allgemeinen | x | |
| – Spezialfußboden z.B. Spezialauflage in Tennishallen oder in »Reinräumen« der Computerindustrie | | x |
| Garagen | | |
| – Fertiggaragen mit vorgefertigter Bodenplatte | x | |
| – Tiefgarage | x | |
| Geldautomat-Pavillon | x | |
| Gewächshäuser | x | |
| – im Allgemeinen | | |
| – fahrbar (Rollhäuser) | | x |
| – Folien | x | |
| Gleisanlagen | | x |
| Heizungsanlagen | x | |
| – s. Blockheizkraftwerk | | |
| Hochregallager | | |
| – manuell gesteuertes Bedienungssystem BFH v. 28.05.2003, BStBl II S. 693 | x | |
| – vollautomatische Steuerung BFH v. 18.03.1987, BStBl II S. 551 | | x |
| Hühnerställe mit Legebatterien BFH v. 06.08.1976, BStBl II S. 772 | | x |
| Innenbauten (Meisterbüros, Schalträume, Materiallager usw., die gesondert von dem Hauptgebäude errichtet worden sind) | x | |
| Innenwände, die lose aufgestellt sind und Ausstellungszwecken dienen | | x |
| Isolierwände (von Trocken- und Kühlräumen) | | x |

# Anhang 1

| Grundstücksbestandteil | Gebäude, Gebäudebestandteil, Außenanlage | Betriebsvorrichtung |
|---|---|---|
| Isolierelemente in Sandwich-Bauweise | x | |
| Kassettendecke eines Büroraums mit Beleuchtungsanlage BFH v. 08.10.1987, BStBl II S. 440 | x | |
| Kegelbahnen (Raum rechnet zum Gebäude) | | x |
| Kfz-Tower; Kfz-Tower | | |
| – selbsttragende Stahl-Glas-Konstruktion | x | |
| Kinobestuhlung BFH v. 05.10.1966, BStBl III S. 686 | | x |
| Kläranlagen | | x |
| Klimaanlagen; | | |
| – im Allgemeinen, z.B. in Warenhäusern BFH v. 05.03.1971, BStBl II S. 455 | x | |
| – ganz oder überwiegend betrieblichen Zwecken dienend z.b. in Küchen von Gaststätten, in Räumen mit klimaempfindlichen Geräten (z.b. Computern oder Präzisionsgeräten) | | x |
| Klimageräte, fest mit dem Gebäude verbunden BFH v. 16.06.1977, BStBl II S. 590 | x | |
| Kompressoren | | x |
| Krananlagen | | x |
| Kranbahnstützen, die auch der Umschließung dienen | x | |
| Kühleinrichtungen | | x |
| Kühlzellen BFH v. 30.01.1991, BStBl II S. 618 | | x |
| Ladeneinrichtungen | | x |
| Lärmschutzwände | | x |
| Lichtreklamen | x | |
| Luftschleieranlagen in Warenhäusern | x | |
| Lufttrockenschuppen einer Ziegelei | x | |
| Mauervorlagen | x | |
| Mobilhallen und -heime, bei fester Verbindung mit dem Grund und Boden oder bei auf Dauer angelegter Nutzung | x | |
| Molen der Hafengrundstücke | x | |

Anhang 1

| Grundstücksbestandteil | Gebäude, Gebäudebestandteil, Außenanlage | Betriebsvorrichtung |
|---|---|---|
| Müllschluckanlagen | x | |
| Musterhäuser BFH v. 23.09.2008, BStBl II 2009 S. 986 | x | |
| Notstromaggregate | x | |
| Open-Air-Hallen | x | |
| Öfen | x | |
| – im Allgemeinen | | |
| – ganz oder überwiegend betrieblichen Zwecken dienend | | x |
| Rampen | | |
| – am Gebäude | x | |
| – freistehend | x | |
| Regale/Regalwände | | |
| – für Ausstellungszwecke in Apotheken | | x |
| Regenwasserauffanganlagen BFH v. 25.08.1989, BStBl II 1990 S. 82 | x | |
| Reinräume in der Computerindustrie (spezielle Wand- und Deckenverkleidung, Spezialfußboden) | | x |
| Rohrkanäle (nicht begehbar oder von Elektrizitätswerken) | | x |
| Rohrleitungen | | |
| – im Allgemeinen | x | |
| – ganz oder überwiegend betrieblichen Zwecken dienend; BFH v. 11.01.1991, BStBl II 1992 S. 5 | | x |
| Rollbahnen eines Flugplatzes | | x |
| Rolltreppen, Rollbänder zur Personenbeförderung | x | |
| Sammelheizungsanlagen | x | |
| Satellitenempfangsanlage BFH v. 25.05.2000, BStBl II 2001 S. 365 | | x |
| Schalldämmung, Schalldämpfung | | |
| – anstelle eines Decken- und Wandputzes oder zusätzlich angebracht | x | |
| – betrieblich bedingt | | x |

# Anhang 1

| Grundstücksbestandteil | Gebäude, Gebäudebestandteil, Außenanlage | Betriebsvorrichtung |
|---|---|---|
| Schallschutztüren (zusätzliche), z.B. in Praxen oder Kanzleien BFH v. 29.10.1974, BStBl II 1975 S. 68 | | x |
| Schallschutzvorrichtungen in besonderer Beziehung zur Raumnutzung eines Badeparks | x | |
| Schaltanlagenbauwerk eines Kraftwerks | x | |
| Schaufenster BFH v. 17.05.1968, BStBl II S. 581; BFH v. 24.08.1984, BStBl II 1985 S. 40 | x | |
| Schaukästen, Vitrinen | | x |
| Scherengitter BFH v. 17.05.1968, BStBl II S. 563 | x | |
| Schornstein | | |
| – im Allgemeinen | x | |
| – mit dem ein Gewerbe unmittelbar betrieben wird | | x |
| Schwimmbäder in Hotels BFH v. 11.12.1991, BStBl II 1992 S. 278 | x | |
| Seilpollervorrichtungen von Seilbahnen | | x |
| Silobauten | | |
| – im Allgemeinen | x | |
| – Außenwände bestehen nur aus der Behälterumwandung | | x |
| Slipanlagen in Häfen | | x |
| Spanngewichtsschächte (-türme) von Seilbahnen | | x |
| Spezialbeleuchtungsanlagen für Schaufenster | | x |
| Sprinkleranlagen | | |
| – im Allgemeinen | x | |
| – in explosionsgefährdeten Betrieben, soweit sie dem Betriebsvorgang unmittelbar dienen | | x |
| Spritzboxen in Karosseriewerken oder Autofabriken | | x |
| Stahlfächer, Stahlkammern und Stahltüren als Bestandteile von Tresoranlagen | | x |
| Ställe | x | |
| Start- und Landebahnen eines Flugplatzes | | x |

# Anhang 1

| Grundstücksbestandteil | Gebäude, Gebäudebestandteil, Außenanlage | Betriebsvorrichtung |
|---|---|---|
| Steinmahlanlagen-Umhausung BFH v. 15.06.2005, BStBl II S. 688 | x | |
| Steinschlagschutzvorrichtungen von Seilbahnen | | x |
| Strahlenschutzvorrichtungen, z.b. bei Röntgenstrahlen und Radioaktivität | | x |
| Sumpfanlage zur Kalkherstellung | | x |
| Tanks | | |
| – der Mineralölraffinerien | | x |
| – in Bauwerken (z.B. Sammelheizungsanlagen, Warmwasseranlagen usw.) | x | |
| Teststrecken der Automobilwerke | | x |
| Tiefkühllager | x | |
| Toilette | | |
| – Toilettenhäuschen auf öffentlichem Grund | x | |
| – Toilette- und Reinigungstechnik BFH v. 24.05.2007, BStBl II 2008 S. 12 | | x |
| Transportanlagen, s. Beförderungsanlagen | | |
| Trennwände | | |
| – tragende Wände | x | |
| – Isolierwände von nicht zum Aufenthalt geeigneten Räumen | | x |
| – Schranktrennwände in Großraumbüros | x | |
| – verschieb- und versetzbare | x | |
| Tresoranlagen | | |
| – Stahltüren, Stahlkammern, Stahlfächer und dazugehörige Alarmanlagen | | x |
| – Rundgang, der innere nutzbare Raum sowie Mauer- und Deckenverstärkungen | x | |
| Trockenkammern | | x |
| Uferbefestigungen | | |
| – Kaimauern zur Be- und Entladung | | x |
| – Befestigung des Erdreiches | x | |
| Umzäunungen | x | |
| Unterführungen | x | |

# Anhang 1

| Grundstücksbestandteil | Gebäude, Gebäudebestandteil, Außenanlage | Betriebsvorrichtung |
|---|---|---|
| Verladeeinrichtungen | | x |
| Walzenstraßen | | x |
| Warmwasseranlagen | x | |
| Wärmedämmung betriebsbedingt | | x |
| Wärmerückgewinnungsanlagen | | |
| – im Allgemeinen BFH v. 05.09.2002, BStBl II S. 877 | x | |
| – unmittelbar betrieblichen Zwecken dienend | | x |
| Wendeplätze eines Flugplatzes | | x |
| Windkraftanlagen (Türme) BFH v. 25.01.2012, BStBl II S. 403 | | x |
| Zementbunker | | x |
| Zementwerke | | |
| Bauwerke (Umschließung) für Brecher- und Trockneranlagen sowie Kohlen-, Roh- und Zementmühlen BFH v. 15.06.2005, BStBl II S. 688 | x | |

# Anhang 1

## Anlage 2

| Einrichtungen und Anlagen | | Grundvermögen | Betriebs-vorrichtung |
|---|---|---|---|
| 1. | Sportplätze und Sportstadien | | |
| 1.1 | besonders hergerichtete Spielfelder (Spielfeldbefestigung, Dränage, Rasen Rasenheizung) | | x |
| 1.2 | Laufbahnen | | x |
| 1.3 | Sprunggruben | | x |
| 1.4 | Zuschauerwälle (Erdaufschüttungen und deren Befestigung) | | x |
| 1.5 | Zuschauertribünen | x *1) | x |
| 1.6 | Beleuchtungsanlagen | | |
| 1.6.1 | spezielle (z.B. Flutlicht) | | x |
| 1.6.2 | allgemeine | x | |
| 1.7 | Einfriedungen | x | |
| 1.8 | Abgrenzungszäune und Sperrgitter zwischen Spielfeld und Zuschaueranlagen | | x |
| 1.9 | allgemeine Wege- und Platzbefestigungen | x | |
| 1.10 | Anzeigetafeln | | x |
| 1.11 | Kartenhäuschen (soweit nicht transportabel) | x | |
| 1.12 | Kioske | x | |
| 1.13 | Umkleidekabinen | x | |
| 1.14 | Duschen im Gebäude und Toiletten | x | |
| 1.15 | Saunen | x | |
| 1.16 | Schwimmbecken, Massagebecken (im Freien oder im Gebäude) | x | |
| 1.17 | Unterrichts- und Ausbildungsräume | x | |
| 1.18 | Übernachtungsräume für Trainingsmannschaften | x | |
| 1.19 | Küchen- und Ausschankeinrichtungen | | x |
| 2. | Schwimmbäder (Frei- und Hallenbäder) | | |
| 2.1 | Schwimmbecken | | x |
| 2.2 | Sprunganlagen | | x |
| 2.3 | Duschen im Freien | | x |

# Anhang 1

| Einrichtungen und Anlagen | | Grundvermögen | Betriebs-vorrichtung |
|---|---|---|---|
| 2.4 | Liegewiesen | | |
| 2.4.1 | Grund und Boden | x | |
| 2.4.2 | Rasen | | x |
| 2.5 | Kinderspielanlagen | | x |
| 2.6 | Umkleidekabinen | | x |
| 2.7 | Kassenhäuschen (soweit nicht transportabel) | x | |
| 2.8 | Kioske | x | |
| 2.9 | allgemeine Wege- und Platzbefestigungen | x | |
| 2.10 | Zuschauertribünen im Freien und im Gebäude | x*1) | x |
| 2.11 | Duschen im Gebäude | | x |
| 2.12 | Duschräume, Toiletten | x | |
| 2.13 | technische Räume | x | |
| 2.14 | technische Ein- und Vorrichtungen | | x |
| 2.15 | sonstige Räume | x | |
| 2.16 | Einrichtung der Saunen, Solarien, Wannenbäder | | x |
| 2.17 | Beleuchtungsanlagen | | |
| 2.17.1 | spezielle | | x |
| 2.17.2 | allgemeine | x | |
| 2.18 | Emporen und Galerien | x | |
| 2.19 | Bestuhlung zu 2.18 | | x |
| 3. | Tennisplätze und Tennishallen | | |
| 3.1. | besonders hergerichtete Spielfelder (Spielfeldbefestigungen mit Unterbau bei Freiplätzen, spezielle Oberböden bei Hallenplätzen) | | x |
| 3.2 | Dränage | | x |
| 3.3 | Bewässerungsanlagen (u.a. automatische) der Spielfelder | | x |
| 3.4 | Netz mit Haltevorrichtungen | | x |
| 3.5 | Schiedsrichterstühle | | x |
| 3.6 | freistehende Übungswände | | x |
| 3.7 | Zuschauertribünen | x*1) | x |
| 3.8 | Einfriedungen | | |
| 3.8.1 | der Spielplätze im Freien | | x |

# Anhang 1

| Einrichtungen und Anlagen | | Grundvermögen | Betriebs-vorrichtung |
|---|---|---|---|
| 3.8.2 | sonstige | x | |
| 3.9 | Zuschauerabsperrungen, Brüstungen | | x |
| 3.10 | Traglufthallen | | x |
| 3.11 | open-air-Hallen | x*2) | |
| 3.12 | Beleuchtungsanlagen | | |
| 3.12.1 | spezielle (z.B. Flutlicht) | | x |
| 3.12.2 | allgemeine | x | |
| 3.13 | Ballfangnetze, Ballfanggardinen | | x |
| 3.14 | zusätzliche Platzbeheizung (durch Münzeinwurf) in Hallen | | x |
| 3.15 | Duschen | x | |
| 3.16 | Umkleideräume | x | |
| 3.17 | Toiletten | x | |
| 3.18 | sonstige Räume | x | |
| 4. | Schießstände | | |
| 4.1 | Anzeigevorrichtungen | | x |
| 4.2 | Zielscheibenanlagen | | x |
| 4.3 | Schutzvorrichtungen | | x |
| 4.4 | Einfriedungen | | |
| 4.4.1 | als Sicherheitsmaßnahme | | x |
| 4.4.2 | allgemeine | x | |
| 5. | Kegelbahnen | | |
| 5.1 | Bahnen | | x |
| 5.2 | Kugelfangeinrichtungen | | x |
| 5.3 | Kugelrücklaufeinrichtungen | | x |
| 5.4 | automatische Kegelaufstelleinrichtungen | | x |
| 5.5 | automatische Anzeigeeinrichtungen | | x |
| 5.6 | Beleuchtungsanlagen | | |
| 5.6.1 | spezielle | | x |
| 5.6.2 | allgemeine | x | |
| 5.7 | Schallisolierungen | | x |
| 6. | Squashhallen | | |

# Anhang 1

| Einrichtungen und Anlagen | | Grundvermögen | Betriebs-vorrichtung |
|---|---|---|---|
| 6.1 | Trennwände (zur Aufteilung in Boxen) | | x |
| 6.2 | besondere Herrichtung der Spielwände | | x |
| 6.3 | Ballfangnetze | | x |
| 6.4 | Schwingböden | | x |
| 6.5 | Zuschauertribünen | x | |
| 6.6 | Bestuhlung zu 6.5 | | x |
| 6.7 | Beleuchtungsanlagen | | |
| 6.7.1 | spezielle | | x |
| 6.7.2 | allgemeine | x | |
| 6.8 | Umkleideräume | x | |
| 6.9 | Duschräume, Toiletten | x | |
| 6.10 | sonstige Räume | x | |
| 7. | Reithallen | | |
| 7.1 | Stallungen (einschl. Boxenaufteilungen, Futterraufen) | x | |
| 7.2 | Futterböden (einschl. Zugänge) | x | |
| 7.3 | Nebenräume | x | |
| 7.4 | spezieller Reithallenboden (z.B. sog. Matratze) | | x*3) |
| 7.5 | Befeuchtungseinrichtungen für den Reithallenboden | | x*3) |
| 7.6 | Bande (Holzschutzwände) an den Außenwänden (entlang des Hufschlags) | | x |
| 7.7 | Beleuchtungsanlagen | | |
| 7.7.1 | spezielle | | x |
| 7.7.2 | allgemeine | x | |
| 7.8 | Tribüne und Richterstände, soweit nicht Gebäudebestandteil (Galerien, Emporen) | | x |
| 7.9 | Pferdesolarium (techn. Einrichtungen) | | x |
| 7.10 | Pferdewaschanlage | | x |
| 7.11 | Schmiede (techn. Einrichtungen) | | x |
| 7.12 | Futtersilos | | x |
| 7.13 | automatische Pferdebewegungsanlage | | x |

# Anhang 1

| Einrichtungen und Anlagen | | | Grundvermögen | Betriebs-vorrichtung |
|---|---|---|---|---|
| 7.14. | | sonst. Zubehör wie Hindernisse, Spiegel, Geräte zur Aufarbeitung des Bodens, Markierungen und dgl. | | x |
| 8. | | Turn-(Sport) und Festhallen (Mehrzweckhallen) | | |
| 8.1 | | Schwingboden | | |
| | 8.1.1 | in Mehrzweckhallen | x | |
| | 8.1.2 | in reinen Turn- und Sporthallen | | x |
| 8.2 | | Turngeräte | | x |
| 8.3 | | Zuschauertribünen (soweit nicht als Galerien oder Emporen Gebäudebestandteile) | | x |
| 8.4 | | Bestuhlung zu 8.3 und zu Galerien und Emporen | | x |
| 8.5 | | Beleuchtungsanlagen | | |
| | 8.5.1 | spezielle | | x |
| | 8.5.2 | allgemeine | x | |
| 8.6 | | Duschen | x | |
| 8.7 | | Umkleidekabinen und -räume | x | |
| 8.8 | | Toiletten | x | |
| 8.9 | | Saunen | x | |
| 8.10 | | Kücheneinrichtungen | | x |
| 8.11 | | Ausschankeinrichtungen | | x |
| 8.12 | | Bühneneinrichtungen | | x |
| 8.13 | | bewegliche Trennwände | x | |
| 8.14 | | Kühlsystem (bei Nutzung für Eissportzwecke) | | x |
| 9. | | Pferderennbahnen | | |
| 9.1 | | Startmaschinen | | x |
| 9.2 | | Totalisatoreneinrichtungen | | x |
| 9.3 | | Hindernisaufbauten | | x |
| 10. | | Radrennbahnen | | |
| 10.1 | | besonders hergerichtete Fahrbahnen | | x |
| 11. | | Eissportstadien, -hallen, -zentren | | |
| 11.1 | | Eislaufflächen, Eisschnelllaufbahnen, Eisschießbahnen | | |

# Anhang 1

| Einrichtungen und Anlagen | | | Grundvermögen | Betriebs-vorrichtung |
|---|---|---|---|---|
| 11.1.1 | | Oberboden, bestehend aus Kühlsohlenaufbau, Isolierung, Dichtungsbahnen, Schmelzwasserrinnen | | x |
| 11.1.2 | | Unterboden, bestehend aus Beton oder Stahl | x | |
| 11.2 | | Schneegruben | | x |
| 11.3 | | Kälteerzeuger mit Kondensator, Kompressor, Kältemittelvorrat, Pumpenanlage, Bewässerungsvorrichtung | | x |
| 11.4 | | Umgangszonen | | |
| 11.4.1 | | Schlittschuhschonender Bodenbelag | | x |
| 11.4.2 | | Unterboden | x | |
| 11.5 | | Anschnallbereich | | |
| 11.5.1 | | Oberbodenbelag | | x |
| 11.5.2 | | Unterboden | x | |
| 11.6 | | Beleuchtungsanlagen | | |
| 11.6.1 | | spezielle | | x |
| 11.6.2 | | allgemeine | | x |
| 11.7 | | Lautsprecheranlagen | | x |
| 11.8 | | Spielanzeige, Uhren, Anzeigetafeln | | x |
| 11.9 | | Abgrenzungen (z.B. Bande), Sicherheitseinrichtungen, Sperrgitter zwischen Spielfeld und Zuschauerbreich | | x |
| 11.10 | | Klimaanlagen im Hallenbereich | x | |
| 11.11 | | Duschräume, Toiletten, Umkleideräume | x | |
| 11.12 | | Regieraum, Werkstatt, Massageräume, Sanitätsraum | x | |
| 11.13 | | Duschen | x | |
| 11.14 | | Massagebecken | | x |
| 11.15 | | Heizungs- und Warmwasserversorgungsanlagen | x | |
| 11.16 | | Trafostationen und Notstromversorgungsanlagen | | |
| 11.16.1 | | Umschließung | x | x*4) |
| 11.16.2 | | Trafo- und Schalteinrichtung | | x |
| 11.16.3 | | Notstromaggregat | | x |
| 11.17 | | Zuschauertribünen im Freien und im Gebäude | x*1) | x |

# Anhang 1

| Einrichtungen und Anlagen | | Grundvermögen | Betriebs-vorrichtung |
|---|---|---|---|
| 11.18 | Emporen und Galerien | x | |
| 11.19 | Bestuhlung zu 11.17, 11.18 | | x |
| 11.20 | Küchen- und Ausschankeinrichtungen | | x |
| 11.21 | Kassenhäuschen (soweit nicht transportabel) | x | |
| 11.22 | Kioske | x | |
| 11.23 | allgemeine Wege- und Platzbefestigungen, Einfriedungen, Ver- und Entsorgungsleitungen | x | |
| 12. | Golfplätze | | |
| 12.1 | Grund und Boden | x | |
| 12.2 | besonders hergerichtete »Abschläge«, Spielbahnen, »roughs«und »greens«(Spielbefestigung, Dränage, Rasen) | | x |
| 12.3 | Spielbahnhindernisse | | x |
| 12.4 | Übungsflächen (ohne Grund und Boden) wie pitching-greens (pitching = herausschlagen eines Golfballs aus einem Hindernis) und putting-greens (putting = Einspielen des Golfballs in das hole, das Loch) driving-ranges (Übungsfelder für Weitschläge) | | x |
| 12.5 | Einfriedungen | x | x*5) |
| 12.6 | Abgrenzungseinrichtungen zwischen Spielbahnen und Zuschauern | | x |
| 12.7 | Allgemeine Wege- und Platzbefestigungen | x | |
| 12.8 | Anzeige- und Markierungseinrichtungen oder -gegenstände | | x |
| 12.9 | Unterstehhäuschen | | x |
| 12.10 | Kartenhäuschen (soweit nicht transportabel) | x | |
| 12.11 | Kioske | x | |
| 12.12 | Klubräume, Wirtschaftsräume, Büros, Aufenthaltsräume | x | |
| 12.13 | Umkleideräume | x | |
| 12.14 | Duschräume, Toiletten | x | |
| 12.15 | Küchen- und Ausschankeinrichtungen | | x |
| 12.16 | Verkaufsräume | x | |
| 12.17 | Caddy-Räume | x | |

# Anhang 1

| Einrichtungen und Anlagen | | Grundvermögen | Betriebs-vorrichtung |
|---|---|---|---|
| 12.18 | Lager- und Werkstatträume | x | |
| 12.19 | Abschlagstände auf driving-ranges | x*6) | x |
| 12.20 | Bewässerungsanlagen einschl. Brunnen und Pumpen | x | x*7) |
| 12.21 | Brunnen- und Pumpenhäuser | x | x*8) |
| 12.22 | Dränagen | x | x*7) |

*1) Die Überdachungen der Zuschauerflächen sind dann als Gebäude zu behandeln, wenn sie nach der Verkehrsauffassung einen Raum umschließen und dadurch gegen Witterungseinflüsse Schutz gewähren (vgl. Tz. 2.3 des Abgrenzungserlasses).

*2) Open-air-Hallen sind Tennishallen, bei denen sich Dach-und Wandteile, mechanisch betätigt, großflächig öffnen lassen.

*3) Bei bindigen oder harten Böden ist es erforderlich, den gewachsenen Hallenboden gegen eine sog. Matratze (bis zu einer Tiefe von 20 cm) auszutauschen. Ein bindiger Boden (z.b. Lehm) würde mit der Zeit hart wie Beton und damit unbrauchbar werden. Bei Sandboden wird das Erdreich gelockert und mit Zusätzen versehen (je nach Konsistenz des vorhandenen Sandes mit Torf, Hobelspänen, Sägemehl oder Lederschnitzeln). Die vorgenannten präparierten Böden müssen befeuchtet werden, um eine Staubbildung zu vermeiden.

*4) Transformatorenhäuser oder ähnliche kleine Bauwerke, die Betriebsvorrichtungen enthalten und nicht mehr als 30 m$^2$ Grundfläche haben, gestatten allenfalls einen nur vorübergehenden Aufenthalt von Menschen. Sie sind deshalb ohne weitere Prüfung als Betriebsvorrichtungen anzusehen (vgl. Tz. 2.4 des Abgrenzungserlasses).

*5) Einfriedungen oder Teile davon, die unmittelbar als Schutzvorrichtung dienen, sind als Betriebsvorrichtungen anzusehen.

*6) Die Abschlagstände sind dann als Gebäude zu behandeln, wenn sie nach der Verkehrsauffassung einen Raum umschließen und dadurch gegen Witterungseinflüsse Schutz gewähren (vgl. Tz. 2.3 des Abgrenzungserlasses).

*7) Bewässerungsanlagen, Dränagen oder Teile von diesen sind Betriebsvorrichtungen, wenn sie ausschließlich der Unterhaltung der für das Golfspiel notwendigen Rasenflächen dienen.

*8) Brunnen- und Pumpenhäuser, die Betriebsvorrichtungen enthalten, nicht mehr als 30 m$^2$ Grundfläche haben und deshalb nur einen vorübergehenden Aufenthalt von Menschen gestatten, sind ohne weitere Prüfung als Betriebsvorrichtungen anzusehen (vgl. Tz. 2.4 des Abgrenzungserlasses).

# Anhang 2

## Übersicht der Verwaltungsanweisungen für den Verzicht auf Unbedenklichkeitsbescheinigungen (Stand 02.05.2014)

### alle Bundesländer

Einführungserlass zur GrEStG zu § 22, Rz. 13, Gleichlautende Erlasse der obersten Finanzbehörden der Länder vom 21.12.1982, BStBl I 1982, 968

**Erbfolge**

Bei Eigentumswechsel durch Erbfolge ist lediglich eine Grundbuchberichtigung erforderlich (Nachweis der Erbfolge). Im Hinblick auf die vom Grundbuchamt vorzunehmende eigene Prüfung der Erbfolge und darauf, dass diese Fälle gem. § 3 Nr. 2 GrEStG zweifelsfrei von der Besteuerung ausgenommen sind, ist die Einhaltung der Grundbuchsperre des § 22 Abs. 1 GrEStG nicht gerechtfertigt. Im Interesse der Verfahrensvereinfachung bestehen daher aus steuerlicher Sicht keine Bedenken, wenn die Eintragung in das Grundbuch ohne Vorlage einer Unbedenklichkeitsbescheinigung erfolgt. Eine Unbedenklichkeitsbescheinigung ist in diesen Fällen grds. nicht zu erteilen, es sei den, dass sie vom Grundbuchamt gefordert wird.

### Baden Württemberg

FinMin v. 22.11.1996, VV BW FinMin 1996-11-22

Az. S 4540/9

FinMin v. 24.05.20011 Az. 3 S 454.019

**Erbfolge**

- Grundstückserwerb von Todes wegen
- wenn ein beurkundeter Erwerbsvorgang nach § 3 Nr. 3 GrEStG von der Besteuerung ausgenommen ist.

**Erwerb durch Ehegatten/Lebenspartner, Kinder/Stiefkinder bzw. deren Ehegatten/Lebenspartner**

- Grundstückserwerb durch Ehegatten/Lebenspartner des Veräußerers
- Rechtsvorgänge zwischen Personen, die miteinander in gerader Linie verwandt sind. Den Verwandten in gerader Linie stehen deren Ehegatten/Lebenspartner gleich (vgl. § 3 Nr. 6 GrEStG).
- Bei Erwerb eines Grundstücks durch Ehegatten nach Bruchteilen oder zur gesamten Hand ist aus Gründen der Verwaltungsvereinfachung nur eine Unbedenklichkeitsbescheinigung zu erteilen.

# Anhang 2

**Geringfügigkeitsgrenzen**

- Erwerb eines Grundstücks, wenn die Gegenleistung 5.000 DM nicht übersteigt und ausschließlich in Geld besteht oder durch Übernahme von Hypotheken oder Grundschulden abgegolten wird.

**Grundstückserwerb durch BRD, Land, Gemeinde oder Gemeindeverband**

ja, s. Verwaltungsanweisung

**Bayern**

Bayerisches Staatsministerium der Finanzen v. 08.07.2011, Az. 36-S-4540-001-26 175/11 (Ergänzung v. 07.05.2012, Az. 36-S 4540 017-17 234/12)

Staatsministerium der Justiz i.d. Fassung v. 14.05.2012 unter Ziff. 7, Az. 3851-I-8967/2006

**Erbfolge**

a) Alleinerbe oder Miterben des eingetragenen Eigentümers oder Erbbauberechtigten und Nachweis der Erbfolge durch Erbschein oder öffentlich beurkundete Verfügung von Todes wegen zusammen mit Eröffnungsniederschrift
b) Alleinerbe oder Miterben eines verstorbenen Alleinerben oder eines verstorbenen Miterben, ohne dass die vorhergegangene Erbfolge in das Grundbuch eingetragen wurde, und Nachweis der Erbfolgen durch die in Buchst. a) bezeichneten Urkunden

**Erwerb durch Ehegatten/Lebenspartner, Kinder/Stiefkinder bzw. deren Ehegatten/Lebenspartner**

- Erwerb durch Ehegatten des Veräußerers
- Erwerbsvorgänge zwischen Personen, die in gerader Linie verwandt sind. Den Abkömmlingen stehen die Stiefkinder gleich. Den Verwandten in gerader Linie sowie den Stiefkindern stehen deren Ehegatten/Lebenspartner gleich.
- Bei Erwerb eines Grundstücks durch Ehegatten nach Bruchteilen oder zur gesamten Hand ist aus Gründen der Verwaltungsvereinfachung nur eine Unbedenklichkeitsbescheinigung zu erteilen.

**Geringfügigkeitsgrenzen**

- Erwerb eines geringwertigen Grundstücks/Erbbaurechts, wenn die Gegenleistung 2.500 € nicht übersteigt und sie ausschließlich in Geld oder durch Übernahme bestehender Hypotheken oder Grundschulden entrichtet wird.

# Anhang 2

**Grundstückserwerb durch BRD, Land, Gemeinde oder Gemeindeverband**

ja, s. Verwaltungsanweisung

sonstige Rechtsvorgänge nach § 4 Nr. 1 GrEStG, nach § 11 Abs. 2 und 3 des Gesetzes zur Neuordnung des Eisenbahnwesens bzw. über die Gründung einer Deutsche Bahn AG [DBGrG], nach Art. 3 § 1 Postneuordnungsgesetz PTNeuOG), und andere)

ja, s. Verwaltungsanweisung

**Berlin**

**Brandenburg**

**Bremen**

Senator für Finanzen (Bremen) v. 22.11.2000

Az. S 4540-104-544 und vom 09.06.2011,

Azt. S 4540-10-4 558

**Erbfolge**

– Grundstückserwerbe von Todes wegen (Hinweis auf § 3 ErbStG)

**Erwerb durch Ehegatten/Lebenspartner, Kinder/Stiefkinder bzw. deren Ehegatten/Lebenspartner**

– Grundstückserwerbe durch Ehegatten oder den Lebenspartner des Veräußerers (vgl. § 3 Nr. 4 GrEStG)
– Rechtsvorgänge zwischen Personen, die miteinander in gerader Linie verwandt sind. Den Abkömmlingen stehen die Stiefkinder gleich. Den Verwandten in gerader Linie sowie den Stiefkindern stehen deren Ehegatten oder deren Lebenspartner gleich (vgl. § 3 Nr. 6 GrEStG).
– Bei Erwerb eines Grundstücks durch Ehegatten nach Bruchteilen oder zur gesamten Hand ist aus Gründen der Verwaltungsvereinfachung nur eine Unbedenklichkeitsbescheinigung zu erteilen.

**Grundstückserwerb durch BRD, Land, Gemeinde oder Gemeindeverband**

ja, s. Verwaltungsanweisung

sonstige Rechtsvorgänge nach § 4 Nr. 1 GrEStG, nach § 11 Abs. 2 und 3 des Gesetzes zur Neuordnung des Eisenbahnwesens bzw. über die Gründung einer Deutsche Bahn AG [DBGrG], nach Art. 3 § 1 Postneuordnungsgesetz PTNeuOG), und andere)

ja, s. Verwaltungsanweisung

# Anhang 2

## Hamburg

Finanzbehörde (Hamburg) v. 05.10.1999

Az. 53-S 4540-04/97

### Erbfolge

a) Alleinerbe oder Miterben des eingetragenen Eigentümers oder Erbbauberechtigten und Nachweis der Erbfolge durch Erbschein oder öffentlich beurkundete Verfügung von Todes wegen zusammen mit Eröffnungsniederschrift
b) Alleinerbe oder Miterben eines verstorbenen Alleinerben oder eines verstorbenen Miterben, ohne dass die vorhergegangene Erbfolge in das Grundbuch eingetragen wurde, und Nachweis der Erbfolgen durch die in Buchst. a) bezeichneten Urkunden

### Erwerb durch Ehegatten/Lebenspartner, Kinder/Stiefkinder bzw. deren Ehegatten/Lebenspartner

– Erwerb durch Ehegatten/Lebenspartner des Veräußerers
– Erwerbsvorgänge zwischen Personen, die in gerader Linie verwandt sind. Den Abkömmlingen stehen die Stiefkinder gleich. Den Verwandten in gerader Linie sowie den Stiefkindern stehen deren Ehegatten/Lebenspartner gleich.
– Bei Erwerb eines Grundstücks durch Ehegatten nach Bruchteilen oder zur gesamten Hand ist aus Gründen der Verwaltungsvereinfachung nur eine Unbedenklichkeitsbescheinigung zu erteilen.

### Geringfügigkeitsgrenzen

– Erwerb eines geringwertigen Grundstücks/Erbbaurechts, wenn die Gegenleistung 5.000 DM nicht übersteigt und sie ausschließlich in Geld oder durch Übernahme bestehender Hypotheken oder Grundschulden entrichtet wird.

**sonstige Rechtsvorgänge nach § 4 Nr. 1 GrEStG, nach § 11 Abs. 2 und 3 des Gesetzes zur Neuordnung des Eisenbahnwesens bzw. über die Gründung einer Deutsche Bahn AG [DBGrG], nach Art. 3 § 1 Postneuordnungsgesetz PTNeuOG), und andere)**

ja, s. Verwaltungsanweisung

### Hessen

OFD Frankfurt am Main v. 23.07.2007,

Az. S 4540-7-St 119 u. vom 16.07.2012

Az S 4540 A-7-St121

# Anhang 2

## Erbfolge

- Grundstückserwerb von Todes wegen

**Erwerb durch Ehegatten/Lebenspartner, Kinder/Stiefkinder bzw. deren Ehegatten/ Lebenspartner**

- Erwerb durch Ehegatten oder den Lebenspartner des Veräußerers
- Erwerbsvorgänge zwischen Personen, die in gerader Linie verwandt sind. Den Verwandten in gerader Linie stehen deren Ehegatten oder Lebenspartner gleich.

**Geringfügigkeitsgrenzen**

- Erwerb eines geringwertigen Grundstücks/Erbbaurechts, wenn die Gegenleistung 2.500 € nicht übersteigt und sie ausschließlich in Geld oder durch Übernahme bestehender Hypotheken oder Grundschulden entrichtet wird.

**Grundstückserwerb durch BRD, Land, Gemeinde oder Gemeindeverband**

ja, s. Verwaltungsanweisung

**sonstige Rechtsvorgänge nach § 4 Nr. 1 GrEStG, nach § 11 Abs. 2 und 3 des Gesetzes zur Neuordnung des Eisenbahnwesens bzw. über die Gründung einer Deutsche Bahn AG [DBGrG], nach Art. 3 § 1 Postneuordnungsgesetz PTNeuOG), und andere)**

ja, s. Verwaltungsanweisung

**Mecklenburg-Vorpommern**

FM Mecklenburg-Vorpommern v. 31.07.2000

Az. IV 330-S 4540-4/97

## Erbfolge

- Grundstückserwerb von Todes wegen (§ 3 Nr. 2 GrEStG i.V.m. § 3 ErbStG), sofern die Erbfolge durch Erbschein oder öffentlich beurkundete Verfügung von Todes wegen zusammen mit der Niederschrift über die Eröffnung dieser Verfügung nachgewiesen wird

**Erwerb durch Ehegatten/Lebenspartner, Kinder/Stiefkinder bzw. deren Ehegatten/ Lebenspartner**

- Grundstückserwerbe durch Ehegatten/Lebenspartner des Veräußerers (vgl. § 3 Nr. 4 GrEStG)

# Anhang 2

- Rechtsvorgänge zwischen Personen, die miteinander in gerader Linie verwandt sind. Den Abkömmlingen stehen die Stiefkinder gleich. Den Verwandten in gerader Linie sowie den Stiefkindern stehen deren Ehegatten/Lebenspartner gleich (vgl. § 3 Nr. 6 GrEStG).
- Bei Erwerb eines Grundstücks durch Ehegatten nach Bruchteilen oder zur gesamten Hand ist aus Gründen der Verwaltungsvereinfachung nur eine Unbedenklichkeitsbescheinigung zu erteilen.

**Geringfügigkeitsgrenzen**

Erwerb eines geringwertigen Grundstücks/Erbbaurechts, wenn die Gegenleistung 5.000 DM nicht übersteigt und sie ausschließlich in Geld oder durch Übernahme bestehender Hypotheken oder Grundschulden entrichtet wird.

**Grundstückserwerb durch BRD, Land, Gemeinde oder Gemeindeverband**

ja, s. Verwaltungsanweisung

sonstige Rechtsvorgänge nach § 4 Nr. 1 GrEStG, nach § 11 Abs. 2 und 3 des Gesetzes zur Neuordnung des Eisenbahnwesens bzw. über die Gründung einer Deutsche Bahn AG [DBGrG], nach Art. 3 § 1 Postneuordnungsgesetz PTNeuOG), und andere)

ja, s. Verwaltungsanweisung

**Niedersachsen**

OFD Niedersachsen v. 21.07.2011,

Az. S 450-37-St 262

**Erbfolge**

- Grundstückserwerb von Todes wegen

**Erwerb durch Ehegatten/Lebenspartner, Kinder/Stiefkinder bzw. deren Ehegatten/Lebenspartner**

- Grundstückserwerbe durch Ehegatten/Lebenspartner des Veräußerers
- Rechtsvorgänge zwischen Personen, die miteinander in gerader Linie verwandt sind. Den Abkömmlingen stehen die Stiefkinder gleich. Den Verwandten in gerader Linie sowie den Stiefkindern stehen deren Ehegatten/Lebenspartner gleich.

sonstige Rechtsvorgänge nach § 4 Nr. 1 GrEStG, nach § 11 Abs. 2 und 3 des Gesetzes zur Neuordnung des Eisenbahnwesens bzw. über die Gründung einer Deutsche Bahn AG [DBGrG], nach Art. 3 § 1 Postneuordnungsgesetz PTNeuOG), und andere)

ja, s. Verwaltungsanweisung

# Anhang 2

## Nordrhein-Westfalen

FinMin v. 02.05.2011, Az. S 4540-1-V A 6

**Erbfolge**

- Grundstückserwerbe von Todes wegen (Hinweis auf § 3 ErbStG)

**Erwerb durch Ehegatten/Lebenspartner, Kinder/Stiefkinder bzw. deren Ehegatten/Lebenspartner**

- Grundstückserwerbe durch Ehegatten/Lebenspartner des Veräußerers (vgl. § 3 Nr. 4 GrEStG)
- Rechtsvorgänge zwischen Personen, die miteinander in gerader Linie verwandt sind. Den Abkömmlingen stehen die Stiefkinder gleich. Den Verwandten in gerader Linie sowie den Stiefkindern stehen deren Ehegatten/Lebenspartner gleich (vgl. § 3 Nr. 6 GrEStG).
- Bei Erwerb eines Grundstücks durch Ehegatten nach Bruchteilen oder zur gesamten Hand ist aus Gründen der Verwaltungsvereinfachung nur eine Unbedenklichkeitsbescheinigung zu erteilen

**Grundstückserwerb durch BRD, Land, Gemeinde oder Gemeindeverband**

ja, s. Verwaltungsanweisung

**sonstige Rechtsvorgänge nach § 4 Nr. 1 GrEStG, nach § 11 Abs. 2 und 3 des Gesetzes zur Neuordnung des Eisenbahnwesens bzw. über die Gründung einer Deutsche Bahn AG [DBGrG], nach Art. 3 § 1 Postneuordnungsgesetz PTNeuOG), und andere)**

ja, s. Verwaltungsanweisung

## Rheinland-Pfalz

Ministerium der Finanzen Rheinland-Pfalz

vom 05.02.1952, Az. S 4500 A-III S 9720/51

**Erbfolge**

- Unbedenklichkeitsbescheinigung entbehrlich, sofern der Alleinerbe oder die Miterben die Erbfolge durch einen Erbschein oder durch eine öffentlich beurkundete Verfügung von Todes wegen und die Niederschrift über die Veröffentlichung dieser Verfügung nachweisen und die Eintragung in das Grundbuch lediglich eine Grundbuchberichtigung darstellt.
- Ist der Alleinerbe oder ein Miterbe verstorben, bevor er als Erwerber in das Grundbuch eingetragen wurde, so können auch der Alleinerbe oder die Miterben des verstorbenen Alleinerben oder Miterben als Erwerber in das Grundbuch eingetragen

werden, ohne dass eine Unbedenklichkeitsbescheinigung vorgelegt wird, sofern der Alleinerbe oder die Miterben ihr Erbrecht und das Erbrecht des verstorbenen Alleinerben oder Miterben durch die oben zu a) bezeichneten Urkunden nachweisen und die Eintragung in das Grundbuch lediglich eine Grundbuchberichtigung darstellt.

**Saarland**

Ministerium für Finanzen u. Bundesangelegenheiten des Saarlands v. 15.02.2000, Az. B/5-52/2000-S

**Erbfolge**

- Grundstückserwerbe von Todes wegen (§ 3 Nr. 2 GrEStG i.V.m. § 3 ErbStG), sofern die Erbfolge durch Erbschein oder öffentlich beurkundete Verfügung von Todes wegen zusammen mit der Niederschrift über die Eröffnung dieser Verfügung nachgewiesen wird.

**Erwerb durch Ehegatten/Lebenspartner, Kinder/Stiefkinder bzw. deren Ehegatten/ Lebenspartner**

- Grundstückserwerbe durch Ehegatten/Lebenspartner des Veräußerers (vgl. § 3 Nr. 4 GrEStG)
- Rechtsvorgänge zwischen Personen, die miteinander in gerader Linie verwandt sind. Den Abkömmlingen stehen die Stiefkinder gleich. Den Verwandten in gerader Linie sowie den Stiefkindern stehen deren Ehegatten gleich (vgl. § 3 Nr. 6 GrEStG).
- Bei Erwerb eines Grundstücks durch Ehegatten nach Bruchteilen oder zur gesamten Hand ist aus Gründen der Verwaltungsvereinfachung nur eine Unbedenklichkeitsbescheinigung zu erteilen.

**Geringfügigkeitsgrenzen**

- Erwerb eines Grundstücks, wenn die Gegenleistung 5.000 DM nicht übersteigt und sie ausschließlich in Geld oder durch Übernahme bestehender Hypotheken oder Grundschulden entrichtet wird.

**Grundstückserwerb durch BRD, Land, Gemeinde oder Gemeindeverband**

ja, s. Verwaltungsanweisung

**sonstige Rechtsvorgänge nach § 4 Nr. 1 GrEStG, nach § 11 Abs. 2 und 3 des Gesetzes zur Neuordnung des Eisenbahnwesens bzw. über die Gründung einer Deutsche Bahn AG [DBGrG], nach Art. 3 § 1 Postneuordnungsgesetz PTNeuOG), und andere)**

ja, s. Verwaltungsanweisung

# Anhang 2

Sachsen

## Sachsen-Anhalt

Ministerium der Finanzen des Landes Sachsen-Anhalt v. 13.05.2002, Az. 41-S 4540-7
Ministerium der Justiz, GBGA LSA, i. d. Fassung v. 31.05.2011, Ziff. 10

### Erbfolge

a) Alleinerbe oder Miterben des eingetragenen Eigentümers oder Erbbauberechtigten und Nachweis der Erbfolge durch Erbschein oder öffentlich beurkundete Verfügung von Todes wegen zusammen mit Eröffnungsniederschrift
b) Alleinerbe oder Miterben eines verstorbenen Alleinerben oder eines verstorbenen Miterben, ohne dass die vorhergegangene Erbfolge in das Grundbuch eingetragen wurde, und Nachweis der Erbfolge durch die in Buchst. a) bezeichneten Urkunden

### Erwerb durch Ehegatten/Lebenspartner, Kinder/Stiefkinder bzw. deren Ehegatten/Lebenspartner

- Grundstückserwerbe durch Ehegatten/Lebenspartner des Veräußerers
- Erwerbsvorgänge zwischen Personen, die miteinander in gerader Linie verwandt sind. Den Verwandten in gerader Linie stehen deren Ehegatten/Lebenspartner gleich.

### Geringfügigkeitsgrenzen

- Erwerb eines geringwertigen Grundstücks/Erbbaurechts, wenn die Gegenleistung 2.500 € nicht übersteigt und sie ausschließlich in Geld oder durch Übernahme bestehender Hypotheken oder Grundschulden entrichtet wird.

**sonstige Rechtsvorgänge nach § 4 Nr. 1 GrEStG, nach § 11 Abs. 2 und 3 des Gesetzes zur Neuordnung des Eisenbahnwesens bzw. über die Gründung einer Deutsche Bahn AG [DBGrG], nach Art. 3 § 1 Postneuordnungsgesetz PTNeuOG), und andere)**

ja, s. Verwaltungsanweisung

## Schleswig-Holstein

Ministerium für Finanzen u. Energie v. 28.01.2000, Az. VI 316-S 4540-035 geändert durch Erlass vom 28.04.2011 VI 355-S 4540-035

### Erbfolge

- Verweis auf Einführungserlass zur GrEStG zu § 22, Rz. 13, Gleichlautende Erlasse der obersten Finanzbehörden der Länder vom 21.12.1982, BStBl I 1982, 968

## Anhang 2

**Erwerb durch Ehegatten/Lebenspartner, Kinder/Stiefkinder bzw. deren Ehegatten/ Lebenspartner**

- Grundstückserwerbe durch Ehegatten/Lebenspartner des Veräußerers
- Rechtsvorgänge zwischen Personen, die miteinander in gerader Linie verwandt sind. Den Abkömmlingen stehen die Stiefkinder gleich. Den Verwandten in gerader Linie sowie den Stiefkindern stehen deren Ehegatten/Lebenspartner gleich.

**Grundstückserwerb durch BRD, Land, Gemeinde oder Gemeindeverband**

ja, s. Verwaltungsanweisung

**sonstige Rechtsvorgänge nach § 4 Nr. 1 GrEStG, nach § 11 Abs. 2 und 3 des Gesetzes zur Neuordnung des Eisenbahnwesens bzw. über die Gründung einer Deutsche Bahn AG [DBGrG], nach Art. 3 § 1 Postneuordnungsgesetz PTNeuOG), und andere)**

ja, s. Verwaltungsanweisung

**Thüringen**

Thüringen Justizministerium, Thür. GBGA i. d. Fassung v. 17.12.2010, unter § 41

**Erbfolge**

a) Alleinerbe oder Miterben des eingetragenen Eigentümers oder Erbbauberechtigten und Nachweis der Erbfolge durch Erbschein oder öffentlich beurkundete Verfügung von Todes wegen zusammen mit Eröffnungsniederschrift

b) Alleinerbe oder Miterben eines verstorbenen Alleinerben oder eines verstorbenen Miterben, ohne dass die vorhergegangene Erbfolge in das Grundbuch eingetragen wurde, und Nachweis der Erbfolgen durch die in Buchst. a) bezeichneten Urkunden

**Erwerb durch Ehegatten/Lebenspartner, Kinder/Stiefkinder bzw. deren Ehegatten/ Lebenspartner**

- Erwerb durch Ehegatten des Veräußerers
- Erwerbsvorgänge zwischen Personen, die in gerader Linie verwandt sind. Den Abkömmlingen stehen die Stiefkinder gleich. Den Verwandten in gerader Linie stehen deren Ehegatten gleich.

**Geringfügigkeitsgrenzen**

- Erwerb eines geringwertigen Grundstücks/Gebäudeeigentums/Wohnungs- oder Teileigentums/Erbbaurechts, wenn die Gegenleistung 2.500 € nicht übersteigt und sie ausschließlich in Geld oder durch Übernahme bestehender Hypotheken oder Grundschulden entrichtet wird.

# Anhang 2

Grundstückserwerb durch BRD, Land, Gemeinde oder Gemeindeverband

ja, s. Verwaltungsanweisung unter f)

sonstige Rechtsvorgänge nach § 4 Nr. 1 GrEStG, nach § 11 Abs. 2 und 3 des Gesetzes zur Neuordnung des Eisenbahnwesens bzw. über die Gründung einer Deutsche Bahn AG [DBGrG], nach Art. 3 § 1 Postneuordnungsgesetz PTNeuOG), und andere)

ja, s. Verwaltungsanweisung unter g)

# Anhang 3

## Grunderwerbsteuer, Erschließungsbeiträge als Teil der Gegenleistung

Schreiben des Bayerischen Staatsministeriums der Finanzen vom 30.10.2002, Gz. 36 – S 4521– 006 – 46222/02

In welchem Umfang bei einem Grundstückskauf Erschließungsbeiträge als sonstige Leistungen nach § 9 Abs. 1 Nr. 1 GrEStG 1983 in die Bemessungsgrundlage einzubeziehen sind, richtet sich danach, in welchem tatsächlichen Zustand das Grundstück zum Gegenstand des Erwerbsvorgangs gemacht wurde.

### 1. Das Grundstück ist im Zeitpunkt des Erwerbsvorgangs bereits erschlossen

Sind sämtliche nach dem örtlichen Baurecht vorgeschriebenen öffentlichen Erschließungsanlagen, die ein Grundstück zu einem »erschlossenen Grundstück« machen, im Zeitpunkt des Abschlusses des Erwerbsvorgangs bereits vorhanden, kann Gegenstand eines solchen Vertrages nur das »erschlossene« Grundstück sein, selbst wenn nach den Vertragserklärungen das Grundstück als »unerschlossen« erworben werden soll. Es liegt nicht in der Willensmacht der Beteiligten, ein Grundstück in einem Zustand zum Gegenstand des Erwerbsvorgangs zu machen, den es nicht mehr hat und auch nicht mehr erhalten soll. Zu den Erschließungsanlagen gehören im Wesentlichen die Verkehrs- und Grünanlagen, sowie die Anlagen zur Ableitung von Abwässern und zur Versorgung mit Elektrizität, Gas, Wärme und Wasser. Nicht zu den Erschließungsanlagen gehören die auf den (Privat-) Grundstücken selbst notwendigen Anschlüsse, wie Zufahrtswege und Anschlüsse an die Ver- und Entsorgungseinrichtungen (BFH-Urt. v. 15.03.2001, BStBl 2002 II S. 93). Die Merkmale der endgültigen Erschließung sind von der Gemeinde durch Satzung geregelt (§ 132 Nr. 4 BauGB).

Wird ein in diesem Sinn erschlossenes Grundstück zum Gegenstand des Erwerbsvorgangs, ist Gegenleistung für den Erwerb des Grundstücks grds. auch der auf die Erschließung entfallende Betrag, unabhängig davon, ob er im Kaufpreis enthalten ist oder neben dem Kaufpreis gesondert ausgewiesen wird. Dies gilt nicht, wenn die Kommune eigene erschlossene Grundstücke veräußert und den Erschließungsbeitrag abgabenrechtlich geltend macht.

### 2. Das Grundstück ist im Zeitpunkt des Erwerbsvorgangs noch nicht erschlossen

a) Wird ein im Zeitpunkt des Abschlusses des Grundstückskaufvertrags noch nicht erschlossenes Grundstück als solches zum Gegenstand der zivilrechtlichen Übereignungsverpflichtung gemacht, ist die vom Käufer eingegangene Verpflichtung, die zukünftige Erschließung zu bezahlen, nicht als Teil der Gegenleistung anzusehen, auch wenn sie zusammen mit der Übereignungsverpflichtung beurkundet wird. Die Einbeziehung der Erschließungskosten nach den Grundsätzen zum Erwerb eines Grundstücks im zukünftig bebauten Zustand scheidet wegen des sich

## Anhang 3

aus der öffentlich-rechtlichen Erschließungslast der Gemeinde ergebenden besonderen Charakters der Grundstückserschließung regelmäßig aus (BFH-Urt. II R 51/00 v. 15.03.2001, BFH/NV 2001, 1297). Gleiches gilt für die Erstattung der vom Verkäufer als Vorausleistung oder aufgrund einer Ablösungsvereinbarung bereits geleisteten Zahlung und für die Übernahme noch bestehender Verpflichtungen.

b) Hat der Verkäufer die Verpflichtung übernommen, das Grundstück im erschlossenen Zustand zu verschaffen, wird das Grundstück in diesem Zustand Gegenstand des Erwerbsvorgangs, mit der Folge, dass der auf die Erschließung entfallende Teil des Kaufpreises Gegenleistung für den Erwerb des Grundstücks darstellt. Hat sich dagegen der Verkäufer durch eine weitere, rechtlich selbstständige Vereinbarung (Werkvertrag, Geschäftsbesorgungsvertrag) neben der Grundstücksübertragung auch selbst zur Durchführung der Erschließung verpflichtet, ist das Entgelt hierfür nicht als Gegenleistung für die Grundstücksübertragung zu behandeln, auch wenn beide Verpflichtungen zusammen beurkundet werden. Für die rechtliche Selbstständigkeit beider Verpflichtungen sprechen folgende Indizien (BFH-Urt. v. 09.05.1979, BStBl 1979 II S. 577):
- zwei selbstständige Geldforderungen
- unterschiedliche Leistungspflichten des Veräußerers
- selbstständige Fälligkeiten beider Forderungen
- rechtliche Unabhängigkeit des Kaufvertrags von der Durchführung der Erschließung.

Dieses Schreiben ergeht im Einvernehmen mit den Obersten Finanzbehörden der anderen Länder. Es ist auf alle offenen Fälle anzuwenden und tritt an die Stelle der Bezugsschreiben FMS vom 04.09.1989 – 37 – S 4521 – 6/24 – 53 903 – und FMS vom 15.01.1990 – 37 – S 4521 – 6/34 – 76 120–.

# Anhang 4

## Anwendung der §§ 3 und 6 GrEStG in den Fällen des § 1 Abs. 3 GrEStG

Gleich lautende Erlasse der obersten Finanzbehörden der Länder vom 03.06.2013, BStBl I 2013, 773

### 1. Allgemeines

Nach der Rechtsprechung des Bundesfinanzhofs (Urt. v. 31.03.1982 – II R 92/81 –, BStBl II S. 424 und vom 08.06.1988 – II R 143/86 –, BStBl II S. 785) können personenbezogene Befreiungsvorschriften (unter anderem § 3 Nr. 6 GrEStG) in Fällen der Anteilsvereinigung (§ 1 Abs. 3 Nr. 1 und 2 GrEStG) grundsätzlich nicht angewendet werden. Der Bundesfinanzhof (BFH) hat dies damit begründet, dass beim Anteilserwerb derjenige, in dessen Hand sich alle Anteile an einer grundbesitzenden Gesellschaft vereinigen, grunderwerbsteuerrechtlich so behandelt werde, als habe er das jeweilige Grundstück von der Gesellschaft erworben. Dies gilt sinngemäß auch für die ab 01.01.2000 geltende Fassung des § 1 Abs. 3 GrEStG, nach der es ausreichend ist, wenn unmittelbar oder mittelbar mindestens 95 % der Anteile in einer Hand vereinigt werden.

Für die Fälle der Übertragung bereits vereinigter Anteile (§ 1 Abs. 3 Nr. 3 und 4 GrEStG) haben die Urteile keine Bedeutung. Da die Grundstücke einer Gesellschaft, deren Anteile zu mindestens 95 % in einer Hand vereinigt sind, grunderwerbsteuerrechtlich diesem Gesellschafter zugerechnet werden, ist bei einer Übertragung der Anteile davon auszugehen, dass der neue Gesellschafter die Grundstücke von dem früheren Gesellschafter und nicht von der Gesellschaft erwirbt. Für die Fälle, in denen mindestens 95 % der Anteile einer Gesellschaft von einem Gesellschafter auf einen anderen übertragen werden, steht somit der Anwendbarkeit personenbezogener Befreiungsvorschriften (z.B. § 3 Nr. 6 GrEStG) nichts entgegen. Dies gilt dem Grunde nach auch für die Vorschrift des § 3 Nr. 2 Satz 1 GrEStG.

Mit Urteil vom 23.05.2012 – II R 21/10 –, BStBl II S. 793, hat der BFH seine Rechtsprechung teilweise geändert. Danach findet in den Fällen des § 1 Abs. 3 Nr. 1 und 2 GrEStG die Befreiungsvorschrift des § 3 Nr. 2 Satz 1 GrEStG Anwendung, soweit die Vereinigung von Anteilen an einer grundbesitzenden Kapitalgesellschaft auf eine schenkweise Anteilsübertragung zurückzuführen ist. Nach Auffassung des BFH beruht in diesen Fällen der fiktive Erwerb der Gesellschaftsgrundstücke ebenso wie der Erwerb der Gesellschaftsanteile insoweit auf einer Schenkung. Der BFH stützt seine Rechtsauffassung dabei auf den Zweck des § 3 Nr. 2 Satz 1 GrEStG, die doppelte Belastung eines Lebenssachverhaltes mit Grunderwerbsteuer und Erbschaftsteuer- bzw. Schenkungsteuer zu vermeiden.

Begünstigungsfähig nach § 3 Nr. 2 Satz 1 GrEStG sind sowohl die tatbestandsauslösende Anteilsübertragung als auch eine oder mehrere vorangegangene schenkweise

# Anhang 4

Anteilsübertragungen unabhängig von deren Schenkungszeitpunkten. Die Begünstigung vorangegangener schenkweiser Anteilsübertragungen setzt voraus, dass das jeweilige Grundstück der Gesellschaft bereits zu den damaligen Schenkungszeitpunkten zuzurechnen war. Nur in diesen Fällen kann überhaupt erst eine steuerliche Doppelbelastung im Zeitpunkt der tatbestandsauslösenden Anteilsübertragung entstehen. Für Anteilserwerbe von Todes wegen i.S.d. Erbschaftsteuer- und Schenkungsteuergesetzes gilt dies entsprechend.

**Beispiele:**

### 1. Übertragung vereinigter Anteile i.H.v. 100 %, unentgeltlich

Vater V ist alleiniger Gesellschafter der grundbesitzenden V-GmbH. Die Gesellschaft verfügt über folgenden Grundbesitz: Grundstück 1 Anschaffung 01.01.1990, Grundstück 2 Anschaffung 01.01.2012. Mit Vertrag vom 01.09.2012 überträgt V unentgeltlich im Wege einer Schenkung einen Anteil i.H.v. 100 % an seinen Sohn S.

Mit Abschluss des Vertrags vom 01.09.2012 werden die vereinigten Anteile von V auf S übertragen. Der Vorgang ist grunderwerbsteuerbar nach § 1 Abs. 3 Nr. 3 GrEStG und nach § 3 Nr. 2 Satz 1 oder Nr. 6 GrEStG in voller Höhe von der Grunderwerbsteuer befreit.

### 2. Anteilsvereinigung i.H.v. 100 % in zwei Rechtsakten, beide unentgeltlich

Vater V ist alleiniger Gesellschafter der grundbesitzenden V-GmbH. Die Gesellschaft verfügt über folgenden Grundbesitz: Grundstück 1 Anschaffung 01.01.1990, Grundstück 2 Anschaffung 01.01.2012. Mit Vertrag vom 01.09.2002 überträgt V unentgeltlich im Wege einer Schenkung einen Anteil i.H.v. 45 % an seinen Sohn S. Mit Vertrag vom 01.10.2012 überträgt V seine restliche Beteiligung i.H.v. 55 % unentgeltlich im Wege einer Schenkung an S.

Mit Abschluss des Vertrags vom 01.10.2012 vereinigen sich alle Anteile an der grundbesitzenden V-GmbH in der Hand des S. Hierdurch wird für jedes der der V-GmbH zuzurechnenden Grundstücke der Tatbestand des § 1 Abs. 3 Nr. 1 GrEStG verwirklicht. Die Vereinigung aller Anteile beruht ausschließlich auf Erwerbsvorgängen, die dem Erbschaftsteuer- und Schenkungsteuergesetz unterliegen. Wegen der unterschiedlichen Anschaffungszeitpunkte der Grundstücke ist wie folgt zu differenzieren:

Das **Grundstück 1** ist der Gesellschaft sowohl im Zeitpunkt der vorangegangenen Schenkung als auch zum Zeitpunkt der tatbestandsauslösenden Schenkung zuzurechnen. Daher ist der Vorgang in voller Höhe nach § 3 Nr. 2 Satz 1 GrEStG von der Grunderwerbsteuer befreit.

Das **Grundstück 2** ist der Gesellschaft im Zeitpunkt der vorangegangenen Schenkung noch nicht, sondern erst zum Zeitpunkt der tatbestandsauslösenden Schenkung zuzurechnen. Daher ist der Vorgang nur soweit nach § 3 Nr. 2 Satz 1 GrEStG von der Grunderwerbsteuer befreit, als er auf der tatbestandsauslösenden Schenkung (55 %)

beruht. Der Vorgang ist i.H.v. 45 % grunderwerbsteuerpflichtig. Eine Anwendung der Befreiungsvorschrift des § 3 Nr. 6 GrEStG scheidet aus.

### 3. Anteilsvereinigung i.H.v. 100 % in zwei Rechtsakten, davon einer unentgeltlich und einer entgeltlich

Vater V ist alleiniger Gesellschafter der grundbesitzenden V-GmbH. Die Gesellschaft verfügt über folgenden Grundbesitz: Grundstück 1 Anschaffung 01.01.1990, Grundstück 2 Anschaffung 01.01.2012. Mit Vertrag vom 01.09.2002 überträgt V unentgeltlich im Wege einer Schenkung einen Anteil i.H.v. 45 % an seinen Sohn S. Mit Vertrag vom 01.10.2012 überträgt V seine restliche Beteiligung i.H.v. 55 % entgeltlich an S.

Mit Abschluss des Vertrags vom 01.10.2012 vereinigen sich alle Anteile an der grundbesitzenden V-GmbH in der Hand des S. Hierdurch wird für jedes der der V-GmbH zuzurechnenden Grundstücke der Tatbestand des § 1 Abs. 3 Nr. 1 GrEStG verwirklicht. Die Vereinigung aller Anteile beruht i.H.v. 45 % auf einem Erwerbsvorgang, dem Erbschaftsteuer- und Schenkungsteuergesetz unterliegt. Wegen der unterschiedlichen Anschaffungszeitpunkte der Grundstücke ist wie folgt zu differenzieren:

Das **Grundstück 1** ist der Gesellschaft sowohl im Zeitpunkt der vorangegangenen Schenkung als auch zum Zeitpunkt der tatbestandsauslösenden Anteilsübertragung zuzurechnen. Daher ist der Vorgang nur soweit nach § 3 Nr. 2 Satz 1 GrEStG von der Grunderwerbsteuer befreit, als er auf der vorangegangenen Schenkung (45 %) beruht. Der Vorgang ist i.H.v. 55 % grunderwerbsteuerpflichtig.

Das **Grundstück 2** ist der Gesellschaft im Zeitpunkt der vorangegangenen Schenkung noch nicht, sondern erst zum Zeitpunkt der tatbestandsauslösenden Anteilsübertragung zuzurechnen. Der Vorgang ist in voller Höhe grunderwerbsteuerpflichtig.

Eine Anwendung der Befreiungsvorschrift des § 3 Nr. 6 GrEStG scheidet aus.

### 4. Anteilsvereinigung i.H.v. 100 % in zwei Rechtsakten, davon einer unentgeltlich und einer teilentgeltlich (gemischte Schenkung)

Vater V ist alleiniger Gesellschafter der grundbesitzenden V-GmbH. Die Gesellschaft verfügt über folgenden Grundbesitz: Grundstück 1 Anschaffung 01.01.1990, Grundstück 2 Anschaffung 01.01.2012. Mit Vertrag vom 01.09.2002 überträgt V unentgeltlich im Wege einer Schenkung einen Anteil i.H.v. 45 % an seinen Sohn S. Mit Vertrag vom 01.10.2012 überträgt V seine restliche Beteiligung i.H.v. 55 % gegen eine monatliche Rente von 2.500 € über einen Zeitraum von 15 Jahren an S. Der gemeine Wert des teilentgeltlich erworbenen Anteils beträgt 450.000 €.

Mit Abschluss des Vertrags vom 01.10.2012 vereinigen sich alle Anteile an der grundbesitzenden V-GmbH in der Hand des S. Hierdurch wird der Tatbestand des § 1 Abs. 3 Nr. 1 GrEStG verwirklicht. Die Vereinigung aller Anteile beruht ausschließlich auf Erwerbsvorgängen, die dem Erbschaftsteuer- und Schenkungsteuergesetz unterliegen.

Anhang 4

Die Entgeltlichkeitsquote für den Anteilserwerb vom 01.10.2012 ermittelt sich wie folgt (Wertverhältnisse zum 01.10.2012):

Wert der Verpflichtung:

$10{,}314^{(1)}) \times 30.000\ €^{(2)}) = h$ 309.420 €

Wert der erhaltenen Anteile: 450.000 €

Entgeltlichkeitsquote:

309.420 €/450.000 € = 68,76 %

Unentgeltlicher Anteil: 100 % − 68,76 % = 31,24 %.

*(1) Amtl. Anm.:* Maßgeblicher Vervielfältiger nach dem Bewertungsgesetz für 15 Jahre
*(2) Amtl. Anm.:* Jahreswert der Rente (12 × 2.500 €)

Wegen der unterschiedlichen Anschaffungszeitpunkte der Grundstücke ist wie folgt zu differenzieren:

Das **Grundstück 1** ist der Gesellschaft sowohl im Zeitpunkt der vorangegangenen Schenkung als auch zum Zeitpunkt der tatbestandsauslösenden gemischten Schenkung zuzurechnen. Daher ist dieser Vorgang soweit nach § 3 Nr. 2 Satz 1 GrEStG befreit, als er auf der Schenkung (45 %) und dem unentgeltlichen Anteil der gemischten Schenkung (31,24 % von 55 % = 17,18 %) beruht. Vom festgestellten Bedarfswert des Grundstücks 1 zum Zeitpunkt der Anteilsvereinigung bleibt ein Anteil i.H.v. 62,18 % (45 % + 17,18 %) nach § 3 Nr. 2 Satz 1 GrEStG grunderwerbsteuerfrei. Der Vorgang ist i.H.v. 37,82 % grunderwerbsteuerpflichtig.

Das **Grundstück 2** ist der Gesellschaft im Zeitpunkt der vorangegangenen Schenkung noch nicht, sondern erst zum Zeitpunkt der tatbestandsauslösenden gemischten Schenkung zuzurechnen. Daher ist dieser Vorgang soweit nach § 3 Nr. 2 Satz 1 GrEStG von der Grunderwerbsteuer befreit, als er auf dem unentgeltlichen Anteil der gemischten Schenkung (31,24 % von 55 % = 17,18 %) beruht. Vom festgestellten Bedarfswert des Grundstücks 2 zum Zeitpunkt der Anteilsvereinigung bleibt ein Anteil i.H.v. 17,18 % nach § 3 Nr. 2 Satz 1 GrEStG grunderwerbsteuerfrei. Der Vorgang ist i.H.v. 82,82 % grunderwerbsteuerpflichtig.

Eine Anwendung der Befreiungsvorschrift des § 3 Nr. 6 GrEStG scheidet aus.

## 2. Besonderheiten bei Kapitalgesellschaften

Bei einer Anteilsvereinigung i.S.d. § 1 Abs. 3 Nr. 1 und 2 GrEStG oder einer Übertragung vereinigter Anteile i.S.d. § 1 Abs. 3 Nr. 3 und 4 GrEStG von weniger als 100 % wird der Erwerbsvorgang nur insoweit nach § 3 Nr. 2 Satz 1 GrEStG befreit, als die Anteilsübertragungen zur Anteilsvereinigung beigetragen oder die Übertragung vereinigter Anteile stattgefunden hat und diese dem Erbschaftsteuer- und Schenkungsteuergesetz unterlegen haben.

# Anhang 4

**Beispiele:**

**5. Übertragung vereinigter Anteile i.H.v. 95 %, unentgeltlich**

Vater V ist alleiniger Gesellschafter der grundbesitzenden V-GmbH. Die Gesellschaft verfügt über folgenden Grundbesitz: Grundstück 1 Anschaffung 01.01.1990, Grundstück 2 Anschaffung 01.01.2012. Mit Vertrag vom 01.09.2012 überträgt V unentgeltlich im Wege einer Schenkung einen Anteil i.H.v. 95 % an seinen Sohn S.

Mit Abschluss des Vertrags vom 01.09.2012 werden vereinigte Anteile von V auf S übertragen. Der Vorgang ist steuerbar nach § 1 Abs. 3 Nr. 3 GrEStG. Da schenkweise nur 95 % der Anteile übertragen wurden, liegt eine Doppelbelastung nur insoweit vor. Der Vorgang ist nach § 3 Nr. 2 Satz 1 GrEStG i.H.v. 95 % steuerfrei. Da es sich um eine Übertragung vereinigter Anteile nach § 1 Abs. 3 Nr. 3 GrEStG handelt, liegt ebenso eine Grunderwerbsteuerbefreiung in voller Höhe nach § 3 Nr. 6 GrEStG vor.

**6. Anteilsvereinigung i.H.v. 95 % in zwei Rechtsakten, beide unentgeltlich**

Vater V ist alleiniger Gesellschafter der grundbesitzenden V-GmbH. Die Gesellschaft verfügt über folgenden Grundbesitz: Grundstück 1 Anschaffung 01.01.1990, Grundstück 2 Anschaffung 01.01.2012. Mit Vertrag vom 01.09.2002 überträgt V unentgeltlich im Wege einer Schenkung einen Anteil i.H.v. 45 % an seinen Sohn S. Mit Vertrag vom 01.10.2012 überträgt V eine weitere Beteiligung i.H.v. 50 % unentgeltlich im Wege einer Schenkung an S.

Mit Abschluss des Vertrags vom 01.10.2012 vereinigen sich die Anteile an der grundbesitzenden V-GmbH in der Hand des S. Hierdurch wird für jedes der der V-GmbH zuzurechnenden Grundstücke der Tatbestand des § 1 Abs. 3 Nr. 1 GrEStG verwirklicht. Die Vereinigung der Anteile beruht ausschließlich auf Erwerbsvorgängen, die dem Erbschaftsteuer- und Schenkungsteuergesetz unterliegen. Wegen der unterschiedlichen Anschaffungszeitpunkte der Grundstücke ist wie folgt zu differenzieren:

Das **Grundstück 1** ist der Gesellschaft sowohl im Zeitpunkt der vorangegangenen Schenkung als auch zum Zeitpunkt der tatbestandsauslösenden Schenkung zuzurechnen. Da schenkweise nur 95 % der Anteile übertragen wurden, liegt eine Doppelbelastung nur insoweit vor. Der Vorgang ist nach § 3 Nr. 2 Satz 1 GrEStG i.H.v. 95 % grunderwerbsteuerfrei und i.H.v. 5 % grunderwerbsteuerpflichtig.

Das **Grundstück 2** ist der Gesellschaft im Zeitpunkt der vorangegangenen Schenkung noch nicht, sondern erst zum Zeitpunkt der tatbestandsauslösenden Schenkung zuzurechnen. Da durch die tatbestandsauslösende Schenkung nur 50 % der Anteile übertragen wurden, liegt eine Doppelbelastung nur insoweit vor. Der Vorgang ist nach § 3 Nr. 2 Satz 1 GrEStG i.H.v. 50 % grunderwerbsteuerfrei und i.H.v. 50 % grunderwerbsteuerpflichtig.

Eine Anwendung der Befreiungsvorschrift des § 3 Nr. 6 GrEStG scheidet aus.

## 7. Anteilsvereinigung i.H.v. 95 % in zwei Rechtsakten, davon einer unentgeltlich und einer entgeltlich

Vater V ist alleiniger Gesellschafter der grundbesitzenden V-GmbH. Die Gesellschaft verfügt über folgenden Grundbesitz: Grundstück 1 Anschaffung 01.01.1990, Grundstück 2 Anschaffung 01.01.2012. Mit Vertrag vom 01.09.2002 überträgt V unentgeltlich im Wege einer Schenkung einen Anteil i.H.v. 45 % an seinen Sohn S. Mit Vertrag vom 01.10.2012 überträgt V eine weitere Beteiligung i.H.v. 50 % entgeltlich an S.

Mit Abschluss des Vertrags vom 01.10.2012 vereinigen sich die Anteile an der grundbesitzenden V-GmbH in der Hand des S. Hierdurch wird für jedes der der V-GmbH zuzurechnenden Grundstücke der Tatbestand des § 1 Abs. 3 Nr. 1 GrEStG verwirklicht. Die Vereinigung der Anteile beruht i.H.v. 45 % auf einem Erwerbsvorgang, der dem Erbschaft- und Schenkungsteuergesetz unterliegt. Wegen der unterschiedlichen Anschaffungszeitpunkte der Grundstücke ist wie folgt zu differenzieren:

Das **Grundstück 1** ist der Gesellschaft sowohl im Zeitpunkt der vorangegangenen Schenkung als auch zum Zeitpunkt der tatbestandsauslösenden Anteilsübertragung zuzurechnen. Der Vorgang ist i.H.v. 45 % nach § 3 Nr. 2 Satz 1 GrEStG von der Grunderwerbsteuer befreit, da er insoweit auf der vorangegangenen Schenkung beruht. Er ist i.H.v. 55 % grunderwerbsteuerpflichtig.

Das **Grundstück 2** ist der Gesellschaft im Zeitpunkt der vorangegangenen Schenkung noch nicht, sondern erst zum Zeitpunkt der tatbestandsauslösenden, voll entgeltlichen Anteilsübertragung zuzurechnen. Der Vorgang ist in voller Höhe grunderwerbsteuerpflichtig.

Eine Anwendung der Befreiungsvorschrift des § 3 Nr. 6 GrEStG scheidet aus.

## 8. Anteilsvereinigung i.H.v. 95 % in zwei Rechtsakten, davon einer unentgeltlich und einer teilentgeltlich (gemischte Schenkung)

Vater V ist alleiniger Gesellschafter der grundbesitzenden V-GmbH. Die Gesellschaft verfügt über folgenden Grundbesitz: Grundstück 1 Anschaffung 01.01.1990, Grundstück 2 Anschaffung 01.01.2012. Mit Vertrag vom 01.09.2002 überträgt V unentgeltlich im Wege einer Schenkung einen Anteil i.H.v. 45 % an seinen Sohn S. Mit Vertrag vom 01.10.2012 überträgt V eine weitere Beteiligung i.H.v. 50 % gegen eine monatliche Rente von 2.500 € über einen Zeitraum von 15 Jahren an S. Der gemeine Wert des teilentgeltlich erworbenen Anteils beträgt 450.000 €.

Mit Abschluss des Vertrags vom 01.10.2012 vereinigen sich die Anteile an der grundbesitzenden V-GmbH in der Hand des S. Hierdurch wird der Tatbestand des § 1 Abs. 3 Nr. 1 GrEStG verwirklicht. Die Vereinigung der Anteile beruht ausschließlich auf Erwerbsvorgängen, die dem Erbschaftsteuer- und Schenkungsteuergesetz unterliegen.

Die Entgeltlichkeitsquote für den Anteilserwerb vom 01.10.2012 ermittelt sich wie folgt (Wertverhältnisse zum 01.10.2012):

Wert der Verpflichtung:

$10,314^{(3)} \times 30.000\ €^{(4)} =$ 309.420 €

Wert der erhaltenen Anteile: 450.000 €

Entgeltlichkeitsquote:

309.420 €/450.000 € = 68,76 %

Unentgeltlicher Anteil: 100 % – 68,76 % = 31,24 %.

*(3) Amtl. Anm.:* Maßgeblicher Vervielfältiger nach dem Bewertungsgesetz für 15 Jahre
*(4) Amtl. Anm.:* Jahreswert der Rente (12 × 2.500 €)

Wegen der unterschiedlichen Anschaffungszeitpunkte der Grundstücke ist wie folgt zu differenzieren:

Das **Grundstück 1** ist der Gesellschaft sowohl im Zeitpunkt der vorangegangenen Schenkung als auch zum Zeitpunkt der tatbestandsauslösenden gemischten Schenkung zuzurechnen. Daher ist dieser Vorgang soweit nach § 3 Nr. 2 Satz 1 GrEStG von der Grunderwerbsteuer befreit, als er auf der Schenkung (45 %) und dem unentgeltlichen Anteil der gemischten Schenkung (31,24 % von 50 % = 15,62 %) beruht. Vom festgestellten Bedarfswert des Grundstücks 1 zum Zeitpunkt der Anteilsvereinigung bleibt ein Anteil i.H.v. 60,62 % (45 % + 15,62 %) nach § 3 Nr. 2 Satz 1 GrEStG grunderwerbsteuerfrei. Der Vorgang ist i.H.v. 39,38 % grunderwerbsteuerpflichtig.

Das **Grundstück 2** ist der Gesellschaft im Zeitpunkt der vorangegangenen Schenkung noch nicht, sondern erst zum Zeitpunkt der tatbestandsauslösenden gemischten Schenkung zuzurechnen. Daher ist dieser Vorgang soweit nach § 3 Nr. 2 Satz 1 GrEStG von der Grunderwerbsteuer befreit, als er auf dem unentgeltlichen Anteil der gemischten Schenkung (31,24 % von 50 % = 15,62 %) beruht. Vom festgestellten Bedarfswert des Grundstücks 2 zum Zeitpunkt der Anteilsvereinigung bleibt ein Anteil i.H.v. 15,62 % nach § 3 Nr. 2 Satz 1 GrEStG grunderwerbsteuerfrei. Der Vorgang ist i.H.v. 84,38 % grunderwerbsteuerpflichtig.

Eine Anwendung der Befreiungsvorschrift des § 3 Nr. 6 GrEStG scheidet aus.

### 3. Besonderheiten bei Personengesellschaften

Zu den Gesellschaften i.S.d. § 1 Abs. 3 GrEStG gehören auch Personengesellschaften (BFH-Urt. v. 25.02.1969 – II 142/63 –, BStBl II S. 400; vom 11.06.1975 – II R 38/69 –, BStBl II S. 834 und vom 26.07.1995 – II R 68/92 –, BStBl II S. 736). Dabei ist zu beachten, dass im Rahmen des § 1 Abs. 3 GrEStG bei Personengesellschaften unter »Anteil an der Gesellschaft« die gesamthänderische Mitberechtigung und nicht die vermögensmäßige Beteiligung am Gesellschaftskapital zu verstehen ist (vgl. BFH-Urt. II R 67/92 v. 26.07.1995, BFH/NV 1996, 171). Nach § 1 Abs. 3 Satz 1 GrEStG ist § 1 Abs. 2a GrEStG vorrangig anzuwenden.

Ein Erwerbsvorgang i.S.d. § 1 Abs. 3 Nr. 1 oder 2 GrEStG ist bspw. gegeben, wenn bei einer GmbH & Co. KG mit Grundbesitz einer der Kommanditisten

# Anhang 4

sowohl die anderen Kommanditanteile als auch mindestens 95 % der Anteile an der Komplementär-GmbH erwirbt.

Für Erwerbsvorgänge i.S.d. § 1 Abs. 3 Nr. 1 und 2 GrEStG bei Personengesellschaften sind die personenbezogenen Befreiungsvorschriften zu beachten. Die o.g. BFH-Urteile vom 31.03.1982 und vom 08.06.1988 sind jeweils zur Anteilsvereinigung bei einer Kapitalgesellschaft ergangen. Die Schlussfolgerungen aus diesen Urteilen können nicht gleichermaßen für Personengesellschaften gezogen werden. Personengesellschaften sind weder zivilrechtlich noch grunderwerbsteuerrechtlich (vgl. §§ 5, 6 GrEStG) uneingeschränkt als selbstständig anzusehen. Eigentümer des Vermögens einer Personengesellschaft sind die Gesellschafter in ihrer gesamthänderischen Verbundenheit. Die besondere Rechtsnatur der Personengesellschaften rechtfertigt es daher auch, persönliche Eigenschaften der Gesellschafter im Grundstücksverkehr mit der Gesellschaft, d.h. mit der Gesamtheit der Gesellschafter, zu berücksichtigen (vgl. BFH-Urt. v. 21.11.1979 – II R 96/76 –, BStBl II 1980 S. 217, zu einem Erwerbsfall des § 1 Abs. 1 Nr. 1, § 3 Nr. 6 GrEStG sowie BFH-Beschl. v. 26.02.2003 – II B 202/01 –, BStBl II S. 528).

§ 6 Abs. 2 und 3 GrEStG ist anwendbar, da derjenige, in dessen Hand sich die Vereinigung der Anteile i.S.d. § 1 Abs. 3 Nr. 1 und 2 GrEStG vollzieht, grunderwerbsteuerrechtlich so behandelt wird, als habe er das Grundstück von der Gesellschaft erworben. Für den Anwendungsbereich des § 6 GrEStG liegen somit fiktive Grundstücksübertragungen von der GmbH & Co. KG auf den künftigen Alleinkommanditisten bzw. die Personengesellschaft vor. Erwerbsvorgänge nach § 1 Abs. 3 Nr. 1 bzw. 2 GrEStG können hiernach gleichzeitig sowohl nach einer personenbezogenen Befreiungsvorschrift als auch nach § 6 GrEStG (unter Beachtung der Beschränkungen des § 6 Abs. 4 GrEStG) begünstigt sein.

## 4. Anwendung

Dieser Erlass ergeht im Einvernehmen mit den obersten Finanzbehörden der Länder und ist in allen offenen Fällen anzuwenden.

**Ministerium für Finanzen und Wirtschaft Baden-Württemberg**

3 – S 450.5/31

**Bayerisches Staatsministerium der Finanzen**

36 – S 4505 – 018 – 16 071/13

**Senatsverwaltung für Finanzen Berlin**

III C – S 4501 – 4/2007 – 2

**Ministerium der Finanzen des Landes Brandenburg**

31 – S 4505 – 3/05

# Anhang 4

Die Senatorin für Finanzen der Freien Hansestadt Bremen

S 4505-13

Finanzbehörde der Freien und Hansestadt Hamburg

53 – S 4505 – 001/12

Hessisches Ministerium der Finanzen

S 4505 A – 021 – II 53/1

Finanzministerium Mecklenburg-Vorpommern

IV – S 4505 – 00000 – 2013/001

Niedersächsisches Finanzministerium

S 4514 – 6 – 35 2

Finanzministerium des Landes Nordrhein-Westfalen

S 4505 – 12 – VA 6

Ministerium der Finanzen Rheinland-Pfalz

S 4505 A – 12 – 016 – 445

Saarland

Ministerium für Finanzen und Europa

B/5 – S 4501 – 6[DIEZ]002

Sächsisches Staatsministerium der Finanzen

35 – S 4505 – 23/10 – 9852

Ministerium der Finanzen Sachsen-Anhalt

44 – S 4501 – 6

Finanzministerium des Landes Schleswig-Holstein

VI 355 – S 4501 – 022

Thüringer Finanzministerium

S 4505 A – 13

# Stichwortverzeichnis

Abgabe, öffentlich-rechtliche 624
Abgabepflicht
– entstandene 633 ff.
– künftige 626 ff.
Abgeschlossenheitsbescheinigung 597
Abhängigkeitsverhältnis 579
Ablaufhemmung 1018 ff.
Ablösungsvereinbarung 634
Abrisskosten 756
Abrundung 882 ff.
Abspaltung 104, 107, 571, 583.3
Abtretung 128 ff.
Abzugsumsätze 30
Adoptierte 469
AfA-Volumen 1090
Aktiengesellschaft, europäische 87
Altenteil 739
Altgesellschafter 237, 239, 250, 262, 329, 578
Altlastensanierung 624
Anfechtbarkeit 1005
Anfechtung,
Gläubigerbenachteiligung 1011
Angebotsempfänger 125
Ankaufsrecht 132, 222, 408
Anlaufhemmung 1062
Annahme als Kind 469
Anschaffungs- oder Herstellungskosten 30
Anschaffungskosten 714
Anschaffungsnebenkosten 1075
Anteil
– am Gesellschaftsvermögen 331
– an der Gesellschaft 331
Anteilserwerb
– unentgeltlicher 244
– von Todes wegen 244
Anteilsmodell 995
Anteilsübertragung 273, 313
– mittelbare 225
Anteilsvereinigung 273 ff., 288, 313, 339, 356.3 ff., 449
– mittelbare 280 ff., 358
– mittelbare bei Kapitalgesellschaft 341
– mittelbare bei Personengesellschaft 341

– unmittelbare 280 ff., 336, 358
– wirtschaftliche 583.29
Anteilsverstärkung 300 ff., 315
Anwachsung 94, 583.7
Anwachsungsvorgang 550, 583.7
– unentgeltlicher 95
Anwartschaftsrecht 398
Anwendbarkeit personenbezogener
Befreiungstatbestände 347 ff.
Anzeige 1024
– Inhalt 1059 ff.
Anzeigepflicht 583.34 ff., 1025, 1043 ff.
– Behörden 1043 ff.
– Gerichte 1043 ff.
– Notare 1043 ff.
Architektenvertrag 742
Aufeinanderfolge von Tatbeständen 372 ff.
Aufgaben, öffentlich-rechtliche 489
Aufgliederung 107
Aufhebung der Ehe 461
Aufhebung der Gemeinschaft 600
Aufhebungsurkunde 972
Aufhebungsvertrag 952
Auflagenschenkung 834 ff.
Auflassung 92, 932
Auflassungsvormerkung 959
Aufspaltung 104, 570, 583.3
Auftrag 92
Auftragserwerb 210 ff., 212, 825 ff., 830 ff.
Aufwand, abzugsfähiger 1075
Auseinandersetzungsquote 515
Auseinandersetzungsvertrag 91
Ausgleichsbetrag 644
Ausgliederung 106, 107, 571, 583.3
Ausland 324
Auslandsvertretung 494
Auslegung 35
Ausschlagung der Erbschaft 399 ff.
Ausschlussumsätze 30
Aussetzung der Vollziehung 1071
Austausch des Erwerbers 966
Auswahlermessen 892
Auswärtiges Amt 494

# Stichwortverzeichnis

Bargebot 774
Baubeschränkung 738
Bauherrenmodell 141, 690
Baulandumlegung 93
– freiwillige 111, 610
Bauplan 743 ff.
Bauplanung 697 ff.
Bauplatzkauf 688
Baureife 699
Bauträger 25
– Tausch 990 ff.
Bauträgergesellschaft 189
Bauträgervertrag 620
Bauverpflichtung 757
Bedingung, aufschiebende 886, 913
Befreiung, personenbezogene 379
Befreiungsvorschriften 37
beherrschende Hand 287
beherrschte Hand 287
Beherrschungs- und
 Gewinnabführungsvertrag 154
Beherrschungsverhältnis 583.34
Beherrschungsvertrag 154
Beihilfevorschriften 920
Bemessungsgrundlage 37
Bereicherung, ungerechtfertigte 92
Bergwerkseigentum 59
Berufskammern 490
Beschäftigungsgarantie 756
Besitzereinweisung, vorläufige 109
Bestandteile 44
Besteuerung nach Leistungsfähigkeit 323
Beteiligte, Anzeigepflicht 1053 ff.
Beteiligung
– deckungsgleiche 543
– stille 516
– Verstärkung bestehender 295 ff.
Beteiligungsidentität 223
Beteiligungskette 274
– mehrstufige 583.12
– Verkürzung 296
Beteiligungsverhältnis 545
Betrachtung, interpolierende 417
Betrachtungsweise, wirtschaftliche 145, 225, 252
Betriebsausstattung 665
Betriebssteuern 23
Betriebsvorrichtung 48, 52, 55
Beweislast, objektive 966

Bewertungsgesetz 98
Billigkeitsweg 377
Bims 61
Blei 58
Blockholzbausatz 689
Bodenschätze
– bergfreie 57
– grundeigene 57, 60
Boruttau'sche Formel 46, 662
Bruchteilseigentum 82
Bund 490
Bundesberggesetz 57
Bundesverfassungsgericht 452

Dachschiefer 60
Dauernutzungsrecht 73, 738
Dauerwohnrecht 73, 738
derivater Erwerb 243 ff.
Dienstbarkeit 61
Doppelmangel 1009
Down-Stream 299, 376
Drittbenennungsrecht 181 ff., 187
Drittbeteiligung 142
Duldungsauflage 429
Durchrechnung 583.15

Ehegatten 457 ff.
Eigenheimzulagengesetz 883
Eigeninteresse, schädliches 139, 961
Eigenleistung 620, 1014
Einbaumöbel 45
Einbringen 102, 174 ff., 866
– quoad sortem 174
Einbringungsvertrag 91
Einbringungsvorgang 356.3, 366, 541, 583.32, 874
Eingliederung 304
– finanzielle 309
– organisatorische 309
– wirtschaftliche 309
Einheit, wirtschaftliche 41, 68, 587
Einigungsvertrag 495
Einkommensteuer 35
Einlage 262
Ein-Mann-GmbH & Co. KG 362
Einwurffläche 113
Einzelkaufmann 531
Einzelrechtsnachfolge 583.5, 583.27
Eisen 58

## Stichwortverzeichnis

Enkelgesellschaft 296
Enteignung 789 ff.
Enteignungsverfahren 93, 789
Entmietungsverpflichtung 744 ff.
Entnahme 566
Erbanteil 454
Erbanteilserwerb 454
Erbauseinandersetzung 453 ff.
Erbbaurecht 65, 607
– Aufhebung 800 ff.
– Bestellung 793 ff.
– Erlöschen 800 ff.
– Heimfall 809 ff.
– Nacherwerb 821 ff.
– Übertragung 793 ff.
– Verlängerung 799 ff.
erbbaurechtsbelastetes Grundstück,
  Erwerb 818 ff.
– Nacherwerb 813 ff.
Erbbaurechtsvorgang 792 ff.
Erbbauzins 49
Erbbauzinsanspruch 815
Erbengemeinschaft 76, 79, 226, 454, 561
– Auseinandersetzung 455
Erbschaft- und Schenkungsteuer 2
Erbschaft, Ausschlagung 399
Erbschaftskauf 81
Erbschaftsteuerreform 2009 450 ff.
Erbschaftsteuerreformgesetz 436, 450
Erbteilkauf 455
Erbteilkäufer 454
Erbteilsübertragung 81
Erbverzicht 399 ff.
Erdgas 58
Erdöl 58
Ereignis, rückwirkendes 523
Ergänzungstatbestand 37, 372
Ersatzkäufer 956
Erschließungsbeitragspflicht 634
Erschließungsentgelt 650
Erschließungsunternehmer 646
Erschließungsvertrag 645
Ersterwerber 960
Erstkäufer 961
Ertragswertverfahren 852
Erwerb
– derivater 237, 243 ff., 250
– originärer 236, 250, 261 ff., 262
Erwerberidentität 262, 374, 375

Erwerberleistung, gemeinnützige 619
Erwerbermodell 695
Erwerbs- und Übernahmeangebot 367
Erwerbsperson, teilweiser Austausch 956
Erwerbsverzicht 845 ff.
Erwerbsvorgang 36
– bedingter 913 ff.
– genehmigungsbedürftiger 923 ff.
– gesellschaftsvertragliche Grundlage 102,
  850, 863 ff., 867
– Nichtigkeit 1004 ff.

Fälligkeit 936.1 ff.
Familienstiftung 415
Feldspat 60
Festofferte 132
Festsetzungsfrist 378, 1018
Feststellung, gesonderte 1040
Feststellungsbescheid 1040
Feststellungsfrist 1040
Finanzholding 308, 583.10
Finanzierungskosten 831
Finanzmarktstabilisierungsfonds 509
Firmenwert 665
Flächeneigentum 453, 584 ff., 605 ff.
Flurbereinigung 108 ff.
Flurbereinigungsgesetz 108
Flurbereinigungsverfahren 93
Fonds-KG 264
Formwechsel 103, 359, 361, 375, 529,
  531, 563 ff.
– heterogener 359, 567
– kreuzender 564
– quotenverschiebender 360, 583.6
– quotenwahrender 359
Freigrenze 389
Freistellungsbescheid 1020
Führungsholding 583.10
Fünf-Jahres-Frist 228, 344, 532
Fünf-Jahres-Zeitraum 266 ff., 328,
  364, 539
Funktionsholding 583.10

GbR 76
Gebäude 55
– auf fremdem Grund und Boden 47, 65
Gebäuderenovierung 620
Gebäuderestaurierung 794
Gebietskörperschaft 490, 583.11

585

# Stichwortverzeichnis

Gebot, geringstes 119
Gebrauchsüberlassung 175
Gegenleistung 615 ff., 854 ff.
– Herabsetzung 1013 ff.
– symbolische 618
– vertragsobjektbezogene 754
Geldvermächtnis 400 ff.
Gemeinde 490
Genehmigung 926
– verfahrensrechtliche 928
Gesamtgegenleistung 660
Gesamtgut 471 ff.
Gesamthand 514, 518
Gesamthandsgemeinschaft 76, 383
– doppelstöckige 560 ff.
Gesamtinvestitionssumme 262
Gesamtoption 8
Gesamtrechtsnachfolge 559
Geschäftsausstattung 665
Geschäftsgrundlage, Wegfall 970
Geschäftsveräußerung 23, 24
– im Ganzen 8
Gesellschaft
– abhängige 583.2, 583.9
– zwischengeschaltete 301
Gesellschafter
– atypisch stiller 516
– atypischer 158
– stiller 158
– typischer stiller 516
Gesellschafterbestand 223 ff.
– Änderung 268
– mittelbare Änderung 268
Gesellschafterdarlehen 516
Gesellschafterwechsel 246
– mittelbarer 251
Gesellschaftsvermögen 230 ff.
Gesellschaftsvertrag, atypisch stiller 235
– typisch stiller 235
Gestaltungsmissbrauch 270, 346, 582
Gewerbeberechtigung 56, 62
– sonstige 48
Gewerberechte, radizierte 62
Gewerbeverbot 738
Gewinnabführungs- und
  Beherrschungsvertrag 154
Gewinnabführungsvertrag 154
Gewinnausschüttung, verdeckte 723
Gleichheitssatz 852

Gleichstellungsgelder 431
Gold 58
Grenzänderung 489
Grundbesitzwert, land- und
  forstwirtschaftlicher 851
Grundbesitzwert-
  Feststellungsbescheid 1040
Grundbuchkosten 694
Grunderwerbsteuer, ertragsteuerliche
  Behandlung 1075 ff.
Grunderwerbsteuererlass,
  Umwandlung 102
Grundlagenbescheid 1040
Grundpfandrecht 735 ff.
Grundsteuer 831
Grundstück 36
– erbbaurechtsbelastetes 813 ff.
– gemeindeeigenes 636 ff.
– geringwertiges 384 ff.
Grundstücksabfindung 400
Grundstücksbelastung 431
Grundstücksbestandteil 665
Grundstücksbruchteil 370, 518
Grundstückserwerb 391
– durch Erbfall 393 ff.
– fingierter 273
– mittelbare 425
– von Todes wegen 2, 391 ff.
Grundstücksidentität 374
Grundstückskaufvertrag,
  formnichtiger 150
Grundstückslasten 737 ff.
Grundstückslieferung 6, 7, 10.1
Grundstücksmodell 993
Grundstücksschenkung 2
Grundstücksteilfläche 42
Grundstücksumsatz 286
Grundstückszustand 751 ff.
Gründungstheorie 86
Gütergemeinschaft 226, 387, 471 ff.
– fortgesetzte 77, 471
Gütertrennung 463

Haftung 909
Haupttatbestand 37, 372
Haushaltsbegleitgesetz 2004 19 ff., 33
Herausgabeanspruch 294
Hofpflasterung 665
Hoheitsaufgaben 500

## Stichwortverzeichnis

Hoheitsbetrieb 500
Holding 583.10
Holding-Gesellschaft 583.13
Holdingstruktur 325
Hypothek 736

Identitätsgrundsatz
– erster 980
– zweiter 980
Immobilienfonds 208
Immobilien-Spezialfonds 894
Innenumsatz 315
Insolvenzanfechtung 1011
Insolvenzverwalter 383
Instandhaltungsrücklage 71
Instandhaltungsrückstellung 71
Interpolation 417 ff., 456 ff.

Jahressteuerfestsetzung 8
Jahressteuergesetz 224
Jahressteuergesetz 1997 864
Jahressteuergesetz 2007 806
Jahressteuergesetz 2008 346
Jahressteuergesetz 2010 453, 457, 1061

Kalkstein 61
Kanalarbeiten 624
Kanalbeitrag 643
Kapitaländerung 246
Kapitalanlagegesellschaft 894
Kapitalanleger 262
Kapitalanteil, fester 231
Kapitalaufstockung 262
Kapitalerhöhung 520, 877
Kapitalgesellschaft,
 mittelbare Anteilsvereinigung 341
Kauf 90
Kaufangebot 124, 129 ff., 788
Käuferbenennungsrecht 138
Kaufpreis 721 ff.
Kaufrechtsvermächtnis 403 ff.
Kaufvertrag 90 ff.
Kettengeschäft 982
KG 76
Kies 61
Kiesgewinnungsrecht 738
Kirche 490
Kirchengemeinde 446
Konzern 375

– Umwandlungsvorgänge 583.1 ff.
Konzernbehaltensfrist 583.22
Konzernebene 583.14
Konzernsachverhalt 299, 583.9
Konzernspitze 583.13
Konzernstruktur 323
Konzernumstrukturierung 374
Körperschaft
– kirchliche 438
– nichtstaatliche 438, 446
Korrekturvorschrift 938

Lagefinanzamt 1033
Landabfindung 108
Länder 490
Landkreis 440, 491
Landtauschverfahren 108
Lasten
– dauernde 737
– nicht dauernde 737
Leasinggeber 217
Leasingnehmer 217, 222
Leasingobjekt 221
Leasingvertrag 217 ff., 219
Lebensgemeinschaft, nichteheliche 458
Lebenspartner, eingetragener 453
Lehm 61
Leistung
– nachträgliche 840 ff.
– sonstige 728 ff.
Leistung an Erfüllung statt 771 ff.
Leistungsauflage 390, 429, 431
Leistungsempfänger 5
Leistungsfähigkeit, Besteuerung 323
Leistungsfähigkeitsprinzip 326
Leistungsgegenstand, einheitlicher 648,
 670 ff., 672
Lieferung 5
– umsatzsteuerfreie 714

M&A-Praxis 314
Makler 137
Maklercourtage 759
Maklergebühr 736
Maklerkosten 759 ff.
Maklervertrag 736
– atypischer 164 ff., 167, 171, 836
Marktberührung 1
Marktrealisierungsgebot 326

587

# Stichwortverzeichnis

Maschine 48, 665
Mehrfachbelastung 326
Meistbietender 120
Meistgebot 119 ff., 773 ff.
Mietgarantie 748 ff.
Minderungsrecht 1015
Mineralgewinnungsrecht 48, 56
Missbrauchsgefahr, objektive 539
Missbrauchsverhinderungsvorschrift 567
Miteigentumsanteil 82
Miteigentumslösung 894
Miterbe 454
mittelbare Anteilsvereinigung
– Kapitalgesellschaft 341
– Personengesellschaft 341
Mühlengerechtigkeit 62
Muttergesellschaft 296

Nachbehaltensfrist 583.13
Nachbesteuerung 533
Nacherbfall 396
Nachlassgrundstück 453
Nachlassverwalter 383
Nämlichkeit der Parteien 980
Netto-Entgelt 11, 29
Nettopreis 15, 19
Neugesellschafter 248
Nichtanzeige 1022 ff.
Nichtigkeitserklärung 461
Nießbrauch 433
Notarhaftung 1050 ff.
Notarkosten 694
Nutzung
– vorbehaltene 764 ff.
– wiederkehrende 669
Nutzungsabsicht 25
Nutzungsauflage 429
Nutzungsüberlassung, vorzeitige 725 ff.
Nutzungszusammenhang, unternehmerischer 25

Öffentlich Private Partnerschaft 497, 498
OHG 76
Option 7, 16
Optionsflächen 29
Optionsvertrag 132
Organgesellschaft 297, 304
Organkreis 304, 315, 346, 375, 583.29
– Anteilsvereinigung 313

– Anteilsverschiebung 317
– Umstrukturierung 316 ff.
Organmutter 315
Organschaft 284 f., 302, 583.9
– grunderwerbsteuerliche 315, 319
Organschaftsverhältnis 300 ff., 304, 310, 314
– Begründung 313 f.
– Erweiterung 315
Organträger 304
– Verschmelzung 315
Oxid 60

Pauschbesteuerung 887 ff.
Pauschbetrag 887
Personengesellschaft 78, 519
– doppelstöckige 242
– mittelbare Anteilsvereinigung 341
Pflegebedürftigkeit 917
Pflegefall 915
Pflegegeld 920
Pflegeleistung 915
Pflegesachleistung 917
Pflegestufe 921
Pflegeverpflichtung 842, 915
Pflegeversicherung 917
Pflicht-Angebot 367
Pflichtteilsanspruch 410 ff.
Pflichtteilsergänzungsanspruch 410
Phasenverschiebung 262
Photovoltaikanlagen 53
Plan, vorgefasster 262, 310, 556
Potestativbedingung 886
Privatisierung 495
Projektgesellschaft 26
Public M&A-Transaktion 314
Public Private Partnerships (PPP) 498
Publikumsfonds 894

Quotenverschiebung 360

Reallasten 739
Realteilung 588, 589, 1081
Rechnung 23
Rechtsträger 76
– vermögensverwaltender 583.10
Rechtsträgerwechsel 563
Rechtsverkehrsteuer 1

## Stichwortverzeichnis

Regelbemessungsgrundlage 615 ff.
Rentenzahlung 431
Rückerwerb 474
Rückgängigmachung 942
– tatsächliche 951
– wirtschaftliche 951
Rückkauf 952
Rücklagenverbuchung 877
Rücktrittsrecht 942
Rückübertragungsverpflichtung 294

Sacheinlage 1079
Sacheinlageverpflichtung 866
Sand 61
Sandgewinnungsrecht 738
Sanierungsgebiet 644
Sanierungsobjekt 700 ff.
Säumniszuschlag 936.1
Schadensersatzanspruch 92
Scheidung 461 ff.
Scheinbestandteil 67
Schenkung
– auf den Todesfall 412 ff.
– gemischte 91, 356.1, 428 ff., 436, 834 ff.
– unter einer Aufl. 91
Schlechterfüllung 1015
Schuldübernahme 736
Schwestergesellschaft 299
Seitwärtsbewegung 299
Selbstbenennungsrecht 185
SE-Verordnung 583.4
Sicherungsübereignung 1
Side-Stream 299, 376, 583.26
Silber 58
Sitztheorie 86
Sitzverlegung 86
Solaranlage 53
Sondereigentum, Aufhebung 71
Sondereigentumseinheit 600
Sondernutzungsrecht 65
Sondervermögen 894
Sozialversicherungsträger 490
Spaltung 104 ff., 107, 358, 583.3
Spaltung oder Vermögensübertragung 99
Spaltungsvorgang 571
Spezial-Immobilien-Sondervermögen 894
Stellvertretung 182
Steuer, Nichtfestsetzung 937 ff.
Steueränderungsgesetz 2001 1057

Steuerbefreiung
– sachliche 379
– Sonderfälle 379
Steuerberatervertrag 140
Steuerentlastungsgesetz 1999/2000/2002 514, 1057
Steuerfestsetzung
– Änderung 937 ff.
– Aufhebung 937 ff.
Steuersatz 882 ff., 884
Steuerschuld 888 ff.
Steuerschuldner 20, 525, 888 ff.
Steuerstundung 931
Steuerstundungseffekt 912
Steuervereinfachungsgesetz 2011 1049
Steuerverkürzung, leichtfertige 1050
Stiefkinder 469
Stiftung 415 ff.
stiller Gesellschafter
– atypischer 516
– typischer 516
Stimmrechtsbindungsvertrag 252, 253
Straßenausbau 624, 643
Straßenbaulast 491
Stundung 724 ff., 936.1
Stundungsmodell 996
Stundungszinsen 936.1

Tankstellenüberdachung 665
Tatbestände, gestreckte 583.32
Tausch 368 ff., 584, 766
Tauschleistung 766
Teile, reale 586
Teileigentum 68, 269
– Begründung 70
Teilgrundstück 588
Teiloption 8
Teilungserklärung 597
– einseitige 70
Testamentsvollstrecker 383
Tochtergesellschaft 296
Ton 61
Torf 61
Träger öffentlicher Verwaltung 438 ff.
Transparenzprinzip 1094
Treugeber 201, 250, 288, 474
– mehrere 294
Treugeberwechsel 207 ff., 246, 293
Treuhand, eigennützige 826

589

# Stichwortverzeichnis

– uneigennützige 826
Treuhänder 201, 474
– mehrere 294
Treuhanderlass 194
Treuhänderstellung 142
Treuhänderwechsel 209 ff., 246
Treuhandgeschäft 1, 194, 287 ff., 825 ff.
Treuhandkommanditist 264, 265
Treuhandmodell 361
Treuhandverhältnis 246, 290, 474 ff.
– Auflösung 205 ff.
– Begründung 195 ff.

Übereignungsanspruch 124
– Abtretung 786 ff.
Übergabe, Kosten 730 ff.
Übergabevertrag 91
Übergangskonstruktion 277 ff.
Übermittlung, elektronische 1049
Übernahme, freundliche 367
Übernahme-Angebot, öffentliches 367
Übernahme-Angebote nach WpÜG 367 ff.
Übertragung vereinigter Anteile 273 ff.
Umgehungsfall 354
Umgehungsgeschäft 123, 269 ff.
Umlaufvermögen 25
Umlegungsgebiet 110
Umlegungsgemeinschaft 610
Umlegungsteilnehmer 610
Umlegungsverfahren 110 ff., 610
– förmliches 111
Umsatz 1
Umsatzsteuerausweis 29
Umsatzsteuerbefreiung 11
Umsatzsteuerfreiheit 4 ff., 7
Umstrukturierung, konzerninterne 322
Umstrukturierungsmaßnahme 358
Umwandlung 102, 246
– konzerninterne 583.32
Umwandlungsfall 357 ff.
Umwandlungsfolge, mittelbare 358 ff., 363 ff.
Umwandlungsformen, übertragende 359
Umwandlungsvorgang 99, 526 ff., 583.2
Unbedenklichkeitsbescheinigung 385, 459, 986, 1043 ff., 1065 ff.
uno actu 255
Unterhaltsanspruch 463
Unternehmen 583.10

– abhängiges 301, 304, 305
– herrschendes 301, 304, 305, 583.2, 583.9, 583.13
Unternehmer 5, 305, 583.10
Unternehmereigenschaft 583.10
Unternehmergesellschaft, umsatzsteuerliche 583.13
Up-Stream-Übertragung 299, 376
Urkundenaushändigung 1063 ff.
USt 4, 20, 23, 35, 702 ff.

Valutaverhältnis 414, 427
Veränderungsnachweis 590
Veräußerungsanzeige 1048
Verbandsvermögen 72
Verein, nicht-rechtsfähiger 76
Vereinigung aller Anteile, unmittelbare 335
Verkaufsangebot 229
Verkaufsermächtigung 164 ff., 836
Verkaufsvollmacht 157
Verkürzung, Beteiligungskette 296
Vermächtnis 400 ff.
Vermessungskosten 730
Vermietungsgarantie 694
Vermittlung 694
Vermögensauseinandersetzung 462
– nach Scheidung 460
Vermögensübertragung 583.3
Verpflichtung zur Pflege 842
Verpflichtungsgeschäft 90
– förmliches 1010
Verschaffungsvermächtnis 409
Verschmelzung 103 ff., 358, 568, 583.3
– durch Aufnahme 103
– durch Neugründung 103, 569
Verschmelzungsvorgang 363
Versorgungsausgleich 462
Verspätungszuschlag 1058
Verstärkung 295
Versteigerung, freiwillige 121
Vertrag
– gegenseitiger 742 ff.
– zugunsten Dritter 380
Vertragsbündeltheorie 670 ff.
Vertragsübernahme 955
Vertragswerk, einheitliches 670 ff., 673
Verwaltungskosten 831
Verwaltungssitz 87
Verwandte 467 ff.

## Stichwortverzeichnis

– in gerader Linie 467
Verwertungsbefugnis 155, 830
– Erwerb 145 ff., 836 ff.
– rechtliche 147
– wirtschaftliche 148
Verwertungsmöglichkeit 153, 229, 273
– eigene Rechnung 152 ff.
Vollmacht 1044
Vor- und Nacherbschaft 394 ff.
Voranmeldung 19
Vorausleistung 627
Vorbehaltensfrist 579
Vorbehaltsnießbrauch 451
Vorerben 397
Vorgang, mehraktiger 258
Vorgesellschaft 83
Vorgründungsgesellschaft 84
Vorkaufsrecht 408, 739, 1044
– gemeindliches 929
Vorkaufsrechtsvermächtnis 407
Vorläufigkeitsvermerk 1042
Vorräte 665
Vorratsvermögen 25
Vorsteuerabzug 9, 10, 28
Vorsteuerberichtigungszeitraum 23
Vorsteuerbeträge 9
Vorsteuererstattung 714
Vorsteuererstattungsanspruch 714

Wahlrechtsvermächtnis 402 ff.
Wegfall der Geschäftsgrundlage 970
Weiterveräußerung 960
Werklieferung 707
Werkvertrag 679

Wertpapiererwerbs- und Übernahmegesetz (WpÜG) 367
Wettbewerbsverbot 738
Widerrufsrecht, freies 946
Wiederkaufsrecht 739, 942
Wiedervereinigung 507
Wohnungs- oder Teileigentum 68, 269, 595 ff.
– Begründung 70
Wohnungsgenossenschaft 496
Wohnungsgesellschaft 496
Wohnungsrecht 429, 739

Zahlungsverjährung 936.1
Zeitrente 669
Zielmutterunternehmen 314
Zubehör 44
Zugewinnausgleich 462
Zurechnungsgrenze 251
Zusammenhang, zeitlicher 312
Zusammenlegungsverfahren, beschleunigtes 108
Zuständigkeit, örtliche 1033 ff.
Zuwendung, freigebige 356.1, 424
Zwangsversteigerungsverfahren 119, 773 ff.
Zweckverband 492
Zwei-Jahres-Frist 945
Zweiterwerber 966
Zwerganteil 275, 278
Zwischengeschäft 123, 898
Zwischenhändler 131